Springer Reference Sozialwissenschaften

Springer Reference Sozialwissenschaften bietet fachspezifisch und transdisziplinär Fachwissen in aktueller, kompakter und verständlicher Form. Thematisch umfasst die Reihe die Fachbereiche der Soziologie, Politikwissenschaft, Medien- und Kommunikationswissenschaft sowie der Pädagogik.

Weitere Informationen zu dieser Reihe finden Sie auf http://www.springer.com/series/15073

Matthias Rohs
Herausgeber

Handbuch
Informelles Lernen

mit 45 Abbildungen und 12 Tabellen

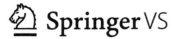

Herausgeber
Matthias Rohs
TU Kaiserslautern
Kaiserslautern, Deutschland

ISBN 978-3-658-05952-1   ISBN 978-3-658-05953-8 (eBook)
ISBN 978-3-658-13001-5 (Bundle)
DOI 10.1007/978-3-658-05953-8

Die Deutsche Nationalbibliothek verzeichnet diese Publikation in der Deutschen Nationalbibliografie; detaillierte bibliografische Daten sind im Internet über http://dnb.d-nb.de abrufbar.

Springer VS
© Springer Fachmedien Wiesbaden 2016
Das Werk einschließlich aller seiner Teile ist urheberrechtlich geschützt. Jede Verwertung, die nicht ausdrücklich vom Urheberrechtsgesetz zugelassen ist, bedarf der vorherigen Zustimmung des Verlags. Das gilt insbesondere für Vervielfältigungen, Bearbeitungen, Übersetzungen, Mikroverfilmungen und die Einspeicherung und Verarbeitung in elektronischen Systemen.
Die Wiedergabe von Gebrauchsnamen, Handelsnamen, Warenbezeichnungen usw. in diesem Werk berechtigt auch ohne besondere Kennzeichnung nicht zu der Annahme, dass solche Namen im Sinne der Warenzeichen- und Markenschutz-Gesetzgebung als frei zu betrachten wären und daher von jedermann benutzt werden dürften.
Der Verlag, die Autoren und die Herausgeber gehen davon aus, dass die Angaben und Informationen in diesem Werk zum Zeitpunkt der Veröffentlichung vollständig und korrekt sind. Weder der Verlag, noch die Autoren oder die Herausgeber übernehmen, ausdrücklich oder implizit, Gewähr für den Inhalt des Werkes, etwaige Fehler oder Äußerungen.

Lektorat: Stefanie Laux, Daniel Hawig

Gedruckt auf säurefreiem und chlorfrei gebleichtem Papier

Springer VS ist Teil von Springer Nature
Die eingetragene Gesellschaft ist Springer Fachmedien Wiesbaden GmbH

Vorwort

Ein Handbuch dient allgemein dazu, einen Überblick über einen Wissens- bzw. Forschungsbereich bereitzustellen. Für das informelle Lernen liegen bereits zahlreiche Monographien und Sammelbände vor, die den Status der Forschung und Praxis allgemein oder für verschiedene pädagogische Handlungsfelder resümieren. Jedoch, und das ist angesichts der langjährigen Auseinandersetzung in diesem Bereich bemerkenswert, gibt es bisher keine Publikation, die den Anspruch einer systematischen und weitgehend umfassenden Darstellung des Themenfeldes beansprucht bzw. gerecht wird[1].

Der Grund dafür liegt möglicherweise darin, dass das informelle Lernen im pädagogischen Diskurs, der sich oft auf institutionelles Lehren und Lernen fokussiert, lange Zeit vor allem als „Restkategorie" betrachtete wurde und erst seit den 1990er-Jahren in das Zentrum der bildungspolitischen und auch wissenschaftlichen Auseinandersetzung gerückt ist. Insbesondere vor dem Hintergrund des Lebenslangen Lernens und der Kompetenzorientierung wird dem informellen Lernen in den letzten Jahren verstärkt Beachtung entgegengebracht. Dabei wäre es zu weit gegriffen, von einer Gleichwertigkeit formellen und informellen Lernens in der bildungspolitischen und wissenschaftlichen Auseinandersetzung zu sprechen. Auch wenn das informelle Lernen längst Eingang in die Bildungsberichterstattung gefunden hat und die Anerkennung informell erworbener Kompetenzen immer weiter vorangetrieben wird, ist die Betrachtung des Lernen in organisierten Strukturen weiterhin zentral. Ein anderes Bild zeigt sich allerdings, wenn nach den Anteilen informellen Lernens an allen Lernprozessen oder der individuellen Bedeutung informellen Lernens für die Kompetenzentwicklung gefragt wird. In diesem Zusammenhang wird immer wieder darauf aufmerksam gemacht, dass dem informellen Lernen hier (zumeist) größere Anteile zukommen. Dennoch ist die Frage der Bedeutung informellen Lernens nicht pauschal zu beantworten. Zwar kann grundsätzlich davon ausgegangen werden, dass das informelle Lernen als „Begleiterscheinung des täglichen Lebens" (Europäische Kommission) eine „Grundform des menschlichen Lernens" (Dohmen) darstellt und damit ein Leben ohne informelles Lernen nicht vorstellbar ist. Die Bedeutung dieser Lernform entscheidet sich aber im Zusammenhang mit den Verwertungsmöglichkeiten der

---

[1] Aktuell erscheint ein weiteres „Handbuch Informelles Lernen" von Burger, Harring und Witte (2015).

so erworbenen Kompetenzen, sowie der Effektivität und Effizienz angesichts der gegebenen Lernherausforderungen.

Das informelle Lernen tritt dabei als Hoffnungsträger auf, der Antworten auf die Fragen und Probleme bietet, mit denen das Bildungssystem aktuell konfrontiert ist, wie z. B. veränderte und dynamische Kompetenzanforderungen oder das schnelle Wachstum und der permanente Aktualisierungsbedarf des Wissens. Informelles Lernen dient dabei als Konstrukt, das nicht nur mit verschiedensten und teils konträren Erwartungen behaftet ist, sondern auch sehr vielfältigen Interpretationen unterliegt. Diese Situation führt mitunter dazu, dass der Begriff als gänzlich unbrauchbar klassifiziert wird. Die Ursache dafür wird darin gesehen, dass das informelle Lernen zunächst als „informal education" und später als „informal learning" in der angloamerikanischen Diskussion geprägt und dann in der Entwicklungszusammenarbeit populär wurde. Dadurch sind nicht nur Probleme der Übersetzung vorhanden, sondern auch andere kulturelle Hintergründe und Bildungsstrukturen für die Diskussion prägend gewesen, die mit der zunehmenden Globalisierung des Begriffs zu unterschiedlichen Ausdeutungen geführt haben. Zum anderen gibt es eine Reihe etablierter Begriffe, deren Abgrenzung bzw. Schnittstellen zum informellen Lernen weitgehend ungeklärt sind. Auch die in diesem Buch versammelten Beiträge gehen von keinem einheitlichen Verständnis aus, sondern spiegeln diese Heterogenität wieder. Der Titel des Handbuchs „Informelles Lernen" ist in dieser Hinsicht ein Kompromiss, der einen begrifflichen Fixpunkt für eine umfassendere Diskussion darstellt. Dabei werden im engeren Sinne Lernprozesse außerhalb formaler Bildungseinrichtungen betrachtet, aber auch - in einem weiteren Verständnis- Formen informellen Lernens, die durch die Gestaltung entsprechender Lernumgebungen gezielt ermöglicht und gefördert werden, wie z.B. im Prozess der Arbeit oder in Museen.

Informelles Lernen wird damit nicht allein durch den *Ort*, sondern auch durch die *Form* charakterisiert. Welche Kriterien diese Form beschreiben, wurde und wird dabei kontrovers diskutiert. Wesentlich dabei ist, dass informelles Lernen damit auch im Kontext formaler Bildung betrachtet wird.

Pädagogisch ergibt sich daraus die Frage des Umgangs mit informellen Lernprozessen und den Möglichkeiten der Gestaltung und Steuerung. In dieser Frage kann ein Widerspruch gesehen werden, wenn mit der Pädagogisierung auch eine Formalisierung des Lernens verbunden wird. Die Zielrichtung pädagogischer Intervention kann daher nur darin bestehen, das informelle Lernen zu fördern oder mit organisiertem Lernen zu verbinden, ohne den Charakter des informellen Lernens dabei zu verändern.

Die Gründe für eine Förderung informellen Lernens sind dabei vielschichtig und reichen von bildungspolitischen bis lerntheoretischen Argumentationen. So werden formelle und informelle Lernprozesse vor dem Hintergrund der Kompetenzorientierung als komplementäre Bestandteile des Lernens gesehen, die sich gegenseitig ergänzen und befruchten. Bildungspolitischen werden mit dem informellen Lernen hingegen Hoffnungen nach mehr Bildungsgerechtigkeit und einer Verringerung sozialer Ungleichheit verbunden. Getrieben durch diese Hoffnungen wird - jenseits aller übertriebenen Erwartungen und vorhandenen Grenzen und Risiken – eine ganzheitlichen Betrachtung des Lernens in allen Lebenszusammenhängen gefördert. Ziel dieses Handbuchs ist es in diesem Sinne, eine Einführung in das Thema und eine Orientierung im komplexen Diskurs zum informellen Lernen zu geben. Damit richtet es sich vor allem an diejenigen, die sich das Themenfeld systematisch erschließen wollen. Gleichzeitig wird aber auch die Breite der Diskussion zum informellen Lernen wiedergegeben, womit es auch für alle interessant ist, die ihr Wissen punktuell erweitern wollen. Dabei ist sich der Herausgeber bewusst, dass es nicht möglich ist die Breite der Diskussion und der vorliegenden Forschungsergebnisse umfassend abzubilden. Größere Lücken sollen aber sukzessive geschlossen werden. Somit stellt diese Ausgabe nur den Beginn einer weiterführenden Auseinandersetzung mit dem Themenfeld dar. Ein bewusster Fokus wird dabei auf die deutschsprachige und europäische Diskussion sowie die Rolle digitaler Medien gelegt.

Das Handbuch ist in 10 Kapitel gegliedert:

1. Die Beiträgen des *ersten Kapitels* bieten eine Einführung in das Themenfeld. Sie erschließen die historische **Genese** der Diskussion zum informellen Lernen, führen in das **Begriffsverständnis** ein und eröffnen über empirische Ergebnisse zur **Beteiligung** am informellen Lernen ein Verständnis zur Bedeutung dieser Lernform.
2. Im *zweiten Kapitel* wird der Diskussionsstand zum informellen Lernen in verschiedenen **pädagogischen Handlungsfeldern und Diskursen** wiedergegeben. Damit wird auf der einen Seite eine spezifische Einführung im jeweiligen Diskursfeld geboten und auf der anderen Seite ein Vergleich der Auseinandersetzung in den Zweigen der Pädagogik möglich, in denen das informelle Lernen aktuell am intensivsten diskutiert wird.
3. Das *dritte* Kapitel öffnet die Perspektive, indem das informelle Lernen aus **anderen disziplinären Zusammenhängen** betrachtet wird. Die ausgewählten Beiträge sind beispielhaft in dem Sinne, dass sie die relevanten Bezugsdisziplinen nicht erschöpfend wiederspiegeln. Gleichzeitig zeichnen sie sich durch eine besondere Relevanz für die Auseinandersetzung zum informellen Lernen aus. Dadurch sollen mögliche interdisziplinäre Schnittstellen, aber auch Außenperspektiven auf den pädagogischen Diskurs sichtbar gemacht werden, die zu einem neuen Nachdenken anregen sollen.
4. In einer systematischen Betrachtung analysieren die folgenden Kapitel die Bedeutung informellen Lernens in verschiedenen Lebensphasen, Kontexten und für verschiedenen Inhalte. Die Beiträge des *vierten* Kapitels gehen zunächst auf die Bedeutung informellen Lernens in **verschiedenen Lebensphasen** ein. Damit werden der Leitgedanke des Lebenslangen Lernens und die Frage nach der spezifischen Bedeutung informellen Lernens in den einzelnen Lebensphasen aufgegriffen.
5. Das *fünfte* Kapitel betrachtet das informelle Lernen in **ausgewählten Kontexten**, unabhängig davon, ob und in welchem Umfang dabei ein Bildungsauftrag

vorliegt und informelles Lernen bewusst gefördert wird. Damit sind sowohl Bildungseinrichtungen als auch die Arbeit und die Freizeit als Kontexte informellen Lernens angesprochen.

6. Das *sechste* Kapitel versammelt schließlich verschiedenen Aufsätze, die sich dem informellen Lernen **inhaltsbezogen** widmen und damit eine auf den Kontext und die Lebensphasen bezogen übergreifende Sichtweise einnehmen. Dabei wird deutlich, welche Rolle informelles Lernen für die Aneignung von spezifischem Wissen und Kompetenzen spielt.
7. Wie diese Potenziale informellen Lernens **gefördert** werden können, ist Inhalt des *siebten* Kapitels. Dabei werden organisationspädagogische und -psychologische Sichtweisen ebenso aufgegriffen, wie Fragen zur Didaktik und der Rolle des Raums. Die Beiträge bewegen sich damit an der Grenze zwischen der Ermöglichung und der Formalisierung informellen Lernens und loten mögliche Grenzen aus.
8. **Digitalen Medien** kommt in diesem Zusammenhang eine besondere Bedeutung zu, da sie nicht nur neue Lernmöglichkeiten erschließen, sondern auch Verbindungen zwischen formellem und informellem Lernen herstellen können. Es lässt sich aber auch kritisch hinterfragen, wie digitale Medien durch ihre Allgegenwärtigkeit nicht nur Lernen fördern, sondern auch Lernen in allen Lebenszusammenhängen fordern. Vor diesem Hintergrund widmet sich das *achte* Kapitel ausschließlich den Fragen nach den Chancen und Risiken digitaler Medien für das informelle Lernen.
9. In gleicher Weise, wie die digitalen Medien als frei verfügbare Bildungsressourcen im Internet den Zugang zu (informeller) Bildung verbessern können, sind auch mit der **Anerkennung informell erworbener Kompetenzen** Hoffnungen auf eine größere Bildungsgerechtigkeit verbunden. Dabei existiert eine große Bandbreite an Verfahren und nationalstaatlichen Lösungen, die sich in unterschiedlichem Umfang etabliert haben. Die Beiträge im *neunten* Kapitel bieten eine Übersicht zum aktuellen Diskussionsstand dieses bildungspolitisch wichtigen Themas.
10. Das *zehnte* und letzten Kapitel greift mit **forschungsmethodischen Fragestellungen** ein Themenfeld auf, das für die wissenschaftlichen Fundierung einen zentralen Stellenwert besitzt, bisher aber weitgehend vernachlässigt ist. Angefangen von Fragen der Operationalisierung informellen Lernens bis zur methodischen Erschließung informeller Lernprozesse gibt es in diesem Feld Desiderate, die im Gesamtkontext eine stärkere Beachtung finden müssten.

Das vorliegende Handbuch soll Anstoß und Unterstützung sein, sich näher mit dem informellen Lernen zu beschäftigen und mit den offenen Fragen auseinanderzusetzen. Ich danke allen Autorinnen und Autoren die mit ihren Beiträgen zu diesem Handbuch beigetragen haben für die gute Zusammenarbeit. Insbesondere danke ich Prof. Dr. Peter Dehnbostel und Prof. Dr. Bernd Overwien, die durch ihre Forschungsarbeiten die Auseinandersetzung zum informellen Lernen in Deutschland wesentlich vorangetrieben und mich in meiner persönlichen Auseinandersetzung mit diesem Thema wesentlich beeinflusst und unterstützt haben. Sie waren und sind dabei für mich nicht nur in wissenschaftlicher, sondern auch in zwischenmenschlicher Hinsicht immer ein wichtiger Orientierungspunkt.

Januar 2016   Matthias Rohs
Kaiserslautern

Inhaltsverzeichnis

Teil I Genese, Begriff und Beteiligung	**1**
Genese informellen Lernens Matthias Rohs	3
International Perspectives on the Definition of Informal Learning Patrick Werquin	39
Beteiligung am informellen Lernen Katrin Kaufmann	65
Teil II Pädagogische Handlungsfelder und Diskurse	**87**
Informelles Lernen in der Berufsbildung Gabriele Molzberger	89
Informelles Lernen in der Erwachsenenbildung/Weiterbildung Dieter Gnahs	107
Informelles Lernen in der Medienpädagogik Manuela Pietraß	123
Informelles Lernen in der Freizeitpädagogik Dieter Brinkmann und Renate Freericks	143
Teil III Andere disziplinäre Zugänge	**163**
Informelles Lernen aus philosophischer Perspektive Volker Ladenthin	165
Informelles Lernen aus psychologischer Perspektive Una M. Röhr-Sendlmeier und Udo Käser	207
Informelles Lernen aus wirtschaftswissenschaftlicher Perspektive Manfred Becker	225

Teil IV   Informelles Lernen in verschiedenen Lebensphasen **259**

Informelles Lernen im Jugendalter 261
Wiebken Düx und Thomas Rauschenbach

Familie als informelles Lern- und Bildungsfeld 285
Alexandra Schmidt-Wenzel

Informelles Lernen älterer Erwachsener 303
Bernhard Schmidt-Hertha und Veronika Thalhammer

Teil V   Kontexte informellen Lernens **323**

Informelles Lernen in der Schule 325
Thomas Coelen, Frank Gusinde, Nina Lieske und Matthias Trautmann

Informelles Lernen in der betrieblichen Bildungsarbeit 343
Peter Dehnbostel

Informelles Lernen im freiwilligen Engagement 365
Wiebken Düx und Erich Sass

Informelles Lernen in Museum und Science Center 379
Stephan Schwan

Teil VI   Inhalte informellen Lernens **397**

Informelles Lernen und politische Bildung 399
Bernd Overwien

Informelles Lernen und Sport 413
Stefan Hansen

Informelles Lernen und nachhaltige Entwicklung 437
Maik Adomßent

Informelles Lernen und ökonomische Bildung 455
Michael Schuhen und Fabian Kunde

Teil VII   Förderung des informellen Lernens **467**

Arbeitsgestaltung für informelles Lernen 469
Ekkehart Frieling und Ellen Schäfer

„Didaktik" informellen Lernens 483
Rolf Arnold

Raum und Architektur für informelles Lernen 495
Ina Herrmann

| Teil VIII | Informelles Lernen mit digitalen Medien | 513 |

Informelles Lernen mit digitalen Medien in der Schule 515
Sandra Aßmann

Informelles Lernen mit digitalen Medien in der Hochschule 529
Sandra Hofhues

Informelles Lernen mit digitalen Medien in Unternehmen 547
Sabine Seufert und Christoph Meier

Informelles Lernen und digitale Spaltung 567
Stefan Iske, Alexandra Klein und Dan Verständig

| Teil IX | Anerkennung informell erworbener Kompetenzen | 585 |

Anerkennung informell erworbener Kompetenzen 587
Gesa Münchhausen und Sabine Seidel

Verfahren und Instrumente zur Erfassung informell erworbener
Kompetenzen 609
Harry Neß

| Teil X | Forschungsmethodische Zugänge | 635 |

Statistische Erfassung informellen Lernens 637
Frauke Bilger

Quantitative Methoden zur Erforschung informellen Lernens 659
Johannes Moskaliuk und Ulrike Cress

Mitarbeiterverzeichnis

Sandra Aßmann Institut für Allgemeine Didaktik und Schulforschung, Humanwissenschaftliche Fakultät, Universität zu Köln, Köln, Deutschland

Fachgebiet Erziehungs- und Sozialwissenschaften, Humanwissenschaftliche Fakultät, Universität zu Köln, Köln, Deutschland

Maik Adomßent Institut für Umweltkommunikation INFU, Leuphana Universität Lüneburg, Lüneburg, Deutschland

Rolf Arnold Fachgebiet Pädagogik, Fachbereich Sozialwissenschaften, Technische Universität Kaiserslautern, Kaiserslautern, Deutschland

Manfred Becker Martin-Luther-Universität Halle-Wittenberg eo ipso personal- und organisationsberatung gmbh, Mainz, Deutschland

Frauke Bilger TNS Infratest Sozialforschung, München, Deutschland

Dieter Brinkmann Hochschule Bremen, Bremen, Deutschland

Thomas Coelen Fakultät II Bildung-Architektur-Künste, Erziehungswissenschaft Psychologie, Universität Siegen, Siegen, Deutschland

Ulrike Cress Leibniz-Institut für Wissensmedien (IWM), Tübingen, Deutschland

Peter Dehnbostel Department Bildung, Deutsche Universität für Weiterbildung, Bonn, Deutschland

Wiebken Düx Forschungsverbund DJI/TU Dortmund (bis 2010), Dortmund, NRW, Deutschland

Renate Freericks Fakultät Gesellschaftswissenschaften, Hochschule Bremen, Bremen, Deutschland

Ekkehart Frieling Utting, Deutschland

Dieter Gnahs Essen, Deutschland

Frank Gusinde Fakultät II Bildung-Architektur-Künste, Erziehungswissenschaft Psychologie, Universität Siegen, Siegen, Deutschland

Stefan Hansen Abteilung Sportsoziologie, Humboldt-Universität zu Berlin, Institut für Sportwissenschaft, Berlin, Deutschland

Ina Herrmann Arbeitsgruppe raumwissenschaftliche Schul- und Bildungsforschung, Fakultät für Bildungswissenschaften, Universität Duisburg-Essen, Essen, Deutschland

Sandra Hofhues Institut für allgemeine Didaktik und Schulforschung, Universität Köln, Köln, Deutschland

Stefan Iske Fachbereich Erziehungswissenschaften Institut für Sozialpädagogik und Erwachsenenbildung, Goethe-Universität, Frankfurt am Main, Deutschland

Udo Käser Institut für Psychologie, Universität Bonn, Bonn, Deutschland

Katrin Kaufmann Arbeitsbereich Empirische Weiterbildungsforschung, Fachbereich Erziehungswissenschaft und Psychologie, Freie Universität Berlin, Berlin, Deutschland

Alexandra Klein Institut für Sozialpädagogik und Erwachsenenbildung, Goethe-Universität, Fachbereich Erziehungswissenschaft, Frankfurt am Main, Deutschland

Fabian Kunde Zentrum für ökonomische Bildung (ZöBiS), Universität Siegen, Siegen, Deutschland

Volker Ladenthin Historische und Systematische Erziehungswissenschaft, Universität Bonn, Bildungswissenschaften, Bonn, Deutschland

Nina Lieske Fakultät II Bildung-Architektur-Künste, Erziehungswissenschaft Psychologie, Universität Siegen, Siegen, Deutschland

Christoph Meier Institut für Wirtschaftspädagogik, Universität St. Gallen, St. Gallen, Schweiz

Gabriele Molzberger Fakultät für Human- und Sozialwissenschaften, Bergische Universität Wuppertal, Wuppertal, Deutschland

Johannes Moskaliuk EBC-Hochschule, Düsseldorf, Deutschland

Gesa Münchhausen Bundesinsitut für Berufsbildung, Bonn, Deutschland

Harry Neß Deutsches Institut für internationale pädagogische Forschung, Frankfurt am Main, Deutschland

Bernd Overwien Didaktik der politischen Bildung, Universität Kassel, Fachbereich Gesellschaftswissenschaften, Kassel, Deutschland

Manuela Pietraß Fakultät für Humanwissenschaften, Universität der Bundeswehr München, Neubiberg, Deutschland

Thomas Rauschenbach Deutsches Jugendinstitut, München, Deutschland

Una M. Röhr-Sendlmeier Institut für Psychologie, Universität Bonn, Bonn, Deutschland

Matthias Rohs Fachbereich Sozialwissenschaften, Technische Universität Kaiserslautern, Kaiserslautern, Deutschland

Erich Sass Fakultät 12 Erziehungwissenschaft und Soziologie, Technische Universität Dortmund, Dortmund, Deutschland

Ellen Schäfer Fachgebiet A&O-Psychologie, Universität Kassel, Kassel, Deutschland

Bernhard Schmidt-Hertha Institut für Erziehungswissenschaft, Universität Tübingen, Wirtschafts- und Sozialwissenschaftliche Fakultät, Tübingen, Deutschland

Alexandra Schmidt-Wenzel Sozialwesen, Hochschule Potsdam, Potsdam, Deutschland

Michael Schuhen Zentrum für ökonomische Bildung (ZöBiS), Universität Siegen, Siegen, Deutschland

Stephan Schwan Leibniz-Institut für Wissensmedien, Tübingen, Deutschland

Sabine Seidel Institut für Entwicklungsplanung und Strukturforschung, Hannover, Deutschland

Sabine Seufert Institut für Wirtschaftspädagogik, Universität St. Gallen, St. Gallen, Schweiz

Veronika Thalhammer Institut für Erziehungswissenschaft, Universität Tübingen, Wirtschafts- und Sozialwissenschaftliche Fakultät, Tübingen, Deutschland

Matthias Trautmann Fakultät II Bildung-Architektur-Künste, Erziehungswissenschaft Psychologie, Universität Siegen, Siegen, Deutschland

Dan Verständig Institut für Erziehungswissenschaft, Otto-von-Guericke-Universität Magdeburg, Magdeburg, Deutschland

Patrick Werquin CNAM (Conservatoire national des arts et métiers; A French Higher Education and Research Institution), Paris; and international independent consultant, Saint-Sulpice-sur-Lèze, France

Teil I
Genese, Begriff und Beteiligung

Genese informellen Lernens

Matthias Rohs

Inhalt

1	Einführung	4
2	Von der Antike bis 1899: Vorläufer des Diskussion	5
3	1899–1949: Die Einführung des Begriffs in die wissenschaftliche Diskussion	7
4	1950–1969: Die Entdeckung der *non-formal education* in der Bildungspolitik	11
5	1970–1979: Die Blütezeit der non-formal education	14
6	1980–1989: Von der non-formal education zum informal learning	21
7	1990–1999: Informelles Lernen im Fokus der betrieblichen Bildung	23
8	2000–2009: Die Anerkennung informell erworbener Kompetenzen als Thema der europäischer Bildungspolitik	26
9	Ab 2010: Informelles Lernen mit digitalen Medien	29
	Literatur	30

Zusammenfassung

Die Popularität des informellen Lernens hat in den letzten Jahrzehnten dazu geführt, dass der Begriff vielfältigsten Deutungen und Interpretationen unterworfen wurde. Die Darstellung der Entstehung und Entwicklung der wissenschaftlichen und bildungspolitischen Auseinandersetzung soll zum einen dabei unterstützen, die verschiedenen Diskussionen in den pädagogischen Teildisziplinen besser nachvollziehen zu können und zum anderen ein tragfähiges Fundament für die wissenschaftliche Auseinandersetzung bieten.

Schlüsselwörter

Informelles Lernen • Non-formales Lernen • Informelle Bildung • Geschichte • Genese • Informal learning • Non-formal education

M. Rohs (✉)
Fachbereich Sozialwissenschaften, Technische Universität Kaiserslautern, Kaiserslautern, Deutschland
E-Mail: matthias.rohs@sowi.uni-kl.de

1   Einführung

Der folgende Beitrag soll eine Übersicht über die Entwicklungsgeschichte zum informellen Lernen geben.[1] Aufgrund der Wurzeln des Begriffs im angloamerikanischen Raum wird dabei auch die Diskussion zu *informal/non-formal*[2] *learning/ education*[3] berücksichtigt. Die historische Betrachtung erscheint notwendig, da aufgrund der Populatität und der bildungspoltischen Bedeutung, die dem informellen Lernen in den letzten Jahrzehnten zuteil wurde, zu einer zunehmenden Unschärfe des Begriffs geführt hat.

Die Betrachtung der Entwicklungsgeschichte des informellen Lernens kann dieses „Unschärfe-Problem" nicht beseitigen, aber zu einem besseren Verständis und einer besseren Einordnung der aktuellen Diskussion beitragen. Damit reiht sich dieser Beitrag in eine Vielzahl ähnlicher Artikel ein (Colley et al. 2003; Dohmen 2001; Overwien 2005; Straka 2000, 2004; Zürcher 2007). Im Unterschied zu diesen Artikeln sollen an dieser Stelle die verschiedenen Entwicklungsstränge der Diskussion breiter dargestellt werden, um ein umfassenderes Bild in den pädagogischen Teilbereichen zu erlangen, die sich heute mit dem informellen Lernen beschäftigen. Durch diesen übergreifenden Blickwinkel ist es nicht möglich, einzelne Phasen der Auseinandersetzung zu beschreiben, wie es Colley et al. (2003, S. 9–17) getan haben, da sich die Diskussionen in den einzelnen Bereichen unterschiedlich entwickelt haben. Daher wurde, mit Ausnahme der ersten beiden Entwicklungsphasen, die Dekade als zeitlich strukturierende Einheit gewählt.

Der Anspruch, die gesamte Entwicklungsgeschichte informellen Lernens in ihrer Breite nachzuzeichnen, ist an dieser Stelle aufgrund des begrenzten Umfangs nicht möglich. Daher wird an vielen Stellen auch auf die relevanten Proagonist_innen bzw. damit verbundene Publikationen verwiesen, die Komplexität und Vielfältigkeit der Auseinandersetzung wiederspiegeln. Darüber hinaus wird, sofern vorhanden, ein besonderer Fokus auf die deutschsprachige Diskussion gelegt. Aber auch hier wird aus Gründen des Umfangs ein enger Zuschnitt gewählt, d. h. vor allem auf die Literatur eingegangen, die sich explizt mit informellem Lernen/informeller Bildung beschäftigt.[4]

Letzendlich ist es auch ein Anliegen des Beitrags, einige „Mythen" zu korrigieren, die in den einschlägigen Publikationen zum informellen Lernen immer wieder auftauchen, um damit der weiteren Auseinandersetzung zum Thema ein festeres Fundament zu geben. Um neue Fehlinterpretationen zu vermeiden und einen möglichst

---

[1]Damit steht nicht die begriffliche Auseinandersetzung im Vordergrund.

[2]In der Literatur wird sowohl die Schreibweise *non-formal* als auch *nonformal* benutzt. Sofern kein direkter Bezug zur Literatur besteht, wird im Text die Schreibweise *non-formal* genutzt (siehe Oxford Dictionaries: http://www.oxforddictionaries.com/de/definition/englisch/non-formal, 26.08.2015).

[3]Der Fokus des Beitrags liegt darauf, die aktuelle Diskussion zum informellen Lernen historisch nachzuzeichnen. Dazu gehört auch die Diskussion zur informal education bzw. informellen Bildung, die hier ebenfalls berücksichtigt wird.

[4]Literatur die sich mit ähnlichen Phänomenen unter andren Begrifflichkeiten auseinandersetzt, konnte an dieser Stelle aus Platzgründen nicht berücksichtigt werden.

authentischen Eindruck der Entwicklungszusammenhänge zu geben, wurde zudem nach Möglichkeit auf Zitate zurückgegriffen bzw. die verwendeten Begriffe nicht übersetzt.

2 Von der Antike bis 1899: Vorläufer des Diskussion

Es ist leicht nachzuvollziehen, dass das informelle Lernen nicht erst mit der begrifflichen Auseinandersetzung Ende des 19. Jahrhunderts beginnt, sondern dass das Wesen informellen Lernens vor allem auf eine Gegenüberstellung zur formalen Unterweisung beruht und entsprechende Reflexionen über das Verhältnis dieser Lernformen bis in die Antike zurückzuverfolgen sind. Dabei wird mit Verweis auf Aristoteles auf der einen Seite zwischen Lernen in Alltagssituation und einem Lernen in dafür geschaffenen Institutionen und zum anderen zwischen formaler Unterweisung und einem Lernen durch Erfahrung unterschieden (Andresen et al. 1995, S. 228). Als Unterscheidungsmerkmale werden damit sowohl der Ort als auch die Art und Weise des Lernens hervorgehoben. Daran anknüpfend verweisen Andresen et al. (1995, S. 228) beispielsweise auf den englischen Philosophen und Ökonomen John Stuart Mill (1806–1873), der auf die Unterscheidung zwischen „*formal instruction*" und „*self-education*" eingeht und die Vorzüge des Erlernens einer Fremdsprache im entsprechenden Land gegenüber das Lernen der Sprache aus Bücher hervorhob. Colley et al. (2003) verweisen darüber hinaus mit Bezug zum „non-formal leaning" auf begriffliche Überschneidungen zur Auseinandersetzung mit „self-help", „self-directed learning" oder „autodidactic learning". (ebd., S. 9), zu denen sich zahlreiche historische Bezüge und Beispiele finden ließen.

Neben diesen und weiteren Beispielen der frühen Reflexion informellen Lernens und seinen epistemischen Voraussetzungen sind es vor allem vier Teildisziplinen, die für die Betrachtung der Entwicklungsgeschichte zum informellen Lernen und informeller Bildung von Bedeutung sind:

a) Schulpädagogik
   Die Auseinandersetzung zum informellen Lernen und zur informellen Bildung erfolgt zentral in der Gegenüberstellung zur formalen Bildung. Daher spielt die Entwicklung organisierter Formen des Lernens eine zentrale Rolle. Sie lässt sich nachweislich zurückverfolgen bis in 6. Jahrtausend v. Chr. Zu dieser Zeit existierten in Ägypten bereits erste Formen des Unterrichts, der vor allem auf das Lesen und Schreiben von Hieroglyphen ausgerichtet war. Aber auch in Gesellschaften ohne Schriftkultur sind „unterrichtsählichen Kunstformen zum Zweck des Lernens nachweisbar." (Kemnitz und Sandfuchs 2009, S. 23). Die weitere Entwicklung des schulischen Unterrichts wurde vor allem in Griechenland und daran orientiert in Rom geprägt. Nach dem Niedergang des römischen Reiches avancierte dann die christliche Kirche zum zentralen Träger des Bildungswesens. Erst mit der Reformation verlor die Schulbildung aber ihren elitären, auf kleine Personenkreise ausgerichteten Charkter. Breitere Teile der Bevölkerung wurden jedoch erst in der zweiten Hälfte des 18. Jh. durch die Einführung einer Schul- und Unterrichtspflicht erreicht (Klewitz und Leschinksy 1997). Erst zu dieser Zeit

erlangte die formale Bildung eine stärkere Bedeutung, wobei auch informelle Praktiken weiterhin etabilert waren. So weist Jeffs (2004) drauf hin, dass es z. B. auch üblich war, die Kinder in Ausbildung oder den Dienst zu schicken, wo praktisch und informell Fähigkeiten erworben wurden: *„In their master's house, young people acquired domestic skills or a trade, along with a wider perspective, through instruction and observation. Within this system of eduation – which by the sixteenth and seventeenth centuries generally lasted a decade or more – boundaries between the formal and informal were hard to distinguish."* (Jeffs 2004, S. 37).

b) Berufspädagogik
In vergleichbarer Weise zur Schulpädagogik vollzog sich auch in der Berufspädagogik eine zunehmende Formalisierung des Lernens. Mit der Ablösung der Zünfte im 19. Jh. kam den Gewerbetreibenden nicht mehr allein die Tradierung des Handwerks, sondern auch die Ausbildung der Lehrlinge zu, die durch treue Anweidung und gründlichen Unterricht zu geschickten und in ihrem Fach tüchtigen Staats-Bürgern" zu erziehen waren (Preussische Apothekerordnung, zit. nach (Stratmann und Pätzold 1997, S. 115). Ab Mitte des 19. Jh. wurden dann auch die beruflichen Schulen rechtwirksam in die Gewerbeordnung eingebunden und nach und nach für die Berufsausbildung obligatorisch. Lange Zeit galt der Erwerb theoretischer Kenntnisse dabei jedoch als Fortbildung, als „Additiv zu betrieblichen Ausbildung" (ebd.). Darin wird auch das besondere Verhältnis zwischen formellem und informellem Lernen in der Berufsbildung deutlich, welches sich noch bis heute in Form der dualen Berufsausbildung zeigt.

c) Erwachsenpädagogik
Die Formalisierung des Lernens in der Erwachsenenbildung vollzog sich in enger Verbindung zur „Ausweitung zeitlicher Beteiligungskorridore" (Seitter 2011, S. 66). Noch im 18. Jh. stellte der Sonntag das einzige verfügbare Zeitfenster für Bildungsmöglichkeiten dar, welches für den Kirchgang und die Sonntagsschule genutzt wurde. Erst im Verlauf des 19. Jh. wurden die Zeitfenster für die Erwachsenenbildung zunächst um die Abendstunden (Abendklassen, Abendschulen u. a.) und eine intensivere Nutzung der Wochenenden erweitert. Eine besondere Rolle spielten dabei Medien (Wochenzeitschriften, Bücher u. a.), die eine zeitunabhängige als auch kostengünstige Möglichkeit des Zugangs zu Bildung darstellten. Von besonderer Bedeutung waren zunächst Lesegesellschaften sowie kulturelle Vereine, die u. a. zur Auseinandersetzung mit politischen, wissenschaftlichen, religiösen oder literarischen Themen genutzt wurden (Colley et al. 2003, S. 9; Jeffs 2004, S. 37; Seitter 2007).

d) Sozialpädagogik
Eine vierte Wurzel der aktuellen Diskussion zu informellem Lernen und informeller Bildung liegt in der Sozialpädagogik. Sie ist eng verbunden mit der Sozialarbeit, die ihre Ursprünge in der Einrichtung von Armenhäusern hatte, über die die Verteilung von Almosen nach festgelegten Kriterien organisiert wurde (Marzahn 1996). Die Sozialpädagogik geht hingegen zurück auf die Einrichtung von Erziehungsheimen oder Kindergärten, die der Pflege und

Erziehung von Kindern und Jugendlichen ohne Eltern dienten. Lernen erfolgt hier vor allem durch die „Wahrnehmung und das Aufgreifen von Lerngelegenheiten, die sich aus alltäglichen Zusammenhängen ergeben." (Bracker und Coelen 2007, S. 1).

Die hier nur angedeuteten Wurzeln der aktuellen Debatte zum informellen Lernen und zur informellen Bildung haben sich bis heute stark ausdifferenziert. Dabei kam es in den einzelnen Bereichen zu unterschiedlichen Formen der Formalisierung und Institutionalisierung des Lernens und der Bildung, worauf an spätere Stelle punktuell zurückgekommen wird.

3 1899–1949: Die Einführung des Begriffs in die wissenschaftliche Diskussion

Die bisherigen Beschreibungen zur Begriffsgeschichte des informellen Lernens (*informal learning*) und der informellen Bildung (*informal education*) sind sich einig, dass die Einführung des Begriffs „informal education" auf den amerikanischen Philosophen und Pädagogen John Dewey (1859–1952) zurückzuführen ist. Zu seinen Vorlesungen an der University of Chicago, an der er von 1894 bis 1904 wirkte, wurden von den Studierenden Mitschriften angefertigt. Eine dieser Mitschriften einer Vorlesung aus dem Wintersemester 1898/99 wurde 1966 von Reginald D. Archambault unter dem Titel „Lectures of the Philosophy of Education" veröffentlicht (Archambault 1966). Wie im Syllabus zu sehen ist (siehe Abb. 1), gibt es ein gesondertes Kapitel zur *informal education*.

In dieser veröffentlichten Mitschrift werden bereits viele Grundpositionen Deweys deutlich, so u. a. die Bedeutung der Erfahrung und des sozialen Lernens außerhalb der Schule als Orientierung für das schulisch organisierte Lernen:

> Going on to the school, or formal education, my first and most general point is that, fundamentally speaking, in principle the school has no other educational resources than those which exist outside of the school, that so far as the principle is concerned it is simply a continuation of the same methods which are operative in the **informal education**. The sort of material that instructs children or adults outside of school is fundamentally the same sort that has power to instruct within the school, and the same sort of contacts and relations in which one is developed out of the school must be the chief reliances also within the school. (Archambault 1966, S. 65, Hervorhebung d.V.)

Weiter argumentiert er, dass die Unterscheidung der Erziehung innerhalb und außerhalb der Schule vor allem darauf beruht, dass die Schule als Institution die allgemein verfügbaren Ressourcen in einer bewussteren und gründlicheren Art und Weise einsetzt bzw. die grundsätzliche Unterscheidung der *informal education* zum schulischen Lernen darin besteht, dass es nicht in der Form organisiert ist: *„In calling this [das Lernen außerhalb der Schule, A.d.V.] natural education unconscious, in calling it informal, we mean that it is not sufficiently organized."* (ebd., S. 66).

SYLLABUS

THE UNIVERSITY OF CHICAGO

PEDAGOGY 1 B 19. PHILOSOPHY OF EDUCATION.

BY JOHN DEWEY.

1898–1899—Winter Quarter.

A. *The Nature and Process of Education.*

I Its Conditions. (1) An educable being (See *Fiske*, The Meaning of Infancy, in Excursions of an Evolutionist; also, Destiny of Man, pp. 35–76; *Butler*, The Meaning of Education, pp. 3–34); (2) a social standard, or determining habits.

II Informal Education. (1) A process (a) of growth, (b) of adjustment. Possible conflicts. (2) Modes of Informal Education; (a) Stimulation; (b) Imitation (*Baldwin*, Mental Development, 81–91; 263–366; *Harris*, Psychological Foundations of Education, pp. 295–305 and N. E. A. Proceedings, 1895, p. 637; *Royce*, Century, May, '94); (c) Suggestion (*Baldwin*, ch. vi; Pedagogical Seminary, vol. 4, article by *Small; Thomas*, La Suggestion); (d) Influence of Environment; (e) Conscious Communication. (3) Types in Stationary and Progressive Communities.

III Formal Education. (1) Relation to Informal; (2) Education and instruction—place and function of knowledge. (Brunetiere, Education et Instruction); Herbart, Science of Education, chs. i and ii, and Bk. II, ch. iv; Herbart Year Book, Fourth Year, Article by Seth.

Abb. 1 Erste Seite des Syllabus aus den „Lectures in the Philosophy of Education" (Archambault 1966, S. 3)

In seinem pädagogischen Hauptwerk „*Democracy and Education*" (Dewey 1916) nimmt er diese Gedanken wieder auf und weist darauf hin, dass Schulen zwar eine wichtige Funktion im Rahmen der Erziehung besitzen, es aber auch noch andere Bereich gibt, die für die Erziehung von Bedeutung sind. Dazu verweist er auf die Gesellschaft, in der nicht nur Sprache, Wissen und Praktiken von den Älteren zu den Jüngeren weitergegeben werden, sondern auch Überzeugungen, Ideen und soziale Standards. Gerade Letztere können dabei nicht einfach nur weitergegeben werden, sondern bedürfen eigener Erfahrungen und der Kommunikation mit anderen. Erfahrung und Kommunikation in der sozialen Gemeinschaft bilden daher für Dewey Grundpfeiler jeder Erziehung. Der zivilisatorische Fortschritt führte jedoch dazu, dass die komplexer werdende Erfahrungswelt der Älteren für die Jungen nicht mehr zugänglich war. Es bedurfte einer systematischen (schulischen) Vorbereitung, um sich die Erfahrungswelt der Erwachsenen erschließen zu können. Diese Veränderung von einer Erziehung in unmittelbaren Erfahrungszusammenhängen zu einer systematischen Bildung bewirkt aber auch eine Entfremdung und Künstlichkeit des Lernens und die Gefahr, dass die Lebenserfahrung von der schulischen Bildung abgetrennt wird (Dewey 1916, S. 1 ff.). Dewey komm daher zu dem Schluss: „*Hence one of the weightiest problems with which the philosophy of education has to cope is the method of keeping a proper balance between the informal and the formal, the incidental and the intentional, modes of education.*" (Dewey 1916, S. 10).

Diese Überlegungen von Dewey mündeten praktisch in der Gründung einer eigenen Schule, in der er mit seiner Frau versuchte, diese Ideen umzusetzen. Die Gedanken und die Praxis zeigen damit auch erkennbare Parallelen zur Reformpädagogik.

Neben John Dewey wird die Rolle der amerikanischen Philosophin Mary Parker Follett (1868–1933) in der frühen Phase der Auseinandersetzung zum informellen Lernen betont (Conlon 2004; Smith 2002b). Dewey und Follett verbindet die Zielsetzung einer demokratischen Gesellschaft und die Rolle, die sie der Erziehung in diesem Zusammenhang zuweisen. Beide betonen die Bedeutung unmittelbarer Erfahrungen in Gruppen. Während Dewey noch der Schule eine besondere Rolle zuschreibt (Dewey 1916), erweiter Follett den Fokus auf das gesamte Leben, wobei sie insbesondere die Bedeutung lokaler Gruppen und Netzerke für das Lernen demokratischer Verhaltensweisen hervorhebt (Smith 2002b). Sie plädiert in diesem Sinne für eine engere Verbindung zwischen Lernen und Leben, ohne allerdings den Begriff der *informal education* zu nutzen:

> The training for democracy can never cease while we exercise democracy. We older ones need it exactly as much as the younger ones. That education is a continuous process is a truism. It does not end with graduation day; it does not end when ‚life' begins. Life and education must never be separated. We must have more life in our universities, more education in our life. (Follett 1918, S. 369 zit. nach Smith 2002, o. S.)

Dewey und Follett beeinflussten mit ihren Überlegungen wiederum den amerikanischen Pädagogen Eduard C. Lindemann (1885–1953), der als einer der Pioniere der Erwachsenenbildung gilt. Grundlegend für sein Verständnis von

Erwachsenenbildung war, dass es sich um einen lebenslangen Prozess handelt, der eher auf den Umgang mit Situationen als Fachinhalten beruht und damit wesentlich auf Erfahrungen beruht: „*Experience is the adult learner's living textbook.*" (Lindemann 1989, S. 7) In einen unveröffentlichten Manuskript mit dem Titel „What is Adult Education?" (Lindemann 1925) definierte Lindemann Erwachsenenbildung als:

> a cooperative venture in non-authoritarian, **informal learning**, the chief purpose of which is to discover the meaning of experience; a quest of the mind which digs down to the roots of the preconceptions which formulate our conduct; a technique of learning for adults which makes education coterminous with life and hence elevates living itself to the level of adventurous experiment. (Lindeman 1925, S. 3 zitiert nach Brookfield 1984, S. 187 f. Hervorhebung d.V.)

Mit dieser bekannten Definition führt Lindemann den Begriff des *informal learning* in die wissenschaftliche Diskussion ein, wobei diese bis in die 1970er-Jahre hinein kaum aufgegriffen wurde.

Wie Dewey hebt auch Lindemann die Bedeutung der Erfahrung für das Lernen und das Ziel der demokratischen Erziehung hervor (Brookfield 1984). Er grenzt sich dabei klar von einer beruflichen Bildung ab und zieht engere Verbindungen zur Jugend- und Sozialarbeit. Damit beeinflusste er u. a. auch die Arbeit der britischen Pädagogin Josephine Macalister Brew (Smith 2001b), die 1946 in ihrem Buch „*Informal Education: Adventures and Reflextions*" (Brew 1946) Fragen der Erwachsenenbildung mit der Jugendarbeit verband. Damit handelt es sich wohl um das erste Buch, dass sich umfassend und explizit mit der *informel education* beschäftigte. Sie unterschied dabei zwei „*methods of educational approach*":

> (...) the first through serious study such as W.E.A. [Workers' Education Association, A.d. V.] and University Extension groups provide so admirably, and the other through active participation in a variety of social units (...) education for the ordinary man has to be taken to where the ordinary man is.
> The expert has waited too long in his ill-lit and ill-equipped classrooms for people to come to him. We need a sort of ‚highways and byways' movement in this matter of education. We shall have to take it to the places where people already congregate, to the public house, the licensed club, the dance hall, the library, the places where people feel at home. (Brew 1946, S. 22)

„*Informal Education*" bedeutet für Brew darüber hinaus sich inhaltlich, methodisch aber auch sprachlich an den Möglichkeiten, Bedürfnissen und Motivationen einer (vornehmlich nicht-akademischen) Zielgruppe zu orientieren. In ihrem Buch formuliert sie dafür einen vielschichtigen Ansatz informeller Bildung (Smith 2001b). Dabei verweist sie auch auf die Bedeutung von Medien wie Radio und Kino und perspektivisch auch des Fernsehens für das Lernen (Brew 1946, S. 182).

Eine zweite Monographie, die sich ausschließlich dem Thema der *informal education* widmet, ist der 1933 an der Colgate-University im Bundesstaat Vermont erschienene Praxisbericht „Ventures in Informal Adult Education" von Thomas

H. Nelson (1933), Präsident des Central Young Men's Christian Association College (Y.M.C.A.) Chicago. Das Buch zeigt anhand von 35 Beispielen auf, wie *informal education* an Y.M.C.A. Colleges geplant und durchgeführt wurden, welche Themen behandelt wurden, wer die (pädagogische) Leitung hatte und welche Methoden eingesetzt wurden (siehe Abb. 2). Konzeptionell handelte es sich dabei zumeist um eine Folge von Veranstaltungen, die als Diskussionsgruppen mit kurzen Inputs zu einer großen Breite an gesellschaftlichen, philosophischen, politischen aber auch naturwissenschaftlichen Fragestellungen organisiert wurden (Nelson 1933, S. 8 ff.). Ziel des Buches war es dabei, eine Orientierung für eine professionellere Planung und Umsetzung der Angebote der *informal euducation* zu liefern:

> The Association secretary faces the necessity of knowing more about the interests and needs of those with whom he works. He must become more proficient in ‚leading on' seemingly trivial interests and needs into systematic and planned educational effort (…) Ventures in Adult Education should aid secretaries in discovering opportunities for adult education, in devising ways of organizing groups, in planning programs, and in improving educational processes. (…) Adult education does not begin in the study halls, nor should it be centered there, but it can be aided by the systematic work of the teacher or leader. To be really constructive it needs planned guidance and direction. (Nelson 1933, S. 6)

Zusammenfassung: Bis in die 1940er-Jahre wurde die Diskussion zu *informal education* damit fast ausschließlich in den USA und Großbritannien geführt. Auch wenn Dewey den Begriff vornehmlich im Zusammenhang mit schulischer Bildung prägte, wurde er vor allem für im Bereich der *adult education* (Lindemann), *community work* (Follett) und und *youth work* (Nelson, Brew) diskutiert. Dabei wurde der Begriff in erster Linie dazu genutzt, bestehende oder sich entwickelnde Bildungsangebote in einem weniger formalen Kontext zu beschreiben. *Informal education* wurde dabei mit der Zielsetzung verbunden, den Einzelnen in der Auseinandersetzung mit persönlichen Herausforderungen und gesellschaftlichen Veränderungen zu unterstützen, sowie zu einer demoraktischen und staatsbürgerlichen Erziehung beizutragen (Jeffs 2010, S. 573). Dazu sollten die zunehmend zur Verfügung stehenden zeitlichen Ressourcen genutzt werden (Brew 1946, S. 19).

4 1950–1969: Die Entdeckung der *non-formal education* in der Bildungspolitik

In der Nachkriegszeit wurde auf der einen Seite die Auseinandersetzung zur *informal education* in den genannten Bereichen der Erwachsenenbildung, sowie Jugend- und Sozialarbeit fortgesetzt. In der Erwachsenenbildung war es vor allem der amerikanische Erwachsenenbildner Malcolm S. Knowles (1913–1997), der mit seinem Buch „Informal Adult Education" (Knowles 1950) die Diskussion zur

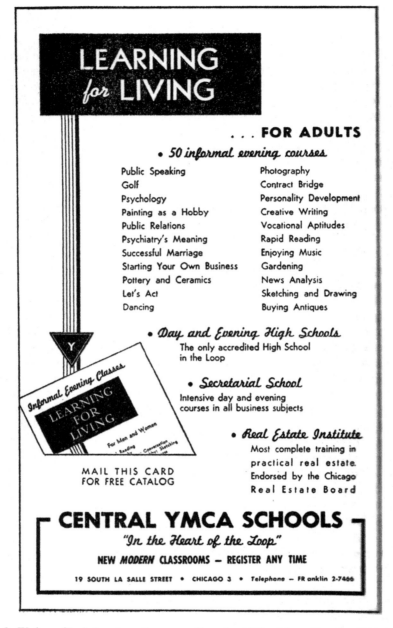

Abb. 2 Werbung für „informal evening courses" aus den 1940er-Jahren (Knowles 1950, S. 230)

informal education weiter vorantrieb. Knowles war einer der wichtigsten Figuren der amerikanischen Erwachsenenbilung in der zweiten Hälfte des 20. Jahrhunderts und Mentee von Eduard Lindemann. Schon im Vorwort zu „*Informal Adult Education*" von Overstreet wird deutlich, dass auf der einen Seite die Unterscheidung zwischen *formal* und *informal adult education* zu dieser Zeit schon etabliert ist, dass aber weiterhin – anknüpfend an Nelson (1933) – Fragen eines bewussten Umgangs und einer gezielten Nutzung noch weitgehend unbeantwortet waren: „*But such education [informal adult education, A. d. V.] itself requires an attitude and a way of teaching that educators and educational administrators are only beginning to learn.*" (Knowles 1950, S. vi). Knowles selbst fügt in seiner Einleitung hinzu: „*Informal adult education is a movement so vast and so formless that a large number of people engaged in it do not realize that is what they are doing.*" (ebd., S. vii). Bei der Entwicklung einer Theorie der Erwachsenenbildung spielte *informal education* für Knowles eine wichtige Rolle. Dabei definierte er den Begriff nicht, nutze ihn aber mit Bezug auf *informal courses*,[5] als ein Lernangebot von Clubs oder Vereinen (Smith 2002a).[6] Als Unterschiede der *informal adult education* gegenüber formalen Bildungsangeboten stellt Knowles u. a. den vorübergehenden Charakter, die Flexibilität der methodischen Umsetzung, die geringere Verbindlichkeit und der geringere Aufwand dar (Knowles 1950, S. 24). Formale Kurse sind für ihn hingegen besser geeignet, Neues zu Lernen, während „Club"-Veranstaltungen die bessere Möglichkeit sind, neu Gelerntes einzuüben (Knowles 1950, S. 125).

Neben der Fortsetzung der Diskussion zur *informal education* der Vorkriegszeit setzte ab den 1950er-Jahren eine starke Expansion der formalen Bildungssysteme ein (Coombs 1968, S. 3). Ursache dafür war die Überzeugung, dass der Auf- und Ausbau der Bildungssysteme eine notwendige Voraussetzung für den Wiederaufbau und die Entwicklung der Industrieländer, als auch der wachsenden Zahl von neuen unabhängigen Staaten und den Entwicklungsländern war (Fordham 1993). So betonte auch der UNESCO-Report „*Fundamental Education: Common Ground for all Peoples*" (UNESCO 1947) die mangelnden Fähigkeiten und Kenntnisse der Bevölkerung in den Entwicklungsländern, die als Bremse für die wirtschaftliche und soziale Entwicklung gesehen wurden. Dieser UNESCO-Bericht stellt für Colley et al. (2003) den Startpunkt für die Auseinandersetzung zur *non-formal education* dar.[7] *Non-formal education* wurde als flexibler und konstengünstiger angesehen als formale Bildungsangebote und näher an den Lernformen und Bedürfnissen der Bevölkerung in den Entwicklungsländern. Als Konsequenz wurden u. a. Programme der Erwachsenenbildung iniitiert, um eine politische Führungsebene auszubilden,

---

[5] „*These courses are not for credit or a degree, but have as their objective the meeting of an immediate interest or need.*" (Jeffs 2004, S. 47).

[6] Gehäuft ist davon zu lesen, dass Knowles in seinem Buch „Informal Adult Education" den Begriff des *informal learning* in die Diskussion einführt. Diese Behauptung stimmt so nicht, da er zum einen den Begriff so nicht verwendet und zum anderen Lindemann in bereits 25 Jahre vorher genutzt hat.

[7] Mayo (1994) verweist bereits auf Anfänge der non-formal education in Form von *Jeanes Schools* in Ost- und Zentralafrika in der Zeit zwischen den Weltkriegen.

aber auch die Menschen auf das Leben in einer immer komplexer werdenden Welt vorzubereiten. (ebd.). Im Bericht selbst wird jedoch noch nicht von *non-formal education* gesprochen, sondern z. B. von „out-of-school-education" (UNESCO 1947, S. 11).[8] Unzweifelhaft wurde der Begriff der *non-formal education* aber von der UNESCO in den folgenden Jahren populär gemacht. Eine der ersten Publikationen die dezidiert den Begriff nutze, war der UNESCO-Report „Planning non-formal education in Tanzania" von Jane King (1967). Hierin schreibt sie:

> Formal education – in sharp contrast with non-formal – comprises a definable, measurable system of relatively standardized and interrelated parts. Non-formal education is a motley collection of relatively ill-defined, unstandardized and unrelated activities, each aimed at quite a different goal. Responsibility for the management of the formal educational system is usually concentrated in one or a few places-particularly in the ministry of education – whereas initiative, control and financial support of non-formal education is widely dispersed among many government and private agencies. (King 1967, S. 8)

King betont generell die Bedeutung der Angebote zur Erwachsenenbildung, bemängelt aber auch, dass die Effekte dieser Maßnahmen unklar bleiben. In ihren Untersuchungen macht sie beispielsweise deutlich, dass die tatsächliche Beteiligung an den Angeboten viel geringer ist als die Anzahl der registierten Teilnehmenden (ebd., S. 22 f.).[9] Die unzureichende Steuerung und Begleitung der Aktivitäten und die daraus resultierende Unklarheit über die Wirkung kann als ein Grund gesehen werden, warum die Förderung der *non-formal education* in den Entwicklungsländern zugunsten stärkerer Investitionen in den formalen Bildungsbereich zurückgedrängt wurden.

Zusammenfassung: Die 1950er- und 1960er-Jahren sind auf der einen Seite durch eine fortgesetzte Diskussion zur *informal education* in den industrialisierten Ländern geprägt, wobei wichtige Impulse von der nordamerikanischen Erwachsenenbildung ausgingen. Auf der anderen Seite entwickelte sich im Kontext der internationalen Zusammenarbeit das Interesse für Lernformen außerhalb des formalen Bildungssystems, die unter dem Begriff der *non-formal education* vor allem durch die UNESCO stark unterstützt wurden.

5   1970–1979: Die Blütezeit der non-formal education

Ende der 1960er-Jahre zeigte sich jedoch, dass die eingeschlagene Strategie einer Förderung formaler Bildungsangebote nicht zu gewünschten Ergebnissen führte. Anstelle des wirtschaftlichen Wachstums stagnierte die Entwicklung in den ländlichen Gebieten und die Arbeitslosigkeit in den städtischen Gebieten wuchs rasant

---

[8]In der Literatur wird im Zusammenhang mit der Einführung des Begriffs immer wieder fälschlicherweise auf den UNESCO-Report aus dem Jahre 1947 verwiesen.

[9]Ähnliche Beobachtungen berichtet auch Simkins (Knowles 1950, S. 23) von den „school of the countryside" in Kuba.

(Simkins 1976, S. 20). Gleichzeitig wurde Kritik laut, dass die formale Bildung nicht nur die falschen Fähigkeiten vermittelt, sondern auch soziale und ökonomische Ungleichheiten in den Entwicklungsländern nicht ausgleicht. Die Trägheit des formalen Bildungssystems gegenüber politischen, sozialen und technologischen Veränderungen sprach in diesem Zusammenhang aber auch generell dagegen, dass eine Reform des Systems die notwendigen Veränderungen bringen würde (Simkins 1976, S. 3).

Vor diesem Hintergrund begann eine Suche nach Lösungen und auf einer internationalen Konferenz 1967 in Williamsburg (USA) wurde die Ideen entwickelt, die Philip H. Coombs (1915–2006), Direktor des UNESCO International Institute for Educational Planning, ein Jahr später in seinem vielbeachtetes Buch „The World Education Crisis" (1968) formulierte. Darin hob er in einem gesonderten Kapitel die Bedeutung der *non-formal education* nicht nur für die Entwicklungsländer, sondern auch für die Industrienationen hervor. Coombs stellte die non-formal education und die formal education als komplementäre Elemente dar:

> nonformal educational and training activities (...) constitute – or should constitiute – an important complement to formal education in any nation's total education effort. These activities go by different names – ‚adult education,' ‚continouing education,' ‚on-the-job training', ‚accelerated training,' ‚farmer or working traing,' and ‚extension services'. They touch the lives of many people and, when well ainmed, have a high potential for contributing quickly and substantially to individual and national development. (Coombs 1968, S. 138)

In der Folge entstanden eine Reihe von Studien durch das International Council for Educational Development (ICED) unter Leitung von Philip H. Coombs, so u. a. „New Paths to Learning for Rural Children and Youth" (Coombs et al. 1973)[10] und „Building New Educational Strategies to Serve Rural Children and Youth" (Coombs und Achmed 1974) für UNICEF. Bedeutender war und ist aber wohl die Studie „Attacking Rural Poverty" (Coombs und Ahmed 1974) für die Weltbank, in der durch die Autoren erstmals auch eine differenzierte Unterscheidung zwischen *informal education, formal education* und *nonformal education* vorgenommen wurde:

> Informal education as used here is the lifelong process by which every person acquires and accumulates knowledge, skills, attitudes and insights from daily experiences and exposure to the environment – at home, at work, at play; from the example and attitudes of family and friends; from travel, reading newspapers and books; or by listening to the radio or viewing films or television. Generally, informal education is unorganized and often unsystematic; yet it accounts for the great bulk of any person's total lifetime learning including that of even a highly „schooled" person.

---

[10] „New Paths to Learning" ist der erste Zwischenbericht der Studie. Die zentrale Frage der UNICEF war dabei „*What might be done through nonformal education – in addition to transforming and strengthening the formal schools – to help meet the minimum essential learning needs of millions of educationally deprived rural children and adolescents and to help accelerate social and economic development in rural areas?*" (D. Smith 1974, S. 71).

> Formal education as used here is, of course, the highly institutionalized, chronologicallyg radeda nd hierarchicallys tructured „education system," spanning ower primary school and the upper reaches of the university.
> Nonformal education as used here is any organized, systematic, educational activity carried on outside the framework of the formal system to provide selected types of learning to particular subgroups in the population, adults as well as children. Thus defined, nonformal education includes, for example, agricultural extension and farmer training programs, adult literacy programs, occupational skill training given outside the formal system, youth clubs with substantial educational purposes, and various community programs of instruction in health, nutrition, family planning, cooperatives, and the like. (Coombs und Ahmed 1974, S. 8)

Eine weitere wichtige Publikation – sowohl für die allgemeine Diskussion zur Bildung, als auch insbesondere zur informellen Bildung – stellt der sogeannten UNESCO-Report „Learning to be: The World of Education Today and Tomorrow" dar (Faure et al. 1972) – auch bekannt als Faure-Report. Im Mittelpunkt „Weltbildungsplans" stehen dabei nicht nur die Bildungssysteme der „Dritten Welt", sondern – ähnlich wie bei Coombs (1968) – auch die Bildungsprogramme der Industriegesellschaften. Kern des Konzepts einer lernenden Gesellschaft bildete dabei das Lebenslange Lernen für alle Altersgruppen und Gesellschaftsbereiche, welches als „master concept" Grundlage aller Bildungssysteme darstellen sollte. Faure und seine Mitautor_innen betonen dabei die Bedeutung der *non-formal education* als Element der *recurrent education* und als wichtigen Zugang zu Bildung:

> Artificial or outmoded barriers between different educational disciplines, courses and levels, and between formal and non-formal education should be abolished; recurrent education should be gradually introduced and made available in the first place to certain categories of the active population. (Faure et al. 1972, S. 189)

Dabei spielen auch zunehmend Massenmendien eine wichtige Rolle. Faure et al. (1972) nutzen neben dem Begriff *non-formal education* auch undifferenziert den Terminus *informal* („informal settings", „informal programmes", „informal institutions") in der Gegenüberstellung zu *formal*. Dabei fand jedoch keine Begriffsklärung durch die Autor_innen statt. Dennoch wird dem Faure-Report eine große Bedeutung für die weitere Auseinansetzung im informellen Lernen zugesprochen, die vor allem in einer zunehmend gleichwertigen Betrachtung unterschiedlicher Lernformen für das Lebenslange Lernen lag.

Die hier erwähnten Publikationen sind im Auftrag der UNESCO und der Weltbank entstanden und hatten entsprechenden bildungspolitischen Einfluss. Es gab aber auch andere Einflüsse auf die Diskussion, die eine kritischere Haltung gegenüber den Grundsätzen der damaligen Entwicklungshilfe einnahmen. In diesen stand nicht mehr die ökonomische Entwicklung im Mittelpunkt, sondern Aspekte der politischen und sozialen Gerechtigkeit. Bildung (ob formal oder non-formal) wurde bezüglich ihres Einflusses auf eine Neo-Kolonialisierung und Förderung des Kapitalismus hinterfragt. Inspiriert durch Pädagogen wie Paolo Freire (1921–1997), der bereits 1961–1964 „Theorien und Methoden einer politisch bewußtmachenden

Alphabetisierung" (Lenhart 1993, S. 55) in Brasilien entwickelt hatte, formierte sich eine Bewegung,[11] die auf eine ökonomische, politische und kulturelle Unabhängigkeit der Entwicklungsländer von den Industrienationen gerichtet war. Die zentralen Anliegen waren, die Lebensqualität der ‚Unterprevilegierten' zu verbessern, einen finanzierbaren Beitrag zur wirtschaftlichen und sozialen Entwicklung zu leisten sowie die existierenden Ungleichheiten und die Arbeitslosigkeit zu bekämpfen (Fordham 1993; Smith 2001a).

Diese Bewegungen wirkten sich wiederum auch auf die bildungspolitischen Diskussionen in den industialisierten Ländern des Nordens aus. Beeinflusst u. a. durch die Areiten von Freire „Pedagogy of he Opressed" (1970) entstanden eine Reihe weiterer, für das informelle Lernen einflussreicher Publikationen: Dazu gehört die des austro-amerikanischen Philosophen Ivan Illich (1926–2002), der sich mit seinem Aufruf zur „*Deschooling Society*" (Illich 1971) gegen eine lebensfremde Vorbereitung der Kinder auf den Leistungs- und Konsumdruck der modernen Gesellschaft wendet. Nach seiner Auffassung liegt das Ziel eines guten Bildungswesens darin, Zugänge zu Bildung und Möglichkeiten des Austauschs mit anderen zu schaffen. Dahinter stand die Überzeugung: „*Most learning is not the result of instruction. It is rather the result of unhampered participation in a meaningful setting.*" (Illich 1971, S. 29). Zwar stellt Illich auch Bezüge zu Deweys Vorstellungen einer Schule her, plädiert aber für einen radikaleren Ansatz:

> A radical alternative to a schooled society requires not only new formal mechanisms for the formal acquisition of skills and their educational use. A deschooled society implies a new approach to incidental or informal education. (Illich 1971, S. 18)

Ein weiterer wichtiger Einfluss auf den Bereich der schulischen Bildung übte in diesem Zusammenhang der bereits im Jahr 1967 veröffentliche „Plowden Report" (Central Advisory Council for Education 1967) aus, der im Auftrag des britischen Erziehungsministeriums eine Bestandsaufnahme der elementarpädagogischen Einrichtungen vornahm und zu einer intensivierten Auseinandersetzung mit Ansätzen informeller Bildung in Großbritannien führte (Gunderson 1971). Die Kernaussage des des Plowden Reports lag in seiner Betonung auf das Kind: „*at the heart of the educational process lies the child*" (ebd., S. 7)[12] – wie es schon in den Hadow-Reports der 1930er-Jahre angelegt war (Göhlich 1997, S. 27). Das Unterrichtsgeschehen sollte sich wegbewegen von einer formalen Unterweisung, hin zu einem Lernen durch Spiel und Kreativität.

In den 1970er-Jahren fand der Plowden Report auch international Beachtung. Insbesondere in Amerika wurde er früh rezipiert (z. B. Featherstone 1968) und war

---

[11]Die damit verbundenen Ansätze wurden als Educación Popular, Popular Education oder Befreiungspädagogik bezeichnet. Overwien (2003, S. 50 ff.) beschreibt den Zusammenhang zwischen der Befreiungspädagogik und informelles Lernen und sieht darin auch Potenziale für das Lernen in modernen Industriegesellschaften.

[12]Smith (1974) berichtet, dass solche Ansätze in Großbritannien nicht neu waren, dennoch habe sie duch den Plowden-Report verstärkte Aufmerksamkeit erfahren.

wohl auch dafür ausschlaggebend, dass u. a. die amerikanischen Pädagoginnen Lillian Weber (1971) und Lydia Smith[13] (1976; 1988), nach England reisten, um die Praxis der Elementarbildung zu untersuchen. Die Schwierigkeit, den Gegenstand der Untersuchung begrifflich zu fassen, wird in folgendem Zitat von Smith deutlich:

> However, there is no similarily accepted terminology (or body of ideas) in this country, and it is difficult to find terms to describe the kind of schooling I was interested in investigating. Indeed, there are by now so many terms that nearly all one can do is list them by way of information and then use ones that seems congenial.
> My own preference is either the word ‚informal', since it emphasizes nontraditional, nonformal methods, or else ‚child-centered', with its stress on the central concern fort he whole child. Other terms I used occasionally like ‚activity-based', to refer particulary to the work going on in the classroom. Another word that I hears is ‚open', but in England that is an architectural term, not descriptive of any particular method as in the United States. Then there is ‚integrated day', to refer to a schedule which integrates all activities into one long block of time, or ‚family grouping,' which means a classroom with children of various ages working within it. One will also hear ‚progessive', ‚the material-rich environment', ‚the play way', ‚infant-school methods', ‚experimental learning',‚environmental studies' and so on. (Smith 1976, S. 9 f.).

Die Aufzählung der Ansätze macht deutlich, dass die Beschreibung *informell* vor allem als Unterscheidung zum formalen Lernen diente (Kernig 1997, S. 41). Moira McKenzie und Wendla Kernig, zwei britische Schulleiterinnen in den 1970er-Jahren, beschreiben den Unterschied zur *formal education* in ihren Buch „The Challenge of Informal Education" (1975) wie folgt:

> Informal learning and teaching are activities which take place in a planned environment so arranged that each child is free to use time, space, materials, and skilled adult help in order to advance in learning along the path indicated by his own interests and learning-style. The teacher's task is to ascertain each child's individual concerns and style of learning, so that the school environment is planned and maintained in response to these known needs. Her function then, is actively to assist the child to achieve educational objectives initiated by his own interests and inquiries. (McKenzie und Kernig 1975 S. xi)[14]

Informal education stand in diesen Diskussionszusammenhängen in enger Verbindung zu Ansätzen der *Open Education*. So heißt es beispielsweise auch der Untertitel von McKenziw und Kerning (ebd.): „Extending Young Children's Learning in the Open Classroom". Daher verwundert es auch nicht, das die britische Diskussion zur *informal education* in den USA unter dem Begriff *Open Education* aufgegriffen, diskutiert und praktisch umgesetzt wurde (Reketat 2001, S. 13).

Auch in Deutschland wurde der Plowden Report wahrgenommen, fand jedoch zunächst wenig Beachtung (Göhlich 1997, S. 30 f.). Erst ab Mitte der 1970er-Jahre intensivierte sich die Rezeption und erste Transferversuche der *informal education* im Grundschulbereich wurden durchgeführt. Dabei kam es zu einer

---

[13]Bezüglich ihrer Motivation schrieb Smith (1988, S. 2): „In 1972, I too made my pilgrimage, fasciniated by the remarkable accounts of English informal schools, and wondering where their ideas and practices had come from."

[14]Die deutsche Übersetzung findet sich. in Kernig (Smith 1976).

Vermischung mit Ansätzen der US-amerikanischen *Open Education* sowie der Reform-, Montessori- und Freinet-Pädagogik, die zusammengenommen als *offener Unterricht* bezeichnet wurden. „*Offener Unterricht im Sinne der Informal Education ist keine Unterrichtsmethode oder Organisatiomform, sondern eine pädagogische Haltung, deren methodische Umsetzung insbesondere aus der Ermöglichung entdeckenden Lernens besteht [...]*" (Göhlich 1997, S. 38). Zentral ist dabei, dass die Gestaltung des Schulalltags an den Interessen der Kinder ausgerichtet ist, weitgehend frei von zeitlichen und thematischen Restriktionen (ebd.).[15]

Für die Erwachsenenbildung lassen sich nach Fordham (1993) in den 1970er-Jahren zwei Strömungen *der informal education* identifizieren. Zum einen Angebote, die sich auf berufliche und allgemeine Themen orientieren und aus einer Reihe von Veranstaltungsterminen bestehen, die zu (mehr oder weniger) festen Thema angeboten werden. Zum anderen gab es aber auch Angebote, die stärker der *Community* oder *Popular Education* zugeordnet werden können. Diese Angebote richten sich eher auf Benachteiligte und hatten ihren Ausgangspunkt vor allem in Aktivitäten, wie Gemeinschaftszeitungen, oder die Errichtung eines Gemeinschaftszentrums. Im Gegensatz zu *community work* waren diese Angebote aber auf die Entwicklung eines Bildungsangebots gerichtet und unterschieden sich damit von informellen Lernformen. In der Intention hinter dem Angebot sieht Fordham auch den grundlegenden Unterschied zwischen *non-formal* und *informal*.

Besondere Bedeutung für die Erwachsenenbildung hatte in dieser Zeit – und darüber hinaus – die Untersuchung des kandischen Erwachsenenbildner Allen Tough (1936–2012), der in seinem Buch „The Adult's Learning Project" (Tough 1971) erste empirische Belege für den Umfang informellen Lernens publizierte.[16] Dabei betrachtet er individuelle Lernprojekt, die sich als Reaktion auf lebensgeschichtlich bedeutsame Ereignisse und Herausforderungen (z. B. Übergang in den Ruhestand, Geburt eines Kindes, Hausbau, Berufswechsel) ergeben und in bewusste Lernanstrengungen münden. Als Ergebnis der Befragung[17] zeigte sich:

> In summary, about 20 % of all learning projects are planned by a professional (someone trained, paid, or institutionally designated to facilitate the learning). The professional operates in a group (10 %), in a one-to-one situation (7 %), or indirectly through completely

---

[15]Als Ausdruck eines sich verändernden und breiteren Verständnisses von Schule in den 1970er - Jahren in Deutschland verweist Straka (2000) beispielsweise auf die „Allgemeinen Unterrichtslehre" von Franz Huber aus dem Jahr 1972. Dieser beschreibt hier das Lernen in der Schule als eine Sonderform des Lernens, welches Gemeinsamkeiten mit dem *natürlichen Lernen* aufweist, aber auch ohne Lehren und Lehrer auskommt (Straka 2000, S. 22).

[16]Tough selbst benutzt in seinem Buch „Adult Learning's Project" noch nicht die Begriffe „informal" oder „non-formal", bezieht sich darauf aber in späteren Publikationen, wie z.B. „The Iceberg on Information Adult Learning" (Tough 2002).

[17]66 Interviews flossen in die Auswertung ein. Das Sample bestand dabei aus sieben Personengruppen: *Professors* (n = 10), *Politicians* (n = 10), *Lower-White-Collar-Men* (n = 10), *Factory Worker* (n = 10), *Lower-White-Collar-Woman* (n = 10), *Teacher* (n = 6) und *Mothers* (n = 10) (1997, S. 42).

pre-programmed nonhuman resources such as programmed instruction or a television series (3 %). In the other 80 % of all learning projects, the detailed day-to-day planning is handled by an ‚amateur.' This is usually the learner himself or herself (73 %), but occasionally it is a friend (3 %) or a democratic group of peers (4 %). (Tough 1971, S. 173)

Das 80 % des Lernens als nicht „*planned by a professional*" stattfinden, vergleicht Tough metaphorisch mit einem Eisberg, bei dem bisher nur der verhältnismäßig kleine sichtbare Teil betrachtet wurde. Dabei berücksichtigen die Ergebnisse nur intentionale Lernprozesse, die mindestens sieben Stunden umfassen (siehe auch Reischmann 2014, S. 26). Die OECD verweist in ihrem Report „*Learning Opportunities for Adults*" (OECD 1977) auf Informationen des US Department of Health, Education and Welfare wonach „*Self-planned and initiated learning accounts for approximately two-thirds of the total learning efforts of adults.*" (OECD 1977, S. 20, Hervorhebungen im Original). Damit lagen auch erstmal empirische und statische Belege für die Bedeutung informellen Lernens vor, die Ausdruck einer sich intensivierenden wissenschaftlichen Auseinandersetzung mit *non-formal* und *informal education/learning* waren (z. B. Burton und Brown 1978; Scribner und Cole 1973).

In Deutschland gab es in der Erwachsenenbildung zwar auch eine Auseinandersetzung zu einem *natürlicheren* und weniger organisiertem Lernen, der Fokus lag aber auf organisierte Formen des Lernens. So formulierte der Deutsche Bildungsrat 1970 im Strukturplan für das Bildungswesen:

Der Einzelne, der sich auf den Zuwachs an unsystematischer, häufig unreflektierter Erfahrung beschränken würde, könnte mit der Entwicklung nicht mehr Schritt halten. Immer mehr Menschen müssen durch organisierte Weiterbildung neue Kenntnisse, Fertigkeiten und Fähigkeiten erwerben können, um den wachsenden und wechselnden beruflichen und gesellschaftlichen Anforderungen gerecht zu werden. (Deutscher Bildungsrat 1970, S. 51)

Damit werden explizit organisierte Formen des Lernens im Fokus erwachsenenpädagogischen Handelns gesehen. Trotz einer allgemein zunehmenden Bedeutungszuschreibung informeller Lernaktivitäten im Rahmen Lebenslangen Lernens blieben informelle Lernformen für das professionelle Handeln zunächst unwichtig (Reischmann 1995, S. 202). Gonon (2002) verweist in diesem Zusammehang auf Hellmut Becker (1970), der die Ausrichtung der Erwachsenenbildung auf die institutionell verankerte Weiterbildung mit dem Ziel eine Stärkung der öffentlich verantworteten Weiterbildung und einer Aufwertung der Weiterbildung als quartären Bereich des Bildungswesens begründete (Gonon 2002, S. 13 f.).

Zusammenfassung: Die 1970er-Jahre sind international vor allem durch die seit Ende der 1960er-Jahre beginnenden politischen Diskussionen zur *non-formal education* geprägt. Bestimmend dafür waren vor allem Schriften der UNESCO, die in der *non-formal education* einen Weg sahen, sich den veränderten gesellschaftlichen und wirtschaftlichen Anforderungen zu stellen. Dabei standen zunächst die Entwicklungsländer im Fokus, da hier die formalen Bildungsprogramme weniger Erfolg zeigten. Gleichzeitig wurde aber mit Bezug zur Forderung Lebenslangen Lernens auch die Bedeutung der *non-formal* und *informal education* für die Industriestaaten betont. Die Motivation war somit auf der einen Seite stark auf Lernen als Motor wirtschaftlicher Entwicklung gerichtet. Auf der anderen Seite wurde *non-formal* und *informal education* aber auch als emanzipatorische Bildung gesehen. Die im schulischen Bereich formulierte Forderung einer „Entschulung" zeigte sich praktisch in einer stärkeren Popularität „offenerer" und „natürlicherer" Formen des Lernens, die Bezüge zu verschiedenen, u. a. reformpädagogischen Ansätzen, aufwiesen. Insgesamt kam es damit zu einem deutlicheren Aufschwung der Ideen einer weniger formalen Bildung, die vor allem durch die ökonomischen und-politischen Rahmenbedingungen gefördert wurden.

6   1980–1989: Von der non-formal education zum informal learning

Die 1980er-Jahre können bezüglich der wissenschaftlichen Auseinandersetzung zum informellen Lernen und zur informellen Bildung als reflexiver Übergang bezeichnet werden. So wurden die Diskussionen im Bereich der *nonformal education* in der Entwicklungszusammenarbeit (Evans 1981) sowie der Erwachsenenbildung (Cann und Mannings 1987) weiter fortgesetzt. Gleichzeitig zeigte sich aber zunehmend, dass die vorhandenen Unschärfen in den verwendeten Begriffen eine stärkere theoretische Auseinandersetzung erforderlich machen.

Bereits Ende der 1970er-Jahre war in der bundesdeutschen Erwachsenenbildung ein Umdenken hin zu einer stärkeren Lebenswelt- und Alltagsorientierung zu beobachten (Meyer-Drawe 1978). Sie ist Ausdruck einer Öffnung der formalen Weiterbildung, die Reischman (1995, S. 201 f.; 2004, S. 92) u. a. auf die in den 1970er-Jahren einsetzende Verwissenschaftlichung der Erwachsenenbildung zurückführte. Durch die Loslösung der Definitionsmacht der Erwachsenenbildung von Praktikern und Funktionären war es möglich geworden, auch nicht-institutionelle Formen der Erwachsenenbildung stärker in den Blick zu nehmen. Dies kommt z. B. bei Reischmann (1986) zum Ausdruck. Danach umfasst das Lebenslange Lernen nicht nur die intentionalen, sondern auch die nicht-intentionalen Lernprozesse, die er als Lernen *en passant* bezeichnet. Auch der Bildungssoziologie Schöfthaler (1981) setzte sich in einem bisher wenig beachteten Artikel mit dem Begriff der *Informellen Bildung*[18] auseinander. Darin formuliert er eingehend:

> „Bildungsprozesse werden theoretisch faßbar entweder von bestimmten, auf Bildung zielenden Interaktionen oder von ihrem am Subjekt erkennbaren Ergebnis her. Informelle Bildung fungiert jeweils als Restkategorie: Im ersten Fall werden Bildungsprozesse bestimmten Lernorten zugewiesen: der Familie, der Schule, dem Betrieb. Informell sind dann Bildungsprozesse, die nicht diesen Lernorten zuzuordnen sind, bzw. der nicht erfaßte Rest.

---

[18]Vermutlich wird hier erstmals an prominenter Stelle der Begriff der *informellen Bildung* verwendet, den Schöfthaler mit *informal education* gleichsetzt.

Im zweiten Fall wird der Bildungsstand des Individuums benannt und entweder mit dessen früherem oder dem Bildungsstand anderer Individuen verglichen. Zu erklären ist dabei, welchen Beitrag einzelne Bildungsinstanzen dazu geleistet haben; der nicht erklärte Rest ist ‚informell'. (Schöfthaler 1981, S. 97)

Der Umstand, dass dieser Aufsatz in einer Ausgabe der Zeitschrift für Pädagogik mit dem Titel „Die Dritte Welt als Gegenstand erziehungswissenschaftlicher Forschung" erschien, macht den thematischen Hintergrund der Auseinandersetzung deutlich. Gleichzeitig findet in dem Artikel aber keine Verengung der Auseinandersetzung auf den Bereich der Entwicklungszusammenarbeit statt, sondern eine allgemeine interdisziplinäre Betrachtung im bildungswissenschaftlichen Diskurs, die die Vielschichtigkeit und Unschärfen des Begriffs deutlich macht. In diesem Sinne ist der Artikel von Schöfthaler auch als Reflexion auf den Stand der damaligen Diskussion zu sehen, der sich ähnlich wie der stärker bekannte Aufsatz von LaBelle (1982) einer theoretischen Fundierung und Systematisierung der vorhandenen Unschärfen zwischen den Begriffen widmet.

Eine erste empirische Untersuchung zum informellen Lernen in Deutschland wurde Ende der 1980er-Jahre unter Leitung des Saarbrücker Erziehungswissenschaftlers Stittmatter (Strittmatter et al. 1988) durchgeführt. Die Arbeit thematisiert dabei die Wirkung von Fernsehbeiträge (z. B. Wissenschaftssendungen) auf das Lernen, wobei hier explizit die Wirkung „*normaler*" Fernsehsendungen untersucht wird, die nicht im Kontext „eines komplexen Lernprogramms fungieren" (Strittmatter et al. 1988, S. 3). In diesem Zusammenhang beziehen sich Strittmatter et al. auf die Unterscheidung „*informellen und formellen Lernens*" (ebd.). Gleichzeitig stellt die Forschungsarbeit aber auch den Versuch dar, neue kognitionswissenschaftliche Konzepte auf die erziehungswissenschaftliche Forschung zu beziehen, weshalb die Arbeit auch in einer Reihe von lernpsychologischen Forschungsarbeiten einzuordnen ist, die sich seit Ende der 1970er-Jahre mit der Wirkung inzidentellen Lernens (Röhr-Sendlmeier 2012) beschäftigen. Entsprechend werden in der Definition informellen Lernens pädagogische und psychologische Diskurse sichtbar:

> Insgesamt wird in dieser Literaturübersicht deutlich, daß mit der Begrifflichkeit informell vs formell bzw. inzidentell vs intentional unterschiedliche Aspekte thematisiert werden. In einigen Untersuchungen bezeichnet der Begriff intentional eher die Lernstrategien und die Zielorientierungen, die vom Lernenden für die Verarbeitung von Informationen bewußt eingesetzt werden. In anderen Untersuchungen wird durch intentional dagegen der Aspekt der Organisiertheit von Lernsituationen in den Vordergrund gestellt. Dabei werden die Auswirkungen auf die Verarbeitung als Folge dieses Kontextes gesehen. Mit inzidentell werden dagegen manchmal eher beiläufige Lernvorgänge bezeichnet, die nicht gezielt durch den Vl gesteuert werden. In anderen Zusammenhängen wird mit inzidentell wiederum eher die Lernsituation selbst gekennzeichnet. (Strittmatter et al. 1988, S. 5)

Wenige Jahre später führte Tully (1994) die bildungssoziologisch geführte Diskussion zur *informellen Bildung* mit den medienpsychologischen und -didaktischen Auseinanderetzung zu neuen Medien zusammen.

Während die 1970er-Jahre als Dekade der *nonformal education* bezeichnet werden könnten, waren die folgenden Jahre durch eine stärkere Formalisierung geprägt

(Fordham 1993). So stellt Jeffs (2004, S. 44) fest, dass in dieser Zeit die Entwicklung einheitlicher Curricula und die Messbarkeit von Lernergebnissen vorangetrieben wurden. Darüber hinaus zeigte sich bereits ein zunehmendes Interesse an der Erfassung und Anerkennung von Lernergebnissen (learning outcomes), egal wo diese erworben wurden. Straka (2004, S. 4) und Sawchuk (2008, S. 5) verweisen in diesem Zusammenhang z. B. auf die Einführung des National Vocational Qualification Systems (NVQ) 1987 in England und Wales. Die radikalen und emanzipatorischen Aspekte im Zusammenhang mit der *nonformal education* gingen dabei weitgehend verloren (Hodkinson 2010, S. 43).

Zusammenfassung: Die 1980er-Jahre stellten bezüglich des informellen Lernens und der informellen Bildung einen Übergang dar. Auf der einen Seite trat die Diskussion zur *non-formal education* in den Hintergrund und auf der anderen Seite zeigten sich neue Impulse, die aber erst in den Folgejahren breiter diskutiert wurden. Dazu gehört eine intensivere theoretische und empirische Auseinandersetzung, die auch in Deutschland langsam Fuß fasste, sowie eine zunehmende Fokussierung auf den Bereich der beruflich-betrieblichen Bildung. In diesem Zusammenhang wurde auch verstärkt die Anerkennung informell erworbener Kompetenzen zu einem bildungspolitischen Thema.

7   1990–1999: Informelles Lernen im Fokus der betrieblichen Bildung

Zwar wurde schon in den frühen 1970er-Jahren die Bedeutung non-formalen und informellen Lernens für den Erwerb beruflich verwertbarer Kompetenzen diskutiert, aber erst in den 1990er-Jahren geriet diese Lernform in den Fokus der Personalentwicklung. Ein wesentlicher Grund dafür waren die sich schnell ändernden Anforderungen an die Arbeitnehmer_innen in einer postindustriellen Wissensgesellschaft und die damit verbundenen Probleme formaler Weiterbildung (Beckett und Hager 2002). Die Lösungen wurden in Ansätzen des Lernens im Arbeitsprozess (on-the-job-training) und der „Lernende Organisation" (Senge 1990) gesehen. So ist es auch nicht verwunderlich, dass die neuen Impulse des informellen Lernens von zwei amerikanischen Personal- und Organisationsentwickler_innen kamen: Victoria Marsick und Karen Watkins lösten mit „*Informal and incidental learning in the workplace*" (1990) eine intensive Diskussion zum informellen Lernen in der betrieblichen Weiterbildung aus, deren empirische und theoretische Grundlagen zum organisationalen Lernen, zum Lernen Erwachsener und zur Bedeutung von Erfahrungslernen in betrieblichen Kontexten bereits in den 1970er- und 1980er-Jahren gelegt wurden (Marsick 1988; Wihak und Hall 2011). Aus diesen Erkenntnissen abgeleitet schreiben sie dem informellen Lernen eine große Bedeutung für das Lebenslange Lernen und den Erwerb beruflicher Qualifikationen in Organisationen[19] zu:

---

[19]Auch wenn hier allemeiner von Organisationen geschrieben wird, ist doch vornehmlich das Lernen in Unternehmen gemeint.

Over time, lifelong learning has increasingly been recognized as essential to meet demands for new knowledge, skills, or credentials at work and in families and communities. In organizations, its recognized value has grown along with interest in flexible, high performing organizations whose leaders are challenged to take more responsibility for their own and their team's learning, as well as learning by the organization as a whole. Employees are increasingly expected to be self-directed in their learning in order to keep up with rapid changes in knowledge and the knowledge economy. Depending on the company, and on status/level, learning may need to occur outside of work hours and be paid for by employees. Some portion of lifelong learning occurs through formal education, continuing education, or training. Much lifelong learning in organizations increasingly takes place on the job, sometimes in structured ways and with the aid of technology, but more often through informal or incidental learning that is integrated with work. (Marsick et al. 2006)

Die Aufmerksamkeit der Personalentwicklung auf das informelle Lernen wurde aber auch kritisch betrachtet. Wie schon beim der *nonformal education* der 1970er-Jahren wurde eine ökonomische Vereinnahmung beklagt, die im Kontext der Personalentwicklung auf eine zunehmende Effektivitäts- und Effizienzssteigerung der täglichen Arbeit gerichtet ist (Garrick 1998).

Auch in Deutschland kam es vor dem Hintergrund einer zunehmenden Dynamik beruflicher Kompetenzanforderungen und einer Aufwertung des Erfahrungslernens zu einer „Renaissance des Lernens im Prozess der Arbeit" (Dehnbostel) wobei die „*Erschließung und Gestaltung des Lernorts Arbeitsplatz*" (Dehnbostel 1994) im Mittelpunkt stand. Erst ab Ende der 1990er-Jahre wurden auch explizite Bezüge zum informellen Lernen hergestellt (Dehnbostel 1998). Die starke Position der formalen, organisierten Berufsausbildung in Deutschland hat aber dazu geführt, dass diese Ansätze nur zögerlich und kritisch aufgenommen wurden.

Im Gegensatz dazu haben Frankreich und Großbritannien schon in den 1980er-Jahren angefangen, Ansätze der Identifizierung von (informell erworbenen) Kompetenzen aus dem nordamerikanischen Raum zu adaptieren. Ziel war es, die Zahl der beruflich Qualifizierten durch die Anerkennung von Kompetenzen zu erhöhen (Accreditation of Prior Learning – APEL): „*The fundamental principle of APEL ist that knowledge can be accredited irrespective of the time, place or context in which it was akquired.*" (Perker und Ward 2006, S. 134). Die Einführung des NVQ in Großbritannien und der CIBCs (Centres institutionnels de bilans de compétences) in Frankreich, sowie ihr Erfolg[20] führten zu einer starken Beachtung dieses Themas in anderen Teilen Europas (z. B. in Dänemark, Irland, Niederlande, Norwegen). Insbesondere das Europäische Zentrum für die Förderung der Berufsbildung (CEDEFOP) unterstützte als Einrichtung der Europäischen Union die Auseinandersetzung mit der Identifizierung, Bewertung und Anerkennung informell und nonformal erworbener Kompetenzen (Björnavåld 1997, 2000; Perker und Ward 1994).

Die Zurückhaltung in Deutschland bezüglich der Adaption entsprechender Ansätze wurde durch eine Studie zur Bewertung des Status Quo der Identifizierung,

---

[20] 1994 gab es bereits 40.000 Anträge auf eine Kompetenzbilanz in Frankreich (Tough 2002).

Bewertung und Anerkennung informell und nonformal erworbener Kompetenzen deutlich, die zu dem Ergebnis kam:

> Aufgrund des sehr stark strukturierten Berufsausbildungssystems und des gerade erst neu strukturierten Weiterbildungssystems, in denen die Anerkennung informell erworbenen Wissens kaum eine Rolle spielt, ist nicht zu erwarten, daß das Thema Identifizierung, Bewertung und Anerkennung vorher und informell erworbenen Wissens in nächster Zukunft eine allgemeine Akzeptanz finden wird. (Collingro et al. 1997, S. 50)

Im Gegensatz dazu wurde die bildungspolitische Bedeutung des informellen Lernens für die beruflich-betriebliche Bildung schon recht früherkannt. So wurde im Berichtsystem das informelle Lernen für die beruflichen Weiterbildung bereits seit 1988 erhoben (Kuwan 1999, S. 54).[21] Dennoch ist festzustellen, dass auch in der Erwachsenenbildung – bis auf wenige Ausnahmen (z. B. Dohmen 1997) – das informelle Lernen in Deutschland bis zu diesem Zeitpunkt in der wissenschaftlichen Diskussion kaum Beachtung fand.

Eine Erklärung für die relativ späte Aufnahme der Diskussion liefert der Beitrag von Sandhaas zu „*Bildungsformen*" (Sandhaas 1995) in der *Enzyklopädie für Erziehungswissenschaft*, der sich intensiv mit der Unterscheidung formaler, nichtformeller und informeller Bildung auseinandersetzte. Darin wird darauf verwiesen, dass die Theorieansätze der informellen Bildung im Kontext der internationalen Organisationen geprägt wurden und eine einfache Übersetzung des Begriffs *education* sowie die Übertragung der Diskussion auf die deutsche Bildungstradition problematisch waren (Sandhaas 1995, S. 403–404).

Die Unterschiede zeigten sich beispielsweise auch im Verhältnis allgemeiner und beruflicher Bildung. Insbesondere im Zusammenhang mit der *nonformal education* wurden sowohl Ziele einer allgemeinen, als auch einer beruflichen Bildung miteinander verbunden. auf der Weltkonferenz „Education for all" (UNDO et al. 1990) wurde die Unterscheidung zwischen allgemeiner Bildung (education) und beruflicher Bildung (training) schließlich zugunsten einer *basic education* (Grundbildung) zusammengeführt (Lenhart 1993).

Die Fokussierung auf eine Grundbildung zeigte sich auch im sogenannten „Delors-Report" der UNESCO (Delors et al. 1996): Dieser griff zwar die wesentlichen Forderungen des „Faure-Report" (Faure et al. 1972) wieder auf, betonte aber die Bedeutung formalen Lernen als Grundlage für ein Lebenslanges Lernen:

> The truth is that every aspect of life, at both the individual and the social level, offers opportunities for both learning and doing. It is thus very tempting to focus too much on this side of the question, stressing the educational potential of the modern media, the world of work or cultural and leisure pursuits, even to the extent of overlooking a number of fundamental truths: although people need to take every opportunity for learning and self-improvement, they will not be able to make good use of all these potential resources unless they have received a sound basic education. (Delors et al. 1996, S. 19).

---

[21]Eine ausführliche Darstellung der Erhebung informellen Lernens in den Weiterbildungsstatistiken findet sich in Kaufmann (2012).

Diese bildungspolitische Einschätzung deckt sich damit in vielen Punkte mit den Empfehlungen der OECD, die unter dem Titel „Lifelong Learning for all" (OECD 1996) als Vorbereitungstext für das vierte Treffen der „OECD Education Committee at Ministerial Level" veröffentlicht wurden.

Kennzeichnend für die 1990er-Jahre war darüber hinaus eine Zunahme empirischer Studien zum informellen Lernen in der Erwachsenenbildung (z. B. Dale und Bell 1999; Foley 1999; Gear et al. 1994; Henze 1992; Hofstein und Rosenfeld 1996; McGivney 1999). Von besonderer Bedeutung sind in diesem Zusammenhang die Untersuchungen des Ontario Institute for Studies in Education (OISE). Diese haben im Rahmen Forschungsnetzwerke „*New Approaches to Lifelong Learning*" (NALL) und „*The Changing Nature of Work and Lifelong Learning*" (WALL) beginnend 1998 sowie 2004 und 2010 Untersuchungen zum informellen Lernen der kanadischen Bevölkerung durchgeführt. Bei der ersten Untersuchung von 1998 wurden 1.562 Kanadier telefonisch nach ihren informellen Lernaktivitäten befragt. Dabei zeigte sich, das 80 % der Befragten informell Lernen und dafür im Durchschnitt 15 Stunden pro Woche aufwenden (Livingstone 1999, S. 59–63).

Zusammenfassung: Die 1990er-Jahre war insgesamt durch eine Fokusverschiebung von der *informal* und *nonformal education* hin zum *informal learning* geprägt, wobei insbesondere das betriebliche Erfahrungslernen sowie das arbeitsintegrierte Lernen (training-on-the-job) im Mittelpunkt standen. Darüber hinaus wurde aufgrund der Erfahrungen in Großbritannien und Frankreich die Anerkennung informell erworbener Kompetenzen ein wichtiges bildungspolitisches Anliegen auf europäischer Ebene. Diese Aufmerksamkeit für das informelle Lernen, die sich vor allem aus den neuen Anforderungen einer postindustriellen Wissensgesellschaft ergab, wurde auch durch die Wissenschaft aufgegriffen, was sich in einer zunehmenden Zahl von Forschungsarbeiten niederschlug. Während sich vor allem in den Ländern mit einem weniger stark formalisiertem Bildungssystem eine große Offenheit für das informelle Lernen zeigte, war in Deutschland in diesen Jahren noch eine große Zurückhaltung zu verzeichnen.

8 2000–2009: Die Anerkennung informell erworbener Kompetenzen als Thema der europäischen Bildungspolitik

Die steigende bildungspolitische Aufmerksamkeit für das informelle Lernen kummulierte in der zeitgleichen Publikation einer Reihe von Schlüsselwerke im Jahr 2000. Dazu gehört auf europäischer Ebene das „*Memorandum über Lebenslanges Lernen*" (Kommission der Europäischen Gemeinschaften 2000). Hierin bündeln sich die Standpunkte einer internationalen und vor allem europäischen Bildungspolitik im Sinne einer gleichberechtigten Förderung aktiver Staatsbürgerschaft und Beschäftigungsfähigkeit (S. 6) in einem lebensumspannenden Kontinuum des Lernens (S. 9) welches formales, nicht-formales und informelles Lernen komplementär umfasst. Die in dem Arbeitsdokument formulierten Definitionen dieser Lernformen[22]

---

[22]Im Dokument wird der Begriff der *Lerntätigkeiten* verwendet (Tough 1971, S. 21).

stellten und stellen eine wesentliche Orientierung für den weiteren Diskurs zum informellen Lernen dar. Informelles Lernen wird dabei definiert als:

(...) eine natürliche Begleiterscheinung des täglichen Lebens. Anders als beim formalen und nicht-formalen Lernen handelt es sich beim informellen Lernen nicht notwendigerweise um ein intentionales Lernen, weshalb es auch von den Lernenden selbst unter Umständen gar nicht als Erweiterung ihres Wissens und ihrer Fähigkeiten wahrgenommen wird. (Kommission der Europäischen Gemeinschaften 2000, S. 9–10)

Als eine Botschaft des Memorandums wird dabei auch die Verbesserung der Bewertung und Anrechnung von informell und non-formal erworbener Kompetenzen gefordert (ebd., S. 18). Dieser, sich schon in den 1990er-Jahren herauskristallisierende Kernpunkt der europäischen Bildungspolitik wird von Björnavåld in dem CEDEFOP-Report „*Making Learning Visible*" (2000) umfassend dargestellt. Der Report umfasst die Ergebnisse von 14 Einzelstudien europäischer Ländern zum Status der Erfassung und Anerkennung non-formalen Lernens in Europa, die in der zweiten Hälfte der 1990er-Jahre durchgeführt wurden.[23] Er war aber nicht nur Ausdruck des Status Quo der Entwicklung in Europa, sondern wirkte auch als Katalysator für die weiteren Entwicklungen in diesem Themenfeld.

Ein weiterer wichtiger Meilenstein war der „*Aktionsplan der Kommission für Qualifikation und Mobilität*" (Kommission der Europäischen Gemeinschaften 2002), in dem folgende Zielsetzung formuliert wird:

Es sollte ein europäischer Rahmen aus Methoden und Normen für die Feststellung, Beurteilung und Anerkennung der verschiedenen Formen nicht formalen und informellen Lernens, von Arbeitserfahrung und Ausbildung entwickelt werden, die von bzw. für Unternehmen oder in anderen Arbeitsumgebungen erteilt werden. Ergänzend dazu sollte der Erfahrungsaustausch auf diesem Gebiet systematisiert werden. (Kommission der Europäischen Gemeinschaften 2002, S. 17)

2004 wurde vom Rat der Europäischen Union ein Entwurf für Schlussfolgerungen gemeinsamer Grundsätze für die Ermittlung und Validierung von nicht formalen und informellen Lernprozessen verabschiedet (Rat der Europäischen Union 2004), welches auf entsprechende gemeinsame Beschlüsse und Zielsetzungen der Europäischen Bildungspolitik verweist. Auf Basis dieser Grunsätze veröffentlichte das CEDEFOP im Jahr 2009 „*Europäische Leitlinien für die Validierung nicht formalen und informellen Lernens*" (Europäisches Zentrum für die Förderung der Berufsbildung (CEDEFOP 2009), die als Orientierung für die entsprechende nationale Umsetzung der Empfehlung dienen sollten.

Ein sichtbares Zeichen dafür, dass auch in Deutschland das bildungspolitische Interesse am informellen Lernen wuchs, ist der Bericht „*Das informelle Lernen*" (Dohmen 2001) den Dohmen im Auftrag des Bundesministeriums für Bildung und Forschung verfasste. Dieser Bericht erreichte große Aufmerksamkeit und ist bis dato

---

[23]Damit umfasst der Report bis auf Luxemburg alle Länder der EU (Kommission der Europäischen Gemeinschaften 2000, S. 9).

eines der zentralen und umfangreichsten Publikationen zu diesem Themenfeld in Deutschland. Gleichzeitig gab es weitere, umfangreiche Aufsätze, die das Thema in die deutschsprachige wissenschaftliche Diskussion einbrachten. Dazu gehört vor allem die Beiträge von Straka (2000) und Overwien (2001). In den folgenden Jahren erschienen eine Reihe von Sammelbänden und Schwerpunktheften (Dehnbostel und Gonon 2002; Hungerland und Overwien 2004; Krüger und Rauschenbach 2005; Künzel 2005; Otto und Rauschenbach 2004; Rohs und Schmidt 2009; Wittwer und Kirchhof 2003 u. a.), Dissertationen und Habilitationen (Blings 2008; Brodowski et al. 2009; Buck 2005; Egetenmeyer 2008; Heise 2009; Kirchhof 2007; Molzberger 2007; Rohs 2008; Schmidt 2009 u. a.) sowie eine Vielzahl wissenschaftlicher Artikel, die informelles Lernen bzw. informelle Bildung thematisierten.

Institutionell hervorzuheben sind dabei die Arbeit der Arbeitsgemeinschaft betrieblichen Weiterbildungsforschung, die im Rahmen des Projekts QUEM[24] die Auseinandersetzung mit dem informellen Lernen in betrieblichen Kontexten stark förderte (z. B. Arbeitsgemeinschaft Betriebliche Weiterbildungsforschung 2005; Becker et al. 2001; Schiersmann und Remmele 2002), die Arbeiten des Deutschen Jugendinstituts (DJI) im Bereich Kinder- und Jugendarbeit (z. B. Baumbast et al. 2012; Düx und Sass 2005; Müller et al. 2005) sowie die Arbeit des Bundesinstituts für Berufsbildung (BIBB), das sich intensiver mit der Erfassung und Anerkennung informell erworbener Kompetenzen auseinandersetzte (Irmgard Frank 2002; Irmgard Frank et al. 2005; Laur-Ernst 2000). Die thematischen Schwerpunkte lagen dementsprechend auf den Bereichen der betrieblichen/beruflichen Bildung, die Anerkennung informell erworbener Kompetenzen sowie informelles Lernen in der Kinder- und Jugendarbeit.

Als weiteres, übergreifendes Themenfeld neben der Zertifizierung rückten darüber hinaus die digitalen Medien ins Blickfeld informellen Lernens bzw. informeller Bildung. Zwar tauchte das Thema schon seit den 1970er-Jahren in der internationalen Diskussion an der ein oder anderen Stelle auf (Burton und Brown 1978) und wurde auch schon relativ früh in Deutschland aufgenommen (Strittmatter et al. 1988; Tully 1994), eine breitere Auseinandersetzung setzte aber erst in den 2000er-Jahren im Zuge einer zunehmenden Medialisierung des Alltags ein (Bachmair 2010; Fromme 2002; Otto und Kutscher 2004; Pietraß et al. 2005; Theunert 2005; Tully 2004; Zinke 2003). In der Diskussion wurde neben den damit verbundenen Möglichkeiten auch die Risiken sozialer Ungleichheit thematisiert (Kompetenzzentrum Informelle Bildung 2007; Stecher 2005; Zwiefka 2007).

Den Stellenwert, den informelles und non-formales Lernen in den 2000er-Jahren erreichte, lässt sich daran ablesen, dass es zum Bestandteil zentraler nationaler Berichterstattungen geworden ist. Entsprechende Passagen zum informellen Lernen finden sich im Berufsbildungsbericht (Bundesministerium für Bildung und Forschung (BMBF) 2001), im Berichtsystem Weiterbildung (Kuwan et al. 2003), im Nationaler

---

[24] „Das Projekt Qualifikations-Entwicklungs-Management (QUEM) wurde 1992 bis 2006 vom Bundesministerium für Bildung und Forschung mit der Zielstellung gefördert, den Prozess der Anpassung der beruflichen Qualifikationsstrukturen in den neuen Ländern qualitativ zu unterstützen. Träger dieses Projekts war die ABWF." (http://www.abwf.de/main/publik/frame_html.html).

Bildungsbericht (Avenarius et al. 2006) sowie im Kinder- und Jugendbericht (Bundesministerium für Familie 2006). Die Frage, in welcher Form informelles Lernen erfasst und berücksichtigt werden kann, wurde dabei selbst zum Thema: Hervorzuheben sind dabei insbesondere die konzeptionellen Vorarbeiten zum nationalen Bildungsbericht des Deutschen Jugendinstituts (DJI) (Rauschenbach et al. 2004) sowie zur Indikatorenentwicklung für den nationalen Bildungsbericht (Baethge et al. 2010).

Die schon unübersichtliche Publikationslage zum informelle Lernen in Deutschland lässt erahnen, wie sich die Situation international darstellt. Der Popularität des informellen Lernens hat dazu geführt, dass die Begriffsverwendung weiter an Klarheit verlor und die wissenschaftliche Auseinandersetzung zunehmend erschwerte. Vor diesem Hintergrund entstanden weitere Überblicksarbeiten, die versuchten, die nahezu unüberschaubare Diskussion zu strukturieren. Hervorzuheben sind dabei insbesondere die Arbeiten von Cooley, Hodkinson und Malcom (Colley et al. 2003; Hodkinson et al. 2003) oder auch Zürcher (2007).

Zusammenfassung: Die erste Dekade des neuen Milleniums war insgesamt durch einen bildungspolitischen und wissenschaftlichen Hype um das informelle Lernen geprägt, der vor allem über bildungspolitische Zielsetzungen gefördert wurde. Darüber hinaus rückte das Internet als Medium informelles Lernen stärker in den Vordergrund. Die zunehmende Popularität informellen Lernens führte insgesamt dazu, dass die vielfältigen Interpretationen und Definitionen des Begriffs die wissenschaftliche Auseinandersetzung weiter.

9 Ab 2010: Informelles Lernen mit digitalen Medien

In den letzten Jahren setzten sich die beschriebenen Tendenzen weiter fort. Insbesondere die Anerkennung informell erworbener Kompetenzen hat durch die Empfehlung des Europäischen Rats zur Validierung nichtformalen und informellen Lernens (Rat der Europäischen Union 2012), welche die Einführung eines nationalen Systems für die Validierung bis 2018 vorsieht, nochmals an Bedeutung gewonnen. Dies zeigt sich sowohl in konzeptionellen Vorarbeiten (Dehnbostel et al. 2010) als auch einer intensivierten wissenschaftlichen Auseinandersetzung (Annen 2011; Bohlinger und Münchhausen 2011; Bundesinstitut für Berufsbildung (BIBB) 2014; Gutschow 2010; Loebe und Severing 2010).

Neben der Erfassung, Validierung und Zertifizierung informell und non-formell erworbene Kompetenzen ist ein verstärktes Interesse der Personalentwicklungspraxis an der Gestaltung und Optimierung informeller Lernprozess zu beobachten (Bersin 2011; Cross 2006; Matthews 2013; Seufert et al. 2013), wobei die Protagonisten der 1990er-Jahre wieder neu entdeckt werden (Marsick und Watkins 2015). Die deutschsprachige Diskussion in diesem Feld knüpft dabei an die berufspädagogische sowie arbeits- und und organisationspsychologische Diskussion zur lernförderlichen Arbeitsgestaltung an (Dehnbostel 2007; Frieling et al. 2007). Digitale Medien spielen dabei eine zunehmend wichtige Rolle (Erpenbeck und Sauter 2013; Jenewein 2011; Sauter und Sauter 2013; Wihak und Hall 2011). Insbesondere Social

Media und Mobile Learning führen zu einer zunehmenden „Informalisierung" des Lernens in allen Lebenszusammenhängen (Rohs 2013a, b).

Ausblick: Die Ausschreibung von ersten Professuren[25] zum informellen Lernen in Deutschland machen deutlich, dass sich nicht nur das Thema, sondern auch der Begriff etabliert hat und – trotz aller damit nach wie vor verbundenen Unklarheiten – zu einem eigenständigen Forschungsfeld geworden ist.[26] Die Veröffentlichung verschiedener Überblickspublikationen unterstreichen dies und sind gleichzeitig Ausdruck einer Phase der Reflexion und Neujustierung in diesem unübersichtlichen Feld, die neue Forschungsarbeiten nach sich ziehen wird (Burger et al. 2015; Niedermair 2015; Rohs 2015). Die bildungspolitischen Zielstellungen auf europäischer Ebene werden darüber hinaus auch auf praktischer Ebene die Erfassung und Anerkennung informell erworbener Kompetenzen weiter vorantreiben.

Trotz oder gerade durch den Bedeutungsgewinn informellen Lernens zeichnet sich insgesamt eine Verständigung über das neben- und miteinander formellen und informellen Lernens ab, so dass aktuell weniger das Trennende, sondern vielmehr das Verbindende im Mittelpunkt steht (Rohs 2014). Inwiefern es sich dabei immer noch um einen kurzfristigen Trend oder eine nachhaltige Veränderung des Blickwinkels auf Lern- und Bildungsprozesse handelt, muss sich erst noch zeigen.

Literatur

Andresen, L., Boud, D., & Cohen, R. (1995). Experience-based learning. In G. Foley (Hrsg.), *Understanding adult education and training* (S. 225–239). Sydney: Allen & Unwin.
Annen, S. (2011). *Anerkennung von Kompetenzen*. Bielefeld: W. Bertelsmann.
Arbeitsgemeinschaft Betriebliche Weiterbildungsforschung. (Hrsg.). (2005). *Kompetenzdokumentationen für informell erworbene berufsrelevante Kompetenzen*. Berlin: Arbeitsgemeinschaft Betriebliche Weiterbildungsforschung e. V. /Projekt Qualifikations-Entwicklungs-Management.
Archambault, R. D. (Hrsg.). (1966). *Lectures in the philosophy of education. 1899 by John Dewey*. New York: Random House.
Avenarius, H., Baethge, M., Döbert, H., Hetmeier, H.-W., Klieme, E., Meister-Scheufelen, G., & Wolter, A. (2006). *Bildung in Deutschland: Ein indikatorengestützter Bericht mit einer Analyse zu Bildung und Migration*. Bielefeld: W. Bertelsmann.
Bachmair, B. (Hrsg.). (2010). *Medienbildung in neuen Kulturräumen: Die deutschsprachige und die britische Diskussion*. Wiesbaden: Springer VS.
Baethge, M., Brunke, J., Dedering, K., Döbert, H., Fest, M., Freitag, H.-W., & Wolter, A. (2010). *Indikatorenentwicklung für den nationalen Bildungsbericht* (Bildung in Deutschland bildungsforschung, Bd. 33). Berlin & Bonn: Bundesministerium für Bildung und Forschung (BMBF).
Baumbast, S., Hofmann-van de Poll, F., & Lüders, C. (2012). *Non-formale und informelle Lernprozesse in der Kinder- und Jugendarbeit und ihre Nachweise*. München: Deutsches Jugendinstitut e.V.

---

[25] Juniorprofessuren für Informelles Lernen im Kindes-, Jugend- und Erwachsenenalter an der Universität Siegen, Professur für Soziale Räume und Orte des non-formalen und informellen Lernens an der Ruhr-Universität Bochum.

[26] Die American Educational Research Association (AERA) hat schon seit vielen Jahren eine Special Interest Group zu „Informal Learning Environments" (http://www.aera.net).

Becker, F., Katerndahl, R., Max, H., Meinhardt, T., Denisow, K., Preß, G., & Liljeberg, H. (2001). *Berufliche Kompetenzentwicklung in formellen und informellen Strukturen*. QUEM-Report: Schriften zur beruflichen Weiterbildung. Berlin.

Becker, H. (1970). Die Weiterbildung im Strukturplan. In H. Becker (Hrsg.), *Weiterbildung: Aufklärung – Praxis -Theorie, 1956–1974* (S. 391–394). Stuttgart: Klett-Cotta.

Beckett, D., & Hager, P. (2002). *Life, work and learning: Practice in postmodernity*. London: Routledge.

Bersin, J. (2011). Formalized informal learning – A new architecture for corporate learning. In A. Trost & T. Jenewein (Hrsg.), *Personalentwicklung 2.0: Lernen, Wissensaustausch und Talentförderung der nächsten Generation* (S. 47–64). Köln: Luchterhand.

Björnavåld, J. (1997). *Ermittlung und validierung von früher bzw. Nicht formell erworbenen Kenntnissen*. Thessaloniki: CEDEFOP – European Centre for the Development of Vocational Training.

Björnavåld, J. (2000). *Making learning visible: Identification, assessment and recognition of non-formal learning in Europe*. Thessaloniki: European Centre for the Development of Vocational Training.

Blings, J. (2008). *Informelles Lernen im Berufsalltag: Bedeutung, Potenzial und Grenzen in der Kreislauf- und Abfallwirtschaft* (Bd. 13). Bielefeld: W. Bertelsmann.

Bohlinger, S., & Münchhausen, G. (2011). *Validierung von Lernergebnissen – Recognition and validation of prior learning*. Bielefeld: W. Bertelsmann.

Bracker, R., & Coelen, T. (2007). *Informelles Lernen in der Sozialpädagogik*. Abgerufen von http://www.informelles-lernen.de/fileadmin/dateien/Informelles_Lernen/Texte/Bracker_Coelen_2007.pdf. Zugegriffen am 13.09.2015.

Brew, J. M. (1946). *Informal education: Adventures and reflextions*. London: Faber and Faber.

Brodowski, M., Devers-Kanoglu, U., Overwien, B. B., Rohs, M., Salinger, S., Walser, M., &. Hills, F. (2009). *Informelles Lernen und Bildung für eine nachhaltige Entwicklung*. Barbada Budrich: Opladen.

Brookfield, S. (1984). The contribution of Eduard Lindemann to the development of the theory and philosophy in adult education. *Adult Education Quarterly, 34*(4), 185–196.

Buck, D. (2005). *Touristische Gastfreundschaft in „good old Germany"*. Münster: Waxmann.

Bundesinstitut für Berufsbildung (BIBB). (2014). *Validierung von Lernergebnissen. Berufsbildung in Wissenschaft und Praxis*. Stuttgart: Franz Steiner Verlag.

Bundesministerium für Bildung und Forschung (BMBF). (2001). *Berufsbildungsbericht 2001*. Bonn: Bundesministerium für Bildung und Forschung.

Bundesministerium für Familie, Senioren, Frauen und Jugend. (2006). *Zwölfter Kinder- und Jugendbericht*. Bonn.

Burger, T., Harring, M., & Witte, M. D. (Hrsg.). (2015). *Handbuch Informelles Lernen. Interdisziplinäre und internationale Perspektiven*. Weinheim/München: Juventa.

Burton, R., & Brown, J. S. (1978). *International Journal of Man-Machine Studies (S. 1-29)*. Cambridge, Macs.: Bolt, Beranek & Newman.

Cann, R., & Mannings, B. (1987). Incidental learning: A positive experience. *Adult Education, 60* (2), 128–132.

Central Advisory Council for Education. (1967). *Children and their primary schools*. London: Her Majesty's Stationery Office.

Colley, H., Hodkinson, P., & Malcom, J. (2003). *Informality and formality in learning: A report for the Learning and Skill Research Centre*. London: Learning and Skills Research Center.

Collingro, P., Heitmann, G., & Schild, H. (1997). *Identifizierung, Bewertung und Anerkennung von früher und informell erworbenen Kenntnissen: Deutschland*. Thessaloniki: CEDEFOP – Europäisches Zentrum für die Förderung der Berufsbildung.

Conlon, T. J. (2004). A review of informal learning, literature, theory and implications for practice in developing global professional competence. *Journal of European Industrial Training, 28*(2/3/4), 283–295.

Coombs, P. H. (1968). *The world education crisis: A system analysis*. London/Toronto: Oxford University Press.

Coombs, P. H., & Achmed, M. (1974). *Building new educational strategies to serve rural children and youth*. Essex: International Council for Educational Development.
Coombs, P. H., & Ahmed, M. (1974). *Attacking rural poverty: How nonformal education can help*. Baltimore/London: World Bank.
Coombs, P. H., Prosser, R. C., & Ahmed, M. (1973). *New paths to learning for rural children and youth*. New York: International Council for Educational Development.
Cross, J. (2006). *Informal learning: Rediscovering the natural pathways that inspire innovation and performance*. San Francisco: Pfeiffer & Co.
Dale, M., & Bell, J. (1999). Informal learning in the workplace. In Department for Education and Development (Hrsg.), *Research Report* (Bd. 134). Norwich: Department for Education and Development.
Dehnbostel, P. (1994). Erschließung und Gestaltung des Lernorts Arbeitsplatz. *Berufsbildung in Wissenschaft und Praxis, 23*(1), 13–18.
Dehnbostel, P. (1998). Thesen zum informellen Lernen und Erfahrungslernen als Basis dezentraler Weiterbildungskonzepte. *Kompetenz. Dienstleistung. Personalentwicklung. Welche Qualifikationen fordert die Arbeitsgesellschaft der Zukunft?* (Bd. 35, S. 104–108). Berlin.
Dehnbostel, P. (2007). *Lernen im Prozess der Arbeit*. Münster: Waxmann.
Dehnbostel, P., & Gonon, P. (Hrsg.). (2002). *Informelles Lernen – eine Herausforderung für die berufliche Aus- und Weiterbildung* (Bd. 19). Bielefeld: W. Bertelsmann.
Dehnbostel, P., Seidel, S., & Stamm-Riemer, I. (2010). *Einbeziehung von Ergebnissen informellen Lernens in den DQR – eine Kurzexpertise*. Bonn/Hannover: Hochschul-Informations-System eG.
Delors, J., Al Mufti, I., Amagi, I., Carneiro, R., Chung, F., Geremek, B., & Zhou, N. (1996). *Learning: The tresure within*. Paris: UNESCO.
Deutscher Bildungsrat. (1970). *Empfehlungen der Bildungskommission. Strukturplan für das Bildungswesen*. Bad Godesberg: Deutscher Bildungsrat.
Dewey, J. (1916). *Democracy and education: An introduction to the philosophy of education*. Norwood: Norwood Press.
Dohmen, G. (1997). Zauberformel LLL: Lebenslanges Lernen. Neue Perspektiven und neue Formen lebenslangen Lernens. *Der Bürger im Staat, 47*(4), 254–259.
Dohmen, G. (2001). *Das informelle Lernen. Die internationale Erschließung einer bisher vernachlässigten Grundform menschlichen Lernens für das lebenslange Lernen aller*. Bonn: Bundesministerium für Bildung und Forschung.
Düx, W., & Sass, E. (2005). Lernen in informellen Kontexten: Lernpotenziale in Settings des freiwilligen Engagements. *Zeitschrift für Erziehungswissenschaft, 8*(3), 394–411.
Egetenmeyer, R. (2008). *Informal Learning in betrieblichen Lernkulturen. Eine interkulturelle Vergleichsstudie*. Baltmannsweiler: Schneider Verlag Hohengehren.
Erpenbeck, J., & Sauter, W. (2013). *So werden wir lernen! Kompetenzentwicklung in einer Welt fühlender Computer, kluger Wolken und sinnsuchender Netze*. Wiesbaden: Springer Gabler.
Europäisches Zentrum für die Förderung der Berufsbildung (CEDEFOP). (2009). *Europäische Leitlinien für die Valisierung nicht formalen und informellen Lernens*. Luxemburg.
Evans, D. R. (1981). *The planning of non-formal education* (Bd. 30). Paris: UNESCO – International Institute for Educational Planning.
Faure, E., Herrera, F., Kaddoura, A.-R., Lopes, H., Petrovsky, A. V., Rahnema, N., & Ward, F. C. (1972). *Learning to be: The world of education today and tomorrow*. Paris: UNESCO.
Featherstone, J. (1968). Children and their primary schools. *Harvard Educational Review, 38*(2), 317–340.
Foley, G. (1999). *Learning in social action: A contribution to understand informal education*. Leicester: Lighting Source.
Follett, M. P. (1918). *The New State – Group Organization, the Solution for Popular Government*, New York: Longman, Green and Co.
Fordham, P. E. (1993). Informal, non-formal and formal education programmes. http://infed.org/mobi/informal-non-formal-and-formal-education-programmes/. Zugegriffen am 13.09.2015.

Frank, I. (2002). Stand der Erfassung und Dokumentation informell erworbener Kompetenzen. *Grundlagen der Weiterbildung, 13*(6), 286–289.

Frank, I., Gutschow, K., & Münchhausen, G. (2005). *Informelles Lernen: Verfahren zur Dokumentation und Anerkennung im Spannungsfeld von individuellen, betrieblichen und gesellschaftlichen Anforderungen.* Bonn: Bundesinstitut für Berufsbildung.

Freire, P. (1970). *Pedagogy of the oppressed.* New York: Herder and Herder.

Frieling, E., Schäfer, E., & Fölsch, T. (2007). *Konzepte zur Kompetenzentwicklung und zum Lernen im Prozess der Arbeit: Abschlussbericht des Projekts Betriebliche Kompetenzentwicklung zur Standortsicherung.* Münster: Waxmann.

Fromme, J. (2002). Mediensozialisation und Medienpädagogik: zum Verhältnis von informellem und organisiertem Lernen mit Computer und Internet. In I. Paus-Haase, C. Lampert & D. Süss (Hrsg.), *Medienpädagogik in der Kommunikaitonswissenschaft* (S. 155–168). Wiesbaden: Westdeutscher Verlag.

Garrick, J. (1998). *Informal learning in the workplace: Unmasking human resource development.* London: Routledge.

Gear, J., McIntosh, A., & Squires, G. (1994). *Informal learning in the professions.* Hull: University of Hull.

Göhlich, M. (1997). Offener Unterricht. Geschichte und Konzeption. In M. Göhlich (Hrsg.), *Offener Unterricht, Community Education, Alternativschulpädagogik, Reggiopädagogik: Die neuen Reformpädagogiken* (S. 26–38). Weinheim: Beltz.

Gonon, P. (2002). Informelles Lernen – ein kurzer historischer Abriss von John Dewey zur heutigen Weiterbildung. In P. Dehnbostel & P. Gonon (Hrsg.), *Informelles Lernen – eine Herausforderung für die berufliche Aus- und Weiterbildung* (S. 13–20). Bielefeld: W. Bertelsmann.

Gunderson, D. W. (1971). *Reading: The past revisited.* Paper presented at the Annual Meeting of the National Council of Teachers of English, Las Vegas.

Gutschow, K. (2010). Anerkennung von nicht formal und informell erworbenen Kompetenzen. In Bundesinstitut für Berufsbildung (BIBB); (Hrsg.), *Wissenschaftliche Diskussionspapiere* (Bd. 158). Bonn: Bundesinstitut für Berufsbildung (BIBB).

Heise, M. (2009). *Informelles Lernen von Lehrkräften: Ein Angebots-Nutzen-Ansatz.* Münster: Waxmann.

Henze, R. C. (1992). *Informal teaching and learning: A study of everyday cognition in a Greek community.* New Jersey: Lawrence Erlbaum Associates.

Hodkinson, P. (2010). Informal learning: A contested concept. In K. Rubenson (Hrsg.), *Adult learning and adult education* (S. 42–46). Oxford: Elsevier.

Hodkinson, P., Colley, H., & Malcolm, J. (2003). The interrelationship between informal and formal learning. *Journal of Workplace Learning, 15*(7/8), 313–318.

Hofstein, A., & Rosenfeld, S. (1996). Bridging the gap between formal and informal science learning. *Studies in Science Education, 28*(1), 87–112.

Hungerland, B., & Overwien, B. (Hrsg.). (2004). *Kompetenzentwicklung im Wandel: Auf dem Weg zu einer informellen Lernkultur?* Wiesbaden: VS Verlag.

Illich, I. (1971). *Deschooling society.* New York: Harper and Row.

Jeffs, T. (2004). Historical perspectives on informal education. In L. D. Richardson & M. Wolfe (Hrsg.), *Principles and practice of informal education: Learning through life* (S. 34–49). New York: Routledge/Falmer.

Jeffs, T. (2010). Informal education and evaluation. In B. McGraw, P. L. Peterson & E. Baker (Hrsg.), *International encyclopaedia of education* (S. 572–577). Oxford: Elsevier.

Jenewein, T. (2011). Die Integration von Social Media in formelles und informelles Lernen. In A. Trost & T. Jenewein (Hrsg.), *Personalentwicklung 2.0: Lernen, Wissensaustausch und Talentförderung der nächsten Generation* (S. 93–108). Köln: Luchterhand.

Kaufmann, K. (2012). *Informelles Lernen im Spiegel des Weiterbildungsmonitorings.* Wiesbaden: Springer VS.

Kemnitz, H., & Sandfuchs, U. (2009). Geschichte des Unterrichts. In K.-H. Arnold, U. Sandfuchs & J. Wiechermann (Hrsg.), *Handbuch Unterricht* (2. Aufl., S. 22–30). Bad Heilbrunn: Julius Klinkhardt.

Kernig, W. (1997). Informal education: Die englischen Wurzeln des offenen Unterrichts. Das Beispiel der Evelyne Lawe Primary School. In M. Göhlich (Hrsg.), *Offener Unterricht: Community Education, Alternativschulpädagogik, Reggiopädagogik. Die neuen Reformpädagogiken. Geschichte, Konzeption, Praxis* (S. 39–64). Weinheim/Basel: Beltz.

King, J. (1967). *Planning non-formal education in Tanzania* (African research monographs, Bd. 16). Paris: UNESCO.

Kirchhof, S. (2007). *Informelles Leren und Kompetenzenwicklung für und in beruflichen Werdegängen*. Münster: Waxmann.

Klewitz, M., & Leschinksy, A. (1997). Institutionalisierung des Volksschulwesens. In M. Baethge & K. Nevermann (Hrsg.), *Organisation, Recht und Ökonomie des Bildungswesens* (2. Aufl., S. 72–97). Stuttgart: Klett-Cotta.

Knowles, M. S. (1950). *Informal adult education. A guide for administrators, leaders, and teachers*. New York: Association Press.

Kommission der Europäischen Gemeinschaften. (2000). *Memorandum über Lebenslanges Lernen*. Brüssel: Kommission der Europäischen Gemeinschaften.

Kommission der Europäischen Gemeinschaften. (2002). AAktionsplan der Kommission für Qualifikation und Mobilität, *Mitteilungen der Kommission an den Rat, das Europäische Parlament, den Wirtschafts- und Sozialausschüssen und den Ausschuss der Regionen*. Brüssel: Kommission der Europäischen Gemeinschaften.

Kompetenzzentrum Informelle Bildung. (Hrsg.). (2007). *Grenzenlose Cyberwelt? Zum Verhältnis von digitaler Ungleichheit und neuen Bildungszugängen für Jugendliche*. Wiesbaden: VS Verlag.

Krüger, H.-H., & Rauschenbach, T. (Hrsg.). (2005). *Informelles Lernen*. Wiesbaden: VS Verlag.

Künzel, K. (Hrsg.). (2005). *Informelles Lernen – Selbstbildung und soziale Praxis* (Bd. 31/32). Köln: Böhlau Verlag.

Kuwan, H. (1999). *Berichtsystem Weiterbildung VII: Erste Ergebnisse der Repräsentativbefragung zur Weiterbildungssituation in den alten und neuen Bundesländern*. Bonn: Bundesministerium für Bildung und Forschung.

Kuwan, H., Thebis, F., Gnahs, D., Sandau, E., & Seidel, S. (2003). *Berichtsystem Weiterbildung VIII. Integrierter Gesamtbericht zur Weiterbildungssituation in Deutschland*. Bonn: Bundesministerium für Bildung und Forschung.

La Belle, T. (1982). Formal, nonformal and informal education: A holistic perspective on lifelong learning. *International Review of Education, 28*, 159–175.

Laur-Ernst, U. (2000). Analyse, Nutzen und Anerkennung informellen Lernens und beruflicher Erfahrung – wo liegen die Probleme? In P. Dehnbostel & H. Novak (Hrsg.), *Arbeits- und erfahrungsorientierte Lernkonzepte* (S. 161–175). Bielefeld: W. Bertelsmann.

Lenhart, V. (1993). *Bildung für alle. Zur Bildungskrise in der Dritten Welt* (Bd. 77). Darmstadt: Wissenschaftliche Buchgesellschaft.

Lindemann, E. C. (1925). *What is adult education?* New York: Columbia University.

Lindemann, E. C. (1989). *The meaning of adult education*. New York: Harvest House.

Livingstone, D. (1999). Exploring the icebergs of adult learning: Finding from the first Canadian Survey of Informal Learning Practices. *The Canadian Journal for the Study of Adult Education, 13*(2), 49–72.

Loebe, H., & Severing, E. (Hrsg.). (2010). *Kompetenzpässe in der betrieblichen Bildung: Mitarbeiterkompetenzen mit Kompetenzpässen sichtbar machen* (Bd. 57). Bielefeld: W. Bertelsmann.

Marsick, V. J. (1988). Learning in the workplace: The case for reflectivity and critical reflectivity. *Adult Education Quarterly, 38*(4), 187–198.

Marsick, V. J., & Watkins, K. E. (1990). *Informal and incidental learning in the workplace: International Perspectives on Adult Continuing Education*. London: Routledge.

Marsick, V. J., & Watkins, K. E. (2015). Informal learning in learning organizations. In R. F. Poell, T. S. Rocco & G. L. Roth (Hrsg.), *The Routledge companion to human resource development* (S. 236–248). New York: Routledge.

Marsick, V. J., Watkins, K. E., Callahan, M. W., & Volpe, M. (2006). *Reviewing theory and research on informal and incidental learning*. Paper presented at the Academy of Human Resource Development International Conference, Columbus.
Marzahn, C. (1996). Geschichte der Sozialarbeit/Sozialpädagogik. In D. Kreft & I. Mielenz (Hrsg.), *Wörterbuch Soziale Arbeit* (4. Aufl., S. 244–248). Weinheim/Basel: Beltz.
Matthews, P. (2013). *Informal learning at work: How to boost performance in tough times*. Milton Keynes: Three Faces Publishing.
Mayo, M. (1994). Community participation community development and non-formal education. The informal learning archive. http://infed.org/mobi/community-participation-community-development-and-non-formal-education/.
McGivney, V. (1999). *Informal learning in the community: A trigger for change and development*. Leicester: National Institute of Adult Continuing Education.
McKenzie, M., & Kernig, W. (1975). *The challenge of informal education. Extending young children's learning in the open classroom*. London: Darton, Longman and Todd.
Meyer-Drawe, K. (1978). *Der Begriff der Lebensnaehe und seine Bedeutung fuer eine paedagogische Theorie des Lernens und Lehrens*. Universität Bielefeld: Bielefeld.
Molzberger, G. (2007). *Rahmungen informellen Lernens*. Wiesbaden: Springer VS.
Müller, B., Schmidt, S., & Schulz, M. (2005). *Wahrnehmen können: Jugendarbeit und informelle Bildung*. Freiburg im Breisgau: Lambertus Verlag.
Nelson, T. H. (1933). *Ventures in informal adult education*. New York: Association Press.
Niedermair, G. (Hrsg.). (2015). Informelles Lernen: Annäherungen – Problemlagen – Forschungsbefunde (Bd. 9). Linz: Trauner Verlag.
Organisation for Economic Co-Operation and Development (OECD) (1977). Learning Opportunities for Adults. Paris: UNESCO.
Organisation for Economic Co-Operation and Development (OECD). (1996). *Lifelong learning for all*. Paris: OECD.
Otto, H.-U., & Kutscher, N. (Hrsg.). (2004). *Informelle Bildung Online: Perspektiven für die Bildung, Jugendarbeit und Medienpädagogik*. Weinheim/München: Juventa.
Otto, H.-U., & Rauschenbach, T. (Hrsg.). (2004). *Die andere Seite der Bildung: Zum Verhältnis von formellen und informellen Bildungsprozessen*. Wiesbaden: VS Verlag.
Overwien, B. (2001). Debatten, Begriffsbestimmungen und Forschungsansätze zum informellen Lernen und zum Erfahrungslernen. *Senatsverwaltung für Arbeit, Soziales und Frauen: Tagungsband zum Kongreß „Der flexible Mensch"* (S. 359–376). Berlin: BBJ Verlag.
Overwien, B. (2003). Das lernende Subjekt als Ausgangspunkt – Befreiungspädagogik und informelles Lernen. In W. Wittwer & S. Kirchhof (Hrsg.), *Informelles Lernen und Weiterbildung: Neue Wege zur Kompetenzentwicklung*. München: Luchterhand.
Overwien, B. (2005). Stichwort: Informelles lernen. *Zeitschrift für Erziehungswissenschaft, 8*(3), 339–355. doi:10.1007/s11618-005-0144-z.
Perker, H., & Ward, C. (1994). *Identification and accreditation of skills and knowledge acquired through life and work experience. Comparative report of practice in France and the United Kingdom*. Berlin: European Centre for the Development of Vocational Training.
Perker, H., & Ward, C. (2006). Assessment of experiential learning in England and France. *Research in Post-Compulsory Education, 1*(2), 133–149. doi:10.1080/1359674960010202.
Pietraß, M., Schmidt, B., & Tippelt, R. (2005). Informelles Lernen und Medienbildung: Zur Bedeutung sozio-kultureller Voraussetzungen. *Zeitschrift für Erziehungswissenschaf, 8*(3), 412–426.
Rat der Europäischen Union. (2004). *Entwurf von Schlussfolgerungen des Rates und der im Rat vereinigten Vertreter der Regierungen der Mitgliedstaaten zu gemeinsamen europäischen Grundsätzen für die Ermittlung und Validierung von nicht formalen und informellen Lernprozessen*. Brüssel: Rat der Europäischen Union.
Rat der Europäischen Union. (2012). *Empfehlungen zur Validierung nichtformalen und informellen Lernens*. (2012/C 398/01).http://www.forum-beratung.de/cms/upload/Internationales/EU_Rat/Ratsempfehlung_Validierung_nichtformalen_Lernens.pdf

Rauschenbach, T., Leu, H. R., Lingenauber, S., Mack, W., Schilling, M., Schneider, K., & Züchner, I. (2004). *Non-formale und informelle Bildung im Kindes- und Jugendalter: Konzeptionelle Grundlagen für einen Nationalen Bildungsbericht*. Bonn: Bundesministerium für Bildung und Forschung.

Reischmann, J. (1986). *Learning „en passant": The forgotten dimension*. Paper presented at the Conference of the American Association of Adult and Continuing Education, Hollywood.

Reischmann, J. (1995). Die Kehrseite der Professionalisierung in der Erwachsenenbildung: Lernen „en passant" – die vergessene Dimension. *Grundlagen der Weiterbildung, 6*(4), 200–204.

Reischmann, J. (2004). Vom „Lernen en passant" zum „Kompositionellen Lernen". *Weiterbildung, 15*(2), 92–95.

Reischmann, J. (2014). Es ginge auch ohne. *Weiterbildung, 25*(5), 26–28.

Reketat, H. (2001). *Offener Unterricht – eine Förderungsmöglichkeit für hoch begabte Kinder in Regelschulen!?* Münster: LIT.

Röhr-Sendlmeier, U. M. (2012). *Inzidentelles Lernen: Wie wir beiläufiges Wissen erwerben* (Bd. 10). Berlin: Logos Verlag.

Rohs, M. (2008). *Conected Learning: Zur Verbindung formellen und informellen Lernens in der IT-Weiterbildung*. Saarbrücken: VDM Verlag Dr. Müller.

Rohs, M. (2013a). Informelles mobiles Lernen. In C. de Witt & A. Sieber (Hrsg.), *Mobile Learning. Potenziale, Einsatzszenarien und Perspektiven des Lernens mit mobilen Endgeräten* (S. 75–97). Wiesbaden: Springer.

Rohs, M. (2013b). Social Media und informelles Lernen. *DIE Zeitschrift für Erwachsenenbildung, 20*(2), 39–42.

Rohs, M. (2014). Konzeptioneller Rahmen zum Verhältnis formellen und informellen Lernens. *Schweizerische Zeitschrift für Bildungswissenschaften, 36*(3), 391–440.

Rohs, M. (Hrsg.). (2015). *Handbuch Informelles Lernen*. Wiesbaden: Springer.

Rohs, M., & Schmidt, B. (2009). Warum informell Lernen? Argumente und Motive. *Bildungsforschung, 6*(1), 63–78.

Sandhaas, B. (1995). Bildungsformen. In H.-D. Haller & H. Meyer (Hrsg.), *Ziele und Inhalte der Erziehung und des Unterrichts* (Bd. 3, S. 399–406). Stuttgart: Klett-Cotta.

Sauter, W., & Sauter, S. (2013). *Workplace Learning: Integrierte Kompetenzentwicklung mit kooperativen und kollaborativen Lernsystemen*. Heidelberg: Springer Gabler.

Sawchuk, P. H. (2008). Theories and methods for research on informal learning and work: Towards cross-fertilization. *Studies in Continuing Education, 30*(1), 1–16.

Schiersmann, C., & Remmele, H. (2002). *Neue Lernarrangements in Betrieben: Theoretische Fundierung – Einsatzfelder – Verbreitung – QUEM-report: Schriften zur beruflichen Weiterbildung* (Bd. 75). Berlin: Arbeitsgemeinschaft Betriebliche Weiterbildungsforschung e.V.

Schmidt, B. (2009). *Weiterbildung und informelles Lernen älterer Arbeitnehmer: Bildungsverhalten. Bildugnsinteressen. Bildungsmotive*. Wiesbaden: VS Verlag.

Schöfthaler, T. (1981). Informelle Bildung. *Zeitschrift für Pädagogik 27*, 97–115.

Scribner, S., & Cole, M. (1973). Cognitive consequences of formal and informal education: New accommodations are needed between school-based learning and learning experiences of everyday life. *Science, 182*(4112), 553–559.

Seitter, W. (2007). *Geschichte der Erwachsenenbildung. Eine Einführung*. Bielefeld: W. Bertelsmann.

Seitter, W. (2011). Erwachsenenbildung und Weiterbilung in historischer Perspektive. In D. Fuhr, P. Gonon & C. Hof (Hrsg.), *Erwachsenenbildung – Weiterbildung* (S. 65–86). Paderborn: Ferdinand Schöningh.

Senge, P. (1990). *The fifth discipline: The art and practice of the learning organization*. New York: Doubleday/Currency.

Seufert, S., Fandel-Meyer, T., Meier, C., Diesner, I., Fäckeler, S., & Raatz, S. (2013). *Informelles Lernen als Führungsaufgabe: Problemstellung, explorative Fallstudien und Rahmenkonzept* (scil Arbeitsbricht. Bd. 24). St. Gallen: Universität St. Gallen.

Simkins, T. (1976). *Non-formal education and development. Some critical issues*. Manchester: Department of Adult and Higher Education, University of Manchester.

Smith, D. (1974). Review: New paths to learning for rural children and youth. *Interchange, 5*(3), 71–72.
Smith, L. A. (1976). *Activity and experience: Sources of English informal education.* New York: Agathon Press.
Smith, L. A. (1988). „*Open Education*" *Revisited – Americans Discover English Informal Education, 1967–1974* (World Education monograph series, Bd. 1). World Education Center.
Smith, M. K. (2001a). Informal and non-formal education, colonialism and development. The encyclopaedia of informal education. http://infed.org/mobi/informal-and-non-formal-education-colonialism-and-development/. Zugegriffen am 13.09.2015.
Smith, M. K. (2001b). Josephine Macalister Brew and informal education. the encyclopedia of informal education. 2015. http://infed.org/mobi/josephine-macalister-brew-and-informal-education/. Zugegriffen am 13.09.2015.
Smith, M. K. (2002a). Malcolm Knowles, informal adult education, self-direction and andragogy. *The encyclopedia of informal education.* http://infed.org/mobi/malcolm-knowles-informal-adult-education-self-direction-and-andragogy/.
Smith, M. K. (2002b). Mary Parker Follett: Community, creative experience and education. The encyclopedia of informal education. http://infed.org/mobi/mary-parker-follett-community-creative-experience-and-education/.
Stecher, L. (2005). Informelles Lernen bei Kindern und Jugendlichen und die Reproduktion sozialer Ungleichheit. *Zeitschrift für Erziehungswissenschaft, 8*(3), 374–393.
Straka, G. A. (2000). Lernen unter informellen Bedingungen (informelles Lernen): Begriffsbestimmung, Diskussion in Deutschland, Evaluation und Desiderate. In A. Qualifikations-Entwicklungs-Management (Hrsg.), *Kompetenzentwicklung 2000* (S. 15–70). Münster: Waxmann.
Straka, G. A. (2004). Informal learning: Genealogy, concepts, antagonism and questions (ITB-Forschungsberichte, Bd. 15). Universität Bremen.
Stratmann, K., & Pätzold, G. (1997). Insitutionalisierung der Berufsbildung. In M. Baethge & K. Nevermann (Hrsg.), *Organisation, Recht und Ökonomie des Bildungswesens* (2. Aufl., S. 114–134). Stuttgart: Klett-Cotta.
Strittmatter, P., Dörr, G., Kirsch, B., & Riemann, R. (1988). Informelles Lernen: Bedingungen des Lernens mit Fernsehen. *Unterrichtswissenschaft, 16*(3), 3–26.
Theunert, H. (2005). Medien als Orte informellen Lernens im Prozess des Heranwachsens. In Sachverständigenkommission 12. Kinder- und Jugendbericht (Hrsg.), *Kompetenzerwerb von Kindern und Jugendlichen im Schulalter* (Bd. 3, S. 175–300). München: DJI.
Tough, A. (1971). *The adult's learning project: A fresh approach to theory and practice in adult learning.* Toronto: University of Toronto.
Tough, A. (2002). *The iceberg of informal adult learning. NALL Working Paper* (Bd. 49). Toronto: OISE/University of Toronto.
Tully, C. J. (1994). *Lernen in der Informationsgesellschaft: Informelle Bildung durch Computer und Medien.* Opladen: Westdeutscher Verlag.
Tully, C. J. (Hrsg.). (2004). *Verändertes Lernen in modernen technisierten Welten: Organisierter und informeller Kompetenzerwerb Jugendlicher.* Wiesbaden: VS Verlag.
UNDO, UNESCO, UNICEF, & World Bank. (1990). Meeting basic learning needs: A vision for the 1990s. *World Conference on Education for All.* Jomtien: UNICEF House.
UNESCO. (1947). *Fundamental education: Common ground for all peoples.* Paris: UNESCO.
Weber, L. (1971). *The English infant school and informal education.* Englewood Cliffs: Prentice-Hall.
Wihak, C., & Hall, G. (2011). Work related informal learning. Centre for Workplace Learning. http://www.nald.ca/library/research/informal_learning/informal_learning.pdf. Zugegriffen am 13.09.2015.
Wittwer, W., & Kirchhof, S. (Hrsg.). (2003). *Informelles Lernen und Weiterbildung.* München: Luchterhand.
Zinke, G. (2003). Lernen in der Arbeit mit Online-Communities – Chance für E-Learning in kleinen und mittelständischen Unternehmen. *Berufsbildung in Wissenschaft und Praxis, 32*(1), 9–13.
Zürcher, R. (2007). Informelles Lernen und der Erwerb von Kompetenzen Theoretische, didaktische und politische Aspekte. In Bundesministerium für Unterricht, Kunst und Kultur (Hrsg.),

Materialien zur Erwachsenenbildung (Bd. 2). Wien: Bundesministerium für Unterricht, Kunst und Kultur.

Zwiefka, N. (2007). *Digitale Bildungskluft: Informelle Bildung und soziale Ungleichheit im Internet.* München: Verlag Reinhard Fischer.

International Perspectives on the Definition of Informal Learning

Patrick Werquin

Inhalt

1	Background	40
2	Several International Organisations: Several Dissimilar Definitions	43
3	Definitions in Selected Countries	49
4	Food for Thoughts: The Definition and Potential of Informal Learning	58
Literatur		61

Zusammenfassung

This contribution aims at providing an overview of some of the existing definitions for "informal learning" in the international sphere. They are often provided in contrast with "formal learning", which will therefore also be addressed to some extent. The international organisations (EC, OECD, UNESCO) have often been at the forefront, with unequal success in providing scientifically sound or easy to implement concepts. And the harmonisation is far from achieved, even within the same organisation. This contribution will also be an opportunity to review the definition(s) used in a selection of countries around the world.

Schlüsselwörter

Formal Learning • Informal Learning • Experience • Recognition • International

---

Patrick Werquin has a PhD in Economics and is Professor at CNAM (*Conservatoire national des arts et métiers*; A French Higher Education and Research Institution), and international independent consultant; patrick.werquin@gmail.com

The author would like to thank all the many colleagues that help with the understanding of the concepts and their language skills all around the world.

P. Werquin (✉)
CNAM (Conservatoire national des arts et métiers; A French Higher Education and Research Institution), Paris; and international independent consultant, Saint-Sulpice-sur-Lèze, France
E-Mail: patrick.werquin@gmail.com

Informal learning – and its sibling concepts such as non-formal learning – is not a new concept but it has received considerable attention over the last decades. This trend has been reinforced in particular by the need for measuring participation in education and classifying educational/learning activities and by development of approaches conferring currency – in the labour market and in the formal education and training system – to all learning outcomes, whatever the learning context, formal or not. This possibility that competences acquired throughout life, regardless of attendance in the formal education and training system, are given value has generated huge interest in many countries.

Despite this interest in countries, most of the actual work for classifying education activities and their outcomes as well as for defining the concepts necessary for elaborating guidelines for making this learning useful,[1] has been left to international organisations, such as the European Commission (EC), the Organisation for Economic Cooperation and Development (OECD), the United Nation Education Science and Culture Organisation (UNESCO) and the World Bank[2]; often in the context of the lifelong learning approach.[3] The recent push for a renewed attention to informal and non-formal learning mainly came from national policy makers – with the questionable belief that validation of such learning outcomes is free[4] – but most countries have directly jumped into the validation and recognition processes with little or no attention paid to defining the concepts; hence some rather surprising expression such as "informal education", "informal competences" or "informal qualifications", all wrong in essence.[5] There is nothing more formal than a qualification.

This chapter aims at reminding the reader with the background (Sect. 1), at providing the most often quoted definitions at the international level (Sect. 2), at providing examples of definitions in a selected group of countries (Sect. 3), and at initiating a discussion regarding the differences identified throughout this chapter (Sect. 4).

1 Background

1.1 Beyond Informal Learning: Rationale for a Renewed Interest

As will rapidly become clear below, there is a wealth of terms in the field of learning activities undertaken outside of the formal education and training system; and an abundance of somewhat different definitions for those terms. It is difficult to

---

[1] Through validation of its outcomes and recognition of the corresponding awards: i.e. full or partial qualification, credit(s), exemption(s) among others Werquin (2008 or 2010a).

[2] See also the work of the European Training Foundation (ETF) and the International Labour Organisation (ILO).

[3] See Coles and Werquin (2007) or Werquin (2007b) for a survey of mechanisms potentially promoting lifelong learning.

[4] It is cheaper than full-blown training, but it is not free (Werquin 2007b).

[5] Meaning respectively: informal learning, competences acquired in informal learning settings, qualification awarded after validation of non-formal and informal learning outcomes.

discuss "informal learning" alone, without mentioning sibling concepts – partially or totally overlapping – such as "non-formal learning" or "experiential learning", and without comparing with the widely accepted reference that is "formal learning". In addition, both in the research literature and in the policy field, the terms "non-formal learning" and "informal learning" are often associated, on purpose or by mistake; and the risk of confusion is real. Therefore, in this overview, and despite the ultimate focus on informal learning, it has not been possible to avoid addressing other forms of learning.

A consensus regarding the terms may not be necessary as regions, countries, provinces, or even municipalities or companies should define the terms they need for the usage they intend; for the recognition of learning outcomes typically. Nevertheless, in the international field, it may be necessary to adopt a reasonably similar definition for common terms; in order to facilitate exchanges of ideas and practice among researchers and policy makers. These terms do not need to reach the lay people. They should not.

For the sake of simplicity, the term "education" will be used only when it is a quote and/or for referring to a supply/provision; i.e., to the educational system. On the contrary, learning is about the individual. Learning contexts are multi-dimensional, and this diversity points to the respective importance of the different learning contexts for the individual learners.

This contribution will not go into discussing the relative importance of the different learning contexts in terms of the learning outcomes; but there seem to be evidence that learning taking place outside of formal contexts is by far more important, in size and in outcomes. It is rather obvious for preschool aged children and for adults, two groups for which formal education opportunities are scarce. Even for school aged children and young people still in the initial education and training system – i.e., the most formal context – there seem to be evidence that the learning outcomes coming from contexts that are not formal – whether informal or non-formal – are also massive.[6] They contribute to the quality of the learning outcomes from formal learning contexts; hence also the results regularly produced about the importance of the family and the community contexts; for children to become literate typically (OECD 2010, 2013).

In the world of Technical Vocational Education and Training (TVET), evidence seems even more compelling as most of the competences used at the workplace have been learnt at the workplace, either in the context of the dual/alternating apprenticeship system during youth, or after leaving initial education and training, when working full time, during adulthood. In many developing and emerging countries, informal learning is even the dominant form of learning a job for young people, mainly because the VET formal provision is very limited and young people have no other choice than to opt for the so called "informal apprenticeship"[7] system, where

---

[6]See for instance de recent OECD study (Miyamoto 2014).

[7]See for instance Davodoun (2011), Overwien (2000), GIZ (2014), Werquin (2014), or the work of the GSDI in Ghana (www.ghanaskills.org)

by they work with an employer who is in charge transferring competences to them, in the best case scenario.[8]

1.2 A Short History of the Terms

The origin of the modern literature about learning that is not formal is difficult to track down. The concept of "experiential learning", introduced in the US in the 1920–30s is often presented as a natural candidate for parenthood; but the concept is not necessary relevant to modern approaches to informal learning. The literature on experiential learning may certainly be seen as the precursor in the field of informal learning, but the relevant allusions to non-traditional ways of learning, and to learning as a side activity, in Plato[9] indicates that this quest for a unique origin is rather vain.

Nevertheless, Coombs et al. (1973) is often presented as one of the earliest modern reference to education that is not formal. There are earlier mentions of informal learning and experience in Dewey (1916, 1938) and Knowles (1950), but the work by Coombs and colleagues are interesting in the context of this chapter because they provide a workable definition of what they call "non-formal education[10]" Coombs and Ahmed (1974); in a way creating the sequence "formal, non formal and informal". In the context of a study for the World Bank, the authors address the potential role of "non-formal education" in the context of rural development. For them, formal education takes place only in the initial education and training system. Non-formal education is still organised but beyond the initial education and training system. Informal learning is taking place in daily life and in different contexts such as the family, the neighbour, the workplace, by having manifold activities such as playing, having religious activities, reading and/or listening to the mass media.

The early 1970s witnessed additional relevant work in field. The UNESCO's Faure Commission report 'Learning to Be' was published in 1972, calling for a broadening of education and training prospects (UNESCO 1972). The OECD mentions "incidental learning experience". It also opposes "incidental and informal lifelong learning" and "more organised and intentional educational opportunities" (OECD 1973, p. 18).

In this context, Dewey (1916) appears as a pioneer considering the modernity of his thinking; and of his vocabulary, as the rest of this contribution will show: he stresses the importance of a *"method of keeping a proper balance between the informal and the formal, the incidental and the intentional, modes of education."*

Sections 2 and 3 provide a transcript of the definitions that have most currency around the World, in international and then national contexts.

---

[8]This point will not be addressed here but the actual transfer of competences may be problematic, for instance because the employer (the Boss) may not have these competences, or because he may not have the pedagogical skills to transfer them, or because he may not be willing to train a future competitor.

[9]*Republic.*

[10]Different form informal learning. They also deny the difference between education and learning.

2 Several International Organisations: Several Dissimilar Definitions

As stated above, the international organisations have often been in the lead for providing definitions for words they had not necessarily coined in the first place. Among those international organisations, it is the United Nation Education Science and Culture Organisation (UNESCO) that has been among the most active in defining key terms regarding the contexts of learning, and therefore informal learning. Let alone the seminal work by Faure and colleagues (UNESCO 1972), which has stressed the value of informal learning – with concepts such as self-education, personal learning, self-teaching and self-training – more than it has provided a precise and operational definition of the concepts (despite the "illustrations"), several UNESCO centres have attempted to elaborate their own definitions. To a large extent, this multiplicity of initiatives constitutes an issue because many of those definitions are actually inconsistent with one another; as will be shown below.

In the international sphere, the first somewhat relevant benchmark document dates back to 1997, when a revised version of the International Standard Classification of Education (ISCED-97)[11] was elaborated under the auspices of the UNESCO Institute for Statistics (UIS), and adopted by the UNESCO General Conference. This Classification was meant to improve the comparability of educational statistics and to allow for the taking into account of the complexity of educational pathways at the international level. The 1997 version provides a definition for each different context of learning, formal, non-formal and informal. It was followed by other attempts, by UNESCO and other international organisations, in particular the European Commission (EC) and the Organisation for Economic Cooperation and Development (OECD). They are provided in the rest of this section, starting from formal learning as it often right constitutes the reference point to understand the two other learning contexts, whether non-formal or informal.

2.1 Formal Learning

The 1997 version of the ISCED provides a definition of formal learning, called "formal education" at that time: *"Formal education (or initial education or regular school and university education): Education provided in the system of schools, colleges, universities and other formal educational institutions that normally constitutes a continuous "ladder" of full-time education for children and young people, generally beginning at age five to seven and continuing up to 20 or 25 years old. In some countries, the upper parts of this "ladder" are constituted by organized programmes of joint part-time employment and part-time participation in the regular school and university system: such programmes have come to be known as the 'dual*

---

[11] The first version was approved by the International Conference on Education in Geneva, in 1975; and then adopted by UNESCO General Conference in Paris, in 1978.

system' or equivalent terms in these countries." (UIS 1997, p. 47). In light of the recent developments, the notable features are that formal learning is only concerned with young people and with the initial education and training system; and is therefore learning that is undertaken on a full time basis. To that extent, the term "formal education" is correct, because what is described is the well-identified historical supply/provision in the hands of governments, as opposed to learning that rather describes individual initiatives/actions.

Not surprisingly due to the increased attention devoted to the validation and recognition of the outcomes of non-formal and informal learning in the policy and research worlds, the next revision of the ISCED classification, in 2011, provides a more detailed and recognition oriented definition of formal learning: *"Formal education is education that is institutionalised, intentional and planned through public organizations and recognised private bodies, and – in their totality – constitute the formal education system of a country. Formal education programmes are thus recognised as such by the relevant national education or equivalent authorities,* e.g., *any other institution in cooperation with the national or sub-national education authorities. Formal education consists* mostly *of initial education (...). Vocational education, special needs education and some parts of adult education are often recognised as being part of the formal education system. Qualifications from formal education are by definition recognised and, therefore, are within the scope of ISCED. Institutionalised education occurs when an organization provides structured educational arrangements, such as student-teacher relationships and/or interactions, that are specially designed for education and learning. Formal education* typically *takes place in educational institutions that are designed to provide full-time education for students in a system designed as a continuous educational pathway. This is referred to as initial education, defined as the formal education of individuals before their first entrance to the labour market,* i.e., *when they will normally be in full-time education. Formal education also includes education for all age groups with programme content and qualifications that are equivalent to those of initial education. Programmes that take place partly in the workplace may also be considered formal education if they lead to a qualification that is recognised by national education authorities (or equivalent). These programmes are often provided in cooperation between educational institutions and employers* (e.g., *apprenticeships*)." (UIS 2011, p. 11). Among many others, three features deserve attention here. Firstly, the general phrasing is less definite or constraining in comparison with UIS (1997), for instance when it says that formal education "mostly" consists of initial education. It seems there is room for non-initial education to be formal too; at the workplace for example and for adults more generally. Regarding "formal education" necessarily being full time, words such as "typically" indicate that other options may be possible, again opening the door to formal adult learning that is necessarily part time for most adults given the many other activities they may have, as parents or workers for instance. Secondly, the term "recognised" is used in a very specific sense, which is recognised by an awarding body or a relevant authority; nothing is said about societal recognition, the recognition that matters for effective currency of the credits or qualifications awarded after a process of validation of learning outcomes Werquin (2010a, 2012a, 2012b, 2014a). Thirdly, formal learning is said to be intentional, which seems to be a key breakthrough, in light of what comes next: the definition of informal learning (see Sect. 2.2).

Just after this essential UNESCO publication, the UNESCO Institute for Lifelong Learning proposed a different definition: *"Formal learning takes place in education and training institutions, and is recognised by relevant national authorities, leading to diplomas and qualifications. Formal learning is structured according to educational arrangements such as curricula, qualifications and teaching/learning requirements."* (UIL 2012, p. 8). Another institute of the UNESCO opts for a different definition with no clear rationale for doing so.

The European Commission and its agencies/directorates also issued their own definitions. The 2000 Commission Staff Working Paper provide the following definition: *"Formal learning takes place in education and training institutions, leading to recognised diplomas and qualifications."* (EC 2000, p. 8). Its only merit is to be short and crispy. The 2001 Communication from the Commission states that formal learning is *"Learning typically provided by an education or training institution, structured (in terms of learning objectives, learning time or learning support) and leading to certification. Formal learning is intentional from the learner's perspective."* (EC 2001, p 32). This second definition is different only 1 year after the first one, but it may correspond to some advancement in the thinking, with the notable introductions of the structure and the intentionality of the learning, which are clear improvements. In few words, this definition captures the essence of formal learning.

In 2006, the Statistical Institute of the European Union (Eurostat), a Directorate of the European Commission, adopted the same definition as the one provided in the ISCED-97 publication (Eurostat 2006, p. 13).

The European Centre for the Development of Vocational Training (Cedefop[12]), an agency of the European Commission, has regularly published a glossary including a definition of formal learning. It started with its 2003 work programme, which included a glossary rather focussed on vocational education and training issues, in the context of the accession of new member states to the European Union. Based on this initial effort, the Cedefop published an independent more general glossary of terms that are relevant in the field of education and training (Cedefop 2004, 2008, 2011, 2014). During this period, the changes were only cosmetic. The most recent definition states that formal learning is *"Learning that occurs in an organised and structured environment (such as in an education or training institution or on the job) and is explicitly designated as learning (in terms of objectives, time or resources). Formal learning is intentional from the learner's point of view. It typically leads to certification."* (Cedefop 2014, p 99). The familiarity with the EC (2001) definition is obvious, except for formal learning on the job. This Cedefop definition has been remarkably stable over time, and rather interesting from the beginning with the focus on the intentionality of the

---

[12]French acronym: *Centre européen pour le développement de la formation professionnelle.*

learning and the possibility that formal learning activities are undertaken at the workplace as early as 2003. The Cedefop practical work on validation of non-formal and informal learning rightly uses the same concept (see the Guidelines; Cedefop 2009, p. 73).

In the higher education area, the ECTS[13] Users' Guide uses the same concept for formal learning, even if the wording is slightly different (ECTS 2009, p. 35). This definition is also adopted by the European Area of Recognition Manual for the recognition of European qualifications (EAR 2013, p. 111).

In the context of an OECD study,[14] Werquin (2008) insists that formal learning is structured, is intentional and has objectives in terms of learning outcomes. He rejects the idea that "leading to a qualification" should be part of the definition (see Sect. 4).

Amazingly enough, the definition of formal learning is the most consensual, yet there are many definitions. The difference may sometimes be explained by the normal over-time evolution of the schools of thoughts, and the progress made in the practical applications of theoretical knowledge (e.g., the evolution from ISCED-1997 to ISCED-2011 seems sensible and logical given the rising of processes to recognise non-formal and informal learning outcomes). However, it remains true that there are different contemporaneous definitions even within the same organisation. For instance, it is difficult to see UNESCO as a standards-setting organisation if its centres all have their own definition, and if they vary all the time with no clear reasons.

Since informal learning is always defined in relation to formal learning, the next section on informal learning is now easier to apprehend. For the sake of brevity, non-formal learning will not be addressed as such, but together with informal learning, and only when it brings added value to the analysis.

2.2 Informal Learning

The 1997 version of the ISCED classification excludes "informal learning" – which is never named as such – for measuring participation in education and therefore does not provide a definition for it. Nevertheless, the ISCED-97 documentation alludes to a third category of learning and a caveat allows understanding how this third category – potentially "informal learning", if there were only three categories – is perceived at that time. Sentences such as *"communication that is not designed to bring about learning"*, *"various forms of learning that are not organized"*, *"many forms of learning are not regarded as education"*, *"random or incidental learning which occurs as a by-product of another event"* indicates that this third learning context, at that time, had to do with learning that was not meant to happen during an activity designed as a learning activity (UIS 1997, p. 10). The 1997 version of the

---

[13] European Credit Transfer and Accumulation System.

[14] With 23 participating countries (www.oecd.org/edu/skills-beyond-school/recognitionofnon-formalandinformallearning-home.htm)

ISCED only accepts learning that is organised, as confirmed by the proposed definition of "non-formal learning" that is also accepted: *"Any organized and sustained educational activities that do not correspond exactly to the [...] definition of formal education. Non-formal education may therefore take place both within and outside educational institutions, and cater to persons of all ages. Depending on country contexts, it may cover educational programmes to impart adult literacy, basic education for out-of-school children, life-skills, workskills, and general culture. Non-formal education programmes do not necessarily follow the 'ladder' system, and may have differing duration."* (UIS 1997, p. 47). In short, the ISCED-97 approach proposes to classify learning activities and its outcomes only to the extent that they fall under education activities. Therefore, there is proximity between the concepts of "formal learning" and "non-formal learning", because they are both organised, and informal learning is considered too remote.

The 2011 version of the ISCED represents a significant progress since *"recognised qualifications obtained through informal learning are* [now] *considered when determining educational attainment levels"*, even if *"informal learning* [still] *does not fall within the scope of ISCED for measuring participation in education."* (UIS 2011, p. 12). As a consequence, a definition of "informal learning" is included in the 2011 version of the ISCED. It states that *"informal learning is defined as forms of learning that are* intentional *or deliberate, but are not institutionalised. It is consequently less organized and less structured than either formal or non-formal education. Informal learning may include learning activities that occur in the family, workplace, local community and daily life, on a self- directed, family-directed or socially-directed basis. Like formal and non-formal education, informal learning can be* distinguished *from incidental or random learning."* (UIS 2011, p. 12). The key feature is that informal learning is said to be intentional, just as formal learning and non-formal learning. For this reason, "random/incidental learning" – which was identified but not a category as such in the 1997 version of the ISCED – is differentiated from "informal learning", is also excluded from ISCED 2011, and appears as a fourth category: random or incidental learning are *"various forms of learning that are not organized or that involve communication not designed to bring about learning. Incidental or random learning may occur as a by-product of day-to-day activities, events or communication that are not designed as deliberate educational or learning activities. Examples may include learning that takes place during the course of a meeting, whilst listening to a radio programme, or watching a television broadcast that is not designed as an education programme."* (UIS 2011, p. 12).

Interesting enough, this additional layer of complexity is accepted by one of the European Commission directorates, the Eurostat, which keeps four categories (Eurostat 2006, p. 12), and not by one of its agencies, the Cedefop, which explicitly makes random/incidental learning a synonymous of informal learning (Cedefop 2014, p. 111).

Within the UNESCO family, the Institute for Lifelong Learning again decides to have its own definition and it is: *"Informal learning is* unintentional *learning that occurs in daily life, in the family, in the workplace, in communities, and through the interests and activities of individuals. Through the RVA*[15] *process, competences gained in informal learning can be made visible, and can contribute to qualifications and other recognitions. The term experiential learning is also used to refer to informal learning that focuses on learning from experience."* (UIL 2013, p. 17). This definition rightly points to the fact that informal learning is not intentional, but remains somewhat vague with terms such as "other recognitions" or because it does not indicate Recognition, Validation and Accreditation of what. Moreover, the UIL definition does not seem to be very stable over time since a year before, the term "unintentional" was not mentioned, along with some cosmetic differences (UIL 2012, p. 8).

To come back to the European level, a definition from the European Commission is: *"Informal learning is a natural accompaniment to everyday life. Unlike formal and non-formal learning, informal learning is not necessarily intentional learning, and so may well not be recognised even by individuals themselves as contributing to their knowledge and skills."* (EC 2000, p. 8). It is followed by a rather different definition: *"Learning resulting from daily life activities related to work, family or leisure. It is not structured (in terms of learning objectives, learning time or learning support) and typically does not lead to certification. Informal learning may be intentional but in most cases it is non-intentional (or "incidental"/random)."* (EC 2001, p. 32). They are both vague about the intentionality, which may or may not exist. The 2001 definition is more explicit about random/incidental learning. At about the same time, the Eurostat definition confirms the absence of harmonization among European Commission agencies and directorates; it says: *"Informal learning on the other hand is generally intentional but it is less organised and less structured learning and may include for example learning events (activities) that occur in the family, in the work place, and in the daily life of every person, on a self-directed, family-directed or socially directed basis."* (Eurostat 2001, p. 12). For Eurostat, informal learning seems intentional and this approach was confirmed in 2006 (Eurostat 2006, p. 13); hence the confirmation of the use of a fourth concept – random learning – in 2006 (Eurostat 2006, p. 13). Within the European Commission family, Cedefop took a diverging route in 2007 with the following definition: *"Learning resulting from daily activities related to work, family or leisure. It is not organised or structured (in terms of objectives, time or learning support). Informal learning is in most cases unintentional from the learner's perspective. It typically does not lead to certification. Comment: informal learning is also referred to as experiential or incidental/random learning."* (Cedefop 2007, p. 76). From 2007 on, for Cedefop, informal learning is unintentional – even if the wording is not positive again, with the use of "in most cases" – and it includes random/incidental learning. The fact that it states that "it typically does not lead to certification" is less convincing and posterior versions will take into account that informal learning outcomes may be validated and lead to a certification.

---

[15]Recognition, Validation and Accreditation.

This issue of whether some forms of learning more often lead to a certification than others is unclear in the existing UNESCO definitions. In the case of "non-formal learning" for example, the International Institute for Educational Planning (IIEP) states that it uses the ISCED-97 definition but add "may or my not confer certification of the learning achieved" (UNESCO IIEP 2006, p. 1) which is not in the original definition (UIS 1997, p. 47).

The matter will discussed below (Sect. 4), after the presentation of some national definitions (Sect. 3) but, in a nutshell, the differences across and within international organisations concern:

- The intentionality of the learning;
- The scope of the concept (e.g., whether it includes random/incidental learning); and
- The fact that the corresponding outcomes lead to a qualification.

In this complex field, some national institution working in the international field have opted for simplicity, like GIZ in Germany for which informal learning is "non-structured, non-goal oriented learning processes that take place at work or in other areas of everyday life".[16]

3 Definitions in Selected Countries

Another way to explore the international dimension regarding the definition of informal learning is by reviewing some of the concepts used in different countries. It would have been difficult to provide a definition for all countries, and the choice here has been to cover different regions of Europe and the world, in an attempt to cover various systems and culture. Several patterns seem to emerge despite this multiplicity of contexts.

3.1 Observed Patterns: Few Official Definitions, High Reliance on International Organisations

Firstly, and rather surprisingly, few countries have an official definition of "informal learning", in the sense of being provided and/or validated by an official authority – such as a ministry or an official agency in the field of adult or lifelong learning – and having currency throughout the country as the only accepted reference. In fact, few countries have their own definition, nor a unique one. In most instances, there is a coexistence of definitions that seem similar, but words matter and they are not exactly the same from a definition to another. Of course, countries having a federal system (e.g., Australia, Canada, Germany) may not be in a position to promote a

---

[16] www.giz.de/expertise/html/11725.html

definition that would be accepted in all the provinces or states, but even highly centralised countries (e.g., France, Korea) do not seem to have such an official definition. And when they do, it is almost systematically connected to the validation and recognition of the learning outcomes associated to informal learning (e.g., France). From this point of view, most recent international work regarding recognition of non-formal and informal learning outcomes, such as the European Inventory[17] or UIL (2013), do not address the definition of the concepts at all[18]; as if the matter was settled, which does not seem to be the case given the abundance of different definitions, or as if it did not matter when it comes to recognition of the learning outcomes coming from it. It is true that the European Inventory seems to have adopted a rather fixed set of definitions, after the Cedefop Glossary,[19] but precisely, some of these terms would deserve to be revisited on a regular basis, especially if new players and/or new countries are coming into the field.

As a consequence, many countries [heavily] rely on definitions provided by the international organisations,[20] by the OECD secretariat for the OECD member states Werquin (2010a, 2010b) and by the UNESCO or its institutes (UIS, UIL). Often time, these international definitions coexist with more local ones, adding a layer of complexity.

Finally, another pattern that seems to come out of this brief overview is that most definitions are rather out-dated. They do not seem to have benefited from the recent added value from the implementation of system for recognising all learning outcomes; meaning for instance that issues such as informal learning does not lead to a qualification, formal learning cannot happen at the workplace or the intentionality of the learning would deserve a thorough discussion.

Without any particular order, the following paragraphs provide some detailed definitions, for a group of selected countries, rather archetypical based on their geographical location, or their state of advancement in establishing a lifelong learning strategy, for example, under which the definition of informal learning often falls.

3.2 Definitions in Selected European Countries

In Europe, several influences can be found, and definitions are alternatively or simultaneously based on the work done by the OECD Secretariat, the European Commission (including the Cedefop) and the UNESCO Secretariat. Greece, for

---

[17] www.cedefop.europa.eu/en/events-and-projects/projects/validation-non-formal-and-informal-learning/european-inventory

[18] With the notable exceptions of Mauritius and New Zealand in UIL (2013).

[19] www.cedefop.europa.eu/en/events-and-projects/projects/validation-non-formal-and-informal-learning/european-inventory/european-inventory-glossary#

[20] For the sake of brevity, they will not be transcribed here when the national definition is an exact copy of the international one.

International Perspectives on the Definition of Informal Learning 51

example, makes an explicit reference to the Cedefop definition (2011, p. 85) in their Law on the Development of Lifelong Learning,[21] but also coined their own definition: informal learning is the "learning activities that take place outside the organised educational framework, during the life course of a person within her/his free time or professional, social and cultural activities. It includes all kinds of activities of self-education, such as self-education using material in print or web or personal computer or other educational infrastructure, as well as the knowledge, skills and competences a person acquires from his professional experience.[22]" There is a clear effort to provide details and examples, therefore adding to the crispness of the reference definition by Cedefop (2011, p. 85).

Bulgaria too addresses the issue of defining informal learning in the context of lifelong learning. In its strategy, Bulgaria states that "informal learning is intentional, resulting from daily work-related, family or leisure activities or just by looking for information." (2008, p. 6).[23] It is a rather crisp and unusual definition since informal learning is said to be intentional with no further caveats.

Italy does not have a formal definition, and uses the one provided by the Cedefop Glossary, in its most recent issue. The fact the Italian Provinces have some, and sometimes a lot of, autonomy does not help in this endeavour. More importantly, informal learning outcomes are barely, if not never, recognised in Italy. The topic is therefore somewhat secondary. The fine line that exists between non-formal learning outcomes, which are recognised (in Aosta Valley and in Lombardy for instance) and informal learning outcomes, which are not, will not be discussed here but it is a typical example of where a thorough discussion would be needed for the benefit of the end users of recognition procedures. In short, Italy seems to put the focus on experience from the workplace when recognising learning that is not formal.

In Spain, similar issues exist in the sense that the term informal does not currency in this context, and it is confused with occupational experience. To that extent, the closest concept officially defined is called "non-formal training way" in the Decree published in 2009[24]: "learning process that does not lead to an official accreditation"[25] (Chapter I, Article 4, p. 72 706). Nevertheless, the glossary on line todoFP.es,[26] as in *all about VET*, does provide a definition for informal learning: "It is the consequence of the activities of the daily life in relation with work, family or leisure. It is not structured and does not usually lead to a qualification. In most cases, it is not intentional from the point of view of the learner"; a definition that clearly reminds of the most recent versions of the international one, from Cedefop and the like.

---

[21]Law no 3879/21-09-2010 (Official Government Gazette 163).
[22]Free translation from Greek.
[23]www.erisee.org/downloads/2013/2/b/LLLStrategy2008-2013%20ENG.pdf (in English)
[24]www.boe.es/boe/dias/2009/08/25/pdfs/BOE-A-2009-13781.pdf
[25]Free translation from Spanish.
[26]www.todofp.es/todofp/glosario.html

In the Netherlands, the Council for Education,[27] an official advisory board to the ministry provided the following definition in 2009: informal learning is "learning that occurs by accident, more or less spontaneous, in contexts not explicitly organised around learning."[28, 29] The definition then goes on clarifying the concept of informal learning with examples: developing spatial awareness by playing video games, or cooking skills by helping in the kitchen, or acquiring occupational competences by observing others at work, or understanding other cultures by being involved in the life of the community. All in all, the learning contexts are very diverse in the Netherlands when it comes to informal learning, including the workplace. The focus is on side activities and non-intentional learning.

In the United Kingdom, England currently has no leading body to set a definition. The former Qualifications and Curriculum Authority would have been in the best position for providing an official one. When it existed, a guidance document was issued that states that non-formal and informal learning is "learning gained outside the formal education and training system" (QCA 2008, p. 3); therefore without distinguishing non-formal learning form informal learning. As for Scotland, the glossary appended to Toolkit published by the Scottish Credit and Qualifications Framework (SCQF) states that "Informal learning can be defined as experiential learning and takes place through life and work experiences. It is often unintentional learning. The learner may not recognise at the time of the experience that it contributed to the development of their skills and knowledge. This recognition may only happen retrospectively through the RPL process, unless the experiences take place as part of a planned experiential or work-based learning, programme" (SCQF 2010, p. 17). The glossary rightly adds: "While it is useful to understand the differences between these different types of learning, it is likely that an individual's learning experience will have a combination of formal, non-formal and informal aspects" (SCQF 2010, p. 17). The relation mentioned above between informal learning and the recognition of its learning outcomes is made very explicit in the Scottish definition. In Wales... For the United Kingdom as a whole, the National Institute of Adult Continuing Education (NIACE) may be seen as a reference. NIACE (2008) states that the concept of "informal learning" is under-defined, and that the "legislation distinguishes only between the further and higher education of adults". NIACE therefore recommends to use existing definitions coming from the European Commission and to "combine" what it describes as "non-formal" and "informal" learning; quoting EC (2000, 2001).

In Wales, "informal learning" is sometimes very restricted to a particular field, like learning a language. For example, many providers refer to their courses in Welsh for Adults as informal learning: "Informal Learning is the learning that takes place away from the classroom and students who use their Welsh outside the Classroom

---

[27] www.onderwijsraad.nl/english/item34

[28] Free translation from Dutch.

[29] www.onderwijsraad.nl/publicaties/2009/middelbaar-en-hoger-onderwijs-voor-volwassenen/item376, based on Werk maken van een leven lang leren. Den Haag: Onderwijsraad

environment will learn the language much quicker. Informal Learning are events/ opportunities for students to hear and speak Welsh in order to improve the skills they have learned in class. (...)"[30]

Denmark seems to use the definition of the European Commission (2001)[31] and seems more interested in the concept of "prior learning" all together rather than its different components, at least when it comes to the official rhetoric. There is no official definition readily available but the Ministry web page seem to oppose certificated competences and "competences gained at work, through participation in liberal adult education and civil society activities."[32]

Norway insists on the absence of learning objectives by calling it "unintended learning"; and it may happen as a consequence of either work or private life activities.

In Germany, several definitions may be found. The first one is based on the work of the project entitled KomNetz (2006). It states that *"Informal learning is a way of learning, which results in a learning outcome that was not intended. Learning out of experience and implicit learning are two different forms of informal learning. Typical characteristics are that informal learning is not organised by an institution, but happening on the basis of taking actions in a work or living context. There is no pedagogic support and the learning outcomes are based on problem solving or dealing with different situations."*[33, 34] The second one, is based on Kirchhöfer (2004). It states that *"The term informal learning is used for learning processes, which are anticipated, self-organised and reflected by the learner. It has a specific operating time and needs focussed attention, which is connected to problem solving, but not organised by an institution."* .[35, 36] The third definition comes from the participation of Germany in the OECD activity on Recognition of Non-formal and Informal Learning Outcomes.[37] In particular Seidel et al. (2008) stresses that the OECD's definition of informal learning primarily targets unintentional learning processes on the job, in the family or during leisure time.

In France, the term "informal learning" has little or no currency. The term "experience" is much preferred, and widely used, in general and in relation to Validation of Experiential Learning Outcomes (VAE in French). In this context, any type of experience – whether personal and/or occupational – is accepted for validation of the potential learning outcomes but only to the extent that it has been

---

[30] www.swansea.ac.uk/undergraduate/academihywelteifi/welsh-for-adults/informallearning/
[31] See second paragraph at http://pub.uvm.dk/2005/priorlearning/kap08.html
[32] http://pub.uvm.dk/2005/priorlearning/kap02.html
[33] Free translation from German.
[34] See www.informelles-lernen.de.
[35] Free translation from German.
[36] See www.informelles-lernen.de.
[37] www.oecd.org/edu/skills-beyond-school/recognitionofnon-formalandinformallearning-home.htm

for at least 3 years and in a field that is relevant to the aimed qualification. To that extent, there is no limitation to what count as experience, and therefore as informal learning. It also means that the difference between non-formal learning and informal learning is not very relevant. In some other contexts, such as the recognition of foreign qualifications by the CIEP,[38] international definitions are most in use, such as the EAR Manual (2013).

3.3 Definitions in Selected Countries in the Rest of the World

In Japan, the term "informal learning" has little currency; and there is no official definition. The use of the term is growing – in particular within the research community – but remains small compared to other comparable terms such as "self-learning", for example in the context of e-learning, or "self-development" for personal development. A traditional explanation for this inertia is that arrangements – there is no system whatsoever – for recognising outcomes of learning that is not formal have not yet been fully discussed at the policy level. It seems the main hindering factor for addressing informal learning in full is the difficulty encountered to prove the existence of learning outcomes from learning in an informal context, proving once more that the concept of informal learning is very often attached to the recognition of the corresponding learning outcomes. In Japan, the Lifelong Learning approach remains very centred on the school (Fuwa 2001). Nevertheless, a definition of the term "informal learning" may be found on a University web page, the Sanno Institute of Management: "*Informal learning is a parent concept to formal learning. The latter is intentional and takes place in organised and structured environments. Learners have clear learning objectives related to the acquisition of knowledge and skills. Typical examples are school education and skills trainings or workshops for working people. On the other hand, informal learning is taking place in not organised and not structured environments. There are no clear learning objectives. Informal learning may take place in varied environments such as game, play and dialogue in the workplace. "Who is the educator" and "who is the learner" are often not determined. What and how to learn is up to the individual. Attitude and activities for voluntary learning are important. In recent years, due to the development of communication tools in the context of social network* (e.g., *Twitter and Facebook*), *social learning has attracted attention in Japan; because it is mutual teaching-learning of participants through the network. New ideas, problem solving skills, innovations are expected to emerge on those networks.*"[39])

In Korea, there is no official definition of "informal learning" either, but the Korean National Institute for Lifelong Education provides sufficient elements to figure out the general understanding of informal learning in the country. It indeed opposes formal education and "*knowledge, skills and ideas* [gained] *throughout the*

---

[38]International Centre for Pedagogical Studies (*Centre international d'études pédagogiques*).
[39]www.hj.sanno.ac.jp/cp/page/10411; Free translation from Japanese.

course of our everyday lives at home, on the streets, from TV and movies, or during our travels and vacations. In addition, there are a variety of educational activities outside school such as auto repair classes at private mechanic institutions, flower arrangement and culinary classes at community cultural centers and others. These are examples of "non-formal" or "informal education." (NILE 2014, p. 1). The long-term existence of the Korean Academic Credit Bank System, which allows individuals to achieve credits in the higher education sector for their prior learning, may be among the reasons for explaining the country interest in informal learning; see for instance Choi (2007) that also underlines that *"there is a tendency that non-formal and informal learning are not differentiated clearly"* (p. 10).

In Thailand, "informal education" (together with "non-formal education") is presented by the government as a way to help the underprivileged group in terms of access to education and opportunities in the formal schooling system. The Law (2008[40]) therefore insists more on actions to promote informal learning rather than on its definition. The interesting input is that there are institutions under the government administration for the promotion of non-formal and informal education (964 centres, 849 public libraries, 8,697 community learning centres, and 4,280 private institutions conducting non-formal and informal education). Both non-formal and informal education are therefore rather organised; even if "informal learning" is said to also concerns "educational radio and television programmes, IT media and science centres." (ONEI 2008).

In Canada, one of the pioneering countries in the mater of assessment and recognition of informal learning outcomes,[41] there is no official definition that would be valid through the entire country. There is nothing recent either and the work done by the OECD[42] is often quoted. Nevertheless, the Canadian Information Centre for International Credentials (CICIC) proposes as sort of twofold definition for informal learning: *"1. Learning that takes place through life and work experiences and derives from activities external to a structured learning context. 2. Unstructured learning within a structured learning environment."*[43] Some provinces have their own definition, such as Manitoba where it is "Learning acquired through work and life experience, using unstructured methods and settings.[44]

In the US, earlier publications[45] of the Council on Adult and Experiential Learning (CAEL) did not use the term "informal learning". The term did not even appear in the context of the assessment of prior learning.[46] Rather, the term that has

---

[40]Non-formal and Informal Education Promotion Act (2008).
[41]The approach is called PLAR as in Prior Learning Assessment and Recognition.
[42]www.oecd.org/edu/skills-beyond-school/recognitionofnon-formalandinformallearning-participatingcountrieswithrelateddocumentsandpublications.htm
[43]http://terminologies.cicic.ca/app/?id=101
[44]www.gov.mb.ca/cyo/youth/print,glossary.html
[45]www.cael.org/what-we-do/research-and-publications/colleges—universities
[46]www.cael.org/what-we-do/prior-learning-assessment

been consistently used is "experiential learning", as could be gathered from the history of this field in the country (see Sect. 1). In recent years, probably due to the influence of international studies and cooperation, the term "informal learning" begins to replace "experiential learning".[47] For the CAEL, *"experiential learning is learning in the context of real-life situations such as classroom study, work, training, online programs – or a combination of all of these and a person's experiences in life. In many cases, experiential learning comes through people's evaluation of their everyday experiences. In addition, many variations of educational programs are designed around the principles of experiential learning."* [48] This definition gives a rather precise idea of the likely perception of informal learning in the US, i.e., learning activities undertaken outside of the traditional academic settings. Finally, a broader review of existing work shows a current use of the terms "formal" and "informal" learning, but the term "non-formal" does not seems to appear.

For a large part of the rest of the American continent, the Organisation of Iberoamerican States (OEI) may serve as a reference since it has carried out some work on validation of non-formal and informal learning outcomes (VANI in Spanish[49]), in the context of making transparent the competences of the workers. The issue of the definition of the different learning contexts is not properly addressed but there are elements in the wording of the approach that leads to a good understanding of how informal learning is perceived. In the context of the work on VANI, the aim is the *"validation, certification, assessment and recognition of learning outcomes achieved outside of the education system"*.[50] That could be a definition except that it does not address the difference between non-formal learning and informal learning, if any.

In Mexico in particular, quite active in the field of recognition of any kind of learning for achieving the upper secondary education qualification (*Bachillerato*), informal learning is not defined at the institutional level. The law even uses the terms "school education", "out of school education" and "mixed education"; most probably to avoid to venture into the use of terms such as formal, non-formal or informal that are considered unclear. A special issue of *Sinéctica* (2006[51]) addresses "informal learning" in full details. In this issue Mejía presents the most generally accepted definition of "informal learning" as being situations "where the learning process is not elaborated by any organisation" or, in short, learning that takes place "outside the classroom" (e.g., museum, educational programmes on television, daily life, interaction parents-children); but she insists that there are several concepts having currency.

---

[47]See for example www.cael.org/whom-we-serve/employers/workforce-chicago/9-practices
[48]www.cael.org/about-us/faqs
[49]www.oei.org.ar/vani/
[50]Free translation from Spanish.
[51]www.sinectica.iteso.mx/?seccion=articulos&lang=es&revista=26

In Australia, even if the existence of a federal system means that different definitions may have currency throughout the country, the commonly accepted concept for "informal learning" is learning acquired through life experience rather than as part of a structured programme, whether it leads to a qualification or not. Informal learning is almost only addressed in the context of Recognition of Prior Learning (RPL). Frequent examples are: work, community work and volunteering, parenting, or prison terms. Among the possible authoritative sources is the Australian Bureau of Statistics that states that informal learning *"refers to unstructured, non-institutionalised learning activities that are related to work, family, community or leisure. Activities may occur on a self-directed basis, but are excluded from scope if there is no specific intention to learn."*[52] Another interesting source is the glossary of the Australian Qualifications Framework (AQF) whose definition is: *"learning gained through work, social, family, hobby or leisure activities and experiences. Unlike formal or non-formal learning, informal learning is not organised or externally structured in terms of objectives, time or learning support."* (AQF 2013, p. 96)

The New Zealand Qualifications Authority (NZQA) has a similar glossary but the term "informal learning" is absent from it.[53] It seems there is no such a thing as a widely communicated officially approved definition of "informal learning". In (UIL 2013, p. 139), Keller network states clearly that *"informal learning* [is] *incidental and* [happens] *through life experience."*

The South Africa Qualifications Authority (SAQA) also has a glossary and informal learning is described as: *"Learning that results from daily activities related to paid or unpaid work, family or community life, or leisure"*. This definition stems from The National Policy for the Implementation of RPL (SAQA 2013), proving again the tight connection between the work on the informal learning concept and the recognition of the corresponding learning outcomes.

In Morocco, there is no official definition of informal learning but the term "non-formal education" is widely and commonly used for second chance literacy programmes for children under 15 (i.e., still theoretically in compulsory schooling) who have left school. Morocco is in the process of establishing a National Qualifications Framework, in the context of the work of the European Training Foundation (ETF), and such definitions should be addressed in the short run.

In Mauritius, the discussion also happens in the context of *"identification and validation of ... informal learning outcomes."* (Allgoo, in UIL 2013, p. 55). The author also stresses that "it typically does not lead to certification", and that informal learning is about *"on the job training, training and placement of people in organisations, and daily activities related to work, family life, social activities and leisure."* Finally, this is a dominant form of learning as *"a large percentage of the Mauritian*

---

[52]www.abs.gov.au/ausstats/abs@.nsf/Lookup/by%20Subject/1370.0~2010~Chapter~Education%20and%20training%20glossary%20(4.2.8)

[53]www.nzqa.govt.nz/about-us/glossary-home/

labour force has built their careers through apprenticeship without having undergone any academic or formal training."

4 Food for Thoughts: The Definition and Potential of Informal Learning

This last section is an attempt at opening the debate regarding some of the key issues in the field of informal learning; its definition and also its potential role.

4.1 Discussion of the Definitions (1): The Learning Continuum

The main features – patterns as it were – of the definitions provided above are:

- They are not always precise in the sense that the wording may be ambiguous (mostly, usually, may…);
- They overlap on many levels (intentionality…);
- They leave some issues widely open (e.g., intentionality of the learning, leading to a qualification, inclusion of random learning), and do not well prepare the ground for the future of research and policymaking.

The first issue is that, in the international context, it is always difficult to find an agreement regarding definitions. A solution may therefore be to seek an agreement on the concepts rather than on the words, but if the wording is approximate, then the concepts are also fuzzy. For instance, words such "most", "mostly", "usually", "may" are creating confusion because they multiply the possibilities within one category that is not watertight anymore. If the definition of informal learning states that informal learning "may or may not lead to a qualification", then the reader/user sees two concepts.

Secondly, what is needed is a set of definitions that are reasonably mutually exclusive. When a set of definitions states that "formal learning is intentional", that "non-formal learning is mostly intentional", and that "informal learning may be intentional", the intentionality does not separate out the three concepts. Incidentally, this form of overlap is obviously the reason for the creation of a fourth learning context – random/incidental learning – which contributes to the confusion.

Thirdly, in a time where all learning outcomes, whatever the learning context (formal, non-formal or informal), are about to be recognised and lead to recognised awards (credits, partial or full qualifications, exemptions…), stating in the definition of informal learning that it does not lead to a qualification is not very forward looking. Besides, the definition is not very robust because as soon as the learning outcomes of informal learning are recognised, then the learning is not informal anymore and the definition changes. Definitions should evolve over time but a concept of informal learning should not change from before to after a process of recognition. Concepts such as informal learning should be independent of whether there is a programme for recognising non-formal and informal learning outcomes or not. Learning contexts pre-exist to the recognition of the corresponding learning outcomes, and there definition should be somewhat more robust; unless a clear rationale is provided for altering them.

There is probably no need for a strict consensus at the international level, because cultures and mores vary to a large extent form a country to another. One idea could therefore be to accept that the learning context is a continuum, from the very formal to the totally informal Werquin (2008, 2010a). Countries could agree on a common definition for the two concepts at the two ends of the continuum (i.e., for formal learning and for informal learning) and use the middle concept (i.e., non-formal learning) to introduce idiosyncratic features relative to their region, their country, their culture or their policy. If all countries could agree on formal and informal learning, then all stakeholders could decide on the middle category (non-formal learning). It could be the adult learning sector as in Germany. It could be second chance literacy courses for early school leavers as in Morocco. It could be on-the-job training as in many countries. It could be side learning along formal learning activities, as somewhat evoked in some definitions. But there need to be an agreement regarding formal learning and informal learning, because the thinking must be signposted, for optimal exchange of ideas.

4.2 Discussion of the Definitions (2): The Recognition Continuum

The same holds for the recognition of learning outcomes. There is a continuum as well, a second continuum: the recognition process may be more or less formal too. For regulated occupations, like in Germany, any recognition system should be highly formalised with quality assurance and awarding of a recognised qualification. For less labour market oriented recognition processes – e.g., for self-esteem, for limited occupational mobility, for taking stock and other more private objectives – a portfolio of competences may suffice, without assessment typically (e.g., the German ProfilPASS, which does not propose external assessment).

In a nutshell, there is more or less formal recognition of learning outcomes from more or less formal learning contexts. The adjective formal applies to both the learning context and to the process for recognising the outcomes of this learning. This is of high relevance to policy makers because there is a cost associated to the process of recognition of non-formal and informal learning outcomes and it varies according to its degree of formalisation.

From this point of view, it is rather interesting to note that elaborating definitions, in this field, does not seem to rely on sound research. The matter is left to international organisations that, normally, have little editing power after the member countries have agreed on a definition. The current situation is a mixed of collecting member countries views and experts' editing. Therefore the existing definitions are not the choice of the countries – otherwise they would be more similar – and are not either the result of sound research.

Academic research should be more active in helping defining those key terms that have become so relevant to understanding the way people learn, what they do with their learning outcomes and the currency and use of the corresponding awards when they are recognised.

4.3 The Importance and Relevance of Defining Learning Contexts

If learning activities are meant to provide competences to the learners, in the context of work and beyond, the discussion about learning contexts – from the most formal to the informal – is of high relevance to individuals and policy makers. This is because some modes of learning are more conducive to certain subject matters than others (West 2007). From a conceptual point of view, formal, non-formal and informal learning do not lead to different competences (knowledge and skills for instance). The competences acquired are the same. In the same vein, in the context of an OECD study on "Education for Social Progress", Miyamoto insists that *"each* [learning] *context contributes to the development of cognitive, social and emotional skills, however their relative importance will change depending on the individual's stage in life. For instance, parents are clearly crucial during infancy and early childhood, but school and community become increasingly more important as a child enters formal education and more diverse social networks. The workplace, in turn, is a key learning context particularly during late adolescence and (early) adulthood."* (Miyamoto 2014, p. 28).

It is also important because all countries are working toward establishing system for validating and recognising all learning outcomes, whether the learning context has been formal or not; and because informal learning is probably the dominant form of learning. In their review of the possible approaches for doing so, these countries are working in close cooperation with one another. It is therefore important to have sound definitions, for exchanging ideas and promoting sound research. For instance, some countries recognise informal learning outcomes only to the extent that it is occupational whereas other lean toward non-vocational informal learning outcomes. It is therefore important to keep the distinctions between all the different concepts, and to understand them; as there are also issues of financing behind the definitions. For example, the informal learning is often – if not always – supported by individual/family resources.

There is also the issue of equity, because not all young people have access to initial education and training. It is therefore interesting to study what informal learning is about – typically informal vocational apprenticeship in Africa – to assesse its value for bridging the gaps created by the unequal access to initial education and training. It is an issue of equity too because a recent literature has developed on skills for social progress. Based on the work of Farkas (2003), Miyamoto (2014) insists on the importance of extra-curricular activities for children to develop social and emotional skills. Understanding what informal learning is about is therefore essential because access to informal learning activities may also be highly inequitable, depending on the parents and on the community typically.

Finally, for individual success, non-cognitive skills – social and emotional skills, such as perseverance, self-control and resilience – are just as important as cognitive skills (literacy, numeracy). And it seems that non-cognitive skills help individuals to take more advantage from their cognitive skills: for example *"social and emotional skills may not do much to increase the chances of people getting into university, but they do seem to help them to get more out of it"*.[54] If a reasonable assumption is that non-cognitive skills are formed in all learning contexts[55] – whether formal, non-formal or informal – then it is crucial to apprehend them; including for improving the labour market prospects of young people.

Literatur

AQF (Australian Qualifications Framework). (2013). *AQF glossary of terminology*, January. www.aqf.edu.au/wp-content/uploads/2013/05/AQFglossaryJan2013.pdf. Last consulted 30.01.2015.

Borghans, L., Diris, R., Heckman, J. J., Kautz, T., & ter Weel, B. (2014). *Fostering non-cognitive skills to promote lifetime success*. Document prepared for the OECD activity on "Skills for Social Progress", 8–9.04. www.oecd.org/officialdocuments/publicdisplaydocumentpdf/?cote= EDU/CERI/CD/RD(2014)14&docLanguage=En. Last consulted 30.01.2015

Bulgaria (Republic of). (2008). *National strategy for lifelong learning for the period 2008-13*. Adopted by Protocol N 42 of a meeting of the Council of Ministers on 30 October.

Cedefop. (2004). *Terminology of vocational training policy: A multilingual glossary for an enlarged Europe*. In P. Tissot (Hrsg.), (S. 201). Luxembourg: Publications Office. http://bookshop.europa.eu/en/terminology-of-vocational-training-policy-pbTI5703499/. Last consulted 30.01.2015.

Cedefop. (2007). *Recognition and validation of non-formal and informal learning for VET teachers and trainers in the EU Member States*, Panorama series, 147. Luxembourg: Office for Official Publications of the European Communities. http://www.cma-lifelonglearning.org/lll/?p=319. Last consulted 30.01.2015.

Cedefop. (2008). *Terminology of European education and training policy, a selection of 100 key terms*, In P. Tissot (Hrsg.), (S. 241). Luxembourg: Office for Official Publications of the European Communities. www.cedefop.europa.eu/fr/publications-and-resources/publications/ 4064. Last consulted 30.01.2015.

Cedefop. (2009). *European guidelines for validating non-formal and informal learning* (S. 90). Luxembourg: Office for Official Publications of the European Communities. www.cedefop.europa.eu/fr/publications-and-resources/publications/4054. Last consulted 30.01.2015.

Cedefop. (2011). *Glossary: Quality in education and training*. In P. Tissot & T. Bertzeletou (Hrsg.), Luxembourg: Publications Office of the European Union. www.cedefop.europa.eu/en/publications-and-resources/publications/4106. Last consulted 30.01.2015.

Cedefop. (2014). *Terminology of European education and training policy, a selection of 130 key terms*. In P. Tissot (Hrsg.), (S. 331). Luxembourg: Publications Office of the European Union. www.cedefop.europa.eu/fr/publications-and-resources/publications/4117. Last consulted 30.01.2015.

---

[54]See the OECD activity on Education for Social Progress (Miyamoto 2014) for a survey on the role of social and emotional skills.

[55]See Borghans et al. (2014).

Choi, S.-D. (2007). *Country background report for the Republic of Korea, document prepared in the context of the OECD activity on Recognition of non-formal and informal learning, Korea Educational Development Institute* (S. 76). KEDI. www.oecd.org/edu/skills-beyond-school/41679912.pdf. Last consulted 31.01.2015.

Coles, M., & Werquin, P. (2007). *Qualifications Systems: Bridges to Lifelong Learning*. Paris: OECD Publishing (S 282). www.oecd-ilibrary.org/fr/education/qualifications-systems_9789264013681-en;jsessionid=5akc8eobqjbeb.x-oecd-live-03. Last consulted 09.08.2015.

Coombs, P. H. (with Prosser R. C., & Ahmed, M.). (1973). *New paths to learning for rural children and youth* (S. 133). In Barbara Baird Israel (Hrsg.). New York: International Council for Educational Development.

Coombs, P. H. (with Ahmed, M.). (1974). *Attacking rural poverty: How non-formal education can help* (S. 292). In Barbara Baird Israel (Hrsg.). Baltimore: The John Hopkins University Press.

Davodoun, C. C., (2011). Apprentissages dans l'artisanat au Bénin, 2 tomes; Éditions Ruisseaux d'Afrique.

Dewey, J. (1916). *Democracy and education. An introduction to the philosophy of education (1966 edition)*. New York: Free Press.

Dewey, J. (1938). *Experience and education*. New York: Collier Books (Collier edition first published 1963).

EAR HEI Consortium (European Area of Recognition). (2013). *The European recognition manual for higher education institutions, practical guidelines for credential evaluators and admissions officers to provide fair and flexible recognition of foreign degrees and studies abroad*. http://eurorecognition.eu/Manual/EAR%20HEI.pdf. Last consulted 30.01.2015.

EC, European Commission. (2000). *A memorandum on lifelong learning* (Commission Staff Working Paper, SEC(2000) 1832, 30.10, S. 36). http://tvu.acs.si/dokumenti/LLLmemorandumOct2000.pdf. Last consulted 30.01.2015.

EC, European Commission. (2001) *Making a European area of lifelong learning a reality, communication from the commission* (COM(2001) 678 final, 21.11, S. 40). http://eur-lex.europa.eu/LexUriServ/LexUriServ.do?uri=COM:2001:0678:FIN:EN:PDF. Last consulted 30.01.2015.

ECTS (European Credit and Transfer System). (2009). *ECTS users' guide*. Luxembourg: Office for Official Publications of the European Communities. http://ec.europa.eu/education/tools/docs/ects-guideen.pdf. Last consulted 30.01.2015.

Eurostat. (2001). *Report of the Task Force on measuring lifelong learning report, S. Pilos, education and training statistics, February* (Eurostat Working Papers "Population and social conditions" 3/2001/E/N°4). www.clab.edc.uoc.gr/hy302/papers/lifelong%20learning%20in%20EU%20report%202001.pdf. Last consulted 30.01.2015.

Eurostat. (2006). *Classification of learning activities – Manual, Population and social conditions, methods and nomenclatures* (S. 36). Luxembourg: Office for Official Publications of the European Communities,. http://ec.europa.eu/eurostat/documents/3859598/5896961/KS-BF-06-002-EN.PDF/387706bc-ee7a-454e-98b6-744c4b8a7c64?version=1.0. Last consulted 30.01.2015.

Farkas, G. (2003). Cognitive skills and non-cognitive traits and behaviors in stratification processes. *Annual Review of Sociology, 29*, 541–562.

Fuwa, K. (2001). Lifelong education in Japan, a highly school-centered society: Educational opportunities and practical educational activities for adults. *International Journal of Lifelong Education, 20*(1/2), 127–136.

GIZ (Deutsche Gesellschaft für Internationale Zusammenarbeit). (2014). *Toolkit for learning in the informal economy*. www.giz.de/expertise/html/10629.html. Last consulted 30.01.2015.

Kirchhöfer, D. (2004). *Lernkultur Kompetenzentwicklung – Begriffliche Grundlagen* (S. 85). Berlin.

Knowles, M. S. (1950). *Informal Adult Education*. New York: Association Press.

KomNetz. (2006). Glossar des Projektes "Kompetenzentwicklung in vernetzten Lernstrukturen – Gestaltungsaufgabe für betriebliche und regionale Sozialpartner". http://komnetz.de/. Last consulted 30.01.2015.

Mejía Rebeca. (2006). *Tendencias actuales en la investigación del aprendizaje informal, Sinéctica* (Special issue on "Informal Learning", #26). www.sinectica.iteso.mx/assets/files/articulos/26te ndenciasactualesenlainvestigaciondelaprendizajeinformal.pdf. Last consulted 30.01.2015.

Miyamoto, K. (2014). *Education and social progress, Draft international report of the OECD activity on "Skills for Social Progress"*, mimeographed, 8–9.04. www.oecd.org/ officialdocuments/publicdisplaydocumentpdf/?cote=EDU/CERI/CD/RD(2014)9&docLanguage= En. Last consulted 30.01.2015.

NIACE (National Institute of Adult Continuing Education). (2008). *Shaping the way ahead.* The Response of the NIACE to the Consultation on the Future of Informal Adult Learning Launched by the Department for Innovation, Universities and Skills.

NILE (Korean National Institute for Lifelong Education). (2014). *Recognition and validation of non-formal and informal learning.* Lifelong Learning in Korea, Issue 2, Jul. http://eng.nile.or.kr/ eng/contents/contents.jsp?bkind=basic&bcode=DACAAB&bmode=view&idx=BCJDFCEC EBDJD. Last consulted 30.01.2015.

OECD (Organisation for Economic Cooperation and Development). (1973). *Recurrent education: A strategy for lifelong learning* (S. 88). Centre for Educational Research and Innovation (CERI). http://files.eric.ed.gov/fulltext/ED083365.pdf. Last consulted 30.01.2015.

OECD (Organisation for Economic Cooperation and Development). (2010). *PISA 2009 results: Overcoming social background – Equity in learning opportunities and outcomes.* http://dx.doi. org/10.1787/9789264091504-en. Last consulted 30.01.2015.

OECD (Organisation for Economic Cooperation and Development). (2013). *Ready to learn: Students' engagement, drive and self-beliefs* (Bd. III, Kap. 6). www.oecd.org/pisa/ keyfindings/PISA2012-Vol3-Chap6.pdf. Last consulted 30.01.2015.

Onderwijsraad. (2003). Werk maken van een leven lang leren. Den Haag: Onderwijsraad.

ONIE (Office of the Non-Formal and Informal Education). (2008). *The development and state of the art of adult learning and education (ALE)* (S. 101). National Report of Thailand, Ministry of Education, Bangkok. www.unesco.org/fileadmin/MULTIMEDIA/ INSTITUTES/UIL/confintea/pdf/NationalReports/Asia%20-%20Pacific/Thailand.pdf. Last consulted 30.01.2015.

Overwien, B. (2000). Informal learning and the role of social movements. *International Review of Education, 46*(6), 621–640. Kluwer Academic Publishers. www.uni-kassel.de/fb05/fileadmin/ groups/w150701/overwien.pdf. Last consulted 30.01.2015.

QCA (Qualifications and Curriculum Authority). (2008). *Claiming credit.* London: Guidance on the Recognition of Prior Learning (RPL) within the Qualifications and Credit Framework (QCF). www.google.fr/url?sa=t&rct=j&q=&esrc=s&source=web&cd=2&ved=0CEEQFjAB&url= http%3A%2F%2Fobserval.eucen.eu%2Ffile%2F280%2Fdownload%2F280&ei=BILWVPyHBo Wb7AaQm4DYCg&usg=AFQjCNEcR01HVIx9SXbT6RL95hN7q-is9g&sig2=TlbJk8mG4HJ hxaAsltRiSQ&bvm=bv.85464276,d.ZGU. Last consulted 30.01.2015.

SAQA (South African Qualifications Authority). (2013). National Policy for the Implementation of the Recognition of Prior Learning. Pretoria: SAQA. (Glossary at: http://hr.saqa.co.za/glossary/pdf/ v49SRKBUh2hk9ybw/Glossary%20of%20terms%2013112014.pdf). Last consulted 09.08.2015.

SCQF (Scottish Credit and Qualifications Framework). (2010). *Facilitating the recognition of prior learning: Toolkit* (S. 54). http://scqf.org.uk/content/files/RPL_Toolkit_FINAL_-_May_2010. pdf. Last consulted 09.08.2015.

Seidel, S., Bretschneider, M., Kimmig, T., Neß, H., & Noeres, D. (2008). *Status of recognition of non-formal and informal learning in Germany* (within the framework of the OECD activity) (S. 143). The Federal Ministry of Education and Research (BMBF). www.bmbf.de/pub/non-formalandinformallearningingermany.pdf. Last consulted 30.01.2015.

UIL (UNESCO Institute for Lifelong Learning). (2012). *Guidelines for the recognition, validation and accreditation of the outcomes of non-formal and informal learning*, mimeographed. http://unesdoc.unesco.org/images/0021/002163/216360e.pdf. Last consulted 30.01.2015.

UIL (UNESCO Institute for Lifelong Learning). (2013). Linking recognition practices and national qualifications frameworks. In R. Duvekot et al., (Hrsg.), *International benchmarking of experiences and strategies on the recognition, validation and accreditation (RVA) of non-formal and informal learning*. Hamburg. http://unesdoc.unesco.org/images/0022/002246/224694e.pdf. Last consulted 30.01.2015.

UIS (UNESCO Institute for Statistics). (1997). *ISCED, International standard classification of education 1997*, May 2006 re-edition. www.uis.unesco.org/Library/Documents/isced97-en.pdf. Last consulted 30.01.2015.

UIS (UNESCO Institute for Statistics). (2011). *International standard classification of education ISCED 2011*. Montreal. www.uis.unesco.org/Education/Documents/isced-2011-en.pdf. Last consulted 30.01.2015.

UNESCO. (1972). *Learning to be: The world of education today and tomorrow*. Report of the Commission chaired by Edgar Faure, Paris. http://unesdoc.unesco.org/images/0000/000018/001801e.pdf. Last consulted 30.01.2015.

UNESCO IIEP (International Institute for Educational Planning). (2006). *Guidebook for planning education in emergencies and reconstruction. Chapter 12: non-formal education* (S. 19). www.asksource.info/resources/guidebook-planning-education-emergencies-and-reconstructionchapter-12-non-formal-education. Last consulted 30.01.2015.

Werquin, P. (2007a). *Terms, concepts and models for analysing the value of recognition of non-formal and informal learning*. Document prepared for the OECD activity on "Recognition of Non-formal and Informal Learning". www.oecd.org/dataoecd/33/58/41834711.pdf. Last consulted 30.01.2015.

Werquin, P. (2007b). Moving mountains: Will qualifications systems promote lifelong learning. *European Journal of Education, 42*(4), 459–484.

Werquin, P. (2008). Recognition of non-formal and informal learning in OECD countries: A very good idea in jeopardy. *Lifelong Learning in Europe, 3*(2008), 142–149.

Werquin, P. (2010a). *Recognising non-formal and informal learning: Outcomes, policies and practices* (S. 91). Paris: OECD Publishing. www.oecd.org/edu/innovation-education/recognisingnon-formalandinformallearningoutcomespoliciesandpractices.htm. Last consulted 30.01.2015.

Werquin, P. (2010b). *Recognition of non-formal and informal learning: Country practices* (S. 65). Paris: OECD. www.oecd.org/dataoecd/22/12/44600408.pdf. Last consulted 30.01.2015.

Werquin, P. (2012a). The missing link to connect education and employment: Recognition of non-formal and informal learning outcomes. *Journal of Education and Work, 25*(3), 259–278. 20.

Werquin, P. (2012b). A second chance for qualification: An interview by A. Mandell and N. Travers. *PLA Inside Out: An International Journal on Theory, Research and Practice in Prior Learning Assessment, 1*(2). www.plaio.org/index.php/home/article/view/35/62. Dernière consultation 23.02.2013.

Werquin, P. (2014a). *Recognition of non-formal and informal learning outcomes to connect non-formal and informal learning, vocational education and training and qualifications frameworks: Policy tools for policy makers, handbook of RPL: Research and practice*. NIACE Publishing.

Werquin, P. (2014b). *Recognition and certification of informal and non-formal learning outcomes*. Contribution au "GIZ Toolkit on Skills Development in and for the Informal Economy". www.giz.de/expertise/html/12702.html. Last consulted 30.01.2015.

West, J. (2007). *A note on the definitions of formal, non-formal and informal learning*. Document prepared in the context of the OECD activity on Recognition of Non-formal and Informal Learning Outcomes.

Beteiligung am informellen Lernen

Katrin Kaufmann

Inhalt

1 Einleitung 66
2 Allgemeine Rahmung: Zusammenspiel individueller Merkmale und Gelegenheitsstrukturen für Beteiligung am informellen Lernen 67
3 Forschungsstand: Beteiligung am informellen Lernen 70
4 Zusammenfassung & Fazit 80
Literatur 81

Zusammenfassung

Beteiligung am informellen Lernen ist als Ergebnis des Zusammenspiels kontextuell-situativer Gelegenheitsstrukturen und individuell-kognitiver, sozialkultureller Voraussetzungen zu betrachten. Mit Verweis auf die heterogene Begriffsbestimmung wird die Schwierigkeit der Erfassung von Beteiligung am informellen Lernen aufgezeigt. Anknüpfend wird der internationale Forschungsstand zur Beteiligung am informellen Lernen primär mit Blick auf das Erwachsenenalter referiert. Informelles Lernen im Kontext von Erwerbsarbeit fokussierend werden abschließend ausgewählte Systematisierungsvorschläge informeller Lernformate vorgestellt.

Schlüsselwörter

Beteiligungsstrukturen • Operationalisierung • Erwachsene • Funktionen • Systematisierung

---

K. Kaufmann (✉)
Arbeitsbereich Empirische Weiterbildungsforschung, Fachbereich Erziehungswissenschaft und Psychologie, Freie Universität Berlin, Berlin, Deutschland
E-Mail: katrin.kaufmann@fu-berlin.de

1 Einleitung

Informelles Lernen gerät seit gut zwei Jahrzehnten zunehmend in den deutschsprachigen bildungspolitischen und wissenschaftlichen Blick. Integriert in das Konzept des ‚Lebenslangen Lernens', das seit Ende der 1990er-Jahre die Programmatik der europäischen Bildungspolitik dominiert (vgl. European Commission 2002, S. 17), kommt der Beteiligung am informellem Lernen insbesondere im Erwachsenenalter und im Zusammenhang mit der Sicherung von Beschäftigungsfähigkeit zunehmend Aufmerksamkeit zu. Beispielhaft kann hierfür die Entwicklung von Instrumenten zur Anerkennung und Validierung informell erworbener Fähigkeiten oder die Implementierung internationaler Bildungsmonitorings genannt werden. Letztere sollen bspw. die Beteiligung am informellen Lernen erfassen und damit die Erreichung der Deutschland gesetzten Zielmarke von 80 % Beteiligung Erwachsener an allen Lernformen im Jahr 2015 prüfen (Europäische Union 2012; Cedefop 2009; Bundesministerium für Bildung und Forschung 2014). Neben dieser eher ökonomisch geprägten Perspektive wird informelles Lernen als bedeutsam für soziale Integration und gesellschaftliche Teilhabe betrachtet. Als im alltäglichen Lebens- und Erfahrungskontext stattfindender Kenntniserwerb gilt informelles Lernen aufgrund des geringen Organisationsgrads als besonders geeignet, kurzfristige und situationsadäquate Anpassungsleistungen an sich stetig verändernde Anforderungen in Gesellschaften des 21. Jahrhunderts vorzunehmen. Aufgrund des konkreten Lebenswelt- und Anwendungsbezugs informellen Lernens wird zudem erhofft, Lern- und Bildungsressourcen zu erschließen und somit soziale und demokratierelevante Kompetenzen zu fördern (u. a. Dohmen 2001; Overwien 2005; Düx et al. 2009; Düx und Rauschenbach 2010; Brake und Büchner 2013).

Insofern wird insgesamt davon ausgegangen, dass informelles Lernen in Ergänzung zum Lernen in formal und curricular organisierten Bildungsangeboten einen eigenständigen Beitrag zur gesellschaftlich relevanten Kompetenzentwicklung leistet. Vor diesem Hintergrund wird das (bildungspolitische) Interesse an Informationen über Beteiligung am informellen Lernen erklärbar. Allerdings ergibt sich für eine solche Analyse die Schwierigkeit der heterogenen Spezifizierungen informellen Lernens (Brake und Büchner 2013; Giese und Wittpoth 2014; Kaufmann 2012; Kuper und Kaufmann 2010; Overwien 2005, 2010). Aktuelle Begriffsbestimmungen nutzen verschiedene Kriterien, von bewusst/unbewusst, intentional/beiläufig, individuell/kollektiv, selbstgesteuert/erfahrungsbasiert bis hin zu (fehlender) curricularer Rahmung oder instruktionaler Unterstützung oder der Spezifizierung anhand von Kontexten (Lave und Wenger 1991; Livingstone 2001a; Marsick und Volpe 1999; Tough 1979; Dehnbostel 2001, 2002; Eraut 2007; Gerstenmaier und Mandl 2009; Marsick und Watkins 1990; Straka 2000). Entsprechend variieren auch die Datengrundlagen, auf deren Basis Muster der Beteiligung am informellen Lernen aufgezeigt werden können.

Aufgrund der Breite des Feldes und der vielfältigen Definitions- und Funktionsbezüge werden im Folgenden zunächst allgemeine Kontexte aufgezeigt, die übergeordnet als Gelegenheitsstrukturen für die Beteiligung an informellem Lernen charakterisiert werden können. Auf der Grundlage bevölkerungsrepräsentativer Erhebungen werden anschließend Beteiligungsraten sowie fördernde und hemmende

Bedingungen für informelles Lernen im internationalen Vergleich aufgezeigt. Da ein Großteil der Untersuchungen zum informellen Lernen im Kontext von Erwerbsarbeit zu verorten ist, wird darauf ein Schwerpunkt gelegt. Mit Blick auf Funktionsbezüge informellen Lernens werden schließlich ausgewählte Systematisierungsvorschläge informeller Lernformate vorgestellt. Der Beitrag schließt mit einem Ausblick auf Forschungsdesiderate bezüglich der Teilnahme am informellen Lernen.

2 Allgemeine Rahmung: Zusammenspiel individueller Merkmale und Gelegenheitsstrukturen für Beteiligung am informellen Lernen

Im nationalen wie internationalen Kontext ist die Frage nach den Voraussetzungen für informelles Lernen zentral. Übergeordnet lassen sich zunächst Kontexte wie bspw. Erwerbsarbeit, Familie oder soziale Gemeinschaften als spezifische Gelegenheitsstrukturen unterscheiden, in denen sich informelles Lernen vollzieht. Innerhalb dieser Kontexte können ‚Lernorte' (bspw. Betriebe, Vereine) oder Anlässe (bspw. Elternschaft, Betriebs- oder Stellenwechsel, ehrenamtliches Engagement) konkretisiert werden.

Informelles Lernen im Kontext von Erwerbsarbeit, das in der englischsprachigen Literatur vielfach unter ‚workplace learning' behandelt wird, wird international v. a. mit Blick auf berufliche Verwertbarkeit und Entwicklung beruflicher Handlungskompetenz thematisiert. Untersuchungen zum informellen Lernen fokussieren dabei u. a. Fragen der lernförderlichen Gestaltung von Arbeitsplätzen und -tätigkeiten (u. a. Dehnbostel et al. 2008; Molzberger 2007; Rohs 2008). Entsprechend kommt berufs- bzw. betriebsspezifischen Merkmalen besondere Aufmerksamkeit zu, die informelles Lernen hemmen oder fördern können. Daneben stellt informelles Lernen im Kontext sozial-gemeinschaftlicher Aktivitäten ein breites Forschungsfeld dar, das vor allem im angelsächsischen Sprachraum, zunehmend aber auch in Deutschland untersucht wird (Foley 1999; Cullen et al. 2000; Düx und Rauschenbach 2010; Düx et al. 2009). Neben individuellem Kompetenzerwerb stehen hier Bedingungen und Wirkungen informellen Lernens zur Förderung sozialer Gemeinschaften, regionaler Netzwerke und darüber auch zur regionalen Strukturentwicklung im Fokus. Beteiligung am informellen Lernen setzt entsprechend die Involviertheit in solche sozial-gemeinschaftlichen Bezüge voraus. Während informelles Lernen in familialen Kontexten im Kindes- und Jugendalter bereits seit Längerem im Forschungsfokus steht (Düx und Rauschenbach 2010; Grunert 2011), findet Familie als Lernkontext Erwachsener erst allmählich Berücksichtigung (u. a. Schmidt-Wenzel 2010; Franz 2011). Weiterführend sind in der jüngeren Vergangenheit auch Interaktionen zwischen Gleichaltrigen (,Peers') für den informellen Bildungserwerb in Kindheit und Jugend als bedeutsam identifiziert worden (zusammenfassend Brake und Büchner 2013). Das besondere Bildungspotenzial dieser Beziehungen wird u. a. damit begründet, dass „Erwachsene dabei gerade nicht pädagogisierend die Richtung der Schaffung und Aneignung von damit verbundenen kulturellen und sozialen Standards jenseits von Familie und Schule vorgeben" (Brake und Büchner

2013, S. 489). Gelegenheitsstrukturen sind auch für andere Formate informellen Lernens identifizierbar, wie bspw. Lernen unter Rückgriff auf bestimmte Medien (z. B. die sog. ‚Neuen Medien' oder Fachliteratur), das u. a. die Verfügbarkeit dieser Medien voraussetzt. Informelles Lernen im Zusammenhang mit den sog. ‚Neuen Medien' stellt ein stark expandierendes Forschungsfeld dar. Dabei werden sowohl pädagogisch-gerahmte Einsatzbereiche als auch individuelle Aneignungsprozesse untersucht (Rohs 2013a, 2013b).

Für die Beteiligung am informellen Lernen sind neben äußeren Rahmenbedingungen als Gelegenheitsstrukturen nicht zuletzt die individuellen kognitiven und sozial-kulturellen Voraussetzungen ausschlaggebend (u. a. Eraut 2007; Illeris 2003; Wittpoth 2010a). Insbesondere Konzepte informellen Lernens, die die Selbstbestimmung und -regulierung des Lernprozesses betonen, stellen hohe Anforderungen an die individuellen Lernvoraussetzungen. Dies stellt einen der zentralen Kritikpunkte an Konzepten dar, die informellem Lernen besondere emanzipatorische und inkludierende Funktionen zuweisen. Auch in bildungspolitischen Zusammenhängen scheint die Erwartung einer besonderen Inklusions- und Kompensationsfunktion informellen Lernens immer wieder auf. Mit Bezug auf theoretische Ansätze wie dem Konzept des Habitus und sozialer Milieus (Bourdieu 1997) oder dem der Lebenswelt (Schütz und Luckmann 2003) wird diesen Implikationen allerdings stark widersprochen (u. a. Bremer 2010; von Felden 2009; Field 2009; Garrick 2005; Giese und Wittpoth 2014; Wittpoth 2010a, 2010b). Die Fähigkeit zur Nutzung spezifischer Gelegenheitsstrukturen und das Vermögen, Lernprozesse selbst zu gestalten, sind von kognitiven und sozialen (‚habituellen') Voraussetzungen sowie von individuellen Erfahrungen beeinflusst. Obwohl überwältigende Beteiligungsquoten am informellen Lernen von z. T. mehr als 90 % (Livingstone 2008) zunächst auf eine besondere Inklusionsfunktion hindeuten, spricht eine Vielzahl empirischer Analysen gegen die Niedrigschwelligkeit informellen Lernens. Dies wird besonders deutlich, wenn informelles Lernen nach Formaten und funktionalen Bezügen differenziert betrachtet wird (Baethge et al. 2010; Hall und Krekel 2008; Heise 2007, 2009; Kaufmann 2012; Kuper und Kaufmann 2010). Daraus leitet sich insgesamt die Annahme ab, dass Bedingungskonstellationen informellen Lernens als Kombination kontextuell-situativer Gelegenheitsstrukturen sowie lebensphasenspezifischer Anlässe und individuell-kognitiver, sozial-kultureller Voraussetzungen zu betrachten sind. Untersuchungen zum informellen Lernen im Rahmen sozialgemeinschaftlicher Aktivitäten zeigen, dass gesellschaftlich relevante Fähigkeiten wie soziale, personale, kulturelle und instrumentelle Kompetenzen entwickelt und gefördert werden (Düx et al. 2009). Allerdings zeigt sich auch, dass soziales Engagement selbst bereits bildungsselektiv ist (Düx et al. 2009; Bundesministerium für Familie, Senioren, Frauen und Jugend 2010). Dieses Muster ist auch Ergebnis internationaler Studien (u. a. Livingstone 2008) und steht damit der Erwartung eines ausgleichenden Mechanismus informellen Lernens im Rahmen sozialen Engagements entgegen (Düx et al. 2009). Ähnlich kritisch, wenngleich auf anderer theoretischer und empirischer Grundlage, argumentieren Giese und Wittpoth (2014). Mit Bezug auf das Lebensweltkonzept zeigen sie die inhaltliche Begrenztheit informeller Lernprozesse auf, die sich durch die Einbettung in die individuellen und sozial-gemeinschaftlichen Lebensweltbezüge erklären lassen.

Erklärungsmodelle, die konkret auf informelles Lernen im Kontext von Erwerbsarbeit ausgerichtet sind, spezifizieren diese Grundannahme (Billett 2002, 2004; Dehnbostel 2001, 2002; Eraut 2004, 2007; Illeris 2003, 2004; Marsick et al. 2011; Tynjälä 2013). Auf der Grundlage dieser Modelle lassen sich Annahmen förderlicher Einflüsse für informelles Lernen im Kontext von Erwerbstätigkeit ableiten, wie bspw. das Anregungspotential der Tätigkeit selbst, Autonomie- und Zeitressourcen für Reflexionen sowie Möglichkeiten für kommunikativen Austausch mit Fachpersonal (zusammenfassend u. a. Kyndt et al. 2009; Tynjälä 2008). Insgesamt kommt kommunikativen Austauschprozessen für Lernen in Erwerbstätigkeitsbezügen besondere Bedeutung zu. Die Eingebundenheit in eine ‚community of practice' stellt in einigen Spezifizierungen informellen Lernens auch eines der zentralen Kriterien dar (Lave und Wenger 1991; Marsick und Watkins 1990). Billett (u. a. 2002, 2004, 2008), der die Unterscheidung formalen und informellen Lernens anhand situativer Kontextbedingungen stark kritisiert, hebt die Bedeutung kultur-, lokal- und situationsspezifischer Sozialpraktiken für informelles Lernen am Arbeitsplatz zur Ableitung lernförderlicher Bedingungen hervor. Kulturspezifische Unterschiede förderlicher Faktoren für ‚workplace learning' legen auch jüngere international vergleichende Untersuchungen nahe (Kim und McLean 2014).

Das Modell von Illeris (2003, 2004) betont insbesondere das Zusammenwirken technisch-organisatorischer und sozialer Rahmenbedingungen des Arbeitsumfelds und der Arbeitsprozesse mit den kognitiven und psychodynamisch-emotionalen Voraussetzungen des Individuums zur Erklärung informellen Lernens. Aufgrund der Integration dieser Ebenen und der Berücksichtigung der emotionalen Dimension des Lernprozesses wird dieses Modell auch als „mediational theory" (Sawchuk 2008, S. 6) bezeichnet. Mit der Differenzierung von berufsspezifisch professionellen Praktiken, zeitlichen Bezügen und Kontexten hebt das Modell von Eraut (2007) stärker die spezifische Bedeutung verschiedener informeller Lernformate für bestimmte Phasen beruflicher Kompetenzentwicklung hervor. Dabei entwickelt Eraut in Abhängigkeit der „different modes of cognition" (instant/reflex; rapid/fluid; deliberative/analytic) (a.a.O., S. 406) eine Typologie von Lernprozessen und -aktivitäten. Auf dieser Grundlage wird unterschieden, ob in der jeweiligen Situation das Lernen oder Arbeiten im Vordergrund steht und es werden differenziert a) Arbeitsprozesse mit Lernen als Nebenprodukt, b) Lernaktivitäten, die in Arbeits- und Lernprozesse eingebettet sind und c) Lernprozesse am oder neben dem Arbeitsplatz, die konkret und klar als Lernprozesse deklariert sind. Auch in diesem Modell stellt die individuelle Wissensbasis einen grundlegenden Faktor für informelles Lernen im Tätigkeitskontext dar. Entsprechend dieser theoretischen Annahmen differenziert Eraut „Lernfaktoren" und „Kontextfaktoren" als Einflussfaktoren für informelles Lernen in Tätigkeitsbezügen (Abb. 1).

In ähnlicher Weise unterscheidet Dehnbostel (2001, 2002) betriebliche Lernformate in organisiertes (formelles) und informelles Lernen. Auch hier steht die Annahme im Zentrum, dass sich berufliche Handlungskompetenz nur durch eine Kombination aus organisiertem (auf konkret definierte Lernziele ausgerichtetem)

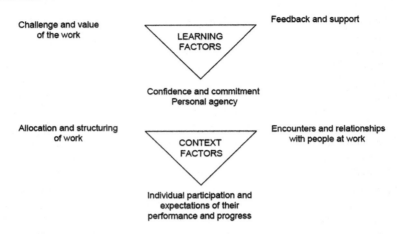

Abb. 1 Modell nach Eraut (2007, S. 418): Einflussfaktoren auf informelles Lernen im Kontext von Erwerbsarbeit

Lernen und reflexivem (Erfahrungslernen) sowie implizitem Lernen (unbewusst und unreflektiert) erwerben lässt. Zusätzlich werden in Abhängigkeit didaktisch-methodischer Merkmale fünf Modi arbeitsbezogenen Lernens differenziert: Lernen (1) durch Arbeitshandeln, (2) durch Instruktion am Arbeitsplatz, (3) durch Integration von Erfahrungslernen und organisiertem Lernen, (4) durch Hospitationen sowie (5) durch Simulation von Arbeitsprozessen (Dehnbostel 2002, S. 39). Lernen im Prozess der Arbeit kann entsprechend unterschiedlich charakterisiert werden als zufällig, erfahrungsbezogen, selbstgesteuert oder subjekt- und arbeitsgebunden. Sowohl Eraut (2007) als auch Dehnbostel (2002) schlagen in ihren Modellierungen heuristisch vielversprechende Differenzierungen informeller Lernformate und -prozesse vor, die Anregungen zur Systematisierung informeller Lernaktivitäten bieten. Der Forschungsstand zur Beteiligung am informellen Lernen greift solche Systematisierungsvorschläge nur teilweise auf und hält insgesamt vielfältige und z. T. auch widersprüchliche Ergebnisse bereit.

3 Forschungsstand: Beteiligung am informellen Lernen

Untersuchungen zum Lernpotential der o.g. Kontexte zeigen die Bedeutsamkeit der Erfassung von Lernen außerhalb curricular organisierter Lehr-Lernsettings auf. Bevölkerungsrepräsentative Erhebungen können Hinweise zu den durchschnittlichen Anteilen der Bevölkerung geben, die in den verschiedenen Kontexten in informelle Lernprozesse involviert sind. Die Erfassung informellen Lernens ist dabei keinesfalls trivial und die Ergebnisse solcher Studien variieren entsprechend in Abhängigkeit der Definition und Operationalisierung informellen Lernens sowie der jeweils erfragten Kontexte, in denen eine Teilnahme an informellem Lernen ggf. erfolgte.

3.1 Ergebnisse bevölkerungsrepräsentativer Erhebungen

Eine Quantifizierung, die ein besonderes Inklusionspotential und bedeutende Reichweite informellen Lernens nahelegt, wird zuerst von Tough (1979) vorgenommen. Demnach erfolgen 70 % des Lernens im Erwachsenenalter informell, wobei informelles Lernen als intendiert, vom Individuum eigenständig indiziert und organisiert definiert wird (a.a.O., S. 1). Im Rahmen der wohl bislang umfangreichsten Untersuchungen zum informellen Lernen der kanadischen Forschungsnetzwerke „New Approaches to Lifelong Learning" (NALL, 1996–2002) und „The Changing Nature of Work and Lifelong Learning" (WALL, 2002–2007) um Livingstone werden Beteiligungsraten am informellen Lernen von mehr als 90 % ermittelt (Livingstone 1999, 2001b, 2007, 2008, 2010; Livingstone und Sawchuk 2005; Livingstone und Stowe 2007). Als intendierter Prozess wird informelles Lernen definiert als „(...) any activity involving the pursuit of understanding, knowledge or skill which occurs without the presence of externally imposed curricular criteria" (Livingstone 2001b, S. 4). Die beiden groß angelegten Untersuchungsverbünde adressieren vor dem Hintergrund sich verändernder Strukturen von Erwerbstätigkeit vor allem Zusammenhänge informeller und formal organisierter Bildungsaktivitäten sowie Beteiligungsbarrieren und Maßnahmen institutioneller Anerkennung informell erworbener Fähigkeiten. Neben zwei repräsentativen Querschnittbefragungen der kanadischen Bevölkerung ab 18 Jahren (1998, N ~ 1.500; 2004, N ~ 9.000) werden ausgewählte Untersuchungsgruppen auch im Längsschnitt in quantitativen und qualitativen Designs untersucht. Darüber hinaus ergänzen 12 Fallstudien das Untersuchungsportfolio, in denen Zusammenhänge zwischen Arbeit und Lernen in verschiedenen Kontexten vertiefend analysiert werden. In den quantitativen Querschnitterhebungen wird die Ausübung informeller Lernaktivitäten mit Bezug auf das vorangegangene Jahr in verschiedenen Kontexten erfragt: Erwerbstätigkeit, Ehrenamt und Haushaltstätigkeit; pro Kontext werden zwischen 9 und 12 Lernaktivitäten erfasst. Die Beteiligungsraten von mehr als 90 % ergeben sich, wenn die Befragten angeben, mindestens eine der gelisteten Aktivitäten ausgeübt zu haben (Livingstone 2008). Diese Quoten, ergänzt um den Befund, dass durchschnittlich rund 15 Stunden pro Woche für informelles Lernen aufgewendet werden[1], verweisen auf eine enorme Reichweite. Im Vergleich zur Teilnahme an formal organisierten Bildungsangeboten werden für die Beteiligung am informellen Lernen keine Unterschiede nach soziodemographischen Merkmalen ermittelt. Auch tätigkeitsbezogenes informelles Lernen zeigt sich nur geringfügig nach formalen Qualifikationsgraden selektiv (Livingstone 2008). Deutlich erkennbar sind allerdings korrelative Zusammenhänge zwischen informellen und formalen Bildungsaktivitäten. Hinsichtlich der Bewertung formaler und informeller Lernaktivitäten in Abhängigkeit der Anlässe (z. B. Tätigkeitswechsel) oder den Verwertungskontexten (beruflich/privat; Anwendung/Vertiefung formal gelernter Inhalte in alltäglicher Erwerbsarbeit) ergeben sich zwar geringfügige Unterschiede in Abhängigkeit formaler Bildungsabschlüsse. Insgesamt aber werden beide Formen, informelles

---

[1] Die investierte Zeit differiert nur marginal zwischen den Kontexten (Livingstone 2008).

Lernen und formale Bildungsaktivitäten, als komplementär betrachtet (Livingstone und Stowe 2007). Sekundäranalytische Auswertungen der kanadischen WALL-Erhebung ermitteln hingegen durchaus selektive Beteiligungsmuster informellen Lernens im Kontext von Erwerbsarbeit. Demnach weisen jüngere und höher Qualifizierte sowie Personen, die sich selbst eine hohe Lernfähigkeit attestieren, günstigere Beteiligungschancen für informelles Lernen auf (Nilsson und Rubenson 2014). Ebenfalls wirken starke inhaltliche Übereinstimmungen zwischen Tätigkeit und Ausbildung, ausgeprägte Autonomieräume sowie geistig-intensive Tätigkeiten förderlich auf informelles tätigkeitsbezogenes Lernen. Erwerbstätige, die formale und informelle Bildungsaktivitäten kombinieren (48,6 %), sind im Vergleich zu ausschließlich informell Lernenden (38,2 %) eher in moderat geistig-anspruchsvollen Tätigkeiten beschäftigt und weisen starke inhaltliche Übereinstimmungen zwischen Qualifikation und Tätigkeit auf. Zudem sind sie öfter in großen Unternehmen tätig. Ausschließlich informell lernen eher Ältere, Industriearbeiter und Erwerbstätige mit niedrigen Qualifikationsabschlüssen. Auch schätzen ausschließlich informell Lernende ihre Lernfähigkeit seltener hoch ausgeprägt ein als Personen, die Lernformate kombinieren.

In Deutschland wurde die Beteiligung am informellen Lernen 19- bis 65-jähriger Erwachsener auf der Grundlage einer bevölkerungsrepräsentativen Querschnitterhebung bereits seit Anfang der 1990er-Jahre erhoben. Trotz z. T. deutlicher Kritik am Erhebungskonzept hinsichtlich fehlender definitorischer Bezüge informellen Lernens (Dobischat und Gnahs 2008), die auch trendanalytische Auswertungen vor besondere Herausforderungen stellen (Kaufmann 2012), stellte das Berichtssystem Weiterbildung (BSW) lange Zeit die umfassendste Datenressource zum informellen Lernen Erwachsener in Deutschland dar (Kaufmann 2012; Kuper und Kaufmann 2010). Die im dreijährigen Rhythmus wiederholte Befragung zum Weiterbildungsverhalten erfasste Formen der arbeitsplatznahen Unterweisung oder des Selbstlernens. In den beiden jüngsten BSW-Erhebungen 2003 und 2007 wird informelles tätigkeitsbezogenes Lernen anhand von 13 Aktivitäten erfasst (Kaufmann 2012; von Rosenbladt et al. 2008).[2] Die so ermittelten Beteiligungsquoten von 61 % in 2003 (Bundesministerium für Bildung und Forschung 2006, S. 190) bzw. 68 % in 2007 (von Rosenbladt und Bilger 2008, S. 43) zeugen ebenfalls von einer großen Reichweite informellen Lernens. Gleichwohl werden auch hier ähnlich selektive Beteiligungsmuster wie für die Teilnahme an Kursen oder Lehrgängen festgestellt.

---

[2]Konkret erfasst wurden: berufsbezogener Besuch von Fachmessen oder Kongressen; Unterweisung oder Anlernen am Arbeitsplatz durch Vorgesetzte/ Kollegen/ außerbetriebliche Personen; Lernen durch Beobachten und Ausprobieren; Nutzung computergestützter Selbstlernprogramme oder Ton- oder Videokassetten; Nutzung von Lernangeboten u. ä. im Internet; Teilnahme an vom Betrieb organisierten Fachbesuchen in anderen Abteilungen/ Bereichen oder planmäßiger Arbeitseinsatz in unterschiedlichen Abteilungen zur gezielten Lernförderung; Teilnahme an vom Betrieb organisierten Austauschprogrammen mit anderen Firmen; Teilnahme an Qualitätszirkel, Werkstattzirkel, Lernstatt, Beteiligungsgruppe; Lesen von berufsbezogenen Fach- und Sachbüchern oder berufsbezogenen Fach- und Spezialzeitschriften; Supervision oder Coaching; Systematischer Arbeitsplatzwechsel (z. B. Job rotation) (von Rosenbladt et al. 2008, S. 10; leicht gekürzt KK).

Hohe formale Bildungsabschlüsse oder berufliche Positionen sowie Beschäftigungsverhältnisse in größeren Betrieben, bestimmten Branchen oder in Unternehmen mit technischen oder organisatorischen Änderungen gehen mit höheren Beteiligungschancen informellen Lernens einher (Bundesministerium für Bildung und Forschung 2006).

Mit der Einführung des Adult Education Survey (AES), mit dem die formale, non-formale und informelle Bildungsbeteiligung der 25- bis 64-Jährigen in den EU-Mitgliedstaaten vergleichend erfasst werden soll (fakultativ erstmals 2005–08; obligatorisch erstmals 2011–12; European Commission und Eurostat 2006; European Parliament and the Council of the European Union 2008), wurde das BSW in Deutschland eingestellt (Dobischat und Gnahs 2008). Aufgrund der unterschiedlichen Erhebungskonzepte können die mit dem BSW begonnen Zeitreihenbeobachtungen informellen tätigkeitsbezogenen Lernens mit dem AES nicht fortgesetzt werden (Dobischat und Gnahs 2008; Baethge et al. 2010; Kaufmann 2012). Auch im nationalen Bildungsbericht wird informelles Lernen Erwachsener mit der Umstellung des BSW auf den AES seit 2010 nicht mehr berücksichtigt. Mit Bezug auf die Classification of Learning Activitites (CLA, European Commission und Eurostat 2006), die informelles Lernen definiert als

> „[…] intentional, but it is less organised and less structured … [sic] and may include for example learning events (activities) that occur in the family, in the work place, and in the daily life of every person, on a selfdirected or socially directed basis" (European Commission und Eurostat 2006, S. 13)

wird im AES intentionales Lernen ungestützt erfasst; beiläufiges Lernen wird ausgeschlossen (European Commission und Eurostat 2012).[3] Neben einer Spezifizierung der Lerninhalte wird der berufliche oder persönliche Verwendungszweck erfragt, sowie, ob die letzte informelle Lernaktivität hauptsächlich durch (1) den Austausch mit Kollegen oder im familiären oder privaten Umfeld erfolgte, (2) computergestützt, (3) durch die Nutzung verschiedener Printmedien oder (4) andere audiovisuelle Medien (European Commission und Eurostat 2013, S. 37). Ein Trendvergleich zwischen der ersten, freiwilligen Piloterhebung (2005–08) und der zweiten, obligatorischen AES-Erhebung (2011–12) kann für die Beteiligung am informellen Lernen aufgrund von Modifikationen im Erhebungskonzept nicht vorgenommen werden (European Commission und Eurostat 2014). Zudem berichten mehrere Länder über Schwierigkeiten bei der Abgrenzung von ‚non-formal education' und ‚informal learning' sowie der Unterscheidung zwischen ‚informal and random or accidental learning' (European Commission und Eurostat 2012, 2014).

---

[3]Beteiligung am informellen Lernen wird im europäischen Erhebungsbogen ungestützt erfasst: „Other than the activities discussed earlier, have you deliberately tried since the last 12 months to learn anything at work or during your free time to improve your knowledge or skills? Yes, one activity; Yes, at least two activities; No." (European Commission und Eurostat 2013, S. 37).

Aufgrund dieser erhebungsbezogenen Schwierigkeiten werden Beteiligungsraten informellen Lernens auf den offiziellen Seiten von Eurostat zu den Ergebnissen des AES nicht berichtet. Allerdings sind Veröffentlichungen einzelner Länder zu Beteiligungsquoten formalen, non-formalen und informellen Lernens auf der Grundlage der AES-Erhebung verfügbar, auf denen die im Folgenden referierten Teilnahmequoten basieren. Aufgrund der o. g. Schwierigkeiten, die europäische Definition informellen Lernens in die jeweiligen nationalspezifischen Kontexte und Begriffsverständnisse zu integrieren, dient diese Darstellung lediglich einer exemplarischen Veranschaulichung heterogener Befunde, die darauf verweisen, länderspezifische Kontextinformationen für international vergleichende Analysen der Bildungsbeteiligung Erwachsener und für informelles Lernen im Besonderen berücksichtigen zu müssen (u. a. Kaufmann et al. 2014).

Wie in Abb. 2 erkennbar ist, variieren Beteiligungsraten informellen Lernens deutlich zwischen 10,5 % in Griechenland bis 68,5 % in Portugal. In den zitierten Publikationen werden Quoten informellen Lernens oft lediglich ergänzend zu den Beteiligungsraten von ‚formal‘ und ‚non-formal education‘ berichtet, seltener konkret kommentiert oder analysiert. Ausnahmen stellen die Publikationen Österreichs, Spaniens, Portugals und Serbiens dar. Abgesehen von Serbien werden für die Beteiligung am informellen Lernen selektive Muster berichtet, insbesondere nach formalen Qualifikationen und Erwerbsbeteiligung (STATISTIK AUSTRIA 2013; Instituto Nacional de Estatistica Statistics Portugal 2013). Die Beteiligungsmuster Serbiens zeigen, dass informell lernende Personen i. d. R. nicht an formalen oder non-formalen Bildungsaktivitäten teilgenommen haben (Statistical Office of the Republic of Serbia 2013), was Befunden in anderen Ländern entgegensteht, die eher auf kumulative Beteiligungsmuster verweisen (u. a. Kaufmann 2012; Kuper und

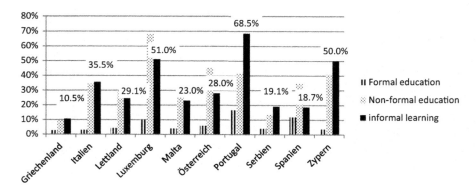

Abb. 2 Beteiligungsquoten an ‚formal education‘, ‚non-formal education‘ und ‚informal learning‘ nach den Ergebnissen des AES 2011/12. Eigene Darstellung auf der Grundlage von Hellenic Statistical Authority 2013, S. 19; Baldazzi und Verzicco 2014, S. 3; Centrala statistikas parvalde Lativia 2013, Tab. 6; L'institut national de la statistique et des études économiques du Luxembourg 2013, S. 40; STATISTIK AUSTRIA 2013, S. 18; Instituto Nacional de Estatistica Statistics Portugal 2013, S. 22; Statistical Office of the Republic of Serbia 2013, S. 12; Instituto Nacional de Estadistica Espana 2012, S. 5; Statistical Service of the Republic of Cyprus 2014

Kaufmann 2010; Kuwan und Seidel 2013; Livingstone und Stowe 2007; Nilsson und Rubenson 2014). Unterschiede zwischen den Ländern ergeben sich zudem nach Lernformaten. In Serbien wird am ehesten via Computer/Internet, in Portugal überwiegend durch Familie, Freunde und Kollegen informell gelernt. Eine Ausweitung der Stichprobe auf bis zu 75-Jährige in Spanien zeigt, dass die 16,5 % der 60- bis 75-jährig informell Lernenden am häufigsten Printmedien (9,4 %) und Fernsehen, Radio oder Video (5,7 %) nutzen. Auch in diesen Altersgruppen ist informelles Lernen deutlich bildungsselektiv (Villar und Celdrán 2013).

In Deutschland wird die Beteiligung am informellen Lernen in Abweichung von der europäischen Fragebogenversion des AES mit gestützter Fragetechnik erhoben (Kuwan und Seidel 2013). Auf dieser Grundlage wird eine Beteiligungsrate von 48 % ermittelt. Die deskriptiven Vergleiche zeigen selektive Beteiligungsmuster vor allem nach formalem Qualifikationsniveau, Erwerbstätigkeits- und beruflichem Status. Des Weiteren bestehen ausgeprägte Zusammenhänge zwischen informellem Lernen und der Beteiligung an formal organisierten Bildungsangeboten. Insgesamt wird informell eher aus privatem Interesse als aus beruflichen Gründen gelernt. Differenzierte Analysen auf Basis der deutschen AES-Erhebung zu Teilnahmestrukturen informellen Lernens erfolgen mit Bezug auf Inhalte und Themenfelder sowie nach soziodemographischen Merkmalen differenziert nach Lernformaten. Dabei treten o. g. selektive Beteiligungsmuster noch einmal deutlicher hervor, zumal die höchsten Teilnahmeraten informellen Lernens für Lesen von Büchern oder Fachzeitschriften und Computer- oder Internetnutzung ermittelt werden – beides Lernformate, die vergleichsweise hohe Anforderungen an die individuellen Voraussetzungen stellen (Kuwan und Seidel 2013).

In den USA wird informelles Lernen innerhalb des Adult Education and Lifelong Learning Survey im Rahmen des National Household Education Survey Programs (AELL-NHES:2001) erhoben (Kim et al. 2004). In der Repräsentativerhebung werden Personen ab 16 Jahren nach ihren Bildungsaktivitäten in den vergangenen 12 Monaten gefragt. Zur begrifflichen Bestimmung informellen Lernens bezieht sich die Erhebung auf Volpe et al. (1999). Informelles Lernen wird definiert als in den Tätigkeitsvollzug integriertes Lernen, das nicht notwendiger Weise intendiert sein muss. Entsprechend wird informelles Lernen ausschließlich mit Bezug auf den Erwerbskontext mit der Frage nach folgenden Lernaktivitäten erfasst: 1) Unterweisung/Mentoring, 2) selbstgesteuertes Lernen durch Nutzung von Büchern, Handbüchern oder Videokassetten, 3) selbstgesteuertes Lernen durch Nutzung computergestützter Software, 4) Besuch informeller Vorträge oder sog. ‚brown bags', 5) Besuch von Fachmessen/Kongressen sowie 6) Lesen von Fachzeitschriften. Auf dieser Grundlage ergibt sich eine Beteiligungsquote von 63 %. Am häufigsten wird die Nutzung von Printmedien und Videokassetten angeführt. Unter den Erwerbstätigen haben zudem 46 % durch Unterweisung/Mentoring informell gelernt. Die deskriptiven Analysen zeigen auch hier deutliche Zusammenhänge zwischen informellem Lernen und (hohen) Formalqualifikationen und beruflichen Positionierungen. Lediglich Unterweisung/Mentoring am Arbeitsplatz ist weniger bildungsselektiv (Kim et al. 2004). In der Erhebung 2004/05 (AE-NHES:2005) wird erstmals informelles Lernen aus persönlichem Interesse erhoben, darunter 1) selbstgesteuertes Lernen durch Nutzung von Büchern, Handbüchern oder Videokassetten, 2) selbstgesteuertes Lernen durch Nutzung computergestützter Software oder das Internet, 3) Lesen von Zeitschriften oder anderen Publikationen, 4) Besuch von Messen/Kongressen sowie 5) Beteiligung in Vereinen oder Unterstützungsgruppen (O'Donnell 2006). 70 % der Befragten haben mindestens eine dieser Aktivitäten ausgeübt. Printmedien und Videokassetten werden am häufigsten genannt und es zeigen sich erneut Beteiligungsunterschiede in Abhängigkeit formaler Qualifikationsabschlüsse. Sekundäranalytische Auswertungen der NHES-Daten (2004/05) adressieren diesen Zusammenhang noch einmal gesondert (Smith und Smith 2008). Geringqualifizierte, die an formalen Grundbildungsmaßnahmen teilnehmen, lernen auch informell häufiger als Personen mit geringen Formalqualifikationen, die nicht an solchen Kursen partizipieren. Die Autoren interpretieren dieses Ergebnis verhalten optimistisch, dass formale Bildungsmaßnahmen informelles Lernen von Geringqualifizierten anregen können (Smith und Smith 2008).

In Australien wird informelles Lernen im Rahmen des „Multi Purpose Household Survey" (2006/07) sowie dem „Survey of Education and Training" (2005) erfasst. Auf dieser Grundlage werden Beteiligungsraten am informellen Lernen von insgesamt 74 % der 25–64-Jährigen berichtet (Australian Bureau of Statistics 2008). Informelles Lernen wird hier definiert als

> „[...] unstructured, non-institutionalised learning activities that are related to work, family, community or leisure. Activities may occur on a self-directed basis, but are excluded from scope if there is no specific intention to learn" (Harper 2008, S. 25).

Erfasst wird 1) Lesen von Fachliteratur, 2) Nutzung computergestützter Software oder das Internet, 3) Fernsehen, 4) Besuch von Büchereien, 5) Lernen von Familienmitgliedern, Freunden oder Kollegen. Grundsätzlich wird bei dieser Auflistung von einem niedrigschwelligen Zugang zu informellem Lernen ausgegangen. Am häufigsten wird Lesen sowie Computer-/Internetnutzung angeführt und auch hier werden bildungsselektive Teilnahmemuster deutlich. Beteiligungsraten am informellen Lernen der über 60jährigen unterscheiden sich nur geringfügig von denen jüngerer Altersgruppen, während sich Teilnahmequoten an formal organisierten Bildungsmaßnahmen mit zunehmendem Alter deutlich verringern. Informelles Lernen wird daher als bedeutsames Format zur Aufrechterhaltung der Beschäftigungsfähigkeit einer alternden Erwerbsgesellschaft betrachtet (Australian Bureau of Statistics 2008).

Von der Hoffnung auf bildungserschließende Funktionen informellen Lernens getragen ist eine 2008 in Taiwan durchgeführte repräsentative Erhebung zur Bildungsbeteiligung Erwachsener (‚Adult Education Participation Survey' 2008 vgl. Lai et al. 2011). Zu den erfassten informellen Lernaktivitäten zählen 1) Lesen von Fachbüchern/Zeitschriften, 2) Sehen von Bildungssendungen im Fernsehen, 3) Hören von Bildungsprogrammen im Radio, 4) Teilnahme an Bildungsexkursionen sowie 5) Nutzung des Internets. Die Mehrheit der Befragten hat in den vergangenen 12 Monaten informell gelernt; am häufigsten durch Bildungssendungen im

Fernsehen (57,5 %), Lesen von Fachliteratur (45 %) und Internetnutzung (42 %). Auch hier zeigt sich ein deutlich bildungsselektives Beteiligungsmuster. Der hohe Anteil informellen Lernens durch Fernsehsendungen wird bildungspolitisch aufgegriffen und die Entwicklung von ‚lifelong learning series' durch Rundfunkgesellschaften und Verlagen gefördert. Im Kontext von Erwerbsarbeit stellen kommunikative Austauschformate (27 %) und eigenständige Internetnutzung (22 %) primäre Lernaktivitäten dar (Lai et al. 2011).

3.2 Zwischenfazit

Insgesamt verdeutlicht diese Zusammenschau die international verstärkte Absicht zur Erfassung der Reichweite und Strukturen informellen Lernens auf der Grundlage bevölkerungsrepräsentativer Umfragen. Gleichzeitig wird die breite Variation der Operationalisierungen informellen Lernens offenbar und die unterschiedlich ausgeprägte Konzentration auf informelles Lernen im privat-persönlichen Kontext bzw. dem der Erwerbsarbeit. Daher variieren nicht nur Beteiligungsquoten, sondern z. T. auch Determinanten der Teilnahme. Gleichzeitig werden unterschiedliche Beteiligungsmuster informellen Lernens zwischen Ländern deutlich, in denen das gleiche Erhebungsinstrument eingesetzt wurde, was auf Unterschiede kulturspezifischer Begriffsverständnisse und/oder funktionaler Bezüge informellen Lernens vor dem Hintergrund differenter Strukturen des Bildungs- und Beschäftigungssystems deuten kann. Übereinstimmend wird in nahezu allen Erhebungen informelles Lernen durch Literatur- und zunehmend auch durch Internetnutzung erfasst – beides Formate, die relativ hohe Anforderungen an die individuellen Voraussetzungen stellen. Dies spiegelt sich in den international deutlich bildungsselektiven Beteiligungsmustern informellen Lernens. Diese werden jedoch leicht verdeckt, wenn die heterogenen Formate informeller Lernaktivitäten unberücksichtigt und Beteiligungsmuster „pauschal" über die erfassten Aktivitäten hinweg analysiert werden.

Systematisierungsvorschläge zur differenzierten Analyse von Beteiligungsstrukturen informellen Lernens greifen diese Kritik auf. Insbesondere für informelles Lernen in Erwerbskontexten wird argumentiert, dass die heterogenen, als informelles Lernen erfassten Aktivitäten vielfach wesentliche Unterschiede hinsichtlich ihrer individuellen und organisatorischen Voraussetzungen aufweisen und entsprechend differenziert betrachtet werden müssten (vgl. Baethge et al. 2010; Hall und Krekel 2008; Kaufmann 2012; Konsortium Bildungsberichterstattung 2006; Kuper und Kaufmann 2010).

3.3 Systematisierungsvorschläge informeller Lernformate zur Analyse von Beteiligungsstrukturen im Kontext von Erwerbsarbeit

Systematisierungen tätigkeitsbezogener informeller Lernaktivitäten erfolgen entlang der Kategorisierung „betrieblich veranlasst" vs. „individuell bzw. selbst initiiert"

(Baethge et al. 2010) oder „fachbezogen-individuell" vs. „praxisbezogen-kooperativ" (Heise 2007).[4] Mit diesen Differenzierungen werden Akzentuierungen relevanter Einflussmerkmale der Beteiligung erkennbar: selbst-initiiertes Lernen ist deutlicher als betrieblich veranlasstes Lernen von formalen Qualifikationsgraden beeinflusst, während die berufliche Stellung für beide Kategorisierungen bedeutsam ist (Baethge et al. 2010). Ein hohes Anforderungsniveau des Arbeitsplatzes wirkt sich ebenfalls förderlich auf individuell initiiertes Lernen aus, während Beschäftigte, deren Qualifikationsprofil nicht mit dem Tätigkeitsprofil der Erwerbstätigkeit übereinstimmt, höhere Chancen auf betrieblich veranlasstes informelles Lernen haben (Hall und Krekel 2008). Fachbezogen-individuelles Lernen ist die bedeutendste Dimension informellen Lernens für Akademiker. Obgleich keine Nutzertypen in Abhängigkeit der Berufsgruppe zu identifizieren sind, nehmen Juristen und Ingenieure seltener praxisbezogen-kooperative Lernformate wahr, während Ärzte insbesondere fachbezogen-individuelle Lerngelegenheiten nutzen (Heise 2007, 2009). Diese Ergebnisse unterstreichen einerseits die Relevanz, informelle Lernaktivitäten differenziert zu betrachten; andererseits werden auch bei diesen Kategorisierungen informelle Lernaktivitäten zusammengefasst, die in Hinblick auf Beteiligungs- bzw. Nutzungsstrukturen Unterschiede erwarten lassen. Dies gilt insbesondere für die als betrieblich veranlasst bzw. praxisbezogen-kooperativ zusammengefassten Lernaktivitäten. In einer von Kuper und Kaufmann (2010) vorgeschlagenen Systematisierung wird dies aufzugreifen versucht, indem die im BSW erfassten informellen Lernaktivitäten nach funktionalen Bezügen und genutzten Medien differenziert werden in arbeitsbegleitendes Lernen, mediales Lernen, Fachkommunikation sowie lernförderliche Arbeitsorganisation.[5] Im Ergebnis erweist sich diese Unterscheidung sowohl theoretisch als auch empirisch als besonders tragfähig. Sie erweisen sich auch in Trendanalysen als stabil (Kaufmann 2012). Die Ergebnisse deuten auf spezifische Kombinationen struktureller und individueller Merkmale hin, die in unterschiedlichem Maße die Wahrscheinlichkeit der Teilnahme an den differenzierten informellen Lernformaten beeinflussen. Im Vergleich zum

---

[4]Die Kategorie selbst-initiiertes bzw. fachbezogen-individuelles informelles Lernen beinhaltet den Besuch von Fachmessen/Kongressen, das Lesen von Fachliteratur sowie audiovisuell- bzw. computergestützte Lernaktivitäten; unter individuell/selbst initiiertem bzw. praxisbezogen-kooperativen informellem Lernen werden Formen der Unterweisung am Arbeitsplatz, Beteiligung an betrieblich organisierten Maßnahmen wie bspw. Austauschprogrammen, Qualitätszirkel oder Coaching subsumiert (Baethge et al. 2010).

[5]Unter arbeitsbegleitendem Lernen werden Unterweisung/Anlernen am Arbeitsplatz durch Kollegen oder Vorgesetzte sowie Lernen durch Beobachten/Ausprobieren am Arbeitsplatz gefasst; mediales Lernen beinhaltet Lernen am Arbeitsplatz mit Selbstlernprogrammen, Ton-/Videokassetten sowie die Nutzung von Lernangeboten u. ä. im Internet am Arbeitsplatz; Fachkommunikation subsumiert berufsbezogenen Besuch von Fachmessen/Kongressen sowie das Lesen von Fach-/Sachbüchern oder Fach-/Spezialzeitschriften am Arbeitsplatz; lernförderliche Arbeitsorganisation beinhaltet Besuche in anderen Abteilungen/Bereichen, Arbeitseinsatz in unterschiedlichen Abteilungen sowie Austauschprogramme mit anderen Firmen, die Beteiligung an Qualitäts-/Werkstattzirkel, Lernstatt, Beteiligungsgruppe und Supervision/Coaching am Arbeitsplatz (Kuper und Kaufmann 2010).

Beteiligungsmuster non-formal organisierter (Weiter-)Bildungsmaßnahmen sind die informellen Lernformate – mit Ausnahme des arbeitsbegleitenden Lernens – sogar deutlich sozial selektiver. Formale Qualifikationsabschlüsse beeinflussen vor allem mediales und Lernen durch Fachkommunikation. Letzteres ist zudem begünstigt durch abnehmende Betriebsgröße, während Beteiligungschancen lernförderlicher Arbeitsorganisation in großen Betrieben zunehmen. Die differenten Beteiligungsmuster verweisen damit insgesamt auf unterschiedliche Reproduktionskontexte arbeitsbezogener Qualifikation, die die Relevanz einer Differenzierung informeller Lernformate nach funktionalen und medialen Bezügen unterstreicht. Dessen ungeachtet zeugen die ausgeprägten korrelativen Muster zwischen allen informellen Lernformaten und der Beteiligung an non-formalen Bildungsmaßnahmen von kumulativen, nicht substituierenden Zusammenhangsmustern (Kaufmann 2012; Kuper und Kaufmann 2010).

Auf der Grundlage qualitativer Längsschnittuntersuchungen zum Zusammenhang von ‚workplace learning' und beruflicher Kompetenzentwicklung in frühen Karrierephasen spezifischer Berufsgruppen in Großbritannien ermittelt Eraut (2007) insbesondere Zusammenhänge zwischen dem Grad der Herausforderung der Tätigkeit, der Unterstützung durch Vorgesetzte und Kollegen sowie dem Ausmaß des Selbstvertrauens der jeweiligen Lernenden. Zudem werden unter Rückgriff auf die von ihm entwickelte Typologie von Lernprozessen und -aktivitäten Unterschiede in Abhängigkeit der Dauer der Erwerbstätigkeit (early/mid-career) erkennbar. In den ersten Jahren beruflicher Erwerbstätigkeit sind insbesondere informelle Lernformate wie Beobachten und Ausprobieren, Coaching sowie mentorengestützte Lernformen relevant, während in späteren Jahren Konferenzbesuche und non-formale (Weiter-) Bildungsmaßnahmen von größerer Bedeutung sind (Eraut 2007). Kyndt et al. (2009) kommen in einer Untersuchung lernförderlicher Bedingungen am Arbeitsplatz in belgischen Gewerkschaftsorganisationen zu einem Systematisierungsvorschlag, der besonders zwischen Varianten interaktiver und kommunikativer Austauschprozesse differenziert. Die Ergebnisse deuten ähnlich wie die von Eraut (2007) und Kuper und Kaufmann (2010) darauf hin, dass verschiedene Formate informellen Lernens spezifische Funktionen aufweisen, die in Abhängigkeit beruflicher Kompetenzentwicklungsphase unterschiedlich bedeutsam sind. Insgesamt erweisen sich Feedback und eigenständige Wissensaneignung als zentrale Formen informellen tätigkeitsbezogenen Lernens (Kyndt et al. 2009). Feedback durch Austausch in Arbeitsgruppen und Lernen durch komplexe Tätigkeitsanforderungen im Sinne permanenten Lernens ist eher bei Erwerbstätigen mittlerer Altersgruppen (30–40jährige) zu beobachten, während jüngere Beschäftigte öfter Coaching in Anspruch nehmen. Ältere Beschäftigte sind häufig selbst als Coaches aktiv und nutzen eher Literatur, audiovisuelle Medien oder den Austausch in einer ‚community of practice'. Letztgenannte Lernformate erweisen sich auch hier deutlich bildungsselektiv. Unterschiede in Abhängigkeit der beschäftigenden Unternehmen zeigen, dass in kleinen bis mittleren Betrieben häufiger durch Feedback und eigenständigen Wissenserwerb gelernt wird (Kyndt et al. 2009). Ellinger (2005) konzentriert sich basierend auf qualitativen Organisationsanalysen in US-amerikanischen Organisationen auf die Analyse hemmender und förderlicher Kontextfaktoren informellen Lernens. Anknüpfend an

Marsick und Watkins (1990) wird informelles Lernen definiert als Lernen, das in unmittelbare Erfahrungsbezüge der Tätigkeit integriert ist und durch die fehlende Übereinstimmung der Handlungsanforderungen und -kompetenzen ausgelöst wird. Nicht intendiertes Lernen wird damit eingeschlossen, allerdings wird dem Individuum die Kontrolle des Lernprozesses im Sinne eines Problemlösezyklus zugewiesen. Im Ergebnis zeigen sich eine auf Lernen ausgerichtete Organisationskultur sowie Möglichkeiten kommunikativer Austauschprozesse als förderliche Einflussfaktoren. Hemmende Faktoren stellen mangelnde Zeitressourcen, hohe Veränderungsfrequenzen sowie strukturelle Barrieren dar (Ellinger 2005). Ergebnisse zum Einfluss der Organisationskultur sind allerdings uneinheitlich; Berg und Chyung (2008) ermitteln bspw. auf Basis von Selbsteinschätzungen von Mitarbeitern verschiedener Unternehmen in den USA keinen signifikanten Einfluss der Organisationskultur auf informelles Lernen im Erwerbskontext. Skule (2004) identifiziert den bedeutsamen Einfluss des Ausmaßes der Lernförderlichkeit der ausgeübten Tätigkeit für informelles Lernen auf der Grundlage qualitativer und quantitativer Untersuchungsdesigns für norwegische Erwerbstätige. Veränderungen der Arbeitsanforderungen, Führungsaufgaben, intensiver Kontakt mit externen Kooperationspartnern und professioneller Austausch sowie Beratung durch Vorgesetzte und Unterstützung des Managements stellen lernförderliche Bedingungen dar. Des Weiteren zeigt sich, dass Tätigkeiten, die ein lernförderliches Merkmal beinhalten, i. d. R. auch weitere förderliche Bedingungen für Lernen aufweisen. Deutliche Zusammenhänge zwischen formalen und informellen Lernaktivitäten sowie die Relevanz kommunikativer Austauschprozesse sowie Zeit für Reflexionsphasen legen auch verschiedene Untersuchungen zum informellen Lernen in der IT-Branche in Deutschland nahe (Dehnbostel et al. 2003; Molzberger 2007; Rohs 2008).

4 Zusammenfassung & Fazit

Die hier zusammengetragenen Befunde zur Beteiligung am informellen Lernen zeugen von einem umfangreichen und vielschichtigen Forschungsstand. Obgleich die heterogenen Spezifikationen informellen Lernens allgemeingültige Aussagen zu Beteiligungsstrukturen erschweren, können einige übergeordnete Zusammenhänge identifiziert werden. Beteiligung am informellen Lernen erweist sich insgesamt als deutlich bildungsselektiv. Lediglich Formate, die sehr geringe Anforderungen sowohl an individuelle (Lern-)Voraussetzungen als auch organisatorisch-strukturelle Rahmenbedingungen stellen, wie kommunikative Austauschprozesse mit Freunden, Familienmitgliedern oder Kollegen sowie Mentoring oder Unterweisung am Arbeitsplatz erweisen sich am wenigsten von sozialen oder qualifikatorischen Merkmalen beeinflusst. Diese Ergebnisse unterstreichen die Notwendigkeit, informelles Lernen differenziert nach Formaten, funktionalen und zeitlich-biografischen Bezügen zu betrachten. Allerdings zeigen sich auch in differenzierten Analysen ausgeprägte korrelative Zusammenhänge zwischen (non-)formaler Bildungsbeteiligung und verschiedenen informellen Lernformaten, sodass nicht von einer

Kompensationsfunktion informellen Lernens für formale oder non-formale Bildung ausgegangen werden kann.

Ein zentrales Forschungsdesiderat stellen Untersuchungen zur Qualität dieser Zusammenhangsmuster zwischen verschiedenen Formaten informellen Lernens und (non-)formaler Bildungsbeteiligung dar. Dies betrifft (auf der Input- bzw. Prozessebene) zunächst das Verhältnis informeller und (non-)formaler Lernaktivitäten mit Blick auf Substitution und Ergänzung. Auf der Ebene des Outcomes in Form von Kompetenzentwicklung liegen bisher für das Kindes- und Jugendalter (Düx et al. 2009) bzw. im Erwachsenenalter für einzelne Berufsgruppen und in spezifischen Phasen des Berufsverlaufs (Eraut 2007) erste Ergebnisse vor. Welche Rolle informelles Lernen innerhalb und außerhalb arbeitsplatznaher Kontexte im Zusammenhang mit (non-)formaler Bildungsbeteiligung für die (berufliche) Kompetenzentwicklung spielt, bedarf weiterer Spezifizierung. Diesbezüglich kann bspw. an Forschung zum Lerntransfer angeschlossen werden, wie sie vor allem in der Arbeits- und Organisationspsychologie und Human-Resource-Management-Ansätzen konkretisiert werden (u. a Alliger et al. 1997; zusammenfassend auch Kuper und Schrader 2013). Diese Ergebnisse weisen Anknüpfungspunkte zu den o. g. theoretischen Modellen der Erklärung von ‚workplace learning' auf, die die Möglichkeit bzw. Notwendigkeit der Anwendung von Lerninhalten in spezifischen Erwerbskontexten als zentral erachten. Inwiefern die Einführung der internationalen vergleichenden Kompetenzmessung Erwachsener (Programme for the International Assessment of Adult Competencies, PIAAC) oder das auf die Analyse von Bildungsprozessen im Lebensverlauf ausgerichtete Nationale Bildungspanel (NEPS) hierfür Erkenntnispotential bieten können, müssen zukünftige Forschungsarbeiten zeigen.

All diese Überlegungen führen allerdings zurück zur grundsätzlichen Problematik, die mit dem Konzept informellen Lernens insgesamt und der Beteiligung daran im Besonderen verknüpft ist: die Beteiligung am informellen Lernen impliziert nicht notwendigerweise, dass daraus erfolgreiche Lernprozesse und -ergebnisse resultieren. Auch ist die vielfach implizit durchscheinende Überlegenheitszuschreibung informellen Lernens ggü. (non-)formalen Bildungsformaten sowohl theoretisch als auch empirisch kritisch zu beurteilen (Giese und Wittpoth 2014; Wittpoth 2010b). Die hier zusammengetragenen Ergebnisse bieten eine breite Basis für weitere wissenschaftliche Auseinandersetzungen zu Fragen der Beteiligung am informellen Lernen. Insbesondere besteht Bedarf an definitorisch-theoretischen Spezifizierungen, um die Verwobenheit unterschiedlicher Formate von Lernen und Bildung im Lebensverlauf unter Berücksichtigung der vielfältigen Einflussfaktoren auf individueller, sozialer, kultureller und situativer Ebene zu erörtern.

Literatur

Alliger, G. M., Tannenbaum, S. I., Bennett, W., Traver, H., & Shotland, A. (1997). A meta-analysis of the relations among training criteria. *Personnel Psychology, 50*(2), 341–358.

Australian Bureau of Statistics. (2008). *Australian social trends 2008. Article: Adult learning.* Canberra: Commonwealth of Australia.
Baethge, M., Brunke, J., & Wieck, M. (2010). Die Quadratur des Kreises – oder die Mühsal der Suche nach Indikatoren für informelles Lernen: am Beispiel beruflichen Lernens im Erwachsenenalter. In M. Baethge, J. Brunke, K. Dedering, H. Döbert, M. Fest, H.-W. Freitag, B. Fritzsch, K. Fuchs-Rechlin, C. Kerst, S. Kühne, S. Scharfe, B. Skripski, M. Wieck, A. Wolter, H.-P. Füssel, H.-W. Hetmeier, T. Rauschenbach, U. Rockmann, S. Seeber, & H. Weishaupt (Hrsg.), *Indikatorenentwicklung für den nationalen Bildungsbericht „Bildung in Deutschland". Grundlagen, Ergebnisse, Perspektiven* (S. 157–190). Bonn: BMBF.
Baldazzi, Barbara, & Liana Verzicco. (2014). *The adults participation in lifelong learning in Italy.* Università di Pisa.
Berg, S. A., & Chyung, S. Y. (2008). Factors that influence informal learning in the workplace. *Journal of Workplace Learning, 20*(4), 229–244.
Bildungsberichterstattung, K. (2006). *Bildung in Deutschland. Ein indikatorengestützter Bericht mit einer Analyse zu Bildung und Migration.* Bertelsmann: Bielefeld.
Billett, S. (2002). Critiquing workplace learning discourses: Participation and continuity at work. *Studies in the Education of Adults, 34*(1), 56–68.
Billett, S. (2004). Workplace participatory practices: Conceptualising workplaces as learning environments. *Journal of Workplace Learning, 16*(6), 312–324.
Billett, S. (2008). Learning throughout working life: A relational Interdependence between personal and social Agency. *British Journal of Educational Studies, 56*(1), 39–58.
BMBF (Bundesministerium für Bildung und Forschung). (2006). *Berichtssystem Weiterbildung IX. Integrierter Gesamtbericht zur Weiterbildungssituation in Deutschland.* Bonn: BMBF.
BMBF (Bundesministerium für Bildung und Forschung). (2014). Weiterbildung: Lebenslanges Lernen sichert die Zukunftschancen. Informationen zur Konzeption für das Lernen im Lebenslauf der Bundesregierung vom 23. April2008. Webauftritt BMBF zu Lernen im Lebenslauf. http://www.bmbf.de/de/lebenslangeslernen.php. Zugegriffen am 16.12.2014.
Bourdieu, P. (1997). *Die feinen Unterschiede. Kritik der gesellschaftlichen Urteilskraft.* Frankfurt/Main: Suhrkamp.
Brake, A., & Büchner, P. (2013). Stichwort: Familie, Peers und (informelle) Bildung im Kindes- und Jugendalter. *Zeitschrift für Erziehungswissenschaft, 16*(3), 481–502.
Bremer, H. (2010). Was kommt nach dem „selbstgesteuerten Lernen"? Zu Irrwegen, Gegenhorizonten und möglichen Auswegen einer verhängnisvollen Debatte. In A. Bolder, R. Epping, R. Klein, G. Reutter & A. Seiverth (Hrsg.), *Neue Lebenslaufregimes – neue Konzepte der Bildung Erwachsener?* (S. 215–242). Wiesbaden: VS Verlag für Sozialwissenschaften.
Cedefop (Europäisches Zentrum für die Förderung der Berufsbildung). (2009). *Europäische Leitlinien für die Validierung nicht formalen und informellen Lernens.* http://www.cedefop.europa.eu/EN/Files/4054_de.pdf. Zugegriffen am 20.10.2014.
Centrala statistikas parvalde Lativia. (2013). *QR Adults education survey.* www.csb.gov.lv/sites/default/files/aes_quality_report_lv_0.xls. Zugegriffen am 16.12.2014.
Cullen, J., Vatterbury, S., Foresti, M., Lyons, C., & Stern, E. (2000). *Informal learning and widening participation.* DfEE Research Report No. 191. Sheffield: Department for Education and Employment.
Dehnbostel, P. (2001). Perspektiven für das Lernen in der Arbeit. In Arbeitsgemeinschaft Betriebliche Weiterbildungsforschung e.V. & Projekt Qualifikations-Entwicklungs-Management (Hrsg.), *Kompetenzentwicklung 2001: Tätigsein, Lernen, Innovation* (S. 53–93). Münster: Waxmann.
Dehnbostel, P. (2002). Modelle arbeitsbezogenen Lernens und Ansätze zur Integration formellen und informellen Lernens. In M. Rohs (Hrsg.), *Arbeitsprozessintegriertes Lernen. Neue Ansätze für die berufliche Bildung* (S. 37–58). Münster: Waxmann.
Dehnbostel, P., Molzberger, G., & Overwien, B. (2003). *Informelles Lernen in modernen Arbeitsprozessen. Dargestellt am Beispiel von Klein- und Mittelbetrieben der IT-Branche.* Berlin: BBJ-Verlag.

Dehnbostel, P., Molzberger, G., & Schröder, T. (2008). Kompetenzentwicklung, reflexive Handlungsfähigkeit und betriebliche Kompetenzmodelle – zur Neuorientierung betrieblicher Weiterbildung. In G. Molzberger, T. Schröder, P. Dehnbostel & D. Harder (Hrsg.), *Weiterbildung in den betrieblichen Arbeitsprozess integrieren. Erfahrungen und Erkenntnisse in kleinen und mittelständischen IT-Unternehmen* (S. 22–31). Münster: Waxmann.

Dobischat, R., & Gnahs, D. (2008). Methodische Reflexionen und Verbesserungsansätze zum BSW/AES. In D. Gnahs (Hrsg.), *Weiterbildungsverhalten in Deutschland* (S. 219–229). Bielefeld: Bertelsmann.

Dohmen, G. (2001). *Das informelle Lernen. Die internationale Erschließung einer bisher vernachlässigten Grundform menschlichen Lernens für das lebenslange Lernen aller*. Bonn: BMBF.

Düx, W., & Rauschenbach, T. (2010). Informelles Lernen im Jugendalter. In N. Neuber (Hrsg.), *Informelles Lernen im Sport. Beiträge zur allgemeinen Bildungsdebatte* (S. 53–77). Wiesbaden: VS Verlag für Sozialwissenschaften / GWV Fachverlage.

Düx, W., Prein, G., Sass, E., & Tully, C. J. (2009). *Kompetenzerwerb im freiwilligen Engagement. Eine empirische Studie zum informellen Lernen im Jugendalter*. Wiesbaden: VS Verlag für Sozialwissenschaften.

Ellinger, A. D. (2005). Contextual factors influencing informal learning in a workplace setting: The case of „reinventing itself company". *Human Resource Development Quarterly, 16*(3), 389–415.

Eraut, M. (2004). Informal learning in the workplace. *Studies in Continuing Education, 26*(2), 247–273.

Eraut, M. (2007). Learning from other people in the workplace. *Oxford Review of Education, 33*(4), 403–422.

Europäische Union. (2012). Empfehlung des Rates vom 20. Dezember 2012 zur Validierung nichtformalen und informellen Lernens. *Amtsblatt der Europäischen Union*, C 398 (1).

European Commission. (2002). European benchmarks in education and training: follow-up to the Lisbon European Council. http://aei.pitt.edu/42879/1/com2002_0629.pdf. Zugegriffen am 08.01.2015.

European Commission und Eurostat. (2012). *Draft AES manual – Part A. Annexes 1 to 14 – FIELD WORK. Version 8*. Luxembourg: EUROSTAT, Directorate F: Social Statistics, Unit F-5: Education, health and social protection statistics.

European Commission und Eurostat. (2013). *Draft AES manual version 9*. Luxembourg: EUROSTAT, Directorate F: Social Statistics, Unit F-5: Education, health and social protection statistics.

European Commission und Eurostat. (2014). *Adult education survey 2011. EU Quality Report. (Version October 2014)*. Luxembourg: EUROSTAT, Directorate F: Social Statistics, Unit F-5: Education, health and social protection.

European Commission, & Eurostat. (2006). *Classification of learning activities – Manual*. Luxembourg: Office for Official Publications of the European Communities.

European Parliament, & Council of the European Union. (2008). REGULATION (EC) No 452/2008 OF THE EUROPEAN PARLIAMENT AND OF THE COUNCIL of 23 April 2008 concerning the production and development of statistics on education and lifelong learning. Regulation (EC) No 452/2008. *Official Journal of the European Union, L145*, 227–233.

BMFSFJ (Bundesministerium für Familie, Senioren, Frauen und Jugend). (2010). *Hauptbericht des Freiwilligensurveys 2009. Zivilgesellschaft, soziales Kapital und freiwilliges Engagement in Deutschland 1999 – 2004 – 2009*. München.

Field, J. (2009). Lifelong learning and cultural change. A European perspective. In P. Alheit & H. von Felden (Hrsg.), *Lebenslanges Lernen und erziehungswissenschaftliche Biographieforschung. Konzepte und Forschung im europäischen Diskurs* (S. 21–41). Wiesbaden: VS Verlag für Sozialwissenschaften / GWV Fachverlage GmbH.

Foley, G. (1999). *Learning in social action. A contribution to understanding informal education*. Bonn: IIZ-DVV; NIACE; Zed.

Franz, J. (2011). Intergenerationelles Lernen zwischen (sozialen) Großeltern und Enkelkindern – Bildung in familiär orientierten Lebenswelten. *Forum Erwachsenenbildung, 2*, 34–37.
Garrick, J. (2005). In Pursuit of the Intangible: The inherent difficulties of codifying ‚informal learning'. *Internationales Jahrbuch der Erwachsenenbildung, 31–32*(1), 243–262.
Gerstenmaier, J., & Mandl, H. (2009). Konstruktivistische Ansätze in der Erwachsenenbildung und Weiterbildung. In R. Tippelt (Hrsg.), *Handbuch Erwachsenenbildung, Weiterbildung* (S. 169–178). Wiesbaden: VS Verlag für Sozialwissenschaften.
Giese, J., & Wittpoth, J. (2014). Bildung als Randerscheinung? Zum Umgang mit Wissen in Lebenswelten. In F. von Rosenberg & A. Geimer (Hrsg.), *Bildung unter Bedingungen kultureller Pluralität* (S. 155–178). Wiesbaden: Springer Fachmedien.
Grunert, C. (2011). Außerschulische Bildung. In H. Reinders, H. Ditton, C. Gräsel & B. Gniewosz (Hrsg.), *Empirische Bildungsforschung* (S. 137–148). Wiesbaden: VS Verlag für Sozialwissenschaften.
Hall, A., & Krekel, E. M. (2008). Berufliche Weiterbildung Erwerbstätiger – zur Erklärungskraft tätigkeitsbezogener Merkmale für das Weiterbildungsverhalten. *Report: Zeitschrift für Weiterbildungsforschung, 31*(1), 65–77.
Harper, P. (2008). *Technical manual multi-purpose household survey, expanded confidentialised unit record file Australia 2006–07*. Canberra: Commonwealth of Australia.
Heise, M. (2007). Professionelles Lernen jenseits von Fortbildungsmaßnahmen. Was tun Lehrkräfte im Vergleich zu anderen akademischen Berufsgruppen? *Zeitschrift für Erziehungswissenschaft, 10*(4), 513–531.
Heise, M. (2009). *Informelles Lernen von Lehrkräften. Ein Angebots-Nutzungs-Ansatz*. Münster: Waxmann.
Hellenic Statistical Authority. (2013). *Quality report AES 2012 Greece*. http://www.statistics.gr/portal/page/portal/ESYE/BUCKET/A0102/Other/A0102_SJO18_MT_AH_00_2012_00_2012_02_F_EN.pdf. Zugegriffen am 16.12.2014.
Illeris, K. (2003). Workplace learning and learning theory. *Journal of Workplace Learning, 15*(4), 167–178.
Illeris, K. (2004). A model for learning in working life. *Journal of Workplace Learning, 16*(8), 431–441.
Instituto Nacional de Estadistica Espana. (2012). *Adult population learning activities. Year 2011*. Pressemitteilung, veröffentlicht 29.11.2012.
Instituto Nacional de Estatistica Statistics Portugal. 2013. *Aprendizagem ao longo da vida. Inquérito à Educação e Formação de Adultos 2011*. Lisbon: INE, I.P.
Kaufmann, K. (2012). *Informelles Lernen im Spiegel des Weiterbildungsmonitorings*. Wiesbaden: VS Verlag für Sozialwissenschaften.
Kaufmann, K., Reichart, E., & Schömann, K. (2014). Der Beitrag von Wohlfahrtsstaatsregimen und Varianten kapitalistischer Wirtschaftssysteme zur Erklärung von Weiterbildungsteilnahmestrukturen bei Ländervergleichen. *Report: Zeitschrift für Weiterbildungsforschung, 2*, 39–54.
Kim, S., & McLean, G. N. (2014). The impact of national culture on informal learning in the workplace. *Adult Education Quarterly, 64*(1), 39–59.
Kim, K., Hagedorn, M., Williamson, J., & Chapman, C. (2004). *Participation in adult education and lifelong learning: 2000–01 (NCES 2004–050). National household education surveys of 2001*. Washington, DC: Government Printing Office.
Kuper, H., & Kaufmann, K. (2010). Beteiligung an informellem Lernen. Annäherungen über eine differentielle empirische Analyse auf der Grundlage des Berichtssystems Weiterbildung 2003. *Zeitschrift für Erziehungswissenschaft, 13*(1), 99–119.
Kuper, H., & Schrader, J. (2013). Stichwort: Weiterbildung im Spiegel empirischer Bildungsforschung. *Zeitschrift für Erziehungswissenschaft, 16*(1), 7–28.
Kuwan, H., & Seidel, S. (2013). Informelles Lernen Erwachsener. In F. Bilger, D. Gnahs, J. Hartmann & H. Kuper (Hrsg.), *Weiterbildungsverhalten in Deutschland. Resultate des Adult Education Survey 2012* (S. 264–288). Bielefeld: Bertelsmann.
Kyndt, E., Dochy, F., & Nijs, H. (2009). Learning conditions for non-formal and informal workplace learning. *Journal of Workplace Learning, 21*(5), 369–383.

Lai, H.-J., Wu, M.-L., & Li, A.-T. (2011). Adults participation in informal learning activities. Key findings from the adult education participation survey in Taiwan. *Australian Journal of Adult Learning, 51*(3), 409–432.

Lave, J., & Wenger, E. (1991). *Situated learning.* Cambridge: Cambridge University Press.

L'institut national de la statistique et des études économiques du Luxembourg. (2013). *L'éducation des adultes au Grand-Duché de Luxembourg.* http://www.statistiques.public.lu/catalogue-publications/bulletin-Statec/2013/PDF-Bulletin1-2013.pdf. Zugegriffen am 16.12.2014.

Livingstone, D. W. (1999). Exploring the icebergs of adult learning: findings of the first Canadian survey of informal learning pracitces. *The Canadian Journal for the Study of Adult Education, 3*(2), 49–72.

Livingstone, D. W. (2001). Expanding notions of work and learning: Profiles of latent power. *New Directions for Adult and Continuing Education, 92*, 19–30.

Livingstone, D. W. (2007). Re-exploring the icebergs of adult learning: comparative findings of 1998 and 2004 Canadian surveys of formal and informal learning practices. *The Canadian Journal for the Study of Adult Education, 20*, 1–24.

Livingstone, D. W. (2008). Mapping the field of lifelong (formal and informal) learning and (paid and unpaid) work. In D. W. Livingstone, K. Mirchandani & P. H. Sawchuk (Hrsg.), *The future of lifelong learning and work. Critical perspectives* (S. 13–26). Rotterdam: Sense Publishers.

Livingstone, D. W. (2010). Job requirements and workers' learning: formal gaps, informal closure, systemic limits. *Journal of Education and Work, 23*(3), 207–231.

Livingstone, David W. (2001a) *Adults' informal learning: Definitions, findings, gaps and future research.* Toronto: NALL Working Papers.

Livingstone, D. W., & Sawchuk, P. H. (2005). Hidden knowledge: Working-class capacity in the ‚knowledge-based economy'. *Studies in the Education of Adults, 37*(2), 110–122.

Livingstone, D. W., & Stowe, S. (2007). Work time and learning activities of the continuously employed. A longitudinal analysis, 1998–2004. *Journal of Workplace Learning, 19*(1), 17–31.

Marsick, V. J., & Volpe, M. (1999). The nature and need for informal learning. *Advances in Developing Human Resources, 1*(3), 1–9.

Marsick, V. J., & Watkins, K. E. (1990). *Informal and incidental learning in the workplace.* London: Routledge.

Marsick, V. J., Watkins, K. E., & O'Connor, B. N. (2011). Researching workplace learning in the United States. In M. Malloch, L. Cairns, K. Evans & B. N. O'Connor (Hrsg.), *The SAGE handbook of workplace learning.* London: SAGE Publications Ltd.

Molzberger, G. (2007). *Rahmungen informellen Lernens. Zur Erschließung neuer Lern- und Weiterbildungsperspektiven.* Wiesbaden: Deutscher Universitätsverlag, VS Verlag für Sozialwissenschaften / GWV Fachverlage GmbH.

Nilsson, S., & Rubenson, K. (2014). On the determinants of employment-related organised education and informal learning. *Studies in Continuing Education, 36*(3), 304–321.

O'Donnell, K. (2006). *Adult education participation in 2004–05 (NCES 2006-077).* Washington: National Center for Education Statistics.

Overwien, B. (2005). Stichwort: Informelles Lernen. *Zeitschrift für Erziehungswissenschaft, 8*(3), 339–355.

Overwien, B. (2010). Zur Bedeutung informellen Lernens. In N. Neuber (Hrsg.), *Informelles Lernen im Sport. Beiträge zur allgemeinen Bildungsdebatte* (S. 35–51). Wiesbaden: VS Verlag für Sozialwissenschaften / GWV Fachverlage.

Rohs, M. (2008). *Connected Learning. Zur Verbindung formellen und informellen Lernens in der IT-Weiterbildung.* Saarbrücken: VDM Verlag.

Rohs, M. (2013a). Informelles Mobiles Lernen. In C. Witt & A. Sieber (Hrsg.), *Mobile Learning. Potenziale, Einsatzszenarien und Perspektiven des Lernens mit mobilen Endgeräten* (S. 75–97). Wiesbaden: Springer Fachmedien.

Rohs, M. (2013b). Social Media und informelles Lernen. Potenziale von Bildungsprozessen im virtuellen Raum. *DIE Magazin, 2*, 39–42.

Sawchuk, P. H. (2008). Theories and methods for research on informal learning and work: towards cross-fertilization. *Studies in Continuing Education, 30*(1), 1–16.
Schmidt-Wenzel, A. (2010). Gelingende Elternschaft. Von der Spezifik innerfamilialer Lernkultur zur subjektwissenschaftlich fundierten Elternbildungsarbeit. *Forum Erwachsenenbildung, 2*, 38–44.
Schütz, A., & Luckmann, T. (2003). *Strukturen der Lebenswelt.* Konstanz: UVK Verl.-Ges.
Skule, S. (2004). Learning conditions at work: A framework to understand and assess informal learning in the workplace. *International Journal of Training and Development, 8*(1), 8–20.
Smith, M. C., & Smith, T. J. (2008). Low-education adults' participation in informal learning activities: Relationships with selected demographic characteristics. *Adult Basic Education and Literacy Journal, 2*(2), 67–73.
Statistical Office of the Republic of Serbia. (2013). *ADULT EDUCATION SURVEY 2011.* Belgrade: Statistical Office of the Republic of Serbia.
Statistical Service of the Republic of Cyprus. (2014). *Adult education survey. 2006 & 2012.* http://www.cystat.gov.cy/mof/cystat/statistics.nsf/All/F7E7A9DAD8A4EE88C225749D002BC192/$file/EDUC-AES2006-2012-EN-040714.xls?OpenElement, Zugegriffen am 23.10.2014.
STATISTIK AUSTRIA. (2013). *Erwachsenenbildung. Ergebnisse des Adult Education Survey (AES).* Wien: Verlag Österreich.
Straka, G. A. (2000). Lernen unter informellen Bedingungen (informelles Lernen). Begriffsbestimmung, Diskussion in Deutschland, Evaluation und Desiderate. In Arbeitsgemeinschaft Qualifikations-Entwicklungs-Management und Geschäftsstelle der Arbeitsgemeinschaft Betriebliche Weiterbildungsforschung (Hrsg.), *Kompetenzentwicklung 2000: Lernen im Wandel - Wandel durch Lernen* (S. 15–70). Münster: Waxmann.
Tough, A. M. (1979). *The adult's learning projects.* Toronto: Ontario Institute for Studies in Education Press.
Tynjälä, P. (2008). Perspectives into learning at the workplace. *Educational Research Review, 3*(2), 130–154.
Tynjälä, P. (2013). Toward a 3-P model of workplace learning: A literature review. *Vocations and Learning, 6*(1), 11–36.
Villar, F., & Celdrán, M. (2013). Learning in later life: participation in formal, non-formal and informal activities in a nationally representative Spanish sample. *European Journal of Ageing, 10*(2), 135–144.
Volpe, M., Marsick, V. J., & Watkins, K. E. (1999). Theory and Practice of Informal Learning in the Knowledge Era. In V. J. Marsick & M. Volpe (Hrsg.), *Informal Learning on the Job* (S. 80–96). San Francisco: Berrett-Koehler Communications.
von Felden, H. (2009). Überlegungen zum theoretischen Konzept des lebenslangen Lernens und zur empirischen Rekonstruktion selbstbestimmten Lernens. In P. Alheit & H. von Felden (Hrsg.), *Lebenslanges Lernen und erziehungswissenschaftliche Biographieforschung. Konzepte und Forschung im europäischen Diskurs* (S. 157–174). Wiesbaden: VS Verlag für Sozialwissenschaften / GWV Fachverlage GmbH.
von Rosenbladt, B., & Bilger, F. (2008). *Weiterbildungsverhalten in Deutschland. 1. Berichtssystem Weiterbildung und Adult Education Survey 2007.* Bielefeld: Bertelsmann.
von Rosenbladt, Bernhard, Frauke Bilger und Philipp Wich. (2008). *Nutzerhandbuch für die Daten des „Berichtssystems Weiterbildung" (BSW Trend 2007). Teilprojekt von BSW-AES 2007: Erhebung zum Weiterbildungsverhalten in Deutschland.* https://dbk.gesis.org/dbksearch/download load.asp?id=35174. Zugegriffen am 16.12.2014.
WALL – National Survey of Learning and Work. (2004). *Questionnaire August 25/2004: The changing nature of work and lifelong learning.* http://wall.oise.utoronto.ca/research/WALS_ETR_2004.pdf. Zugegriffen am 12.12.2014.
Wittpoth, J. (2010a). Spielräume des Selbst in Lehr-Lern-Settings Erwachsener? *Zeitschrift für Erziehungswissenschaft, 13*(3), 363–375.
Wittpoth, J. (2010b). Völlig schwerelos. Zum Selbst-Verständnis (in) der jüngeren Debatte über lebenslanges Lernen. In A. Bolder, R. Epping, R. Klein, G. Reutter & A. Seiverth (Hrsg.), *Neue Lebenslaufregimes – neue Konzepte der Bildung Erwachsener?* (S. 151–161). Wiesbaden: VS Verlag für Sozialwissenschaften.

Teil II
Pädagogische Handlungsfelder und Diskurse

Informelles Lernen in der Berufsbildung

Berufsbildung, Weiterbildung, Institutionalisierung, Informelles Lernen, Disziplin

Gabriele Molzberger

Inhalt

1	Einleitung	90
2	Informelles Lernen – begriffliche, empirische und theoretische Annäherungen	90
3	Disziplinäre Ordnungen der Berufsbildung	92
4	Institutionalisierung von beruflicher Aus- und Weiterbildung als relationales Verhältnis zur informellen Dimension	94
5	Fazit	100
	Literatur	101

Zusammenfassung

Informelles Lernen in der Berufsbildung ist aufgrund seiner Vieldimensionalität und Vielgestaltigkeit kaum fassbar. Der Beitrag geht von einer grundsätzlichen Komplementarität von informellem und formellem Lernen aus. Insofern findet sich informelles Lernen durchgängig in der Geschichte der Institutionalisierung beruflicher Aus- und Weiterbildung wieder. Es wird versucht, die relationalen Verhältnisbestimmungen zwischen informellem Lernen und der Institutionalisierung von Berufs- und Weiterbildung sowie die Gegenstandskonstituierung in der disziplinären Betrachtung zu rekonstruieren.

Schlüsselwörter

Berufsbildung · Weiterbildung · Institutionalisierung · Informelles Lernen · Disziplin

---

G. Molzberger (✉)
Fakultät für Human- und Sozialwissenschaften, Bergische Universität Wuppertal, Wuppertal, Deutschland
E-Mail: molzberger@uni-wuppertal.de

© Springer Fachmedien Wiesbaden 2016
M. Rohs (Hrsg.), *Handbuch Informelles Lernen*, Springer Reference Sozialwissenschaften,
DOI 10.1007/978-3-658-05953-8_7

1 Einleitung

Der Beitrag betrachtet informelles Lernen in der Berufsbildung in Deutschland im Zusammenspiel von disziplinären Ordnungen einerseits und der Institutionalisierung dieses spezifischen Bildungsbereichs andererseits. Berufsbildung umfasst berufliche Aus- und Weiterbildung als Teil des Bildungssystems mit multiplen Referenzen zum Beschäftigungs- und Sozialsystem. Im Folgenden wird anstelle von „Berufsbildung" der treffendere Terminus Berufs- und Weiterbildung verwendet. Theoreme zur Berufs- und Weiterbildung leiten sich nicht ausschließlich aus wissenschaftsimmanenten Einflüssen ab, sondern direkt und indirekt auch aus gesellschaftlichen Wandlungsprozessen. Sie sind nicht nur Teil des wissenschaftlichen Diskurses, sondern sind auch eingebettet in regionale, nationale und internationale öffentliche Diskussionen. Informelles Lernen in der Berufs- und Weiterbildung ist in diesem Zusammenspiel von gesellschaftlich-sozialer Entwicklung, bildungspolitischen Programmatiken und wissenschaftlichen Diskursen zu verorten. Es ist davon auszugehen, dass zwischen ihnen ein Verhältnis wechselseitiger Beeinflussung besteht. Dabei ist es nicht Ziel des Beitrags diskursanalytisch nachzuzeichnen, wie in öffentlichen oder bildungspolitischen Debatten, in wissenschaftlichen Vorträgen und Publikationen, in normsetzenden Grundlegungen gesetzlicher Art sowie in der pädagogischen Praxis informelles Lernen „verhandelt" wird, sondern den relationalen Bezug zwischen der Institutionalisierung der Berufs- und Weiterbildung und dem Theorem „informelles Lernen" aufzuzeigen.

2 Informelles Lernen – begriffliche, empirische und theoretische Annäherungen

Als integraler Teil von Arbeit und Beruf bildet informelles Lernen eine anthropologische Konstante. Nur weil der Mensch in der Bearbeitung der Natur immer auch informell gelernt hat, konnte er seine Handlungsweisen verbessern. Mit der Technisierung und Technologisierung fand die Natur zunehmend nur noch indirekt, d. h. schon bearbeitet Eingang in die Arbeit. Die Geschichte der Berufsbildung ist „eine Geschichte der gesellschaftlichen Erarbeitung des Arbeitsvermögens" (Harney 2004, S. 154). Berufsbildung als vergesellschaftete Erarbeitung des Arbeitsvermögens setzt dabei gleichermaßen auf das Lernen in institutionalisierten Kontexten (pädagogische Einrichtungen wie berufliche Schulen oder Weiterbildungsträger) wie auch auf das handlungsimmanente (informelle) Lernen an konkreten Gegenständen und Aufgaben.

Die Bedeutung von Arbeit und Beruf für die Subjektkonstitution sowie die Bedeutung gesellschaftlicher und organisationaler Rahmungen informellen Lernens für die Begrenzung oder Steigerung von Handlungsspielräumen und Entfaltungspotenzialen der Subjekte sind nicht hinreichend erforscht (Molzberger 2007; Carstensen und Hof 2015). Zwar hat sich die Berufs- und Weiterbildungsforschung vor allem im Zuge der kompetenzorientierten Wende in vielfältiger Weise mit informellem Lernen beschäftigt und Forschungsbefunde generiert (siehe u. a. Dehnbostel

2001; Dobischat und Schurgatz 2015; Gillen et al. 2005; Kirchhöfer 2001; Molzberger 2007; Wittwer und Kirchhof 2003). Ein allgemein akzeptiertes Begriffsverständnis hat sich jedoch nicht durchgesetzt.

Im Folgenden wird eine Begriffsheuristik zugrunde gelegt, die Ergebnis einer theoriegeleiteten empirischen Untersuchung ist (Molzberger 2007). Informelles Lernen ist demnach ein Prozess, bei dem Subjekte neue Ordnungskategorien der Erfahrungsverarbeitung bilden; es ist Handlungen inhärent und realisiert sich jenseits professioneller pädagogischer Einwirkung. Als Muster der Wahrnehmungs- und Erfahrungsverarbeitung umfasst informelles Lernen reflexives Lernen, Erfahrungslernen und implizites Lernen. Während das Erfahrungslernen prinzipiell bewusstseinsfähig ist, d. h. über Reflexions- und Kommunikationsprozesse erschlossen werden kann, bildet das implizite Lernen einen eigenständigen Modus körperlich sinnlicher Erfahrungsverarbeitung.

In der Berufs- und Weiterbildung gibt es zahlreiche weitere Betrachtungsebenen und -perspektiven. Neben den bildungspolitischen Programmatiken und den auf diese verweisenden Studien sind in den letzten Jahren zahlreiche Forschungsarbeiten zu spezifischen Fragen der Berufs- und Weiterbildung entstanden, die mit verschiedene Akzentuierungen Forschungsergebnisse zum informellen Lernen erzielt haben (Blings 2008; Egetenmeyer 2008; Egloff 2006; Kaufmann 2012; Kirchhof et al. 2003; Molzberger 2007; Rehfeldt 2012; Rohs 2008; Schmidt 2009). Der Vieldimensionalität des Begriffs „informell" entsprechend sind die Bezüge bis heute sehr unterschiedlich (für einen aktuellen Überblick siehe Niedermair 2015).

In der Berufs- und Weiterbildungsforschung hat informelles Lernen viele Attribuierungen erfahren: es wird als „Herausforderung" beschrieben (Dehnbostel und Gonon 2002) und als „Containerbegriff" bzw. „Kontingenzformel" (Kramer 2005) bezeichnet. Auf der einen Seite wird die Frage gestellt, ob informelles „Königsweg" des lebenslangen Lernens sei (Schiersmann und Strauß 2003) und auf der anderen Seite wird ihm ein nur metaphorischer Gehalt zugeschrieben (Straka 2003). Die informelle Dimension lebenslangen Lernens wird als „erwachsenenpädagogische Aufgabe" (Kreimeyer 2004) in das Professionsfeld aufgenommen. Die diskursive Auseinandersetzung steht in enger Verbindung mit den bildungspolitischen Ursprüngen (Bohlinger 2009) und Implikationen seiner Erfassung (Dehnbostel et al. 2010). Mit informellem Lernen wird eine Ambivalenz zwischen Emanzipationspotenzial (Overwien 2005) und der Gefahr allumfassender Verwertung und Vernutzung höchstpersönlicher Subjektpotenziale verbunden (Giese und Wittpoth 2015; zur Landnahme des Selbst in der betrieblichen Weiterbildung siehe Harney 1992). Das relationale Verhältnis zu anderen Lernarten wird als Komplementarität, Substitution, Synthese oder Integration von formellem, non-formalem und informellem Lernen (Diettrich 2004; Rohs 2002) vielfach in den Mittelpunkt der Auseinandersetzung gestellt.

In der Zusammenschau der nun mehrere Jahrzehnte andauernden Diskurse zeigt sich, dass ein zentrales Moment diese Verhältnisbestimmung zum institutionalisierten Berufs- und Weiterbildungssystem bildet.

3 Disziplinäre Ordnungen der Berufsbildung

Fragen informellen Lernens werden unter anderem durch die Erziehungswissenschaft (Berufspädagogik, Wirtschaftspädagogik, Arbeitspädagogik, Betriebspädagogik Erwachsenenbildung), Psychologie (hier insbesondere die Arbeits- und Organisationspsychologie), Soziologie (Arbeitswissenschaft, Industriesoziologie) und Betriebswirtschaftslehre (Personallehre) bearbeitet. Es gibt nicht die eine akademische Disziplin, die für sich allein beanspruchen könnte, Berufs- und Weiterbildung mit ihren inhaltlichen Ausprägungen, in ihrer institutionellen Ausdifferenzierung und sozialen Konstitution in lebens- und arbeitsweltlicher Perspektive konsistent und umfassend zu bündeln und zu erfassen. Als wissenschaftliche Subdisziplin der Erziehungswissenschaft hat sich die Berufspädagogik erst im 20. Jahrhundert und damit vergleichsweise spät etabliert. Dies ist darin begründet, dass sich ein öffentliches Interesse an beruflicher Bildung, zunächst an beruflichen Fortbildungsschulen, erst mit der Industrialisierung im 19. Jahrhunderts entwickelt hat. Erst seit dieser Zeit werden Lehrer für kaufmännische und gewerbliche Berufsschulen ausgebildet. Merkmal beruflicher Bildung, wie wir sie heute kennen, ist die Unterscheidung zwischen privatwirtschaftlicher Organisation (u. a. Aus- und Weiterbildungsmarkt) und öffentlicher Verantwortung (u. a. anerkannte Ausbildungsordnungen, berufliche Schulen, Weiterbildungsgesetze).

Innerhalb der Deutschen Gesellschaft für Erziehungswissenschaft (DGfE) versteht sich die Berufs- und Wirtschaftspädagogik (BWP) ihrem Selbstverständnis nach in weiten Teilen als wissenschaftliche Teildisziplin mit dem Fokus auf die Berufs*ausbildung*, auf den Lernort Berufsschule und die akademische Ausbildung von Lehrkräften an beruflichen Schulen. Das Gegenstandsfeld der *betrieblichen* Aus- und Weiterbildung ist dem deutlich untergeordnet, hat aber in den vergangenen Jahrzehnten erheblich an Relevanz gewonnen. Während sich die Berufspädagogik im engeren Sinne mit der gewerblich technischen Ausbildung befasst und das Verhältnis zwischen Beruf und Bildung reflektiert, widmet sich die Wirtschaftspädagogik der wirtschaftsberuflichen Erziehung und reflektiert das Verhältnis zwischen Wirtschaft und Bildung (für einen Überblick Kell 2013).

Darüber hinaus befassen sich eine Reihe weiterer erziehungswissenschaftlicher Teildisziplinen mit Fragen der beruflichen Aus- und Weiterbildung. So beschäftigt sich die Erwachsenenbildungswissenschaft bzw. Andragogik mit den Besonderheiten der Bildung und Qualifizierung von Erwachsenen jenseits schulischer Organisationsformen. Ihre Etablierung hängt eng mit der Reformphase der 1970er-Jahre zusammen, in der in der Bundesrepublik die Weiterbildung als politisch zu gestaltendes Feld vor allem durch den „Strukturplan für das Bildungswesen" (Deutscher Bildungsrat 1972) als gleichberechtigte „vierte Säule des Bildungswesens" verankert werden sollte. Weiterbildung sollte zur öffentlichen Aufgabe werden und dieser Anspruch auf Strukturbildung sollte durch rechtliche Regelungen und gesetzliche Förderungen eingelöst werden. Der Prozess der Verrechtlichung und Verregelung von Erwachsenenbildung und Weiterbildung bildete zugleich eine wesentliche Grundlage für die Etablierung des Faches Erwachsenenbildungswissenschaft

(Andragogik) an den Universitäten und bildet „einen gewichtigen Grund für deren Konzentration auf formal organisierte und institutionalisierte Formen des Erwachsenenlernens" (Kreimeyer 2004, S. 45). Zur sekundären Disziplinbildung zählte die Stabilisierung des Professionsfeldes in der Theorie und Praxis. Insofern rekurrierte sie auf das Alltags- und Erfahrungswissen erwachsener Teilnehmer/innen an Weiterbildungsveranstaltungen beispielsweise mit dem Prinzip der Teilnehmerorientierung (Breloer et al. 1980).

Es gibt kein disziplinäres Alleinstellungsmerkmal für die Erforschung eines Gegenstandes bzw. Feldes. Die entfaltete Wirklichkeit von Berufs- und Weiterbildung wird in ihrer institutionellen Ausdifferenzierung und sozialen Konstitution der Lebens- und Arbeitswelt mehrperspektivisch und transdisziplinär erfasst. Disziplinen als Sozialsysteme spezialisierter wissenschaftlicher Forschung und Kommunikation (Stichweh 1994, S. 279) konstituieren ihr Gegenstandsfeld als Diskursgemeinschaften – sie finden den Gegenstand nicht einfach vor. Der Diskurs ist für dieses Sozialsystem konstitutiv. Disziplinen bilden Form und Medium des wissenschaftlichen Diskurses. Sie fokussieren bestimmte Ausschnitte der Wirklichkeit und ihre Entwicklung geht einher mit mehr oder weniger planvoller Spezialisierung, die auf der Erarbeitung, Verbreitung und Verwertung von Forschungsergebnissen verbunden mit der Ausbildung eigenen wissenschaftlichen Nachwuchses und der Anwendung wissenschaftlicher Ergebnisse beruht.

Die Diskursgemeinschaft der Berufs- und Wirtschaftspädagogik fokussiert sich aufgrund ihrer sekundären Disziplinbildung traditionell auf schulisches Lernen (Harney 2009) und versteht sich in weiten Teilen als Beobachterin der Entwicklung des dualen Systems mit dem Fokus auf den Lernort Berufsschule. Die *betriebliche* Aus- und Weiterbildung ist dem deutlich untergeordnet. Analysen von Lehrbüchern und Zeitschriften zum Stellenwert der betrieblichen Aus- und Weiterbildung in der Berufs- und Wirtschaftspädagogik verweisen auf einen Widerspruch zwischen Bedeutung und Schwerpunktsetzungen (insbesondere in Forschungsarbeiten). Die Publikationen würden „eine eher schulische Orientierung bzw. ein eher schulisches Selbstverständnis der Disziplin implizieren" (Diettrich und Vonken 2009, S. 14). Professions- und forschungspolitische Erklärungsmuster wollen die Autoren dafür nicht gelten lassen. Eine solche professionspolitische Erklärung führte Stratmann in seinen Forschungen an: Die Etablierung der Disziplin Berufs- und Wirtschaftspädagogik als besonderes Fach sei gebunden gewesen an die Etablierung und den Ausbau der Berufsschullehrerausbildung an den deutschen Hochschulen seit den 1920er-Jahren. Dies habe großen Einfluss gehabt: „Einmal ist daraus die starke Konzentration auf die Berufsschulfragen zu erklären, zum anderen resultiert daraus die Bemühung um eine bildungstheoretische Begründung der Berufsarbeit" (Stratmann 1998, S. 177). Nur weil der Beruf zum Bildungsgut erklärt worden sei, sei die Berufs- und Wirtschaftspädagogik als Disziplin „hoffähig" zu machen gewesen (Stratmann 1998, S. 177).

Die sekundäre Disziplinbildung mag somit als ein wesentliches Merkmal der erziehungswissenschaftlichen Teildisziplinen gelten, die sich mit Fragen der Berufs- und Weiterbildung forschend auseinandersetzen. Aus der Konzentration auf die schulische Seite der Berufsausbildung im Falle der Berufs- und

Wirtschaftspädagogik und aus der Konzentration auf organisierte Lernprozesse Erwachsener in der Konstitutionsphase der Erwachsenen/Weiterbildungswissenschaft erklärt sich zumindest teilweise, warum informelles Lernen in seinen verschiedenen Erscheinungsformen theoretisch und empirisch nur unzureichend erfasst ist. Dass beide erziehungswissenschaftliche Teildisziplinen als Diskursgemeinschaften in der Vergangenheit kaum aufeinander Bezug genommen haben und ihre Diskurslinien eher disparat verliefen, wird in neueren Forschungsarbeiten und Publikationen zu überwinden gesucht (siehe exemplarisch die Beiträge in Niedermair 2015).

4 Institutionalisierung von beruflicher Aus- und Weiterbildung als relationales Verhältnis zur informellen Dimension

Die Berufs- und Weiterbildung in Deutschland hat sich in spezifischen historischen und gesellschaftlichen Kontexten entfaltet, die bis heute ihre Gestalt und ihre Funktionsweisen prägen. Im Berufs- und Weiterbildungssystem zeigt sich die Vergesellschaftung von Arbeiten und Lernen sowie die damit einhergehende Institutionalisierung von beruflichen Aus- und Weiterbildungsprozessen. Das Verständnis, die Aufgaben, die Organisationsformen und die Methoden beruflicher Aus- und Weiterbildung sowie ihre wissenschaftliche, theoretische Fassung sind Teil der gesellschaftlichen und sozialen Entwicklung.

Der Begriff „Berufsbildung" bringt das Bildungs- und Beschäftigungssystem in einen spezifischen Zusammenhang. Mit dem Teilbegriff „Beruf" wird die berufsförmige Erwerbsarbeit in betrieblichen Organisationen des Beschäftigungssystems angesprochen, während der Teilbegriff „Bildung" die auf Autonomie und Persönlichkeitsentwicklung gerichtete Zielsetzung des vorrangig öffentlich verantworteten Bildungswesens anzeigt.

Der Begriff „Weiterbildung" bezieht sich auf die vertikale Strukturierung des Bildungssystems und die zeitliche Folge von Bildungsprozessen. Als Fortsetzung oder Wiederaufnahme organisierten Lernens setzt Weiterbildung systematisch die Erstausbildung in einem Fach oder einer beruflichen Domäne voraus.

Vor dem Hintergrund des allgemeinen Wandels der Arbeit im 19. und 20. Jahrhundert, der sich aktuell vor allem in der Verbreitung von Informations- und Kommunikationstechnologien, der Digitalisierung von Lebens- und Arbeitswelt sowie dem Dienstleistungscharakter und der prozessförmigen Organisation von Arbeit ausdrückt, haben sich auch die Ziele und Strukturen der Berufs- und Weiterbildung als Teil eines gesellschaftlichen Gestaltungsfeldes mehrfach gewandelt. Das komplexe Spannungsverhältnis zwischen Bildungs- und Beschäftigungssystem ist für die berufliche Aus- und Weiterbildung konstitutiv. Sowohl die institutionellen Strukturen also auch die Prozesse der Entwicklung und Reformierung dieses Geflechts lassen sich als relationale Verhältnisbestimmungen zur informellen Dimension der Berufs- und Weiterbildung aspektgeleitet rekonstruieren.

4.1 Aspekte der Institutionalisierung beruflicher Ausbildung

Die frühen Wurzeln beruflicher Ausbildung reichen bis in die Ständegesellschaft des Mittelalters mit der Zunftlehre und der Wanderschaft der Handwerksgesellen. Das handwerklich und ständisch geprägte berufliche Lernen über die Stufen des Lehrlings, des Gesellen und des Meisters beruhte wesentlich auf dem Prinzip der Nachahmung (des Meisters) und schloss neben der Arbeitstätigkeit die gesamte Lebensführung mit ein. Lehrlinge waren Teil der Familie des Meisters und der zünftischen solidarischen Selbstverwaltung (Gonon 2008). Erfahrungslernen als Teil dieses ursprünglichen Handwerksmodells war von restriktiven, autoritären und erzieherischen Vorgaben meisterlicher Anweisung geprägt (Büchter 2009; Stratmann 1995 [1982]).

Im Kaiserreich ist die Geschichte beruflicher Ausbildung gekennzeichnet durch das gleichzeitige Wirken von restaurativen und modernisierenden Kräften (Körzel 1996). Entscheidend ist die Herausbildung der Berufsschule als eigenständiger Bildungsstätte, die in Deutschland wesentlich mit dem Namen Georg Kerschensteiner verbunden wird, an der Wende zwischen dem 19. und 20. Jahrhundert. Kerschensteiner machte bekanntlich den Vorschlag, die Jugendlichen aus Proletariat und Kleinbürgertum durch Berufsbildung in den bürgerlichen Nationalstaat zu integrieren. So wollte er die identifizierte Gefahr einer Verwahrlosung der jungen Männer, die nach achtjähriger Schulzeit mit 14 oder 15 Jahren die Erziehungsanstalten verließen, aber erst mit 16 Jahren zum Militär eingezogen wurden, mit seiner Fortbildungsschule bannen (Greinert 2006, S. 501). Das ideelle und bildungstheoretische Postulat Kerschensteiners lautete: „Der Weg zum idealen Menschen führt über den brauchbaren Menschen [...]. Die Berufsbildung steht an der Pforte zur Menschenbildung" (Kerschensteiner 1904, S. 30). Der brauchbare Mensch sollte seinen gesellschaftlichen Ort im Staatsgefüge finden. Die Etablierung der Fortbildungsschule erfolgte unter der politischen Zielsetzung, gesellschaftliche Verwerfungen abzuwehren und erzieherischen Einfluss auf die berufstätigen Jugendlichen auszuüben. Weil sie diese spezifische gesellschaftliche Leistung zu erbringen vermochte, bildete sich die berufliche Bildung in dieser Zeit als eigenständiges und dauerhaftes institutionelles Gefüge heraus.

Die Ausdifferenzierung des Bildungswesens im frühen 20. Jahrhundert traf mit der Herausbildung eines neuen Menschen- und Gesellschaftsbildes zusammen. Die industrielle Arbeitswelt entwickelte sich in rasantem Tempo, aber eine auf Industriebetriebe zielende Berufsbildung galt als utilitär und enthumanisierend (Büchter und Kipp 2009). Reformpädagogische Theoretiker zielten auf die Aufhebung der Entgegensetzung von Allgemeinbildung und Berufsbildung durch die kulturtheoretische und pädagogische Aufwertung des Berufs (Büchter und Kipp 2009, S. 3). Einen Schutz vor der Ausbreitung nationalsozialistischer Ideologie vor allem in der betrieblichen Bildungsausbildung bot dies nicht, wie Untersuchungen zur Berufsausbildung im Nationalsozialismus und zum Deutschen Institut für technische Arbeitsschulung (DINTA) belegen (Kipp und Miller-Kipp 1990; Büchter 2009). Nach dem Ende des Zweiten Weltkriegs blieb berufliche Bildung bis in die Mitte des 20. Jahrhunderts weitgehend durch die Interessenpolitik der Betriebe und

Arbeitgeber gesteuert. Erst mit der Verabschiedung des Berufsbildungsgesetzes (BBiG) im Jahr 1969 musste das traditionelle Verfügungsrecht der Kammern einer staatlichen Zuständigkeit weichen. Seitdem ist das Bundesministerium für Bildung und Forschung (BMBF) federführend für das BBiG verantwortlich.

In der industriell geprägten Arbeitswelt der Nachkriegszeit verbreitete sich das duale Ausbildungsmodell mit den hohen Anteilen des Lernens in der betrieblichen Praxis und der Bildung durch den Beruf in weiten Teilen der Gesellschaft. In dieser Phase der Konsolidierung dualer Berufsausbildung setzte sich diese auch in industrietypischen Berufen durch. Es vermochte die Bedarfe des Beschäftigungs- und Gesellschaftssystems zu erfüllen, auch wenn es über die Jahrzehnte kontinuierlich Krisensymptome zeigte (Rosendahl und Wahle 2012).

Die Dualität der Berufsbildung bezieht sich auf ein Lernmodell, welches das eher praktisch orientierte Lernen an betrieblichen Lernorten mit dem eher theoretisch orientierten Lernen in berufsbildenden Schulen kombiniert und verzahnt. Die Besonderheit des Dualen Systems der Berufsausbildung in Deutschland bezieht sich jedoch weniger auf diese doppelte lernorganisatorische Ausrichtung (die ähnlich in vielen Bildungsgängen zu finden ist), als vielmehr auf zwei unterschiedliche Regelungs- und Steuerungsmuster (Greinert 2000): eine Marktregelung, in deren Rahmen vornehmlich die Sozialpartner aktiv sind und eine Staatssteuerung, die sich auf Rahmensetzungen einschließlich der Fixierung von anerkannten Ausbildungsordnungen und den Ausgleich von Systemdefiziten richtet.

Eine anerkannte Berufsausbildung ist gemäß dem Formprinzip der Beruflichkeit immer einzelbetriebsunabhängig. Der einzelne Ausbildungsbetrieb bildet seine/n Auszubildende/n nicht nur nach den eigenen akuten betrieblichen Bedarfen aus, sondern die Auszubildenden erwerben eine berufliche Handlungsfähigkeit, die so breit angelegt ist, dass sie prinzipiell auch in anderen Unternehmen zum Einsatz kommen kann. Damit wird auf der Ebene der Ordnungsarbeit der Gefahr einer Beliebigkeit informellen Lernens und der akzidentellen Singularität entsprechender Lernanlässe und Lernmöglichkeiten entgegengetreten.

Berufe entsprechen typischen Mustern der Organisation von Arbeitskraft und erfüllen gesellschaftlich die Funktionen der Qualifikation der Arbeitskräfte, der Sozialisation (Anpassung an die betrieblichen Arbeitsverhältnisse durch Übernahme der entsprechenden sozialen Rollen und Werte) und der Allokation (Passung und Zuweisung von entsprechenden Positionen im Beschäftigungssystem und deren Legitimierung). Aus einer Arbeitsmarktperspektive haben Berufe auch eine Selektionsfunktion, weil über die beruflichen Standards und die mit ihnen verbundenen Abschlüsse und Zertifikate Zugänge im Beschäftigungssystem eröffnet oder verschlossen werden.

Für die Ausgebildeten stellt der Berufsabschluss eine einzelbetriebsunabhängige „Währung" dar, die auf dem Arbeitsmarkt und in Unternehmen eingetauscht werden können. Als Prinzip der gesellschaftlichen Organisation von Arbeit und standardisierter Wissensformen entsprechen Berufe „gesellschaftliche[n] Konventionen" (Georg 1998, S. 184), die Verhalten und Verhaltenserwartungen harmonisieren und stabilisieren. Da die beruflichen Wissensformen standardisiert sind, gelten sie für alle Angehörigen einer Berufsgruppe. In seiner Kollektivform verweist der Beruf auf eine

Expertengemeinschaft, die sich nicht nur im Medium der Schriftsprache konstituiert, sondern auch als handelndes, erfahrungsgeleitetes Kollektiv. Berufsangehörige begreifen sich als Gemeinschaft mit einem kollektiven Erfahrungswissen und einem praktischen Sinn für das Berufsfeld (Corsten 2012). Informelle Lernprozesse, die sich in betriebsförmig organisierten Arbeitsprozessen vollziehen, sind für dieses Erfahrungswissen konstitutiv.

Wichtigste gesetzliche Grundlage des betrieblichen Teils der dualen Ausbildung ist das Berufsbildungsgesetz (BBiG). Ziel der Berufsausbildung ist demnach „die für die Ausübung einer qualifizierten beruflichen Tätigkeit in einer sich wandelnden Arbeitswelt notwendigen beruflichen Fertigkeiten, Kenntnisse und Fähigkeiten (berufliche Handlungsfähigkeit) in einem geordneten Ausbildungsgang zu vermitteln. Sie hat ferner den Erwerb der erforderlichen Berufserfahrungen zu ermöglichen." (§ 1 Abs. 3 BBiG). Über die Ausbildungsordnungen werden anerkannte Ausbildungsberufe standardisiert, d. h. sie legen Mindestanforderungen an berufliche Ausbildung fest. Als Rechtsverordnungen des Bundes binden sie die Vertragspartner der betrieblichen Berufsausbildung unmittelbar. Das jeweilige Fachministerium erlässt neue Ausbildungsordnungen im Einvernehmen mit dem Bundesministerium für Bildung und Forschung (BMBF). Die Ausbildungsbetriebe, die Auszubildenden und die zuständigen Stellen sind gesetzlich an die Ausbildungsordnungen gebunden. In der Berufsausbildung hat sich ein System differenzierter, kooperativer Verantwortung und Zuständigkeit entwickelt. Bund, Länder, Gewerkschaften, Arbeitgebervertreter/innen und Lehrer/innen wirken an der Gestaltung und Entwicklung der beruflichen Bildung mit.

Die Bedeutung informellen Lernens ist im deutschen beruflichen Ausbildungsmodell in einen korporatistisch geprägten Ordnungsrahmen überführt. Über die Imitatio-Form des Lernens hinaus setzten sich Lernansätze und Konzepte durch, die stets wesentlich durch informelles Lernen geprägt waren. Exemplarisch steht dafür etwa das Konzept der Schlüsselqualifikationen, womit in den 1970er-Jahren eine Lösung auf die zunehmend schwieriger werdende Aufgabe einer prospektiven Bestimmung von Qualifizierungsbedarfen im dynamischen Gesellschaftswandel gesucht wurde (Mertens 1974). Schlüsselqualifikationen zielen darauf, domänenunabhängige, allseits einsetzbare Fähigkeiten auszubilden. Auf eine andere Anforderung reagiert das Konzept der „vollständigen Handlung", welches Ende der 1980er-Jahre (zunächst in den Metall- und Elektroberufen) Eingang in die Ausbildungsordnungen fand. Das eigenständige Planen, Durchführen und Kontrollieren beruflicher Aufgaben betont das selbstgesteuerte und prozesshafte Organisieren beruflicher Aufgaben. Schließlich hat sich seit den 1990er-Jahren das Konzept der beruflichen Handlungskompetenz zum Leitziel von Berufsbildung herausgebildet und wurde 2000 in den Handreichungen der Kultusministerkonferenz (KMK) als solches fixiert. So heißt es etwa in der bildungsgangübergreifenden Ausbildungs- und Prüfungsordnung Berufskolleg (APO-BK) in Nordrhein-Westfalen: „Das Berufskolleg vermittelt den Schülerinnen und Schülern eine umfassende berufliche, gesellschaftliche und personale Handlungskompetenz und bereitet sie auf ein lebensbegleitendes Lernen vor." (§ 1 Bildungsziele des Berufskollegs).

Durch die Institutionalisierung der Berufsbildung in schulischen Einrichtungen fand neben der körperlich-leibgebundenen Verarbeitungsweise die komplementäre Verarbeitung von Wissen in Symbolsprachen Einzug in die Berufsbildung. Die Komplementarität von informellem und formellem Lernen findet sich durchgängig in der Geschichte der Institutionalisierung der Berufsausbildung wieder und hat bis heute ihren normierenden Niederschlag im Berufsbildungsgesetz gefunden.

4.2 Aspekte der Institutionalisierung beruflicher Weiterbildung

Die Ursprünge der Institutionalisierung von Weiterbildung in Deutschland sind historisch im Kontext der sozialen Fragen des 19. Jahrhunderts zu betrachten. Mit der Geschichte ihrer Institutionalisierung einher geht ein begriffsgeschichtlicher Wandel von der Volksbildung zur Erwachsenenbildung zu Beginn des 20. Jahrhunderts und in dessen Verlauf schließlich zur Weiterbildung bzw. zum lebenslangen Lernen. Die ursprünglichen Formen volksaufklärerischer und volksbildnerischer Tätigkeit bezogen sich auf die Volksbildung als gesellige Bürgerbildung und Nachahmung der Adelskultur (bürgerliche Selbstbildung), auf die Volksbildung als allgemeine und berufliche Bildung der städtischen Handwerker- und Arbeiterschaft sowie auf die Volksbildung als landwirtschaftliche Rationalisierung und Aufklärung der Bauernschaft, u. a. durch die volkserzieherische Arbeit der Pfarrer (Seitter 2007).

Im 20. Jahrhundert spielte die Arbeiterbildung für die Institutionalisierung der beruflichen Weiterbildung eine wichtige Rolle. In diesem Zusammenhang ist auf Oskar Negts Schrift „Soziologische Phantasie und exemplarisches Lernen in der Arbeiterbildung" (Negt 1986 [1966]) zu verweisen, die den theoretischen und konzeptionellen Ausgangspunkt für das sogenannte erfahrungsorientierte Lernen bildete. Der Ansatz zielte darauf, die Erfahrungen unterschiedlicher sozialer Gruppen darzulegen, zu systematisieren und so lernend zu erschließen sowie über die reine Bewusstseinsbildung hinauszugehen (vgl. Gieseke 1985, 1995). Erfahrungen wurden zum Ausgangspunkt bewusster und organisierter Lernprozesse gemacht, bei denen sich die Arbeiter als Subjekte ihrer Lernarbeit erfahren sollten. Hauptaufgabe des exemplarischen Lernens war die „Ausbildung der Fähigkeit zur Übersetzung analytisch-wissenschaftlicher Sachverhalte in verschiedene Stufen anschaulicher, außerwissenschaftlicher Sprach- und Denkformen" (Brock 1986, S. 175), um so strukturelle Zusammenhänge zwischen dem Unmittelbaren des eigenen Lebens und den gesellschaftlichen Verhältnissen zu erkennen und gesellschaftspolitisches Handeln zu initiieren. Die Rahmung dieser erfahrungsbezogenen Lernarbeit war überwiegend durch seminaristische Organisation und gewerkschaftliche bzw. gewerkschaftsnahe Institutionen vorgegeben.

Die Anforderungen des Arbeitsmarktes sind im Zuge der realistischen Wende zu zentralen Orientierungspunkten für die Bildungsarbeit von Erwachsenen geworden. Mit der Versozialwissenschaftlichung der Weiterbildung ging auch eine Abkehr vom Bildungsbegriff und Hinwendung zum Qualifikationsbegriff einher (Sauter 1984). Programmatischer Höhepunkt dieses Funktionswandels war der Strukturplan für das

Bildungswesen von 1970. Begrifflich fand der veränderte Auftrag der Erwachsenenbildung durch die Erweiterung von der Erwachsenenbildung zur Weiterbildung als gleichrangiger Bereich organisierten Lernens im Bildungssystem seinen Niederschlag. Weiterbildung beanspruchte als übergeordneter Begriff berufliche Fortbildung und Umschulung ebenso zu umfassen wie allgemeine und politische Erwachsenenbildung (Sauter 1984, S. 189).

Heute zählen der Anbieterpluralismus und die überwiegend marktwirtschaftliche Organisation mit subsidiärer Rolle des Staates zu den zentralen Merkmalen der Weiterbildung. Die öffentliche Gewährleistung vollzieht sich primär auf der Ebene der Länder. Neben den Trägern der allgemeinen und beruflichen Weiterbildung, die überwiegend als Körperschaften des öffentlichen Rechts organisiert sind, sowie den Verwaltungs- und Wirtschaftsakademien, gibt es zahlreiche partikular orientierte Träger, die spezielle Interessen und gesellschaftliche Akteure vertreten. Dazu zählen u. a. das Berufsförderungswerk des Deutschen Gewerkschaftsbundes, die Deutsche Angestellten Akademie, die kirchlichen Träger der Erwachsenen-/Weiterbildung sowie weitere wirtschaftsnahe Berufs- und Wirtschaftsverbände. Zusammen mit den privaten und gewerblichen Trägern, wie etwa Weiterbildungsabteilungen von Betrieben für interne und externe Nachfragende hat sich ein komplexes Geflecht an Anbieter- und Nachfragestrukturen entwickelt, welches durch Zugangsbeschränkungen und -barrieren zum Effekt der „doppelten Selektivität" der Weiterbildung beiträgt. Dieser vielfach replizierte empirische Befund, dass diejenigen am meisten an Weiterbildung teilnehmen, die bereits über hohe formale Bildungsabschlüsse verfügen, wird durch informelles Lernen nicht außer Kraft gesetzt (zur Beteiligung am informellen Lernen siehe u. a. Kuper und Kaufmann 2010). Die Bedingungen der Möglichkeit informellen Lernens ist für viele formal gering Qualifizierte als schlecht einzustufen (Giese und Wittpoth 2015, S. 71).

Stand in den 1970er-Jahren noch im Fokus der Bildungsreform Weiterbildung als öffentliche Aufgabe und gleichberechtigte vierte Säule zu etablieren, ist dieses Postulat inzwischen dem Prinzip einer öffentlichen Verantwortung gewichen, welches sich auf juristische Rahmensetzung und Absicherung, finanzielle Förderung, infrastrukturelle Unterstützung sowie institutionelle Gewährleistung erstreckt (Faulstich 2011).

Weiterbildungsorganisationen haben ihre wesentliche Funktion darin, Wissensaneignungsprozesse Erwachsener gestaltend zu unterstützen und diesen Prozess formalisiert auf Dauer zu stellen. Das Pädagogische einer Weiterbildungsorganisation folgt aus „der planvollen Gewährleistung ihrer gesellschaftlichen Leistung: nämlich ein dauerhaftes Bereitstellen von lernförderlich strukturierten Aneignungskontexten für Erwachsene unterschiedlichster Art" (Schäffter 2001, S. 117). Einerseits hat sich die Weiterbildung in einem Prozess funktionaler Differenzierung zunehmend als eigenständiger Bildungsbereich herausgebildet; andererseits wird ihre funktionale Zuständigkeit immer wieder durch Indienstnahme bei aktuellen gesellschaftlichen Krisen unterlaufen.

Das für die Weiterbildung konstitutive Prinzip der Teilnehmerorientierung der makro- und mikrodidaktischen „erwachsenengerechten" Gestaltung von Bildungsangeboten integriert das informelle Lernen bzw. das Erfahrungswissen in formal organisierte Veranstaltungen, belässt es aber gleichsam beim erwachsenen Lernenden.

Bildungsprogrammatisch hat die Leitformel des lebenslangen Lernens eine Öffnung der Weiterbildung für informelle Lernprozesse bewirkt, die Eingang in die bildungspolitischen Dokumente gefunden haben. Die Gleichwertigkeit von Lernergebnissen unabhängig vom Kontext und Ort ihres „Erwerbs" ist beispielsweise im Deutschen Qualifikationsrahmen für lebenslanges Lernen festgeschrieben (Molzberger 2012). Bereits in den 1970er-Jahren hatte die UNESCO die Frage nach der institutionellen Ausgestaltung lebenslangen Lernens auf die Formel gebracht, dass von nun an „alle formellen und informellen, alle institutionellen und nichtinstitutionellen Wege als prinzipiell gleichwertig anerkannt werden" (Faure 1973, S. 251). Die formale Anerkennung informellen Lernens und seine Anrechnung im Bildungssystem ist immer auch mit Demokratieforderungen, mit Begründungen einer gesteigerten gesellschaftlichen Teilhabe- und Teilnahmemöglichkeit von Bevölkerungsgruppen oder ganzer Nationen verbunden worden (Overwien 2003).

Eine Kohärenz und ordnungsstiftende Regulierung sämtlicher in einer Gesellschaft „verfügbaren" Lernergebnisse unter systematischer Einbeziehung informellen Lernens setzt valide und praktikable Wege ihrer Erfassung voraus (Dehnbostel 2015). Diese liegen nach wie vor nicht vor – wohl aber eine Empfehlung des Rats der Europäischen Union zur Validierung nichtformalen und informellen Lernens (Amtsblatt der Europäischen Union 2012/C 398/01). Bis spätestens 2018 sollen demnach nationale Regelungen für die Validierung informellen und nichtformalen Lernens geschaffen und mit den jeweiligen Nationalen Qualifikationsrahmen und dem Europäischen Qualifikationsrahmen für lebenslanges Lernen in Übereinstimmung gebracht werden. Mit der Anrechenbarkeit der durch informelles Lernen angeeigneten Kompetenzen stellt sich jedoch auch die neue Frage nach der Anerkanntheit dieses Wissens und Könnens, d. h. die Frage nach der sozialen Inwertsetzung des informell erworbenen Wissens und Könnens (Molzberger 2015). Die Verfügbarmachung von Lernergebnissen führt damit auf die Frage zurück, wer in welcher Weise darüber entscheidet.

5 Fazit

Mit dem Titel *Informelles Lernen im pädagogischen Diskurs – Informelles Lernen in der Berufsbildung* sind prinzipiell verschiedene wissenschaftliche Betrachtungsmöglichkeiten gegeben. Informelles Lernen in der Berufs- und Weiterbildung kann auf den wissenschaftlichen Diskurs bezogen sein oder auf einen Teilbereich des institutionell ausdifferenzierten Bildungswesens oder auf spezifische soziale Praktiken lebenslangen Lernens. Berufs- und Weiterbildung entspricht dann einem gesellschaftlich verfestigten Muster lernender Aneignung von Wissen durch Jugendliche und Erwachsene in lebensweltlichen, beruflichen oder betrieblichen Praxen. Dieses Lernen findet eher unstrukturiert im Lebenszusammenhang, in betriebsförmig organisierten Kontexten der Erwerbsarbeit oder in eigens dafür eingerichteten Organisationen statt, die diese Aneignungsprozesse dann unter pädagogischen Prämissen und didaktisch-methodischen Prinzipien gestalten sowie für normierte Lern- und Bildungsprozesse Zertifikate, Berechtigungsnachweise und Teilnahmebescheinigungen vergeben.

Berufs- und Weiterbildung als Teil des institutionell ausdifferenzierten Bildungswesens und soziale Praktik lebenslangen Lernens bewegt sich in einem Spannungsfeld und einer triadischen Wechselbeziehung zwischen der Institutionalisierung der Berufs- und Weiterbildung, der bildungspolitischen Steuerung von Berufs- und Weiterbildung und ihrer wissenschaftlichen Durchdringung und Theoretisierung.

Es gibt nicht die *eine* wissenschaftliche Disziplin, die für sich allein beanspruchen könnte, Berufs- und Weiterbildung mit ihren inhaltlichen Ausprägungen, in ihrer institutionellen Ausdifferenzierung und sozialen Konstitution in lebens- und arbeitsweltlicher Perspektive konsistent und umfassend zu bündeln und zu erfassen.

Während die Bildung im Medium des Berufs disziplingeschichtlich ein wesentliches Moment der Konstituierung der Berufspädagogik war, ist für die disziplinäre Konstituierung der Weiterbildung das Konzept des Lebenslangen Lernens von entscheidender Bedeutung gewesen. In beiden konstitutiven Leitkategorien ist das informelle Lernen relational mitgedacht. Es wird aber erst seit wenigen Jahrzehnten systematisch in die wissenschaftliche Betrachtung aufgenommen.

Neuere pädagogische Diskurse um informelles Lernen in der Berufs- und Weiterbildung lassen sich auch als Bestreben deuten, einen Lernbegriff wiederzuerlangen, der nicht funktional oder kognitionspsychologisch verengt ist, sondern auch eine anthropologisch-ethische und gesellschaftlich-geschichtliche Dimension in eine Theorie des Lernens integriert (Marotzki 1995). In der Forschungsliteratur finden sich immer wieder Verweise, die auf die Grenzen informellen Lernens aufmerksam machen und die vor einer Hypostasierung eines bildungspolitischen Leitbilds im pädagogischen Diskurs warnen (Molzberger 2007). Da jede Lerntheorie explizit oder implizit mit einer spezifischen Theorie der Lernsubjekte und einem dazugehörigen Menschen- und Gesellschaftsbild operiert, ist darüber hinaus zu fragen, ob informelles Lernen an bildungstheoretische Ideen und Normen anschlussfähig ist (Koller 2007). Es gab schon immer vielfältige Praktiken, mit denen Menschen durch Menschen erzogen wurden und sich handlungsimmanent im Lebens- und Arbeitszusammenhang Wissen, Fähigkeiten und Werte angeeignet haben. „Die Geschichte von Erziehung und Bildung ist die Geschichte einer Vielheit gleichzeitig existierender Formen" (Kade und Radtke 2011, S. 220). Das informelle Lernen ist in diese Geschichte mit einzubeziehen.

Literatur

Amtsblatt der Europäischen Union. (2012). *Empfehlungen des Rates vom 20. Dezember 2012 zur Validierung nichtformalen und informellen Lernens*. (2012/C 398/01).
Blings, J. (2008). *Informelles Lernen im Berufsalltag: Bedeutung, Potenzial und Grenzen in der Kreislauf- und Abfallwirtschaft*. Bielefeld: Bertelsmann.
Bohlinger, S. (2009). Bildungspolitische Implikationen informellen Lernens. *bildungsforschung, 6*(1), 159–186.

Breloer, G., Dauber, H., & Tietgens, H. (1980). *Teilnehmerorientierung und Selbststeuerung in der Erwachsenenbildung.* Braunschweig: Westermann.

Brock, A. (1986). Mitbestimmung in Kontext von Arbeitermassenbildung. In A. Brock & J. Weidenholzer (Hrsg.), *Durch Lernen zu Phantasie und Praxis. Beiträge zur Arbeiterbildung* (S. 163–204). Linz/Bremen: Eigenverlag.

Büchter, K. (2009). Arbeitserfahrungen im Kontext von Produktionspolitik und Betriebserziehung – Industrialisierung, Wissenschaftliche Betriebsführung und Arbeitspädagogik der 1920er-Jahre. In A. Bolder & R. Dobischat (Hrsg.), *Eigen-Sinn und Widerstand. Kritische Beiträge zum Kompetenzentwicklungsdiskurs* (S. 19–35). Wiesbaden: VS Verlag für Sozialwissenschaften.

Büchter, K. & Kipp, M. (2009). Berufsbildung in der Zeit der Reformpädagogik – 1890–1933. In A. Diettrich, D. Frommberger & J. Klusmeyer (Hrsg.), *Akzentsetzungen in der Berufs- und Wirtschaftspädagogik. bwp@ Berufs- und Wirtschaftspädagogik – online, Profil 2.* www.bwpat.de/profil2. Zugegriffen am 11.11.2012.

Carstensen, N., & Hof, C. (2015). Das Konzept des informellen Lernens auf dem Prüfstand. In G. Niedermair (Hrsg.), *Informelles Lernen. Annäherungen – Problemlagen – Forschungsbefunde* (S. 125–140). Linz: Trauner.

Corsten, M. (2012). Die subjektive Entschiedenheit beruflicher Praxis: Annotationen zur Theorie des beruflichen Habitus. In A. Bolder, R. Dobischat, G. Kutscha & G. Reutter (Hrsg.), *Beruflichkeit zwischen institutionellem Wandel und biographischem Projekt* (S. 319–335). Wiesbaden: VS Verlag für Sozialwissenschaften.

Dehnbostel, P. (2001). Perspektiven für das Lernen in der Arbeit. In Arbeitsgemeinschaft Betriebliche Weiterbildungsforschung E. V. & Projekt Qualifikations-Entwicklungs-Management (Hrsg.), *Kompetenzentwicklung 2001 – Tätigsein – Lernen – Innovation* (S. 53–93). Münster: Waxmann.

Dehnbostel, P. (2015). Validierung informellen und nicht formalen Lernens in der Berufsbildung – neue Wege der Anerkennung beruflicher Bildung. In G. Niedermair (Hrsg.), *Informelles Lernen. Annäherungen – Problemlagen – Forschungsbefunde* (S. 387–408). Linz: Trauner.

Dehnbostel, P., & Gonon, P. (Hrsg.). (2002). *Informelles Lernen – eine Herausforderung für die berufliche Aus- und Weiterbildung.* Bielefeld: Bertelsmann.

Dehnbostel, P., Seidel, I., & Stamm-Riemer, S. (2010). *Einbeziehung von Ergebnissen informellen Lernens in den DQR – eine Kurzexpertise.* Bonn/Hannover http://www.deutscherqualifikationsrahmen.de. Zugegriffen am 01.02.2011.

Deutscher Bildungsrat. (Hrsg.). (1972). *Empfehlungen der Bildungskommission: Strukturplan für das Bildungswesen* (4. Aufl.). Stuttgart: Klett.

Diettrich, A. (2004). Informelles Lernen und Weiterbildungsmanagement – Anmerkungen zu einem Verhältnis zwischen Komplementarität und Substitution. In P. Dehnbostel & P. Gonon (Hrsg.), *Informell erworbene Kompetenzen in der Arbeit – Grundlegungen und Forschungsansätze* (S. 25–37). Bielefeld: Bertelsmann.

Diettrich, A., & Vonken, M. (2009). Zum Stellenwert der betrieblichen Aus- und Weiterbildung in der Berufs- und Wirtschaftspädagogik. *bwp@ Berufs- und Wirtschaftspädagogik – online,* Ausgabe 16: (S. 1–20). www.bwpat.de/ausgabe16/diettrich_vonken_bwpat16.pdf. Zugegriffen am 30.06.2009.

Dobischat, R., & Schurgatz, R. (2015). Informelles Lernen: Chancen und Risiken im Kontext von Beschäftigung und Bildung. In G. Niedermair (Hrsg.), *Informelles Lernen. Annäherungen – Problemlagen – Forschungsbefunde* (Schriftenreihe für Berufs- und Betriebspädagogik – bbp, Bd. 9, S. 27–42). Linz: Trauner.

Egetenmeyer, R. (2008). *Informal learning in betrieblichen Lernkulturen. Eine interkulturelle Vergleichsstudie.* Baltmannsweiler: Schneider Verlag Hohengehren.

Egloff, B. (2006). Selbstbeobachtung, Reflexion und Kommunikation als Institutionalisierungsformen des Lernens Erwachsener – Zur Empirie informeller Lernprozesse im betrieblichen Kontext. In H. J. Forneck, G. Wiesner & C. Zeuner (Hrsg.), *Teilhabe an der Erwachsenenbildung und gesellschaftliche Modernisierung* (S. 202–216). Baltmannsweiler: Schneider Verlag Hohengehren.

Faulstich, P. (2011). Recht, Politik und Organisation. In T. Fuhr, P. Gonon & C. Hof (Hrsg.), *Erwachsenenbildung-Weiterbildung* (Handbuch der Erziehungswissenschaft, Bd. 4, S. 163–197). Paderborn: Ferdinand Schöningh.

Faure, E. (Hrsg.). (1973). *Wie wir leben lernen. Der UNESCO-Bericht über Ziele und Zukunft unserer Erziehungsprogramme.* Reinbek bei Hamburg: Rowohlt.

Georg, W. (1998). Die Modernität des Unmodernen. Anmerkungen zur Diskussion um die Erosion der Beruflichkeit und die Zukunft des dualen Systems. In F. Schütte & E. Uhe (Hrsg.), *Die Modernität des Unmodernen. Das „deutsche System" der Berufsausbildung zwischen Krise und Akzeptanz* (S. 177–198). Berlin: BiBB.

Giese, J., & Wittpoth, J. (2015). Lernen im doxischen Schlaf? Bedingungen und Reichweiten informellen Lernens. In G. Niedermair (Hrsg.), *Informelles Lernen. Annäherungen – Problemlagen – Forschungsbefunde* (Schriftenreihe für Berufs- und Betriebspädagogik – bbp, Bd. 9, S. 67–89). Linz: Trauner Verlag.

Gieseke, W. (1985). Erfahrungsorientierte Lernkonzepte. In F. Pöggeler (Hrsg.), *Handbuch der Erwachsenenbildung* (S. 74–92). Stuttgart: Kohlhammer.

Gieseke, W. (1995). Erfahrungen als behindernde und fördernde Momente im Lernprozeß Erwachsener – Anforderungen an die Erwachsenenpädagogik unter den Prämissen lebenslangen Lernens in der Moderne. In M. Jagenlauf (Hrsg.), *Weiterbildung als quartärer Bereich: Bestand und Perspektive nach 25 Jahren* (S. 434–450). Neuwied/Kriftel: Luchterhand.

Gillen, J., Dehnbostel, P., Elsholz, U., Habenicht, T., Proß, G., & Skroblin, J.-P. (Hrsg.). (2005). *Kompetenzentwicklung in vernetzten Lernstrukturen: Konzepte arbeitnehmerorientierter Weiterbildung.* Bielefeld: Bertelsmann.

Gonon, P. (2008). *Vom ehrbaren Handwerker zum innovativen Self-Entrepreneur.* Gütersloh: Bertelsmann.

Greinert, W.-D. (2000). Plädoyer für ein „duales" Bildungswesen als Perspektive für das 21. Jahrhundert. *berufsbildung – Zeitschrift für Praxis und Theorie in Betrieb und Schule, 54*(62), 38–40.

Greinert, W-D. (2006). Geschichte der Berufsausbildung in Deutschland. In R. Arnold & A. Lipsmeier (Hrsg.), *Handbuch der Berufsbildung* (2., überarb. u. akt. Aufl., S. 499–508). Wiesbaden: VS Verlag für Sozialwissenschaften.

Harney, K. (1992). Der Trend zum Selbst: Das neue Modernitätsverständnis betrieblicher Rationalität. *Hessische Blätter für Volksbildung, 42*(4), 318–325.

Harney, K. (2004). Berufsbildung. In D. Benner & J. Oelkers (Hrsg.), *Historisches Wörterbuch der Pädagogik* (S. 153–173). Weinheim/Basel: Beltz Verlag.

Harney, K. (2009). Beruf als Referenz von Aus- und Weiterbildung – Überlegungen zur theoretischen Grundlegung der Berufs- und Wirtschaftspädagogik. In I. Lisop & A. Schlüter (Hrsg.), *Bildung im Medium des Berufs? Diskurslinien der Berufs- und Wirtschaftspädagogik* (S. 37–63). Frankfurt am Main: Verlag der Gesellschaft zur Förderung arbeitsorientierter Forschung und Bildung.

Kade, J., & Radtke, F.-O. (2011). Erziehungssystem. In J. Kade, W. Helsper, C. Lüders, F.-O. Radtke & B. Egloff (Hrsg.), *Pädagogisches Wissen. Erziehungswissenschaft in Grundbegriffen* (S. 220–228). Stuttgart: Kohlhammer.

Kaufmann, K. (2012). *Informelles Lernen im Spiegel des Weiterbildungsmonitorings.* Wiesbaden: Springer Verlag für Sozialwissenschaften.

Kell, A. (2013). Betriebspädagogik zwischen Ökonomie und Pädagogik – theoretische Positionierungen aus berufsbildungswissenschaftlicher Sicht. In G. Niedermair (Hrsg.), *Facetten berufs- und betriebspädagogischer Forschung* (S. 59–84). Linz: Trauner Verlag.

Kerschensteiner, G. (1904). Berufs- oder Allgemeinbildung? In G. Kerschensteiner (Hrsg.), *Grundfragen der Schulorganisation. Eine Sammlung von Reden, Aufsätzen und Organisationsbeispielen* (2. Aufl., S. 23–43). Leipzig/Berlin: Teubner.

Kipp, M., & Miller-Kipp, G. (1990). *Erkundungen im Halbdunkeln. Einundzwanzig Studien zur Berufserziehung und Pädagogik im Nationalsozialismus.* Frankfurt am Main: G.A.F.B.

Kirchhof, S., Kreher, T., Kreimeyer, J., Schmitt, L., & Wihstutz, A. (2003). Informelles Lernen im sozialen Umfeld. *Zeitschrift für Berufs- und Wirtschaftspädagogik, 99*(4), 536–555.

Kirchhöfer, D. (2001). Perspektiven des Lernens im sozialen Umfeld. In Arbeitsgemeinschaft Betriebliche Weiterbildungsforschung E. V. & Projekt Qualifikations-Entwicklungs-Management (Hrsg.), *Kompetenzentwicklung 2001: Tätigsein – Lernen – Innovation* (S. 95–145). Münster: Waxmann.

Koller, H.-C. (2007). Bildung als Entstehung neuen Wissens? Zur Genese des Neuen in transformatorischen Bildungsprozessen. In H.-R. Müller & W. Stravoravdis (Hrsg.), *Bildung im Horizont der Wissensgesellschaft* (S. 49–66). Wiesbaden: VS Verlag für Sozialwissenschaften.

Körzel, R. (1996). *Berufsbildung zwischen Gesellschafts- und Wirtschaftspolitik.* Frankfurt am Main: GAFB.

Kramer, R.-T. (2005). „Informelles Lernen" – Neue Kontingenzformel, Expansion des Pädagogischen oder erziehungswissenschaftliche Grenzbestimmung? *Zeitschrift für Erziehungswissenschaft, 8*(3), 472–477.

Kreimeyer, J. (2004). Lebensbegleitendes Lernen – zur „informellen" Dimension einer erwachsenenpädagogischen Aufgabe. In R. Brödel & J. Kreimeyer (Hrsg.), *Lebensbegleitendes Lernen als Kompetenzentwicklung. Analysen – Konzeptionen – Handlungsfelder* (S. 43–62). Bielefeld: Bertelsmann.

Kuper, H., & Kaufmann, K. (2010). Beteiligung an informellem Lernen. Annäherungen über eine differentielle empirische Analyse auf der Grundlage des Berichtssystems Weiterbildung 2003. *Zeitschrift für Erziehungswissenschaft, 13*(1), 99–119.

Marotzki, W. (1995). Qualitative Bildungsforschung. In E. König & P. Zedler (Hrsg.), *Bilanz qualitativer Forschung. Bd.1: Grundlagen qualitativer Forschung* (S. 99–133). Weinheim: Deutscher Studien Verlag.

Mertens, D. (1974). Schlüsselqualifikationen. Thesen zur Schulung für eine moderne Gesellschaft. In Bundesanstalt für Arbeit Nürnberg (Hrsg.), *Mitteilungen aus der Arbeitsmarkt- und Berufsforschung MittAB* (Bd. 7, S. 36–43). Stuttgart: Kohlhammer.

Molzberger, G. (2007). *Rahmungen informellen Lernens. Zur Erschließung neuer Lern- und Weiterbildungsperspektiven.* Wiesbaden: VS Verlag für Sozialwissenschaften.

Molzberger, G. (2012). Abschlüsse, Anschlüsse, Ausschlüsse – (Re)konfigurationen von Berufs- und Weiterbildung. In K. Büchter, P. Dehnbostel & G. Hanf (Hrsg.), *Der Deutsche Qualifikationsrahmen* (S. 119–134). Bielefeld: Bertelsmann.

Molzberger, G. (2015). Soziale Inwertsetzung von Wissen in der wissenschaftlichen Weiterbildung. In A. Dietzen, J. W. Powell, A. Bahl & L. Lassnigg (Hrsg.), *Soziale Inwertsetzung von Wissen, Erfahrung und Kompetenz in der Berufsbildung* (S. 177–195). Weinheim: Beltz Juventa Verlag, [Bildungssoziologische Beiträge hrsg. von der Sektion Bildung und Erziehung der Deutschen Gesellschaft für Soziologie].

Negt, O. (1986 [1966]). Soziologische Phantasie und exemplarisches Lernen in der Arbeiterbildung. Vorschläge zur inhaltlichen und pädagogischen Reorganisation der gewerkschaftlichen Bildungsarbeit. Wiederabdruck. In A. Brock & J. Weidenholzer (Hrsg.), *Durch Lernen zu Phantasie und Praxis. Beiträge zur Arbeiterbildung* (S. 1–94). Linz/ Bremen: Eigenverlag.

Niedermair, G. (2015) (Hrsg.). Informelles Lernen. Annäherungen – Problemlagen – Forschungsbefunde. Linz, Österreich: Trauner.

Overwien, B. (2003). Das lernende Subjekt als Ausgangspunkt – Befreiungspädagogik und informelles Lernen. In W. Wittwer & S. Kirchhof (Hrsg.), *Informelles Lernen und Weiterbildung. Neue Wege zur Kompetenzentwicklung* (S. 43–70). München: Luchterhand.

Overwien, B. (2005). Informelles Lernen: Ein Begriff zwischen ökonomischen Interessen und selbstbestimmtem Lernen. In K. Künzel (Hrsg.), *Internationales Jahrbuch der Erwachsenenbildung* (S. 1–26). Köln: Böhlau Verlag.

Rehfeldt, J. (2012). *Der gestaltete Lernkontext. Lernen im informellen betrieblichen Kontext.* Wiesbaden: VS Verlag für Sozialwissenschaften.

Rohs, M. (2002). Arbeitsgebundenes Lernen in der IT-Weiterbildung: Zur Synthese formeller und informeller Lernprozesse. In P. Dehnbostel & P. Gonon (Hrsg.), *Informell erworbene Kompetenzen in der Arbeit – Grundlegungen und Forschungsansätze* (S. 87–94). Bielefeld: Bertelsmann.

Rohs, M. (2008). *Connected Learning. Zur Verbindung formellen und informellen Lernens in der IT-Weiterbildung*. Saarbrücken: VDM Verlag.

Rosendahl, A., & Wahle, M. (2012). Erosion des Berufes: Ein Rückblick auf die Krisenszenarien der letzten vierzig Jahre. In A. Bolder (Hrsg.), *Beruflichkeit zwischen institutionellem Wandel und biographischem Projekt* (S. 25–47). Wiesbaden: VS Verlag für Sozialwissenschaften.

Sauter, E. (1984). Erwachsenenbildung in Relation zum Arbeitsmarkt. In E. Schmitz & H. Tietgens (Hrsg.), *Erwachsenenbildung* (Enzyklopädie Erziehungswissenschaft, Bd. 11, S. 187–209). Stuttgart/Dresden: Klett-Verl. für Wissen und Bildung.

Schäffter, O. (2001). *Weiterbildung in der Transformationsgesellschaft. Zur Grundlegung einer Theorie der Institutionalisierung*. Baltmannsweiler: Schneider Verlag Hohengehren.

Schiersmann, C., & Strauß, H. C. (2003). Informelles Lernen – der Königsweg zum lebenslangen Lernen? In W. Wittwer & S. Kirchhof (Hrsg.), *Informelles Lernen und Weiterbildung. Neue Wege zur Kompetenzentwicklung* (S. 145–167). München: Luchterhand.

Schmidt, B. (2009). *Weiterbildung und informelles Lernen älterer Arbeitnehmer: Bildungsverhalten. Bildungsinteressen. Bildungsmotive*. Wiesbaden: VS Verlag für Sozialwissenschaften.

Seitter, W. (2007). *Geschichte der Erwachsenenbildung* (3., aktualisierte und erweiterte Aufl.). Bielefeld: Bertelsmann.

Stichweh, R. (1994). *Wissenschaft, Universität, Professionen*. Frankfurt am Main: Suhrkamp.

Straka, G. A. (2003). Die Metapher „non-formelles" und „informelles Lernen" und ihre Bedeutung in der bundesdeutschen Berufsbildung. In G. A. Straka (Hrsg.), *Zertifizierung non-formell und informell erworbener beruflicher Kompetenzen* (S. 247–255). Münster: Waxmann.

Stratmann, K. (1995 [1982]). Geschichte der beruflichen Bildung. Ihre Theorie und Legitimation seit Beginn der Industrialisierung. In H. Blankertz, J. Derbolav, A. Kell & G. Kutscha (Hrsg.), *Sekundarstufe II – Jugendbildung zwischen Schule und Beruf* (Enzyklopädie Erziehungswissenschaft, Bd. 9, Teil 1: Handbuch, S. 173–202). Stuttgart: Klett Verlag.

Stratmann, K. (1998). Berufs-/Wirtschaftspädagogik. In D. Lenzen (Hrsg.), *Pädagogische Grundbegriffe* (S. 176–179). Reinbek bei Hamburg: Rowohlt.

Wittwer, W., & Kirchhof, S. (Hrsg.). (2003). *Informelles Lernen und Weiterbildung. Neue Wege zur Kompetenzentwicklung*. München: Luchterhand.

Informelles Lernen in der Erwachsenenbildung/Weiterbildung

Dieter Gnahs

Inhalt

1	Gründe für die Konjunktur des informellen Lernens	108
2	Potentiale und Gefahren des informellen Lernens	109
3	Lernberatung – die Zwillingsschwester des informellen Lernens	114
4	Neue Anforderungsprofile für Lehrende und Einrichtungen durch informelles Lernen	116
5	Fazit	118
Literatur		119

Zusammenfassung

Informelles Lernen befindet sich im bildungspolitischen und erziehungswissenschaftlichen Fokus, ist zentrales Element im Konzept des Lebenslangen Lernens. Seine Wertschätzung speist sich aus lerntheoretischen, praktischen, finanziellen und anthropologischen Quellen. Trotz erheblicher Messschwierigkeiten lässt sich sicher abschätzen, dass die Umfänge erheblich sind und in Größenordnungen des (fremd-)organisierten Lernens liegen. Die sozio-demographischen Muster der Teilnahme entsprechen denen, die bei den regulären Bildungsgängen sichtbar werden (hohe soziale Selektivität, Bildungskumulation). Informelles Lernen weist eine Reihe von Vorteilen auf (z. B. Flexibilität, hohe Effizienz), birgt

---

Unter informellem Lernen werden hier intentionale Lernvorgänge verstanden, die nicht professionell didaktisiert sind, also nicht unter fremder Anleitung stehen. Informelles und selbstgesteuertes Lernen werden synonym verwendet. Erwachsenenbildung meint hier jenes Segment der Weiterbildung, das unter der rechtlichen Regie der Länder steht und manchmal auch als allgemeine Weiterbildung bezeichnet wird. Die Abgrenzung ist nicht trennscharf vorzunehmen, weil auch die EB-Einrichtungen berufliche Weiterbildung anbieten.

Dieter Gnahs ist emeritiert

D. Gnahs (✉)
Essen, Deutschland
E-Mail: dieter.gnahs@uni-due.de

aber auch Gefahren (mangelnde Systematik, Motivationsstörungen). Den Bildungseinrichtungen kommt von daher eine erweiterte Rolle zu, die weit über Instruktion bzw. Unterricht hinausreicht und durch Lernsupport (z. B. Beratung, Kompetenzerfassung) das informelle Lernen begleitet, unterstützt und effektiver macht. Weiterbildung/Erwachsenenbildung versucht zudem traditionelle Lehrangebote mit informellen Lernwegen zu kombinieren.

Schlüsselwörter
Anforderungsprofil für Lehrende • Entinstitutionalisierung • Potentiale und Gefahren • Lebenslanges Lernen • Lernberatung • Validierung • Kompetenzerfassung • Selbstbestimmung • Expansives Lernen • Lernkultur

1 Gründe für die Konjunktur des informellen Lernens

Einen ersten empirischen Beleg für die Bedeutung des informelle Lernens im Erwachsenenalter lieferte der Kanadier Allen Tough (1971), der Ende der 1960er-Jahre durch eine Befragung von 66 Personen Lernanlässe und Lernstrategien untersuchte. Eine zentrale Kategorie seiner Untersuchung ist das Lernprojekt: Menschen reagieren auf lebensgeschichtlich bedeutsame Ereignisse und Herausforderungen (z. B. Übergang in den Ruhestand, Geburt eines Kindes, Hausbau, Berufswechsel) mit bewussten und organisierten Lernanstrengungen. Dabei werden sehr unterschiedliche Wege eingeschlagen: autodidaktisches Lernen unter Nutzung von Medien wie Computer und Fernsehen, die Konsultation von Freunden, Verwandten und Kollegen und auch der Besuch von Informations- und Bildungsveranstaltungen. Die Untersuchung ergab, dass durchschnittlich immerhin ca. 500 bis 600 Stunden pro Jahr für derartige Lernprojekte aufgewendet werden und dass ca. zwei Drittel des Zeitvolumens für selbstständiges Lernen genutzt wird. Nur ca. ein Fünftel der Lernaktivitäten werden professionell angeleitet und gestützt (vgl. Tough 1980, S. 108–110).

Dieses von Tough gezeichnete Bild passt nicht in die Aufbauphase der Weiterbildung in Deutschland, die durch Institutionalisierung, Professionalisierung und Curricularisierung gekennzeichnet war. Als Königsweg des Lernens und Lehrens in der Erwachsenenbildung galt damals der von speziell ausgebildeten Lehrkräften geleitete und institutionalisierte Unterricht. So überrascht es nicht, dass die Erkenntnisse von Tough in Deutschland praktisch ignoriert wurden.

Informelles oder selbstgesteuertes Lernen blieb auch in der Erwachsenenbildungsliteratur bis in die frühen 1990er-Jahre ein eher randständiges Thema. In der ersten Auflage des „Handbuchs Erwachsenenbildung/Weiterbildung" (Tippelt 1994) zum Beispiel gibt es keinen eigenen Beitrag zum Thema, sondern – neben vereinzelten Hinweisen – nur in drei Aufsätzen längere einschlägige Passagen (vgl. Balli/Sauter 1994, vor allem S. 660–661; Dobischat 1994, S. 595; Meueler 1994, S. 623–624). Insofern ist Arnold (2001, S. 281) zuzustimmen, wenn er ausführt: „Entsprechende Konzepte eines < selbstgesteuerten Lernens>, die in den

1970er- und 1980er-Jahren – vornehmlich in der amerikanischen Diskussion – entwickelt worden sind, wurden in der deutschen EB erst vergleichsweise spät, in den 1990er-Jahren, nachdrücklich aufgegriffen."

Die Gründe für die dann doch erfolgte Adaption des informellen Lernens in der Erwachsenenbildung sind vielfältig (vgl. ausführlich Gnahs 2012, S. 3–7). Zunächst einmal lenkte die aufkommende konstruktivistisch geprägte Lerntheorie den Blick auf das Individuum und sein je spezifisches Lernen. Gleichzeitig verlor die behavioristisch unterlegte Erzeugungsdidaktik mit ihren institutionellen Einbindungen an Bedeutung. Der lerntheoretische Paradigmenwechsel ging einher mit einer Öffnung der deutschen Erwachsenenbildungsdiskussion für Forschungsergebnisse und Theoriebezüge aus dem angel-sächsischen Sprachraum, speziell den USA und Kanada. Zu nennen sind in diesem Zusammenhang Günter Dohmen (1996, 2001) und Jost Reischmann (1997). Neben dem schon erwähnten Allen Tough wird auf diesem Wege auch Malcolm Knowles ein wichtiger Bezugspunkt für die Diskussion des informellen Lernens, der schon 1975 eine Handreichung zum selbstgesteuerten Lernen für Lernende und Lehrende verfasst hatte.

Nicht nur die wissenschaftliche Debatte erhielt in dieser Zeit wichtige Impulse aus dem Ausland, sondern auch die Bildungspolitik. Im Besonderen die Europäische Union nahm starken Einfluss auf deutsche Sichtweisen und Entscheidungen, aber auch die UNESCO und die OECD (vgl. z. B. Dohmen 1997, Knoll 1997 und Fischell 2013, S. 100–138). In allen einschlägigen bildungspolitischen Dokumenten der Periode ab 1990 spielt das informelle Lernen eine zentrale Rolle im Kontext des lebenslangen Lernens. Diese starke Akzentsetzung findet seit der Jahrtausendwende auch verstärkten Niederschlag in der nationalen Programmatik. So wird zum Beispiel in der BLK-Strategie für Lebenslanges Lernen das informelle Lernen als einer von acht Entwicklungsschwerpunkten aufgeführt (BLK 2004, S. 14–16).

Neben den genannten haben noch weitere Faktoren das Vordringen und die Akzeptierung des informellen Lernens begünstigt. Zu nennen sind gesellschaftliche Megatrends wie Individualisierung und Entinstitutionalisierung, aber auch das Aufkommen der Computertechnologie und des Internets, die Lernenden neue Möglichkeiten der Informationsbeschaffung und -verarbeitung eröffnen (vgl. Gnahs 2012, S. 5–6). Des Weiteren mögen auch die zumindest am Anfang der Entwicklung noch erwarteten Einsparpotentiale aus einer Reduzierung des traditionellen, einrichtungs- und lehrkraftbasierten Unterrichts sowohl Betriebe als auch die Bildungsadministration bewogen haben, das informelle bzw. selbstgesteuerte Lernen zu forcieren.

2 Potentiale und Gefahren des informellen Lernens

Informelles Lernen bzw. die häufiger verwendete Begriffsversion selbstgesteuertes Lernen war spätestens Mitte der 1990er-Jahre ein zentrales Thema der Erwachsenenbildung in Wissenschaft und Praxis. Seit 1997 wurde es sogar im Rahmen des Berichtssystems Weiterbildung erfasst und somit auch in seinen Dimensionen sichtbar gemacht (Kuwan/Gnahs/Seidel 2000). Informelles Lernen blieb aber auch, vor allem in der traditionellen Erwachsenenbildung, ein kontroverses und heftig diskutiertes Thema. Das Themenheft der Zeitschrift REPORT Nr. 39 (1997) „Lebenslanges Lernen – selbstorganisiert?" ist dafür genauso Beleg wie der Kongress der Konzertierten Aktion Weiterbildung im November 1998 unter dem Titel „Selbstgesteuertes Lernen" (1999). Schon die Titel der Beiträge zeigen beispielhaft auf, wo die Konfliktlinien verlaufen: „Selbstgesteuertes Lernen als Ansatzpunkt für einen notwendigen und neuen Aufbruch in der Weiterbildung" (Dohmen 1999) versus „Riskante Biographien und die Risiken lebenslangen Lernens" (Kade 1997).

Im Folgenden wird der beschriebenen Spannungsbogen in der Erwachsenenbildung anhand von Gegensatzpaaren näher beschrieben. Dabei wird versucht, die je spezifischen Vor- und Nachteile des informellen Lernens deutlich zu machen. Referenzpunkt ist dabei im Regelfall das organisierte Lernen über institutionenbasierte und lehrkraftgestützte Lehr-Lern-Arrangements.

2.1 Zwischen Entfaltung und Überforderung

Günther Dohmen (1999, S. 31) sieht das selbstgesteuerte Lernen als Konsequenz aus dem Postulat des notwendigen Mündigwerdens des Menschen im Kant'schen Sinne: „Wir greifen also unter einem neuen Schlagwort ein altes Bildungs- und Emanzipationsanliegen aus unserer pädagogischen Tradition wieder auf und nutzen einen starken aktuellen Trend im Sinne dieser traditionellen Mündigkeits-, Emanzipations- und Bildungsidee..." Auch bildungspolitisch wird das Lernen stärker an das Individuum gebunden und zumindest zum Teil der staatlichen Verantwortung in Form institutionalisierter Lehr-Lern-Arrangements entzogen (BLK 2004, S. 15): „Lernen entwickelt sich im Lebenslauf individuell-biographisch verschieden und beruht auf unterschiedlichen Lernvoraussetzungen, Lernmilieus, Lernbedürfnissen und Lernanlässen. Daher kann es zunehmend nur von den Lernenden selbst angemessen gesteuert werden."

Selbstgesteuertes/informelles Lernen kann ohne Zweifel der Persönlichkeitsentfaltung dienen, im Besonderen wenn man es in Kontrast setzt zu einer fremdbestimmten und doktrinierenden Lehre, die wenig Spielraum für Eigensinn und Kreativität lässt. Gleichwohl sind die meisten Menschen das traditionelle Lehren gewohnt und können nicht „nahtlos" in den Modus des Selbstlernens wechseln. Im Extremfall kann dann genau das Gegenteil von Entfaltung passieren: Lernblockaden und Lernverweigerung. Interessant sind in diesem Zusammenhang auch die Ergebnisse des *Adult Education Surveys*, der für die Beteiligung am informellem Lernen eine ähnliche soziale Selektivität ausweist wie für den Bereich des organisierten Lernens: Unterrepräsentiert sind zum Beispiel Personen mit niedrigem Schulabschluss, Ausländer und Deutsche mit Migrationshintergrund sowie Arbeiter (vgl. Kuwan/Seidel 2013b, S. 269–270).

Hinzuweisen ist schließlich auch darauf, dass das informelle Lernen, im Verdacht steht, neben den offiziellen Zielsetzungen auch noch andere zu verfolgen (Bayer 2002, S. 179): „Unter dem Deckmantel emanzipatorisch-aufklärerischer Begrifflichkeit der Selbstbestimmung wird Weiterbildung zur Eigenverantwortung, zur Pflicht, zur Bringschuld des Einzelnen erklärt." An die Stelle von Lernpotenzialen treten

Lernzwänge, das lebenslange Lernen als Option wird zum „lebenslänglichen" Lernen als Dauerverpflichtung und als gesellschaftliche Erwartung.

2.2 Zwischen Effizienz und Desorientierung

Besonders aus dem Bereich der betrieblich-beruflichen Weiterbildung heraus wird betont, dass das informelle Lernen im Vergleich zur organisierten Weiterbildung besser geeignet ist, berufliche Handlungsfähigkeit zu entwickeln (vgl. z. B. Staudt/ Kriegesmann 1999, S. 23–25 und S. 40–41; Baitsch 1999, S. 254–255; Götz 1997, S. 142–144; Reinmann-Rothmeier/Mandl 1999, S. 41–44). Gestützt werden diese Positionen u. a. durch Rückgriff auf amerikanische Untersuchungen (Tough, Livingstone) und durch eigene und die Forschung Dritter zur Rolle und Wirksamkeit der Weiterbildung im Transformationsprozess von der Plan- zur Marktwirtschaft in der ehemaligen DDR (siehe Staudt/Kriegesmann 1999, S. 20–25).

Diese Argumentation erscheint plausibel, wissen die Lernenden doch am besten, welche Kenntnisse und Fertigkeiten sie zur Erweiterung ihrer Handlungsfähigkeit benötigen. Sie können sich zielgenau auf bestimmte Lerninhalte konzentrieren, vermeiden so Zeitverluste und Lernballast. Im Ergebnis wird dann mehr und/oder schneller gelernt. Doch ist diese Ideallinie immer erreichbar?

Reischmann(1997, S. 134) verweist auf die Zerbrechlichkeit selbstgesteuerter Lernarrangements, die immer dann sichtbar wird, wenn Probleme auftreten, die der Lernende nicht alleine lösen kann. Zudem besteht die Gefahr, dass die Systematik verloren geht und Irrelevantes gelernt wird, weil das entsprechende Unterscheidungsvermögen – anders als bei einer Lehrkraft – nicht so ausgeprägt ist. Zudem kann die Lernmotivation leiden, wenn sich der Lernende mit Fragen konfrontiert sieht, die er nicht beantworten kann. Alle Vorbehalte zusammengenommen können Lernumwege auslösen und Lernbarrieren errichten, die die oben genannten Vorteile wieder relativieren (vgl. Gnahs 2002, S. 99–100 und S. 105).

2.3 Zwischen Flexibilität und Zeitdruck

Die Beschäftigung mit Zeit ist in unserer Gesellschaft allgegenwärtig, fast schon obsessiv: Taktzeiten werden optimiert, Seminare für Zeitmanagement gegeben, Zeitkorridore geplant, Zeitfenster definiert, Zeit wird gespart. Ganz der neoliberalen Logik folgend, geht es darum, möglichst viel in kürzester Zeit zu erledigen und möglichst keine Zeit zu verschwenden. Genau zu dieser Denkweise passt das selbstgesteuerte Lernen: Jeder kann lernen, wann er will, kann seine persönlichen Bedürfnisse und seine beruflichen Termine mit den Lernzeiten abstimmen. Die oft lästige Bindung an feste Lernzeiten bei organisierten Lehr-Lern-Prozessen entfällt und auch der mit der Wahrnehmung solcher Lerntermine verbundene organisatorische Aufwand.

Doch dieses Mehr an Zeitsouveränität ist durchaus ambivalent. „Nie zuvor in der Geschichte hatte in den entwickelten Industrieländern eine so große Anzahl von

Menschen soviel Entscheidungsfreiheit über die Zeit und deren Ordnung, aber auch nie zuvor hatten diese Menschen auch eine solche Menge Entscheidungsprobleme damit... Der Grund dafür liegt nicht zuletzt darin, dass wir die größeren Freiheiten gegenüber vorgegebenen Zeitordnungen nicht nur nutzen können, sondern sie auch zu nutzen gezwungen werden." (Geißler 1999, S. 111–112) Im Ergebnis wird jedes erdenkliche Zeitfenster zum Lernen genutzt, um Leerlauf zu vermeiden und um die Selbstoptimierung voranzutreiben. Das kann so wie im folgenden fiktiven Beispiel aussehen (Gnahs 2001, S. 238–239):

„Patrick K. ist Jungmanager in einem Industriebetrieb, der aufgrund seiner Ausgangsposition eine große Karriere vor sich sieht. Die Betriebsphilosophie ist, dass jeder Beschäftigte und jede Beschäftigte in Selbstverantwortung entscheiden muss, welche Qualifikationen benötigt werden und welche nicht. Der Betrieb unterstützt die Lernanstrengungen seiner Beschäftigten damit, dass er Lernsoftware zur Verfügung stellt und ggf. auf solche hinweist. Alles Übrige ist Sache der Beschäftigten.

Patrick K. ist aufgrund dieser Ausgangssituation zu jeder Zeit lernbereit. Er nutzt jede freie Minute, jede sonst nicht anderweitig nutzbare Zeit zum Lernen. So wird im Stau auf der Autobahn eine Sprachenlernkassette in den Rekorder geschoben, und jede freie Minute zu Hause werden Lernprogrammen genutzt. Patrick K. ist für „sein" Lernen selbst verantwortlich, sowohl inhaltlich, zeitlich und auch finanziell. Patrick K. steuert sein Lernen im hohen Maße selbst, ist aber gleichsam Lernzwängen ausgesetzt, die der Treibsatz für seine Aktivitäten sind. Ihm fehlt die Muße zum Lernen, der Freiraum, in dem Reflexion gelingt. Er versucht Lernstoff zu kumulieren, anstatt über sein Lernen und seine Lernziele nachzudenken."

Es ist also zu fragen, ob das jeweilige Lehr-Lern-Arrangement eher Muße, Kontemplation und Reflexion erlaubt oder eher einer „Druckbetankung" ähnelt. In der Zeitschrift *managerSeminare* wird Letzteres als Trend gesehen (Gloger 2009, S. 58): „Alles muss schnell gehen, auch das Lernen." Berichtet wird von Ultrakurzformaten, so genannten Mikrotrainings von ca. fünf Minuten Länge, die ähnlich wie ein Videoclip angelegt sind und zwischendurch konsumiert werden können. „Die virtuellen Miniseminare stehen für eine Entwicklung, die seit geraumer Zeit in der Weiterbildung zu beobachten ist und die jüngst immer mehr an Fahrt aufnimmt: Die Weiterbildungseinheiten werden kürzer und kürzer. Kurz sticht lang, schnell sticht langatmig, so scheint das neue Mantra der Seminare, Präsentationen und Workshops zu lauten" (Gloger 2009, S. 58).

2.4 Zwischen festem Lernort und Entgrenzung

Eine ähnliche Ambivalenz wie die zeitliche weist auch die räumliche Flexibilität auf. Das traditionelle Lehr-Lern-Arrangement verfügt im Regelfall über feste Lernorte (z. B. Seminarräume, Werkstätten, Sporthallen). Das Erreichen dieser Örtlichkeiten ist meist mit organisatorischem Aufwand (z. B. Fahrgelegenheit besorgen, ggf. Kinderbetreuung sicherstellen etc.) und nicht selten auch mit Kosten verbunden.

Das selbstgesteuerte Lernen verspricht hier Abhilfe, weil es prinzipiell ortsungebunden stattfinden kann, also auch im Wohn- oder Hotelzimmer, im Heimat- oder im Urlaubsort. Dies ist für viele Lernergruppen ein unbestreitbarer Vorteil: So sparen z. B. Personen, die in ländlichen Räumen wohnen, oft lange Anfahrten, und Personen, deren Mobilität eingeschränkt ist (Krankheit, Behinderung, Betreuungspflichten etc.), kommen so überhaupt in den Genuss von Bildung. Informelles Lernen ist also geeignet, eine ganze Reihe von Bildungsbenachteiligungen abzubauen oder zumindest abzumildern.

Zu bedenken sind aber auch potentielle Nachteile. So verfügen nicht alle Lernenden gleichermaßen über geeignete Lernortalternativen: So kann z. B. die häusliche Wohnung beengt und störungsanfällig sein, so können eingespielte Abgrenzungen zwischen verschiedenen Sphären (Privatsphäre, Arbeitsplatz, Lernort) in Frage gestellt werden. Der feste Lernort kann auch im wahrsten Sinne des Wortes ein „Freiraum", ein Rückzugsort sein, der Muße zum Lernen erst ermöglicht. Zu unterschätzen ist auch nicht, dass Lerninstitutionen häufig über bessere sonstige Rahmenbedingungen verfügen (Ausstattung, Support etc.) und auch ein Ort des Austauschs von Lernenden sind.

2.5 Inzwischen relativierte Dichotomien

Neben den bisher genannten Gegensatzpaaren lassen sich noch weitere anführen, deren Relevanz sich inzwischen – also seit den 1990er-Jahren – relativiert hat. Zu nennen ist zum einen die Gefahr, dass selbstgesteuertes Lernen zur Vereinzelung führt und damit die Vorteile des üblichen Lernens in Gruppen (Diskurs, wechselseitige Unterstützung, Austausch von Erfahrungen etc.) konterkariert werden. Schon früh wurde diese Kontrastierung als überzogen klassifiziert und darauf verwiesen, dass auch Gruppen selbstgesteuert lernen (vgl. Reischmann 1997, S. 134; Knoll 1999, S. 69–73). Zahlreiche Beispiele zeigen den Variantenreichtum des selbstgesteuerten Lernens (vgl. Konzertierte Aktion Weiterbildung 1998, und 1999, S. 49–132; Gnahs/Seidel/Griesbach 1997).

Zum anderen wurde befürchtet, dass das politisch favorisierte selbstgesteuerte Lernen zu einer Entinstitutionalisierung führt und im Zuge dieser Entwicklung parallel die Kosten für Bildungsanstrengungen auf die Individuen abgewälzt werden. „Damit passt dieses Konzept in eine *neoliberale Politik*, die über Flexibilisierung, Deregulierung, Ressourcenoptimierung und Leanstrategien Abschied nimmt von der sozialen Marktwirtschaft und dem Sozialstaat" (Bayer 1999, S. 146). Es zeigte sich schnell, dass die Sparpotentiale durch ein verstärktes Setzen auf informelles Lernen nur sehr begrenzt sind und auch die Bildungseinrichtungen keineswegs überflüssig werden. Im Gegenteil: Die neue Lernform führt zu neuen Aufgaben der Einrichtungen in Form von Beratung und Support. Darauf wird im Folgenden noch ausführlich eingegangen.

3 Lernberatung – die Zwillingsschwester des informellen Lernens

3.1 Trends zur Stärkung der Lernberatung

Einige der eben beschriebenen Gefahren (z. B. Desorientierung, Überforderung) lassen sich durch geeignete Maßnahmen in ihren negativen Auswirkungen abmildern. Ein wichtiges Instrument in diesem Zusammenhang ist die Lern- und Bildungsberatung, die folglich auch im Konzept des lebenslangen Lernens einen hohen Stellenwert genießt (vgl. dazu ausführlich Gnahs 2013, S. 4–5).

Viele Personen, die in höherem Maße als bisher selbstgesteuert lernen, brauchen verstärkt Lern- und Bildungsberatung, um sich besser orientieren zu können und um einen möglichst zielgenauen und systematischen Zugriff auf die Lerninhalte zu bekommen (vgl. Siebert 2000 und Dietrich 2000). Die Betonung informeller Lernprozesse bedeutet auch, dass der Kompetenzerwerb ein Stück weit von der Absolvierung organisierter Lehrprozesse entkoppelt wird. Erwachsenenbildungseinrichtungen müssen sich deshalb verstärkt darauf einstellen, informell erworbene Kompetenzen zu erfassen, zu messen, zu validieren und ggf. zu zertifizieren, um die erklärte Gleichberechtigung der Lernwege zu gewährleisten. Diese Verknüpfung wird auch explizit von der EU hergestellt. Danach schließt der Validierungsprozess explizit Beratung ein: „provision of information, advice and guidance during documentation of evidence, covering subjects, modules, competences, courses and qualifications for which validation can be useful for establishing access and exemptions" (CEDEFOP 2009, S. 48).

Das Vordringen von computer- und webbasierten Lernformen wird zwar vermutlich das früher angenommene Ausmaß nicht erreichen, dennoch ist ein Bedeutungszuwachs zu verzeichnen, dieser fällt allerdings zwischen 2010 und 2012 mit knapp drei Prozentpunkten von 15 auf 18 % Teilnahmequote überschaubar aus (vgl. Bilger/Gnahs 2013, S. 290–295). Erwachsenenbildungseinrichtungen können sich auf diese Entwicklung einstellen, wenn sie den Präsenzunterricht mit dem computerbasierten Unterricht verbinden (Blended Learning), und damit möglichst die Vorteile beider Lernformen zum Tragen bringen und deren spezifischen Nachteile vermeiden. Ein wichtiges Bindeglied zwischen beiden Komponenten kann und muss Beratung sein.

Das Konzept des lebenslangen Lernens stellt die Lernenden mit ihren Bedürfnissen in den Mittelpunkt und nicht die Bildungseinrichtungen bzw. die Bildungssektoren mit ihren speziellen institutionellen Interessen. Es sieht von daher eine stärkere sektorübergreifende Zusammenarbeit vor, die die teils schwerüberwindbaren Systemgrenzen (z. B. zwischen Schule und Erwachsenenbildung) durchlässig machen soll. Gleichzeitig ergeben sich besonders für kleinere Weiterbildungseinrichtungen Kooperationsnotwendigkeiten, weil nur so der Kostendruck aufgefangen werden kann. Beide Aspekte legen eine Integration in regionale oder sektorale Netzwerke nahe, die es erlauben, gemeinsame Aktivitäten zu entfalten (mehr vernetzte Beratung, Übergangsberatung). Vor diesem Hintergrund erstaunt es nicht, dass die wissenschaftliche Begleitung der

Lernenden Regionen registriert, dass Beratungs- und Serviceleistungen sich als bedeutendstes Handlungsfeld bei den regionalen Bildungsnetzen erweisen: 72 von 73 einbezogenen Regionen haben derartige Leistungen angeboten (vgl. Ambos 2006, S. 113).

Die subjektive Einschätzung der Betroffenen ergänzt die eben angestellten Bedarfsüberlegungen: Zwar geben nach dem letzten Adult Education Survey (AES) 61 % der 18–64-Jährigen an, einen guten Überblick über die Weiterbildungsmöglichkeiten zu haben, 36 % sind gegenteiliger Ansicht. 27 % wünschen sich explizit mehr Beratung und Information, nur 8 % haben tatsächlich an einer persönlichen Weiterbildungsberatung teilgenommen. Gruppenspezifische Analysen zeigen die üblichen Selektionsmuster (besser Gebildete wollen mehr Beratung, nutzen sie auch häufiger als Personen mit niedriger Bildung) (vgl. Kuwan/Seidel 2013a, S. 232–236 und 242).

3.2 Lern- und Bildungsberatung in der politischen Programmatik

Weiterbildung/Erwachsenenbildung ist ein Konsensthema. Dieser Umstand schlägt sich auch in der politischen Programmatik nieder. Auf allen Ebenen politischen Handelns wird Weiterbildungsberatung als zentrales Element der LLL-Strategie ausgezeichnet und gefordert. Einige Beispiele mögen dies belegen (vgl. Gnahs 2013, S. 5).

Auf der europäischen Ebene ist das Thema exponiert und zentral immer wieder platziert worden. Die Vorgabe, die im Memorandum LLL (Commission of the European Communities 2000, S. 16) steht, ist nach wie vor wegweisend. Als Ziel wird formuliert: *„Ensure that everyone can easily access good quality information and advice about learning opportunities throughout Europe and throughout their lives."* In diese Richtung argumentieren praktisch alle einschlägigen EU-Papiere bis heute.

Auf nationaler Ebene wird dieser Richtungssetzung entsprochen. In der „Strategie für Lebenslanges Lernen in der Bundesrepublik Deutschland" zum Beispiel werden acht Entwicklungsschwerpunkte genannt, darunter auch Lernberatung (vgl. BLK 2004, S. 16)

Noch deutlicher wird der vom Bundesministerium für Bildung und Forschung (BMBF) initiierte Innovationskreis Weiterbildung mit seinen Empfehlungen. Als vierte von zehn zentralen Aspekten wird formuliert: „Transparenz und Qualität sicherstellen; Bildungsberatung ausbauen". Die Generalempfehlung zur Bildungsberatung lautet (BMBF 2008, S. 17):

> „Um ein quantitativ ausreichendes und qualitativ hochwertiges Beratungsangebot sicherzustellen, das alle Zielgruppen, insbesondere die bisher nicht erreichten, in Anspruch nehmen können, bedarf es eines integrativen und alle Phasen des Lernens umfassenden Systems der Bildungsberatung, die auch die Berufsberatung umfasst. Dazu gehören auch niedrigschwellige und aufsuchende Beratungsangebote. Die Beratungsangebote unterschiedlicher Akteure sind besser aufeinander abzustimmen."

Der Ausbau der Kompetenzdiagnostik als zusätzliches Beratungsinstrument ist sicher auch eine Zukunftsherausforderung, die durch EU-Prozesse verstärkt wird. Nach einer Empfehlung des Rates der Europäischen Union vom 20. Dezember 2012 zur Validierung der Ergebnisse nichtformalen und informellen Lernens soll bis spätestens 2018 in den Mitgliedsstaaten ein nationales System der Validierung eingeführt worden sein, bei dem auch eine Beratungsinfrastruktur vorgesehen ist („...die Validierung nichtformalen und informellen Lernens wird durch geeignete Vorgaben und Beratung unterstützt und ist leicht zugänglich.") (Rat der Europäischen Union 2012, S. 3). Diese aktuelle Entwicklung könnte sich auch als wichtiger Treiber für die Weiterbildungsberatung erweisen. Darüber hinaus sind natürlich andere Herausforderung zu nennen wie Fragen der Finanzierung, der Professionalisierung, der Erschließung neuer Zielgruppen, wie sie u. a. auch in einem deutsch-polnisch-österreichischen Gemeinschaftsprojekt zum Thema „Guidance Dialogue" (GEW/ÖGB/ZNP/öibf/bfw 2013) herausgearbeitet worden sind.

Die genannten politischen Absichten und die grundsätzliche Unterstützung stehen indes im starken Kontrast zur tatsächlichen Situation der Lern- und Bildungsberatung in Deutschland. Sie ist in keinem Bundesland Pflichtaufgabe und meist nur projektförmig organisiert. Dies hat zur Folge, dass insgesamt ein Mangel an Beratungsstellen und Beratungskräften besteht, dass es starke regionale Unterschiede gibt und dass die vorhandenen Beratungsangebote nur lose mit dem Weiterbildungssystem verbunden sind (vgl. ausführlich Gnahs 2013, 5–6, und DIE 2011; S. 199–243).

4 Neue Anforderungsprofile für Lehrende und Einrichtungen durch informelles Lernen

4.1 Neue Anforderungsprofile für Lehrende

Der eben dargestellte Bedeutungszuwachs für die Lern- und Weiterbildungsberatung im Zuge der Akzentuierung des selbstgesteuerten Lernens hat auch Folgen für das Tätigkeits- und Anforderungsprofil der in der Erwachsenenbildung tätigen Lehrkräfte. So benötigen Sie Beratungskompetenz, um die Lernenden dazu zu befähigen, ihre Lernprozesse zeitlich, örtlich und inhaltlich selbständig zu organisieren. Des Weiteren brauchen sie Fragetechniken, um Lernprobleme aufzuspüren und zu lösen.

Es wird auch diskutiert, ein eigenständiges neues Berufsbild „Lernberatung" zu kreieren, welches jedoch noch nicht klar konturiert ist (vgl. Götz 2013, S. 15). Schiersmann (2010, S. 761–763) stellt Elemente eines diesbezüglichen Kompetenzprofils zusammen. Dazu gehören Kompetenzen zur Gestaltung von Beratungsprozessen (z. B. Ressourcenorientierung, Aufbau von Vertrauen), die Kompetenz zur angemessenen Wahrnehmung der Lebenssituation des Lernenden (z. B. Biographiebezug, Entwicklungsorientierung), Reflexionskompetenz (Bereitschaft zur professionellen Weiterentwicklung, Supervision), Organisationskompetenz (Gestaltung des Settings, Optimierung der Beratungsstrukturen) sowie Kenntnisse über die gesellschaftlichen Rahmenbedingungen (z. B. Arbeitsmarktsituation, Entwicklung von Qualifikationsanforderungen).

Doch auch jenseits der ergänzenden Beratung wird das „Kerngeschäft" des Lehrenden durch das neue Lernarrangement verändert. Selbstgesteuertes Lernen intendiert eine Abkehr vom traditionellen lehrerzentrierten Unterricht. Das Rollenverständnis von der Lehrkraft als Erzeuger von Wissen und Verhalten wird abgelöst durch ein Verständnis von der Lehrkraft als Ermöglicher für Kenntnis- und Fähigkeitserwerb. Im Zentrum der Lehrtätigkeit steht nicht mehr die Instruktion, sondern die Lernvermittlung und -begleitung (vgl. Arnold/Krämer-Stürzl/Siebert 1999, S. 34–35).

Dieses Rollenverständnis steht im Gegensatz zum traditionellen Lehrarrangement, das Peter Faulstich (2002, S. 78–79) in Anlehnung an Holzkamp (1995) als „kontaminiert" bezeichnet. Der erste Schritt zur Ermöglichung eines selbstbestimmten „expansiven" Lernens ist mithin die Aufgabe der typischen Merkmale des „defensiven" Lernens: Isolation, Hierarchie, Dressur, Selektion, Kontrolle etc. An ihre Stelle treten dann neue Anforderungen wie „Lernziele müssen ausgehen von den Interessen der Lernenden...Lerninhalte müssen problemorientiert ausgewählt und auf ihre Bedeutsamkeit in Verwendungszusammenhängen geprüft werden...Die Lernverfahren müssen situationsorientiert entwickelt werden." (Faulstich 2002, S. 80)

Es gibt also weitreichende Konsequenzen für die Didaktik, die Jörg Knoll (1999, S. 74–77) in drei Komplexe zusammenfasst: Erfahrungsorientierung, Ressourcenorientierung und Aktivitätsorientierung. Doch die Erweiterung der didaktischen und methodischen Handlungsfähigkeit allein wird als nicht ausreichend angesehen, um den Anforderungen des selbstgesteuerten Lernens zu genügen: Zusätzlich müssen die Lehrenden auch ihre Haltung zum Lernenden und zum Lernprozess neu fassen. „Sie sind nicht mehr Macher und Informationszentrale, sondern verändern ihren Standort in die Mitte der Lernenden. Der Schwerpunkt liegt nicht mehr auf der Präsentation von Wissen, sondern auf der Förderung des Lernpotenzials der Lernenden" (Krischausky 1999, S. 124).

4.2 Neue Anforderungen für Einrichtungen

Der eingangs erwähnte antiinstitutionelle Reflex, der mit dem Vordringen des selbstgesteuerten Lernens verbunden wurde, hat schnell an Bedeutung verloren, weil die Einrichtungen ihr Aufgabenspektrum mit Blick auf die neue Lernkultur erweitert haben. Nicht zuletzt hat auch die konstruktivistisch geprägte Lerntheorie ein Umdenken im Selbstverständnis der Einrichtungen befeuert.

Dietrich (2002, S. 127) stellt fest, dass sich das Aufgabenspektrum in zweierlei Hinsicht verändert: Zum einen werden die klassischen Aufgaben um neue erweitert, zum anderen werden bestehende Aufgaben komplexer. So müssen zum Beispiel für die Lernenden Lernquellen wie Medien und Arbeitsmittel bereitgestellt, Unterstützungsangebote wie fachlich-inhaltliche, prozessbezogene und personenbezogene Beratung angeboten und stärker modularisierte Angebote, die stärker auf die

Lernvoraussetzungen und perspektivischen Verwendungssituationen abstellen, gemacht werden (vgl. Dietrich 2002, S. 129).

Neben ihrer Angebotsstruktur sind die Einrichtungen auch gezwungen, ihre innere Verfasstkeit zu ändern: „Ein hoher Grad an Selbststeuerung setzt eine Kultur in der gesamten Einrichtung voraus, die Lernprozesse auf allen Ebenen (Lernende, Lehrende, Leitung, Verwaltung) nicht nur ermöglicht, sondern fördert" (Dietrich 2002, S. 135). Ein zentraler Aspekt dieser neuen Einrichtungskultur ist natürlich das Personal, welches das Funktionieren der Einrichtung sichert und der zentrale Mittler zu den Teilnehmenden ist.

Die Bildungseinrichtungen können ihr Lehr- und Beratungspersonal über Mitarbeiterfortbildungen auf die neuen Aufgaben vorbereiten. Es bietet sich an, derartige Veranstaltungen nach den Prinzipien des selbstgesteuerten Lernens ablaufen zu lassen. Selbstgesteuertes Lernen würde dann für Lehrkräfte erfahrbar, was ihre Fähigkeiten als Lernbegleiter günstig beeinflussen dürfte. Zudem gilt es, bei auftretenden Problemen und Verunsicherungen die Möglichkeit zur kollegialen Beratung zu eröffnen.

Wächst der Selbststeuerungsanteil, so sind auch Änderungen des Raumkonzeptes notwendig. Es müssen Möglichkeiten geschaffen werden aus der großen Lerngruppe heraus, individuell oder in Kleingruppen arbeiten zu können, es müssen Recherchemöglichkeiten z. B. in Bibliotheken und in Datenbanken vorhanden sein, um den einzelnen Lernern Gelegenheit zu geben, selbstgesteuert Informationen zu sammeln. Im Ergebnis werden daher eher mehr als weniger Räume benötigt und diese sind zudem anspruchsvoller ausgestattet. So sind neben dem üblichen Gruppenraum Einzelarbeitsplätze, Medienräume und Beratungsräume vorzuhalten (vgl. z. B. Krischausky 1999, S. 122).

Insgesamt wird eine neue Allianz von Lernenden und Bildungseinrichtungen beschworen: „Es wird ... in Zukunft sehr darauf ankommen, die Aufgaben dieser Bildungsinstitutionen durch die Übernahme neuer Unterstützungs- und Ergänzungsaufgaben für das informelle und das selbstgesteuerte Lernen zu erweitern und sie stärker auf das menschliche Lernen insgesamt und seine Förderung zu beziehen" (Dohmen 1997, S. 18).

5   Fazit

In der Geschichte der Erwachsenenbildung markiert die realistische Wende Ende der 1960er-Jahre eine wichtige Zäsur. Sie ist der Beginn einer größeren bildungspolitischen Bedeutsamkeit und der Aufbruch zu einem eigenständigen Bildungsbereich (quartärer Bereich). Sie ist auch der Beginn einer Institutionalisierung, einer Verberuflichung und gesetzliche Verankerung einer Bildungspraxis, die bis dahin eher am Rande existierte, okkassionell und personenabhängig stattfand. Institutionelle Strukturen, Curricula und Hauptberuflichkeit sind gleichsam Zutaten eines Aufbruchs, einer Emanzipationsbewegung, einer Rollenfindung im Gesamtsystem Bildung.

Vor diesem Hintergrund stellt die Pointierung des informellen Lernens durch die nationale und internationale Bildungspolitik eine besondere Herausforderung dar. Deswegen reagierten große Teile der Erwachsenenbildung mit Skepsis und Ablehnung, sahen die im Vergleich zu den anderen Bildungsbereichen bescheidenen Erfolge in Gefahr. In der Auseinandersetzung wurden die Kernbestände der Disziplin (Bildungsbegriff, Aufklärung, Emanzipation, Freiwilligkeit etc.) aktiviert und in die Diskussion eingebracht. Dies hat interessante Lösungen hervorgebracht und insgesamt die Erwachsenenbildung gestärkt.

Immerhin haben 2012 fast 50 % der erwachsenen Bevölkerung Deutschlands an organisierter Weiterbildung teilgenommen, ein Höchststand seit Messung der Weiterbildungsbeteiligung (vgl. Bilger/Kuper 2013a, S. 29–30). 18 % der Weiterbildungsaktivitäten entfallen dabei auf das Segment der nicht-berufsbezogenen Weiterbildung (vgl. Bilger/Kuper 2013b, S. 45), die große Deckung mit dem aufweist, was traditionell unter den Begriff der Erwachsenenbildung fällt. Es ist aber auch nicht zu bestreiten, dass die andere Hälfte der Bevölkerung 2012 ohne jede Weiterbildungsaktivität geblieben ist, was verglichen mit anderen Staaten – zumal den skandinavischen – ein hoher Wert ist.

Das informelle Lernen ist in vielfältigen Formen mit dem organisierten Lernen verknüpft. Es wird nicht mehr als bedrohliche Konkurrenz gesehen, sondern als sinnvolle Ergänzung: „Wer die Bedeutung des lebenslangen Lernens für alle sozialen Gruppen anerkennt, wird daher nicht versuchen, informelles Lernen gegen institutionelles Lernen auszuspielen. Nachhaltiges informelles Lernen profitiert von institutionalisierten Weiterbildungsphasen, wie andererseits auch die Institutionen der Weiterbildung, die in informellen Lernprozessen aufgebauten Kompetenzen bei ihren Veranstaltungen berücksichtigen müssen" (Tippelt 2010, S. 462–463).

Literatur

Ambos, I. (2006). Information und Beratung. In E. Nuissl, R. Dobischat, K. Hagen & R. Tippelt (Hrsg.), *Regionale Bildungsnetze* (S. 111–144). Bielefeld: Bertelsmann.
Arnold, R. (2001). Selbstorganisation. In R. Arnold, S. Nolda & E. Nuissl (Hrsg.), *Wörterbuch Erwachsenenpädagogik* (S. 280–282). Bad Heilbrunn: Klinkhardt.
Arnold, R., Krämer-Stürzl, A., & Siebert, H. (1999). *Dozentenleitfaden. Planung und Unterrichtsvorbereitung in Fortbildung und Erwachsenenbildung*. Berlin: Cornelsen.
Baitsch, C. (1999). Interorganisationale Lehr- und Lernnetzwerke. In Arbeitsgemeinschaft Qualifikations-Entwicklungs-Management (QUEM) (Hrsg.), *Kompetenzentwicklung '99. Aspekte einer neuen Lernkultur. Argumente, Erfahrungen, Konsequenzen* (S. 253–274). Münster: Waxmann.
Balli, C., & Sauter, E. (1994). Medien und Fernunterricht. In R. Tippelt (Hrsg.), *Handbuch Erwachsenenbildung/Weiterbildung* (1. Aufl., S. 654–670). Opladen: Leske + Budrich.
Bayer, M. (1999). Selbstorganisiertes Lernen für alle. In von der Konzertierten Aktion Weiterbildung (Hrsg.), *Selbstgesteuertes Lernen. Dokumentation zum KAW-Kongress vom 4. bis 6. November 1998 in Königswinter* (S. 142–152). Bonn: BMBF.
Bayer, M. (2002). Bildungspolitische Rahmenbedingungen. In P. Faulstich, D. Gnahs, S. Seidel & M. Bayer (Hrsg.), *Praxishandbuch selbstbestimmtes Lernen* (S. 171–192). Weinheim: Juventa.

Bilger, F., & Gnahs, D. (2013). E-Learning und Fernunterricht als übergreifende Lernformen. In F. Bilger, D. Gnahs, J. Hartmann & H. Kuper (Hrsg.), *Weiterbildungsverhalten in Deutschland. Resultate des Adult Education Survey 2012* (S. 289–301). Bertelsmann: Bielefeld.

Bilger, F., & Kuper, H. (2013a). Trendvergleich: Teilnahme und Aktivitäten. In F. Bilger, D. Gnahs, J. Hartmann & H. Kuper (Hrsg.), *Weiterbildungsverhalten in Deutschland. Resultate des Adult Education Survey 2012* (S. 26–35). Bertelsmann: Bielefeld.

Bilger, F., & Kuper, H. (2013b). Weiterbildungssegmente: Teilnahme und Aktivitäten. In F. Bilger, D. Gnahs, J. Hartmann & H. Kuper (Hrsg.), *Weiterbildungsverhalten in Deutschland. Resultate des Adult Education Survey 2012* (S. 36–49). Bertelsmann: Bielefeld.

BLK. (2004). *Strategie für Lebenslanges Lernen in der Bundesrepublik Deutschland. Materialien zur Bildungsplanung und zur Forschungsförderung* (Bd. 115). Bonn: BLK.

BMBF. (2008). *Empfehlungen des Innovationskreises Weiterbildung für eine Strategie zur Gestaltung des Lebenslaufs*. Bonn: BMBF.

CEDEFOP. (2009). *European guidelines for validating non-formal and informal learning*. Luxembourg.

Commission of the European Communities. (2000). *A memorandum on lifelong learning. SEK (2000) 1832*. Brüssel.

DIE. (2011). *Lernende fördern – Strukturen stützen. Evaluation der Wirksamkeit der Weiterbildungsmittel des Weiterbildungsgesetzes (WbG) Nordrhein-Westfalen. Abschlussbericht*. Bonn: DIE. http://www.die-bonn.de/doks/2011-evaluation-weiterbildungsgesetz-nrw-01.pdf. Zugegriffen am 10.07.2015.

Dietrich, S. (2002). Die Rolle der Institution beim selbstgesteuerten Lernen. In P. Faulstich, D. Gnahs, S. Seidel & M. Bayer (Hrsg.), *Praxishandbuch selbstbestimmtes Lernen* (S. 121–136). Weinheim und München: Juventa.

Dietrich, S. (2000). Beratung im Kontext selbstgesteuerten Lernens. *REPORT, 46*, 100–113.

Dobischat, R. (1994). Arbeitnehmer und Personalentwicklung. In R. Tippelt (Hrsg.), *Handbuch Erwachsenenbildung/Weiterbildung* (1. Aufl., S. 589–597). Opladen: Leske + Budrich.

Dohmen, G. (1999). Selbstgesteuertes Lernen als Ansatzpunkt für einen notwendigen neuen Aufbruch in der Weiterbildung. In von der Konzertierten Aktion Weiterbildung (Hrsg.), *Selbstgesteuertes Lernen. Dokumentation zum KAW-Kongreß vom 4. bis 6. November 1998 in Königswinter* (S. 27–40). Bonn: BMBF.

Dohmen, G. (1996). *Das lebenslange Lernen. Leitlinien einer modernen Bildungspolitik*. (Hrsg.), Bundesministerium für Bildung und Forschung. Bonn: BMBF.

Dohmen, G. (2001). *Das informelle Lernen – Die internationale Erschließung einer bisher vernachlässigten Grundform menschlichen Lernens für das lebenslange Lernen*. (Hrsg.), Bundesministerium für Bildung und Forschung. Bonn: BMBF.

Dohmen, G. (1997). Das Jahr des lebenslangen Lernens – was hat es gebracht? *REPORT, 39*, 10–26.

Faulstich, P. (2002). Vom selbstorganisierten zum selbstbestimmten Lernen. In P. Faulstich, D. Gnahs, S. Seidel & M. Bayer (Hrsg.), *Praxishandbuch selbstbestimmtes Lernen* (S. 61–98). Weinheim und München: Juventa.

Fischell, M. (2013). *Die Architektur Lebenslangen Lernens unter weiterbildungsrechtlicher Regulation*. Baltmannsweiler: Schneider Hohengehren.

Geißler, K. A. (1999). *Vom Tempo der Welt*. Freiburg: Herder.

GEW/ÖGB/ZNP/öibf/bfw. (Hrsg.). (2013). *Guidance Dialogue – bessere Chancen für Bildung und Beruf durch Beratung*. Wien.

Gloger, A. (2009). Die Weiterbildungsminis kommen. Lerntrend Kürze. *Manager Seminare, 132*, 56–60.

Gnahs, D. (2001). Selbstgesteuertes Lernen und Zeitpolitik. In R. Dobischat & H. Seifert (Hrsg.), *Lernzeiten neu organisieren* (S. 223–243). Berlin: Edition sigma.

Gnahs, D. (2002). Potentiale und Gefahren des selbstbestimmten Lernens. In P. Faulstich, D. Gnahs, S. Seidel & M. Bayer (Hrsg.), *Praxishandbuch selbstbestimmtes Lernen* (S. 99–107). Weinheim: Juventa.

Gnahs, D. (2012). Lernen und Selbstorganisation in der Erwachsenenbildung. In C. Zeuner (Hrsg.), *Enzyklopädie Erziehungswissenschaft online (EEO)*. Fachgebiet Erwachsenenbildung, Lernen im Erwachsenenealter. Weinheim: Beltz Juventa. doi:10.3262/EEO 16120224.

Gnahs, D. (2013). Umsetzungsbarrieren und Umsetzungswege – Weiterbildungsberatung zwischen Wertschätzung und Unterfinanzierung. In GEW, ÖGB, ZNP, öibf, bfw (Hrsg.), *Guidance Dialogue – bessere Chancen für Bildung und Beruf durch Beratung* (S. 4–11). Wien.

Gnahs, D., Seidel, S., & Griesbach, K. (1997). Selbstgesteuertes Lernen – Beispiele aus der Praxis. *REPORT, 39,* 155–164.

Götz, K. (1997). „Selbstorganisation" in der Weiterbildung von Führungskräften. *REPORT, 39,* 138–145.

Götz, R. (2013). Lifelong Guidance im Bereich Erwachsenenbildung – ein dynamisches Feld mit zahlreichen Großbaustellen. In GEW, ÖGB, ZNP, öibf, bfw (Hrsg.), *Guidance Dialogue – bessere Chancen für Bildung und Beruf durch Beratung* (S. 14–19). Wien.

Holzkamp, K. (1995). *Lernen. Subjektwissenschaftliche Grundlegung*. Frankfurt: Campus.

Kade, J. (1997). Riskante Biographien und die Risiken lebenslangen Lernens. *REPORT, 39,* 112–124.

Knoll, J. (1999). Eigen-Sinn und Selbstorganisation. In Arbeitsgemeinschaft Qualifikations-Entwicklungs-Management (QUEM) (Hrsg.), *Kompetenzentwicklung '99. Aspekte einer neuen Lernkultur. Argumente, Erfahrungen, Konsequenzen* (S. 61–79). Münster: Waxmann.

Knoll, J. H. (1997). „Lebenslanges Lernen" im Kontext internationaler Bildungspolitik und Bildungsreform. *REPORT, 39,* 27–40.

Knowles, M. (1975). *Self-directed learning. A guide for learners and teachers*. Englewood Cliffs: Prentice Hall.

Konzertierte Aktion Weiterbildung. (1998). *Selbstgesteuertes Lernen. Möglichkeiten, Beispiele, Lösungsansätze, Probleme*. Bonn: BMBF.

Konzertierte Aktion Weiterbildung. (1999). *Selbstgesteuertes Lernen. Dokumentation zum KAW-Kongress vom 4. bis 6. November 1998 in Königswinter*. Bonn: BMBF.

Krischausky, B. (1999). Offenes Lernen – ein individuelles und flexibles Weiterbildungssystem. In von der Konzertierten Aktion Weiterbildung (Hrsg.), *Selbstgesteuertes Lernen. Dokumentation zum KAW-Kongress vom 4. bis 6. November 1998 in Königswinter* (S. 116–127). Bonn: BMBF.

Kuwan, H.; & Seidel, S. (2013a), Weiterbildungstransparenz und Weiterbildungsberatung. In F. Bilger, D. Gnahs, J. Hartmann & H. Kuper (Hrsg.), *Weiterbildungsverhalten in Deutschland. Resultate des Adult Education Survey 2012* (S. 232–247). Bielefeld: Bertelsmann.

Kuwan, H., & Seidel, S. (2013b), Informelles Lernen Erwachsener. In F. Bilger, D. Gnahs, J. Hartmann & H. Kuper (Hrsg.) *Weiterbildungsverhalten in Deutschland. Resultate des Adult Education Survey 2012* (S. 264–288). Bielefeld: Bertelsmann.

Kuwan, H., Gnahs, D., & Seidel, S. (2000). *Berichtssystem Weiterbildung VII. Integrierter Gesamtbericht zur Weiterbildungssituation in Deutschland*, Bundesministerium für Bildung und Forschung (Hrsg.). Bonn: BMBF.

Meueler, E. (1994). Didaktik der Erwachsenenbildung/Weiterbildung als offenes Projekt. In R. Tippelt (Hrsg.), *Handbuch Erwachsenenbildung/Weiterbildung* (1. Aufl., S. 615–628). Opladen: Leske + Budrich.

Rat der Europäischen Union. (2012). Empfehlung des Rates vom 20. Dezember 2012 zur Validierung nichtformalen und informellen Lernens. In *Amtsblatt der Europäischen Union vom 22.12.2012 (2012/C 398/01)*. Brüssel.

Reinmann-Rothmeier, G., & Mandl, H. (1999). Vom selbstgesteuerten zum eigenverantwortlichen Lernen. In von der Konzertierten Aktion Weiterbildung (Hrsg.), *Selbstgesteuertes Lernen. Dokumentation zum KAW-Kongreß vom 4. bis 6. November 1998 in Königswinter* (S. 40–48). Bonn: BMBF.

Reischmann, J. (1997). Self-directed Learning – die amerikanische Diskussion. *REPORT, 39,* 125–137.

REPORT 39. (1997). *Thema: Lebenslanges Lernen – selbstorganisiert?* Frankfurt am Main: DIE.

Schiersmann, C. (2010). Beratung im Kontext lebenslangen Lernens. In R. Tippelt & A. v. Hippel (Hrsg.), *Handbuch Erwachsenenbildung/Weiterbildung*, (4. Aufl., S. 747–767).

Siebert, H. (2000). Lernberatung und selbstgesteuertes Lernen. *REPORT, 46,* 93–99.

Staudt, E., & Kriegesmann, B. (1999). Weiterbildung: Ein Mythos zerbricht. Der Widerspruch zwischen überzogenen Erwartungen und Misserfolgen der Weiterbildung. In Arbeitsgemeinschaft Qualifikations-Entwicklungs-Management (QUEM) (Hrsg.), *Kompetenzentwicklung '99. Aspekte einer neuen Lernkultur. Argumente, Erfahrungen, Konsequenzen* (S. 17–59). Münster: Waxmann.

Tippelt, R. (Hrsg.) (1994). *Handbuch Erwachsenenbildung/Weiterbildung* (1. Aufl.). Opladen: Leske + Budrich.

Tippelt, R. (2010). Institutionenforschung in der Erwachsenenbildung/Weiterbildung. In R. Tippelt & A. v. Hippel (Hrsg.), *Handbuch Erwachsenenbildung/Weiterbildung,* (4. Aufl., S. 453–471).

Tough, A. M. (1971). *The adults learning projects.* Toronto: OISE.

Tough, A. (1980). Die Förderung selbständigen individuellen Lernens. In H. Thomas (Hrsg.), *Lernen im Erwachsenenalter* (S. 108–136). Frankfurt am Main: Diesterweg/Sauerländer.

Informelles Lernen in der Medienpädagogik

Manuela Pietraß

Inhalt

1 Die medienpädagogische Betrachtungsweise 124
2 Grundlagen des nonformalen und informellen Lernens mit Medien 127
3 Untersuchungsfelder informellen Lernens mit Medien in der Freizeit 130
4 Ausblick 137
Literatur 139

Zusammenfassung

Das medienpädagogische Interesse am informellen Lernen begründet sich in der durch Medien erzeugten Besonderheit gegenüber nicht-medienbasierten Lernprozessen. Davon ausgehend unterscheidet der Beitrag non-formale und informelle medienbasierte Lernorte, die jeweils näher betrachtet werden: beim nonformalen Lernen das mobile Lernen, insb. durch virtuelle Bildungsangebote, und beim informellen Lernen das außerschulische Lernen, die Identitätskonstitution, Sozialisation, Enkulturation sowie Bildung durch und mit Medien. Der Beitrag endet mit einem Ausblick auf die zukünftige Bedeutung des medienbasierten, informellen Lernens.

Schlüsselwörter

Erfahrung (Primär-, Sekundär-) • Medien (-bildung) • Identitätskonstitution • Sozialisation • Mediatisierung

---

M. Pietraß (✉)
Fakultät für Humanwissenschaften, Universität der Bundeswehr München, Neubiberg, Deutschland
E-Mail: manuela.pietrass@unibw.de

© Springer Fachmedien Wiesbaden 2016
M. Rohs (Hrsg.), *Handbuch Informelles Lernen*, Springer Reference Sozialwissenschaften, DOI 10.1007/978-3-658-05953-8_10

1 Die medienpädagogische Betrachtungsweise

1.1 Die mediale Differenz

Medien schaffen einen Unterschied gegenüber der unmittelbaren Erfahrung, wie sie in der direkten Auseinandersetzung mit materiellen Objekten gegeben ist. An der durch diesen Unterschied gegebenen „medialen Differenz" setzt die Medienpädagogik an. Denn die Differenz, die Medien dadurch erzeugen, dass sie eigene Welten schaffen, die so ähnlich sind wie die reale, aber nicht genauso wie die reale Welt, ist konstitutiv für das Lernen mit Medien.

Definitorisch kann man Medien als Zeichen verstehen (Roesler 2003). Ein Zeichen besitzt nach Charles Sanders Peirce drei Glieder: 1) das Objekt, 2) das Zeichenmittel (z. B. ein Bild, ein Wort, ein Diagramm) und 3) den Interpretanten, durch den erst die Bedeutung des Zeichens hervorgebracht wird. Das Zeichenmittel verbindet das Objekt, das selbst eine Interpretation von Welt darstellt, mit dem Interpretanten. Der Interpretant ist die Bedeutung des Zeichens – genauer, das, was jemand unter einem Zeichen versteht. Damit ist auch ausgesagt, dass Zeichen nicht Gegenstände mit deren Darstellung (=Zeichenmittel) verknüpfen, sondern, im Sinne Peirce', Zeichen einen unendlichen Prozess der Semiose in Gang setzen, der sich aus der Bedeutungsverschiebung durch die jeweiligen Interpretanten ergibt.

Das Zeichenmittel ist in seiner Materialität eng mit der jeweiligen Medientechnik verbunden, denn die technischen Vermittlungsmöglichkeiten bestimmen die Art und Weise der Vermittlung mit, z. B. schaffen Schriftzeichen auf einem Papier eine andere Art und Weise des Zugangs zur Welt als eine Fernsehkamera. Schon aus diesem Grund ist es ein Trugschluss zu glauben, dass Medien die Welt abbildeten oder, dass dies ihre primäre Aufgabe sei, sondern sie *schaffen* Welt (was bei Peirce durch die Semiose bezeichnet ist). Wäre die mediale Differenz nicht gegeben, ginge Wirklichkeit in Medienwirklichkeit auf. Dadurch erzeugen sie Distanz und lassen Welt auf eine andere Weise erkennen und verstehen, als dies ohne Medien möglich wäre. Unter dieser Perspektive eröffnet sich in der Differenz zu etwas nicht-medial Vermitteltem der Lerngehalt von Medien. Sie werden nicht als Mittel verstanden, um „Wirklichkeit" zu ersetzen oder zu transportieren mit Hilfe von Zeichenträgern, sondern um Wirklichkeit zu *kommunizieren*. So tritt in den Vordergrund, wie mit Medien Aussagen hergestellt werden – und damit ein Zugang zur erkenntnistheoretischen und didaktischen Dimension beim Lernen mit Medien.

Anhand eines pädagogischen Grundmodells, dem didaktischen oder pädagogischen Dreieck, kann das damit gegebene Interesse der Pädagogik an den Medien strukturell veranschaulicht werden. Es beschreibt als „Darstellungsmodell didaktischer Prozesse des Unterrichts (....) die Interaktionszusammenhänge zwischen Lehrer-Schüler und Thema/Stoff/Sache" (Schröder 2001, S. 76). „Aufgabe des Erziehers" ist es dabei, „dem Kind die Auseinandersetzung mit der Sache, der Welt, der Wirklichkeit zu ermöglichen, es dazu anzuleiten, ihm die Sache zu erschließen und zugänglich zu machen" (Merkert 1992, S. 56). Dies findet meist anhand verbaler Kommunikation statt (Schröder 2001, S. 76), was auf die grundsätzliche Vermitteltheit von Lernen hinweist.

Auch wenn das didaktische Dreieck insofern als veraltet gelten kann, als es die Vielfalt sozialer Strukturen und die Komplexität der am Erziehungs- und Unterrichtsprozess beteiligten Faktoren nicht berücksichtigt, so ist es doch geeignet, die Grundrelation von Lernprozessen in ihrer für die Pädagogik bestehenden Relevanz darzustellen.

Auch das Lernen mit Medien kann man als Dreiecksstruktur veranschaulichen. Der Lernende ist dann als Rezipient zu verstehen, der Lehrer wird zum Medium, und die Sache ist nicht mehr der Unterrichtsgegenstand, sondern der in den Medien vermittelte Inhalt. Damit schaltet sich ein System konstitutiv in das Verhältnis Mensch-Welt ein, das einer ganz eigenen Rationalität unterliegt. Es ist dieses „Verhältnis der Medien zur Realität, das pädagogische Interpretationen von Medien hervorruft" (Nolda 2002, S. 37).

1.2 Lernanlässe mit und ohne Medien

Lernen ist immer Auseinandersetzung mit Welt (Meyer-Drawe 2003, 2005), wobei Welt dem Lernen vorgängig ist, sie ist sein Anlass. Wenn man den Begriff „Medien" beim Lernen ernst nimmt, ist also die Frage zu stellen, inwiefern die mediale Differenz beim Lernen zum Tragen kommt. Die Medienpädagogik verwendet für diese Unterscheidung den Begriff der Sekundärerfahrung, im Unterschied zur Primärerfahrung. Der Begriff Erfahrung wurde von dem Anthropologen Arnold Gehlen (1983) näher untersucht, dem wir auch die Bezeichnung „Sekundärerfahrung" (1957) verdanken. Er versteht „Erfahrung als Resultat der Auseinandersetzung mit der Wirklichkeit" (1983, S. 12), deren Grundlage die praktische Auseinandersetzung mit den Dingen der Wirklichkeit sei (S. 13): Die Wirklichkeiten der „möglichen Dinge" erfahren wir nur, „indem wir uns praktisch mit ihnen auseinandersetzen oder dadurch, daß wir sie durch die Mehrheit unserer Sinne hindurchziehen: die gesehenen betasten, befühlen oder endlich indem wir sie ansprechen und so eine dritte Art rein menschlicher Aktivität gegen sie setzen" (S. 19). Erfahrung besitzt zwei Seiten, das „Erledigen" und das „Verfügen", also eine prozess- und eine ergebnisbezogene Dimension. Beim Erledigen richtet der Mensch seine Aktivität an Vorentwürfen des Möglichen aus und verengt zugleich diese Möglichkeiten durch ihre Bestätigung oder Verwerfung. Das Resultat von Erfahrungen ermöglicht es dem Menschen, eine Sache in ihrer Vielseitigkeit zu erfassen und ihre Möglichkeiten zu erschließen. Insofern ist Erfahrung mehr als ein „Gewußthaben" (S. 8), denn in sie geht der Aspekt des Könnens ein. Da sich das Erfahrungswissen „zu einer Art Durchschnittsansicht niedergeschlagen hat" (S. 16), entlastet die Erfahrung den Menschen davon, die Sache immer wieder aufs Neue ergründen zu müssen. Die Negativseite von Erfahrung ist das Vorurteil, bei dem sich der Mensch nicht mehr auf die Sache einlässt und aufgrund fehlender Offenheit der Sache gegenüber glaubt, diese bereits ganz und gar zu kennen. In Bezug auf die Medien ist Erfahrung sowohl prozess- wie ergebnisbezogen zu verbinden, denn im Moment der Auseinandersetzung mit Medien findet Erfahrung statt, und zugleich gehen Medienerfahrungen in das Weltwissen des Menschen ein. Damit der Mensch eine Medienerfahrung von anderen Erfahrungen unterscheiden kann, muss das Erfahrene in seiner medialen Differenz ins Bewusstsein gelangen.

An Medienerfahrung ist Technik beteiligt, wobei nach Rainer Merkert (1992) jede Erfahrung, die durch Technik gestützt wird, als Sekundärerfahrung einzuordnen ist. Als eine Form der ‚Organ-Überbietung' distanziert Technik im Verständnis von Adolf Portmann,[1] auf den Merkert sich stützt, von der ursprünglichen Erfahrung. Allerdings zeige sich schnell, „dass die eingebürgerte Unterscheidung zwischen primärer und sekundärer Erfahrung ziemlich willkürlich ist, dass beide zumindest nicht einander gegenüberstehen, vielmehr eine Art Kontinuum darstellen" (Merkert 1992, S. 124). Doch für die Medienpädagogik ist die Anerkennung der Besonderheit einer durch Technik vermittelten Erfahrung und deren Unterscheidung von jenen Formen des Weltumgangs, die in der direkten Auseinandersetzung mit Mensch und Sache erfolgen, wichtig, denn hier formt sich ihr disziplinärer Gegenstand. Um dies besser zu verstehen, ist es notwendig, sich mit dem Begriff der Primärerfahrung näher auseinanderzusetzen.

Primärerfahrungen werden an einem materiellen Objekt vollzogen. Das Objekt wird von den beteiligten Sinnen (bei räumlicher Nähe haptisch, oleativ, bei Entfernung visuell und auditiv) wahrgenommen, die Auseinandersetzung mit dem Objekt stellt eine Art Dialog dar, dessen Rückmeldungen direkt vom Objekt ausgehen. All das gilt z. B. auch für die Erfahrung in einer digitalen Welt, doch gibt es hier einen Dritten, der den Gegenstand vorgibt und vorinterpretiert sowie ein technisches Medium, das den Gegenstand generiert. Auch bei einem direkten Gespräch schieben sich Sekundärerfahrungen ein, indem man etwas erfährt, an dem man nicht selbst teilhatte. Die Primärerfahrung ist auch dadurch bereits vorgeprägt, dass sie in vermittelter Direktheit vollzogen wird als eine typisch menschliche Form des Weltzugangs, der „geistig vermittelt" ist. Das heißt, dass der Mensch durch seine Kultur, durch hier geltende Auffassungen von etwas und Umgangsweisen mit etwas, eine dem Gegenstand gegenüber bereits vorgeprägte Haltung besitzt, die ihn sozusagen voreingenommen wahrnehmen lässt. In Zusammenhang damit ist die Sprache des Menschen zu sehen, mit der im Moment des Sprechens und jeder anderen Form des Mitteilens Wirklichkeit bereits ausgelegt wird. Die Medien überlagern die grundsätzliche Medialität des menschlichen Weltverhältnisses mit ihrer eigenen Medialität. Sie lassen Welt in Form einer medientechnisch basierten Sekundärerfahrung zugänglich werden – letzteres im Unterschied zur mündlichen Erzählung ohne Zuhilfenahme technischer Medien als die älteste Form der Sekundärerfahrung. Insofern geht die grundsätzlich bestehende Vermitteltheit des menschlichen Weltverhältnisses in den Umgang mit Medien ein. Weil Medien Welt auf eine bestimmte Weise zugänglich und erfahrbar werden lassen, muss die Untersuchung des informellen Lernens mit Medien die „Medialität" des Lerngegenstandes und des Lernumfeldes in ihre Betrachtung aufnehmen, will sie die Besonderheit des Lernens mit Medien verstehen.

---

[1]Portmann, Adolf. 1957. Biologie und Geist; zit. n. Merkert 1992.

2 Grundlagen des nonformalen und informellen Lernens mit Medien

Folgend soll ein auf Gregory Bateson (1988) basierender Lernbegriff verwendet werden. Bateson geht von vier Lernstufen aus, die man zu zwei Grundformen zusammenfassen kann, wonach die erste Grundform als Lernen durch Informationsaufnahme und als Veränderung des Verhaltens in sich wiederholenden Kontexten (Lernen durch Versuch und Irrtum) beschrieben werden kann. Die zweite lässt sich als Bildung beschreiben im Sinne der Veränderung der Einstellung der Welt und der Persönlichkeit (Marotzki 1990; näher siehe Pietraß 2014a). Letztere Grundform spielt eine wichtige Rolle bei der Untersuchung des Lernens mit Medien, weil in diesen Bereich alle Prozesse der Sozialisation im weitesten Sinne fallen. Damit sind die zwei Seiten bestimmt, die beim informellen Lernen mit Medien eine Rolle spielen: zum einen der Lernprozess selbst, zum anderen die kontextuelle Verortung des Lernprozesses, der Bezug, den der Lernende zwischen dem Gegenstand und dessen Vermittlungskontext herstellt.

In vorliegendem Beitrag sollen, der Unterscheidung der EU (Europäische Kommission 2001) gemäß, formales, nicht-formales und informelles Lernen unterschieden werden. Das formale Lernen ist jenes, das „üblicherweise in einer Bildungs- oder Ausbildungseinrichtung stattfindet, (in Bezug auf Lernziele, Lernzeit oder Lernförderung) strukturiert ist und zur Zertifizierung führt", und es ist zielgerichtet (S. 33). Nicht-formales Lernen als zweite Form, das „nicht in Bildungs- oder Berufsbildungseinrichtungen stattfindet und üblicherweise nicht zur Zertifizierung führt", ist, wie das formale Lernen, zielgerichtet und insofern in Bezug auf die Ziele, Dauer und Lernmittel „systematisch" (S. 35). Es findet ebenfalls außerhalb formalisierter Bildungsstrukturen statt, ist aber aufgrund seiner Intentionalität vom informellen Lernen zu unterscheiden. Denn es ist ein wesentliches Kennzeichen des informellen Lernens, dass es sich im unmittelbaren Lebensvollzug außerhalb der formalisierten Bildungsstrukturen entwickelt und dass dabei „die Aufmerksamkeit der Lernenden weniger auf das Lernen als auf jeweils mit Hilfe des Lernens angestrebte Handlungsziele und Situationsbewältigungen gerichtet ist" (Dohmen 2001, S. 35). Die wichtigsten informellen Bildungsorte sind die Familie, die Peergruppen sowie die Medienwelten, was die informellen Bildungsprozesse im Kontext der Freizeit verortet. Doch können nicht einfach pädagogische von nicht-pädagogischen Institutionen unterschieden werden, denn es finden Entgrenzungen statt, zu denen die Medien selbst beitragen (siehe Tab. 1).

Das Lernen mit didaktischen Medien in institutionalisierten Lernkontexten, der Bereich (1), beschreibt Lernorte wie Schule, Hochschule, Weiterbildung. Mit diesem formalen Bildungssektor befassen sich vor allem die pädagogisch-psychologische Lehr-Lernforschung sowie die Schulpädagogik. Es wird wegen der bestehenden thematischen Schwerpunktlegung auf das informelle Lernen vorliegend nicht näher betrachtet. Mit (2) und (3) werden jene Lernorte bezeichnet, die in den privaten Nutzungsbereich fallen. Diese sind insofern zu erweitern, als auch das Lernen unterwegs, das *mobile learning*, eine immer größere Bedeutung erhält.

Tab. 1 Mediengetragene Lernorte zwischen formalem und informellem Lernen

Lernformen	Medien an formalen Lernorten	Medien an informellen Lernorten
Formales Lernen	(1) Lernen mit didaktischen Medien in institutionalisierten Lernkontexten	
Nonformales Lernen		(2) Gezieltes Lernen durch Mediennutzung in der Freizeit
Informelles Lernen		(3) Beiläufiges Lernen durch Mediennutzung in der Freizeit

Ad (2) Medien werden an diesen Lernorten gezielt eingesetzt, um formales Lernen zu unterstützen. Dabei findet eine Entgrenzung der Lernorte Ausbildung und häusliches Umfeld durch die Möglichkeit statt, telepräsent an Lehrveranstaltungen teilzunehmen. Nonformal ist das Lernen mit solchen „virtuellen" Lehrveranstaltungen, weil sie unterstützend eingesetzt werden zur Erreichung höhergeordneter Bildungszertifikate. Hervorgegangen aus dem Lernen mit Fachbüchern, -zeitschriften und verschiedenen Arten von Teleangeboten, ist der jüngste medienbasierte Lernort hier das Internet. Es beginnt sich ein neuer Markt von Fernstudien und -bildung zu etablieren, aktuell diskutiert im Bereich der Hochschulen in Zusammenhang mit den neu entstandenen *massive open online courses* (*MOOCs*), die online einer breiten Teilnehmerschaft offen zugänglich sind. Durch den online-Zugang sind die zeitlich-räumlichen Zugangsbeschränkungen von Präsenzlehrveranstaltungen aufgehoben: Das Lernen wird „mobil", der Teilnehmer bestimmt selbst, wann und wo er sich mit einem Lernangebot beschäftigen will im Sinne von 1) mobilem Lernen (das ortlos stattfindet) und 2) „virtueller Mobilität" (zu anderen Orten) (Pietraß 2014b). Solche Lernenden sind häufig „mobile Internetnutzer", die außerhalb der Arbeit oder ihres Zuhauses mit einem portablen Endgerät online gehen (Statistisches Bundesamt 2014, S. 1). Laut Statistischem Bundesamt (ebd.) beträgt ihr Anteil unter den 16- bis 24-jährigen Nutzern knapp 81 %. Die 25- bis 44-Jährigen weisen mit 62 % den zweithöchsten Anteil auf. Im Vergleich zum Vorjahr sind dabei in allen Altersklassen starke Zuwächse bei der mobilen Internetnutzung zu verzeichnen, wobei der Anteil bei den 16- bis 24-jährigen Onlinern mit 22 Prozentpunkten besonders zunahm. Auch die aktuelle ARD-ZDF-Onlinestudie belegt, dass die Unterwegsnutzung des Internets in dieser Altersgruppe weit verbreitet ist. „Zwar verwenden unter den 14- bis 29-Jährigen noch zwei Drittel den stationären PC (65 %) für den Weg ins Netz, mobile Geräte wie Laptop (75 %) und Smartphone (69 %) werden jedoch bevorzugt" (van Eimeren 2013, S. 389). Es zeigt sich zudem, dass die Attraktivität der Unterwegsnutzung altersgruppenübergreifend zunimmt, „besonders aber in jenen Altersgruppen, für die ‚always on' schon immer sehr attraktiv war: die 14- bis 29-Jährigen" (ebd.).

Auf das Stattfinden informeller Lernprozesse im Sinne eines beiläufigen Lernens mit Medien in der Freizeit weisen die Nutzungsmotive von Medien hin. So lassen die Motive „Denkanstöße bekommen", „sich informieren", „Nützliches erfahren" (Engel und Ridder 2010) auf Lernbedürfnisse schließen, die aus unterschiedlichsten Quellen gespeist sein könnten, z. B. aus dem Wunsch, etwas zu

Informelles Lernen in der Medienpädagogik

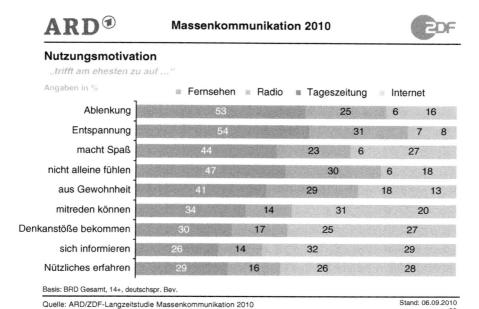

Abb. 1 Engel, B., und Ridder, C.-M.: Massenkommunikation 2010

wissen oder „mitreden zu können", einem Hobby oder einem biographisch bedingten Interesse. Während Fernsehen und Radio vor allem als Unterhaltungsmedien genützt werden, liegt bei der Tageszeitung und dem Internet das Informationsbedürfnis weiter vorne (siehe Abb. 1). Grundsätzlich aber sind bei allen Medien beide Motivrichtungen verbunden, was ihrem Nutzungscharakter als Freizeitbeschäftigung entspricht.

Informelles Lernen kann auch im Rahmen formaler Lernkontexte wie der Schule stattfinden. Insofern genügt es nicht, die Lernräume zu betrachten, sondern es müssen auch die Lernprozesse gesehen werden (Harring 2011, S. 46). So gibt z. B. die Herausarbeitung von Rezeptionsmustern einen Hinweis auf das Stattfinden informellen Lernens, während die oben genannten Nutzungsmotive die Wahl von Angeboten erklären. Am Beispiel von Talkshows konnten Ingrid Paus-Haase und Kirstin Eckstein (2000, S. 28) vier Rezeptionsmuster herausarbeiten, die durch folgende Pole gekennzeichnet sind:

- *naive Rezeption* versus *reflektierte Rezeption*
- *involvierende Rezeption* versus *distanzierende Rezeption*
- *Suche nach Unterhaltung* versus *Suche nach Orientierung*
- *positive Bewertung der Shows* versus *negative Bewertung der Shows*

Welche Muster dominieren, hängt mit der Bildung der Nutzer und ihrem Geschlecht, weniger mit ihrem Alter zusammen. Bei Rezeptionsmustern, die sich auf die Inhalte der Shows beziehen, sind eher Lerngewinne zu erwarten, z. B. versuchen bei der naiven Rezeption insbesondere Nutzerinnen aus den Talkshows Hilfe für eigene Lebensthemen zu ziehen, und die Talkshow wird als Abbildung von Realität verstanden; eine involvierende Rezeption bedeutet eine innere Auseinandersetzung mit den Inhalten, Suche nach Orientierung eine Bereitschaft, die eigene Perspektive an den Sendungen auszurichten.

Die unter (3) fallenden Lernorte, welche für den vorliegenden Beitrag zentral sind, werden im folgenden Kapitel unter dem Punkt „Untersuchungsfelder" eigens thematisiert.

3 Untersuchungsfelder informellen Lernens mit Medien in der Freizeit

Für die Mediennutzung in der Freizeit wird im Tagesverlauf der umfangreichste Zeitanteil investiert. Die alle fünf Jahre durchgeführte ARD/ZDF-Langzeitstudie Massenkommunikation verzeichnet einen kontinuierlichen Anstieg dieser Nutzung – insgesamt um etwa ein Drittel seit 1990 (1990: 196 Min./ Tag vs. 2010: 268 Min./ Tag). Der Anstieg ist vor allem auf die Zeitanteile für das Internet zurückzuführen. Die Fernsehnutzung stieg ebenfalls weiter an, während der ohnehin geringe Anteil für die Tageszeitung noch sank. Der Radiokonsum außerhalb der Freizeit stieg, was auf die wachsende Bedeutung des Radios als Nebenbeimedium hinweist (Abb. 2).

Die Untersuchungsfelder informellen Lernens mit Medien in der Freizeit, die folgend betrachtet werden, entwickelten sich aus leitenden Fragestellungen und gegenständlichen Teilbereichen der Erziehungswissenschaft. Sie können aus diesem Grund weniger systematisch, als phänomenhaft geordnet werden. Zu ihnen gehören das informelle Lernen in der Freizeit von Schülern, die Identitätsentwicklung mit Medien, die Medien als Sozialisationsinstanz, die Enkulturation – also die Entwicklung kultureller Praxen sowie die Präfiguration leitender Symbole und Erkenntnisstile durch die Medien – und das informelle Lernen als Medienbildung.

3.1 Außerschulisches Lernen mit Medien

Ein eigener Forschungsgegenstand im Bereich des informellen Lernens ist das außerschulische Lernen. Das hier leitende Interesse entspringt aus der Beobachtung, dass nicht allein das schulische Lernen Bildungsgewinne ermöglicht. Ursprünglich war die empirische Bildungsforschung von der Schulforschung geprägt und der Frage nach den Ursachen für eine „gelungene oder nicht gelungene Schullaufbahn" (Harring 2011, S. 40). Durch die Unterscheidung non-formalen und informellen Lernens und zugleich durch die wachsende Verfügbarkeit von portablen Endgeräten sowie PCs wurden in der Schulpädagogik und der schulisch orientierten Medienpädagogik das Lernen in der Freizeit und seine Bedeutung für den schulischen Erfolg näher betrachtet. Hier findet sich eine Reihe von Arbeiten, „die im Kern den positiv gerichteten Zusammenhang von sozialer (Bildungs-)Schicht und erfolgreichem

Mediennutzung Media Perspektiven Basisdaten 2013 67

Zeitaufwand für allgemeine Tätigkeiten und Nutzung tagesaktueller Medien in und außerhalb der Freizeit
BRD gesamt[1], Personen ab 14 Jahre, Mo-So, 5.00-24.00 Uhr, in Min./Tag

	1990	1995	2000	2005	2010
Allgemeine Tätigkeiten - Sammelkategorien					
Regeneration	310	314	341	341	339
Produktion	351	345	331	353	341
Freizeit	497	495	477	455	469
Mediennutzung und Freizeit					
Zeitung lesen in der Freizeit	16	17	14	14	12
Zeitung lesen außerhalb der Freizeit	13	13	15	15	11
Radio hören in der Freizeit	63	58	46	43	38
Radio hören außerhalb der Freizeit	110	105	162	179	151
Fernsehen in der Freizeit	123	142	162	189	187
Fernsehen außerhalb der Freizeit	14	18	23	32	34
Internet nutzen in der Freizeit	–	–	6	24	50
Internet nutzen außerhalb der Freizeit	–	–	7	20	33
Tagesaktuelle Medien gesamt, netto					
in der Freizeit	196	211	223	257	268
außerhalb der Freizeit	131	130	198	232	211

1) 1990 nur alte Bundesländer. Die Studie wird alle fünf Jahre durchgeführt.
Quelle: ARD/ZDF-Langzeitstudie Massenkommunikation.

Abb. 2 Quelle: Media Perspektiven Basisdaten 2013, S. 67

informellem Lernen bestätigen" (Stecher 2005, S. 376). Wichtig für die Identifikation von Lernprozessen ist es, die Medien bzw. einzelne Medienangebote nach ihrem potenziellen *Lerngehalt* zu klassifizieren (ebd., S. 377). Leitend ist die Frage nach möglichen sozialen Ungleichheiten beim informellen Lernen – was insofern relevant ist für die Pädagogik, als informelles Lernen selbstgesteuert und spontan verläuft und eben nicht didaktisch angeleitet ist. Dies bedeutet, dass die Lernanlässe aufgefunden und als solche wahrgenommen werden müssen, was mit dem, auf der Lerntheorie Batesons basierenden, Begriff der „Kontextualisierung" bezeichnet wird. Gemeint ist damit, dass Lernen in Kontexten stattfindet, die in sinnvollen Zusammenhängen bestehen, welche ein Individuum zwischen einem Ereignis (Reiz) und der Einbettung des Reizes in einen Zusammenhang, z. B. der Situation (Kontext), herstellt (siehe 2.). Kontextualisierung im Zusammenhang mit Medien beschreibt Claus Tully als „individuellen, kreativen Akt der Aneignung" (2004, S. 37). Diesem Akt komme insofern Gewicht zu, als „bei unterschiedlichem individuellem Interesse und entsprechender angewandter Kompetenz bei gleichen Ausgangskonfigurationen verschiedene Ereignisse realisiert werden" (Stecher 2005, S. 36). Die Frage, die sich im zweiten Schritt eröffnet, richtet sich darauf, ob es bestimmte präfigurierende Einflüsse gibt, welche es erlauben, „Medien bzw. einzelne Medienangebote nach ihrem potenziellen *Lerngehalt*" zu klassifizieren (S. 377).

Geht Stecher von habituell geleiteten Präferenzen aus, um zu erklären, unter welchen Voraussetzungen Qualitätsmedien gewählt werden, die durch einen sprachlichen Darstellungsmodus ausgezeichnet sind, im Unterschied zu Boulevardmedien, die durch einen bildlichen Darstellungsmodus ausgezeichnet sind, so ist eine andere Zugangsmöglichkeit die „Erlebnisrationalität" (Schulze 1992). Hierunter wird ein präferierter Erkenntnisstil verstanden, der den gesamten kulturellen Habitus einer Person auszeichnet, und in den drei Grundformen eines Strebens nach Harmonie und Gemütlichkeit, nach Action oder nach Kontemplation ausgerichtet ist (S. 58 f.). Unter dieser Perspektive zeigen sich Alter und Milieu wichtiger für die Auswahl von Qualitäts- oder Boulevardmedien als der Bildungsabschluss. Dies entspricht im Übrigen den Ergebnissen Stechers (2005), der außerdem belegen kann, dass der sozioökonomische Status der Eltern mehr Einfluss besitzt als deren Bildungsabschluss. Transferiert man dies auf Kompetenzen, so zeigt sich, dass „transversale Mediennutzungsstile" bestehen, die auf neue Medien übertragen werden, was Bildungsungleichheiten nicht aufhebt – eine Hoffnung, die mit der Einführung neuer Technologien wie dem Internet immer wieder auflebt – sondern lediglich verschiebt (Pietraß und Ulrich 2009). Entscheidend für informelle Lerngewinne sind kulturelle Basiskompetenzen, so korrelieren gute Deutschnoten mit einer Höherbewertung von Qualitätsmedien, was für Mathematiknoten nicht gilt (Stecher 2005).

Beim außerschulischen Lernen erworbene Kompetenzen können auch eine gesamtgesellschaftliche Bedeutung erreichen. So findet Harring (2011) in seiner Untersuchung mit 489 Jugendlichen im Alter von 10 bis 22 Jahren das Cluster der „passiven Medienfreaks", jene Internetnutzer, deren informell erworbene Kompetenzen weit über die grundlegenden PC-Kenntnisse hinausgehen. Sie sind eher zurückgezogen, haben weniger Freunde, doch zeichnet sich ihr Umgang mit neuen Technologien durch eine hohe Expertise aus. Damit besitze ihr Können auch ein gesellschaftliches Potenzial für einen Bereich, der schwer zugänglich und schnell wandelbar ist (S. 217).

3.2 Identitätskonstitution als informelles Lernen mit Medien

Die Verwendung massenmedialer Symbole, um eine Vorstellung von sich selbst zu bilden und anderen gegenüber auszudrücken, ist das Leitthema dieser Untersuchungen, insbesondere im Bereich des Fernsehens. Methodologischer Hintergrund sind die, entwicklungspsychologisch begründbaren, „handlungsleitenden Themen" der Nutzenden, ein im persönlichen Lebenskontext verortbares Interesse, welches die Wahl von Angeboten und auch deren Verarbeitung lenkt (Charlton und Neumann 1990, S. 49).

Die Identifikation des Individuums mit einer Vorstellung von sich selbst in Relation zu medialen Symbolen wird auf zweierlei Weise sichtbar. Zum einen dort, wo (1) massenmediale Symbolangebote aus dem Medienangebot „herausgebrochen" (Bachmair 1996) und gemäß eigener biographischer Voreinstellungen umgedeutet werden und (2) dort, wo die eigene Identität gefahrlos erprobt werden kann, wie dies in anonymen Räumen oder auch Rollenspielen möglich ist:

Ad (1) Dass Leitbilder im Jugendalter, als der zentralen Phase der Identitätskonstitution wichtig sind, wurde wissenschaftlich bereits durch Charlotte Bühler (1922) untersucht. Mit den Massenmedien entstanden Leitfiguren von hohem Bekanntheitsgrad, nicht mehr der Star, wie noch beim Hollywoodfilm, sondern der Prominente, der eine viel stärkere Alltagsnähe besitzt, gilt als Idol. In einer Untersuchung mit 3000 Jugendlichen im Alter zwischen 12 und 20 Jahren bestätigte Wegener (2008) die Bedeutung medialer Idole für die Identitätskonstitution: Ein Drittel der Befragten „kann sich einer ihnen aus den Medien bekannten Person zuordnen, die die Jugendlichen selbst als ihr Idol oder Vorbild bezeichnen" (Wegener 2008, S. 379). Diese hohe Attraktivität ergibt sich aus der populärkulturellen Aufbereitung der Inhalte und Images und deren „Polyvalenz", welche unterschiedlichste Lesarten ermöglicht, was z. B. bei den Talkshows sichtbar wird (siehe 2.). Mikos (2010) sieht hierin eine große Chance für informelles Lernen, weil über die Medien in der Familie, in der Schule und in der Peer Group geredet wird, wobei „die Normen und Werte der Gesellschaft im Rahmen einer medienbezogenen Diskussion verhandelt" werden, und worin ihr wesentlicher Nutzen für die Sozialisation und zahlreiche Möglichkeiten des informellen Lernens lägen (S. 223). Zugleich jedoch fehlen, wie Schorb (2014) kritisch anmerkt, „Sicherheiten", die „gewährleisten, dass die Identitätssuche und -bildung via Medien auch zur Ausbildung eines befriedigenden im sozialen Kontext anerkannten Selbst führen" (S. 178 f.).

Ad (2) Die Besonderheit der Identitätskonstitution über digitale und interaktive Medien liegt darin, dass die soziale Interaktion als sprachlich-bildlicher Text aufgebaut wird. Hierbei kommt insbesondere Bildern eine wichtige Bedeutung in der Jugendkultur zu (Astheimer et al. 2011). Sie sind Bestandteil einer „theatralen Imagearbeit" (Neumann-Braun 2009), wobei Inszenierung nicht notwendig heißt „Künstlichkeit", sondern besonders die Präsentation einer authentischen Person ist Jugendlichen wichtig, wobei „die thematische Ausrichtung der Selbstdarstellungen [...] in einem engen Bezug zu ihrem eigenen Selbstbild und lebendweltlich bedingten Bewältigungsaufgaben steht" (Schemmerling et al. 2013, S. 54; näher Wagner und Brüggen 2013). Die Interagierenden müssen auch im Netz sichtbar sein, wenn Kommunikation zunehmend dort stattfindet, wodurch ein sich selbst verstärkender Prozess von Metakommunikation in Gang gesetzt wird. Man macht sich und sein Handeln in Form von „Sichtbarkeitsfigurationen" (Reißmann 2013, S. 18) transparent. Was Jugendliche auf den sozialen Plattformen informell lernen, ist dabei nicht nur die auf eine konsistente Person ausgerichtete Selbstdarstellung, sondern die Erzeugung ihrer eigenen Sichtbarkeit in einer digital vernetzten Gesellschaft.

3.3 Informelles Lernen als Mediensozialisation

Medien sind als eine eigene Sozialisationsinstanz erkannt und anerkannt (Schorb et al. 1998), zugleich zeigt sich, dass die Abgrenzung von Medienwirklichkeit und Alltagswirklichkeit so, dass Medien als eine „vermeidbare" Sozialisationsinstanz verstanden werden könnten, nicht mehr möglich ist. Die Medien sind, sowohl was die Bedeutungsgehalte, als auch was unser Handeln anbelangt, mit der Alltagswelt verwoben. Wir deuten Welt so, wie wir es tun, weil Medien uns zeigen, wie man etwas verstehen könne. Dieser Prozess ist zugleich umkehrbar, denn es sind Menschen, die die Medienangebote herstellen, die selbst in der Welt leben und ihrerseits. Eine entsprechende Trennung zwischen der Medientechnik und den Medien als Organisation mit ihren dort agierenden Menschen wird bei der Rede von „den Medien" jedoch nicht vorgenommen. Die Aufteilung zwischen Technik und Organisation gilt auch für das Internet. Nicht nur bei der tatsächlich vorhandenen reziproken Interaktivität zwischen Menschen, sondern auch überall dort, wo Interaktivität durch Agenten gesteuert wird, stehen hinter den durch die Maschine resp. Software generierten Bedeutungsgehalten Menschen.

Das Fernsehen war über Jahrzehnte Leitmedium der Mediensozialisation. Dass es in der jungen Generation seinen Platz an das Internet abgibt, bedeutet dabei nur den teilweisen Bedeutungsverlust des Fernsehens, weil TV-on-demand immer wichtiger wird (siehe Abb. 3).

Aufgrund seiner großen Verbreitung bleiben die populärkulturellen Inhalte von Fernsehsendungen in die symbolisch-kommunikative Realität unserer Gesellschaft eingewoben, und die Frage nach einer Sozialisation durch Medien, also die Übernahme medialer Normvorgaben, ist nach wie vor aktuell. Die Attraktivität fiktionaler Welten, die Homogenität massenmedial transportierter Wertmuster,

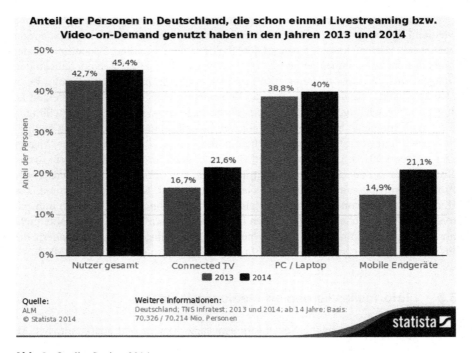

Abb. 3 Quelle: Statista 2014

insbesondere im Bereich populärkultureller Angebote, sowie die Marktorientierung der Anbieter lenken den Blick der Forschung auf die Art und Weise der propagierten Wert- und Handlungsmuster. Dies gilt wie gesagt vor allem für das Fernsehen, doch auch für das Internet überall dort, wo es mit wenigen Inhalten große Nutzergruppen erreicht, wie die meistgewählten Filme auf Youtube. Sie ermöglichen es, auf symbolische Weise die eigene Position sozial zu verorten und Wir-Gruppen-Zugehörigkeiten anzuzeigen.

Untersuchungen zu sozialisationsrelevanten Inhalten liegen vor allem für die Bereiche Gewalt, Gender und Konsum vor, und hier wiederum für das Fernsehen, zunehmend jedoch auch für das Internet. So spielt z. B. die Frage nach der kulturellen Identität durch die Selbstdarstellung im Internet eine Rolle für Menschen mit Migrationshintergrund; der Bereich Konsum wird z. B. unter dem Stichwort „neue Werbeformen" untersucht, typisiert als „Online-Markenwelten, Spiele, interaktive Banner, Werbung im Deckmantel von Information und Beratung und ‚High Tech-Advertainment' unter Einbindung der Rezipientinnen und Rezipienten" (Sponer und Klimmt 2013, S. 60).

3.4 Enkulturation als „Mediatisierung" des Lernens

Kultur wird in Symbolen manifest (Eco 1994), deren Bedeutung in kulturellen Praktiken zwischen den Vertretern sozialer Gruppen ausgehandelt wird. Enkulturation im Bereich informellen Lernens mit Medien findet einerseits als Erlernen kultureller Symboliken statt, aber auch als deren Transformation in Jugendkulturen oder sozialen Milieus. Einen wichtigen theoretischen und empirischen Beitrag leisteten hier die Cultural Studies (Winter 2001). Sie setzen in der Lebenswelt der Menschen an, ihre leitende Frage nach Macht und Widerstand weist die erziehungswissenschaftliche Relevanz der Cultural Studies auf. Die Medien haben eine besondere Stellung, weil sie einen Zugang zur Öffentlichkeit ermöglichen, so dass bestimmte soziale Gruppen, z. B. politische Parteien, es leichter haben, ihre präferierten Deutungen durchzusetzen. Das Internet hat hier nur teilweise einen Wandel gebracht, denn trotz seiner größeren Offenheit für wenig durchsetzungsstarke Gruppierungen bleiben alte Machtverhältnisse bestehen und werden auf das Internet übertragen. Denn die zur Durchsetzung eigener Deutungen notwendigen Ressourcen wie kommunikative Kompetenz, Macht und Zugang zur Aufmerksamkeit der Teilnehmer sind auch im Internet gültig. Enkulturationsprozesse werden insbesondere in der Jugendkulturforschung untersucht. Sind es im Fernsehen populärkulturelle Sendungen, so spielen im Internet Blogs eine zunehmende Rolle, was noch kaum untersucht wurde. Hier ist die Frage zu stellen, inwiefern sich Meinungsführerschaften herausbilden, die sich mit ihren Gefolgsleuten auf dem umkämpften Markt der Deutungshoheit, z. B. im Bereich der Mode, durchsetzen (Weigand 2014).

Enkulturation im Sinne eines Aspektes der Medienerziehung untersucht Rudolf Kammerl (2014). Er versteht Enkulturation als das Vorhandensein normativer Vorstellungen zum Umgang mit Medien und fragt danach, welche Hilfen dazu in der digitalen Gesellschaft für die Heranwachsenden organisiert werden.

Eine stärker kommunikationswissenschaftliche Ausrichtung verfolgen jene Ansätze und Untersuchungen zur Enkulturation, die unter dem Theorem der „Mediatisierung" vorgenommen werden und zu der es einen eigenen DFG-Sonderforschungsbereich gibt. Der Begriff bezeichnet „die zunehmende Prägung von Kultur und Gesellschaft durch Medienkommunikation" (Krotz, o. J.a): „Leben und Erfahrungen der Menschen" würden zunehmend in Welten stattfinden, in denen sich „die relevanten Formen gesellschaftlicher Praktiken und kultureller Sinngebung untrennbar mit Medien verschränkt" hätten (Krotz o. J.b). Fraglich ist jedoch, ob der Begriff der Mediatisierung in dieser Breite noch treffend genug das erfasst, was er untersuchen will. In der Defnition „Krotz" wird Mediatisierung zu einer Art Superbegriff, der letztlich jede gesellschaftliche Fragestellung betrifft. Denn weil Menschen kommunizieren, sind alle sozialen Bereiche von ihnen durchdrungen, und zugleich schaffen die Medien neue gesellschaftliche Bereiche und differenzieren vorhandene, in denen eine Interaktion ohne Medien möglich war, aus. Dies aber ändert nichts daran, dass die, durch den Aspekt der Mediatisierung aufgeworfene, erkenntniskritische Dimension der Pädagogik wichtige Impulse geben kann. So wäre denkbar, dass Mediatisierungsprozesse die Qualität informellen Lernens beeinflussen (näher siehe dazu Abschn. 5.).

3.5 Informelles Lernen als Medienbildung

Das Kompositum Medienbildung beinhaltet die Möglichkeit einer bildungstheoretischen Grundlegung informellen Lernens mit Medien, welche das Welt- und Selbstverhältnis des Menschen als Gegenstand und Ziel der Medienbildung verstehen lässt. Auf einer solchen bildungstheoretischen Fundierung erhält Lernen mit Medien eine anthropologische Dimension im Sinne des menschlichen Weltverhältnisses. Denn Lernen wird über die Auseinandersetzung des Menschen mit Welt initiiert, ohne solche Anstöße von außen wäre es nicht möglich (Meyer-Drawe 2003, 2005). Lernprozesse werden bei diesem Ansatz unter einer bildungstheoretischen Fundierung betrachtet. Dabei handelt es sich, wie oben nach Bateson ausgeführt, um Lernprozesse, die in der einen Form ein Erlernen der „Konstruktionsprinzipien der Weltauforderung bedeuten (Marotzki 1990, S. 40) und in der anderen eine Veränderung des Selbstverhältnisses, indem die Dimensionen des »Metaphorischen, des Unbestimmten und Tentativen« erlernt werden (S. 51).

Notwendig ist es bei diesem Ansatz, bildungstheoretische Implikationen mit den Bedingungen von Medialität für das Lernen zu verknüpfen. Insofern unterscheiden sich die verschiedenen Positionen der Medienbildung nach den jeweils miteinander in Verbindung gebrachten theoretischen Ansätzen:

- So wird auf Basis der strukturalen Bildungstheorie von Winfried Marotzki davon ausgegangen, dass durch Medien der Selbst- und Weltbezug medial vermittelt werden, wobei die Medienspezifität eine Rolle spielt. Es liegen hier Untersuchungen zum Film (Marotzki 2007), zum Internet (Jörissen und Marotzki 2008) und

dem Computerspiel vor. Das umfassende Bildungspotenzial letzteren unterscheiden Fromme und Könitz (2014) nach Wissens-, Handlungs-, Sozial und Biographiebezug.
- Medienwissenschaftlich orientierte Ansätze legen z. B. Norbert Meder (2014), Werner Sesink (2014) und Torsten Meyer (2014) vor. Ihnen geht es darum, Medialität in einer Form zu begreifen, welche die „mediale Differenz" erkennbar werden lässt und die Frage stellen, was Bildung bedeutet. Wichtig ist bei diesen Ansätzen, dass Medialität als eine Art Ermöglichungsraum zu verstehen ist; so spricht Sesink (2014) von den Medien als einer „Mittelsphäre", in der sich das Können des Menschen als Performanz realisiert.
- Kommunikationstheoretisch basierte Ansätze fragen danach, wie sich Rezeptionsprozesse mit Medien vollziehen, sowohl beim Zuschauen wie in der Interaktion, und so Lernen ermöglichen. So kann sich z. B. dort, wo Wirklichkeit unklar und fragwürdig wird, informelles Lernen vollziehen, wie bei Hybridformaten. Sie lassen den Realitätsgehalt medialer Wirklichkeit erfahrbar werden und tragen so im Sinne performativer Bildungsprozesse dazu bei, mit den vielfältigen Wirklichkeiten einer Mediengesellschaft umzugehen (Pietraß 2014c).

4 Ausblick

Ausgehend von der medialen Differenz wurde der Ansatzpunkt pädagogischen Fragens nach dem informellen Lernen mit Medien begründet. Insbesondere medien- und bildungstheoretisch fundierte Ansätze weisen in diese Richtung, bei der das „Mediale" als eine Art Apriori der Erkenntnis verstanden wird. Damit wird die Frage nach dem Lernen mit Medien in ihren grundsätzlichen Dimensionen angesprochen, was im Ausblick am Beispiel des medienwissenschaftlichen Ansatzes Régis Debray's dargestellt werden soll.

Medialität ist nach Régis Debray in ihrer raum-zeitlichen Dimension zu betrachten. Während der Begriff „Medien" diese üblicherweise im Sinne des Informationstransports verstehe, also als „Vermitteln" einer Information innerhalb eines räumlich-zeitlichen Zusammenhangs, sei davon das „Übermitteln" zu unterscheiden, welches ausdrückt, „*eine Information in der Zeit* zwischen unterschiedlichen räumlich-zeitlichen Sphären *zu transportieren*" (S. 11). Das Übermitteln wird durch gesellschaftliche Institutionen geleistet, wie der Schule und dem gesamten Bildungssystem. „Übermitteln" ist für Debray das Anthropologische an Medialität, weil erst durch das Übermitteln menschliche Kultur sich in ihrer spezifischen Weise entwickeln konnte. Er unterscheidet drei Sphären medialer Raum-Zeitlichkeit, welche durch jeweils dominierende Vermittlungstechniken beschreibbar sind: die Logosphäre (Wort), die Graphosphäre (Schrift) und die Videosphäre (audiovisuell) (S. 64 f.). Jede Sphäre ist durch spezifische Verbindlichkeiten gekennzeichnet, welche das, was Medialität auszeichnet, erklären lassen (siehe Tab. 2).

Wie an Tab. 2 sichtbar wird, unterscheidet sich der Status des Wissens, seine Ontologizität, in den einzelnen Sphären. Debray endet im Zeitalter der Massenmedien und nimmt die digitale Epoche nicht in den Blick – sie ist die Position, aus

Tab. 2 Merkmale der drei Sphären (Auswahl nach Debray 2003, S. 64 f.)

	Logoshäre (Schrift)	Grafosphäre (Buchdruck)	Videosphäre (audiovisuell)
Legitime Referenz	das Göttliche (es muss sein, es ist heilig)	das Ideale (es muss sein, es ist wahr)	das Leistungsfähige (es muss sein, es funktioniert)
Normales Mittel der Einflussnahme	die Predigt	die Publikation	die Erscheinung
Kontrolle der Fluxus	kirchlich, direkt (über die Sender)	politisch, indirekt (über die Sendemittel)	ökonomisch, direkt (über die Botschaften)
Status des Individuums	Subjekt (das beherrscht werden soll)	Bürger (der überzeugt werden soll)	Konsument (der verführt werden soll)
Redensart über die persönliche Autorität	Gott hat es mir gesagt (so wahr wie das Evangelium)	Ich habe es in einem Buch gelesen (so wahr wie ein gedrucktes Wort)	Ich habe es im Fernsehen gesehen (so war sie ein direkt übertragenes Bild)
Reich symbolischer Autorität	das Unsichtbare (der Ursprung) oder das Nichtnachprüfbare	das Lesbare (das Fundament) oder das logisch Wahre	das Sichtbare (das Ereignis) oder das Wahrscheinliche

der wir schauen. Denn wie der Fisch, der erst, wenn er am Strand liegt, das Wasser als solches erkennt, gehe es den Menschen mit der Medialität. Für das informelle Lernen ist es wichtig, dass die Sphären nicht enden, sondern weiterbestehen in bestimmten, zeitlich-räumlichen Übermittlungszusammenhängen. Die Rede von Mediengenerationen, den „digital natives" und „digital immigrants" (Prensky 2001), erhält erst von dieser Perspektive her eine ausreichende theoretische Unterfütterung: Entscheidend ist es nicht, Generationenunterschiede dadurch zu überbrücken, dass die ältere Generation so lehrt, wie die Jüngere lernt, sondern entscheidend ist, dass die Digital Immigrants den Digital Natives eine Verbindung zu jenen Sphären ermöglichen, die nicht ihr „Wasser" darstellen. Im Anschluss wäre dann aus pädagogischer Perspektive zu fragen, wie sich z. B. Lernstile in den einzelnen Sphären unterscheiden. Hierbei deutet einiges darauf hin, dass in der digitalen Sphäre das Ausprobieren, im engeren Sinn das Spiel, zum leitenden Lernmodus wird.

Damit gelangt man an eine grundlegende Frage der Pädagogik: Ist es ethisch vertretbar, das Spiel, und damit das eher spielerische, informelle Lernen, einem Zweck zu unterwerfen? Diese Frage wird drängend angesichts einer zunehmend ökonomistischen Betrachtung jeden Lernens. Damit einher geht die Ausweitung einer auf Zertifikate und zertifizierte Kompetenzen gerichteten Auffassung von Bildung. Insbesondere in der beruflichen Weiterbildung nimmt deren Notwendigkeit für den einzelnen zu, um berufliche Anschlussfähigkeit zu dokumentieren. Die Bedeutung formalen und nonformalen Lernens besitzt so auch eine Konsequenz für den Wert informell erworbener Lerngewinne. Wenn die Freizeit zunehmend zertifizierter Weiterbildung gewidmet werden muss, kann der kulturelle Sektor, das auf die eigenen Interessen und die persönliche Fortentwicklung gerichtete Lernen, zeitlich weniger Raum einnehmen. Wie Michael Winkler konstatiert, werden damit „jene Freiräume okkupiert, die noch vor kurzem als informelles Lernen, außerhalb von Bildungsinstitutionen gefeiert wurden". Demgegenüber entscheidend sei heute „die Unterbringung in Institutionen", also das formale Lernen (Winkler 2012, S. 25). Das Potenzial informellen Lernens, sowohl was die Aneignung von Fertigkeiten anbelangt, wie sie im Bereich der Freizeitarbeit anfallen, aber auch die Persönlichkeitsentwicklung und die kulturelle Bildung, wird so entwertet. Der Bereich des informellen Lernens mit Medien zeigt beeindruckend, wie vielfältig die sozialen Praxen und Strategien sind, Medien als Ressource für Lernen in den verschiedensten Bereichen zu nutzen.

Es bleibt zu wünschen, eine neue Diskussion über den Wert des Lernens zu führen, die jenseits ökonomischer Berechenbarkeit angesiedelt ist. Das informelle Lernen mit Medien kann ein Tor zu dieser Diskussion sein, wenn es sich dagegen wehrt, allein im Sinne seiner Verwertbarkeit verstanden zu werden.

Literatur

Astheimer, J., Neumann-Braun, K., & Schmidt, A. (2011). MyFace. Formen und Funktionen von Porträtbildern auf Social Network Sites. In K. Neumann-Braun & U. P. Autenrieth (Hrsg.), *Freundschaft und Gemeinschaft im SocialWeb* (S. 79–122). Baden-Baden: Nomos.
Bachmair, B. (1996). *Fernsehkultur*. Opladen: Leske + Budrich.
Bateson, G. (1988). *Ökologie des Geistes. Anthropologische, psychologische, biologische und epistemologische Perspektiven* (2. Aufl.). Frankfurt/Main: Suhrkamp.
Bühler, C. M. (1922). *Das Seelenleben des Jugendlichen: Versuch einer Analyse und Theorie der psychischen Pubertät*. Fischer: Jena.
Charlton, M., & Neumann, K. (1990). *Medienrezeption und Identitätsbildung*. Tübingen: Narr.
Debray, R. (2003). *Einführung in die Mediologie*. Bern: Haupt.
Dohmen, G. (2001). Das informelle Lernen – Die internationale Erschließung einer bisher vernachlässigten Grundform menschlichen Lernens für das lebenslange Lernen aller. http://www.werkstatt-frankfurt.de/fileadmin/Frankfurter_Weg/Fachtagung/BMBF_Das_informelle_Lernen.pdf. Zugegriffen am 17.12.2014.
Eco, U. (1994). *Einführung in die Semiotik*. München: Wilhelm Fink.
Eimeren, B. v. (2013). „Always on" – Smartphone, Tablet & Co. als neue Taktgeber im Netz. Ergebnisse der ARD/ZDF-Onlinestudie 2013. Media Perspektiven 7–8/2013. http://www.ard-zdf-onlinestudie.de/fileadmin/Onlinestudie/PDF/Eimeren.pdf. Zugegriffen am 16.05.2014.
Engel, B., & Christa-Maria, R. (2010). Massenkommunikation 2010. Pressekonferenz 9. September 2010. http://www.öbib-online.de/fileadmin/redaktion/meldungen/2010_2/11_ARD_ZDF_Massenkommunikation.pdf. Zugegriffen am 06.11.2014.
Europäische Kommission, Generaldirektion Bildung und Kultur, Generaldirektion Beschäftigung und Soziales: Mitteilung der Kommission: Einen europäischen Raum des Lebenslangen Lernens schaffen. November 2001. http://eur-lex.europa.eu/legal-content/DE/TXT/PDF/?uri=CELEX:52001DC0678&from=DE. Zugegriffen am 06.11.2014.
Fromme, J., & Könitz, C. (2014). Bildungspotenziale von Computerspielen – Überlegungen zur Analyse und bildungstheoretischen Einschätzung eines hybriden Medienphänomens. In W. Marotzki & N. Meder (Hrsg.), *Perspektiven der Medienbildung* (S. 235–286). Wiesbaden: Springer VS.

Gehlen, A. (1957). *Die Seele im technischen Zeitalter. Sozialpsychologische Probleme in der industriellen Gesellschaft*, rde, Nr. 53. Reinbek: Rowohlt.
Gehlen, A. (1983). Vom Wesen der Erfahrung. In *Philosophische Anthropologie und Handlungslehre*. Frankfurt: Klostermann.
Harring, M. (2011). *Das Potenzial der Freizeit. Soziales, kulturelles und ökonomisches Kapital im Kontexte heterogener Freizeitwelten Jugendlicher*. Wiesbaden: VS Verlag.
Jörissen, B., & Marotzki, W. (2008). Neue Bildungskulturen im „Web 2.0": Artikulation, Partizipation, Syndikation. In G. Friederike, W. Marotzki & U. Sander (Hrsg.), *Internet – Bildung – Gemeinschaft* (S. 203–225). Wiesbaden: VS.
Kammerl, R. (2014). Enkulturationshilfen in der digitalen Gesellschaft. Diskurse als/oder Orientierung? In R. Kammerl, A. Unger, P. Grell & T. Hug (Hrsg.), *Produktive und kollaborative Praktiken in der digitalen Kultur* (Jahrbuch Medienpädagogik, Bd. 11, S. 15–33). Wiesbaden: Springer.
Krotz, F. (O. J. a). Mediatisierte Welten – ein Schwerpunktprogramm (SPP) der DFG. http://www.mediatisiertewelten.de/startseite.html. Zugegriffen am 18.11.2014.
Krotz, F. (O. J. b). Schwerpunktprogramm 1505 Mediatisierte Welten. http://www.mediatisiertewelten.de/fileadmin/user_upload/doc/Flyer_D_8-2014_WEB.pdf. Zugegriffen am 17.12.2014.
Marotzki, W. (2007). Dimensionen der Medienbildung. Abschätzung und Reichweiten audiovisueller Formate. In D. Hartwich (Hrsg.), *Mit Spieler. Überlegungen zu nachmodernen Sprachspielen in der Pädagogik. Norbert Meder zum 60. Geburtstag* (S. 127–140). Würzburg: Königshausen & Neumann.
Marotzki, W. (1990). *Entwurf einer strukturalen Bildungstheorie. Biographietheoretische Auslegung von Bildungsprozessen in hochkomplexen Gesellschaften*. Weinheim: Deutscher Studienverlag.
Meder, N. (2014). Das Medium als Faktizität der Wechselwirkung von Ich und Welt (Humboldt). In W. Marotzki & N. Meder (Hrsg.), *Perspektiven der Medienbildung* (S. 45–69). Wiesbaden: Springer VS.
Media Perspektiven. (2013). Media Perspektiven Basisdaten 2013. http://www.media-perspektiven.de/fileadmin/user_upload/media-perspektiven/Basisdaten/Basisdaten_2013 Verlinkung.pdf. Zugegriffen am 06.11.2014.
Merkert, R. (1992). *Medien und Erziehung. Einführung in pädagogische Fragen des Medienzeitalters*. Darmstadt: Wissenschaftliche Buchgesellschaft.
Meyer, T. (2014). Die Bildung des (neuen) Mediums – Mediologische Perspektiven der Medienbildung. In W. Marotzki & N. Meder (Hrsg.), *Perspektiven der Medienbildung* (S. 149–170). Wiesbaden: Springer VS.
Meyer-Drawe, K. (2003). Lernen als Erfahrung. *Zeitschrift für Erziehungswissenschaft, 6*(4), 505–514.
Meyer-Drawe, K. (2005). Anfänge des Lernens. In D. Benner (Hrsg.), *Erziehung – Bildung – Negativität. 49. Beiheft der Zeitschrift für Pädagogik* (S. 24–37). Weinheim: Beltz.
Mikos, L. (2010). Vergnügen, Identität und Lernen. In B. Bachmair (Hrsg.), *Medienbildung in neuen Kulturräumen. Die deutschsprachige und britische Diskussion* (S. 213–225). Wiesbaden: Springer.
Neumann-Braun, K. (2009). Homepages und Videoclip-Portale als Schauplätze theatraler Imagearbeit und ritueller Kommunikation von jungen Menschen. In Herbert Willems (Hrsg.), *Theatralisierung der Gesellschaft. Band 2: Medientheatralität und Medientheatralisierung* (S. 387–398). Wiesbaden: VS Verlag. http://link.springer.com/content/pdf/10.1007%2F978-3-531-91586-9_20.pdf. Zugegriffen am 17.12.2014.
Nolda, S. (2002). *Pädagogik und Medien. Eine Einführung*. Stuttgart: Kohlhammer.
Prensky, M. (2001). Digital natives, digital immigrants. *On the Horizon, 9/2014*, 1–6.
Paus-Haase, I., & Kirstin, E. Daily Talks im Alltag von Jugendlichen. Zwischen Orientierung, Unterhaltung und Ablehnung. Daily Talks Im Alltag von Jugendlichen. Bericht über zwei Forschungsprojekte. https://www.sbg.ac.at/erz/salzburger_beitraege/fruehling2000/ip_ke_2000_1.pdf. Zugegriffen am 17.12.2014.

Pietraß, M. (2014a). Der empirische Unterschied zwischen Lernen und Bildung. *Vierteljahresschrift für wissenschaftliche Pädagogik, 3/2014*, 316–376.
Pietraß, M. (2014b). Reale und virtuelle Mobilität. Können virtuelle Bildungsangebote die Internationalität der Universitäten aufgrund virtueller Mobilität erhöhen? Können virtuelle Bildungsangebote die Internationalität der Universitäten aufgrund virtueller Mobilität erhöhen? In B. Michels, A. Schäfer, M. Schifferings, F. Schnabel & F. Wagenfeld (DAAD) (Hrsg.), *Die internationale Hochschule. Die Internationalisierung der Hochschulen im Zeichen virtueller Lehr- und Lernszenarien* (S. 102–115). Bielefeld: Wbv.
Pietraß, M. (2014c). Was heißt „Medialitätsbewusstsein?" Eine Ausdeutung des Berichtes des BMBF „Kompetenzen in einer digital geprägten Kultur". *Medien + Erziehung, 4*, 45–49.
Pietraß, M., & Ulrich, M. (2009). Medienkompetenz unter milieutheoretischer Betrachtung: Der Einfluss rezeptionsästhetischer Präferenzen auf die Angebotsselektion. In H. Niesyto, D. Meister & H. Moser (Hrsg.), *Medien und soziokulturelle Unterschiede. Medienpädagogik* 17 (5.5.2009). http://www.medienpaed.com/17/pietrass_ulrich0905.pdf. Zugegriffen am 17.12.2014.
Reißmann, W. (2013). Transparente Sichtbarkeitsfigurationen als Bedingung gegenwärtiger Mediensozialisation. Rekonstruktion und Impulse für die weitere Forschung. *Merz, 57*(3), 9–20.
Roesler, A. (2003). Medienphilosophie und Zeichentheorie. In S. Münker, A. Roesler & M. Sandbothe (Hrsg.), *Medienphilosophie: Beiträge zur Klärung eines Begriffs* (S. 34–52). Frankfurt a. M: Suhrkamp.
Schemmerling, M., Gerlicher, P., & Brüggen, N. (2013). „Ein Like geht immer...." Studienergebnisse zu Identitätsarbeit in sozialen Netzwerkdiensten. *Merz, 57*(2), 53–58.
Schorb, B. (2014). Identität und Medien. In A. Tillmann, S. Fleischer, & K.-U. Hugger (Hrsg.), *Handbuch Kinder und Medien, Digitale Kultur und Kommunikation 1* (S. 171–180). Wiesbaden: Springer.
Schorb, B., Mohn, E., & Theunert, H. (1998). Sozialisation durch Massenmedien. In K. Hurrelmann & D. Ulrich (Hrsg.), *Handbuch der Sozialisationsforschung* (S. 493–508). Weinheim: Beltz.
Schröder, H. (2001). *Didaktisches Wörterbuch. Wörterbuch der Fachbegriffe von „Abbilddidakttik" bis „Zugpferdeffekt"* (3. Aufl.). Oldenbourg: Schulbuchverlag.
Schulze, G. (1992). *Die Erlebnisgesellschaft*. Frankfurt/Main: Campus.
Sesink, W. (2014). Eine kritische Bildungstheorie der Medien. In W. Marotzki & N. Meder (Hrsg.), *Perspektiven der Medienbildung* (S. 11–44). Wiesbaden: Springer VS.
Sponer, J., & Klimmt, C. (2013). Markenwelten, Spiele, Advertainment. Neue Werbeformen als Herausforderung für die Medienkompetenz. *Merz, 57*(2), 59–64.
Statistisches Bundesamt. (2014). Pressemitteilung vom 11. März 2014–089/14. Zahl der mobilen Internetnutzer im Jahr 2013 um 43 % gestiegen. https://www.destatis.de/DE/PresseService/Presse/Pressemitteilungen/2014/03/PD14_089_63931pdf.pdf?__blob=publicationFile. Zugegriffen am 16.05.2014.
Statista. (2014). Anteil der Personen in Deutschland, die schon einmal Livestreaming bzw. Video-on-Demand genutzt haben in den Jahren 2013 und 2014. http://de.statista.com/statistik/daten/studie/38852/umfrage/nutzung-von-livestreaming-vs-video-on-demand-in-deutschland/. Zugegriffen am 17.12.2014.
Stecher, L. (2005). Informelles Lernen bei Kindern und Jugendlichen. *Zeitschrift für Erziehungswissenschaft, 8*(3/2005), 374–393.
Tully, C. (2004). *Verändertes Lernen in modernen, technisierten Welten. Organisierter und informeller Kompetenzerwerb Jugendlicher*. Wiesbaden: VS Verlag für Sozialwissenschaften.
Wagner, U., & Brüggen, N. (2013). *Teilen, vernetzen, linken. Jugend zwischen Eigensinn und Anpassung im Social Web*. Baden-Baden: Nomos.
Wegener, C. (2008). *Medien, Aneignung und Identität. „Stars" im Alltag jugendlicher Fans*. Wiesbaden: VS Verlag für Sozialwissenschaften.
Weigand, V. (2014). Youtube Stars. Vortrag auf dem Forum Medienpädagogik am 08.12.2014 in der Bayerischen Landeszentrale für neue Medien.

Winfried, M., Lenzen, D., & Luhmann, N. (Hrsg.). (1997). *Bildung und Eiterbildung im Erziehungssystem. Lebenslauf und Humanontogenese als Medium und Form.* Frankfurt: Suhrkamp.
Winkler, M. (2012). Bildung als Entmündigung? In K. Vieweg & M. Winkler (Hrsg.), *Bildung und Freiheit. Ein vergessener Zusammenhang* (S. 11–28). Paderborn: Ferdinand Schöningh.
Winter, R. (2001). *Die Kunst des Eigensinns. Cultural Studies als Kritik der Macht.* Weilerswist: Vellbrück Wissenschaft.

Informelles Lernen in der Freizeitpädagogik

Dieter Brinkmann und Renate Freericks

Inhalt

1 Einleitung 144
2 Freizeit als Lernzeit und Möglichkeitsraum der Freizeitbildung 145
3 Formales, nonformales und informelles Lernen in der Freizeit 148
4 Fallbeispiel: Informelles Lernen in Freizeiterlebniswelten 152
5 Freizeitpädagogische Überlegungen zur Anregung informeller Lernprozesse 155
6 Didaktische Herausforderungen informellen Lernens in Freizeitlernorten 157
7 Fazit 161
Literatur 161

Zusammenfassung

Informelles Lernen hat in der Freizeitpädagogik eine seit den Anfängen in den 1970er-Jahren andauernde Aktualität. Ihr geht es um eine Beschreibung der Möglichkeiten einer Entgrenzung des Lernens und der Förderung von Interessen in Freizeitzusammenhängen. Erlebnisorientierte Lernorte erscheinen dabei als neue Stützpunkte einer emotional fundierten Freizeitbildung. Eine Optimierung von anregenden Lernmöglichkeiten in diesem Bereich ist eine Perspektive, der es weiter nachzugehen lohnt. Die Analyse zeigt auch, in Freizeitzusammenhängen tauchen vertraute didaktische Modelle und neue eigene Zugänge zur Inszenierung von Lernräumen auf. Sie werden abschließend thematisiert.

D. Brinkmann (✉)
Hochschule Bremen, Bremen, Deutschland
E-Mail: dieter.brinkmann@hs-bremen.de

R. Freericks (✉)
Fakultät Gesellschaftswissenschaften, Hochschule Bremen, Bremen, Deutschland
E-Mail: renate.freericks@hs-bremen.de

Schlüsselwörter
Freizeitbildung • Erlebnisorientierte Lernorte • Edutainment • Erlebnisdidaktik • Lernformen

1 Einleitung

In den letzten Jahren ist Bewegung in die Bildungslandschaft gekommen. Die (Wieder-) Entdeckung des ‚informellen Lernens' (Dohmen 2001) als eine dem Leben immer schon eingeschriebene menschliche Fähigkeit und Praxis sowie eine verstärkte Aufmerksamkeit für beiläufig ablaufende Prozesse der Orientierung und Vergemeinschaftung, beispielsweise unter dem Stichwort ‚Selbstsozialisation' (Zinnecker 2000), haben den Blick auch für neue Lernorte und Lernformen in Freizeitkontexten erweitert. Teilt man weiterhin eine Grundüberzeugung des „Lebenslangen Lernens", nach der der überwiegende Teil des Alltagswissens in Lernkontexten und an Lernorten außerhalb organisierter Formen des Lernens erworben wird, gewinnt informelles Lernen in der Freizeit, also ein Lernen außerhalb tradierter Bildungsinstitutionen wie Schule und Weiterbildungseinrichtungen, einen hohen Stellenwert für postmoderne Wissensgesellschaften.

Die Wissenschaft spricht von einer Entgrenzung des Lernens angelehnt an die Debatten um die Entgrenzung der alltäglichen Lebensführung und der Arbeit (Voß 1998, Kirchhöfer 2004, 2005). Die vielfältigen Veränderungen in der Arbeits- und Lebenswelt vor dem Hintergrund von Individualisierungs- Flexibilisierungs- und Globalisierungstendenzen lassen auch die bisherigen Begrenzungen, der zeitlichen und räumlichen Verortungen der Lernstrukturen und der Lernformen erodieren und sich ganz oder teilweise auflösen. In wissenschaftlichen und politischen Diskussionen wird die Notwendigkeit einer neuen Lernkultur und eines lebenslangen Lernens postuliert, um einen breiten Zugang zum komplexen wissenschaftlichen und technologischen Wissen zu ermöglichen. In diesen Kontext ist auch die Entstehung neuer erlebnisorientierter Lernorte und Lernformen einzuordnen, wie beispielsweise Themenerlebniswelten mit Schwerpunkt auf Naturwissenschaft und Technik oder neue Formen der Wissenschaftskommunikation über Events und Ausstellungsprojekte.

Pädagogisches Handeln in Freizeitkontexten bezieht sich auf diese gesellschaftlichen Wandlungsprozesse, thematisiert Möglichkeitsräume des Lernens, moderiert, arrangiert und inszeniert hybride Strukturen zwischen Erlebnis und Bildung. Seit den Anfängen dieser modernen Freizeitpädagogik in den 1970er-Jahren lässt sich auf analytischer Ebene zwischen einem Lernen in der Freizeit, einem Lernen für die Freizeit und dem freizeitgemäßen Lernen unterscheiden. Damit verknüpft ist eine Diskussion über eher informelle und eher formale Lernstrukturen und -formen. Für eine Förderung des informellen Freizeitlernens erscheinen raumbezogene pädagogische Handlungsformen wie arrangieren und inszenieren besonders geeignet. Gleichwohl sind unter dem Gesichtspunkt eines freizeitgemäßen Lernens grundlegende Merkmale von Freizeitsituationen generell zu berücksichtigen.

Im Folgenden gilt es zum einen, die Ausprägungen und den Stellenwert des informellen Lernens in der Freizeitpädagogik aufzuzeigen. Zu klären ist: Welches

Lernen ist gemeint? Und welche freizeitpädagogischen Anforderungen an Lernsituationen sind zu postulieren? Zum anderen sollen die Möglichkeiten und Potenziale des informellen Lernens in der Freizeit deutlich werden. Ein besonderes Augenmerk wird dabei auf die didaktischen Herausforderungen gelegt. Ein neues Lernen erfordert auch neue Formen der Lernförderung. Am Beispiel von Freizeiterlebniswelten soll/kann eine Tendenz zur Neustrukturierung des Pädagogischen nachgezeichnet werden.

2 Freizeit als Lernzeit und Möglichkeitsraum der Freizeitbildung

Dass Freizeit nicht nur Erholungs-, Unterhaltungszeit oder Konsumzeit ist, sondern vor allem auch Lernzeit, ist spätestens seit den intensiven erziehungswissenschaftlichen Diskursen der 1970er-Jahre allseits bekannt. In Abgrenzung zur Schul- und Sozialpädagogik stand in den 1970er- und 80er-Jahren insbesondere die *offene* Kinder- und Jugendarbeit sowie die Stadtteilarbeit im Fokus der freizeitpädagogischen Forschung und Praxis. Wesentlich war die Planung und Gestaltung von Freizeitangeboten im Sinne einer offenen Gemeinwesenarbeit zur Förderung der Persönlichkeitsentwicklung unter Berücksichtigung der freiwilligen, zwanglosen Teilnahme und von Mit- bzw. Selbstgestaltungsmöglichkeiten. Die Förderung einer Freizeitkompetenz und das Ausleben von Freizeitbedürfnissen im Austausch mit Gleichaltrigen oder Gleichgesinnten vor dem Hintergrund einer quantitativen und qualitativen Bedeutungszunahme der Freizeit war erklärtes pädagogisches Ziel. Selbstgestaltete bzw. selbstverwaltete Häuser der offenen Tür und Bürgerzentren sind Beispiele für diese praktische freizeitpädagogische Arbeit. Es wurden Möglichkeitsräume in der sozialen Umwelt geschaffen (Freizeitsozialisation); Lernen fand hier vor allem informell, d. h. selbstorganisiert in peer groups und im Rahmen von freiwilligem Engagement statt. Teilweise wurden aber auch zur Begleitung und Unterstützung pädagogische Angebote gemacht, wie z. B. Beratungsangebote, Kurse o. ä. Interessierte konnten darüber hinaus auch Zertifikate, wie z. B. eine Jugendleitercard oder eine Trainerlizenz für Sportangebote erwerben. Der Übergang vom informellen bzw. nonformalen zum formalen Lernen zeichnet sich hier bereits ab.

Die Freizeitpädagogik setzt sich in diesem Kontext zum einen mit dem *Lernen für die Freizeit* auseinander. Es sollen notwendige Fähigkeiten zur Gestaltung der Freizeit vermittelt werden. Dabei kann ein normativer oder auch ein eher adressatenorientierter Ansatz gewählt werden. Geht es auf der einen Seite um die Förderung eines ‚sinnvollen' und kultivierteren Freizeitverhaltens, so werden auf der anderen Seite eher offenere Ziele formuliert wie die Fähigkeit zur Selbstbestimmung. Zum anderen wird ein *Lernen in der Freizeit* thematisiert. Es werden Lernangebote konzipiert und Einzelne wird zur Angebotsteilnahme ermutigt bzw. angeregt. Unterscheiden lassen sich hier die ‚planmäßigen', eher schulähnlichen, formalen Angebote (die meisten Angebote der Erwachsenen- und Weiterbildung finden in der Freizeit statt) und die offeneren Lernangebote, die durch selbstbestimmtere Formen gekennzeichnet sind und einen eigenen Typus der Freizeitpädagogik präsentieren (z. B. in der offenen Kinder- und Jugendarbeit, in erlebnisorientierten Museen, auf Reisen). Der Freizeitkontext stellt besondere Anforderungen an die Gestaltung der Lernangebote. Folgerungen für das pädagogische Handeln werden in diesem Zusammenhang diskutiert. In den letzten Jahren hat sich vor allem dieses Aufgabenfeld enorm ausgeweitet. Die Freizeitpädagogik setzt sich entsprechend besonders mit den Anforderungen einer *freizeitgemäßen* Gestaltung von Lern- und Bildungsangeboten bzw. -situationen auseinander. Hierzu zählen insbesondere **informelle** Lernprozesse in der Freizeit, wie z. B. das beiläufige Lernen oder das bewusstere selbstgesteuerte Lernen (vgl. Dohmen 2001; Brinkmann 2000) und die Freizeitsozialisation, die ohne direkte pädagogische Unterstützung stattfinden. Es geht hierbei nicht um eine pädagogische Vereinnahmung, sondern vielmehr um die Entwicklung geeigneter Begleitkonzepte (Freericks et al. 2010).

In den 1990er-Jahren kam in der Freizeitpädagogik insbesondere der touristische Forschungsbereich hinzu. Lernen auf Reisen, selbstorganisiert oder unterstützt durch Gästeführer und Reiseleiter, wurde thematisiert. Wann immer wir eine andere Kultur aufsuchen, eine andere Stadt, eine andere Region erfahren, lernen wir, mehr oder weniger bewusst, mehr oder weniger zielgerichtet. Der Reisende kann die Stadt oder Region selbstgesteuert bewusst erkunden oder aber einen Gästeführer oder Reiseleiter buchen und gezielt etwas über den Ort lernen wollen. Durch entsprechende Angebote können in der Situation angelegte Bildungskerne aktiviert werden, so die Überlegungen zu einer situativen, das informelle Lernen anregenden Freizeitdidaktik.

Im Kontext einer Aufwertung der Freizeit als Lernzeit und der Thematisierung eines potenziellen Bildungsraums wurde von der Freizeitpädagogik Anfang der 1990er-Jahre das Konzept einer *Freizeitbildung* entwickelt (Nahrstedt et al. 1994). Sie wurde als eine mögliche fünfte Säule des Bildungssystems konzipiert. Entgegen der einseitig auf Arbeit und Zertifikaten ausgerichteten Weiterbildung wurde angesichts der gesellschaftlichen Veränderungsprozesse die Notwendigkeit einer breiten Allgemeinbildung neu postuliert (Klafki 1986), die auch ein Lernen für und in der Freizeit sowie ein freizeitgemäßes Lernen berücksichtigt. Bildung und Freizeit werden in dieser erziehungswissenschaftlichen Betrachtung dual gedacht, und das Verhältnis von Freizeit und Bildung ist nicht in eine Richtung aufzulösen. Es geht vielmehr um eine Verschränkung und ‚Verwirbelung' von beiden Seiten aus. Die jeweiligen Mischungsverhältnisse machen die Ansätze der Freizeitbildung zu interessanten Vorhaben für ein breites Teilnehmerspektrum von Jung bis Alt. Im Sinne einer „bildungsorientierten Freizeitgestaltung" können Freizeitsituationen durch zusätzliche Bildungselemente zu komplexen Erfahrungsräumen angereichert werden. Auf der anderen Seite lassen sich in Bildungssituationen Freizeitaspekte wie Spaß und Geselligkeit integrieren und führen zu einer neuen Qualität von Bildungsprogrammen. Drei „Anspruchskriterien" geben dabei einen formalen Rahmen für Ansätze der Freizeitbildung: Bildung in der Freizeit, Bildung für die Freizeit und freizeitgemäße Bildung.

2.1 Bildung in der Freizeit

Freie Zeit ist eine elementare Voraussetzung für Lernen, Bildung und persönliche Entwicklung. Zeitfenster (Nahrstedt et al. 1997) für die Teilnahme an Bildungsangeboten sind wichtig. Dafür gilt es auch in Zukunft zu streiten. Die vorhandene

Freizeit, viele Freizeitorte und Freizeitsituationen können aber auch für ein Lernen aktiviert und entwickelt werden. Die neueren Konzepte des informellen, selbstgesteuerten Lernens setzen hier an. Freizeit als Lernzeit zu erschließen, ist nach wie vor ein zukunftsweisendes Programm.

2.2 Bildung für die Freizeit

Auf der anderen Seite erschließt sich der Raum vielfältiger individueller Freizeitmöglichkeiten heute oftmals nur durch ein Lernen für die Freizeit. Individuell befriedigende und ‚sinnvolle' Freizeitmuster müssen auch gelernt werden. Jede neue Freizeitaktivität (aktuell z. B. Nordic Walking) zieht Einführungsveranstaltungen, Trainings, differenzierte Programme für Fortgeschrittene usw. nach sich. Jede Sportart oder kulturelle Betätigung ist mit Lernen, Üben, Verfeinern und einer Annäherung an Standards verbunden. Erst dann erschließt sich dieser Freizeitraum. Ohne Bildung kein Erlebnis und kein Zugang zu bestimmten Freizeitbereichen (Segeln, Tauchen, Fliegen). Bildung in der Freizeit kann darüber hinaus verwoben sein mit bürgerschaftlichem Engagement, kann auf eine Partizipation im Stadtteil und auf die unmittelbare Mitgestaltung von Lebensqualität zielen. Angebote der Freizeitbildung tragen damit, ergänzend zu anderen Bildungsangeboten, zu einer umfassenden Kompetenzentwicklung bei. Vieles, was heute den „Schlüsselkompetenzen" zugerechnet wird, könnte durchaus in der Freizeit erworben worden sein. Bildung für die Freizeit lässt überschießende Effekte und einen möglichen Transfer auf andere Tätigkeitsfelder vermuten, wie aktuell der Ansatz des „Lernens im sozialen Umfeld" nahe legt (Kirchhöfer 2004).

2.3 Freizeitgemäße Bildung

Ein drittes Anspruchskriterium betrifft die freizeitgemäße Form der Bildung und bezieht sich auf methodische und didaktische Aspekte der Angebotsgestaltung. Wesentliche Aspekte wie Selbstbestimmung, Verständigung über Ziele, Inhalte und Zeiten des gemeinsamen Handelns, aber auch Offenheit und Veränderbarkeit von Freizeitsituationen müssen in integrierten Angeboten der Freizeitbildung erhalten bleiben. Es geht um ein stärker emotionales Lernen mit allen Sinnen, um Spaß und Geselligkeit und um eine „Inszenierung von anregenden ‚Räumen', in denen sich Bildungserlebnisse ereignen können" (Nahrstedt et al. 1994, S. 20). Freizeitgemäße Bildung, so die bildungspolitische Hoffnung, soll auch Menschen mit niedrigem Bildungshintergrund erreichen, Interesse wecken und individuelle Bildungswege eröffnen.

Die Chancen einer Freizeitbildung werden bezogen auf Bildung in folgenden Punkten gesehen:

- Dynamisierung von Lernorten: viele Freizeitorte können zu Lernorten werden
- Flexibilisierung von Lernzeiten: starre Öffnungszeiten, Kurszeiten werden aufgelöst

- Versinnlichung von Lernformen: viel Sinne werden angesprochen
- Veralltäglichung von Lerninhalten: Themen aus dem Alltag werden aufgegriffen
- Demokratisierung von Lernzielen: Offenheit und Selbststeuerung gewinnen an Gewicht
- Aufgreifen komplexer Motivstrukturen: auch Motive wie Erholung, Unterhaltung, Kommunikation und Konsum werden aufgegriffen.

Bezogen auf die Freizeit wurden folgende Chancen erkannt:

- Entprivatisierung von Freizeit: stärkere Teilnahme am öffentlichen Leben
- Anschluss an gesellschaftlich relevante Prozesse: Aufgreifen von wichtigen Themen, Fragen, Problemen
- Aktivierung von Bildungskernen: Aufgreifen von Themen aus der Freizeitsituation heraus
- Inszenierung von Lernsituationen: Schaffung integrierter Angebote mit animativer Ausstrahlung
- Intensivierung von Lernprozessen: stärkere Entwicklung der Freizeit als Lernraum.

Der Ansatz der Freizeitbildung zeichnet ein tragfähiges Modell für eine Verknüpfung von Freizeit und Bildung. Die Diskussionen zum informellen Lernen (Dohmen 2002) wie die aktuelle Diskussion um die „Entgrenzung des Lernens" (Kirchhöfer 2004, 2005) können hier nahtlos anschließen.

So sind die 2000er-Jahre vor dem Hintergrund der Diskussion um die Erlebnisgesellschaft und Wissensgesellschaft vor allem geprägt von einer Entstehung und Bedeutungszunahme neuer Lernorte; Lernorte, die den hybriden Ansprüchen nach Erlebnis, Konsum und Bildung gerecht werden und die das informelle Lernen in der Freizeit stärken.

3 Formales, nonformales und informelles Lernen in der Freizeit

Für den Anspruch der Entwicklung der Freizeit als Lernzeit erscheint es zunächst einmal weniger bedeutsam, in welchen Formen sich Lernprozesse vollziehen. Erst bei einer Fokussierung auf lebensweltnahe, erlebnisorientierte und beiläufige Veränderungsprozesse und Anregungen erscheint es notwendig, das Spektrum möglicher Lernarten zu diskutieren und damit die pädagogischen Überlegungen zur Entwicklung von freizeitgemäßen Lernstrukturen voranzutreiben.

Der Begriff des informellen Lernens wird vielfach als Sammelbegriff für alles Lernen außerhalb von Bildungsinstitutionen und planmäßig organisierten Lernsituationen gebraucht. Das informelle Lernen ist ein Lernen in der Freizeit, im sozialen Umfeld, im Ehrenamt oder auf Reisen. „Informelles Lernen kann zwar unplanmäßig auch in Bildungsinstitutionen stattfinden (‚heimliches Curriculum'), aber es ist sein Hauptcharakteristikum, dass es nicht durch Lehren geleitet und nicht durch

Lehrpläne, Prüfungsordnungen etc. bestimmt wird, sondern sich unsystematisch –anlassbedingt im Erfahrungszusammenhang des Arbeits- und Freizeitalltags, im Umgang mit den verschiedensten Menschen, Medien, Situationen, Problemen usw. entwickelt" (Dohmen 2002, S. 19).

Ein in diesem Sinne weites Verständnis des informellen Lernens in seiner Vielfalt, Problemorientierung und Nichtsteuerbarkeit ist zunächst einmal auch für den Freizeitbereich anzunehmen. Zugleich ist aber nicht von einer anregungsfreien und strukturlosen Freizeit auszugehen, insbesondere in einer teilweise marktförmig organisierten Freizeitumwelt. Freizeitpädagogische Überlegungen beziehen sich daher auch auf ein Spektrum unterschiedlicher Formen. Für ein besseres Verständnis des vielfältigen informellen Lernens im Freizeitbereich lässt sich das differenzierte Freizeitangebot auf einem Kontinuum zwischen einem formalen und einem informellen Lernen vorstellen. Eine solche Differenzierung wurde bezogen auf das Lernen von Kindern beispielsweise von Kirchhöfer (2002) unternommen. Er unterscheidet informelles und beiläufiges Lernen und grenzt diese beiden Formen von einem fremdbestimmten formellen Lernen ab. In Anlehnung an die allgemeine Diskussion zur Begrifflichkeit des informellen Lernens im Kontext des Lebenslangen Lernens und mit Bezug zur Entstehungsgeschichte des Konzepts werden seit einigen Jahren in der Regel formales, nonformales und informelles Lernen unterschieden (Overwien 2010).

Es ließe sich also von einem Spektrum von Bildungs-, Erziehungs- und Lernkonzepten sprechen, das zwischen den Polen einer eher fremdbestimmten formalen Bildung auf der einen Seite und einer ebensowenig mit Wahlmöglichkeiten versehenen Sozialisation durch die gegebenen Verhältnisse auf der anderen Seite liegt. Innerhalb dieses Spektrums geht es um mehr oder weniger formalisierte und damit curricular umschriebene Lernprozesse und einen individuellen Gestaltungsraum, der ein selbstgesteuertes Lernen umfasst. Ebenso zu berücksichtigen sind Lernchancen, die sich als Gelegenheit in einem vielfältigen, anregenden und emotional ansprechenden Freizeitraum ergeben. Dieses oft als beiläufig thematisierte Lernen gerät unter dem Zugriff einer optimierenden informellen Pädagogik der Freizeit ebenfalls in den Blick und sollte in seiner Produktivität für postmoderne Wissensgesellschaften nicht unterschätzt werden.

Aus der freizeitpädagogischen Praxis heraus ergibt sich folgende Übersicht (vgl. Tab. 1). Dabei wird von unterschiedlichen Merkmalen, typischen Zielaspekten und einer verschiedenen subjektiven Wahrnehmung der Akteure ausgegangen.

3.1 Lernen für die Freizeit mit Zertifikat

Auch im Freizeitsektor finden sich formalisierte Lernprogramme. Typisch erscheint der Besuch bestimmter Kurse, um Zugang zu verschiedenen Aktivitäten und Möglichkeiten in der Freizeit zu bekommen. Hobbys wie Segelfliegen, Motorbootfahren oder auch Angeln sind an bestimmte Zulassungen und Prüfungen gebunden. Erst dann wird die Benutzung bestimmter Geräte gesellschaftlich akzeptiert, da spezifische Kompetenzen erwartet werden können. Ähnliches gilt für Trainer,- Anleiter- und Betreuerfunktionen, beispielsweise beim Sportklettern oder im Kinder- und Jugendbereich. Ein gesellschaftlich sanktionierter Wissenserwerb erscheint typisch für diese Lernarten.

Tab. 1 Differenzierung von Lernkonzepten mit Bezug zur Freizeitpraxis

Typ	Formales Lernen	Non-formales Lernen	Selbstgesteuertes informelles Lernen	Beiläufiges informelles Lernen	Sozialisation
Beispiele aus der Freizeitpraxis	Trainerlizenz Fluglizenz Jugendleitercard Kletteranleiterschein	Kulturelle Bildung Skikurs Tanzkurs Yogaschule	Skaterbahn Rockband Künstlertreff Ehrenamt	Themenwelt Museum Science-Event	Freizeit-Szene Freundesgruppe Internetforum Reisegruppe
Abgrenzungskriterium	Gesellschaftlich sanktionierter Wissenserwerb	organisiertes Lernen	erfahrungs-orientierte Aneignung	erlebnis-orientierte Aneignung	lebenswelt-bezogene Integration
Typischer Zielaspekt	sich und andere nicht gefährden	effizienter Kompetenzerwerb	Reflexion über Ziele und Zielerreichung	emotional basierte Anregung	Resonanz im Wandlungsprozess
Subjektive Wahrnehmung	Status veränderung	Kompetenzgewinn	Persönlichkeitsentwicklung	unterhaltsame Anregung	Orientierungs-fähigkeit emotionale Akzeptanz

Standardisierte Prüfverfahren sichern einen bestimmten Stand an Kenntnissen, Fertigkeiten und Einstellungen. Ein typischer Zielaspekt neben anderen ist offenbar, die mögliche Gefährdung anderer durch die Aktivitäten, aber auch die eigene Gefährdung durch unbedachte Verhaltensweisen einzugrenzen. Sicherheitsaspekte und Risikoabschätzungen spielen bei allen genannten Beispielen eine Rolle. Freizeitpädagogik oder Freizeitbildung, so man sie vom Anwendungskontext her so bezeichnen möchte, ist hier als formaler Bildungsprozess angelegt. Neben der Zertifizierung spielen bestimmte institutionelle Kontexte oder auch curriculare Festlegungen eine wichtige Rolle. Subjektiv wird die bestandene Hürde mit einer Statusveränderung in Zusammenhang gebracht. Man ist jetzt Pilot, Bootsführer oder Klettertrainer mit entsprechenden Handlungsoptionen und einer damit einhergehenden Verantwortung.

3.2 Gezielter Kompetenzerwerb in organisierten Lernprozessen

In einigen Ansätzen als nonformales Lernen bezeichnet, bilden organisierte Lernprozesse mit curricularen Beschreibungen und einer institutionellen Anbindung eine zweite wichtige Gruppe. Hierzu sind insbesondere Angebote der kulturellen Bildung, des Sports oder der Gesundheitsbildung zu rechnen. Typischerweise ist eine klare Zielorientierung auszumachen und auch der Lernprozess und die institutionelle Rahmung folgen einer gewissen Standardisierung. Von den Teilnehmern eines Ski-Kurses wird ein mehr oder weniger gut organisierter, im besten Falle effizienter Kompetenzerwerb erwartet. Bestimmte Fertigkeiten werden trainiert, Wissen und Handlungsmöglichkeiten werden erweitert. Dies gilt gleichermaßen für die Yogaschule als auch für den Kunstkurs an der Volkshochschule. Subjektiv wird diese Art des Lernens als Kompetenzgewinn wahrgenommen. Freizeitpädagogik erscheint hier als ein zielgerichtetes, didaktisch geplantes und professionell geleitetes Unterfangen. Eine Zertifizierung ist aber nicht zwingend vorgesehen. Insofern bleiben etwas mehr Freiräume für selbstgesteuerte Lerninteressen, und eine Standardisierung von Bildungsgängen bleibt außen vor.

3.3 Selbstgesteuert und erfahrungsorientiert lernen

Völlig anderen Grundsätzen scheinen Lernprozesse zu folgen, die ohne einen starken institutionellen Rahmen auskommen und wesentlich durch die Initiativen und reflektierten Erfahrungen der Akteure bestimmt werden. Für ein Training auf der Skaterbahn erscheint eher der Begriff erfahrungsorientierte Aneignung passend, wenngleich eine Unterstützung durch eine informelle Freizeitpädagogik immer noch denkbar ist. Im Gegensatz zu formelleren Lernvorhaben sind jedoch die Zielbestimmung und auch die Art des Lernens sehr stark in die Hand der Lernenden gegeben. Dieser stärker individualistische Zug könnte auch zu einer Selbstwahrnehmung als Persönlichkeitsentwicklung beitragen. Die Beispiele entstammen hier einem künstlerischen Kontext oder beziehen sich auf Erfahrungen beim freiwilligen

Engagement und im Ehrenamt. Freizeitpädagogik kommt in diesem Rahmen stärker die Funktion zu, einen Reflexionsraum zu organisieren und zu moderieren.

3.4 Beiläufig emotional basierte Anregungen aufnehmen

Nimmt man auch die Zielgerichtetheit aus dem Lernprozess heraus und bewegen sich Akteure trotzdem in lernhaltigen, anregenden Umgebungen, könnte man von einem beiläufigen informellen Lernen in der Freizeit sprechen. Dies trifft auf viele Szenarien aus dem Museumssektor, auf Themenwelten oder Zoos zu. Hier kommt es auch zu Aneignungsprozessen in dem Sinne, dass sich Menschen mit Themen auseinandersetzen. Im Gegensatz zur gezielten selbstgesteuerten Persönlichkeitserweiterung ist dabei aber eher von einer erlebnisorientierten Aneignung zu sprechen, bei der Interessenbildung, Unterhaltung und Geselligkeit unterschiedliche Mischungen eingehen. Insgesamt ist auch subjektiv von unterhaltsamen Anregungen auszugehen, mit begrenzten nachhaltigen Wirkungen auf Alltag und Wissenserwerb. Freizeitpädagogik operiert hier sehr stark als eine erlebnisorientierte Pädagogik und gestaltet lernhaltige Arrangements, wie sie u. a. in Themenwelten zu finden sind.

3.5 Sozialisation in Milieus und Freizeitszenen

Spielt weder eine klare Zielorientierung noch eine bewusste Wahrnehmung eigener Lernprozesse eine wichtige Rolle, könnte man von Sozialisation oder Freizeitsozialisation sprechen. Dies betrifft beispielsweise die Integration in eine Freundesgruppe oder das Engagement in einer Freizeitszene. Auch bei Reisegruppen (also Gruppen auf Zeit) sind Sozialisationsprozesse in dem Sinne zu vermuten, dass eine Anpassung an bestimmte Gruppennormen erfolgt und Rollen übernommen werden. Typisch erscheint eine lebensweltbezogene Integration, die auf eine Resonanz zielt, also nicht auf eine Aufgabe von Individualität, sondern auf Orientierungsfähigkeit in den betreffenden Gemeinschaften und eine emotionale Einbindung und Akzeptanz. Sozialisation betrifft auch funktionale Aspekte von Freizeiterlebniswelten. Intuitiv können sich Nutzer nach einiger Zeit in solchen Arrangements bewegen und Erlebnisse gezielt ansteuern. Ähnlich ist die Mediensozialisation einzuschätzen. Eine darauf bezogene Freizeitpädagogik könnte man als akzeptierende, aufsuchende Lebenspädagogik im Kontext bestimmter Szenen begreifen. Sie nimmt sich sehr zurück, versucht aber durch den Aufbau persönlicher Beziehungen als Sozialisationsagentur wahrgenommen zu werden.

4 Fallbeispiel: Informelles Lernen in Freizeiterlebniswelten

Als ein Fallbeispiel neuer Institutionalisierungen im Feld einer eher nonformale und informelle Lernprozesse in den Blick nehmenden Freizeitpädagogik soll hier die Entwicklung von Freizeiterlebniswelten diskutiert werden. Sie wurden als

„erlebnisorientierte Lernorte" beschrieben, die ein informelles Lernen mit Spaß und Geselligkeit anregen und neue Lernmöglichkeiten anbieten (Nahrstedt et al. 2002a, b). Eine breite Klammer vom Museum bis zum Entertainment Center erscheint dabei sinnvoll, um die Lernmöglichkeiten im Freizeitsektor, außerhalb genuiner Bildungsinstitutionen insgesamt zu umreißen. Erlebnisorientierte Lernorte umfassen Angebote und Strukturen im Schnittfeld von Lernen und Unterhaltung und Konsum – also vielfach hybride Formen. Zum Spektrum gehören Museen, Science Center, Zoos, Themenparks, aber auch Brandlands und Urban Entertainment Center. Sie können insgesamt als eine sich entwickelnde neue Infrastruktur für das lebensbegleitende, selbstgesteuerte Lernen im Freizeitsektor angesehen werden. Sie integrieren reale und mediale Angebote und sind Teil einer wachsenden „experience economy" (Pine und Gilmore 1999).

Hintergrund ist die von der Wissenschaft als Entgrenzung des Lernens beschriebene Entwicklung und die Zunahme von Selbststeuerung im Bildungssektor. Lernen im sozialen Umfeld, also im Freizeitsektor, erfährt eine Aufwertung – teilweise als Ergänzung anderer, formaler Lernorte, vielleicht aber auch als ein Faktor der Innovation. Erlebnisorientierte Lernorte sind kein spezieller Einrichtungstyp sondern es ist eine Querschnittsbezeichnung. Lernen, Erlebnis und Konsum gehen eine neue Mischung ein. Sie bieten einen Freiraum für eigene Erkundungen und regen die Besucher an, sich mit bestimmten Themen zu beschäftigen. Sie sind gleichzeitig Orte für Spaß, Unterhaltung und Geselligkeit. Dies ist ihr vorherrschender soziokultureller Kontext. Beides schließt sich nicht aus. Auch in den Erwartungen der Besucher an die Orte kommen Aspekte von Unterhaltung und Lernanregung vor. Deutlich wird, in der nachindustriellen Gesellschaft entwickeln sich neue Lernräume. Schule und Weiterbildung sind nicht alles. Lernbedürfnisse nach Erfahrungen mit Kopf, Herz und Hand richten sich auch an Einrichtungen im Freizeitbereich.

Kernidee von Erlebniswelten ist die thematische Inszenierung. Der Ansatz, Erfahrungsfelder mit starker Handlungsorientierung und Beteiligung vieler Sinne zu schaffen, fließt hier ein. Was man im Museum normalerweise nicht darf, nämlich die Objekte anfassen und so vielleicht besser zu begreifen, wünschen wir uns gerade – und viele Besucher auch, wenn man sie nach der Gestaltung von Ausstellungen fragt (Freericks et al. 2005a, b). Die Randbedingung der Selbststeuerung darf dabei aber nicht verletzt werden. Dann lassen sich auch etwas formalere Lernformen wie Workshop, Führung, Exkursion erfolgreich umsetzen.

Eine Förderung kann jedoch nicht allein auf das Arrangement beschränkt bleiben. Für eine Qualifizierung des erlebnisorientierten Lernens werden auch Vermittler, d. h. Personen, die informieren, begleiten, animieren und unterstützen, wichtig sein.

Die folgende Übersicht (Abb. 1) verdeutlicht die Lehr- und Lernformen in Freizeiterlebniswelten.

Die Stärken von Erlebniswelten als Lernwelten liegen darin, Interesse zu wecken und einen Startpunkt für formelles wie informelles (Weiter-)Lernen zu setzen. Insofern sind sie ein „Schlüssel zum Bildungsraum". Sie tragen zu einer kategorialen oder elementaren Bildung bei, und sie bieten Möglichkeiten für ein emotional fundiertes exemplarisches Erleben. Sie erschließen die Besucher für eine Wirklichkeit und eröffnen individuelle Pfade für das selbstgesteuerte lebenslange Lernen.

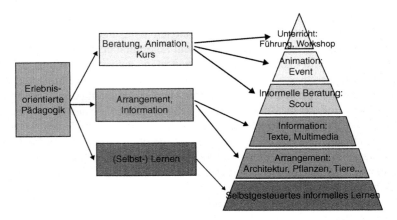

Abb. 1 Lehr-Lernformen einer erlebnisorientierten Pädogogik. Quelle: Nahrstedt et al. 2002a, S 199

Erlebniswelten als inszenierte Lernwelten verweisen auf einen Möglichkeitsraum mit spezifischer Qualität, um sich die Welt vertraut zu machen in abgegrenzten, zu erkundenden Räumen. Erlebnisorientiertes Lernen in diesem Sinne lebt von der Vielfalt an Erfahrungsmöglichkeiten, dem emotionalen Gehalt von Geschichten oder auch dem Bezug der Inhalte zu den Bedürfnissen und Interessen der Lernenden. Es ist vor allem ein kommunikatives, emotionales Geschehen. Eine gezielte Wissenserweiterung bezogen auf Fakten und Details steht zumeist nicht im Zentrum.

Beobachtbar ist ein Veränderungsprozess in den klassischen außerschulischen Institutionen in Richtung einer solchen Erlebnisorientierung. Damit werden auch Ansprüche an ein vielgestaltiges, stimmiges Lernprogramm im Freizeitbereich bedient. Erwartet werden können heute eine lernförderliche Dramaturgie, Szenen, Kulissen, Akteure und Spielmöglichkeiten. Erlebniswelten entwickeln dabei unter dem Einfluss gesellschaftlicher Ansprüche und den Erfahrungen mit Nutzergewohnheiten und Nutzerbedürfnissen im Freizeitbereich ein Spektrum unterschiedlicher neuer Lernszenarien:

- Aus dem Zoo alter Prägung wird ein Erlebnis-Zoo mit einer starken emotionalen Thematisierung.
- Der Freizeitpark erschließt sein Angebot neu über eine Wissensrallye und bietet Lernevents mit thematischem Schwerpunkt.
- Wissenschaftskommunikation findet heute auch in einem Science Center statt mit vielen interaktiven Experimentierstationen und wenigen authentischen Objekten.

Trotz erster Begleitstudien zur Entwicklung erlebnisorientierter Lernorte und ihrer spezifischen freizeitpädagogischen Handlungslogiken bleiben viele Fragen offen: Welche Formen des Lernens werden durch die erlebnisorientierten Lernorte gestützt? Welche Ansprüche sind an die Gestaltung und die präsentierten Inhalte zu stellen? Welchen Einfluss hat die marktförmige Organisation vieler Erlebnisangebote? Welche Verknüpfungen mit Institutionen der formalen Bildung wären interessant? Und nicht zuletzt: Welche Perspektiven ergeben sich für professionelle „Lernhelfer" in diesem außerschulischen Sektor? Das Forschungsfeld eines erlebnisorientierten, informellen Lernens erscheint noch wenig beackert. Die Untersuchung nachhaltig bleibender Wirkungen erscheint dabei ein ebenso erstrebenswertes Forschungsziel wie eine systematische Kategorisierung von Themen und geeigneten Lernszenarien.

5 Freizeitpädagogische Überlegungen zur Anregung informeller Lernprozesse

Ein Teil freizeitpädagogischer Überlegungen in den letzten Jahren zielte auf eine Anregung des informellen Lernens und eine Intensivierung von Lernprozessen in informellen Bildungskontexten. Hierzu ist beispielsweise das Projekt Aktivierung und Qualifizierung erlebnisorientierter Lernorte (Aquilo) zu zählen (Freericks et al. 2005a).

Eine Optimierung ist dabei in zwei Richtungen zu denken: auf der Inhalts- und Zielebene und bezogen auf die effektive Gestaltung und Steuerung von Lernprozessen. Einen inhaltlichen Bezugsrahmen bilden auch für einige Themenwelten in der Freizeit die Ziele des Programms „Bildung für nachhaltige Entwicklung". Ein nachhaltiges Lernen in diesem Sinne könnte sich auf folgende Aspekte konzentrieren:

- kritische und emotional fundierte Bildung für eine nachhaltige gesellschaftliche Entwicklung
- Auseinandersetzung mit globalen Problemlagen
- und die Gewinnung von Gestaltungskompetenz für die Zukunft.

Bildung für nachhaltige Entwicklung wäre in dem Sinne ein Referenzrahmen, der auch im informellen Bereich die Vielfalt und Komplexität möglicher Lernziele reduziert und einen Anregungsraum definiert, der Bezüge zu einem bestimmten gesellschaftlichen Erwartungshorizont hat. Einen vergleichbaren Ziel- und Erwartungshorizont konstruieren über verschiedene Felder hinweg Ansätze der Wissenschaftskommunikation. Hierbei geht es offenbar um eine Legitimation politischen Handelns, um wissenschaftsfreundliche Grundeinstellungen und die Förderung des Interesses an bestimmten (oft naturwissenschaftlichen) Themen (Dernbach et al. 2012).

Davon abzugrenzen sind Überlegungen, die sich auf die Qualität nonformaler und informeller Lernprozesse im Freizeitsektor beziehen. Im Kontext des Projekts Aquilo ist hier von nachhaltigen Wirkungen die Rede. Dazu kann gehören:

- langfristige Speicherung von Lerninhalten und eine dauerhafte Wissenserweiterung
- Transfer in den Alltag
- und die Stärkung der Selbstlernkompetenz.

Hier wird eine Optimierung von Lernprozessen in informellen Lernsettings insofern angestrebt, als aus flüchtigen Erlebnissen bleibende Eindrücke und daraus wiederum

Konsequenzen für das Handeln im Alltag erwachsen sollen. Ein intensiveres Teilhaben an Lernprozessen im Freizeitbereich, die Aneignung von Themen über ein ganzheitliches Lernen mit allen Sinnen oder auch eine kritische Reflexion über Erlebnisse und ihre Bedeutung für den Alltag werden in diesem Zusammenhang angeregt.

Im Kontext des Projekts Aquilo ging es um eine Veränderung von Lernarrangements in bestimmten Erlebniswelten (Museum, Science Center, Zoo oder Themenpark). In diesem Sinne wird von einer Aktivierung und Qualifizierung informeller Lernprozesse gesprochen.

Aktivierung von Lernprozessen

- Passende Themen mit Zukunftsbezug aufgreifen
- Mehr als zufällige Beschäftigung mit Lernfragen anregen
- Lernmaterial für Besucher entwickeln und bereithalten
- Vorbereitung und Nachbereitung eines Besuchs bedenken

Qualifizierung von Lernprozessen

- Optimierung von Lernszenarien
- Nachhaltige Wirkung
- Vielfalt der Lernzugänge
- Verstärkung der Bezüge zu Zukunftsfragen
- Förderung von Lernnetzwerken

Zu bedenken ist jedoch die Vermutung von Kirchhöfer, dass sich eine eher kritisch zu betrachtende Kolonisierung von „Provinzen des informellen Lernens" durch eine professionalisierte Bildung und eine schleichende Verschulung vieler Lebensbereiche vollziehen könnte (Kirchhöfer 2002, S. 33). Im Kontext einer Warenförmigkeit von Lernhilfen und Lernprogrammen sowie einem technologischen und kommerziellen Anpassungsdruck könne es außerdem zu einem „entfremdeten informellen Lernen" kommen (ebd., S. 41).

Bezogen auf die Entwicklung von Freizeiterlebniswelten lässt sich insgesamt vermuten, dass die Initiativen zur Optimierung der Freizeitbildung zu einer Angebotsentwicklung auf mehreren Ebenen führen werden. Für ein breites Publikum bieten sich über eine vielgestaltige Szenografie nach wie vor Möglichkeiten für ein beiläufiges oder selbstgesteuertes informelles Lernen. Bezogen auf bestimmte Gruppen (z. B. Schulklassen) werden eher nonformale Angebotsformen entwickelt mit Brücken zu Lehrplänen, genaueren Beschreibungen von Lernzielen und Standardabläufen. Informelles Lernen wäre hier denkbar als eine zusätzliche Dimension innerhalb eines zeitlich und organisatorisch einigermaßen klar umrissenen Workshopprogramms. Am Beispiel der Themenwelt „Klimahaus 8° Ost" in Bremerhaven lässt sich verfolgen, wie sich verschiedene Schichten eines komplexen Bildungsangebots überlagern. Zentral für das Erleben der Besucher ist die Szenografie der „Reise" entlang des achten Längengrades um die Welt. Verschiedene Klimazonen können so besucht werden. Die Inszenierung ist sinnlich, interaktiv und vermittelt medial gestützte Begegnungen mit den Menschen vor Ort, vertreten durch

Protagonisten der jeweiligen Lebensgemeinschaften. Ein „Eintauchen in fremde Welten" erscheint möglich. Aspekte des Klimawandels werden behandelt, treten aber durch die breit entwickelte alltagskulturelle Inszenierung nicht in den Vordergrund. Diese Ebene des informellen Lernens in einem inszenierten Arrangement wird ergänzt durch ausgearbeitete Bildungsprogramme für Schulklassen und andere Gruppen. Durch eine Fokussierung des Themas (z. B. auf die Handlungsmöglichkeiten im Alltag), eine workshopartige Strukturierung mit Einführung, Erkundung, Aktion und Reflexion wird aus dem unbestimmten informellen Lernen in einer Freizeiterlebniswelt eher ein nonformales thematisches Bildungsangebot unter Anleitung der Fachexperten der Themenwelt. Von formalen schulischen Arrangements unterscheidet sich dieses Angebot jedoch durch den nach wie vor stark emotionalen und anregenden Erlebnisraum und die bewusst nicht angestrebte Zertifizierung von Lernergebnissen. Auch hier gibt es aber inzwischen Entwicklungen im Freizeitbereich, diese Grenze auf freiwilliger Basis aufzuheben. Eine Dokumentation von Test-Ergebnissen an verschiedenen interaktiven Stationen des Science Centers „experimenta" in Heilbronn soll den jugendlichen Nutzern beispielsweise Aufschluss über ihre Talente geben.

Ausgehend von der Eigenlogik informeller und erlebnisreicher Lernwelten erscheint es erstrebenswert, Brücken zu formalen Lernprozessen in Bildungsinstitutionen zu beschreiben und für eine stärkere Vernetzung von Lernwelten zu nutzen. Eine Einbettung des Besuchs von Erlebniswelten in eine Vor- und Nachbereitung und eine stärkere Entwicklung von Lernarrangements im Freizeitbereich unter Berücksichtigung eines gesellschaftlichen Erwartungshorizonts auf der Zielebene würde diese eher zu informellen Bildungsorten machen. Freizeitpädagogische Überlegungen zu einer Balance von Vermittlungsanstrengungen und der Eröffnung von Freiräumen für ein selbstgesteuertes Lernen der Nutzer haben hier nach wie vor einen Ort. Zugleich geht es um eine Erschließung der Möglichkeiten außerschulischer Lernorte für den Bildungssektor insgesamt. Die Entwicklung einer internetgestützten Landkarte für außerschulische Lernorte und ein Kategorisieren und vielleicht auch eine Qualitätssicherung von Angeboten erscheint hier ein gangbarer Weg. Für Westfalen-Lippe listet eine interaktive Karte immerhin 500 Lernorte und 1000 Lernangebote aus ganz unterschiedlichen Feldern auf (Landschaftsverband Westfalen-Lippe 2015 online). Eine Vernetzung informeller und formaler Lernorte wird so vorangetrieben, und die Möglichkeiten von kleinen und großen Themenwelten können für ein komplexes Bildungsangebot genutzt werden.

6 Didaktische Herausforderungen informellen Lernens in Freizeitlernorten

Nimmt man die sich entwickelnde Bildungslandschaft mit vielfältigen erlebnisorientierten Lernorten als Ausgangspunkt einer weitergehenden freizeitpädagogischen Analyse, so stellen sich Fragen einer didaktischen Aufbereitung von Themen und der Organisation von Vermittlungsprozessen mit einem hohen Anteil informeller Lernprozesse. Dazu gehören beispielsweise folgende Gesichtspunkte:

Abb. 2 Lernkontexte im Vergleich. Quelle: Freericks 2011, S. 14

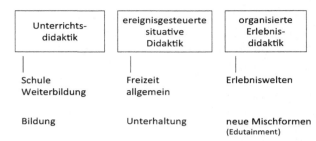

- Welche Transformationen allgemeiner didaktischer Ansätze und typischer Lernformen aus dem Unterrichtsgeschehen schulischer Ansätze lassen sich ausmachen?
- Welche originären didaktischen Modelle und Lernformen zeigen sich im Bereich der erlebnisorientierten Lernorte?

Auf einer allgemeinen didaktischen Ebene (vgl. Abb. 2) lässt sich konstatieren, dass das informelle Lernen in Freizeitlernorten einer „organisierten Erlebnisdidaktik" folgt. Sie hat als Kontext komplexe Erlebniswelten wie z. B. die Autostadt Wolfsburg oder das Universum Science Center Bremen. Kennzeichnend sind Mischformen aus Bildung und Unterhaltung und eine besondere Inszenierung von Erlebnis- und Bildungsräumen. Mit einer vorgedachten „Dramaturgie" für ein erlebnisreiches Lerngeschehen grenzt sich dieser Lernort von rein situativ bestimmten Lernorten im weiten Feld der Lebenswelt ab. Die Wirklichkeit in diesen Freizeit-Umwelten erscheint quasi verdichtet und für ein Erleben in kurzer Zeit aufbereitet. Für solche Angebote ist auch der Begriff „Edutainment" gebräuchlich. Demgegenüber erscheint eine Unterrichtsdidaktik bestimmend für das Geschehen in Schule und Weiterbildung. Bildung ist der vorherrschende Kontext. Und in allgemeinen Freizeitsituationen zeigt sich eine ereignisgesteuerte, situative Didaktik. Unterhaltung ist hier der vorherrschende Kontext und bestimmt das primäre Interesse, das erst durch geeignete Interventionen ergänzt wird.

Die Förderung und Unterstützung von Lernen in Freizeitkontexten kann sich auf einen Fundus der Pädagogik stützen und versuchen, didaktische Modelle in die Freizeit zu transformieren. Eine Vielfalt didaktischer Modelle ist Teil unserer Lernkultur und gibt Anregungen, wie man Wissen an andere weitergeben kann. In seinem „Kleinen Handbuch didaktischer Modelle" listet der Göttinger Erziehungswissenschaftler Karl-Heinz Flechsig 20 Grundformen auf – von der Vorlesung bis zum Werkstattseminar – und wir erkennen auch in Freizeitlernorten einiges davon wieder (Flechsig 1996). Es lässt sich konstatieren, dass „alte" Lernformen auch an Freizeitlernorten ihren Platz haben, allerdings werden sie in das passende Setting transformiert: die Grundform des ‚Frontalunterrichts' wird im erlebnisorientierten Lernort zu einem Vortrag mit der Möglichkeit der direkten Anschauung (offene Diskussion oder Demonstration am Modell) oder auch zu einer unterhaltsamen Präsentation unter Beteiligung des Publikums (Wettershow in der Themenwelt Klimahaus). Hands-on-Exponate können im weitesten Sinne der Form des bisherigen Experiments im Schulunterricht zugeschrieben werden. Dies aber insofern als besondere Form, als dass ohne die aktive Beteiligung des Lernenden das Lernarrangement komplett leer bleibt. Der Besucher/Lerner eignet sich Wissen selbst an, man kann bei hands-on von einem Einsatz von Kopf und Hand sprechen. Das Beispiel Universum Science Center in Bremen zeigt jedoch, dass eine ergänzende personale Vermittlung in einem Freizeitrahmen durchaus möglich und sinnvoll ist. Sog. Scouts unterstützen und begleiten die Besucher an den Exponaten oder veranstalten informative erlebnisreiche Shows. Spaß und Unterhaltung dürfen dabei nicht zu kurz kommen, und die Vermittlung muss alltagsnah sein. Die Workshops im Legoland lassen erkennen, dass die Besucher auch intensivere Lernformen nutzen, auch wenn draußen noch zahlreiche andere attraktive Angebote locken. Wesentlich hierbei ist jedoch, dass der Workshop nicht in einen fremdgesteuerten formalen Kurs übergeht. Die Selbststeuerung, das aktive Mitmachen des Besuchers muss weiterhin gewährleistet sein.

Es lassen sich in Freizeitlernorten aber auch didaktische Grundformen des informellen Lernens ausmachen, die im Schema von Flechsig nicht aufgehen, und originär an erlebnisorientierten Freizeitlernorten aufzufinden sind. Erlebnisorientierte Lernorte stellen, wenn sie gelingen, eine Ganzheit dar, die *funktional* neben Bildungsaspekten weitere Faktoren integrieren (Konsum, Unterhaltung, evtl. Eigenproduktion). Durch mehrfache Funktionen entstehen hybride Lernformen (Erlebnis, Lernen, Konsum). Diese Mischung wird vom Publikum nicht als unpassend, sondern als bereichernd und vielfältig wahrgenommen. Dies scheint einer der Erfolgsfaktoren vieler Freizeitlernorte zu sein. Insbesondere auf *struktureller* Ebene zeigen sich eigene didaktische Grundformen in erlebnisorientierten Lernorten. Lerner erfahren eine Selbstgestaltung von Raum und Zeit; der Lernort wird zu einem Raum zum emotionalen (sinnlichen) Eintauchen, die zeitliche Ausdehnung ist flexibel. Der Freizeitlernort bietet Möglichkeiten für eine selbstgesteuerte Nutzung unterschiedlicher Intensität und Dauer für eine Erkundung räumlicher Repräsentation von Weltwissen und globalen Problemlagen. Komplex inszenierte Themenräume (Szenografie) ermöglichen ein emotionales Eintauchen, wie z. B. im Auswandererhaus Bremerhaven.

Deutlich wird auch, dass bei der Gestaltung von Freizeiterlebniswelten unterschiedliche didaktische Feindimensionen eine Rolle spielen. Hierzu gehören u. a.:

- Der Grad der Technisierung und Mediatisierung des Arrangements: Werden unmittelbare Erfahrungen möglich, wie beispielsweise bei der Begegnung mit Tieren im Zoo? Oder gibt es eine vermittelte Welterfahrung über interaktive Medien, Spiele und Simulationen?
- Die ästhetische Ausgestaltung von Erlebnisräumen: Sind diese eher funktional auf die Benutzung von Exponaten und Lernangeboten ausgerichtet? Oder haben sie ein narratives Design und erzählen Geschichten von Menschen, Zusammenhängen und Ereignissen?
- Die Art der Wissensvermittlung: Werden Themen nach ihrer Sachlogik strukturiert angeboten und eher linear aufgebaut? Oder eröffnen sie unterschiedliche

Wege der konstruktiven Erschließung und bieten vielleicht auch weniger übersichtliche, labyrinthische Wegeführungen?
- Die Beteiligung der Lerner: Werden informell lernende Besucher von Erlebniswelten eher rezeptiv beteiligt, indem Sie Texte lesen und Filme schauen? Oder können Sie aktiv eingreifen, etwas mitgestalten, mitmachen und selbst aktiv sein?
- Selbststeuerung: Werden Ziele, Wege und Formen im Sinne einer Fremdsteuerung weitgehend vorgegeben? Oder wird im Sinne einer Angebotslogik ein Möglichkeitsraum für die Entwicklung eigener Interessen offeriert?
- Emotionale Involvierung: Werden eher Emotionen auf der Seite von Vergnügen, Spaß und Wohlgefühl angesprochen? Oder geht es im Kontext des Themas auch um Aspekte der persönlichen Betroffenheit?

Die Balancen einer solchen Gestaltung von Erlebnisräumen für das informelle Lernen im Freizeitbereich zeigen sich sehr gut am Deutschen Auswandererhaus (Bremerhaven). Es versteht sich als kulturhistorisches Erlebnismuseum, in dem Geschichte hautnah erlebt und nachempfunden werden kann. Ziel dieses erlebnisorientierten Lernortes ist, Geschichte hautnah erlebbar zu machen und das Thema Migration zu vermitteln; interkulturelle Kompetenzen von jungen Besuchern sollen weiter entwickelt und eine konstruktive Meinungsbildung zum Thema Migration gefördert werden. Eine Besonderheit des Deutschen Auswandererhauses ist sein Blick für lebenslanges Lernen, der sich in Programmen speziell für Erwachsene und Senioren erkennen lässt. Als Kern dieses erlebnisorientierten Lernorts ist ein Arrangement von (in vielen Teilen) multimedialen Lernstationen inmitten originalgetreuer Rekonstruktionen auszumachen: Inszenierte Themenwelten stellen mit einer Mischung aus Bildung und Unterhaltung ein Lernarrangement dar. Der komplexe Raum wird erlebnisdidaktisch, einer thematischen Dramaturgie folgend, aufbereitet. Die Raumgestaltung wird bestimmt von einem narrativen Design. Erzählt werden Geschichten der Aus- und Einwanderung, und der Besucher erschließt sich die Themenräume auf einer selbstständigen Tour entlang realer Lebensgeschichten. Dafür kann er im Rahmen des Besuchs die Identität von Auswanderern und Einwanderern annehmen und ihren Lebensstationen nachgehen. Es gibt ein strukturiertes Medienangebot (Daten, Dokumente, Erklärungstexte). Gleichwohl entsteht für den Besucher der Eindruck, dass er sich eher selbstgesteuert und interaktiv durch das Szenario bewegt. Eine Erkundung der verschiedenen Themenräume bereitet einerseits Vergnügen, auf der anderen Seite machen die Biografien der vorgestellten Menschen und ihr Schicksal auch betroffen. Und bestimmte Situationen wie der Abschied am Hafen lassen auch die Dramatik der Auswanderung nachempfinden. Es existiert neben der *spezifischen* Grundform der Szenografie eine große Vielfalt an Lernformen, bestehend aus älteren angepassten Formen (wie Führungen, Rallyes und Diskussionsrunden) aber auch neuen Lernformen wie Themenevents, Workshops und Projekten. Als grundlegende Erkenntnis ist auch aufgrund dieser Fallanalyse festzuhalten, dass die Komplexität der Didaktik in Freizeitlernorten zunimmt.

7   Fazit

Die Orientierung auf informelle Lernprozesse hat in der Freizeitpädagogik nach wie vor eine hohe Aktualität. Dies hängt mit einer entwickelten Freizeiterlebnislandschaft zusammen, in der Lernelemente zunehmend als ein Qualitätsmerkmal komplexer Freizeiterlebniswelten gesehen werden. Von einem weiter wachsenden Möglichkeitsraum für ein beiläufiges informelles Lernen ist daher auszugehen. Dies erhält eine Rahmung von politischer Seite durch bildungspolitische Kampagnen, die außerschulische Institutionen einschließen, und von der Erlebnisökonomie, die Edutainment als marktförmige Option für eine Freizeitgestaltung erschließt. Zugleich sind in weiteren Kontextbezügen eine voranschreitende Pluralisierung von Lebensentwürfen und eine Vergesellschaftung über (Freizeit-)Szenen zu sehen. Auch diese Entwicklung stärkt den Bedarf nach passenden Angeboten, hier eher für ein gezieltes, selbstgesteuertes Lernen. Nicht zuletzt verbinden sich Hoffnungen und Befürchtungen mit einer Entgrenzung des Lernens und den Zumutungen einer beschleunigten Moderne, in der die Halbwertzeit des Wissens (z. B. für die Benutzung von IT-Systemen) immer weiter abnimmt. Die Freizeit erscheint als Ressource für eine Erweiterung von Bildungsbemühungen und zugleich als ein Möglichkeitsraum für eigene Orientierung und Selbstbestimmung in einer Welt der pluralen (Bildungs-)Möglichkeiten und der zu einem Teil auch marktförmig organisierten Bildungsoptionen.

Die diskutierten Fallbeispiele einer Lernlandschaft von außerschulischen erlebnisorientierten Lernorten ganz unterschiedlicher Art weisen auf neue Stützpunkte und Gelegenheitsstrukturen für eine Freizeitpädagogik als informelle Pädagogik. Sie erschließt sich dabei den Fundus vertrauter Lernformen und didaktischer Modelle für die Vermittlung von Wissen und transformiert sie in neue Settings. Es zeichnen sich in der Kombination verschiedener Ebenen von Lernangeboten, emotionalen Szenarien und aktiven Handlungsformen aber auch neue Möglichkeitsräume für ein ganzheitliches Lernen ab. In einer Optimierung von didaktischen Ansätzen und Handlungsformen ist ein teilweiser Übergang von Formen des informellen Lernens zu Konzepten des nonformalen Lernens mit einer stärkeren Strukturierung angelegt. Die Gefahr einer Kolonisierung des Informellen ist aber nicht so stark zu gewichten, wie vielleicht befürchtet. Eher sind eine Erschließung der neuen Lernlandschaft im Sinne einer Kartierung von Optionen und die Entwicklung von Vernetzungsmöglichkeiten mit den klassischen Institutionen des Bildungswesens voranzutreiben. Die Potenziale erlebnisorientierter Lernorte in der Freizeit liegen dabei in ihren eigenen Zugängen zu Themen und der Tradierung neuer emotional basierter Lernformen mit Freiräumen für die eigene Interessentwicklung.

Literatur

Brinkmann, D. (2000). *Moderne Lernformen und Lerntechniken in der Erwachsenenbildung* (Formen selbstgesteuerten Lernens). Bielefeld: IFKA.

Dernbach, B., Kleinert, C., & Münder, H. (Hrsg.). (2012). *Handbuch Wissenschaftskommunikation.* Wiesbaden: Springer VS.
Dohmen, G. (2001). *Das informelle Lernen. Die internationale Erschließung einer bisher vernachlässigten Grundform menschlichen Lernens für das lebenslange Lernen aller.* Bonn: Bundesministerium für Bildung und Forschung (BMBF).
Dohmen, G. (2002). Informelles Lernen in der Freizeit. *Spektrum Freizeit,* 24(1), 18–27.
Flechsig, K.-H. (1996). *Kleines Handbuch didaktischer Modelle.* Eichenzell: Neuland, Verl. für Lebendiges Lernen.
Freericks, R. (2011). Außerschulische Lernorte. Typologie und Entwicklungsstand. In R. Freericks & D. Brinkmann (Hrsg.), *Zukunftsfähige Freizeit* (S. 11–22). Bremen: IFKA.
Freericks, R., Brinkmann, D., Theile, H., Krämer, S., Fromme, J., & Rußler, S. (Hrsg.). (2005a). *Projekt Aquilo: Aktivierung und Qualifizierung erlebnisorientierter Lernorte.* Bremen: IFKA.
Freericks, R., Brinkmann, D., & Theile, H. (Hrsg.). (2005b). *Nachhaltiges Lernen in Erlebniswelten? Modelle der Aktivierung und Qualifizierung. Tagungsdokumentation.* Bremen: IFKA.
Freericks, R., Hartmann, R., & Stecker, B. (2010). *Freizeitwissenschaft. Handbuch für Pädagogik, Management und nachhaltige Entwicklung.* München: Oldenbourg Verlag.
Kirchhöfer, D. (2002). Informelles Lernen in der Freizeit der Kinder. *Spektrum Freizeit,* 24(1), 28–43.
Kirchhöfer, D. (2004). *Lernkultur Kompetenzentwicklung: Begriffliche Grundlagen.* Berlin: Arbeitsgemeinschaft QUEM.
Kirchhöfer, D. (2005). Informelles Lernen in der Freizeit. In R. Freericks, D. Brinkmann & H. Theile (Hrsg.), *Nachhaltiges Lernen in Erlebniswelten?* (Tagungsdokumentation, S. 123–132). Bremen: IFKA.
Klafki, W. (1986). Die Bedeutung der klassischen Bildungstheorien für ein zeitgemäßes Konzept allgemeiner Bildung. *Zeitschrift für Pädagogik,* 32(4), 455–476.
Landschaftsverband Westfalen-Lippe (LWL). (2015). *Pädagogische Landkarte für außerschulische Lernorte.* http://www.lwl.org/paedagogische-landkarte/Start. Zugegriffen am 03.02.2015.
Nahrstedt, W., Fromme, J., Stehr, I., Brinkmann, D., Freericks, R., & Kahlen, B. (1994). *Bildung und Freizeit. Konzepte freizeitorientierter Weiterbildung.* Bielefeld: IFKA.
Nahrstedt, W., Brinkmann, D., & Kadel, V. (Hrsg.). (1997). *Neue Zeitfenster für Weiterbildung?* (Dokumentation der 10. Bielefelder Winterakademie). Bielefeld: IFKA.
Nahrstedt, W., Brinkmann, D., Theile, H., & Röcken, G. (2002a). *Lernort Erlebniswelt. Neue Formen informeller Bildung in der Wissensgesellschaft.* Bielefeld: IFKA.
Nahrstedt, W., Brinkmann, D., Röcken, G., & Theile, H. (2002b). Freizeiterlebniswelten als Lernwelten. *Spektrum Freizeit,* 24(1), 44–69.
Overwien, B. (2010). Zur Bedeutung informellen Lernens. In N. Neuber (Hrsg.), *Informelles Lernen im Sport* (S. 35–51). Wiesbaden: VS Verlag.
Pine, B. J., & Gilmore, J. H. (1999). *The experience economy.* Boston: Harvard Business School Press.
Voss, G. G. (1998). Die Entgrenzung von Arbeit und Arbeitskraft. Eine subjektorientierte Interpretation des Wandels der Arbeit. *Mitteilungen aus der Arbeitsmarkt- und Berufsforschung,* 31(3), 473–487.
Zinnecker, J. (2000). Selbstsozialisation – Essay über ein aktuelles Konzept. *Zeitschrift für Soziologie der Erziehung,* 3, 272–290.

Teil III
Andere disziplinäre Zugänge

Informelles Lernen aus philosophischer Perspektive

Volker Ladenthin

Inhalt

1   Die Grundproblematik informellen Lernens: Zur Anamnese des Begriffs 165
2   Teil II: Perspektiven einer neuen Philosophie den Informellen Lernens 179
3   Fragmente der Gegenwart 200
Literatur 202

Die folgenden Reflexionen zum informellen Lernen beginnen mit einem Versuch, den Begriff prinzipientheoretisch auszuleuchten und auf seine epistemischen Voraussetzungen hin zu befragen; im zweiten Teil wird der Begriff im Gang durch die Geschichte systematisch entfaltet und ausdifferenziert. Dabei unterscheide ich zwischen dem Begriff (dem Sachverhalt) eines *Lernens außerhalb formal gestalteter Bezüge* und dem Terminus „informelles Lernen", der neben anderen in der gegenwärtigen Diskussion um den Begriff verwendet wird.

1   Die Grundproblematik informellen Lernens: Zur Anamnese des Begriffs

1.1   Zur Anthropologie des Lernens

Seit der Antike gehört es zum Grundbestand anthropologischen und pädagogischen Denkens, den Mensch als ein durch sein Lernen bestimmtes Wesen zu verstehen. Zwar wird er auch als durch seine biologische Ausstattung und soziale Umgebung

V. Ladenthin (✉)
Historische und Systematische Erziehungswissenschaft, Universität Bonn,
Bildungswissenschaften, Bonn, Deutschland
E-Mail: v.ladenthin@uni-bonn.de

© Springer Fachmedien Wiesbaden 2016
M. Rohs (Hrsg.), *Handbuch Informelles Lernen*, Springer Reference Sozialwissenschaften,
DOI 10.1007/978-3-658-05953-8_16

mitbedingt gesehen; Wesensmerkmal in Unterscheidung zu anderen Lebenswesen ist aber seine Fähigkeit, instinkt*un*gebunden zu lernen. So schreibt Aristoteles:

> „Gut und tüchtig nun wird man durch dreierlei, Naturanlage, Gewöhnung und Vernunft. Denn zunächst muß man eine bestimmte Natur haben, z. B. die eines Menschen und nicht die eines anderen Lebewesens, und sodann eine bestimmte Beschaffenheit des Körpers und der Seele. Bei gewissen Dingen aber wiederum hilft die bloße Naturanlage nicht, denn die Gewöhnung kann sie verändern. Manches nämlich ist von Natur entgegengesetzter Ausbildung fähig, und hier ist es denn also die Gewöhnung, welche dasselbe entweder zum Schlechteren oder zum Besseren hinleitet. Die anderen Lebewesen endlich leben zwar vorzugsweise nur nach der Natur und nur einige in einigen wenigen Stücken auch nach der Gewöhnung, aber der Mensch auch nach der Vernunft, denn nur er besitzt Vernunft. So muß dies alles miteinander übereinstimmen; vieles nämlich tun die Menschen auch wider ihre Gewohnheiten und ihre Naturanlage durch die Vernunft, wenn sie sich davon überzeugen, daß es anders besser sei" (Aristoteles 1994, S. 254).

Dabei wurde von Beginn an in der pädagogischen Reflexion des Lernens zwischen einem Lernen in *nicht zum Lernen bestimmten Alltagssituationen* und einem vernunftgesteuerten Lernen in *eigens für das Lernen geschaffenen Institutionen* unterschieden. Aristoteles z. B. differenzierte zwischen einem Lernen in und durch Gewohnheiten (A) und einem Lernen durch Lehre und in organisierter Form (B) (Aristoteles 1965, S. 268). Jenes Lernen (A) gestaltete sich in tradierten Bezügen, Gewohnheiten und Üblichkeiten, die vom Lernenden keine *expliziten* Lernakte sondern in Handlungen eingebundene Aneignungsprozesse nicht näher beschriebener Art verlangten. Das explizite Lernen (B) konnte zwar auch in häuslichen Zusammenhängen stattfinden (etwa bei der Ausbildung von Sklaven), es sollte aber für die männlichen Bürger der Polis sinnvollerweise, so seine Forderung, (1) öffentlich und (2) ausgerichtet auf Effektivität und Effizienz (also auf Zielbegrenzung und Perfektionierung) und (3) in einer eigenen Institution stattfinden; es sollte (4) ein philosophisches (nämlich: teleologisch) begründetes Ziel haben (die Befähigung zur demokratischen Selbstorganisation der Polis um der Glückseligkeit ihrer Bürger willen), (5) bestimmte Inhalte (nämlich die Kultivierung von nützlichen Fähigkeiten zur Bestimmung von Handlungszielen), (6) reflektierte Lehrformen („Rhetorik"), (7) spezielle Materialien, es betraf (8) eine spezielle Klientel (nämlich exklusiv die männlichen Vollbürger der Polis) und sollte (9) zum nachweislichen Ergebnis jenen Vollbürger haben, der zum Regieren ebenso geeignet ist wie zum Regiertwerden und beides zueinander in Bezug setzen kann (Aristoteles 1965, S. 255–256). Dieses explizite Lernen war bestimmt vom Begriff der Vernunft, nämlich der Reflexion auf Erkennen und Handeln. Die Vernunft, so Aristoteles, war nicht aus Handlungszusammenhängen zu lernen, sondern als Bedingung der Möglichkeit ihrer reflektierten Gestaltung in spezifischen, nämlich theoretischen Zusammenhängen.

Dieses organisierte, d. h. ausschließlich von der ordnenden und begründenden Vernunft gesteuerte und in expliziten Formen und Einrichtungen statthabende Lernen wurde von Aristoteles als das im Hinblick auf den *theoretischen* Ertrag bedeutsame angesehen (Aristoteles 1965, S. 259); das Lernen in Alltagssituationen, in formlosen, bzw. *nicht auf das Lernen hin* ausgerichteten Lebensvollzügen, das Lernen in Gewohnheitszusammenhängen betrachtete er als faktisch häufiger und von der Effizienz her bei bestimmten Gegenständen als bedeutsamer: „Denn was wir durch Lernen zu tun fähig werden sollen, das lernen wir eben, indem wir es tun" (Aristoteles 1981, S. 81). Besonders im Bereich der Erziehung (also dem Erwerb von Tugend bzw. Moralität) schreibt Aristoteles dem Lernen in Gewohnheitszusammenhängen größere Bedeutung zu – mit der Konsequenz, die Organisation von Gewohnheiten (Rituale, Regeln, Vorschriften) dem Lehrenden als ebenso wichtige Gestaltungsaufgabe anzuraten wie die Organisation des vernunftgeleitet-organisierten Lernens: „Was für eine Rede soll solche Menschen umgestalten? Es ist kaum oder doch nicht leicht möglich, was seit langem in den Charakter aufgenommen wurde, durch das Wort wieder zu vertreiben" (Aristoteles 1981, S. 302). Die formale Rede könne das informell Gelernte nicht verändern; daraus folgert er: „Aber von Jugend auf eine rechte Erziehung zur Tugend zu erhalten ist schwer, wenn man nicht unter entsprechenden Gesetzen aufwächst" (Aristoteles 1998, S. 303). Das Leben unter dem Gesetz ist nicht nur zu verstehen als Leben in einer durch Regeln situierten *Lehr-Lern*situation, sondern als Leben in praktischen Bezügen („Gewöhnung"). Ganz im Sinne seiner Anthropologie versteht Aristoteles *praktische* Handlungsvollzüge als Möglichkeit, Sittlichkeit zu lernen: „Die Tugend ist also von doppelter Art, verstandesmäßig und ethisch. Die verstandesmäßige entsteht und wächst zum größeren Teil durch Belehrung; darum bedarf sie der Erfahrung und der Zeit. Die ethische dagegen ergibt sich aus der Gewohnheit" (Aristoteles 1998, S. 81).

Damit ist die Unterscheidung formalen und informellen Lernens nicht nur auf Vollzüge, sondern auch auf zu lernende *Inhalte* ausgelegt. Man lerne Unterschiedliches, je nachdem, wo und wie man lernt. Trotz aller Wertschätzung des formalen Lernens kommt daher dem informellen Lernen eine ganz eigene und unersetzbare Bedeutung zu – aus anthropologischer Sicht sogar die für die alltäglichen Handlungsvollzüge größere Bedeutung: „Denn das, woran man sich gewöhnt hat, ist nicht mehr schmerzlich" (Aristoteles 1998, S. 303). Das formale Lernen wird hier als ein Lernen verstanden, das in *umfassende* praktische Lebensvollzüge eingeordnet ist, so dass die im informellen Lernen erworbenen Regeln („Gewöhnung") nunmehr sogar das formale Lernen bestimmen.

Insofern unterscheidet Aristoteles einen weiteren Aspekt hinsichtlich des Lernens: Informelles Lernen ist nicht allein durch den *Ort* bestimmt, an dem es stattfindet, sondern stellt eine *Art* des Lernens dar. Selbstverständlich findet informelles Lernen in der Arbeitszusammenhängen statt: Durch „bauen werden wir Baumeister und durch Kitharaspielen Kitharisten. Ebenso werden wir gerecht, indem wir gerecht handeln, besonnen durch besonnenes, tapfer durch tapferes Handeln" (Aristoteles 1998, S. 81–82). Gleichwohl findet auch im formalen Lernen ein informelles Lernen statt, das sogar intentional eingesetzt und genutzt werden kann. Durch die Gewöhnung werden Sachverhalte *beiläufig* gelernt.

Die Qualität des informell Gelernten lässt sich nach Aristoteles nicht an ihm selbst oder an isolierten Überprüfungen der zur Produktion notwendigen Teilfähigkeiten messen, sondern nur an den in die Handlungsvollzüge *vollständig* eingebundenen Handlungen bzw. Produkten: „Denn wenn sie gut bauen, werden sie gute Baumeister, wenn schlecht, dann schlechte" (Aristoteles 1998, S. 82). Das Gelernte kann nicht isoliert getestet werden, weil gerade das Nicht-Isolierte die Eigenheit des beiläufig und informell Gelernten ausmacht. *Handlungs*kompetenz kann man *nur* beim Handeln in Ernstsituationen diagnostizieren: Ein Haus kann man nicht „testhalber" bauen lassen; aber ohne Hausbau weiß man nicht, ob der Baumeister dazu in der Lage ist. Lernen und Leben fallen zusammen. Ein Musikstück kann man nicht zur Probe spielen – denn auch dann spielt man es eben. Man kann Gerechtigkeit nicht simulieren, denn im Falle einer falschen Praxis hätten andere Menschen real zu leiden; und Tapferkeit kann man nicht behaupten oder vorspielen, sondern immer nur und ausschließlich in Ernstsituationen zeigen.

Aristoteles unterscheidet mithin fünf Perspektiven auf ein *Lernen außerhalb zum Lernen bestimmter Institutionen*:

- Es gibt ein sehr bedeutsames Lernen an nicht zum Lernen bestimmten *Orten*;
- Dieses spezielle Lernen implizierte eine bestimmte *Art* des Lernens.
- Es impliziert bestimmte *Inhalte*.
- Es findet immer statt, es kann aber auch intentional *arrangiert* und damit in Gang gesetzt werden.
- Das an nicht zum Lernen bestimmten Orten Gelernte kann nur in den betreffenden Handlungsvollzügen überprüft werden.

1.2 Zum Begriff des informellen Lernens

Die aristotelische Programmatik führt dazu, den anthropologisch gesicherten Begriff des Lernens auf zwei Arten auszulegen, nämlich einmal erkenntnistheoretisch (also universal) und einmal technisch-praktisch (also situationsbezogen). Die theoretische Auslegung des Lernbegriffs fragt nach den Bedingungen der Möglichkeiten des Lernens als Vernunftvermögen des Menschen; die technische und praktische Auslegung des Lernbegriffs fragt nach der organisatorischen, sozialen, politischen und ethischen Gestaltung des Lernens. Beide Auslegungen setzen sich gegenseitig voraus, sind aber nicht gegenseitig zueinander zu verrechnen. Diese Unterscheidung hilft, den aktuellen Sprachgebrauch zu klären. Auf Anregung aus politischen Diskussionszusammenhängen wird oft unterschieden in

- formales Lernen (einem „Lernen, das üblicherweise in einer Bildungs- oder Ausbildungseinrichtung stattfindet, (in Bezug auf Lernziele, Lernzeit oder Lernförderung) strukturiert ist und zur Zertifizierung führt. Formales Lernen ist aus der Sicht des Lernenden zielgerichtet"(Europäische Kommission 2001, S. 33).
- nicht-formales Lernen (einem „Lernen, das nicht in Bildungs- oder Berufsbildungseinrichtung stattfindet und üblicherweise nicht zur Zertifizierung führt. Gleichwohl ist es systematisch (in Bezug auf Lernziele, Lerndauer und Lernmittel). Aus Sicht der Lernenden ist es zielgerichtet" (Europäische Kommission 2001, S. 35).
- informelles Lernen (einem „Lernen, das im Alltag, am Arbeitsplatz, im Familienkreis oder in der Freizeit stattfindet. Es ist (in Bezug auf Lernziele, Lernzeit

oder Lernförderung) nicht strukturiert und führt üblicherweise nicht zur Zertifizierung" (Europäische Kommission 2001, S. 33).; informelles Lernen kann zielgerichtet sein, ist jedoch in den meisten Fällen nichtintentional (oder „inzidentell"/beiläufig).

Im Hinblick auf die Unterscheidung Aristoteles ist zu sehen, dass in diesen Begriffsbestimmungen besonders die organisatorische (technisch-praktische) Seite des Lernens beachtet wird, weniger (nämlich nur als Subkategorie beim informellen Lernen) aber die erkenntnistheoretische Seite.

- Um auch die erkenntnistheoretische Seite des Lernens zu erfassen, ist zudem zu differenzieren in die bewusste und intendierte sowie die unbewusste und beiläufige Aneignung von Wissen oder Können. Letztere erfolgt z. B. beim Ausüben einer Tätigkeit, die nicht explizit auf das Lernen ausgerichtet ist. Aktuell wird diese Unterscheidung in den Termini des *expliziten* und *impliziten* Lernens gefasst (Loenhoff 2012).

Aristoteles hatte darauf hingewiesen, dass Menschen beim Lernen eines expliziten Sachverhalts mehr lernen als nur den zum Lernen aufgegebenen Sachverhalt. Das, was zusätzlich gelernt wird, mag einmal inhaltlich auf den gelehrten *Sachverhalt* bezogen sein (der mit seinen Konnotationen und Bezügen gelernt wird) und zum anderen auf die *Situation*, in der gelernt wird. Dieses implizite Lernen findet aber auch in Zusammenhängen statt, die gar nicht intentional aufs Lernen ausgerichtet sind, und doch einen Lerneffekt zur Folge haben („Heimlicher Lehrplan") (Zinnecker 1975).

Schließlich ist eine weitere Differenzierung zu beachten, die zwar im Begriff des informellen Lernens in sozialer Perspektive angesprochen, nicht aber in erkenntnistheoretischer Perspektive ausgelegt ist – nämlich das systematische oder kursorische Lernen im Unterschied zum unsystematische oder Erfahrungslernen (Regenbrecht und Pöppel 1995). Beim Konzept eines *systematischen* Lernens muss unterschieden werden zwischen einem Lernen gemäß einer *Sachlogik* (wie sie etwa die aristotelischen Schriften darlegen: ausgehend von der obersten Definition wird der Gegenstand immer weiter systematisch ausdifferenziert; deduktives Verfahren) und einem Lernen gemäß der *Lernlogik* (ausgehend vom Vorwissen des Lernenden und/oder von seinem Interesse wird der Lerngegenstand vom Aspekt seiner Lernbarkeit systematisch erschlossen – wie es die Schriften Platons darlegen; er erfragt von einer alltäglichen und individuellen Frage das systematisch Allgemeine).

- Im Unterschied zum sachlogisch oder lernlogisch strukturierten und oft kursorischen Erschließen des Gegenstands ist das *Erfahrungslernen* zu verstehen als ein Lernen, das von alltäglichen und individuellen Erfahrungen ausgeht und auch bei ihnen bleibt.

Erst in der biographischen Rückschau (Beispiel: Goethes Roman *Wilhelm Meisters Lehrjahre*; Peter Weiss: Die Ästhetik des Widerstands), in der Anamnese

(Kempowski: Deutsche Chronik) oder der bildungstheoretischen Reflexion (Marotzki 1990) stellt sich nachträglich und irreversibel der sinn- oder aber verhängnisvolle Zusammenhang des einzeln, isoliert und zusammenhangslos Gelernten heraus.

1.3 Bildungssysteme unter der Perspektive informellen Lernens

Das Bedeutsame des pädagogischen Lernbegriffs ist es, dass er mit einer Vorstellung von Geltung einhergeht: Das sachliche Lernen hat zur regulativen Idee die Wahrheit; das sittliche Lernen hat zur regulativen Idee die Sittlichkeit. Ohne diese Voraussetzungen kann zumindest im pädagogischen Kontext nicht von Lernen gesprochen werden, denn ohne diese Voraussetzung bräuchte es gar kein Lernen und keine Pädagogik zu geben. Wenn alles schon gleich richtig und gleich gut wäre, wäre *jeder* Handlungsvollzug schon identisch mit einem *gültigen* Handlungsvollzug, wäre alles Tun schon Lehren: Erst die Idee der Geltung, die richtig und falsch, gute und böse, zweckmäßig oder sinnvoll unterscheidet, macht aus pädagogischer Sicht überhaupt erst Lernen und damit Intervention nötig. Insofern ist der pädagogische Begriff des Lernens immer an den der Geltung und damit unlöslich an die als *gültig* erachteten Verfahren zur Begründung von Geltung gebunden. Lernen aus pädagogischer Sicht ist der Prozess des Erkennens unter den für die Erkenntnis des Gegenstands als gültig erachteten Erkenntnismethoden (Petzelt 1964, S. 167–260). Der Erkenntnisprozess findet zudem immer zwischen Personen (oder ihren Medien) statt, ist also immer sozial eingebettet. Die soziale Organisation muss daher bedacht werden.

Im Hinblick auf den pädagogischen Lernbegriff lässt sich mit der Unterscheidung zwischen formell-informell und explizit-implizit die Geschichte der Bildung historisch (in Epochen) und systematisch (in Situationen) in drei Formen zusammenfassen.

1.3.1 Lernen als Mitmachen

So gibt es (1) Epochen oder Situationen, in denen der Lehr-Lernvorgang als ein „Machen und Mitmachen" beschrieben werden kann. In diesen Situationen („Mach mit!") gibt gar keine explizite Lernsituation, sondern die nachfolgende Generation (die Lernenden) sind bei den alltagsüblichen Handlungsvollzügen anwesend und nehmen immer mehr an den intendierten Handlungen teil. Lehrende und Handelnde sind identisch; die Lehrenden beziehen ihre Autorität aus dem Umstand, dass sie die Sache in ihrer Üblichkeit beherrschen. Die Lernmedien sind die Gegenstände des Gebrauchs. Die Qualität der Arbeit ist unmittelbar einsehbar. Unter erkenntnistheoretischer Perspektive bedeutet dies, dass Faktizität und Geltung identisch sind: Dasjenige ist richtig und gut (und deshalb auch notwendig zu lernen), das faktisch vollzogen wird.

1.3.2 Lernen als Nachmachen

Sobald aus den technisch üblichen Handlungsvollzügen solche oder Solches *an* ihnen hervorgehen werden, die eigens gelernt werden sollen, entsteht eine völlig neue historische Epoche oder Situation, nämlich (2) diejenige, die den Lernprozess als „Vormachen und Nachmachen" *konstruiert*. Nicht alle Handlungsvollzüge sondern nur *eigens* bestimmte (exemplarische) und nicht die gesamten Handlungsvollzüge, sondern nur die zu optimierende Qualität *an ihnen* bestimmen das, was vorgemacht wird. Der alltägliche Handlungsvollzug *konzentriert* und *verdoppelt* sich in den *funktionalen* Vollzug einerseits und die *Demonstration* des funktionalen Vollzugs andererseits: „Schau mal, *so* macht man das, ..." Immer noch findet aber alles Lernen *mit* und *in* Handlungsvollzügen und *an* den entsprechenden Orten des Alltags statt. Lehrende und Handelnde sind identisch; die Lehrenden beziehen ihre Autorität aus dem Umstand, dass sie die Sache vorbildlich beherrschen und diese ihre Fähigkeit kontextuell demonstrieren können. Die Lernmedien sind die Gegenstände des Gebrauchs, werden aber aus dem Gebrauch zu Demonstrationszwecken herausgehoben. Sie verdoppeln sich gedanklich, da sie zugleich einzelner Gebrauchsgegenstand wie Medium (Lehrmittel) zur Illustration eines Allgemeinen am einzelnen Gegenstand sind: „Schau mal, so mäht man (immer) mit einer Sense...". Die Qualität der Arbeit ist sowohl unmittelbar wie probehalber einsehbar („Zeig mal, ob du es kannst..."), wobei auch die Lerndemonstration unter realen Handlungsbedingungen erfolgt. Unter erkenntnistheoretischer Perspektive betrachtet bedeutet dies, dass *Aspekte* der Faktizität Geltung beanspruchen: Dasjenige ist richtig und gut (und deshalb auch zu lernen), was aus der Mannigfaltigkeit der faktischen Vollzügen als zu lernende Inhalte isoliert, hervorgehoben und damit explizit wird. Hier stellt sich erstmals die didaktische Grundfrage der Auswahl der zu lernenden Inhalte. Die methodische Frage ist durch den Vollzug immer schon beantwortet.

1.3.3 Lernen als Selbsttätigkeit

Wenn das Nachmachen kein einfaches Nachahmen oder Kopieren ist (wie im Modell 2), sondern durchaus eine Variation oder sogar eine eigene Qualität haben kann oder soll, reichen beide Systeme ((1) Machen/Mitmachen; (2) Vormachen/Nachmachen) als Lehr-Lernverfahren nicht mehr aus: Dies ist der Fall beim Transfer von Lösungsmodellen auf andere Zusammenhänge, etwa beim Transfer der Gewohnheit des Grasschneidens auf das Schneiden von Getreide; des Bogenschießens auf das Bedienen einer Armbrust; des Auswendiglernens eines Textes auf das Erfinden eines eigenen Textes. Die technischen oder praktischen Lebensverhältnisse bedürfen nun einer expliziten Lehre, die auch die Organisation der Lehr-Lernakte betrifft: Ist in der ersten Form die persönlich Anwesenheit von Lehrendem und Lernendem unverzichtbar, so ist sie im zweiten schon so gelockert, dass bei der Nachahmung des Vorgemachten der Lehrende nicht mehr die ganze Zeit, sondern nur am Anfang zur Aufgabenstellung und am Ende zu Kontrolle anwesend sein muss. Bei der „Aufforderung zur Selbsttätigkeit" (3) kann der personale Bezug weiter gelockert und schließlich medial vertreten werden (Buch; Gebrauchsanweisung). Der Lerner vollzieht Handlungen nicht mehr mit, er kopiert Handlungen auch nicht mehr; vielmehr *konstruiert* er diese nach (indirekter) Anleitung aus eigenem Vermögen: „Schlage das Buch auf und lies leise!". Nunmehr können auch andere Personen als die Gruppe der Berufskundigen die Lehre übernehmen; sie müssen sogar den zu lernenden Vorgang nicht mehr selbst beherrschen, sondern nur noch wissen, was man können muss, um den Vorgang zu beherrschen (z. B. der Ballettunterricht durch ehemalige Tänzer; Training durch ehemalige Fußballspieler); der Schüler kann also besser sein als der Lehrer. Es kann eine räumliche Trennung stattfinden, weil das Lernen von den alltäglichen Handlungsvollzügen getrennt werden kann. Zudem kann es nun Medien geben, die ausschließlich zum Lernen angefertigt wurden. Damit kommt zum ersten Mal in der Geschichte der Begriff der *Methode* in die pädagogische Reflexion – und zwar gleich doppelt: Einmal meint Methode die Gestaltung des Aktes der Aufforderung (Lehrmethoden); zum anderen meint Methode den Akt des Aufgeforderten, den zu lernenden Gegenstand geistig oder tätig nach Regeln zu konstituieren (Lernmethode). Unter erkenntnistheoretischer Perspektive bedeutet dies, dass die intendierten Lehrziele einer Geltungsprüfung unterzogen werden: Dasjenige soll künftig richtig und gut (und deshalb auch zu lernen) sein, was jetzt aus der Mannigfaltigkeit der faktischen Vollzügen als zu lernende Vollzüge so isoliert, hervorgehoben und damit explizit wird, dass es der Lernende nach eigener Geltungsprüfung übernimmt. Diese Geltungsprüfung findet auch dann statt, wenn sie gar nicht intendiert ist – weil das eigene Denken den Gegenstand konstituieren muss.

Handeln der älteren Generation	Machen (Modell 1)	Vormachen (Modell 2)	Auffordern (Modell 3)
Handeln der jüngeren Generation	Mitmachen	Nachmachen	Selbstmachen
Welches Wissen ist bei der älteren Generation notwendig?	Wissen, Fertigkeiten und Fähigkeiten im Handeln	Fertigkeiten und Fähigkeiten im Handeln, Wissen über das richtige Handeln und die richtigen Vollzüge	Wissen, wie man Wissen, Fertigkeiten und Fähigkeiten im Handeln erwirbt
Ausbildung der Ausbilder	Tätigkeiten, Beruf; „Meister"	„Lehr-Meister" in der Berufsausbildung	Ausbildung im Lehren; „Lehrer"

Obwohl alle drei Modelle im alltäglichen Lernen oft zeitgleich praktiziert wurden und auch heute noch üblich sind, lassen sie sich drei Epochen der überlieferten Menschheitsgeschichte zuordnen – in denen je eines dieser Modelle für die größte Zahl der Bevölkerung vorherrschend war:

- Beobachtungen in archaischen Gesellschaften lassen eine Dominanz des Modells 1 vermuten: So fasst die Ethnologin Margaret Mead ihre Beobachtungen zum Lernverhalten (angeblich) einfacher Kulturen zusammen in dem Satz: „Die Erziehung eines kleinen Kindes ist einfach. Es soll ans Haus gewöhnt sein" (Mead 1971, S. 48).
- Die alteuropäischen Gesellschaften haben sich lebensweltlich wesentlich (und bis zur Einführung der Schulpflicht) für die weitaus größte Zahl der Menschen nach dem Modell 2 tradiert. Dieses Modell ist jenes, das am meisten in der globalen Geschichte praktiziert wurde und wird – am längsten und für die meisten

Menschen. Bis zur Einführung der Schulpflicht war das Modell 2 für bis zu 95 % der Bevölkerung das allein verbindliche Bildungsmodell.

- Erst mit der Einführung der Schulpflicht wird das vormachende Lehren abgelöst von Modell 3, das zuvor nur in akademischen Zusammenhängen Bedeutung hatte. In Altertum und Mittelalter ereignete sich das formale Lehren in der Form des scholastischen Dozierens, also in der (bei Aristoteles geschulten) systematischen Darlegung, Auslegung und Ausdifferenzierung eines als feststehend gedachten Ordo – freilich nur für eine Minderheit der Gesellschaften. Seit der Einführung der Schulpflicht im 18. Jahrhundert ist Modell 3 das vorherrschende Lehr-Lernverfahren – zum ersten Mal in der Weltgeschichte.

1.4 Epistemologie des informellen Lernens

Das, was man heute als informelles Lernen bezeichnet, war geschichtlich verbunden mit spezifischen Vorstellungen über Bildungsprozesse, nämlich einer Bildung im technischen, im parktischen und im ontologischen Zirkel. Um die Bedeutsamkeiten, Grenzen oder Möglichkeiten informellen Lernens zu verstehen, sind diese historischen Formen und ihre Voraussetzungen zu reflektieren.

1.4.1 Der technische Zirkel

Die methodische Grundstruktur des informellen Lernens kann als „Einüben durch Ausüben" zusammengefasst werden: Gelernt wird z. B. beim Vollzug von lebensweltlichen Handlungen. Was aber wurde gelernt? Im Hinblick auf die Inhalte (Didaktik) kann von einem *Technischen Zirkel* gesprochen werden: In von dieser Vorstellung bestimmten Gesellschaften wird nur das gelehrt und gelernt, was für das technische Handlungsziel notwendig ist. Anderes Wissen und Können wird als nutzlos oder schädlich betrachtet. Die Anwendungsanforderungen allein bestimmen die zu lernenden Inhalte, was umgekehrt zur Folge hatte, dass auf Grund der gelernten Inhalte die Lebenswelt auch nur so gestaltet werden konnte, wie sie tradiert wurde. Ideale Methode des technischen Zirkels war hier ein Lernen im Modus (1) des Mitmachens und (2) des Nachmachens. Die Weitergabe bäuerlichen Wissens und Könnens wäre geeignetes Paradigma zur Untersuchungen der Leistungen und Defizite des Lernens im technischen Zirkel. Die Begründung für die Einrichtung von Schulen für die ländliche Bevölkerung, eben diese von Aberglauben zu befreien (von Zedlitz), mag die Grenzen und das Problem einer Gesellschaft zu beleuchten, die - wie die bäuerlichen Gesellschaften - Bildung ausschließlich im technischen Zirkel betreiben.

1.4.2 Der praktische Zirkel

Die Zunftordnungen des Mittelalters zeigen, dass sich die Gütekriterien des informellen Lernens als „Einüben durch Ausüben" nicht nur auf *technische* Aspekte der Handlungen, sondern auch auf ihre *praktischen*, also sittlichen Aspekte bezogen. Mit den Techniken zugleich sollten Haltungen erworben werden, die z. B. in den Zunftordnungen genau beschrieben wurden. Im Modus des *praktischen Zirkels* ging es also darum, anlässlich *technischer* Aufgaben mit ihnen *untrennbar* verbundene sittliche Normen anzuerkennen und zu praktizieren. Im Übergang zur Moderne wurde dieser Umstand sehr genau beachtet; so schreibt Gian Battista Vico 1708: „Im Altertum waren die Philosophen von so geschlossenem Charakter, daß bei einem jeden nicht bloß die *Lebensweise* mit der Lehre im Einklang stand, sondern sogar die Art der Rede ihr angepasst war" (Vico 1947, S. 146–147). Vico beschreibt die Identität von Lehre und Leben, er spricht vom Lehren durch (1) Machen und (2) Vormachen. Anhand z. B. der Kleiderordnungen in den Städten wäre zu zeigen, dass im Schneiderberuf nur solche Kleidung angefertigt werden durfte, die den ständischen und sittlichen Ordnungen der Städte entsprach (Eisenbart 1962): Diese sittliche Ordnung hatte der Schneider zusammen mit der Ausbildung technischer Fertigkeiten anzuerkennen, wie umgekehrt die soziale Ordnung auch nur solche Techniken zuließ, die sie nicht in Frage stellte. In den Zeugnissen der Gesellen werden zusätzlich zu den technischen Fähigkeiten und mit ihnen verbunden auch die *Haltungen* erwähnt, die Auskunft über die Qualifikation des Gesellen geben (Kroeschell 1973, S. 253 ff.): Wissen und Haltung sind untrennbar verbunden.

1.4.3 Der ontologische Zirkel

Aber nicht nur akzeptierte Techniken und üblichen Sitten sollten in informellen Lernprozessen angeeignet werden, sondern auch die diesen Techniken und Sitten vorausliegenden ontologischen Weltdeutungen. Sowohl in natur-teleologischen Modellen, wie jenem des Aristoteles, als auch in dem teleologischen Modell des Christentums wird allen Dingen und allen Handlungen ein ihnen innewohnender Sinn unterstellt, der nicht in der Verfügungsgewalt des Menschen liegt (Theorie der analogia entis). Noch einmal Vico: „Aristoteles (...) bediente sich des Syllogismus, indem er das allgemeine Wahre zur Voraussetzung machte, um über das im Speziellen Zweifelhafte Gewißheit zu erlangen" (Vico 1947, S. 148–149). In diesem ontologischen Zirkel wird die *Welt* als Werk eines naturhaften Telos oder als Werk Gottes und die *Arbeit* als Gottesdienst bzw. normiert durch das Telos verstanden. Die Weltanschauung sogenannter geschlossener Kulturen (Lukács 1976) erfasst, begründet und rechtfertigt *alle* Einzelphänomene durch ein sozial verbindliches und durch Sanktionen gesichertes Deutungssystem (ontologische Totalität). Abweichungen von der Norm in sachlicher oder sittlicher Hinsicht werden zurückgeführt auf geistige Krankheit (der Wahnsinnige), mangelnde kognitive Einsicht (der Tor) oder Unwilligkeit (der Ketzer). Im letzten Fall wird mangelnde Regeleinsicht als Auflehnung gegen die natürliche oder gottbestimmte Ordnung verstanden: Die Unwilligkeit, sich *mitmachend* oder *nachahmend* im technischen und praktischen Zirkel zu bewähren, wird dann als Hybris, Übermut (superbia) und damit als Auflehnung gegen das sakrosankte Ganze gedeutet – und dementsprechend geahndet. Die Verfahren gegen Sokrates (Apologie) oder Giordano Bruno (1548–1600) zeigen dies exemplarisch.

Die Monokultur eines Lernens durch Mitmachen und Nachmachen erschwert das Durchbrechen technischer und praktischer Zirkel, Fortschritt, Innovation aber auch Individuation oder Systemkritik. Es setzt die zeitlose Gültigkeit der für die Lebenswelt erwarteten Handlungen voraus. Gerade deshalb wird das Prinzip des „Einübens durchs Ausüben" in geschlossenen Kulturen oder teleologisch festgelegten Gesellschaftssystemen als wesentlicher Modus des Lernens verstanden, weil es im Medium eines technischen, praktischen und ontologischen Zirkels sichert, dass nur das gelernt wird, was sozial erwünscht ist und so die Gesellschaft (den „ordo") stabilisiert (Fichtenau 1992).

Ausgehend von diesen Implikationen kann man nun die Voraussetzungen informellen Lernens in geschlossenen Kulturen benennen.
Es ist dies:

1. die Annahme der Sinnhaftigkeit von Welt, (Geschehen) und Geschichte. Der Weltgeschichte wird ein Ziel, ein Sinn oder ein (metaphysisches, natürliches) Telos unterstellt, das sich,
2. bei vorausgesetzter Gutwilligkeit aller Menschen, auch tatsächlich vollzieht. Von daher wird
3. eine Zweckmäßigkeit aller üblichen (tradierten) Techniken ebenso angenommen wie
4. eine Funktionalität der Institutionen und
5. die Gutartigkeit der überlieferten Sitten. Ein solches Modell setzt
6. eine statische (und als gut eingerichtet bewertete) Gesellschaft voraus, bzw.
7. die Konstanz der Entwicklung als stete Verbesserung (Augustinus, Gottesstaat; Fortschritt) und
8. die Unveränderlichkeit der Bestimmung des Menschen (materiale Anthropologie).

Informelles Lernen in geschlossenen Gesellschaften mag an Innovationen teilhaben; es löst aber Innovation nicht aus.

1.5 Informelles Lernen unter den Bedingungen der nachmetaphysischen Moderne

Um das Spezifikum der Neuzeit beurteilen zu können, stellte Vico in der bereits zitierten Schrift fest, dass der „Übelstand schwer „wiege", „daß die Künste und Wissenschaften, welche die (antike, V.L.) Philosophie allein gewissermaßen mit einem *einzigen* Geisteshauch erfüllt und zusammengehalten hatte, heute getrennt und *zersplittert* sind" (Vico 1947, S. 146–147). Die Frage ist nun, welche Gestalten und Möglichkeiten informelles Lernen nach dem Zersplittern oder Zerbrechen der drei epistemischen Zirkel z. B. in Offenen Gesellschaften (Popper 1980) oder in einer nachmetaphysischen Epoche (Habermas 1988) annehmen kann? Entscheidend wird dabei sein, ob man den Begriff des informellen Lernens erkenntnistheoretisch oder technisch-praktisch konzipiert.

1.5.1 Lernen im Dialog als Erinnerung: Platon

Schon in den platonischen Dialogen zeigte sich eine merkwürdige Doppelung. Fast alle Lehrdialoge beginnen in lebensweltlichen Situationen (also informell), aber sie zeichnen sich alle durch Explizität, ja sogar durch das intendierte Explizitmachen des impliziten Wissens aus. Das Wissen wird nicht sachlogisch entfaltet, sondern lernlogisch erschlossen. Für eine spätere Anwendung muss das so Gelernte eigenständig von der Logik des Lernens in die Logik der Sache und von dieser in die Logik der Anwendung transferiert werden. Es muss also unterschieden werden, ob (erkenntnistheoretisch) vom impliziten und expliziten Lernen oder (organisatorisch) vom formalen und informellen Lernen gesprochen wird. Unter dieser Betrachtung lässt sich an den Schriften Platons aufzeigen, dass es sehr wohl zu expliziten Lehrvorgängen in nicht institutionalisierten Situationen kommen kann, die so angelegt sind, dass sie gerade die Vorurteilsstruktur geschlossener Gesellschaften (allerdings nicht ungestraft) aufbrechen. Die Gewissheit, dass der vom Anlass ausgehende Dialog zu gültigem Wissen (und nicht nur zu unverbindlichem Gespräch) führt, ist bei Platon allerdings durch die Annahme gegeben, dass Lernen ein sich Erinnern an von der unsterblichen Seele zuvor geschauten Ideen sei. Insofern trifft selbst auf die informell erscheinenden Platonschen Dialoge zu, was Vico als Kennzeichen der Vormoderne ausgewiesen hatte, nämlich dass alles Wissen von einem „einzigen Geisteshauch" erfüllt sei.

1.5.2 Lernen als Fragen: Kant

Mit der Erkenntniskritik Kants und der Teleologiekritik Rousseaus gerieten der technische, praktische und ontologische Zirkel, die jeder für sich und alle zusammen Voraussetzung für die Akzeptanz und Dominanz *nichtsystematischer Traditionsweitergabe* war, als Prinzip der Didaktik in eine seitdem nicht behobene und wohl auch nie mehr wieder zu behebende Krise: Zum einen zeigt Kant, dass moderne Erkenntnis nicht die Struktur der Welt abbildet („analogia entis"), sondern umgekehrt Erkenntnis*weisen* und Erkenntnis*interessen* ohne ontologische Rückbindung *an* die Welt heranträgt – also ausschließlich Antworten auf *willkürliche* Fragen an Natur und Kultur erhält. Die Antworten stehen allein unter dem Anspruch auf Wahrheit, nicht aber unter dem Anspruch auf Anwendung, Sittlichkeit oder Sinn. Mit einer Sache ist nicht ihr Sinn gelernt. Die Fragestellungen sind nicht vorgegeben, sondern werden unter unterschiedlichen Regularien innerszientifisch oder sozial, politisch ökonomisch usw. entwickelt und begründet. Karl Popper wird dies im Bild erfassen, dass Erkennen (Lernen) vergleichbar einem Scheinwerfer sei, der immer nur Teile des Dunklen beleuchten kann: Man erkennt und lernt nur, wonach man fragt (Popper 1980, S. 322–323).

Problematisch werden daher nun das tradierte Wissen und die Legitimation von Geltung durch Tradition (Erfahrung): Erfahrungswissen scheint nur zufällig, nur individuell verbürgt und unsystematisch: „Wenn aber gleich alle unsere Erkenntnis *mit* der Erfahrung anhebt, so entspringt sie darum doch nicht eben alle *aus* der Erfahrung" (Kant 1983b, S. 45). Das Erfahrungswissen muss daher unterschieden werden vom streng methodisch generiertem Wissen, dass allein allgemeingültig, systematisch und nachprüfbar ist. Erfahrungswissen scheint nur noch bei der Anwendung von Wissen Bedeutung zu haben, nicht aber bei der Generierung – und zwar deshalb, weil es grundsätzlich nicht verallgemeinerbar scheint, sondern allein situationsbezogen gelte.

Seit dieser „Kopernikanischen Wende" kann nicht mehr vorausgesetzt werden, dass jede Erkenntnis zugleich nützlich und sittlich ist und sich einfügt in einen als gutartig gedachten Fortschritt des Menschen zum Besseren. Vicos Diagnose der *Zersplitterung* erneuert sich in der Formulierung vom „*Streit* der Fakultäten" (Kant), im „Klassen*kampf*" (Marx) und letztlich im postmodernen *Widerstreit* (Lyotard): Nichts ist vorauszusetzen. Wie kann dann noch gelernt werden? Was gilt?

1.5.3 Lernen im Zeitalter der Zersplitterung, des Streits und des Widerstreits: Rousseaus Problemaufriss

Rousseau hatte aufgezeigt, dass mit Erkenntnissen unter dem Geltungsanspruch von Wahrheit nicht zugleich Erkenntnisse unter dem Anspruch von Sittlichkeit gewonnen werden, technischer Fortschritt mithin nicht zugleich sittlichen Fortschritt implizieren muss: Perfektionierung und Perfektibilität sind zu unterscheiden (Reitemeyer 1996), und erst letztere ist Initiation zur Bildung. Zudem zeigt Rousseau in immer neuen Beispielen auf, dass Sachsystematik und Lernsystematik radikal zu unterscheiden sind, indem er eine am Kriterium des sich naturhaft entwickelnden intellektuellen Vermögens orientierte Ordnung von Lernprozessen entwirft – die Lernlogik.

Im Hinblick auf die Theorien formalen und informellen Lernens nimmt Rousseaus „Emile" eine weitere aufschlussreiche, nunmehr bewusst nachmetaphysische Position ein. An ihr lässt sich die Problemkonstellation aufzeigen, die bis heute bestehen bleibt und bei allen Konzepten formalen und informellen Lernens mitbedacht werden muss.

Rousseaus 1762 erschienener Erziehungstraktat ist auf den ersten Blick eine grundlegende Schrift gegen das scholastische, also formale Lernen, soweit es damals in kirchlichen Schulen, durch Hauslehrer aber auch durch Eltern stattfand – wobei zu bedenken ist, dass der Schulbesuch zu Rousseaus Zeiten noch die Ausnahme für die meisten Menschen der europäischen Gesellschaften war. Rousseau, der selbst auch nie eine Schule besucht hatte, setzt nun den ‚formalen Lernprozessen' gerade *nicht* ‚informelle Lernprozesse' (die Erfahrungen) entgegen. Denn diese würden nicht zur Bildung (= Selbstbestimmung) des Menschen führen, sondern nur zur Anpassung an den status quo einer Gesellschaft. Da die herrschende Gesellschaft aber die falsche Gesellschaft sei, sei eine Vorstellung von Bildung als Lernprozess in technischen und praktischen Zirkeln („Einüben durch Ausüben") ebenso verfehlt wie ein Lernen in tradierten, scholastischen d. h. formalen Systemen, die von einem fertigen teleologischen System ausgehen, das *vorab* zu akzeptieren sei. Wie aber kann unter den Bedingungen eines nicht-teleologischen Denkens und einer Analyse, dass Faktizität nicht schon deshalb Geltung beanspruchen kann, weil sie faktisch ist, ein auf Bildung zielendes Lernen gedacht und praktiziert werden?

Rousseaus originelle Antwort auf diese Frage besteht darin, das Lernen so zu arrangieren, dass es dem (vor-formalen) Erfahrungslernen zwar analog ist, aber zugleich allgemeine Geltungsansprüche stellt. Unter weitgehendem Verzicht auf formale Lernarrangements (zuallererst der Schule, aber auch der sachsystematischen Unterweisung durch Privatlehrer oder durch Bücher), soll der Lernende sich in einem ihm gemäßen (zuerst leeren und dann vom Erzieher aufzufüllenden) Umfeld bewegen und in ihm unter den Geltungsansprüchen der Notwendigkeit, der Nützlichkeit und des Sinnvollen lernen. Der Akt des Lehrens wird dem zugeschrieben, was Rousseaus als „Erziehung durch die Dinge" bezeichnet, dem „Gewinn unserer eigenen Erfahrung mit den Gegenständen, die uns affizieren" (Rousseau 1963, S. 109).

Informelles Lernen als *Lernen an nicht zum Lernen bestimmten Orten* lehnt Rousseau also ab, weil an ihnen lediglich eine Anpassung an das, was schon ist, erfolgt – und dies, seiner Analyse nach – die Anpassung an das Falsche ist. Aber informelles Lernen als besondere *Art* des Lernens ist genau das, was ihm ideal erscheint – nämlich ein Lernen aus *unmittelbarer* Einsicht in Notwendigkeiten, Nützlichkeiten und (ethisch) Sinnvolles. Das informelle Lernen findet also nicht einfach statt, sondern muss, damit es bildend ist, vom Erzieher *arrangiert* werden. Und zwar muss es vom Erzieher so *arrangiert* werden, dass der Lerner es nicht als Arrangement durchschauen und daher unterlaufen kann. Die Lernkontrolle erfolgt zudem nicht anhand abstrakter Normen durch den Erzieher, sondern durch den Umgang mit der Sache, deren Notwendigkeit und Nützlichkeit *unvermittelt* eingesehen werden soll. Es ist der Geltungsanspruch der Dinge (nämlich ihre Notwendig- und Nützlichkeit), der es möglich macht, Wissen unter Geltungsanspruch zu lernen.

Damit überführt Rousseau das Problem, das Aristoteles durch eine der Natur und Gesellschaft unterstellte Teleologie gelöst sah, in die radikale Moderne:

- Weder ist es für ihn möglich, Wissen als abgeschlossenes Wissen dozierend (scholastisch) zu lehren, weil es eben nie abgeschlossen ist, der Lehrvorgang nie an ein begründetes Ende käme und zudem kein Allgemeines zu denken ist, dem dieses Wissen vorab zugeordnet oder zuzuordnen wäre.
- Noch ist Wissen allein in der Erfahrungswelt zu lernen, denn diese Welt kann die Welt der falschen Erfahrung sein, so dass das Gelernte keinen Geltungsanspruch erheben kann.

Also muss es eine Institution geben, die das Wissen so offen anbietet, als wäre es Erfahrung, zugleich aber so begründet, dass es Geltungsanspruch erheben kann. Die ist der *pädagogisch gestaltete Vollzug* – wo immer er auch organisatorisch platziert wird.

Allerdings ist darauf hingewiesen worden (Starobinski 1988, S. 321–323), dass der Gedanke einer „Formalisierung des Informellen" paradox sei: „Ich predige euch die schwere Kunst, ihr jungen Lehrer, nämlich beherrschen ohne Vorschriften zu geben. (...) Laßt ihn [den Zögling, V.L.] immer im Glauben, er sei der Meister, seid es in Wirklichkeit aber selbst. Es gibt keine vollkommenere Unterwerfung als die, der man den *Schein* der Freiheit zugesteht. So bezwingt man sogar den Willen. (...) Zweifellos darf es [das Kind, V.L.] tun, was es will, aber es darf nur das wollen, von dem ihr wünscht, daß es es tut" (Rousseau 1963, S. 264–266). Die Erfahrung sei mithin inszenierte Erfahrung, die Freiheit nur gut verdeckte Unfreiheit. War für Aristoteles gerade dies der Grund für die Rechtfertigung informellen Lernens gewesen, weil alles Lernen, da teleologisch ausgerichtet, von einem „*einzigen*

Geisteshauch erfüllt" sei (Vico), so gerät eine inszenierte Spontaneität in der „zersplitterten" Moderne (Vico) unter Täuschungsverdacht. Die Frage ist in der Tat, wie Emiles Erzieher diejenigen Gegenstände auswählt, mit denen er den leeren Raum ausstattet. Zu prüfen wäre, ob Rousseau das Problem informellen Lernens in der Moderne schon in seiner Grundproblematik systematisch vollständig beschrieben hatte (Ladenthin 1995, S. 15–29).

2 Teil II: Perspektiven einer neuen Philosophie den Informellen Lernens

Ausgehend von der bei Rousseau entwickelten Problemlage des bildungsbedeutsamen Lernens in nachmetaphysischen Gesellschaften ist die Frage des informellen Lernens ausdifferenziert und vielfältig geführt worden. Im Folgenden wird eine philosophische Dimensionierung der Beiträge versucht, um die Problemstruktur herauszuarbeiten.

2.1 Die erkenntnistheoretische Dimension

Die Frage nach der Bedingung der Möglichkeit, *Kategorien* der Erkenntnis zu benennen, die von dem Kantkritiker Johann Georg Hamann (1967, S. 219–227) ausgeht, ließe sich in seinen Bearbeitungsversuchen von Friedrich Nietzsche (1980, S. 875–890) bis hin zu Michel Foucault (1971) oder dem radikalen Konstruktivismus (Glasenfeld 1996) nachzeichnen. Sie provozierten insgesamt die Annahme, dass die dem wissenschaftlichen Einzelwissen vorausgesetzte Sach*systematik* insofern *willkürlich* ist, als der hierzu notwendige Methodendiskurs wiederum begründet werden müsste, also einer Methode bedürfe und diese erneut - was einen Regress ins Unendliche auslösen würde. In der Konsequenz werden von nun an Wissenssysteme als hypothetische *Konstruktionen* angesehen. Ihr Geltungsgrund muss nicht zwingend in einer humanen Sinngebung liegen, sondern kann auch im Anspruch auf Macht oder zur Erwirtschaftung von Gewinn gesehen werden. Daraus folgt ein Problem für die Bildungstheorie: Da es keine allgemeingültige Metaphysik der Wissenssysteme gibt, kann es auch keine *allgemeine* Logik des Lehrplans geben: „Wenn Schüler nicht bloß Mittel zu politisch gesetzten Zwecken, sondern immer auch Zweck und Werk ihrer selbst sein sollen, dann ist eine pädagogische Kritik der Lehrpläne, *in welcher Gestalt sie auch immer auftreten* (Curricula, Rahmenrichtlinien, Lehrbücher), *erforderlich*. Maßstab der Kritik ist der Anspruch der Schüler auf zunehmende Selbstbestimmung" (Rekus und Mikhail 2013, S. 215). Mit dieser erkenntnistheoretisch begründeten Kritik eröffnete sich nun aber eine neue Perspektive auf das unsystematische Lernen, weil es keinen gültigen Grund a priori gibt, informelles Lernen als minderwertig zu qualifizieren und aus dem Gesamtdiskurs auszuschließen.

Beispiel 1: Informelles Lernen und Sprachphilosophie

Der Hinweis Johann Georg Hamanns auf die Voraussetzung aber zugleich Undarstellbarkeit des Ganzen der Sprache hat den Gedanken des *Fragments*, des *Aphorismus* oder des *Essays* neu belebt, der für das Verständnis informeller Lernprozesse in der nachmetaphysischen Moderne signifikante Bedeutung hat: Dabei fällt auf, dass gerade Sprachtheoretiker wie Hamann, Herder oder Humboldt ihre Theorien nicht in systematischen Abhandlungen entwickeln, sondern an Beispielen, denen freilich eine systematisch Absicht zugrunde liegt (Arntzen 1984). Die Texte und selbst die Forschungen ähneln damit den antiken „Sokratischen Denkwürdigkeiten" (Hamann 1759) (allerdings ohne Platons Ideenlehre vorauszusetzen), dem Fragment, dem Aphorismus oder dem Essay. Das fragmentarische Denken gibt „ein *Knäuel* vortreflicher Begriffe, die jeder Lehrer zum Leitfaden in der Erziehung des Verstandes nöthig hat" (Hamann 1759, S. 28) Diese Annahme wird nicht nur von den Geisteswissenschaften reklamiert: Der Physiker Georg Christoph Lichtenberg (1742–1799) kultiviert den (gesellschaftskritischen) Aphorismus (Arntzen 1968, S. 359–372) zum subversiven Mittel gegen das nur konservierende Systemdenken: „Der große Kunstgriff kleine Abweichungen von der Wahrheit für die Wahrheit selbst zu halten, worauf die ganze Differentialrechnung gebaut ist, ist auch zugleich der Grund unserer witzigen Gedanken, wo oft das Ganze hinfallen würde, wenn wir die Abweichungen in einer philosophischen Strenge nehmen würden" (Lichtenberg 1967, S. 95). Zwar müsse man jene der äußeren „Organisation" analoge Hypothesen und Theorien haben, um seine „Kenntnisse" zu „organisieren", denn sonst blieben sie „bloßer Schutt" (Lichtenberg 1967, S. 148); gleichwohl folgert er für das Lernen: „Es ist ein Fehler unserer Erziehung, dass wir gewisse Wissenschaften so früh anfangen, sie verwachsen sozusagen in unseren Verstand, und der Weg zum Neuen wird gehemmt. Es wäre die Frage, ob sich die Seelenkräfte nicht stärken ließen, ohne sie auf eine Wissenschaft anzuwenden" (Lichtenberg 1967, S. 135). Genau dieser Frage hätte sich eine neue Philosophie des informellen Lernens zu stellen.

Aphorismen bilden – erkenntnistheoretisch betrachtet – *Muster* informellen Lernens ab. Es sind Reflexionen aus Anlässen. *Sie stellen nicht das Erkannte dar, sondern fordern zum Erkennen auf.* Die formale Organisation von Lehrprozessen (etwa in Lehrbüchern, Vorlesungen, Lehrplänen) wird von den Aphoristikern als unangemessen empfunden, weil gerade sie weiterführende Erkenntnisse zu verstellen scheint, indem sie das Einzelne dem vorab festgelegten System unterordnet und somit exkludierend ist. Systeme suggerieren, Erkenntnisse könnten apriorisch geordnet werden, während sie doch bestenfalls argumentativ gewonnen worden sind – also letztlich aphoristisch.

Das *Fragment* stellt die *Frage* nach dem Ganzen, repräsentiert es aber nicht wie das dem Allgemeinen nachgängige Beispiel („exemplum"). Fragmentarische Lehre *verlangt* nach Ergänzungen durch den Lernenden, stellt das Lernen in eine Aufgabe. Das Fragment verzichtet auf die Lösung der grundlegenden Frage zugunsten der Detailgenauigkeit.

Wie Aphorismus und Fragment stellt der *Essay* das formale Lernen in Frage: In den Essays Michel de Montaignes hatte sich die essayistische Schreibwese und das ihm vorausgesetzte Lernen schon zu Beginn der Moderne erprobt, bis die essayistische Denkart dann – z. B. bei Walter Benjamin (Passagenwerk: „Das unbew(ußte) Wissen vom Gewesnen wird bewußt" (Benjamin 1991, S. 1216)) oder Theodor W. Adorno – zum Programm der nachsystematischen Moderne wird: „Soviel hat meine Produktion von ihrem eigentlichen Ursprung, dem künstlerischen, doch behalten, daß sie einer gewissen *Unwillkürlichkeit* unterliegt, und daß ich nicht nach ‚*Prioritäten*' schreiben kann" (Adorno 1985, S. 86). Nicht eine äußere, womöglich apriorische Systematik, die eine Hierarchie der Erkenntnisse behauptet, setzt das Interesse an Erkenntnis (Lernen) in Gang, sondern eine informelle Haltung. Die zu Beginn des Telosschwunds der Neuzeit entwickelte Form des Essays wird zur neuen philosophischen Diskursform, weil sie Erkenntnisse hervorzubringen vermag, die weder schon vorab wissenschaftlich verwaltet noch philosophisch organisiert waren *oder* nur Erfahrung eines Einzelnen referiert: „Nur entwickelt er die Gedanken anders als nach der diskursiven Logik. Weder leitet er aus einem Prinzip ab, noch folgert er aus kohärenten Einzelbeobachtungen" (Adorno 1958, S. 9–49).

Andererseits zeigen transzendental argumentierende Sprachtheoretiker wie Hamann, Herder und Humboldt, dass eine sprachliche Einzelheit nur eine solche ist, wenn und weil das Ganze der Sprache vorausgesetzt wird: „Man kann die Sprache mit einem ungeheuren Gewebe vergleichen, in dem jeder Theil mit dem andren und alle mit dem Ganzen in mehr oder weniger deutlich erkennbarem Zusammenhange stehen. Der Mensch berührt im Sprechen, *von welchen Beziehungen man ausgehen mag*, immer nur einen abgesonderten Theil dieses Gewebes, thut dies aber instinctartig immer dergestalt, als wären ihm zugleich alle, mit welchen jener einzelne nothwendig in Uebereinstimmung stehen muss, im gleichen Augenblick gegenwärtig" (Humboldt 1988, S. 446). So, wie eine sprachliche Sinneinheit nur angesichts des (nie vollständig zu beschreibenden) Systems eine solche ist, ist umgekehrt in der Einzelaussage auch immer das ganze System vorausgesetzt, das zu der Einzelaussage geführt hat. Im Unterschied zur Wissenschaft, die auf *willkürlicher* Verabredung von Fragestellungen und Methoden beruht, ist das vorausgesetzte System der Sprache absolut und unhintergehbar. Das System der Sprache entzieht sich der Konvention, weil jede Änderung von Sprachkonventionen ein nicht konventionales System voraussetzt. Mit dieser Überlegung kommt dem Sprachdenken eine hohe Bedeutung für die Theorie des informellen Lernens zu. Jeder beliebige Satz kann als Beispiel verstanden werden, das in systematischer Hinsicht auszulegen ist. Diese sprachbezogene Einsicht führt zu völlig neuen Bewertungen induktiver Lehr-Lernverfahren: „Vielmehr nehmen wir das Einzelne zunächst gerade in allgemeiner Hinsicht, wenn wir auch das Allgemeine dabei nicht schon als allgemeines ausdrücklich im Blick haben..." (Buck 1989, S. 39). Von hier aus ließen sich Lernprozesse völlig anders verstehen und das Bildungssystem anders gestalten – beides ließe sich grundlegend *entformalisieren*. Das Lernen muss nicht einer Sachsystematik folgen, vielmehr kann es beliebig, zufällig, anlässlich, aus gegebenem oder gefundenem Anlass anheben (als Frage, als Problem), um dann in Reflexion auf das eigene methodische Vorgehen in Richtung jener Sachsystematik fortzuschreiten, die zwar vorausgesetzt werden muss, nie aber vollständig oder zeitlos, sondern eben auch nur vorläufig und zukunftsoffen, also beispielhaft darzustellen ist: Die Frage z. B., warum sich manche Zwillinge ähneln und andere nicht, führt ebenso in die forschungsoffene Systematik der Genetik wie die Definition des Genoms. Die Frage, wo das Wasser bleibt, wenn es verdampft, führt ebenso ins Zentrum der Physik wie eine Theorie der Aggregatzustände. Warum Einlegesohlen nur dann „aufeinanderpassen", wenn man eine „umdreht", eröffnet den Weg in die mathematische Spiegelungstheorie ebenso wie eine Definition dessen, was Spiegelung mathematisch ist (Bachmann 1973). Nicht der *Ort* oder die *Organisation* des Lernens entscheiden über die Gültigkeit des Gelernten, sondern die *Art* der Reflexion. Ebenso muss ein Gegenstand nicht der Sachlogik folgend erschlossen werden: Ein Text (vgl. lat. textus = Gewebe) etwa kann von jeder Stelle aus im Hinblick auf seine Totalität erschlossen werden, die doch nie erreicht wird, auch nicht durch eine Interpretation, die dem Textaufbau folgt. Von kleinen Fragen lassen sich komplexe Sachverhalte her aufschließen.

Damit eröffnen sich gerade unter der Bedingungen einer nicht-teleologischen Moderne völlig neue Möglichkeiten informellen Lernens: Lernanlässe vermögen, erkenntnistheoretisch korrekt reflektiert, das durch formale Organisation gemaßregelte und vielleicht sogar auf Machterhalt ausgerichtete Lehr-Lernverhältnis (Foucault) zu durchbrechen. Gerade weil das Lernen als Erkennen nur noch an die gegenstandskonstituierende Methode, nicht aber an die äußere Organisation von Lehr-Lernprozessen gebunden ist, kann es sich unkontrolliert besser entfalten als das formale Lernen und birgt ungleich größere Möglichkeiten der Innovation. Um es historisch zu sagen: Mit dem Verbrennen unerwünschter Schriften, dem Entzug von Lehrerlaubnis oder dem Tod des Ketzers ist das Denken nicht beseitigt; im Gegenteil, es übersteht den Tod des Einzelnen und kann personenunabhängig und informell Geltung beanspruchen.

Beispiel 2: Hermeneutik: Lernen als Verstehen

In der modernen Hermeneutik wird die sprachkritische Einsicht in den fragmentarischen und zugleich netzartigen Charakter allen Gesprochenen insofern lerntheoretisch relevant weitergeführt, als sie nunmehr aufzeigt, dass *jedem* Expliziten ein Implizites innewohnt, das auch bei allem Bemühen nie vollständig rekonstruiert werden kann. Die hermeneutische Relativierung der positivistisch reduzierten Moderne (sei es als Kompensation (Odo Marquard), sei es als neue Ontologie (Martin Heidegger)) korrigiert deren Unterstellung, es ließe sich voraussetzungslos (also objektiv) feststellen, „was der Fall sei" (Wittgenstein). Insofern Welt sprachlich sei, sei sie Interpretation (Arntzen 2009, S. 217–230), und insofern sie Interpretation sei, sei sie mehrdeutig: Das gilt auch für die exakten Naturwissenschaften. Alle Aussagen enthalten *zugleich* Explizites wie Implizites. Mit Wilhelm Dilthey, Martin Heidegger, Hans-Georg Gadamer oder Günter Buck und in den Naturwissenschaften Carl Friedrich von Weizsäcker (1974, S. 61–83) wäre zu zeigen, dass jedes Lehren mehr beinhaltet, als es zu sagen vorgibt, und dass das Lernen

(Verstehen) nicht zu disziplinieren ist: „Der Wortsinn, der dem Wort in der Rede, in der es begegnet, zukommt, ist es offenkundig nicht allein, was da ist. Da ist anderes mitpräsent, und die Präsenz all dieser Mitpräsenten macht die Evokationskraft aus, die in der lebendigen Rede liegt" (Gadamer 1986, S. 197–198) Daraus folgt, dass es in organisierten Lehr-Lernsituationen *immer* auch zu implizitem Lernen kommt, wie umgekehrt in den nicht arrangierten Situationen *immer* zu expliziten Lernprozessen. Auch in formalen Lehr-Lernsituationen wird informell gelernt; auch informelles Lernen kann systematisch bedeutsam sein.

Der Versuch, Lernprozesse durch Operationalisierung von Lehrzielen oder Kompetenzen *messbar* zu gestalten, muss daher nicht nur beim informellen Lernen sondern grundsätzlich scheitern, weil jedem Lerngegenstand unendlich viele Bedeutungen entnommen werden können, je nach Erwartung, bisher angesammelten Kenntnissen und ausgebildeten Fähigkeiten und dem Rahmen, in den er gestellt werden kann. Zum Beispiel lässt sich zeigen, dass kein noch so sachlicher Text auf zählbare Informationseinheiten zu reduzieren ist, da „niemals eine Aussage ihren vollen Sinn-Gehalt in sich selber enthält" (Gadamer 1986, S. 195). Aus dieser Perspektive ergibt sich die Unmöglichkeit, Lernen zu messen und zu quantifizieren: Kein Verfahren kann kontrollieren oder messen, was sich jemand bei einem Sachverhalt alles denkt. Insofern gleichen sich im Hinblick auf den Lern*effekt* formales und informelles Lernen an. Damit stellt sich allerdings die Frage nach Standardisierung und Zertifizierung von informellen Lernprozessen (Gnahs 2003, S. 88–96). Eine Lösung zeichnet sich im Bereich des produktorientierten informellen Lernens ab, beim Lernen in Arbeitszusammenhängen, die allerdings durch eine Bevorzugung formaler Lehrprozesse lange nicht angemessen gewürdigt wurde.

2.2 Die bildungsphilosophische Dimension

In den Schriften Johann Friedrich Herbarts zeigt sich noch die *Offenheit* einer historischen Entscheidungssituation, die in der Folgezeit einseitig, d. h. lediglich organisatorisch, nicht aber erkenntnistheoretisch ausgelegt wurde:

- *Einerseits* hatte Herbart darauf hingewiesen, dass rein lebensweltliches Lernen (implizite Traditionsweitergabe, informelles Lernen) den Einzelnen unter den Bedingungen einer offenen Moderne handlungsunfähig mache und daher „Erfahrung und Umgang" der „*Ergänzung*" durch systematischen Unterricht bedürfe (Herbart 1806/1896, S. 167–172). Um den technischen, praktischen und ontologischen Zirkel zu durchbrechen, könne man im alltäglichen Leben das *richtige* Leben (recte vita) nicht mehr lernen.
- *Andererseits* hatte Herbart in seinen schultheoretischen Schriften (Herbart 1964, S. 143–151) gezeigt, dass die Institutionen das Lernen zwar inhaltlich und methodisch ordnen (formales Lernen), zugleich aber nun den Interessen von Teilgruppen der Gesellschaft (Wirtschaft, Politik, Militär) unterordnen und das Lernen so von seinem Sinn der ästhetischen und interesselosen Erkenntniserweiterung entfremden.

Beispiel 1: Die Reform des (schulischen) Lernens

Die Bildungspolitik in der Zeit nach Herbart hat dann in Deutschland nahezu ausschließlich den Aspekt einer Notwendigkeit des systematischen (formalen) Lernens rezipiert und daraus seine staatliche Organisation gefolgert. Die noch zu Herbarts Zeiten vehement geführte Diskussion darüber (Ladenthin 2006), ob das (informelle) Lernen bei den Eltern oder Hauslehren eine höhere Effizienz habe als das organisierte (formale) schulische Lernen, die Problematisierung der Schule als möglicherweise illegitimer und ineffektiver Eingriff des Staates über seine natürlichen und nützlichen „Gränzen" hinaus (Humboldt) wurden faktisch zurückgedrängt von einer an den Prinzipien der Planbarkeit und besonders Beherrschbarkeit des Schulsystems ausgerichteten Bildungspolitik. Speziell im deutschsprachigen Bereich wurde die Schule als „Veranstaltung des Staates" (Hattenhauer und Bernert 1996) und damit als *Instrument* des Staates angesehen. Sie sollte nicht nur einen kollektiven Wissens- und Könnensstand zur Gewährleistung zivilisatorischer Standards garantieren, sondern *zugleich* soziale, politische und nationalistische *Wert*entscheidungen und *Haltungen* als Verwaltungsakt durchsetzen. Instrument hierfür war das formale Lernen, mit kanonisierten Inhalten (*Lehrplan*), Institutionen (Schul*system*), geregelten oder sogar staatlich vorgeschriebenen Lehrverfahren (Rezeption der *Formalstufen* Herbarts), Orten (Kästner: *Kinderkaserne*), Zeiten (*Stundenplan*; *Ganz*tag), Gebäudestrukturen (*Klassenzimmer/Lehrerzimmer/Karzer*), Einrichtungsgegenständen (*Schulbank*) und Verhaltensweisen (*Klassengemeinschaft*) und Medien (*Schulbuch*). Informell Gelerntes, das sich diesen Normen nicht fügte, wurde als unerheblich und sogar unerwünscht qualifiziert und systematisch ausgeschlossen. Es wurden sogar eigene Prüfungsverfahren entwickelt, die sicherstellen sollten, das *nur* das in Prüfungen evaluiert wurde, was zuvor *explizit* im Unterricht gelehrt worden war (Prinzip der Validität). Die Didaktik (Lehrplantheorie) ersetzte die Bildungstheorie.

Weniger als theoretische denn als praktische Reaktion auf diese offensichtlichen Mängel eines überformalisierten Bildungs*systems* entstand jene *Bewegung*, die als Reformpädagogik bezeichnet wird (Nohl 1935). Sie konnte sich dabei ebenfalls auf Herbart berufen, aber auf dessen schulkritische Schriften. Herbarts Kritik, dass in einem Schulsystem „unter öffentlicher Mitwirkung" die Lernlogik faktisch der von partiellen Interessen gesteuerten Qualifikationslogik unterstellt und damit entstellt würde, setzte die Reformpädagogik konstruktiv eine Lehr-Lernorganisation entgegen, die nun „vom Kinde ausgehen" sollte: Auslöser von Lernprozessen sollte nicht die Sachsystematik sein, sondern das Ganze des kindlichen *Lebens*. Dieses war aber – hier ist der Bezug zur Lebensphilosophie Friedrich Nietzsches oder Søren Kierkegaards offensichtlich – nicht vorab zu systematisieren: Denn „dieses wirkliche Leben läßt sich in kein bündiges System fassen. Kierkegaard hat recht, wenn er sagt: nur Gott, kein Mensch könne ein ‚System das Daseins' besitzen" (Petersen 1954, S. 245). Damit aber *kann* es keinen Lehrplan geben, der sich auf ein (denknotwendiges) Apriori bezieht; jeder Versuch einer Systematisierung des Wissens in einem

Lehrplan, eine wie auch immer geartete Formalisierung sind willkürliche oder interessengeleitete Eingriffe in das Leben – also Ausdruck von Macht, nicht von Vernunft. Demgegenüber stehen in der Reformpädagogik informelle Lernprozesse (unter dem Chiffre *Bildung*), die das Leben auslöst: „Denn die Bildungsschule des Lebens übt keinen Lehrzwang aus. Sie hat nur freiwillige Schüler. Auch planvoll lehrt sie nicht. Sie gibt Gelegenheitsunterricht. Fächerung ist ihr fremd (...). Auch keine instruktiven Lehrmittel sind da. Das Wichtigste aber eben: es muß ohne Lehrer gelernt werden. Aus eigenem Antrieb: auf eigene Art, in eigener Kraft" (Scheibner 1928, S. 134). Der Wille des Einzelnen in seinem Lebenszusammenhang wird zum Motiv des Lernens. „Wie künstlich fern bewegt sich der herkömmliche Unterricht von den Lebensformen des Lernens! Die Arbeitspädagogik will diesem schädlichen Stile entgegenwirken. Sie strebt, die Schüler zu befreien aus der Herrschaft der Schulstoffe und Schullehrer." Diese spezielle Art der Reformpädagogik wird als Befreiung aus formalen Zwängen verstanden – und zwar nicht deshalb, weil sie die Kinder vor dem Zwang der Erwerbsarbeit schützt (wie die Schulpädagogik des 18. Jahrhunderts), sondern weil sie die Kinder vor Staat, Schule und Lehrer schützt – d. h. *faktisch* vor den formalen Ansprüchen mächtiger Interessensverbände. Lernen als Befreiung – mit metaphysischen Teilaspekten: Der Wertschätzung der *Handarbeit* in der gesamten Reformpädagogik („Greifen um zu Begreifen") lag die Annahme zu Grunde, dass im handelnden Umgang mit den Dingen auch ihr guter Sinn gelernt würde – dies ist eine Art ontologischen Vertrauens in die angeblich geschichtslose Gutartigkeit der Handarbeit. Das „Hand-Werk" wurde als nicht entfremdete Arbeit angesehen, weil sich Gebrauch und Sinn des Lerngegenstands im Tun erschließen. Zudem wurde die *Gemeinschaft* zum Zentrum der sachlich-sittlichen Bildung. Hermann Lietz etwa fordert die Abkehr von pädagogisch maskierter Herrschaft: „Verzicht auf eigene Willkür (...) zugunsten des Bestandes, der Sicherheit und der Wohlfahrt der Allgemeinheit war für mich (...) die unerläßliche Ergänzung jener Freiheit" (Lietz 1920, S. 144). Die Gruppe wird als an sich gut angesehen und kann sich deshalb selbst die Regeln geben, nach denen sie sich gestaltet. Die *Methodik* des Lernens ersetzt die Bildungstheorie und löste die bisherige Dominanz der Didaktik und schließlich sogar die Ethik ab. Im Wachsenlassen des organischen Lebens liegt der pädagogische Sinn.

In seine Grundlagenschrift zu diesem Problem zeigte Theodor Litt (1960) die Aporien auf, in die eine Verabsolutierung der je einen Seite, also des formellen Lernens und des informellen Lernens führe. Litt ergänzt die bekannten Argumente für eine Pädagogik des Wachsenlassens durch die Darlegung informeller Lernprozesse und ihre Bedeutung: So bedürfe das Kind keiner formalen Intervention wenn es um Muttersprache, um Lebensgewohnheiten der Familie und des persönlichen Umfeldes, um konventionelles Verhalten und Sitte geht: Diese „unreflektierte Weise der Menschenformung" (Litt 1960, S. 49) sorge für Kinder auch dann, wenn niemand sie plant und organisiert. Kinder wüchsen so in die Gegenwart und ihre „Selbstverständlichkeiten" hinein, ohne deren vorausgesetzte Gewissheit keine intentionale Unterrichtung oder Erziehung möglichen wären.

Die „Lebenswelt" (Hans Blumenberg) ist in der Tat nicht lehrbar. Sie besteht aus „Funktionen" und ihren Mitvollzug: Diese von der Bildungsplanung „unkontrollierten Einwirkungen" (Litt 1960, S. 49) beträfen „Gewöhnungen" und sogar „Überzeugungen". All dies sind Belege für den „guten Sinn" einer Theorie des informellen Lernens als „Wachsenlassen" (Litt 1960, S. 48).

Andererseits liege, so Litt, diesem Konzept aber ein Kategorienfehler zu Grunde: Es übertrage „die Werdebedingungen des organischen Wachstum, also eines Naturprozesses, unbesehen auf das ganz anders strukturierte Geschehen der geistigen Welt" und „verkennt das spannungsreiche Verhältnis von subjektivem und objektivem Geiste, in welchem der Bildungsvogang wurzelt" (Litt 1960, S. 65) – also die Differenz von Erfahrung und Wissen, Sitte und Sittlichkeit sowie von Zweck und Sinn, also von „Leben und Idee" (Litt 1960, S. 63). Bildung werde reduziert auf Selbsttätigkeit; dass diese aber unter Geltungsanspruch zu stehen habe, vernachlässige eine Theorie, die naturhaftes Wachsenlassen als ausreichende Bedingung für das Gelingen verstehe. Litt begründet den „guten Sinn des ‚Führens'" (Litt 1960, S. 63) (als dialektischem Gegenpart zum Wachsenlassen) damit, dass Erfahrung stets der Reflexion und damit Verbesserung fähig sei – ja, jedem Handeln die Idee der Verbesserung innewohne, so dass, wenn gehandelt, so immer schon verbessert, also erzogen werde: Es gehe „auch da um den ‚Geist' und seine ewigen Ordnungen, wo sich alles scheinbar nur um das besondere ‚Selbst' dreht" (Litt 1960, S. 78) Die Welt werde zudem immer als „Kampf der Weltanschauungen" (Litt 1960, S. 73), als „Zwist der Parteien" (Litt 1960, S. 73), kurz als „Widerstreit" (Litt 1960, S. 68) wahrgenommen, die Entscheidungen (Lernen unter Geltungsansprüchen) verlangten. Der Lehrende bekomme seine Legitimation nicht etwa aus einer sozialen Rolle oder einem Generationsverhältnis, vielmehr sei er der „Anwalt und Vertreter des *objektiven Geistes*" (Litt 1960, S. 66), also eines Geltungsanspruchs, der nicht im Belieben einer Person oder Funktion stehe, sondern einer sich selbst perpetuierenden oder erfüllenden Geschichte innewohne. Als „Mittlerin" suche die Bildungstheorie beiden Seiten, dem Informellen ebenso wie dem Formalen (in Litts Worten dem *Wachsenlassen* wie dem *Führen*) gerecht zu werden: „Nur wenn es ein Zeitüberlegenes gibt, an dem der Geist wachsen kann, ohne sich in ihm zu verlieren, nur dann ist ein Einfluss auf werdende Seelen denkbar, der sie auf den Geist verpflichtet und doch zugleich in Freiheit ihr Schicksal erwählen heißt" (Litt 1960, S. 74). Die Frage ist, ob hier nicht ein teleologischer Handlungsbegriff vorausgesetzt wird, der die Richtung des Tuns im zu Tuenden vermutet.

In der Vorstellung, dass Lernen vom Lehrenden nur ausgelöstes *Erkennen unter Geltungsanspruch* ist, das vom Einzelnen geordnet und bewertet wird (Petzelt 1963), könnte eine Lösung liegen. Nach dieser Vorstellung gibt der Lehrende eine Fragestellung auf, die der Lerner so einlöst, dass der Lehrende die Antwort nachvollziehen kann. Dieser kann der Lernleistung daher wohl beurteilen, nicht aber messen.

2.3 Die sozialphilosophische Dimension

Wohl am besten untersucht sind jene Lernprozesse, die in Arbeitszusammenhängen erfolgen (Rohs 2002). Schon die einleitenden Zitate von Aristoteles deuteten an, dass Lernen und Arbeiten immer in engem Zusammenhang gesehen wurden, besonders natürlich in den geschlossenen Kulturen Alt-Europas, in denen mit dem Erwerb berufsrelevanter Kompetenzen auch Haltungen und Gesinnungen erworben werden sollten. Daher ist es aufschlussreich zu analysieren, wie nach dem Zerbrechen des technischen, des praktischen und des ontologischen Zirkels der Zusammenhang von Lernen und Arbeit gesehen wurde.

Beispiel 1: Lernen als Arbeit – Arbeit als Lernen
Der Übergang von der vorherrschenden Form informellen Lernens (der europäischen Voraufklärung) zu nunmehr vorherrschenden Formen formalen Lernens (in der Zeit nach der Aufklärung) zeigte viele Mischformen, die vergessen wurden – zu Unrecht, weil sie in der pädagogischen Praxis vorwegnahmen, was Sprachtheorie und Hermeneutik nachgängig erklären konnten: Beim Lernen wird stets mehr gelernt als nur das Gelehrte. Besonders aufschlussreich sind hier jene europaweiten Einrichtungen des 18. Jahrhunderts, die als „Industrieschulen" bezeichnet wurden. In ihnen arbeiteten und lernten viele Kinder aus den völlig mittellosen Bevölkerungsschichten, wobei die Arbeit als Produktion für den Markt und zur Finanzierung der Schule gedacht war und Lernen als eine über das Ausführen hinausgehende Tätigkeit. Das Kriterium der Güte, und daher Grundlage der *Zertifizierung*, war die Marktgängigkeit des hergestellten Produkts. Nicht das Lernen wurde bewertet, sondern das erstellte Produkt, in dem sich das Gelernte gewissermaßen materialisierte.

Die Eigenheit der Industrieschulen war – so eine zeitnahe Beschreibung – der „Gedanke Pestalozzi's und Kant's, die Arbeit in den Organismus der Schule aufzunehmen und *an* der Arbeit und *durch* die Arbeit zu unterrichten. Das Lernen sollte dem Arbeiten nicht gegenüber stehen, sondern die Arbeit sollte zugleich die geistige Bildung fördern helfen" (Rolfus und Pfister 1873, S. 543). Heinrich Philipp Sextro (1746–1838) bestimmte in seinem Versuch „Über die Bildung der Jugend zur Industrie" die Prinzipien dieses Zusammenfalls von formaler und informeller Lernorganisation: „Industrie sey überhaupt anhaltende Thätigkeit, möglichste *Übung* und schnelle Anwendung der Kräfte der Seele und des Körpers nicht an einem allein, sondern an mehreren und verschiedenen Gegenständen, zur wirklichen und mannigfaltigen dauerhaften und edelsten Production, nicht blos zur Befriedigung der nöthigsten Lebensbedürfnisse, sondern auch in der Absicht, zur Bequemlichkeit und Annehmlichkeit des Lebens, zur Mittheilung und zum frohen *Genuß, Etwas* (...)*zu gewinnen*" (Sextro 1786, S. 34). Einerseits ist die Intentionalität der Institutionalisierung deutlich zu erkennen, andererseits aber wird betont, dass das Lernen an nicht kanonisierten und didaktisch-methodisch aufbereiteten Gegenständen erfolgen soll, sondern an solchen der wirklichen und daher unvorhersehbaren *Mannigfaltigkeit* der Warenwelt. Aufschlussreich, dass es bei der Arbeit zwar um die Produktion von wertvollen Gebrauchsgütern geht, der Lernerfolg aber in der „Übung und Anwendung" der „Kräfte" gesehen wird: Nicht der Gegenstand, sondern die an der Bearbeitung des Gegenstands gestärkten „Kräfte" sollten Grund für die Akzeptanz eines in den Prozess der Arbeit integrierten Lernvorgangs sein. Trotz aller Gewöhnung an Arbeit und Disziplin soll etwas gelernt werden, was über den engeren Produktionsvorgang hinausgeht. Man kann dies einerseits als *Formalisierung informellen Lernens*, wie andererseits als *Informalisierung formalen Lernens* verstehen, wobei das einheitsstiftende Moment in einem auf Kompetenzschulung ausgerichteten Lernbegriff, dem Begriff der Ware und dem der „Lebensbedürfnisse" liegt.

Im Konzept des Polytechnischen Unterrichts (Ivanovič 1976) nahm der Gedanke unter gegebenen ökonomischen Machtverhältnissen Gestalt an, nicht in formalen Prozessen eigener Sach- oder Lernlogik außerhalb der Lebenswelt zu lernen, sondern an den Produktionsorten selbst, nicht exemplarisch sondern funktional (Schmitt 1962). Die nachfolgende Generation sollte nicht nützliche Dinge *für* das Leben lernen, sondern *in* nützlichen Arbeitsvorgängen lernen.

Freilich zeigten sich recht schnell die Folgen dieses Versuchs, richtiges Lernens im zufälligen Umfeld durch einfache Teilnahme zu gestalten. „(D)er Terminus ‚gesellschaftlich nützliche' Arbeit besagt viel, und offenbar wird damit eine nützliche Sache bezeichnet. In der Praxis aber läuft diese Arbeit darauf hinaus, daß die Zöglinge durch die verschiedensten Laufereien eine Unmenge Zeit verlieren müssen, eine Arbeit machen müssen, von der sie nichts verstehen und daher unbedingt bei jeder Arbeit etwas versäumen müssen, die (das?, V.L.) sie tatsächlich mit großem (politischen) Nutzen für sich selber hätten verrichten müssen und verrichten können" (Makarenko 1967, S. 122). Die Passage bestätigt Rousseaus Vermutungen: Richtig zu leben lässt sich *im* falschen Leben nicht lernen. Gerade die Integration des Lernens in die tatsächliche Praxis („Machen und Mitmachen") verhindert ihre Erkenntnis.

So stehen sich die Idee der Sinnhaftigkeit von Arbeit und ihre kapitalistische (und staatskommunistische) Realität der entfremdeten Arbeit unvermittelt gegenüber. In künftigen Diskursen um den Zusammenhang von Lernen und Arbeiten wäre zuerst zu differenzieren, wann Arbeit Erfüllung und wann Entfremdung bedeutet, wie sie gesellschaftlich sinnvoll zu organisieren wäre und wie angesichts marktliberaler und globaler Produktionsbedingungen Lernen und Arbeit zusammenzuführen sind (Großkopf 2012). In diesem Diskurs sind die Differenzen von Anheben und Entspringen des Wissens (Kant), System und Lebenswelt (Rousseau) und schließlich von Lernen und Erfahrung (Herbart) systematisch zu beachten.

Beispiel 2: Informelles Lernen unter der Philosophie des Liberalismus

Die Krise in den Wissenschaft und die bis dahin unbekannte Dynamik eines nicht regulierten Fortschritts spielten in der amerikanischen Philosophie eine bedeutende Rolle. John Dewey, oft als zentraler Beleg für Theorien informellen

Lernens angesehen (Gonon 2002, S. 13–22), griff das geschilderte erkenntnistheoretische Problem der Aufklärung auf, nach dem jeder Wahrheitsdiskurs von einer Methode abhänge, die wieder nur relativistisch oder vorläufig begründet werden könne. Da es kein a priori gültiges System der Beurteilung von Wissen gebe, bleibe als einziges Kriterium für die Unterscheidung von Wahrheit und Irrtum das Bewähren des vorläufig Behaupteten in der Praxis übrig: „Erkenntnis ist ein Wissen um diejenigen Beziehungen eines Gegenstandes, die über seine Anwendbarkeit in einer gegebenen Sachlage entscheiden" (Dewey 1915, S. 436). Der kursorische Unterricht solle mit dem Argument des schnellen Verfalls systematischen Wissens aufgelöst werden: Das „Lehrgut" der Schule sei bisher „statisch" gewesen; es werde als „fertiges Produkt" (Dewey 1974, S. 250) gelehrt ohne seine Geltungsgründe und Erweiterungen; es sei daher „an die Vergangenheit gebunden" (Dewey 1974, S. 252). Ausgehend von dieser Erkenntniskritik versuchte John Dewey eine Schule zu entwerfen, die sich letztendlich völlig von Lehrplan und Organisation, von Lehrmethoden und Institutionalisierung und schließlich von Intentionen lösen sollte: Analog zum Verfahren von Wissenschaft sollte in der Schule das Lernen als *Projektarbeit im Kleinen* erfolgen, also als das Lösen von Problemen. Nicht der Lehrplan sollte die Aufgaben bestimmen; vielmehr sollte das für den Schüler gegenwärtige und in der Sache liegende Problem (Dewey 1974, S. 288) den weiteren Lernweg (das Curriculum) vorgeben. Damit war die Differenz von Schule, Arbeitswelt und Universität nur noch graduell, nicht mehr prinzipiell. Leben und Lernen wurden als Problemlösen verstanden und waren so strukturgleich.

Dewey führt seine Überlegungen in streng sachsystematisch gegliederten Büchern vor – und man fragt sich, warum er so verfährt, wenn es doch, so seine Eingangsvermutung, kein Apriori des Wissens und daher keine begründbare Systematik des Lernens gibt. Nehmen wir diese – vielleicht zufällige? – Beobachtung als Ausgangspunkt für weitere Rückfragen: Unklar bleibt in seinem Konzept, wer denn bestimmt, was ein Problem sei und was nicht; wer die anstehenden Probleme für die Bearbeitung (zeitlich) ordnet und mittels welcher Methoden bestimmt wird, wann ein Problem denn gelöst sei: Was ist die „gegebene Sachlage", auf die die Lösung bezogen werden soll – und wann wird etwas angewendet? Setzt die Idee des Problemlösens als didaktischem Modell, als universalem Lernvorgang und damit als sozialem Fortschritt nicht genau das voraus, was durch das Konzept des Problemlösens umgangen werden sollte: Nämlich eine apriori hierarchisch geordnete Welt – oder wenigstens eine Hierarchie der Ordnungen, sei es die des Staates, des Lehrers oder des Kollektivs: „Schließlich leben wir in einer Welt objektiver Gegebenheiten und Menschen" (Dewey 1974, S. 263). Hier werden zufällige soziale Zustände ontologisiert. „Man muß auf (...) den Alltag des Lebens zurückgehen, um die ästhetischen Eigenschafen zu entdecken, die [...]Erfahrung *innewohnen*" (Dewey 1995, S. 18). Den Erfahrungen selbst *wohnt* der Zweck *inne*.

Und sind nicht wesentliche Lebensvollzüge gerade deshalb bedeutsam (und daher zu lernen), weil sie *keine* Probleme lösen (Kunst, Religion, Liebe, Freundschaft, Geselligkeit) sondern allenfalls unlösbare Probleme schaffen? Und wieso nimmt Dewey an, dass die Lösung von Problemen immer schon in eine für den Menschen gute Richtung zielt? War nicht auch die „Endlösung" – formal betrachtet – eine Problemlösung?

Zudem unterstellt Dewey, dass der problemorientierte Erwerb technischer Fertigkeiten zugleich dem Erwerb sittlicher Haltungen dienlich sei, die vom Lernenden nicht noch einmal reflektiert werden müssen oder können: „Hieraus folgt, daß in der neuen Schule die *Hauptquelle sozialer Kontrolle* im Wesen der verrichteten Arbeit als einem gemeinsamen Unternehmen gesehen wird, an dem mitzumachen alle Schüler Gelegenheit haben, so daß sich alle gleichermaßen dafür verantwortlich fühlen. Die meisten Kinder sind *von Natur aus* auf Gemeinschaft eingestellt. (…) Ein *echtes* Gemeinschaftsleben hat sein Fundament in dieser *natürlichen* sozialen Einstellung" (Dewey 1974, S. 273). Dewey greift auf „natürliche" Anlagen zurück, um methodische Entscheidungen zu begründen; er setzt als naturhaft gegeben voraus, was doch bestenfalls Erziehungsziel sein kann und daher einer Begründung bedarf. Seine Empfehlung, „Arbeitsmöglichkeiten vorzubereiten (…) die Situationen schaffen, welche ihrerseits eine Kontrolle darüber ausüben, was der einzelne Schüler tut und wie er es tut" (Dewey 1974, S. 274), ist daher nicht ethisch begründet, sondern im Rückgriff auf eine angeblich angeborene Natur und den als immer gutartig verstandenen sozialisierenden Zwang sozialer Verhältnisse. Er bemüht die Rhetorik des „Echten" und den Jargon des „Eigentlichen", um seine Unterscheidung von „wertvollen und wertlosen Erfahrungen" (Dewey 1974, S. 270) (die Kriterien „Kontinuität und Wechselwirkung" (Dewey 1974, S. 257–271) sind rein formaler Art) nichtteleologisch und inhaltsneutral begründen zu können. Es ist eine moderne Ontologie, die dem Geschichtsverlauf eine gute Richtung und der Welt, so wie sie sich entwickle, einen guten Sinn unterstellt.

Beispiel 3: Informelles Lernen unter der Philosophie des Kommunismus

Es ist vermutlich mehr als nur eine Ironie der Geschichte, dass fast zeitglich in einem völlig anderen Kulturkreis mit entgegengesetzten politischen Doktrin ein ähnliches Lehr-Lernkonzept entwickelt wurde; nicht mehr das der Natur und Geschichte unterstellte Telos des liberalen Kapitalismus, sondern das der Geschichte unterstellte Telos einer kommunistischen Weltgesellschaft wird zum Grund dafür, Lernen aus formalen Zusammenhängen zu lösen.

Der spätere Regierungschef und Staatspräsident Mao Tse-tung formulierte 1942 ausgerechnet in einer streng gegliederten Schulungsschrift „Gegen den Parteischematismus" als einen von sieben „Anklagepunkten" gegen das „schematische Anordnen des (Lehr-)Materials wie in einer chinesischen Apotheke": „Man sehe sich eine chinesische Apotheke an: Die Regale der Apotheke enthalten eine Vielzahl von kleinen Schubladen, und auf jeder Schublade steht eine Bezeichnung". Die Apotheke wird hier zum Sinnbild einer dem Leben fernen Formalisierung des verwalteten Wissens. „Wer nur anhand der äußeren Kennzeichen der Dinge einen Haufen innerlich miteinander nicht verbundener Begriffe zu einem Artikel, einer Rede oder einem Bericht arrangiert, treibt nicht nur selbst ein Spiel mit Begriffen, sondern kann auch andere zu derlei Spielereien verleiten, so daß diese Menschen dann nicht mehr ihr Gehirn gebrauchen, um über Probleme nachzudenken" (Mao 1967, S. 20).

Der chinesische Revolutionär greift hier – vielleicht unwissentlich – eine Beobachtung auf, die Goethe anlässlich des „Elementarwerks" von Johann Bernhard Basedow (1724–1790) angestellt hatte, nämlich dass Lehrbücher – wie alle formalisierte Lehre – die Begriffe aus ihrem natürlichen oder sozialen Zusammenhang herausreißen. Somit würde durch systematisierte Erkenntnis gerade die Erkenntnis der tatsächlichen Welt verstellt. Goethe „mißfiel, daß die Zeichnungen seines ‚Elementarwerks' noch mehr als die Gegenstände selbst zerstreuen, da in der wirklichen Welt doch immer nur das Mögliche beisammensteht und sie deshalb, ungeachtet aller Mannigfaltigkeit und scheinbarer Verwirrung, immer noch in allen ihren Teilen etwas Geregeltes hat. Jenes ‚Elementarwerk' hingegen zersplittert sie ganz und gar, indem das, was in der Weltanschauung keineswegs zusammentrifft, um der Verwandtschaft der Begriffe willen neben einander steht" (Goethe 1948, S. 24).

Mao Tse-tung fordert ganz in der Spur dieser Überlegungen, die „Zersplitterung" des Wissens und ihre willkürliche formale Neuordnung aufzuheben. Dies gelinge, wenn die Organisation aller Lehrprozesse an realen *Problemen* ausgerichtet würde, deren „innerer Zusammenhang" dann allerdings „systematischer, sorgfältiger Analyse unterzogen" werden soll – kurz: mit der „marxistischen Methode" (Mao 1967, S. 21–22): „Wir müssen von den konkreten Umständen (...) ausgehen, daraus die ihnen *innewohnenden* – nicht ausgeklügelten – Gesetzmäßigkeiten ableiten (...) und das soll für uns die Anleitung zum Handeln sein. Dabei dürfen wir uns nicht auf eine subjektive Einbildung (...) und nicht auf die toten Buchstaben eines Buches verlassen, sondern müssen uns auf die objektiv existierenden Tatsachen stützen, (...) und, geleitet von den allgemeinen Prinzipien des Marxismus-Leninismus (...) die richtigen Schlussfolgerungen ziehen" (Mao 1969, S. 22).

Mao traut weder dem sachlogischen noch dem lernlogisch organisierten Lehren zu, jenen Lernprozess auszulösen, der durch die Bearbeitung sich stellender Probleme erst und überhaupt nur in Gang gesetzt werden kann. Lernen wird als Problemlösen verstanden – nicht mit der ontologischen Gewissheit Deweys, dass *jedes* gelöste Problem die Welt verbessere, sondern mit der teleologischen Annahme, dass die marxistische Methode des Problemlösens die beste sei.

Beide noch so unterschiedlichen Theoretiker sind sich in der Kritik des formalen Lernens einig und wollen das informelle Lernen an den „objektiven Gegebenheiten" (Dewey) und der „objektiven Wirklichkeit" (Mao) ausrichten, freilich in der durch nichts begründeten metaphysischen Gewissheit, dass der Realität die erst noch zu realisierende Idee bereits so sehr *innewohnt* (Dewey, Mao), das die Bearbeitung der Probleme oder Widersprüche dieser Realität jedes Lernen immer in die richtige Richtung führt. Es ist beidemale der Verweis auf die Gutartigkeit der Weltgeschichte als Fortschritt, der die innere und äußere Organisation des informellen Lernens bestimmt.

Es zeigt sich, wie voraussetzungsvoll es ist, das Problemlösen als *Didaktik* informellen Lernens anzusehen – wohl aber kann eine problemorientierte

Unterrichtung bei als gültig vorausgesetzten Problemen (= Aufgaben; Fragen) und einem feststehenden Repertoire der gegenstandkonstituierende Methoden als eine Lehr-Methode verstanden werden.

Beispiel 4: Informelles Lernen zur Zeit des Nationalsozialismus

Dem 1933 zum Rektor der Wolfgang Goethe-Universität Frankfurt am Main gewählten NSdAP-Mitglied Ernst Krieck kam es zu, schon 1922 vorauseilend politische Konsequenzen des informellen Lernens aufzuspüren und für die Absicherung des totalitären Staates auszulegen. Der Philosoph und Pädagoge erkannte, dass mittels informellen Lernens auch jene Menschen für die „Bewegung" (also nicht für das verabscheute „System" (Schmitz-Berning 2007, S. 597)) erschlossen werden konnten (Arntzen 1995, S. 131 ff.), die explizit nicht zur Unterstützung des Nationalsozialismus bereit gewesen waren. In der Gestalt der auf Abenteuer und Erlebnis (HJ) oder aber produktiver Hand- und Landarbeit (Arbeitsdienst, BDM) ausgerichteten Jugend-Gruppen sah Krieck die Möglichkeiten einer „Formationserziehung", weil in ihr implizit jener Gehorsam beim „Machen und Mitmachen" gelernt wurde, der explizit gar nicht zu vermitteln gewesen wäre. Die Grundidee war der Verzicht auf geregelte Lernprozesse und auf jene Institutionen, die ausschließlich zum Lernen bestimmt waren. Krieck forderte nämlich, „die Beschränkung der Erziehungsidee auf die *planmäßige* Einwirkung der Älteren auf die Jugend zu zerbrechen" (Krieck 1922, S. 45) und entwarf eine „funktionale Erziehung" mit „drei Schichten": „Die unterste Schicht erzieherischer Faktoren besteht aus den unbewußten Wirkungen, Bindungen und Beziehungen von Mensch zu Mensch. Sie bilden den Untergrund des Gemeinschaftslebens, die unmittelbarste und stärkste Bindung im organischen Gefüge, in dem und aus dem das Ganze und die Glieder wachsen. (...) Die zweite Schicht (...) ist noch nicht bewußte Erziehertätigkeit (sondern) Wechselwirkung (von der) auf die Beteiligten erzieherische Wirkungen aus(gehen), auch wenn diese Wirkungen weder beabsichtigt sind noch auch bewußt werden. (...) Die dritte und oberste Schicht endlich besteht aus den erzieherischen Wirkungen, die aus Erziehungsabsichten, Zwecken, Methoden, Veranstaltungen und Organisationen hervorgehen. (...) In jeder Gemeinschaft und Erziehung sind alle drei Arten (=Schichten, V.L.) notwendig wirksam" (Krieck 1922, S. 47–49). Aber angesichts der „geistige(n) Krise der abendländischen Kulturmenschheit" gebe es „schon heute (...) radikale Negationen, welche (...) neben der ersten, unmittelbaren und allenfalls gefühlsmäßigen Bindung alle andern verwerfen" (Krieck 1922, S. 50). Im Gemeinschaftsleben könne man das Leben in der Gemeinschaft lernen – wenn denn die Gemeinschaft rein gehalten wird von jenen, die sie durch „Intellektualismus und Individualismus" (Krieck 1922, S. 15) zu zerstören trachten.

Selbst Kritiker des Nationalsozialismus erinnern die teilnehmende Formationserziehung („Einüben durch Ausüben"), die in allen Jugendorganisationen des nationalsozialistischen Staates stattfand, sogar später noch ungebrochen positiv. Diese Erfahrung am eigenen Bewusstsein, im Vollzug auch dasjenige mitmachend gelernt haben, was man verabscheute, veranlasste nach 1945 viele

Erwachsene allen Kollektivierungsversuchen misstrauisch zu begegnen. So haben viele Bewohner der anfangs sowjetisch besetzten Zone mit der dortigen Implementierung ähnlicher Konzepte (nun freilich mit kommunistischer Zielrichtung) auch das gesamte System der soeben gegründeten DDR abgelehnt: „Ja, und dann dieses Feststellen-Müssen, daß doch das, was drüben (gemeint ist die SBZ) existierte, in vielen Dingen nicht anders war, als es bei der Nazi-Zeit eben auch war: Dieser Aufbau der FDJ; diese Jugendveranstaltungen..." (Johnson 2010, S. 111).

2.4 Die kulturphilosophische Dimension

Die hermeneutische Erkenntnis, dass jedes Gesagte auch Ungesagtes enthält, das mitgelernt wird, stellt die Frage nach dem Gehalt des Ungesagten. Die hermeneutische Tradition war von der Gutartigkeit des Gesagten und Mitgemeinten ausgegangen („Die Sprache selber ist es, die vorschreibt, was sprachlicher Brauch ist" (Gadamer 1986, S. 196).), so dass jede Interpretation des Unausgesprochenen immer zu bedenkenswerten Inhalten führen konnte. Die Bedeutung informellen Lernens liegt daher sicherlich in dem, was die Pädagogik „Enkulturation" genannt hat (Carlsburg 2009). Mit den ausgewiesenen Inhalten werden auch jene aufgenommen, die die Lebenswelt selbst nicht expliziert, aber genau diese Lebenswelt ausmachen. Wie aber ist zu bewerten, wenn mit harmlos Daherkommenden ein Gehalt verbunden ist, der das Gegenteil dessen beinhaltet, was gesagt war? Im Gedanken der Ideologiekritik wird diese Gefahr informellen Lernens theoretisch aufgearbeitet.

Beispiel 1: Informelles Lernen und implizite Ideologie

„Andere Interessen und Prinzipien, die (sie) (...) jeweils außerdem vertreten, sind nicht ihre *eigentlichen Interessen*, sondern werden ihnen durch die Entwicklung der industriellen und kommerziellen Klasse, der Bourgeoisie, *aufgezwungen*" (Marx 1960, S. 339). Die in dem Zitat dokumentierte Methode von Karl Marx (1818–1883), hinter vorgegebenen Absichten die *eigentlichen* Interessen aufzuspüren und zu entlarven, gab der Hermeneutik eine ideologiekritische Richtung und stellte besonders informelles Lernen unter Ideologieverdacht: „Die Gedanken der herrschenden Klasse sind in jeder Epoche die herrschenden Gedanken, d. h. die Klasse, welche die herrschende *materielle* Macht der Gesellschaft ist, ist zugleich ihre herrschende *geistige* Macht. Die Klasse, die die Mittel zur materiellen Produktion zu ihrer Verfügung hat, disponiert damit zugleich über die Mittel zur geistigen Produktion, so daß ihr damit zugleich im Durchschnitt die Gedanken derer, denen die Mittel zur geistigen Produktion abgehen, unterworfen sind. Die herrschenden Gedanken sind weiter Nichts als der ideelle Ausdruck der herrschenden materiellen Verhältnisse, die als Gedanken gefaßten herrschenden materiellen Verhältnisse; also der Verhältnisse, die eben die eine Klasse zur herrschenden machen, also die Gedanken ihrer Herrschaft" (Marx und Engels 1969, S. 46). Marx zeigte nun in kulturkritischen Analysen, wie in scheinbar formal korrekten Handlungen parteiliche Interessen gebunden sind, die mit den scheinbar wertneutralen Abläufen auch inhaliert werden. Hinter dem Interessanten eines Kulturprodukts der Lebenswelt liegen also die Interessen derjenigen, die sich mit diesem Produkt ausdrücken und sozial behaupten. Diese Interessen sind nicht explizit, sondern können erst durch eine besondere Analyse herausgearbeitet werden. Damit verfällt nicht nur das formale sondern auch das informelle Lernen dem totalen Ideologieverdacht: Denn Marx zeigt auf, wie die unerwünschten Inhalte sich gerade in jenen Prozessen vermitteln, die gar nicht auf die Vermittlung von Inhalten ausgerichtet sind – zuallererst in den Kulturprodukten. Das implizite Lernen in nicht-formalen Zusammenhängen würde der Ideologie dieser Zusammenhänge anheimfallen. Daraus folgert Lenin dann, dass erst die Explikation des Lernens in formalisierten Situationen („aufklären und organisieren") den ideologischen Schleier des Faktischen zu durchschauen vermöge: „Die Menschen waren in der Politik stets die einfältigen Opfer von Betrug und Selbstbetrug, und sie werden es immer sein, solange sie nicht *lernen*, hinter allen möglichen moralischen, religiösen, politischen und sozialen Phrasen, Erklärungen und Versprechungen die Interessen dieser oder jener Klasse zu suchen. [...]. Um aber den Widerstand dieser Klassen zu brechen, gibt es *nur ein* Mittel: innerhalb der uns umgebenden Gesellschaft selbst Kräfte zu finden, aufzuklären und zum zu Kampfe organisieren, die imstande (...) sind, die Kraft zu bilden, die das Alte hinwegzufegen und das Neue zu schaffen vermag. Erst der philosophische Materialismus von Marx hat dem Proletariat den Ausweg aus der geistigen Sklaverei gewiesen, in der alle unterdrückten Klassen bisher ihr Leben fristeten" (Lenin 1970, S. 81).

Die Marx folgende Kulturphilosophie kritisiert daher bestimmte Kultur- und Kunstformen mit dem Argument, dass sie *indirekt* falsches Bewusstsein vermittelten. Nicht weil sie offen ideologisch sind, werden von der marxistischen Kritik der *Expressionismus* ebenso abgelehnt wie die *Neue Sachlichkeit* oder die spätere *Pop-Kultur*, sondern weil in ihrem unpolitischen Erscheinen *beiläufig* falsche politische Inhalte gelehrt werden. So werde etwa in der Photographie „der Kampf gegen das Elend zum Gegenstand des Konsums gemacht" (Benjamin 1981, S. 112). Betrachten und Lernen, Verstehen und Akzeptieren (Wissen und Haltung) seien nicht mehr zu unterscheiden.

Zugleich aber entstand aus der Analyse, dass die herrschende Lehre *immer* nur die Lehre der Herrschenden sei, die Notwendigkeit, *außerhalb* von etablierten formalen Lernsituationen Anlässe und Möglichkeiten informellen Lernens zu schaffen: Obwohl am Ende formalisiert, waren anfangs die Schulungsabende der Arbeitervereine und schließlich die Volkshochschule, Möglichkeiten außerhalb etablierter Lernmöglichkeiten zu lernen. Sie sprachen gerade jene Bevölkerungsgruppen an, denen ein formales Lernen prinzipiell oder faktisch verwehrt wurde. Grundannahme war, dass „es gerade die Vermittlung der Klassenkonflikte zu langfristigen Bildungsprozessen ist, welche die einzige realistische Chance der Transformation von unmittelbaren Erfahrungen (...) in stabile sozialistische Einstellungen (...) darstellt" (Negt 1978, S. 9).

> **Beispiel 2: Informelles Lernen unter den Bedingungen der Kulturindustrie**
> In der Rezeption und Zusammenführung der ideologiekritischen Bemühungen von Karl Marx und der Theorie des Unbewussten (die bei einer Darstellung impliziten Lernens weit mehr Raum beanspruchen könnte, als es in diesem Zusammenhang möglich ist) zeigte Theodor W. Adorno auf, dass die scheinbar nur unterhaltenden Inhalte der Kulturindustrie ein massives Lehrprogramm enthalten, nämlich jenes, den Konsumenten an das zu gewöhnen und mit dem zu versöhnen, was er bei klaren oder aufgeklärtem Verstand ablehnen müsste: „Nichts darin darf sich grundsätzlich ändern, weil der ganze Unfug der Menschheit *einhämmern* muß, daß nichts sich ändern darf" (Adorno 1951, S. 276–277). Die Kulturindustrie wird daher als dominanter Auslöser informellen Lernens zum Massenbetrug, aber nicht deshalb, weil ihre expliziten Inhalte verlogen wären, sondern weil gerade das Nichtgesagte das zu Lernende ist und die wirksame Bedeutsamkeit ausmacht: „Der kategorische Imperativ der Kulturindustrie (...) lautet: du sollst dich fügen, ohne Angabe worein; fügen in das, was ohnehin ist, und in das, was (...) alle ohnehin denken" (Adorno 1967, S. 67). Das informelle Lernen gerät also, weil es im Vollzug stattfindet, in die Gefahr sich dem Vollzug anzugleichen, den es doch bedenken soll.

2.5 Die ästhetische Dimension

Es müsste ein Lernen geben, das gleichermaßen außerhalb der repressiven Institutionen der Gesellschaft wie nicht nur zufällig stattfindet. Ein solches Lernen wäre z. B. die künstlerische Erfahrung.

> **Beispiel 1: Lernen als künstlerischer Prozess**
> Theodor W. Adorno hatte (neben der „Kritik") die Kunst als Ausweg aus dem totalen Ideologieverdacht der spätkapitalistischen Gesellschaft und ihrer Kulturindustrie verstanden, also jene Erfahrung, die alle Denk*muster* durchbricht, weil sie (wie Kant es formuliert hatte) „viel zu denken veranlaßt, ohne daß ihr doch irgend ein bestimmter (...) Begriff adäquat sein kann" (Kant 1983a, S. 413–414). Insofern *künstlerische Erfahrung* oder *Erfahrung mit Kunst* prinzipiell nicht formalisiert werden können, weil sie keinen Begriff (und damit kein System) voraussetzen, kämen dem Lernen im Modus künstlerischen Verstehens Inhalte zu, die in vernünftig organisierten Prozessen in der realen Gesellschaft nicht gelernt werden könnten. Das informelle Lernen erscheint nun plötzlich nicht nur eine besondere Methode; es findet nicht nur außerhalb von solchen Institutionen statt, die zum Anlass des Lernens eingerichtet wurden, sondern es hat auch bestimmte Inhalte – und zwar solche, die zwar erfahren werden, aber mit der bisherigen Erfahrung nicht identisch sind, sondern sie gerade durchbrechen. (Die Biographien gerade extrem erfolgreicher Musiker der Gegenwart überraschen immer wieder durch den Umstand, dass diese weder ihre musikalischen

Fähigkeiten in Institutionen noch nach Lehrprogrammen gelernt hatten: „Mir fehlte natürlich jede Technik, ich verbrachte bloß Stunden damit, die Sachen der anderen nachzuspielen" (Clapton 2007, S. 35) Dabei ist es die Eigenheit moderner Kunst, dass sie ihre Lehraufgabe zwar intendieren, nicht aber formulieren kann: „Der Satz (...) ‚Ich wollte mit meinem Gedicht sagen...'" wäre bereits das „Geständnis", dass das Gedicht nicht notwendig sei, weil es keine über das bereits Begriffene hinausgehende Erfahrung bereit hielte und daher sinnlos sei: „Die Gegenfrage wäre nur allzu berechtigt": „Warum haben sie es dann nicht gesagt" (Enzensberger 1970, S. 57)? Die höchste Art informellen Lernens wäre die Kunst, weil sie *alle* Grenzen, die das formale Lernen in Bezug auf Lernziele, Lernzeit oder Lernförderung und Zertifizierung hat, durchstößt und ein Lernen eigener *Art*, eigener *Inhalte* an einem eigenen *Ort* und ohne *Absicht* (Teleologie) ist.

Bereits die Kunsterziehungs*bewegung* hatte diese Perspektive als Ausweg aus der zum formalen *System* erstarrten Moderne so gesehen: „Religion ist Kunst (...); Politik ist Kunst (...); Philosophie ist Kunst (...). So zeigt sich wiederum, daß alle höheren Geisteskräfte nach dem einen Begriff der Kunst gravitieren; daß sie der eigentliche und vollkommene Beruf des Menschen ist (...) Stellt man den Begriff der Kunst, der logisch an die Spitze des menschlichen Daseins gehört, auch real an die Spitze desselben, so ist die Aufgabe einer wahren Bildung gelöst" (Langbehn 1966, S. 13). „Aus diesem Grunde", folgert August Julius Langbehn 1889, „ist die Philosophie keine Wissenschaft, sondern eine Kunst" (Langbehn 1966, S. 13). – und deutet das „Älteste Systemprogramm des deutschen Idealismus" und die Bildungstheorie des deutschen Idealismus praktisch aus. Nicht nur künstlerisches Lernen, sondern Lernen an sich soll nach dem Prinzip der Aufnahme von Kunst erfolgen – und dieses Prinzip ist wesentlich informell. Ästhetische Erfahrung lässt sich nicht formalisieren.

Beispiel 2: Kunst und Lernen

Schon im Modus von Fragment, Aphorismus und Essay hatte sich die moderne Philosophie dem Systematischen verweigert (ohne auf einen systematischen Anspruch zu verzichten) und sich nicht als Summe und Bestandsaufnahme des Gedachten, sondern als Versuch des Denkens dargestellt (Arntzen 1983, S. 51–66). Postmoderne Philosophen haben es erneut unternommen, eine „Geburt der postmodernen Philosophie aus dem Geist der modernen Kunst" (Welsch 1990, S. 79–113) nachzuweisen oder gerade im künstlerischen Umgang mit Wissenschaft (als der Aufdeckung ihrer impliziten Metaphorik) Wissenschaft (und damit ihre Lehre und Aneignung) vom teleologischem Verständnis und vom Formalen in Bezug auf Ort, Art und Inhalt zu lösen: „Der Abbau von Zweckmäßigkeitsannahmen gehört ins Zentrum des Anteils der Philosophie am Entstehen der neuzeitlichen Wissenschaft" (Blumenberg 1983, S. 403), die konsequenterweise nur von einer *neuen* Art von Wissenschaft geleistet werden kann, die selbst nicht wieder Strukturen formalen Lernens reproduziert: In diesem Sinne entsteht eine neue Art der „philosophischen" Wissenschaft, die zwar systematisch aber ohne Systemanspruch argumentiert und den „Wirklichkei*ten*, in denen wir leben" ebenso gerecht wird wie einer „Multiversal-" (statt Universal-) Geschichte und dem Zufälligen (Odo Marquard). Am „Ende der Konsequenz" (Hans Magnus Enzensberger) hat diese Philosophie auch Bedeutung für das etablierte formale Bildungssystem: Es wird seinem eigenen Anspruch gerade dadurch nicht gerecht, dass es ihn „konsequent" zu verwirklichen sucht – so das im „Plädoyer für den Hauslehrer" nach Alternativen informellen Lernens gesucht wird: „Ein pädagogischer Wanderzirkus von so winzigem Umfang erfordert auch keine besondere Organisation" (Enzensberger 1970, S. 169).

Die Postmoderne im Sinne Jean-François Lyotards ist der Versuch, die einzelne Erfahrung und die Erfahrung des Einzelnen vor der Integration in die feststehenden großen Begriffe zu schützen und Wissenserwerb als Gang von Beispiel zu Beispiel zu verstehen und zu organisieren – freilich unter Beachtung der im Einzelnen gültigen Diskursregeln (Ladenthin 1991, S. 77–99). Nicht Beliebigkeit, sondern Telosoffenheit durch Verzicht auf Formalisierung nicht nur der Organisation sondern auch der Darstellungslogik ist das Prinzip, das auch die Hauptschrift Lyotards („Der Widerstreit") auszeichnet. Gerade diese Lernform sei zudem für eine auf Innovation verpflichtet Gesellschaft der bessere und daher ein idealer und schließlich ökonomisch sich erweisender Wert (Welsch 1988), weil sie die Menschen lehrt, Dinge ohne vorab festgeschriebene Deutungsmuster zu sehen, sie neu zu sehen und neues zu sehen. Nicht nur die Kunst, sondern die Philosophie und die Reflexion im und am Alltag außerhalb aller Organisation und aller Denkregeln gewährleisten Fortschritt – denn (so Foucault): „Die Möglichkeit der Kontrolle führt zur Idee des Zwecks. Tatsächlich hat die Menschheit keine Zwecke. Sie funktioniert, sie kontrolliert ihr Funktionieren und bringt ständig Rechtfertigungen für diese Kontrolle hervor." Die Lernkontrolle um des Humanismus' willen sei die Ideologie seiner Verhinderung. „Der Humanismus ist nur eine von ihnen, die letzte". Es zeige sich die „vom 16. bis zum 19. Jahrhundert vollziehende Herausbildung eines ganzen Komplexes von Verfahren, um die Individuen rastermäßig zu erfassen, zu kontrollieren, zu messen und abzurichten, sie ‚gelehrig und gefügig' zu machen. Überwachung, Übungen, Manöver, Bezeichnungen, Ränge und Plätze, Klassifizierungen, Prüfungen, Eintragungen – eine ganz fest umrissene Art und Weise der Unterwerfung der Körper, die Beherrschung der menschlichen Vielgestaltigkeit und der Manipulation ihrer Kräfte hat sich im Laufe der klassischen Jahrhunderte (...) (auch) in den Schulen (...) entwickelt: die Disziplin." Denn das analysierende Denken sei bereits Ausdruck jenes Humanismus, der den Menschen durch Disziplinierung des Denkens zu befreien sucht: „Ich meine, man ist dem gegenwärtigen System verhaftet, wenn man sich ein anderes System ausdenken will. (...) Wenn Sie meinen, anstelle der offiziellen Institution könne eine andere Institution dieselben Funktionen besser oder anders erfüllen, sind Sie bereits ein Gefangener der herrschenden Struktur" (Foucault 1974, S. 124–125). So schlägt Foucault die Entfesselung der Kategorien vor und rät zu nicht-teleologischen und informell gewonnenen Erfahrungen: „Ich würde der (immer teleologischen, V.L.) *Utopie* die Erfahrung, das Experiment entgegensetzen. Die künftige Gesellschaft zeichnet sich vielleicht in Erfahrungen ab: Drogen, Sex, gemeinschaftliches Leben, ein anderes Bewußtsein, ein anderer Typ von Individualität... Ist der wissenschaftliche Sozialismus (...) aus *Utopien* hervorgegangen, so wird die wirkliche Sozialisierung im 20. Jahrhundert vielleicht aus *Erfahrungen* hervorgehen" (Foucault 1974, S. 125).

Diese Worte sind entstanden in der Stimmungslage der Studenten*bewegung* der 60er-Jahre, und sie führen jene Tradition weiter, die in der oppositionellen Politik und *System*kritik nicht nur die Forderungen nach alternativen Lernmöglichkeiten gesucht hatte (die dann dem Paradox einer Organisation informellen Lernens verfiel): In doppelter Opposition, also in Opposition zum herrschenden *System* und in Opposition zur dogmatischen Opposition gegen die Herrschenden war eine neue soziale *Bewegung* entstanden, die Studenten*bewegung*, eine nichtformale „Außerparlamentarische Opposition", die empfahl, nicht für den politischen Kampf zu lernen, sondern in ihm.

2.6 Informelles Lernen und die politische Philosophie

Das Lernen in der Aktion: Dieses Thema wird in den aktuellen Theorien des Informellen Lernens breit diskutiert (Foley 1999), es ist aktuell und hat doch eine lange und ambivalente Geschichte.

Beispiel 1: Lernen im (Lebens-)Kampf

In der Folge und Trivialisierung der von Friedrich Nietzsche inspirierten Lebensphilosophie formulierte die Journalistin Ellen Key eine Fundamentalkritik am formalen Lernen: Das Jahrhundert des Kindes sollte durch Abkehr von Schule und Organisation ein Jahrhundert des informellen Lernens werden. Die Antithese zu den „Seelenmorden in den Schulen" (Kapitelüberschrift) war das Lernen in unvorhergesehenen Situation, im Leben selbst: „Je rückhaltloser ein Individuum sich in den *Kampf* des Lebens stürzt, desto wahrscheinlicher ist es, daß es dort verwundet wird; je reicher entwickelt ein Individuum ist, desto mehr verwundbare Punkte gibt es, an denen es verbluten kann. Der große Schmerz sowohl wie die große Seligkeit ist für den großen Menschen ein Teil von des Lebens Fülle, und die Niederlagen einer Persönlichkeit sind oft bessere Bürgen dafür, daß sie über den Durchschnitt hinausragt, als ihre Siege" (Key 1922, S. 239–240). Die Kampf, die Aktion, der Krieg schließlich werden, wie in zahlreichen zeitgleichen Popularphilosophien auch, zum Ort der Selbstfindung und daher Selbstbelehrung. Im Terminus des *Kampfes* fällt, 14 Jahre vor dem Ersten Weltkrieg das Schlüsselwort für ein langfristiges Konzept informellen Lernens: Überlebende deuteten ihre Kampferfahrung in den „Stahlgewittern" (Jünger 1920) als Prozess einer durch keinerlei Studium zu erreichenden Selbsterkenntnis, sei es kritisch als unmenschliche „Erziehung vor Verdun" (Zweig 1935) oder affirmativ als Rede vom „Kampf als innere(m) Erlebnis" (Der Krieg „hat uns erzogen zum Kampf") (Jünger 2002a, S. 12). Dem *Kampf* wird über die ideologischen Grenzen hinweg „Bedeutung und Lehren" (Ulbricht 1971, S. 191–210) zugesprochen, die theoretisch oder in informellen Lernprozessen nicht einzuholen seien – jedenfalls zu einer Zeit, in der die Autoren politisch nicht etabliert waren. Schließlich wird er im Krieg zum Bild des Lebens: „Wie der Krieg nicht einen Teil des Lebens, sondern das Leben in seiner vollen Gewalt zum Ausdruck bringt, so ist dieses Leben selbst im Grunde durchaus kriegerischer Natur" (Jünger 2002b, S. 108).

Beispiel 2: Lernen in der Revolte
Im französischen Existenzialismus ist es Albert Camus, der dem „Mensch in der Revolte" jene Gewissheit zuspricht, die der Philosoph nicht mehr bekommen könne: „Um zu sein, muß der Mensch revoltieren (...) In unserer täglichen Erfahrung spielt die Revolte die gleiche Rolle wie das ‚Cogito' auf dem Gebiet des Denkens: sie ist die erste Selbstverständlichkeit. (...) Ich empöre mich, also sind wir" (Camus 1953, S. 21). Nicht nur die Intensitätserfahrung als letzte Stufe des Selbstwahrnehmung sieht Camus in der Revolte gewahrt, sondern auch den Akt der Selbsterschaffung, der Solidarität und die ihnen folgende Handlungen, deren Richtung nicht von außen, sondern *vom Akt selbst* bestimmt sind: „So muss die Revolte ihre Gründe in sich selbst finden, da sie sie nirgendwo anders finden kann. Sie muß einer Selbstuntersuchung zustimmen, um zu *lernen*, wie ihren Weg zu gehen" (Camus 1953, S. 13). Die Revolte gibt Grund, Sozialordnung und Richtung des Lernens an, ist Aufbegehren in der Tat. Am Ende des Romans „Die Pest" (1947) steht die Einsicht: „Alles, was der Mensch im Spiel der Pest und des *Lebens* gewinnen konnte, waren *Erkenntnisse* und Erinnerung" (Camus 1950, S. 172). Erkennen, lernen also, lässt sich nur im aktiven Leben und Kämpfen. Angesichts aller Ungewissheiten ist das am revoltierenden Akt sich entzündende *Lernen* die einzige Möglichkeit jene „kollektive Pest" (Camus 1953, S. 21) zu bekämpfen, die dadurch entsteht, das das Einzelne einem System und einem Zweck untergeordnet wird: „Man fordert, daß allein in Anschlag komme, was im Menschen sich nicht auf Ideen abziehen lasse" (Camus 1953, S. 19).

Beispiel 3: Lernen als Politisierung und Systemkritik
Von der Studenten*bewegung* wurde diese Implikation mit übernommen: In den politischen Prozessen sollte politisches Bewusstsein gelernt werden (Die Stichworte der APO hießen: Lernen als Politisierung und *System*kritik durch die Massenbewegungen (Theiler 2013)). Der Klassen*kampf* sollte zur Lehrmeister der Arbeiterklasse werden. Ausgangspunkt war eine gegen Erfahrung sich verschließende akademische, also formale Lehre. In einer (vermutlich fiktiven, daher idealtypischen) Rede sagt ein Student in Uwe Timms 68er Roman „Heißer Sommer": „Stellen wir die repressiven Institutionen in Frage. Stellen wir die repressiven Räume der Institutionen in Frage, wie diesen Hörsaal. (...) Das herrschende System ist allgegenwärtig. Seine Herrschaft verfestigt sich in unseren Schulen, Betrieben, Ämtern und Universitäten" (Timm 1975, S. 108). Ganz im Sinne der Institutionskritik vieler Schultheoretiker in der Folge Herbarts, allen voran wäre Ivan Illich zu nennen, ebenso aber auch Wolfgang Fischer, Alexander S. Neill, Rainer Winkel, wird bereits die Institutionalisierung und Formalisierung der Bildung als Herrschaft verstanden. In formalen Bildungsprozessen könne sich daher nur Konformität entfalten, gegen die nicht mit Institutionalisierung einer

neuen, wenn auch kritischen Macht angegangen werden könne. Nicht gegen falsche Wissenschaft ist man, sondern gegen formalisierte Wissenschaft überhaut: „Die Arbeit (...) soll sogar unwissenschaftlich sein. Was die unter Wissenschaft verstehen, ist mir scheißegal" (Timm 1975, S. 206). Das Abzulehnende sind nicht die Inhalte der Form, sondern die Formalisierung selbst: „Wir müssen die Aufklärung aber nicht nur mit Diskussionen und Analysen vorantreiben, sondern vor allem auch durch gezielte Aktionen, die die undemokratische Organisation (..) als das Make-up der Machtinteressen einer kleinen Minderheit entlarven" (Timm 1975, S. 108). Die Erfahrung der politischen „Aktion" (z. B. bei der Demonstration) war zudem nicht nur informeller *Lernort* und bestimmte nicht nur die *Lernart* und die *Inhalte*, sondern sollte zugleich eine *Haltung*sänderung be*wirken*: „In die erste Demonstration, die einen nachhaltigen Eindruck bei mir hinterlassen hat, bin ich eher zufällig geraten. (...) Was mich beeindruckte, waren das Überraschende (...) dieser Straßenveranstaltung (d.i. die Demonstration, V.L.) (...) Damals *erlernten* ich und viele andere die Grundregel jedes erfolgreichen Protests in der Mediengesellschaft (...). Es war diese *Lektion*, die die folgenden Jahre der Rebellion prägte" (Schneider 2008, S. 101–102). Keine Theorie kann jene Erfahrung antizipieren, die im Kampf erworben wurde und dann die Theorie prägt. (War das nicht die Erfahrung der Väter der Rebellen gewesen?) Woran wird gemessen, ob die Prägung im Kampf die richtige Prägung ist? Wird hier nicht die Passivität des Ichs als Lernprozess hypostasiert? Peter Schneiders Erinnerung legt es in der Begrifflichkeit nahe, Herbarts Befürchtung nämlich, dass das Lernen *in* der Realität zur irreversiblen Affirmation an die Realität führe, nunmehr unter dem (biologischen) Begriff der *Prägung* zu diskutieren. Sicherlich beschreibt er sein Verhalten nicht als „pathologisch auftretend(e) Fixation(...) des Triebobjekts im menschlichen Seelenleben" analog zu tierischen Prägung (Lorenz 1970, S. 142), aber immerhin gesteht er ein, dass er durch etwas „beeindruckt" worden sei, etwas einen „Eindruck" hinterlassen habe, was die Rebellion „prägte": Das Sein prägt das Bewusstsein. Zu fragen ist also, ob dem informellen Lernen ein Moment der Befreiung von der sich in Formalisierungen jeder Art manifestierenden Machtansprüchen zukommt, oder ob es sich gerade durch seine Formlosigkeit dem anpasst, in was man „zufällig gerät" (Schneider). Dass diese Affirmation an einen Istzustand gerade von den Kritikern jeglicher Affirmation nacherzählt, nicht aber reflektiert wird, verweist auf einen erheblichen Problemstand. Informelles Lernen reduziert sich hier (zumindest sprachlich) als Sozialisation.

3 Fragmente der Gegenwart

Technisch-praktisch betrachtet verweist die Theorie informellen Lernens darauf, dass nicht Ort und Grad der Institutionalisierung über die Qualität des Lernens entscheiden, sondern die tatsächlichen Lernvollzüge. Zu warnen ist vor der Erwartung, erst und nur ein organisiertes, öffentliches und stattlich organisiertes Bildungswesen würde qualitativ bestmögliches Lernen sicherstellen: der Umstand, dass in Deutschland sich ein inzwischen unüberschaubarerer Markt mit privaten non-formalen und informellen Bildungsangeboten etabliert hat, die das staatliche Angebot ergänzen und trotz zusätzlicher Kosten für die Eltern genutzt werden, zeigt, dass gerade Angebote informellen Lernens hohe Attraktivität besitzen. Es zeigt zudem die Nachteile formalen Lernens auf, die bereits frühzeitig von den Klassikern der Pädagogik herausgearbeitet wurden: Die Schwerfälligkeit des Systems, das Nichteingehen auf individuelle Voraussetzungen, der Ersatz der Inhalte durch Formalien, der Vorrang der Abprüfbarkeit vor der sachlichen Angemessenheit („gelehrt wird nur, was geprüft werden kann") oder die Ideologieanfälligkeit des Lehrplans. Zusätzlich zu dem Angebot im Nachhilfe- und Lernförderungsbereich greifen daher Eltern wie Unternehmen auf freie Lernangebote zurück, die mit einem Mindestmaß an Organisation ein Höchstmaß an Lernprozessen versprechen. Hierzu gehört auch das in Europa fast allen Ländern mit Ausnahme von Deutschland mögliche *Homeschooling*. Studien zum Homeschooling in den Vereinigten Staaten zeigen, dass Kinder vergleichbarer Herkunft durch das Homeschooling wesentlich besser qualifiziert werden als vergleichbare Kinder im System formalen Lernens (Homeschool Progress Report 2009) – eine Erfahrung, die biographisch untermauert werden kann: „Im Gefühl seiner Kenntnisse, in der Gewißheit einer treuen Ausdauer und im Mistrauen gegen die damaligen Lehrer nahm der Vater sich vor, seine Kinder selbst zu unterrichten und nur soviel, als nöthig schien, einzelne Stunden durch eigentliche Lehrmeister zu besetzen." Es herrschte ein extrem hohes Lerntempo. Schon Zehnjährige konnten Latein und Französisch sprechen und griechische Klassiker im Original lesen: „Mein Vater lehrte die Schwester in demselben Zimmer Italiänisch, wo ich den Cellarius auswendig zu lernen hatte. Indem ich nun mit meinem Pensum bald fertig war und doch still sitzen sollte, horchte ich über das Buch weg und faßte das Italiänische, das mir als Abweichung des Lateinischen auffiel, sehr behende." Das formale Lernen wird auch in der reflektierten Rückschau noch als Problem gesehen: „Privat-Stunden (mit Hauslehrern, V.L.), welche sich nach und nach vermehrten, theilte ich mit den Nachbarskindern. Dieser gemeinsame Unterricht förderte mich nicht; die Lehrer gingen ihren Schlendrian, und die Unarten, ja manchmal die Bösartigkeiten meiner Gesellen brachten Unruh, Verdruß und Störung in die kärglichen Lehrstunden." Der Text stammt von Johann Wolfgang von Goethe (1811, S. 50–60).

Vielleicht kann sogar eine Übertragung auf den wissenschaftlichen Bereich versucht werden – allerdings nur fragmentarisch: Eines der berühmtesten Medikamente, Aspirin, wurde ebenso außerhalb der Universität erfunden wie etwa die Antibabypille – nachdem das Vorläuferpräparat des Universitätslehrers Ludwig Haberlandt (1885 –1932) durch (auch universitäre) Anfeindungen (und den Freitod des Forschers) in Vergessenheit geraten war (Brücke 1966, S. 395). In den Geisteswissenschaften ist es auffällig, dass Autoren, die für die Geistesgeschichte ganz große Bedeutung haben, ihre Konzepte gerade nicht in formellen Situationen entwickelt haben, sondern außerhalb institutionalisierter Lehr-Lernprozesse: Zu nennen wären der Autodidakt Jean-Jacques Rousseau, Johann Heinrich Pestalozzi, Karl Marx, Friedrich Nietzsche, Walter Benjamin, Jean-Paul Sartre oder Simone de Beauvoir. In der Pädagogik durchbrechen Konzepte der nicht als Pädagogen ausgebildeten Theoretiker die Vormacht formal organisierter Lernprozesse: Alexander Neill, Rudolf Steiner, Maria Montessori. Die großen politischen und moralischen Diskurse in den 60er- und 70er-Jahren wurden nicht von Vertretern institutionalisierter Bildungseinrichtungen geführt, sondern von unorganisierten Studenten (der paradoxen APO, einer nichtorganisierten Massenbewegung) und freischaffenden Literaten (Heinrich Böll, Hans Magnus Enzensberger, Max Frisch, Günter Grass) – die damit zum informellen Lernen anregten. Ob diese Versuche erfolgreich waren oder gescheitert sind, kann die Gegenwart nicht entscheiden. Jedenfalls erhalten Forderungen wie die nach einer Bildungsschule (die Unterricht vom Bildungsgedanken her organisiert), einer unbedingten Universität (die sich nicht sozialen und ökonomischen Voraussetzungen beugt) und der Öffnung des Qualifikationsbereichs (auch der Anpassung der Schulpflicht an internationale Standards) neue Begründungen. Die Vorstellung, dass Wissenschaft (und damit Zukunft) plan- und berechenbar sei, wird durch den Hinweis auf solch informelle Lehre recht brüchig.

Die historisch-systematische Reflexion sollte aufzeigen, dass informelles Lernen kein neu erkanntes Lernverhalten ist, das zudem unproblematisch und in sich schon wertvoll wäre. Seine Wertschätzung und seine Kritik sind vielmehr an Voraussetzungen gebunden, die man ablehnen oder gutheißen muss. Das grundlegende Paradox, dass ein *initiiertes informelles Lernen* keines ist, sondern lediglich eine Methode formalen Lernens und ein *nicht-intendiertes informelles Lernen* keine pädagogische Maßnahme sondern ein Sozialisationsvorgang, lässt sich nicht ohne weitere Vermittlungen aufheben. Zugleich scheint es in der geschichtsphilosophischen Perspektive deutlich zu werden, dass ein Systemwechsel vom System selbst nicht herbeigeführt werden kann. Freiheit ist nicht planbar.

Literatur

Adorno, T. W. (1951). *Minima Moralia. Reflexionen aus dem beschädigten Leben*. Berlin.
Adorno, T. W. (1958). Der Essay als Form. In T. W. Adorno (Hrsg.), *Noten zur Literatur* (Bd. I, S. 9–49). Frankfurt.
Adorno, T. W. (1967) Résumé über Kulturindustrie (1963). In T. W. Adorno (Hrsg.), *Ohne Leitbild. Parva Aesthetica* (S. 60–70). Frankfurt.
Adorno, T. W. (1985). Brief an Alfred Andersch vom 11.02.1957. In B. Rauschenbach (Hrsg.), *Der Briefwechsel mit Alfred Andersch, zit. nach: A. Schmidt*. Zürich.
Aristoteles. (1965). *Politik*. N. Tsouyopoulos & E. Grassi (Hrsg.) (Übers. Susemih, F.). Hamburg.
Aristoteles. (1981). *Die Nikomachische Ethik*. O. Gigon. (Hrsg.), (Übers. Gigon, O.). München.
Aristoteles. (1994). *Politik* (Übers. Susemihl, F.). Reinbek.
Arntzen, H. (1968). Beobachtung, Metaphorik, Bildlichkeit bei Lichtenberg. *Deutsche Vierteljahrsschrift für Literaturwissenschaft und Geistesgeschichte, 42*, 359–372.
Arntzen, H. (1983). Philosophie als Literatur. Kurze Prosa von Lichtenberg bis Bloch. In B. Bennett, A. Kaes & W. J. Lillyman (Hrsg.), *Probleme der Moderne. Studien zur deutschen Literatur von Nietzsche bis Brecht. Festschrift für Walter H. Sokel* (S. 51–66). Tübingen.
Arntzen, H. (1984). *Der Literaturbegriff. Geschichte, Komplementärbegriffe, Intention. Eine Einführung*. Münster.
Arntzen, H. (1995). *Ursprung der Gegenwart*. Weinheim.
Arntzen, H. (2009). Über die Notwendigkeit der Interpretation. In H. Arntzen (Hrsg.), *Sprache, Literatur und Literaturwissenschaft, Medien. Beiträge zum Sprachdenken und zur Sprachkritik* (S. 217–230). Frankfurt.

Bachmann, F. (1973). *Aufbau der Geometrie aus dem Spiegelungsbegriff* (2. Aufl.). Berlin.
Benjamin, W. (1981). Der Autor als Produzent (1934). In R. Tiedemann (Hrsg.), *Versuche über Brecht* (S. 101–119). Frankfurt.
Benjamin, W. (1991). Das Passagen-Werk. In W. A. Theodor, G. Scholem, R. Tiedemann, & H. Schweppenhäuser (Hrsg.), *Gesammelte Schriften* (Bd. V/2). Frankfurt/M.
Blumenberg, H. (1983). *Die Lesbarkeit der Welt* (2. Aufl.). Frankfurt.
Brücke, F. T. (1966). Haberlandt, Ludwig. In *Neue Deutsche Biographie (NDB)* (Bd. VII, S. 395). Berlin.
Buck, G. (1989). Lernen und Erfahrung – Epagogik. In E. Vollrath (Hrsg.), *Zum Begriff der didaktischen Induktion* (3. und erw. Aufl.). Darmstadt.
Camus, A. (1950). *Die Pest (1947)* (Übers. Meister, G. G.). Hamburg.
Camus, A. (1953). *Der Mensch in der Revolte*. Essays (1951). Reinbek.
Carlsburg, G.-B. (2009). *Enkulturation und Bildung: Fundament sozialer Kompetenz*. Frankfurt.
Clapton, E. (2007). *Mein Leben* (Übers. Kristian, L., & Werner, S.). Köln.
Dewey, J. (1915). *Demokratie und Erziehung. Eine Einleitung in die philosophische Pädagogik* (Übers. Erich, H.). Braunschweig.
Dewey, J. (1974). *Psychologische Grundfragen der Erziehung. Der Mensch und sein Verhalten. Erfahrung und Erziehung*. München.
Dewey, J. (1995). *Kunst als Erfahrung* (2. Aufl.). Frankfurt.
Eisenbart, L. C. (1962). *Kleiderordnungen der deutschen Städte zwischen 1350 und 1700. Ein Beitrag zur Kulturgeschichte des deutschen Bürgertums*. Göttingen.
Enzensberger, H. M. (1970). Die Entstehung eines Gedichtes. In H. M. Enzensberger (Hrsg.), *Gedichte* (S. 53–78).
Europäische Kommission. (2001). *Mitteilung der Kommission. Einen europäischen Raum des lebenslangen Lernens schaffen* (S. 33). Brüssel. http://www.bologna-berlin2003.de/pdf/Mit teilungDe.pdf. Zugegriffen am XX.XX.XXXX.
Fichtenau, H. (1922). *Lebensordnung des 10. Jahrhunderts. Studien über Denkart und Existenz im einstigen Karolingerreich*. München.
Foley, G. (1999). *Learning in social action: A contribution to understanding informal education. Global perspectives on adult education and training*. London.
Foucault, M. (1971). *Die Ordnung der Dinge. Eine Archäologie der Humanwissenschaften (1966)* (Übers. Köppen, U.). Frankfurt.
Foucault (1974). *Von der Subversion des Wissens*. München.
Gadamer, H.-G. (1986). Sprache und Verstehen. In H.-G. Gadamer (Hrsg.), *Gesammelte Werke* (Bd. II, S. 184–198). Tübingen.
Glasenfeld, E. von (1996). *Der Radikale Konstruktivismus. Ideen, Ergebnisse, Probleme*. Frankfurt.
Gnahs, D. (2003). Zertifizierung informell erworbener Kompetenzen. Report. *Zeitschrift für Weiterbildungsforschung, 26*(4), 88–96.
Goethe, J. W. von (1811). Dichtung und Wahrheit. *Aus meinem Leben*. Tübingen.
Goethe, J. W. von (1948). Aus meinem Leben. Dichtung und Wahrheit. In W. Goethes (Hrsg.), *Hamburger Ausgabe in 14 Bänden* (Bd. IX). Hamburg.
Gonon, P. (2002). Informelles Lernen – Ein kurzer historischer Abriss von John Dewey zur heutigen Weiterbildung. In P. Dehnbostel & P. Gonon (Hrsg.), *Informelles Lernen: Eine Herausforderung für die berufliche Aus- und Weiterbildung* (S. 13–22). Bielefeld.
Großkopf, S. (2012). *Industrialisierung der Pädagogik. Eine Diskursanalyse*. Würzburg.
Habermas, J. (1988). *Nachmetaphysisches Denken. Philosophische Aufsätze*. Frankfurt.
Hamann, J. G. (1759). *Sokratische Denkwürdigkeiten für die lange Weile des Publicums zusammengetragen von einem Liebhaber der langen Weile. Mit einer doppelten Zuschrift an Niemand und an Zween*. Amsterdam.
Hamann, J. G. (1967). Metakritik über den Purismus der Vernunft. (1784). Zit. nach: J. G. Hamann (Hrsg.), *Schriften zur Sprache. Einleitung und Anmerkungen von Josef Simon* (S. 219–227). Frankfurt.

Hattenauer, H., & Bernert, G. (1996). *Allgemeines Landrecht für die preußischen Staaten. Von 1794 (mit einer Einführung von H. Hattenhauer und einer Bibliographie von G. Bernert)* (3. u. erw. Aufl., u. a.). Neuwied.
Herbart, J. F. (1896). Allgemeine Pädagogik, aus dem Zweck der Erziehung abgeleitet (1806). In F. Bartholomäi (Hrsg.), *Pädagogische Schriften* (Bd. 1, 6. Aufl., neu bearbeitet und mit Erläuterungen versehen von Ernst von Sallwürk, S. 113–278). Langensalza.
Herbart, J. F. (1964). Über Erziehung unter öffentlicher Mitwirkung. In W. Asmus (Hrsg.), *Pädagogische Schriften* (Bd. 1, S. 143–151). Düsseldorf-München.
Homeschool Progress Report. (2009). Academic achievement and demographics. http://www.hslda.org/docs/study/ray2009/. Zugegriffen am 17.08.2015.
Humboldt, W. von (1988). Ueber die Verschiedenheit des menschlichen Sprachbaues und ihren Einfluss auf die geistige Entwicklung des Menschengeschlechts (1830–1835). In A. Flitner & K. Giel (Hrsg.), *Werke in fünf Bänden* (Bd. III, 6. Aufl., S. 368–756). Darmstadt.
Ivanovič, K. A. (1976). *Zum polytechnischen Arbeitsunterricht in der sowjetischen Schule*. Berlin.
Johnson, U. (2010). Ich wollte keine Frage ausgelassen haben. In B. Veigel (Hrsg.), *Gespräche mit Fluchthelfern*. Berlin.
Jünger, E. (1920). In *Stahlgewittern. Aus dem Tagebuch eines Stoßtruppführers*. Leipzig.
Jünger, E. (2002a). Der Kampf als inneres Erlebnis (1922). Zit. nach: J. Ernst (Hrsg.), *Sämtliche Werke. Zweite Abteilung. Essays I* (Bd. VII, 2. Aufl., S. 11–104). Stuttgart.
Jünger, E. (2002b). Feuer und Bewegung (1930 als: „Kriegerische Mathematik"). Zit. nach: J. Ernst (Hrsg.), *Sämtliche Werke. Zweite Abteilung. Essays I* (Bd. VII, 2. Aufl., S. 105–118). Stuttgart.
Kant, I. (1983a). Die Kritik der Urteilskraft (1790). In W. Weischedel & I. Kant (Hrsg.), *Werke in zehn Bänden* (Bd. 8., S. 235–620). Darmstadt.
Kant, I. (1983b). Kritik der reinen Vernunft. In I. Kant & W. Weischedel (Hrsg.), *Werke in zehn Bänden* (Bd. III). Darmstadt.
Key, E. (1922). Das Jahrhundert des Kindes. Studien (1900). *Autorisierte Übertragung von Francis Marco, neu herausgegeben mit einem Nachwort von U. Herrmann*. Weinheim.
Krieck, E. (1922). *Philosophie der Erziehung*. Jena.
Kroeschell, K. (1973). *Deutsche Rechtsgeschichte* (Bd. II (1250–1650)). Reinbek.
Ladenthin, V. (1955). Wissenschafts- und erfahrungsanaloger Unterricht. In A. Regenbrecht & K. G. Pöppel (Hrsg.), *Erfahrung und schulisches Lernen* (S. 15–29). Münster.
Ladenthin, V. (1991). Die Herausforderung der Postmoderne an die Pädagogik. In *Vierteljahrsschrift für wissenschaftliche Pädagogik* (No. 67, S. 77–99).
Ladenthin, V., & Fischer, R. (Hrsg.). (2006). *Homeschooling – Tradition und Perspektive*. Würzburg.
Langbehn, A. J. (1966). Rembrandt als Erzieher (1889). In H. Lorenzen (Hrsg.), *Die Kunsterziehungsbewegung* (S. 7–17). Bad Heilbrunn.
Lenin, W. I. (1970). Drei Quellen und drei Bestandteile des Marxismus (1913). In W. I. Lenin (Hrsg.), *Ausgewählte Werke in drei Bänden* (Bd. I, 8., Aufl., S. 77–82). Berlin.
Lichtenberg, G. C. (1967). Werke in einem Band. In P. Plett (Hrsg.), *mit einem Nachwort v. C. Brinitzer*. Hamburg.
Lietz, H. (1920). *Lebenserinnerungen, Beckenstedt am Harz*.
Litt, T. (1960). *Führen oder Wachsenlassen (1927)* (8. Aufl.). Stuttgart.
Loenhoff, J. (2012). *Implizites Wissen. Epistemologische und handlungstheoretische Perspektiven*. Weilerswist.
Lorenz, K. (1970). Der Kumpan in der Umwelt des Vogels (1935). In K. Lorenz (Hrsg.), *Über tierisches und menschliches verhalten. Gesammelte Abhandlungen* (Bd. I, S. 115–282). München.
Lukács, G. (1976). *Die Theorie des Romans. Ein geschichtsphilosophischer Versuch über die Formen der großen Epik (1916)*. Darmstadt.

Makarenko, A. S. (1967). Erziehung durch unmittelbare Teilnahme am sozialistischen Aufbau. In A. S. Makarenko (Hrsg.), *Eine Auswahl. Zusammengestellt und eingeleitet von Alexander Bolz* (3. Aufl., S. 119–131). Berlin.
Mao T.-tung. (1967). *Gegen den Parteischematismus (1942)* (S. 20). Peking.
Mao T.-tung. (1969). Unser Studium gestalten (1941). In M. Tse-tung (Hrsg.), *Ausgewählte Werke* (Bd. III, S. 15–24). Peking.
Marotzki, W. (1990). *Entwurf einer strukturalen Bildungstheorie: Biografietheoretische Auslegung von Bildungsprozessen in hochkomplexen Gesellschaften.* Weinheim.
Marx, K. (1960). Die Wahlen in England – Tories und Whigs. In K. Marx & F. E. Werke (Bd. VIII, S. 336–341). Berlin.
Marx, K., & Engels, F. (1969). Die deutsche Ideologie. Kritik der neuesten deutschen Philosophie in ihren Repräsentanten Feuerbach, B. Bauer und Stirner und des deutschen Sozialismus in seinen verschiedenen Propheten (1845–1846). In K. Marx & F. Engels (Hrsg.), *Werke* (Bd. III, S. 5–530). Berlin.
Mead, M. (1971). *Jugend und Sexualität in primitiven Gesellschaften* (Bd. I). München.
Negt, O. (1978). *Soziologische Phantasie und exemplarisches Lernen. Zur Theorie und Praxis der Arbeiterbildung* (3. Aufl.). Reinbek.
Nietzsche, F. (1980). Über Wahrheit und Lüge im außermoralischen Sinne (1873). In G. Colli & M. Montinari (Hrsg.), *N. Friedrich: Sämtliche Werke, Kritische Studienausgabe in 15. Bdn* (Bd. I, S. 875–890). München.
Nohl, H. (1935). *Die pädagogische Bewegung in Deutschland und ihre Theorie.* Frankfurt.
Petersen, P. (1954). *Der Mensch in der Erziehungswirklichkeit* (S. 245). Mühlheim (Ruhr).
Petzelt, A. (1963). *Wissen und Haltung. Eine Untersuchung zum Begriff der Bildung* (2., überarb. Aufl.). Freiburg.
Petzelt, A. (1964). *Grundzüge systematischer Pädagogik* (3. Aufl.). Freiburg.
Popper, K. R. (1980). *Die offene Gesellschaft und ihre Feinde.* München.
Regenbrecht, A., & Pöppel, K. G. (1995). *Erfahrung und schulisches Lernen.* Münster.
Reitemeyer, U. (1996). *Perfektibilität gegen Perfektion: Rousseaus Theorie gesellschaftlicher Praxis.* Münster.
Rekus, J., & Mikhail, T. (2013). *Neues schulpädagogisches Wörterbuch.* Weinheim.
Rohs, M. (2002). *Arbeitsprozessintegriertes Lernen – Neue Ansätze für die berufliche Bildung.* Münster.
Rolfus, H., & Pfister, A. (1873). Industrieschulen. In *Real-Encyclopädie des Erziehungs- und Unterrichtswesens nach katholischen Principien* (2. verbesserte und vermehrte Aufl., Bd. II, S. 538–544). Mainz.
Rousseau, J.-J. (1963). *Emile oder über die Erziehung.* In M. Rang (Hrsg.), Stuttgart.
Scheibner, O. (1928). Schulmäßiges Lernen und freier Bildungserwerb (1924). In O. Scheibner (Hrsg.), *Zwanzig Jahre Arbeitsschule in Gestaltung und Idee. Gesammelte Abhandlungen* (S. 130–135). Leipzig.
Schmitt, K. (1962). *Naturlehre - polytechnisch oder exemplarisch?* Bochum.
Schmitz, B. C. (2007). *Vokabular des Nationalsozialismus* (2. durchges. u. überarb. Aufl., S. 597). Berlin.
Schneider, P. (2008). *Rebellion und Wahn. Mein '68.* Köln.
Sextro, H. P. (1786). *Über die Bildung der Jugend zur Industrie. Ein Fragment.* Göttingen.
Starobinski, J. (1988). *Rousseau. Eine Welt in Widerständen, Übersetzung aus dem Französischen v. U. Raulff.* München.
Theiler, H. (2013). *Systemkritik und Widerstand. Herbert Marcuse und die Studentenbewegung.* Marburg.
Timm, U. (1975). *Heißer Sommer (1974).* Berlin.
Ulbricht, W. (1971). Bedeutung und Lehren des Berliner Verkehrsarbeiterstreiks (1932). In W. Bredel (Hrsg.), *Maschinenfabrik N. & K.: Ein Roman aus dem Politischen Alltag* (S. 191–210). Berlin.

Vico, G. B. (1947). *De nostri temporis studiorum ratione/Vom Wesen und Weg der geistigen Bildung (1708)*. Übertr. v. W. F. Otto, mit einem Nachwort von Carl Friedrich von Weizsäcker u. einem erl. Anhang von Fritz Schalk (S. 146–147). Godesberg.

Weizsäcker, F. C. von (1974). Die Sprache der Physik (1959). In C. Friedrich von Weizsäcker (Hrsg.), *Die Einheit der Natur* (S. 61– 83). München.

Welsch, W. (1988). *Postmoderne: Pluralität als ethischer und politischer Wert*. Köln.

Welsch, W. (1990). *Die Geburt der postmodernen Philosophie aus dem Geist der modernen Kunst*. In W. Welsch (Hrsg.), *Ästhetisches Denken* (S. 79–113). Stuttgart.

Zinnecker, J. (1975). *Der heimliche Lehrplan*. Weinheim.

Zweig, S. (1935). *Erziehung vor Verdun*. Amsterdam.

Informelles Lernen aus psychologischer Perspektive

Una M. Röhr-Sendlmeier und Udo Käser

Inhalt

1 Einleitung 208
2 Implizites Lernen 209
3 Inzidentelles Lernen 210
4 Das Verhältnis der Lernmodi zueinander: explizit – implizit – inzidentell 215
5 Fazit 219
Literatur 220

Zusammenfassung

In der psychologischen Forschung, die sich auf den Prozess des Lernvorgangs richtet, wird informelles Lernen im Wesentlichen in Form beiläufiger Lernprozesse und in Abgrenzung von explizitem Lernen untersucht. Nach einer historischen Einordnung werden zunächst die Grundzüge der Forschung zum impliziten Lernen skizziert. Für das inzidentelle Lernen, dem neuerdings vermehrte Aufmerksamkeit geschenkt wird, wird anhand von alltagsnahen Beispielen gezeigt, dass in jedem Lebensbereich und über alle Sinne beiläufig gelernt wird. Ferner werden Befunde zu begünstigenden Faktoren für den inzidentellen Lernerfolg präsentiert. Stärker der Grundlagenforschung zuzuordnen ist die vergleichende Betrachtung der drei Modi des expliziten, impliziten und inzidentellen Lernens. Sie werden nach den Kriterien der Aufmerksamkeit, Bewusstheit, Intentionalität des Lernvorgangs und der Verbalisierbarkeit des erworbenen Wissens kontrastiert. Aus den dargestellten Befunden werden Konsequenzen für die pädagogische Praxis abgeleitet.

U.M. Röhr-Sendlmeier (✉) • U. Käser
Institut für Psychologie, Universität Bonn, Bonn, Deutschland
E-Mail: uroehr@uni-bonn.de; ukaeser@uni-bonn.de

Schlüsselwörter

Implizites Lernen • Inzidentelles Lernen • Bewusstheit des Lernvorgangs • Aufmerksamkeit • Verbalisierbarkeit des Gelernten

1 Einleitung

In jeder Situation nehmen wir zusätzlich zu den Dingen, auf die wir unsere Aufmerksamkeit bewusst richten, weitere Informationen auf. Wir wissen häufig nicht, woher wir bestimmte Fakten kennen oder warum wir ein bestimmtes Gefühl angesichts einer bestimmten Situation empfinden. Durch alltägliches Handeln und jedwede Erfahrung entwickeln wir Kenntnisse über das Zusammenleben und über angemessenes Verhalten. Wir erwerben intuitives Wissen über die Richtigkeit bestimmter Entscheidungen, ohne dass uns die Abläufe und Zusammenhänge erklärt werden oder bewusst sind. Häufig können wir unsere Verhaltensweisen und Entscheidungen im Einzelnen nicht begründen.

Unbewusste und nicht vollständig bewusste Vorgänge werden derzeit in der psychologischen Erforschung der Motivation und Emotion, der Entscheidungsfindungen, der Einstellungen und des Wissenserwerbs verstärkt in den Fokus gerückt (Norman 2010). Die Idee des unbewussten Lernens und Gedächtnisses beschäftigt die psychologische Forschung zwar bereits seit ihren Anfängen gegen Ende des 19. Jahrhunderts. Die genauere Erforschung von Lernprozessen, die nicht bewusst gesteuert sind, wurde jedoch lange Zeit vernachlässigt. Erst nach der Blütezeit des Behaviorismus wandte man sich im Zuge der kognitiven Wende in der Psychologie auf breiterer Basis Phänomenen des verborgenen Wissens zu – von Polanyi (1967) als „tacit knowledge" bezeichnet. Darunter ist ein Wissen zu verstehen, das als Handlungs- oder Gebrauchswissen in der praktischen Kompetenz einer Person, in ihren Wahrnehmungs-, Urteils- und Erwartungsdispositionen zum Ausdruck kommt, das aber nicht oder nicht vollständig in Propositionen überführt und insofern auch nicht oder nicht vollständig angemessen verbalisiert werden kann (Hörmann 1976, Käser und Röhr-Sendlmeier 2002). In komplexen, unüberschaubaren oder gefährlichen Situationen müssen häufig Entscheidungen gefällt werden, ohne dass Zeit zum Reflektieren oder Explizitmachen von Wissen gegeben ist. Dennoch können spontane, intuitive Urteile und Handlungen überraschend adäquat sein – gerade dann, wenn die Urteilenden und Handelnden über reichhaltige Erfahrung verfügen.

In den 1960er-Jahren begann man, auch Lernvorgänge zu untersuchen, die sich auf die nicht bewusste Aneignung von Wissen im Verlauf einer längeren Beschäftigung mit einem Lernmaterial bezogen. Die Erforschung dieses impliziten Lernens wurde vor allem seit den 1980er-Jahren intensiviert. Hier ging es um die Aneignung von Strukturen, die komplexen Materialien wie künstlichen Grammatiken zugrunde lagen. Was sich uns im Alltag an vielfältigen Lerngelegenheiten bietet, an Möglichkeiten des beiläufigen und Gewinn bringenden Aufnehmens von Informationen, wurde dagegen bis vor wenigen Jahren nur sehr vereinzelt zum Gegenstand systematischer Forschung gemacht. Der Blick so mancher Wissenschaftler war so sehr auf die Dichotomie zwischen explizitem und implizitem Lernen fokussiert, dass sie die Relevanz des sehr lebensnahen inzidentellen Lernens nicht erkannten.

2 Implizites Lernen

Intensive Bemühungen um die psychologische Analyse von Lernprozessen, die dem Lernenden selbst nicht bewusst sind, gehen auf die Experimente Arthur Rebers Ende der 1960er-Jahre zurück (Reber 1967, im Überblick Reber 1989a). Er versuchte nachzuweisen, dass ein Lernen von Strukturen auch möglich ist, ohne dass der Lernende seine Aufmerksamkeit bewusst auf diese Strukturen richtet, sondern allein dadurch, dass er sich mit den Elementen der Struktur beschäftigt. Als Resultat solcher Lernprozesse untersuchte Reber Wissen, auf welches der Träger des Wissens nicht unmittelbar zugreifen kann, das nicht vollständig explizierbar ist und nicht äquivalent in einen Katalog von Aussagen mit eindeutigem Wahrheitsgehalt überführt werden kann. In Rebers klassischem Experiment wurde den Versuchsteilnehmern eine Wortliste vorgelegt. Bei den Wörtern dieser Wortliste handelte es sich um sinnlose Sequenzen aus den Buchstaben P, S, T, V und X, die jedoch den Gesetzen einer für das Experiment entwickelten Kunstgrammatik folgten (z. B. dass der erste Buchstabe ein T oder ein V bzw. der letzte Buchstabe ein S sein muss). Unter der impliziten Bedingung wurden die Probanden hierüber nicht informiert, sondern aufgefordert, die Wörter der Wortliste auswendig zu lernen. Demgegenüber wurden die Teilnehmer der expliziten Bedingung darauf hingewiesen, dass die Buchstabenfolge in den Wörtern Regeln unterliegt, und sie wurden aufgefordert, die Wortlisten zu analysieren, um diese Regeln zu entdecken. Anschließend folgte eine zweiteilige Kontrollphase, in der den Probanden beider Gruppen erneut Wortlisten vorgelegt wurden, die Wörter enthielten, welche teils der Grammatik folgten, teils zu ihr im Widerspruch standen. Es zeigte sich, dass die Probanden unter beiden Bedingungen in der Kontrollphase überzufällig gut und in vergleichbarem Maß korrekt entscheiden konnten, ob die Wörter der Wortliste nach den Regeln der Kunstgrammatik gebildet worden waren oder zu ihr im Widerspruch standen. Allerdings waren die Teilnehmer, die implizit gelernt hatten, nicht bzw. schlechter dazu in der Lage, diese Regeln zu explizieren. Sie hatten beim Auswendiglernen auch die logische Beziehung zwischen den Elementen gelernt, ohne sich dessen bewusst zu sein. Solche Lernprozesse werden als implizit bezeichnet und sind dadurch charakterisiert, „[...] that a person typically learns about the structure of a fairly complex stimulus environment, without necessarily intending to do so, and in such a way that the resulting knowledge is difficult to express" (Berry und Dienes, 1993a, I).

Seit Rebers paradigmatischen Untersuchungen mit künstlichen Grammatiken gewann die wissenschaftliche Beschäftigung mit impliziten Lernprozessen zunehmend an Bedeutung (Frensch et al. 2003; Shanks 2005). In der Folge wurden implizite Lernprozesse auch mit anderen Forschungsparadigmen untersucht, denen gemeinsam ist, dass im Verlauf der bewussten Bewältigung einer gestellten Aufgabe die zugrunde liegenden, komplexen Strukturen des Lernmaterials unbewusst erlernt werden, auf die die Aufmerksamkeit nicht gerichtet ist: Im Rahmen des Sequenz- und Wahrscheinlichkeitslernen sollten Teilnehmer zum Beispiel die Regelmäßigkeit einer bestimmten Abfolge von Signalen erkennen (z. B. Nissen und Bullemer 1987; Howard und Howard 2001). Andere Autoren untersuchten musikalische Strukturen (Stoffer 2000; Kuhn 2006; Rohrmeier et al. 2011). Beim Erlernen der Kontrolle hoch differenzierter Systeme, z. B. ökonomischer Produktionseinheiten, wurde mit Computersimulationen gearbeitet, bei denen über die Steuerung verschiedener Eingangsvariablen bestimmte Ausgangsvariablen zu kontrollieren waren. Die Teilnehmer wurden über die Beziehung zwischen diesen Variablen nicht aufgeklärt. Sie lernten im Verlauf des Experiments, das System zu kontrollieren, konnten jedoch die systemimmanenten Mechanismen nicht explizit beschreiben (z. B. Berry und Broadbent 1984, Neuweg 2000). Neben solchen grundlagenwissenschaftlichen Analysen der impliziten Lernbedingung (Frensch und Rünger 2003) hat auch die empirische Untersuchung von schulischen Lehr-Lern-Arrangements, die auf impliziten Lernprozessen beruhen, im Rahmen von Evaluationsstudien zu konstruktivistischen Unterrichtskonzepten zunehmend an Bedeutung gewonnen (Käser und Westermann 2010), da offener Unterricht häufig Lernprozesse initiiert, die nichtinstruktionaler und impliziter Natur sind (Oerter 2000a).

Allerdings ist, wie Neuweg zu Recht anführt, die „Befundlage [...] im Detail unübersichtlich, zum Teil widersprüchlich und insbesondere anfällig für methodische Kritik" (Neuweg 2000, S. 204; vgl. auch Shanks 2005). Reber selbst räumte 1989 ein, dass nicht ausgeschlossen werden kann, dass auch explizite Aufmerksamkeitsprozesse beim impliziten Lernen mitwirken. Vor allem ist die Übertragbarkeit unter Laborbedingungen gewonnener Befunde, ihre ökologische Validität, oftmals wenig gesichert (Pacton et al. 2001). Neuweg (2000) weist jedoch darauf hin, dass ein Teil unseres Erfahrungslernens im Alltag bei komplexen Umweltgegebenheiten impliziter Natur sein dürfte. Auch das Erlernen komplexer motorischer Abläufe, im Sport oder beim Tanzen, kann auf implizite Weise erfolgen (Opacic, Stevens und Tillmann 2009; Gobel, Sanchez und Reber 2011). Ein für implizites Lernen typisches Beispiel ist der Spracherwerb im Kindesalter, z. B. der Erwerb der Fähigkeit, die Grammatik der Muttersprache richtig zu verwenden.

3 Inzidentelles Lernen

„Inzidentell" bedeutet „beiläufig" oder „nebenbei". Das englische Wort „incidental" kann auch mit „zufällig" übersetzt werden. Williamson beschreibt den Vorgang des inzidentellen Lernens als „finding information unexpectedly while engaged in other activities" (1998, S. 24). Inzidentelles Lernen findet in Situationen statt, in denen Lernen nicht notwendig, nicht geplant und nicht gefordert ist. Das Penguin Dictionary of Psychology (2009, S. 424) definiert „incidental learning" als „ learning that takes place in the absence of intent to learn or instructions to that effect". Es findet etwa bei einer Unterhaltung im Café statt, in deren Verlauf Bruchstücke aus den im Hintergrund laufenden Radionachrichten aufgenommen werden,

Inzidentelles oder beim raschen Durchblättern einer Zeitschrift, bei dem sich bestimmte Informationen einprägen. Lernen erfolgt häufig allein „ as a direct result of exposure to real-world regularities" während alltäglicher Handlungen (Kelly et al. 2001, S. 86). Nęcka et al. (1992) verstehen inzidentelles Lernen als „opportunistic learning in advance" (S. 141) und sehen „the increased ability to learn unintentionally [...] as an important aspect of intelligence" (S. 151).

Die Erforschung inzidenteller Lernprozesse im Alltag begann erst in den 1990er-Jahren. In einem Literaturüberblick über die anwendungsbezogene Berücksichtigung informellen und inzidentellen Lernens listet Kerka (2000) für die gesamte Zeitspanne der 1990er-Jahre lediglich 21 Titel auf, darunter Berichte, Positionspapiere und nur wenige empirische Studien. Die systematische Erforschung inzidenteller Lernprozesse wird erst seit etwa einem Jahrzehnt intensiver vorangetrieben. Bisweilen werden allerdings informelle, kontextbezogene Lernarrangements mit inzidentellen Lernsituationen verwechselt (z. B. Gaved et al. 2012). Der diagnostische Wert inzidentellen Lernvermögens ist in der Psychologie inzwischen verbreitet: In der aktuellen Version des weithin verwendeten Wechsler-Intelligenztests für Erwachsene wurde vor einigen Jahren im Handlungsteil eine Ergänzung zum Zahlen-Symbol-Test eingeführt. Die Merkfähigkeit für Symbole wird in zwei Teilaufgaben überprüft, für deren Bewältigung vorherige inzidentelle Lernvorgänge die Voraussetzung sind (Wechsler 1997, von Aster et al. 2006). Diese Testaufgaben wurden beispielsweise eingesetzt, um im Kulturvergleich die inzidentelle Lernfähigkeit zu untersuchen. Zwischen Erwachsenen unterschiedlicher ethnischer Herkunft in Südafrika konnten keine systematischen Leistungsunterschiede festgestellt werden (Shuttleworth-Edwards et al. 2004).

3.1 Wie wird im Alltag inzidentell gelernt?

Ein großer Teil der Studien zum inzidentellen Lernen widmet sich der Frage, wie und wie effizient im Alltag beiläufig gelernt wird. Gegenstand von Experimenten war das Lernen über alle Sinnesmodalitäten.

Ein Beispiel, das primär den *Geruchssinn* betrifft, ist die Untersuchung der britischen Forscher Aggleton und Waskett (1999): Sie baten 45 junge Erwachsene vor dem Wikingermuseum in York, deren letzter Besuch des Museum sechs Jahre zurücklag, um die Teilnahme an einer kurzen Befragung, bevor sie erneut in das Museum gingen. Alle Personen wurden gebeten, für 20 Gegenstände zu beurteilen, ob diese nach ihrer Erinnerung im Museum präsentiert würden oder nicht. Im Abstand von fünf Minuten wurde die Befragung wiederholt. Nach dem Zufall wurden drei Gruppen von je 15 Personen gebildet, für die die Befragungsbedingungen systematisch variierten: Die erste Gruppe erhielt im ersten Durchgang neben den Fragen auch sieben Geruchsflaschen zum Beschnuppern, welche jeweils für das Museum typische Gerüche enthielten - verbranntes Holz, Fisch, Teer, Rindfleisch, Äpfel, Abfall, Erde. Im zweiten Durchgang erhielten sie Geruchsflaschen mit untypischen Gerüchen wie Rosenduft, Reinigungsmittel, Kokos, Kaffee. Für die zweite

Gruppe wurde die Reihenfolge umgekehrt. Die dritte Gruppe erhielt ausschließlich die Fragebögen. Beim ersten Durchgang zeigte die erste Gruppe die höchste korrekte Erinnerungsleistung; trotz der falschen Gerüche blieb ihre Leistung beim zweiten Durchgang gleich gut. Die zweite Gruppe wurde durch die ablenkenden Gerüche in ihrer Erinnerung beeinträchtigt und schnitt am schlechtesten ab. Als sie aber beim zweiten Durchgang die richtigen Gerüche schnuppern konnte, steigerten sich ihre Leistungen auf das Niveau der ersten Gruppe. Die dritte Gruppe ohne Geruchsstimuli erinnerte die richtigen Gegenstände in beiden Durchgängen in einem mittleren Ausmaß. Die Gerüche, die die jungen Erwachsenen viele Jahre zuvor inzidentell aufgenomen hatten, wirkten als Hinweise für die richtige Erinnerung an die musealen Ausstellungsstücke.

Auch über den *Geschmackssinn* wird inzidentell gelernt. Laureati et al. (2011) boten 286 Grundschulkindern unterschiedliche Nahrungsmittel an – Orangensaft, Fruchtpüree und Kekse. Am darauffolgenden Tag wurde sie gebeten, in einer Reihe ähnlich schmeckender Nahrungsmittel das 24 Stunden zuvor Geschmeckte zu bestimmen. Dies gelang den Kindern besonders gut für das ihnen weniger vertraute Fruchtpüree.

Über das reine *Handhaben* von Alltagsgegenständen erwerben wir ebenfalls nachweislich differenzierte Kenntnisse: Kelly et al. (2001) boten 48 britischen und 48 japanischen Studierenden Darstellungen und deren jeweiliges Spiegelbild von Gegenständen dar, die im Alltag in England oder Japan sehr verbreitet waren. Die Gegenstände waren eine Münze, eine Tierfigur, eine Briefmarke, eine Getränkedose und ein Sportemblem. Die jeweils Kultur spezifische Alltagserfahrung ging mit einer überzufällig richtigen Identifikation der korrekten Ausrichtung der Gegenstände gegenüber den jeweiligen Spiegelbildern einher.

Das inzidentelle Lernen auf der Basis vorrangig *visueller* Informationen ist ebenfalls gut belegt: Trotz nur kurzfristiger Darbietung einer Bildergeschichte während anderer Tätigkeiten, die die Aufmerksamkeit der Kinder auf sich zogen, konnten 182 Dritt- und Viertklässler auch kleinste Details aus den Bildern richtig wiedererkennen. Aus vier Alternativen, z. B. des Spitzenbesatzes eines Taschentuchs wurde überzufällig das richtige Muster identifiziert (Röhr-Sendlmeier et al. 2012). Auch die aktive Reproduktion nur beiläufig gesehener Gegenstände ist möglich. Käser und Cummings (2012) ließen 1.145 Kinder im dritten bis fünften Schuljahr ein Geschicklichkeitsspiel auf einer Unterlage ausführen, auf der 36 Gegenstände der Kategorien Fahrzeuge, Kleidung, Möbel, Obst, Tiere und Werkzeuge verstreut abgebildet waren. Überzufällig viele Gegenstände wurden korrekt memoriert. Kuppens (2010) untersuchte bei 374 flämischen Sechstklässlern den Effekt des Konsums von Fernsehsendungen und Filmen mit englischen Untertiteln sowie von englischsprachigen Computerspielen, bevor die Kinder in der Schule jemals Englischunterricht hatten. Diejenigen Kinder, die mehr als dreimal wöchentlich über die genannten Medien mit der englischen Sprache konfrontiert waren, schlossen besser in mündlichen Übersetzungstests ab. Dies gelang besonders gut vom Englischen ins Flämische. Gegenstand der Tests waren kurze Sätze bzw. feststehende Phrasen aus alltäglichen Kommunikationssituationen wie „Nice to meet you", „What's going on?", „Watch out!".

Und schließlich liegen Untersuchungen zum inzidentellen Wissenserwerb über *akustische* Informationen vor: Perleth und Effinger (2001) spielten 60 Personen mit unterschiedlicher Sehschädigung – je 20 blinden, sehbehinderten und normalsichtigen Jugendlichen und Erwachsenen – ein 30-minütiges Hörspiel vor. Nach acht Wochen befragten sie diese Personen nach nebensächlichen Details, welche nicht zum Verständnis des Hörspiels notwendig waren. Alle Teilnehmer konnten solche Details benennen, hatten also inzidentell gelernt. Die Blinden schnitten am besten ab, was mit einer größeren Verarbeitungstiefe dieser Gruppe durch ihre Fokussierung auf den akustischen Sinneskanal begründet wurde. Loewen (2005) analysierte die Interaktionen in einem natürlichen Fremdsprachenunterricht für 118 Erwachsene, der auf sinn-inhaltliche Vermittlung ausgerichtet war. Beiläufig wurden Kommentare der Lehrenden zu richtigen grammatischen Wendungen eingestreut. Diese Informationen wurden noch zu fünfzig Prozent nach Ablauf von zwei Wochen von den Lernenden erinnert. Ramanchara et al. (2011) führten eine Studie zum inzidentellen Lernen von Kunstwörtern bei 40 Vorschulkindern durch. Diese lernten Wörter wie „dap", „gid", „paz" besser, wenn sie deren Bedeutung aus einer erzählten und gleichzeitig bebilderten Geschichte erschließen konnten. 37 Zweit- und Viertklässlern wurde von Suggate et al. (2013) der Inhalt von neun kurzen Geschichten vorgelesen, erzählt oder zum selbstständigen leisen Lesen gegeben. In jeder Geschichte waren zwei heute ungebräuchliche Wörter enthalten, z. B. Zuber (Waschwanne) oder Kardätsche (Kamm), die jeweils dreimal in den Geschichten vorkamen. Die Kinder, denen die Geschichten von einem Erwachsenen erzählt worden waren, lernten die Bedeutung der ungewöhnlichen Wörter signifikant besser als die Kinder, denen vorgelesen worden war oder die selbst die Geschichten gelesen hatten. Dieses Ergebnis war für die Viertklässlern, die bereits geübte Leser waren, nicht erwartet worden. Tsethlikai und Rogoff (2013) untersuchten 91 amerikanische Kinder des Tohono O'odham Indianervolkes im Hinblick auf ihre Fähigkeit, Einzelheiten aus einer beiläufig gehörten Geschichte zu erinnern. Diejenigen Kinder, die im Alltag in ihren Familien eine stärkere traditionelle Orientierung erfuhren, in der die mündliche Überlieferung der eigenen Kultur eine wichtige Rolle spielt, konnten mehr Einzelheiten aus der Geschichte korrekt wiedergeben.

3.2 Begünstigende Faktoren für inzidentelles Lernen

Die auswählten Studien zeigen, dass inzidentell in jedem Lebensbereich und über alle Sinne gelernt werden kann. Bestimmte Faktoren begünstigen den inzidentellen Wissenserwerb. Dies sind sowohl Faktoren, die das Lernmaterial kennzeichnen, als auch Merkmale der lernenden Personen.

In der Regel wird ein Lerngegenstand, der salient ist, d. h. hervorsticht, leichter beiläufig in einem nur kurzen Lernmoment abgespeichert als weniger saliente Inhalte. Auch der Gesamtkontext, in dem der Lerngegenstand auftritt, beeinflusst die inzidentelle Lernleistung. Sind neue Bedeutungen aus einem Kontext erschließbar, erleichtert dies ihre beiläufige Aneignung. Insbesondere bei Kindern begünstigt die persönliche Vermittlung durch Andere den Lernerfolg. Vielfach handelte es sich in den Experimenten um einzelne Eindrücke, Fakten, Wörter und feststehende Phrasen oder bestimmte Objekte, die inzidentell gelernt wurden. Aber auch Kenntnisse über komplexe Merkmale können inzidentell erworben werden. Röhr-Sendlmeier und Käser (2012) legten 266 Oberstufenschülern und Studierenden literarische Texte vor, die jeweils zwei typische Stilmerkmale (z. B. Häufungen von Adjektiven und Vergleiche) enthielten. Direkt nach dem zügigen Lesen der Texte wurden die Teilnehmer angehalten, Bilder daraufhin zu beurteilen, ob sie zur Illustration des zuvor Gelesenen passen könnten. Anschließend erhielten sie weitere Texte mit völlig anderen Inhalten, die aber bezogen auf die enthaltenen Stilmittel jeweils einem der zuerst gelesenen Texte entsprachen. Trotz des nur kurzen Lernmoments waren die Teilnehmer in der Lage, überzufällig richtige Zuordnungen der Texte aus dem Gedächtnis vorzunehmen. Der Grad der Komplexität, der inzidentell gelernt werden kann, scheint jedoch nicht unbegrenzt. Van Lommel, Laenen und s. o.: Van Lommel et al. (2006) zeigten 287 Sechstklässlern einen Film in ihrer flämischen Muttersprache, der mit Untertiteln in Esperanto unterlegt war. Nachweisbare grammatische Kenntnisse der Kunstsprache konnten bei den Kindern aufgrund der beiläufigen Darbietung der schriftsprachlichen Sätze des Esperanto nicht nachgewiesen werden. Zu überprüfen wäre, ob dieses Ergebnis bei Jugendlichen oder Erwachsenen anders ausfallen würde.

Unter den Personenmerkmalen, die inzidentelles Lernen begünstigen, spielt die Vorerfahrung der Lernenden eine wichtige Rolle. Im Experiment zum Lernen der Stilmerkmale (Röhr-Sendlmeier und Käser 2012) waren die Studierenden den Oberstufenschülern überlegen. Dies kann damit begründet werden, dass sich Studierende in einer Lebenssituation befinden, die verstärkt eine schnelle Informationsaufnahme erfordert. Die Bedeutung der Vorerfahrung kann mit weiteren Experimenten belegt werden: Käser und Röhr-Sendlmeier (2002) untersuchten den inzidentellen Erwerb der genauen Bedeutung von Fachtermini, Abkürzungen und Akronymen, die in den öffentlichen Medien verwendet wurden, z. B. FCKW, Postmoderne, GATT. Etwa vier Wochen, nachdem 209 Erwachsenen im Alter zwischen 18 und 91 Jahren einmal eine Definition beiläufig erhalten hatten, wurden ihre Kenntnisse der detaillierten Begriffsbestimmungen abgefragt. Bei jüngeren Teilnehmern war die Dauer der formalen Schulbildung, bei Personen ab dem mittleren Erwachsenenalter war der Umfang an Weiterbildungen mit dem Zuwachs in ihren Kenntnissen verknüpft. Ab dem mittleren Erwachsenenalter erwies sich aber auch das Interesse am Themengebiet, zu dem die neuen Informationen gehörten – Technik, Politik oder Kultur –, als sehr bedeutsam für den Wissenszuwachs. Mit höherem Alter ging die Lernleistung insgesamt zurück. Diese Befunde bestätigte eine nachfolgende Untersuchung zum Lernen über Inhalte aus alltäglichen Themenbereichen wie Bauwerken, Autos, Parfüms und Musik. 224 Personen im Alter zwischen 18 und 84 Jahren erhielten beiläufig 144 Detailinformationen. Auch hier waren Bildungsvariablen, das Interesse am Themengebiet und das Alter der Teilnehmer bedeutsam für den Lernerfolg (Käser und Röhr-Sendlmeier 2012). Melchers und Reintges (2014) konnten darüber hinaus bei 78 Studierenden zeigen, dass Persönlichkeitsmerkmale wie die allgemeine Informationsverarbeitungsgeschwindigkeit und die Gewissenhaftigkeit die inzidentelle Lernleistung begünstigt.

Die Geschwindigkeit der Informationsverarbeitung nimmt in der Regel aufgrund der geringer werdenden Plastizität neuronaler Strukturen mit dem Alter ab. Allerdings zeigen neuere Studien, dass das kognitive, soziale und körperliche Aktivitätsniveau einer Person in der Lage ist, den alterungsbedingten Rückgang kognitiver Leistungen wirkungsvoll zu verringern (Voss et al. 2010; Jedrziewski et al. 2010). Auch hierzu liegen Ergebnisse aus dem Forschungsgebiet des inzidentellen Lernens vor. Röhr-Sendlmeier, Linscheidt und s.o.: Röhr-Sendlmeier et al. (2010) legten 321 gut ausgebildeten Personen im Alter zwischen 15 und 79 Jahren, die sich für Literatur interessierten, die oben beschriebenen literarischen Texte zum Lernen der Stilmerkmale vor. Die Teilnehmer im Alter zwischen 60 und 79 Jahren zeigten ebenso gute Leistungen im Wissenszuwachs und in der Verbalisierbarkeit des Gelernten wie die Jüngeren. Das regelmäßige Lesen der Tageszeitung erwies sich als begünstigender Faktor für die inzidentelle Lernleistung. Eine erweiterte Analyse, die Teilnehmer mit geringerer Bildung einbezog, zeigte, dass bei 78 nicht mehr berufstätigen Personen der zeitliche Umfang der kommunikativen und außerhäuslichen Aktivität mit ihrer inzidentellen Lernleistung korrelierte. Kognitive und soziale Aktivitäten scheinen demnach das Aufrechterhalten auch der inzidentellen Lernfähigkeit bis ins höhere Erwachsenenalter zu unterstützen.

4 Das Verhältnis der Lernmodi zueinander: explizit – implizit – inzidentell

Wie effektiv ist inzidentelles Lernen im Vergleich zu implizitem und explizitem Lernen? In welchem Umfang kann das erworbene Wissen auch bewusst wiedergegeben werden? Dies sind zugleich grundlagenwissenschaftliche und praxisrelevante Fragen. Für die Kennzeichnung des expliziten, impliziten und inzidentellen Lernens sind drei Aspekte von besonderer Bedeutung: Bewusstheit, Aufmerksamkeit und Intentionalität.

Bewusstheit: Lernen wird als bewusst bezeichnet, wenn der Lernende, während er lernt, weiß, dass er lernt. Ist er sich zusätzlich darüber im Klaren, welches Lernobjekt er sich anzueignen versucht, handelt es sich um explizites Lernen. Beim impliziten Lernen findet eine intensive Beschäftigung mit einem vorliegenden Material statt. Es ist ein prozedurales Lernen von Struktureigenschaften eines komplexen Objekts, mit denen sich der Lernende bewusst auseinander setzt. Der Lernende kann sich sogar des Umstandes, dass er lernt, bewusst sein. Entscheidend aber ist, dass er das eigentliche Lernobjekt nicht kennt. Beim inzidentellen Lernen begegnet der Lernende dem Lernobjekt beiläufig und in der Regel kurzfristig; es findet in Situationen statt, in denen Lernen nicht notwendig, nicht geplant oder nicht gefordert ist. Der Lernende ist sich weder des Vorgangs noch des Objekts seines Lernens bewusst.

Aufmerksamkeit: Beim expliziten, bewussten Lernen lenkt der Lernende – wissend um sein Lernen – seine Aufmerksamkeit auf das Lernobjekt. Implizites oder inzidentelles Lernen kann nur vorliegen, wenn Aufmerksamkeit nicht unmittelbar auf den Lerninhalt gerichtet ist. Worauf aber richtet sich die Aufmerksamkeit des unbewusst Lernenden stattdessen? Die intensive Auseinandersetzung mit dem vorgegebenen Material beim impliziten Lernen geht mit einem hohen Maß an Aufmerksamkeit einher. Diese ist jedoch nicht auf die relevanten Lernobjekte ausgerichtet. Bei inzidentellem Lernen liegt nur ein gewisses Maß an genereller Aufmerksamkeit vor, ohne dass der Lernende in besonderer Weise auf das Lernobjekt achtet. Vielmehr lernt er „nebenbei" in Situationen, in denen er mit anderen Dingen beschäftigt ist.

Intentionalität: Intentionalität bedeutet, dass sich der Lernende das Lernobjekt zielgerichtet aneignet. Explizites Lernen ist immer mit der Absicht verbunden, sich ein spezifische Wissen bzw. eine spezifische Fähigkeit anzueignen. Implizites und inzidentelles Lernen sind demgegenüber nicht-intentional: Willensgesteuerte, analytische Lernstrategien werden auf das Lernobjekt nicht direkt angewandt. Beim impliziten Lernen wird durch die unbeabsichtigte, intensive Beschäftigung mit Strukturelementen die zugrunde liegende Struktur erlernt. Inzidentelles Lernen betrifft die Fähigkeit, aus zufällig sich bietenden Gelegenheiten Nutzen zu ziehen. Das Lernen ist nicht das eigentliche Ziel des Handelns der lernenden Person.

Angesichts dieser Charakteristika wird explizites Lernen experimentell durch Instruktionen realisiert, durch die Lernende angewiesen werden, ein bestimmtes Lernobjekt zu erlernen. Es wird davon ausgegangen, dass durch bewusste Auseinandersetzung mit dem Lernobjekt, auf das die Aufmerksamkeit intendiert gerichtet ist, ein Wissen erworben wird, welches verbalisiert werden kann. Zur experimentellen Umsetzung impliziten Lernens gibt es unterschiedliche Vorgehensweisen. Gemeinsam ist ihnen die intensive Beschäftigung mit Elementen einer Struktur, bei der die Lernenden auf der Ebene der Elemente ggf. angewiesen wurden zu lernen. Es wird davon ausgegangen, dass Wissen über die Struktureigenschaften des komplexen Lernobjekts erworben wird, wobei die Aufmerksamkeit nicht intentional auf die relevanten Strukturmerkmale ausgerichtet ist. Analytische Lernstrategien werden nicht willensgesteuert, ggf. aber automatisiert angewendet. Das erworbene Wissen kann nicht vollständig verbalisiert werden, sondern kommt eher in der praktischen Kompetenz einer Person, etwa beim intuitiven Problemlösen, zum Ausdruck, ohne dass die Gründe für die Handlung im Einzelnen explizit gemacht werden können. Inzidentelles Lernen wird experimentell durch die kurzfristige und einmalige Darbietung einzelner Reize oder komplexer Materialien ohne Lerninstruktion induziert. Dabei wird angenommen, dass ohne deutliche Anreize auch keine Lernabsicht vorhanden ist. Die zu lernende Information wird beiläufig in einer Situation dargeboten, in der das Lernen nicht notwendig oder gefordert ist. Es wird davon ausgegangen, das Lernen nicht das eigentliche Ziel des Handelns der Person ist. Die Kurzfristigkeit der Darbietung erschwert eine intensive Auseinandersetzung mit dem Lernobjekt. Tabelle 1 fasst die wichtigsten der getroffenen Unterscheidungen zusammen.

Tab. 1 Übersicht über wichtige Merkmale der drei Lernmodi (aus Röhr-Sendlmeier und Käser 2012, S. 51)

	Bewusstsein zu lernen?	Beschäftigung mit dem Lernmaterial	Aufmerksamkeit intentional auf den Lern-gegenstand gerichtet?	Wissen explizierbar?
explizit	ja	intensiv	ja	ja
implizit	teilweise	intensiv	nein	teilweise
inzidentell	nein	kurz, beiläufig	nein	teilweise

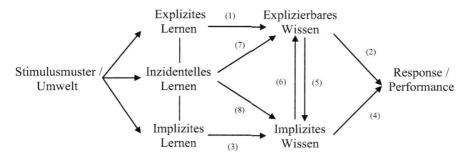

Abb. 1 Explizit – implizit – inzidentell: Lernen und Wissensformen (aus Röhr-Sendlmeier und Käser 2012, S. 74)

Trotz der bisherigen Bemühungen um eine exakte Definition des expliziten, impliziten und inzidentellen Lernens liegt noch keine etablierte Begriffsbildung vor. Norman (2010) diskutiert unterschiedliche Operationalisierungen des Begriffs des Unbewussten in der kognitiven Psychologie und regt an, die Dichotomie von bewussten und unbewussten Prozessen zugunsten einer graduellen Abstufung der Bewusstheit ganz aufzugeben. Mit ähnlicher Intention hebt Perruchet (2008) hervor, dass die grundlegende menschliche Fähigkeit, statistische Regelmäßigkeiten und damit Muster zu erkennen, bei der Erforschung jeglicher Lernprozesse mit zu beachten ist.

Das Verhältnis der drei Lernmodi zueinander kann weiterhin im Hinblick auf die Wissens- und Gedächtnisformen beleuchtet werden, die beim expliziten, impliziten und inzidentellen Lernen bedeutsam sind. Einen Sytematisierungsansatz legte Oerter bereits 2000(a) vor, ohne jedoch schon das inzidentelle Lernen genauer zu berücksichtigen. Die Linien und Pfeile des Diagramms in Abb. 1 verdeutlichen die Zusammenhänge zwischen den verschiedenen Lernmodi und den damit verbundenen Wissens- bzw. Gedächtnisformen:

Wissen, das explizit erworben wird, wird explizit im Gedächtnis gespeichert (1). Als solches ist das Wissen verbalisierbar und kann zur Performanz bewusst und willentlich gesteuert abgerufen werden (2). Implizites Lernen führt demgegenüber zu einem impliziten Wissen (3), das zwar seinen Träger ebenfalls zur Performanz befähigt (4), jedoch von diesem nicht willentlich eingesetzt und nicht vollständig verbalisiert werden kann. Diese Zusammenhänge sind vielfältig belegt. Dass explizites Lernen zu explizierbarem Wissen führt, ist erklärbar durch den Befund, dass saliente Lernobjekte am besten unter spezifischen Instruktionen gelernt werden (Weidenmann 2006; Shintani und Ellis 2010). Allerdings zeigt sich im unmittelbaren Vergleich expliziten Lernens mit und ohne Zeitdruck, dass die Quantität des unter Zeitdruck erworbenen Wissens stark gemindert wird (Weinert 1996; Röhr-Sendlmeier und Käser 2012). Gerichtete Aufmerksamkeit geht also nicht unbedingt mit gesteigerter Effizienz einher. Beispiele für den Erwerb impliziten Wissens durch implizites Lernen sind das Lernen handwerklicher Routinen oder der Erwerb von Kenntnissen über die grammatische Korrektheit der Muttersprache (Neuweg 2000; Williams 2010).

Unter der Perspektive, ob das Wissen, welches durch die verschiedenen Lernmodi bereitgestellt wird, verbalisiert werden kann, sind noch einige wichtige Zusammenhänge zu ergänzen: Ursprünglich explizierbares Wissen kann durch Prozesse der Automatisierung in implizites Wissen überführt werden (5). Ein Beispiel ist das Lernen des Autofahrens, das zunächst explizit erfolgt und zu explizierbarem Wissen führt, welches später zu implizitem Wissen wird, das automatisch ausgeführt wird. Auch einem besonders geschickten Autofahrer dürfte es sehr schwer fallen, sein Wissen über die Bedienung von Lenkrad, Gaspedal, Bremse, Kupplung und Gangschaltung in jeder Situation in treffende Worte zu fassen. Hoffmann (1993) veranschaulicht den Prozess der Automatisierung am Beispiel des Schleife-Bindens. Zwar lernt man als Kind explizit, wie man aus zwei Enden eines Schnürsenkels eine zusammenhängende Schleife bindet, jedoch übt man diesen Prozess als Erwachsener ganz automatisch aus und kann nur noch mit viel Mühe den eigentlichen Hergang im Detail in Worten beschreiben. Einmal bewusst erworbenes Wissen wird hierbei also unbewusst reproduziert – es hat eine Automatisierung stattgefunden. Oerter (2000b) diskutiert das Beispiel des Schreibenlernens. Er geht bezüglich der dafür erforderlichen Motorik davon aus, dass die Bewegungen zunächst sehr bewusst gelernt werden, dann aber in automatisierte Bewegungen übergehen. Auch hier wird einmal bewusst erworbenes Wissen später nur noch unbewusst reproduziert.

Implizites Wissen kann seinerseits in explizierbares Wissen umgewandelt werden (6). Zwar befähigt Wissen, das implizit gelernt wurde, zur Performanz, ohne dass es vollständig verbalisiert werden könnte; durch Reflexion ist es jedoch möglich, dieses Wissen zumindest teilweise in explizierbares Wissen zu überführen (Reber 1989a, 1989b; Brody 1989; Underwood und Bright 1996; Kuhn 2006; Rose et al. 2010; Haider und Büchel 2010). Stoffer (2000) illustriert für den Bereich der Musik, dass durch das Hören von Musik implizite Kenntnisse erworben werden, die das intentionale Üben unterstützen. Neuweg (2000) verweist auf das Beispiel des Knetens von Teig, das im Handwerk implizit durch Zuschauen erworben wird, jedoch zumindest teilweise explizit beschrieben werden kann. In diesem Sinne ist implizites Wissen ein fragmentarisches Wissen, welches bis zu einem gewissen Grad verbalisiert und expliziert werden kann. „The telltale sign of implicitly acquired knowledge [...] is fragmentary knowledge – not completely non-conscious knowledge" (Mathews und Roussel 1997, S. 41). Es kann verbalisiert werden, auch wenn es nicht von vornherein explizierbar sein muss: „Eine Person, die auf ihr prozedurales Wissen reflektiert, kann trotz eines ursprünglich impliziten Lernprozesses zu [...] explizitem Wissen über ihre Dispositionen gelangen" (Neuweg 2000, S. 199f.).

Inzidentell Gelerntes kann zu explizierbarem Wissen führen (7). In der Untersuchung von Perleth und Effinger (2001) mit Personen mit unterschiedlichen Sehschädigungen konnten diese auch nebensächliche Details des Hörspiels noch nach acht Wochen wiedergeben. Auch in den Untersuchungen von Käser und Röhr-Sendlmeier (2002 und 2012) zum Faktenwissen sowie Röhr-Sendlmeier und Käser (2012) und Röhr-Sendlmeier et al. (2010), Linscheidt und Vogelsberg (2012) zum Lernen komplexer sprachlicher Strukturen konnte das inzidentell erworbene Wissen verbalisiert werden. Die richtige Zuordnung von Texten gleicher Stilmerkmale dokumentierte jedoch ein Wissen, das größer als die verbalisierten Kenntnisse waren. Nicht ihr gesamtes Wissen war für die Teilnehmer bewusst abrufbar und in Worte zu fassen (8). Dass inzidentell, durch kurzfristige Exposition ein verborgenes, implizites Wissen erworben werden kann, sprechen auch Berry und Dienes (1993b), Oerter (1997) und Stoffer (2000) an. Bereits Reber wies darauf hin, dass auch einmalige und sehr kurze Präsentationen salienter Strukturen zum Erwerb impliziten Wissens führen können (Reber 1989a).

5 Fazit

Welche Konsequenzen ergeben sich aus den dargestellten Ergebnissen für die pädagogisch-psychologische Praxis? Für die Verbesserung des Lehrens und Lernens ist es wichtig zu wissen, wie man Lernumgebungen so gestalten kann, dass optimales Lernen und Handeln erleichtert werden. Nicht nur im schulischen Kontext können beiläufige Lerngelegenheiten ergänzend zur expliziten Vermittlung und Aneignung von Wissen eingesetzt werden. Inzidentelle Lernsituationen können dazu beitragen, auf unprätentiöse Weise Vorkenntnisse zu schaffen, indem Lernangebote bereitgestellt werden, die zur Förderung beitragen, ohne dass Forderungen erlebt werden. Ein Beispiel ist das Arbeiten mit Wortspeichern im Sprach- oder Mathematikunterricht (z. B. Götze 2013), bei dem Fachbegriffe und Sprachregeln zu Lerninhalten im Klassenraum auf Plakaten dokumentiert werden. Werden solche Wortspeicher im jahrgangsübergreifenden Unterricht nach dem Lehrerraumprinzip verwendet, stellen sie für Schülergruppen, die sich mit den Lerninhalten dieser Plakate beschäftigen, Medien im Rahmen expliziter und impliziter Lernprozesse dar. Wortspeicher zu Lerninhalten, die im Unterricht nicht aktuell thematisiert werden, schaffen hingegen einen Hintergrund für inzidentelle Lernprozesse. Für Schülerinnen und Schüler unterschiedlicher Jahrgänge, die in einem solchen Klassenraum unterrichtet werden, werden insofern explizite, implizite und inzidentelle Lerngelegenheiten sinnvoll miteinander verschränkt und zugleich Lernen nach dem Spiralprinzip (Bruner 1980) realisiert. Insofern ist es durchaus möglich und unter Umständen sinnvoll, auch im Kontext formaler Bildung einzelne Lehr-Lern-Arrangements im Hinblick auf inzidentelle Prozesse zu gestalten.

Auch lernabstinente Personen im Erwachsenenalter können inzidentell auf neue Inhalte eingestimmt werden und wertvolle Kenntnisse für die alltägliche Lebensgestaltung erwerben. Nach den Daten des Adult Education Survey bleiben gerade die weniger gut vorgebildeten Erwachsenen institutionalisierten Bildungsangeboten fern (von Rosenbladt und Bilger 2011). Wie eine OECD-Studie für die Länder Kanada, USA, Schweden, Niederlande, Polen und Schweiz zeigte, nutzen bildungsferne Erwachsene jedoch in hohem Maße zu ihrer Information mediale Quellen wie das Fernsehen, über die inzidentelles Lernen initiiert werden kann (Quigley 2000).

Unter anderem konnte belegt werden, dass eine kurze Darbietung komplexer visueller Materialien auch ohne Lernabsicht zu nachweisbaren Lernerfolgen führt. Hierdurch eröffnen sich Möglichkeiten neuer didaktischer Überlegungen und erweiterter Lernangebote. Zusätzliche komplexe visuelle Materialien in Lernumgebungen zu installieren, könnte ein Weg sein, die inzidentellen Lernfähigkeiten zu nutzen.

Da nach Befunden von Nęcka et al. (1992) und Melchers und Reintges (2014) die inzidentelle Lernfähigkeit mit der kognitiven Kapazität interagiert, könnten gerade im Bereich der Förderung von Hochbegabten Anregungen zum inzidentellen Lernen fruchtbar eingesetzt werden.

Auch für den Bereich der Medienerziehung haben diese Ergebnisse praktische Implikationen: Da komplexe Bildstimuli auch ohne Lernabsicht beiläufig gespeichert werden, ergibt sich als dringende Empfehlungen für verantwortungsbewusste Eltern, im Alltag der Kinder darauf zu achten, dass sie nicht durch nebenher laufende Fernsehsendungen oder Videosequenzen Inhalten ausgesetzt sind, die potentiell für sie schädlich oder belastend sind.

Angesichts des Befundes, dass Interesse grundsätzlich für den Lernerfolg in jedwedem Lernmodus förderlich ist, kann gefolgert werden, dass Lernarrangements das primäre Ziel verfolgen sollten, die Adressaten zu motivieren und zu interessieren. Da Interesse sogar beiläufiges Lernen unterstützt, ist ein Angebot, das Interesse weckt, selbst dann nachhaltig erfolgreich, wenn kognitive Lernziele zunächst nur in geringem Maße erreicht werden. Umgekehrt ist die Nachhaltigkeit eines Lernangebots, das Wissen vermittelt, ohne Interesse zu wecken, nicht garantiert. Da lebenslanges Lernen nachweislich eine wirksame Prophylaxe für Abbauerscheinungen im Alter und ein Korrelat der Aufrechterhaltung kognitiver Funktionen und der Selbstständigkeit im Beruf und im Alltag bis in die Hochaltrigkeit ist (Oswald et al. 2002; Dellenbach et al. 2008), scheint es sehr lohnend, weitere wissenschaftliche Bemühungen darauf zu richten, wie man die Neigung, intellektuell stimulierenden Aktivitäten nachzugehen, begünstigen kann. Erkenntnissen über das inzidentelle Lernen zur Schaffung ergänzender und alternativer Möglichkeiten zum Wissenserwerb kommt somit eine große Bedeutung zu.

Literatur

Aggleton, J. P., & Waskett, L. (1999). The ability of odours to serve as state-dependent cues for real-world memories: Can Viking smells aid recall of Viking experiences? *British Journal of Psychology, 90*, 1–7.

Berry, D. C., & Broadbent, D. E. (1984). On the relationship between task performance and associated verbalizable knowledge. *Quarterly Journal of Experimental Psychology, 36A*, 209–231.

Berry, D. C., & Dienes, Z. (1993a). *Implicit learning. Theoretical and empirical issues*. Hillsdale: Lawrence Erlbaum Associates.

Berry, D. C., & Dienes, Z. (1993b). The relationship between implicit memory and implicit learning. *British Journal of Psychology, 82*, 359–373.

Brody, N. (1989). Unconscious learning of rules: Comment on Reber's analysis of implicit learning. *Journal of Experimental Psychology: General, 118*, 236–238.

Bruner, J. S. (1980). *Der Prozess der Erziehung* (5. Aufl.). Düsseldorf: Schwann.

Dellenbach, M., Zimprich, D., & Martin, M. (2008). Kognitiv stimulierende Aktivitäten im mittleren und höheren Lebensalter – Ein gerontopsychologischer Beitrag zur Diskussion um informelles Lernen. In A. Kruse (Hrsg.), *Weiterbildung in der zweiten Lebenshälfte* (S. 121–159). Bielefeld: Bertelsmann.

Frensch, P. A., & Rünger, D. (2003). Implicit learning. *Current Directions in Psychological Science, 12*, 13–18.

Frensch, P. A., Haider, H., Rünger, D., Neugebauer, U., Voigt, S., & Werg, J. (2003). Verbal report of incidentally experienced environmental regularity: The route from implicit learning to verbal expression of what has been learned. In L. Jiménez (Hrsg.), *Attention and implicit learning* (S. 335–366). Amsterdam: John Benjamins.

Gaved, M., Jones, A., Kukulska-Hulme, A., & Scanlon, E. (2012). A citizen-centred approach to education in the smart city: Incidental language learning for supporting the inclusion of recent migrants. *International Journal of Digital Literacy and Digital Competence, 3*(4), 50–64.

Gobel, E. W., Sanchez, D. J., & Reber, P. J. (2011). Integration of temporal and ordinal information during serial interception sequence learning. *Journal of Experimental Psychology: Learning, Memory & Cognition, 37*(4), 994–1000.

Götze, D. (2013). „Weil ich die Wörter, die ich noch nicht kannte, einfach gebraucht habe" – Förderung (fach)sprachlicher Kompetenzen im Mathematikunterricht der Grundschule. In G. Greefrath, F. Käpnick & M. Stein (Hrsg.), *Beiträge zum Mathematikunterricht 2013. Vorträge auf der 47. Tagung für Didaktik der Mathematik vom 04.03.2012 bis 08.03.2012 in Münster. I*, 368–371. www.mathematik.uni-dortmund.de/ieem/bzmu2013/Inhalt/2013-07-23_BAND1.pdf. Zugegriffen am 25.11.2014.

Hoffmann, J. (1993). Gedächtnis und Lernen, Prozeß und Resultat, Inzidentell und Intentional: Eine Erwiderung auf den Kommentar von H. J. Markowitsch. *Psychologische Rundschau, 44*, 109–112.

Hörmann, K. (1976). *Meinen und Verstehen. Grundzüge einer psychologischen Semantik.* Frankfurt: Suhrkamp.

Howard, D. V., & Howard, J. H., Jr. (2001). When it does hurt to try: Adult age differences in the effects of instructions on implicit pattern learning. *Psychonomic Bulletin & Review, 8*, 798–805.

Jedrziewski, M. K., Ewbank, D. C., Wang, H., & Trojanowski, J. Q. (2010). Exercise and cognition: Results from the National Long Term Care Survey. *Alzheimers Dement, 6*, 448–455.

Käser, U., & Cummings, A. (2012). Gedächtnisleistung und metamemoriale Organisationsleistung in Abhängigkeit vom Modus des Lernens. In U. M. Röhr-Sendlmeier (Hrsg.), *Inzidentelles Lernen – Wie wir beiläufig Wissen erwerben* (S. 147–193). Berlin: Logos Verlag.

Käser, U., & Röhr-Sendlmeier, U. M. (2002). Inzidentelles Lernen in verschiedenen Lebensaltern. *Psychologie in Erziehung und Unterricht, 49*, 225–236.

Käser, U., & Röhr-Sendlmeier, U. M. (2012). Interessen, Geschlecht und inzidentelles Lernen bei Themen aus dem Alltag. In U. M. Röhr-Sendlmeier (Hrsg.), *Inzidentelles Lernen – Wie wir beiläufig Wissen erwerben* (S. 195–224). Berlin: Logos Verlag.

Käser, U., & Westermann, C. (2010). Lehr-Lern-Arrangements im naturwissenschaftlichen Unterricht: Evaluation von Arbeitsgemeinschaften „Jugend forscht". *Bildung und Erziehung, 63*, 61–78.

Kelly, S. W., Burton, A. M., Kato, T., & Akamatsu, S. (2001). Incidental learning of real-world regularities. *Psychological Science, 12*, 86–89.

Kerka, S. (2000). Incidental learning. Trends and issues alert 18. http://files.eric.ed.gov/fulltext/ED446234.pdf. Zugegriffen am 25.11.2014.

Kuhn, G. (2006). Differences in the types of musical regularity learnt in incidental and intentional learning conditions. *The Quarterly Journal of Experimental Psychology, 59*, 1725–1744.

Kuppens, A. H. (2010). Incidental foreign language acquisition from media exposure. *Learning, Media and Technology, 35*, 65–85.

Laureati, M., Pagliarini, E., Mojet, J., & Köster, E. P. (2011). Incidental learning and memory for food varied in sweet taste in children. *Food Quality and Preference, 22*, 264–270.

Loewen, S. (2005). Incidental focus on form and second language learning. *Studies in Second Language Acquisition, 27*, 361–386.

Mathews, R. C., & Roussel, L. G. (1997). Abstractness of implicit knowledge: A cognitive evolutionary perspective. In D. C. Berry. (Hrsg.), *How implicit is implicit learning?* (S. 13–47). Oxford: Oxford University Press.

Melchers, M., & Reintges, J. (2014). Inzidentelles Lernen bei Studierenden: Welche Personenmerkmale begünstigen den Wissenszuwachs? *Bildung und Erziehung, 67,* 459–470.
Nęcka, E., Machera, M., & Miklas, E. (1992). Incidental learning, intelligence and verbal ability. *Learning and Instruction, 2,* 141–153.
Neuweg, G. H. (2000). Mehr lernen, als man sagen kann: Konzepte und didaktische Perspektiven impliziten Lernens. *Unterrichtswissenschaft, 28,* 197–217.
Nissen, M. J., & Bullemer, P. (1987). Attentional requirements of learning: Evidence from performance measures. *Cognitive Psychology, 19,* 1–32.
Norman, E. (2010). „The Unconscious" in current psychology. *European Psychologist, 15,* 193–201.
Oerter, R. (1997). Beiläufiges Lernen – nur eine beiläufige Angelegenheit? In H. Huber & A. Renkl. (Hrsg.), *Wege zum Können – Determinanten des Kompetenzerwerbs* (S. 138–153). Bern: Verlag Hans Huber.
Oerter, R. (2000a). Einleitung. *Unterrichtswissenschaft, 28,* 194–197.
Oerter, R. (2000b). Implizites Lernen beim Sprechen, Lesen und Schreiben. *Unterrichtswissenschaft, 28,* 239–256.
Opacic, T., Stevens, C., & Tillmann, B. (2009). Unspoken knowledge: Learning of structured human dance movement. *Journal of Experimental Psychology: Learning, Memory & Cognition, 35,* 1570–1577.
Oswald, W. D., Hagen, B., Rupprecht, R., & Gunzelmann, T. (2002). Bedingungen der Erhaltung von Selbständigkeit im höheren Lebensalter (SIMA), Teil XVII: Zusammenfassende Darstellung der langfristigen Trainingseffekte. *Zeitschrift für Gerontopsychologie und Gerontopsychiatrie, 15,* 13–31.
Pacton, S., Peruchet, P., Fayol, M., & Cleeremans, A. (2001). Implicit learning out of the lab: The case of orthographic regularities. *Journal of Experimental Psychology: General, 130,* 401–426.
Perleth, C., & Effinger, I. (2001). „Beiläufiges" Lernen bei Personen mit unterschiedlich starker Sehbeschädigung. *Unterrichtswissenschaft, 29,* 131–152.
Perruchet, P. (2008). Implicit learning. In J. H. Byrne & R. Menzel. (Hrsg.), *Learning and memory: A comprehensive reference* (S. 597–621). Oxford: Elsevier.
Polanyi, M. (1967). *The tacit dimension.* New York: Anchor Books.
Quigley, B. A. (2000). Beyond participation and stereotypes: Towards the study of engagement in adult literacy education. In *Adult education research conference, Vancouver, BC,* June 2–4, 2000. http://www.adulterc.org/Proceedings/2000/quigleya1-final.PDF. Zugegriffen am 25.11.2014.
Ramachandra, V., Hewitt, L., & Brackenbury, T. (2011). The relationship between phonological memory, phonological sensitivity, and incidental word learning. *Journal of Psycholinguistic Research, 40,* 93–109.
Reber, A. S., Rhianon, A., & Reber, E. (Hrsg.). (2009). *Penguin dictionary of psychology* (4. Aufl., S. 424). Harmondsworth: Penguin Books.
Reber, A. S. (1967). Implicit learning of artificial grammars. *Journal of Verbal Learning and Verbal Behavior, 6,* 855–863.
Reber, A. S. (1989a). Implicit learning and tacit knowledge. *Journal of Experimental Psychology: General, 118,* 219–235.
Reber, A. S. (1989b). More thoughts on the unconscious: Reply to Brody and to Lewicki and Hill. *Journal of Experimental Psychology: General, 118,* 242–244.
Rohrmeier, M., Rebuschat, P., & Cross, I. (2011). Incidental and online learning of melodic structure. *Consciousness and Cognition, 20,* 214–222.
Röhr-Sendlmeier, U. M., & Käser, U. (2012). Das Lernen komplexer sprachlicher Strukturen – Wissenserwerb nach unterschiedlichen Lernmodi. In U. M. Röhr-Sendlmeier. (Hrsg.), *Inzidentelles Lernen – Wie wir beiläufig Wissen erwerben* (S. 43–85). Berlin: Logos.
Röhr-Sendlmeier, U. M., Linscheidt, J., & Vogelsberg, S. (2010). Lernen komplexer sprachlicher Strukturen im höheren Erwachsenenalter – Ein Vergleich von vier Altersgruppen über die

Lebensspanne und eine Analyse begünstigender Bedingungen für den Lernerfolg. *Zeitschrift für Gerontologie und Geriatrie, 43*, 239–244.

Röhr-Sendlmeier, U. M., Kubat, A., & Käser, U. (2012). Wissenserwerb durch Bilder – Der Einfluss unterschiedlicher Lernbedingungen bei Grundschulkindern. In U. M. Röhr-Sendlmeier (Hrsg.), *Inzidentelles Lernen – Wie wir beiläufig Wissen erwerben* (S. 115–145). Berlin: Logos.

Rose, M., Haider, H., & Büchel, C. (2010). The emergence of explicit memory during learning. *Cerebral Cortex, 20*, 2787–2797.

Shanks, D. R. (2005). Implicit learning. In K. Lamberts & R. Goldstone. (Hrsg.), *Handbook of cognition* (S. 202–220). London: Sage.

Shintani, N., & Ellis, R. (2010). The incidental acquisition of English plurals by Japanese children in comprehension-based and production-based lessons: A process-product study. *Studies in Second Language Acquisition, 32*, 607–637.

Shuttleworth-Edwards, A. B., Donnelly, J. R. M., Reid, I., & Radloff, S. E. (2004). A cross-cultural study with culture fair normative indications on WAIS-III digit symbol-incidental learning. *Journal of Clinical & Experimental Neuropsychology, 26*, 921–932.

Stoffer, T. H. (2000). Implizites Lernen von Reizstrukturen: Ist Erwerb impliziten Wissens allein durch Musikhören möglich? *Unterrichtswissenschaft, 28*, 218–238.

Suggate, S., Lenhard, W., Neudecker, E., & Schneider, W. (2013). Incidental vocabulary acquisition from stories: Second and fourth graders learn more from listening than reading. *First Language, 33*, 551–571.

Tsethlikai, M., & Rogoff, B. (2013). Involvement in traditional cultural practices and American Indian children's incidental recall of a folktale. *Developmental Psychology, 49*, 568–578.

Underwood, G., & Bright, J. E. H. (1996). Cognition without awareness. In G. Underwood (Hrsg.), *Implicit cognition* (S. 1–40). Oxford: Oxford University Press.

Van Lommel, S., Laenen, A., & d'Ydewalle, G. (2006). Foreign-grammar acquisition while watching subtitled television programmes. *British Journal of Educational Psychology, 76*, 243–258.

von Aster, M., Neubauer, A., & Horn, R. (Hrsg.). (2006). *Wechsler Intelligenztest für Erwachsene WIE. Deutschsprachige Bearbeitung und Adaptation des WAIS-III von David Wechsler* (2. korrigierte Aufl.). Frankfurt: Pearson Assessment.

von Rosenbladt, B., & Bilger, F. (2011). *Weiterbildungsbeteiligung 2010. Trends und Analysen auf Basis des deutschen AES*. Bielefeld: Bertelsmann.

Voss, M. W., Prakash, R. S., Erickson, K. I., Basak, C., Chaddock, L., Kim, J. S., Alves, H., Heo, S., Szabo, A. N., White, S. M., Wojcicki, T. R., Mailey, E. L., Gothe, N., Olson, E. A., McAuley, E., & Kramer, A. F. (2010). Plasticity of brain networks in a randomized intervention trial of exercise training in older adults. *Frontiers in Aging Neuroscience, 32*, 1–17.

Wechsler, D. (1997). *Manual for the Wechsler Adult Intelligence Scale – Third edition (WAIS-III)*. San Antonio: The Psychological Corporation.

Weidenmann, B. (2006). Lernen mit Medien. In A. Krapp & B. Weidenmann (Hrsg.), *Pädagogische Psychologie* (5. Aufl, S. 423–447). Weinheim: BeltzPVU.

Weinert, F. E. (Hrsg.). (1996). *Psychologie des Lernens und der Instruktion*. Göttingen: Hogrefe.

Williams, J. N. (2010). Initial incidental acquisition of word regularities: Is it just sequence learning? *Language Learning, 60*, 221–244.

Williamson, K. (1998). Discovered by chance: The role of incidental information acquisition on an ecological model of information use. *Library and Information Science Research, 20*, 23–40.

Informelles Lernen aus wirtschaftswissenschaftlicher Perspektive

Manfred Becker

Inhalt

1 Thematische Einordnung 225
2 Ökonomische Ziele und Grenzen informellen Lernens 226
3 Begriffsklärung, systematische und wissenschaftliche Zugänge zum
  informellen Lernen 228
4 Befähiger informellen Lernens 237
5 Zusammenfassung und Ausblick 249
Literatur 256

1 Thematische Einordnung

Das Wort des Philosophen Seneca (4 v. Chr. bis 65 n. Chr.) gilt nach wie vor in den beiden Wendungen. „Non scholae, sed vitae discimus" sagt, dass uns das Leben lehrt, dass wir im Leben lernen, nicht primär in der Schule. Informelles Lernen in allen Lebensbereichen befähigt uns, den Alltag erfolgreich zu gestalten. Die Umkehrung „Non vitae, sed scholae discimus" weist darauf hin, dass das bloße Hineinwachsen in die dynamische Welt der Gegenwart nicht ausreicht, sich im

---

Vorbemerkung: Informelles Lernen verführt zum Lob für „des Kaisers neue Kleider"; man ist in der Gefahr, Aspekte sehen zu wollen, die nicht sichtbar sind. Informelles Lernen zu behandeln, verführt zum Verweilen im Allgemeinen, weil die Angst beim Schreiber mitschwingt, dass der Aufbruch ins Konkrete ins Nichts führen könnte. Informelles Lernen erinnert an die berühmte schwarze Katze, die (angeblich) im dunklen Keller Maus um Maus jagt. Niemand hat die Katze gesehen, würde man mit einer Lampe in den Keller gehen, könnte sich die Erfolgsgeschichte ins Nichts auflösen. Informelles Lernen erinnert an das Kinderspiel Ich sehe was, was Du nicht siehst! Der Autor hofft auf den eigenen Mut zum Konkreten. Der Leser wird darüber entscheiden!

M. Becker (✉)
Martin-Luther-Universität Halle-Wittenberg eo ipso personal- und organisationsberatung gmbh, Mainz, Deutschland
E-Mail: m.becker@eoipso-mz.de

Leben zurechtzufinden. Formelles Lernen in Schule, Ausbildung, Weiterbildung und Studium sind erforderlich, um schnell und professionell die Angelegenheiten des Lebens meistern zu können.

Auch die Grundwahrheit, wonach Lernen ohne Arbeiten nicht möglich ist und Arbeiten ohne Lernen nicht denkbar ist, gilt für die Gegenwart uneingeschränkt. Der Lebensweg des Menschen ist unausweichlich ein Weg des Lernens und des Arbeitens. Arbeiten, verstanden als „elementare conditio humana", ist dem Menschen deshalb wesensgemäß, weil er seinen Lebensunterhalt erarbeiten muss. Wir leben nicht im Paradies. Lernen, ebenfalls als „elementare conditio humana" verstanden, muss der Mensch, weil er „unfertig" geboren wird und sich die Welt Schritt für Schritt lernend erschließen muss. Lernen und Arbeiten sind Zwillingsschwestern der menschlichen Lebensgestaltung und der Lebensbewältigung.

Damit ist das Ökonomische des Lernens und des Arbeitens bereits in seiner fundamentalen Dimension benannt. Lernen ist Aufwand, Arbeit ist Aufwand, Lernen soll zu Erträgen führen, Arbeiten soll zu Erträgen führen. Wenn Arbeiten und Lernen unter dem Gebot der Knappheit stehen, dann ist zu fragen, wie es dem Menschen gelingen kann, das Verhältnis von Aufwand und Ertrag des Lernens und des Arbeitens optimal zu gestalten. Die Antwort auf diese Frage ist einfach. Der Mensch muss auch beim Lernen und beim Arbeiten wirtschaften. Wie stets in den Wirtschaftswissenschaften, geht es beim Lernen und Arbeiten um Relationen. Aufwand steht gegen Ertrag. Der Mensch muss seine insgesamt knapp bemessene Lebenszeit ökonomisch für Lernen und Arbeiten verwenden. Was ökonomisch ist, hängt von den Zielen ab, die gesetzt sind oder die sich eine Person setzt.

Die Idee dieses Beitrages ist es, zu erörtern, wie informelles Lernen aus ökonomischer Zielsetzung heraus optimal gestaltet werden kann. Der Schwerpunkt dieses Beitrages konzentriert sich auf die Arbeitswelt. Andere Arenen informellen Lernens wie Familie, Schule, Hochschule, Peerbeziehungen, Sport und Freizeit, werden nicht behandelt.

2 Ökonomische Ziele und Grenzen informellen Lernens

2.1 Ökonomische Ziele informellen Lernens

Die wirtschaftswissenschaftliche Perspektive des informellen Lernens folgt einem Erkenntnis- und einem Gestaltungsziel. Das erkenntnisleitende Interesse am informellen Lernen zielt auf die Beantwortung der Fragen, welche Faktoren das in die Arbeit inkorporierte informelle Lernen wesentlich bestimmen, welcher Input erforderlich ist, um einen erwünschten Output zu erreichen.

Das Gestaltungsinteresse der Wirtschaftswissenschaften, insbesondere der Betriebswirtschaftslehre, zielt auf die Optimierung der Voraussetzungen und Bedingungen des Inputs, des Prozesses und des Outputs informellen Lernens. Was kann, so ist zu fragen, unter Geltung jeweils spezifischer Bedingungen, getan werden, um das informelle Lernen zu optimieren und dadurch Leistung, Zusammenarbeit und

Zufriedenheit zu steigern. Wirtschaftswissenschaftlich geht es folglich um die Gleichzeitigkeit der Verbesserung von Lernen und Arbeiten.

Das Gestaltungsziel informellen Lernens ist nach drei Ebenen zu unterteilen. Auf der **individuellen Ebene** (Mikroebene) zielt das informelle Lernen auf die Verbesserung der Lernfähigkeit, der Lernvoraussetzungen und der Lernerträge, die dann zur Verbesserung der Leistung eines einzelnen Mitarbeiters genutzt werden können.

Auf der **Ebene der Organisation** (Mesoebene) zielt informelles Lernen auf den Aufbau und die Nutzung informeller Wissensbestände, die zur Erhaltung und Verbesserung der Leistung und der Wettbewerbsfähigkeit der Organisation eingesetzt werden können.

Auf der **volkswirtschaftlichen Ebene** (Makroebene) zielen informelles Lernen und Arbeiten der Erwerbsbevölkerung auf den Aufbau von kollektivem Wissen und Können zur Sicherung und Verbesserung des Wohlstandes des jeweiligen Landes. Der kulturelle Reifegrad eines Landes, gemessen in Bildungs- und Wissenschaftsleistungen, entscheidet die internationale Wettbewerbsfähigkeit.

2.2 Grenzen informellen Lernens

Nun kann und muss man fragen, ob das informelle Lernen im Vollzug der Arbeit eine Realität darstellt, die zwar nicht zu leugnen ist, die sich aber des einfachen Zugangs wissenschaftlicher Erkenntnissuche und praktischer Gestaltungsabsicht dadurch entzieht, dass es eben informelle Lernvorgänge sind, die als solche nicht erfasst und nicht erklärt werden können. Informelles Lernen wirkt als intervenierende Variable, die sich zwischen die abhängige Variable Leistung und die unabhängige Variable Lernen schiebt. Die intervenierende Variable „informelles Lernen" kann sich positiv oder negativ verstärkend „einmischen", ohne dass diese Wirkung direkt beobachtet und kontrolliert werden könnte. Im Interesse eineindeutiger Erkenntnisgewinnung wäre es sicherlich ratsam, dass informelle Lernen „ceteris paribus" zu setzen und damit anzuerkennen, dass dieses stattfindet, aber aus Praktikabilitätsgründen außer Acht gelassen wird. Wissenschaftlich kommt zudem noch die Schwierigkeit hinzu, dass durch die gegenseitige Beeinflussung von Lernen und Arbeiten die unabhängigen und abhängigen Variablen wechseln. Das Lernen beeinflusst das Arbeiten (positiv/negativ) und das Arbeiten beeinflusst das Lernen (positiv/negativ).

Stellen wir diese formalen Bedenken zurück, dann erscheint es doch lohnenswert, sich dem Thema „Informelles Lernen aus wirtschaftswissenschaftlicher Perspektive" zu widmen. Wenn man das meiste im Vollzug des Lebens und nicht auf der Schulbank lernt, dann ist es nachvollziehbar zu fragen, ob und in welcher Weise das informelle Lernen ökonomisch positiv gestaltet werden kann.

So ist es für Unternehmen und öffentliche Verwaltungen nicht unwichtig zu wissen:

- ob die Mitarbeiter lernend arbeiten und arbeitend lernen oder ob sie weitgehend lernabstinent Routine exekutieren,
- ob sie zur kontinuierlichen Verbesserung ihrer Leistung durch dauerhafte Aufgaben- und Methodenkritik aktiv beitragen,

- ob sie ihre Wissensreserven einerseits und ihre Leistungsreserven andererseits ergebnisverbessernd so kombinieren, dass die Leistung steigt und die Zusammenarbeit verbessert wird,
- ob sie ihre formell und informell erworbene Befähigung mit Kollegen und Kolleginnen teilen, damit Synergien durch „knowledge sharing" entstehen,
- ob es ihnen gelingt, Impulse aus der formellen Aus-und Weiterbildung in das informelle Lernen und Impulse aus dem informellen Lernen in das formelle Lernen einzubringen,
- ob und wie informelles Lernen entlohnt werden kann, entlohnt werden sollte oder entlohnt werden muss, damit es optimal erfolgt,
- wie informelles Lernen durch Impulse der Personalarbeit und der Führung gefördert werden kann,
- ob und wie informelle Befähigung an Indikatoren sichtbar und messbar gemacht werden kann.

Arbeitsintegriertes Lernen (AIL), das hier dem informellen Lernen gleichgesetzt wird, ist aus betriebswirtschaftlicher Perspektive interessant, wenn die Lernkosten und die Produktionskosten durch die informellen Lernzuwächse gesenkt und die Arbeitsproduktivität gesteigert werden können. AIL ist betriebswirtschaftlich relevant, weil die Anforderungen für formelle PE-Maßnahmen durch die informellen Lernvorgänge reduziert werden können.

AIL ist aus personalwirtschaftlicher Perspektive interessant, weil der Aufbau eines lernförderlichen Arbeitssystems als Attraktivitätsfaktor zur Gewinnung und Bindung von Fach- und Führungskräften genutzt werden kann.

AIL ist aus wettbewerbspolitischer Perspektive interessant, weil die mit AIL erzielten Wissensbestände die Position des Unternehmens auf dem Absatzmarkt verbessern können.

AIL kann als „Management of speed" die Lerngeschwindigkeit verbessern und trägt dazu bei, Komplexität, Dynamik und Unsicherheit besser in den Griff zu bekommen. Die Anpassung bzw. die Neuentwicklung von Produkten und die Weiterentwicklung der Produktionsprozesse können beschleunigt wahrgenommen werden.

3 Begriffsklärung, systematische und wissenschaftliche Zugänge zum informellen Lernen

3.1 Begriffsklärung

Informelles Lernen ist zunächst dem formellen Lernen gegenüberzustellen. Bernd Overwien gibt einen Überblick über die Entwicklungsgeschichte des Begriffspaares „Formelles/formales" versus „informelles/informales" Lernen (Vgl. Overwien 2007). Formelles Lernen erfolgt intentional mit der Absicht, Wissen, Können, Fertigkeiten und Verhalten in einer vorbestimmten Richtung zu verändern. Informelles Lernen erfolgt ohne eine ex ante explizit formulierte Lernabsicht. Die

Explizites Wissen	Implizites Wissen
Kodiertes vom Entstehungszusammenhang losgelöstes „verobjektiviertes" Wissen	Bewusst und unbewusst verfügbares Wissen, das im Entstehungskontext und als Transferbefähigung in andere Kontexte genutzt werden kann
Informationen, die in Theorien, Formeln, Handbüchern, Plänen, Diagrammen usw. niedergelegt sind	Erfahrungen, Fertigkeiten, Einstellung, Verhaltensweisen, die im Vollzug des Lebens, insbesondere der Arbeit erworben werden
Übertragen durch formelle Lernveranstaltungen (Unterricht, Unterweisung, Vorlesung)	Genutzt durch bewusste und unbewusste Zusammenarbeit im Prozess der Arbeit; Lernen am Modell
Erworben durch formelles Lernen	Erworben durch Kopieren und Imitieren im Sozialisations- und Arbeitsprozess
Explizites Wissen kann geplant, gesteuert und evaluiert werden	Implizites Wissen kann nicht direkt geplant, gesteuert und evaluiert werden.
Explizite Wissensbestände gewähren nur wenig Machtpotential	Implizite Wissensbestände gewähren ein hohes Machtpotential

Abb. 1 Explizites und Implizites Wissen. *Vgl. auch*: Weggemann (1999), S. 43

Lernabsicht ergibt sich aus den Arbeits- und Lebenszusammenhängen. Widerstände, Probleme, Verzögerungen, Mengen- und Qualitätsprobleme, lösen informelle Lernprozesse aus. Formelles und informelles Lernen verbinden sich in der Absicht, den Lernwiderstand, der gleichzeitig Arbeitsaufgabe ist, lernend zu bewältigen. Ohne Lernwiderstand wird kein Lernprozess ausgelöst.

Eng verwandt mit dem Begriffspaar formell/informell ist die Trennung in explizites und implizites Wissen. Explizites Wissen liegt als „verobjektiviertes Wissen" gewissermaßen „schwarz auf weiß" vor, ist vom lernenden Subjekt losgelöst, ist bedingt rekonstruierbar und kann vom Entstehungskontext auf andere Kontexte übertragen werden. Implizites Wissen ist an die Handlung und den Handelnden gebunden, ist in die Arbeitszusammenhänge inkorporiertes Lernen, kann nicht ohne weiteres dokumentiert und nicht problemlos auf andere Kontexte übertragen werden (Vgl. Schanz, G. (2006), S. 6 f.; vgl. Willke (2001), S. 12 f.) (Abb. 1).

Nonaka und Takeuchi begreifen den Wissensentstehungsprozess in Organisationen als ein Spiralmodell, das vier Konversionstypen verknüpft. Nach dem Abschluss des 4-stufigen Zyklus folgen neue Zyklen, so dass die Vorstellung eines spiralförmigen Entwicklungsprozesses entsteht. Ein Zyklus der Generierung neuen Wissens beginnt immer bei einem Individuum und wird dann an die Gruppe und schließlich an die Organisation weitergegeben oder als Wissensdomäne, z. B. eines Experten, exklusiv genutzt. Die Weitergabe des Wissens von Individuen an Gruppen und von

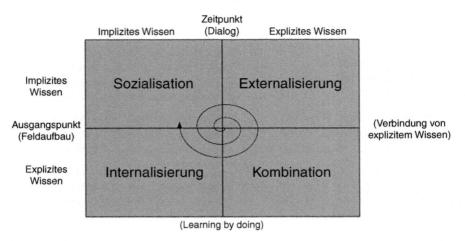

Abb. 2 Formen der Wissensumwandlung. Quelle: In Anlehnung an Nonaka und Takeuchi (1997), S. 84 f.

Gruppen an die Organisation sollte durch entsprechende Rahmenbedingungen und aktive Führung unterstützt werden (Vgl. Schreyögg. und Geiger 2003, S. 9).

Die vier Konversionstypen sind:

Sozialisation ist die Wissenstransformation von implizitem Wissen eines Senders zu implizitem Wissen eines Empfängers (Vgl. Nonaka und Takeuchi (1997), S. 75.). Es ist der Prozess einer teilweise unbewussten Übernahme von implizitem Wissen durch Erfahrungsaustausch bei gemeinsamen Tätigkeiten, Beobachtungen oder Nachahmungen (Vgl. Schreyögg und Geiger 2003, S. 9).

Beispielsweise erwirbt der Lehrling sein handwerkliches Geschick durch Beobachtung der Arbeitsweise des Meisters und weniger durch Sprache (Lernen am Modell dominiert den Lernvorgang).

Externalisierung transformiert implizites Wissen in explizites Wissen (Vgl. Falk 2006, S. 26.). Eine dialogische Kommunikation, Reflexion von Zusammenhängen und der Austausch von Ideen und sind notwendig, um implizites Wissen mit Hilfe von Metaphern, Analogien, Modellen oder Hypothesen zu verdeutlichen und in explizites Wissen zu übersetzen. Ein typisches Beispiel für Externalisierung ist die Dokumentation von Wissen in Berichten, Pflichtenheften und Arbeitsanweisungen (Abb. 2).

Kombination ist die Verknüpfung von explizitem und explizitem Wissen durch Medien und Intermediäre wie Dokumente, Besprechungen, Telefongespräche und Computernetze (Vgl. Nonaka und Takeuchi (1997), S. 75).

Die Neuzusammenstellung von Informationen durch Kombinieren, Hinzufügen, Sortieren oder Klassifizieren von explizitem Wissen kann weiteres neues Wissen entstehen lassen (Vgl. Falk, S. (2006), S. 26; vgl. auch Nonaka und Takeuchi (1997), S. 81).

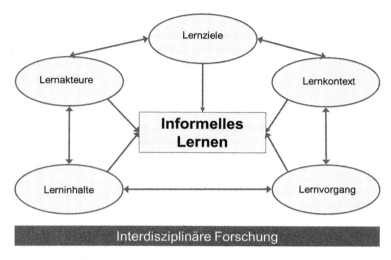

Abb. 3 Zugänge zur Erklärung und Gestaltung informellen Lernens. In Anlehnung an: Becker 2009a, S. 4

Workshops, Seminare, Erfa-Gruppen und insbesondere Fachgespräche nennen Foren des Austauschs explizit gewordener Wissensbestände.

Internalisierung beschreibt den Eingliederungsprozess expliziten in implizites Wissen durch Verinnerlichung und/oder Routinisierung (Vgl. Falk 2006, S. 27). Die Anwendung des „neuen" Wissens im Vollzug der Arbeit ist die vorherrschende Form der Internalisierung. Ob Internalisierung stattgefunden hat, kann nur an den Arbeitsergebnissen, der Performanz, abgelesen werden.

Der vierstufige Algorithmus überzeugt durch die methodische Logik. Ob die Transformation von Wissen in der vorgestellten Art und Weise funktioniert, hängt davon ab, ob die Akteure überhaupt wissen, was sie wissen, ob sie gewillt sind, ihre persönlichen Wissensvorräte mit anderen zu teilen und ob geregelt ist, in welcher Weise sich die Teilung informellen Wissens mit anderen lohnt.

3.2 Systematische Zugänge

Die Zugänge zum informellen Lernen lassen sich als Atomium darstellen (Vgl. Abb. 3). Auch wenn keine formellen **Ziele** des informellen Lernens gesetzt werden (können), muss der Anspruch formuliert werden, dass jeder Mitarbeiter in jeder Funktion und auf jeder Hierarchieebene permanent zu informellem Lernen angehalten wird. Bereits Frederic W. Tayler betonte die kontinuierliche Verbesserung der Arbeit durch Lernen. Dauerhafte Anstrengungen der Rationalisierung werden nur über fortgesetztes informelles Lernen erreicht. Ziel informellen Lernens ist die Anpassung der Wissensbestände an die wechselnden Erfordernisse der Arbeit. Die betriebswirtschaftlichen Ziele wechseln und mit ihnen Richtung, Intensität und Inhalt des informellen Lernens.

Die **Inhalte** des informellen Lernens leiten sich aus dem Arbeitszusammenhang ab. Was gelernt wird bzw. gelernt werden soll, wird von den Inhalten der Arbeit bestimmt. Einfache Arbeiten bieten wenig Lerninhalte, komplexe und wechselnde Arbeitsinhalte bieten reichhaltig Gelegenheit zu informellem Lernen. Pfadabhängiges Arbeiten zieht nachlassendes informelles Lernen nach sich. Pfadbrüche sind Phasen intensiven informellen Lernens, weil neue Aspekte z. B. in Produkten und Produktionsprozessen, bewältigt werden müssen.

Die **Akteure** des informellen Lernens sind einzelne Mitarbeiter, Mitarbeitergruppen und die Organisation als Ganzes. Der Lernende bringt seine Biographie, sein Vorwissen, seine Erfahrungen in das informelle Lernen ein. Kollegen und Vorgesetzte unterstützen das Lernen durch Kooperation, Wissensteilung und kollegiale Beratung. Eine Organisation ist durch ihre Kultur geprägt, informelles Lernen wird entweder verlangt und gefördert oder in der Exekution von Routine weder erwartet noch belohnt.

Der **Lernvorgang** unterscheidet sich durch die Lernzeit, die Wahl der Lernmethoden und die Sozialform des Lernens. Informelles Lernen folgt implizit über die Suche nach Lösungsmöglichkeiten und der lernenden Bewältigung der Arbeitsaufgabe.

Der **Lernkontext** bildet den Rahmen des informellen Lernens. Neue Mitarbeiter in der Einführungsphase haben einen anderen Lernzusammenhang zu bewältigen als langjährig in einer Aufgabe tätige Experten. Der Lernkontext bestimmt auch das Klima des Lernens. Sind Zeitpuffer für informelles Lernen vorhanden, werden Lernerfolge honoriert, dann wächst das informelle Lernen.

Die Bausteine des „Lern-Atomiums" sind miteinander verbunden, hängen in ihrer Ausgestaltung und Wirkung voneinander ab. Ein Umstand, der die wissenschaftliche Erfassung erschwert, das informelle Lernen aber begünstigt.

3.3 Wissenschaftliche Zugänge

Informelles Lernen ist ein Thema der **Bildungsökonomie**. Aufgabe der Bildungsökonomie ist es, „die Zusammenhänge von Bildungswesen und wirtschaftlicher Entwicklung in theoretisch-systematischer Absicht" zu untersuchen (Combe und Petzold 1977, S. 7). Für das informelle Lernen ist zu fragen, inwieweit diese Form des Lernens effektiv und effizient ist, ob Vorteile gegenüber anderen Lernformen bestehen, wie sich die Relation von Aufwand und Ertrag des informellen zum formellen Lernen darstellt. Es ist auch zu untersuchen, ob und in welcher Weise das informelle Lernen ökonomisch beeinflusst und gesteuert werden kann, damit nicht „falsch" und „nichts Falsches" gelernt wird. Effektivität und Effizienz sind die Grundkategorien des informellen Lernens.

Die **Pädagogik** thematisiert die mikropädagogischen Aspekte des informellen Lernens. Die Lernumgebung, der Lernprozess, die Lerninhalte, die Akteure des informellen Lernens, werden mit der Absicht der lernökonomischen Optimierung thematisiert.

Rolf Arnold beschreibt „Selbstbildung" als das Ergebnis der Dualität von Objekt- und Subjektorientierung in Bildung und Erziehung (Vgl. Arnold 2013, S. 40). Die Skepsis gegenüber der Objektorientierung und die Vorliebe für das Emanzipatorische sprechen – so der Tenor – für eine stärkere Selbstbildung und gegen eine Überbetonung von Inhaltskatalogen und Zertifikaten. Die Welt, so wie die Menschen diese subjektiv erleben und deuten, ist für Arnold Programm postmoderner Pädagogik, die ästhetischen Wahlentscheidungen und Wahlhandlungen der Subjekte viel Raum gibt.

Mit der (nicht neuen) Betonung der Subjektorientierung gewinnt auch das informelle Lernen (wieder) an Bedeutung (Vgl. Arnold 2013, S. 40 f. unter Berufung auf Dohmen) Aus der prinzipiellen Dualität des Lerngegenstandes (Arbeitsaufgabe) einerseits und der lernstrategischen Aneignung von Handlungswissen (Lernprozess) entsteht, so Arnold, das Ergebnis des Lernprozesses, das Lernen: „So ‚lernen' Menschen nicht nur den Inhalt, mit dem sie sich beschäftigen, sondern auch die Herangehensweise sowie die methodische Inszenierung die dabei gewählt wurde", schlussfolgert Arnold für die Subjektperspektive des Lernens (Arnold 2013, S. 40).

Es ist daran zu erinnern dass subjektiv gewolltes und gewähltes (informelles) Lernen nicht voraussetzungslos erfolgen kann, sondern nur möglich wird, wenn der Lernende auf einen bereits vorhandenen Fundus von Inhalts- und Prozesswissen zurückgreifen kann, den er in vorausgegangenen formalen und informalen Lernvorgängen erworben hat. Der Mensch kann sich nicht unbedingt und unbeschränkt selbst „am eigenen Schopfe" aus den Anforderungen des Lebens ziehen. Formelle und informelle Lernprozesse sind Voraussetzung für nachfolgende.

Informelles Lernen ist Auftrag der **Unternehmensführung**, wenn es darum geht, die Verkürzung der Produktlebenszyklen, das Tempo der technologischen Entwicklung und die Ausweitung des weltweiten Wettbewerbs lernend zu bewältigen. Informelles Lernen wird als „Management of speed" zum entscheidenden Erfolgsfaktor im Kampf um Marktanteile, Sicherung der unternehmerischen Existenz und der Erhaltung der Beschäftigungsmöglichkeit und der Beschäftigungsfähigkeit der Belegschaft. Informelles Lernen verkürzt das formelle Lernen und den Transfer des Gelernten in die Bewältigung der konkreten Aufgaben.

Mit der Hervorhebung der Zweck-Mittel-Beziehungen informellen Lernens wird die Analysefrage ganz konkret auf die Ziele, die Inhalte, die Verfahren, die Resultate und die Kosten informellen Lernen konzentriert.

Informelles Lernen ist ein Thema der **Organisation**, wenn es darum geht, den Produktionsfaktor Wissen und Können im Wertschöpfungsprozess optimal einzusetzen. Der Aufbau der Organisation, die Gestaltung des Produktionsprozesses und das Informationsmanagement sind lernfördernd so aufeinander abzustimmen, dass das situative Optimum aus Organisation und Improvisation ausreichend Gelegenheit für informelles Lernen bietet. Das sensible Zusammenführen von Aufgaben und Anforderungen einerseits (Kompetenzmanagement) und die Bereitstellung von der erforderlichen Qualifikation, Motivation und Erfahrung der Mitarbeiter andererseits (Talentmanagement), beschreibt die Kunst der lernfördernden Gestaltung des organisatorischen Optimums (Organizational Bliss Point).

In der **Betriebswirtschaftslehre** hat die Auseinandersetzung mit dem Phänomen des Lernens eine lange Tradition. Georg Schreyögg gibt einen umfassenden Überblick über die Quellen des individuellen und des organisationalen Lernens (Vgl. Schreyögg 2003, S. 544 ff.).

Der Ansatz von March und Olsen thematisiert organisatorische Veränderungen als Lernen aus Erfahrung. Der Lernzyklus erfasst das Problem (Lerngegenstand), die nachfolgenden Überlegungen zur Lösung des Problems (Lernprozess), den erworbenen Lernerfolg (Wissen, Können, Erfahrung) und die Transformation des Wissens in neue Problemlösungen (Transfer). Die Möglichkeit der Umwandlung von implizitem in explizites Lernen wurde bereits besprochen. Die relevante Umwelt nimmt das neue Wissen entweder an und nutzt es oder diskriminiert es als organisatorische Störung (Vgl. March und Olsen 1979, 12 ff.).

Das informelle Lernen kann nur gelingen, wenn es auf bereits vorhandene strukturelle Muster zurückgreifen kann. Vorhandene mentale Strukturen dienen der Lösung neuer Probleme. Werden die vorhandenen Muster durch neue Lernimpulse in Frage gestellt und mit neuen Ideen der Problemlösung konfrontiert, dann entsteht neues informelles Wissen. Personen, Gruppen und Organisationen können als dynamische Wissensallmenden aufgefasst werden, deren Wissensvorrat sich in ständigem Austausch befindet. Ob und wie schnell Organisationen obsolete Handlungsmuster durch effizientere auszutauschen, entscheidet über Erfolg und Misserfolg (Pfadabhängigkeit versus Pfadabbruch). In den Wissensspeichern der Individuen, der Gruppen und der Organisationen ist Inhaltswissen (know what!) und Verfahrenswissen (know how!) gehortet. Die variable Kombination beider führt zu spezifischer Befähigung, memoriert als implizites und explizites Wissen.

Nach Polany (Vgl. Polany 1966, S. 4.) ist unter explizitem Wissen interpersonal verfügbares Wissen zu verstehen. Explizites Wissen umfasst Inhaltsaspekte und Verfahren-Know How. Beide machen den Wissensfundus einer Person, einer Gruppe oder einer Organisation aus. In der Praxis sind das z. B. Materialbeschreibungen, Bearbeitungsrichtlinien und Pflichtenhefte für die Fertigung, die den expliziten Fundus darstellen. Der Vorteil expliziten Wissens liegt in der Duplizierbarkeit, Standardisierung und unmittelbaren Verfügbarkeit. Implizites Wissen kann als latent verfügbarer Wissensstock einer Person, Gruppe oder Organisation bezeichnet werden, der ebenfalls aus einem Inhalts- und einem Verfahrenspaket zusammengesetzt ist. Wenn z. B. eine Person einen Pilz mit einer roten Kappe sieht oder einer zischenden Schlange begegnet, wird tief verwurzeltes Inhalts- und Verfahrenswissen abgerufen. Achtung, nicht berühren, nicht essen, nicht reizen! Implizites Wissen ist personengebunden, einer Person bewusst oder in distinkten Situationen aus dem Unterbewusstsein abrufbar.

Das Tempo der lernenden Veränderung (Dynamik), die Zunahme und Verschiedenheit der Arbeitsinhalte (Komplexität) sowie die wachsende Undeterminiertheit der Umweltentwicklung (Unsicherheit) legen den betriebswirtschaftlichen Schluss nahe, dass Unternehmen dann besonders erfolgreich sind, wenn das implizite und das explizite Wissen umfangreich sind und die Kombination von Wissensbeständen zur Lösung neuer Probleme schnell erfolgen kann. Die Wissensbasis einer Organisation kann allerdings nicht als distinkter Ort, als Dokumentationszentrum verstanden werden. Das implizite Wissen ähnelt eher einer Cloud oder einem Cloud-Knowledge-Store. Wissen ist verfügbar, aber nicht greifbar.

Informelles Lernen ist ein Thema der **Personalwirtschaft**, wenn es darum geht, informell erworbenes Wissen und Können sichtbar und messbar zu machen und Instrumente zu entwickeln, um informell erworbenes Lernen und dessen Anwendung im Prozess der Arbeit honorieren zu können. Stellen sich z. B. erfahrene Mitarbeiter als Paten für neu eingestellte Mitarbeiter zur Verfügung, dann teilen sie mit ihnen ihr Wissen und Können, geben Erfahrungen weiter und unterweisen sie in der Handhabung von Maschinen, Geräten, Prozessen und Politiken. Die Personalwirtschaft hat zu klären, wie der Pate zur Weitergabe seines Wissens und Könnens bewegt werden kann, welche Anreize zu setzen sind und wie festgestellt werden kann, ob und in welchem Maße Wissen tatsächlich übertragen und vom Empfänger angenommen und genutzt wird.

Informelles Lernen ist ein Thema der **Führung**, wenn es darum geht, Führung und Zusammenarbeit so zu gestalten, dass Lern- und Produktivitätsfortschritte erzielt werden, Kreativität und Innovationsfreude, gefördert durch eine offene Kultur des Lernens, sind Rahmenbedingungen einer lernfördernden Führung. Lernen braucht Zeit, die von den Führungskräften eingeräumt werden muss. Bleibt keine Zeit zur lernenden Reflexion, dann sinkt die Leistung und die Unzufriedenheit wächst.

Informelles Lernen wird unter dem Label **Wissensmanagement** vermarktet. Helm, Meckl und Sodeik geben einen Überblick über die Ansätze des Wissensmanagements. Sie fassen den Begriff Wissensmanagement ganz allgemein als Konzepte und Instrumente zusammen, „die Unternehmen zur Schaffung optimaler Entstehungs- und Verwertungsbedingungen für die Ressource Wissen anregen sollen (Vgl. Meckl R., Sodeik, N. 2007, S. 211 ff.; vgl. Eck 1997, S. 155 ff.). Wissensentstehung (im informellen Zusammenhang), dessen Bewusstwerden, Anwenden, Erweitern, Verändern und der Austausch von Wissen, werden thematisiert. Als Zwischenruf sei die Bemerkung erlaubt, „wenn es dann in der Realität so einfach wäre!"

3.4 Einordnung in die Kompetenzgleichung

Informelles Lernen kann mit der Kompetenzgleichung erklärt werden. Kompetenz erfasst das erforderliche Dürfen, Wollen und Können einer Person zur Wahrnehmung einer konkreten Arbeitsaufgabe. Kompetenz schließt die Befähigung ein, sich auf neue Aufgaben lernend einzustellen, folglich informell Gelerntes auf andere Aufgaben zu übertragen. Die Kompetenzgleichung ist in Basisfaktoren, Technologiefaktoren und Zielfaktoren unterteilt. Die zielgerichtete Kombination der Basisfaktoren und der Technologiefaktoren geschieht, wenn vorhandenes Inhalts- und Verfahrens-Know-How so verbunden wird, dass eine geplante, eine andere oder eine neue Leistung entsteht. Motivation, Qualifikation und Erfahrung bilden die Basisfaktoren (Ressourcen) des informellen Lernens. Die zielbezogene Nutzung von Technologien muss hinzutreten. Mit Hilfe der Technologien werden die Ressourcen

K = f (R, T, M)		
Basisfaktoren (Ressourcen)	**Aktionsfaktoren (Technologie)**	**Zielfaktoren (Performanz)**
Qualifikation	Sprache	Effizienz
Organisation	Informationstechnologien	Effektivität
Verträge	Lerntechniken	Erzielung von Nutzen (Rente, Wertschätzung, Bestand, etc.)
Konditionen	Führungstechniken	
Sachmittel	Analysetechniken	
Finanzmittel	Planungstechniken	Einkommen
Motivation	Entscheidungstechniken	Entfaltung
Erfahrung	Steuerungstechniken	
Kultur	Kontrolltechniken	

Abb. 4 Kompetenzgleichung: Basisfaktoren, Aktionsfaktoren, Zielfaktoren. Quelle: Becker (2009), S. 12

(Qualifikation, Erfahrung und Motivation) zielführend zur Handlungsfähigkeit zusammengeführt. Eine wichtige Technologie ist die Sprache. Weitere Technologien, die in diesem Kontext eingesetzt werden können, sind Informations-, Planungs-, Produktions-, Dokumentations- und Visualisierungstechniken, die die Akteure beherrschen und im Vollzug der Arbeit einsetzen. Als dritte Komponente der „Kompetenzarchitektur" sind die Zielfaktoren der Handlung zu bestimmen. Die Ziele einer Handlung ergeben sich bei informellem Lernen z. T. erst aus den Anforderungen, die situativ auf die Akteure zukommen. Kompetent handelt derjenige, der eine Handlung anforderungsgerecht ausführen kann. Damit wird die Kombination der Basisfaktoren (Qualifikation und Motivation) und der Technologiefaktoren (Sprache, Techniken) um die Zielebene erweitert. Vor dem Hintergrund dynamischer Umwelten gewinnt der Zielfaktor an Bedeutung (Vgl. Becker 2009, S. 11 f.). Nachfolgend wird die „Kompetenzarchitektur" beschrieben.

Kompetenz realisiert sich in der Kombination von Basisfaktoren (Ressourcen), Aktionsfaktoren (Technologie) und Zielfaktoren (Performanz). Kompetenz ist als informeller und formeller Lernertrag unsichtbar: Sie zeigt sich erst in der Performanz, der vollbrachten Leistung (Abb. 4).

Die Kompetenzgleichung ist auf das informelle Lernen übertragbar. Lernen geschieht in der Verbindung von Basisfaktoren, Technologiefaktoren und Zielfaktoren der Handlung. Beobachten und messen kann man informelles Lernen nur als Resultat (Lern- oder Handlungsergebnis). Beeinflussen kann man informelles Lernen durch die Architektur der Basisfaktoren und der Technologiefaktoren. Art und Umfang der in eine Handlung eingebrachte Qualifikation und Erfahrung, die motivierende Wirkung der Arbeitsumgebung, befristete oder unbefristete Beschäftigung etc., bestimmen den Fundus erforderlicher Basisfaktoren des informellen Lernens. In der konkreten Handlungssituation kombiniert der Handelnde diesen personalen Fundus mit „geeigneten" Technologien zur zielorientierten Ausführung der Handlung.

Den konkreten Vorgang des informellen Lernens kann man nicht beobachten, es lassen sich keine genauen Rezeptangaben zur handlungsorientierten Kombination der Basis- und der Technologiefaktoren benennen. Viele Wege der Problemlösung sind möglich.

4 Befähiger informellen Lernens

Nachfolgend werden prominente **Befähiger (Enablers)** und **Resultanten (Ergebnisse)** informellen Lernens vorgestellt. Das informelle Lernen selbst wird gewissermaßen als Black Box c.p. gesetzt und nicht besprochen. Das Ausklammern des eigentlichen Lernvorgangs entspricht dem Dreiklang des behavioristischen S-O-R-Paradigmas, wonach die Stimuli (S) und die Reaktionen (R) gemessen werden. Die eigentliche lernende Auseinandersetzung im Lernvorgang (O) bleibt ungeklärt.

4.1 Strukturale Befähiger

„If you cann't measure it, you cann't manage it!", lautet eine einsichtige Empfehlung, die insbesondere für das informelle Lernen gilt. Ohne Messpunkte, Messwerte und Zielwerte ist nicht zu erkennen, ob gelernt wurde, ob das Richtige richtig gelernt wurde und wie die Lernerträge und die Anwendung des Gelernten im Arbeitsvollzug honoriert werden oder werden sollen. Weil der direkte Zugang zum informellen Lernen fehlt, muss man sich bei der Messung und Bewertung informellen Lernens mit Hilfsgrößen, mit Indikatoren, begnügen. Auf drei Ebenen werden Indikatoren genutzt, um die Wirkung des informellen Lernens zu erfassen: Befähiger (Enablers), Ergebnisse (Performance) und Prozess (Actors).

Enablers oder Befähiger informellen Lernens sind Wirkfaktoren, die das Lernen begünstigen. Befähiger begünstigen das informelle Lernen dadurch, dass Raum und Zeit für das Lernen gewährt wird, Ressourcen zur Verfügung gestellt werden, ein günstiges Lernklima entsteht und Promotoren das informelle Lernen fördern. Befähiger sind in Analogie zur Kompetenzarchitektur in konstitutive Befähiger (Basisfaktoren) und in konsekutive Befähiger (Technologiefaktoren) zu unterteilen (Vgl. Abb. 5). Prominente Befähiger informellen Lernens werden nachfolgend näher beschrieben.

4.1.1 Unternehmensverfassung und Unternehmenskultur

Die Unternehmensverfassung begünstigt das informelle Lernen, indem die langfristig geltenden Verhaltensstandards, die Machtverteilung und die Politik des Unternehmens informelles Lernen als wichtige Unternehmensressource hervorheben. Statements in den Unternehmensgrundsätzen wie

- „Wir sind eine lernende Organisation"
- „Unser Erfolg beruht auf dem Lernen aller in allen Funktionen und Ebenen!"
- „Die lernende Weiterentwicklung sichert den Unternehmenserfolg!"

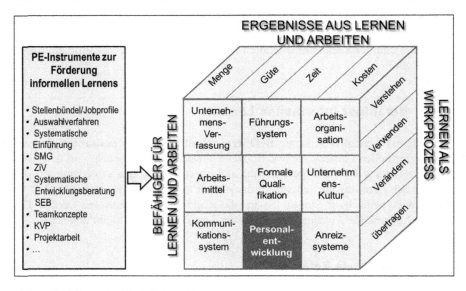

Abb. 5 Befähiger (Enablers) informellen Lernens

geben der Belegschaft entsprechende Signale, dass Lernen gewollt ist. Die Unternehmensverfassung kann auch mit der Bestimmung der „Dynaxicurity" (Dynamik, Komplexität, Unsicherheit) den Bedarf an Lernen erfassen. Ein hoher Dynaxicurity-Index verlangt mehr, ein niedriger weniger Lernleistungen der Belegschaft, um Anschluss an die interne und externe Entwicklung zu halten (Vgl. Becker und Kirchner 2013, Abb. 6–1, S. 58 f.).

4.1.2 Führungssystem und Kommunikationssystem

Führungssysteme beschreiben auf generischer Ebene, welche Politik, Strategie, Grundsätze und Instrumente das Führungshandeln grundlegend bestimmen sollen. Die Führungssysteme sind in strukturale und personale Führung zu unterteilen. Die strukturale Führung beschreibt den Handlungsrahmen, in dem sich die Führungskräfte und die Mitarbeiter einer Organisation bewegen können. Strukturale Führungssysteme bestimmen die Freiheitsgrade, die Autonomie, die Grenzen und die Möglichkeiten des Handelns der Akteure. Die personalen Führungssysteme bestimmen, wie das Führungshandeln im Managementdreieck konkret gestaltet werden sollte. Führungskraft, Mitarbeiter und Aufgabe sind arbeitend und lernend so zusammenzubringen, dass eine optimale Leistung erzielt wird. Idealtypisch können die Führungssysteme z. B. in traditionale, transitionale und transformierte Unternehmensführung unterteilt werden. Traditionale Führungssysteme weisen deterministisch und hierarchisch Aufgaben, Verantwortung und Kompetenzen sehr limitiert zu. Die Lernerwartungen und die Lernerträge sind sehr gering. Transitionale Unternehmen sind durch Veränderungen geprägte Organisationen. Die Tätigkeiten und Anforderungen wechseln rasch und tiefgreifend. Informelles Lernen ist in hohem Maße möglich und erforderlich. Transformierte Unternehmen sind dezentral organisiert, Team-Gruppen- und Projektarbeit verlangen kontinuierlich hohe informelle Lernbereitschaft und es sind vielfältige Angebote des Lernens gegeben (Vgl. Becker, M. 2009). Wie schon erwähnt, wird der Ertrag des informellen Lernens in der Leistung am „point of doing" sichtbar.

4.1.3 Arbeitsorganisation und Arbeitsmittel

Aufbau-, Ablauf- und Informationsorganisation eröffnen den Beschäftigten unterschiedliche Lern- und Handlungsarenen. Zentralistische Strukturen mit strikter Arbeitsteilung gewähren wenig Raum und Zeit für informelles Lernen. Organisatorische Lücken bieten als nicht geregelter Spielraum beste Gelegenheit, improvisierend zu lernen und die Lücken durch selbstinitiiertes Lernen zu schließen. Organisatorische und technische Lücken sind auch immer dann durch informelles Lernen zu schließen, wenn neue Technologien eingeführt und neue Verfahren alte ablösen.

Informationslücken ergeben sich aus zu später, falscher und unzureichender Information der Betroffenen, allen voran die Führungskräfte. Fehlen Informationen, dann fehlt auch der Anreiz, sich neuen Herausforderungen lernend zu stellen. Der Mitarbeiter muss sich die fehlenden Informationen mühsam beschaffen, er probiert aus, liest Arbeitsanweisungen, befragt Kollegen. „Trial and error" bestimmen das informelle Lernen.

Informationslücken entstehen durch fehlendes Wissen. Die praktizierte Routine versagt, neues Wissen ist nicht vorhanden. Die Devise muss lauten, Pfadbrüche durch neues Lernen zu forcieren, geht durch das Nadelöhr informellen Lernens. Was bisher galt, nun aber nicht mehr gilt, muss gelernt und durch neue Handlungsweisen ersetzt werden.

Wenn geeignete Arbeitsmittel fehlen, muss lernend improvisiert werden. Nach dem Motto „Not macht erfinderisch" überlegen Mitarbeiter, wie sie auftretende Probleme lösen können, für deren Bewältigung keine oder unzureichende Arbeitsmittel zur Verfügung stehen. Lernmöglichkeiten und Lernertrag sind gleichermaßen hoch, weil der Lernwiderstand groß ist.

4.1.4 Anreizsysteme

Lernen verlangt Anstrengung, ist Arbeit, die zu einem Resultat führen soll. Daher werden Mitarbeiter fragen, welchen Nutzen sie aus informellem Lernen erzielen können. Anreize für informelles Lernen sind in materielle und nicht materielle Anreize zu unterteilen. Materielle Anreize sind z. B. Erhöhung der Entlohnung, nicht unmittelbar materielle Anreize sind soziale Anerkennung und Aufstieg. Es ist Führungsaufgabe zu erkennen, welcher informelle Lernertrag erzielt wurde und wie dieser zu entlohnen ist. Die Art und die Höhe der Anreize entscheiden darüber, ob ein Mitarbeiter bereit ist, sein informell erworbenes Wissen, dessen Exklusivität ihm bewusst ist, an andere weiterzugeben.

Die Motivation, eine Aufgabe bestmöglich auszuführen, hängt von den Anreizen ab, die eine Organisation ihren Mitarbeitern für kreatives Denken und Handeln, für informelles Lernen, bietet. Im Verständnis der Technologiefaktoren der Kompetenzgleichung treten die Arbeitsmittel lernfördernd oder lernhemmend hinzu. Ein Mitarbeiter kann eine Aufgabe ausführen wollen, er verfügt über die erforderliche formale Qualifikation, die notwendige Motivation und ausreichende Erfahrung, aber es mangelt an technischen Geräten, an Arbeitshilfen, an Maschinen und Werkzeugen, um erfolgreich lernen und arbeiten zu können. Wenn unter diesen Bedingungen suboptimale Arbeitsergebnisse erzielt werden, dann darf dieser Mangel nicht den Mitarbeitern angelastet werden. Lernen bedarf der Unterstützung von außen. Die verantwortlichen Führungskräfte müssen die technische Ausstattung bereitstellen und dafür Sorge tragen, dass die optimale Passung von Maschinen und Einrichtung, von EDV-Anlagen und Arbeitsauftrag gewährleistet ist.

Lernen wird von außen durch eine adressaten- und aufgabengerechte Kommunikation gefördert. Wenn ein Mitarbeiter konkret in eine anstehende Aufgabe eingewiesen ist, kann er gezielt nach Kombinationsmöglichkeiten der lösungswahrscheinlichen Basisfaktoren und Technologiefaktoren suchen. Schließlich ist es die Kultur, die entweder als hierarchisch und funktional geschlossenes System Standardlösungen verlangt oder als offene Kultur des Ausprobierens und des Lernens den erforderlichen Freiraum für informelles Lernen lässt. Dazu gehört eine Fehlerkultur, die das Ausprobieren erlaubt, die Fehler als unvermeidbare produktive Umwege auf dem Wege zur optimalen Lösung zulässt. Der Satz von Charles Kettering gilt nach wie vor uneingeschränkt: „It doesn't matter if you try and try again, and fail. It does matter, if you try and fail, and fail to try again!" (Quelle: Internet).

Aufgabe der Unternehmen ist es, die Enabler so zu bestimmen, dass diese im Verständnis von „good slack" das informelle Lernen begünstigen. Kommunikation als Ermunterung fördert das informelle Lernen ebenfalls. Anregungen wie „Versuche es doch einmal auf diese oder jene Weise", regen zum Weiterdenken, zu informellem Lernen an.

Und hier wird nun das betriebswirtschaftliche Problem der richtigen Bemessung der Befähiger informellen Lernens sichtbar. Drei Ausprägungen sind denkbar:

- Es wird an Voraussetzungen exakt bereitgestellt, was für die Erledigung einer konkreten Aufgabe erforderlich ist (no slack). Ein Mitarbeiter verfügt über die notwendigen Voraussetzungen gewissermaßen nach dem Motto „Der Mitarbeiter kann, was er tut, er tut was er kann!" Lernen findet nicht statt.
- Es werden üppige Voraussetzungen geschaffen, die weit mehr Befähiger zur Verfügung stellen als für die Aufgabenerledigung erforderlich sind (bad slack). Ressourcenausstattung steht nutzlos zur Verfügung, Verschwendung und Orientierungslosigkeit sind die Folge, informelles Lernen wird behindert, findet u. U. gart nicht statt.
- Es werden die erforderlichen Voraussetzungen geschaffen und zusätzliche zeitliche Handlungspuffer angelegt, die es erlauben, Variationen und Innovationen zu erproben und über informelles Lernen in die Arbeit einzubringen (good slack). Informelles Lernen findet in optimaler Weise statt.

Der Begriff Slack geht auf Bourgeois zurück: „A cushion of acual or potential resources which allow an organization to adapt successfully to internal pressures for adjustments or external resources for changes in policy, as well as to initiate changes in strategy with respect to the external environment (Bourgeois 1981, S. 30.).

„Slack" ist zu verstehen als Vorrat, als Reserve, als Ressource, über die eine Person oder Organisation verfügt. Personaler und organisationaler Slack sind Handlungs-, Eingreif- und Umstellungsreserven, die es Personen und Organisationen ermöglichen, Herausforderungen situationsgerecht zu meistern. Die Aktivierung latent vorhandener Slack-Potentiale erfolgt in der Mehrzahl der Fälle durch informelles Lernen. Ob und in welchem Maße die situativ richtige Kombination von Basis- und Technologiefaktoren erreicht wurde, erfährt man aus den gemessenen und bewerteten Ergebnissen der Arbeit. Erst in der Performanz wird der Ertrag des informellen Lernens sichtbar. Die Aktivierung von Slack-Potentialen kann passiv und unbewusst erfolgen, indem eine Person oder Organisation dem „Leidensdruck" einer neuen Situation ausgesetzt ist und zu deren Bewältigung Problemlösungsreserven mobilisiert. Slack kann auch aktiv eingesetzt werden, indem eine Person oder Organisation proaktiv zur Nutzung vorhandener Slack-Potentiale aufruft und so zu fortgesetztem informellem Lernen auffordert. Beispiele für die Nutzung von „good slack" sind z. B.:

- „Brain-Trusts" und „Thinktanks", die ihre volle Leistungsfähigkeit in die Entwicklung von Innovationen einbringen.
- F&E-Personal, das kreative Neuerungen erarbeitet und erprobt.
- Bildungszeiten im Vollzug der Arbeit, die zum Aufbau von Befähigung genutzt werden.
- Leerzeiten, Reflexionszeiten, kreative Auszeiten, die zum Lernen genutzt werden.
- Teamgespräche, Konfliktgespräche, Orientierungsworkshops, die als Quelle der Erneuerung und Reorganisation dienen.
- Netzwerkarbeiten und Allianzen, die als Risikomanagement und strategisches Warnsystem Veränderungen initiieren.
- Kontinuierliche Verbesserung und Innovation als Denkhaltung in Veränderungsprozessen.

4.2 Personalentwicklung als Befähiger

Betriebswirtschaftlich gehört das Thema „Informelles Lernen" in den Zuständigkeitsbereich der Personalentwicklung. Es geht darum, die Voraussetzungen, Bedingungen und die Prozesse des informellen Lernens zu analysieren, aktiv zu unterstützen und die Rahmenbedingungen so zu gestalten, dass das gelernt wird, was an Wissen, Können, Verhalten und Erfahrung benötigt wird. Als Definition für Personalentwicklung soll gelten:

> „Personalentwicklung umfasst alle Maßnahmen der Bildung, der Förderung und der Organisationsentwicklung, die von einer Person oder Organisation zur Erreichung spezieller Zwecke systematisch und methodisch geplant, realisiert und evaluiert werden" (Becker 2011, S. 9).

Aus der Sicht der Personalentwicklung ist zu fragen, ob und in welchem Ausmaß formelles Lernen informelles Lernen begünstigt und es ist umgekehrt zu fragen, ob und in welchem Maße informelles Lernen formelles Lernen verstärkt.

Informelles Lernen ist ein Thema der **Organisationsentwicklung**, also der Personalentwicklung im weiten Sinne - wenn es darum geht, die Strukturen, Prozesse und Beziehungen der Arbeitsorganisation so zu organisieren, dass eine Kultur des Lernens im Vollzug der Arbeit entsteht und gefördert wird. Kontinuierliche Verbesserung und Innovation (KVP) unterstellt und verlangt, dass fortgesetzt gelernt wird und gelernt werden muss, um Komplexität, Dynamik und Unsicherheit zu bewältigen.

Personalentwicklung fällt die zentrale Rolle der Befähigung zum informellen Lernen zu. Wie man lernt, warum man lernt, wie man Lernen und Arbeiten verbindet, sind Themen, die die Personalentwicklung zur Förderung informellen Lernens verantwortet. Ausgewählte PE-Instrumente zur Förderung informellen Lernens werden nachfolgend vorgestellt.

4.2.1 Jobprofile/Stellenbündel

Jobprofile oder Stellenbündel fassen gleiche und hinreichend ähnliche Tätigkeiten und Anforderungen in Profilen zusammen. Die Stellenbündel bestimmen die Kerntätigkeiten und die fachlichen und persönlichen Anforderungen, die zu erfüllen sind. Die Bündeltätigkeiten und die fachlichen und persönlichen Anforderungen wirken sich auf das Lernverhalten aus, weil aus der Beschreibung der Tätigkeiten und der Anforderungen der Stellenbündel (Schwierigkeitsgrad der Aufgaben) Anregungen zum Lernen ausgehen (Lernwiderstand) oder die Tätigkeiten und Anforderungen lediglich die Routine beschreiben, die der Handelnde bereits bestens beherrscht. Beschreiben die Stellenbündel Routine, dann entsteht kein Impuls zum informellen Lernen, es fehlt am Lernwiderstand.

Der Reflexion der Tätigkeiten und Anforderungen schließt sich die Reflexion der verfügbaren Qualifikation, Erfahrung und Motivation der Personen an, die die Bündeltätigkeiten anforderungsgerecht erledigen sollen. Der Handelnde schätzt ab, ob seine Befähigung und seine Motivation ausreichen, die Aufgaben wahrzunehmen. Beherrscht eine Person die Tätigkeiten und erfüllt sie die fachlichen und persönlichen Anforderungen, dann sind Lernimpuls und Lernerträge gering. Stellen die Tätigkeiten und Anforderungen hohe Anforderungen, dann sind der Lernimpuls und der Lernertrag groß. Die Reflexion der Tätigkeiten und Anforderungen kann zu dem Ergebnis führen, dass Lernen zur Bewältigung der Aufgaben notwendig ist. Es wird Qualifizierungsbedarf festgestellt, der dann entweder durch formelle Personalentwicklung oder durch informelles Lernen abgedeckt werden.

Aspekte, die informelles Lernen betonen und informelle Lernbereitschaft fordern, sind z. B.:

Kerntätigkeiten mit informellem Lernimpuls
- Weiterentwickeln der eingesetzten Verfahrensweisen
- Innovatives Erarbeiten von Vorschlägen zur Kostenreduzierung
- Kontinuierliches Suchen nach Verbesserungsmöglichkeiten
- Erarbeiten eines neuen Marketingkonzeptes

Fachliche Anforderungen mit informellem Lernimpuls
- Umfassende Erfahrungen in Querschnittsbereichen
- Langjährige Tätigkeit in der Entwicklung neuer Konzepte und Verfahren
- Nachweis gelungener Problemlösungen im Tätigkeitsbereich

Persönliche Anforderungskriterien
- Kreativität
- Ambiguitätstoleranz
- Innovationsfähigkeit
- Problemlösungskompetenz

Die Kerntätigkeiten der Stellenbündel bestimmen in der jeweils gegebenen Relation von Routine und Innovation den Anspruch an das informelle Lernen der Mitarbeiterinnen und Mitarbeiter in dem jeweiligen Stellenbündel.

4.2.2 Systematische Auswahl

Systematische Auswahlverfahren prüfen, ob und in welchem Maße Bewerber über die erforderliche Qualifikation und Erfahrung verfügen, um die Aufgaben der zu besetzende Stelle anforderungsgerecht auszuführen. Um festzustellen, ob ein Bewerber wahrscheinlich in der Lage ist, aufkommende neue Anforderungen durch informelles Lernen zu bewältigen, wird er aufgefordert, kreative Lösungen, z. B. in Assessment-Center-Übungen, für gestellte Probleme zu erarbeiten. Auch kann der Bewerber aufgefordert werden, Situationen aus seiner bisherigen Tätigkeit zu schildern, in denen es ihm in besonderem Maße gelungen ist, durch informelles Lernen Probleme schnell und nachhaltig zu erkennen und zu lösen. Das geforderte Problemlöseverhalten sollte unbedingt aus den Tätigkeiten und Anforderungen der Zielposition abgeleitet werden.

Fragen im Auswahlverfahren, die informelles Lernen betonen und informelle Lernbereitschaft fordern:

- Stellen Sie sich bitte vor, es ist Freitag, die Kollegen haben sich bereits ins Wochenende verabschiedet. Das Telefon klingelt und ein Kunde verlangt, dass Sie unverzüglich dafür sorgen, dass ein Servicemitarbeiter in seinem Unternehmen die defekte Maschine repariert. Wie würden Sie in dieser Situation handeln? Sagen Sie bitte ganz konkret, wie Sie das Problem lösen würden!
- In Ihrer neuen Tätigkeit könnte es sein, dass Sie feststellen, dass die Beschaffung von Material und Rohstoffen immer wieder zu Engpässen führt. Das Problem tritt immer wieder auf, ohne das bisher eine Lösung gefunden wurde. Wie würden Sie sich dem Problem nähern? Sagen Sie uns bitte ganz konkret, wie Ihre systematische Problemlösungsstrategie aussehen würde!

4.2.3 Einführung neuer Mitarbeiter

Die Einführungsphase neuer Mitarbeiter bietet in ganz besonderem Maße Gelegenheit zu informellem Lernen. Neue Arbeitsinhalte, neue Verfahrensweisen, die Eingewöhnung in die neue Sozialstruktur, können im Wesentlichen nur durch informelles arbeitsintegriertes Lernen bewältigt werden. Probezeitgespräche, Patenschaften für die Eiführungszeit und eine intensive Unterstützung von Führungskräften und Kollegen begünstigen den informellen Lernerfolg während der Einführungsphase.

Aspekte, die informelles Lernen betonen und informelle Lernbereitschaft fordern:

- Wir begrüßen Sie herzlich als neues Teammitglied und haben auch schon einen Wunsch an Sie. Bitte nutzen Sie die ersten Wochen Ihrer Tätigkeit, sich gründlich in die Aufgaben einzuarbeiten. Fragen Sie, wenn Ihnen Vorgänge nicht logisch erscheinen.
- Neue erkennen die Sozial- und Machtstruktur des Arbeitsbereiches oft sehr genau und können nicht verstehen, warum die Führungskräfte neuen Ideen keine Chance geben. Wenn Ihnen „Trampelpfade" auffallen, dann sollten wir offen darüber sprechen!
- Einsparungspotentiale bleiben oft ungenutzt, weil niemand die Arbeitsweise, die Materialverwendung, die Kommunikation und den Umgang mit Kunden hinterfragt. Wenn wir aus Ihren Erfahrungen lernen können, dann ist das für uns alle ein Gewinn!

4.2.4 Job Rotation, Job Enlargement und Job Enrichment

Job Rotation weitet den Horizont, vermehrt die Anreize für informelles Lernen. Andere Tätigkeiten und Anforderungen, andere soziale Beziehungen und Traditionen, regen zum informellen Lernen an. Allerdings sollte der Wechsel in andere Tätigkeitsfelder stets mit der Lernabsicht erfolgen, alle nachfolgenden Tätigkeiten effektiver und effizienter zu gestalten. Job Enlargement erweitert den Tätigkeitsbereich eines Mitarbeiters und fordert ebenfalls zu verstärktem informellem Lernen heraus. Tätigkeitsaspekte kommen hinzu, die fachlichen Anforderungen steigen. Job Enrichment bringt nicht nur mehr, sondern auch höherwertige Tätigkeiten und Anforderungen in eine Stelle. Informelles Lernen ist gefordert. Zur Erweiterung des Horizonts, verbunden mit der Absicht des informellen Lernens, werden Aufenthalte in fremden Welten angeboten. Bewusst ungewohnte Situationen, z. B. Kletterwälder, Leben in der Natur, Zurechtfinden mit geringsten Mitteln, nennen Situationen, die zu informellem Lernen ermuntern.

Aspekte, die informelles Lernen betonen und informelle Lernbereitschaft fordern:

- Leider ist Ihr Kollege heute krank. Auf seinem Schreibtisch liegt eine dringende Arbeitsaufgabe, die noch in dieser Woche erledigt werden muss. Darf ich Sie bitten, diese Aufgabe zusätzlich zu übernehmen?
- Für ein innovatives Projekt suchen wir Mitarbeiterinnen und Mitarbeiter, die bereit sind, neben ihrer Aufgabe im Projekt mitzuarbeiten. Sie gewinnen dabei ganz neue Erkenntnisse und erfahren, wohin sich unser Bereich in der Zukunft entwickeln wird.
- Gerne gewähren wir Ihnen ein Sabbatjahr, weil wir wissen, dass „Reisen bildet" und neue Eindrücke zu gewinnen schon zu den Zielen der Wandergesellen gehörte. Gehen Sie mit offenen Augen und Ohren durch das Jahr und bringen Sie uns viele neue Impulse mit.

4.2.5 Projektarbeit und Gruppenarbeit

Projekte werden zeitlich befristet zur Bewältigung neuer Aufgaben eingerichtet. Mitarbeiter werden als Projektmitarbeiter oder als Projektleiter in Projekte delegiert und arbeiten an neuen Lösungen, entwickeln neue Produkte und neue Produktionsverfahren. Nirgendwo wird das konstruktive „Trial-and-Error-Lernen" stärker gefordert als in Projekten. Bisher nicht praktizierte Arbeitsweisen, bisher unbekannte Werkstoffe, ein neues Design und erweiterte Funktionsweisen der Produkte verlassen die bisherige Routine, verlangen die Erweiterung der Befähigung. Projekte bieten reichlich Gelegenheit zu informellem Lernen, die Möglichkeit des Scheiterns eingeschlossen.

Gruppenarbeit kann als Intra- und als Inter-Gruppen-Lernen organisiert werden. Intra-Gruppen-Lernen erfolgt, wenn die Gruppenmitglieder ihre Funktionszuständigkeiten tauschen und so durch das arbeitsintegrierte Lernen ihre fachliche, methodische und soziale Befähigung erweitern. Inter-Gruppen-Lernen erfolgt, wenn Mitarbeiter zur Verbesserung ihrer beruflichen Flexibilität Tätigkeiten anderer Teams erlernen und ausführen. Gruppenarbeit ist eine sehr effiziente Form informellen Lernens.

Aspekte, die informelles Lernen betonen und informelle Lernbereitschaft fordern:

- Flexibilität gehört zu den wichtigsten Anforderungen, die eine dynamische Wirtschaft an ihre Beschäftigten stellt. Deshalb ermuntern wir Sie, sich in Ihrem Team möglichst viele Tätigkeiten anzueignen.
- Von anderen lernen kann man in einem Arbeitsteam am besten. Deshalb wollen wir die Einzelarbeit in der Fertigung auf Gruppenarbeit umstellen. „Einer für alle, alle für das gemeinsame Ziel", soll unser Motto heißen!"

4.2.6 Kontinuierliche Verbesserung und Innovation (KVP)

Kontinuierliche Verbesserung und Innovation (KVP) verlangt in dynamischen Organisationen von allen Beschäftigten, tagtäglich zu prüfen, ob Prozesse verbessert werden können, ob Teilprozesse entfallen oder an anderer Stelle besser bearbeitet werden können. Es ist zu prüfen, ob Material-, Zeit- und Energieeinsparungen möglich sind. Kontinuierliche Verbesserung verlangt kontinuierliches informelles Lernen. Aufgaben in Frage zu stellen, Prozesse zu überdenken, verlangt die Fähigkeit, sich lernend von geübter Praxis zu distanzieren und gegebenenfalls zu verabschieden. KVP kann sich nur in einer offenen Lernkultur vollziehen, die das informelle Lernen in besonderem Maße belohnt.

Aspekte, die informelles Lernen betonen und informelle Lernbereitschaft fordern:

- Das Bessere ist stets des Guten Feind. Daher haben wir uns entschieden, Verbesserungsvorschläge finanziell besser zu honorieren. Es soll sich lohnen, Verbesserungen wahrzunehmen und Vorschläge zur Umsetzung einzureichen. Die Devise lautet „Mach mit!"
- Für Unternehmen gilt die Devise „Wer sich der Routine hingibt, geht mit ihr unter!" Unsere Arbeit ist nicht gefährlich für Leib und Leben, aber unsere Wettbewerbsfähigkeit hängt davon ab, ob die Belegschaft eine Gemeinschaft

von Scouts kontinuierlicher Verbesserung und Innovation ist. Jeder ist daher aufgefordert, Neues zu lernen und als Verbesserung in die Arbeit einzubringen. Das ist unsere Kultur!

- ...

4.2.7 Wissensmanagement

Damit informelles Lernen in Organisationen stattfindet und Wissen ausgetauscht und, sind Foren zur Pflege guter Beziehungen einzurichten. Zu diesen Foren des (indirekten) Wissensmanagements zählen „Hierachical Linear Modeling", „Communities of Practice (CoP), „Storytelling-Meetings", „Open-Space-Veranstaltungen", „World Cafes" „Informations-Marktplätze" sowie „Lernen in fremden Welten" (vgl. Becker und Labucay 2012, S. 151 ff.).

Communities of Practice (CoP): sind Lerngemeinschaften, die auf vertrauensvoller Basis gemeinschaftlich arbeiten und lernen, Erfahrungen austauschen und sich gegenseitig beraten. CoP agieren in einem Milieu des gegenseitigen Vertrauens, sind als Netzwerke organisiert und kommunizieren nach dem Grundsatz „Einer für alle, alle für einen!" (Reziprozität von Erwartung und Leistung). CoP tragen dem Bedürfnis der Netzwerkpartner nach Integration in eine Wertegemeinschaft und Anerkennung ihrer Leistungsbeiträge für die Community Rechnung.

Das Konzept der CoP geht auf Wenger zurück (Vgl. Wenger 1998), mit dem er die soziale Dimension der Organisationsentwicklung um den Aspekt der lernenden Organisation erweitert. Wenger sieht die Notwendigkeit der selbstorganisierten CoP in der Erzeugung und Distribution von Wissen im informellen Zusammenwirken. Wenger ist überzeugt, dass es nicht möglich ist, Wissen aktiv zu managen, Wissen muss im Vollzug der Arbeit entstehen.

Humanvermögen, das zählt, kann man nicht zählen.

4.2.8 Potentialanalysen

Potentialanalysen ähneln systematischen Auswahlverfahren. Sie werden mit dem Ziel durchgeführt, zu erfahren, welche allgemeinen, fachlichen, führungsbezogenen, methodischen und sozialen Potentiale zur Bewältigung gegenwärtiger und zukünftiger Herausforderungen eine Person aktivieren könnte (Becker 2007, S. 143). Die Potentialanalyse analysiert die Befähigungsreserven (Slack-Potentiale) und prognostiziert, inwieweit ein Mitarbeiter aus gegenwärtiger Sicht wahrscheinlich in der Lage wäre, eine andere oder eine höherwertige Tätigkeit wahrzunehmen. Die Transformation von Potential in Befähigung erfolgt durch formelles und informelles Lernen.

Aspekte, die informelles Lernen betonen und informelle Lernbereitschaft fordern: Lernen ist als Transformation von Begabung in Wissen und Können zu verstehen. Potentialanalysen erkunden, was einem Mitarbeiter „naturgemäß" Spaßmachen könnte, was ihn interessiert, was ihn neugierig macht. Potentialanalysen geben konkret Auskunft darüber, ob jemand lieber als Experte oder als Führungskraft arbeiten möchte. Erfolgreiche Karrieren beginnen mit einer leistungsfähigen Potentialanalyse. Informelles und formelles Lernen sind ohne Potential nicht möglich. Potential muss in die richtigen Wege gelenkt werden, damit die lernende Auseinandersetzung mit der Arbeit in hohem Maße ergiebig werden kann.

4.2.9 Zielvereinbarungen und Strukturierte Mitarbeitergespräche

Zielvereinbarungen sind Vereinbarungen zwischen Führungskraft und Mitarbeiter, eine nach Menge, Güte, Zeit und Kosten konkret bestimmte Leistung bis zu einem bestimmten Zeitpunkt zu erbringen. In Zielvereinbarungen sind stets besondere Herausforderungen beschrieben, die es wert sind, dass die Tätigkeiten mit einer gewissen Prominenz aus der Standardaufgabe in Zielvereinbarungen aufgenommen werden. Mit der Herausforderung der Ziele ist die Notwendigkeit informellen Lernens verbunden. Herausfordernde Ziele kann nur derjenige erreichen, der sich lernend die Wege, die Probleme, die Zwischenschritte und die Ressourcen genau überlegt, die zur Zielerreichung erforderlich sind.

Zielvereinbarungen sind in der Regel mit Strukturierten Mitarbeitergesprächen gekoppelt. Im Dialog besprechen Führungskräfte und Mitarbeiter die Ziele, Inhalte, das erforderliche Lernverhalten, dass zur Aufgabenerledigung geleistet werden muss. Auch wird erörtert, welche Unterstützung die Führungskraft dem Mitarbeiter bei der lernenden Erledigung seiner Aufgaben geben will. Zielvereinbarungen und Strukturierte Mitarbeitergespräche begründen gewissermaßen informelle Lernpartnerschaften zwischen Führungskraft und Mitarbeitern.

Aspekte, die informelles Lernen betonen und informelle Lernbereitschaft fordern:

- Ziele stellen Herausforderungen dar, die des formellen und informellen Lernens bedürfen.
- Ziele fördern das informelle Lernen nur dann, wenn der Zielanspruch an der oberen durchschnittlichen Dauerleistungskurve der Mitarbeiter ansetzt und Überforderung und Unterforderung gleichermaßen ausschließt.
- Exekution von Routine macht lernmüde, herausfordernde Ziele eröffnen eine Lernlücke, die zu besserer Qualität, kostengünstigerer Arbeitserledigung und gelungenerer Zusammenarbeit führt.

4.3 Resultanten als Indikatoren informellen Lernens

Menge, Güte, Zeit und Kosten, die für eine Arbeitsleistung aufgewendet werden müssen, sind die zentralen Resultanten informellen Lernens. Weil der Lernprozess gewissermaßen als Black box c. p. gesetzt wird, muss an den Arbeitsergebnissen und den Verhaltensweisen (indirekt) abgelesen werden, ob informelles Lernen ergebnisverbessernd, kostensenkend und Zeit sparend stattgefunden hat. Die Leistungsmenge und die Leistungsgüte lassen erkennen, ob Mitarbeiter ihre Qualifikation, Erfahrung und Motivation so kombiniert und eingesetzt haben, dass das verabredete und geplante Ergebnis nach Menge und Güte erreicht wurde. Die Performanz korreliert mit der erforderlichen Zeit, die für die Hervorbringung der Leistung eingesetzt wurde. Weniger Zeitbedarf für die Aufgabenerledigung kann auf Lerneffekte zurückgeführt werden.

Vergleichswerte auf Jahresbasis	Abteilung 1	Abteilung 2
Wertschöpfung pro MA (Wertschöpfung per anno/durchschnittliche Anzahl MA)	50.000	40.000
Fehlerquote (Gesamtmenge der Teile/Fehlteile)	3 %	4 %
Beratungsaufwand (Euro per anno)	-	10.000
Aufwand für Weiterbildung (Euro per anno)	10.000	-
Aufwand für Fluktuation (Euro per anno)	-	15.000
Eingereichte Verbesserungsvorschläge (Anzahl per anno)	2 je MA	1 je MA
Beförderungen in andere Abteilungen (Anzahl per anno)	4	1
...		

Abb. 6 Leistungsvergleich als Indikator informellen Lernens

Produktivität ist Leistung pro Zeiteinheit. Die Produktivität von Personen und Gruppen kann miteinander verglichen werden. Schließlich sind die Kosten zu rechnen, die für die Arbeitsaufgabe angefallen sind. Auch hier sind Kostenvergleiche möglich, die den Rückschluss zulassen, dass in dem einen Falle kostengünstiger gearbeitet wurde als in einem anderen vergleichbaren, weil intensiver informell gelernt wurde. Der Vergleich der Performanz eines Mitarbeiters oder einer Mitarbeitergruppe mit einer anderen, kann nur in Relation zu den Inputfaktoren gelingen. Welche Basisfaktoren und Technologiefaktoren wurden eingesetzt (Input)? Wie ist das erreichte Ergebnis (Output). Vergleichsrechnungen können ergründen, wie der Output bei unterschiedlichem Einsatz an Inputfaktoren ausfallen würde? Auch können Indikatoren aufzeigen, ob der Wertschöpfungsprozess durch Lernerfolge verbessert worden ist. Reduzierte Liegezeiten, kürzere Produktionszeiten, bessere Nutzung von Maschinen und Anlagen lassen den Schluss zu, dass die Verfahrensverbesserungen auf Lernerfolge zurückzuführen sind.

Am Beispiel wird deutlich, dass informelles Lernen sehr unterschiedlich erfolgt. Nimmt man z. B. an, dass zwei Abteilungen vom Auftrag, von der Anzahl der Mitarbeiter und von den verfügbaren Anlagen her ide Produktionsbedingungen haben, dann kann ein Vergleich zeigen, dass die Abteilungen in unterschiedlichem Maße in der Lage sind, ihren Auftrag zu erfüllen.

Der Vergleich kann zeigen (Abb. 6):

Der Vergleich zweier Abteilungen unterstellt, dass bei gleichen Bedingungen die Intensität des informellen Lernens den Leistungsunterschied bewirkt. Derartige Vergleiche sind Hilfswerte, die Auslöser für systematische Organisationsanalysen sein können.

Informelles Lernen aus wirtschaftswissenschaftlicher Perspektive

Abb. 7 Messpunkte zur Erfassung des Humanvermögens

Der Rückschluss vom Output auf den Input schließt stets eine implizite Beurteilung des informellen Lernens ein. Wie wurde die Aufgabe verstanden? Wie wurden die Basis- und Technologiefaktoren bestimmt und genutzt? Welche Modifikationen wurden kostensenkend und ergebnisverbessernd vorgenommen?

Die methodischen Schwierigkeiten sollen nicht verschwiegen werden. Nach dem Verständnis der empirischen Sozialforschung sind gute Erkenntnisse aus Vergleichen zu erwarten, wenn eine Kontrollgruppe und eine Versuchsgruppe gebildet werden können und die Wirkung unterschiedlicher Inputs auf den Output dann gemessen wird. Bei Schwesterabteilungen mit gleicher Struktur, vergleichbarem Motivations- und Qualifikationsstand der Mitarbeiter und bei gleicher Führung, sind Rückschlüsse auf das informelle Lernen erlaubt. Die normale betriebliche Realität lässt überprüfbare Versuchsanordnungen allerdings nur selten zu. Es ist daher in die Selbstbeurteilung und das Urteil von Kollegen und Vorgesetzten gelegt, ob und mit welcher Genauigkeit derartige Ursache-Wirkungszusammenhänge erfasst und beurteilt werden können. Insbesondere die Beobachtung der Arbeitsweise der Mitarbeiter durch die Führungskräfte bietet Erkenntnismöglichkeiten, ob Mitarbeiter bei der Erledigung ihrer Aufgaben eine Lernschleife mitlaufen lassen und so erkennen, wie und wo Aufgaben besser und kostengünstiger erledigt werden können (Abb. 7, 8, 9, und 10).

5 Zusammenfassung und Ausblick

5.1 Zusammenfassung

Informelles Lernen erfolgt aus der Reflexion dessen, was ein Mitarbeiter tut. Verfügt er über Potential und ist er gewillt, dieses Potential zur kontinuierlichen Verbesserung seiner Arbeit einzusetzen, dann wird er nach neuen Verfahrensweisen suchen,

Kennzahl	Beschreibung/Formel	Beispiel
Fluktuationsrate (BDA-Formel)	$\frac{\text{Freiwillig ausgeschiedene Beschäftigte} \times 100\ (\%)}{\text{Durchschnittlicher Personalbestand}}$	$\frac{90 \times 100}{600} = 15\%$
Versetzungsgesuche nach kurzer Dienstdauer	$\frac{\text{Versetzungsgesuche} \times 100\ (\%)}{\text{Neu eingestellte MA}}$	$\frac{5 \times 100}{50} = 10\%$

Kennzahl	Beschreibung/Formel	Beispiel
Mitarbeiterbeschwerdequote	$\frac{\text{Mitarbeiter mit Beschwerdeanliegen} \times 100\ (\%)}{\text{Gesamtmitarbeiter}}$	$\frac{66 \times 100}{600} = 14{,}6\%$
Krankheitsquote	$\frac{\text{durch Krankheitsmeldungen ausgefallene Tage} \times 100\ (\%)}{\text{Soll-Arbeitszeit in Tagen}}$	$\frac{30000 \times 100}{200000} = 10\%$

Kennzahlen	Beschreibung/Formel
Kündigungsquote in Abhängigkeit der Betriebszugehörigkeit	$\frac{\text{Kündigung von Mitarbeitern, die mehr als 3 (6, 9, ...) Jahre tätig waren}}{\text{Gesamtzahl der Kündigungen}}$
Fluktuationsquote der Stammmitarbeiter	$\frac{\text{Ausgeschiedene Stammmitarbeiter} \times 100\ (\%)}{\text{Gesamtpersonalbestand}}$

Kennzahl	Beschreibung/Formel
Arbeitsproduktivität	a) $\frac{\text{Stück Erzeugnisse}}{\text{Anzahl Mitarbeiter}}$ b) $\frac{\text{Betriebliche Wertschöpfung}}{\text{Lohnzahlungen}}$ c) $\frac{\text{Stück Erzeugnisse}}{\text{Lohnzahlungen}}$
Leistungsgrad	$\frac{\text{Beobachtete Ist-Leistung} \times 100\ (\%)}{\text{Normalleistung}}$
Ausschussquote	$\frac{\text{Ausschussstückzahl}}{\text{Gesamtproduktion}}$
Ausschussbelastung pro Mitarbeiter	$\frac{\text{Ausschussstückzahl}}{\text{Gesamtmitarbeiter}}$
Anzahl der Reklamationen pro Mitarbeiter	$\frac{\text{Anzahl der Reklamation}}{\text{Gesamtmitarbeiter}}$
Mitarbeiterumsatz	$\frac{\text{Gesamtumsatz}}{\text{Gesamtpersonalbestand}}$

Abb. 8 (Fortsetzung)

Kennzahl	Beschreibung/Formel
Projektrenditen	Erwirtschafteter Überschuss aller Projekte / Insgesamt
Umsatzwachstum je Mitarbeiter	Umsatz 01 – Umsatz 01 / Gesamtpersonalbestand

Kennzahl	Beschreibung/Formel
Patente/Copyrights pro Mitarbeiter	Anzahl Patente bzw. Copyrights x 100 (%) / Gesamtmitarbeiter
Anteil verwerteter Softwarelösungen	verwertete Softwarelösungen x 100 (%) / Gesamtzahl der Softwarelösungen
Schnelligkeit von Abschlussberichten	Anzahl der Abschlussberichte x 100 (%) / benötigte Zeit (Stunden)

Kennzahl	Beschreibung/Formel
Verbesserungsvorschlagsrate	Eingereichte Verbesserungsvorschläge x 100 (%) / Durchschnittliche Gesamtmitarbeiterzahl
Realisierungsquote	Realisierte Verbesserungsvorschläge x 100 (%) / Angenommene Verbesserungsvorschläge
Annahmequote	Zahl der angenommenen Verbesserungsvorschläge x 100 (%) / Zahl der eingereichten Verbesserungsvorschläge
Anteil in sozialen Projekten Integrierter Mitarbeiter	Zahl der in sozialen Projekten tätigen Mitarbeiter x 100 (%) / Gesamtzahl der Mitarbeiter
Anteil in internen Ausschüssen integrierter Mitarbeiter	Zahl der in Ausschüssen tätigen Mitarbeiter x 100 (%) / Gesamtzahl der Mitarbeiter

Abb. 8 Indikatoren informellen Lernens

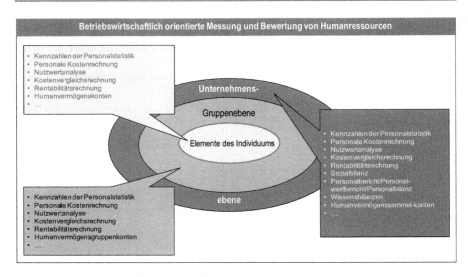

Abb. 9 Betriebswirtschaftliche Messverfahren

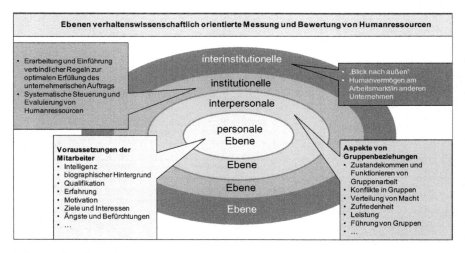

Abb. 10 Verhaltenswissenschaftliche Messverfahren

die seine Arbeit verbessern. Lernen findet statt. Das informelle Lernen wird dann am ergiebigsten sein, wenn die Arbeitsanforderungen an der **oberen durchschnittlichen Dauerleistungskurve** des Mitarbeiters ansetzen, nicht überfordern, nicht unterfordern, sondern in bewältigbarem Maße herausfordern.

Soll informelles Lernen optimal geschehen, sind nachfolgende Aspekte zu berücksichtigen:

Ökonomische Aspekte informellen Lernens im Überblick
- Ohne Ziele und ohne Zwecke kann die ökonomische Ergiebigkeit (Effektivität, Effizienz) des Lernens nicht direkt bestimmt werden! Ziele und Zwecke der Dualität von Lernen und Arbeiten sind zu erklären.
- Informelles Lernen ist dann ökonomisch ergiebig, so die plausible Hypothese, wenn die Form des Lernens dem gestellten Problem, der zu lösenden Aufgabe, am besten entspricht. Lernimpulse, die sich unmittelbar aus dem Arbeitsvollzug ergeben, begründen den integrativen.
- Zusammenhang von Lernen und Arbeiten.
- Die ökonomische Absicht, die Ergebnisorientierung, muss dem informellen Lernen inhärent sein, der Lernende muss gewillt und in der Lage sein, sein Handeln in den Zusammenhang von Aufwand und Ertrag einzubetten. Er muss mit der Absicht lernen, etwas erreichen zu wollen.
- Informelles Lernen obliegt in hohem Maße der Souveränität des Lernenden. Das ist beim formellen Lernen nicht in diesem Ausmaß der Fall, weil Ziele, Methoden, Inhalte, Zeitdauer etc. geplant und gesteuert werden. Das Maß an Autonomie muss von den lernenden und arbeitenden Menschen verantwortet werden.
- Nicht allein der zu erwartende Ertrag aus dem Lernen, sondern die subjektive Beurteilung des Verhältnisses von Aufwand und Ertrag, ist für Intensität und Dauer des informellen Lernens maßgebend.
- Verantwortung und die personale Befähigung zur Beurteilung des Arbeitsproblems, des vorhandenen Wissens, Könnens und der Erfahrung sowie die Fähigkeit, lernunterstützende Technologie auszuwählen und zu nutzen, sind für das Lernen und die daraus folgende Problemlösung maßgebend.
- Wie bei jeder Handlung bedarf es der beim informellen Lernen anregender Motive, (Wozu soll ich lernen?), der Verfügbarkeit geeigneter Mittel und der Möglichkeit (Womit soll ich lernen?), des Lern- und Arbeitsgegenstandes (Was soll ich lernen).
- Formelles und informelles Lernen beeinflussen einander. Der positive/ negative Verbundcharakter des formellen und informellen Lernens bestimmt den ökonomischen Gesamtertrag des Lernens!
- Informelles und formelles Lernen stehen in einem limitationalen Substitutionsverhältnis zueinander, was besagt, dass formelles Lernen informelles Lernen teilweise ersetzen kann und umgekehrt formelles Lernen durch informelles Lernen teilweise ersetzt werden kann.
- Informelles Lernen bedarf der planenden und steuernden Begleitung. Die optimale Bestimmung der Inputfaktoren.
- Arbeitsvollzug ergeben, begründen den integrativen Zusammenhang von Lernen und Arbeiten.
- Die ökonomische Absicht, die Ergebnisorientierung, muss dem informellen Lernen inhärent sein, der Lernende muss gewillt und in der Lage sein, sein

(Fortsetzung)

Handeln in den Zusammenhang von Aufwand und Ertrag einzubetten. Er muss mit der Absicht lernen, etwas erreichen zu wollen.
- Informelles Lernen obliegt in hohem Maße der Souveränität des Lernenden. Das ist beim formellen Lernen nicht in diesem Ausmaß der Fall, weil Ziele, Methoden, Inhalte, Zeitdauer etc. geplant und gesteuert werden. Das Maß an Autonomie muss von den lernenden und arbeitenden Menschen verantwortet werden.
- Nicht allein der zu erwartende Ertrag aus dem Lernen, sondern die subjektive Beurteilung des Verhältnisses von Aufwand und Ertrag, ist für Intensität und Dauer des informellen Lernens maßgebend.
- Verantwortung und die personale Befähigung zur Beurteilung des Arbeitsproblems, des vorhandenen Wissens, Könnens und der Erfahrung sowie die Fähigkeit, lernunterstützende Technologie auszuwählen und zu nutzen, sind für das Lernen und die daraus folgende Problemlösung maßgebend.
- Wie bei jeder Handlung bedarf es der beim informellen Lernen anregender Motive, (Wozu soll ich lernen?), der Verfügbarkeit geeigneter Mittel und der Möglichkeit (Womit soll ich lernen?), des Lern- und Arbeitsgegenstandes (Was soll ich lernen
  - Lernkräfte, über die eine Person verfügt,
  - Lernzeit, die dem Lernenden zur Verfügung steht,
  - Lernmittel, die das Lernen begünstigen, erleichtern und beschleunigen,
  - Lerngegenstand, der mit den Herausforderungen an der oberen durchschnittlichen Leistungskurve der Lernenden ansetzt,
  - Lerninfrastruktur, die insgesamt eine günstige Lernatmosphäre bietet.
- Informelles kann nicht in absoluten Größen, sondern nur in Relationen bestimmt werden. Fehlt z. B. Lernzeit, dann muss die Intensität zunehmen, der Mitteleisatz erhöht werden oder die Lernanforderungen sind zu reduzieren.
- Informelles Lernen kann nur gelingen, wenn der Lernende auf einen soliden Grundstock an Befähigung und Erfahrung zurückgreifen kann! Folgende Aspekte sind zu beachten:
- Vielfalt der Lernanforderung schrecken Einfältige ab, Begabte und Befähigte motiviert die Vielfalt der Anforderungen!
- Arbeitsroutine eröffnet Zeitpolster, das für informelles Lernen genutzt werden kann, begründet aber keinen „Leidensdruck" lernen zu müssen!
- Informelles Lernen kann nur geschehen, wenn der Lernende über Begabungsreserven verfügt (Potential).
- Je besser die Begabung zur lernenden Herausforderung passt, desto größer ist c.p. der zu erwartende Lernertrag.
- Die Art der Tätigkeiten und deren Attraktivität für den Lernenden, die Höhe der Anforderungen aus der Tätigkeit, die Abschätzung der Erfolgsaussichten und die Erwartungen an den Nutzen aus gelernter Bewältigung der Herausforderung, bestimmen Intensität und Ausdauer des informelle Lernens!

(Fortsetzung)

- Lerngegenstände des informellen Lernens werden nicht vorgegeben, sondern erwachsen aus den Arbeitsaufgaben!
- Der Flow-Effekt wachsender Lernerträge (positiver Spirale der Lernverstärkung) aus informellem Lernen steigt mit der der gelungenen Bemeisterung wechselnder und wachsender Anforderungen.
- Flow-Erleben markiert den Kumulationspunkt optimal gelungenen informellen Lernens.
- Die obere durchschnittliche Dauerleistungskurve markiert den Punkt der optimalen Arbeits- und Lernleistung in konkreten Arbeitssituationen.
- Unterforderung → kein Lernen und kein Arbeitserfolg!
- Überforderung → kein Lernen und kein Arbeitserfolg!
- Teilerfolge begünstigen nachfolgendes Lernen, Misserfolge behindern nachfolgendes Lernen.
- Arbeitsgruppen mit einem mittleren Maß personaler Heterogenität/Homogenität lernen und leisten mehr als homogene, bzw. heterogene Gruppen!
- Die Lern- und Leistungsunterschiede einzelnen Mitarbeiter in Lern- und Leistungsteams werden dann für alle optimal ausgeglichen, wenn Vertrauen, Nehmen und Geben und eine offene lernfördernde Kommunikation und Zusammenarbeit herrschen.
- Arbeiten und Lernen in Gruppen mit gemeinschaftlichem Arbeitsauftrag sind erfolgreicher als Gruppen mit sequenziellem individuellem Arbeitsauftrag!
- Die Arbeitsorganisation portioniert die Gesamtaufgabe in Teilaufgaben und Teilverantwortung und zielt auf eine möglichst optimale Passung von Aufgabenumfang und Schwierigkeit einerseits sowie Leistungsfähigkeit und Leistungswille anderseits!
- Die Beherrschung der elementaren und typischen Anforderungen eines Arbeitsgebietes erleichtert die Bewältigung situativ abweichender und neu hinzukommender Anforderungen (Transferbefähigung).
- Informelles Lernen ist ohne Neugierde, Eigeninitiative und Tüftlermentalität nicht denkbar. „Wer nicht fragt, bleibt dumm!"

5.2 Ausblick

Informelles Lernen ist ohne jeden Zweifel entscheidend für die Bewältigung der Anforderungen in allen Lebensbereichen. Als Faustregel gilt, dass ca. 80 Prozent der Befähigung aus informellem Lernen stammt und nur ca. 20 Prozent in formellen Lernveranstaltungen der Schulen, Hochschulen und der Weiterbildung erworben werden. Es gilt auch der Grundsatz: „If you cannot measure it you cannot manage it!" Aber nicht alles, was sich ereignet, muss gemessen gezählt und bewertet werden. Und noch eine Einsicht regt zum Nachdenken an: „The important staff cannot be measured!", was besagt, dass die ausschlaggebende Befähigung stets ein personale Komponente ist, die in ihrer Komplexität nicht gemessen werden kann.

Die Macht der Experten steigt (Vgl. Becker 2014), das ist ein Faktum. Mit steigender Autonomie und wachsender Macht der Experten nimmt die Autonomie der Experten zu und die Möglichkeit der Steuerung des Lernens ab. Damit ist die Widersprüchlichkeit, die Janusköpfigkeit der zukünftigen Entwicklung beschrieben. Einerseits werden Schlüsselberufe und Experten immer mächtiger, was Gegenmacht verlangt, damit das Erfordernis der „Countervailing Power" gewahrt bleibt und Organisationen zielorientiert geführt werden können. Arbeiten und Lernen der Experten in den Schlüsselpositionen bedarf in der Zukunft weit mehr attraktiver Anreize, damit Überraschungen aus entzogener Verfügbarkeit (Kündigung) und aus vorenthaltener Leistung (Dienst nach Vorschrift) vermieden werden können. Die Forschung belegt, dass das probateste Mittel gegen den Machtmissbrauch der Experten eine systematische Personalentwicklung ist (Vgl. Becker 2014, S. 99 ff.).

Um einen wichtigen dritten Grundsatz zu bemühen: „Staff should be able to leave but happy to stay!" bleibt den Unternehmen nur der Weg, mit der Gewährung ausreichenden Freiraumes für informelles Lernen und mit ausreichenden Angeboten formellen Lernens, die wachsenden Ansprüche der autonomen Experten zu befriedigen. Informelles Lernen und formelles Lernen dienen gleichermaßen der Erhaltung der Arbeits- und Umstellungsbefähigung, der Loyalität und des uneingeschränkten Commitments der Belegschaften.

Informelles Lernen kann nicht direkt beinflusst werden, aber die Rahmenbedingungen können und müssen lerngünstig gestaltet werden. Das Lernklima muss stimmen, Zeit für das Lernen ist einzuräumen, Lernmaterialen und Lernunterstützung sind bereitzustellen und die Bereitschaft und der Erfolg des Lernens sind zu honorieren.

Insofern lohnt die Reflexion des informellen Lernens auch oder gerade aus betriebswirtschaftlicher Perspektive, auch wenn am Schluss des Beitrages eingeräumt werden muss, dass alle Maßnahmen zur Förderung informellen Lernens „hilfsweisen" Charakter haben. Es gilt der Grundsatz: „The important staff can't be measured!"

Literatur

Arnold, R. (2013). Selbstbildung. Oder: Wer kann ich werden und wenn ja wie? Baltmannsweiler.
Becker, M. (2007). *Lexikon der Personalentwicklung* (S. 150–151). Stuttgart.
Becker, M. (2009a). *Personalentwicklung: Bildung, Förderung und Organisationsentwicklung in Theorie und Praxis* (5. aktualisierte und erweiterte Aufl.). Stuttgart.
Becker, M. (2009b). *Wandel aktiv bewältigen*. München und Mering.
Becker, M. (2011). *Systematische Personalentwicklung. Planung, Steuerung und Kontrolle im Funktionszyklus* (2. Aufl.). Stuttgart
Becker M. (2014). *Das Lokführersyndrom. Wachsende Expertenmacht in alternden und schrumpfenden Organisationen. Empirische Befunde und personalwirtschaftliche Handlungsimpulse.* München und Mering
Becker, M., & Labucay, I. (2012). *Organisationsentwicklung. Konzepte, Methoden und Instrumente für ein modernes Change Management*. Stuttgart.
Becker, M., & Kirchner, M. (2013). Dynaxicurity. Dynamik – Komplexität – Unsicherheit. Betriebswirtschaftliche Diskussionsbeiträge. Nr. 89, Halle.

Bourgeois, L. J. (1981). On the measurement of organizational slack. *Academy of Management Review, 6*(30), 29–39.
Combe, A., & Petzold., H.-J. (1977). *Bildungsökonomie. Eine Einführung.* Köln.
Eck, C. D. (1997). Wissen – Ein neues Paradigma des Managements, Wissensmanagement und Lernfähigkeit der Organisation als Schlüsselkompetenz des Managements. *Die Unternehmung, 51*(3), 155–179.
Falk, S. (2006). *Personalentwicklung, Wissensmanagement und Lernende Organisation.* München und Mering.
Ikujiro Nonaka, I., & Takeuchi, H. (1997). *Die Organisation des Wissens – Wie japanische Unternehmen eine brachliegende Ressource nutzbar machen.* Frankfurt am Main.
March, J. G., & Olsen, J. P. (1979). *Ambiguity and choice in organizations* (2. Aufl.).
Polany, M. (1966). *The tacit dimension.* London.
Roland Helm, R., Meckl. R., Sodeik, N: Systematisierung der Erfolgsfaktoren von Wissensmanagement auf Basis der bisherigen empirischen Forschung. In: ZfB 77. Jg. (2007), Heft 2, 211–241.
Schanz, G. (2006). *Implizites Wissen. Phänomen und Erfolgsfaktor neurobiologische und soziokulturelle Grundlagen, Möglichkeiten problembewußten Gestaltens.* München.
Schreyögg, G. (2003). *Organisation* (4. Aufl.). Wiesbaden.
Schreyögg, G., & Geiger, D. (2003). Wenn alles Wissen ist, ist Wissen am Ende nichts?! *Die Betriebswirtschaft, 63*, 7–22.
Weggemann, M. (1999). *Wissensmanagement. Der richtige Umgang mit der wichtigsten Ressource des Unternehmens.* Bonn.
Wenger, E. (1998). *Communities of practice: Learning, meaning and identity.* New York: Cambridge University Press.
Willke, H. (2001). *Systematisches Wissensmanagement* (2. neu bearbeitete Aufl.). Stuttgart.

Teil IV

Informelles Lernen in verschiedenen Lebensphasen

Informelles Lernen im Jugendalter

Wiebken Düx und Thomas Rauschenbach

Inhalt

1	Einleitung	262
2	Die andere Seite der Bildung	262
3	Dimensionen des informellen Lernens Jugendlicher	263
4	Forschung zum informellen Lernen im Jugendalter	264
5	Anerkennung und Zertifizierung	266
6	Lern- und Bildungsorte im Jugendalter	268
7	Zentrale Aktivitätsdimensionen im Jugendalter	274
8	Alltagsbildung – zur Relevanz informellen Lernens	279
9	Fazit	280
Literatur		280

Zusammenfassung

Der Beitrag nimmt das Jugendalter als biografisch besonders wichtige Lern- und Bildungszeit in den Blick und geht der Frage nach, wie und wo junge Menschen die Fähigkeiten, Kenntnisse und Kompetenzen erwerben, die Schule und Berufsausbildung nicht abdecken, die aber für die Zukunftsfähigkeit einer Gesellschaft und die Möglichkeiten der selbstbestimmten Lebensgestaltung des Einzelnen erforderlich sind. Dabei werden die Bildungspotenziale unterschiedlicher informeller und non-formaler Lernsettings sowie die enge Verknüpfung informeller Bildungsmöglichkeiten mit der sozialen Herkunft beschrieben.

W. Düx (✉)
Forschungsverbund DJI/TU Dortmund (bis 2010), Dortmund, NRW, Deutschland
E-Mail: wiebken_duex@yahoo.de

T. Rauschenbach
Deutsches Jugendinstitut, München, Deutschland
E-Mail: rauschenbach@dji.de

© Springer Fachmedien Wiesbaden 2016
M. Rohs (Hrsg.), *Handbuch Informelles Lernen*, Springer Reference Sozialwissenschaften,
DOI 10.1007/978-3-658-05953-8_18

Schlüsselwörter

Jugendalter • Außerschulische Lernorte und Bildungspotenziale • Alltagsbildung

1 Einleitung

Traditionell und bis heute wird das Jugendalter als biografisch besonders wichtige Lern- und Bildungszeit verstanden, auch wenn Lern- und Bildungsprozesse über die gesamte Lebenszeit stattfinden, wie das Schlagwort vom „Lebenslangen Lernen" deutlich macht. Mit Blick auf den Lebenslauf ist Bildung zuallererst eine Frage des Kindes- und Jugendalters, des Hineinwachsens in eine Welt, die es in ihren unterschiedlichen Facetten zu entdecken, zu verstehen und anzueignen gilt.

Jugend gilt in der modernen Gesellschaft als Zeit der Persönlichkeitsentwicklung, des Austestens der eigenen Möglichkeiten und Fähigkeiten, der Orientierung sowie der Ablösung von der Herkunftsfamilie, der Hinwendung zu Peers und der zunehmenden Verselbstständigung (BMFSFJ 2013). In dieser Lebensphase erfolgen die entscheidenden Weichenstellungen für die soziale Positionierung, die berufliche Karriere, die zukünftige Lebensführung und den Lebensstil sowie für die Ausbildung einer eigenen personalen, sozialen und kulturellen Identität. Eine große Anzahl lebenswichtiger Erfahrungen werden zum ersten Mal im Jugendalter gemacht, wie u. a. allein verreisen, eine berufliche Ausbildung absolvieren, ein eigenes Konto einrichten und eigenes Geld verdienen, eine verbindliche Partnerschaft eingehen und Verantwortung für das eigene Leben sowie für andere übernehmen.

Jugendliche müssen sich nicht nur ein ständig breiter werdendes Spektrum an Bildungsinhalten erschließen, sondern auch jeweils spezifische Entwicklungsaufgaben bewältigen, die sich aus der Spannung von gesellschaftlichen Erwartungen an Heranwachsende und deren individuellen Bedürfnissen, Werten und Zielen ergeben (Havighurst 1964). Das Kernthema der Adoleszenz liegt demnach darin, sich bewusst in ein Verhältnis zu sich selbst und der sozialen, kulturellen und materiell-dinglichen Welt zu setzen: zu Körper und Sexualität, Eltern und Peers, Leistung und Beruf, Umwelt und Kultur, Politik und Gesellschaft (Fend 2003). Die Frage, wie und wo junge Menschen die Kompetenzen zur Bewältigung dieser Aufgaben in einer sich beschleunigt verändernden Welt erwerben können, wird zu einer Kernfrage mit Blick auf die Zukunftsfähigkeit einer Gesellschaft und die Möglichkeiten der Lebensgestaltung des Einzelnen.

2 Die andere Seite der Bildung

Auch wenn Bildung und Lernen von Politik und Öffentlichkeit immer noch vorrangig der Schule zugeordnet werden, wächst in den letzten Jahren die Einsicht in die Bildungspotenziale vor, neben und nach der Schule. So werden verstärkt außerschulische, häufig als „informell" bezeichnete Lernprozesse, -möglichkeiten und -orte als „die andere Seite der Bildung" (Otto und Rauschenbach 2004) in den Blick genommen und ihre Potenziale als wichtige individuelle und gesellschaftliche Ressource erkannt. Informelles Lernen junger Menschen umfasst dabei in einem weiten Verständnis das, was jenseits der Schule und außerhalb hoch standardisierter Bildungsprozesse an Kompetenzerwerb und Lernprozessen geschieht.

So weist etwa der 12. Kinder- und Jugendbericht auf die große Bedeutung informeller Lernprozesse und lebensweltlicher Lernorte für eine umfassende Bildung hin, die sowohl den gesellschaftlichen Anforderungen als auch der individuellen Entwicklung der Persönlichkeit gerecht wird. In Anknüpfung an den klassischen Bildungsbegriff Humboldtscher Prägung wird Bildung dabei als aktiver Prozess der Aneignung von Welt und Entfaltung der eigenen Persönlichkeit, der eigenen Potenziale und Kräfte in Auseinandersetzung mit inneren und äußeren Anregungen verstanden. Dieses auf die gesamte Person bezogene umfassende Konzept von Bildung geht weit über schulische Lehrpläne und die Vermittlung kognitiver Fähigkeiten hinaus. Bildung wird darin als ein Prozess der Individuierung in vier unterschiedlichen Weltbezügen, der subjektiven, der materiell-stofflichen, der sozialen und der kulturellen Welt bestimmt (BMFSFJ 2006). Damit stellt sich zwangsläufig die Frage nach der Förderung jener Kenntnisse und Kompetenzen, die in der Regel von der Schule nicht abgedeckt werden, aber dennoch eine wesentliche Komponente eines eigenständigen und sozial verantwortlichen Lebens sind.

3 Dimensionen des informellen Lernens Jugendlicher

Die Forschung zum informellen Lernen im Jugendalter unterscheidet zumeist drei Dimensionen dieses Lernens (Düx und Rauschenbach 2010). Dabei geht es zum einen um die Frage nach den *anderen Bildungsorten*, d. h. nach jenen außerschulischen Lern- und Bildungssettings, in denen unübersehbar gelernt wird und die zum Teil sogar einen gesetzlichen Bildungsauftrag haben (wie etwa die Jugendarbeit), die aber von der offiziellen Bildungspolitik wenig wahrgenommen werden.

Zum anderen geht es um die Frage nach den *anderen Modalitäten* des Lernens, also um die vielfältigen Wege der Kompetenzaneignung jenseits von Unterricht und herkömmlichen, standardisierten Lehr-Lernprozessen. Diese Art des Kompetenzerwerbs im Jugendalter lässt sich vielfach als ein Lernen im konkreten Handeln unter Realbedingungen („learning by doing") und mit Ernstcharakter kennzeichnen, im Unterschied zu den curricular gestalteten, übenden Lernsettings der Schule.

Als weitere Dimension werden die *anderen Bildungsinhalte*, welche in offiziellen Plänen des Bildungswesens kaum erwähnt werden, in den Fokus gerückt. Dabei geht es um Inhalte und lebensrelevante Themen, die in den schulischen Kernfächern nicht gezielt vorkommen, seien es die neuen Medien oder Themenfelder wie Gesundheit, Ökonomie, Recht, Erziehung oder Psychologie, um nur einige Beispiele zu nennen. Dennoch tangieren entsprechende Kenntnisse und Fähigkeiten die Lebensführung Erwachsener und werden zunehmend im Arbeitsleben benötigt, beispielsweise in den Sozial-, Erziehungs- und Gesundheitsberufen auf der einen oder der IT-Branche auf der anderen Seite (Rauschenbach 2009a).

Die meisten dieser Inhalte sind nicht an einen Lernort gebunden, sondern werden in verschiedenen formalen, non-formalen und informellen Lernkontexten angeeignet. Zunehmend findet eine Entgrenzung und Diffundierung der Bildungsorte, -inhalte und -modalitäten statt. Informelle Bildung findet auch an Orten des formalen Bildungssystems statt; formales Lernen ist auch im informellen Bereich erkennbar. So ist Schule kein exklusiver Ort der Wissensvermittlung, sondern wird – vor allem bei Ganztagsschulen – auch zu einem Ort, an dem Kinder und Jugendliche einen Teil ihrer Freizeit verbringen. Die Kooperation der Ganztagsschule mit außerschulischen Trägern im Sozialraum eröffnet neue Möglichkeiten der Gestaltung von Lernprozessen und führt zu einer organisatorischen Annäherung von informellen und non-formalen Bildungsprozessen an die formale Bildung.

4 Forschung zum informellen Lernen im Jugendalter

Eine forschungsmethodische Grundfrage ist die, wie man Formen des Lernens sichtbar machen kann. Lernprozesse lassen sich mit sozialwissenschaftlichen Methoden nicht unmittelbar, sondern nur indirekt und annäherungsweise beobachten und abbilden. Beobachtet werden können allenfalls Wirkungen und Ergebnisse des Lernens, etwa in Form erworbener Kenntnisse und Kompetenzen, die durch kompetentes Handeln sichtbar werden, oder personale Veränderungen, die sich in Einstellungen, Verhalten und Habitus zeigen.

Zwar lassen sich manche Kompetenzen wie etwa Klavierspielen, eine Fremdsprache sprechen oder Schwimmen als Ergebnisse von Lernen und Üben relativ einfach beobachten und erfassen; auch Sach- und Fachwissen oder handwerklich-technische Fähigkeiten sind noch relativ präzise zu überprüfen und zu messen. Dies erweist sich für soziale oder personale Kompetenzen wie z. B. Toleranz, Verantwortungsbereitschaft, Empathie oder Durchhaltevermögen als ungleich schwieriger. Zugleich entziehen sich die lebensweltlichen Bereiche, die ggf. zur Ausbildung solcher Eigenschaften und Fähigkeiten beitragen, wie etwa Familie, Freundschaftsnetzwerke oder Jugendorganisationen, ein Stück weit einer standardisierten empirischen Erforschung und Erfassung.

Augenscheinlich sind Ergebnisse informeller Lernprozesse nicht so leicht feststellbar, objektivierbar und vergleichbar wie unterrichtsnahe Kompetenzen in der Schule. Zugleich wird die Anwendung von Testverfahren oder ähnlichen Formen der Leistungs- und Kompetenzmessung, wie sie etwa bei schulischen Leistungsstudien oder betriebswirtschaftlichen Eignungsprüfungen durchgeführt werden, als für informelle Lernprozesse Jugendlicher weitgehend ungeeignet erachtet. Daher liegen zur systematischen Erfassung von Kompetenzen Jugendlicher für den Bereich des non-formalen und informellen Lernens bisher keine auch nur in Ansätzen vergleichbaren Verfahren und Instrumente vor wie diese etwa im Rahmen von PISA oder IGLU verwendet werden (Rauschenbach 2009b). Um Sequenzen des Kompetenzzuwachses und der verbesserten Handlungsfähigkeit valide abbilden zu können, wären zudem kontrollierte Längsschnittstudien erforderlich, die für das informelle und non-formale Lernen im Jugendalter nicht existieren.

Bisher werden die Kompetenzen junger Menschen in empirischen Studien und der Survey-Forschung zum Lernen in informellen und non-formalen Kontexten in der Regel über Selbsteinschätzungen der Befragten erhoben. So geraten Kompetenzen zumeist nur über den Filter subjektiver Wahrnehmung in den Blick. Ob die Kompetenzen de facto erworben wurden, kann dabei ebenso wenig überprüft werden wie deren Qualität oder die Frage nach den wesentlichen Orten und Anlässen des Kompetenzerwerbs.

Neue Lernerfahrungen knüpfen immer an bereits vorhandene an und bauen auf diesen auf. Somit können in empirischen Untersuchungen Lerneffekte wie der Erwerb von Kompetenzen, Kenntnissen oder Einstellungen nur in seltensten Fällen eindeutig spezifischen Lernorten wie der Jugendarbeit oder dem freiwilligen Engagement zugerechnet werden. Ob Lernzuwächse im Jugendalter überhaupt bestimmten Lernorten oder Settings zugerechnet werden können, erscheint eher zweifelhaft (Baumbast et al. 2014). Es bestehen, pauschal gesprochen, zwar hohe Plausibilitäten, dass sich junge Menschen auch außerhalb der Schule vielfältige Fähigkeiten aneignen, doch liegen kaum Studien vor, die dies für ausgewählte Lernsettings empirisch belegen (z. B. Düx et al. 2008; Neuber 2010).

Das gebräuchliche Verfahren, Lernen in informellen und non-formalen Kontexten auf der Basis von Selbsteinschätzungen zu erheben, erlaubt aber zumindest annäherungsweise zu erfassen, inwieweit es zu Lernprozessen und Kompetenzgewinnen in bestimmten Bereichen gekommen ist und welche Rolle hierbei verschiedene Lernorte gespielt haben könnten. Vorerst scheint es vor allem auf diesem Weg möglich zu sein, die Relevanz non-formaler und informeller Bildungsorte im Vergleich zum formalen Bildungsort Schule wenigstens ansatzweise beschreiben zu können.

Neben der Frage der Erfassung individueller Lernprozesse stellt sich die Frage, welche Bildungsangebote junge Menschen jenseits von Schule und Ausbildung vorfinden. Hier stehen häufig keine regelmäßig erhobenen Daten zur Verfügung, am ehesten findet man noch Daten zu non-formalen Angeboten und deren Nutzung, kaum aber zu deren Wirkungen. Unter dem Gesichtspunkt der Bildungsrelevanz sind sowohl das inhaltliche Profil der Angebote als auch Umfang und Art der Beteiligung an den Angeboten von Bedeutung. Hierzu liegen für non-formale Bildungsorte wie etwa die Jugendarbeit, Sportvereine oder Musikschulen eine Reihe von Daten vor, mit denen sich auch soziale Unterschiede und Selektionsprozesse bei der Ermöglichung und Wahrnehmung dieser außerschulischen Bildungsangebote feststellen lassen.

In den letzten Jahren nimmt die Bildungsforschung verstärkt informelle und non-formale Lernprozesse junger Menschen in den Blick und betont deren biographische Bedeutung:

- So hat etwa die nationale Bildungsberichterstattung Bereiche wie Medienaneignung, Jugendarbeit, freiwilliges Engagement und Freiwilligendienste, musisch-

ästhetische Bildung oder Formen der Nachhilfe im Kindes- und Jugendalter in die Berichterstattung einbezogen (Autorengruppe Bildungsberichterstattung 2012, 2014).
- Aktuelle Daten und Ergebnisse zu außerschulischen Aktivitätsdimensionen junger Menschen in Sport, neuen Medien, Musik und Kunst sowie zur Relevanz verschiedener Lernorte und -settings für den Kompetenzerwerb in diesen Bereichen liefert die MediKuS-Studie (Grgic und Züchner 2013a).
- Auch im Rahmen des 14. Kinder- und Jugendberichts (BMFSFJ 2013) werden informelle Lernprozesse junger Menschen beleuchtet und empirische Befunde sowie theoretische Erkenntnisse zum Kompetenzerwerb in den – für Jugendliche außerhalb von Schule wesentlichen – „Welten" vorgestellt: Familie, Gleichaltrige und Medien.
- Der Frage, was junge Menschen durch Verantwortungsübernahme im Rahmen eines freiwilligen Engagements in Jugendorganisationen, insbesondere in der Jugendarbeit, lernen, geht eine empirische Studie von Düx et al. (2008) nach.
- Das Thema Lernen durch Verantwortungsübernahme und Engagement wird ebenfalls in Untersuchungen zu Freiwilligendiensten aufgegriffen, mit einem Fokus auf benachteiligte junge Menschen (Liebig 2009).
- Auch der Vereinssport wird zunehmend als gesellschaftliches Lernfeld Jugendlicher wahrgenommen und auf seine Bildungspotenziale hin untersucht (Neuber 2010; Regionalverband Ruhr 2012).

5 Anerkennung und Zertifizierung

Das wachsende Interesse an informellen und non-formalen Lernorten hat dazu geführt, dass zunehmend versucht wird, deren Bildungspotenziale und Wirkungen nicht nur zu erfassen und sichtbar zu machen, sondern auch zu bewerten und zu zertifizieren. Am Beispiel der Kinder- und Jugendarbeit werden nachfolgend – in Anlehnung an Baumbast et al. (2014) – Herausforderungen, Möglichkeiten und Probleme der Anerkennung und Zertifizierung von Kompetenzen dargestellt, die außerhalb des formalen Bildungssystems erworben werden.

Von den unterschiedlichen Trägern der Jugendarbeit sind in den letzten Jahren viele – in Inhalt und Form sehr heterogene – Zertifikate wie Teilnahmebescheinigungen, Engagement- oder Kompetenznachweise entwickelt worden. Diese Nachweise bestätigen nicht nur, dass Jugendliche an Angeboten der Jugendarbeit teilgenommen oder sich dort engagiert haben, sondern beanspruchen auch, zu dokumentieren, dass dabei erfolgreich gelernt wurde und entsprechende Kompetenzen erworben wurden. Damit haben diese Nachweise auch eine legitimatorische Funktion. Quantitativ und qualitativ belegen sie den Stellenwert der Kinder- und Jugendarbeit als wichtiger außerschulischer Bildungsort.

In einer Befragung Jugendlicher wurde deutlich, dass diese eine Anerkennung ihrer in der Jugendarbeit erworbenen Kompetenzen wünschen, und zwar auch, um diesen Nachweis für Bewerbungen auf dem Arbeitsmarkt zu nutzen. Auch die Fachkräfte der Jugendarbeit befürworten eine Validierung der von Jugendlichen in der Jugendarbeit erworbenen Kompetenzen. Allerdings existiert noch keine Lösung, wie dies in Bezug auf das formale Bildungs- und Ausbildungssystem und den Arbeitsmarkt umgesetzt werden soll. Hier zeigt sich ein Dilemma: Einerseits sollen Kompetenzen ermittelt, dokumentiert, bewertet und gesellschaftlich anerkannt werden, andererseits möchte die Praxis aber keine formalen Prüfungsmaßstäbe, Testverfahren, Zulassungskriterien und institutionalisierten Standards einführen, wie sie in Schule und Ausbildung üblich sind, um sich nicht der schulischen Wettbewerbs- und Selektionslogik anzupassen.

Die Debatte um angemessene Verfahren, Formen und Kriterien der Anerkennung bewegt sich in der Jugendarbeit zwischen den Polen formal-standardisierter Verfahren gegenüber individuell angepassten, partizipativen und subjektorientierten Verfahren. Die Stärke standardisierter Verfahren liegt in der Objektivierung, Vergleichbarkeit und Entkontextualisierung ihrer Nachweise, was aber den für die Jugendarbeit gültigen Prinzipien der Subjektorientierung, Mitsprache und Beteiligung Jugendlicher eher widerspricht. Zudem besteht durch standardisierte Verfahren die Gefahr einer Instrumentalisierung der Jugendarbeitspraxis und ihrer Lernangebote zugunsten der Anforderungen des Ausbildungs- und Arbeitsmarktes.

Wenn Jugendarbeit sich an ihren traditionellen fachlichen Standards orientiert, scheiden nicht-beteiligungsorientierte Verfahren aus. Übrig bleiben Formen der Teilnahmebestätigung, des Engagementnachweises sowie Bilanzierungs- und Dialogverfahren. Diese auf Subjektorientierung und Beteiligung setzenden Validierungsverfahren sind aber mit Blick auf mögliche externe Adressaten der Nachweise, z. B. Arbeitgeber, wenig aussagefähig. Nahezu zwangsläufig müssen sie Außenstehenden als zu subjekt- und kontextbezogen und damit nicht vergleichbar erscheinen. Demgegenüber hätten weitgehend standardisierte und formalisierte, wissenschaftlich begründete Verfahren der Ermittlung, Bewertung und Bescheinigung den Vorteil, dass die Ergebnisse objektivierbar und die Nachweise nachprüfbar und vergleichbar wären.

Es ist noch offen, ob sich ein Konsens hinsichtlich der Funktion, der Inhalte und der Ausgestaltung von Validierungsverfahren in der Jugendarbeit erarbeiten lässt, ob und inwiefern sich dabei arbeitsfeldübergreifende gemeinsame Qualitätsstandards finden lassen. Da Anerkennung ein Gegenüber voraussetzt, können die Kompetenznachweise nicht allein vonseiten der Kinder- und Jugendarbeit erstellt werden. Es bedarf kooperativer Strategien mit jenen Partnern, von denen man Anerkennung und Akzeptanz der eigenen Verfahren wünscht, etwa Ausbildungsstätten oder Arbeitgebern.

Nach Rauschenbach (2011) erscheint eine gesellschaftliche Anerkennung für die Jugendarbeit ohne nachvollziehbare einheitliche Qualitätskriterien und Standards nicht möglich. Im eigenen Interesse sowie im Interesse der Jugendlichen müsste sie sich demnach auf eine inhaltliche Debatte einlassen, welche Kompetenzen in ihren Reihen tatsächlich zu erwerben sind. Dabei wird es entscheidend darauf ankommen, dass in diesem Rahmen ihre Wirksamkeit auf der Basis non-formaler und informeller Bildungsangebote in ausreichender Seriosität plausibilisiert und nachgewiesen werden kann (Düx et al. 2008).

6 Lern- und Bildungsorte im Jugendalter

Ein Blick auf Befunde der Jugendforschung zeigt eine kaum überschaubare Vielfalt an außerschulischen lebensweltlichen Lern- und Bildungssettings. Sie alle stellen Gelegenheitsstrukturen für Heranwachsende dar, die die Ausbildung unterschiedlicher Erfahrungen, Kenntnisse und Kompetenzen in je spezifischer Weise fördern können. Als zentrale Bildungsorte und Lernwelten im Prozess des Aufwachsens werden in der Fachliteratur an erster Stelle Schule und Familie genannt. Darüber hinaus gelten Peers und Medien als wesentliche Bezugsrahmen jugendlichen Lebens, jugendlicher Entwicklung und zunehmender Selbstständigkeit. Eine wichtige Rolle für außerschulische Lernprozesse nehmen zudem die Jugendarbeit, Sportvereine sowie das freiwillige Engagement junger Menschen ein (Düx et al. 2008).

Im Folgenden wird exemplarisch anhand von vier im Jugendalter wichtigen Lern- und Bildungsorten – Familie, Gleichaltrigengruppe, Jugendarbeit und Sportverein – die Relevanz des informellen Lernens für die Biografie Jugendlicher aufgezeigt.

6.1 Familie

Im Kontext von Bildung und Lernen nimmt die Familie eine zentrale, häufig unterschätzte Stellung ein. Sie ist bis weit in die Schulzeit der wichtigste Ort der informellen Bildung junger Menschen. Ihr kommt als – biografisch gesehen – erstem und wesentlichem Ort des Bildungserwerbs eine Schlüsselrolle für die Bildungsbiografie und den Bildungserfolg zu. Familiäre Einflüsse auf Entwicklungs-, Lern- und Bildungsprozesse von Jugendlichen sind wissenschaftlich gut belegt. Der große Stellenwert der Familie für Bildungsprozesse Heranwachsender ergibt sich aus ihrer alltäglichen Präsenz, ihrer lebenslangen Bedeutung sowie ihrer kanalisierenden Funktion im Hinblick auf die Eröffnung von Zugängen zu weiteren Lebens- und Bildungswelten (Grunert 2006).

In der Familie werden grundlegende Fähigkeiten für den Umgang mit dem Selbst sowie der kulturellen, materiell-dinglichen und sozialen Welt erworben. Hier eignen sich Heranwachsende informell wichtige Kompetenzen wie Sprache und Wissen an. Denkmuster, Kommunikations- und Verhaltensformen, Werte, Handlungs- und Deutungsmuster entwickeln sich im Rahmen und unter dem Einfluss von Familie. In der familiären Lebenswelt erwerben junge Menschen lebenspraktische Kenntnisse und Fähigkeiten ebenso wie reproduktive, regenerative und generative Orientierungen.

In den alltäglichen familialen Interaktionen und über die Zugänge, die die Familie zu anderen Erfahrungswelten und Bildungsräumen bietet, gewinnen Heranwachsende Einstellungen und Haltungen sowie Kompetenzen, die nicht nur maßgeblich zu ihrer personalen, sozialen und kognitiven Entwicklung beitragen, sondern sich auch in ihrem Blick auf die Welt, ihrem Habitus, ihrer Art der Bewältigung von Lebensaufgaben sowie in der Wahrnehmung von Optionen und Handlungsperspektiven zeigen (Bourdieu 1983; BMFSFJ 2013). Auch wenn sich Jugendliche im biografischen Verlauf weitere Bildungswelten erschließen, erfolgt die Auseinandersetzung mit den dort angebotenen Orientierungsmustern in enger Wechselwirkung mit familialen Aneignungsprozessen.

Spezifisch für Bildungsprozesse in der Familie ist zum einen, dass sie wenig strukturiert, geplant und vorbereitet sind: Lernen in der Familie ist erfahrungsbasiert, lebensweltnah, situativ. Zum anderen ist familiale Bildung in besonderer Weise gekennzeichnet durch das Spannungsverhältnis zwischen den beiden Maximen „alles ist möglich", aber „nichts ist sicher". D. h. Familien besitzen in Sachen informeller Bildung eine große Potenzialität, sind diesbezüglich aber zugleich auch äußerst fragil (Rauschenbach 2009a). Die Chancen für entwicklungsförderliche und bildungsrelevante Aneignungsprozesse von Kindern und Jugendlichen differieren zum einen je nach sozio-emotionaler Qualität der familiären Beziehungen, zum anderen entsprechend den ökonomischen, sozialen und kulturellen Ressourcen der Familie.

Neben Kompetenzen der alltäglichen Lebensführung erwerben Heranwachsende in der Familie informell zugleich Kompetenzen und Motivationen, die für den Erfolg im Bildungssystem ausschlaggebend sind. Büchner und Krah (2006) zufolge werden Bildungsmotivation und -entwicklung der Kinder direkt von ihrer Familie beeinflusst. Dieser Einfluss wirkt sich auch auf Bildungsprozesse außerhalb der Familie aus, also z. B. auf die Wahl der Schulform, die schulische Laufbahn oder den Schulerfolg. Insbesondere das Bildungsniveau der Eltern hat entscheidenden Einfluss darauf, wie sich die schulischen Bildungschancen ihrer Kinder und deren Teilnahme an außerschulischen Lerngelegenheiten gestalten.

Während sich für Jugendliche aus ressourcenreichen Familien die im lebensweltlichen Zusammenhang angeeigneten Wissensbestände und Kompetenzen vielfach als hilfreich für Erfolge im Bildungssystem erweisen, sind die von jungen Menschen aus sozial und/oder bildungsmäßig benachteiligten Familien informell erworbenen Kenntnisse und Fähigkeiten in der Regel deutlich weniger anschlussfähig an die Anforderungen von Schule und anderen Bildungsinstitutionen (Walper und Grgic 2013; Autorengruppe Bildungsberichterstattung 2014).

6.2 Gleichaltrigengruppe

Mit dem Übergang in das Jugendalter gewinnen Gleichaltrige gegenüber Schule und Familie zunehmend an Bedeutung. Die Peergroup ist heute neben der Familie die wichtigste Bezugsgruppe für Kinder und Jugendliche. Sie bildet ein wichtiges Erfahrungsfeld im Übergang von der Herkunftsfamilie in ein eigenständiges Netz sozialer Beziehungen (Schröder 2006). Die Begriffe „Clique", „Peergroup" oder „Gleichaltrigengruppe" beschreiben ein weites Feld unterschiedlicher Sozialbeziehungen Heranwachsender. Nörber (2003) bestimmt Peergroup als den Zusammenschluss von Personen, die sich gegenseitig beeinflussen und einen ähnlichen sozialen Status sowie ein annähernd gleiches Alter haben. Als Orte freiwilliger jugendlicher Gesellung sind diese Gruppen ein Produkt von Zufalls- und Wahlstrukturen (Tarazona und Tillmann 2013).

Die Peergroup ist eng mit anderen gesellschaftlichen Lernorten wie etwa Schule, Sportverein oder Jugendarbeit verknüpft, zumal sich die Gruppen der Gleichaltrigen an diesen anderen Orten finden. Die Gruppenmitglieder sind verbunden durch ähnliche Lebenssituationen, Lebensentwürfe und Milieus sowie durch gemeinsam geteilte Erfahrungen, Themen und Interessen. Geprägt durch gegenseitige freundschaftliche Beziehungen, fungieren sie als ein die Familie erweiternder Schutz- und Experimentierraum, zum Teil als Gegenwelt zu Familie und Schule sowie als selbst geschaffener Sozialisations- und Lernort (Hurrelmann und Quenzel 2013).

Die Gruppe bietet vielfältige Lernmöglichkeiten und nimmt für Bildungs- und Orientierungsprozesse eine bedeutende Rolle ein. In empirischen Studien liegen einige Befunde für den Einfluss von Peer-Beziehungen auf den Kompetenzerwerb im Jugendalter vor (BMFSFJ 2013). Jugendliche entwickeln und erweitern hier eigene inhaltliche Interessen und Perspektiven, personale und soziale Kompetenzen sowie solche der Freizeitgestaltung. Im Rahmen der Gruppe werden informelle Lernprozesse angestoßen und Informationen, Erfahrungen und Wissen ausgetauscht und vertieft.

In der Gruppe können sich Heranwachsende mit altersgemäßen Entwicklungsaufgaben befassen: dem Umgang mit dem eigenen Körper, der Entwicklung von Ich-Identität, einer eigenen Geschlechtsrolle und dem Aufbau gleich- und gegengeschlechtlicher Beziehungen, mit der Ablösung von den Eltern, mit Selbstständigkeitsbestrebungen und beruflichen Orientierungen (Rauschenbach et al. 2004). In der Auseinandersetzung mit den Peers werden informell Kompetenzen der Konfliktbewältigung, Aushandlung und Kooperation erworben, Fähigkeiten der sozialen Teilhabe eingeübt sowie Strategien zur Selbstbehauptung entwickelt, die auch für das Leben im Erwachsenenalter wichtig sind. Hier können Kompetenzen im Umgang mit den Medien, den Angeboten der Kulturindustrie und der Mode gewonnen werden (Schröder 2006). In der Konfrontation mit anderen Jugendlichen werden die eigenen Denk- und Handlungsmuster überprüft, in Frage gestellt, modifiziert, erweitert oder bestätigt.

Blickt man darauf, wie in Gleichaltrigengruppen gelernt wird, so lassen sich folgende Stichworte nennen: freiwillig, nebenher, implizit und ungeplant. Gelernt wird von und mit Gleichaltrigen in der alltäglichen Interaktion und Kommunikation sowie durch gemeinsame Aktivitäten. Zumeist unbewusst und beiläufig werden dabei persönliche Interessen, Werteinstellungen und Ziele entwickelt (Rauschenbach et al. 2004).

In der Gruppe eröffnen sich Jugendlichen Lernmöglichkeiten im Kontext von zumeist egalitären sozialen Beziehungen (Schröder 2006). Eine solche Beziehungsform „auf Augenhöhe" bietet einen anderen Rahmen für Lernprozesse als dies in asymmetrischen Beziehungen wie Familie oder Schule der Fall ist. Mit Peers können Erfahrungen gewonnen werden, die so in Familie und Schule kaum möglich sind. Hier können auch Themen aus dem emotionalen und sexuellen Bereich aufgegriffen und diskutiert werden, die in der familiären Kommunikation oft ausgespart bleiben. Jugendliche können im Schutz der Gruppe in eine Auseinandersetzung mit den Werthaltungen ihrer Herkunftsfamilie treten und Rollen erproben, die sie in Familie und Schule so nicht ausüben können oder dürfen (Hurrelmann und Quenzel 2013).

Einige Untersuchungen weisen auf negative Wirkungen von Gleichaltrigengruppen hin wie Anpassungsdruck an negative, deviante und dissoziale Verhaltensweisen, lernfeindliche Haltungen, Aggressionen und Stigmatisierung. So reproduzieren sich dort auf informelle Weise nicht selten auch hierarchische und autoritäre Strukturen und Orientierungen der Herkunftsfamilien (Fend 2003).

Insgesamt zeigt sich, dass die Gleichaltrigengruppe informelle Gelegenheiten für die Entwicklung von Kompetenzen, Orientierungen, Werten und Verhaltensweisen bietet, die für die aktuelle und zukünftige Lebensführung wichtig sind, im Rahmen von Schule aber kaum erworben werden können. Dabei bleiben die Wahl der Gruppen sowie die Zugänge zu diesen von der sozialen Herkunft bestimmt. Zumeist zeigt sich eine enge Verbindung des sozialen Milieus der Familie und der Clique. Schul- und schultypübergreifende Gleichaltrigengruppen bilden die Ausnahme. Insofern werden in Peergroups die über Herkunft und Schule erzeugten Ungleichheiten in der Regel reproduziert (BMFSFJ 2013).

6.3 Jugendarbeit

Außerhalb von Familie und Schule verbringt nach wie vor ein relevanter Teil der Heranwachsenden einen Teil der freien Zeit in organisierten Angeboten von Vereinen und Verbänden, insbesondere im Sport sowie in der Jugendarbeit. Die Jugendarbeit bietet jungen Menschen unterschiedliche Möglichkeiten der Teilnahme und Mitgestaltung und ist seit jeher ein zentrales Einstiegsfeld für freiwilliges Engagement und gesellschaftliche Verantwortungsübernahme, welche wesentliche Grundlagen einer aktiven demokratischen Zivilgesellschaft darstellen.

Die Bereitschaft und Fähigkeit zur Übernahme gesellschaftlicher Verantwortung werden – wie die Befunde einer Studie zum Kompetenzerwerb Jugendlicher im freiwilligen Engagement empirisch belegen – am ehesten durch das eigene aktive soziale Engagement erworben (Düx et al. 2008). Hier erlangt im Jugendalter der Bereich der Jugendarbeit eine unübersehbare Bedeutung. Eine nicht zu vernachlässigende Zahl von jungen Menschen engagiert sich dort aktiv, übernimmt dabei Verantwortung für sich und andere und erwirbt so Basiselemente einer sozialen Kompetenz.

Im Unterschied dazu werden Kinder und Jugendliche in der Schule durch den curricular gesteuerten Lehr-Lern-Zusammenhang sowie den dominanten Unterrichtsbezug zum größten Teil von sozialer und gesellschaftlicher Verantwortungsübernahme ferngehalten. Zumindest hat Schule in Deutschland bis heute keinen systematischen Ort, in den diese Dimension eingebunden ist, abgesehen von individuellen, partiellen oder lokalen Bemühungen (wie z. B. Service Learning, Sliwka et al. 2004). Und da sich für junge Menschen – durch die in den letzten 100 Jahren länger gewordenen Ausbildungszeiten – der Beginn der Erwerbstätigkeit, die ökonomische Selbstständigkeit und die Gründung einer Familie zeitlich eher nach hinten verschoben haben, werden sie von der Erfahrung von Eigenverantwortung und Verantwortungsübernahme in sozialen Kontexten tendenziell ausgeschlossen.

Demgegenüber spielen Verantwortungsübernahme, konkrete Beteiligung und aktive Mitwirkung in der Kinder- und Jugendarbeit eine bedeutende Rolle. Wie die Engagementstudie (Düx et al. 2008) belegt, lernen und üben viele Heranwachsende hier, für sich und andere Verantwortung zu übernehmen, wodurch sie die wichtige Erfahrung konkreter Nützlichkeit sowie gesellschaftlicher Relevanz ihres Tuns machen können. Demzufolge stellt das freiwillige Engagement für junge Menschen ein wichtiges gesellschaftliches Lernfeld dar, in dem Kompetenzen vor allem in den Dimensionen personaler, sozialer und praktischer Bildung erworben werden. Die Mehrheit der Befragten schreibt den Erwerb vielfältiger Kompetenzen sowohl den partizipativen Bildungsprozessen in non-formalen Kontexten der Jugend-organisationen als auch den informellen Lerngelegenheiten in den Feldern des praktischen Engagements zu. Demnach enthalten die aktivierenden Formen jugendlichen Engagements durch die Verknüpfung gesellschaftlicher Verantwortungsübernahme mit individuellen Lernprozessen erhebliches Bildungspotenzial.

Doch auch für die Lernprozesse und die Verantwortungsübernahme im freiwilligen Engagement gilt, dass keineswegs alle Heranwachsenden daran teilhaben. Wie die Engagementstudie (Düx et al. 2008) und der Freiwilligensurvey (Picot 2011) zeigen, ist gesellschaftliches Engagement als Ort kultureller und sozialer Ressourcen nicht für alle Jugendlichen gleichermaßen zugänglich. Die Daten belegen, dass sich überwiegend sozial gut integrierte Jugendliche mit höherer Schulbildung engagieren. Jugendliche aus sozial unterprivilegierten, partizipations- und bildungsfernen Bevölkerungsgruppen sind unterrepräsentiert.

6.4 Sportvereine

Knapp 90 % aller Kinder und Jugendlichen treiben Sport. Für die Mehrheit von ihnen stellt er eine der wichtigsten und beliebtesten Freizeitbeschäftigungen dar. Es finden sich zahlreiche unterschiedliche Sportarten, die im Jugendalter an vielen verschiedenen Orten praktiziert werden: in der Schule, im Verein, selbst organisiert in der Freizeit, allein oder mit Freunden. Speziell der Vereinssport hat eine große inhaltliche und zeitliche Bedeutung für junge Menschen, wobei häufig Aktivitäten in derselben Sportart wie im Verein auch in selbstorganisierten informellen Kontexten ausgeübt werden. Demgegenüber spielt Schule für sportliche Aktivitäten außerhalb des Unterrichts, etwa in einer AG, nur eine marginale Rolle (Züchner 2013).

Nach wie vor sind Beteiligung und Engagement von Kindern und Jugendlichen in Sportvereinen höher als in allen anderen Jugendorganisationen. Über den Sport werden auch viele Kinder und Jugendliche aus sozial und ökonomisch unterprivilegierten Elternhäusern sowie mit Migrationshintergrund erreicht (Picot 2011). Allerdings sinkt mit zunehmendem Alter die organisatorische Einbindung, und Sport wird verstärkt informell und selbstorganisiert ausgeübt (Züchner 2013).

Zwar reklamieren Sportvereine und -verbände schon länger Bildungswirkungen sportlicher Aktivitäten, doch werden erst in jüngerer Zeit die Potenziale des Sports auch im Kontext der Bildungsdebatte diskutiert (Neuber 2010). Ein umfassendes Bildungsverständnis, das sich nicht auf kognitives Wissen beschränkt, schließt die körperliche Dimension mit den Potenzialen von Bewegung, Spiel und Sport ein (Brandl-Bredenbeck 2010).

Sportvereine kommen dem Bedürfnis junger Menschen entgegen, sich spielerisch auf der Ebene ihrer körperlichen Möglichkeiten miteinander zu messen (BMFSFJ 2013). In der Ausübung einer Sportart wie Schwimmen, Tennis, Fußball o. ä. werden Kraft, Ausdauer und Geschicklichkeit trainiert. Hier können sich Jugendliche unterschiedliche Spieltechniken, -regeln, -strategien und -taktiken aneignen (Deutsche Sportjugend 2009). Dabei liegen Lerngelegenheiten zum einen in den Aktivitäten selbst; durch die Aktivitäten erfolgt zum anderen eine soziale Einbindung, woraus sich weitere Lern- und Bildungsmöglichkeiten sozialer und personaler Art ergeben können (Züchner 2013).

Neuere empirische Studien belegen vielfältige Entwicklungs-, Bildungs- und Integrationspotenziale des Vereinssports, die neben körperlich-motorischen (Bewegung, Kondition, Koordination, Technik) auch psychosoziale Kompetenzen beinhalten wie etwa Selbstvertrauen, Leistungsmotivation oder Kooperations- und Verantwortungsfähigkeit (Brandl-Bredenbeck 2010). Auch der 12. und der 13. Kinder- und Jugendbericht sowie der Zweite Kinder- und Jugendsportbericht betonen die wichtige Bedeutung des Vereinssports für die körperliche und psychosoziale Entwicklung Heranwachsender (BMFSFJ 2006, 2009; Schmidt 2008).

Organisierter Sport ist zumeist pädagogisch gerahmt und angeleitet und wird – stärker als selbstorganisierter Sport – mit dem Erwerb sozialen Kapitals und Bildungswirkungen in Verbindung gebracht. Non-formale Bildung im Sportverein vollzieht sich zum einen in der Aus- und Weiterbildung der Ehrenamtlichen (etwa zum Übungsleiter, Trainer, Jugendleiter) sowie in der Übungsstunde bzw. im angeleiteten Training, besonders dann, wenn durch die didaktisch-methodische Gestaltung der Angebote zielgerichtet ein Lernergebnis angestrebt wird (Golenia und Neuber 2010).

Daneben finden sich informelle Lernprozesse sozialer und personaler Art, die sich im Rahmen von Gemeinschaft, Geselligkeit und Interaktion im Sportverein eher nebenher ergeben. Lernen im Sport vollzieht sich demnach in handelnder Auseinandersetzung mit konkreten Anforderungssituationen des Trainings und Wettkamps sowie in der Interaktion mit anderen. Bildungseffekte werden insbesondere für die sportlichen Aktivitäten angenommen, die intrinsisch motiviert sind und zugleich intensiv (mehrmals wöchentlich) betrieben werden (Züchner 2013).

Zusammenfassend werden in der wissenschaftlichen Literatur als Bildungspotenziale des Vereinssports für junge Menschen insbesondere die folgenden angeführt:

- sport-, körper-, bewegungs- und gesundheitsbezogene Kompetenzen (Schmidt 2008; BMFSFJ 2009);
- personale und soziale Kompetenzen (Heim 2010; Züchner 2013);
- fachlich-kognitive, methodisch-didaktische, organisatorische und politische Kompetenzen (durch Aus- und Fortbildung sowie durch bürgerschaftliches Engagement) (Neuber 2010; Regionalverband Ruhr 2012).

Auch wenn der Vereinssport bis heute eine große Mehrheit von Kindern und Jugendlichen und gerade auch junge Menschen mit Migrationshintergrund sowie aus bildungsfernen oder sozio-ökonomisch benachteiligten Schichten noch am ehesten erreicht, sind diese in den Sportvereinen dennoch unterrepräsentiert. Je höher der sozio-ökonomische Status und das Bildungsniveau der Eltern sind, desto höher ist auch die Vereinsbindung junger Menschen und umgekehrt: Mit sinkendem Status nimmt die Sportvereinsaktivität ab (Picot 2011).

7 Zentrale Aktivitätsdimensionen im Jugendalter

Sport, Medien, Musik und Kunst spielen außerhalb der Schule eine entscheidende Rolle im Aufwachsen junger Menschen und bieten ihnen wichtige Möglichkeiten der Identifikation und persönlichen Entwicklung. Sie stellen für Heranwachsende bedeutsame lebensweltliche Gestaltungs-, Experimentier- und Bildungsräume dar, eröffnen neue Erfahrungswelten und ermöglichen, eigene Ausdrucksformen zu finden. Die große Bedeutung dieser Themen für junge Menschen belegen die Daten der MediKuS-Studie. Demnach bezeichnen 81 % der 13- bis 24-Jährigen Musik und über 70 % Sport sowie das Internet als wichtige Lebensbereiche (Grgic und Züchner 2013b). Während in Familie und Gleichaltrigengruppe vor allem in der alltäglichen Interaktion und Kommunikation gelernt wird, finden Lernprozesse in den Bereichen von Jugendarbeit, Sport, Musik, Kunst und Medien insbesondere über die konkrete Praxis, also über die Aktivitäten statt (Düx et al. 2008). Deshalb werden diese im Folgenden genauer in den Blick genommen.

7.1 Musik und Kunst

Musik und Kunst gelten neben Literatur als Kernbereiche kultureller Bildung. Dabei scheint weitgehend Konsens zu bestehen, dass die Beschäftigung mit Kunst und Musik unverzichtbarer Bestandteil der Allgemeinbildung junger Menschen, ihrer Identitätsentwicklung, ihrer Selbstverwirklichung sowie ihrer gesellschaftlichen Enkulturation und Teilhabe ist. In der internationalen Diskussion wird kulturelle Bildung daher als Menschenrecht eingefordert (UNESCO 2006).

Im Gegensatz zur großen Bedeutung, die non-formale und informelle Kontexte für die musisch-ästhetische Bildung von Heranwachsenden haben, steht die unbefriedigende Datenlage. Das empirische Wissen über musisch-ästhetische Angebote und Anregungen in non-formalen und informellen Kontexten, über deren Wirkungen sowie über die dabei erreichten Adressaten ist unzureichend (Autorengruppe Bildungsberichterstattung 2012).

Die Aneignung musisch-ästhetischer Bildung ist an Lern- und Auseinandersetzungsprozesse mit künstlerisch-ästhetischen Inhalten, Formen und Praxen gebunden. Dabei sind Inhalte und Formen individueller Lernprozesse höchst unterschiedlich ausgeprägt: Zwischen aktiver Betätigung (z. B. Spielen eines Instruments, Malen eines Bildes), rezeptiver Wahrnehmung (z. B. Besuch eines Theaters, Hören eines Konzerts) und reflexiver Auseinandersetzung mit ästhetischer und musikalischer Theorie und Praxis spannt sich ein breiter Bogen an Lernmöglichkeiten. Musisch-ästhetische Lernprozesse sind integrale Bestandteile individueller und sozialer Identitätsentwicklung und ermöglichen die Ausbildung künstlerischer Wahrnehmungs-, Darstellungs-, Gestaltungs- und Ausdrucksformen. Dies geschieht hauptsächlich über die eigene ästhetische und musikalische Praxis, die vor allem in informellen lebensweltlichen Zusammenhängen sowie in – zumeist pädagogisch gerahmten – organisierten Kontexten ausgeübt wird.

Laut MediKuS-Studie ist die überwiegende Mehrheit der 13- bis 17-Jährigen regelmäßig musikalisch oder künstlerisch aktiv. Sie spielen ein Instrument (36 %), singen (19 %), malen und zeichnen (42 %), tanzen (17 %) oder spielen Theater (9 %). Durch musikalische und künstlerische Aktivitäten werden nicht nur praktische, technische, emotionale, intellektuelle und kreative Fähigkeiten entwickelt und trainiert, sondern in vielen Fällen auch Erfahrungen von Gemeinschaft und sozialer Zugehörigkeit ermöglicht. Als subjektiv wichtigste Aktivitäten werden das Spielen eines Instruments, Malen/Zeichnen und Tanzen genannt. Über 80 % der Heranwachsenden geben an, ihre wichtigste Aktivität auszuüben, um Spaß zu haben; mehr als die Hälfte ist aber auch aktiv, um sich zu verbessern und die eigenen Kompetenzen zu erweitern (Grgic 2013). Erfahrungen eigener Kreativität und künstlerischen Ausdrucks werden in der Fachliteratur als wichtige Voraussetzungen für die Ausbildung kultureller Interessen, für kulturelle Bildung und Teilhabe angesehen. Sie können zu langfristigen Bildungs- und Entwicklungsprozessen führen sowie zu einer dauerhaften Aktivität in diesen Feldern motivieren (Autorengruppe Bildungsberichterstattung 2014).

Musikalische und künstlerisch-kreative Lernprozesse und Aktivitäten werden von unterschiedlichen Sozialisationsinstanzen wie Familie, Schule, außerschulischen Einrichtungen, Freunden, Peers und Medien geprägt. Die erste ästhetische und musikalische Sozialisation findet in der Regel in der Familie statt – über gemeinsame Aktivitäten wie Singen, Malen, Basteln und Tanzen, ergänzt durch das Angebot der Kindertageseinrichtungen. Im jungen Schulalter sind nahezu 90 % aller Kinder und Jugendlichen musisch-ästhetisch aktiv (Grgic 2013). Für eigene kreative Aktivitäten und Lernprozesse bleibt die Familie auch in der Adoleszenz weiterhin wichtig. Mit steigendem Alter kommt es aber zu einer Ausdifferenzierung und Verlagerung der künstlerischen und musikalischen Interessen und Aktivitäten auf ein breiteres Spektrum von Ausdrucksformen, Stilen und Sparten.

Die Mehrheit der in Musik und Kunst aktiven Jugendlichen betätigt sich musikalisch oder künstlerisch in außerschulischen Organisationen. Insbesondere für die Sparte Musik hat sich außerhalb der formalen Bildungsangebote eine weitgehend flächendeckende Infrastruktur entwickelt. Während 24 % der musikalisch aktiven 13- bis 17-Jährigen im Rahmen eines schulischen Angebots musizieren, tun dies über 60 % in organisierten außerschulischen Angeboten. Das Angebot der öffentlichen und privaten Musikschulen wird durch Vereine, Orchester, Chöre, Kirchengemeinden, Jugendarbeit, Privatlehrer und andere kommerzielle Anbieter ergänzt. Außerhalb dieser Angebote haben sich informelle Strukturen, insbesondere über das Internet etabliert, die vor allem von Jugendlichen, die in Einrichtungen der kulturellen Bildung unterrepräsentiert sind und selbstorganisiert Musik machen, genutzt werden (Autorengruppe Bildungsberichterstattung 2012; Grgic 2013).

In den Bildenden und Darstellenden Künsten sind u. a. Kunstschulen, Museen, Tanzschulen, Theater, sozio-kulturelle Zentren und diverse Vereine zu nennen. Knapp 70 % der im Bereich der darstellenden Künste aktiven 13- bis 24-Jährigen nutzen organisierte Angebote der Tanz-, Kunst- und Theaterschulen sowie von Vereinen, während bildend-künstlerische Tätigkeiten überwiegend privat ausgeübt werden. Mit zunehmendem Alter nimmt in allen Bereichen der Organisationsgrad ab, und Musik und Kunst werden verstärkt informell und selbstorganisiert ausgeübt. Insgesamt dominieren bei allen Gruppen von Jugendlichen in nahezu allen musisch-ästhetischen Lern- und Handlungsfeldern die selbstorganisierten informellen Kontexte und Formen (Grgic 2013).

In der gesamten Jugendphase kommt informellen und non-formalen Orten ein höheres Gewicht für künstlerisch-musikalische Lernprozesse zu als Schulen. Schule übernimmt im Vergleich zu kulturellen Einrichtungen und informellen Bildungskontexten oft nur eine vorbereitende und unterstützende Aufgabe für musisch-ästhetische Lern- und Bildungsprozesse. Sie ermöglicht aber allen Heranwachsenden grundlegende rezeptive und produktive Zugänge zu musisch-ästhetischer Bildung und gewinnt hieraus eine besondere Relevanz (Autorengruppe Bildungsberichterstattung 2012).

Zunehmend finden sich an Schulen kulturelle Angebote jenseits des Unterrichts, verstärkt noch in der steigenden Zahl der Schulen mit Ganztagsangeboten. Zwar sind in den Feldern von Musik und Kunst freiwillige schulische Angebote weit seltener als außerschulische, dafür werden sie aber von allen Kindern und Jugendlichen gleichermaßen genutzt. Dies macht das Potenzial der Schule deutlich, auch junge Menschen aus bildungsfernen Elternhäusern mit kulturellen Bildungsangeboten zu erreichen (Grgic 2013).

Außerschulische, organisierte Angebote im Bereich von Kunst und Musik werden vor allem von Jugendlichen aus Familien mit hohem kulturellem Kapital wahrgenommen (Tarazona und Tillmann 2013). Knapp ein Drittel der Jugendlichen, mehrheitlich Jungen aus ärmeren Familien, nimmt nicht an solchen Angeboten teil. Insbesondere die Nutzung von außerschulischem Musikunterricht ist abhängig vom elterlichen Bildungsstatus und dem Familieneinkommen. So spielen junge Menschen aus bildungsfernen und ärmeren Elternhäusern sowie Jugendliche mit Migrationshintergrund deutlich seltener ein Instrument und besuchen auch seltener Theater, Konzerte oder Museen. Damit sind sie von den entsprechenden kulturellen Lern- und Teilhabemöglichkeiten tendenziell ausgeschlossen (Autorengruppe Bildungsberichterstattung 2012).

7.2 Neue Medien

Im letzten Jahrzehnt sind technische Entwicklungen wie Computer, Handy und Internet selbstverständlicher Bestandteil des jugendlichen Alltags geworden. Sie finden sich heute in allen Haushalten, in denen Jugendliche leben. Durch ihre ständige Präsenz und Verfügbarkeit in der Lebenswelt junger Menschen entwickeln sich diese neuen Medien zu einem wesentlichen Element des Aufwachsens, der Sozialisation und der Identitätsentwicklung (Holzmayer 2013). 97 % der 12- bis 19-Jährigen besitzen ein eigenes Handy. Ebenso viele nutzen regelmäßig das Internet (Medienpädagogischer Forschungsverbund Südwest 2014). Jugendkultur findet heute zu großen Teilen im Netz statt. Damit hat sich das Internet innerhalb kürzester Zeit zum wichtigsten jugendrelevanten Medium entwickelt. Hauptgrund für diese rasante Entwicklung dürfte die Multioptionalität des Mediums sein. Jugendliche nutzen es als Plattform für die Peer-to-peer-Kommunikation, zum Konsum von Musik-, Film und Fernsehangeboten, zum Spielen, zur Informationsbeschaffung oder auch, um sich selbst darzustellen und eigene Angebote wie Homepages, Blogs, Fotos usw. zu gestalten. Das Netz ermöglicht den Aufbau von Beziehungen, die Aneignung von Fähigkeiten und Kenntnissen sowie das Erschließen neuer Inhalte und Kontexte.

Das Internet wird zum Tor zur Welt. Es bietet nahezu uneingeschränkten Zugang zu Informationen und schafft neue Möglichkeiten des Zugangs zu vielen Facetten des Weltgeschehens (BMFSFJ 2013). „Insbesondere das Internet nimmt der Schule ihre monopolartige Stellung, jungen Menschen Zugänge zum Weltwissen zu verschaffen, in radikaler Weise. Es bietet schnellere Zugänge als Bibliotheken und ermöglicht auch Laien, sich in kurzer Zeit mit fremden Themen und Fragen kompetent auseinanderzusetzen" (Rauschenbach et al. 2004, S. 33).

Im Alter von 15 Jahren sind Jugendliche weitgehend medial sozialisiert. Mit zunehmendem Alter weitet sich der Horizont der Internetnutzung, und Heranwachsende lernen, welche Vielfalt das Web 2.0 bietet. Es wird vom Informations- und Unterhaltungsmedium zum Mittel für Kommunikation, Partizipation, aktive Gestaltung und Selbstdarstellung (Holzmayer 2013).

Nach eigener Einschätzung kennen sich viele Heranwachsende mit den neuen Medien besser aus als ihre Eltern oder Lehrer (BITKOM 2011). Handys, Smartphones und das Internet können weitgehend frei von elterlicher Kontrolle genutzt werden und sind somit ein weiterer Schritt in Richtung Unabhängigkeit und Erwachsenwerden. Speziell das Internet bietet Jugendlichen die Möglichkeit, ihr Medienverhalten selbst zu bestimmen und sich – ohne das Haus zu verlassen – von ihren Eltern abzugrenzen (BMFSFJ 2013).

Seit einigen Jahren spielen soziale Netzwerke wie Facebook, Flickr oder Pinterest eine wichtige Rolle im Alltag von Jugendlichen und sind zum zentralen Ort ihrer medialen Praxis geworden (Holzmayer 2013). Laut MediKuS-Studie nutzen derzeit 88 % der 13- bis 17-Jährigen in ihrer Freizeit soziale Netzwerke. Diese haben sich zu einem wesentlichen Element der Sozialisation und Identitätsfindung sowie der Selbstdarstellung entwickelt. Sie eröffnen Möglichkeiten der permanenten, ortsunabhängigen Kommunikation, Information, Meinungsäußerung und Willensbildung. Sie gewinnen zunehmende Bedeutung für die Bearbeitung zentraler Entwicklungsaufgaben des Jugendalters wie die Ablösung von den Eltern und das Streben nach Autonomie sowie die Gestaltung sozialer Beziehungen und gesellschaftlicher Teilhabe (BMFSFJ 2013). Die stärkere Beschäftigung mit den Medien geht mit einer größeren Bedeutung der Peergroup einher. Diese prägt die Mediennutzung in entscheidender Weise. Die Peer-Kommunikation verlagert sich zunehmend in das Netz bzw. in mobile Medien.

Obwohl das Thema Computer- und Internetnutzung in Deutschland bislang nicht zu den zentralen Unterrichtsgegenständen der Schule zählt und die Förderung von Medienkompetenz im Bildungssystem vielfach zu kurz kommt, hat sich der kompetente Umgang mit den neuen Medien zu einer basalen Kulturtechnik des Alltags und zu einer Kernkompetenz des Arbeitslebens entwickelt und ist somit elementarer Bestandteil einer modernen Bildung. In der kompetenten Nutzung von Computer und Internet werden Dispositionen angelegt, die Einfluss haben auf Bildungsprozesse und -biografien. Somit ist in einer medial geprägten Gesellschaft der fachkundige Umgang mit Informations- und Kommunikationstechnologien unerlässlich (Bos et al. 2014).

Die Herausbildung dieser Kenntnisse und Kompetenzen wird weniger an der Schule gefördert, sondern eher durch freiwillige und selbstbestimmte Aneignungsprozesse in den alltäglichen informellen Lernwelten wie Familie, Freunde und Gleichaltrige (Kutscher 2013). Nach Tully (2007) fordern Handy, Computer und Internet in besonderem Maße zu situativer informeller Wissensaneignung heraus. Demnach experimentieren Jugendliche spielerisch mit den neuen Medien und entfalten dabei neue Nutzungsformen, die auf informellem erfahrungsorientiertem Lernen aufbauen. Kenntnisse und Kompetenzen im Umgang mit den neuen Medien entstehen so zu großen Teilen auf den verschlungenen Pfaden des ungeregelten, bedarfs- und anwendungsorientierten Lernens im Vollzug und nicht in den vorgeformten Bahnen schulischen Unterrichts. Damit werden elementare, zukunftssichernde Kompetenzen weitgehend außerhalb der öffentlichen Bildungsinstitutionen erworben.

Allerdings trifft die verbreitete Annahme, Jugendliche würden durch das Aufwachsen mit neuen Technologien automatisch zu kompetenten Nutzern digitaler Medien, nicht zu, wie die Ergebnisse einer aktuellen Studie zu informations- und computerbezogenen Kompetenzen Jugendlicher belegen (Bos et al. 2014). Demnach kann in Deutschland nur ein geringer Anteil von Schülern der achten Klassen Informationen aus dem Netz sicher bewerten, sie eigenständig organisieren und anspruchsvolle Informationsprodukte erstellen. Etwa 30 % der Achtklässler verfügen nur über rudimentäre Fähigkeiten im Umgang mit den neuen Medien. Insbesondere Jugendliche aus Familien mit geringen ökonomischen und kulturellen Mitteln sowie Heranwachsende mit Migrationshintergrund weisen geringe Kompetenzen auf. Zwar ist die Computernutzung im Rahmen von Schule mittlerweile weit verbreitet, doch erscheint die Medienkompetenzförderung an Schulen bisher eher unsystematisch und disparat (BMFSFJ 2013).

Empirische Studien der letzten zehn Jahre zeigen, dass sich soziale Ungleichheit bezüglich der Medienkompetenz nicht mehr über die Zugangsfrage und die technischen Mittel, sondern innerhalb der Nutzungs- und Beteiligungsweisen ausdifferenziert und eng mit den individuell verfügbaren Ressourcen zusammenhängt. Inhaltliche Interessen, Art und Intensität der Nutzung werden entscheidend von den jeweiligen lebensweltlichen Kontexten beeinflusst. So nutzen laut MediKuS-Studie Jugendliche aus bildungsfernen Familien das Internet eher zur Unterhaltung, während für Jugendliche mit höherem kulturellem Kapital die Information wichtiger ist (Holzmayer 2013). Die Neuen Medien stellen für Jugendliche mit hohem familiärem Bildungs kapital eine Erweiterung von Wissen, Kompetenzen und Teilhabemöglichkeiten dar, während andere aufgrund geringer Ressourcen lebensweltlich sinnvolle, aber bildungsinstitutionell vielfach weniger anschlussfähige Nutzungsweisen praktizieren. Diese Unterschiede im Umgang mit den neuen Medien tragen zu einer Homogenisierung sozialer Räume im Netz bei, durch die sich „Ungleichheitsdynamiken" verstärken und sich Milieugrenzen der realen Welt auch in der virtuellen Welt weitgehend fortsetzen (Kutscher 2013). Insgesamt zeigt sich, dass mediale Praxen durch ihre Einbindung in lebensweltliche Kontexte Ungleichheit tendenziell reproduzieren und zu keiner grundlegenden Verbesserung von Teilhabechancen junger Menschen führen (BMFSFJ 2013).

8 Alltagsbildung – zur Relevanz informellen Lernens

Die vielfältigen lebensweltnahen alltäglichen Bildungsorte, Bildungspotenziale und Lernprozesse außerhalb des formalen Bildungssystems werden seit einiger Zeit auch unter dem Begriff der „Alltagsbildung" zusammengefasst (Rauschenbach 2009a). Damit geraten die vielfach unterschätzten Potenziale der informellen und non-formalen Bildung in den Blick, und gleichzeitig wird die Aufmerksamkeit darauf gelenkt, dass Alltagsbildung selbst chancenverteilende und ungleichheitsverstärkende Wirkungen hat.

Wie die PISA-Studien eindrücklich belegen, hängen die schulischen Leistungen Heranwachsender in entscheidendem Maß von Qualität und Umfang des sozialen, kulturellen und ökonomischen Kapitals ihrer Herkunftsfamilien sowie den damit verbundenen alltäglichen informellen Lern- und Bildungsgelegenheiten ab. Nach wie vor besteht in Deutschland ein enger Zusammenhang zwischen sozialer Herkunft, Bildungsbeteiligung, Kompetenzentwicklung und Zertifikatserwerb im Bildungs- und Ausbildungssystem (Prenzel et al. 2013). Familial bedingte ungleiche Chancen werden durch die Schule nicht ausgeglichen, sondern eher noch verstärkt. Kinder und Jugendliche aus Familien mit geringen Ressourcen sind somit in doppelter Weise benachteiligt: Sie haben nicht nur die schlechteren Ausgangsbedingungen für Erfolg im formalen Bildungssystem, sondern auch weniger Zugänge zu außerschulischen Lern- und Bildungsangeboten.

Alle empirischen Befunde zeigen, dass außerschulische Bildungsaktivitäten insbesondere jene Kinder unterstützen, die in ihren Familien bereits vielfältig gefördert werden. Damit werden die ungleich verteilten Potenziale der „Alltagsbildung" zu einer entscheidenden Weichenstellung in der Bildungsbiografie junger Menschen (Düx und Rauschenbach 2013). Während sozial, ökonomisch und kulturell Privilegierte Dinge lernen, die wie selbstverständlich in ihren Alltag eingebaut sind, und mit zahlreichen Lernsettings und Bildungspotenzialen in Berührung kommen, die in keinem Lehrplan stehen und zu denen niemand verpflichtet ist, fehlen diese lebensweltgebundenen Bildungsimpulse bei jungen Menschen aus sozial benachteiligten Lebensverhältnissen weitgehend, so dass außerschulische Lernprozesse kaum angeregt oder unterstützt werden (Rauschenbach 2009a).

Insgesamt gesehen besteht beim Kompetenzerwerb durch informelle Lernprozesse mehr als bei allen Spielarten der formalisierten Bildung die Gefahr, dass durch sie soziale Ungleichheit nicht nur reproduziert, sondern zuallererst erzeugt wird. Das heißt, dass vielleicht gar nicht so sehr die formale, schulische Bildung die wachsenden sozialen Unterschiede hervorbringt, als vielmehr die ungleich verteilten und ungleich wirkenden, meist verborgen bleibenden Potenziale der Alltagsbildung – insbesondere in der Familie, aber auch an vielen anderen außerschulischen Lernorten, ohne dass in der öffentlichen Bildungsdiskussion diesen Orten und Gelegenheitsstrukturen bisher eine entsprechende Aufmerksamkeit zuteilwird (Rauschenbach 2013).

9 Fazit

Um ihre Bildungsfunktion zu erfüllen, ist Schule auf die Leistungen anderer Bildungsorte und Lernwelten angewiesen, insbesondere der Familie, aber auch der vielen anderen außerschulischen Lernorte als Förderern von Fähigkeiten und Kenntnissen, die im schulischen Kontext benötigt werden. Das formale Bildungssystem ist somit abhängig von an anderen Lern- und Bildungsorten erworbenen Kompetenzen, Lernhaltungen und Bildungsmotivationen (BMFSFJ 2013).

Nach wie vor setzt Schule Prozesse gelingenden informellen Lernens, auf denen erfolgreicher Unterricht aufbaut, durch Familie und weitere lebensweltliche Lernsettings als fraglos gegeben voraus. In Anbetracht des Wandels der Familie, der wachsenden Heterogenität des Aufwachsens und der Erosion sozio-kultureller Milieus werden jedoch diese bisher stillschweigend unterstellten Bildungs- und Integrationsleistungen in der Familie, in der Clique, im Verein oder im Gemeinwesen nicht mehr selbstverständlich für alle Heranwachsenden bereitgestellt. Wie internationale Leistungsstudien und nationale Surveys belegen, können Familie und Schule nicht garantieren, dass allen jungen Menschen die – für eine umfassende Bildung im 21. Jahrhundert nötigen – Voraussetzungen, Gelegenheiten, Anregungen und Chancen geboten werden (Rauschenbach 2013). Infolgedessen kommt informellen Lernprozessen und der Alltagsbildung eine eher wachsende Bedeutung zu.

Jeder junge Mensch hat das Recht auf Bildung. Angesichts der ungleichen Teilhabechancen, der herkunftsbedingten Benachteiligung und der sozialen Selektion im Bildungssystem muss die Frage neu beantwortet werden, wie dieses Recht umgesetzt und eine umfassende Bildung für alle Kinder und Jugendliche gewährleistet werden kann (BMFSFJ 2006).

Literatur

Autorengruppe Bildungsberichterstattung. (Hrsg.). (2012). *Bildung in Deutschland 2012. Ein indikatorengestützter Bericht mit einer Analyse zur kulturellen Bildung im Lebenslauf.* Bielefeld: Bertelsmann.

Autorengruppe Bildungsberichterstattung. (Hrsg.). (2014). *Bildung in Deutschland 2014. Ein indikatorengestützter Bericht mit einer Analyse zur Bildung von Menschen mit Behinderungen.* Bielefeld: Bertelsmann.
Baumbast, S., Hofmann-van de Poll, F., & Lüders, C. (2014). *Non-formale und informelle Lernprozesse in der Kinder- und Jugendarbeit und ihre Nachweise.* München: Deutsches Jugendinstitut.
Bos, W., Eickelmann, B., Gerick, J., Goldhammer, F., Schaumburg, H., Schwippert, K., Senkbeil, M., Schulz-Zander, R., & Wendt, H. (Hrsg.). (2014). *ICILS 2013 Computer- und informationsbezogene Kompetenzen von Schülerinnen und Schülern in der 8. Jahrgangsstufe im internationalen Vergleich.* Münster: Waxmann.
Bourdieu, P. (1983). Ökonomisches Kapital, kulturelles Kapital, soziales Kapital. In R. Kreckel (Hrsg.), *Soziale Ungleichheiten* (S. 183–220). Göttingen: Schwartz.
Brandl-Bredenbeck, H.-P. (2010). Bewegung, Bildung und Identitätsentwicklung im Kindes- und Jugendalter. In N. Neuber (Hrsg.), *Informelles Lernen im Sport* (S. 117–132). Wiesbaden: VS Verlag für Sozialwissenschaften.
Büchner, P., & Krah, K. (2006). Der Lernort Familie und die Bildungsbedeutsamkeit der Familie im Kindes- und Jugendalter. In T. Rauschenbach, W. Düx & E. Sass (Hrsg.) *Informelles Lernen im Jugendalter* (S. 123–154). Weinheim: Juventa.
Bundesministerium für Familie, Senioren, Frauen und Jugend (BMFSFJ). (Hrsg.). (2006). *Zwölfter Kinder- und Jugendbericht. Bericht über die Lebenssituation junger Menschen und die Leistungen der Kinder- und Jugendhilfe in Deutschland. Bildung, Betreuung und Erziehung vor und neben der Schule.* Berlin: Bundesministerium für Familie, Senioren, Frauen und Jugend.
Bundesministerium für Familie, Senioren, Frauen und Jugend (BMFSFJ). (Hrsg.). (2009). *13. Kinder- und Jugendbericht. Bericht über die Lebenssituation junger Menschen und die Leistungen der Kinder- und Jugendhilfe in Deutschland.* Berlin: Bundesministerium für Familie, Senioren, Frauen und Jugend.
Bundesministerium für Familie, Senioren, Frauen und Jugend (BMFSFJ). (Hrsg.). (2013). *14. Kinder- und Jugendbericht. Bericht über die Lebenssituation junger Menschen und die Bestrebungen und Leistungen der Kinder- und Jugendhilfe in Deutschland.* Berlin: Bundesministerium für Familie, Senioren, Frauen und Jugend.
BITKOM – Bundesverband Informationswirtschaft, Telekommunikation und neue Medien e. V. (2011). *Jugend 2.0. Eine repräsentative Untersuchung zum Internetverhalten von 10- bis 18-Jährigen.* Berlin. www.bitkom.org/files/documents/BITKOM_Studie_Jugend_2.0.pdf. Zugegriffen am 14.10.2014.
Deutsche Sportjugend. (Hrsg.) (2009). *Sport bildet: Bildungspotenziale der Kinder- und Jugendarbeit im Sport. Orientierungsrahmen Bildung der Deutschen Sportjugend.* Frankfurt am Main: Deutsche Sportjugend.
Düx, W., & Rauschenbach, T. (2010). Informelles Lernen im Jugendalter. In N. Neuber (Hrsg.), *Informelles Lernen im Sport* (S. 53–78). Wiesbaden: VS Verlag für Sozialwissenschaften.
Düx, W., & Rauschenbach, T. (2013). Bildung im Jugendalter. In Y. Kaiser, M. Spenn, M. Freitag, T. Rauschenbach, & M. Corsa (Hrsg.), *Handbuch Jugend. Evangelische Perspektiven* (S. 176–180). Opladen: Barbara Budrich.
Düx, W., Prein, G., Sass, E., & Tully, C. J. (2008). *Kompetenzerwerb im freiwilligen Engagement. Eine empirische Studie zum informellen Lernen im Jugendalter.* Wiesbaden: VS Verlag für Sozialwissenschaften.
Fend, H. (2003). *Entwicklungspsychologie des Jugendalters* (3. Aufl). Wiesbaden: VS Verlag für Sozialwissenschaften.
Golenia, M., & Neuber, N. (2010). Bildungschancen in der Kinder- und Jugendarbeit – eine Studie zum informellen Lernen im Sportverein. In N. Neuber (Hrsg.), *Informelles Lernen im Sport* (S. 189–210). Wiesbaden: VS Verlag für Sozialwissenschaften.
Grgic, M. (2013). Musikalische und künstlerische Aktivitäten im Aufwachsen junger Menschen. In M. Grgic & I. Züchner (Hrsg.), *Medien, Kultur und Sport. Was Kinder und Jugendliche machen und was ihnen wichtig ist. Die MediKuS-Studie* (S. 29–88). Weinheim: Beltz Juventa.

Grgic, M., & Züchner, I. (Hrsg.). (2013a). *Medien, Kultur und Sport. Was Kinder und Jugendliche machen und was ihnen wichtig ist. Die MediKuS-Studie*. Weinheim: Beltz Juventa.

Grgic, M., & Züchner, I. (2013b). Aktivitätsprofile junger Menschen im Bereich Medien, Kunst, Musik und Sport. In M. Grgic & I. Züchner (Hrsg.), *Medien, Kultur und Sport. Was Kinder und Jugendliche machen und was ihnen wichtig ist. Die MediKuS-Studie* (S. 237–248). Weinheim: Beltz Juventa.

Grunert, C. (2006). Bildung und Lernen – ein Thema der Kindheits- und Jugendforschung. In T. Rauschenbach, W. Düx & E. Sass (Hrsg.), *Informelles Lernen im Jugendalter. Vernachlässigte Dimensionen der Bildungsdebatte* (S. 15–34). Weinheim: Juventa.

Havighurst, R. (1964). *Developmental tasks and education*. New York: David McKay.

Heim, R. (2010). Bildung im außerschulischen Sport. In N. Neuber (Hrsg.), *Informelles Lernen im Sport* (S. 103–116). Wiesbaden: VS Verlag für Sozialwissenschaften.

Holzmayer, M. (2013). Neue Medien im Aufwachsen junger Menschen. In M. Grgic & I. Züchner (Hrsg.), *Medien, Kultur und Sport. Was Kinder und Jugendliche machen und was ihnen wichtig ist. Die MediKuS-Studie* (S. 139–194). Weinheim: Beltz Juventa.

Hurrelmann, K., & Quenzel, G. (2013). *Lebensphase Jugend. Eine Einführung in die sozialwissenschaftliche Jugendforschung* (12. Aufl). Weinheim: Juventa.

Kutscher, N. (2013). Jugend und Medien. In T. Rauschenbach & S. Borrmann (Hrsg.), *Herausforderungen des Jugendalters* (S. 118–138). Weinheim: Juventa.

Liebig, R. (2009). *Freiwilligendienste als außerschulische Bildungsinstitution für benachteiligte junge Menschen. Machbarkeitsstudie*. Wiesbaden: VS Verlag für Sozialwissenschaften.

Medienpädagogischer Forschungsverbund Südwest. (Hrsg.). (2014). *JIM-Studie 2014. Jugend, Information, (Multi-)Media. Basisuntersuchung zum Medienumgang 12- bis 19-Jähriger in Deutschland*. Stuttgart. www.mpfs.de/fileadmin/JIM-pdf14/JIMStudie_2014.pdf. Zugegriffen am 20.12.2014.

Neuber, N. (2010). Informelles Lernen im Sport – ein vernachlässigtes Feld der allgemeinen Bildungsdebatte. In N. Neuber (Hrsg.), *Informelles Lernen im Sport* (S. 9–34). Wiesbaden: VS Verlag für Sozialwissenschaften.

Nörber, M. (2003). Peers und peer-education. In M. Nörber (Hrsg.), *Peer education. Bildung und Erziehung von Gleichaltrigen durch Gleichaltrige* (S. 9–16). Weinheim: Beltz.

Otto, H.-U., & Rauschenbach, T. (Hrsg.). (2004). *Die andere Seite der Bildung. Zum Verhältnis von formellen und informellen Bildungsprozessen*. Wiesbaden: VS Verlag für Sozialwissenschaften.

Picot, S. (2011). *Jugend in der Zivilgesellschaft. Freiwilliges Engagement Jugendlicher von 1999 bis 2009. Kurzbericht*. Gütersloh: Bertelsmann.

Prenzel, M., Sälzer, C., Klieme, E., & Köller, O. (2013). *PISA 2012. Fortschritte und Herausforderungen in Deutschland*. Münster: Waxmann.

Rauschenbach, T. (2009a). *Zukunftschance Bildung. Familie, Jugendhilfe und Schule in neuer Allianz*. Weinheim: Juventa.

Rauschenbach, T. (2009b). Informelles Lernen. Möglichkeiten und Grenzen der Indikatorisierung. In R. Tippelt (Hrsg.), *Steuerung durch Indikatoren* (S. 35–53). Opladen: Barbara Budrich.

Rauschenbach, T. (2011). Zentrale Kompetenzen und Kriterien der Anerkennung nicht formaler Bildung. In BMFSFJ (Hrsg.), *Fachforum Anerkennung außerschulischer Bildung. Dokumentation.13.12.2011.* (S. 11–25). www.allianz-fuerjugend.de/downloads/Dokumentation_1.FF_Zentrum_EiJP.pdf. Zugegriffen am 21.07.2014.

Rauschenbach, T. (2013). *Bildungsorte – Lernwelten. Alltagsbildung als Schlüsselfrage der Zukunft*. Bundeszentrale für politische Bildung. Dossier Zukunft Bildung. www.bpb.de/gesellschaft/kultur/149483/alltagsbildung. Zugegriffen am 21.07.2014.

Rauschenbach, T., Leu, H. R., Lingenauber, S., Mack, W., Schilling, M., Schneider, K., & Züchner, I. (2004). *Non-formale und informelle Bildung im Kindes- und Jugendalter. Konzeptionelle Grundlagen für einen Nationalen Bildungsbericht* (in der vom BMBF herausgegebenen Reihe „Bildungsreform", Bd. 6). Berlin: Bundesministerium für Forschung und Bildung.

Regionalverband Ruhr. (Hrsg.). (2012). *Bildungsbericht Ruhr*. Münster: Waxmann.

Schmidt, W. (2008). *Zweiter Deutscher Kinder- und Jugendsportbericht. Schwerpunkt Kindheit.* Hofmann: Schorndorf.

Schröder, A. (2006). Cliquen und Peers als Lernort im Jugendalter. In T. Rauschenbach, W. Düx & E. Sass (Hrsg.), *Informelles Lernen im Jugendalter. Vernachlässigte Dimensionen der Bildungsdebatte* (S. 173–202). Weinheim: Juventa.

Sliwka, A., Petry, C., & Kalb, P. E. (Hrsg.). (2004). *Durch Verantwortung lernen. Service learning: Etwas für andere tun.* Weinheim: Juventa.

Tarazona, M., & Tillmann, K. (2013). Der Einfluss kulturellen und sozialen Kapitals auf die kulturellen Aktivitäten junger Menschen. In M. Grgic & I. Züchner (Hrsg.), *Medien, Kultur und Sport. Was Kinder und Jugendliche machen und was ihnen wichtig ist. Die MediKuS-Studie* (S. 195–216). Weinheim: Beltz Juventa.

Tully, C. J. (2007). Veränderungen des Lernens in modernen digitalen Welten. Lernen in der Informationsgesellschaft. In J. Uhlig, M. Brodowski & R. Herwig (Hrsg.), *Mein Wissen – unser Wissen!?* (S. 149–177). Berlin: LIT Verlag.

UNESCO. (2006). Leitfaden für kulturelle Bildung. Schaffung kreativer Kapazitäten für das 21. Jahrhundert. www.unesco.at/bildung/kulturbildung_roadmap_de.pdf. Zugegriffen am 15.11.2014.

Walper, S., & Grgic, M. (2013). Verhaltens- und Kompetenzentwicklung im Kontext der Familie. *Zeitschrift für Erziehungswissenschaft, 16*(3), 503–531.

Züchner, I. (2013). Sportliche Aktivitäten im Aufwachsen junger Menschen. In M. Grgic & I. Züchner (Hrsg.), *Medien, Kultur und Sport. Was Kinder und Jugendliche machen und was ihnen wichtig ist. Die MediKuS-Studie* (S. 89–138). Weinheim: Beltz Juventa.

Familie als informelles Lern- und Bildungsfeld

Alexandra Schmidt-Wenzel

Inhalt

1 Einleitung 286
2 Bildungspolitische Perspektiven auf Familie als Lern- und Bildungsfeld 287
3 Exkurs: Spezifik der Familie als Lern- und Bildungsfeld für Kinder 290
4 Lern- und Bildungsprozesse in der Familie 292
5 Resümee 298
Literatur 299

Zusammenfassung

Im Beitrag wird die Familie als informelles Lern- und Bildungsfeld für Heranwachsende thematisiert. Dafür wird zum einen Bezug genommen auf die, vor allem bildungspolitisch diskutierten Anforderungen und Erwartungen an Eltern heute, die sich gleichsam im Konzept der ‚Bildungsarrangeure' bündeln lassen. Unter der Perspektive der in der Familie potenziell angesiedelten Lern- und Bildungsprozesse werden zunächst die Grundlinien des aktuellen pädagogischen Diskurses nachgezeichnet. Diskutiert werden dafür die Entwürfe spezifischer Kompetenzprofile sowie die sozialen und kulturellen ‚Vererbungsprozesse' in der Familie im Kontext familialer Habitusformation. In Erweiterung der so skizzierten Perspektiven auf das Lern- und Bildungsfeld Familie wird schließlich in das kindheitswissenschaftliche Akteurskonzept (*agency*) eingeführt, um am Beispiel der sog. *young carers* zu diskutieren, inwiefern die *agency* von Kindern, verstanden als Ergebnis einer reflexiven Selbstverständigung und spezifischen Positionierung zu ihren je konkreten Lebensrealitäten, auch Bildungspotenziale birgt, die möglicherweise im gegenwärtigen bildungstheoretischen Diskurs noch vernachlässigt werden.

A. Schmidt-Wenzel (✉)
Sozialwesen, Hochschule Potsdam, Potsdam, Deutschland
E-Mail: schmidt-wenzel@fh-potsdam.de

Schlüsselwörter

Familie und Bildung • Kindliche Agency • Kompetenzerwerb • Informeller Lernkontext

1 Einleitung

Der Beitrag widmet sich dem in Teilen noch immer unterschätzten Lern- und Bildungsfeld ‚Familie'. Welche zentralen gesellschaftlichen Bedeutungshorizonte hinsichtlich familialer Lern- und Bildungspotenziale gegenwärtig existieren, wird dafür ebenso diskutiert wie die Chancen und Gefahren der damit verbundenen Erwartungen.

Neben wenigen Beiträgen, die das inter- und intragenerationale Lernen in der Familie aus der Perspektive der Erwachsenenbildung einfangen (vgl. z. B. Gerzer-Sass et al. 2001; Gerzer-Sass 2004; Schmidt-Wenzel 2006, 2008), ist der Diskurs um Familie als informelle Lerngelegenheit derzeit dominiert von pädagogischen Auseinandersetzungen zur Bildungsbedeutsamkeit von Eltern für ihre Kinder (vgl. z. B. 12. Kinder- und Jugendbericht 2005; Büchner und Brake 2006; Büchner und Krah 2006; Smolka und Rupp 2007; Rauschenbach 2009; Brake und Büchner 2011; Lange und Xyländer 2011a; Lange und Soremski 2012). Auch dieser Beitrag richtet seinen Fokus auf Kinder als Lernende in der Familie. Dabei wird weniger der Anspruch verfolgt, den gegenwärtigen Forschungsstand übersichtshalber abzubilden, als vielmehr, in Anschluss an einige zentrale Diskursstränge, mit einem weiteren Bedeutungshorizont kindlichen Lernens in der Familie darauf Bezug zu nehmen.

Im aktuellen Diskurs steht oftmals die differenztheoretische Perspektive der generationalen Ordnung im Zentrum, die Kinder vornehmlich als Empfänger von Lern- und Bildungsangeboten der Eltern entwirft. Ein Blick in die, vor allem kindheitssoziologische Diskussion der kindlichen Akteursperspektive (*agency*) (z. B. Wihstutz 2014) aber zeigt, dass Kinder jenseits der normativen Zuschreibung als allseits bildbare und bildungsbedürftige Individuen durchaus selbst aktiv an der Entstehung von Bildungsgelegenheiten in der Familie beteiligt sind und in diesem Zusammenhang biographisch bedeutsame Kompetenzen erlangen können, die nicht unbedingt im gesellschaftlichen Mainstream von Kindheit als Moratorium aufgehen.

Nach einer kurzen Einführung in die bildungspolitisch motivierte Auseinandersetzung mit dem Lern- und Bildungsfeld Familie, wird skizziert, welche Charakteristika Familie zu jenem einzigartigen Ort für Lernen und Bildung machen, der, bezogen auf die Tragweite der dort stattfindenden oder eben auch nicht stattfindenden Vermittlungsprozesse[1] hochbedeutsam für die (Bildungs-)Biographien von Heranwachsenden ist. Anschließend wird beschrieben, welche pädagogischen Leitfiguren um kindliche Bildung in der Familie sich gegenwärtig abzeichnen und wie

---

[1]Vermittlung steht hier sowohl für absichtsvoll initiierte Bildungsgelegenheiten wie auch für Gelegenheitsstrukturen, die aus dem routinisierten Alltag von Familien bzw. aus der Irritation jener Routinen erwachsen können.

mit Blick auf den sozialen Akteursstatus von Kindern erweiternd an diese Perspektiven angeknüpft werden kann.

2 Bildungspolitische Perspektiven auf Familie als Lern- und Bildungsfeld

Lange Zeit wurde die Familie in ihrer Bedeutung als Bildungs- und Lernort für Heranwachsende im öffentlichen Diskurs vernachlässigt. Inzwischen nimmt sie, entlang eines gewandelten Bewusstseins darum einen vergleichsweise hohen Rang in den Auseinandersetzungen um ihre Potenziale und Aufgaben im intergenerationalen Miteinander ein.

In den Blick gerät Familie heute insbesondere unter der Perspektive der vielfältigen Erwartungen an sie. Neben der ihr zugedachten originären Rolle der Transmission ihres sozialen und kulturellen Erbes, der Weitergabe familialer Überzeugungen und Handlungsmuster (Brake und Büchner 2011), stehen ihre expliziten Bildungsleistungen als unverzichtbarer Baustein anderer gesellschaftlicher Funktionssysteme, allen voran das Bildungssystem, im Fokus der Aufmerksamkeit (z. B. BMFSJ 2005, 2006; Smolka und Rupp 2007; Rauschenbach 2009).

Zu wechselseitigen Irritationen und anhaltenden Auseinandersetzungen führt dabei immer wieder die Verhältnisbestimmung von Familie und Schule. So sei die Schule heute einerseits der „institutionelle Generalschlüssel" formaler Bildung (Rauschenbach 2009, S. 77). Andererseits aber funktioniere dieser nur dann halbwegs zuverlässig, „wenn sich Schule einigermaßen voraussetzungslos auf entsprechende Vorleistungen verlassen und auf diese auf unkomplizierte Weise zurückgreifen kann, (...)." (a.a.O., S. 81). Die Familie als informelles Bildungssetting sei hier zunächst vor dem Eintritt in die Schule gefragt, wenn es nämlich darum geht, mit entsprechend überzeugenden kognitiven wie motivationalen Voraussetzungen Schulreife zu garantieren. Daran anknüpfend werde über den gesamten Verlauf der Schulzeit hinweg von Eltern erwartet, dass sie, im Fall von diagnostizierten Defiziten auf Seiten des Kindes kompensierend, regelmäßig aber unterstützend und ergänzend tätig werden. Doch auch für Versäumnisse und Kapazitätsmängel der Schule selbst sollten Eltern, so Rauschenbach, als „generelle[n] Ausfallbürgen" agieren (a.a. O., S. 84).

Demgegenüber steht die Kritik, dass Familien gegenwärtig der von ihnen erwarteten „Zulieferfunktion" (Lange und Soremski 2012, S. 228–229) nicht mehr hinreichend gerecht zu werden vermögen. Vor allem Eltern aus sozial benachteiligten und sog. bildungsfernen Milieus werden hier als Problemgruppe adressiert (Lange und Soremski 2012, S. 228–229; BMFSFJ 2006, S. 118; BMFSFJ 2005, S. 5–8). Während mittlerweile ein unmittelbarer Zusammenhang zwischen Familienform und ‚Bildungserfolg' widerlegt scheint (zum Überblick: Brake 2014, S. 119–121; Lange und Xyländer 2011b, S. 41–44), besteht weitgehende Einigkeit darüber, dass familiale Bildungsprozesse milieuspezifisch variieren und maßgeblich über die Bildungsverläufe Heranwachsender (mit)entscheiden (Lange und Soremski 2012, Soremski und Lange 2010; Büchner und Brake 2006; Grundmann et al. 2003).

Zu welchen bildungspolitischen und forschungsstrategischen Implikationen diese Annahme aber (zukünftig) führt, hängt von mehreren Faktoren ab. So ist es von entscheidender Bedeutung, welches Bildungsverständnis im jeweiligen Zusammenhang zugrunde gelegt wird. Bereits 2003 warnen Grundmann et al. (S. 36) davor, im Zuge einer „systemischem Standardisierung" Bildung mit Schulbildung einfach in eins zu setzen, weil auf diese Weise von jenem Standard abweichende Erfahrungen jenseits institutioneller Bildungsorte kaum Berücksichtigung fänden. Vielmehr müssten die je subjektiven Bedeutungen hinsichtlich der in formalen vs. informellen Strukturen erworbenen Kenntnisse und Fähigkeiten (u. a.) unter milieuspezifischer Perspektive thematisiert werden. Auch Müller (2007, S. 148) schließt an diese Überlegungen an, wenn er betont, dass

„(...) Familien ihr kulturelles und soziales Potenzial keineswegs immer in Kontinuität zu den normativen Erwartungen des Bildungssystems und den Anforderungen der angestrebten sozialen Positionen entfalten, sondern häufig auch im mehr der weniger spannungsreichen Abstand hierzu."

Dass es dafür aus der Sicht der Beteiligten im Zusammenhang der Sicherung ihrer Lebensinteressen jeweils gute Gründe geben kann, gerät oftmals gar nicht erst in den Blick, sondern bleibt, in Anschluss an gesellschaftlich geteilte normative Auffassungen von Bildung und Bildungsbedeutung, häufig unhinterfragt (Müller 2007, S. 148). Eng verbunden mit der Art des Bildungsverständnisses ist die Frage danach, in welchen Rollen Kinder und Eltern im Rahmen des familialen Vermittlungszusammenhangs überhaupt entworfen werden und wie sich diese Entwürfe in pädagogischen Handlungsempfehlungen bspw. im Rahmen von Elternberatungs- oder Bildungsangeboten widerspiegeln. In diesem Zusammenhang sind daher vor allem Forschungsarbeiten zu begrüßen, die sich der Aufgabe stellen, die fachlichen bzw. politischen Diskurse um Bildung und Erziehung in der Familie zunächst auf die dahinter liegenden Konstruktionen von Elternschaft und Kindheit hin zu analysieren. Das Projekt EDUCARE (Betz et al. 2013) verfolgt genau dieses Ziel und untersucht u. a. die Leitideen „guter Elternschaft" und „guter Kindheit", wie sie sich im bundesdeutschen bildungspolitischen Diskurs gegenwärtig abzeichnen (a.a. O., S. 69–70). Im Rekonstruktionsprozess eines „konsensuellen bzw. legitimen Verständnis[ses]" von „guter Elternschaft" identifizieren die Autor_innen schließlich fünf „dominante Diskursmuster" (a.a.O., S. 74), von denen sie vier näher ausführen. Demnach werden Eltern heute, unter Rückgriff auf das Grundgesetz, als „primär Verantwortliche für die Erziehung und Bildung ihrer Kinder" (1) adressiert und sind jeweils dann ‚gute' Eltern, wenn es ihnen gelingt eine erfolgreiche Bildungskarriere anzubahnen und Entwicklungsrückstände erst gar nicht entstehen zu lassen (Betz et al. 2013, S. 76). In Fortsetzung dieser Perspektive gelten Eltern als „Ressourcen und Arrangeure für die Entwicklung und Bildung ihrer Kinder" (2). Diesem Diskursmuster liegt die, wohl verkürzt zu nennende Annahme zugrunde, dass Eltern entlang ihrer materiellen Lage, ihrer sozialen wie kulturellen Herkunft sowie ihrer Position im Erwerbsleben als ressourcenstark vs. „ressourcenlos" einzuordnen seien. In diesem Strukturzusammenhang werden „sogenannte ‚bildungsferne' und zugewanderte Eltern mit starken Defizitzuschreibungen" bewertet, währenddessen Eltern jenseits dieser Merkmalsinterpretationen als „entwicklungsfördernde ‚Arrangeure von Bildungsgelegenheiten' (BMFSFJ 2005, S. 252)" und damit als ‚gute Eltern' gelten (Betz et al. 2013, S. 75). Ein weiteres Diskursmuster konstruiert Eltern als „inkompetent und hilfebedürftig" (3) und in der Schlussfolgerung dessen als „Adressat[en] möglicher öffentlicher Interventionen". ‚Gute Eltern' sind hier diejenigen, die sich den eigenen ‚Unzulänglichkeiten' stellen und im Rahmen institutioneller Hilfeangebote zum Wohle des Kindes bereitwillig an ihrer Kompetenzentwicklung arbeiten. Risikofaktoren, die aus Müttern und Vätern „Hilfebedürftige" machen, sind in diesem Kontext abermals sozio-ökonomische Merkmale von Armut, ‚Bildungsrückständigkeit' sowie Migrationserfahrungen (a.a.O., S. 74). Eindrücklich auf den Begriff gebracht ist schließlich auch das vierte rekonstruierte Diskursmuster: „Eltern sind unfähig". Diese Zuschreibung vollzieht sich ebenfalls mit Blick auf die zuvor konstituierte ‚Risikogruppe'. Insbesondere Eltern mit Migrationshintergrund werden mit Verweis auf mangelhafte Deutschkenntnisse als potenziell unfähig entworfen, sowohl ihre Kinder selbst fördern, als auch erkennen und entscheiden zu können, welche Bildungs- und Förderbedarfe für ihre Kinder angemessenen sind. Mit Verweis auf empirisch belegte Risiken für die kindliche Entwicklung wird der so entworfene elterliche Kompetenzmangel mit Hilfe institutioneller Fördermaßnahmen „*direkt* am Kind kompensiert" (Hvbg. i. O.). ‚Gute Elternschaft' bedeutet innerhalb dieses Entwurfs die elterliche Einsicht in die Notwendigkeit, ihr Kind (zeitweise) außerfamilialen Betreuungs- und Bildungseinrichtungen zu überlassen, um dort Entwicklungsdefiziten vorzubeugen bzw. solche abzubauen (Betz et al. 2013, S. 75).

Zusammenfassend skizzieren Betz et al. die Konturen eines gesellschaftlich wirksamen Leitbildes ‚guter Elternschaft', demnach Eltern das „forschende und wissbegierige Kind" zum Ausgangspunkt all ihrer Bemühungen machen, seine jeweiligen Entwicklungs- und Bildungsbedürfnisse erkennen und mit entsprechenden Bildungsarrangements bedienen, dabei nicht nachlassen sich (wissenschaftlich) weiterzubilden und so eine erfolgreiche Bildungsbiographie ihres Kindes zu sichern. Abweichungen davon bedeuten, den gesellschaftlichen Erwartungen nicht hinreichend gerecht zu werden (a.a.O., S. 76). Dass auf diese Weise vor allem Eltern aus sozial und ökonomisch benachteiligten Familien sowie Eltern mit Migrationshintergrund im Kontext der zugeschriebenen Ressourcenarmut stigmatisiert werden, dürfte entlang der einzelnen Diskursmuster deutlich geworden sein[2].

Stellt man dieser, vor allem bildungspolitisch wirksamen Idealvorstellung von Elternschaft die komplexe Lebensrealität von Eltern und Kindern gegenüber, wird einmal mehr offenbar, dass eine „Daueraktivierung der Lebensführung im Bildungsmodus" (Lange 2010, S. 91) nicht nur kaum umsetzbar, sondern ebenso fragwürdig erscheint. So erleben Mütter und Väter die „Anforderungssituation Kind" heute gleichsam als „kritische Lebensspanne", im Sinne der Kopplung von auf Dauer

---

[2]Für eine differenzierte Auseinandersetzung mit dem Themenfeld „Familie und Migration" vgl. z. B. Hamburger und Hummrich 2007.

gestellter elterlicher Verantwortung einerseits und Einschränkung ihrer persönlichen Bedürfnislagen andererseits (Schmidt-Wenzel 2008, S. 88–91). Dieser Bedeutungshorizont kann gleichsam als kollektives Verarbeitungsmuster der Potenziale und Risiken verstanden werden, wie sie aus dem anhaltenden gesellschaftlichen Strukturwandel täglich aufs Neue und in unterschiedlichen Facetten erwachsen. So sind Eltern, neben den Herausforderungen allgemeiner Familienentwicklungsaufgaben, wie sie aus dem Übergang zur Elternschaft unweigerlich erwachsen (z. B. Reichle und Werneck 1999), zunehmend mit Anforderungen konfrontiert, die sich u. a. aus beruflich-familialen Vereinbarkeitsproblematiken, zeitlich-räumlicher Distanz eines Elternteils, aus Trennung und Scheidung oder dem daran anschließenden Wunsch nach erneuter Familiengründung ergeben. Pluralisierte Familienformen und deren, für die Einzelnen oftmals transitorische Natur gehören heute zu den klassischen Merkmalen von Familie in der zweiten Moderne. Bereits 1991 beschreibt Beck-Gernsheim einen Wandel der „Arbeit der Kindererziehung" (Beck-Gernsheim 1991, S. 55), der sich insbesondere in der Anforderung der „optimale[n] Förderung der ‚Persönlichkeit Kind'" niederschlage, die sich im Kontext einer demokratisierten Eltern-Kind-Beziehung vollziehen soll. Der Familie, so Nave-Herz (2012, S. 47) werde schließlich grundlegend die Funktion der „‚Bildung und Erhaltung von Humanvermögen' mehr oder weniger exklusiv zugeschrieben", was Eltern permanent Enormes abverlangt. Und so scheint weniger elterliche ‚Unfähigkeit', wie sie als Diskursmuster ‚guter Elternschaft' (Betz et al. 2013) greifbar wurde, zu Entwicklungen zu führen, die Betreuungs- und Bildungseinrichtungen problematisch stimmen, oft auch Eltern selbst verstören. Vielmehr ist wohl davon auszugehen, dass Eltern heute vielfach verunsichert und überfordert sind angesichts der zahllosen, dabei sich regelmäßig widersprechenden Appelle, Empfehlungen und Erwartungen, die, mit Blick aufs Kind, nahezu alle gesellschaftlichen Teilsysteme berühren.

Rückbezogen auf den Entwurf der Familie als Lern- und Bildungsfeld wird ihr auf der Basis ihrer Rolle als primäre Sozialisationsinstanz dennoch ein einmaliger „Sonderstatus" als Ausgangspunkt wie Austragungsort vielgestaltiger Bildungsprozesse zugewiesen (Lange und Soremski 2012, S. 227). Doch was genau macht diese Einmaligkeit aus?

3 Exkurs: Spezifik der Familie als Lern- und Bildungsfeld für Kinder

Im Gegensatz zu spezifisch rollenförmigen Erwartungen späterer Sozialisations- und Bildungsinstanzen wie bspw. der Schule[3], markiert die Eltern-Kind-Beziehung aufgrund ihrer emotionalisierten und, zumindest über die ersten Lebensjahre des Kindes hinweg auch leiblichen Verfasstheit den Prototyp einer diffusen Sozialbeziehung (Oevermann 1996; Busse und Helsper 2004; vgl. auch Ecarius

---

[3]Oevermann (1996) sieht u. a. in jenem Umstand die Professionalisierungsbedürftigkeit der pädagogischen Praxis.

2010, Lange und Xyländer 2011b). Als solche ist sie auf Dauer gestellt und im Kern unkündbar (Beck 1986; Soremsky und Lange 2010), was nicht zugleich auch dauerhaften Kontakt und kontinuierliche Interaktion implizieren muss. Selbst die spätere Gründung einer eigenen Kernfamilie ersetzt nicht die – wie auch immer geartete – Beziehung zu den Eltern. Sie kann entlang der erfahrenen spezifischen Familienkultur bestenfalls darauf fußen, so die gelebten Beziehungsmodi der jeweiligen Herkunftsfamilie orientierungswürdig erscheinen (vgl. Schmidt-Wenzel 2008, S. 97–98). Und selbst wenn dies nicht zutrifft, bleiben wir zeitlebens von jenen herkunftsfamilialen Erfahrungen in mehr oder minder bewusster Weise beeinflusst. Das Selbstbild nämlich, das wir vor allem auf der Grundlage der elterlichen Rückmeldungen, des jeweiligen Maßes an Fürsorge und Anerkennung im Laufe der Zeit von uns entwerfen, entfaltet seine Wirkmächtigkeit genau aus jener genuin diffusen Disposition jenseits eines rollenspezifischen Handelns (Oevermann 1996) heraus. Die in der Familie verhandelten Werte und Normen, die aus Bedeutungszuweisungen der Eltern an das kindliche Handeln erwachsenden Vorstellungen darüber, was man kann und wer man ist (Mead 1991; Ecarius 2010), betreffen Kinder stets in ihrer ganzen Person. Günstigsten Falls handelt es sich dabei um feinfühlige, anerkennende Haltungen und Sorgeleistungen der Eltern. Doch auch wenn es Eltern nur schwer gelingt, den kindlichen Bedürfnissen in dieser Weise zu entsprechen, können sich Kinder dem nicht ohne Weiteres entziehen, selbst wenn sie kognitiv und ökonomisch dazu in der Lage wären. Denn gleichsam grenzenlos und das eigene Überleben sichernd, erscheint die Liebe zu Mutter bzw. Vater, so dass selbst als vernachlässigt geltende Kinder in aller Regel daran festhalten. Und dennoch sei die Familie

„(...) vorerst die einzige Beziehungskonstellation, in der es der Gattung Mensch einigermaßen erfolgreich gelingt, die komplizierten Prozesse des gemeinschaftlichen Zusammenlebens, der Paarbildung und der Fortpflanzung ebenso zu bewältigen wie der sozialen, emotionalen und materiell-dinglichen Selbstversorgung, Fragen der sozialen Sicherheit, der Verlässlichkeit und des basalen Bedarfsausgleichs ebenso zu realisieren wie der wechselseitigen Solidarität, Anerkennung und Anteilnahme, der emotionalen Zuwendung und des Vertrauens." (Rauschenbach 2009, S. 114).

Was nun auf die Familie als Lebensort zutrifft, trifft ebenso, und ist im Grunde nur analytisch voneinander trennbar, auf die Familie als Lern- und Bildungsfeld zu. Das, was Eltern intentional oder auch beiläufig, mehr oder minder bewusst also im täglichen Miteinander an ihre Kinder vermitteln, erreicht diese zunächst unmittelbar und unausweichlich. Kinder erleben das elterliche Prozedieren von Familie und die darin aufgehenden Rituale, Normen und Anforderungen zunächst als unhintergehbare Lebenswirklichkeit, als das, was sie erwarten dürfen, als das, woran sie sich orientieren können. Und das tun Kinder in aller Regel, egal, ob die auf diese Weise zu erringenden Einsichten und Gewohnheiten den gesellschaftlichen Vorstellungen von Kindheit und Bildung entsprechen.

Dass Familie damit unweigerlich Einfluss auf die Bildungsbiografien von Heranwachsenden nimmt, liegt auf der Hand. Doch wie gestalten sich Lern- und

Bildungsgelegenheiten in intergenerationaler Perspektive mit Blick aufs Kind? Was können, was sollen Kinder in der Familie lernen?

4 Lern- und Bildungsprozesse in der Familie

4.1 Die Familie als ‚Bildungswelt'

Wenngleich das, was Kinder in der Familie potentiell lernen mit unterschiedlichen Begriffen versucht wird auf den Punkt zu bringen, eint doch die allermeisten Interpretationen die Annahme, dass jene zur Disposition stehenden Bildungsinhalte nicht in vergleichbarer Weise an institutionellen Bildungsorten, allen voran die Schule, erworben werden können (vgl. z. B. Grundmann et al. 2003; Büchner 2006, Brake und Büchner 2013, Smolka und Rupp 2007). Denn auch wenn Schule im engmaschigen Gefüge ihres standardisierten Vermittlungsanspruchs[4] durchaus informelle Lerngelegenheiten eröffnet (vgl. z. B. Brake und Bremer 2010), unterscheidet sich ihr formalisierter Bildungskanon grundlegend von den, für die Familie so typischen Bildungsleistungen, die sich „über die Reziprozität der familialen Generationenbeziehungen und die Wechselseitigkeit des Gebens und Nehmens im Familienalltag realisier[t]en" (Büchner 2006, S. 23). In der Lesart der Familie als *Bildungswelt*, wie sie bspw. von Soremsky und Lange (2010, S. 34) oder Smolka und Rupp (2007, S. 224) in Anschluss an den Zwölften Kinder- und Jugendbericht (BMFSFJ 2006) geteilt wird, stehen vor allem solche Fähigkeiten im Fokus, die erst die subjektiv sinnhafte Aneignung und die kontextbezogene Anwendung schulisch vermittelten Wissens ermöglichen. Mit anderen bspw. in einen kommunikativen Austausch treten zu können, der zugleich elementaren Regeln des sozialen Miteinanders folgt, sei hierfür ebenso zentral wie die Fähigkeit sich entlang eigener Interessen und Bedürfnisse organisieren zu können.

Es geht also vor allem um die „andere Seite" von Bildung (Otto und Rauschenbach 2008), die sich zunächst im Konzept der Alltagsbildung (Rauschenbach 2009) bündeln lässt. Die in dieser Perspektive zu erlangenden Fähigkeiten und Fertigkeiten werden bspw. als „Basiskompetenzen" (Büchner 2006, S. 39), als „Lebensführungs- und Lebensbewältigungskompetenzen" (Brake und Büchner 2013, S. 485) oder, mit Krappmann 2003 (vgl. auch BMFuS 1994), als „Alltagsund Daseinskompetenzen" (Smolka und Rupp 2007) verhandelt und empirisch wie theoretisch ausgelotet.

So sei die Familie „als biographisches Zentrum und wichtiger bildungsbiographischer Möglichkeitsraum" zu fassen (Brake und Büchner 2013, S. 485), in dem jene Kompetenzen erworben werden müssten, die für eine lebensperspektivische Handlungsfähigkeit unerlässlich seien. Insbesondere Büchner und Brake (z. B. Brake und Büchner 2011; Büchner 2006) haben, unter Bezugnahme auf Bourdieus Konzept des

---

[4] Von Hentig (2004) führt diese Charakteristik in seinem Essay „Bildung" pointiert im Kapitel „Die Schule hat aus Bildung Schulbildung gemacht" aus.

sozialen und kulturellen Kapitals (Bourdieu 1983) die bildungsbiographische Bedeutung intergenerationaler „Vererbungsprozesse" (Brake und Büchner 2011, S. 142) herausgearbeitet. Potentiell bedeutsame Bildungsepisoden konstituierten sich dabei entlang der Prozesse und Praktiken des ‚Doing Family' (Schier und Jurzcyk 2007) im Kontext des Herausbildens einer je spezifischen Familienkultur, eines einzigartigen familialen Habitus. Familie wird hier zum zentralen Austragungsort des kollektiven Herstellens und Reproduzierens familial wirksamer Orientierungen, Wertvorstellungen und Gewohnheiten im inter- wie intragenerationalen Zusammenhang (Brake und Büchner 2011, S. 145). Denn nicht nur zwischen Kind und Eltern werden in familialen Interaktionen Bedeutungen ausgehandelt, sondern auch zwischen den Elternteilen selbst, die, fußend auf dem Erbe der je eigenen Herkunftsfamilie ihre Erfahrungen so miteinander relationieren müssen, dass ein Familienleben auf der Basis, zumindest im Kern geteilter Interessen und Vorstellungen möglich wird. Das sich so konstituierende soziale und kulturelle Kapital der Familie an die jüngere Generation weiter zu vermitteln, sei dennoch die zentrale Leistung der Familie im Hinblick auf ihren spezifischen Bildungsbeitrag (Brake und Büchner 2011, S. 142). Gleichwohl könnten die, sich mehr oder minder bewusst vollziehenden Prozesse der Vermittlung auf Seiten der Eltern und der Inkorporation auf Seiten der Kinder nicht einfach in eins gesetzt werden. Was bei den potenziellen Empfänger_innen ‚ankommt' und was sie vor allem zukünftig daraus machen, sei nicht unbedingt identisch mit dem, was als „bildungsbezogene[s] alltagspraktische[s] Handeln" in der Familie wirksam werde (Brake und Büchner 2011, S. 152).[5] Die im Zuge dessen stattfindenden Transformationsprozesse sind komplex und werden insbesondere durch außerfamilial gewonnene Erfahrungshorizonte relativiert (a.a. O., S. 147). Ob die jeweiligen Adressat_innen das familiale Erbe zukünftig als Zumutung oder als orientierungswürdige Größe erleben (Brake und Büchner 2011, S. 147), hängt nicht zuletzt davon ab, ob und inwieweit sie sich kritisch reflexiv mit dem Erfahrenen auseinandersetzen, was vor dem Hintergrund der nicht ohne weiteres zugänglichen, gleichsam introjizierten Anteile dieser Erfahrungen eine enorme Herausforderung markiert.

Unter der Perspektive gesellschaftlich funktionaler Bildungsbedeutsamkeit stehen im aktuellen Forschungsdiskurs aber auch ganz spezifische Bildungsgegenstände im Zentrum. Vor allem entlang der Frage nach ihrer Vermittelbarkeit unterscheiden bspw. Smolka und Rupp (2007) hier zwischen sog. „ressourcenbezogenen Kompetenzen" und meinen damit konkret den gelingenden Umgang mit materiellen Mitteln, zwischen „haushaltsbezogenen Kompetenzen", Kompetenzen im Bereich „Ernährungswissen und -verhalten" sowie zwischen „Mediennutzungskompetenz und information literacy" und schließlich „Beziehungs- und Erziehungskompetenzen" (a.a.O., S. 227–232). Xyländer und Lange (2011b, S. 65) ergänzen dieses Profil um sogenannte „Gesundheits- und Körperkompetenzen". Dabei folgt die Formulierung solcher Kompetenzraster oftmals einem tendenziell defizitorientierten

---

[5] Die Frage nach der hier zu vermutenden Differenz wird bei Brake und Büchner zum Forschungsprogramm (z. Brake/Büchner 2011).

Blick, der in entsprechenden empirischen Befunden gründet. So führen Smolka und Rupp (2007, S. 227–229) bspw. mit Verweis auf Piorkowsky (2003) an, dass nicht nur schwierige Lebenssituationen, sondern auch fehlendes Wissen und mangelndes Planungsvermögen im Umgang mit Geld zu steigender Ver- und Überschuldung führten, dass Kinder und Jugendliche, insbesondere Jungen, sich heute zu selten an Haus- und Sorgeaufgaben beteiligten, sollen dabei tragfähige Kompetenzen entwickelt werden (Cornelißen und Blanke 2004), und dass laut KiGGS-Studie (Hempel 2006) die Zahl der Kinder und Jugendlichen, die unter ernährungsbedingten Erkrankungen litten, stetig steige, was insbesondere auf mangelnde Kenntnisse über gesunde Ernährung zurückzuführen sei (Smolka und Rupp 2007, S. 230). Rauschenbach (2011) beklagt gar, dass

> *„die einstige Formel der Bildungsvermittlung ‚von Generation zu Generation', als Ausdruck einer naturwüchsigen, zufälligen und erfahrungsbasierten innerfamilialen Weitergabe des Gelernten, Gelebten und Geglaubten im lokalen Horizont der eigenen Lebenswelt von Alt zu Jung"*

inzwischen an Bedeutungskraft verloren hätte und zugunsten anderer Bildungsorte, jenseits von Familie, aufgeweicht worden sei (a.a.O., S. 247). Tragfähigstes Argument für die, in sozioökonomischer Platzierungsperspektive sicher richtungsweisenden, aber gleichwohl normativ aufgeladenen Anforderungsprofile, sind schließlich die virulenten Ergebnisse internationaler und nationaler Schulleistungsstudien, denen nach die festgestellten Kompetenzunterschiede unter den Schülern und Schülerinnen maßgeblich auf deren soziale Herkunft (Lange und Soremski 2012; Rauschenbach 2011) und die daran geknüpften Chancen auf den Erwerb sog. Basiskompetenzen zurückzuführen seien (Büchner und Krah 2006). Neben einem differenzierten Blick auf die komplexen Zusammenhänge und die Reichweite dieser Aussagen, bliebe auch zu klären, in welcher Rolle sich Schule zukünftig sieht, will sie nicht weiter ihrerseits dazu beitragen, soziale Ungleichheit zu reproduzieren.

4.2 Kindliche Akteurschaft als potenzielle Bildungsgelegenheit

Fraglich bleibt indessen, ob der aktuelle pädagogische Diskurs um Familie als Bildungswelt tatsächlich dem breiten Spektrum der potenziell in der Familie zur Disposition stehenden Lern- und Bildungsanlässe gerecht zu werden vermag.

Grundlegend, und damit der Natur ihrer Sache verpflichtet, legt die Pädagogik zunächst ihr Augenmerk auf die Entwicklungs- und Bildungsprozesse Heranwachsender. Und das tut sie entlang der jeweils geltenden Bildungsideale, die zwar einem gewissen historischen Wandel unterliegen, die aber im Kern an den gegenwärtigen gesellschaftlichen Herausforderungen orientiert sind. So erscheinen heute aus der Perspektive einer globalisierten, digital vernetzten Wissensgesellschaft mit Blick auf je subjektive Teilhabebestrebungen vor allem jene Informations- und Orientierungskompetenzen zentral, die erst die lebenslangen Prozesse der Selbst- und Weltverständigung ermöglichen.

In wissenschaftlichen Auseinandersetzungen mit der Frage, wie solche Fähigkeiten erworben werden, wie sich Bildungsprozesse grundlegend konstituieren, werden Heranwachsende heute weitgehend übereinstimmend als Expert_innen ihrer eigenen Entwicklung begriffen. Im Diskurs um frühkindliche Bildung bspw. erlangt das Kind in gemäßigt konstruktivistischer Perspektive jenen Akteursstatus, der sich in Konzepten der Selbstbildung und der Ko-Konstruktion von Wissen niederschlägt (Schäfer 2005, Preissing et al. 2014). Sozialisationstheoretische Überlegungen fußen heute auf einem Verständnis vom Kind, das im Zuge seiner Persönlichkeitsentwicklung aktiv und eigenständig seine innere und äußere Realität produktiv relationiert und auf diese Weise zum Gestalter des eigenen Aneignungs- und Sozialisationsprozesses wird. (Hurrelmann 2002, 2012).

An diese Prämissen schließt, so Hungerland und Kelle (2014), auch die Soziologie der Kindheit grundsätzlich an und geht zugleich doch deutlich darüber hinaus. Entlang der generellen Verhältnisbestimmung von Kind und Kindheit steht nicht mehr nur das Kind als Akteur seiner Entwicklung im Zentrum der Auseinandersetzung, sondern vielmehr die Frage nach der „Handlungsmächtigkeit [von] Kinder[n] in ihrer jeweiligen Positionierung als Kinder in gesellschaftlichen Kontexten" (Hungerland und Kelle 2014, S. 230). Welche Rechte, welche Räume, welche Teilhabemomente können Kinder, verstanden als eigenständige soziale Gruppe (a.a.O., S. 228), also innerhalb der je aktuellen Konzeptualisierung von Kindheit für sich beanspruchen? Und wie viel Gestaltungs- und Veränderungsmacht kann, mit Blick auf soziale Beziehungen und soziale Praktiken, insbesondere innerhalb des generationalen Verhältnisses daraus erwachsen?

Aktuell hat sich ein äußerst lebhafter Diskurs[6] entsponnen um die Ausdifferenzierung eines der Schlüsselkonzepte kindheitswissenschaftlicher Forschung: die soziale Akteurschaft von Kindern (*agency*). Kern des Konzepts bildet ein zentraler Perspektivwechsel hinsichtlich der gesellschaftlichen Position von Kindern, der diese nicht mehr nur als *Werdende (‚becomings')*, dabei aber jenseits eines defizitfundierten Entwurfs als *erst* sich Entwickelnde, versteht, sondern als von Geburt an *Seiende (‚beings')* (z. B. Qvortrup 1994; Uprichard 2008; Hungerland und Kelle 2014). Insbesondere wenn man in Rechnung stellt, dass auch Erwachsene in reflexiven Prozessen der Selbst- und Weltverständigung zeitlebens als in Entwicklung Begriffene verstanden werden müssen, die dabei aktiv an Aushandlungsprozessen gesellschaftlicher Bedeutungshorizonte beteiligt sind, wird deutlich, dass schließlich auch Kinder „in alltäglichen Praxen [Kinder] sich selbst, Kinderkultur und Kultur, die Institutionen der Kindheit, generationale Ordnung etc. mit hervorbringen" (Heinzel et al. 2012, S. 14). Kindliches Handeln erlangt also spezifische Bedeutung in Bezug auf die gesellschaftlichen Produktions- und Reproduktionsprozesse (Hungerland und Kelle 2014, S. 228).

Gleichwohl vollzieht sich, wie bereits angedeutet, kindliche Akteurschaft nicht jenseits der je gesellschaftlichen Konstruktion von Kindheit, wie sie in ‚unserem'

---

[6]Vgl. exemplarisch das Themenschwerpunktheft: „Kinder als Akteure- Agency und Kindheit" (ZSE 2014, Jg. 34/3).

Kulturkreis, als Moratorium (Zinnecker 2000) institutionalisiert wird. Damit verbunden sind gesellschaftliche Zuweisungen von Möglichkeiten und Grenzen für kindliche, in aller Regel an spezifische Alters- und Entwicklungsvorstellungen geknüpfte Handlungsräume (Bühler-Niederberger 2011, Mierendorff und Olk 2010). Bühler-Niederberger (2011) weist in ihrer Zusammenschau empirischer Studien zur kompetenten Akteurschaft von Kindern darauf hin, dass das unter dieser Perspektive zu beobachtende Handeln stets in den Strukturen der generationalen Ordnung und damit als ein Handeln *„als Kind"* (a.a.O.: 185, Hvbg. i. O.) erfolge. Gleichwohl dürfe diese Verortung nicht zu Schlussfolgerungen oder Prognosen über die kindliche Reife führen, vielmehr könne in den Blick kommen, welcher Gestalt die dem Handeln zugrunde liegenden Strukturen sind und auf welche Weise sie durch jenes Handeln reproduziert bzw. transformiert werden (a.a.O.).

So spiegelt sich *agency* gewissermaßen wider in eben jenen Strukturmomenten eines zeitweisen, hier mehr, dort weniger stark praktizierten Ausschreitens der von Erwachsenen propagierten Logik kindlicher Handlungsverfügung und bleibt dabei an die je spezifische kindliche Lebensrealität angeschlossen. Dabei sei die Handlungsfähigkeit von Kindern jedoch nicht als eine „vorsoziale und ursprüngliche" Eigenschaft zu verstehen (Eßer 2014, S. 236), die es entlang aktueller Bedürfnislagen zu aktivieren gelte. Vielmehr kann davon ausgegangen werden, dass sich *agency* erst und immer wieder aufs Neue im Strukturzusammenhang dynamisierter sozialer Beziehungen entwickele (a.a.O., S. 236–237). Auch wenn kindliche Akteurschaft keinesfalls verkürzt mit kompetentem kindlichen Handeln gleichgesetzt werden darf, schließt sich dennoch die Möglichkeit, dass Kinder auf diese Weise einen Kompetenz- und Wissenszuwachs erlangen, nicht aus. Kritisch zu hinterfragen bleibt allerdings, ob die in solchen Handlungsvollzügen errungenen Erfahrungen und Fähigkeiten im sozialen Umfeld immer auch als solche (an)erkannt werden. Denn nur über die Antwort auf diese Frage lässt sich erschließen, ob Kinder mit ihrer Akteurschaft tatsächlich ihre gesellschaftliche Teilhabe erweitern, ob Wertschätzung und Anerkennung ihres Handelns schließlich zu Neujustierungen generational vermittelter Handlungsstrukturen führen können.

Bezugnehmend auf die hier interessierende Frage, wo und wie Kinder in der Familie lernen, soll am Beispiel einer kindheitssoziologischen Auseinandersetzung mit dem Phänomen der sog. young carers[7] (Wihstutz 2014) gezeigt werden, wie kindliche *agency*, verstanden als „eigenständige Reflexion und Interpretation konkreter Lebensrealität" (Wihstutz 2014, S. 250), zur Erweiterung kindlicher Handlungsverfügung und im Zuge dessen zu innerfamilialem Kompetenzerwerb führen kann. Unter Bezugnahme auf verschiedene Studien, die die jeweils subjektiven Bedeutungshorizonte der an familialen Sorgeleistungen beteiligten Kinder und deren Eltern (z. B. Metzing 2007; Jones et al. 2002) fokussierten, arbeitet Wihstutz entlang der Überlegungen einer feministischen ethic of care (u. a. Tronto 1993) heraus, dass das sorgende Handeln von Kindern gegenüber ihren auf Sorge und/oder Pflege

---

[7]Kinder, die in ihrer Familie Verantwortung für einen hilfebedürftigen Angehörigen übernehmen, indem sie sich an spezifischen Sorgeprozessen beteiligen.

verwiesenen Eltern in einer je kindlichen „Selbstpositionierung" zu den gegebenen familialen Verhältnissen wurzelt, welche die Kinder auf diese Weise aktiv mitgestalten (Wihstutz 2014, S. 260).

In welchem Maße sich Kinder dabei selbst als kompetent und hilfreich erleben, hängt aber nicht zuletzt davon ab, ob und inwieweit Eltern die kindliche Sorgearbeit als unterstützend wahrnehmen und dies auch anerkennend spiegeln. Eltern, so Wihstutz (2014, S. 259), würden die Hilfe ihrer Kinder oftmals als sehr ambivalent empfinden: Einerseits wüssten sie, dass sie darauf angewiesen sind, wollen sie den gelebten Familienalltag ohne außerfamiliale Unterstützung aufrechterhalten. Die hohe Bedeutung der sorgenden Kinder wird ihnen in diesem Zusammenhang bewusst. Sie erfahren ihre Kinder als kompetent im Umgang mit der aktuellen Situation, erleben sie als empathische Helfer_innen. Andererseits ist es für sie gleichzeitig eine emotionale Belastung, den Kindern Derartiges abzuverlangen, weil es in aller Regel ihren Vorstellungen von der ‚guten' Mutter, dem ‚guten' Vater, die ausschließlich eine umgekehrte Sorgelogik implizieren, zuwiderläuft.

Vor allem mit Verweis auf die empirischen Befunde von Metzing (2007) zeichnet Wihstutz nach, welche Begründungsmuster dazu führen, dass Kinder zu bedeutenden Akteuren familialer Sorgearrangements werden. Demnach ist es für Kinder bedürftiger Eltern zwar der größte Wunsch, dass die Eltern wieder gesund werden resp. selbständig agieren können. Jedoch erkennen sie in aller Regel die Hilfebedürftigkeit der Eltern an und handeln schließlich aus einem Motiv *inniger Verbundenheit* und reflexiven Verstehens gegenüber ihren Angehörigen. Oberstes Ziel ihrer Unterstützung ist es, das Familienleben so weit als möglich intakt zu halten (Wihstutz 2014, S. 257–259). Das kann bspw. bedeuten, dass sich ihre Unterstützung unmittelbar auf die emotionalen resp. körperlichen Befindlichkeiten der Eltern bezieht, etwa im Zusammenhang mit medizinisch-therapeutischen Maßnahmen. Es können aber ebenso das Kümmern um und Versorgen von jüngeren Geschwistern oder Aspekte der Haushaltsführung im Fokus stehen. Bemerkenswert ist sicher die Erkenntnis, dass die auf diese Weise Sorge tragenden Kinder stets darum bemüht sind, eigene Interessen und Bedürfnisse jenseits der Familie mit denen der je tagesaktuellen Situation in der Familie zu vermitteln statt sie gegeneinander abzuwägen, um schließlich Entscheidungen für ihr Handeln zu treffen. Kinder absolvieren hier eine immer wiederkehrende Verstehens- und Relationierungsleistung, die sich aus der je konkreten Gegebenheit speist (Wihstutz 2014, S. 260). Sie übernehmen – in Übereinstimmung mit der in Anschlag gebrachten *ethic of care*- Verantwortung für die elterliche Bedürftigkeit, die ihrer „spezifischen Wahrnehmung der Situation und der Beziehung" und damit einer konkreten „Bezogenheit" entspringt (Wihstutz 2014, S. 256). Gleichwohl führten diese Haltung und das daraus erwachsende Sorgearrangement nicht etwa zu einer Verkehrung des asymmetrischen Eltern-Kind-Verhältnisses, würden Kinder die Rollenverteilung zwischen Kindern und Eltern im Kern nicht anzweifeln. Wihstutz verweist an dieser Stelle zu recht auf die stets immanente Gefahr der emotionalen Überforderung der Kinder in solcherlei Konstellationen, die sich im Falle ihres Eintretens, prekärer Weise, zumeist verdeckt und damit geschützt vor fremden Blicken vollzögen. Kinder wie Eltern problematisieren gleichermaßen, dass sie sich im Grunde Unterstützung und vor allem Verständnis für ihre Situation wünschen, müssen aber gleichzeitig befürchten, dass mit dem Formulieren dieses Wunsches und dem Aufdecken des getroffenen Arrangements auch das Bekenntnis unterstellt wird, dass die Eltern scheinbar nicht mehr angemessen handlungsfähig und die Kinder entsprechend überlastet sind. Auf diese Weise bleibe die Familie ausschließlich auf die eigenen, die innerfamilialen Deutungsperspektiven verwiesen und die Aussicht auf eine „andere Situationswahrnehmung und Selbstpositionierung" eher unwahrscheinlich (Wihstutz 2014, S. 259). Gelänge es aber jenseits vorschneller Diagnosen der Parentifizierung und des als „bedürftig konzeptualisierten Kinde[rn]s" familiale Situationen aus der jeweiligen Perspektive ihrer Mitglieder zu verstehen, würden auch Unterstützungsangebote denkbar, die die „Lebenswirklichkeit von Familien anerkennen und die Partizipation von Kindern im Sinne ihrer *agency* fördern würde[n]" (Wihstutz 2014, S. 261).

Viele weitere Alltagsbeispiele ließen sich in diesem Sinnzusammenhang anführen: Der jugendliche Sohn einer Migrantin, der seiner Mutter als ‚Dolmetscher' bei Behördengängen hilft, die Tochter, die die Mutter beim Nachholen ihres Schulabschlusses beratend unterstützt, das Enkelkind, das die Großmutter in die digitale Welt ihres ersten Notebooks einführt. Was Kinder in solchen Familienarrangements lernen (können), weist, neben der originären Bedeutung der zugrundeliegenden kindlichen Selbstverständigung, oft unmittelbar in Richtung dessen, was im bildungswissenschaftlichen Diskurs unter dem Sammelbegriff der Alltags- und Basiskompetenzen erwartet wird: Empathiefähigkeit, Organisationskompetenz, Reflexivität, Fürsorglichkeit, Antizipationsvermögen. Jedoch werden die dort angesiedelten Potenziale bislang kaum bzw. nicht hinreichend in ihrer Bedeutung für kindliche Bildungsbiographien wahrgenommen und gewürdigt. Noch immer verengt oftmals die gesellschaftlich etablierte Vorstellung von Kindheit als Schutz- und Schonraum auf der einen, als Statuspassage gestufter Lern- und Entwicklungsanforderungen in vornehmlich institutionellen Kontexten auf der anderen Seite, den Blick darauf.

Ein Perspektivwechsel aber, wie er sich im aktuellen kindheitswissenschaftlichen Diskurs bereits vollzogen hat, wäre auch angesichts zukünftiger bildungstheoretischer Auseinandersetzungen, um das, was Kinder tun und können hilfreich. Auf diese Weise könnte schließlich sowohl jenes, was Kinder auch in unvermuteten Situationen ihres Alltags leisten und lernen thematisch werden. Es könnte aber auch zur Sprache kommen, was Kinder hierbei tatsächlich bewegt, wo sie sich handlungssicher oder -unsicher fühlen, wo sie sich Unterstützung, Verständnis oder konkreten Rat wünschen.

5 Resümee

Die Familie als Lern- und Bildungsfeld für Heranwachsende ist, wie gezeigt wurde, in den zurückliegenden Jahren stärker in den Fokus öffentlicher Aufmerksamkeit gerückt. Insbesondere unter der Perspektive familialer Transmissionsprozesse wurde erfahrbar, wie Überzeugungen, Werthaltungen, wie soziale und kulturelle Handlungspraxen an die nachwachsende Generation vermittelt werden.

Im Beitrag wurde aber auch dargelegt, welche enorm hohen Anforderungen und Erwartungen einerseits auf Eltern lasten, wollen sie dem gesellschaftlich vermittelten Bild ‚guter Elternschaft' gerecht werden. Auf der anderen Seite wurde deutlich, dass, entlang der konkreten Lebensrealitäten von Eltern heute ein solches Unterfangen schwierig, wenn nicht gar unmöglich erscheint. Denn die allseits präsente Forderung zentrale ‚Bildungsarrangeure' der eigenen Kinder zu sein, Bildungskarrieren anzubahnen, kindliche Defizite zu korrigieren (Betz et al. 2013), setzt Eltern nicht nur unter anhaltenden Druck und schürt Versagensängste. Mit dem gehorsamen, unentwegten Streben der Eltern nach größtmöglicher Anschlussfähigkeit an diesen Entwurf geht vielmehr auch die Gefahr einer, die Eltern-Kind-Beziehung in ein auf Dauer gestelltes, quasi-pädagogisches Interaktionssetting zu überführen und sie damit je ihrer selbst zu entfremden.

In diesem Zusammenhang erscheint es wünschenswert, nicht länger moralisierend auf Eltern einzuwirken, sondern unter Anerkennung ihrer je spezifischen Lebenslagen Entlastung und Unterstützung dort zu anbieten, wo Familien selbst Wünsche und Bedarfe formulieren. Diese können wiederum nur in den Blick geraten, wenn es grundsätzlich möglich wird, sich auch mit vermeintlichen Schwächen und Unzulänglichkeiten zu zeigen, ohne einen Gesichtsverlust befürchten zu müssen, wenn es gelingt in gemeinsamer Perspektive von Eltern *und* Kindern herauszufinden, wie sie ihre jeweilige Situation erleben, wo und wie ggfs. hilfreich daran angeknüpft werden kann.

Aus Sicht der empirischen Forschung muss es nach wie vor weiter darum gehen, die Familie als bildungsbedeutsamen Lernzusammenhang konturiert auszuloten, und zwar noch deutlicher jenseits der bislang damit eng verwobenen Diskussionen um die gesellschaftliche Verwertbarkeit und Anschlussfähigkeit des dort Gelernten. Einen erweiterten Erkenntnisgewinn verspricht auch hier die stärkere Hinwendung zu den Sinnhorizonten der beteiligten Akteure, vor allem der Kinder und Jugendlichen selbst. Insbesondere ein Anknüpfen an die im Beitrag skizzierte Perspektive auf kindliche Akteurschaft (*agency*) in der Familie erlaubt es, kindliches Handeln in seiner je konkreten Vermitteltheit zu rekonstruieren. Auf diese Weise könnte auch in den Blick kommen, wo und wie Kinder selbst an der Entstehung potenzieller Bildungsgelegenheiten beteiligt sind, in welcher Rolle sie Erwachsene dabei erleben und welche Bedeutung sie den so entstehenden Lern- und Bildungsräumen aus der Sicht ihrer jeweiligen Lebens- und Lerninteressen beimessen.

Literatur

Beck, U. (1986). *Risikogesellschaft. Auf dem Weg in eine andere Moderne*. Frankfurt am Main: Suhrkamp.
Beck-Gernsheim, E. (1991). Was Eltern das Leben erschwert: Neue Anforderungen und Konflikte in der Kindererziehung. In V. Teichert (Hrsg.), *Junge Familien in der Bundesrepublik* (S. 55–73). Opladen: Leske+Budrich.
Betz, T., de Moll, F. & Bischoff, S. (2013). Gute Eltern - schlechte Eltern. Politische Konstruktionen von Elternschaft. In L. Correll & J. Lepperhoff (Hrsg.), Kompetenzteam Wissenschaft des

Bundesprogramms „Elternchance ist Kinderchance",. *Frühe Bildung in der Familie. Perspektiven der Familienbildung* (S. 69–80). Weinheim: Beltz Juventa.

Bourdieu, P. (1983). Ökonomisches Kapital, kulturelles Kapital, soziales Kapital. In R. Kreckel (Hrsg.), *Soziale Ungleichheiten. Soziale Welt. Sonderband 2* (S. 183–198). Göttingen: Schwartz.

Brake, A. (2014). Der Wandel familialen Zusammenlebens. In C. Rohlfs, M. Harring & C. Palentien (Hrsg.), *Kompetenz-Bildung: Soziale, emotionale und kommunikative Kompetenzen von Kindern und Jugendlichen* (2. Aufl., S. 113–152). Wiesbaden: Springer VS.

Brake, A., & Bremer, H. (Hrsg.) (2010). *Alltagswelt Schule. Die soziale Herstellung schulischer Wirklichkeiten*. Weinheim: Juventa.

Brake, A., & Büchner, P. (2011). Bildungsort Familie. Habitusgenese im Netzwerk gelebter Familienbeziehungen. In A. Lange & M. Xyländer (Hrsg.), *Bildungswelt Familie. Theoretische Rahmung, empirische Befunde und disziplinäre Perspektiven* (S. 142–166). Weinheim: Juventa.

Brake, A., & Büchner, P. (2013). Stichwort: Familie, Peers und (informelle) Bildung im Kindes- und Jugendalter. *Zeitschrift für Erziehungswissenschaft, 16*(3), 481–502.

Büchner, P. (2006). Der Bildungsort Familie. Grundlagen und Theoriebezüge. In P. Büchner & A. Brake (Hrsg.), *Bildungsort Familie. Transmission von Bildung und Kultur im Alltag von Mehrgenerationenfamilien* (S. 21–49). Wiesbaden: VS Verlag.

Büchner, P., & Brake, A. (Hrsg.) (2006). *Bildungsort Familie. Transmission von Bildung und Kultur im Alltag von Mehrgenerationenfamilien*. VS Verlag: Wiesbaden.

Büchner, P., & Krah, K. (2006). Der Lernort Familie und die Bildungsbedeutsamkeit der Familie im Kindes und Jugendalter. In T. Rauschenbach, W. Düx & E. Sass (Hrsg.), *Informelles Lernen im Jugendalter. Vernachlässigte Dimensionen der Bildungsdebatte* (S. 123–154). Weinheim: Juventa.

Bühler-Niederberger, D. (2011). *Lebensphase Kindheit. Theoretische Ansätze, Akteure und Handlungsräume*. Weinheim: Juventa.

Busse, S., & Helsper, W. (2004). Schule und Familie. In W. Helsper & J. Böhme (Hrsg.), *Handbuch der Schulforschung* (S. 469–494). Wiesbaden: VS Verlag.

Cornelißen, W., & Blanke, K. (2004). Zeitverwendung von Mädchen und Jungen. In Statistisches Bundesamt (Hrsg.), *Alltag in Deutschland. Analysen zur Zeitverwendung. Forum der Bundesstatistik* (Bd. 43/2004). Wiesbaden: Statistisches Bundesamt.

Ecarius, J. (2010). Familieninteraktion – Identitätsbildung und Kultur- soziale Reproduktion. In H.-R. Müller, J. Ecarius & H. Herzberg (Hrsg.), *Familie, Generation und Bildung: Beiträge zur Erkundung eines informellen Lernfeldes* (S. 17–32). Opladen: Barbara Budrich.

Eßer, F. (2014). Agency Revisited. Relationale Perspektiven auf Kindheit und die Handlungsfähigkeit von Kindern. *Zeitschrift für Soziologie der Erziehung und Sozialisation, 34*(3), 233–246.

Gerzer-Sass, A. (2004). Familienkompetenzen als Potential einer innovativen Personalpolitik. In B. Hungerland & B. Overwien (Hrsg.), *Kompetenzentwicklung im Wandel. Auf dem Weg zu einer informellen Lernkultur?* (S. 87–108). Wiesbaden: VS Verlag.

Gerzer-Sass, A., Erler, W., Nußhart, C., & Sass, J. (2001). *Die Kompetenzbilanz. Ein Instrument zur Selbsteinschätzung und zur beruflichen Entwicklung für berufstätige Mütter und Väter, an Weiterbildung Interessierte und BerufsrückkehrerInnen*. München: Deutsches Jugendinstitut.

Grundmann, M., Groh-Samberg, O., Bittlingmayer, U. H., & Bauer, U. (2003). Milieuspezifische Bildungsstrategien in Familie und Gleichaltrigengruppe. *Zeitschrift für Erziehungswissenschaft, 6*(1), 25–45.

Hamburger, F., & Hummrich, M. (2007). Familie und Migration. In J. Ecarius (Hrsg.), *Handbuch Familie* (S. 112–136). Wiesbaden: VS Verlag.

Heinzel, F., Kränzl-Nagel, R. & Mierendorff, J. (2012). Sozialwissenschaftliche Kindheitsforschung – Annäherungen an einen komplexen Forschungsbereich, In Theo-Web. *Zeitschrift für Religionspädagogik* 11, H.:1, 9–37. http://www.theo-web.de/zeitschrift/ausgabe-2012-01/04.pdf. Zugegriffen am 08.07.2015.

Hempel, U. (2006). *Erste Ergebnisse der KiGGS- Studie zur Gesundheit von Kindern und Jugendlichen in Deutschland*. Berlin: Robert Koch Institut.

Hungerland, B., & Kelle, H. (2014). Kinder als Akteure – Agency und Kindheit Agency und Kindheit Agency und Kindheit. Einführung in den Themenschwerpunkt. *Zeitschrift für Soziologie der Erziehung und Sozialisation, 34*(3), 227–232.
Hurrelmann, K. (2002). *Einführung in die Sozialisationstheorie* (8. Aufl.). Weinheim: Beltz.
Hurrelmann, K. (2012). Der sozialisationstheoretische Ansatz in Sozialarbeit und Sozialpädagogik. 30 Jahre „Modell der produktiven Realitätsverarbeitung". *Sozialmagazin, 37*(11), 27–36.
Jones, A., Jeyasingham, D., & Rajasooriya, S. (2002). *Invisible families: The strengths and needs of black families in which young people have caring responsibilities*. Bristol: The Policy Press.
Krappmann, L. (2003). Kompetenzförderung im Kindesalter, *Aus Politik und Zeitgeschichte*: Beilage zur Wochenzeitung, (S. 14–19). http://www.bpb.de/shop/zeitschriften/apuz/27764/aktivierende-gesellschaftspolitik. Zugegriffen am 08.07.2015.
Lange, A. (2010). Bildung ist für alle da oder die Kolonialisierung des Kinder- und Familienlebens durch ein ambivalentes Dispositiv. In D. Bühler-Niederberger, J. Mierendorff & A. Lange (Hrsg.), *Kindheit zwischen fürsorglichem Zugriff und gesellschaftlicher Teilhabe* (S. 89–114). Wiesbaden: VS Verlag.
Lange, A., & Soremski, R. (2012). Familie als Bildungswelt – Bildungswelt Familie. Einführung in den Themenschwerpunkt. *Zeitschrift für Soziologie der Erziehung und Sozialisation, 32*(3), 227–232.
Lange, A., & Xyländer, M. (Hrsg.) (2011a). *Bildungswelt Familie. Theoretische Rahmung, empirische Befunde und disziplinäre Perspektiven*. Weinheim: Juventa.
Lange, A., & Xyländer, M. (2011b). Bildungswelt Familie: Disziplinäre Perspektiven Theoretische Rahmung und Desiderate der empirischen Forschung. In A. Lange & M. Xyländer (Hrsg.), *Bildungswelt Familie. Theoretische Rahmung, empirische Befunde und disziplinäre Perspektiven* (S. 23–94). Weinheim: Juventa.
Mead, G. H. (1991). *Geist, Identität und Gesellschaft*. Frankfurt a. M: Suhrkamp.
Metzing, S. (2007). *Kinder und Jugendliche als pflegende Angehörige. Erleben und Gestalten familialer Pflege*. Bern: Hans Huber.
Mierendorff, J., & Olk, T. (2010). Gesellschaftstheoretische Ansätze. In H.-H. Krüger & C. Grunert (Hrsg.), *Handbuch der Kindheits- und Jugendforschung* (2. Aufl., S. 125–152). Wiesbaden: VS Verlag.
Müller, H.-R. (2007). Differenz und Differenzbearbeitung in familialen Erziehungsmilieus. Eine pädagogische Problemskizze. In *ZSE. Zeitschrift für Soziologie der Erziehung und Sozialisation*, 27. Jg., H. 2, (S. 143–159).
Nave-Herz, R. (2012). Familie im Wandel? – Elternschaft im Wandel? In K. Böllert & C. Peter (Hrsg.), *Mutter+Vater=Eltern?* (S. 33–50). Weinheim: VS Verlag.
Oevermann, U. (1996). Theoretische Skizze einer revidierten Theorie professionalisierten Handelns. In A. Combe & W. Helsper (Hrsg.), *Pädagogische Professionalität. Untersuchungen zum Typus pädagogischen Handelns* (S. 70–182). Frankfurt am Main: Suhrkamp.
Otto, H.-U., & Rauschenbach, T. (Hrsg.) (2008). *Die andere Seite der Bildung. Zum Verhältnis von formellen und informellen Bildungsprozessen* (2. Aufl.). Wiesbaden: VS Verlag.
Piorkowsky, M.-B. (2003). Neue Hauswirtschaft für die postmoderne Gesellschaft. Zum Wandel der Ökonomie des Alltags. In *Aus Politik und Zeitgeschichte. Beilage zur Wochenzeitschrift Das Parlament* (Bd 9, S. 7–13).
Preissing, C., Schallenberg-Diekmann, R., Prott, R., Dreier, A. et al. (2014). *Berliner Bildungsprogramm für Kitas und Kindertagespflege*, (2. Aufl.), Im Auftrag der Senatsverwaltung für Bildung, Jugend und Wissenschaft des Landes Berlin, aktualisierte Auflage, Weimar-Berlin.
Qvortrup, J. (1994). Childhood matters: An introduction. In J. Qvortrup, M. Bardy, G. Sgritta & H. Wintersberger (Hrsg.), *Childhood matters. Social theory, practice and politics* (S. 1–24). Aldershot: Avebury.
Rauschenbach, T. (2009). *Zukunftschance Bildung. Familie, Jugendhilfe und Schule in neuer Allianz*. Weinheim: Juventa.
Rauschenbach, T. (2011): Von Generation zu Generation. Die Bildungsvermittlung im Wandel. In E. Thomas; A. Von Hippel; M. Pietraß B. Schmidt-Hertha (Hrsg.), *Bildung der Generationen*, (S. 237–249). Wiesbaden: VS Verlag für Sozialwissenschaften.

Reichle, B., & Werneck, H. (1999). *Übergang zur Elternschaft: aktuelle Studien zur Bewältigung eines unterschätzten Lebensereignisses*. Stuttgart: Lucius & Lucius.

Schäfer, G. E. (Hrsg.). (2005). Bildung beginnt mit der Geburt. Weinheim: Beltz, 2. erw. Aufl.

Schier, M., & Karin J. (2007). „Familie als Herstellungsleistung" in Zeiten der Entgrenzung. In *Aus Politik und Zeitgeschichte, Beilage zur Wochenzeitschrift Das Parlament* (Bd. 34, S. 10–16). http://www.bpb.de/apuz/30284/entgrenzung-von-arbeit-und-leben. Zugegriffen am 05.01.2015.

Schmidt-Wenzel, A. (2006). Was Väter könn(t)en. Aktive Vaterschaft als Chance zur Kompetenzentwicklung. In M. Beham, D. Palz & H. Werneck (Hrsg.), *Aktive Vaterschaft. Männer zwischen Familie und Beruf* (S. 182–195). Gießen: Psychosozial Verlag.

Schmidt-Wenzel, A. (2008). *Wie Eltern lernen. Eine empirisch qualitative Studie zur innerfamilialen Lernkultur*. Opladen: Barbara Budrich.

Smolka, A., & Rupp, M. (2007). Die Familie als Ort der Vermittlung von Alltagskompetenz und Daseinskompetenz. In M. Harring, C. Rohlfs & C. Palantien (Hrsg.), *Perspektiven der Bildung* (S. 219–236). Wiesbaden: VS Verlag.

Soremski, R., & Lange, A. (2010). *Bildungsprozesse zwischen Familie und Ganztagsschule*. München: Deutsches Jugendinstitut.

Tronto, J. C. (1993). *Moral Boundaries. A political argument for an ethic of care*. New York: Routledge.

Uprichard, E. (2008). Children as being and becomings: Children, childhood and temporality. *Children and Society, 22*(4), 303–313.

Von Hentig, H. (2004). *Bildung. Ein Essay* (5. Aufl.). Weinheim, Basel.

Wihstutz, A. (2014). Agency von Kindern aus der Perspektive einer feministischenethic of care. Children's Agency from a Feminist Ethic of Care Perspective. *Zeitschrift für Soziologie der Erziehung und Sozialisation, 34*(3), 247–262.

Zinnecker, J. (2000). Kindheit und Jugend als pädagogische Moratorien. Zur Zivilisationsgeschichte der jüngeren Generation im 20. Jahrhundert. In D. Benner & T. Heinz-Elmar (Hrsg.), *Bildungsprozesse und Erziehungsverhältnisse im 20. Jahrhundert* (Zeitschrift für Pädagogik, Bd. 42, S. 36–68). Beiheft/Weinheim: Beltz.

Informelles Lernen älterer Erwachsener

Bernhard Schmidt-Hertha und Veronika Thalhammer

Inhalt

1	Einleitung	304
2	Individuelle Dispositionen	305
3	Lebensführung und gesellschaftliche Teilhabe	307
4	Individuelle Lernressourcen	309
5	Lerngelegenheiten	310
6	Lernanreize	311
7	Soziales Netzwerk	314
8	Fazit	316
9	Ausblick	318
Literatur		319

Zusammenfassung

Die Bedeutung informellen Lernens über die gesamte Lebensspanne setzt sich bis ins Alter fort, wobei die besonderen Bedingungen in dieser Lebensphase zu berücksichtigen sind. Die individuell verfügbaren persönlichen wie die in der sozialen Umwelt eingelagerten Ressourcen für informelles Lernen im Alter spielen hierbei eine wesentliche Rolle. Dabei kommen vorangegangene Lernerfahrungen ebenso zu tragen wie die gegenwärtigen Lebensbedingungen und soziale Netzwerke, die einerseits Impulse für Lernprozesse bieten und andererseits die informelle Wissensaneignung konstruktiv begleiten können. Insgesamt sind aktuelle und in der Vergangenheit angelegte Ressourcen sowohl für die Initiierung wie für die Realisierung von Lernprozessen gleichermaßen bedeutsam. Diese Zusammenhänge werden im vorliegenden Beitrag anhand des

B. Schmidt-Hertha (✉) • V. Thalhammer
Institut für Erziehungswissenschaft, Universität Tübingen, Wirtschafts- und Sozialwissenschaftliche Fakultät, Tübingen, Deutschland
E-Mail: bernhard.schmidt-hertha@uni-tuebingen.de

© Springer Fachmedien Wiesbaden 2016
M. Rohs (Hrsg.), *Handbuch Informelles Lernen*, Springer Reference Sozialwissenschaften,
DOI 10.1007/978-3-658-05953-8_20

internationalen Forschungsstands herausgearbeitet, theoretisch verortet und in einem Modell zum informellen Lernen im Alter zusammengeführt.

Schlüsselwörter
Informelles Lernen • Alter • Lerngelegenheiten • Lernressourcen • Lernanreize

1 Einleitung

Lernen im Erwachsenenalter und Bildungsprozesse über die Lebensspanne sind nicht nur aus bildungspolitischer Perspektive verbunden mit einer langen Liste von Forderungen und Erwartungen, insbesondere sollen sie selbstbestimmtes und kreatives Lernen für alle ermöglichen und so zur gesamtgesellschaftlichen Entwicklung beitragen (vgl. OECD 1996). Versteht man – in einem weiten Begriffsverständnis - unter Lebenslangem Lernen die Aufnahme, Verarbeitung und Integration von Wissen und Erfahrung in das Verhaltensrepertoire eines Individuums, dann besteht mittlerweile Konsens darüber, dass Lernen über die gesamte Lebensspanne eher ein Faktum als eine normative Forderung ist. Lebenslanges Lernen realisiert sich dabei auf formalen, non-formalen und informellen Wegen.

Die Lebensphase „Alter" wird im alltäglichen Gebrauch wie in der wissenschaftlichen Literatur ganz unterschiedlich definiert und operationalisiert. Während gerade mit Blick auf Bildung und Lernen die jeweilige Lebenssituation – wie sie im Konzept des sozialen Alters gefasst wird – wesentlich erscheint (vgl. Schmidt-Hertha 2014, S. 17), sind empirische Studien meist auf kalendarische Einordnungen (also Altersangaben in Jahren) verwiesen. Weiter orientieren sich Altersbegriffe stark an dem jeweiligen Erkenntnisinteresse. Studien zu älteren Erwerbstätigen ordnen Personen oft schon ab dem 50. Lebensjahr der Gruppe der Älteren zu, während andere Untersuchungen gezielt die Nacherwerbsphase (oft definiert als die über 65-Jährigen) in den Blick nehmen. Die meisten internationalen Vergleichsstudien schließen hingegen nur die bis 65-Jährigen ein, da hier oft das Interesse am Potential von Erwerbspersonen im Vordergrund steht (z. B. OECD 2013). In der Gerontologie hat sich überdies die Unterscheidung von drittem und viertem Lebensalter (vgl. Baltes und Smith 1999) durchgesetzt.

> *„Als dritte Lebensphase wird der Teil der Nacherwerbsphase bezeichnet, der durch ein noch hohes Niveau physischer und psychischer Leistungsfähigkeit und Leistungsbereitschaft gekennzeichnet ist und in dem Aktivitäten kaum durch gesundheitliche Beeinträchtigungen eingeschränkt sind. Die vierte Lebensphase […] steht für die durch wachsenden Unterstützungsbedarf, physische Einschränkungen und häufig auch demenzielle Erkrankungen nur noch ein eng begrenztes Aktivitätsspektrum zulassenden letzten Lebensjahre."* (Schmidt-Hertha 2014, S. 18)

Obwohl auch im Alter alle Formen des Lernens formelle und informelle Aspekte haben, wird in diesem Beitrag jegliches Lernen, das außerhalb eines organisierten Lernarrangements und ohne professionelle Anleitung stattfindet, als informell bezeichnet. Solche informellen Lernprozesse finden über die gesamte Lebensspanne statt und sind deutlich weiter verbreitet als die Teilnahme an organisierten Weiterbildungsformaten. Jedes Alter zeichnet sich aber durch spezifische Lernherausforderungen aus und dementsprechend verändert sich auch der Stellenwert von formalen, non-formalen und informellen Lernprozessen im Verlauf des Lebens. Die Bedeutung von formalem und non-formalem Lernen, z. B. im Rahmen von schulischer Ausbildung, beruflicher oder allgemeiner Fort- und Weiterbildung, ist in der „frühen" (18–35) und „mittleren" (35–65) Phase des Erwachsenenalters vergleichsweise hoch, während sie im „höheren Erwachsenenalter" (65–80) deutlich abnimmt (vgl. Schmidt und Tippelt 2009). Durch die Abnahme der aktiven Beteiligung an organisierten Lernarrangements in der Nacherwerbsphase ist die Bedeutsamkeit des informellen Lernens für die Bewältigung der alltäglichen (Lern-)Herausforderungen besonders hoch. Mit Zunahme des Lebensalters, insbesondere im „hohen Alter" (nach dem 80. Lebensjahr), nimmt jedoch auch die Beteiligung an informellem Lernen ab. Obwohl altersspezifische Unterschiede bezüglich der Teilnahme an informellem Lernen empirisch gut belegt sind, sollten diese nicht überbewertet werden, weil Alterseffekte meist in Kombination mit anderen Merkmalen auftreten. So zeigen beispielsweise die AES-Daten für die deutsche Bevölkerung im Jahr 2007, dass neben dem Alter und der Erwerbstätigkeit, vor allem die Faktoren schulische und berufliche Vorbildung einen besonders hohen Beitrag zur Erklärung der Unterschiede in der Beteiligung an informellem Lernen leisten können (u. a. Kuwan et al. 2009).

Lernen im höheren und hohen Erwachsenalter ist insbesondere durch biografisch bedingte individuelle Lernvoraussetzungen (z. B. Vorwissen und Lernerfahrung), die jeweilige Lebenslage und die in diese individuellen Lebenszusammenhänge eingebetteten Anreiz- und Anforderungsstrukturen (vgl. Tippelt et al. 2009) sowie lernrelevante Einstellungen und Motive (vgl. Schmidt 2009) bestimmt. Inwiefern dies auch und insbesondere für Lernprozesse jenseits organisierter Bildungsangebote – also für informelle Lernprozesse – gilt, wird im Folgenden dargelegt.

2 Individuelle Dispositionen

Aus gerontologischer Perspektive stellt sich zunächst die Frage nach der Entwicklung kognitiver Fähigkeiten im Alter im Allgemeinen bzw. der Lernfähigkeit im Besonderen. Einschlägige Studien verweisen auf eine im Bevölkerungsdurchschnitt mit steigendem Alter sinkende Informationsverarbeitungsgeschwindigkeit (vgl. Baltes 1993), was für Lernprozesse aus verschiedenen Gründen aber nur bedingt relevant werden muss. Erstens nimmt die Heterogenität der kognitiven Leistungsparameter im Alter intra- wie interindividuell zu (vgl. Oswald 2000), d. h. gerade lernaktive Erwachsene können ihre fluide Intelligenz auch bis ins hohe Alter erhalten. Zweitens lässt sich auch eine nachlassende Informationsverarbeitungsgeschwindigkeit durch eine über die Lebensspanne aufgebaute Qualität und Quantität kognitiver Strukturen, Wissensbeständen und Lernstrategien kompensieren (vgl. Baltes und Baltes 1989) oder durch gezielte Trainings wieder verbessern (vgl. Bellon 2004). Drittens lassen sich entsprechende Leistungsverluste auf einer Ebene kognitiver Leistungsfähigkeit auch durch die didaktische Gestaltung von Lernszenarien auffangen (vgl. Kruse und Maier 2002), z. B. durch Reduzierung des Lerntempos. Die altersgerechte Gestaltung von Lehr-Lernsituationen charakterisiert sich durch ein ausgewogenes und teilnehmerorientiertes Maß an Selektion von Lerngegenständen, Optimierung des Lernprozesses und Kompensation der altersbedingten Einschränkungen (vgl. Baltes und Baltes 1989). Der Vorteil des informellen und beiläufigen Lernens liegt darin, dass die Auswahl des Lerngegenstandes, die Festlegung des Lernziels und die Steuerung des Lerntempos in den Händen der Lernenden liegt. Der Lernprozess wird dabei von den Lernenden zwar nicht gezielt gestaltet, die genannten Aspekte werden aber bei retrospektiven Evaluationen des eigenen Lernprozesses von den Lernenden genannt.

Sehr viel stärker beeinträchtigt wird informelles Lernen – und insbesondere die Lernbereitschaft älterer Erwachsener – durch deren subjektive Vorstellungen von der eigenen bzw. der allgemeinen Entwicklung von Lernfähigkeit im Alter. Als ein Teil individueller Altersbilder korrelieren die subjektiven Erwartungen an die eigene Lern- und Leistungsfähigkeit im Alter in hohem Maße mit den Lernaktivitäten (vgl. Schmidt-Hertha und Mühlbauer 2012). Altersstereotype, die im Zuge des eigenen Alterns vielfach wie selbsterfüllende Prophezeiungen wirken (vgl. Levy 2003), nehmen in wesentlichem Maße auf die Bereitschaft Älterer Einfluss, sich aktiv auf Lernprozesse einzulassen und auch in neue Wissensgebiete einzusteigen, (siehe auch der Beitrag von Jana-Tröller in diesem Band).

Die Intensität und Qualität des informellen Lernens hängt aber auch von grundlegenden Lernkompetenzen ab. Studien zum selbstgesteuerten Lernen zeigen, dass das Lernen außerhalb von Bildungseinrichtungen besondere Fähigkeiten und Kompetenzen voraussetzt, um effizient und erfolgreich zu sein (Garrison 2005). Lernstrategien einschließlich metakognitiver Komponenten, wie der Fähigkeit das eigene Lernen erfolgreich zu reflektieren und zu evaluieren, spielen für selbstgesteuertes Lernen ebenso eine wichtige Rolle wie die richtige Einordnung von Reichweite und Belastbarkeit informell genutzter Quellen als Teil einer umfassenden Informationskompetenz (vgl. Gapski und Tekster 2009).

Die Grundlagen für diese Lernkompetenzen werden in der Regel in den formalen Bildungsprozessen im Kindes- und Jugendalter erworben, können aber natürlich auch in späteren Lebensphasen oder außerhalb formalisierter Bildungskontexte angeeignet werden (vgl. Prenzel 1994). Das Niveau und die Ausprägung von Lernkompetenzen sind dabei stark abhängig von der individuellen Lern- und Bildungsbiografie sowie Bildungs- und Lernmotiven, grundsätzlichen Einstellungen gegenüber Bildung sowie Präferenzen für bestimmte Aneignungswege und sind somit als Ergebnis vorangegangener (Bildungs-) Erfahrungen und der eigenen Biografie zu verstehen (vgl. Schmidt 2009).

Ebenso sind Interessen – verstanden als relativ stabile, sich situationsabhängig allerdings unterschiedlich realisierende Präferenzen (vgl. Krapp et al. 1992) – in der jeweiligen Biografie verankert. Während klassische Theorien zur Interessensgenese jedoch von einer exklusiven Funktion des Kindes- und Jugendalters bei der Herausbildung von Interessen ausgehen, verweisen aktuellere Untersuchungen auf die

Möglichkeit auch im (späteren) Erwachsenenalter neue Interessen zu entwickeln und gehen von einem zeitlich unterschiedlich ausgedehnten Verlauf von der allmählichen Herausbildung einer thematischen Präferenz bis zum langsamen Abflachen eines Interesses aus (vgl. Grotlüschen 2010). Das Interesse an bestimmten Themen und Inhalten, das als eine wesentliche Grundlage für die intrinsisch motivierte Auseinandersetzung mit einem Lerngegenstand gesehen werden kann, spielt insbesondere im Kontext selbstgesteuerter Bildungsprozesse eine zentrale Rolle und gewinnt gerade in der von beruflichen Zwängen weitgehend freien Nacherwerbsphase noch einmal an Bedeutung.

3 Lebensführung und gesellschaftliche Teilhabe

Zum informellen Lernen von Erwachsenen im hohen und höheren Lebensalter liegen besonders wenig empirische Ergebnisse vor. Das liegt zum Teil daran, dass in vielen Studien nur Personen im Erwerbsalter oder maximal bis 70 Jahre untersucht werden. Nur selten werden Personen im höheren Erwachsenenalter in die Studien einbezogen, was vor allem auch daran liegt, dass sie in der Regel nicht mehr für den Arbeitsmarkt zur Verfügung stehen. Darüber hinaus wird häufig auf eine explizite Darstellung der Analysen verschiedener altersbezogener Lebensphasen verzichtet, weil die Daten darauf hinweisen, dass der Alterseffekt durch andere Faktoren (Bildungsabschluss, Berufstätigkeit, etc.) überlagert wird. In der EdAGE-Studie haben sich fast die Hälfte der Befragten (45- bis 80-Jährige) am informellen Lernen beteiligt. Die altersdifferenzierte Analyse zeigt zwar, dass deutlich weniger über 65-Jährige am informellen Lernen beteiligt sind (38 %), altersspezifische Unterschiede kommen aber vor allem in Verbindung mit anderen Merkmalen, wie etwa Erwerbstätigkeit, Schulbildung und gesundheitlichen Einschränkungen zum Tragen und dürfen somit nicht überbewertet werden (vgl. Schmidt 2007).

Dabei zeigen sich bezüglich des Bildungsabschlusses die deutlichsten gruppenspezifischen Unterschiede (Kuwan et al. 2009). Da der enge Zusammenhang zwischen formaler Bildung und der Höhe des Erwerbseinkommens weltweit feststellbar ist (vgl. u. a. Autorengruppe Bildungsberichterstattung 2014), sind die Ergebnisse einer taiwanesischen Studie (Lai, Wu und Li 2011) bezüglich des Zusammenhangs zwischen dem informellen Lernen und der Höhe des Einkommens nicht überraschend. Im Vergleich mit den Faktoren Alter, Geschlecht und Bildungsabschluss hat das Jahreseinkommen die größte Erklärungskraft bezüglich der Präferenz für informelle Lernaktivitäten. Vor allem in Bezug auf die Teilnahme an informellen Lernaktivitäten wie Bücher lesen, didaktische Rundfunkprogramme hören und an Bildungsreisen teilnehmen zeigt sich dieser Zusammenhang besonders deutlich.

Obwohl es bezüglich der Armutsquoten von älteren Erwachsenen große internationale Unterschiede gibt (Japan, Italien und Großbritannien weisen eher hohe, Dänemark, Schweden und Deutschland relativ niedrige Armutsquoten ihrer älteren Bevölkerung auf), liegt das Armutsrisiko von Älteren insgesamt – mit Ausnahme von Deutschland – höher, als das der 18-64-Jährigen (Mai, Micheel, Naderi und Roloff 2007). Auch wenn in der Studie von Lai, Wu und Li (2011) die Ergebnisse nicht explizit nach Altersgruppen differenziert dargestellt wurden, kann man aus den vorliegenden Befunden schlussfolgern, dass gerade bei älteren Erwachsenen die finanziellen Ressourcen ein starkes Hemmnis für ein aktives Altern und somit auch für die Beteiligung an informellen Lernaktivitäten darstellen können.

Auch das Freiwillige Engagement von älteren Erwachsenen, welches als Gradmesser für ein aktives und selbstbestimmtes Leben im Alter gilt, ist u. a. nicht nur vom Gesundheitszustand, sondern vor allem vom sozioökonomischen Status abhängig (Mai, Naderi und Roloff 2007). Für die Bildungsforschung sind solche und ähnliche Freizeitbeschäftigungen besonders interessant, weil sie vielfältige Ansatzpunkte zur Aktivierung informeller Lernprozesse und Impulse für weitere Bildungsaktivitäten bieten (Schmidt und Schnurr 2009) und nachweislich positiv auf die Zufriedenheit und das Wohlbefinden zurückwirken (Adams, Leibbrandt und Moon 2011; Mai, Naderi und Roloff 2007). So können Reisen, ehrenamtliches Engagement, Pflege von Angehörigen, Interaktion mit Kindern und Enkelkindern, etc., signifikante Lernmöglichkeiten bieten, die insbesondere im höheren Lebensalter zur Kompetenzentwicklung beitragen können (Findsen und Formosa 2011).

Es kann daher angenommen werden, dass ein aktiver Lebensstil einen direkten und positiven Effekt auf Lernaktivitäten und die Einstellung zum eigenen Alter hat (Schmidt 2010a). Umgekehrt ist auch ein verstärkender Effekt einer positiven Einstellung zum eigenen Alter auf die Motivation, neue Herausforderungen auch im höheren Alter anzunehmen, zu erwarten (Friebe und Schmidt-Hertha 2013). Gerade die Nacherwerbsphase bietet durch die Entpflichtung von beruflichen Aufgaben einen großen zeitlichen Spielraum für die Freizeitgestaltung und bietet viele Möglichkeiten persönlichen Interessen und Vorlieben nachzugehen. Auffällig ist aber, dass gerade die Senioren, die beruflich oder familiär besonders stark belastet sind, in ihrer Freizeit aktiver am kulturellen und gesellschaftlichen Leben teilhaben (Schmidt und Schnurr 2009).

Die Übergänge zwischen Freizeitaktivitäten und freiwilligem Engagement (ehrenamtliche Aktivitäten, bürgerschaftliches Engagement) sind dabei oft fließend, was daran liegt, dass ehrenamtliche Tätigkeiten häufig als Freizeitbeschäftigung verstanden werden (Mai, Naderi und Roloff 2007). Während in städtischen Regionen die Senioren mit hohen Bildungsabschlüssen im kulturellen Bereich am engagiertesten sind, ist das freiwillige Engagement in allen Bereich in ländlichen Gebieten deutlich geringer. Im Gegensatz zum freiwilligen Engagement, welchem Ältere zum Teil auch kritisch und ablehnend gegenüberstehen, wird das familiäre Engagement in Form von Pflegetätigkeiten und Kinderbetreuung nicht in Frage gestellt (Schmidt und Sinner 2009). Nach dem Freiwilligensurvey steigt die Quote der engagierten Senioren in Deutschland seit der ersten Erhebungswelle 1999 kontinuierlich. Betrachtet man die Engagementquote differenziert nach Altersgruppen wird deutlich, dass die Aktivität mit zunehmenden Alter abnimmt (2009: 50–59 = 37 %, 60–69 = 37 %, 70+: 25 %), auch wenn sich die Altersgrenze, bis zu der sich ältere Menschen in Deutschland recht aktiv in die Zivilgesellschaft einbringen, stetig nach oben verschiebt und 2009 sogar bei 75 Jahren lag. Insgesamt engagieren sich die deutschen Senioren vor allem im sozialen, gesundheitlichen und kirchlichen Bereich (BMFSFJ 2010).

In den Ergebnissen des Survey of Health, Ageing and Retirement in Europe (SHARE) wurde deutlich, dass das durchschnittliche freiwillige Engagement von Älteren im europäischen Vergleich im Mittelfeld liegt und innerhalb Europas ein Nord-Süd-Gefälle bezüglich der Aktivität besteht (Hank, Erlinghagen und Lemke 2005). Mit Abstand nennen die ehrenamtlich aktiven Senioren am häufigsten das Motiv, durch die Tätigkeiten einen sinnvollen Beitrag leisten zu können (70 %) und den mit der Ausübung des Ehrenamtes verbundenen Spaß (61 %) (ebd.). Da den Akteuren oft nicht direkt bewusst ist, welchen Beitrag Freizeitaktivitäten und freiwilliges Engagement zur Erweiterung ihrer Fähigkeiten und zum Wissenserwerb leisten, ist dies in empirischen Untersuchungen nur schwer zu erfassen. Bei der Auswertung einer australischen qualitativen Studie zum informellen Lernen von Senioren durch Freizeitaktivitäten haben McKean und Abbott-Chapman (2011) vor allem diesen Aspekten besondere Aufmerksamkeit geschenkt. Gerade bei Freizeitaktivitäten, welche mit einer Mitgliedschaft in einer Gemeinschaft verbunden sind, wird von den älteren Erwachsenen das wahrgenommene Selbstverwirklichungs- und das Lernpotential, das informell und oft zufällig stattfindet, besonders wertvoll eingeschätzt. Die spontanen Äußerungen bezüglich der Erwartungen an und der Zufriedenheit mit der Zugehörigkeit zeigen, dass die Freiwilligkeit des persönlichen Engagements und die nicht-kompetitive Atmosphäre durch die horizontalen Machtstrukturen in der kollektiven Projektarbeit das gemeinsame Lernen und das Lernen in der Peergroup fördert. Die Autoren betonen, dass gerade die Gestaltungsautonomie und die Entscheidungsfreiheit bei derartigen gemeinschaftlichen Freizeitaktivitäten im scharfen Kontrast zu organisierten Lernsituationen zu sehen sind.

4 Individuelle Lernressourcen

Kognitive Fähigkeiten sind jedoch nicht die einzigen Voraussetzungen für das Lernen im Erwachsenenalter. Frühere Erfahrungen im Kontext formalen, non-formalen und informellen Lernens prägen das emotionale Engagement und die eigene Erwartungen an das Lernen. Quantitative und qualitative Untersuchungen konnten zeigen, dass Bildungserfahrungen, die während der Schul- oder Ausbildungszeit gemacht wurden, einen großen Einfluss auf die Lerneinstellung im späteren Leben haben (z. B. Schmidt 2010b) und damit die durch Lernanforderungen hervorgerufenen Affekte formen.

Lernen im Erwachsenenalter – sei es formal, non-formal oder informell – ist stark von der motivationalen Ausgangslage (z. B. Cross 1981; Manninen 2006) und vorangegangenen Lernerfahrungen geprägt (z. B. Reich 2006; Schmidt 2007) sowie von Sozialisationsprozessen, die grundlegende Einstellungen zu Lernen und Bildung bereits in Kindheit und Jugend relativ dauerhaft verankern und über diese das Lernen auch im höheren Erwachsenenalter beeinflussen (Tippelt und Schnurr 2009).

Formelles Lernen ist nicht nur in Kindheit und Jugend von zentraler Bedeutung für die Entwicklung von Kompetenzen und die Wissensaneignung. Gleichzeitig hat auch in den frühen Lebensphasen informelles Lernen einen großen Einfluss auf die individuelle Entwicklung aber auch auf den Erfolg im formellen Bildungsbereich (Chiu und Khoo 2005), zum Beispiel über informelle Lernprozesse innerhalb der Familie (z. B. Plowman et al. 2008), mit Gleichaltrigen (z. B. Schwartz 1981) und durch Medien (z. B. Cortes 2000).

Nachdem sich Lernerfahrungen, Lernkompetenz aber auch die subjektive Selbsteinschätzung hinsichtlich der eigenen Lernfähigkeit als wesentlich für gezieltes wie beiläufiges informelles Lernen erwiesen haben (s.o.), stellt sich die Frage nach der Altersabhängigkeit dieser Lernvoraussetzungen. Vor dem Hintergrund unterschiedlicher dominanter Lern- und Erfahrungsfelder in verschiedenen Lebensphasen scheint es plausibel anzunehmen, dass Unterschiede hinsichtlich der Lernerfahrungen verschiedener Altersgruppen auch als Generationserfahrungen zu deuten sind, also z. B. auf die sozialhistorischen Bedingungen der schulischen und beruflichen Erstausbildung zurückzuführen sind (vgl. auch Friebe und Schmidt-Hertha 2014). Diese für die jeweilige Generation typischen Bedingungen für frühe Lernerfahrungen geben allerdings nur einen sehr groben und keineswegs immer kollektiv erlebten Rahmen vor, in dem Lernen und Bildung individuell ganz unterschiedlich erlebt und verarbeitet wird, wobei elterliche Bildungseinstellungen und -aspirationen eine wesentliche Rolle spielen (vgl. Barz und Tippelt 2004; Schmidt 2009).

Während Lernerfahrungen also allenfalls quantitativ mit dem Lebensalter assoziiert sind, könnte die zeitliche Distanz zur schulischen und beruflichen Erstausbildung sowie die kognitive Entwicklung über die Lebensspanne durchaus einen relevanten Einfluss auf die Lernkompetenz älterer Erwachsener haben. Aus pädagogischer Perspektive ist – und darauf deuten zahlreiche empirische Befunde der Weiterbildungsforschung hin – davon auszugehen, dass kontinuierliche Lernaktivitäten im Erwachsenenalter (z. B. die Teilnahme an Erwachsenenbildungsangeboten) wesentlich zur Erhaltung bzw. zum Ausbau von Lernkompetenz beitragen, während umgekehrt eine langjährige Weiterbildungsabstinenz auch zu einer Lernentwöhnung führen kann – also einem Abbau von Lernkompetenzen. Zwar lassen sich die Effekte vergangener informeller Lernaktivitäten auf die aktuelle Lernkompetenz auf Basis der vorliegenden Studien schwer nachweisen, der Zusammenhang zwischen aktuellen wie vergangenen non-formalen Bildungsaktivitäten auf das aktuelle informelle Lernen ist dagegen wiederholt empirisch belegt worden (z. B. Baethge und Baethge-Kinsky 2004; Schiersmann 2006; Theisen et al. 2009).

5 Lerngelegenheiten

Noch mehr als selbstgesteuertes Lernen ist zufälliges Lernen stark von Lernmöglichkeiten abhängig, die sich im Alltag präsentieren, und wird von diesen – oft für die Lernenden unmerklich – determiniert. Alltägliche Handlungsvollzüge und -anforderungen bieten nicht nur Lerngelegenheiten und -notwendigkeiten, sondern beeinflussen auch die situational-motivationale Ausgangslage für Lernprozesse. Es sind darüber hinaus die persönlichen Ziele von Erwachsenen, die durch deren Alltagserleben stimuliert werden, und die Vorstellungen, wie diese Ziele erreicht werden können sowie die Erwartung, dass Lernen einen Beitrag leisten kann, diese Ziele zu erreichen, die Lern- und Bildungsaktivitäten nicht nur im höheren Erwachsenenalter anregen (vgl. Cross 1981).

Im frühen Erwachsenenalter, das heißt während dem Übergang von der Schule ins Arbeitsleben, öffnet sich ein weites Feld mit informellen Lernmöglichkeiten, die unmittelbar an die berufliche Tätigkeit und den Arbeitsplatz gekoppelt sind. Informelles Lernen im Erwachsenenalter wird auch in der wissenschaftlichen Reflektion oft mit dem Fokus auf berufliches Lernen und insbesondere Lernen am Arbeitsplatz (z. B. Billet 2004; Dehnbostel 2005; Garrick 2005) enggeführt, und die Bedeutung dieser Lernkontexte für die Entwicklung beruflich relevanter Kompetenzen wurde wiederholt nachgewiesen (z. B. Baethge und Baethge-Kinsky 2004). Damit rechtfertigt sich einerseits die wissenschaftliche Aufmerksamkeit für informelles Lernen in beruflichen Kontexten, zumal es große Unterschiede zwischen Arbeitsplätzen und der Weise, wie dort informelles Lernen implementiert wird, gibt. Untersuchungen zum informellen Lernen im Erwachsenenalter außerhalb des Arbeitsplatzes sind dagegen deutlich weniger zu finden und sind oft verbunden mit Biografien von Frauen (z. B. Evans et al. 2004) oder weitreichenden Zäsuren in Lebensverläufen (z. B. Aslanian und Brickell 1980), manchmal auch mit Bezug zu bürgerschaftlichem Engagement innerhalb der eigenen Kommune (z. B. Jelenc-Krašovic und Kump 2009) oder auch darüber hinaus (z. B. Field 2003).

Im höheren Erwachsenenalter nimmt die Bedeutung des Lernens am Arbeitsplatz ab bzw. entfällt mit dem Übergang in die Nacherwerbsphase völlig. Jedoch können auch nach Wegfall des Lernfelds Arbeitsplatz andere Aktivitäten bedeutende Lernstimuli geben (vgl. Golding 2011). Vor allem Freiwilligenarbeit bietet ein weites Spektrum an Lernmöglichkeiten und wird gleichzeitig verschiedentlich als Anlass für non-formales Lernen im Sinne einer Teilnahme an Erwachsenenbildung gesehen. Exkursionen und Reisen, für die in der Nacherwerbsphase zusätzliche Zeitfenster zur Verfügung stehen, haben sich empirisch als sehr bedeutsame Lerngelegenheiten und Lernanlässe für viele Ältere erwiesen (vgl. Kuwan et al. 2009). Unabhängig vom konkreten Lernanlass oder Lernkontext lassen sich aber klare Verbindungen zwischen formeller Bildung, der non-formalen Bildung und dem informellem Lernen identifizieren, die nicht zuletzt auf den in individuellen Bildungsgewohnheiten, Lernkompetenzen und Einstellungsmustern verankerten Voraussetzungen für Lernen und Bildung insgesamt beruhen. Trotzdem sollten informelle Lernkontexte nicht als Konkurrenz für organisierte Lernangebote gesehen werden, sondern die Frage nach einer konstruktiven Verknüpfung der unterschiedlichen Formen Lebenslangen Lernens im Zentrum stehen (vgl. auch Zürcher 2007).

6 Lernanreize

Das informelle Lernen ist stark von den Lebensumständen und den sich für das Individuum bietenden Möglichkeitsstrukturen abhängig. Wenn Erwachsene ihre Erwerbstätigkeit beenden, bedeutet das, dass ein wichtiges Feld informeller

Lernmöglichkeiten wegfällt und gleichzeitig andere Lebensbereiche – wie die Familie, freiwilliges Engagement oder Freizeitaktivitäten – an Bedeutung gewinnen. Auch diese Bereiche können wesentliche Lernimpulse geben, indem sie die Betroffenen mit herausfordernden Aufgaben und Lernanreizen konfrontieren.

Lernen im Alter richtet sich nur teilweise an individuellen Lernzielen aus, viele Lernprozesse erfolgen unbeabsichtigt und ohne als solche wahrgenommen zu werden. Wie oben bereits angesprochen, findet Lernen oft im Rahmen von Aktivitäten statt, die nicht primär mit dem Ziel des Erkenntnis- oder Kompetenzerwerbs assoziiert sind, weshalb informelles Lernen auch stark mit einem aktiven Lebensstil korreliert (vgl. Schmidt und Schnurr 2009). Wenn Lernen implizit erfolgt, kann es nicht mit unterschiedlichen Motiven begründet werden. Es können eher die Aktivitäten, aus welchen Lernmöglichkeiten und -anforderungen resultieren, wie z. B. Freizeitaktivitäten, Freiwilligenarbeit, Pflege der Familie und viele weitere, als von persönlichen Zielen und Motiven beeinflusst verstanden werden. Nach der Theorie des geplanten Verhaltens von Ajzen (2002) sind die Einstellungen zum eigenen Verhalten, die subjektiven Normen und die empfundene Kontrolle über Handlungsverläufe elementar für das Verhalten einer Person. Das bedeutet, dass die Teilnahme an verschiedenen Aktivitäten und ein allgemein aktiver Lebensstil ein Produkt positiver Selbstwahrnehmung, Selbstwirksamkeitsüberzeugungen und der Wahrnehmung von Erwartungen der anderen sind. In der Konsequenz bedeutet das, dass alle drei Aspekte direkt oder indirekt (vermittelt über Aktivitätsmuster) fundamental für Lernaktivitäten sind.

Dies spiegelt sich u. a. in bisher unveröffentlichten Ergebnissen des Forschungsprojektes IGeL-Media DFG-Projekt Nr. SCHM 2391/3-1 wieder. In der Studie wurden die Nutzung von digitalen Medien und die Entwicklung eines Medienverständnisses von älteren Erwachsenen, aber auch auf den Einfluss der jüngeren Generation auf den Umgang mit modernen Medien untersucht (vgl. Schmidt-Hertha und Thalhammer 2012). Das Hauptziel der Studie war es, das intergenerationale Lernen und den intergenerationalen Austausch im Hinblick auf digitale Medien zu untersuchen. Deswegen wurden nicht nur die Lerngewohnheiten und -strategien in den qualitativen Interviews erfasst, sondern es wurden auch die Lernmöglichkeiten, insbesondere in Bezug auf das soziale Umfeld und das verfügbare soziale Kapital, in den Blick genommen.[1] Der Fokus der Interviews lag hauptsächlich auf intendierten Lernprozessen zur Erweiterung der eigenen Medienkompetenz. Die Interviewten beschrieben wie sie auch im höheren Erwachsenenalter Erfahrungen im Umgang mit digitalen Medien gesammelt bzw. sich die Handhabung dieser Technologien gezielt erarbeitet haben. Es stellte sich heraus, dass zumindest die selbstgesteuertexplorative Auseinandersetzung mit neuen Medien stark von motivationalen

---

[1] Zu diesem Zweck wurden 32 qualitative problemzentrierte Leitfadeninterviews mit über 60-Jährigen geführt, die bereits ihre Erwerbstätigkeit beendet hatten. Bei der Zusammensetzung der Stichprobe wurden Geschlecht und Bildungsstand berücksichtigt, die aktive Nutzung von digitalen Medien (insbesondere Computer) war allerdings Voraussetzung für die Teilnahme an der Studie. Zudem wurde auf eine gleichmäßige Altersverteilung geachtet, wodurch eine Gruppierung in zwei Altersgruppen ermöglicht wurde (60 bis 69 Jahre und 70 und älter).

Informelles Lernen älterer Erwachsener

Grundlagen und den individuell verfügbaren Lernstrategien geprägt ist. Während nur wenige der Interviewten ein idiosynkratisches Interesse an digitalen Medien hatten, war für die meisten eine der beiden folgenden Erwägungen ausschlaggebend:

- Erstens machen Ältere die Erfahrung, dass bestimmte Aktivitäten in ihrer Lebenswelt zunehmend Computer- oder Internetnutzung voraussetzen (z. B. Bankgeschäfte, Organisation von Reisen, etc.) und dass damit einhergehend eine unzureichende Nutzungskompetenz in diesem Bereich eine teilweise Exklusion in einigen Aktivitätsfeldern zur Folge hat oder die Betroffenen von der Unterstützung Dritter abhängig macht (vgl. auch Schmidt-Hertha und Strobel-Duemer 2014). Positiv ausgedrückt heißt das, die Älteren haben entdeckt, dass digitale Medien die Erledigung verschiedener Aufgaben deutlich vereinfachen können und leiten daraus den Wunsch ab, die entsprechenden medialen Anwendungen kennenzulernen. Somit ist das Bedürfnis, die Möglichkeiten digitaler Medien zur Aufrechterhaltung des eigenen Lebensstils zu nutzen, Ausgangsbasis für die Auseinandersetzung mit digitalen Medien.
- Zweitens war die Möglichkeit mit den eigenen Kindern und Enkelkindern über und mit digitalen Medien zu kommunizieren für viele der Befragten ein wesentliches Motiv, sich eingehender mit Computer und Internet auseinanderzusetzen. Auf der einen Seite geht es dabei um die Teilhabe an einem Lebensbereich der Kinder und Enkel und damit einhergehend um die Möglichkeit, digitale Medien zum Gegenstand intergenerationeller Kommunikation zu machen. Auf der anderen Seite entdecken manche der Befragten das Internet als eine Möglichkeit, die Kommunikation in multilokalen Familien (Bertram 2000) auch über große Distanzen aufrecht zu erhalten.

Es können also defizit-orientierte oder wachstumsorientierte Lerngewohnheiten beobachtet werden oder im Sinne Holzkamps (1993) „defensives" oder „expansives" Lernen die Auseinandersetzung mit digitalen Medien prägen. Manche der Älteren, die im Rahmen der IGEL-Media-Studie interviewt wurden, verwiesen auf Defiziterleben oder äußerten Befürchtungen der Exklusion in bestimmten Lebensbereichen, während andere auf neue Möglichkeiten, die eigenen Handlungsmöglichkeiten und Perspektiven zu erweitern, rekurrierten. Es darf hier nicht übersehen werden, dass Lernaktivitäten immer ein Produkt aus Motiven, Lerngewohnheiten und Selbstwahrnehmung auf der einen Seite und Stimuli und Lernressourcen, die durch das soziale Umfeld zur Verfügung gestellt werden, auf der anderen Seite sind. Ob und wie ältere Erwachsene mehr über digitale Medien lernen, hängt unter anderem von deren Familien ab, davon ob es jüngere Familienmitglieder in der Nähe gibt und ob diese bereit sind, die Älteren in der Auseinandersetzung mit Computer und Internet zu unterstützen. Die Qualität der Beziehung zu den Kindern und Enkelkindern ist ebenfalls entscheidend dafür, ob die Älteren diese überhaupt um Unterstützung beim Umgang mit digitalen Medien bitten. In einzelnen Fällen fanden sich auch Hinweise auf Personen außerhalb der Familie, die Ältere in der Auseinandersetzung mit digitalen Medien unterstützen, wie z. B. Nachbarn oder auch professionelle IT-Experten. Diese sind aber insbesondere dann relevant, wenn es die Familienstruktur nicht zulässt, dass die Kinder oder Enkelkinder diese Unterstützung leisten oder das innerfamiliäre Rollenverständnis dem entgegensteht. Ein älterer Mann berichtete hier zum Beispiel, dass er seine Enkelkinder nie um Hilfe bei Computerproblemen gefragt hat, weil diese ihn als weisen und wissenswerten Menschen gesehen haben und er dieses Bild nicht zerstören wollte (Thalhammer/ Schmidt-Hertha 2015).

7 Soziales Netzwerk

Das informelle Lernen im dritten und vierten Lebensalter wurde für verschiedene Lebensbereiche im Rahmen von zwei Studien untersucht, wobei dieser Beitrag ausschließlich die qualitativen Interviews aus diesen multimethodalen Studien heranzieht. Beide Studien wurden zwischen 2010 und 2012 in verschiedenen Regionen Deutschlands durchgeführt.

Die erste Studie hatte das Ziel die Bedeutung, den Erhalt und die Entwicklung der Kompetenzen im späteren Leben zu untersuchen und wurde mit dem Akronym CiLL benannt (vgl. Friebe und Schmidt-Hertha 2013). Es wurden 42 Fallstudien durchgeführt, um zu untersuchen, inwieweit Lese- und Rechenkompetenzen im Alltag genutzt werden, aber auch um einen Einblick über die Mediennutzung und die Einstellungen Älterer zu modernen Medien zu bekommen. Darüber hinaus wurden Hypothesen zur Relevanz von verschiedenen Kompetenzen für ältere Erwachsene in verschiedenen Lebenslagen generiert, und im Hinblick auf deren soziale Umwelt und Lebensstil differenziert. Einige in früheren Studien (z. B. Tippelt et al. 2009) als bedeutsam identifizierte Variablen wurden im Rahmen der Konstruktion des Samples berücksichtigt. Erstens wurde eine Altersuntergrenze von 55 Jahren festgelegt. Die meisten Befragten befanden sich bereits in der Nacherwerbsphase, waren jedoch in der Regel noch gesund und aktiv. Die älteste Person in der Stichprobe war 99 Jahre alt. Innerhalb dieser Gruppe wurden Männer und Frauen mit verschiedenen Bildungshintergründen für Fallstudien ausgewählt. Vor allem die (Bildungs-)Biografien der Männer und Frauen, die ihre Kindheit in der Kriegs- und Nachkriegszeit verbracht haben, sind oft von zahlreichen Diskontinuitäten und infrastrukturellen Defiziten gekennzeichnet (Friebe und Schmidt-Hertha 2013). Vor dem Hintergrund empirischer Belege für den Einfluss von Schulerfahrungen und beruflicher Erstausbildung auf das Lernen im späteren Leben (z. B. Schmidt 2010b) wurden bei der Stichprobenziehung drei Untergruppen berücksichtigt, die sich hinsichtlich des Niveaus von Schulbildung und beruflicher Ausbildung unterschieden. Außerdem wurden die unterschiedlichen Lebensweisen im Alter und deren Aktivitätsspektrum berücksichtigt. Auch die Lebensform, alleine, mit Partner bzw. Familie oder im betreuten Wohnen, hat – so die Vorannahme – Einfluss auf die sich ergebenden Lernmöglichkeiten, da viele Lernstimuli durch das soziale Umfeld gestellt werden, und wurde daher bei der nach dem Prinzip der maximalen Kontrastierung konstruierten Stichprobe berücksichtigt. Andere Studien konnten zeigen, dass Aktivität und informelles Lernen sowie die Beteiligung an Weiterbildung stark korrelieren (Jarvis 2006). Um eine möglichst vielfältige Stichprobe aus den Dimensionen, die oben genannt wurden, zu erhalten, wurden 42 ältere Frauen und Männer ausgewählt, um mit ihnen ein persönliches Interview zu führen. Die Interviews dauerten durchschnittlich 110 Minuten und wurden von erfahrenen Interviewern durchgeführt. Die Interviewenden suchten die Interviewten in deren Wohnung auf und sammelten dabei auch Informationen zu den Lebensumständen der Befragten.

Für beide Studien wurden die Interviews aufgenommen und vollständig transkribiert. Das Material wurde mit der qualitativen Inhaltsanalyse (vgl. Mayring 2010) analysiert. Teilweise wurden auch ergänzende Analysen in Anlehnung an die Prinzipien der rekonstruktiven Sozialforschung (vgl. Bohnsack 2007) durchgeführt. Die Aussagen der Interviewten wurden nach einem für jede Studie separat entwickelten Kategoriensystem von mehreren Mitgliedern des Forschungsteams kodiert. Nach einer teilweisen Kodierung des gleichen Materials durch mehrere Kodierer wurde die Intercoderreliabilität überprüft, Kodierschemata abgeglichen und weiter spezifiziert. Für die Analyse des ersten Datensets, welches während der CiLL-Studie entstand, wurde ein System mit 18 Kategorien und 15 Unterkategorien entwickelt und angewendet. Für IGEL-Media wurde ein noch differenzierteres Kategoriensystem genutzt (10 Kategorien, 56 Subkategorien).

Subjektive Normen wurden durch die Erwartungen von Familienmitgliedern, Freunden und anderen Personen, die im sozialen Umfeld eine wesentliche Rolle spielen, an die Befragten herangetragen. Wenn es von den befragten älteren Erwachsenen erwartet wird, bestimmte Aufgaben zu übernehmen, versuchen sie diese Erwartungen zu erfüllen solange keine wesentlichen Gründe dagegen sprechen. In den Interviews zeigte sich, dass das Selbstvertrauen und die Selbstwahrnehmung einer Person einen großen Einfluss auf das Handeln und die Lernaktivitäten in der Lebensphase „Alter" haben. Durch die Interviews der CiLL-Studie konnten drei Typen der Selbstwahrnehmung herausgearbeitet werden: Macher, Helfer und auf äußere Umstände Reagierende (vgl. Friebe und Schmidt-Hertha 2013). Im Typus „Macher" sehen die Befragten sich selbst als zentrale Akteure in ihrem sozialen Umfeld und als diejenigen, die Dinge vorantreiben, Initiative übernehmen und andere motivieren. Dies geht einher mit einem starken Selbstbewusstsein und einer hohen Selbstwirksamkeitserwartung. Sie nutzen non-formale und informelle Lerngelegenheiten gleichermaßen, die sich vielfach aus immer neuen Herausforderungen ableiten, sowie von persönlichen Interessen geleitet sind. Die aufgrund der Interviews dem Typus „Helfer" zugeordneten älteren Erwachsenen versuchen hauptsächlich andere zu unterstützen und lassen sich gerne von Personen in ihrem Umfeld zu Aktivitäten motivieren. Lernen erfolgt hier meist beiläufig im Rahmen der Bewältigung von Alltagsanforderungen. Lernen wird als möglicher Weg zur erfolgreichen Bearbeitung der sich ihnen stellenden Aufgaben gesehen. Die dritte Gruppe sieht sich selbst eher unter Handlungszwang angesichts immer wieder neuer Veränderungen und Umbrüche, die schicksalhaft über sie hereinbrechen und außerhalb ihres Einflussbereichs liegen. Sie fühlen sich weniger selbstbestimmt und reagieren primär anstatt das eigene Leben zu gestalten. Auch ihr Lernen, das sich in ausschließlich impliziten Lernprozessen erschöpft, wird nicht als selbstbestimmt erlebt, sondern als Nebenprodukt des Umgangs mit den Widrigkeiten des Lebens. In allen drei Gruppen ist die Verbindung zwischen der wahrgenommenen Kontrolle über die eigene Lebensgestaltung, dem individuellen Selbstbild und dem Lernen im höheren Erwachsenenalter – wie es auch in Ajzens Theorie angenommen wird – deutlich sichtbar. Die Motivation an Lernprozessen zu partizipieren und die Art wie dies geschieht, scheint eng mit der Selbstwahrnehmung der älteren Erwachsenen zusammenzuhängen.

8 Fazit

Der theoretische Ausgangspunkt – Ajzens Theorie des geplanten Verhaltens – bestätigt sich zwar in wesentlichen Teilen in den qualitativen Daten, vernachlässigt aber die Relevanz von früheren Lernerfahrungen oder der Biografie der Erwachsenen für deren Lernaktivitäten. Beide Aspekte standen auch in den hier vorgestellten Untersuchungen nicht unmittelbar im Fokus des Erkenntnisinteresses, dennoch finden sich zahlreiche Hinweise auf eine hohe Relevanz von Lernaktivitäten in vorangegangenen Lebensphasen und biografischer Erfahrungen für Lernaktivitäten im höheren Lebensalter, wie sie auch in anderen Studien betont werden (vgl. Alheit und Dausien 2007; Schmidt 2010b). Das Erleben früher Bildungsaktivitäten, insbesondere in der Schulzeit, und die Erfahrungen mit selbstgesteuertem Lernen im Erwachsenenalter sind nicht nur wichtig als Basis aktuell verfügbarer Lernkompetenzen, sondern sie sind auch Quelle für ein positives Selbstkonzept im Hinblick auf die eigene Lernfähigkeit und Bildsamkeit.

Mit Blick auf die oben beschrieben Studien ist davon auszugehen, dass informelles Lernen im späteren Leben unter anderem durch das soziale Umfeld, das soziale Netzwerk und das Selbstbild der Lernenden geprägt ist. Wenn nun alle wichtigen Befunde zusammengetragen werden, kann in einer Erweiterung des Modells von Ajzen (2002) ein heuristisches Modell über Motive und Möglichkeitsstrukturen und deren Verbindung zum informellen Lernen älterer Erwachsener entworfen werden (siehe Abb. 1).

Lernimpulse können intrinsisch motiviert sein, auf individuellen Dispositionen beruhen oder auf persönlichen Erfahrungen basieren. Gleichzeitig können soziale Netzwerke und das soziale Umfeld vor allem dann Lernprozesse anregen, wenn diese mit Aufgaben und Herausforderungen des Alltags verknüpft sind. Diese intrinsischen oder extrinsischen Lernimpulse führen nicht zwangsläufig zu einem bewussten Lernprozess, außer die Betroffenen haben Zugriff auf die erforderlichen Lernressourcen (z. B. kompetente Lernbegleiter, Lernmaterialien, etc.), haben ein positives Bild der eigenen Lernfähigkeit und verfügen über ein ausreichendes Maß an Selbstvertrauen, um sich auf neue Inhalte einzulassen. Individuelle Dispositionen, wie das Vertrauen in die eigene Lernfähigkeit bzw. Lernstrategien, und die Erfahrung, dass Lernen zur Lösung von Herausforderungen und zur Erreichung persönlicher Ziele beitragen kann, motiviert Erwachsene, sich auch im höheren Alter auf Lernprozesse einzulassen – seien sie formell, non-formal oder informell (vgl. auch Schmidt 2010a).

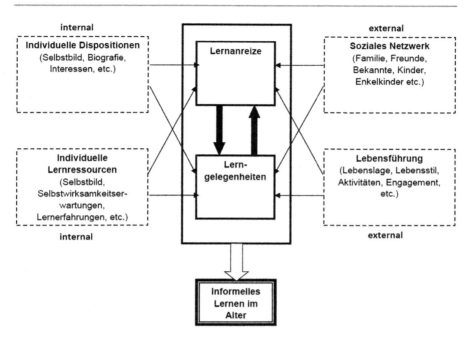

Abb. 1 Heuristisches Modell zur Bedeutung individueller und sozialer Ressourcen für informelles Lernen im Alter

Ohne die Unterstützung aus dem sozialen Umfeld, ohne Ansprechpartner bei lerngegenstandsbezogenen Fragen und ohne Zugang zu Wissensressourcen wie Literatur oder Internet, scheint auch bei günstigen persönlichen Dispositionen die Realisierung von Lernvorhaben eher schwierig, auch wenn die genannten personexternen Ressourcen keine unhintergehbaren Voraussetzungen sind. Das in Abb. 1 dargestellte Modell berücksichtigt die Interaktion von Ressourcen, die in den Lernenden selbst verankert sind, und solchen, die in deren Umfeld vorhanden sind. Der Einfluss der Ressourcen kann als zweistufiger Prozess beschrieben werden. Erstens sind Ressourcen wichtig, um informelles Lernen zu stimulieren und ein Interesse in einem bestimmten Bereich zu wecken oder um die Motivation zu finden, mit einem bestimmten Problem umzugehen. Zweitens spielen diese und andere Ressourcen auch eine wichtige Rolle in der Umsetzung von Lerninteressen im Alltag. Informelles Lernen basiert – unter Umständen sogar stärker als organisiertes Lernen – auf verfügbaren Lernressourcen, die im lernenden Erwachsenen selbst oder im sozialen und materiellen Umfeld angelegt sind. Auf der einen Seite bietet das Modell ein heuristisches Konzept für weitere Forschung im Bereich des informellen Lernens von älteren Erwachsenen, auf der anderen Seite bietet es Anregungspotenzial für Konzepte zur Unterstützung informellen Lernens im höheren Erwachsenenalter.

9 Ausblick

Zukünftige Forschungsarbeiten könnten einen differenzierten Einblick in die Interaktion von internen und externen Ressourcen geben, und zwar sowohl hinsichtlich der Anregung und Initiierung von informellen Lernprozessen im Alter als auch mit Blick auf deren Bedeutung für die Realisierung informellen Lernens. Bislang wurden die zwei Ebenen von Voraussetzungen für Lernen im Alter – die individuellen Dispositionen und die Ressourcen des Umfeldes – meist getrennt voneinander untersucht. Forschungsarbeiten konnten u. a. zeigen, dass die Schulbildung und die Ausbildung das informelle Lernen beeinflussen (Livingstone 1999) und dass ein aktiver Lebensstil grundlegend positiv mit Lernaktivität korrespondiert (Schmidt 2009; Roberson und Merriam 2005). Es ist jedoch nur wenig über die Bedeutung von sozialen Netzwerken (insbesondere Familien) und deren Einfluss auf das informelle Lernen im Alter bekannt. Außerdem wäre dem Einfluss von Selbstwahrnehmung und Selbstbild auf informelles Lernen gerade im höheren Erwachsenenalter mehr Beachtung beizumessen. Bisher wurde soziales Kapital – wie es in solchen Netzwerken sichtbar wird – meist als Ergebnis von Bildung und Lernen (e.g. OECD 2007; Field und Spence 2000) beschrieben, jedoch nicht als Ressource für das Lernen Älterer. Für viele Erwachsene sind materielle Ressourcen eine wichtige Entscheidungsgrundlage für oder gegen eine Teilnahme an beruflicher oder allgemeiner Erwachsenenbildung (Brödel und Yendell 2008); dennoch haben bislang nur wenige Studien die Bedeutung materieller Ressourcen für informelle Lernprozesse in den Blick genommen. Eines der wichtigsten Ergebnisse der hier beschriebenen Studien ist jedoch, dass der Lebensstil und das Lebensumfeld von älteren Erwachsenen eine wichtige Rolle für deren informelles Lernen spielen. Eine weitere Ausdifferenzierung der Bedeutung einzelner Facetten von Lebensstil und -umfeld hinsichtlich der Bereitstellung von Lernimpulsen und unterstützenden Strukturen steht jedoch noch aus.

Im Gegensatz zum informellen Lernen am Arbeitsplatz (vgl. z. B. Garrick 1998; Rainbird et al. 2004) gibt es nur wenige Konzepte und Initiativen, die informelles Lernen im Alltag unterstützen. Verschiedene Studien unterstreichen in diesem Kontext die Relevanz von Gemeinden (Jelenc-Krasovec und Kump 2009; Hake 2012) und Selbsthilfegruppen (Foley 1999) und fordern deren Förderung auch auf politischer Ebene. Auch die institutionalisierte Erwachsenenbildung kann dazu beitragen, informelles Lernen zu fördern, indem sie die Lernkompetenzen der Erwachsenen und deren Selbstbewusstsein stärkt. Zusätzlich stehen Erwachsenenbildungsprogramme vor der Herausforderung, eine Verknüpfung mit den in den Alltag der Lernenden eingebetteten informellen Lernaktivitäten herzustellen bzw. an deren Ergebnisse anzuschließen. Dies könnte realisiert werden, indem relevante Lernmöglichkeiten im Lebensumfeld des Teilnehmers identifiziert werden, Bezug auf dort erfolgendes implizites und beiläufiges Lernen genommen wird und so diese Lernprozesse bzw. deren Ergebnisse einer systematischen Reflexion und Einordnung zugängig gemacht werden.

Literatur

Adams, K. B., Leibbrandt, S., & Moon, H. (2011). A critical review of the literature on social and leisure activity and wellbeing in later life. *Ageing and Society, 31*(04), 683–712.
Ajzen, I. (2002). Perceived behavioral control, self-efficacy, locus of control, and the theory of planned behavior. *Journal of Applied Social Psychology, 4*, 665–683.
Alheit, P., & Dausien, B. (2007). Lifelong learning and biography. A competitive dynamic between the macro- and the micro level of education. In L. West (Hrsg.), *Using biographical and life history approaches in the study of adult and lifelong learning* (S. 57–70). Frankfurt: Lang.
Aslanian, C. B., & Brickell, H. M. (1980). *Americans in transition: Life changes as reasons for adult learning*. Princeton: College Entrance Examination Board.
Autorengruppe Bildungsberichterstattung. (2014). *Bildung in Deutschland, 2014. Ein indikatorengestützter Bericht mit einer Analyse zur Bildung von Menschen mit Behinderungen*. Bielefeld: Bertelsmann.
Baethge, M., & Baethge-Kinsky, V. (2004). Der ungleiche Kampf um das lebenslange Lernen: Eine Repräsentativ-Studie zum Lernbewusstsein und -verhalten der deutschen Bevölkerung. In M. Baethge & V. Baethge-Kinsky (Hrsg.), *Der ungleiche Kampf um das lebenslange Lernen* (S. 11–200). Münster: Waxmann.
Baltes, P. B. (1993). The aging mind: Potential and limits. *The Gerontologist, 33*(5), 580–594.
Baltes, P. B., & Baltes, M. M. (1989). Optimierung durch Selektion und Kompensation. Ein psychologisches Modell erfolgreichen Alterns. *Zeitschrift für Pädagogik, 35*, 85–105.
Baltes, P. B., & Smith, J. (1999). Multilevel and systemic analyses of old age: Theoretical and empirical evidence for a fourth age. In V. L. Bengtson & K. Warner Schaie (Hrsg.), *Handbook of theories of aging* (S. 153–173). New York: Springer.
Barz, H., & Tippelt, R. Hrsg. (2004). *Weiterbildung und soziale Milieus in Deutschland. Band 2: Adressaten- und Milieuforschung zu Weiterbildungsverhalten und -interessen*. Bielefeld: Bertelsmann.
Bellon, Y. (2004). Die Bedeutung von Trainingsmaßnahmen als Beitrag zur Bildung im Alter. In A. Kruse & M. Martin (Hrsg.), *Enzyklopädie der Gerontologie* (S. 125–134). Bern: Huber.
Bertram, H. (2000). Die verborgenen familiären Beziehungen in Deutschland: Die multilokale Mehrgenerationenfamilie. In M. Kohli & M. Szydlik (Hrsg.), *Generationen in Familie und Gesellschaft* (S. 97–121). Opladen: Leske & Budrich.
Billet, S. (2004). Learning through work: Workplace participatory practices. In H. Rainbird, A. Fuller & A. Munro (Hrsg.), *Workplace learning in context* (S. 109–125). London: Routledge.
BMFSFJ (Bundesministerium für Familie, Senioren, Frauen und Jugend). (2010). *Monitor Engagement. Freiwilliges Engagement in Deutschland 1999 – 2004 – 2009. Ergebnisse der repräsentativen Trenderhebung zu Ehrenamt, Freiwilligenarbeit und bürgerschaftlichem Engagement*. Berlin: BMFSFJ.
Bohnsack, R. (2007). *Rekonstruktive Sozialforschung. Einführung in qualitative Methoden* (6 Aufl.). Opladen: UTB.
Brödel, R., & Yendell, A. (2008). *Weiterbildungsverhalten und Eigenressourcen. NRW-Studie über Geld, Zeit und Erträge beim lebenslangen Lernen*. Bielefeld: wbv.
Chiu, M. M., & Khoo, L. (2005). Effects of resources, inequality, and privilege bias on achievement: Country, school, and student level analyses. *American Educational Research Journal, 42*(4), 575–603.
Cortes, C. E. (2000). *The children are watching: How the media teach about diversity*. New York: Teachers College Press.
Cross, K. P. (1981). *Adults as learners. Increasing participation and facilitating learning*. San Francisco: Jossey-Bass.
Dehnbostel, P. (2005). Informelles Lernen in betrieblichen und arbeitsbezogenen Zusammenhängen. In K. Künzel (Hrsg.), *Internationales Jahrbuch der Erwachsenenbildung* (Informelles Lernen – Selbstbildung und soziale Praxis, Bd. 31/32, S. 143–164). Köln: Böhlau Verlag.

Evans, K., Kersh N., & Sakamoto, A. (2004). Learner biographies. Exploring tacit dimensions of knowledge and skills. In H. Rainbird, A. Fuller & A. Munro (Hrsg.), *Workplace learning in context* (S. 222–241). London: Routledge.
Field, J. (2003). Civic engagement and lifelong learning: Survey findings on social capital and attitudes towards learning. *Studies in the Education of Adults, 35*(2), 142–156.
Field, J., & Spence, L. (2000). Informal learning and social capital. In F. Coffield (Hrsg.), *The necessity of informal learning* (S. 32–42). Bristol: Policy Press.
Findsen, B., & Formosa, M. (2011). *Lifelong learning in later life: A handbook on older adult learning*. Amsterdam: Sense.
Foley, G. (1999). *Learning in social action. A contribution to understanding informal education*. London: Zed Books.
Friebe, J., & Schmidt-Hertha, B. (2013). Activities and barriers to education for elderly people. *Journal of Contemporary Educational Studies, 64*(1), 10–27.
Friebe, J., & Schmidt-Hertha, B. (2014). Projekthintergrund, Ziele und Voraussetzungen von CiLL. In J. Friebe, B. Schmidt-Hertha, & R. Tippelt (Hrsg.), *Kompetenzen im höheren Lebensalter. Ergebnisse der Studie „Competencies in Later Life" (CiLL)*. Bielefeld: Bertelsmann.
Gapski, H., & Tekster, T. (2009). *Informationskompetenz in Deutschland. Überblick zum Stand der Fachdiskussion und Zusammenstellung von Literaturangaben, Projekten und Materialien zu einzelnen Zielgruppen*. Düsseldorf: Landesanstalt für Medien NRW.
Garrick, J. (1998). *Informal learning in the workplace. Unmasking human resource development*. London: Routledge.
Garrick, J. (2005). Pursuit of the Intangible: The inherent difficulties of codifying ‚informal learning'. In K. Klaus (Hrsg.), *International yearbook of adult education 31/32* (S. 245–262). Köln: Bohlau Verlag.
Garrison, D. R. (2005). Self-directed learning: Toward a comprehensive model. *Adult Education Quarterly, 48*(1), 18–33.
Golding, B. (2011). Social, local and situated: Recent findings about the effectiveness of older men's informal learning in community contexts. *Adult Education Quarterly, 61*(2), 103–120.
Grotlüschen, A. (2010). *Erneuerung der Interessetheorie. Die Genese von Interesse an Erwachsenen- und Weiterbildung*. Wiesbaden: VS Verlag.
Hake, B. (2012). Intergenerational learning environments in community contexts. In S. J. Krašovec & M. Radovan (Hrsg.), *Intergenerational solidarity and older adults education in community. The third conference of the ESREA Network on Education and Learning of Older Adults* (S. 56–64). Ljubljana: Faculty of Arts at the University of Ljubljana.
Hank, K., Marcel E., & Anja L. (2005). *Ehrenamtliches Engagement in Europa: Eine vergleichende Untersuchung am Beispiel von Senioren*. MEA discussion paper series 05074, Munich Center for the Economics of Aging (MEA) at the Max Planck Institute for Social Law and Social Policy.
Holzkamp, K. (1993). *Lernen. Subjektwissenschaftliche Grundlegung*. Frankfurt a. M.: Campus.
Jarvis, P. (2006). *Adult learning in the social context*. London: Routledge.
Jelenc-Krašovic, S., & Kump, S. (2009). Adult learning activities, social networks and different neighbourhoods. *European Societies, 11*(2), 257–282.
Krapp, A., Hidi, S., & Renninger, K. A. (1992). Interest, learning and development. In K. A. Renninger, S. Hidi, & A. Krapp (Hrsg.), *The role of interest in learning and development* (S. 3–21). Hillsdale: Lawrence Erlbaum.
Kruse, A., & Maier, G. (2002). Höheres Erwachsenenalter und Bildung. In R. Tippelt (Hrsg.), *Handbuch Bildungsforschung* (S. 529–544). Opladen: Leske & Budrich.
Kuwan, H., Schmidt, B., & Tippelt, R. (2009). Informelles Lernen. In R. Tippelt, B. Schmidt, S. Schnurr, S. Sinner & C. Theisen (Hrsg.), *Bildung Älterer: Chancen im demografischen Wandel* (S. 59–70). Bielefeld: Bertelsmann.
Lai, H.-J., Wu, M.-L., & Li, A.-T. (2011). Adults' participation in informal learning activities: Key findings from the adult education participation survey in Taiwan. *Australian Journal of Adult Learning, 51*(3), 409–432.

Levy, B. R. (2003). Mind matters: Cognitive and physical effects of aging self-stereotypes. *The Journals of Gerontology: Psychological Sciences, 4*, 203–211.

Livingstone, D. (1999). Informelles Lernen in der Wissensgesellschaft. In Arbeitsgemeinschaft Qualifikations-Entwicklungs-Management (Hrsg.), *Kompetenz für Europa. Wandel durch Lernen – Lernen durch Wandel* (S. 65–91). Berlin: QUEM.

MacKean, R., & Abbott-Chapman, J. (2011). Leisure activities as a source of informal learning for older people: The role of community-based organisations. *Australian Journal of Adult Learning, 51*(2), 226–247.

Mai, R., Micheel, F., Naderi, R., & Roloff, J. (2007). *Chancen Erkennen und Nutzen Alternde Gesellschaften im internationalen Vergleich. Gutachten des Bundesinstituts für Bevölkerungsforschung im Auftrag des Bundesministeriums für Familie, Senioren, Frauen und Jugend*. Berlin. http://www.bmfsfj.de/RedaktionBMFSFJ/Abteilung3/Pdf-Anlagen/chancen-erkennen-alternde-gesellschaft-internationaler-vergleich,property=pdf,bereich=,sprache=de,rwb=true.pdf. Zugegriffen am 20.06.2015.

Manninen, J. (2006). Development of participation models. From single predicting elements to modern interpretation. In ERDI (Hrsg.), *Participation in adult education: Theory – Research – Practice* (S. 11–21). Mechelen: ERDI.

Mayring, P. (2010). *Qualitative Inhaltsanalyse. Grundlagen und Techniken. 11. aktualisierte und überarbeitete Auflage*. Weinheim: Beltz.

OECD (1996). *Lifelong learning for all. Meeting of the Education Committee at Ministerial Level*. Paris.

OECD. (2007). *Understanding the social outcomes of learning*. Paris: OECD Publishing.

OECD. (2013). *OECD skills outlook 2013. First results from the survey of adult skills*. Paris: OECD Publishing.

Oswald, W. D. (2000). Psychologische Alter(n)shypothesen. In S. Becker, L. Veelken & K. Peter Wallraven (Hrsg.), *Handbuch Altenbildung. Theorien und Konzepte für Gegenwart und Zukunft* (S. 107–117). Opladen: Leske + Budrich.

Plowman, L., McPake, J., & Stephen, C. (2008). Just picking it up? Young children learning with technology at home. *Cambridge Journal of Education, 38*(3), 303–319.

Prenzel, M. (1994). Mit Interesse in das 3. Jahrtausend! Pädagogische Überlegungen. In N. Seibert & H. J. Serve (Hrsg.), *Bildung und Erziehung an der Schwelle zum dritten Jahrtausend* (S. 1314–1339). München: PimS-Verlag.

Rainbird, H., Fuller, A., & Munro, A., Hrsg. (2004). *Workplace learning in context*. London: Routledge.

Reich, J. (2006). Participation in adult education of different social groups and milieus. In ERDI (Hrsg.), *Participation in adult education: Theory – Research – Practice* (S. 67–85). Mechelen: ERDI.

Roberson, D. N., Jr., & Merriam, S. B. (2005). The self-directed learning process of older rural adults. *Adult Education Quarterly, 55*(4), 269–288.

Schiersmann, C. (2006). *Profile lebenslangen Lernens. Weiterbildungserfahrungen und Lernbereitschaft der Erwerbsbevölkerung*. Bielefeld: Bertelsmann.

Schmidt, B. (2007). Older employee behaviour and interest in continuing education. *Journal of Adult and Continuing Education, 13*(2), 156–174.

Schmidt, B. (2009). Bildungsverhalten und -interessen älterer Erwachsener. In C. Hof, J. Ludwig & C. Zeuner (Hrsg.), *Strukturen Lebenslangen Lernens* (S. 112–122). Baltmannsweiler: Schneider.

Schmidt, B. (2010a). Perception of age, expectations of retirement and continuing education of older workers. In Cedefop (Hrsg.), *Working and ageing: Emerging theories and empirical perspectives* (S. 210–226). Luxembourg: Publications Office.

Schmidt, B. (2010b). Educational goals and motivation of older workers. In S. Bohlinger (Hrsg.), *Working and learning at old age. Theory and evidence in an emerging European field of research* (S. 127–136). Göttingen: Cuvillier.

Schmidt, B., & Schnurr, S. (2009). Freizeitaktivitäten. In R. Tippelt, B. Schmidt, S. Schnurr, S. Sinner & C. Theisen (Hrsg.), *Bildung Älterer: Chancen im demografischen Wandel* (S. 125–134). Bielefeld: Bertelsmann.

Schmidt, B., & Sinner, S. (2009). Freiwilliges Engagement. In R. Tippelt, B. Schmidt, S. Schnurr, S. Sinner & C. Theisen (Hrsg.), *Bildung Älterer: Chancen im demografischen Wandel* (S. 113–124). Bielefeld: Bertelsmann.

Schmidt, B., & Tippelt, R. (2009). Bildung Älterer und intergeneratives Lernen. *Zeitschrift für Pädagogik, 55*(1), 74–90.

Schmidt-Hertha, B. (2014). *Kompetenzerwerb und Lernen im Alter.* Bielefeld: wbv.

Schmidt-Hertha, B., & Mühlbauer, C. (2012). Lebensbedingungen, Lebensstile und Altersbilder älterer Erwachsener. In F. Berner, J. Rossow & K.-P. Schwitzer (Hrsg.), *Individuelle und kulturelle Altersbilder. Expertisen zum Sechsten Altenbericht der Bundesregierung* (Bd. 1, S. 109–149). Wiesbaden: VS Verlag.

Schmidt-Hertha, B., & Strobel-Duemer, C. (2014). Computer Literacy among the Generations. How can older adults participate in digital society? In G. K. Zarifis & M. N. Gravani (Hrsg.), *Challenging the ‚European Area of Lifelong Learning': A critical response* (S. 31–40). Dordrecht: Springer.

Schmidt-Hertha, B., & Thalhammer, V. (2012). Intergenerative Aneignung von Medienkompetenz in informellen Kontexten. In A. Hartung, B. Schorb & C. Kuttner (Hrsg.), *Generationen und Medienpädagogik. Annäherungen aus Theorie, Forschung und Praxis* (S. 129–148). München: kopaed-Verlag.

Schwartz, F. (1981). Supporting or subverting learning: Peer group patterns in four tracked schools. *Anthropology & Education Quarterly, 12*(2), 99–121.

Thalhammer, V., & Schmidt-Hertha, B. (2015). Intergenerationelle innerfamiliäre Unterstützungsprozesse bei der Mediennutzung von älteren Erwachsenen. *Zeitschrift für Erziehungswissenschaft.* (im Erscheinen)

Theisen, C., Schmidt, B., & Tippelt, R. (2009). Weiterbildungserfahrungen. In R. Tippelt, B. Schmidt, S. Schnurr, S. Sinner & C. Theisen (Hrsg.), *Bildung Älterer: Chancen im demografischen Wandel* (S. 46–58). Bielefeld: Bertelsmann.

Tippelt, R., & Schnurr, S. (2009). Schulerfahrungen. In R. Tippelt, B. Schmidt, S. Schnurr, S. Sinner & C. Theisen (Hrsg.), *Bildung Älterer: Chancen im demografischen Wandel* (S. 71–80). Bielefeld: Bertelsmann.

Tippelt, R., Schmidt, B., Schnurr, S., Sinner, S., & Theisen, C., Hrsg. (2009). *Bildung Älterer: Chancen im demografischen Wandel.* Bielefeld: Bertelsmann.

Zürcher, R. (2007). *Informelles Lernen und der Erwerb von Kompetenzen. Theoretische, didaktische und politische Aspekte. Materialien zur Erwachsenenbildung 2007/2.* Wien: BMUK.

Teil V
Kontexte informellen Lernens

Informelles Lernen in der Schule

Thomas Coelen, Frank Gusinde, Nina Lieske und Matthias Trautmann

Inhalt

1 Einleitung 326
2 AdressatInnen: Informelles Lernen von SchülerInnen 327
3 Personal: Informelles Lernen am Arbeitsplatz Schule 329
4 Organisation: Informelles Lernen in verschiedenen schulischen Settings 332
5 Konzepte: Informelles Lernen in besonderen Arrangements 336
6 Fazit und Ausblick 339
Literatur 340

Zusammenfassung

Das Feld Schule ist in der Diskussion um informelles Lernen aus verschiedenen Gründen eher randständig. Die Schule gilt als paradigmatischer Ort des formellen Lernens und wird nur in wenigen Fällen (mit Ausnahme der Medienaneignung) als möglicher (Forschungs-)Ort für informelles Lernen erkannt. Ausgehend von einer Konzeptualisierung des Begriffs des informellen Lernens in der Schule, werden zunächst informelle Lernprozesse von AdressatInnen (also von SchülerInnen) und Personal (insbesondere LehrerInnen) vorgestellt und diskutiert. Anschließend wird auf informelles Lernen in Organisationen (schulische Settings, wie beispielsweise Projektarbeit und Ganztagsschulen) und Konzepten (Service Lernen und Entschulung) eingegangen.

Schlüsselwörter

Schule als Erfahrungsfeld • Peer-Learning • Schulische Identität • Heimlicher Lehrplan • Professionalisierung im Beruf

---

T. Coelen (✉) • F. Gusinde • N. Lieske • M. Trautmann
Fakultät II Bildung-Architektur-Künste, Erziehungswissenschaft Psychologie, Universität Siegen, Siegen, Deutschland
E-Mail: coelen@erz-wiss.uni-siegen.de; gusinde@erz-wiss.uni-siegen.de; nina.lieske@uni-siegen.de; matthias.trautmann@uni-siegen.de

© Springer Fachmedien Wiesbaden 2016
M. Rohs (Hrsg.), *Handbuch Informelles Lernen*, Springer Reference Sozialwissenschaften,
DOI 10.1007/978-3-658-05953-8_39

1 Einleitung

In der Literatur zum informellen Lernen steht das Lernen im (außerschulischen) Alltag, in der Familie, am (nicht-schulischen) Arbeitsplatz und mit Neuen Medien/Technologien (außerhalb des Unterrichts) im Vordergrund. Das ist nicht verwunderlich, denn der Begriff entstand in Abgrenzung zu institutionalisierten Lern- und Bildungsprozessen und lenkt damit absichtlich den Blick auf Formen des Lernens *außerhalb* von vorwiegend formalen Bildungseinrichtungen. Im Rahmen der begrifflichen Debatte plädierten einige Autoren dafür, ihn strikt auf „Lebens- und Erfahrungszusammenhänge außerhalb des formalen Bildungswesens" (Dohmen 2001, S. 25) zu beschränken. Informelles Lernen sei gerade durch das Fehlen einer organisatorischen Struktur gekennzeichnet. Stattdessen träten neue und überraschende, meist unbestimmt-unsystematische sowie komplexe Umwelt-Kontexte in den Vordergrund, die nach einer neuen Reaktion und veränderten Routinen verlangten (Schön 1983). Andere Autoren bzw. jüngere Debattenbeiträge, denen wir hier folgen, gehen hingegen davon aus, dass informelles Lernen auch innerhalb von vorwiegend formalen Bildungseinrichtungen stattfindet bzw. stattfinden kann (Eraut 2000; Europarat 2011; Baumbast et al. 2012). In der gegenwärtigen europäischen Bildungsdebatte um informelles Lernen im Kindes- und Jugendalter wird sogar intensiv darüber diskutiert, wie das informelle Lernen für Schule, Hochschule oder Weiterbildung wichtige Reformimpulse setzen kann. Nicht zuletzt wird durch informelles Lernen ein verbesserter Output im Streben nach den besten Plätzen in internationalen Schul-Rankings erhofft (Neuber 2010).

Dass Schule nicht nur Ort für formelle Bildungsprozesse ist, sondern dort auch vielfältige informelle Lernformen stattfinden, ist nur auf den ersten Blick verwunderlich. Stichworte, die im Folgenden näher entfaltet werden, lauten z. B. Arbeitsplatz Schule, Lernen im Beruf, Informalität in Organisationen, Peer-Learning etc. Angesichts der nach wie vor fehlenden „klare[n] begriffliche[n] und theoretische[n] Einordnung des Konzepts" des informellen Lernens (Heise 2009, S. 17) wird in diesem Zusammenhang folgende Konzeptualisierung verwendet:

Informelles Lernen im schulischen Kontext heißt Lernen jenseits des offiziellen Curriculums. Das kann innerhalb des Unterrichts passieren, z. B. wenn sich etwa zwei SchülerInnen heimlich über die Funktionen eines Mobiltelefons austauschen; es kann aber auch in Pausen oder nach dem Unterricht etwas gelernt werden. Ebenso können Lehrpersonen und weitere Personalgruppen am Arbeitsplatz Schule informell lernen, wenn sie etwa mit KollegInnen und SchülerInnen sprechen oder wenn sie neue Unterrichtsinhalte oder -methoden ausprobieren, wenn sie Bücher und Fachzeitschriften konsultieren, im Internet recherchieren oder sich über Medien mit KollegInnen austauschen. Das Feld ist also recht vielfältig.

Von dieser Rahmung des Begriffs ausgehend, werden im Folgenden Befunde zum informellen Lernen von SchülerInnen (1. den AdressatInnen von Schulen) sowie von LehrerInnen und weiteren pädagogischen Akteuren (2. dem schulischen Personal) in verschiedenen schulischen Settings (3. Organisation) bzw. im Rahmen diverser Arrangements (4. Konzepte) zusammengetragen.

2 AdressatInnen: Informelles Lernen von SchülerInnen

Zu den direkten Adressaten der Schule gehören die SchülerInnen, d. h. alle Kinder und Jugendlichen, die diese Institution besuchen und damit zu Angehörigen einer Schule und somit zu (formal) Lernenden werden. Dies umfasst laut allgemeiner Schulpflicht in Deutschland alle Kinder und Jugendlichen ab der Vollendung des sechsten Lebensjahres für mindestens neun Vollzeitschuljahre.

> *„In die Schule gehen, bedeutet für das Kind, dass es zum ersten Mal im Leben mit einem rigiden Fahrplan für den zeitlichen Ablauf des Alltags konfrontiert wird".*
> (Böhnisch 1992, S. 131)

SchülerInnen müssen formalen Komponenten, Strukturen und Wegweiser erlernen. Oftmals setzt Schule sogar voraus, dass ihre AdressatInnen bereits beim Eintritt in die Schule den „Fahrplan" kennen bzw. diesen zumindest ganz schnell lernen. Sie müssen auch lernen, dass das Leben außerhalb der Schule eher gegenwartsorientiert, während Schule eher zukunftsorientiert ist. Auch müssen sie sehr früh berufs- und bildungsrelevante Entscheidungen treffen und sich positionieren, ob Schule eher geradlinig im Sinne einer Transitionsorientierung oder patchworkartig im Sinne einer stärkeren Orientierung an die Gleichaltrigengruppe (Peerorientierung) erfolgen soll. Eine ‚falsche' Entscheidung ist dabei höchst riskant und kann zum Scheitern führen (Reinders 2003, S. 14; Gusinde 2011, S. 36).

Wie genau man diese Aufgaben erfolgreich meistert, wird dabei in den seltensten Fällen als Curriculum verhandelt. Es wird eher in Nischen und/oder unbemerkt von Unterricht moduliert. In Anlehnung an Reutlinger (2004) könnte man auch von einer „Unsichtbarkeit" sprechen, da es ein Lernen jenseits eines strukturierten und offiziellen Lehrplans ist und somit auch unter der Überschrift des „informellen Lernens" diskutiert werden kann.

2.1 Heimlicher Lehrplan

Aus genau diesem Grund bezeichnete Zinnecker bereits früh (1975) die Inhalte und Formen des Lernens, welche auf den schulischen „Hinterbühnen" stattfinden, als „heimlichen Lehrplan". In den 1970er-Jahren wurden diese Überlegungen als Pendant zum offiziellen Lehrplan in die schulpädagogische Diskussion eingeführt; sie veranschaulichen dabei den Umgang von SchülerInnen mit sozialen Verkehrsformen im Klassenzimmer, wie beispielsweise der „Maskierung" (Jackson 1975, S. 28): Kinder werden demnach in der Schule nicht nur vom eigentlichen Lehrplan geprägt, der vorschreibt, welcher Stoff vermittelt werden soll. Mindestens ebenso prägend sei der so genannte „zweite" oder versteckte Lehrplan: der Grundkurs in die sozialen Regeln, Regelungen und Routinen der Gegenwartsgesellschaft (Jackson 1975, S. 23). Zinnecker (1975) geht sogar davon aus, dass der heimliche Lehrplan wirksamer sei als sein offizielles Gegenstück. Er sorge dafür, dass die Schule als Institution erzieht und somit ein bestimmtes Verhalten gelernt wird. So lernen die

AdressatInnen der Schule sehr schnell, was die Klassenetikette verlangt, z. B. interessiert zum/zur LehrerIn zu blicken und bei passender Gelegenheit die Stirn gedankenvoll in Falten zu legen, auch wenn man mit seinen Gedanken kilometerweit weg ist. Die SchülerInnen erfahren auch eine Rangordnung, wer wann worüber sprechen, wann trinken und essen oder wo sitzen darf (Zinnecker 1975, S. 21–22.), indem konformes Verhalten belohnt und abweichendes sanktioniert wird. Der heimliche Lehrplan, wie er Anfang der 1970er-Jahre von Jackson und Dreeben konzipiert und rezipiert wurde, kann aus heutiger Sicht als Rahmen für informelles Lernen in der Schule bezeichnet werden.

2.2 Aushandlung von Schülerrollen und Bildung von Identität

Wie sich SchülerInnen in der Schule verhalten, welches Regelwerk gilt, wer welche Rolle und Funktion in den Sozialbeziehungen inne hat und was momentan im Interaktionsverbund verhandelt wird, unterliegt einer schulischen Interaktionsordnung, die das Verhalten von LehrerInnen, SchülerInnen, im Schuldienst tätige Personen sowie die an den jeweiligen Interaktionspartner gesetzten Erwartungen im Hinblick auf deren Verhalten richtet. Die schulische Interaktionsordnung ist mit Ritualen verbunden durch die der Schultag, das Schuljahr und die Schulbiografien der SchülerInnen und LehrerInnen ihre symbolisch ausgestaltete Strukturierung erhält.

Besondere schulische Ereignisse (z.B. Schulfeste....) werden aus dem normalen Schulalltag rituell herausgehoben, der Eintritt in die Schule und der Austritt aus der Schule werden zelebriert. Daneben gibt es zahlreiche weitere Rituale, die den Schulalltag regeln: Der Beginn und das Ende des Schulalltags, die in vielen Schulen übliche Begrüßung der LehrerInnen, die Abgrenzung zwischen SchülerInnen und deren unterschiedliche Kontaktformen innerhalb und außerhalb des Unterrichts. Man kann von einer schulischen Interaktionsordnung als ein Skript für die Organisation der Schulwirklichkeit sprechen, deren Normativität maßgeblich Rituale hervorbringt und gleichzeitig die Gruppen nach Alter, sozialer Funktion, Geschlecht und Status trennt (von Engelhardt 2014, S. 95–96).

In diesem Zusammenhang wird die Ausbildung der sozialen Identität als SchülerIn gefördert. Dabei steht die einzelne Person einer Schulklasse nicht in ihrer Individualität im Vordergrund, sondern in einer Rolle als SchülerIn. Das führt dazu, dass die SchülerInnen ihre personale Identität aus der sozialen Identität zurückziehen: Die Jugendlichen distanzieren sich von ihrer Rolle als SchülerIn und von den Normen und Prinzipien der Schule. Somit entsteht ein Leben unterhalb des institutionell definierten Bedeutungszusammenhanges, indem neben den erwünschten unerwünschte Verhaltensweisen einen Raum einnehmen. Es kommt bei den SchülerInnen zu offenen oder heimlichen Verweigerungen der Anforderungen der Institution. In der Schule wird nicht nur gelernt und erzogen. In der Schule werden alte, in der Vergangenheit nicht bewältigte Konflikte eingebracht, die sowohl die SchülerInnen als auch die LehrerInnen haben.

3 Personal: Informelles Lernen am Arbeitsplatz Schule

Neben den direkten Adressaten, den SchülerInnen, sind als weitere zentrale Akteursgruppe in Schulen die professionellen PädagogInnen in den Blick zu nehmen: Dazu gehören vor allem die Lehrpersonen und die Schulleitungen, aber auch die SozialpädagogInnen am Ort der Schule (SchulsozialarbeiterInnen; siehe dazu Speck 2009) sowie das heterogen zusammengesetzte „weitere pädagogisch tätige Personal" an den aktuell enorm zunehmenden Ganztagsschulen (siehe dazu Coelen und Rother 2014). Die Schule ist für all diese Personen der hauptsächliche Arbeitsplatz. Empirische Forschung in Bezug auf deren informelles Lernen lässt sich aktuell allerdings nur in Bezug auf Lehrkräfte finden; hier sind insbesondere Untersuchungen zum Berufseinstieg und zur aktiven Weiterbildung im Beruf relevant.

3.1 Forschung zum Berufseinstieg von LehrerInnen und zum Lernen im Lehrerberuf

Lehrpersonen bieten sich vielfältige Möglichkeiten zum informellen Lernen in der Schule. Das beginnt mit schulischen Praxisphasen im Studium, setzt sich fort im Referendariat und geht weiter im Berufseinstieg und im Lernen im Beruf. Neuweg (2014, S. 586) formuliert dementsprechend, dass die mentalen Strukturen oder subjektiven Theorien von Lehrkräften „massiv auch durch nonformelle Lernprozesse vor, während und nach der Ausbildung geformt werden". Allerdings wird in der inzwischen unübersehbaren Lehrerbildungsdiskussion – von Ausnahmen abgesehen – keine Trennung zwischen formellen und informellen Lernaktivitäten vorgenommen. Die Forschung orientiert sich eher an Settings der Lehrerbildung (Praktika, Phasen, Orten) und nicht an verschiedenen Modi des Lernens (siehe für die aktuelle Diskussion grundsätzlich Feiman-Nemser 2008; Terhart et al. 2014).

In der Literatur zur Lehrerbildung wird generell davon ausgegangen, dass Ausbildungswissen nicht direkt angewandt werden kann, sondern kontextspezifisch angepasst und erfahrungsbasiert weiterentwickelt werden muss - im Berufseinstieg, aber auch später (*life-span*-Orientierung). Leitend geworden ist hier eine Vorstellung von Professionalität als ‚berufsbiographischem Entwicklungsproblem'. Professionalität wird dabei unterschiedlich modelliert:

- In der *strukturtheoretischen* Variante stehen typische Anforderungen des Lehrerberufs im Fokus, wie diese „von den Lehrpersonen subjektiv erfahren und gedeutet werden und wie sie sich unter dem ‚Druck' dieser Anforderungen verändern" (Keller-Schneider und Hericks 2014, S. 390). So wird beispielsweise angenommen, dass der Berufseinstieg (nach dem Referendariat) durch ‚objektive' berufliche Entwicklungsaufgaben strukturiert wird, welche von Lehrpersonen subjektiv unterschiedlich wahrgenommen, gedeutet und bearbeitet werden (Hericks 2006). Eine Trennung formeller von informellen Lernprozessen wird in diesen Studien jedoch nicht vorgenommen, im Zentrum stehen vereinfacht ausgedrückt Erfahrungen und deren Verarbeitung.

- Im *kompetenztheoretischen* Modell von Lehrerprofessionalität werden zunächst verschiedene Facetten von Professionalität unterschieden (u. a. fachliches, fachdidaktisches, pädagogisches Wissen, Überzeugungen und Werthaltungen; Baumert und Kunter 2006). Untersucht wird anschließend die Entwicklung dieser Facetten vor allem mithilfe quantitativer Längsschnittuntersuchungen. Forschungsleitend ist hier das Experten-Novizen-Paradigma der kognitionspsychologischen Expertiseforschung; oft werden Stufenmodelle zugrunde gelegt. Der Fokus liegt momentan auf der 1. und 2. Phase der Lehrerausbildung, mithin den Ergebnissen und Wirkungen eher formaler *Settings* bzw. auf „ungebrochener Hoffnung auf die Notwendigkeit und Wirksamkeit theoretisch-formaler Lehrerbildung" (Neuweg 2014, S. 604). Auch hier wird aber allgemein anerkannt, dass Könnerschaft sich – vor allem in ihren anspruchsvolleren Formen – erst in der Auseinandersetzung mit Problemen vor Ort herausbildet.

Allgemein wird im strukturtheoretischen wie auch im kompetenztheoretischen Modell angenommen, dass der Lehrerberuf eine Auseinandersetzung mit bereits erworbenen Wissens-, Denk- und Handlungsstrukturen erfordert, mithin neue Erfahrungen verarbeitet werden (müssen), die sich im Idealfall zu Expertise verdichten. Wie und wo diese Expertise genau entsteht, ist allerdings jenseits allgemeiner Aussagen, dass sie sich im Zusammenspiel von Vorerfahrungen, Ausbildung und Lernen im Beruf bildet, noch weitgehend ungeklärt.

3.2 Forschung zu Weiterbildung und aktivem Lernen von Lehrpersonen

„Professionalität von Lehrkräften schließt die aktive, selbstgesteuerte Entwicklung des eigenen beruflichen Wissens und der eigenen Kompetenzen ein" (Heise 2009, S. 32). Ausgehend von dieser Prämisse werden in dieser (jüngeren) Forschungstradition berufsbegleitende, nicht formalisierte Aktivitäten von Lehrpersonen inklusive der dabei unterstützenden oder nicht-unterstützenden Strukturen erforscht. Die bisher dazu vorliegenden Studien (Smaller et al. 2000 zu Kanada; Lohman 2006 zu den USA, Kwakmann 2003 zu den Niederlanden; auch Williams 2003) führen zu im Detail durchaus unterschiedlichen Ergebnissen; sie zeigen aber alle, dass der Stellenwert informeller Lernformen im beruflichen Alltag von Lehrpersonen hoch ist. Das Spektrum der Lerngelegenheiten ist potenziell sehr breit und reicht von Treppenhausgesprächen über Lernen in Praxisgemeinschaften bis zu Bibliotheksbesuchen. Tatsächlich genutzt wird von Lehrpersonen eine ganze Bandbreite verschiedener Aktivitäten, vor allem aber solche, die leicht in den Alltag integriert werden können.

Heise (2009, S. 47) benennt als Probleme der bisherigen Forschung die uneinheitlichen Operationalisierungen des Konstrukts ‚informelles Lernen' sowie geringe Stichprobengrößen. Im Rahmen eines Angebots-Nutzungsmodells untersuchte sie in einer explorativen Studie die Nutzung verschiedener Formen des informellen Lernens (nicht die Lernprozesse selbst), wobei sie drei zentrale Bereiche des beruflichen informellen Lernens unterscheidet: Austausch und Zusammenarbeit unter Kollegen, Lesen berufsbezogener Literatur sowie berufsbezogene Internet-Recherchen. In sekundäranalytischen Auswertungen arbeitet sie zunächst heraus, dass Lehrpersonen „im Vergleich zu anderen akademischen Berufsgruppen eine eher überdurchschnittliche Nutzung informeller Lernformen" (Heise 2009, S. 70) aufweisen. Verbreitete Vorurteile gegen LehrerInnen können damit nicht bestätigt werden: Im Berufsgruppenvergleich sind Lehrpersonen durchschnittlich aktiver als Juristen und Ingenieure, aber weniger aktiv als Ärzte. In einer teilstandardisierten Befragung von Lehrpersonen und Schulleitern (2006, 40 Schulen in NRW, n = 550) zu den o. g. informellen Lernformen ergaben sich über den Berufsgruppenvergleich hinaus folgende Befunde:

- Kollegialer Austausch: Eher einfache Formen kollegialen Austauschs dominieren den Alltag. Eine verstetigte Kooperation, wie sie in der wissenschaftlichen Literatur als besonders ergiebig erachtet und empfohlen wird (z. B. gegenseitige Unterrichtsbesuche), ist eher selten. An Grundschulen sind Formen des Austausches stärker verbreitet als an weiterführenden Schulen, insbesondere an Gymnasien.
- Fachliteratur: Gelesen wird überwiegend ‚Praxisliteratur' (geschrieben von Praktikern für Praktiker), fast keine wissenschaftliche Literatur. In Grundschulen handelt es sich dabei in der Regel um grundschulpädagogische Zeitschriften (z. B. Praxis Grundschule), in weiterführenden Schulen wird eher fachdidaktische Praxisliteratur rezipiert (z. B. Praxis Deutsch, Fremdsprachlicher Unterricht).
- Internet: Die befragten Lehrkräfte – jüngere deutlich mehr als ältere Kollegen – nutzen das Internet regelmäßig für berufliche Zwecke, jedoch selten am Arbeitsplatz (wo die Ausstattung vergleichsweise dürftig ist).

Ein zusätzlicher Web-Fragebogen an alle allgemeinbildenden Schulen in NRW (ein Fragebogen pro Schule, Rücklauf 27 %) zu den Rahmenbedingungen für informelles Lernen an den Schulen ergab erhebliche Unterschiede zwischen den Schulen hinsichtlich der Aktualität und Ausstattung der (falls vorhanden) Bibliotheken und bezüglich der Bereitstellung von Zeit (z. B. Anrechnungsstunden) für die kollegiale Zusammenarbeit, während die Verfügbarkeit von Internet-Arbeitsplätzen eher homogen niedrig ausfiel. Heise schlussfolgert: „Während sich einige Schulen durch sehr gute Angebote in dem einen oder anderen Unterstützungsbereich abheben, sind bei der Mehrheit der Schulen weder für die Wissensaktualisierung über Literatur und Internet noch für kollegiale Lernformen, die über kurze Absprachen und Materialaustausch hinausgehen, ausreichende zeitliche, materielle und finanzielle Ressourcen vorhanden" (Heise 2009, S. 167).

Eine Grenze dieser quantitativen Studie besteht darin, dass hier die Nutzung der Angebote und nicht das Lernen selbst thematisiert wird: So sagt der Begriff ‚Austausch' noch nichts darüber aus, ob hier nur Materialien kurz getauscht wurden oder ob auch tatsächlich etwas über z. B. Unterrichtsplanung oder Klassenführung gelernt wurde. Untersucht werden müsste also innerhalb der drei von Heise genannten Bereiche, welche Aktivitäten Lehrpersonen im Detail ausführen, um dann auf Lernen oder Erfahrungszuwachs schließen zu können; diesbezüglich ist die Forschung zur Kooperation im Lehrerberuf zweifellos am weitesten entwickelt, in der verschiedene Kooperationsformen und mehr oder weniger institutionalisierte Kooperationskontexte unterschieden werden (zum Überblick Fussangel und Gräsel 2014).

4 Organisation: Informelles Lernen in verschiedenen schulischen Settings

Die Überschrift regt zu der Frage an, inwieweit am vorwiegend formalen Ort der Schule überhaupt informelle Bildungsprozesse möglich sind. Denn beispielsweise führt die oft zitierte Einteilung der Europäischen Kommission (2001, S. 32–33) in formales, nicht-formales und informelles Lernen dazu, dass Lernen in der Schule meist als Lernen verstanden wird, welches mittels Lernziel, -zeit und -förderung zur Zertifizierung führe. Ein Blick auf die gegenwärtige Diskussion, um die Akzeptanz und Wahrnehmung von informellen Lernprozessen zeigt zwar, dass diese an Bedeutung zunehmen, faktisch aber im schulischen Kontext kaum eine Rolle spielen, da es z. B. schwierig ist entsprechende Kompetenzen, die durch informelles Lernen angeeignet werden, nachzuweisen und ggf. zu zertifizieren (Luckwald 2011).

Jedoch gibt es weitere Anhaltspunkte, die informelles Lernen in der Schule bedeutsamer erscheinen lassen, wobei wir im Folgenden insbesondere die Akteursperspektive bzw. die Rolle als SchülerIn in den Fokus nehmen. So umfasst informelles Lernen in der Schule - unserer Ansicht nach - sämtliche Aneignungsprozesse, die ohne institutionell vorgegebenes Curriculum situativ und nicht-reflexiv erfolgen und kein oder zumindest nicht unmittelbar ein Zertifikat zur Folge haben. Dabei sind die jeweilige Schülerstrategie und die Aneignung von Wissen in hohem Maße von kontextuellen und individuellen Bedingungen abhängig. So können wir davon ausgehen, dass abhängig von Vorwissen, Erfahrung, Zugang zur Stoffthematik usw. das Subjekt im Schulalltag mit unterschiedlichen Bewertungs- und Analyseprozessen den Anforderungen begegnet und je nach Situation zur Lösung und Aneignung formulierte Anforderungen, unterschiedliche Wissensbestände, formale, informelle und nonformale Kontexte generiert.

In diesem Sinne wollen wir im Folgenden an Beispielen aufzeigen, dass die Schule ein durchaus ertragreiches Forschungsfeld für informelles Lernen ist.

4.1 Projektarbeit und Epochenunterricht

Projekte definieren Rengstorf und Schumacher (2013) als problemformulierendes und problemlösendes Handeln „mit dem Ziel der Veränderung sozialer Realität" (Rengstorf und Schumacher 2013, S. 19). Projektarbeit ist heute in Schulen gängige Praxis und kann in unterschiedlichen Formen auftreten: als Projektunterricht, der fest im Lehrplan verankert ist; als zeitlich gestrecktes Projekt parallel zum Lehrplan

(z. B. in AGs) oder in Form von ganz- oder mehrtägigen Projektphasen (Rengstorf und Schumacher 2013, S. 20).

In der Diskussion um „Effizienzsteigerung und Kompetenzerwerb" – angestoßen durch die Veröffentlichung der PISA-Ergebnisse – wird vermehrt die Integration von Projektarbeit in den schulischen Alltag gefordert, weil daraus „Impulse und Handlungsorientierungen zur demokratischen Schulgestaltung mit Erfolg versprechenden Zukunftsaussichten entwickelt werden können – etwa durch die Mitplanung und Mitgestaltung eigener Lernerfolge, durch die Entwicklung von Selbstständigkeit und die Übernahme von sozialer Verantwortung, durch praktische Teamfähigkeit aus Konsenskompetenz sowie durch die Aneignung von Orientierungs- und Prozesswissen" (Rengstorf und Schumacher 2013, S. 26). Argumentiert wird hier vorrangig auf der Ebene des formellen Lernens (insbesondere im Hinblick auf Effizienzsteigerung), es werden aber auch implizit informelle Lernprozesse beschrieben.

Zur Frage, welche Chancen *epochenförmiger Unterricht* birgt, gibt es zwar eine angeregte Debatte; im Hinblick auf Wirkungen lassen sich jedoch nur uneinheitliche Befunde finden. Als Problem wird häufig das Vergessen von Unterrichtsstoff zwischen den Epochen genannt; ebenso oft wird dieser Problematik widersprochen. Bei Befragungen von Lehrpersonen, die epochenförmig unterrichten, werden als positive Auswirkung u. a. ein beruhigter Tagesablauf, inhaltlich und sozial intensiveres Arbeiten, ein Gewinn effektiver Unterrichtszeit und verbesserte Lernleistungen genannt. Manche US-amerikanische Studien betonen die über das positive Lern- und Schulklima vermittelten Lerneffekte durch Epochenunterricht. Andere Studien ergaben ein schlechteres Abschneiden bei standardisierten Tests nach Epochenunterricht (Grebe-Ellis 2009; McCoy und Taylor 2000).

4.2 Ganztagsangebote und -Schulen

Das konstitutive Merkmal, welches die Organisationsform ganztägiger Schulen von Halbtagsschulen unterscheidet, sind die zusätzlichen außerunterrichtlichen Angebote. Das hat zur Folge, dass sich die Erwartungen an Ganztagsschulen – mit Blick auf informelles Lernen von SchülerInnen – auf den erweiterten Entwicklungsraum beziehen, der sich aus der pädagogischen Nutzung des ‚Mehr an Zeit' durch die außerunterrichtlichen Angebote ergibt. Die Angebote werden zu einem hohen Anteil nicht von LehrerInnen (und zudem meist auch nicht von anderen Personen mit Hochschulabschluss) durchgeführt: 23 % des Personals sind ErzieherInnen; SozialpädagogInnen stellen nur etwas mehr als 10 % des gesamten „weiteren pädagogisch tätigen Personals" (wptP); über die Hälfte des Personals hat (noch) keine pädagogische Ausbildung. Im Vergleich zum vorwiegend formal organisierten Unterricht herrscht also in den Angeboten eine weitaus größere personelle Heterogenität vor und damit auch eine größere Bandbreite des Verständnisses von pädagogischer Tätigkeit bzw. von Effektivität, Ziel und Wirksamkeit von Bildungsprozessen (Hopf und Stecher 2014).

Während im Unterrichtsgeschehen Bewertungen meist über die Vergabe von Ziffernnoten verlaufen, findet eine solche Leistungsbeurteilung in den Angeboten nicht statt. Dies impliziert, dass die Angebote von den SchülerInnen in geringerem Ausmaß als Lernkontexte mit Leistungs- und Bewertungsbezug wahrgenommen werden dürften. Die fehlende Bewertung wird sich vermutlich also auf die Leistungsentwicklung der SchülerInnen und auch auf ihre allgemeinen Einstellungen zur Schule auswirken. Tatsächlich sind formelle Lernwirkungen – von SchülerInnen selbst berichtet – in Bezug auf Noten nachgewiesen und informelle Lernwirkungen in Bezug auf Sozialverhalten (Kielblock et al. 2014), freilich unter der Voraussetzung mehrjähriger Nutzung sowie positiver Beurteilung der Angebote.

Die Angebote sind bezüglich ihrer Inhalte und der Abfolge spezifischer Vermittlungsschritte deutlich weniger von curricularen Vorgaben abhängig als Unterricht. In programmatischen Veröffentlichungen wird dies häufig unter „Öffnung der Schule zum Leben hin" oder „Zulassen alternativer Lernorte" diskutiert. Dahinter steht zumeist ein Bildungsverständnis, das den Auftrag der Ganztagsschule über die Vermittlung kognitiver Fähigkeiten hinaus auf weite Bereiche von Bildung – wie etwa soziales und interkulturelles Lernen oder bürgerschaftliches Engagement – erweitert sieht. Die außerunterrichtlichen Angebote sind, so gesehen, das Instrument der Ganztagsschulen, ein solches erweitertes Bildungsverständnis umzusetzen. Um diese Öffnung zu verwirklichen, arbeiten 89 % der Ganztagsschulen mit außerschulischen Kooperationspartnern zusammen (Sport- und Kulturvereinen, Wohlfahrtsverbänden, weiteren Trägern der Jugendhilfe, Bibliotheken, Museen etc.).

Die außerunterrichtlichen Angebote finden häufig nicht in Klassenverbünden statt. Dies eröffnet neue soziale und lernbezogene Erfahrungsmöglichkeiten (altersheterogene Lerngruppen begünstigen beispielsweise die Entwicklung sozialer Kompetenzen). In den Offenen Ganztagsschulen nehmen die SchülerInnen freiwillig an den Angeboten teil, so dass auch jeweils nur ein Teil der Schülerschaft anwesend ist. Die freiwillig teilnehmenden SchülerInnen schätzen jedoch die besuchten Angebote positiver hinsichtlich lernförderlicher Merkmale ein als das die verpflichteten SchülerInnen tun.

Es wird eine große Themenvielfalt in diesem Bereich angeboten: von fachbezogenen Förderangeboten und Hausaufgabenhilfen, über fachübergreifende Angebote (handwerkliches, hauswirtschaftliches, soziales, interkulturelles Lernen) bis hin zu Zeiträumen, die von den SchülerInnen ohne Vorgaben genutzt werden können. GrundschülerInnen nutzen vornehmlich Angebote ungebundener Freizeit bzw. des Spiels und Arbeitsgemeinschaften. Die Hausaufgabenbetreuung wird von fast jedem zweiten GrundschülerInnen genutzt. In Schulen der Sekundarstufe I kommt die größte Attraktivität den fächerübergreifenden Arbeitsgemeinschaften bzw. Kursen und Projekten zu, dem folgen die projektspezifischen Angebote. Die Hausaufgabenbetreuung sowie die Freizeitangebote werden von jedem dritten, die Förderangebote und fachbezogenen Angebote von jedem/r vierten SekundarschülerIn in Anspruch genommen. Wenngleich ein unmittelbarer Vergleich zwischen Primar- und Sekundarstufe I nur eingeschränkt möglich ist, lässt sich zumindest festhalten, dass die eher non-formalen Angebote eine höhere Attraktivität für die SchülerInnen aufweisen als die eher formalen Angebote.

Zu den Zielen der Ganztagsschule gehört es, über eine sinnvoll rhythmisierte Abfolge von Unterricht, Förderangeboten und Freizeitangeboten, einen in pädagogischer Hinsicht wirkungsvollen Ausgleich zwischen Spannung und Erholung, zwischen lernbezogenen und sonstigen Aktivitäten zu schaffen. Dies wird in der Literatur unter dem Stichwort „Rhythmisierung" diskutiert. Angesichts der Eigenständigkeit der außerunterrichtlichen Angebote ist eine sehr weit reichende Verzahnung von Unterricht und Angeboten zwar nicht erwartbar, dennoch ist hier durchaus noch Entwicklungspotenzial zu erkennen.

4.3 Unterrichtspausen und Schulhöfe

„Die architektonische Schale der Schule hat, wie jede gebaute Umwelt, Einfluß auf das Wohlbefinden der Kinder (und Lehrer) und auf deren Handlungen im Raum. Schulbauten sind immer objektive und soziale Räume, deren Eigenschaften sowohl direkte, kausalisierbare Effekte, als auch, in der Entsprechung der an sie gestellten Ansprüche, sekundäre Einflüsse auf das Verhalten und die soziale Kommunikation der Benutzer haben" (Forster 2009, S. 10).

Klika (2012) konnte durch eine Befragung Aneignungs- und Bildungsprozesse nachzeichnen, die sich auf dem Schulhof vollziehen. Zentral für die Zeit auf dem Schulhof ist das *„Räume gliedern"* und *„Territorien bilden"*. SchülerInnen ziehen imaginäre oder reale Grenzen und unterteilen dabei ihren Schulhof in verschiedene Zonen (Klika 2012, S. 249). Territorialität fungiert, nach Forster, als Regler sozialer Interaktionen und lässt sich nicht abschaffen, es lässt sich „bestenfalls und mit viel Aufwand unterdrücken" (2009, S. 104). Das Einteilen und Verteidigen von Revieren trägt zur Entwicklung von sozialen Kompetenzen bei, indem Kinder und Jugendliche lernen, miteinander zu kooperieren.

Als Raum sozialer Interaktion stellen Schulhöfe einen „prädestinierten Ort des informellen Lernens dar" (Derecik 2010, S. 155).

4.4 Schulferien und Lerneffekte

Über die Effekte von längeren Unterbrechungen von Unterricht z. B. durch Ferien gibt es uneinheitliche Befunde: In den USA können im Rahmen einer längeren Forschungstradition schichtspezifische Ferieneffekte nachgewiesen werden: Kinder aus höheren sozial-ökonomischen Schichten verzeichnen in Ferien (informelle erworbene) Lernzuwächse, während Kinder aus niedrigeren sozial-ökonomischen Schichten eine Stagnation bzw. sogar Verluste von Wissen verzeichnen. In Deutschland lassen sich diese Effekte so nicht bestätigen: Für das Fach Mathematik konnte zwar ein Ferieneffekt festgestellt werden, dieser scheint jedoch nicht schichtspezifisch auszufallen. Vielmehr zeigen sich sehr individuell ausfallende Lernzuwachskurven (Coelen und Siewert 2008).

5 Konzepte: Informelles Lernen in besonderen Arrangements

Informelles Lernen in der Schule kann auch schulsystemferne Formen annehmen, die eigenständig neben dem formalen schulischen Bildungssystem bestehen. Vor allem in den USA hat es in den letzten Jahren vermehrt Vorstöße und Entwicklungen gegeben, eher lebensweltbezogene Formen des informellen Lernens als eigenständige Ergänzungen zum formalen Curriculum zu etablieren. Bei diesen Formaten steht die Auseinandersetzung mit der realen Lebens-, Arbeits-, Gesellschafts- Wirtschafts- und Medien-Umwelt im Vordergrund des Lernens. Erfahrungsberichte zeigen, dass diese Versuche zwar in den USA im Ganzen erfolgreicher waren als in Deutschland, aber auch, dass es dort zu großen Schwierigkeiten hinsichtlich der Entwicklung eigener didaktischer Methoden und fehlender Anpassungsbereitschaft der lehrenden Pädagogen für diese mehr außerschulischen Projekte und Praktika gab (BMBF 2001, S. 30–33).

Im Folgenden gehen wir insbesondere auf ein aktuelles und auf ein radikales Konzept ein:

5.1 Service Learning als informalisierte Demokratiepädagogik

„Lernen durch Engagement" (Service Learning) ist ein schulisches Lehrkonzept, mit der gesellschaftliches Engagement und fachliches Lernen verbunden werden sollen. Als Unterrichtsmethode ist sie somit zunächst zwar formal geprägt, sieht jedoch vergleichsweise große Spielräume für informelle Lernprozesse vor, indem die SchülerInnen sich für das Gemeinwohl einsetzen, dieses Engagement in den Unterricht einbringen und dort mit fachlichem Lernen verknüpfen (Sliwka et al. 2004; Frank und Sliwka 2004; Edelstein et al. 2009). Die Planung solcher Projekte soll gemeinsam mit den SchülerInnen erfolgen; die Reflexion nach Projektdurchführung soll mit den Lehrplänen verknüpft werden. Das pädagogische Konzept hat seinen Ursprung in den USA und orientiert sich an der didaktischen Form der Projektarbeit (s.o.). Ziel ist es, diesen Ansatz im Sinne eines demokratiepädagogischen Verständnisses im Unterricht umzusetzen und so die Öffnung der Schule zu fördern. Die wichtigsten Komponenten des Lernens durch Engagement lassen sich in vier Bereiche gliedern:

Service Learning beinhaltet erstens eine Lehrmethode und intendiert bestimmte Lernprozesse: Die SchülerInnen werden in eine praktische Aktivität einbezogen, die mit den Lehrzielen zusammenhängt. Abschließend wird das aktive Handeln gemeinsam mit den SchülerInnen reflektiert. Die zweite methodische Säule ist die Projektarbeit, d. h. die Lerngruppe organisiert sich weitgehend selbst. Diese Organisation umschließt Planung, Durchführung und Auswertung. Die Kooperation zwischen Schule und Gemeinde stellt das dritte Element des Lernens durch Engagement dar. Elementar hierbei ist die Überzeugung, dass (heranwachsende) Bürger auf verantwortliches Handeln untereinander angewiesen sind und nur durch entsprechende Pflichten auch demokratische Rechte ausführbar sind. Die vierte Säule besteht aus dem gesellschaftstheoretischen Konzept der „starken Demokratie" (Putnam), welches davon ausgeht, dass das Sozialkapital einer Gesellschaft an der Summe an Vertrauen und gegenseitiger Unterstützung messbar sei. Voraussetzung für die Bildung von Sozialkapital sei der Kontakt zwischen Menschen, die nicht aus demselben Umfeld kommen (zum Demokratielernen in pädagogischen Institutionen siehe Coelen 2010).

Als die wichtigsten Qualitätsmerkmale von Service Learning werden genannt (Seifert und Zentner 2010):

- Das Engagement muss sich an einem realen Problem orientieren, um für SchülerInnen eine motivierende und sinnvolle Tätigkeit zu bieten.
- Das Projekt wird in Verbindung mit Unterrichtsinhalten durchgeführt.
- Es findet eine regelmäßige Reflexion über die Erfahrungen statt.
- Das Engagement wird außerhalb der Schule eingesetzt.

Service Learning ist ein Konzept, welches versucht, das formelle Lernen effektiver zu machen. Welche Wirkung Service Learning auf die Kinder hat, zeigen z. B. Seifert und Zentner (2010): Lernen durch Engagement habe gerade im Bereich der persönlichen Charaktereigenschaften und der sozialen Kompetenzen positive Auswirkungen auf den Einzelnen (positiveres Selbstwertgefühl, höheres Verantwortungsbewusstsein). Ferner konnte festgestellt werden (Seifert und Zentner 2010), dass Service Learning die Lernmotivation und die Anstrengungsbereitschaft erhöht, eine positivere Einstellung gegenüber Schule erzeugt und die Problemlösefähigkeit sowie das Verständnis von Lerninhalten verbessert. Nicht eindeutig fallen die Antworten auf die Frage aus, ob sich durch Service Learning Noten bzw. Tests in einzelnen Schulfächern verbessern. Zumindest bei Kindern aus schwierigen Lebenslagen lässt sich hierbei jedoch ein positiver Effekt nachweisen. Positive Wirkungen werden für die Bereiche demokratische Einstellungen und bürgerschaftliches Engagement berichtet, wobei die Werte insbesondere dann deutlich steigen, wenn die Jugendlichen ein Mitspracherecht in den Projekten hatten. Im Bereich sozialer Kompetenzen und Persönlichkeitswachstum ließen sich positive Wirkungen auf Selbstwirksamkeit, Selbstwertgefühl, moralische Entwicklung, soziales Verantwortungsbewusstsein, Kommunikations- und Teamfähigkeit, berufsrelevante Kompetenzen und Empathiefähigkeit messen.

5.2 Entschulungsprojekte als radikale Versuche der Informalisierung des Lernens

Unter der Überschrift „Entschulungsprojekte" werden Settings zusammengefasst, bei denen SchülerInnen für einen bestimmten Zeitraum den Rahmen schulischen Unterrichts verlassen, um Lernsituationen zu schaffen zwischen einerseits Unterricht, offenen Unterrichtsformen und Projektunterricht und freiem Spiel, lebensweltlichen Lern- und Bildungsformen und Angeboten der Kinder- und Jugendarbeit andererseits. Der Begriff „Entschulung" wurde von v. Hentig (2007) in Anlehnung an Illich (1972) in die erziehungswissenschaftliche Diskussion als Gegenbegriff zu einer verschulten Schule eingeführt. Das Wort bezieht sich auf einen Prozess von der Schule weg, d. h. es geht nicht um jedwede Lernsituation außerhalb von schulischem Unterricht, sondern um schulisch inszenierte Projekte, in denen versucht wird, ein ‚Lernen minus Schule' zu ermöglichen, also ohne die schuleigene institutionelle Rahmung und ihr didaktisches Ensemble. Es lassen sich vier Formate unterscheiden:

- Erstens sind all diejenigen (reform-)pädagogischen Bemühungen darunter zu fassen, die Alternativen zu stark lehrerzentriertem Unterricht suchen: Unterrichtsformen werden geöffnet, außerschulische Lernorte eingerichtet, Praktika ermöglicht, Projektunterricht und längere Projektphasen etabliert, Schulen zum „Lebens- und Erfahrungsraum" erklärt (Bildungskommission Nordrhein-Westfalen 1995). Auch die Ansätze der Community Education lassen sich zu dieser Art der Entschulung zählen (Ratzki 1985). Der klassischen Lernschule werden Produktions-, Arbeits-, oder Projektschulen entgegen gestellt. Alle diese Formen bewegen sich noch deutlich im Rahmen von Schule.
- Zweitens sind Ansätze zu nennen, die sich von der Institution Schule lösen, indem sie einen längeren Zeitraum und eine deutlichere räumliche und personelle Trennung von Schule anstreben, in die dann aber wieder zurückgekehrt werden soll. Dabei bleibt festzuhalten, dass das Setting der Entschulung in diesen Fällen weiterhin schulpädagogisch und didaktisch arrangiert wird. Zudem finden sich noch stundenweise Unterrichtselemente ‚gegen das Vergessen' von Schulstoff (und der Institution Schule) wieder. Beispiele für eine solche ‚Entschulung der Schule' gibt es bereits zahlreiche, wenn auch zeitlich meist nicht sehr ausgedehnt und konzeptionell nicht unbedingt an v. Hentig bzw. Illich und ihren Entschulungskonzepten angelehnt.
- Zu einer dritten Gruppe von Entschulungs-Versuchen lassen sich diejenigen Ansätze und Realisierungen zählen, die eine zumindest zeitweise Zusammenlegung von Unterrichts-, Lern- und Lebensraum anstreben. Als kleinste Form können hierzu Klassenfahrten gerechnet werden, aber auch klassische pädagogische Beschreibungen des Zusammenarbeitens, -lernens und -lebens lassen sich dieser Gruppe zurechnen (wie beispielsweise Rousseaus Emile, Pestalozzis Berichte aus Stans, Makarenkos Gorki-Kolonie, Bernfelds Kinderheim Baumgarten, Lazarsfelds Beschreibungen zur Gemeinschaftserziehung oder der Dennisons Bericht über die First Street School). Auch in Internatsschulen lässt sich diese Gleichzeitigkeit von Unterrichts- und Lebensraum beobachten (Kalthoff 1997). In dieser gewollten Vermischung zwischen schulischem Lernen und Lebensraum wird die Entgrenzungs- und Begrenzungsproblematik pädagogischen Handelns besonders deutlich. Es bleibt nämlich unklar, ob es sich hierbei um Elemente einer Entschulung von Lernen oder um eine Verschulung des Alltags handelt.
- In einer vierten Gruppe lassen sich besonders weitgehende Entschulungs-Konzepte zusammenfassen, die für eine „Entschulung der Gesellschaft" (Illich 1972), also eine vollständige Abschaffung von Schule oder zumindest

der Schulpflicht mit schul- und gesellschaftskritischen Argumenten plädieren und oftmals eine Nähe zu anti-pädagogischen Ansätzen aufweisen. In ihrer praktischen Umsetzung sieht diese ‚privatisierte' Form von Entschulung eine Mischung aus vielfältigen eher non-formalen Lernsituationen und die (freiwillige) Nutzung von eher formalen Lernangeboten vor. Zu diesem Bereich gehören auch die Diskussionen um home schooling und de-schooling, die insbesondere in den USA geführt werden.

6   Fazit und Ausblick

Prozesse und Wirkungen informellen Lernens - so sollte deutlich geworden sein – lassen sich in vielfältiger Form auch für die Organisation Schule modellieren. Insbesondere die schulische Sozialisationsforschung der 1970er/80er-Jahre hat mit der Untersuchung der Wirkungen des ‚heimlichen Lehrplans' wegweisende Befunde zum Lernen von SchülerInnen produziert, die die neuere Forschung zum informellen Lernen aufzugreifen und weiterzuführen hätte (Tillmann 1995). Ebenso wären Erkenntnisse der Lehrersozialisationsforschung aufzunehmen, die Lehrerwerden jenseits der offiziellen Ausbildungsprogramme in den Blick genommen hatte, ohne dabei von einer Determination der Erfahrungsprozesse durch eine übermächtige Institution auszugehen: Vielmehr bieten Institutionen bestimmte – eben auch informelle – Lerngelegenheiten, die von den Lernenden durchaus eigensinnig genutzt werden können. Als weitere Herausforderungen zukünftiger Forschung in diesem Feld lassen sich benennen:

- eine Auseinandersetzung mit dem Sozialisationsbegriff, der sich mit dem Begriff des informellen Lernens mindestens teilweise überschneidet (z. B. Vogel 2008);
- eine Wiederaufnahme der Diskussionen um die Begriffe des offiziellen und ‚versteckten' Lehrplans/Curriculums; hier wäre insbesondere die Frage zu klären, wie das Zusammenspiel von formellen und informellen Lernprozesse in erweiterten (‚geöffneten') Unterrichtsformen und schulischen Gesamtarrangements (‚Ganztag') untersucht werden kann;
- die Erforschung von Formalisierungs- und Informalisierungsprozessen und -effekten im schulischen Feld, die eine Abgrenzung der beiden Lernformen in Frage stellen – etwa bei bestimmten Formen selbstbestimmten Lernens oder bei Maßnahmen im außerunterrichtlichen oder außerschulischen Bereich.

Wenn es gelingen sollte, den Begriff klarer als bisher zu bestimmen, dann kann sich informelles Lernen als ein fruchtbarer Zugang erweisen, der den bisher dominierenden Fokus der Forschung auf formale Lehr-Lernprozesse in der Schule (wieder) erweitert um die weniger bis nicht formalisierten Prozesse des Schulehaltens, die gleichwohl ganz erhebliche Auswirkungen auf die Persönlichkeitsentwicklung der in dieser Institution Tätigen haben.

Literatur

Baumbast, S., Hofmann-van de Poll, F., & Lüders, C. (2012). *Non-formale und informelle Lernprozesse in der Kinder- und Jugendarbeit und ihre Nachweise*. München: dji.

Baumert, J., & Kunter, M. (2006). Stichwort: Professionelle Kompetenz von Lehrkräften. *Zeitschrift für Erziehungswissenschaft, 9*(4/2006), 469–520.

Bildungskommission Nordrhein-Westfalen. (1995). *Zukunft der Bildung- Schule der Zukunft*. Neuwied: Luchterhand.

BMBF. (2001). *Berufsbildungsbericht 2001*. Bonn: Bundesministerium für Bildung und Forschung.

Böhnisch, L. (1992). *Sozialpädagogik des Kindes- und Jugendalters. Eine Einführung*. Weinheim: Juventa.

Coelen, T. (2010). Partizipation und Demokratiebildung in pädagogischen Institutionen. *Zeitschrift für Pädagogik, 56*(1/2010), 37–52.

Coelen, T., & Rother, P. (2014). Weiteres pädagogisch tätiges Personal an Ganztagsschulen. In T. Coelen & L. Stecher (Hrsg.), *Die Ganztagsschule. Eine Einführung* (S. 11–126). Weinheim: Beltz Juventa.

Coelen, H., & Siewert, J. (2008). Ferieneffekte. In T. Coelen & H.-U. Otto (Hrsg.), *Grundbegriffe Ganztagsbildung. Das Handbuch* (S. 432–441). Wiesbaden: VS Verlag für Sozialwissenschaften.

Derecik, A. (2010). Informelles Lernen im Ganztag – eine sportpädagogische Studie zur sozialräumlichen Aneignung von Schulhöfen. In N. Neuber (Hrsg.), *Informelles Lernen im Sport. Beiträge zur allgemeinen Bildungsdebatte* (S. 155–171). Wiesbaden: VS Verlag für Sozialwissenschaften.

Dohmen, G. (2001). *Das informelle Lernen. Die internationale Erschließung einer bisher vernachlässigten Grundform menschlichen Lernens für das lebenslange Lernen aller*. Bonn: Bundesministerium für Bildung und Forschung.

Edelstein, W., Frank, S., & Sliwka, A. (Hrsg.) (2009). *Praxisbuch Demokratiepädagogik. Sechs Bausteine für die Unterrichtsgestaltung und den Schulalltag*. Weinheim: Beltz.

Engelhardt, M. (2014). Interaktion und Identität in der Schule. Zur Anwendung und Weiterentwicklung der Theorie von Erving Goffmann. In U. Hagedorn (Hrsg.), *Jugend, Schule und Identität* (S. 81–108). Wiesbaden: Springer.

Eraut, M. (2000). Non-formal learning, implicit learning and tacit knowledge in professional work. In F. Coffield (Hrsg.), *The necessity of informal learning* (S. 12–31). Bristol: The Policy Press.

Europarat. (2011). *Pathways 2.0 – Wege zur Anerkennung von nicht formalem Lernen/nicht formaler Bildung und Jugendarbeit in Europa*. www.jugendpolitikineuropa.de/downloads/4-20-2902/Pathways%202%200%20DE.pdfx. Zugegriffen am 20.01.2015.

Feiman-Nemser, S. (2008). Teacher learning: How do teachers learn to teach. In M. Cochran-Smith, S. Feiman-Nemser, & D. J. McIntyre (Hrsg.), *Handbook of research on teacher education* (S. 687–705). New York: Routledge.

Forster, J. (2009). Kind und Schulraum – Ansprüche und Wirkungen. Eine interdisziplinäre Annäherung an pädagogische Fragestellungen. In M. Stiftungen (Hrsg.), *Reader Pädagogische Architektur* (S. 95–115).

Frank, S., & Sliwka, A. (2004). *Service Learning. Verantwortung lernen in Schule und Gemeinde*. Weinheim: Beltz.

Fussangel, K., & Gräsel, C. (2014). Forschung zur Kooperation im Lehrerberuf. In E. Terhart, H. Bennewitz, & M. Rothland (Hrsg.), *Handbuch der Forschung zum Lehrerberuf* (S. 846–864). Münster: Waxmann.

Grebe-Ellis, J. (2009). Zeit und Lernen: Erfahrungen mit Epochenunterricht. Eine Recherche. In D. Höttecke (Hrsg.), *Chemie- und Physikdidaktik für die Lehramtsausbildung in Schwäbisch Gmünd* (S. 232–234). Münster: Lit Verlag.

Gusinde, F. (2011). Die Auswirkungen von Entgrenzungsprozessen auf die Lebenswelt von Hauptschülern. Empirische Untersuchung an sechs Schulstandorten in einem Landkreis von Rheinland-Pfalz. Dissertation. Universität Siegen.

Heise, M. (2009). *Informelles Lernen von Lehrkräften. Ein Angebots-Nutzungs-Ansatz.* Münster: Waxmann.

Hericks, U. (2006). *Professionalisierung als Entwicklungsaufgabe. Rekonstruktion zur Berufseingangsphase von Lehrerinnen und Lehrern.* Wiesbaden: VS Verlag für Sozialwissenschaften.

Hopf, A., & Stecher, L. (2014). Außerunterrichtliche Angebote an Ganztagsschulen. In T. Coelen & L. Stecher (Hrsg.), *Die Ganztagsschule. Eine Einführung* (S. 65–77). Weinheim: Beltz Juventa.

Illich, I. (1972). *Entschulung der Gesellschaft* (2. Aufl.). München: Kosel.

Jackson, P. W. (1975). Einübung in eine bürokratische Gesellschaft: Zur Funktion der sozialen Verkehrsformen im Klassenzimmer. In J. Zinnecker (Hrsg.), *Der heimliche Lehrplan: Untersuchungen zum Schulunterricht* (S. 19–34). Weinheim: Beltz.

Kalthoff, H. (1997). *Wohlerzogenheit. Eine Ethnographie deutscher Internatsschulen.* Frankfurt am Main: Campus Verlag.

Keller-Schneider, M., & Hericks, U. (2014). Forschungen zum Berufseinstieg. Übergang von der Ausbildung in den Beruf. In E. Terhart, H. Bennewitz, & M. Rothland (Hrsg.), *Handbuch der Forschung zum Lehrerberuf* (S. 386–407). Münster: Waxmann.

Kielblock, S., Fraij, A., Hopf, A., Dippelhofer, S., & Stecher, L. (2014). Wirkungen von Ganztagsschulen auf Schüler/innen. In T. Coelen & L. Stecher (Hrsg.), *Die Ganztagsschule. Eine Einführung* (S. 155–173). Weinheim: Beltz Juventa.

Klika, D. (2012). Der Schulhof als Lebens- und Erfahrungsraum. In H. Schröteler-von Brandt, C. Thomas, A. Zeising, & A. Ziesche (Hrsg.), *Raum für Bildung. Ästhetik und Architektur von Lern- und Lebensorten* (S. 245–253). Bielefeld: transcript.

Kommission der Europäischen Gemeinschaften. (2001). Europäische Rahmenbedingungen für soziale Verantwortung der Unternehmen. Brüssel. http://eur-lex.europa.eu/LexUriServ/site/de/com/2001/com2001_0366de01.pdf. Zugegriffen am 20.11.2014.

Kwakmann, K. (2003). Factors influencing teachers' participation in professional learning activities. *Teaching and Teacher Education, 19*, 149–170.

Lohman, M. (2006). Factors influencing teachers' engagement in informal learning activities. *Journal of Workplace Learning, 18*(3), 141–156.

McCoy, M. S., & Taylor, D. L. (2000). Does block scheduling live up to its promise? Paper presented at the annual meeting of the American Educational Research Association, New Orleans, 25. April 2000. http://files.eric.ed.gov/fulltext/ED443181.pdf. Zugegriffen am 20.12.2014.

Neuber, N. Hrsg. (2010). *Informelles Lernen im Sport. Beiträge zur allgemeinen Bildungsdebatte.* Wiesbaden: VS Verlag für Sozialwissenschaften.

Neuweg, G. H. (2014). Das Wissen der Wissensvermittler. In E. Terhart, H. Bennewitz, & M. Rothland (Hrsg.), *Handbuch der Forschung zum Lehrerberuf* (S. 583–614). Münster: Waxmann.

Ratzki, A. (1985). Entschulung der Schule. Community Education in England - Ein Modell für die Schule der Zukunft. *Demokratische Erziehung, 11*(9), 26–27.

Reinders, H. (2003). *Jugendtypen. Ansätze zu einer differentiellen Theorie der Adoleszenz.* Opladen: Leske + Budrich.

Rengstorf, F., & Schumacher, C. (2013). Projektunterricht in Lehrerbildung und Bildungsdiskussion. In C. Schumacher, F. Rengstorf, & C. Thomas (Hrsg.), *Projekt: Unterricht. Projektunterricht und Professionalisierung in Lehrerbildung und Schulpraxis* (S. 19–39). Göttingen: Vandenhoeck & Ruprecht.

Reutlinger, C. (2004). Die Notwendigkeit einer neuen Empirie der Aneignung – der Ansatz der Bewältigungskarten. In C. Reutlinger & U. Deinet (Hrsg.), *„Aneignung" als Bildungskonzept der Sozialpädagogik, Beiträge zur Pädagogik des Kindes- und Jugendalters in Zeiten entgrenzter Lernorte* (S. 121–138). Wiesbaden: VS Verlag für Sozialwissenschaften.

Schön, D. A. (1983). *The reflective practitioner. How professionals think in action.* New York: Basic Books.

Seifert, A., & Zentner, S. (2010). *Service-Learning – Lernen durch Engagement: Methode, Qualität, Beispiele und ausgewählte Schwerpunkte*. Eine Publikation des Netzwerks *Lernen durch Engagement*. Weinheim: Freudenberg Stiftung.

Sliwka, A., Petry, C., & Kalb, P. E. (Hrsg.) (2004). *Durch Verantwortung lernen. Service Learning: Etwas für andere tun*. Weinheim: Beltz.

Smaller, H., Clark, R., Hart, D., Livingstone, D., & Noormohammed, Z. (2000).Teacher learning, informal and formal: Results of a Canadian Teachers' Federation Survey. Toronto: OISE/UT NALL Working Paper Number 14.

Speck, K. (2009). *Schulsozialarbeit. Eine Einführung* (2. überarbeitete Aufl.). München: Ernst Reinhard Verlag.

Terhart, E., Bennewitz, H., & Rothland, M. (Hrsg.). (2014). *Handbuch der Forschung zum Lehrerberuf* (2. überarbeitete und erweiterte Aufl.). Münster/New York: Waxmann.

Tillmann, K.-J. (1995). Schulische Sozialisationsforschung. In Z. von Schulforschung (Hrsg.), *Hans-Günther Rolff* (S. 181–210). Weinheim: Dt. Studien Verlag.

Vogel, P. (2008). Bildung, Lernen, Erziehung, Sozialisation. In T. Coelen & H.-U. Otto (Hrsg.), *Grundbegriffe Ganztagsbildung. Das Handbuch* (S. 118–127). Wiesbaden: VS Verlag für Sozialwissenschaften.

von Hentig, H. (2007). Die Bielefelder Laborschule. In A. Óhidy, E. Terhart, & J. Zsolnai (Hrsg.), *Lehrerbild und Lehrerbildung* (S. 135–139). Wiesbaden: VS Verlag für Sozialwissenschaften.

von Luckwald, J. (2011). Kompetenzerwerb im Erwachsenenalter durch informelle Lernprozesse. Köln. http://kups.ub.uni-koeln.de/4383/. Zugegriffen am 13.01.2015.

Williams, A. (2003). Informal learning in the workplace: A case study of new teachers. *Educational Studies, 29*(2/3), 207–219.

Zinnecker, J. (Hrsg.) (1975). *Der heimliche Lehrplan: Untersuchungen zum Schulunterricht*. Beltz: Weinheim. Im Auftrag der Redaktion der Zeitschrift Betrifft: Erziehung.

Informelles Lernen in der betrieblichen Bildungsarbeit

Peter Dehnbostel

Inhalt

1	Einleitung	344
2	Renaissance des Lernens in der Arbeit	345
3	Betriebliches Lernen in informellen und nichtformalen Kontexten	347
4	Betriebliche Lern- und Wissensarten	351
5	Verbindung formalen und informellen Lernens	354
6	Validierung informell und nichtformal erworbener Kompetenzen	355
7	Ausblick	359
	Literatur	361

Zusammenfassung

Mit der Renaissance des Lernens in der Arbeit ist das informelle Lernen in das Zentrum betrieblicher Bildungsarbeit gerückt. Arbeitsorganisatorische Innovationen und damit verbundene qualifikatorische Anforderungen strukturieren und gestalten das betriebliche Lernen in formalen, informellen und nichtformalen Kontexten neu, wobei das informelle Lernen im Mittelpunkt steht. Es ist Teil tagtäglicher Arbeitshandlungen, ordnet sich in betriebliche Lern- und Wissensarten ein und verschränkt sich mit formalem Lernen. Die Validierung von über informelles und nichtformales betriebliches Lernen erworbenen Kompetenzen eröffnet breite Anerkennungsmöglichkeiten.

Schlüsselwörter

Informelles Lernen • Betriebliche Bildungsarbeit • Lern- und Wissensarten in der Arbeit • Verbindung formalen und informellen Lernens • Validierung informellen und nichtformalen Lernens

---

P. Dehnbostel (✉)
Department Bildung, Deutsche Universität für Weiterbildung, Bonn, Deutschland
E-Mail: peter.dehnbostel@t-online.de

1 Einleitung

Das Lernen in der Arbeit und in Betrieben ist die älteste und am weitesten verbreitete Form beruflicher Qualifizierung. In der Meisterlehre und der traditionellen Beistellehre waren Lehrlinge einer Fachkraft zugeordnet, betriebs- und berufsspezifische Arbeitstätigkeiten wurden vorrangig durch Vormachen und Imitation erlernt. Gleiches gilt heute für große Anteile der betrieblichen Anpassungsqualifizierung. Gelernt wird in der betrieblichen Arbeitssituation durch Zusehen, Nachmachen, Mitmachen, Helfen, Probieren und durch die Simulation des Beobachteten. Und gelernt wird im Prozess der Arbeit, bei der Planung, Durchführung und Bewertung von Arbeitsaufgaben, durch das Problemlösen, durch die fachliche und soziale Interaktion und Kommunikation. In all diesen unterschiedlichen Qualifizierungs- und Arbeitssituationen besteht der Hauptzweck der arbeitsgebundenen Handlungen in der Verrichtung anstehender Arbeitsaufgaben. Das Lernen ist beiläufig, es ist ein informelles Lernen in der Arbeit. Im Falle intendierter Qualifizierung wird es mehr oder weniger mit formalen Lernkontexten verbunden, im Falle der Ausübung üblicher beruflicher Arbeitshandlungen hingegen verbleibt es unsystematisch und zufällig.

Das Lernen im Prozess der Arbeit und das informelle Lernen gewinnen in der betrieblichen Bildungsarbeit zunehmend an Bedeutung (Dehnbostel 2001, 2015). Neue Arbeits- und Organisationskonzepte erfordern eine ganzheitliche und prozessbezogene Arbeit, die ein arbeitsgebundenes Lernen in zuvor nicht gekannter Weise notwendig und möglich macht. In diesem Zusammenhang wird, wie im nachfolgenden Abschn. 2 erläutert, von einer Renaissance des Lernens in der Arbeit gesprochen. In den 1980er-Jahren einsetzend rekurriert diese wesentlich auf das informelle Lernen. Sie bedeutet nicht, dass das bisher in der Berufsbildung bestehende, z. T. vorherrschende Lernen in berufsbildenden Schulen, Kompetenzzentren und Seminaren entwertet wird. Es wird jedoch durch das Lernen in und bei der Arbeit gezielt ergänzt, z. T. auch ersetzt. Wie und in welchem Umfang dies geschieht, ist von Branche zu Branche, von Betrieb zu Betrieb und von Beruf zu Beruf unterschiedlich. Aus der Sicht von Unternehmen rücken in jedem Fall das Lernen in der Arbeit und das informelle Lernen in das Zentrum der betrieblichen Bildungsarbeit. Dies trifft auch auf die berufliche Ausbildung im dualen System zu. Vor allem in Groß- und Mittelbetrieben ist das Lernen in der Arbeit verstärkt worden. Dies aber nicht auf Kosten des Lernorts Berufsschule, sondern durch die Verlagerung des Lernens von betrieblichen und überbetrieblichen Ausbildungs- und Kompetenzzentren an den Lernort Arbeitsplatz.

Der Gegenstand der betrieblichen Bildungsarbeit sind prinzipiell alle Trainings-, Qualifizierungs- und Berufsbildungsmaßnahmen, die unmittelbar im Unternehmen stattfinden oder von diesem finanziert, veranlasst, durchgeführt oder verantwortet werden. Im Mittelpunkt stand dabei bis in die 1980er-Jahre die Berufsausbildung im Rahmen des dualen Systems. Ihre im Berufsbildungsgesetz (BBiG) und der Handwerksordnung (HwO) fixierten rechtlichen Grundlagen implizieren eine Anbindung der betrieblichen Bildung und damit auch des Lernens in der Arbeit und des informellen Lernens an das öffentlich-rechtliche Bildungssystem. Insbesondere die Dualität der

Lernorte Berufsschule und Betrieb steht exemplarisch für diese Anbindung und die Verzahnung von Bildungs- und Beschäftigungssystem. Sie findet ihre Fortsetzung in dualen Studiengängen und in berufsbegleitenden Bachelor- und Masterstudiengängen.

Mit den neuen Arbeits- und Organisationskonzepten und dem Wandel von Arbeit und Qualifikationsanforderungen wird die betriebliche Bildungsarbeit neu strukturiert und gestaltet: Anforderungen und Dispositionen werden in Kompetenzen gefasst; Lernen und Arbeiten systematisch verbunden; betriebliche Lernkonzepte eingeführt; die Arbeit wird lern- und kompetenzförderlich gestaltet; neue Lernorganisationsformen inmitten der Arbeit werden geschaffen; die arbeitsgebundene Qualifizierung wird zunehmend professionell begleitet; die Ergebnisse betrieblichen Lernens werden validiert; horizontale und diagonale berufliche Entwicklungswege entstehen. Das Lernen im Prozess der Arbeit und das informelle Lernen sind für die theoretische und praktisch-konzeptionelle Durchdringung und Umsetzung dieser zentralen Handlungs- und Gestaltungsfelder der betrieblichen Bildungsarbeit von konstitutiver Bedeutung.

In den folgenden Abschnitten wird zunächst die Renaissance des Lernens thematisiert und in ihren Wirkungen auf das informelle Lernen betrachtet (2). Es folgen Ausführungen zum betrieblichen Lernen in informellen und nichtformalen Kontexten und definitorische Klärungen der Begriffe formales, informelles und nichtformales Lernen (3). Auf dieser Grundlage werden betriebliche Lern- und Wissensarten unter Einordnung des informellen Lernens und des Verhältnisses von Erfahrung und Wissen erörtert (4). Innovative Lernorganisationsformen zur Verbindung von formalem und informellem Lernen werden rezipiert und reflektiert (5), denen Ausführungen zur Validierung von in der Arbeit informell erworbenen Kompetenzen folgen (6). Im Ausblick werden, aufbauend auf ein Fazit, Perspektiven des informellen Lernens in der betrieblichen Bildungsarbeit unter bildungspolitischen und wissenschaftlichen Gesichtspunkten angesprochen (7).

2 Renaissance des Lernens in der Arbeit

In Deutschland stellt die Wiederentdeckung des Lernens in der Arbeit eine Trendwende in der Entwicklung der Qualifizierung und betrieblichen Berufsbildung dar. Seit Beginn der industriellen Berufsausbildung im letzten Drittel des 19. Jahrhunderts wurde die Berufsbildung bei gleichzeitiger Differenzierung zunehmend zentralisiert, systematisiert und reguliert (Blankertz 1982; Stratmann 1995; Greinert 1997). Die Berufsbildungs- und Qualifizierungsdiskussion ging bis weit in die 1980er-Jahre von der Annahme abnehmender Lernpotenziale und Lernchancen in der Arbeit aus, was im Zuge der Industrialisierung und Taylorisierung von Arbeit auch zutraf. Eine Qualifizierung in der Arbeit wurde aus didaktisch-methodischen, aber auch aus arbeitsorganisatorischen und ökonomischen Gründen für immer weniger vertretbar gehalten. Als Alternative galt die Qualifizierung in zentralen Bildungsstätten, in denen systematisch und ohne störende Auswirkungen auf den Qualifizierungsverlauf gelehrt und gelernt werden konnte. Auch im Handwerk, in dem ein auftragsbezogenes berufliches Lernen in der Arbeit vorherrschend blieb, wurden Lehrgangsformen und überbetriebliche Bildungsstätten mehr und mehr in die berufliche Bildung einbezogen. Faktisch nahm das formale und organisierte Lernen in der Berufsbildung stetig zu. Lernorganisatorisch und strukturell zeigte sich dies auch in einem massiven Ausbau von betrieblichen, über- und außerbetrieblichen Bildungsstätten und von Bildungsgängen in berufsbildenden Schulen und im tertiären Bereich.

Mit der Einführung neuer Arbeits- und Organisationskonzepte und der damit verbundenen Requalifizierung, Reprofessionalisierung, Prozessorientierung und reflexiven Modernisierung von Facharbeit (Kern und Schumann 1984; Dehnbostel et al. 1992; Womack et al. 1992; Beck et al. 1996; Schultz-Wild und Lutz 1997) zeichnete sich eine Gegentendenz zur Zentralisierung der Berufsbildung ab. Insbesondere Groß- und Mittelbetriebe forderten ein verstärkt arbeitsplatzbezogenes Lernen, weil man erkannte, dass das Lernen in modernen Arbeitsprozessen neue Lern- und Bildungsoptionen jenseits des Taylorismus bietet, deren Realisierung eine notwendige Voraussetzung für innovative Arbeitsorganisationen und ein modernes betriebliches Wissensmanagement darstellt.

Qualifikatorisch hatte sich gezeigt, dass die zunehmende Auslagerung des Lernens aus der Arbeit die Kluft zwischen beruflicher Bildung und realen beruflichen Handlungsanforderungen vergrößerte, die zu Lern- und Motivationsproblemen bei Aus- und Weiterzubildenden führte. Zwar ist das Lernen in organisierten Lernorten jenseits des Arbeitsprozesses ein für die Berufsbildung unabdingbar notwendiger und in der Wissens- und Dienstleistungsgesellschaft auszubauender Bestandteil, das Lernen in realen Betriebs- und Arbeitssituationen mit ihren technologischen, arbeitsorganisatorischen, sozialen und personalen Kompetenzanforderungen kann dadurch aber nicht ersetzt werden. Generell gilt, dass situations- und prozessbestimmte moderne Arbeitsanforderungen immer weniger antizipierbar sind, dass eine umfassende berufliche Handlungskompetenz in Bildungseinrichtungen nur bedingt einlösbar ist. Berufliches Lernen bleibt ohne die Bindung an reale Arbeitsinhalte und Arbeitsbedingungen einem formalen Bildungsverständnis verhaftet und führt allenfalls zu einer eingeschränkten beruflichen Handlungsfähigkeit.

Die Abkehr von tayloristischen Arbeits- und Organisationsweisen seit den 1980er-Jahren lässt sich als Weg „von einer funktions-/berufsorientierten zu einer prozessorientierten Betriebs- und Arbeitsorganisation" beschreiben (Baethge und Schiersmann 1998, S. 21). Die mit diesem Wandel verbundene Frage der Beibehaltung oder Erosion der Berufsform der Arbeit wurde zu einer Kernfrage in der Weiterentwicklung der Berufsbildung. Seit den 1990er-Jahren diagnostizieren eine Reihe von soziologischen und berufspädagogischen Abhandlungen die Erosion der berufsförmig strukturierten Arbeit und das Schwinden der Beruflichkeit vor dem Hintergrund einer prozessorientierten Arbeit, schnell wechselnder Marktbedingungen, beschleunigter Innovationszyklen und der zunehmenden Globalisierung der Wertschöpfungskette (Lisop 1994; Lipsmeier 1998; Baethge et al. 2007). Andere Positionen deuten die angesprochenen Veränderungen entgegengesetzt als Herausbildung einer modernen, erweiterten Beruflichkeit (Kutscha 1992, 2009; Harney 2009; Meyer 2000).

Aber unabhängig von der Frage des Berufsprinzips bleibt festzuhalten, dass die Renaissance des Lernens in der Arbeit auf die veränderten Arbeits- und Organisationskonzepte und die damit verbundene wachsende Lern- und Prozessorientierung in der Arbeit zurückzuführen ist. Ein erweitertes Verständnis für den Wandel von Arbeit und Organisationskonzepten verweist auf Ursachenbündel, die in sogenannten Megatrends zusammengefasst werden, und zwar hauptsächlich: Internationalisierung und Globalisierung; Informations- und Kommunikationstechnologien und Digitalisierung der Arbeitswelt; Lern- und Prozesscharakter der Arbeit; Dienstleistungscharakter von Arbeit; Wertewandel und Subjektivierung der Arbeit (Sloane 2000; Schiersmann 2007, S. 16 ff.; Konsortium Bildungsberichterstattung 2010, S. 15 ff.).

Bei den mit der Renaissance des Lernens in der Arbeit verbundenen neuen Lernoptionen und Lernprozessen handelt es sich durchweg um ein betriebliches Lernen in informellen Lernkontexten, die partiell mit formalen Lernkontexten verbunden werden. Ausschlaggebend für die Intensität und die Situiertheit des informellen Lernens sind die spezifischen Lernanforderungen hinsichtlich der jeweiligen, branchen- und unternehmensabhängig benötigten Kompetenzen. Zu nennen sind vor allem die Kompetenzen, die für kontinuierliche Optimierungs- und Verbesserungsprozesse, für die Kunden- und Geschäftsorientierung, die vernetzte und Gruppenarbeit, ein selbstgesteuertes Lernen, eine reflexive Handlungsfähigkeit sowie eine hohe Innovationsfähigkeit notwendig sind. Der Bedeutungszuwachs informellen Lernens erklärt sich auch aus den engen Grenzen organisierter Lernprozesse, vor allem aber aus seiner Relevanz für die Kompetenz- und Berufsentwicklung und das reale Arbeitshandeln von Fachkräften in modernen Arbeitsprozessen.

3 Betriebliches Lernen in informellen und nichtformalen Kontexten

Wie dargelegt, findet das Lernen durch Arbeitshandeln im realen Arbeitsprozess in hohem Maße in informellen Lernkontexten statt. Ausführungen zur informellen Weiterbildung zeigen, dass das informelle Lernen mittlerweile das betriebliche Lernen im Hinblick auf Umfang und Beteiligte dominiert (Schiersmann 2007, S. 140 ff.; Autorengruppe Bildungsberichterstattung 2008, S. 137 ff.; Dehnbostel 2008, S. 20–22). Informelles Lernen im Prozess der Arbeit findet im Rahmen von Arbeitsformen wie Gruppenarbeit, Projektarbeit und Job Rotation statt, ebenso aber auch in einzelnen Arbeits- und Handlungssituationen, unabhängig von bestimmten Arbeitskonzepten und organisierten Arbeitsformen. Das informelle Lernen in der Arbeit erfolgt u. a. in der Aufgabenbearbeitung, bei der Entscheidung über Dispositionsmöglichkeiten, in der Problemlösung, bei der Interaktion und Kommunikation am Arbeitsplatz und in der Qualitätssicherung.

Die Unterscheidung zum formalen Lernen ist häufig nicht trennscharf wie das Beispiel der Gruppenarbeit mit integrierten Gruppensitzungen in mittleren und großen Unternehmen zeigt. Die dort ablaufenden kontinuierlichen Lernprozesse im Rahmen von Bilanzierungen und Optimierungen implizieren ein Lernen, das nicht immer eindeutig der informellen Weiterbildung zuzurechnen ist. So verbindet die zunehmende Begleitung der Gruppenarbeit durch professionell ausgebildeten Lernprozessbegleiter und Gruppen-Coaches das informelle Lernen mit formalem Lernen. Entsprechend ist das Coaching auch den informelles und formales Lernen verbindenden Lernorganisationsformen wie Lerninseln und eLearningformen zuzuzählen (s. den übernächsten Abschn. 5). In jedem Fall gilt, dass die Lernprozesse in der Gruppenarbeit in ihren Wirkungen erfasst und indirekt über die Einlösung von Absprachen, Regelungen und Zielvereinbarungen berücksichtigt und eingeplant werden. Dabei bleibt es im Rahmen partizipativer Arbeitsformen weitgehend dem Einzelnen oder der Gruppe überlassen, wie das Optimierungs- und Problemlösungsvorgehen erfolgt, entscheidend ist, dass die festgelegten Wirkungen und Ergebnisse stimmen.

Innerhalb, aber ebenso jenseits organisierter Arbeitsformen findet das informelle Lernen über Erfahrungen im alltäglichen Arbeitshandeln statt. Gespräche und kooperative Arbeitshandlungen im Arbeitsalltag lösen vielfach beiläufige Lernprozesse aus, die zu einem zusätzlichen Erwerb von Wissen, Fertigkeiten und Kompetenzen führen. Bei der Aufgabenbearbeitung wird systematisch auf Gelerntes zurückgegriffen, um Probleme lösen und Entscheidungen treffen zu können. Diese Lernprozesse orientieren sich an der unmittelbaren Ausführung von Tätigkeiten und der Reflexion von Arbeitshandlungen und -aufgaben. Sie tragen wesentlich zur Lern- und Kompetenzförderlichkeit von Arbeit bei und sind im Rahmen der betrieblichen Bildungsarbeit zu stärken und auszubauen.

Lernen im Prozess der Arbeit findet somit zu einem wesentlichen Teil als informelles Lernen in Lernsituationen statt, die als fluide, temporär, selbstgesteuert und als nicht formal organisiert charakterisiert werden kann. Übereinstimmend kommen verschiedene Forschungsarbeiten (Kade und Seitter 2003; Molzberger 2007) zu dem Ergebnis, dass es Lernsituationen gibt, die sich durch die bewusste Lehr-Lernintention der Beteiligten als solche konstituieren, die jedoch in der Regel nicht durch Arbeitsformen, Lernorganisationsformen oder durch Vorgesetzte oder Lernprozessbegleiter strukturiert und initiiert werden. Fachkräfte und Kollegen praktizieren ein gezieltes Lern-Arbeitshandeln jenseits organisierter Lernorganisationsformen, gezielter Lernunterstützung und formaler Weiterbildung. Diese Lern-Arbeitshandlungen finden durchweg in reflexionshaltigen Arbeitssituationen statt. Lerntheoretisch lassen sie sich am ehesten dem situierten Lernen und reflexiven Lernen zuordnen. Dieserart Kommunikations- und Reflexionsabläufe lassen sich nach Kade und Seitter von einfacher Wissensweitergabe dadurch unterscheiden, dass „man sich auf der Seite der Wissensvermittlung für die Aneignung interessiert, diese in jener reflektiert ist" (Kade und Seitter 2003, S. 609).

Mit Blick auf die Unternehmen, den Arbeitsmarkt und das Bildungssystem gibt es derzeit eine Vielfalt von Erfassungen, Beschreibungen und Anerkennungen des betrieblichen Lernens in informellen und formalen Lernkontexten sowie in Mischformen bzw. Verbindungen beider. In der folgenden Abbildung sind in der linken Spalte die bekanntesten betrieblichen und arbeitsmarktpolitischen Maßnahmen und Verfahren zur Erfassung und Anerkennung des betrieblichen Lernens aufgelistet, in der rechten Spalte die wichtigsten zurzeit praktizierten Anerkennungen und Anrechnungen im Bildungs- und Berufsbildungssystem.

In diese unterschiedlichen Verfahren und Regelungen zur Erfassung und Anerkennung der Ergebnisse des betrieblichen Lernens fließen z. T. auch die über formales Lernen erworbenen Kompetenzen ein. Vor allem aber die Erfassung informell und nichtformal erworbener Kompetenzen sind für die Personalentwicklung und individuelle betriebliche Entwicklungswege bedeutsam. Aktuell stellen sie zudem für die bildungspolitischen Empfehlungen und Planungen zur Validierung informell und nichtformal erworbener Kompetenzen einen wichtigen Ausgangspunkt dar, der in der bisherigen Diskussion zu wenig Beachtung findet (s. den nachfolgenden Abschn. 6).

Die bei den jeweiligen Verfahren und Regelungen zugrunde gelegten Begriffsverständnisse des betrieblichen Lernens und dessen als Qualifikationen und Kompetenzen gefassten Ergebnisse sind äußerst heterogen, vielfach auch beliebig und widersprüchlich. Dies trifft auch auf die Fachliteratur zu, die ein weites Spektrum unterschiedlicher Beschreibungen und Verständnisse des formalen, des informellen und des nichtformalen Lernens bietet. Die im Folgenden formulierten Definitionen sind weitgehend akzeptiert (Dehnbostel 2015, S. 36–43) und wurden bereits im Jahre 2001 von der Europäischen Kommission in ähnlicher Weise formuliert (Kommission der Europäischen Gemeinschaften 2006, S. 9, 32–33). Danach ist das formale Lernen auf die Vermittlung festgelegter Lerninhalte in organisierter Form gerichtet; es zielt auf ein angestrebtes bzw. vorgegebenes Lernergebnis und richtet die Lernprozesse didaktisch-methodisch und organisatorisch danach aus. Der Lernerfolg wird in der Regel in Prüfungen über nachgewiesene Qualifikationen und Kompetenzen beurteilt und durch zuständige und autorisierte Stellen in Form eines Zertifikats bestätigt. Charakteristisch für formales Lernen ist, dass:

- es in einem organisierten, institutionell abgesicherten Rahmen stattfindet,
- es vorwiegend an didaktisch-methodischen Kriterien orientiert ist,
- Lernziele und Lerninhalte ausgewiesen werden und die Lernergebnisse überprüfbar sind,
- die Lernsituation in der Regel von professionell vorgebildeten Personen begleitet wird und eine pädagogische Interaktion zu den Lernenden besteht.

Beim informellen Lernen stellt sich im Gegensatz zum formalen Lernen in der Regel ein Lernergebnis ein, ohne dass es von vornherein bewusst angestrebt wird. Dies bedeutet nicht, dass beim informellen Lernen die Intentionalität fehlt. Sie ist jedoch auf andere Ziele und Zwecke und nicht auf Lernoptionen gerichtet. Das informelle Lernen wird nicht nur national sondern auch international begrifflich unterschiedlich gefasst (Künzel 2004, S. 93 ff.; Overwien 2000, 2005). Es wurde zwar bereits in der Bildungsreform um 1970 in Reformplanungen einbezogen, geriet danach aber wieder aus dem Blickfeld (Molzberger 2007, insbes. S. 29 ff.) und wurde erst in der Diskussion zur Kompetenzentwicklung in den 1990er-Jahren wieder aufgenommen. Das informelle Lernen als Lernen über Erfahrungen

- ergibt sich aus Arbeits- und Handlungserfordernissen und ist nicht institutionell organisiert,
- bewirkt ein Lernergebnis, das aus Situationsbewältigungen und Problemlösungen in der Arbeit oder in Handlungen hervorgeht,
- wird im Allgemeinen nicht professionell pädagogisch begleitet.

Das informelle Lernen wird auch als beiläufiges oder inzidentelles Lernen bezeichnet, wobei die zumeist disziplinspezifischen Begriffsbestimmungen auch mit unterschiedlichen grundlagenwissenschaftlichen Orientierungen verbunden sind. Das informelle Lernen als „natürliches" Selbstlernen der Menschen (Dohmen 1999, S. 25) ist stark von individuellen und umgebungsbezogenen Faktoren geprägt: „Informelles Lernen ist ein subjektiver Aneignungsprozess in sozialer und situativer Kontextierung" (Molzberger 2007, S. 86). Die Abhängigkeit von den jeweiligen Arbeits- und Handlungsprozessen bringt auch deutliche Nachteile mit sich. Welche Erfahrungen in der Arbeit gemacht werden, welche sinnlichen, kognitiven, emotionalen und sozialen Prozesse stattfinden, hängt wesentlich von den Arbeitsaufträgen und -gegenständen, der Ablauf- und Aufbauorganisation, den Sozialbeziehungen und der Unternehmenskultur ab.

Das nichtformale Lernen ist eine Lernart, die erst mit der in der europäischen Bildungspolitik diskutierten Validierung von Bildungsleistungen und der Einführung des Europäischen Qualifikationsrahmens für lebenslanges Lernen (EQR) aufgekommen ist (Europäische Union 2008; CEDEFOP 2009). Mit der Empfehlung des Rates der Europäischen Kommission vom 20. Dezember 2012 zur Validierung nichtformalen und informellen Lernens hat sie eine hohe bildungspolitische Verbindlichkeit erhalten (Amtsblatt der Europäischen Union 2012). Sind die Lernarten des formalen und informellen Lernens lerntheoretisch bestimmt und unterschieden, so ist das nichtformale Lernen eine eher ordnungspolitisch bestimmte Kategorie die sich lerntheoretisch nicht vom formalen Lernen unterscheidet.

Nichtformales Lernen und der darüber erworbene Kompetenzerwerb nehmen in Unternehmen und in der Weiterbildung stetig zu. Es handelt sich um ein Lernen in gezielt und organisiert durchgeführten Qualifizierungsmaßnahmen, die mit einer Bewertung oder einem Zertifikat abschließen, dabei aber nicht im öffentlich-rechtlichen Bildungssystem anerkannt oder berücksichtigt werden. Dazu gehören beispielsweise der Europäische Computerführerschein, Sprachenzertifikate, Zertifikate der Volkshochschulen, Zertifikate im Rahmen von Herstellerschulungen marktführender Unternehmen wie Microsoft und SAP, Zertifikate von Bildungsanbietern oder auch regelmäßig zu erneuernde Zertifikate wie beispielsweise für Schweißer, Gabelstapler- oder Gefahrgutfahrer. Es kennzeichnet moderne Arbeits- und Organisationskonzepte oder allgemeiner, die Wissens- und Dienstleistungsgesellschaft, dass diese Qualifizierungen zunehmen und einen wachsenden Anteil an der Kompetenzentwicklung und Bildung im Erwachsenenalter haben. Nichtformales Lernen

- ist wie das formale Lernen ein organisiertes und geplantes Lernen,
- ist aber nicht Teil des öffentlich-rechtlichen Bildungssystems und wird in diesem bisher auch nicht anerkannt und auf Bildungsgänge angerechnet,

- findet zumeist außerhalb der Einrichtungen des öffentlichen Bildungssystems in Unternehmen und bei Bildungsträgern statt.

4 Betriebliche Lern- und Wissensarten

In der betrieblichen Bildungsarbeit hat es sich als notwendig und tragfähig erwiesen, im Sinne der o. g. Definitionen zwischen den Lernarten des informellen und des formalen Lernens zu unterscheiden. Weitere Differenzierungen des informellen Lernens und die Zuordnung von Wissensarten als Ergebnisse der jeweiligen Lernens führen zu einer auf unterschiedlichen Studien und theoretischen Abhandlungen beruhenden schematischen Übersicht mit begründeten Abweichungen (Dehnbostel 2001, S. 72–76, 2015, S. 41–43; Molzberger 2007, S. 81–84; Rohs 2008, S. 69–71; Kraus 2014, S. 222–223).

Die schematischen Darstellungen folgen durchweg der Unterteilung des betrieblichen bzw. des erwerbsorientierten Lernens in formales und informelles Lernen. Unterschiede ergeben sich vor allem im Hinblick auf die Unterteilung des informellen Lernens und die Verortung und definitorische Bestimmung des Erfahrungslernens. Das am häufigsten vertretene Modell unterteilt das informelle Lernen in die zwei Lernarten des reflexiven und des impliziten Lernens. Abweichend davon benennen Molzberger (2007, S. 81) das Erfahrungslernen und Kraus (2014, S. 222) das experimentelle Lernen als jeweils dritte Lernart, die das informelle Lernen differenziert. Abgesehen von der unterschiedlichen Einordnung des nichtformalen Lernens bestehen vor allem in der begrifflichen Bestimmung des Erfahrungslernens merkliche Unterschiede. Zudem werden die Begriffe Theoriewissen, Erfahrungswissen und auch Handlungswissen als tragende Wissenskategorien dem Ablauf betrieblichen Wissens zugeordnet, während sie in der Kompetenzdiskussion zum Teil in ihrer Relevanz infrage gestellt und der Kompetenzdimension gegenüber gestellt werden.

Das folgende, weiterentwickelte Modell stellt die betrieblichen Lern- und Wissensarten im Überblick dar (Abb. 2):

Wie die Abbildung zeigt, führt das informelle bzw. Erfahrungslernen über das reflexive und implizite Lernen zum Erfahrungswissen, das in der Abfolge von Handlung – Erfahrung – Reflexion bzw. Handlung – Erfahrung – Internalisierung und deren kontinuierlicher Wiederholung unter Berücksichtigung vorheriger Erfahrungs- und Erkenntnisprozesse beim Lernen im Prozess der Arbeit ausgebaut wird. Auf der Basis von Selbsttätigkeit und Selbststeuerung wird die Arbeitsrealität über Lern- und Erfahrungsprozesse individuell erschlossen. Das Theoriewissen ergibt sich demgegenüber aus dem formalen Lernen und führt zusammen mit dem Erfahrungswissen zur beruflichen Handlungskompetenz bzw. reflexiven Handlungsfähigkeit und zum Handlungswissen. Wie die gestrichelten Linien zeigen, ist es auch beim formalen Lernen möglich, Erfahrungen zu machen und Erfahrungswissen zu bilden, so wie auch beim reflexiven und impliziten Lernen eine Theoriebildung erfolgen und Theoriewissen entstehen kann. Für das nichtformale Lernen gilt, dass es der Intention entsprechend zum Theoriewissen führt, ebenso wie das formale

Lernen kann es aber auch über die beim Lernen gemachten Erfahrungen das Erfahrungswissen erweitern.

Das Erfahrungswissen als Ergebnis reflektierten und unbewussten Lernens über Erfahrungen erfährt auch andere theoretische Herleitungen und Bestimmungen. So bezeichnet Böhle das „Erfahrungswissen als verborgene Seite professionellen Handelns" (Böhle 2005, S. 10), das durch komplexe sinnlich-körperliche Wahrnehmungen und Empfindungen, wie die Orientierung an Geräuschen, das Gespür für Material und das Gefühl für technische Abläufe charakterisiert ist. Das Erfahrungswissen resultiert aus dem „erfahrungsgeleiteten Arbeiten und Lernen" und dem „erfahrungsgeleitet-subjektivierenden Arbeitshandeln", das vom „planmäßig-rationalen Arbeitshandeln" unterschieden wird, wohingegen das in der Abbildung zum Ausdruck kommende Erfahrungswissen im Arbeitshandeln genau diese beiden Seiten über die Zuschreibungen reflexiv und implizit vereint.

Der Begriff Erfahrungslernen ist aus der Erwachsenenbildungsarbeit der 1960er- und 1970er-Jahre übernommen worden. Eine gezielte theoretische Anknüpfung des informellen und Erfahrungslernens an die damit verbundenen Konzepte der Erwachsenenbildung (Gieseke-Schmelzle 1985) und der gewerkschaftlichen Bildungsarbeit (Negt 1975) erfolgte bisher nicht. Beim reflexiven Lernen werden Erfahrungen in Reflexionen eingebunden und führen zur Erkenntnis, was in der Regel allerdings voraussetzt, dass die Handlungen nicht repetitiv erfolgen, sondern mit Problemen, Herausforderungen und Ungewissheiten verbunden sind. Auf sich ändernde Arbeitsprozesse und Umwelten trifft dies zu und ist als deren Charakteristikum anzusehen (Beck et al. 1996).

Im Unterschied zum reflexiven Lernen ist das implizite Lernen ein eher unbewusster, vom Lernenden nicht reflektierter Prozess (vgl. Polanyi 1985), der gleichwohl über Erfahrungen läuft und somit ebenso dem Erfahrungslernen zuzuschreiben ist. Die jeweilige Arbeits- und Handlungssituation wird unmittelbar erfahren und empfunden, ohne dass Regeln und Gesetzmäßigkeiten erkannt oder gar zur Basis von strukturierten Lernprozessen gemacht würden (Neuweg 1999; Lehmkuhl 2002). Einschlägige Beispiele hierfür sind die Lernprozesse, die zum Schwimmen oder zum Fahrradfahren befähigen. Aber auch die Expertise des Schachmeisters, des erfahrenen Arztes und des Automechanikers erfolgt wesentlich über solcherart implizite Lernprozesse.

Formales und informelles Lernen unterscheiden sich neben ihrer lern- und bildungstheoretischen Einordnung auch durch die Organisation bzw. den Organisationsgrad. Formales Lernen vollzieht sich in Kontexten, die einen vergleichsweise hohen Organisationsgrad aufweisen wie Seminare und Workshops. Informelles und Erfahrungslernen richtet sich hingegen nicht an Kriterien der Lernorganisation aus. Während aber das reflexive Lernen im Anschluss an und auch im Prozess der Ausübung von Arbeitshandlungen organisiert wird, so z. B. in Form intendierter, problemlösender Kommunikation in Arbeit, in Form von Coachingprozessen und in Gruppen- oder Teamsitzungen, bleibt das implizite Lernen gänzlich unorganisiert in das Arbeitshandeln integriert. Es ist von daher auch nur indirekt über die Arbeitsperformanz und über Analysekonzepte zugänglich, die das Unbewusste zum Gegenstand haben (vgl. Lehmkuhl 2002).

Erfahrungen in der Arbeit beziehen sich auf sinnliche, kognitive, emotionale und soziale Prozesse. Inwieweit diese jeweils zum Tragen kommen, ist wesentlich von den Arbeitsaufträgen und -gegenständen, der Ablauf- und Aufbauorganisation, den Sozialbeziehungen und der Unternehmenskultur abhängig. Die Logik unternehmerischer Geschäfts- und Organisationsprozesse setzt hier klare Grenzen. Eine andere Begrenzung des Erfahrungslernens besteht in den zunehmend informations- und kommunikationstechnologisch geprägten Arbeitsprozessen. Es zeigt sich, dass Erfahrungslernen nicht mehr in gleicher Weise erfolgt wie in herkömmlichen industriellen und handwerklichen Arbeitsumgebungen. Die äußeren Erfahrungen als Voraussetzung der Reflexion werden durch den Einsatz neuer Technologien teils verändert, teils abgebaut. Vor allem die aktiven, zu einem erheblichen Teil über die Sinnesorgane des Sehens, Hörens und Fühlens gesteuerten Arbeitshandlungen werden zunehmend eingeschränkt. Dass auf der anderen Seite durch das intensivierte Lernen in der digitalisierten Arbeitswelt auch eine Erweiterung der äußeren Erfahrungen und des Erfahrungslernens einhergeht, ist anzunehmen, auch wenn darauf bezogene Forschungsarbeiten noch nicht vorliegen.

Das oben dargestellte schematische Ablaufmodell der Lern- und Wissensarten und die zum Erfahrungswissen führenden differenzierten Lernarten haben einen hohen analytischen Erklärungswert, der u. a. für betriebliche Lernkonzepte und die lern- und kompetenzförderliche Arbeitsgestaltung von unmittelbarem praktisch-konzeptionellen Nutzen ist. Darüber hinaus sind die in dem Modell gegenüberliegenden, gleichwohl verbundenen Wissensarten des Erfahrungswissens und des Theoriewissens für die Praxis der betrieblichen Bildungsarbeit und die zukünftige Ausrichtung der betrieblichen Berufsbildung äußerst bedeutsam. Das hier analytisch getrennte Verhältnis von Erfahrung und Wissen wird in der Berufsbildung und der Kompetenzforschung äußerst kontrovers diskutiert. Zugespitzt stehen sich in der Diskussion ein wissensbasierter und ein erfahrungsbasierter Ansatz gegenüber (Olsen 2001; Dietzen 2008; Pfeiffer 2012).

Einhergehend mit der Ablösung der Moderne bzw. der herkömmlichen Industriegesellschaft durch die Wissensgesellschaft (Autorengruppe Bildungsberichterstattung 2008, S. 15 ff.) messen Vertreter einer wissensbasierten Berufsbildung dem theoretisch-systematischen Wissen in der Berufsbildung vorrangige Bedeutung zu. Bezogen auf die anerkannten Ausbildungsberufe führen Baethge et al. aus (2007, S. 74): „Die Berufsausbildung, die ... ihre Begründung im Wesentlichen aus der Bindung an das Erfahrungswissen bezogen hat, gerät gegenüber der höheren Allgemein' und wissenschaftlichen Bildung immer weiter ins Hintertreffen, verliert ... an Attraktivität und entspricht auch nur noch einem geringer werdenden Bedarf der Wirtschaft." Erfahrungswissen passt demnach nicht mehr handlungsleitend für prozess- und wissensbezogene Arbeitsprozesse, da es in hohem Maße individuell, beliebig und innovationsresistent sei.

Wie in den Ausführungen zum betrieblichen Lernen in informellen und nichtformalen Kontexten sowie zu den betrieblichen Lernarten- und Wissensarten hergeleitet, generieren demgegenüber das reflexive und implizite Lernen in modernen Arbeits- und Organisationskonzepten ein Erfahrungswissen, das systematisches Wissen aufnimmt und sich zunehmend mit theoretischem Wissen verbindet. Wie im Zusammenhang mit der Validierung (Abschn. 6) und unter bildungspolitischen Gesichtspunkten (Abschn. 7) betrachtet, wird die Einbeziehung und Anerkennung theoretischen Wissens in das betriebliche Lernen zunehmend anerkannt und ausgebaut. Dieser unter organisations- und kompetenztheoretischen Gesichtspunkten erfolgende Wandel des Erfahrungswissens und dessen Transformation in Handlungswissen und Handlungskompetenz wird in der Diskussion unter unterschiedlichen Schwerpunkten auf breiter Basis vertreten (Rauner 2004; Wilkesmann 2007; Dietzen 2010).

5 Verbindung formalen und informellen Lernens

Wie mehrfach angesprochen, ist das informelle Lernen in seinen Anlässen und Wirkungen durchaus ambivalent. Die Vorteile liegen auf der Hand: Gelernt wird, was notwendig ist, Transferprobleme stellen sich kaum, Motivation und Lernbereitschaft sind hoch, da Sinn und Verwendung des Handlungslernens unmittelbar einleuchten. Auf der anderen Seite zeigen sich evidente Probleme und Nachteile des informellen Lernens in der Abhängigkeit von den jeweiligen Betrieben und den dort bestehenden Arbeits- und Handlungsprozessen. Das informelle Lernen ist in hohem Maße von den Lernpotentialen und Lernchancen in den jeweiligen Unternehmen, den Führungsstilen und betrieblichen Lern- und Unternehmenskulturen bestimmt. Informelles Lernen ohne begleitende Maßnahmen, ohne Organisation und Zielorientierung läuft daher Gefahr, bloß situativ, zufällig und beliebig zu bleiben. Sofern es nicht mithilfe vernetzter Lernstrukturen in einen Lern- und Bildungszusammenhang gestellt wird, reduziert es sich geradezu auf ein betrieblich verengtes Lernen. Dies aber hat wiederum die auch international festgestellte Tendenz zur Folge, dass sich der über informelle Lernprozesse erfolgende Kompetenzerwerb in Unternehmen zunehmend von der formalen Weiterbildung und von formalen Lernprozessen löst (ASTD 2008). Eine Tendenz, die in der betrieblichen Weiterbildung auch zu Bildungs- und Berufsansprüche auflösende Positionen führen kann und über diesen Weg eine Erosion der Berufsform von Arbeit zur Folge hätte.

Eine stetige Kompetenzentwicklung und die spezifischen Lernanforderungen reorganisierter Unternehmen mit kontinuierlichen Verbesserungs- und Optimierungsprozessen, einer hohen Innovationsfähigkeit und einem modernen Wissensmanagement fordern die Verschränkung von informellem Lernen in der Arbeit mit formalem Lernen (Dehnbostel und Markert 1999). Das Konzept des „Lernenden Unternehmens" kann als Synonym für diesen Integrationsanspruch angesehen werden (Senge 1993). Dieses Konzept verfolgt die systematische Verbindung von Arbeiten und Lernen, worin zugleich der wesentliche Unterschied zu anderen Unternehmens- und Organisationskonzepten wie „Lean Production" und „Fraktale Fabrik" besteht.

Die Verschränkung von formalem und informellem Lernen findet in unterschiedlichen Organisationsformen und Lernarrangements statt. Dafür stehen insbesondere die in modernen Unternehmen eingerichteten neuen Lernorganisationsformen wie Coaching, Qualitätszirkel, Lerninseln, Communities of Practice, eLearningformen und Barcamps (Dehnbostel 2015, S. 71–73). Diesen neuen Lernorganisationsformen ist gemeinsam, dass Arbeitsplätze und Arbeitsprozesse unter lernsystematischen und arbeitspädagogischen Gesichtspunkten erweitert und angereichert werden. Es wird bewusst ein Rahmen geschaffen, der das Lernen unter organisationalen, personalen und didaktisch-methodischen Gesichtspunkten unterstützt, fordert und fördert. Anstelle eines fremdgesteuerten Lehrens findet ein arbeitsintegrierter, subjektbezogener und z. T. von Lernbegleitern, Coaches oder Aus- und Weiterbildnern begleiteter Lernprozess statt. Die Kompetenzentwicklung des Einzelnen läuft auch nicht Gefahr, zufällig und situativ zu verbleiben. Das herkömmliche Modell des Lernens am Arbeitsplatz wird so elementar erweitert, es werden neue Lern- und Qualifizierungswege erschlossen.

Wie die folgende Abbildung zeigt, sind die neuen Lernorganisationsformen durch eine doppelte Infrastruktur geprägt: Die Arbeitsinfrastruktur entspricht im Hinblick auf Arbeitsaufgaben, Technik, Arbeitsorganisation und Qualifikationsanforderungen der jeweiligen Arbeitsumgebung, während die Lerninfrastruktur zusätzliche räumliche, zeitliche, sächliche und personelle Ressourcen bereitstellt. Das Lernen ist arbeitsgebunden oder arbeitsverbunden, es beschränkt sich weder auf informelle noch auf formale Lernprozesse. Arbeitshandeln und darauf bezogene Reflexionen stehen mit formal ausgewiesenen Lerninhalten betrieblicher Bildungsarbeit in Wechselbeziehung (Abb. 3).

Festzustellen bleibt, dass formales und informelles Lernen analytisch, lernorganisatorisch und lerntheoretisch zu unterscheiden sind. In der betrieblichen Qualifizierung stehen sie komplementär zueinander, sie sind sozusagen zwei Seiten einer Medaille.

6 Validierung informell und nichtformal erworbener Kompetenzen

Es ist im Interesse von Unternehmen und Beschäftigten, die bisher allenfalls einzelbetrieblich über informelles und nichtformales Lernen erworbenen Kompetenzen auf breiterer Basis anzuerkennen und in die Personal- resp. die individuelle berufliche Bildungsentwicklung aufzunehmen. Für die Unternehmen werden damit Qualifizierungsentwicklungen möglich, die angesichts des wachsenden Fachkräftebedarfs und zunehmend diskontinuierlicher Erwerbsverläufe von großem Vorteil sind. Personalentwicklungsmaßnahmen und Neueinstellungen sind auf der Basis validierte Kompetenzen besser zu steuern und zu beurteilen, operative und strategische Personalentwicklungsmaßnahmen fundierter zu planen. Für Mitarbeiter ist die betriebliche Erfassung und Bewertung ihrer informellen Weiterbildung eine wichtige Grundlage der eigenen kontinuierlichen beruflichen Kompetenzentwicklung und des individuellen Entwicklungs- und ggf. Aufstiegswegs. Zudem trägt die Erfassung und Anerkennung beruflicher Erfahrungen und Lernergebnisse, die der Leitidee der Validierung von Bildungsleistungen entsprechen, wesentlich zur Identifikation mit und zur Motivation bei der Arbeit bei.

Erfassung und Anerkennung in Unternehmen, auf dem Arbeitsmarkt	Erfassung, Anerkennung und Anrechnung betrieblichen Lernens im formalen Bildungssystem	
	Anerkennung und/oder Anrechnung	Anrechnung
• Mitarbeitergespräche, Arbeitszeugnisse, Assessmentverfahren • Kompetenzbilanzen, -analysen, -gitter, -raster, -inventare • Diagnostik-, Personal- und Arbeitsanalyseverfahren • Herstellerzertifikate	• Zugang zum Studium auf der Grundlage von Berufserfahrungen • BBiG-Möglichkeiten von berufl. Vorbildung bis Zeugnisgleichstellungen (§ 7, § 8, § 43, § 45 Abs. 2, § 49, § 50) • IT-Weiterbildungssystem	• Beruflich erworbene Kompetenzen auf Hochschulstudiengänge • Externenprüfungen nach BBiG § 45, HwO § 37 • IT-Weiterbildungssystem

Abb. 1 Erfassung, Anerkennung und Anrechnung betrieblichen Lernens und betrieblich erworbener Kompetenzen (Dehnbostel 2015, S. 111)

Die Validierung informell und nichtformal erworbener Kompetenzen in und bei der Arbeit erfolgt in Deutschland bisher nur in singulären lokalen und betrieblichen Vorhaben. Ein nationales Validierungssystem, wie es beispielsweise in der Schweiz seit 2004 existiert (Calonder et al. 2012), zeichnet sich bisher nicht ab, auch wenn es im Zusammenhang mit der europäischen Bildungspolitik diskutiert wird. Gleichwohl gibt es im Bildungs- und Beschäftigungssystem zahlreiche Beispiele – vgl. Abb. 1 in Abschn. 3 – für die Einbeziehung des informellen und nichtformalen Lernens über die Erfassung, Anerkennung und Anrechnung von beruflichen Erfahrungen und Lernergebnissen, auch wenn sie zumeist nicht der für eine Validierung notwendigen objektiven und validen Erfassung und Bewertung von erworbenen Kompetenzen entsprechen.

Validierung zielt in einem weiten Begriffsverständnis auf die insgesamt auf informellen und nichtformalen Lernwegen erworbenen Bildungsleistungen und Lernergebnisse (Dehnbostel 2015, S. 119–125). In der Berufsbildung und im Beschäftigungssystem misst sich die Bewertung informell und nichtformal erworbener Kompetenzen an Qualifizierungsstandards der jeweiligen Wirtschaftsbranchen, Berufsfelder und Berufe. Zudem wird mit der Validierung das informelle und nichtformale Lernen mit dem formalen Lernen der jeweiligen Bildungsgänge über die Gleichwertigkeit in Beziehung gesetzt. So kann die Validierung im Bildungssystem zur Anerkennung und Anrechnung führen. Während die Anrechnung auf die Verkürzung von Lernzeiten zielt, ist die formale Anerkennung abschlussbezogen. Sie ermöglicht entweder einen unmittelbaren Zugang zu einem Bildungsgang oder verleiht, häufig verbunden mit einer Prüfung, einen Allgemeinbildungs- oder Berufsabschluss.

Bildungspolitisch ist die Validierung vor allem im Zusammenhang mit der europäischen Bildungspolitik schon seit langem ein Thema. Aktuell bedeutsam ist die von der Europäischen Kommission veröffentlichte Empfehlung des Rates vom 20. Dezember 2012 zur Validierung nichtformalen und informellen Lernens (Amtsblatt

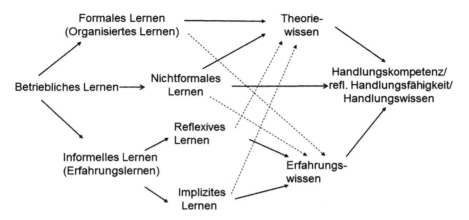

Abb. 2 Betriebliche Lern- und Wissensarten

Abb. 3 Formales und informelles Lernen verbindende Infrastruktur neuer Lernorganisationsformen (Dehnbostel 2015; S. 72)

der Europäischen Union 2012). Diese empfiehlt u. a. nationale Regelungen zur Validierung bis 2018, die die Anerkennung informell und nichtformal erworbener Kompetenzen durch eine zuständige Stelle ermöglichen sollen. Auf Antrag einzelner Personen und unter Beteiligung von Kammern, Sozialpartnern, Verbänden und Bildungsanbietern sollen die nicht auf formalen Bildungs- und Qualifizierungswegen erworbenen Kenntnisse, Fertigkeiten und Kompetenzen innerhalb einer bestimmten Frist validiert werden. Eine Anerkennung und Anrechnung auf Bildungsgänge und Abschlüsse ist damit nicht per se verbunden. Hierzu bedarf es weitergehender bildungspolitischer Setzungen, die zunächst national vorzunehmen sind.

Die in 26 europäischen Staaten gewonnenen Erkenntnisse und Erfahrungen in der Bewertung informell und nichtformal erworbener Kompetenzen sind in der Veröffentlichung „Europäische Leitlinien für die Validierung nicht formalen und informellen Lernens" zusammengefasst (CEDEFOP 2009) und können als europäisches

Validierungskonzept bezeichnet werden. Das Interesse Europas an einer Förderung nationaler Bestrebungen zur Einführung von Validierungssystemen für informelles und nichtformales Lernen ist vor allem politisch-ökonomisch motiviert: Vergleichbarkeit und Transparenz der nationalen Systeme auf europäischer Ebene sind von großer Bedeutung, wenn ein jeweiliger allgemeiner Nutzen aus Validierungen nicht auf begrenzte Bereiche wie Länder, Regionen und Branchen beschränkt bleibt, sondern europaweite Wirkung entfaltet. Eine dadurch geförderte Mobilität von Arbeitnehmern innerhalb Europas ist für die Personalentwicklung von Unternehmen wichtig. Ihnen steht so ein größerer Pool an qualifizierten Arbeitskräften zur Verfügung, aus dem sie Mitarbeiter gewinnen können. Für Arbeitnehmer hingegen heißt dies, dass das Angebot an möglichen Arbeitsplätzen länderübergreifend erweitert wird.

Die Validierung informellen und nichtformalen Lernens ist ohne einen institutionellen und organisationalen Rahmen nicht realisierbar. In den europäischen Leitlinien wird ausgeführt, dass eine Zertifizierungsstelle auf Regierungsebene die offizielle Anerkennung validierten nichtformalen und informellen Lernens sicherstellen könne (CEDEFOP 2009, S. 42 ff.). Mithilfe einer zentralen Bewertungs- und Validierungsstelle könne ferner die Entwicklung von auf breiter Ebene anzuwendenden Verfahren betrieben werden. Grundsätzlich seien Bildungs- und Berufsbildungseinrichtungen im bestehenden öffentlich-rechtlichen Bildungssystem für die Validierung besonders wichtig, weil sie die Vergleichbarkeit der Standards von informell und formal erworbenen Kompetenzen fachlich kompetent beurteilen könnten. Diese herausragende Stellung des formalen Systems könne andererseits jedoch die Entwicklung von Bewertungsverfahren behindern, die nicht von formalen Lernumgebungen abhängen.

Nach dem europäischen Validierungskonzept, das auch der Empfehlung des Rates vom Dezember 2012 zur Validierung nichtformalen und informellen Lernens (Amtsblatt der Europäischen Union 2012) und dem nationalen Validierungskonzept in der Schweiz zugrunde liegt (BBT 2009), ist die Validierung von über informelles und nichtformales Lernen erworbenen Kompetenzen ein strukturiertes Verfahren mit fünf Stufen, und zwar:

1. Information und Beratung (information, advice and guidance)
2. Identifizierung (identificaton)
3. Dokumentation und Bewertung (assessment)
4. Validierung (validation)
5. Zertifizierung (certificaton).

In der folgenden Abbildung sind diese Stufen in ihrer Abfolge dargestellt, wobei die Stufe 4 hier mit Beurteilung bezeichnet wird (Abb. 4):

Der Prozess der Validierung kann zu einem Bildungsabschluss und damit zu einem anerkannten Zertifikat führen, er kann aber auch zur Anrechnung von Lernergebnissen auf Teile eines Bildungsgangs genutzt werden. Kern des Verfahrens sind die mittleren drei Stufen, häufig ergänzt um die Zwischenstufe der ergänzenden Qualifizierung. Je nach Zielstellung kann die Ermittlung entweder zunächst auf eine entwicklungsorientierte ergebnisoffene Kompetenzfeststellung oder aber gleich auf die Feststellung berufsrelevanter Kenntnisse, Fertigkeiten und Kompetenzen mit

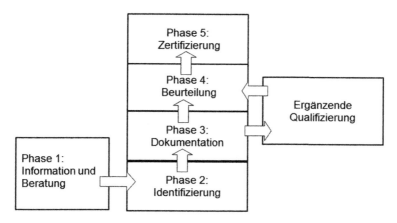

Abb. 4 Das europäische Validierungsmodell (CEDEFOP 2009; BBT 2009 und Amtsblatt der Europäischen Union 2012)

Bezug zum angestrebten Beruf, einem Berufsfeld oder einer Tätigkeit zielen und damit anforderungsorientiert erfolgen (Dehnbostel 2015, S. 113).

7 Ausblick

Aus betrieblicher Sicht ist informelles Lernen der Dreh- und Angelpunkt des in modernen Arbeitskonzepten notwendig gewordenen kontinuierlichen Lernens. Bei aller durch Branchen, Unternehmen und Berufen hervorgerufenen unterschiedlichen Prägung und Wirkung dieses Lernens stellt es den Kern der die gesamte Berufsbiografie eines Beschäftigten begleitenden Weiterbildung dar. Das informelle Lernen erweitert die herkömmlich über das formale und neuerdings zusätzlich über das nichtformale Lernen bestimmte Weiterbildung grundlegend. Es ist Ausgangspunkt für zentrale Gestaltungsfelder der betrieblichen Bildungsarbeit wie die lern- und kompetenzförderliche Arbeitsgestaltung und neue Lernorganisationskonzepte inmitten der Arbeit. Die Unterscheidung des informellen Lernens in reflexives und implizites Lernen verweist auf differenzierte Erfahrungsdimensionen und spricht zugleich das diskursiv diskutierte Verhältnis von Erfahrung und Wissen an. Die Breite des informellen Lernens und seine Verschränkungen mit formalem Lernen vereinen in modernen Arbeitsprozessen zusehends das Erfahrungs- und Theoriewissen.

Inwieweit der Ausbau des informellen und des nichtformalen Lernens im Rahmen der zentralen Handlungs- und Gestaltungsfelder der betrieblichen Bildungsarbeit gezielt mit dem formalen Lernen verschränkt wird, ist wesentlich von dem der betrieblichen Bildungsarbeit übergeordneten betrieblichen Bildungsmanagement mit seinen normativen, strategischen und operativen Setzungen abhängig. Ausgehend vom dem das Bildungs- und Beschäftigungssystem verbindenden dualen

System der Berufsausbildung erfolgen mit den expandierenden dualen Studiengängen und berufsbegleitenden BA- und MA-Studiengängen wichtige, vom Bildungsmanagement getragene Verzahnungen informell und nichtformal erworbener Kompetenzen einerseits und formaler Kompetenzen andererseits.

Der Ausbau dieser Verschränkungen des Bildungs- und Beschäftigungssystems obliegt aber nicht hauptsächlich dem betrieblichen Bildungsmanagement und Maßnahmen der betrieblichen Bildungsarbeit, sondern ist vorrangige Aufgabe der Bildungspolitik. Dies zeigt sich u. a. in den im BBiG festgelegten Voraussetzungen zur externen Zulassung zur Abschlussprüfung in anerkannten Ausbildungsberufen und in der Regelung der KMK von 2009 zur Erweiterung des Hochschulzugangs für beruflich Qualifizierte, wonach allenfalls 50 % außerhochschulisch erworbener Kompetenzen auf einen Studiengang angerechnet werden können. Dies sind bildungspolitisch motivierte Regelungen, die unter den Kriterien wissenschaftlicher Erkenntnisse und objektiver Validierungsverfahren kaum haltbar sind.

Das bildungspolitisch vereinbarte Ziel, bis zum Jahre 2018 verbindliche nationale Regelungen und Verfahren zur Validierung von informell und nichtformal erworbenen Kompetenzen zu schaffen, wirkt unmittelbar auf die betriebliche Bildungsarbeit ein. Zurzeit geht es um die Entwicklung eines konzeptionellen und institutionellen Rahmens für die Implementierung national gültiger Validierungsverfahren und -regelungen. Konzeptionell ist wesentlich auf die bestehenden zahlreichen Anerkennungs- und Anrechnungsverfahren und vor allem auf erfolgreich etablierte Validierungssysteme wie in der Schweiz zurückzugreifen. Bei der Klärung des institutionellen Rahmenbedingungen kann es nicht darum gehen, neue Organisationen zu schaffen, sondern möglichst bestehende unter Erweiterung ihres Aufgaben- und Leistungsspektrums zu nutzen. Das im Bereich der Hochschulen und in Teilen der Weiterbildung eingeführte organisationale Gefüge der Akkreditierung und akkreditierter Organisationen könnte dabei eine zentrale Rolle spielen. Akkreditierungseinrichtungen könnten übergreifend oder sektoral dazu autorisiert werden, qualifikationsverantwortliche Stellen zur Kompetenz- und Leistungsfeststellung zu autorisieren. Dies könnten u. a. Behörden, Kammern, Berufsverbände, Unternehmen und, wie in Deutschland neuerdings geschaffen, intermediäre Organisationen sein, an denen Bund, Länder und Wirtschaft zu gleichen Teilen beteiligt sind.

Die mit der Aufwertung und Neupositionierung des betrieblichen informellen und nichtformalen Lernens aufgeworfene Frage des Berufsprinzips und der Berufsform von Arbeit ist zu einer Kernfrage der Weiterentwicklung der Berufsbildung geworden. Wurde eine Erosion der Beruflichkeit bisher hauptsächlich mit einer Modularisierung der dualen Berufsausbildung verbunden, so besteht eine mindestens ebenso das Berufsprinzip infrage stellende Tendenz darin, dass sich der über informelle Lernprozesse erfolgende Kompetenzerwerb in Unternehmen zunehmend von formalen Lernprozessen und dem gesetzlich regulierten System der Beruflichkeit löst. Die in den 1990er-Jahren aufgeworfene These, die duale und die schulische Berufsausbildung – und damit im Kern auch das Berufsprinzip – seien an die herkömmliche Industriegesellschaft gebunden und somit obsolet, hat sich nicht bestätigt. Vor dem Hintergrund neuer Arbeits- und Organisationskonzepte und einer starken Arbeits- und Qualifikationsdynamik ist eine erweiterte Beruflichkeit gerade in der Weiterbildung gefragt, die das betriebliche informelle und Erfahrungslernen sowie das nichtformale Lernen integriert.

Abschließend ist anzumerken, dass das informelle Lernen in der betrieblichen Bildungsarbeit verstärkt wissenschaftlich zu erschließen und zu durchdringen ist. Die Berufsbildungs- und Weiterbildungsforschung und verwandte, auf das betriebliche Lernen bezogene Disziplinen stehen hier am Anfang. Bisher beruht nicht einmal die empirische Erfassung der Weiterbildungsbeteiligung am informellen Lernen auf gesicherten Daten, geschweige denn, dass lern- und bildungstheoretische Analysen zu diesem Lernweg und den darüber erworbenen Kompetenzen erfolgen. Auch wenn mit dem informellen Lernen verbundene Konzepte der betrieblichen Bildungsarbeit wie die systematische Verbindung von Arbeiten und Lernen in Lernorganisationsformen und die lern- und kompetenzförderliche Arbeitsgestaltung entwickelt und intensiv ausgebaut wurden, so steht ihre theoretische Analyse größtenteils aus. Dies betrifft ebenso die Übergänge von Lernorganisationsformen und Arbeitsformen und das Verhältnis von Erfahrung und Wissen. In den dazu vorliegenden Abhandlungen kommt dem informellen und Erfahrungslernen durchweg ein zentraler Stellenwert zu, es ist aber kaum Gegenstand analytischer und empirischer Forschung. Mit der weiteren Entwicklung des betrieblichen Bildungs- und Kompetenzmanagements und im Zuge der Realisierung einzelner Entwicklungsvorhaben wie der Validierung informell und nichtformal erworbener Kompetenzen ist zu erwarten, dass die Forschung zum informellen Lernen in der betrieblichen Bildungsarbeit intensiviert wird.

Literatur

Amtsblatt der Europäischen Union. (2012). *Empfehlung des Rates vom 20. Dezember 2012 zur Validierung nichtformalen und informellen Lernens* (C 398/01).
ASTD (American Society for Training & Development). (2008). *Tapping the potential of informal learning, Alexandria*. Virginia: ASTD Press.
Autorengruppe Bildungsberichterstattung. (2008). *Bildung in Deutschland 2008*. Bielefeld: W. Bertelsmann.
Baethge, M., & Schiersmann, C. (1998). Prozeßorientierte Weiterbildung – Perspektiven und Probleme eines neuen Paradigmas der Kompetenzentwicklung für die Arbeitswelt der Zukunft. In Arbeitsgemeinschaft Betriebliche Weiterbildungsforschung e.V (Hrsg.), *Kompetenzentwicklung '98: Forschungsstand und Perspektiven* (S. 11–87). Münster: Waxmann.
Baethge, M., Solga, H., & Wieck, M. (2007). *Berufsbildung im Umbruch. Signale eines überfälligen Aufbruchs*. Berlin: Friedrich-Ebert-Stiftung.
BBT (Bundesamt für Berufsbildung und Technologie). (2009). *Validierung von Bildungsleistungen. Leitfaden für die berufliche Grundbildung*.
Beck, U., Giddens, A., & Lash, S. (Hrsg.). (1996). *Reflexive Modernisierung*. Suhrkamp: Frankfurt am Main.
Blankertz, H. (1982). *Die Geschichte der Pädagogik. Von der Aufklärung bis zur Gegenwart*. Wetzlar: Büchse der Pandora.
Böhle, F. (2005). Erfahrungswissen hilft bei der Bewältigung des Unplanbaren. *Berufsbildung in Wissenschaft und Praxis, 34*(5), 9–13.
Calonder, A., Guler, A., & Amstad, H. (2012). Praxisbeispiel: Ermittlung und Anerkennung von Kompetenzen benachteiligter junger Menschen – Das CH-Q Kompetenzmanagement System in

der Schweiz und seine Anwendung. In AWO Bundesverband e.V (Hrsg.), *Der Deutsche Qualifikationsrahmen (DQR) – Herausforderungen und Chance für die Jugendsozialarbeit. Eine Expertise* (S. 69–109). Berlin: Schriftenreihe Theorie und Praxis.
CEDEFOP. (2009). *Europäische Leitlinien für die Validierung nicht formalen und informellen Lernens.* Luxemburg.
Dehnbostel, P. (2001). Perspektiven für das Lernen in der Arbeit. In Arbeitsgemeinschaft Qualifikations-Entwicklungs-Management (Hrsg.), *Kompetenzentwicklung 2001. Tätigsein – Lernen – Innovation* (S. 53–93). Münster: Waxmann.
Dehnbostel, P. (2008). *Berufliche Weiterbildung. Grundlagen aus arbeitnehmerorientierter Sicht.* Berlin: edition sigma.
Dehnbostel, P. (2015). *Betriebliche Bildungsarbeit. Kompetenzbasierte Aus- und Weiterbildung im Betrieb* (2. erw. und neubearb. Aufl.). Baltmannsweiler: Schneider.
Dehnbostel, P., & Markert, W. (1999). Problemaufriss: Neue Lernwege als Synthese von intentionalem und Erfahrungslernen. In P. Dehnbostel, W. Markert & H. Novak (Hrsg.), *Erfahrungslernen in der beruflichen Bildung – Beiträge zu einem kontroversen Konzept.* Kieser: Neusäß.
Dehnbostel, P., Holz, H., & Novak, H. (Hrsg.). (1992). *Lernen für die Zukunft durch verstärktes Lernen am Arbeitsplatz – Dezentrale Aus- und Weiterbildungskonzepte in der Praxis-.* Berlin: Bundesinstitut für Berufsbildung.
Dietzen, A. (2008). Zukunftsorientierte Kompetenzen: wissensbasiert oder erfahrungsbasiert? *Berufsbildung in Wissenschaft und Praxis, BWP, 37*(2), 37–41.
Dietzen, A. (2010). Wissensgesellschaft und beruflich-betrieblicher Bildungstyp. In *Zeitschrift für Berufs-und Wirtschaftspädagogik.* Beiheft 24. (Berufsforschung für eine moderne Berufsbildung – Stand und Perspektiven) (S. 101–125). Stuttgart: Steiner Verlag.
Dohmen, G. (1999). Informelles Lernen. In *Berufsbildung. Zeitschrift für Praxis und Theorie in Betrieb und Schule 53* (S. 25–26). Seelze: Kallmayer-Verlag(57).
Europäische Union. (2008). Gesetzgebungsakte und andere Rechtsinstrumente. Betr.: Empfehlung des Europäischen Parlaments und des Rates zur Einrichtung des Europäischen Qualifikationsrahmens für lebenslanges Lernen. Brüssel. http://www.bmwf.gv.at/uploads/tx_bmwfcontent/EQR_DE.pdf. Zugegriffen am 25.04.2010.
Gieseke-Schmelzle, W. (1985). Erfahrungsorientierte Lernprozesse. In H.-D. Raapke & W. Schulenberg (Hrsg.), *Didaktik der Erwachsenenbildung* (S. 74–92). Stuttgart.
Greinert, W. D. (1997). *Konzepte beruflichen Lernens.* Stuttgart.
Harney, K. (2009). Beruf als Referenz von Aus- und Weiterbildung – Überlegungen zur theoretischen Grundlegung der Berufs- und Wirtschaftspädagogik. In I. Lisop & A. Schlüter (Hrsg.), *Bildung im Medium des Berufs? Diskurslinien der Berufs- und Wirtschaftspädagogik* (S. 37–64). Frankfurt am Main: G.A.F.B.
Kade, J., & Seitter, W. (2003). Von der Wissensvermittlung zur pädagogischen Kommunikation. *ZfE – Zeitschrift für Erziehungswissenschaft, 6*(4), 602–617.
Kern, H., & Schumann, M. (1984). *Das Ende der Arbeitsteilung?* München: C.H. Beck.
Kommission der Europäischen Gemeinschaften. (2006). Vorschlag für eine Empfehlung des Europäischen Parlaments und des Rates zur Einrichtung eines Europäischen Qualifikationsrahmens für lebenslanges Lernen. KOM 479 endgültig; Brüssel. http://ec.europa.eu/education/policies/educ/eqf/com_2006_0479_de.pdf. Zugegriffen am 25.04.2012.
Konsortium Bildungsberichterstattung. (2010). *Bildung in Deutschland. Ein indikatorengestützter Bericht mit einer Analyse zu Perspektiven des Bildungswesens im demografischen Wandel.* Bielefeld: W. Bertelsmann.
Kraus, K. (2014). „Lernen im Prozess der Arbeit" als Ansatzpunkt für die Kompetenzentwicklung von Lehrpersonen. In B. Sieber-Suter (Hrsg.), *Kompetenzmanagement* (S. 218–232). Bern: hep verlag ag.
Künzel, K. (2004). Verborgen, verkannt, vergessen – und bald „vernetzt"? Zur bildungspolitischen Karriere des informellen Lernens. In R. Brödel (Hrsg.), *Weiterbildung als Netzwerk*

des Lernens. *Differenzierung der Erwachsenenbildung* (S. 93–122). Bielefeld: W. Bertelsmann.

Kutscha, G. (1992). „Entberuflichung" und „Neue Beruflichkeit" – Thesen und Aspekte zur Modernisierung der Berufsbildung und ihrer Theorie. *Zeitschrift für Berufs- und Wirtschaftspädagogik, 88,* 535–548.

Kutscha, G. (2009). Bildung im Medium des Berufs? In I. Lisop & A. Schlüter (Hrsg.), *Bildung im Medium des Berufs? Diskurslinien der Berufs- und Wirtschaftspädagogik* (S. 13–36). Frankfurt am Main: G.A.F.B.

Lehmkuhl, K. (2002). *Unbewusstes bewusst machen. Selbstreflexive Kompetenz und neue Arbeitsorganisation.* Hamburg: VSA Verlag.

Lipsmeier, A. (1998). Vom verblassenden Wert des Berufs für das berufliche Lernen. *Zeitschrift für Berufs- und Wirtschaftspädagogik, 94,* 481–495.

Lisop, I. (1994). Zur Neuorientierung der Weiterbildung unter den durch „Lean Production" veränderten Produktionsbedingungen. In A. Fischer & G. Hartmann (Hrsg.), *Bewegung. Dimensionen der Veränderung von Aus- und Weiterbildung* (S. 87–98). Bielefeld: W. Bertelsmann Verlag.

Meyer, R. (2000). *Qualifizierung für moderne Beruflichkeit. Soziale Organisation der Arbeit von Facharbeiterberufen bis zu Managertätigkeiten.* Münster: Waxmann.

Molzberger, G. (2007). *Rahmungen informellen Lernens. Zur Erschließung neuer Lern- und Weiterbildungsperspektiven.* Wiesbaden: Deutsche Universitäts-Verlag und VS Verlag für Sozialwissenschaften.

Negt, O. (1975). *Soziologische Phantasie und exemplarisches Lernen. Zur Theorie und Praxis der Arbeiterbildung.* Frankfurt a M./Köln.

Neuweg, G. H. (1999). *Könnerschaft und implizites Wissen. Zur lehr-lerntheoretischen Bedeutung der Erkenntnis- und Wissenstheorie Michael Polanyis.* Münster.

Olsen, O. J. (2001). Erosion der Facharbeit? Fragen und Einwände zu einer deutschen Debatte. In *Soziale Welt* 52/2001 (S. 151–179).

Overwien, B. (2000). Informelles Lernen erforschen: Definition(en), Vorgehensweisen und Ergebnisse. In P. Dehnbostel & H. Novak (Hrsg.), *Arbeits- und erfahrungsorientierte Lernkonzepte* (S. 176–187). Bielefeld: W. Bertelsmann.

Overwien, B. (2005). Stichwort: Informelles Lernen. *Zeitschrift für Erziehungswissenschaft, 3,* 339–355.

Pfeiffer, S. (2012). Wissenschaftliches Wissen und Erfahrungswissen, ihre Bedeutung in innovativen Unternehmen und was das mit (beruflicher) Bildung zu tun hat. In E. Kuda, B. Kaßebaum, G. Spöttl & J. Jürgen Strauß (Hrsg.), *Akademisierung der Arbeitswelt. Zur Zukunft der beruflichen Bildung* (S. 203–219). Hamburg: VSA.

Polanyi, M. (1985). *Implizites Wissen.* Frankfurt a. M.

Rauner, F. (2004). *Praktisches Wissen und berufliche Handlungskompetenz* (ITB-Forschungsberichte, Bd. 14). Bremen: ITB.

Rohs, M. (2008). *Connected Learning. Zur Verbindung formellen und informellen Lernens in der IT-Weiterbildung.* Saarbrücken: VDM Verlag Dr. Müller.

Schiersmann, C. (2007). *Berufliche Weiterbildung.* Wiesbaden: VS Verlag für Sozialwissenschaften.

Schultz-Wild, L., & Lutz, B. (1997). *Industrie vor dem Quantensprung. Eine Zukunft für die Produktion in Deutschland.* Berlin: Springer.

Senge, P. M. (1993). *The fifth discipline – The art and practice of the learning organization.* London: Century Business.

Sloane, P. F. E. (2000). Veränderung der Betriebs- und Arbeitsorganisation – Konsequenzen für die betriebliche Bildungsarbeit. In P. Dehnbostel & G. Dybowski (Hrsg.), *Lernen, Wissensmanagement und berufliche Bildung* (S. 93–109). Bielefeld: W. Bertelsmann.

Stratmann, K.-W. (1995). Das duale System der Berufsbildung – eine historisch-systematische Analyse. In G. Pätzold & G. Walden (Hrsg.), *Lernorte im dualen System der Berufsbildung* (S. 25–43). Bielefeld: W. Bertelsmann.

Wilkesmann, U. (2007). Wissenschaftliche Weiterbildung als gemeinsame Wissensarbeit an der Grenzstelle von Universitäten und Unternehmen – eine unterschätzte Form der Wissensproduktion. *Arbeit, 16*(4), 269–281.

Womack, J. P., Jones, D. T., & Roos, D. (1992). *Die zweite Revolution in der Autoindustrie* (5. Aufl). Frankfurt am Main: Campus.

Informelles Lernen im freiwilligen Engagement

Wiebken Düx und Erich Sass

Inhalt

1	Einleitung	366
2	Freiwilliges Engagement – ein wichtiges gesellschaftliches Lernfeld für junge Menschen	367
3	Wirkungen informeller Lernprozesse im freiwilligen Engagement	367
4	Lernförderliche Rahmenbedingungen des freiwilligen Engagements	369
5	Soziale Ungleichheit und freiwilliges Engagement	372
6	Verdichtung der Jugendphase	373
7	Fazit	374
	Literatur	375

Zusammenfassung

Neueren empirischen Forschungsbefunden zufolge stellt freiwilliges Engagement eine Lernwelt eigener Art für junge Menschen dar, die durch die Verbindung gesellschaftlicher Verantwortungsübernahme mit individuellen Lernprozessen besondere Chancen und Freiräume für die Entwicklung vielfältiger Kenntnisse und Fähigkeiten eröffnet, die für eine eigenständige und sozial verantwortliche Lebensführung sowie die Weiterentwicklung und Gestaltung einer

---

W. Düx (✉)
Forschungsverbund DJI München/TU Dortmund (bis 2010), Dortmund, NRW, Deutschland
E-Mail: wiebken_duex@yahoo.de

E. Sass
Fakultät 12 Erziehungswissenschaft und Soziologie, Technische Universität Dortmund, Dortmund, Deutschland
E-Mail: esass@fk12.tu-dortmund.de

demokratischen Zivilgesellschaft unabdingbar sind, in schulischen Settings jedoch kaum oder nur marginal vorkommen (Düx 2014).

Schlüsselwörter

Freiwilliges Engagement • Verantwortungsübernahme • Kompetenzgewinn • Partizipation

1 Einleitung

Das freiwillige Engagement, verstanden als die Bereitschaft der Bürgerinnen und Bürger, sich für andere und das Gemeinwesen zu engagieren und freiwillig und unbezahlt verantwortungsvolle Aufgaben in gemeinnützigen Organisationen wie Vereinen und Verbänden zu übernehmen, ist seit Mitte der 80er-Jahre in zunehmendem Maße in den Blick von Wissenschaft, Politik und Öffentlichkeit geraten (Müller und Rauschenbach 1988; Enquête-Kommission 2002; Buhl und Kuhn 2005; Nationales Forum für Engagement und Partizipation 2010).

Im Verlauf der Debatten um das freiwillige Engagement haben sich die Themenschwerpunkte verschoben. Wurde es zunächst überwiegend als eine besondere Form der Arbeit, in Abgrenzung zu Erwerbsarbeit und Hausarbeit, diskutiert (z. B. Olk 1988), nimmt die Forschung das Engagement inzwischen insbesondere als gesellschaftliches Sozialisations- und Lernfeld wahr, in dem wichtige Kompetenzen sozialer, personaler, kultureller und instrumenteller Art erworben werden können (Hofer 1999; Buhl und Kuhn 2005; Rauschenbach et al. 2006; Braun et al. 2007; Hansen 2008). Zudem richtet sich die öffentliche Aufmerksamkeit verstärkt auf bürgerschaftliches Engagement als Ort der gesellschaftlichen Integration und politischen Partizipation sowie hinsichtlich seiner Relevanz für eine demokratische Bürgergesellschaft (Enquête-Kommission 2002; WZB 2009; Olk und Hartnuß 2011).

Dabei liegt ein Schwerpunkt der Forschung auf der Bedeutung freiwilligen Engagements für die Entwicklung, Bildung, gesellschaftliche Partizipation und Integration junger Menschen (Enquête-Kommission 2002; Thole und Hoppe 2003; Buhl und Kuhn 2005; Düx et al. 2008; Reinders 2009; Rauschenbach 2010). Hofer und Buhl (2000) kommen bei der Sichtung empirischer Studien zum Einfluss freiwilligen Engagements auf die Persönlichkeitsentwicklung junger Menschen zu dem Befund, dass trotz der Heterogenität der Forschungsergebnisse von positiven Einflüssen sozialen Engagements auf die Persönlichkeitsentwicklung ausgegangen werden kann. Eine Reihe jüngerer Studien untersucht Fragen der Bildung, des Demokratielernens und des Kompetenzerwerbs Jugendlicher durch freiwilliges Engagement (z. B. Fischer 2001; Reinders 2005, 2014; Richter et al. 2007; Düx et al. 2008). Diese Altersgruppe soll auch hier in den Blick genommen werden, da das Engagement und die Engagementbereitschaft junger Menschen für die Zukunft der Vereine, des bürgerschaftlichen Engagements sowie der Zivilgesellschaft eine entscheidende Rolle spielen (Enquête-Kommission 2002; Düx et al. 2011).

2 Freiwilliges Engagement – ein wichtiges gesellschaftliches Lernfeld für junge Menschen

Trotz aller Unkenrufe und Bedenken ist das freiwillige Engagement junger Menschen nach wie vor hoch. Zieht man den dritten Freiwilligensurvey als bislang umfangreichsten Datensatz zum gesellschaftlichen Engagement in Deutschland heran, so engagieren sich 2009 bundesweit 35 % der 14- bis 24-Jährigen (Picot 2012). Damit gehören sie mit zu den engagiertesten Altersgruppen in Deutschland.

Freiwilliges Engagement in Vereinen und anderen gemeinwohlorientieren Organisationen eröffnet Heranwachsenden mit unterschiedlichen Möglichkeiten der Mitgestaltung, Selbstorganisation und Verantwortungsübernahme eine breite Palette von Gelegenheiten für Bildungs-, Sozialisations- und Entwicklungsprozesse. Es bietet Jugendlichen Möglichkeiten für erste eigene Erfahrungen in der Arbeit gesellschaftlicher Organisationen, für vielfältige informelle und non-formale Lernprozesse, den Erwerb unterschiedlicher Kompetenzen, das Hineinwachsen in demokratische Spielregeln sowie für Teilhabe, Mitbestimmung, Selbstorganisation und Interessenvertretung (Düx et al. 2008).

Empirisch zeigt sich, dass das Engagement jungen Menschen einen wichtigen Schritt aus dem privaten in den öffentlichen Raum und damit eine Ausweitung ihres Erfahrungshorizonts und ihrer Handlungsmöglichkeiten über Schule und Familie hinaus ermöglicht (Buhl und Kuhn 2005). Neben Eltern und Freunden stellt soziales Engagement eine von drei Säulen dar, die zu einer erfolgreichen Entwicklung, gesellschaftlicher Partizipation und sozialer Integration Heranwachsender beitragen können (Reinders 2005).

Dies belegen auch die Ergebnisse einer empirischen Studie, die der Frage nachging, was junge Menschen durch ein freiwilliges Engagement in gemeinnützigen Organisationen lernen (Düx et al. 2008). Basierend auf den Befunden qualitativer Interviews und einer bundesweiten standardisierten Erhebung konnte gezeigt werden, dass die Settings des freiwilligen Engagements besondere Lern- und Bildungschancen für Jugendliche eröffnen. Demnach stellt freiwilliges Engagement ein wichtiges gesellschaftliches Lernfeld für junge Menschen dar, in dem Kompetenzen persönlichkeitsbildender, sozialer und politischer, aber auch fachlicher Art entwickelt, erprobt und gewonnen werden können, die nachhaltige Wirkungen auf das Leben im Erwachsenenalter zeigen, und zwar sowohl bezüglich der *beruflichen Orientierung*, des individuellen *Kompetenzprofils* und der *Persönlichkeitsentwicklung* als auch hinsichtlich *gesellschaftlicher* und *politischer Beteiligung* und *Solidarität*. Hierzu sollen im Folgenden einige ausgewählte Ergebnisse vorgestellt werden.

3 Wirkungen informeller Lernprozesse im freiwilligen Engagement

Berufliche Orientierung. Die Daten der Engagementstudie (Düx et al. 2008) weisen darauf hin, dass in ihrer Jugend engagierte Personen in größerem Ausmaß Sozial-, Erziehungs- oder Gesundheitsberufe ergreifen als die Vergleichsgruppe der früher

Nicht-Engagierten. Engagierte junge Menschen haben eine fast doppelt so hohe Wahrscheinlichkeit, dass sie beruflich einmal im Feld der Sozial-, Bildungs- und Gesundheitsberufe tätig werden wie Nicht-Engagierte. Dieses Ergebnis verweist auf die wichtige Orientierungsfunktion der Organisationen des freiwilligen Engagements für Berufe der personenbezogenen sozialen Dienstleistungen. In diesem gesellschaftlichen Arbeitsfeld ist angesichts des demografischen Wandels in den nächsten Jahren ein steigender Bedarf an Fachkräften zu erwarten, wofür ein zivilgesellschaftliches Engagement im Jugendalter in vielen Fällen eine wichtige Vorerfahrung darstellt. Daher kommt der Frage des freiwilligen Engagements im Jugendalter in Zukunft eine eher noch wachsende Bedeutung zu (Rauschenbach 2010).

Wie sich weiter zeigt, erreichen Personen, die in ihrer Jugend freiwillig engagiert waren, höhere Ausbildungsabschlüsse als die Vergleichsgruppe der früher Nicht-Engagierten. Zudem sind sie in höherem Maße mit ihrem beruflichen Erfolg zufrieden als früher Nicht-Engagierte.

Kompetenzerwerb und Persönlichkeitsentwicklung. Wie die Untersuchung von Düx et al. (2008) belegt, können Heranwachsende durch ein freiwilliges Engagement vielfältige Erfahrungen, Kenntnisse, Einstellungen und Fähigkeiten gewinnen. So geben fast 70 Prozent der Befragten an, durch ihre freiwillige Tätigkeit „in hohem" oder „sehr hohem Umfang" wichtige Fähigkeiten erworben zu haben. Mehr als 80 Prozent gehen von einem „sehr hohen" oder „hohen" Einfluss ihres Ehrenamts auf ihr Leben aus. Erwachsene, die sich in ihrer Jugend engagiert haben, verfügen demnach über mehr Erfahrungen mit unterschiedlichen Tätigkeiten und auch über mehr Kompetenzen als Erwachsene, die in jungen Jahren nicht engagiert waren.

In puncto Persönlichkeitsentwicklung zeigt sich, dass im Engagement durch Verantwortungsübernahme für sich selbst und für andere personale Kompetenzen angeeignet werden können, die den Jugendlichen helfen, sich in ihrer Lebenswelt zu orientieren, Perspektiven und Ziele für ihr zukünftiges Leben zu entwickeln sowie selbstbewusst, eigenständig und erwachsen zu werden.

Neben personalen und sozialen Kompetenzen wie Selbstvertrauen, Kommunikationsfähigkeit, Empathie, Verantwortungsbereitschaft oder Teamfähigkeit wird in der Engagementstudie ein weites Spektrum an Fähigkeiten und Kenntnissen politischer, fachlicher, kreativer, technischer, praktischer, pädagogischer, medialer oder organisatorischer Art aufgeführt. So berichten die Befragten z. B. nicht nur, dass sie in ihrem Engagement gelernt haben, mit behinderten und verhaltensauffälligen Kindern zu arbeiten oder ein offenes Angebot für junge Rechtsextremisten zu entwickeln, sondern schildern auch andere Kompetenzen wie z. B. den Umgang mit schwerem technischem Gerät, das Verfassen von Pressetexten, die Produktion einer Radiosendung, das Reden vor großem Publikum, die Organisation von Demonstrationen, Konzerten oder Freizeiten, strategisches Vorgehen in Gremien oder die Leitung von Sitzungen.

Den Befunden der Studie zufolge werden im jugendlichen Engagement insbesondere personale und soziale Fähigkeiten sowie Organisations-, Leitungs-, Team- und Gremienkompetenzen entwickelt und vertieft. Besonders groß sind die Differenzen zwischen den beiden Gruppen der früher Engagierten und der in ihrer Jugend nicht Engagierten, wenn es um Organisations-, Gremien- und Leitungskompetenzen, um Teamerfahrungen, rhetorische sowie pädagogische Fähigkeiten geht. Gewisse

Kenntnisse und Kompetenzen wie etwa das Organisieren großer Veranstaltungen, die Anwendung demokratischer Spielregeln, die Übernahme von Leitungsaufgaben, aber auch die pädagogische Arbeit mit Kindern und Jugendlichen lassen sich im Jugendalter an anderen Orten bisher kaum erwerben. Die im freiwilligen Engagement gewonnenen Kompetenzen können als multifunktionale Fertigkeiten nahezu überall eingesetzt und genutzt werden: in der Schule, in der Familie und im Freundeskreis ebenso wie in der Arbeitswelt und im Beruf (Düx et al. 2008; Rauschenbach 2010).

Gesellschaftliche und politische Beteiligung. In der Engagement-Studie bestätigen sich darüber hinaus Befunde amerikanischer Untersuchungen zum sozialen Engagement Heranwachsender, wonach Jugendliche dabei mit Inhalten, Normen und Werten konfrontiert werden, die ihre Reflexion über gesellschaftspolitische Bedingungen und ihre eigene Rolle innerhalb der Gesellschaft hin zu mehr sozialem und politischem Bewusstsein anregen können (Youniss und Yates 1997).

Die unterschiedlichen Formen gesellschaftlicher Partizipation werden der Engagementstudie zufolge von ehemals Engagierten intensiver wahrgenommen als von früher Nicht-Engagierten. Dies gilt für nahezu alle Bereiche bürgerschaftlicher Beteiligung, selbst für sehr niedrigschwellige Aktionsformen wie etwa die Beteiligung an Unterschriftenaktionen; sehr deutlich zeigt es sich für die Mitarbeit in Parteien und Bürgerinitiativen wie auch für die Übernahme politische Ämter und Aufgaben sowie für soziales Engagement. Die Ergebnisse belegen insgesamt, dass ein Engagement im Jugendalter für die weitere politische Sozialisation höchst relevant ist. Der Grad gesellschaftlicher Beteiligung von Erwachsenen scheint demnach in hohem Maße von Erfahrungen mit politischer Partizipation, demokratischer Mitwirkung, Mitgestaltung und Mitentscheidung in ihrer Jugend beeinflusst zu werden (Youniss und Yates 1997; Prein et al. 2009). So hat freiwilliges Engagement Jugendlicher auch Auswirkungen auf das gesellschaftliche Engagement im Erwachsenenalter: Wer als Jugendlicher gesellschaftliche Verantwortung durch ein freiwilliges Engagement übernimmt, macht dies mit großer Wahrscheinlichkeit auch als Erwachsener (Düx et al. 2008; Picot 2012).

Der in der Studie nachgewiesene Einfluss jugendlichen Engagements auf die berufliche Laufbahn, das Kompetenzprofil und die Persönlichkeitsentwicklung sowie die gesellschaftliche Partizipation im Erwachsenenalter ist ein deutlicher Beleg für die Bedeutung des Lernfeldes „Freiwilliges Engagement" als einem eigenen Lernort im Prozess des Aufwachsens. Die Entfaltung dieser besonderen Bildungspotenziale freiwilligen Engagements wird den Befunden der Untersuchung zufolge durch bestimmte inhaltliche Merkmale und strukturelle Rahmenbedingungen der gemeinwohlorientierten Organisationen ermöglicht und unterstützt.

4 Lernförderliche Rahmenbedingungen des freiwilligen Engagements

Das freiwillige Engagement zeichnet sich durch inhaltliche Merkmale, Rahmenbedingungen und Gelegenheitsstrukturen aus, die sich von anderen Lernorten, insbesondere der Schule, deutlich unterscheiden, und vielfältige informelle und non-formale Lern- und Bildungsprozesse begünstigen. Diese Merkmale und

Rahmenbedingungen sind in den verschiedenen Vereinen und Verbänden allerdings unterschiedlich stark ausgeprägt.

Vor allem die Merkmale *Freiwilligkeit, Gemeinschaft in der Peergroup, Frei- und Gestaltungsspielräume, Partizipation, Verantwortungsübernahme, Erfahrungslernen* („learning by doing") sowie *Unterstützung durch erwachsene Mitarbeiter* können den Befunden der Engagementstudie (Düx et al. 2008) zufolge Aneignungsprozesse und Kompetenzentwicklung Heranwachsender fördern.

Freiwilligkeit. Der größte Unterschied zum verpflichtenden Lernen in der Schule liegt demnach in der Freiwilligkeit des Mitmachens und Lernens in den gemeinwohlorientierten Organisationen. Für die Lernmotivation der Jugendlichen spielen Freiwilligkeit, die freie Wahl der übernommenen Aufgaben, eigenes Interesse, Mitbestimmungsmöglichkeiten und Praxisbezug eine wesentliche Rolle. Entsprechend scheinen die hier stattfindenden Lernprozesse dem Bedürfnis junger Menschen nach Selbstbestimmung und Autonomie entgegenzukommen (Deci und Ryan 1993; Düx 2006; Sass 2006). Zugleich heben sich die Lernprozesse damit in Struktur und Inhalt deutlich von schulischen Settings ab. Die Untersuchung liefert Hinweise, dass die eigene Entscheidung für ein Engagement eine weit stärkere Lernmotivation sowie Identifikation mit den übernommenen Aufgaben hervorbringen kann als eine von außen zugewiesene Verpflichtung.

Gemeinschaft in der Peergroup. Die Befunde der Engagementstudie stützen die Annahme, dass die Gleichaltrigengruppe in vielen Fällen eine wichtige Rolle für die Lernmotivation, für Spaß und Interesse an der freiwilligen Tätigkeit sowie für die Bereitschaft, Aufgaben und Verantwortung zu übernehmen, spielt. Das gemeinsame Lernen und Handeln scheint das Erleben von sozialer Zugehörigkeit und Gemeinschaft zu unterstützen.

Frei- und Gestaltungsspielräume. Die Organisationen bieten Jugendlichen Gelegenheiten, Freiräume und Anregungen zum Ausprobieren und Experimentieren, wodurch sich vielfältige Lern- und Bildungsprozesse ergeben. Hier können Handlungs- und Gestaltungsspielräume aktiv und kreativ erweitert sowie eigene Interessen und Kompetenzen entwickelt und ausgebaut werden. Die Jugendforschung geht davon aus, dass Heranwachsende für die Entwicklung eigener Lebensziele, Wertorientierungen und Einstellungen solche Orte und Gelegenheiten brauchen, an denen sie unabhängig von den Eltern zusammen mit Peers und anderen Erwachsenen sich selbst erproben und erfahren, eigene Interessen und Kompetenzen entwickeln und einbringen, Handlungsspielräume erweitern sowie Kontexte selbst wählen und gestalten können (Fend 2003; Rauschenbach et al. 2004; Düx und Sass 2005; Hurrelmann und Quenzel 2013).

Partizipation und demokratische Bildung. Vereine und Verbände bieten jungen Menschen Möglichkeiten der aktiven Teilnahme und Teilhabe, der Mitgestaltung, der Beteiligung an gemeinsamen Entscheidungsprozessen und Entscheidungsgremien, der Mitbestimmung, Interessensvertretung und Selbstorganisation, wodurch demokratische Verfahrensweisen und Spielregeln sowie demokratisches Handeln eingeübt und praktiziert werden können (Düx 2006; Richter et al. 2007). Die Engagement-Studie (Düx et al. 2008) liefert hinreichend Indizien, die die Entwicklung und Einübung demokratischer Fähigkeiten, Kenntnisse und

Einstellungen durch Verantwortungsübernahme im Rahmen eines freiwilligen Engagements belegen. Für Jugendliche scheint freiwilliges Engagement bislang ein nahezu exklusiver, zumindest ein privilegierter Lernort für die – für Mitbestimmung und Mitgestaltung einer demokratischen Zivilgesellschaft wichtigen – demokratischen Kenntnisse und Kompetenzen wie etwa „Gremienkompetenz" und Interessensvertretung zu sein.

Verantwortungsübernahme. Während Heranwachsende in unserer Gesellschaft durch die lange Schulphase, die der Vorbereitung auf den „Ernst" des Lebens dienen soll, weitgehend von gesellschaftlicher Verantwortungsübernahme ferngehalten werden, bietet freiwilliges Engagement ihnen demgegenüber die Möglichkeit, in einem geschützten Rahmen sukzessiv Aufgaben und Verantwortung für sich und andere zu übernehmen. Auf diese Weise können sie die für junge Menschen wichtige Erfahrung der Nützlichkeit und gesellschaftlichen Bedeutung ihrer freiwilligen Aktivitäten machen (von Hentig 2007). Die Übernahme von Verantwortung für andere, für Inhalte, Ideen und Sachen erweist sich als ein wichtiger Aspekt der sozialen Integration Heranwachsender in einer tendenziell desintegrativen Gesellschaft.

Learning by doing. Obwohl Fortbildungsveranstaltungen wichtig und für eine Reihe von Aufgaben – insbesondere in den Hilfs- und Rettungsorganisationen sowie für die Arbeit mit Kindern und Jugendlichen – nahezu unerlässlich sind, zeigt sich doch auch, dass für die Aneignung vieler Kompetenzen, „learning by doing", also Handeln, Ausprobieren und Sammeln von eigenen Erfahrungen in der Praxis des Engagements ausschlaggebend sind (Dewey 1993). Im Unterschied zu schulischen Lernsituationen, in denen Lernen vor allem in „Als-ob-Formen" geschieht, d. h. mit Blick auf mögliche spätere Anwendungsfälle fast ausschließlich im Rahmen des Übens, sind die Lernprozesse Jugendlicher im freiwilligen Engagement häufig dadurch gekennzeichnet, dass in ihnen Lernen (als Übung) und Handeln (als Ernstfall) inhaltlich und zeitlich enger verknüpft sind oder sogar zusammenfallen, so dass Bildungsprozesse weitaus stärker unter Ernstfallbedingungen ablaufen.

Nur wenige der Engagierten, die angeben, ihre Kompetenzen überwiegend im ehrenamtlichen Engagement gewonnen zu haben, nennen hierfür ausschließlich Kurse und Schulungen der Organisationen. Die meisten schreiben den Erwerb von Kompetenzen und Kenntnissen sowohl den offenen Bildungsprozessen in non-formalen Kontexten als auch den informellen Lernpotenzialen in der alltäglichen Praxis ihres Engagements zu. Dabei scheinen informelle und non-formale Lernmöglichkeiten und -angebote ineinander zu greifen und sich gegenseitig zu verstärken.

Unterstützung durch erwachsene Mitarbeiter. Die Mehrheit der engagierten Jugendlichen (70 %) wird der Engagement-Studie zufolge in ihrer Organisation von erfahrenen erwachsenen Ansprechpartnern begleitet und unterstützt. Demnach spielen Erwachsene in den Organisationen eine bedeutende Rolle für junge Menschen bei deren Suche nach sozialer Anerkennung und Orientierung (Düx et al. 2008). Damit können die Aktivitäten in den Organisationen des Engagements die Vorteile von stärker symmetrisch angelegten Peer-Beziehungen – die Erkenntnissen der Lernforschung zufolge hohe Motivation und Selbstbestimmung beinhalten – mit den Vorteilen

unterstützender Strukturen und durch erwachsene Bezugspersonen begleiteter Handlungsoptionen verbinden (Deci und Ryan 1993; Buhl und Kuhn 2005).
Die Befunde der Engagementstudie von Düx et al. (2008) geben somit Hinweise, dass im jugendlichen Engagement nicht Zwang, Wettbewerb, Konkurrenz, Leistungsdruck und Benotung die Jugendlichen zum Lernen anspornen, sondern Freiwilligkeit, eigenes Interesse, die emotionale Bindung an die Gruppe, gemeinsamer Spaß, Möglichkeiten und Freiräume zur Mitbestimmung und Mitgestaltung, Unterstützung durch erwachsene Bezugspersonen sowie das Bewusstsein, Verantwortung für Dritte bzw. für wichtige Aufgaben zu tragen. Die fehlenden Sanktionsmöglichkeiten der Organisationen scheinen angstfreies Lernen zu ermöglichen, das keinem Lehrplan, keiner Prüfungsordnung und keiner Leistungsmessung unterliegt.

Gegenüber privaten Kontexten wie der jugendlichen Clique oder auch der Familie besteht in den Organisationen jugendlichen Engagements der Vorteil der gemeinsamen Zielsetzung und Programmatik, der pädagogischen Begleitung durch Erwachsene, aber auch der Unterstützung durch begleitende Weiterbildungsangebote und vielfältige Kontaktmöglichkeiten.

5 Soziale Ungleichheit und freiwilliges Engagement

Doch nicht alle Heranwachsenden finden Zugang zu den Lernpotenzialen freiwilligen Engagements. Wie die einschlägige Forschung nachweist, ist Engagement von Bildung und Herkunft beeinflusst. Der Zugang zum Engagement sowie die Art des Engagements sind abhängig von den sozialen Ressourcen und den kulturellen Interessen im Elternhaus. Der Besitz sozialen und kulturellen Kapitals stellt sowohl eine Voraussetzung als auch ein Ergebnis freiwilligen Engagements dar. Die Daten unterschiedlicher empirischer Studien belegen, dass sich überwiegend sozial gut integrierte Jugendliche mit höherer Schulbildung in gemeinwohlorientierten Organisationen engagieren (Düx et al. 2008; Picot 2012; Reinders 2014). Dabei ist bereits die Mitgliedschaft in einem Verein oder einer Organisation, oft die Voraussetzung für ein freiwilliges Engagement, abhängig von Bildungsstatus und sozialer Herkunft. Freiwilliges Engagement nimmt schon im Jugendalter mit dem Bildungsstatus zu und ist umso intensiver, je höher der Bildungsgrad ist. Jugendliche aus sozial benachteiligten, bildungsfernen Familien sind im Engagement unterrepräsentiert und damit zu einem großen Teil von den hier möglichen Lernerfahrungen, sozialen Kontakten und Kompetenzgewinnen ausgeschlossen (Düx et al. 2008). Zudem sind Migranten weit unter ihrem Anteil an der Bevölkerung im Engagement aktiv (Picot 2012). Somit stellen Lernprozesse im freiwilligen Engagement keine Kompensation sozialer Ungleichheit dar, sondern verstärken diese tendenziell noch.

Von daher stellt sich für die Organisationen des Engagements künftig vermehrt die Herausforderung, Strategien zu entwickeln, die solchen „Exklusionsprozessen" entgegenwirken. Bislang existieren noch kaum Modelle und Strategien, wie sozial benachteiligte und bildungsferne junge Menschen, die keine persönlichen Bezüge zu

Vereinen haben, angesprochen, eingebunden und für ein freiwilliges Engagement gewonnen werden können.

6 Verdichtung der Jugendphase

Neben bildungs- und herkunftsbedingten Faktoren mit Einfluss auf das individuelle Engagement werden in den letzten Jahren gesellschaftliche Veränderungen beobachtet, die alle Kinder und Jugendlichen betreffen. Diese unter dem Stichwort der „Verdichtung der Jugendphase" (Klemm 2008; Picot 2012) diskutierten Veränderungen umfassen vor allem Entwicklungen, die mit Prozessen der zeitlichen Verdichtung im Bildungsbereich (G8, Ganztagschule, Bologna-Prozess) sowie mit der zunehmenden Nutzung interaktiver Medien (Web 2.0) zusammenhängen. Mit Blick auf das Lernen in den informellen Kontexten des freiwilligen Engagements stellt sich hier die Frage, welchen Einfluss der veränderte Umgang mit Zeitressourcen auf die Beteiligungsbereitschaft Jugendlicher und damit auch auf die zukünftige Entwicklung der Organisationen des freiwilligen Engagements und ihrer Lernpotenziale hat.

Dem Einfluss einer verdichteten Jugendphase auf die Beteiligung in Jugendorganisationen und das freiwillige Engagement Jugendlicher sind Lange und Wehmeyer (2014) in einer Studie nachgegangen und haben festgestellt, dass zwar die Jugendverbände den Einfluss von G8 und Ganztagsschule auf das Engagement kritisch sehen, die jungen Engagierten selbst aber angeben, Schule und freiwilliges Engagement weiterhin zeitlich vereinbaren zu können. Während die Vertreterinnen und Vertreter der Verbände einen früheren Ausstieg aus dem Engagement, einen Rückgang der Kontinuität, der Langfristigkeit und der Verbindlichkeit feststellen, geben die engagierten Jugendlichen an, sich zwar häufiger gestresst zu fühlen, aber ihre Verbandsaktivitäten grundsätzlich gut in ihre sonstigen Schul- und Freizeitaktivitäten integrieren zu können. Diese Verbindung verschiedener Lebensbereiche scheint Studierenden im Bachelor/Master-Studium allerdings zunehmend schwerer zu fallen. Dies erklärt den frühen Ausstieg aus der freiwilligen Tätigkeit, bzw. die sinkende Bereitschaft zum kontinuierlichen, längerfristigen Engagement.

Der großen Bedeutung der interaktiven Medien versuchen die Freiwilligenorganisationen gerecht zu werden, indem sie selbst entsprechende Angebote (Homepages, Accounts in den sozialen Medien) vorhalten und für ihre Zwecke (Öffentlichkeitsarbeit, Kommunikation, Terminfindung) nutzen (Lange und Wehmeyer 2014).

Auch die Frage, ob die „Durchdringung aller Lebensbereiche mit Informations- und Kommunikationstechnologie" (Medienpädagogischer Forschungsverbund Südwest 2014, S. 3) Einfluss auf die Beteiligungsbereitschaft Jugendlicher hat, verlangt nach einer differenzierten Betrachtung. So hat eine Studie (Begemann et al. 2011) gezeigt, dass sich die Computer- und Internetnutzung engagierter Jugendlicher nicht von der einer nicht-engagierten Vergleichsgruppe unterscheidet. Computer und Internet sind zum alltäglichen Hilfsmittel auch in der traditionellen freiwilligen Tätigkeit geworden und gleichzeitig entwickeln sich neue Formen internetgestützten Engagements. So nutzen drei Viertel der Engagierten das Internet für ihre freiwilligen Aktivitäten, besonders in den Bereichen Politik, Menschenrechte und Umweltschutz.

Welche Einflüsse die verschiedenen Faktoren der Verdichtung auf die informellen Lernkontexte des freiwilligen Engagements haben, ist noch nicht hinreichend geklärt. So lassen sich beispielsweise im jugendverbandlichen Bereich unterschiedliche Entwicklungen beobachten. Einerseits gibt es auch hier Tendenzen zur Kooperation mit der Schule, z. B. im Kontext von Bildungslandschaften (Bollweg und Otto 2011). Dies bedeutet eine stärkere Vermischung von informellen, non-formalen und formalen Lernkontexten, beispielsweise wenn Kurse zur Ausbildung von Gruppenleiterinnen und -leitern im Rahmen des schulischen Unterrichts stattfinden oder Schulklassen an (Bildungs-)Angeboten der Jugendverbände teilnehmen. Andererseits setzen sich gerade die Jugendringe für eine zeitliche Eingrenzung der Schulzeit ein und versuchen damit, Freiräume für die Freizeitgestaltung und die unverzweckte Bildung zu erhalten. So hat z. B. der Landesjugendring Nordrhein-Westfalen ein Bündnis für Freiräume ins Leben gerufen, das sich für den Erhalt von freier Zeit und jugendgemäßen Räumen zur Freizeitgestaltung und Entspannung sowie zum informellen Lernen einsetzt und entsprechende Forderungen an Politik und Gesellschaft formuliert (Landesjugendring NRW e.V. 2015). Bei beiden Ansätzen handelt es sich um Reaktionen auf die Dominanz des formalen Bildungssystems und Versuche, das Feld der Kinder- und Jugendarbeit und des freiwilligen Engagements stärker als Orte des Lernens zu profilieren.

7   Fazit

Bilanziert man die Forschungsbefunde, so erscheint freiwilliges Engagement als ein bedeutender gesellschaftlicher Lernort für junge Menschen, in dem sich Kompetenzerwerb, Persönlichkeitsbildung, biographische Orientierung und gesellschaftliche Solidarität verbinden (Richter et al. 2007; Düx et al. 2008; Reinders 2014). Demnach lassen sich die Organisationen des Engagements als eine Lernwelt eigener Art für junge Menschen beschreiben, die durch die Kombination gesellschaftlicher Verantwortungsübernahme mit individuellen Lern- und Bildungsprozessen besondere Chancen und Freiräume für die Entwicklung vielfältiger Kenntnisse, Einstellungen und Fähigkeiten eröffnet, die für eine selbst bestimmte und sozial verantwortliche Lebensführung sowie die aktive Beteiligung an der Gestaltung einer demokratischen Zivilgesellschaft unabdingbar sind, in schulischen Settings jedoch kaum oder nur marginal vorkommen (Düx 2014).

Der Untersuchung von Düx et al. (2008) zufolge scheint es keinen anderen Bereich in der jugendlichen Lebenswelt zu geben, der ein derart weites und vielfältiges Spektrum an Anregungen und Verantwortungsbereichen sowie an Möglichkeiten der Teilhabe, Mitwirkung und Mitgestaltung bietet wie das freiwillige Engagement in gemeinwohlorientierten Organisationen. Von der cliquenzentrierten Freizeitgestaltung bis hin zur Gremienarbeit mit Personalverantwortung ergibt sich ein Kontinuum von Partizipationsmöglichkeiten, Lerngelegenheiten und Verantwortungsfeldern, in denen sich junge Menschen in der Regel freiwillig und selbstbestimmt bewegen können. Gegenüber den schulischen Anforderungen, die sich ohne unmittelbaren Handlungsdruck vorrangig auf die Bewältigung kognitiver Aufgaben beziehen, eröffnet Verantwortungsübernahme im Rahmen eines freiwilligen Engagements für die Heranwachsenden häufig die erste Gelegenheit und Herausforderung, sich selbst handelnd einzubringen, zu erfahren und zu bewähren.

Wie die Studie zeigt, bietet die Kombination von hoher Motivation durch frei gewählte Verantwortungsbereiche und gemeinsamem Handeln in der Gleichaltrigengruppe, verbunden mit den Herausforderungen durch die übernommene Verantwortung sowie der Unterstützung durch Erwachsene, spezifische lern- und entwicklungsförderliche Bedingungen, die die Settings des ehrenamtlichen Engagements zu besonderen Lernfeldern und Ermöglichungsräumen für Heranwachsende machen (Buhl und Kuhn 2005). In Freiwilligkeit, Vielfalt und Selbstbestimmtheit des Lernens und der Verantwortungsübernahme liegen die Chancen und Stärken dieses außerschulischen Lernfeldes (Deci und Ryan 1993).

Zivilgesellschaftliche Organisationen fungieren somit als Ermöglichungsräume, in denen Heranwachsende befähigt werden, gesellschaftliche Verantwortung zu übernehmen und damit an der Gestaltung der Gesellschaft teilzuhaben. Die im Engagement übernommene Verantwortung Heranwachsender bindet sie in einen gesellschaftlichen Kontext von Solidarität und Gemeinsinn ein. Das freiwillige Engagement Jugendlicher trägt somit erfolgreich zur Weiterentwicklung einer zivilen demokratischen Gesellschaft bei (Düx et al. 2011).

Aktuelle Entwicklungen im Bereich der formalen Bildung und der Medien, die mit dem Stichwort „Verdichtung der Jugendphase" umschrieben werden, müssen hinsichtlich ihrer Auswirkungen auf die informellen Lernkontexte des freiwilligen Engagements differenziert betrachtet werden. Neben der, insbesondere von den Jugendverbänden beklagten zunehmenden Bindung von Zeitressourcen Jugendlicher durch das formale Bildungssystem und die Beschäftigung mit interaktiven Medien, eröffnen sie auch neue Möglichkeiten informellen Lernens, insbesondere im Bereich des internetgestützten Engagements und in der Kooperation der Schule mit außerschulischen Bildungsakteuren.

Literatur

Begemann, M.-C., Bröring, M., Düx, W., & Sass, E. (2011). *Jugendliche Aktivitäten im Wandel. Gesellschaftliche Beteiligung und Engagement in Zeiten des Web 2.0*. Dortmund: Forschungsverbund Deutsches Jugendinstitut/Technische Universität Dortmund.

Bollweg, P., & Otto, H.-U. (Hrsg.). (2011). *Räume flexibler Bildung. Bildungslandschaft in der Diskussion*. Wiesbaden: VS Verlag.

Braun, S., Hansen, S., & Ritter, S. (2007). Vereine als Katalysatoren sozialer und politischer Kompetenzen? Ergebnisse einer qualitativen Untersuchung. In L. Schwalb & H. Walk (Hrsg.), *Bürgerschaftliches Engagement und Local Governance* (S. 109–130). Wiesbaden: VS Verlag für Sozialwissenschaften.

Buhl, M., & Kuhn, H.-P. (2005). Erweiterte Handlungsräume im Jugendalter: Identitätsentwicklung im Bereich gesellschaftlichen Engagements. In B. H. Schuster, H.-P. Kuhn & H. Uhlendorf (Hrsg.), *Entwicklung in sozialen Beziehungen – Heranwachsende in ihrer Auseinandersetzung mit Familie, Freunden und Gesellschaft* (S. 217–237). Stuttgart: Lucius u. Lucius.

Deci, E. L., & Ryan, R. M. (1993). Die Selbstbestimmungstheorie der Motivation und ihre Bedeutung für die Pädagogik. *Zeitschrift für Pädagogik, 39*,223–238.

Dewey, J. (1993). *Demokratie und Erziehung. Eine Einleitung in die philosophische Pädagogik.* Weinheim und Basel: Juventa.

Düx, W. (2006). „Aber so richtig für das Leben lernt man eher bei der freiwilligen Arbeit." Zum Kompetenzgewinn Jugendlicher im freiwilligen Engagement. In T. Rauschenbach, W. Düx & E. Sass (Hrsg.), *Informelles Lernen im Jugendalter. Vernachlässigte Dimensionen der Bildungsdebatte* (S. 205–240). Weinheim und München: Juventa.

Düx, W., & Sass, E. (2005). Lernen in informellen Kontexten. Lernpotenziale in Settings des freiwilligen Engagements. *Zeitschrift für Erziehungswissenschaft, 8*(3), 394–411.

Düx, W. (2014). Selbstvertrauen, Empathie und Weltgewandtheit. Gemeinnützige Organisationen als Lernfeld für die Bürgergesellschaft. *Schüler. Wissen für Lehrer. Engagement und Partizipation* 44–45.

Düx, W., Prein, G., Sass, E., & Tully, C. J. (2008). *Kompetenzerwerb im freiwilligen Engagement. Eine empirische Studie zum informellen Lernen im Jugendalter.* Wiesbaden: VS Verlag für Sozialwissenschaften.

Düx, W., Rauschenbach, T., & Züchner, I. (2011). Bürgerschaftliches Engagement in der Jugendarbeit. In T. Olk & B. Hartnuß (Hrsg.), *Handbuch Bürgerschaftliches Engagement* (S. 329–341). Weinheim und Basel: Juventa.

Enquete-Kommission (2002). *„Zukunft des bürgerschaftlichen Engagements".* Deutscher Bundestag. Bericht. Bürgerschaftliches Engagement: auf dem Weg in eine zukunftsfähige Bürgergesellschaft. Schriftenreihe, Bd. 4. Opladen: Leske und Budrich.

Fend, H. (2003). *Entwicklungspsychologie des Jugendalters* (3. Aufl.). Wiesbaden: VS Verlag für Sozialwissenschaften.

Fischer, C. (2001). „Das gehört jetzt irgendwie zu mir". Mobilisierung von Jugendlichen aus den neuen Bundesländern zum Engagement in einem Umweltverband. Eine explorative Studie am Beispiel der BUNDjugend. Diss. TU Chemnitz.

Hansen, S. (2008). *Lernen durch freiwilliges Engagement. Eine empirische Studie zu Lernprozessen in Vereinen.* Wiesbaden: VS-Verlag für Sozialwissenschaften.

von Hentig, H. (2007). *Bewährung: Von der nützlichen Erfahrung, nützlich zu sein.* Weinheim: Juventa.

Hofer, M. (1999). Community service and social cognitive development in German adolescents. In M. Yates & J. Youniss (Hrsg.), *Roots of civic identity. International perspectives on community service and activism in youth* (S. 114–134). Cambridge: Cambridge University Press.

Hofer, M., & Buhl, M. (2000). Soziales Engagement Jugendlicher: Überlegungen zu einer technologischen Theorie der Programmgestaltung. In H.-P. Kuhn, H. Uhlendorf & L. Krappmann (Hrsg.), *Sozialisation zur Mitbürgerlichkeit* (S. 95–111). Opladen: Budrich.

Hurrelmann, K., & Quenzel, G. (2013). *Lebensphase Jugend. Eine Einführung in die sozialwissenschaftliche Jugendforschung* (12. Aufl.). Weinheim, Basel: Juventa.

Klemm, K. (2008). Bildungszeit: Vom Umgang mit einem knappen Gut. In H. Zeiher & S. Schroeder (Hrsg.), *Schulzeiten, Lernzeiten, Lebenszeiten. Pädagogische Konsequenzen und zeitpolitischen Perspektiven schulischer Zeitordnungen* (S. 21–30). Weinheim: Juventa.

Landesjugendring NRW e.V. (2015). Bündnis für Freiräume. http://ljr-nrw.de/projekte/buendnis-fuer-freiraeume/ueberblick.html. Zugegriffen am 19.03.2015.

Lange, M., & Wehmeyer, K. (2014). *Jugendarbeit im Takt einer beschleunigten Gesellschaft. Veränderte Bedingungen des Heranwachsens als Herausforderung.* Weinheim, Basel: Beltz Juventa.

Medienpädagogischer Forschungsverbund Südwest. (2014). *JIM-Studie 2014. Jugend, Information, (Multi-)Media.* Stuttgart: Landesanstalt für Kommunikation.

Müller, S., & Rauschenbach, T. (Hrsg.). (1988). *Das soziale Ehrenamt.* Weinheim und München: Juventa.

Nationales Forum für Engagement und Partizipation. (2010). *Engagement ermöglichen – Strukturen gestalten. Handlungsempfehlungen für eine nationale Engagementstrategie* (Bd. 3). Berlin: Bundesnetzwerk Bürgerschaftliches Engagement (BBE).

Olk, T. (1988). Zwischen Hausarbeit und Beruf. Ehrenamtliches Engagement in der aktuellen sozialpolitischen Diskussion. In S. Müller & T. Rauschenbach (Hrsg.), *Das soziale Ehrenamt* (S. 19–36). Weinheim und München: Juventa.

Olk, T., & Hartnuß, B. Hrsg. (2011). *Handbuch Bürgerschaftliches Engagement*. Weinheim und Basel: Juventa.

Picot, S. (2012). *Jugend in der Zivilgesellschaft. Freiwilliges Engagement Jugendlicher im Wandel.* Gütersloh: Bertelsmann.

Prein, G., Sass, E., & Züchner, I. (2009). Lernen im freiwilligen Engagement und gesellschaftliche Partizipation. Ein empirischer Versuch zur Erklärung politischen Handelns. *Zeitschrift für Erziehungswissenschaft, 12*(3), 529–548.

Rauschenbach, T. (2010). Kurzgutachten „Engagement und Bildung". In Nationales Forum für Engagement und Partizipation (Hrsg.), *Engagement ermöglichen – Strukturen gestalten. Handlungsempfehlungen für eine nationale Engagementstrategie* (Bd. 3, S. 73–86). Berlin: Bundesnetzwerk Bürgerschaftliches Engagement (BBE).

Rauschenbach, T., Leu, H. R., Lingenauber, S., Mack, W., Schilling, M., Schneider, K., & Züchner, I. (2004). *Non-formale und informelle Bildung im Kindes- und Jugendalter. Konzeptionelle Grundlagen für einen Nationalen Bildungsbericht*, Bd. 6 der vom BMBF herausgegebenen Reihe „Bildungsreform". Berlin:Bundesministerium für Bildung und Forschung.

Rauschenbach, T., Düx, W., & Sass, E. (Hrsg.) (2006). *Informelles Lernen im Jugendalter. Vernachlässigte Dimensionen der Bildungsdebatte*. Weinheim und München: Juventa.

Reinders, H. (2005). *Jugend. Werte. Zukunft. Wertvorstellungen, Zukunftsperspektiven und soziales Engagement im Jugendalter.* Stuttgart: Landesstiftung Baden-Württemberg.

Reinders, H. (2009). *Bildung und freiwilliges Engagement im Jugendalter. Expertise für die Bertelsmann-Stiftung* (Schriftenreihe Empirische Bildungsforschung, Bd. 10). Würzburg: Universität Würzburg.

Reinders, H. (2014). *Jugend – Engagement – Politische Sozialisation. Gemeinnützige Tätigkeit und Entwicklung in der Adoleszenz*. Springer VS: Wiesbaden.

Richter, H., Jung, M., & Riekmann, W. (2007). *Jugendverbandsarbeit in der Großstadt. Perspektiven für Mitgliedschaft und Ehrenamt am Beispiel der Jugendfeuerwehr Hamburg.* Hamburg: Eigenverlag Jugendfeuerwehr.

Sass, E. (2006). „Schule ist ja mehr Theorie..." Lernen im freiwilligen Engagement und in der Schule aus Sicht freiwillig engagierter Jugendlicher. In T. Rauschenbach, W. Düx & E. Sass (Hrsg.), *Informelles Lernen im Jugendalter. Vernachlässigte Dimensionen der Bildungsdebatte* (S. 241–270). Weinheim und München: Juventa.

Thole, W., & Hoppe, J. (Hrsg.). (2003). *Freiwilliges Engagement – ein Bildungsfaktor. Berichte und Reflexionen zur ehrenamtlichen Tätigkeit von Jugendlichen in Schule und Jugendarbeit*. Frankfurt am Main: Eigenverlag des Deutschen Vereins für öffentliche und private Fürsorge.

Wissenschaftszentrum Berlin für Sozialforschung (WZB). (2009). Projektgruppe Zivilengagement: Alscher, M., Dathe, D., Priller, E., & Speth, R. *Bericht zur Lage und zu den Perspektiven des bürgerschaftlichen Engagements in Deutschland*. BMFSFJ (Hrsg.). Berlin: Bundesministerium für Familie, Senioren, Frauen und Jugend.

Youniss, J., & Yates, M. (1997). *Community service and social responsibility in youth*. Chicago: University of Chicago Press.

Informelles Lernen in Museum und Science Center

Stephan Schwan

Inhalt

1	Einleitung	380
2	Museen und Science Center als Orte informellen Lernens	381
3	Strategien der informellen Wissensvermittlung in Museen und Science Centern	385
4	Modelle des informellen Lernens im Museum	387
5	Fazit	392
	Literatur	393

Zusammenfassung

In dem Beitrag werden Museen und Science Center als wichtige Instanzen des informellen und non-formalen Lernens beschrieben. Die spezifischen Bedingungen musealen Lernens und der damit einher gehenden didaktischen Vermittlungsstrategien werden dargestellt und drei zentrale Modelle der Besucherforschung vorgestellt und diskutiert: das Kontextmodell des Lernens im Museum von Falk und Dierking, das Modell des Neugier geleiteten Lernens im Museum von Rounds und das Modell generischer Lernergebnisse von Hooper-Greenhill.

Schlüsselwörter

Museum • Besucherverhalten • Hands-on-Exponate • Authentizität • Information Foraging

---

Zur besseren Lesbarkeit wird im Folgenden auf die weibliche Form verzichtet

S. Schwan (✉)
Leibniz-Institut für Wissensmedien, Tübingen, Deutschland
E-Mail: s.schwan@iwm-kmrc.de

1 Einleitung

Deutschlands Museen und Science Center zählen mehr als 100 Millionen Besuche pro Jahr (Institut für Museumsforschung 2014). Damit spielen sie neben Massenmedien und dem Internet eine zentrale Rolle für die Vermittlung wissenschaftlicher Erkenntnisse außerhalb formaler Bildungseinrichtungen wie Schulen und Hochschulen. Dies spiegelt sich auch im Selbstverständnis der Museen wider, denn die Vermittlung bildet neben dem Sammeln, Erhalten und Forschen den Kern musealer Aufgaben (International Council of Museum 2007). Empirische Erhebungen zeigen, dass Museen und Ausstellungen für Erwachsene eine der wichtigsten Informationsquellen zu naturwissenschaftlichen Sachverhalten bilden. Dies gilt ebenso für die außerschulische Beschäftigung von Kindern und Jugendlichen mit naturwissenschaftlichen Themen (Bell et al. 2009; Falk et al. 2007).

Die Art und Weise, wie Museen diesen Vermittlungsauftrag umsetzen, hat sich in den letzten Jahren stark gewandelt. Diese Wandlungen betreffen erstens die Themen und Inhalte der Ausstellungen: Standen ursprünglich vorwiegend etablierte und kanonisierte Wissensbestände im Vordergrund, greifen Museen mittlerweile auch aktuelle Themen auf, die noch Gegenstand wissenschaftlicher Auseinandersetzungen sind und teilweise auch in der Öffentlichkeit kontrovers diskutiert werden (Meyer 2010; Yaneva et al. 2009). Darüber hinaus legen Museen in ihren Ausstellungen zunehmend Wert darauf, ihren Besuchern neben wissenschaftlichen Erkenntnissen (Public Understanding of Science and Humanities, PUSH) auch einen Einblick in die zugrunde liegenden Methoden und Forschungsprinzipien der jeweiligen Disziplinen zu ermöglichen (Public Understanding of Research, PUR), beispielsweise durch „gläserne Labors" (Geyer et al. 2013; Lewalter et al. in press).

Zweitens hat sich auch die Rolle der Besucher bei der musealen Wissensvermittlung geändert. Im Sinne einer verstärkten Besucherorientierung stellen Kuratoren und Ausstellungsmacher zunehmend die Bedürfnisse, Interessen und kognitiven Voraussetzungen ihres Publikums in Rechnung, bis hin zu einer aktiven Einbindung der Besucher in den Prozess der Ausstellungskonzeption und -gestaltung (Simon 2010). Dementsprechend wird Lernen im Museum als konstruktivistischer Prozess mit einem hohen Maß an Eigenaktivität auf Seiten der Besucher aufgefasst. Dies bedeutet auch die Abkehr von stark textorientierten, hochgradig didaktisierten Vermittlungsformen und die Entwicklung hin zu einer Betonung von Erlebnis, Inszenierung und Erzählung als Strategien, die Museen als Lernorten angemessen sind (Schwan et al. 2014).

Ausgehend von diesen Entwicklungen soll im Folgenden ein Überblick über das informelle Lernen in Museen gegeben werden. Der erste Abschnitt geht auf die Besonderheiten von Museen und Science Centern als Lernorte ein. Danach werden verschiedene Elemente und Strategien musealer Wissensvermittlung dargestellt. Den Abschluss bildet die Beschreibung und Diskussion zentraler theoretischer Modelle des informellen Lernens in Museen.

2 Museen und Science Center als Orte informellen Lernens

Aktuell bieten die mehr als 6000 Museen in Deutschland eine breite Palette von Museumstypen und Ausstellungsinhalten. Das Spektrum reicht von Kunstsammlungen über historische, kulturhistorische und ethnografische bis hin zu naturhistorischen Museen und wissenschafts- oder technikgeschichtlichen Museen und Science Centern. Dabei präsentieren viele Museen nicht nur ihre Sammlungen in langfristig angelegten Dauerausstellungen, sondern veranstalten auch in regelmäßigen Abständen Wechselausstellungen zu spezifischen Themen.

2.1 Lernen und Wissenserwerb als Besuchsmotive

Dieser Vielfalt auf Seiten des musealen Angebots entspricht ein ebenfalls breites Spektrum an Besuchern. Einerseits sind zwar bei den Museumsbesuchern Personen mit niedrigem oder fehlendem Schulabschluss deutlich unter- und solche mit höherem Schulabschluss deutlich überrepräsentiert, andererseits findet sich innerhalb dieser Besucherpopulation aber eine große Vielfalt bezüglich Altersstruktur (vom Vorschulkind bis zum Rentner), sozialer Zusammensetzung (einzeln oder als Familie, Gruppe, Schulklasse) und Interessen und Vorwissen (Wegner 2011).

Zudem hat die empirische Forschung der vergangenen Jahre gezeigt, dass innerhalb des Museumspublikums nicht nur große Unterschiede in den genannten Variablen zu finden sind, sondern auch in den Motiven und Strategien der Auseinandersetzung mit den Ausstellungsinhalten (Falk et al. 1998; Pekarik et al. 1999; Falk 2009). Mit dem Begriff *visitor agenda* charakterisiert Falk (2009; Falk und Dierking 2012) diese Erwartungen, die Besucher an ein Museum oder eine Ausstellung haben. Hierbei unterscheidet er sieben unterschiedliche Besuchertypen: *Explorer, Professionals/Hobbyists, Facilitators, Experience Seekers, Recharger, Respectful Pilgrims* und *Affinity Seekers*. *Explorer* besuchen eine Ausstellung aus Neugier und generellem Interesse am Thema mit dem Ziel, Wissenswertes zu entdecken und dadurch ihre Kenntnisse zu erweitern. *Professionals/Hobbyists* verfügen über viel Vorwissen und besuchen ein Museum aus beruflichen (bzw. hobby-bezogenen) Gründen, um ihre Spezialkenntnisse zu vertiefen. Für *Facilitators* stehen die sozialen Aspekte im Vordergrund. Sie besuchen das Museum zusammen mit ihrer Familie oder Freunden, um eine gemeinsame Zeit zu verbringen und die Wünsche und Bedürfnisse ihrer Begleiter (z. B. der Kinder oder Enkelkinder) zu befriedigen. *Experience Seekers* sind wiederum auf der Suche nach unterhaltsamen und außergewöhnlichen Erfahrungen, beispielsweise spektakulären oder seltenen Exponaten. *Recharger* möchten sich in einer angenehmen Atmosphäre erholen. *Respectful Pilgrims* besuchen Museen, um bestimmter Personen oder Ereignisse zu gedenken, während das Hauptmotiv von *Affinity Seekers* die Vergewisserung ihres kulturellen Erbes und ihrer kulturellen Identität ist.

Die Besuchertypologie von Falk macht deutlich, dass Museen und Ausstellungen sich nicht auf ihre Funktion als informelle Lernorte reduzieren lassen, sondern dass neben Lernen und Wissenserwerb noch eine Reihe weiterer Besuchsmotive existiert, die sich stärker auf die affektiven und sozialen Aspekte des Museumsbesuchs bezieht. Dies spiegelt sich auch in den Erfahrungen wider, die während eines Ausstellungsbesuchs als besonders befriedigend empfunden werden (*satisfying experiences* sensu Pekarik et al. 1999). Anhand von Interviews und Fragebogendaten aus verschiedenen Museen in den USA unterscheiden Pekarik und Kollegen vier Erfahrungskomplexe, die sie mit den Begriffen objektbezogen, kognitiv, introspektiv und sozial beschreiben. Befriedigende objektbezogene Erfahrungen entstehen beim Anblick von ästhetischen Kunstwerken ebenso wie bei der Betrachtung wertvoller oder auratischer Dinge. Befriedigende kognitive Erfahrungen machen Besucher, die durch die Ausstellung Wissen erwerben oder ein vertieftes Verständnis erreichen. Introspektive Erfahrungen werden von Museen ermöglicht, wenn sie dazu anregen, sich in andere Orte oder Zeiten zu versetzen, sich an vergangene persönliche Erlebnisse zu erinnern oder ein Gefühl historischer oder kultureller Verbundenheit zu entwickeln. Soziale Erfahrungen resultieren aus der gemeinsam mit Freunden oder der Familie verbrachten Zeit in einer Ausstellung. Ähnlich wie die Besuchertypologie von Falk (2009) zeigt auch das Klassifikationsschema befriedigender Ausstellungserfahrungen, dass Lernen und Wissenserwerb nicht die einzigen Gründe für Museumsbesuche sind. Zudem unterscheiden sich die verschiedenen Museumstypen hinsichtlich ihres Erfahrungsprofils. Beispielsweise spielen für Besucher von Kunstmuseen ästhetische Erfahrungen eine wichtige Rolle, während in naturwissenschaftlich-technischen Museen Lernen und Wissenserwerb von größerer Bedeutung sind (Pekarik et al. 1999).

2.2 Informelles und non-formales Lernen in Museen

Formales, non-formales und informelles Lernen unterscheiden sich nicht nur hinsichtlich Lernort und -setting, sondern gleichermaßen auch hinsichtlich Lernprozessen, Lernzielen und Lerninhalten (Eshach 2007; Hodkinson et al. 2003). Nach Hodkinson et al. (2003) lassen sich Lernsettings danach unterscheiden, ob sie zeitlich strukturiert und auf definierte Ziele hin ausgerichtet sind und ob sie mit einer Zertifizierung einhergehen. Lernprozesse können durch den Lehrer gesteuert und didaktisch stark strukturiert sein oder umgekehrt vom Lerner initiiert und ohne explizite didaktische Strukturierung. Lernziele können im Vordergrund stehen und explizit vorgegeben werden oder aber beiläufig aus nicht primär lernbezogenen Aktivitäten resultieren. Die Lerninhalte können genau spezifiziert sein und sich vorwiegend auf Experten- und Faktenwissen beziehen oder ein unspezifisches inhaltliches Interesse reflektieren und stärker auf die Alltagspraxis bezogen sein. Man spricht von non-formalem Lernen, wenn Prozesse, Ziele und Inhalte stark an das schulische Lernen angelehnt sind (also viele formale Elemente beinhalten), aber an Orten außerhalb der Schule oder Hochschule stattfinden (Dohmen 2001; Eshach 2007). Dagegen handelt es sich um informelles Lernen, wenn das Lernen in einer beiläufigen, selbst gesteuerten Weise ohne explizite Ziele, didaktische Struktur und Zertifizierung erfolgt.

Vor dem Hintergrund dieses Modells umfassen Lernvorgänge außerhalb von Schule und Hochschule also typischerweise eine Mischung aus non-formalen und informellen Aspekten, die je nach Situation unterschiedlich gewichtet sind. Dies gilt auch für Museums- und Ausstellungsbesuche, für die sich eine Vielzahl unterschiedlicher Lernformen finden lässt.

Vergleicht man beispielsweise Familienausflüge, Teilnahme an Führungen und Schulklassenbesuche miteinander, findet man charakteristische lernbezogene Unterschiede (vgl. Schwan, im Druck). Der Besuch einer Ausstellung mit der Familie erfolgt typischerweise in einer in Abfolge und Tempo selbst gesteuerten Weise, bei der Wissen mehr oder weniger beiläufig erworben wird, da Lernen nicht das zentrale Motiv darstellt und dementsprechend auch keine spezifischen Lernziele mit dem Besuch verbunden sind. Bei der Teilnahme an einer Führung delegiert der Besucher die Steuerung sowie die inhaltliche und zeitliche Abfolge des Besuchs an den Führer und erwirbt Informationen in einer stärker strukturierten Weise. Auch hier gibt es aber normalerweise kein explizites Lernziel, und es wechseln sich unterhaltende und informierende Abschnitte ab.

Die größte Nähe zum formalen Lernen findet sich bei Ausstellungsbesuchen von Professionals/Hobbyists (vgl. Abschn. 2.1) und bei bestimmten Formen von Schulklassenbesuchen. Gibt bei letzteren der Lehrer ein spezifisches Thema oder Lernziel des Ausstellungsbesuchs vor, leitet er die Schüler zur Bearbeitung bestimmter Aufgaben in der Ausstellung an und prüft und benotet die Resultate, so kann man von einer non-formalen, d. h. schulähnlichen, aber außerhalb der Bildungsinstitution Schule stattfindenden Form des Lernens sprechen. Empirische Studien haben allerdings gezeigt, dass Schulklassenbesuche nicht notwendigerweise in diesem non-formalen Rahmen ablaufen müssen, sondern dass sich ein breites Spektrum von Lernformen mit unterschiedlichen Anteilen informeller Elemente beobachten lässt (Bamberger und Tal 2007; Kisiel 2005). Je nachdem, ob Lehrer eine Führung oder ein pädagogisches Programm in Anspruch nehmen (geringe Wahlfreiheit), eine spezifische Lernaufgabe zur eigenständigen Bearbeitung vorgeben (mittlere Wahlfreiheit) oder die Schülerinnen und Schüler zu einer freien Erkundung der Ausstellung ohne spezifische Lernaufgabe anhalten (hohe Wahlfreiheit), eröffnen sie ihren Schülern verschiedene Verhaltensspielräume, die mit unterschiedlichen Anteilen aus non-formalen und informellen Lernelementen einher gehen.

2.3 Spezifika musealen Lernens

Vergleicht man Museen und Ausstellungen mit den klassischen formalen Lernsettings Klassenzimmer und Hörsaal, dann fällt eine Reihe von Besonderheiten ins Auge, die einen Einfluss auf den Prozess des Lernens und der Aneignung von Wissen hat (Schwan 2009; Schwan et al. 2014).

Ein erstes auffälliges Merkmal ist die im Vergleich zu Klassenzimmern deutlich größere räumliche Ausdehnung von Ausstellungen. Während in Klassenzimmern und Hörsälen die Lerninhalte nacheinander an einem Ort (beispielsweise dem Podium des Hörsaals) präsentiert werden, werden sie in Ausstellungen gleichzeitig aber verteilt über eine größere Fläche dargeboten. Lerner bleiben in Klassenzimmern und Hörsälen deshalb für die Dauer der Schulstunde oder der Vorlesung weitgehend immobil an einem Platz, dagegen müssen sich Besucher durch eine Ausstellung bewegen, um die verschiedenen Inhalte wahrnehmen zu können.

Aber auch hinsichtlich der Inhalte selbst gibt es deutliche Unterschiede zwischen den Settings: Während in formalen Unterrichtssettings die Inhalte typischerweise so dosiert sind, dass sie innerhalb einer Lerneinheit (beispielsweise einer Seminarsitzung oder einer Schulstunde) zu bewältigen sind, beinhalten Ausstellungen häufig weitaus mehr Elemente und Informationen, als im Rahmen eines Besuchs zur Kenntnis genommen und verarbeitet werden können. Und auch in der Art und Weise der Stoffvermittlung unterscheiden sich Ausstellungen von formalen Settings, indem sie in wesentlich größerem Umfang reale Objekte zur Veranschaulichung von Sachverhalten nutzen.

Dies hat Konsequenzen sowohl für die Gestaltung von Ausstellungen als auch für deren Aneignung durch den Besucher. Durch die Verräumlichung der Informationsvermittlung und durch das erweiterte Repertoire an Präsentationsmodalitäten, das nicht nur Texte, Grafiken und Bilder, sondern auch authentische Objekte, Dioramen, und interaktive „hands-on"-Exponate umfasst, eröffnen sich vielfältige Möglichkeiten zur Aufbereitung von Inhalten, die sich von den Vermittlungsformen formaler Lernsettings unterscheiden.

Die resultierende museale Didaktik kann dabei von ganz verschiedener Natur sein, wie ein Vergleich von wissenschafts- und technikhistorischen Museen mit Science Centern deutlich macht. Gemeinsam ist beiden Museumsformen das Ziel, naturwissenschaftliche Kenntnisse zu vermitteln. Idealtypisch beruht die Gestaltung wissenschafts- und technikhistorischer Museen auf der chronologischen oder systematischen Darstellung eines Wissenschaftsgebiets. Beim Gang durch die Ausstellung wird dem Besucher entweder dessen historische Entwicklung oder seine „Binnenlogik", d. h. wichtige Teilbereiche, Themen und Methoden in einer mehr oder weniger linearen Abfolge vermittelt. Den Schwerpunkt der Ausstellung bilden hierbei häufig originale wissenschaftliche Exponate aus den Sammlungen des Museums sowie Modelle, Dioramen und Demonstrationen, ergänzt mit Erklärungen in Form von Texten und Diagrammen. Demgegenüber verfolgen Science Center ein Vermittlungskonzept, das von Frank Oppenheimer, dem Begründer des Exploratoriums in San Francisco, explizit in Abgrenzung zu traditionellen Museen formuliert wurde (Allen 2004). Es betont die Rolle direkter, authentischer und häufig kontraintuitiver Erfahrungen mit naturwissenschaftlichen oder technischen Phänomenen für die Verstehensprozesse der Besucher. Die räumliche Organisation von Science Centern ist nicht linear angelegt, sondern besteht typischerweise aus assoziativ verknüpften einzelnen Themeninseln, in deren Zentrum ein interaktives Hands-on-Exponat steht, das dem Besucher zum spielerischen Experimentieren einlädt. Auf originale, historisch bedeutsame Ausstellungsstücke oder ausführlichere wissenschaftliche Erklärungen wird dagegen meist verzichtet.

Bei aller Verschiedenheit didaktischer Ausstellungkonzeptionen bilden die räumliche Verteiltheit musealer Präsentationen und das Überangebot an Ausstellungselementen einen grundsätzlichen Rahmen, der auf Seiten der Besucher eine Reihe von Konsequenzen für deren Lernverhalten hat. Aufgrund der großen Menge an informativen Materialien, die durch ihre simultane Präsentation im Raum visuell miteinander konkurrieren, werden den Besuchern kontinuierlich Entscheidungen darüber abverlangt, welchen Elementen einer Ausstellung sie sich zuwenden und wie tief sie sich mit den jeweiligen Elementen auseinander setzen. Dabei lässt sich die Wirkung der Gestaltung einer bestimmten Ausstellung durch sogenannte *timing-and-tracking* Studien bestimmen (Yalowitz und Bronnenkant 2009): Für eine repräsentative Besucherstichprobe wird ermittelt, welchen Exponaten und Ausstellungselementen sich die Besucher bevorzugt zuwenden (attraction power; Serell 1998) und wie lange sie dort im Durchschnitt verweilen (holding power). Aus dieser Kartierung der Aufmerksamkeitsverteilung lassen sich Rückschlüsse darüber ziehen, welche Ausstellungsabschnitte und -inhalte von Besuchern zur Kenntnis genommen und elaboriert verarbeitet werden. Timing-and-tracking Studien belegen auch, dass Besucher sich mit den vorderen Räumen und Inhalten, die sie zu Beginn einer Ausstellung betrachten, intensiver auseinander setzen als mit späteren Abschnitten. Dieses Phänomen wird als Museumsmüdigkeit bezeichnet und folgt aus der Notwendigkeit, sich durch die Ausstellung bewegen zu müssen (Bitgood 2009; Davey 2005).

3 Strategien der informellen Wissensvermittlung in Museen und Science Centern

Museen tragen den im vorangegangenen Abschnitt beschriebenen Besonderheiten mit einer Reihe didaktischer Strategien Rechnung, die sich deutlich von Prinzipien formaler Wissensvermittlung unterscheidet. Eine besondere Rolle spielt hierbei der Anspruch, Themen in einer interessanten und unterhaltsamen Form zu präsentieren, um den Besucher dazu anzuregen, sich aus freien Stücken (d. h. intrinsisch motiviert) näher mit den Inhalten und Elementen auseinander zu setzen. In der Tradition „populärer Wissenschaft" (Daum 2009; Samida 2011) werden Ausstellungsthemen gezielt in einer bestimmten Atmosphäre inszeniert und wird ein besonderer Schwerpunkt auf die Präsentation authentischer Exponate gelegt. Außerdem werden den Besuchern Möglichkeiten eines spielerisch-aktiven *hands-on* Umgangs mit Gegenständen und Materialien eröffnet und Ausstellungen durch ein breites Repertoire digitaler Medien- und Kommunikationsmöglichkeiten begleitet. Dadurch bieten gelungene Ausstellungen ihren Besuchern einen ebenso informativen wie unterhaltsamen Erfahrungsraum zur Erweiterung und Vertiefung ihrer Kenntnisse.

Inszenierung und Atmosphäre: Kuratoren und Ausstellungsmacher nutzen die Möglichkeiten der räumlichen Anordnung, der Beleuchtung und der Farbgestaltung. Dadurch können beim Besucher nicht nur bestimmte Stimmungen induziert werden (Kottasz 2006; Stamps 2007), sondern es kann auch deren Aufmerksamkeit auf bestimmte Exponate gelenkt werden, deren Bedeutung durch die Inszenierung unterstrichen wird (beispielsweise durch freistehende Präsentation im Raum und Punktbeleuchtung; Boyce 2004; Harvey et al. 1998). Zwar zeigen vereinzelte empirische Befunde, dass durch eine solche Gestaltung das Erregungsniveau (Arousal) der Besucher erhöht und die Aufenthaltsdauer verlängert werden kann. Eine systematische empirische Analyse der Wirkung von Inszenierung auf Lernen und Wissenserwerb steht aber noch aus.

Authentizität: Im Selbstverständnis von Kuratoren bilden authentische Objekte den Kern musealer Sammlungen und Ausstellungen. Dem Original schreiben Kuratoren und Ausstellungsmacher eine besondere Wirkmächtigkeit zu – sei es sein Vermögen, die Aufmerksamkeit der Besucher zu erregen und aufrecht zu erhalten, sei es seine Einprägsamkeit und Erinnerbarkeit (Leinhardt und Crowley 2002; Scholze 2004). Die Rolle originaler Exponate für den informellen Wissenserwerb muss allerdings aufgrund aktueller Besucherstudien differenzierter betrachtet werden (Eberbach und Crowley 2005; Hampp und Schwan 2014a, b; Lindgren-Streicher und Reich 2007). Zwar wird das Betrachten und Erleben originaler Objekte von Besuchern als wichtiger Grund für ihren Ausstellungsbesuch genannt (Paris 2002; Pekarik et al. 1999), ihre Rolle für informelles Lernen und Wissenserwerb wird von den Besuchern aber differenziert beurteilt. Auf der einen Seite fanden Lindgren-Streicher und Reich (2007) heraus, dass Besucher einer naturwissenschaftlichen Ausstellung sich länger mit originalen Gegenständen beschäftigten als mit vergleichbaren 3D-Nachbildungen und digitalen Simulationen. Andererseits gaben in zwei Interviewstudien mehr als die Hälfte der befragten Besucher eines naturwissenschaftlich-technischen Museums an, die Echtheit eines Exponates spiele für sie gegenüber anderen Kriterien, beispielsweise der Verständlichkeit seiner Funktionsweise und der ihm zugrunde liegenden Mechanismen, nur eine nachgeordnete Rolle, sodass sie unter Umständen ein gut nachvollziehbares Modell einem originalen Objekt vorziehen würden (Hampp und Schwan 2014a, b). Dementsprechend fanden Eberbach und Crowley (2005) in einer Botanik-Ausstellung heraus, dass echte Pflanzen und Pflanzenmodell bei den Besuchern unterschiedliche kognitive Prozesse auslösten. Während Besucher bei den echten Pflanzen eher Bezüge zu ihren Alltagserfahrungen herstellten, führten Pflanzenmodelle stärker zu dem Versuch, biologische Phänomene zu erklären.

Hands-on-Exponate und Interaktivität: Neben der Präsentation authentischer Exponate, die typischerweise hinter Glas ausgestellt sind und nicht berührt werden dürfen, bieten viele Museen ihren Besuchern auch die Möglichkeit, mit Gegenständen oder Modellen aktiv umzugehen, sie zu explorieren und mit ihnen zu experimentieren. Darüberhinaus bedienen sich Ausstellungen einer breiten Palette digitaler Exponate und digitaler Begleitmedien (Bildschirmterminals, Handhelds, Touchtables), die vielfältige Interaktionsmöglichkeiten bieten (Schwan et al. 2008; Schwan 2012). Solche interaktiven Ausstellungselemente nehmen Besucher als besonders attraktiv wahr und wenden sich ihnen bevorzugt zu (Boisvert und Slez 1995; Sandifer 2003). Ob dies aber auch zu einem längeren Verweilen und einer vertieften Auseinandersetzung mit dem Hands-on-Exponat führt, wird sehr davon beeinflusst, inwieweit eine angemessene besucherorientierte Gestaltung umgesetzt wurde (Allen und Gutwill 2004). Beispielsweise fanden Afonso und Gibert (2007) in einer Analyse des Nutzungsverhaltens bei verschiedenen interaktiven Exponaten heraus, dass Besucher häufig Schwierigkeiten hatten, analogie-basierte interaktive Modelle (z. B. Bälle als Planeten) angemessen zu interpretieren. Auch beschränkten sie sich häufig auf eine Beschreibung des Exponats und dessen Ablauf, ohne dafür kausale Erklärungen zu entwickeln. Um nicht nur das Ausprobieren der Handlungsmöglichkeiten (hands-on), sondern auch eine vertiefte Elaboration und Reflexion (minds-on) anzuregen, sollte deshalb auf Multiperspektivität und -sensorik der Präsentation geachtet werden (Borun et al. 1997). Zudem sollten die Handlungsmöglichkeiten bei einem interaktiven Exponat klar erkennbar sein, die Wirkungen einer Handlung sollten unmittelbar angezeigt werden, und es sollte leicht und intuitiv zu bedienen sein. Falk, Scott, Dierking, Rennie und Jones (2004) zeigten, dass Besucher durch angemessen gestaltete interaktive Exponate eine dauerhaft veränderte Sichtweise auf naturwissenschaftliche Phänomene entwickeln können, die selbst noch nach acht Monaten nachweisbar ist.

4 Modelle des informellen Lernens im Museum

Um den spezifischen Lernbedingungen von Museen und Ausstellungen Rechnung zu tragen, wurde in den vergangenen Jahren eine Reihe von integrativen theoretischen Ansätzen entwickelt, die Lernprozesse von Besuchern beschreiben und erklären. Als Rahmenmodell hat sich dabei das Contextual Model of Museum Learning von John Falk und Lynn Dierking (2000, 2012) etabliert. Weitere Modelle, die im folgenden skizziert werden, analysieren die Rolle von Interesse und Neugier für das Lernen in Ausstellungen (Rounds 2004) und differenzieren potentielle Lerneffekte von Museumsbesuchen (Hooper-Greenhill 2007).

4.1 Das Kontextmodell des Lernens im Museum von Falk und Dierking

Grundlage des *Contextual Model of Museum Learning* bildet die Annahme, dass Lernen im Museum sich aus einem Wechselspiel von individuellen Besuchermerkmalen (*personal context*) mit Merkmalen der kulturellen Institution „Museum" und der damit verbundenen sozialen Aspekte des Museumsbesuchs (*sociocultural context*), sowie den baulichen und materiellen Merkmalen der Ausstellung (*physical context*) entwickelt. Zudem wird Lernen im Museum nicht als ein einzelnes, punktuelles Ereignis aufgefasst, sondern vielmehr als ein sich über einen längeren Zeitraum hinweg erstreckender Prozess, der häufig bereits lang vor dem Betreten einer Ausstellung beginnt (beispielsweise beim Lesen einer Ausstellungsbesprechung in einer Zeitung) und auch weit über das Ende des Besuchs hinausgehen kann (beispielsweise indem ein Besucher zu einem späteren Zeitpunkt mit Bekannten über die Ausstellung diskutiert). Was gelernt wird, ist nicht einfach ein direktes Ergebnis von Ausstellungsinhalten und -gestaltung, sondern wird in großem Umfang vom Verhalten, den Kognitionen und den sozialen Interaktionen des Besuchers bestimmt. Entsprechend seiner konstruktivistischen Ausrichtung definiert das Modell Lernen damit als einen Vorgang, der von Besucher zu Besucher und von Ausstellung zu Ausstellung höchst unterschiedlich ausfallen kann.

Motive und Erwartungen des Besuchers sind Elemente des personalen Kontexts (vgl. Abschn. 2.1), ebenso wie dessen Vorwissen, Interessen und Meinungen im Hinblick auf die Themen der Ausstellung und ihre Exponate. Die jeweiligen Interessen eines Besuchers beeinflussen nicht nur, wie lange er sich in der Ausstellung aufhält, sondern auch, welchen Abschnitten und Exponaten er sich bevorzugt zuwendet (vgl. Abschn. ▶ 2.3). Kenntnisse, über die ein Besucher bereits verfügt, erlauben ein vertieftes Verstehen der Ausstellungsinhalte, Meinungen beeinflussen die Bewertung des Gesehenen, können durch eine Ausstellung aber auch hinterfragt oder verändert werden.

Der soziokulturelle Kontext umfasst neben den kulturellen und gesellschaftlichen Umfeldern, aus denen der Besucher stammt und in denen das Museum angesiedelt ist, auch den kommunikativen Austausch über die Ausstellungsinhalte innerhalb einer Besuchergruppe und die begleitende Vermittlung durch Führungen oder museumspädagogische Programme. Mehr als 75 % der Besucher bundesdeutscher Museen kommen in Gruppen, sei es als Familien mit Kindern, als Paare, als Reisegruppe oder als Schulklasse (Institut für Museumskunde 2014). Die Auseinandersetzung mit den Ausstellungsinhalten umfasst deshalb nicht nur das Betrachten von Exponaten, das Lesen von Texttafeln, oder das Anhören von Audioguides. Die Ausstellungsinhalte sind auch Anlass zu Kommunikation: Kenntnisse werden ausgetauscht und Bedeutungen ausgehandelt (Leinhardt et al. 2002). Beispielsweise stimulieren Museumsbesuche in besonderer Weise Eltern-Kind-Gespräche zu naturwissenschaftlichen Themen (Crowley und Jacobs 2002; Falk und Dierking 2012). Meist bildet ein einzelnes Exponat (beispielsweise das Skelett eines Dinosauriers) den Anlass für ein solches Gespräch, das sich zu Beginn vorwiegend auf das Ausstellungsstück bezieht, dann aber zunehmend allgemeinere Themen aufgreift (Crowley und Jacobs 2002). Ausstellungsinhalte, über die während oder nach dem Besuch gesprochen wurde, werden zudem besonders gut behalten. In Ansätzen zum „partizipativen Museum" wird deshalb diskutiert, mit welchen Strategien die Kommunikation zwischen Museumsbesuchern (auch solchen, die nicht aus einer gemeinsamen Besuchsgruppe stammen) unterstützt werden kann (Simon 2010).

Der physische Kontext umfasst alle Aspekte der räumlichen und thematischen Gestaltung der Ausstellung. Ausstellungsmachern steht eine Vielzahl gestalterischer Möglichkeiten zur Verfügung, um das Verhalten der Besucher subtil zu beeinflussen. Beispielsweise können Laufwege durch Platzierung von Exponaten und Vitrinen sowie durch gezielte Schaffung von Sichtlinien beeinflusst werden (Peponis, Dalton usw.). Neben dieser impliziten Kanalisierung des Gangs durch die Ausstellung sind auch vielfältige Orientierungshilfen von Bedeutung, sei es als advance organizer am Eingang, als Ausstellungsplan in Form eines Faltblatts oder als Bodenmarkierung, die den Gang durch die Ausstellung anzeigt. Diese und weitere Gestaltungsmaßnahmen (beispielsweise Beleuchtung oder Farbgestaltung) haben nicht nur Konsequenzen für die Abfolge, mit der Besucher Themen und Exponate zur Kenntnis nehmen. Sie beeinflussen auch, wie lange Besucher an bestimmten Abschnitten verweilen und welche Bezüge sie zwischen verschiedenen Ausstellungsstücken erkennen (beispielsweise aufgrund ihrer räumlichen Nähe). Insgesamt lassen sich

Ausstellungen somit als behavior settings auffassen, bei denen räumliche Gestaltung und auftretende Verhaltensweisen eng verknüpft sind (Barker 1968).

4.2 Das Modell des Neugier geleiteten Lernens im Museum von Rounds

Ausstellungsbesuche sind häufig nicht durch ein konkretes Lernziel, sondern eher durch ein generelles Interesse am Thema und durch eine unspezifische Neugier auf Wissenswertes motiviert. Die sich daraus ergebenden Verhaltens- und Lernmuster sind in der Forschungsliteratur als *free-choice learning* (Falk und Dierking 2000), *general value principle* (Bitgood 2006, 2013) und *curiosity-driven visitor behavior* (Rounds 2004) beschrieben worden. Rounds (2004) betont, dass sich informelles Lernen in Museen häufig durch breit, aber flach angelegten („wide but shallow") Wissenserwerb auszeichnet und sich damit von lernziel-orientiertem Wissenserwerb unterscheidet, der sich auf ein einzelnes Thema konzentriert, dieses aber möglichst bis ins Detail nachvollzieht. Ermöglicht wird diese breite Form des Wissenserwerbs durch die thematische Vielfalt vieler Museen und Ausstellungen, die bestrebt sind, ihren unterschiedlichen Besuchern ein abwechslungsreiches Angebot zu bieten. Diese Angebotsvielfalt weckt und fördert die Neugier der Besucher, wobei Neugier als ein intrinsisch motivierter Zustand verstanden wird, durch den man sich Wissen aneignet, das nicht auf ein konkretes Lernziel bezogen ist und das keinem unmittelbaren Zweck dient. Ein solcher Zyklus aus geweckter Neugier (beispielsweise durch Anblick eines ungewöhnlichen Exponats) und deren Befriedigung (beispielsweise durch genaues Inspizieren des Exponats und/oder durch Anhören der begleitenden Erläuterung im Audioguide) kann im Verlauf eines Ausstellungsbesuchs mehrfach durchlaufen werden und wird von den Besuchern als belohnend wahrgenommen (Loewenstein 1994; Rounds 2004).

Da Museen ihre Besucher typischerweise mit einem Überangebot von Exponaten und Informationen konfrontieren, das nicht im Rahmen eines Ausstellungsbesuchs zu bewältigen ist, verteilen Besucher ihre Aufmerksamkeit nicht gleichmäßig auf alle Exponate, sondern wählen einen Teil der Ausstellungsstücke aus, mit dem sie sich genauer auseinander setzen. Rounds (2004) nimmt an, dass diese Auswahl anhand des wahrgenommenen „Interessenswerts" (interest value) eines Exponats erfolgt. Exponate mit hohem Interessenswert zeichnen sich dadurch aus, dass sie Neugier wecken, deren Befriedigung dem Besucher den Eindruck vermittelt, Wissen erworben zu haben, das zwar aktuell mit keinem Lernziel verbunden ist, zukünftig aber nützlich werden könnte.

In Anlehnung an sogenannte foraging-Modelle der Informationssuche (Pirolli und Card 1999) nimmt Rounds (vgl. auch das entsprechende *general value principle* von Bitgood 2013) an, dass Besucher bestrebt sind, den Erwerb wissenswerter Informationen anhand von Exponaten mit hohem Interessenswert zu maximieren und den dafür erforderlichen Aufwand möglichst gering zu halten. Hierfür bedienen sie sich einfacher Verhaltensheuristiken.

Suchheuristiken dienen dazu, sich einen Überblick über die Ausstellung zu verschaffen und interessante Stücke zu finden. Beispiele hierfür sind die *get moving* Heuristik und die *follow the crowd* Heuristik. Statt sich am Eingang anhand von Orientierungsplänen oder Katalogen mit der Ausstellung vertraut zu machen und interessante Exponate auszuwählen (was viel Zeit kosten würde, die dann nicht mehr für die Ausstellung selbst zur Verfügung steht), folgen Besucher typischerweise einer Heuristik der kontinuierlichen Bewegung, indem sie ohne vorherige Planung durch die Ausstellung schlendern und dann jeweils unmittelbar entscheiden, ob sie sich einem Exponat zuwenden (*get moving* Heuristik). Vielversprechend sind Exponate, die bereits von anderen Besuchern betrachtet werden (die diese also für interessant befunden haben; *follow the crowd* Heuristik).

Aufmerksamkeitsheuristiken beschreiben, wann die Suche in die genauere Betrachtung eines Exponats mündet. Beispielsweise nimmt Rounds an, dass Besucher vergleichsweise niedrige Schwellen dafür ansetzen, wann sie ein Exponat für interessant halten, um nicht zu viel Zeit für die Suche vielversprechender Exponate zu verwenden (*satisficing* Heuristik). Andererseits versuchen Besucher schon bevor sie sich zu einem Exponat hinwenden, abzuschätzen, wie hoch der Aufwand sein wird, Wissenswertes zu erfahren. Macht ein Exponat (beispielsweise eine digitale Medienstation) einen komplexen, aufwändig zu bedienenden Eindruck, werden Besucher es eher meiden (*don't make large down payments* Heuristik).

Und schließlich regeln Abbruchheuristiken, wann sich Besucher nicht weiter mit einem Exponat oder einem Ausstellungsabschnitt befassen. Stellt sich heraus, dass ein Stück nicht so interessant ist wie erwartet, wird die Beschäftigung abgebrochen, um den „Schaden" zu minimieren (*cut your losses* Heuristik). Innerhalb eines Ausstellungsabschnitts zu einem bestimmten Thema nimmt der Wissensgewinn mit jedem weiteren Exponat ab, weshalb Besucher Ausstellungsabschnitte nicht vollständig betrachten, sondern nach einer Anzahl von Exponaten abbrechen und sich einem neuen Ausstellungsabschnitt zuwenden (*don't stay for leftovers* Heuristik).

Insgesamt führt Rounds (2004) typische Verhaltensweisen von Besuchern auf dahinter liegende Lernstrategien zurück, bringt diese mit dem Konzept des Neugiergeleiteten Wissenserwerbs in Verbindung und verknüpft sie zu einem kohärenten Modell des informellen Lernens in Museen. Im Hinblick auf einzelne Heuristiken liegen mittlerweile auch bestätigende Befunde vor (im Überblick Bitgood 2013); eine umfassende, systematische empirische Prüfung des Modells steht bislang aber noch aus.

4.3 Das Modell generischer Lernergebnisse von Hooper-Greenhill

Die Vielfalt an Exponaten und Informationen und die Heterogenität des Publikums sorgen dafür, dass die Ergebnisse des informellen Lernens im Museum sehr unterschiedlich ausfallen. Das Fehlen eines extern vorgegebenen Lernziels, verbunden mit dem individuellen, von vielen Faktoren (vgl. Abschn. 4.1. und 4.2.) geprägten Gang durch die Ausstellung führt dazu, dass sich Besucher in den von ihnen erworbenen Lerninhalten deutlich voneinander unterscheiden können. Zudem werden im Verlauf des Ausstellungsbesuchs auch beiläufig Inhalte erworben, die deshalb nicht unbedingt mit den Vermittlungsabsichten der Ausstellungsmacher übereinstimmen (Bell et al. 2009; Hooper-Greenhill 2007).

Aus Sicht der Besucherforschung stellt sich daraus das Problem, wie sich Ausmaß und Qualität der Wissensvermittlung einer Ausstellung bestimmen lassen. Hierfür hat Hooper-Greenhill (2007) auf der Basis umfangreicher empirischer Untersuchungen in verschiedenen britischen Museen und Ausstellungen eine Typologie sogenannter generischer Lernergebnisse (*generic learning outcomes*, *GLOs*) vorgeschlagen. Generische Lernergebnisse abstrahieren von spezifischen Inhalten und beschreiben die Effekte des informellen Lernens in einer Ausstellung auf einer allgemeineren Ebene. Hooper-Greenhill unterscheidet fünf Typen: einen Zuwachs an Wissen und Verstehen, einen Zuwachs an Fertigkeiten, die Änderung von Einstellungen und Werten, das Erleben von Vergnügen, Inspiration und Kreativität sowie die Veränderung von Handlungsmustern und Aktivitäten. Speziell für informelles Lernen in naturwissenschaftlichen Ausstellungen und Museen haben Bell und Kollegen (2009) ein ähnliches Analyseschema vorgeschlagen. Es umfasst das Verstehen wissenschaftlicher Erkenntnisse, die Förderung naturwissenschaftlichen Denkens und Schlussfolgerns, die Reflexion über Naturwissenschaft, die Förderung naturwissenschaftlichen Handelns, ein erhöhtes Interesse für Naturwissenschaften sowie eine höhere Akzeptanz.

Unter Zuwachs an Wissen und Verstehen fasst Hooper-Greenhill den Erwerb neuer Fakten und Informationen ebenso wie die Aktivierung vorhandenen Wissens auf neuartige Weise, das Erkennen von Bezügen zwischen Wissensgebieten oder die Verknüpfung von Alltagserfahrung mit wissenschaftlichen Erklärungen. Zuwachs an Fertigkeiten meint, dass durch die Auseinandersetzung mit einer Ausstellung allgemeine Kompetenzen erworben werden, die auf andere Themen oder Situationen übertragen werden können. Das Spektrum reicht von intellektuellen Fertigkeiten (Lesefähigkeit, analytisches Denken, Rechenfähigkeit) über Fertigkeiten im Umgang mit Informationen (Informationssuche, Nutzung von digitalen Informationstechnologien) und emotionale Fertigkeiten (Umgang mit intensiven Gefühlen) bis zum Erwerb sozialer und kommunikativer Fähigkeiten (Umgang mit fremden Personen, verbale und nonverbale Ausdrucksmöglichkeiten). Des Weiteren kann eine Ausstellung zu einer Veränderung von Sichtweisen und Einstellungen bezüglich eines Themas führen, beispielsweise indem sie mit kontroversen Argumenten konfrontiert (Yaneva et al. 2009) oder die Prinzipien wissenschaftlicher Methodik eines Fachgebiets offenlegt und hinterfragt (Public Understanding of Research). Unter Vergnügen, Inspiration und Kreativität subsummiert Hooper-Greenhill das Auslösen neuer, ungewöhnlicher Ideen und Assoziationen ebenso wie das Explorieren, Experimentieren und das Herstellen von Dingen, beispielsweise im Rahmen museumspädagogischer Angebote. Schließlich können Ausstellungen auch so eindrücklich auf die Besucher wirken, dass sie ihr Verhalten nachhaltig ändern (beispielsweise durch Gesundheitsaufklärung oder Bewusstmachen von umweltschädigenden Gewohnheiten).

Insgesamt liegt Hooper-Greenhills Konzept der generischen Lernergebnisse ein breiter Lernbegriff zugrunde, der nicht nur Wissenserwerb, sondern auch Änderungen in Interessen, Einstellungen, Kompetenzen und Verhaltensweisen beinhaltet. Durch die Unterscheidung verschiedener Typen von Lernergebnissen kann den vielfältigen Ausprägungen informellen Lernens, die sich in Museen beobachten lassen, angemessen Rechnung getragen werden. Darüber hinaus erlaubt es dieser Ansatz, eine Ausstellung im Hinblick auf die Übereinstimmung zwischen den von den Ausstellungsmachern formulierten Vermittlungszielen und den tatsächlich beobachteten Lerneffekten zu evaluieren oder verschiedene Ausstellungen in ihren Lernwirkungen systematisch zu vergleichen.

Für die dazu erforderliche Bestimmung der Lerneffekte ist in den letzten Jahren eine Vielzahl von Erhebungsinstrumenten und Auswertungsverfahren entwickelt worden. Prozessbezogene Verfahren, die sich auf das Lernen während des Besuchs beziehen, unterscheiden sich von ergebnisbezogenen Verfahren, die im Anschluss an den Besuch erhoben werden. Neben Besucherbeobachtungen, die den räumlichen und zeitlichen Verlauf eines Besuchs protokollieren (Yalowitz und Bronnenkant 2009), werden zunehmend auch Blickaufzeichnungen (eye tracking; Eghbal-Azar und Widlok 2013), physiologische Messungen des Aktivierungsniveaus (Tröndle et al. 2014), und differenzierte Beobachtungsschemata (van Schijndel et al. 2010) als prozessbezogene Verfahren eingesetzt. Auch zur Bestimmung von Lernergebnissen steht eine Reihe von Methoden zur Verfügung. Durch Interviews und standardisierte Fragebögen lassen sich Selbstauskünfte einholen, die einerseits detaillierten Aufschluss über Gedanken, Einstellungen und Gefühle der Besucher geben, andererseits aber anfällig sind für Verzerrungen, Fehleinschätzungen und Rationalisierungen. Sie werden ergänzt um geringer beeinflussbare Gedächtnis- und Wissenstests (McManus 1993), Problemlöse- und Schlussfolgerungsaufgaben oder Konzeptlegetechniken (Falk et al. 1998). Allerdings ist mit der Bestimmung von Lerneffekten in Museen eine Reihe grundsätzlicher methodischer Schwierigkeiten verbunden, die beachtet werden müssen: Das unterschiedliche Vorwissen der Besucher ist schwer zu kontrollieren (Wie war der Kenntnisstand vor dem Ausstellungsbesuch?). Die Auswahl der Befragten birgt Tücken (häufig erklären sich besonders solche Besucher bereit, die sich intensiv mit der Ausstellung beschäftigt haben). Und welches ist der geeignete Zeitpunkt für die Messung (längere Zeitabstände sind schwierig zu realisieren, sind aber aussagekräftiger als Erhebungen unmittelbar nach Verlassen der Ausstellung)?

5 Fazit

Museen und Science Center sind zentrale Instanzen des informellen und nonformalen Lernens. Sie spielen für breite Bevölkerungskreise eine wichtige Rolle beim Erwerb natur- ebenso wie kulturwissenschaftlicher oder historischer Kenntnisse. In ihren didaktischen Instrumenten unterscheiden sie sich deutlich von anderen formellen und informellen Lernorten: Sie legen besonderen Wert auf eine

Verknüpfung von Lernen und Unterhaltung, nutzen Raum als Medium der Wissensvermittlung und machen materielle Exponate zum Ausgangspunkt des Lernprozesses, authentische Originale ebenso wie interaktive hands-on Modelle. Die Vielfalt der Besucher und der Ausstellungskonzepte und -inhalte spiegelt sich auch in dem breiten Spektrum an Formen des informellen Lernens, das sich in Museen beobachten lässt. Es beschränkt sich nicht auf den Erwerb neuer Kenntnisse, sondern umfasst auch Änderungen in Interessen, Einstellungen, Kompetenzen und Verhaltensweisen der Besucher.

Literatur

Afonso, A. S., & Gilbert, J. K. (2007). Educational value of different types of exhibits in an interactive science and technology center. *Science Education, 91*, 967–987.

Allen, S. (2004). Designing for learning: Studying science museum exhibits that do more than entertain. *Science Education, 88*, 17–33.

Allen, S., & Gutwill, J. (2004). Designing with multiple interactives: Five common pitfalls. *Curator, 47*, 199–212.

Bamberger, Y., & Tal, T. (2007). Learning in a personal context: Levels of choice in a free choice learning environment in Science and Natural History Museums. *Science Education, 91*, 75–95.

Barker, R. G. (1968). *Ecological psychology*. Stanford: Stanford University Press.

Bell, P., Lewenstein, B., Shouse, A. W., & Feder, M. A. (2009). *Learning science in informal environments*. Washington, DC: National Academies Press.

Bitgood, S. (2006). An analysis of visitor circulation: Movement patterns and the General Value Principle. *Curator, 49*, 463–475.

Bitgood, S. (2009). When is „museum fatigue" not fatigue? *Curator, 52*, 193–202.

Bitgood, S. (2013). *Attention and value: Keys to understanding museum visitors*. Walnut Creek: Left Coast Press.

Boisvert, D. L., & Slez, B. J. (1995). The relationship between exhibit characteristics and learning-associated behaviors in a science museum discovery space. *Science Education, 79*, 503–518.

Borun, M., Chambers, M. B., Dritsas, J., & Johnson, J. I. (1997). Enhancing family learning through exhibits. *Curator, 40*, 279–295.

Boyce, P. R. (2004). Lighting research for interiors: The beginning of the end or the end of the beginning. *Lighting Research and Technology, 36*, 283–294.

Crowley, K., & Jacobs, M. (2002). Building islands of expertise in everyday family activity. In G. Leinhardt, K. Crowley, & K. Knutson (Hrsg.), *Learning conversations in museums* (S. 333–356). Mahwah: Lawrence Erlbaum.

Daum, A.W. (2009). Varieties of popular science and the transformations of public knowldge. *Isis, 100*, 319–332.

Davey, G. (2005). What is museum fatigue? *Visitor Studies Today, 8*, 17–21.

Dohmen, G. (2001). *Das informelle Lernen*. Bonn: Bundesministerium für Bildung und Forschung.

Eberbach, C., & Crowley, K. (2005). From living to virtual: Learning from museum objects. *Curator, 48*, 317–338.

Eghbal-Azar, K., & Widlok, T. (2013). Potentials and limitations of mobile eye tracking in visitor studies. *Social Science Computer Review, 31*, 103–118.

Eshach, H. (2007). Bridging in-school and out-of-school learning: Formal, non-formal and informal education. *Journal of Science Education and Technology, 16*, 171–190.

Falk, J. H. (2009). *Identity and the museum visitor experience*. California: Left Coast Press.

Falk, J. H., & Dierking, L. D. (2000). *Learning from museums: Visitor experiences and the making of meaning*. Walnut Creek: AltaMira Press.

Falk, J. H., & Dierking, L. D. (2012). *The museum experience revisited.* Walnut Creek: AltaMira Press.
Falk, J. H., Moussouri, T., & Coulson, D. (1998). The effect of visitor's agendas on museum learning. *Curator, 41,* 107–120.
Falk, J. H., Scott, C., Dierking, L., Rennie, L., & Jones, M. C. (2004). Interactives and visitor learning. *Curator, 47,* 171–192.
Falk, J. H., Storksdieck, M., & Dierking, L. (2007). Investigating public science interest and understanding: Evidence for the importance of free-choice learning. *Public Understanding of Science, 16,* 455–469.
Geyer, C., Neubauer, K., & Lewalter, D. (2013). Public understanding of science via research areas in science museums: The evaluation of the EU project NanoToTouch. In L. Locke & S. Locke (Hrsg.), *Knowledge in publics: Beyond deficit, engagement and transfer* (S. 50–74). London: Cambridge Scholars Publishing.
Hampp, C., & Schwan, S. (2014). The role of authentic objects in museums of the history of science and technology: Findings from a visitor study. *International Journal of Science Education Part B: Communication and Public Engagement, 5,* 161–181.
Hampp, C., & Schwan, S. O. J. Perception and evaluation of authentic objects: Findings from a visitor study. *Museum management and curatorship* (im Druck).
Harvey, M. L., Loomis, R. J., Bell, P. A., & Marion, M. (1998). The influence of museum exhibit design on immersion and psychological flow. *Environment and Behavior, 30,* 601–627.
Hodkinson, P., Colley, H., & Malcolm, J. (2003). The interrelationships between informal and formal learning. *Journal of Workplace Learning, 15,* 313–318.
Hooper-Greenhill, E. (2007). *Museums and education: Purpose, pedagogy, performance.* New York: Routledge.
Institut für Museumsforschung. (2014). *Statistische Gesamterhebung an den Museen der Bundesrepublik Deutschland für das Jahr 2013.* Berlin: Institut für Museumskunde.
International Council of Museums (ICOM). 2007. *ICOM Statutes.* Approved during the 21st General Conference in Vienna, Austria.
Kisiel, J. (2005). Understanding elementary teacher motivation for science field trips. *Science Education, 89,* 936–955.
Kottasz, R. (2006). Understanding the influences of atmospheric cues on the emotional responses and behaviours of museum visitors. *Journal of Nonprofit and Public Sector Marketing, 16,* 95–121.
Leinhardt, G., & Crowley, K. (2002). Objects of learning, objects of talk: Changing minds in museums. In S. G. Paris (Hrsg.), *Perspectives on object-centered learning in museums* (S. 301–324). Mahwah: Erlbaum.
Leinhardt, G., Crowley, K., & Knutson, K. (Hrsg.). (2002). *Learning conversations in museums.* Mahwah: Taylor & Francis.
Lewalter, D., Geyer, C., & Neubauer, K. O. J. Comparing the effectiveness of two presentation formats on visitors' understanding of nanotechnology. *Visitor studies* (im Druck).
Lindgren-Streicher, A., & Reich, C. A. (2007). Visitor usage of digital and physical artifacts in two museum programs. *Visitor Studies, 10,* 152–167.
Loewenstein, G. (1994). The psychology of curiosity: A review and reinterpretation. *Psychological Bulletin, 116,* 75.
McManus, P. M. (1993). Memories as indicators of the impact of museum visits. *Museum Management and Curatorship, 12,* 367–380.
Meyer, M. (2010). From cold science to „hot research". In F. Cameron & L. Kelly (Hrsg.), *Hot topics, public culture, museums* (S. 129–149). Cambridge: Cambridge Scholars Publishing.
Paris, S. (2002). *Perspectives on object-centered learning in museums.* Mahwah: Lawrence Erlbaum.
Pekarik, A. J., Doering, Z. D., & Karns, D. A. (1999). Exploring satisfying experiences in museums. *Curator, 42,* 152–170.
Pirolli, P., & Card, S. (1999). Information foraging. *Psychological Review, 106,* 643.

Rounds, J. (2004). Strategies for the curiosity-driven museum visitor. *Curator, 47*, 389–412.
Samida, S. (Hrsg.). (2011). Inszenierte Wissenschaft: Zur Popularisierung von Wissen im 19. Jahrhundert. Bielefeld: transcript.
Sandifer, C. (2003). Technological novelty and open-endedness: Two characteristics of interactive exhibits that contribute to the holding of visitor attention in a science museum. *Journal of Research in Science Teaching, 40*, 121–137.
Scholze, J. (2004). Medium Ausstellung: Lektüre musealer Gestaltung in Oxford, Leipzig, Amsterdam und Berlin. Bielefeld: transcript.
Schwan, S. (2009). Lernen und Wissenserwerb in Museen. In H. Kunz-Ott, S. Kudorfer & T. Weber (Hrsg.), *Kulturelle Bildung im Museum* (S. 33–44). Bielefeld: transcript.
Schwan, S. (2012). Sozial und digital: Potenziale von Web 2.0 in naturwissenschaftlichen Museen. In C. Y. Robertson-von Trotha & J. Munoz Morcillo (Hrsg.), *Öffentliche Wissenschaft & Neue Medien* (S. 57–68). Karlsruhe: KIT Scientific Publishing.
Schwan, S. Lernen. O. J. In H. Gfrereis, T. Thiemeyer & B. Tschofen (Hrsg.). *Museen verstehen. Begriffe der Theorie und Praxis*. Göttingen: Wallstein (im Druck).
Schwan, S., Zahn, C., Wessel, D., Huff, M., Herrmann, N., & Reussner, E. (2008). Lernen in Museen und Ausstellungen – die Rolle digitaler Medien. *Unterrichtswissenschaft, 36*, 117–135.
Schwan, S., Grajal, A., & Lewalter, D. (2014). Understanding and engagement in places of science experience: Science museums, science centers, zoos, and aquariums. *Educational Psychologist* (vor Druck), 1–16
Serrell, B. (1998). *Paying attention: Visitors and museum exhibitions*. Washington, DC: American Association of Museums.
Simon, N. (2010). *The participatory museum*. Santa Cruz: Museum 20.
Stamps, A. E. (2007). Mystery of environmental mystery. Effects of light, occlusion, and depth of view. *Environment and Behavior, 39*, 165–197.
Tröndle, M., Greenwood, S., Kirchberg, V., & Tschacher, W. (2014). An integrative and comprehensive methodology for studying aesthetic experience in the field: Merging movement tracking, physiology, and psychological data. *Environment and Behavior, 8*, 310–332.
Van Schijndel, T. J., Franse, R. K., & Raijmakers, M. E. (2010). The exploratory behavior scale: Assessing young visitors' hands-on behavior in science museums. *Science Education, 94*, 794–809.
Wegner, N. (2011). Besucherforschung und Evaluation in Museen: Forschungsstand, Befunde und Perspektiven. In P. Glogner-Pilz & P. S. Föhl (Hrsg.), *Das Kulturpublikum* (S. 127–181). Wiesbaden: VS Verlag für Sozialwissenschaften.
Yalowitz, S. S., & Bronnenkant, K. (2009). Timing and tracking: Unlocking visitor behavior. *Visitor Studies, 12*, 47–64.
Yaneva, A., Rabesandratana, T. M., & Greiner, B. (2009). Staging scientific controversies: A gallery test on science museums' interactivity. *Public Understanding of Science, 18*, 79–90.

Teil VI
Inhalte informellen Lernens

Informelles Lernen und politische Bildung

Bernd Overwien

Inhalt

1	Informelles Lernen und Bildung für nachhaltige Entwicklung	402
2	Lernen in politischer Aktion, freiwilligem Engagement und politischer Partizipation	403
3	Ein Blick auf internationale Diskussionen	406
4	Gestaltung von Lernumgebungen, Kooperation von Lernorten	407
5	Ausblick	409
	Literatur	410

Zusammenfassung

Informelles Lernen kann in sehr verschiedenen Lernumgebungen stattfinden. So sind auch politische Aktivitäten, sei es in sozialen Bewegungen, Nichtregierungsorganisationen oder politischer Aktion, Felder intensiven Lernens. Sich diese anzusehen, ist aus der Perspektive der Anerkennung von Kompetenzen interessant, wenngleich dies im politischen Bereich nur unter Beachtung ethischer Grenzen möglich ist. Gleichzeitig ist es aber auch für die politische Bildung notwendig, sich mit dem Lernen im Praxisfeld auseinanderzusetzen. Die vorgestellten Forschungsergebnisse sollen entsprechende Diskussionen befruchten.

Schlüsselwörter

Informelles Lernen • Soziale Bewegung • Politische Aktivität • Politische Bildung • Verbindungen informell-nonformal-formal

---

B. Overwien (✉)
Didaktik der politischen Bildung, Universität Kassel, Fachbereich Gesellschaftswissenschaften, Kassel, Deutschland
E-Mail: overwien@uni-kassel.de

Der Begriff des informellen Lernens ist in Deutschland noch nicht breit bekannt, im Gegensatz zu den englischsprachigen Ländern. Es geht hier schlicht um die Tatsache, dass Lernen nicht nur in organisierter Form stattfindet, also formal in Schulen und Universitäten oder nonformal in der Volkshochschule oder in vielfältigen Kursen anderer Anbieter. Es liegt auf der Hand, dass sowohl im Rahmen von Freizeitaktivitäten, als auch bei Problemlösungen in der Arbeit bedeutsame Lernprozesse stattfinden. Ein solches Lernen bezeichnet man als informelles Lernen. Dies ist nicht automatisch besser als formelles Lernen, es ist anders, kann durchaus auch fehlerhaft sein, ist aber biographisch oft sehr bedeutsam. Formales Lernen bildet natürlich in vielen Fällen die Grundlage von informellen Lernprozessen, auch hier gilt die altbekannte Aussage vom „Lernen lernen".

Grundsätzlich enthalten alle Bildungsprozesse auch informelle Anteile, in unterschiedlicher Gewichtung. Warum aber lohnt es sich, über informelles Lernen als Teil politischer Bildung nachzudenken? Hierfür gibt es gleich mehrere Gründe. So hilft eine Reflexion eigener Lernprozesse und eigenen politikbezogenen Wissens und Könnens dabei, die eigenen Handlungsmöglichkeiten und Grenzen einzuschätzen und dabei, davon ausgehend, weitere Schritte zu gehen, seien diese nun auf informelle oder auch auf formale Lernstrategien gerichtet. Hin und wieder kann auch eine Zertifizierung interessant für die Lernenden sein, dies ist aber bei politikbezogenen Lernprozessen zuweilen heikel, weil die mit politischem Lernen verbundene eigene Gesinnung durchaus nicht überall ins Schaufenster gelegt werden kann.

Für diejenigen, die an der Gestaltung von Lernumgebungen für informelle Lernprozesse arbeiten, lohnt es sich, Überlegungen darüber anzustellen, was informelles Lernen ist und wie es funktioniert, wie lernförderliche Anreize geschaffen werden können.

Schließlich gibt es jene, die in der nonformalen politischen Bildung (vgl. Widmaier 2011) arbeiten und viele ihrer Kompetenzen in der Arbeit erworben haben. Ob sie nun ehrenamtlich tätig sind oder als prekär beschäftigte Honorarkraft, als Quereinsteiger/in oder mit verwandtem beruflichen Hintergrund, sie haben Stück für Stück professionelle Kompetenzen der politischen Bildung erworben, ohne diese nachweisen zu können. Für manche von Ihnen könnte – neben passgenauer Weiterbildung – ein qualifizierter Kompetenznachweis wichtig sein, um Arbeitsmarktgrenzen zu überwinden, die sich häufig an Zertifikaten festmachen, auch im Rahmen tariflicher Entlohnung (vgl. Hufer u. a. 2013).

Überall da, wo die Sichtbarmachung der Ergebnisse informellen Lernens, hier also politikrelevanten Wissens und Könnens, geschehen soll, muss sehr sensibel unter Schutz der Persönlichkeitsrechte vorgegangen werden. Wenn dies geschieht, dann immer freiwillig und in einer Form, die keinesfalls „Gesinnungsschnüffelei" Vorschub leistet. Es geht bei diesen Überlegungen auch nicht um die „Kolonisierung von Lebenswelten" (Welton 1993), sondern um die Stärkung der Lernenden. Es geht nicht um eine „neoliberale Domestizierung des Subjekts" (Michalitsch 2006), sondern um eine Unterstützung desselben, verstanden als Individuum, das eingebunden ist in soziale Lebensbedingungen. Nicht eine ökonomistisch verstandene Bildungsausrüstung des Individuums ist das Ziel. Es geht vielmehr um Menschen, die sich mit dem Erwerb von Fähigkeiten, Schritt für Schritt bewusster, mit einem eigenen

Lebensentwurf, vor dem Hintergrund einer demokratisch, menschenrechtlich und ökologisch verantwortbaren Gestaltung von Gesellschaft, emanzipieren (vgl. Scherr 2008, S. 138 ff.). Insofern ist Zeuner in der Ausschließlichkeit ihrer Argumentation zu widersprechen, in der sie die Anerkennung von informell erworbenen Kompetenzen als Teil von Ökonomisierung der politischen Bildung sieht (Zeuner 2015, S. 47). Die Gefahr ist vorhanden, Beispiele zeigen, dass ein zu einer lediglich individualistischen Sicht verkommener Subjektbegriff unter neoliberalen Vorzeichen genutzt werden kann (siehe Zimmer und Faltin 1995). Gleichzeitig gibt es aber auch Potentiale aus emanzipatorischer Sicht.

Der Blick auf informelles Lernen ist mit Überlegungen zum Kompetenzerwerb verbunden. Der Kompetenzbegriff war lange und ist teils auch noch heute umstritten. Gerade in der außerschulischen Bildung ist Skepsis verbreitet, weil hier ein Gegenbegriff zu Bildung gesehen wird. Oft ist zu hören oder zu lesen, Kompetenz verneble den Blick auf Bildung und schränke diese auf wirtschaftliche Nützlichkeit ein, so lässt sich die Kritik kurz zusammenfassen. Dabei wird nicht gesehen, dass auch die Diskussionen um den Kompetenzbegriff ganz andere Traditionen haben. So bringt in den siebziger Jahren Roth (1971) den Kompetenzbegriff mit dem Bildungsziel Mündigkeit zusammen. Hinzuweisen ist in diesem Zusammenhang auch auf Klafkis Schlüsselqualifikationen bzw. -kompetenzen. Oskar Negt diskutiert in einem macht- und herrschaftskritischen Kompetenzbegriff wesentliche Fragen von Gesellschaftsentwicklung und Emanzipation des Einzelnen zusammen, eng mit dem Bildungsbegriff verknüpft (Negt 1997). Im professionellen Blick auf außerschulischer politische Jugend- und Erwachsenbildung sollte Kompetenz als „Wissen und Können" im Rahmen umfassender Bildungsprozesse verstanden werden (Hufer u. a. 2013).

Ergänzend zu den aktuellen Kompetenzdebatten betont Hafeneger berechtigterweise zusätzlich die Bedeutung von Reflexionsfähigkeit als notwendige Kompetenz, eine Dimension, die derzeit oft verloren scheint (Hafeneger 2014). Eine neuere Studie zu Wirkungen außerschulischer politischen Jugendbildung stellt – je nach Setting – die Bedeutung gerade auch informeller Lernprozesse für Reflexion und Verarbeitung heraus und bestätigt dies zumindest zu Teilen (Baltzer u. a. 2014, S. 201).

Bei den folgenden Betrachtungen ist zu bedenken, dass informelles Lernen bis heute nicht eindeutig definiert wird. Klar zu sein scheint immerhin, dass es sich grundsätzlich um ein Lernen außerhalb von Schule und Hochschule handelt und dass es nicht um organisierte Kurse geht. Informelles Lernen findet im Lebenszusammenhang statt, in der Arbeit, im Engagement und es trägt oft sehr autodidaktische Züge. Verkomplizierend kommt hinzu, dass auch innerhalb von Institutionen manchmal informell gelernt wird, wenn etwa Lernumgebungen geschaffen werden, wie Ausstellungen, Lehrpfade usw. Für diesen Fall wird aus kanadischen Kontexten heraus der Begriff der informellen Bildung vorgeschlagen, weil hier informell innerhalb gestalteter Lernumgebungen gelernt wird (vgl. Overwien 2009, S 24 ff. Livingstone 2010). Es liegt aber auf der Hand, dass mit einem solchen Begriff Grenzgebiete zur schulischen Bildung betreten werden, wenn an handlungsorientierte Methoden, beispielsweise das Projekt, gedacht wird.

1 Informelles Lernen und Bildung für nachhaltige Entwicklung

Internationale Organisationen wie die UNESCO betrachten informelles Lernen schon seit den achtziger Jahren als wesentlichen Teil menschlicher Lernprozesse. Dabei geraten einerseits „Entwicklungsländer" mit schwach entwickeltem formalem Bildungswesen in den Blick, wo Menschen schon allein deshalb verstärkt auf informelles Lernen angewiesen sind. Gleichzeitig werden aber auch schon früh Möglichkeiten der Stärkung von Lernprozessen gesehen, mithilfe von Lerninfrastruktur wie Bibliotheken, Museen, Radio/Fernsehen und auch sich entwickelnder (aus damaliger Sicht) technischer Möglichkeiten (Faure u. a. 1973, S. 39 ff.).

Insofern ist es nur konsequent, wenn die Agenda 21, als Ergebnis der Rio-Konferenz der UN zu Umwelt und Entwicklung, auf dem Weg hin zu nachhaltiger Entwicklung alle Lernwege und Lernweisen einbezieht, auch das informelle Lernen. Nachhaltige Entwicklung kennzeichnet dabei den keineswegs widerspruchsfreien Weg der internationalen Gemeinschaft, Umwelt- und Entwicklungsprobleme langfristig zu lösen (vgl. Overwien 2014). Bildung für nachhaltige Entwicklung (BNE), mit vielen Schnittstellen zur politischen Bildung, soll die dabei notwendigen Lernprozesse fördern deren Teil auch informelles Lernen ist. Informelles Lernen geschieht einerseits in der politischen Partizipation und die daraus gewonnen Kompetenzen befähigen gleichzeitig auch dazu, immer auch im Zusammenhang mit den Ergebnissen formaler und nonformaler Bildung. In der Agenda 21 wird gesellschaftliche Partizipation als eine der wesentlichen Voraussetzungen für eine zukunftsfähige, nachhaltige Entwicklung gesehen. Partizipative Politikmuster sind wichtiges Element lokaler und regional wirksamer Nachhaltigkeitsstrategien. Ohne politische Bildung ist so etwas kaum möglich. Sie führt in komplexe Bedingungsgefüge ein. Urteils- und Handlungsfähigkeit, auch bezogen auf den globalen Kontext, soll unterstützt werden. BNE im Richtung politische Bildung gedacht, eröffnet den Blick auf Kontroversen, Handlungsmöglichkeiten und Handlungsgrenzen. Gesellschaftliche Transformation, also der Übergang vom fossilen Industriezeitalter zu einer klima- und ressourcenverträglichen Wirtschafts- und Lebensweise, ist auch eine gesamtgesellschaftliche Bildungsaufgabe. Deren Bewältigung erfordert auch eine Einbeziehung informellen Lernens (vgl. Overwien 2015).

Die Umsetzung der Agenda 21 auf lokaler Ebene liefert dabei interessante Beispiele. So wurden an mehreren Standorten interkulturelle Gärten geschaffen. Informelle Lernprozesse waren dabei bei den Akteuren wichtig, die sich konzeptionelle Gedanken machten, aber auch auf technischer Ebene Überlegungen anstellten. Auch kommunalpolitische Strategien waren dabei zentral (Göll 2009). Im Rahmen lokaler Agendaprozesse kam es auch zu Kontinent übergreifenden Städtepartnerschaften. Devers-Kanoglu (2009) beschreibt die notwendigen komplexen informellen Lernprozesse zwischen einem Land der Südhalbkugel und einem im Norden der Erde. Kommunale Fragen standen hier ebenso im Vordergrund, wie entwicklungspolitische und interkulturelle Lernfelder. Auf einer ganz anderen Ebene liegen informelle Lernprozesse, die auf Biobauernhöfen bewusst angeregt werden. Produktionsprozesse werden durchschaubar gestaltet, um Inhalte auf den Ebenen ökologischer Landbau, Umwelt- und Naturschutz, Gesundheit und Ernährung, oder alternative Energiegewinnung zugänglich zu machen. Die Anbieter haben einerseits ein wirtschaftliches Interesse der Kundenbindung etc., auf der anderen Seite wollen sie aber Inhalte nachhaltiger Entwicklung zugänglich machen (Boeckmann 2009). Ähnliche Beispiele liefern Naturparke, Nationalparke oder Naturschutzstationen. So hat eine Station im Landkreis Aurich eine Dauerausstellung in der Nähe einer Niedermoorfläche gestaltet. Urlauber, Freizeitgäste und auch Schulklassen besuchen das Moorgebiet und erschließen sich wandernd die Anschauung für das, was sie in der Ausstellung zuvor gesehen haben. Anschließend an Vorwissen und abhängig von der Gestaltung der Ausstellung lernen die Besucherinnen und Besucher auf ökologischer Ebene und auf der des Naturschutzes, verbunden auch mit politischen Rahmungsfragen. Das Team der Naturschutzstation verbindet bei der Gestaltung der Ausstellung formales und informelles Lernen in der Arbeit (Wohlers 2009).

Informelle Lernprozesse finden auch in Freiwilligendiensten statt. So erfährt Kühn (2015) im Rahmen einer Vorher-Nachher-Befragung von Freiwilligen des Weltwärts-Programmes, in welcher Weise sie nachhaltigkeitsrelevante und interkulturelle Kompetenzen erworben haben. Insbesondere die Frage des Verhältnisses von Menschen aus Industrieländern und einem westafrikanischen Land, eine Diskussion über den Umgang mit „eigenen Privilegien" als Vertreter eines Industrielandes und „Weiße/r", bedarf offensichtlich doch oft des eigenen Erlebens, des informellen Lernens vor Ort, um in allen Konsequenzen wirklich wahrgenommen werden zu können, bei allen Ambivalenzen.

Auch Praktika verschiedener Art verfügen zwar oft über eine formale Rahmung, sind dann aber Raum für vielfältige informelle Lernprozesse, in denen auch die Anwendung formal erworbener Kompetenzen eine wichtige Rolle spielt. Hier, wie oft beim Lernen in der Arbeit, wird besonders deutlich, wie formales und informelles Lernen zusammenwirken. So sehen die befragten Studierenden des „Praktikum für die Umwelt" ihre Tätigkeit als praktischen Teil des Studiums, den es eigentlich systematisch geben müsse. In Anwendungsfeldern von Nationalparks, Biosphärenreservaten etc. kommen fachliche Kenntnisse mit konkreten Anwendungssituationen bei der Gestaltung von Ausstellungen, Veranstaltungen usw. zusammen. Dabei wird auch politikrelevant informell weiter gelernt (vgl. Noeres u. a. 2012).

2 Lernen in politischer Aktion, freiwilligem Engagement und politischer Partizipation

Manche der vielfältigen Bewegungsansätze der achtziger Jahre sahen sich auch als „Lernbewegung". Das Ineinanderfließen biographischer Erfahrung im kommunikativen Prozess und die dadurch mögliche neue, nicht schulisch geprägte Sicht auf das eigene Lernen wird als wichtig gesehen (Dauber 1983). Lutz von Werder (1980) sieht angesichts einer stärker werdenden Bürgerbewegung Möglichkeiten einer Verbindung von selbstintendiertem Lernen und gezielten pädagogischen Bemühungen. Treml (1980) thematisiert damals ein alternatives Lernen in Bürgerinitiativen.

Er meint dabei die Alternativbewegung der siebziger Jahre (Reichardt 2014) mit, über die wiederum neue soziale Bewegungen angesprochen sind. Im Vergleich zu schulischem Lernen sieht er u. a. eine Aufhebung von „nah und fern", „Hand- und Kopfarbeit", „Lehren und Lernen", „alltäglichem Handeln und politischem Handeln", „Freiwilligkeit und Notwendigkeit".

Viele der der damaligen Überlegungen erinnern an die Educación Popular im Sinne Paulo Freires. Auch heute kann, wenn über „neue Lernkultur" diskutiert wird, mit Blick auf die Interessen des lernenden Subjektes, an diese Denktradition angeschlossen werden. Betroffenheit beispielsweise durch ein Atomkraftwerk oder eine Müllkippe vor der Tür, führt zur Erkennung „generativer Themen" (Freire) und von da aus zu einem Lernen über Zusammenhänge, zu Kommunikation über die Aktion als kritische Praxis, zur Aneignung von Politikkompetenz, die gemeinsam erarbeitet wird, zumindest zunächst ohne die übliche Lernhierachie.[1] Praxis und Theorie fließen ineinander, wobei die für Argumentationen, für politisches Handeln notwendige Theorie immer wieder angeeignet werden muss (vgl. Freire 1973, 2008).

Auch im Bereich der Friedensbewegung und Friedensarbeit der achtziger Jahre werden Lernprozesse diskutiert. Gugel und Jäger (1997) gehen von hohen Lernpotentialen innerhalb eines handelnden Lernens aus. Sie kommen allerdings recht schnell zu der These, wonach die „ausschließliche Betonung der politischen Aktion als Lehrmethode" Gefahren des Aktionismus in sich berge und unterstreichen dann die Möglichkeiten einer „Friedenserziehung". Lernpotentiale sehen sie in der gemeinsamen Konzipierung, Vorbereitung und Durchführung von Aktionen, in dialogischen Lernprozessen in Gruppen- und Einzeldiskussionen oder in der kollektiven oder individuellen Aneignung von bewegungsbezogenem Fachwissen. Die erworbenen Kompetenzen sind sozialer und organisatorischer Art und beinhalten darüber hinaus Analysefähigkeiten bezogen auf politische Systeme und damit verbundenes Handeln mit sicher auch weitgehenden Konsequenzen für das eigene Selbstwertgefühl innerhalb und außerhalb der Gruppe. Ein permanenter Handlungsdruck und erlittene Frustrationen beeinflussen derartige Lernprozesse aber durchaus auch negativ.

Beyersdorf sieht die Wurzeln von Bildungsorientierungen im Rahmen von sozialen Bewegungen bei den utopischen Sozialisten. Babeuf verwendet in diesem Zusammenhang den Begriff der Erziehung. Erziehung soll im Arbeitsalltag und im kooperativen (Arbeits-) Leben stattfinden und dort als ein Stück gelebter Utopie gesehen werden (Beyersdorf 1991, S. 27). In der Tat lassen sich hieran anknüpfende Formen gemeinsamen Lebens und Arbeitens, verbunden mit nicht immer intentionalen aber doch sehr intensiven Lernprozessen, identifizieren. Beyersdorf sieht selbstorganisierte Bildungsarbeit im Rahmen neuer sozialen Bewegungen zwischen der formellen und einer „informellen" Erwachsenenbildung verortet. Sie ist nach seiner Sichtweise sowohl Teil des Bildungssystems, als auch der informellen

---

[1]Interessant ist in diesem Zusammenhang, dass der hier auch sichtbar werdende Lernzyklus von Freire vom „naiven Bewusstsein" hin zu einem „kritischen Bewusstsein" und dann zu einer „kritischen Praxis" dem Dreischritt Sehen-Beurteilen-Handeln von Hilligen ähnelt. Die Brücke ist offenbar die katholische Soziallehre, die diesen Dreischritt seit den 1920er-Jahren kennt und der auch in die lateinamerikanische Befreiungstheologie Eingang fand.

Lern- und Lebenswelt. Er sieht allerdings die Tendenz, einer zunehmenden Institutionalisierung in den formellen Bildungssektor hinein (ebd., S. 107). Es zeigt sich auch, dass Lernbedürfnisse nicht nur auf die Themen der jeweiligen Bewegung begrenzt sind, sondern unter den hier beteiligten Menschen auch ein breiteres Lernbedürfnis besteht. Zum Teil entstehen die entsprechenden Bedürfnisse auch aus der Verbindung zwischen selbstorganisierter Bildungsarbeit und Alternativökonomie (ebd., S. 104 ff.).

In der Zeit danach sind die Debatten um Lernen in politischer Aktion und sozialen Bewegungen in Deutschland eher eingeschlafen. Seit wenigen Jahren gibt es aber neue Diskussionen und auch Untersuchungsergebnisse. Eine breitere Studie betrifft zum Teil auch politische Aktion. Das Deutsche Jugendinstitut (DJI) und die Universität Dortmund erhoben bis 2008 Daten über das informelle Lernen von Jugendlichen im freiwilligen Engagement. Beispielsweise geht es um ein Lernen bei der Freiwilligen Feuerwehr oder dem Technischen Hilfswerk, im Rahmen der Evangelischen Jugend oder bei den Pfadfindern, bei der Gewerkschaftsjugend oder der Deutschen-Lebens-Rettungs-Gesellschaft (DLRG). Ein breiter quantitativ-repräsentativer Teil der Untersuchung wird durch einen qualitativen ergänzt. Thematisiert werden Voraussetzungen und Selektionsmechanismen, das soziale und kulturelle Kapital der Herkunftsfamilien und die spezifischen Rahmenbedingungen der Jugendarbeit. Untersucht wird die Bedeutung des Engagements bezogen auf den Kompetenzerwerb auch im Vergleich zu anderen Lernorten. Eingegangen wird auch auf die Rolle einer Verantwortungsübernahme für die Identitätsentwicklung und auch auf die nachhaltige Wirkung des Kompetenzerwerbes durch informelles Lernen. Die Forschergruppe kann nachweisen, dass wichtige personale, kulturelle, soziale und auch instrumentelle Kompetenzen erworben werden. Deutlich wird auch, dass im Vergleich zum schulischen Lernen hier ein anderes, wichtiges Lernfeld vorliegt. Individuelles und kollektives Lernen kommen hier produktiv zusammen. Gerade auch demokratierelevante Kompetenzen, die über soziales Lernen hinausgehen, werden durch Verantwortungsübernahme oder die Arbeit in der Gruppe erworben (vgl. Düx et al. 2008).

Im Rahmen einer kleineren Studie untersucht Rodemann (2009), wie sich informelles Lernen bei Greenpeace-Aktivisten gestaltet, die zum Zeitpunkt der Befragung jeweils einige Jahre lang in entsprechende Prozesse integriert waren. Die wenig überraschende Selbsteinschätzung der Befragten ergab, dass insbesondere kommunikative und solche Kompetenzen erworben werden, die sich im engeren Sinne auf Umweltfragen richten. Fragen internationaler Gerechtigkeit in globaler Perspektive hingegen werden wenig bearbeitet, da sich die meisten Aktivitäten auf lokale und regionale Aktivitäten bezögen (Rodemann 2009, S. 110 f.).

Eine neuere Studie von Trumann thematisiert das (informelle) Lernen im Kontext von Bürgerinitiativen. Der Autorin geht es um das häufig unterschätzte Lernen im Rahmen konkreter politischer Partizipation. Ihre Studie ergibt, dass Bürgerinitiativen auch ein „informeller politischer Lern- und Handlungsraum" sind (Trumann 2013, S. 14). Mittels teilnehmender Beobachtung und Gruppeninterviews untersucht sie Lernanlässe und Lernhandlungen von fünf Bürgerinitiativen und einem Initiativverbund im Kontext der Stadt Bielefeld. Es geht um Initiativen der

Stadtgestaltung, umstrittene Straßenbauprojekte, um Umwelt- und Naturschutz und die Gestaltung eines Naherholungsgebietes. Die Untersuchung zeigt deutlich den Zusammenhang zwischen politischer Aktion, Reflexion und praktisch-politischem Lernen (ebd., S. 248 ff.). Die Untersuchungsgruppe mit einer gemischten formalen Vorbildung, bezieht problembezogen Fachliteratur in die Arbeit ein, diskutiert zuvor reflektierte Fragestellungen mit Experten, nimmt an Fachveranstaltungen teil und organisiert Informationsveranstaltungen. Lernerfahrungen kommen beispielsweise aus der Bearbeitung einer Klageschrift gegen den Umbau einer Stadtstraße (ebd., S. 177 ff.). Die herangezogene Expertise wird dabei immer dichter und komplexer. Die Weitergabe des Wissens erfordert intensive Transferleistungen auf verschiedenen Ebenen. Es kommt zur kritischen Analyse des Gegebenen, der Strukturen die dahinter stecken und zur Formulierung von Alternativen. Ohne Zweifel finden hier also intensive Lernprozesse statt und es wird politische Urteilsfähigkeit genauso erworben, wie politische Handlungsfähigkeit. Weiter kommt es zum Erwerb umfangreicher methodischer Kompetenzen.

3   Ein Blick auf internationale Diskussionen

Auf internationaler Ebene ist es schon lange üblich, neben dem nonformalen Lernen in Kursen u. ä. und natürlich dem formal organisiertem Lernen in Schulen, Hochschulen etc., auch das informelle Lernen als Teil menschlichen Lernens zu betrachten. Im englischsprachigen Bereich ist dabei ein durchaus unterschiedlicher Blick auf das Lernende Subjekt zu verzeichnen, der einerseits in der emanzipatorischen Tradition John Deweys steht, aber auch an neoliberalen Doppeldeutigkeiten leidet (vgl. Dewey 1916; Overwien 2013).

Innerhalb der englischsprachigen Erwachsenenbildung wird das Lernen in politischer Aktion seit Jahren diskutiert und auch untersucht (Foley 1999). Mit großer diskursiver Energie wird unterschieden, ob denn alte oder neue soziale Bewegungen wesentlichere Lernimpulse zu geben in der Lage seien. Hier spielen sicher ideologisch unterschiedliche Standorte eine Rolle. Foley diskutiert auf „traditionellerer" marxistischer Grundlage, Welton (1993) stützt sich auf Habermas und Foucault. Mit Blick auf das „lernende Subjekt" erscheint der aufgebaute Gegensatz etwas künstlich. So weist Spencer für den kanadischen Kontext darauf hin, dass sich insgesamt die informellen Lernmöglichkeiten in neuen und alten sozialen Bewegungen nicht so grundsätzlich unterscheiden, deutet aber auf einen entscheidenden Unterschied hin, der zumindest zu bedenken ist. Innerhalb der neuen sozialen Bewegungen liege eine andere soziale Schichtung vor. Menschen aus der Lebenswelt der Mittelschichten haben andere Lernvoraussetzungen, weshalb eine Überbetonung der Lernpotentiale in neuen sozialen Bewegungen von partieller Blindheit gekennzeichnet sei (Spencer 1995, S 40 f.).

Das informelle Lernen in Gemeinden und sozialen Bewegungen wird auch im britischen Kontext diskutiert und untersucht. So erforschen Field und Spence (2000) in Nordirland, inwieweit informelles Lernen für solche Menschen besonders relevant ist, die von formaler Bildung ausgeschlossen sind und gehen dabei der Rolle sozialer Beziehungen für dieses Lernen nach. Elsdon (1995) betrachtet in Großbritannien das Lernen im Engagement in lokalen Freiwilligenorganisationen und betont die Bedeutung des Kompetenzerwerbes in beispielsweise Sportvereinen für politische Partizipation. McGivney (1999) geht Lernstrukturen und Lernwege im gemeindlichen Kontext Großbritanniens nach. Sie untersucht hemmende und fördernde Momente des informellen Lernens, betrachtet dabei besonders die Möglichkeiten und Grenzen erwerbloser Menschen und entwickelt Unterstützungsstrategien für das Lernen in der Gemeinde.

Foley (1999) führt in Australien eine Studie zu der Frage durch, wie genau in sozialen Bewegungen und sozialer Aktion gelernt wird. Er unterscheidet in seinen Fallstudien nicht zwischen sozialer Aktion und sozialen Bewegungen und richtet seinen Blick auf Lernprozesse, die informell, oft auch inzidentell sind und vielfach gar nicht als Lernen wahrgenommen werden. Im Interview mit Mitgliedern einer Initiative zur Rettung eines Regenwaldgebietes in Australien, äußern sich diese erstaunt darüber, dass ihre 12-jährige Arbeit auch Lernprozesse enthalten haben sollte. Bei näherer Betrachtung identifizierten sie jedoch eine Reihe von Lernfeldern. Die Entfaltung einer Kampagne an sich, das für die Argumentation notwendige Wissen und ein erhebliches Durchhaltevermögen, werden genannt. Die Identifizierung von Entscheidungsträgern innerhalb einer politischen Struktur und die Entwicklung von durchdachten Handlungskonzepten kommen dazu. Auch die Analyse der Interessensfelder ihrer Gegner enthielt erhebliche Lernpotentiale, die sich auch auf der persönlichen Kompetenzebene fast zwangsläufig bemerkbar machen mussten (ebd., S. 27 ff.). Resümierend werden neben erworbenem Fachwissen vor allem Analysekompetenzen bezogen auf das politische System, Medienkompetenzen und ein erhebliches Beharrungsvermögen bei der Anwendung derselben angemerkt. Foley weist darauf hin, dass dieses Lernen sowohl von politischen Aktivisten, als auch von Erwachsenenbildnern zu wenig zur Kenntnis genommen wird. Er sieht enge Bezüge zu dem, was Paulo Freire Bewusstwerdung nennt (ebd., S. 39 f.).

4 Gestaltung von Lernumgebungen, Kooperation von Lernorten

Außerschulische Lernorte haben das Potential, informelles Lernen mit formalem Lernen zu verbinden. So kann in Exploratorien oder ähnlichen Einrichtungen, wie dem Mathematikum in Gießen, dem Phaeno in Wolfsburg, dem Multimar-Wattforum in Tönning oder dem Klimahaus in Bremerhaven, sehr eigenständig informell etwas über Mathematik, Naturwissenschaften oder über Zusammenhänge im Lebensraum Wattenmeer gelernt werden.

Lernorte außerhalb der Schule in schulische Lernprozesse einzubeziehen, kann diese bereichern und in vielen Fällen sowohl zusätzliche Lerngelegenheiten, als auch Vertiefungen des Lernens bieten. Naheliegender Weise ist es beispielsweise im Biologieunterricht ratsam, sich Phänomene aus dem schulischen Unterricht im real existierenden Zusammenhang anzusehen, soweit möglich auch experimentell tätig zu werden. In der politischen Bildung kann es sinnvoll sein, einen Betrieb unter verschiedenen Aspekten zu erkunden. Ein gut vorbereiteter Parlamentsbesuch in der Landeshauptstadt oder auch in Berlin oder Brüssel kann ebenso schulisches Lernen sinnvoll ergänzen wie ein Gerichtsbesuch (vgl. Brovelli u. a. 2012).

Es muss an dieser Stelle darauf hingewiesen werden, dass Kooperationen mit außerschulischen Lernorten nicht immer die Erwartungen beider Seiten treffen. Zu unterschiedlich sind die Arbeitskulturen von Schulen und anbietenden Nichtregierungsorganisationen etwa zum globalen Lernen. Deshalb und auch aus Gründen der Qualitätssicherung wurde beispielsweise im Land Berlin eine Vereinbarung zwischen der Bildungsbehörde und der Vereinigung der Nichtregierungsorganisationen geschlossen, die deren Angebote für Schulen transparenter macht und verdeutlicht, wer schulischen Standards gerecht werden kann. Dazu gehört eine Reihe von Qualitätskriterien, denen die in einer offiziellen Liste verzeichneten Organisationen genügen müssen. So müssen die Anbieter verlässliche Strukturen und eine kompetente Durchführung ihrer Angebote gewährleisten. Sie verpflichten sich zu einer Orientierung an Menschenrechten und sehen in Menschen aller Kontinente handelnde Subjekte und nicht Objekte von Hilfe. Sie weisen alle Formen von Diskriminierung zurück, was sich auch in den Veranstaltungsformen und Inhalten ausdrücken soll. Die Angebote sollen sich im Übrigen am Leitbild der nachhaltigen Entwicklung orientieren und eine Verbindung von Sozialem, Politik, Umwelt und Wirtschaft im lokalen und globalen Kontext anstreben. Ziel ist die Steigerung der Urteilsfähigkeit der Lernenden, eine Überwältigung und moralisch/ideologisch gebundene Beeinflussung der Schülerinnen und Schüler muss ausgeschlossen sein.

Im Bereich der Bildung für nachhaltige Entwicklung (BNE) gibt es verschiedene geeignete Lernorte, wie etwa das bereits erwähnte Multimar Wattforum. Auch Jugendherbergen mit Nachhaltigkeitsschwerpunkt sind in diesem Kontext zu nennen oder als weiteres Beispiel der Waldkronenpfad im Nationalpark Hainich in Thüringen. Im Feld des globalen Lernens sind botanische Gärten als Beispiel zu sehen, besonders solche, die über ein Tropengewächshaus verfügen. Das Projekt „WeltGarten" in Witzenhausen/Nordhessen[2] verknüpft verschiedene Methoden globalen Lernens und bezieht sich ausdrücklich auch auf den Rahmen einer BNE. In Kooperation von Nichtregierungsorganisationen und dem dort vorhandenen universitären Lernort Tropengewächshaus, wird an drei Lernorten gearbeitet: dem Tropengewächshaus, einer ethnographischen Sammlung im Kontext der ehemaligen deutschen Kolonialschule und einem Weltladen in der nahen Innenstadt des Ortes. Jährlich kommen mehr als 2.500 Schülerinnen und Schüler, und mittels entsprechender Materialien kommen sie bereits orientiert und vorbereitet nach Witzenhausen. Dort treffen sie auf didaktisch erprobte Lernarrangements und Strukturen.

Im Tropengewächshaus finden die Kinder und Jugendlichen an verschiedenen Stationen schülergerechte Materialien vor, die den dort stehenden Kaffeestrauch, die Kakaopflanze, die Banane, die Ölpalme oder Parfümpflanzen in ökologischer, ökonomischer und auch sozialer Hinsicht erklären. Bei der Bearbeitung der Stationen

---

[2] http://www.weltgarten-witzenhausen.de/.

stehen den jungen Leuten Expertinnen und Experten zur Verfügung. So gewinnen sie im Tropengewächshaus ein Bild über tropische Pflanzen und Produkte und ihre Beziehungen zu unserer Welt. Sie erfahren, dass sowohl in der Geschichte als auch in den aktuellen Wirtschaftsbeziehungen die „verschiedenen Seiten der Welt" nicht zu trennen sind. In der ethnographischen Sammlung geht es um einen kritischen Blick auf den Kolonialismus. Am geschichtlichen Ort kann dies anhand von Ausstellungsobjekten geschehen. Im Weltladen lernen die Schüler etwas über die dort vorzufindenden Produkte und können Bezüge zwischen den Pflanzen im Tropengewächshaus, kolonialen Strukturen und Entwicklung und Konsumprodukten herstellen (Busse und Menzel 2013; Hethke u. a. 2010).

Im „WeltGarten" soll die sinnlich erlebbare Atmosphäre des Tropenhauses genutzt werden, um das Bewusstsein für die Zusammenhänge zwischen lokalen und globalen Bedingungen und Beziehungen zu schärfen. Orientiert an der Bildung für nachhaltige Entwicklung werden ökologische, soziale und ökonomische Faktoren gleichermaßen behandelt. Thematisch bewegen sich die Veranstaltungen im Bereich des Fairen Handels, der Biodiversität, des Regenwaldes und der Globalisierung (vgl. a. Bludau und Overwien 2012).

Wenn von Kooperationen zwischen schulischen und außerschulischen Lernorten und den Potentialen informeller Bildung die Rede ist, muss auch auf Jugendarbeit hingewiesen werden. Der Aufenthalt von jungen Menschen in Jugendbildungsstätten eröffnet ihnen dort ein breites Spektrum von Lernanlässen, die sehr häufig formales, nonformales und informelles Lernen zusammen bringen. Dabei spielt das Spektrum der jugendbezogenen politischen Bildung eine wichtige Rolle (vgl. Schröder und Leonhardt 2011).

5 Ausblick

Fragen des informellen politikbezogenen Lernens bewegen sich in einem bildungspolitisch schwierigen Feld. Allein die Thematisierung lässt auf der einen Seite den Vorwurf der Annäherung an neoliberale Denkmuster aufkommen; auf der anderen Seite gibt es Tendenzen, politisches Lernen eher als unpolitische Aneignung von Kompetenzen zu sehen, die dann den Lebenslauf schmücken. Der Erwerbsprozess wird dabei entpolitisiert (vgl. a. Eis 2015). Lösch stellt mit Recht die Frage, ob so politisches Lernen nicht eher behindert werde (Lösch 2011, S. 118). Mit Blick auf die Entfaltung des lernenden Subjektes ist es aber trotz aller politischen Ambivalenzen wichtig, auch solche Lernprozesse zu betrachten und auch anzuregen. Schließlich soll politische Bildung auch politisches Handeln anregen. Bloße Trockenübungen allein reichen da wohl nicht. Eine Scheu vor der politischen Praxis ist lernbehindernd.

Anerkennungsfragen allerdings sind auf verschiedenen Ebenen hoch sensibel, aber lösbar. Für die Gestaltung von Lernumgebungen für informelle Bildung ist es natürlich wichtig zu wissen, wie damit verbundene Prozesse ablaufen. Ebenso wie Studien im englischen Sprachraum öffnen auch neuere deutsche Untersuchungen den Blick auf einen Kompetenzerwerb in der politischen Praxis. Deren Betrachtung und eine

Diskussion um Konsequenzen daraus stellt keineswegs die ethischen Grundlagen der politischen Bildung in Deutschland in Frage, wie sie im Beutelsbacher Konsens skizziert sind. Schließlich agieren die Menschen hier freiwillig, bewegen sich in Kontroversen und überzeugen Andere, die sich wohl kaum überwältigen lassen werden. Sie setzen in vielen Fällen an ihren eigenen Lebenswelten an und praktizieren politisches Handeln, wobei sie ähnlich Lernen, wie andere Menschen beispielsweise in ihrer täglichen Arbeit, worüber sich niemand aufregen würde. Eine berechtigte Frage ist es dennoch, wie die damit verbunden Aktivitäten mit schulischem Lernen in Verbindung gebracht werden können, ohne zu überwältigen. Außerschulische Bildung kann hier sicher eine Brückenfunktion erfüllen. Aktuelle Debatten um die Einbeziehung politischer Praxis als Lernfeld in die politische Bildung sollten jedenfalls nicht mit stumpfem Blick auf den Beutelsbacher Konsens tabuisiert werden. In der Kooperation zwischen schulischer und außerschulischer Bildung kommt ja als Grundsatz hinzu, dass in Letzterer das Freiwilligkeitsprinzip wichtig ist und damit Überwältigung nicht stattfinden soll. Interessanterweise werden die damit verbundenen Prozesse, im Sinne des Erwerbs politischer Handlungskompetenz derzeit neu diskutiert (Widmaier und Nonnenmacher 2011).

Literatur

Baltzer, N., Ristau, Y., & Schröder, A. (2014). *Wie politische Bildung wirkt. Wirkungsstudie zur biographischen Nachhaltigkeit politischer Jugendbildung.* Schwalbach: Wochenschau-Verlag.

Beyersdorf, M. (1991). *Selbstorganisierte Bildungsarbeit. Zwischen neuen sozialen Bewegungen und öffentlichem Bildungssystem. Eine explorative Bestandsaufnahme.* Hamburg: Edition Zebra.

Bludau, M., & Overwien, B. (2012). Kooperation zwischen Schulen und außerschulischen Trägern in der politischen Bildung. *Polis, 2,* 16–18.

Boeckmann, T. (2009). Potenziale von Bio-Höfen als informelle Wissensvermittler im ländlichen Raum: Kassel: Kassel University Press. In M. Brodowski et al. (Hrsg.), *Informelles Lernen und Bildung für eine nachhaltige Entwicklung* (S. 209–216). Opladen: Barbara Budrich.

Brodowski, M., Devers-Kanoglu, U., Overwien, B., Rohs, M., Salinger, S., & Walser, M. (Hrsg.). (2009). *Informelles Lernen und Bildung für eine nachhaltige Entwicklung Beiträge aus Theorie und Praxis.* Leverkusen/Opladen: Barbara Budrich.

Brovelli, D., Fuchs, K., von Niederhäusern, R., & Rempfler, A. (Hrsg.). (2012). *Kompetenzentwicklung an Ausserschulischen Lernorten.* Münster: Lit-Verlag.

Busse, M., & Menzel, S. (2013). Globales Lernen in Botanischen Gärten – Evaluation von Bildungsangeboten im Spannungsfeld zwischen Wissenschaft und Praxis. In B. Overwien & H. Rode (Hrsg.), *Bildung für nachhaltige Entwicklung. Lebenslanges Lernen, Kompetenz und gesellschaftliche Teilhabe, Schriftenreihe Ökologie und Erziehungswissenschaft der Kommission BNE der DGfE.* Opladen: Budrich.

Dauber, H. (1983). Ökologie und Erwachsenenbildung – Versuch über die schwierigen Bedingungen eines notwendigen Dialogs. In R. J. Heger, J. Heinen-Tenrich & T. Schulz (Hrsg.), *Wiedergewinnung von Wirklichkeit. Ökologie lernen und Erwachsenenbildung* (S. 246–259). Freiburg.

Devers-Kanoglu, U. (2009). *Informelles Lernen in kommunalen Partnerschaften zwischen Nord und Süd – lokal und global?* M. Brodowski et al. (Hrsg.), (S. 85–91). Opladen.

Dewey, J. (1916). *Democracy and education.* New York: Macmillan.

Düx, W., Prein. G., Sass, E., & Tully, C. (2008). *Kompetenzerwerb im freiwilligen Engagement. Eine empirische Studie zum informellen Lernen im Jugendalter.* Wiesbaden.

Eis, A. (2015). Soziale Praxis und politisches Lernen in der entpolitisierten Aktivgesellschaft. In M. Götz, B. Widmaier & A. Wohnig (Hrsg.), *Soziales Engagement politisch denken. Chancen für politische Bildung* (S. 119–140). Schwalbach.

Elsdon, K. T. (1995). *Voluntary organisations: Citizenship, learning and change.* Leister: NIACE.

Faltin, G., & Zimmer, J. (1995). *Reichtum von unten. Die neuen Chancen der Kleinen.* Berlin.

Faure, E., et al. (1973). *Wie wir leben lernen. Der UNESCO-Bericht über Ziele und Zukunft unserer Erziehungsprogramme.* Reinbek.

Field, F., & Spence, L. (2000). Informal learning and social capital. In F. Coffield (Hrsg.), *The nesessity of informal learning* (S. 32–42). Bristol: University of Bristol.

Foley, G. (1999). *Learning in social action. A contribution to understanding informal education.* London: Zed.

Freire, P. (1973). *Pädagogik der Unterdrückten.* Reinbek.

Freire, P. (2008). *Pädagogik der Autonomie.* Münster.

Göll, E. (2009). *Lokale Agenda 21 und informelles Lernen*, M. Brodowski et al. (Hrsg.), (S. 75–84). Opladen.

Gugel, G.,& Jäger, U. (1997). *Gewalt muß nicht sein. Eine Einführung in friedenspädagogisches Denken und Handeln* (3. Aufl). Tübingen.

Hafeneger, B. (2014). Kompetenzen in der non-formalen Jugend- und Erwachsenenbildung. *Journal für politische Bildung, 3*, 34–41.

Hethke, M., Menzel, S., & Overwien, B. (2010). Das Potenzial von Botanischen Gärten als Lernorte zum Globalen Lernen. *Zeitschrift für internationale Bildungsforschung und Entwicklungspädagogik, 3*, 16–20.

Hufer, K. P., Länge, T. W., Menke, B., Overwien, B., & Schudoma, L. (Hrsg.) (2013). *Wissen und Können: Wege zum professionellen Handeln in der politischen Bildung.* Schwalbach.

Kühn, H. (2015). *„Da entwickelt sich was! Individuelle Lernprozesse im entwicklungspolitischen Freiwilligendienst „weltwärts" in Benin".* Köln (im Druck).

Livingstone, D. W. (2010). *Lifelong learning in paid and unpaid work: Survey and case study findings.* London: Routledge.

Lösch, B. (2011). *Keine Demokratie ohne Partizipation. Aktive Bürgerinnen und Bürger als Ziel politischer Bildung*, Widmaier & Nonnenmacher (Hrsg.), (S. 11–124).

McGivney, V. (1999). *Informal learning in the community.* Leister: NIACE.

Michalitsch, G. (2006). *Die neoliberale Domestizierung des Subjekts. Von den Leidenschaften zum Kalkül.* Frankfurt/Main.

Negt, O. (1997). *Kindheit und Schule in einer Welt der Umbrüche.* Göttingen.

Noeres, D., Overwien, B., Seidel, S., & Wohlers, L. (2012). *Informelles Lernen im Rahmen von Praktika und Sozialen Arbeitsgelegenheiten. Identifizierung von Kompetenzerwerb mit Relevanz für die berufliche (Weiter)Bildung und das Erwerbsleben.* Hannover: IES.

Overwien, B. (2009). *Informelles Lernen: Definitionen und Forschungsansätze,* Brodowski et al. (Hrsg.), (S. 23–34).

Overwien, B. (2013). Informelles Lernen – ein Begriff aus dem internationalen Kontext etabliert sich in Deutschland. In S. Hornberg, C. Richter & C. Rotter (Hrsg.), *Erziehung und Bildung in der Weltgesellschaft* (S. 97–112). Münster: Waxmann.

Overwien, B. (2015). Bildung für nachhaltige Entwicklung und Partizipation. In L. Harles & D. Lange (Hrsg.), *Zeitalter der Partizipation. Paradigmenwechsel in Politik und politischer Bildung?* (S. 160–169). Schwalbach: Wochenschau.

Overwien, B. (2014). Umweltbildung und Bildung für nachhaltige Entwicklung. In W. Sannder (Hrsg.), *Handbuch politische Bildung* (S. 375–382). Schwalbach: Wochenschau.

Reichardt, S. (2014). *Authentizität und Gemeinschaft. Linksalternatives Leben in den siebziger und frühen achtziger Jahren.* Frankfurt: Suhrkamp-Taschenbuch Wissenschaft.

Rodemann, S. (2009). *Gestaltungskompetenz durch freiwilliges Engagement bei Greenpeace*, Brodowski et al. (Hrsg.), (S. 103–112).

Roth, H. (1971). *Pädagogische Anthropologie, Bd. 2: Entwicklung und Erziehung*. Hannover: Schroedel.

Scherr, A. (2008). Subjekt- und Identitätsbildung. In T. Coelen & H. U. Otto (Hrsg.), *Grundbegriffe Ganztagsbildung. Das Handbuch* (S. 137–145), Wiesbaden: VS-Verlag.

Schröder, A., & Leonhardt, U. (2011). *Wegweiser Kooperation zwischen Jugendarbeit und Schule. WieJugendarbeitschulisches Lernen erweitert*. Schwalbach: Wochenschau.

Spencer, B. (1995). Old and new social movements as learning sites: Greening labor unions and unionizing the greens. *Adult Education Quarterly, 46*(1), 31–42.

Treml, A. K. (1980). Entwicklungspädagogik als Theorie einer Praxis. Lernen in Bürgerinitiativen und Aktionsgruppen. In A. K. Treml (Hrsg.), *Entwicklungspädagogik. Unterentwicklung und Überentwicklung als Herausforderung für die Erziehung* (S. 75–90). Frankfurt/Main: IKO-Verlag.

Trumann, J. (2013). *Lernen in Bewegung(en). Politische Partizipation und Bildung in Bürgerinitiativen*. Bielefeld: transcript-Verlag.

von Werder, L. (1980). *Alltägliche Erwachsenenbildung*. Weinheim u. a: Juventa.

Welton, M. (1993). Social revolutionary learning: The new social movements as learning sites. *Adult Education Quarterly, 43*(3), 152–164.

Widmaier, B. (2011). Formal, non-formal, informell. Eine Begriffsannäherung. *Journal für politische Bildung, 3*, 8–9.

Widmaier, B., & Nonnenmacher, F. (Hrsg.). (2011). *Partizipation als Bildungsziel. Politische Aktion in der politischen Bildung*. Schwalbach: Wochenschau.

Wohlers, L. (2009). Informelle Umweltbildung in Urlaub und Freizeit, Brodowski et al. (Hrsg.), (S. 122–128). Opladen: Barbara Budrich.

Zeuner, C. (2015). Ökonomisierungsprozesse in der politischen Erwachsenenbildung. *Journal für politische Bildung, 1*, 38–49.

Informelles Lernen und Sport

Stefan Hansen

Inhalt

1 Einleitung 414
2 Kontexte: Zur Verwendung des Begriffs informelles Lernen in der
  Sportwissenschaft 414
3 Informelles Lernen im Kontext Schule, Sportverein und freien
  Sportszenen – Empirische Ergebnisse 418
4 Die Übertragung der Debatte um informelles Lernen im Sport in die Arbeit der
  Sportverbände 425
5 Informelles Lernen im Sport in der internationalen Debatte 427
6 Fazit 430
Literatur 432

Zusammenfassung

In diesem Beitrag wird die aktuelle Diskussion um das informelle Lernen im Sport aufgegriffen und ein Überblick über deren Stand gegeben. Hierfür werden Kontexte beschrieben, in denen das informelle Lernen in der Sportwissenschaft verwendet wird, ein Überblick über vorhandene empirische Studien gegeben, auf den Transfer von Erkenntnissen in die Praxis der Sportverbände eingegangen sowie die internationale sportwissenschaftliche Debatte zusammengefasst, in der informelles Lernen im Gegensatz zu nationalen Debatte ein erwachsenenpädagogisches Thema ist, in dem unter anderem der Wissenserwerb von Trainerinnen und Trainern intensiv diskutiert wird. Im Ergebnis kann gezeigt werden, dass Sport und Bewegung wichtige Möglichkeiten zum informellen Lernen eröffnen, die dieses Feld bildungsrelevant machen. Gleichzeitig werden auch Ambivalenzen bzw. Potentiale für weitergehende Forschung deutlich.

S. Hansen (✉)
Abteilung Sportsoziologie, Humboldt-Universität zu Berlin, Institut für Sportwissenschaft, Berlin, Deutschland
E-Mail: stefan.hansen@hu-berlin.de

Schlüsselwörter

Informelles Lernen • Sportsoziologie • Sportpädagogik • Bildungsbedeutung des Sports • Trainerwissen

1 Einleitung

Das Konzept des informellen Lernens ist in den letzten Jahren auch in der Sportwissenschaft diskutiert worden. Zwischen 2008 und 2011 kann man von einem regelrechten Boom von Veröffentlichungen zu dieser Thematik sprechen, der mittlerweile wieder am Abklingen zu sein scheint.

In diesem Beitrag soll ein Überblick über die aktuelle Diskussion um das informelle Lernen gegeben werden, die diesen Begriff explizit verwendet. Dabei wird erstens auf die spezifischen fachwissenschaftlichen Kontexte eingegangen, in denen die aktuelle Auseinandersetzung mit dem informellen Lernen in der Sportwissenschaft zu verorten sind (Abschn. 1), zweitens ein Überblick über empirische Ergebnisse zu informellen Lernprozessen im Sport gegeben (Abschn. 2) und drittens beschrieben, inwieweit ein Transfer von Erkenntnissen zum informellen Lernen im Sport in die Sportorganisationen, insbesondere die Sportverbände zu beobachten ist (Abschn. 3). Ein Blick in die internationale sportwissenschaftliche Debatte (Abschn. 4) zeigt viertens, dass die Diskussion in Deutschland einen sehr spezifischen, nationalen Einschlag hat. Während die Diskussion in Deutschland deutlich auf das informellen Lernen Kinder- und Jugendlicher im Sport fokussiert ist, ist sie in der internationalen Debatte ein erwachsenenpädagogisches Thema, in dem auch mit anderen begrifflich/ theoretischen Anknüpfungspunkten gearbeitet wird. Möglicherweise kann die internationale Diskussion zum informellen Lernen im Sport ein Anknüpfungspunkt für die (Wieder-) Belebung der Debatte in Deutschland sein, deren Dynamik wie gesagt sei 2011 ein wenig eingeschlafen ist.

Grundlage des Beitrags sind sportwissenschaftliche Veröffentlichungen, die explizit einen Begriff des informellen Lernens verwenden. Hierfür wurden – aufbauend auf den bereits vorhandenen Literaturrecherchen des Autors – eine systematische Datenbankanalyse nach den Schlüsselwörtern „informelles Lernen" bzw. „informelles Lernen" und „Sport" durchgeführt. Die gefundenen Veröffentlichungen wurden gesichtet und ausgewertet. Nicht weiter berücksichtigt wurde Literatur, die zwar mit dem Schlagwort „informelles Lernen" versehen waren, jedoch das Konzept dann weder theoretisch noch empirisch weiter verfolgen (vgl. z. B. der Tagungsband von Voss 2008).

2 Kontexte: Zur Verwendung des Begriffs informelles Lernen in der Sportwissenschaft

Die Sportwissenschaft als interdisziplinäre Wissenschaft mit einer Reihe von Teildisziplinen wie der Sportsoziologie oder Sportpädagogik hat in den letzten Jahren zwei Diskussionszusammenhänge entwickelt, in denen der Begriff des informellen

Lernens aufgegriffen und bearbeitet wurde. Einerseits geht es in einer sportpädagogisch inspirierten Debatte um den spezifischen Bildungsgehalt des Sports und andererseits in einer sportsoziologisch und sportpädagogisch beeinflussten Debatte um (informelle) Lern- und Kompetenzerwerbsprozesse freiwillig Engagierter im Sport. Beide Debatten sollen im Folgenden zunächst knapp skizziert werden.

2.1 Kontext I: Die aktuelle sportpädagogische Debatte um Bildung im Sport

Das Konzept des informellen Lernens wird in dieser Debatte eingebettet in eine umfassendere Diskussion um die bildungsbezogene Relevanz von Sport und Bewegung. Den maßgeblichen Autoren geht es um ein umfassendes Bildungsverständnis, in dem Sport und Bewegung einen „den Differenzierungen und Nuancierungen des bildungswissenschaftlichen Forschungsstandes" angemessenen Stellenwert erhalten (Heim 2008, S. 22).

Damit ist diese Debatte einerseits eine Auseinandersetzung mit der allgemeinen Bildungswissenschaft, die dem Feld Sport und Bewegung bisher nur ungenügende Aufmerksamkeit gewidmet habe. Sport sei zwar kein klassisches Bildungsmotiv im Humboldt'schen Sinne (Krüger 2011), habe sich jedoch insbesondere für Jugendliche zu einem so wichtigen sozialen Feld entwickelt, dass dessen bildungsbezogene Relevanz kaum noch bezweifelt, jedoch selten thematisiert werde (Neuber 2011, S. 143).

Andererseits ist die Debatte um die bildungsbezogene Relevanz von Sport und Bewegung aber auch eine Auseinandersetzung innerhalb der Sportpädagogik selbst, die sich so die Autoren bisher zu stark auf intentionale Bildungskonzepte (Erziehung) im formalen Kontext der Schule konzentriert hätte. Außerschulische Orte des Sporttreibens wie Sportvereine, kommerzielle Sportanbieter oder freie Szenen kämen dabei in ihrer Bildungsrelevanz kaum vor und wenn, werden Sie mit den intentionalen Bildungskonzeptionen der schulbezogenen Sportpädagogik betrachtet (Neuber 2011, S. 147 ff.).

Dieser fehlenden Wahrnehmung von Sport und Bewegung als bildungsrelevantem Feld wie auch der bisher vernachlässigten außerschulischen Bildungsdebatte soll daher Rechnung getragen werden. Maßgeblich ist dabei die Übertragung des im zwölften Kinder- und Jugendberichts (BMFSFJ 2005) dargelegten umfassenden Bildungsverständnisses auf das Feld Sport und Bewegung. Zunächst wird von einem Begriffsverständnis von Bildung ausgegangen, dass eine zweifache Dimension aufweise, einerseits eine gesellschaftlich-funktionale Seite (damit sind normative Vorstellungen darüber gemeint, wie Gesellschaft aussehen bzw. sich verändern soll und welche Kompetenzen Gesellschaftsmitglieder hierzu benötigen) und andererseits eine subjektiv individuelle Seite, die die Selbstkonstitution des Individuums und seine Entwicklung in den Blick nehme (Heim 2008, S. 24). Weiterhin laufe der Erwerb von Bildung „nicht nur in dafür vorgesehenen Räumen und Organisationen, zu bestimmten Zeiten und in Abschnitten sowie im Zusammenhang eigens entwickelter Methoden und Verfahren" ab. Bildung unterliege vielmehr „...keinerlei zeitlicher, sozialer und räumlicher Begrenzungen" (Heim 2008, S. 23). Vor diesem Hintergrund wird auf das

Bildungsverständnisses des Zwölften Kinder- und Jugendbericht (BMFSFJ 2005) zurückgegriffen, in dem drei Modalitäten des Lernens dargestellt werden (Heim 2011, S. 36 ff., vgl. auch Neuber 2011, S. 153 ff.; Neuber et al. 2013, S. 402):

1. Formales Lernen, das hauptsächlich im schulischen Kontext stattfindet, in Bezug auf Lernziel, Lernzeit oder Lernförderung strukturiert ist, zu Zertifizierung führt und aus Sicht des Lernenden zielgerichtet ist.
2. Non-formales Lernen, das in nicht staatlichen Bildungseinrichtungen stattfindet, in der Regel nicht zertifiziert wird, einen höheren Grad an Freiwilligkeit und Individualisierung aufweist, jedoch trotzdem in Bezug auf Lernziele, Lerndauer und Lernmittel systematisch ist.
3. Informelles Lernen, worunter alle bewussten und unbewussten Formen des praktizierten Lernens außerhalb formalisierter Bildungsinstitutionen und -veranstaltungen zu verstehen sind.

In fast allen Veröffentlichungen zum informellen Lernen im Sport findet sich darüber hinaus die von Heim (2008, S. 38) vorgeschlagene Abbildung zu Bildungsmodalitäten in Zusammenhang mit Bewegung, Spiel und Sport, die es möglich macht, sowohl informelle Lernprozesse in formalen Kontexten (z. B. Pausen auf dem Schulhof) und non-formalen Kontexten (z. B. freiwilliges Engagement in Sportvereinen), als auch formelle Lernprozesse außerhalb des staatlichen Bildungssystems (z. B. Aus-, Fort und Weiterbildungen im Sportverbandswesen) darstellen zu können (Abb. 1).

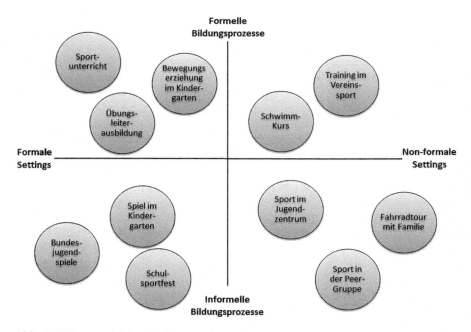

Abb. 1 Bildungsmodalitäten im Zusammenhang mit Bewegung, Spiel und Sport (Heim 2008, S. 38)

2.2 Kontext II: Die sportsoziologische inspirierte Debatte um Lern- und Kompetenzerwerbsprozesse im freiwilligen Engagement

Die Diskussion um Lern- und Kompetenzerwerbsprozesse im freiwilligen Engagement zielt auf die gesellschaftlich relevanten Leistungen des vereins- und verbandsorganisierten Sportsystems und dessen umfassende Förderung durch den Staat. Ausgangspunkt der Debatte ist die spezifische Verfassung des vereins- und verbandsorganisierten Sportsystems in Deutschland, das seit seiner (Neu-) Gründung in der Bundesrepublik Deutschland in den 1950er-Jahren in einer engen neokorporatistischen Beziehung zum Staat steht, die für beide Seiten von besonderem Interesse ist (Braun 2010; Meier 1995; Meier et al. 2013). Grundlage dieses Beziehungsgefüges sind drei Prinzipien, nach denen Staat und Sport in Deutschland kooperieren. Dies sind:

- die *Autonomie der Sportvereine und -verbände in Deutschland*, die ihre Betätigungsfelder und Organisationsziele – je nach Interessen der Mitglieder – frei von staatlicher Einflussnahme selbst definieren, gestalten und interpretieren können.
- die *partnerschaftliche Zusammenarbeit* zwischen Staat und Sport, nach der beide Akteure gemeinsame gesellschaftliche Handlungsfelder definieren und sich zu einer gemeinsamen Bearbeitung dieser Felder bereit erklären (ein klassisches Handlungsfeld, in dem Staat und Sport partnerschaftlich zusammen arbeiten ist die gesamtgesellschaftliche Repräsentation Deutschlands, die in besonderer Weise durch den Leistungssport erreicht werden kann. Weitere Felder sind z. B. Gesundheit, Integration, Sozialisation, Werteerziehung, Friedenssicherung und Bildung).
- direkte und indirekte *Förderung nach dem Prinzip der Subsidiarität*, nach der der Staat den Sport auf vielfältige Weise bei der Erreichung seiner Ziele unterstützt. So werden z. B. für den Spitzensport finanzielle Förderungen bereit gestellt, steuerliche Vorteile für Vereine gewährt oder kommunale Sportstätten zur kostenlosen Nutzung zur Verfügung gestellt (Bundestag 2010, S. 17).

Eine wesentliche Grundlage für diese Kooperation zwischen Staat und vereins- und verbandsorganisiertem Sport in Deutschland ist weiterhin das „Argument der großen Zahl", das sich einerseits auf die hohe Zahl der Mitgliedschaften bezieht, die sich im DOSB als Dachorganisation des vereins- und verbandsorganisierten Sports organisieren und andererseits auf die hohe Zahl an im Feld Sport und Bewegung freiwillig engagierten Menschen (Braun 2010). Beide „großen Zahlen" unterstreichen, dass die gemeinwohlorientierten Leistungen des vereins- und verbandsorganisierten Sportsystems nicht nur einer ausgewählten Zahl von Gesellschaftsmitgliedern zu Gute kommt, sondern eine breite Bevölkerungsschicht Anteil daran hat. Dieses Argument ist jedoch nicht erst in den letzten Jahren zunehmend in die Kritik geraten, weil Trends der Vergangenheit abgeschwächt und zum Teil gar umgekehrt würden: erstmals seit seiner Gründung scheint der vereins- und verbandsorganisierte Sport Mitglieder zu verlieren, das freiwillige Engagement scheint einem Strukturwandel zu unterliegen, auf den sich Sportvereine und -verbände erst einstellen müssten (Braun 2013).

Insbesondere auf die sinkende bzw. sich wandelnde Bereitschaft, sich freiwillig im Sport zu engagieren, konzentriert sich in der Sportsoziologie der Diskurs um das informelle Lernen, der hier kontextualisiert werden soll: Es geht um Lern- bzw. Kompetenzerwerbsprozesse im und durch freiwilliges Engagement, deren Untersuchung einerseits dazu beitragen soll, den individuellen Nutzen des Engagements zu unterstreichen und somit Engagierte eines vermeintlich neuen Typs (zweckrational motiviert, individuelle Mitgliedschaftsinteressen, schwache soziale und emotionale Bindung an den Verein, häufig die Vereinsmitgliedschaft wechselnd, weniger interessiert an der Vereinspolitik als an konkreten Projekten (Braun und Nagel 2005)) erneut an den vereins- und verbandsorganisierten Sport zu binden. Andererseits soll durch die Untersuchung von Lern- und Kompetenzerwerbsprozessen im freiwilligen Engagement eine erweiterte Bildungsfunktion des vereins- und verbandsorganisierten Sportsystem als Teil der Zivilgesellschaft über das reine Sporttreiben hinaus kenntlich gemacht werden. Eine ähnliche, auf die gesellschaftlichen Funktionen von Sportvereinen abzielende Debatte findet sich z. B. in Dänemark. Aagergard (2011) zeigt, dass das informelle Lernen dort als Legitimation für die (finanzielle) Förderung von Sportvereinen genutzt wird, weil diese gerade für Menschen mit Migrationshintergrund besonders wertvoll seien (vgl. auch Jespersen 2009).

Beide Diskurse, sowohl die sportpädagogische Diskussion um das Bildungsgut Sport, als auch die sportpädagogische bzw. sportsoziologische Diskussion um das Bildungspotential des freiwilligen Engagements im Sport haben einen legitimatorischen Charakter, insofern als sie dazu dienen, die Felder Sport und Bewegung bzw. freiwilliges Engagement im Sport anschlussfähig für aktuelle Diskurse um das Bildungssystem der BRD zu machen. So liefern beide Diskurse Argumente für eine Beteiligung von Sport- und Bewegungsangeboten in der Ganztagsschule (Naul 2011) und Bildungslandschaften (Pack und Ackermann 2011), bei der immer wiederkehrenden Diskussion um die Relevanz des Schulfachs Sport (Krüger 2011) oder – wie beschrieben – um die materielle und immaterielle Förderung des vereins- und verbandsorganisierten Sports durch den Staat.

Die dargestellte Auseinandersetzung in der Sportwissenschaft mit dem informellen Lernen hat zu einer Reihe von ersten empirischen Untersuchungen geführt, mit denen die bildungsbezogene Bedeutung des Feldes Sport und Bewegung, der Sportvereine bzw. des freiwilligen Engagements in Sportvereinen belegt werden soll. Ausgewählte, wichtige empirische Studien werden im Folgenden in wesentlichen Zügen skizziert.

3 Informelles Lernen im Kontext Schule, Sportverein und freien Sportszenen – Empirische Ergebnisse

Da die Forschungslage bisher eher auf einige wenige explorierende bzw. hypothesengenerierende Studien beschränkt ist, ist es möglich, die vorhandenen Studien anhand ihrer Begriffsdefinition, Methodik und den Ergebnissen etwas ausführlicher darzustellen. Zunächst werden zwei Studien zum informellen Lernen in Sportvereinen dargestellt, hieran anschließend jeweils eine Studie zum informellen Lernen in bewegungsbezogenen Settings in der Schule sowie in freien Sportszenen. Letztendlich werden zwei Anwendungs- bzw. Evaluationsstudien skizziert, die sich des Konzepts des informellen Lernens bedienen.

3.1 Informelles Lernen im Sportverein

Ein Schwerpunkt der empirischen Auseinandersetzung mit dem informellen Lernen im Sport stellt die Untersuchung von Lernprozessen im Setting des Sportvereins dar. Hervorzuheben sind dabei zwei umfangreichere Studien, deren besonderer Wert darin liegt, dass sie auf empirisch hypothesengenerierende Weise nicht nur Inhalte von Lernprozessen in Vereinen untersuchen, sondern auch in den Blick nehmen, auf welche Weise diese Lernprozesse in diesem konkreten Setting ablaufen (vgl. auch die etwas ältere Studie von Elsdon et al. 1995). Im Mittelpunkt stehen dabei einerseits jugendliche Vereinsmitglieder (Neuber et al. 2010; Golenia und Neuber 2010) sowie freiwillig Engagierte in Sportvereinen (Hansen 2008a, b, 2010). Beide Studien haben es sich zum Ziel gesetzt, informelle Lernprozesse im Sport grundlegend zu beschreiben, Kompetenzen zu benennen, die in diesem Setting erworben werden können und die Besonderheiten des Lernorts Sportverein deutlich zu machen.

Die Studie von Neuber et al. (2010) orientiert sich in ihrem Begriffsverständnis zu informellem Lernen eng an der oben beschriebenen Diskussion aus der Sportpädagogik (vgl. Abschn. 1). Untersucht werden Lernprozesse in dem non-formalen Setting des Sportvereins, wobei eine weitere Differenzierung des Begriffs informelles Lernen für die empirische Untersuchung nicht mehr vorgenommen wird. Anders geht die Studie von Hansen vor, in der zwischen formellen und informellen Lernprozessen unterschieden wird, wobei das informelle Lernen noch einmal eine bewusste, selbstgesteuerte und eine unbewusste, inzidentelle Form unterteilt wird (Hansen 2008b, S. 183):

1. Das *formelle Lernen* ist eine bewusste, zielgerichtete und pädagogisch angeleitete Form des Lernens, die in formellen Lernkontexten z. B. in Schulen, Universitäten und Weiterbildungsinstitutionen stattfindet. Es ist auf bestimmte Lernzeiten und Lernorte begrenzt.
2. Das *selbstgesteuerte, informelle Lernen* ist eine bewusste und zielgerichtete Form des Lernens, die durch einen gewissen Grad an Selbststeuerung in Bezug auf Lernmotive, Lernzeit, Lernort, Hilfsmittel etc. gekennzeichnet ist. Es kann außerhalb formeller Lernkontexte stattfinden und ist daher nicht auf bestimmte Lernorte und -zeiten beschränkt. Als Beispiel ließe sich die selbständige Recherche zu bestimmten Themen im Internet oder in Fachbüchern nennen.
3. Das *inzidentelle, informelle Lernen* kommt im Zuge einer nicht auf das Lernen ausgerichteten Handlung zu Stande und ist daher weder bewusst noch zielgerichtet.

Es ist – wie das selbstgesteuerte Lernen – unabhängig von formellen Lernkontexten und kann daher lebenslang und überall auftreten.

Beide Studien beruhen auf empirisch qualitativen Forschungsdesigns, die hier aufgrund des begrenzten Rahmens nicht weiter dargestellt werden können. Es handelt sich jedoch in beiden Fällen um hypothesengenerierende Studien, die ihre Ergebnisse aus den subjektiven Beschreibungen von Vereinsmitgliedern bzw. deren Interpretation durch die Forscher gewinnen.

Beide Studien beschreiben zunächst Kompetenzen, die in Sportvereinen erlernt werden können und systematisieren diese nach Oberbegriffen. Neuber et al. (2010, S. 55 ff.) unterscheiden personale Kompetenzen (Selbstbewusstsein, Selbstwertgefühlt, Selbstvertrauen, Handeln in Leistungssituationen, Körper- und Selbstbeherrschung, Selbständigkeit, Psycho-physische Stabilität), soziale Kompetenz (Interaktionfähigkeit und -bereitschaft, Kooperationsfähigkeit und -bereitschaft, Anpassungsbereitschaft und -fähigkeit, Durchsetzungsfähigkeit und -bereitschaft), kognitive Kompetenzen (Beobachtungskompetenz, Wissen über Technik und Taktik von Bewegungen, Umgang mit Materialien, die Organisation des Sportvereins, Erste Hilfe und gesunde Lebensweise), organisatorische Kompetenz und sportliche Kompetenz (Erfahren neuer Erlebnisdimensionen, Erlernen von Bewegungen, Kennenlernen einer Sportart/ Kultur, Kennenlernen und Ausbilden des Körpers, Verschieben von Leistungsgrenzen, Verstehen von Taktiken). Hansen (2008b, S. 190 ff.) unterscheidet in ähnlicher Weise in Fachwissen (z. B. Trainingsmethoden, Sportarten), Gesellschaftswissen (Aufmerksamkeit für Problemlagen der Gesellschaft z. B. Migration, Armut etc.), personenbezogene Kompetenzen (Selbstbewusstsein, Geduld, Hartnäckigkeit, soziale Kompetenzen) und Organisationsfähigkeiten. Darüber hinaus zeigen die Interviews mit Vereinsmitgliedern in der Studie von Hansen, dass nur die fachlichen Inhalte in Sportvereinen auf bewusste Weise (selbstgesteuerte oder formale) erlernt werden können, wohingegen alle anderen Inhalte ausschließlich unbewusst (inzidentell) erworben werden und dass alle Kompetenzen bis auf das Fachwissen auch in anderen Lebensbereichen außerhalb des Sportvereins angewendet wurden (Hansen 2008b, S. 190 ff.).

Beide Studien zeichnen sich darüber hinaus dadurch aus, dass in ihnen die Situationen beschrieben werden, in denen die Befragten in Sportvereinen Kompetenzen auf informelle Weise erwerben konnten. Das Potential des Sportvereins als Lernsetting wird hierdurch noch deutlicher aufgezeigt. Neuber et al. (2010, S. 67 ff.) unterscheiden fünf solcher Lernsituationen:

1. *Erfolg anstreben* in Trainingsprozessen, in Wettkampfsituationen oder bei der Organisation von Events (diese Lernsituation scheint den Autoren zufolge die zentrale sportbezogene Lernsituation zu sein, allerdings komme es auch in anderen, nicht auf den Erfolg ausgerichteten Situationen zu (informellen) Lernprozessen),
2. *mit Heterogenität umgehen* zum Beispiel in Bezug auf Leistungs- oder Altersunterschiede in Trainingsgruppen,

3. *Gemeinsam Handeln* z. B. bei Angriffen von außen (als ungerecht empfundene Schiedsrichterentscheidungen, Kritik an der Mannschaft) oder bei der außersportlichen Freizeitgestaltung im Sportverein,
4. *Verantwortung übernehmen* z. B. als Übungsleiter oder im Vorstand des Vereins,
5. *mit dem Trainer interagieren,* der für die Jugendlichen eine wichtige Vorbildfunktion übernimmt.

In der Studie von Hansen (2008a, S. 103 ff.) werden aufbauend auf einer empirisch begründeten Typenbildung ebenfalls Situationen benannt in denen es zu unbewussten (inzidentellen) bzw. bewussten (selbstgesteuerten) informellen Lernprozessen in Vereinen kommt. Diese Situationen werden als Tätigkeit, Interaktion mit anderen Vereinsmitgliedern, Anforderungen einer formalen Position und Interesse und/oder beruflicher Nutzbarkeit bezeichnet. Darüber hinaus kann der Autor vor dem Hintergrund organisationstheoretischer Analysen des Sportvereins (Horch 1985, 1983) Hypothesen über den Einfluss der Organisationsform Verein auf das Lernen der Mitglieder formulieren:

1. Vereine können informelles Lernen fördern, weil lernförderliche Interaktionen und Aushandlungen in ihnen ein wichtiges Handlungsmuster darstellen. Dies gelingt Vereinen jedoch nur dann, wenn sie keine verfestigten Routinen oder Handlungsmuster im Sinne von „so haben wir das schon immer gemacht" ausbilden.
2. Vereine können informelles Lernen fördern, weil sie die Möglichkeit eröffnen, Aufgaben und Tätigkeiten zu personalisieren, d. h. an interessierenden Gegenständen bzw. Lerninhalten auszurichten.
3. Vereine können informelles Lernen fördern, weil die Engagierten aus Furcht vor informellen Sanktionen und aufgrund ihrer emotionalen Verbundenheit mit dem Verein ihre Tätigkeiten als Anforderungen wahrnehmen, denen sie ggf. mit Hilfe von Lernprozessen nachzukommen versuchen (Hansen 2008a, S. 133).

3.2 Informelles Lernen in der Schule und informellen Settings

Neben dem Sportverein, auf den sich ein wesentlicher Schwerpunkt der empirischen Auseinandersetzung mit dem informellen Lernen in der Sportwissenschaft konzentriert, werden auch die Schule sowie die so genannten informellen Settings, also freie Szenen außerhalb organisierter Kontexte, in Bezug auf ihr Potential, informelle Lernprozesse zu ermöglichen, untersucht. Auch hier sollen zwei wesentliche und grundlegende Arbeiten, die den Stand der Diskussion in der Sportwissenschat gut wiederspielen, knapp skizziert werden.

Die Schule, die eher mit formalem Lernen im Unterricht bzw. non-formellen Lernformen im Rahmen organisierter Ganztagsangebote in Verbindung gebracht wird, ist mit Blick auf den Sport seltener Thema von Studien zum informellen Lernen. Zwar tauchen die von Heim (2008, vgl. Abschn. 1) in die Sportpädagogik eingeführten Begrifflichkeiten insbesondere in der Debatte um Spiel und Sport in

Ganztagsschulen wieder auf (Naul 2011), jedoch sind empirische Studien, die sich explizit mit informellen Lerngelegenheiten im Kontext der Schule beschäftigen, eher rar. Eine Ausnahme bildet die Arbeit Derecik, die sich mit Schulhöfen als (informellen) Lerngelegenheiten beschäftigt (Derecik 2011, vgl. auch Derecik et al. 2013, 2009, 2010, 2014; Derecik und Deinet 2013). Ziel der Arbeiten von Derecik ist es, das informelle Lernen auf Schulhöfen in der Ganztagsschule theoretisch zu verorten" und dann empirisch zu untersuchen (Derecik 2011, S. 20). Die theoretische Verortung wird anhand der drei Begriffe informelles Lernen, Raum und Aneignung vollzogen: *Informelles Lernen* wird als Oberbegriff für die unterschiedlichen Verständnisweisen, die mit dem Begriff einhergehen, verstanden. Gemeint sind also sowohl selbstgesteuerte bzw. selbst geplante Lernformen, als auch als implizite und inzidentelle Lernformen. (Derecik 2010, S. 29 f.). *Raum* konstruiert Derecik in Anlehnung an die Raumsoziologie als Sozialraum: An ein und demselben Ort können sich unterschiedliche Nutzungsgruppen aufhalten und die objektiven Gegebenheiten subjektiv gestalten und interpretieren. *Aneignung* wird von Derecik als eigentätige Auseinandersetzung mit der Umwelt und ihren räumlichen Strukturen verstanden, die zu Entwicklungsprozessen von Heranwachsenden im Sinne des informellen Lernens führt. Es werden fünf Dimensionen unterschieden, mit denen die Aneignung des Raums Schulhof im Sinne des informellen Lernens operationalisiert wird und die dann empirisch untersucht werden können:

- *Erweiterung motorischer Fähigkeiten*: Können Heranwachsende sich die gegenständliche und symbolische Bewegungskultur, die sich auf Schulhöfen manifestiert hat, erschließen und aneignen?
- *Erweiterung des Handlungsraums*: „Werden Situationen geschaffen, die eine Erweiterung des Handlungsraums möglich machen, indem bisher unbekannte und unbenutzte Orte und Räume im vorhandenen Handlungsraum Schulhof angeeignet werden?"
- *Veränderung von Situationen*: „Welche Veränderungsmöglichkeiten sind in Situationen auf Schulhöfen vorhanden?"
- *Aneignung als Verknüpfung von (virtuellen) Räumen*: Gelingt es Heranwachsenden den Schulhof mit anderen Sozialräumen zu verknüpfen?
- Aneignung als Spacing: Inwieweit gelingt es Heranwachsenden auf Schulhöfen durch Selbstinszenierungen eigene Sozialräume zu schaffen (Derecik 2011, S. 70 ff.)?

Vor diesem Hintergrund untersucht Derecik in seiner empirischen Untersuchung, wie Kinder, Kids und Jugendliche sich den Schulhof als bewegungsorientierten Sozialraum aneignen bzw. wie dort informelle Lernprozesse stattfinden. Anschließend an die grundlegende Untersuchung zur räumlichen Aneignung von (Schul-)räumen als informellen Lerngelegenheiten, ist ein Praxishandbuch zur Gestaltung von Bewegungs- und Ruheräumen an Schulen entstanden (Derecik 2015).

Auf knappere aber ähnliche Weise operationalisiert auch Bindel seinen Begriff von informellem Lernen (wobei darauf hinzuweisen ist, dass der Autor seine Studie zur sozialen Regulierung informeller Sportgruppen (Bindel 2008) erst im Nachhinein vor dem Hintergrund des Begriffs des informellen Lernens ausgewertet hat (Bindel 2010)). „Informelles Sportengagement ordnet sich nicht nur als Sportraum in die Freizeitgestaltung von Jugendlichen und jungen Erwachsenen ein, sondern als Sozialraum und damit als informelles Lernfeld, das besondere Wirkungskraft verspricht" (Bindel 2010, S. 267). Vor diesem Hintergrund sieht Bindel die Bedeutung seines Beitrags in der „Identifikation von Lernpotentialen", der eine „Beschreibung des vermeintlichen Lernfeldes vorausgeht" (Bindel 2010, S. 267). Hierfür untersucht er mit Hilfe ethnographischer Methoden (intensive Begleitung von Akteuren und Gewinnung von Datenmaterial durch Beobachtungsprotokolle, informelle Gespräche, ethnographische Interviews, Skizzen) zwei informelle Sportgruppen (Bindel 2010, S. 268).

Die Ergebnisse der ethnographischen Untersuchung Bindels zeigen, dass informelle Sportszenen nicht voraussetzungsfrei unter dem Motto „jeder kann mitspielen" sind, wie sie oft dargestellt werden, sondern dass eine Reihe Zugangsmechanismen bestehen, die für Jugendliche wichtige informelle Lerngelegenheiten sein können:

- Potentielle Mitspielerinnen und Mitspieler müssen *die Spielstrukturen der jeweiligen Sportgruppe kennenlernen*. Dabei geht es z. B. darum, die Ernsthaftigkeit und das Level des Spiels (Fußball ist nicht gleich Fußball) zu erkennen und ggf. mit den eigenen Sportbedürfnissen abzustimmen.
- Die Mitspielerinnen und Mitspieler müssen die *sozialen Strukturen der informellen Sportgruppe* erkennen bzw. lernen diese kennen. Hierzu gehört es nach Bindel auch, die „Anwesenden in Kategorien zu ordnen", die durchaus ambivalent sein können (z. B. „,die Kinder', ,die Mädchen', ,die Asiaten' und ,die Schwarzen'") und nach denen Spiel- bzw. Verhaltensweisen schematisch kategorisiert werden.
- Die Aktiven erlernen es sich zu „integrieren", denn in informellen Sportgruppen ist der Neuling für seine Einbindung selbst verantwortlich. Es gibt niemanden, der für diese Integration „zuständig" wäre und vielfach verläuft diese Integration eben nicht nur über die sportlichen Kompetenzen, sondern auch über Kommunikation (mitreden, mitlachen) (Bindel 2010, S. 276 f.).

Es ist das Verdienst Bindels in diesem Kontext darauf aufmerksam zu machen, dass informelle Lerngelegenheiten nicht notwendigerweise positiv sein und zu gesellschaftlich erwünschten Lernerfolgen führen müssen. Die Ambivalenz gerade des Lernfeldes informelle Sportgruppe liegt darin, dass man sich hier eben auch als unfähig zur Integration erweisen kann und dies schmerzhaft durch Ausschluss und Misserfolg vorgeführt bekommt und dass man ungefiltert Stereotype und Schemata gegenüber anderen sozialen Gruppen erwerben kann. Hinzu kommt – und auch hierauf macht Bindel aufmerksam – dass dies in Vereinen oder anderen organisierten Kontexten nicht notwendigerweise anders sein muss. Auch in den meisten Sportvereinen muss man über die formale Mitgliedschaft hinaus Spielstrukturen und soziale Strukturen kennenlernen und sich erfolgreich sozial integrieren (ohne dass hierfür institutionalisierte Ansprechpartner zur Verfügung stehen).

3.3 Evaluationsstudien zum informellen Lernen im Sport

Neben den erwähnten grundlegenden Studien zum informellen Lernen in verschiedenen sportbezogenen Settings, gehören zum empirischen Forschungsstand auch Evaluationsstudien zu Programmen, mit denen das freiwillige Engagement Jugendlicher in sportbezogenen Setting gefördert werden soll. Zwei Beispiele sollen hier vorgestellt werden.

Im formellen Setting der Schule angesiedelt, ist die Studie von Neuber und Wienkamp (Neuber und Wienkamp 2010), in der informelle Lerngelegenheiten von sogenannten Sporthelferinnen und Sporthelfern untersucht werden. Die Sporthelferausbildung ist eine von der Sportjugend NRW angebotene Ausbildungsmaßnahme, mit der Schülerinnen und Schüler im Alter von 13 – 18 Jahren qualifiziert werden sollen, „verantwortlich im außerschulischen Sportunterricht mitzuarbeiten" (Neuber und Wienkamp 2010, S. 175). Hiermit sind nicht nur sportpraktische Tätigkeitsfelder gemeint, sondern auch die Interessenvertretung von Kindern und Jugendlichen in der Schule, weswegen der Ausbildung und der daran anschließenden Tätigkeit eine besondere Rolle bei der Entwicklung demokratischer Kompetenzen zugeschrieben wird. Die Autoren untersuchen mit Hilfe problemzentrierte Interviews sechs Sporthelferinnen und Sporthelfer eines Gymnasiums im Münsterland. Die Ergebnisse zeigen, dass die Sporthelferinnenausbildung für die interviewten Schülerinnen und Schüler ein Lernfeld darstellt, das es ihnen ermöglicht, über die eigentliche formelle Ausbildung hinaus, umfangreiche informelle Lernerfahrungen zu machen. Die Ergebnisse der Studie decken sich dabei mit den bereits dargestellten Studien zum informellen Kompetenzerwerb im freiwilligen Engagement. Dass diese informellen Lernprozesse im Rahmen des Settings Schule stattfinden, wo „Partizipationsversprechen" aufgrund verpflichtender Gegebenheiten oftmals nur schwer einzulösen sind, macht den besonderen Wert der Studie aus (Neuber und Wienkamp 2010, S. 185).

Hansen und Braun evaluieren ebenfalls ein durch die Sportjugend NRW angebotenes formelles Ausbildungsprogramm, die Gruppenhelfer III-Ausbildung (GH III-Ausbildung) (Braun und Hansen 2010). Auch in dieser Ausbildung geht es darum, Jugendliche für die Übernahme freiwilliger Positionen zu qualifizieren. Die Jugendlichen sollen befähigt werden nicht-sportbezogene Positionen in Sportvereinen (Jugendwart, Kassenwart, Vorsitzender etc.) zu übernehmen, um auf diese Weise jugendbezogene Interessen in Sportvereinen kompetent vertreten zu können. Die Forschungsfrage der Evaluation richtete sich darauf zu untersuchen, inwieweit die Jugendlichen nach Beendigung der Ausbildung in ihren Sportvereinen Positionen im außersportlichen Bereich übernehmen konnten (Kompetenzerwerb zum freiwilligen Engagement) und ob die Jugendlichen nach der Ausbildung auf informelle Weise neue Kompetenzen hinzugewinnen konnten (Kompetenzerwerb durch freiwilliges Engagement). Untersucht wurden 118 GH III Absolventinnen und Absolventen mit einem quantitativen Fragebogen. Einerseits wurden Funktionen und Ämter des freiwilligen Engagements vor und nach der GH III Ausbildung abgefragt und andererseits der wahrgenommene Kompetenzerwerb in vier Kompetenzbereichen – Fachkompetenz, Sozialkompetenz, Persönlichkeitskompetenz und Methodenkompetenz – erfasst. Vertiefend wurden darüber hinaus qualitative Interviews mit 18 Jugendlichen und jungen Erwachsenen zur GH III-Ausbildung geführt. Hervorzuheben ist, dass die Jugendlichen Teilnehmer an der GH III-Ausbildung aus ihrer subjektiven Perspektive über zum Teil sehr hohe Zuwächse in den vier Kompetenzbereichen berichten und darüber hinaus angeben, dass sie die erworbenen und verbesserten Kompetenzen auch außerhalb des Sportvereins anwenden konnten. Obwohl diese Ergebnisse mit methodischen Vorbehalten zu versehen sind, stellen sie letztlich einen ersten Schritt in Richtung einer quantitativen Untersuchung informeller Lernprozesse dar.

4 Die Übertragung der Debatte um informelles Lernen im Sport in die Arbeit der Sportverbände

Zur Frage, wie die Debatte um das informelle Lernen in der Sportwissenschaft in die Praxis des vereins- und verbandsorganisierten Sports in Deutschland übertragen wird, haben wir 2013 eine auf Experteninterviews und Dokumentenanalysen beruhende Studie veröffentlicht (Hansen 2013; Braun 2013). Im Mittelpunkt dieser Studie stand aus inhaltlichen und forschungspragmatischen Gründen die Bundesebene des vereins- und verbandsorganisierten Sports in Deutschland, der Deutsche Olympische Sportbund (DOSB) mit seiner Geschäftsstelle in Frankfurt am Main. Der DOSB nimmt für die über 91.000 Sportvereine in Deutschland mit über 28 Millionen Mitgliedschaften Ordnungs-, Programm- und Dienstleistungsfunktionen wahr und dürfte daher von besondere Bedeutung für die bildungsbezogene Debatte im vereins- und verbandsorganisierten Sport sein (Braun 2013, S. 33). Trotz dieser Einschränkung auf die Bundesebene, die mögliche weitere Projekte in den 16 Landessportbünden, 64 sportartspezifischen Spitzenverbänden und 20 Verbänden mit besonderen Aufgaben außer Acht lässt, kann das Forschungsprojekt einen guten Einblick darin bieten, auf welche Weise die Debatte um das informelle Lernen im Sport in die Praxis der Sportverbände übertragen wird.

4.1 Informelles Lernen als Thema der Jugendorganisation im DOSB

Zunächst lässt sich festhalten, dass die Bildungsarbeit des DOSB zum Zeitpunkt der Datenerhebung fast ausschließlich auf das Aus- und Fortbildungssystem in den einzelnen Spitzen- und Landesverbänden ausgerichtet war. Die in diesem Aus- und Fortbildungssystem angebotenen Lehr- und Lernangebote waren bis dato stark an formelle Bildungsprozesse angelehnt (es handelt sich (zumeist) um Präsenzkursangebote, die mit einer Zertifizierung enden, chronologisch aufeinander aufbauen und regelmäßig aktualisiert bzw. erneuert werden müssen z. B. Trainerlizenzen, Vereinsmanagerausbildung etc.). Die Debatte um das informelle Lernen tauchte zum Zeitpunkt der Datenerhebung in Dokumenten des DOSB (z. B. Präsidiumsbericht der Vizepräsidentin für Bildung und Olympische Erziehung oder in den Dokumenten der Arbeitstagungen im DOSB zum Thema Bildung) nicht auf (Hansen 2013, S. 110).

Stattdessen wurde das Thema informelles Lernen zum Zeitpunkt der Datenerhebung intensiv durch die Jugendorganisation im DOSB, die Deutsche Sport Jugend (DSJ) bearbeitet. Diese Arbeitsteilung im DOSB ist, das legen die von uns durchgeführten Experteninterviews nahe, auf eine vereinbarte Arbeitsteilung zwischen DOSB und DSJ zurückzuführen, die aus pragmatischer Sicht zwar sinnvoll ist, jedoch auch die Gefahr birgt, dass das Thema auf die wichtige Gruppe der Kinder und Jugendlichen im Sport reduziert wird, während die Gruppe der Erwachsenen, auf die sich ebenfalls ein Großteil der Bildungsarbeit des Vereins- und Verbandsorganisierten Sports bezieht, nicht in den Blick gerät.

4.2 Zur Auseinandersetzung der DSJ mit dem informellen Lernen

Die DSJ hat sich in verschiedenen Veröffentlichungen und Projekten konkreter mit der Diskussion um das informelle Lernen auseinandergesetzt. Dabei lassen sich erstens Dokumente erkennen, in denen die Debatte um das informelle Lernen aufgenommen wird, um grundlegend auf die Bildungsfunktionen des vereins- und verbandsorganisierten Sports aufmerksam zu machen. Hervorzuheben ist dabei vor allem der Orientierungsrahmen Bildung der DSJ, der programmatisch das Bildungsverständnis der Jugendorganisation des DOSB darlegt (Deutsche Sportjugend (dsj) 2009b). In diesem Dokument wird explizit auf die Debatte um informelle Lernprozesse verwiesen: „Der Sportverein lässt sich … als nonformales Setting beschreiben, in dem sowohl formelle als auch informelle Lernprozesse stattfinden können. Die Entfaltung der Bildungspotenziale ist abhängig davon, welche konkreten Erfahrungen im Vereinsleben und im Training bzw. in der Übungsstunde gemacht werden können. Diese sind gezielt zu gestalten, um sie im Sinne einer ganzheitlichen Bildung zu nutzen. So kann beispielsweise die Selbstorganisation im Sportverein dann zu einem Lernfeld für Partizipation werden, wenn sie Kindern und Jugendlichen ermöglicht, die sie betreffenden Prozesse verantwortlich mitzugestalten" (Deutsche Sportjugend (dsj) 2009b).

Die konkreten Handlungsempfehlungen der DSJ im Orientierungsrahmen bleiben aufgrund des Grundlagencharakters des Dokuments verständlicherweise recht unspezifisch. Da informelle Lernprozesse per Definition „kaum pädagogisch angeleitet werden können" (Deutsche Sportjugend (dsj) 2009b, S. 8), werden Empfehlungen für lernförderliche Rahmenbedingungen in Vereinen gegeben, die sich auf drei Aspekte beziehen:

- die Ermöglichung von Freiwilligkeit, Selbstorganisation und Partizipation (strukturelle Rahmenbedingungen schaffen, vertrauensvolles Klima schaffen),
- Entwicklung und Schulung von pädagogischem Personal (Trainer und Trainerinnen und Übungsleiterinnen und Übungsleiter als Lernbegleiter begreifen, Qualifizierung von Vereinsmitarbeiterinnen und Vereinsmitarbeitern fördern),

- Besonderheiten informeller Lernprozesse beachten (Reflexionsfähigkeit entwickeln, Aufmerksamkeit auf informelle Lernprozesse lenken) beziehen (Deutsche Sportjugend (dsj) 2009b, S. 8).

Eine zweite Art von Dokumenten, in denen die DSJ auf die Debatte um das informelle Lernen zurückgreift, sind wissenschaftliche Expertisen, in denen die sportwissenschaftliche Debatte genutzt wird, um die Wirkungsweise ausgewählter Projekte zu beschreiben. Zu diese Art von Dokumenten können die bereits dargestellten Evaluationsprojekte von Neuber und Wienkamp (2010) sowie von Braun und Hansen (2010) zählen, wenngleich diese nicht durch die DSJ sondern durch die Landessportjugend NRW gefördert wurden. Ein weiteres Beispiel für Dokumente, in denen die Wirkungsweise von Projekten mit Blick auf die sportwissenschaftliche Debatte, hinterfragt bzw. theoretisch fundiert wird, ist die „Expertise zum Stand von Forschung und Praxis im Rahmen der wissenschaftlichen Begleitung des Projekts ‚JETST! Junges Engagement im Sport' der Deutschen Sportjugend" (Hoorn et al. 2010). In dieser Expertise geht es um die wissenschaftliche Fundierung eines Projektes zur Förderung des Engagements bei benachteiligten Jugendlichen sowie jungen Menschen mit Migrationshintergrund im Sport. Freiwilliges Engagement (im Sport) wird hierbei als eine individuelle Ressource für die Zielgruppe begriffen, weil es eben u. a. die Möglichkeit eröffne (informelle) Lernprozesse zu durchlaufen.

Letztendlich nutzt die DSJ die sportwissenschaftliche Debatte um das informelle Lernen im Sport auch, um konkrete Konzepte zur Förderung informeller Lernprozesse zu entwickeln. Als Beispiel hierfür könnte das „Handbuch für Träger und Einsatzstellen, Freiwilliges Soziales Jahr im Sport" herangezogen, das die DSJ entwickelt hat (Deutsche Sportjugend (dsj) 2009a, neueste Auflage Deutsche Sportjugend (dsj) 2014). Auch hier wird informellen Lernprozessen eine besondere Bedeutung zugeschrieben, die durch pädagogische Begleitung sowie durch Seminarveranstaltungen angeregt werden soll. Hierfür hat die DSJ ein Seminarkonzept entwickelt, das aus einem Einführungs-, Zwischen- und Abschlussseminar besteht. Das Konzept enthält sowohl Zielkompetenzen, die entwickelt werden sollen (Selbstkompetenz, soziale Kompetenz, Mitverantwortung für das Gemeinwohl, sportliche und überfachliche Fachkompetenz), als auch exemplarische Musterprogramme, die Sportvereinen und -verbänden bei der Organisation und Durchführung der Seminar Hilfestellung geben sollen.

5 Informelles Lernen im Sport in der internationalen Debatte

Auch im internationalen Kontext lässt sich eine Debatte um das informelle Lernen im Sport ausmachen. Ein erster wesentlicher Unterschied zur Nutzung des Konzepts im deutschen Kontext ist, dass das Thema informelles Lernen in der internationalen sportwissenschaftlichen Debatte eine erwachsenenpädagogische Ausrichtung hat. Während in Deutschland nur die Studie von Hansen (2008a) explizit erwachsene freiwillig Engagierte im Sport in den Blick nimmt und ansonsten ausschließlich der Bildungserwerb von Jugendlichen betrachtet wird, konnte in der für diesen Beitrag durchgeführten Recherche kein internationaler Beitrag identifiziert werden, der das informelle Lernen Jugendlicher im Sport betrachtet. Dafür stehen Sportlehrerinnen und Sportlehrer (Armour und Yelling 2007; Anderson und Bevilacqua 2005), Physiotherapeutinnen und Physiotherapeuten (Hayward et al. 2013; Hurst 2010), Studierende der Sportwissenschaft (Fairley und Tyler 2009) und Sportlerinnen und Sportler (Mazer et al. 2013) im Vordergrund der Studien aus dem internationalen Kontext.

5.1 Formelles und informelles Lernen von Trainerinnen und Trainern

Weiterhin ist festzustellen, dass das Konzept des informellen Lernens besonders intensiv in der Debatte um die Ausbildung von Trainerinnen und Trainern (coach education) diskutiert wird (für eine Zusammenfassung bis zum Jahr 2010 vgl. Cushion et al. 2010). Die überwiegend aus dem angelsächsischen Raum (insbesondere Kanada und Großbritannien) aber auch aus den USA, Hongkong, Australien, Spanien und Portugal stammenden Studien untersuchen das formelle und informelle Lernen von

- professionellen Trainerinnen und Trainern im Spitzensportbereich (Hanratty und O'Connor 2012; Jiménez et al. 2009; Mesquita Rosado 2010; Koh et al. 2011)
- professionellen Trainerinnen und Trainern an Highschools (Camiré et al. 2014; Winchester et al. 2013),
- Fitness Coaches (die sogenannten Personal-Trainerinnen und Trainer wie auch Trainerinnen und Trainer in Fitnessstudios)(De Lyon und Cushion 2013),
- Trainerinnen und Trainern von Athleten mit einer körperlichen Behinderung (McMaster et al. 2012) oder
- freiwillig engagierten (volunteer) Trainerinnen und Trainern (North 2010; Lemyre et al. 2007; Wright et al. 2007).

Was genau in den jeweiligen Studien unter informellem Lernen verstanden wird variiert je nach Forschungsfrage und theoretischer Position der Autoren (Nelson et al. 2006, S. 248). So finden sich einerseits Studien, die den Begriff des informellen Lernens als Sammelbegriff für andere Konzepte verstehen. So bezeichnen z. B. Fairley und Tyler (2009) kulturelles Lernen als informelles Lernen und untersuchen, was Studierenden des Fachs Sportmanagement während einer studentischen Exkursion in eine fremde Sportkultur lernen. Mazer et al. (2013) gehen davon aus, dass „team sports have become a vital informal learning setting in which athletes are taught, motivated and mentored by their coaches" und untersuchen dann auf experimentelle Weise, die Auswirkungen aggressiven Verhaltens von Trainerinnen und Trainern und auf die Motivation junger Team Sportlerinnen und Sportler (Mazer et al. 2013, S. 203 ff.).

Von einiger Bedeutung – weil häufig verwendet – ist der von Nelson et al. 2006 vorgeschlagene konzeptionelle Rahmen, der auf den von Coombs und Ahmed (1974) eingeführten Begrifflichkeiten formal, nonformal und informal learning beruht: „Given its (Ahmed and Coombs conceptual framework) broad acceptance and utilisation in mainstream adult learning literature the framework was deemed appropriate to initiate discussion surrounding coach learning" (Nelson et al. 2006).

- Formelles Lernen findet hiernach im institutionalisierten und hierarchisch strukturieren Bildungssystem statt, in dem Lernleistungen anhand chronologischer Maßstäbe bewertet werden.
- Nonformal Learning sei jede systematisch organisierte Lehraktivität außerhalb des formalen Bildungssystems und
- Informelles Lernen jedes Lernen, dass durch alltäglich Erfahrung und Interaktion mit der sozialen Umwelt stattfinde (Nelson et al. 2006, S. 249, 252 bzw. 253).

Die Zusammenschau vorfindbarer Studien zum Thema zeigt, dass formelles Lernen, zwar einen positiven Einfluss auf die Selbstwahrnehmung von Trainern hat und besonders dann als gelungen empfunden wird, wenn die Lehrperson über hohes Fachwissen verfügt, Verhaltensweisen, die sie von Lernenden erwartet, selbst zeigt, das zu vermittelnde Wissen sinnvoll strukturiert ist, die Lernenden einen Zusammenhang zu Anwendungssituationen herstellen können und es in formalen Lernsituationen die Möglichkeit gibt, erlerntes anzuwenden, zu diskutieren und sich auszutauschen (Nelson et al. 2006, S. 250). Nichtsdestotrotz stellen Nelson et al fest: „Although research indicates that coaches frequently engage in formal learning activities, it also demonstrates that these are a relatively low impact endeavours when compared to informal learning activites" (Nelson et al 2006, S. 249). Dies liege insbesondere daran, dass formelle Lernangebote für Trainerinnen und Trainer, den komplexen Prozess des Trainierens künstlich in sportwissenschaftliche Teilthemen (Biomechanik, Trainingslehre, Psychologie, Pädagogik) zerstückeln, ohne eine praxisorientierte Integration der einzelnen Wissensbestände zu ermöglichen. Dies sei insbesondere dann ein Problem, wenn die einzelnen Lerngelegenheiten (Kursangebote nationaler oder lokaler Sportverbände/-organisationen) zu heterogen zusammengesetzt seien und sich das Vorwissen und die Praxiserfahrungen der Teilnehmerinnen und Teilnehmer stark unterscheiden. Gleichzeitig wird kritisch festgestellt, dass formelle Lerngelegenheiten oft in zu kurzen Blöcken organisiert seien und wenig Möglichkeit zum individuellen Austausch, systematischer Nachbereitung oder zur Fortsetzung böten. Letztendlich seien biowissenschaftliche Inhalte gegenüber soziokulturellen und pädagogischen Aspekten des Trainingsprozesses in formellen Lernangeboten überrepräsentiert und es zeige sich die Tendenz einer hierarchisierten „Weitergabe" von Wissen von Generation zu Generation, die die Integration neuerer, aktueller Inhalte verhindere (Nelson et al. 2006, S. 249 f.).

Informellen Lerngelegenheiten wird wie gesagt in der Literatur ein weitaus größerer Einfluss auf das praktische Wissen von Trainern zugeschrieben, als formellen Lernveranstaltungen. Informelles Lernen findet dabei – so die Zusammenfassung der Studien bei Nelson et al. (2006) und Cushion et al. (2010) auf drei unterschiedliche Weisen statt:

Erstens als selbstorganisiertes Lernen (self-directed learning). Nelson et al. (2006, S. 253) stellen z. B. fest, dass Trainerinnen und Trainer eine große Menge an Quellen nutzen, um sich selbständig weiterzubilden (utilizing and exploring the internet, reading coaching manuals, books, journal articles and magazines, educational sports science videos, footages of coaching sessions, recordings of the performance of their own and other athletes).

Zweitens wird den eigenen Erfahrungen aus der praktischen Trainertätigkeit sowie der eigenen zurückliegenden Karriere als Sportler eine wesentliche Bedeutung als Quelle informeller Lernprozesse zugeschrieben. Cushion et al (2010, S. 30) resümieren allerdings, dass die Forschungslage zum erfahrungsbasierten Lernen von Trainerinnen und Trainern mit Ausnahme der eigenen Athletenkarriere noch recht dünn ist und weiterer Aufmerksamkeit bedarf. Insbesondere der Reflexion der eigenen Erfahrung in Bezug auf ihre Lernwirksamkeit scheint bisher noch zu wenig Aufmerksamkeit gewidmet worden zu sein (Cushion et al. 2010, S. 34).

Letztendlich wird drittens große Aufmerksamkeit dem kollegialen Austausch mit Trainerkolleginnen und -kollegen als Quelle von Lernprozessen gewidmet. Mentoring und vor allem den so genannten communities of practice (Culver und Trudel 2008) also dem Austausch mit anderen Trainern werden dabei in der Literatur besondere Aufmerksamkeit gewidmet: „Learners often enter communities of practice at the periphery and over time move closer to full legitimate participation as they gain knowledge, learn the norms and see themselves as members of the community"(Nelson 2006, S. 253 f.). Bisher fehle jedoch, so Cushion et al., eine kritische Würdigung dieser Form des informellen Lernens: „Importantly, as the evidence from workplace learning suggests, this learning ignores power relations in which the ‚other' dominates the process, and particular ideological interpretations of high-status knowledge are enforced".

6 Fazit

Ziel dieses Beitrags war es, einen Überblick über die Diskussion um das informelle Lernen in der Sportwissenschaft zu geben. Dieser Überblick lässt sich auf knappe Weise folgendermaßen zusammenfassen:

Ziel der Debatte um das informelle Lernen im Sport ist es, Sport und Bewegung bzw. das freiwillige Engagement im Sport als bildungsrelevante Felder zu markieren. Das Konzept des informellen Lernens wird insofern in der Sportwissenschaft in einem legitimatorischem Kontext verwandt. Sport- und bewegungsbezogene Aktivitäten bzw. das freiwillige Engagement im Sport bieten gute Voraussetzungen, um informelle Lernprozesse zu durchlaufen und sich somit ein wichtiges gesellschaftliches Feld anzueignen, in dem vielfältige gesellschaftlich-relevante Kompetenzen erworben werden können. Somit werden Sport und Bewegungsangebote bzw. Organisationen, die solche Angebote machen, zu anschlussfähigen Partnern z. B. für die Ausgestaltung des schulischen Ganztags, von Bildungslandschaften, lebenslangen

Lernangeboten etc. und legitimieren – im Falle des vereins- und verbandsorganisierten Sports – ihre umfassende Förderung durch den Staat.

Empirische Studien, die die skizzierte Argumentation stützen, liegen bisher für das Feld des vereins- und verbandsorganisierten Sports, die Schule und informelle Sportszenen vor. Die Arbeiten legen die Vermutung nahe, dass in Sportvereinen bzw. im freiwilligen Engagement im Sport vielfältige informelle Weise personenbezogene, organisatorische, inhaltliche und soziale Kompetenzen erworben werden können und dass diese Kompetenzen durch die ganz besondere Situation des sportiven Miteinanders bzw. durch idealtypische Handlungsmuster in Vereinen gefördert werden. Auch für sport- und bewegungsbezogene Aktivitäten in der Schule und in informellen Kontexten liegen erste empirische Beiträge vor die zeigen, dass die Aneignung von (Schul-) Räumen bzw. die Integration in informelle Sportgruppen mit informellen Lerngelegenheiten zusammenfällt.

Der sportwissenschaftliche Forschungsstand zum informellen Lernen wird im Bereich des Jugendsports fruchtbar in die Praxis der Sportvereine und –verbände übertragen. Sowohl in Grundsatzdokumenten, in wissenschaftlichen Expertisen und in Handlungsanleitungen für die Praxis werden die Erkenntnisse des wissenschaftlichen Forschungsstands genutzt, um die Bildungspotentiale des vereins- und verbandsorganisierten Sports öffentlich deutlich zu machen und zu fördern.

Informelles Lernen ist in der internationalen sportwissenschaftlichen Debatte ein erwachsenenpädagogisches Thema. Besonders vielfältig ist dabei die Debatte zum informellen Kompetenzerwerb von Trainerinnen und Trainern. Eine Zusammenschau der vorfindbaren Literatur zum Thema coach education zeigt, dass formelle Lerngelegenheiten für Trainerinnen und Trainer eher eine untergeordnete Rolle spielen, während informelles Lernformen (selbstorganisiertes Lernen, Erfahrungen aus der praktischen Trainertätigkeit sowie aus eigener zurückliegender Karriere als Sportler sowie kollegialem Austausch unter Kollegen) weit höhere Nachhaltigkeit haben. Auch in der internationalen Debatte überwiegen qualitative, hypothesengenerierende Studien.

Forschungspotentiale. Die empirischen Studien zum informellen Lernen im Sport beruhen bisher vor allem auf hypothesengenerierenden Verfahren, die geeignet sind, das informelle Lernfeld Sport und Bewegung tiefgehend zu beschreiben und exemplarisch darzustellen. Die Forschungsdesigns beruhen auf qualitativen Interviews ausgewählter Sportvereinsmitglieder sowie auf Verfahren der teilnehmenden sowie nicht-teilnehmenden Beobachtung. Hypothesenprüfende Studien, die geeignet sind, Aussagen darüber zu machen, in welchem Umfang, welche Bevölkerungsgruppen an den informellen Lerngelegenheiten im Feld Sport und Bewegung partizipieren, existieren bisher nicht. Düx et al. (2008) haben für das Feld des Kompetenzerwerbs im freiwilligen Engagement eine auf quantitativen Daten beruhende Studie vorgelegt, die ein geeignetes Forschungsdesign präsentiert, dass auf den Sport übertragen werden könnte. In der internationalen Debatte, die bisher ebenfalls hauptsächlich auf Studien mit qualitativen Forschungsdesigns beruht, findet sich mit der Studie von Mesquita et al. (2010) eine auf einer quantitativen Befragung beruhende Studie von (professionellen) Trainern zu deren hauptsächlichen Quellen beruflicher Weiterbildung.

Ein weiteres Feld für weitergehende Forschung zum informellen Lernen im Sport eröffnen die bisher nicht systematisch weiterverfolgten Hinweise einiger Autorinnen und Autoren zu möglichen negativen Folgen informellen Lernens. Bindel (2010) kann in seiner ethnographischen Studie über informelle Sportgruppen zeigen, dass dort unhinterfragt geschlechtsbezogene sowie ethnische Stereotype reproduziert werden. Cushion et al. (2010) stellt fest, dass informelles Lernen in den so genannten communities of practice dadurch gekennzeichnet sein könnte, dass in ihnen Inhalte hierarchisch weitergegeben werden, was dazu führe, dass Wissen nicht hinterfragt, verändert und an die aktuellen Bedürfnisse der Lerner angepasst werden könne. Dies führe zu einer Reproduktion tradierter Wissensbestände und einer Abschottung gegenüber möglicher Kritik und Veränderung.

Bisher noch gar nicht untersucht ist in diesem Zusammenhang, dass informell erworbenes Wissen im Sport regelrecht falsch und ungesund sein kann. Um nur ein Beispiel zu nennen, dass ich im Wintersemester 14/15 in einem Forschungsseminar gemeinsam mit Sportstudierenden untersucht habe: Die Informationen, die Marathonläuferinnen und -läufern oder Fitnessstudiobesucherinnen und -besuchern aus informellen Lernquellen wie dem Internet, Veröffentlichungen oder von Trainingspartnerinnen und -partnern erhalten, können, weil sie trainingswissenschaftlich und medizinisch falsch oder missverständlich sind, dazu führen, dass sich durch Training keine positiven Adaptationen einstellen und die sportliche Aktivität aufgegeben wird. Im schlimmsten Fall führen sie zu Verletzungen oder gar lebensgefährlicher Überanstrengung (z. B. Ausdauerläuferinnen und -läufer). Letztendlich ist damit auch angesprochen, dass die bisherige sportwissenschaftliche Auseinandersetzung mit dem informellen Lernen im Sport bisher noch überhaupt nicht die Sporttreibenden selbst in den Blick genommen hat. Studien zum Erwerb handlungsleitenden Wissens bei Freizeit- oder Leistungssportlern liegen noch nicht vor. Auch die Frage, inwieweit die vielfältigen Integrationsversprechen des vereins- und verbandsorganisierten Sports (vgl. z. B. Braun und Nobis 2011) eine empirische Grundlage haben, könnte mit Hilfe des Konzepts des informellen Lernens untersucht werden.

Literatur

Agergaard, S. (2011). Development and appropriation of an integration policy for sport: How Danish sports clubs have become arenas for ethnic integration. *International Journal of Sport Policy, 3*(3), 341–353.

Anderson, A., & Bevilacqua, P. (2005). Learning to teach using arts-based methods. *Physical and Health Education Journal, 71*(2), 4–9.

Armour, K. M., & Yelling, M. (2007). Effective professional development for physical education teachers: The role of informal, collaborative learning. *Journal of Teaching in Physical Education, 26*(2), 177–200.

Bindel, T. (2008). *Soziale Regulierung in informellen Sportgruppen eine Ethnographie, Schriften der Deutschen Vereinigung für Sportwissenschaft 171*. Hamburg: Czwalina.

Bindel, T. (2010). Informelles Lernen im selbstorganisierten Sport – eine Studie zur sozialen Regulierung informeller Sportgruppen im Jugendalter. In N. Neuber (Hrsg.), *Informelles Lernen im Sport Beiträge zur allgemeinen Bildungsdebatte* (S. 267–279). Wiesbaden: VS Verlag für Sozialwissenschaften/GWV Fachverlage GmbH.

BMFSFJ. (2005). Zwölfter Kinder und Jugendbericht. In *Bericht über die Lebenssituation junger Menschen und die Leistungen der Kinder und Jugendhilfe in Deutschland: BMFSFJ.* http://www.bmfsfj.de/RedaktionBMFSFJ/Abteilung5/Pdf-Anlagen/zwoelfter-kjb,property=pdf.pdf. Zugegriffen am 03.03.2011.

Braun, S. (2010). Bildung, Zivilgesellschaft und organisierter Sport – Engagementpolitische Reflexionen zu einem bildungspluralistischen Arrangement. In N. Neuber (Hrsg.), *Informelles Lernen im Sport Beiträge zur allgemeinen Bildungsdebatte* (S. 133–154). Wiesbaden: VS Verlag für Sozialwissenschaften/GWV Fachverlage GmbH.

Braun, S. (2013). *Der Deutsche Olympische Sportbund in der Zivilgesellschaft: eine sozialwissenschaftliche Analyse zur sportbezogenen Engagementpolitik.* Wiesbaden: Springer VS.

Braun, S., & Hansen, S. (2010). Kompetenzerwerb zum und durch Bürgerengagement: Eine empirische Evaluationsstudie zur Gruppenhelferinnen und Gruppenhelfer III-Ausbildung. In N. Neuber (Hrsg.), *Informelles Lernen im Sport* (S. 227–245). Wiesbaden: VS Verlag für Sozialwissenschaften.

Braun, S., & Michael, N. (2005). Zwischen Solidargemeinschaft und Dienstleistungsorganisation – Mitgliedschaft, Engagement und Partizipation im Sportverein. In T. Alkemeyer, B. Rigauer & G. Sobiech (Hrsg.), *Organisationsentwicklung und De-Institutionalisierungsprozesse im Sport* (S. 123–151). Schorndorf: Hofmann.

Braun, S., & Nobis, T. (2011). *Migration, Integration und Sport Zivilgesellschaft vor Ort.* Wiesbaden: VS Verlag für Sozialwissenschaften / Springer Fachmedien Wiesbaden GmbH.

Bundestag, Deutscher. (2010). 12. Sportbericht der Bundesregierung. http://www.bmi.bund.de/SharedDocs/Downloads/DE/Veroeffentlichungen/12_sportbericht.pdf?__blob=publicationFile. Zugegriffen am 22.08.2014.

Camiré, M., Trudel, P., & Forneris, T. (2014). Examining how model youth sport coaches learn to facilitate positive youth development. *Physical Education and Sport Pedagogy, 19*(1), 1–17.

Coombs, P. H., & Ahmed, M. (1974). *Atacking rural poverty. How nonformal education can help.* Baltimore/London: The Johns Hopkins University Press.

Culver, D., & Trudel, P. (2008). Clarifying the concept of communities of practice in sport. *International Journal of Sports Science and Coaching, 3*(1), 1–10.

Cushion, C., Nelson, L. J., Armour, K. M., Lyle, J., Jones, R., Sandford, R., & O'Callaghan, C. (2010). Coach learning and development: A review of literature. *Sports Coach UK.* Zugegriffen am 04.07.2014.

De Lyon, A. T., & Cushion, C. J. (2013). The acquisition and development of fitness trainers' professional knowledge. *Journal of Strength and Conditioning Research, 27*(5), 1407–1422. doi:10.1519/JSC.0b013e3182653cc1.

Derecik, A. (2009). Informelle Bewegungsaktivitäten zur Aneignung von Schulhöfen in Ganztagsschulen. In H. P. Brandl-Bredenbeck & M. Stefani (Hrsg.), *Schulen in Bewegung – Schulsport in Bewegung* (S. 88–99). Czwalina: Hamburg.

Derecik, A. (2010). Informelles Lernen im Ganztag – eine sportpädagogische Studie zur sozialräumlichen Aneignung von Schulhöfen. In N. Neuber (Hrsg.), *Informelles Lernen im Sport Beiträge zur allgemeinen Bildungsdebatte* (S. 155–171). Wiesbaden: VS Verlag für Sozialwissenschaften/GWV Fachverlage GmbH.

Derecik, A. (2011). *Der Schulhof als bewegungsorientierter Sozialraum: eine sportpädagogische Untersuchung zum informellen Lernen in Ganztagsschulen, Sportforum.* Aachen: Meyer & Meyer Verlag.

Derecik, A. (2014). Entwicklungsprozesse auf der Hinterbühne – Bedeutung des informellen Lernens in den Pausen von Ganztagsschulen und Konsequenzen für die Gestaltung des Schulgeländes. *Sportpädagogik – Zeitschrift für Sport, Spiel und Bewegungserziehung, 56*(1), 41–45.

Derecik, A. (2015). *Praxisbuch Schulfreiraum Gestaltung von Bewegungs- und Ruheräumen an Schulen.* Wiesbaden: Springer Fachmedien Wiesbaden GmbH.

Derecik, A., & Deinet, U. (2013). Informelles Lernen von Kindern in der Ganztagsschule als Beitrag zur Lebensbewältigung. *Zeitschrift für Grundschulforschung, 6*(2), 115–126.

Derecik, A., Kaufmann, N., & Neuber, N. (2013). Bewegung, Spiel und Sport in der Ganztagsschule. In N. Kaufmann (Hrsg.), *Partizipation in der offenen Ganztagsschule* (S. 23–41). Wiesbaden: Springer Fachmedien.

Deutsche Sportjugend (dsj). (2009a). *Freiwilliges Soziales Jahr im Sport. Handbuch für Träger und Einsatzstellen*. Frankfurt am Main: Deutsche Sportjugend.

Deutsche Sportjugend (dsj). (2009b). *Sport bildet: Bildungspotenziale der Kinder- und Jugendarbeit im Sport. Orientierungsrahmen Bildung der Deutschen Sportjugend*. Frankfurt am Main: Deutsche Sportjugend.

Deutsche Sportjugend (dsj). (2014). Kompetenz durch Engagement Handbuch Freiwilligendienste im Sport. In Deutsche Sportjugen (dsj) im DOSB e.V. http://www.freiwilligendienste-im-sport. de/fileadmin/user_upload/Dokumente/Handlungsfelder/Junges_Engagement/Freiwilligendienste_ im_Sport/Freiwilligendienste2014.pdf. Zugegriffen am 06.01.2015.

Düx, W., Prein, G., Sass, E., & Tully, C. J. (2008). *Kompetenzerwerb im freiwilligen Engagement. Eine empirische Studie zum informellen Lernen im Jugendalter*. Wiesbaden: VS Verlag für Sozialwissenschaften.

Elsdon, K. T., Reynolds, J., & Stewart, S. (1995). *Voluntary organisations citizenship, learning and change*. Leicester: National Institute of Adult Continuing Education.

Fairley, S., & Tyler, B. D. (2009). Cultural learning through a sport tourism experience: The role of the group. *Journal of Sport and Tourism, 14*(4), 273–292.

Golenia, M., & Neuber, N. (2010). Bildungschancen in der Kinder- und Jugendarbeit – eien Studie zum informellen Lernen im Sportverein. In N. Neuber (Hrsg.), *Informelles Lernen im Sport Beiträge zur allgemeinen Bildungsdebatte* (S. 190–209). Wiesbaden: VS Verlag für Sozialwissenschaften/GWV Fachverlage GmbH.

Hanratty, M., & O'Connor, D. (2012). Understanding expert knowledge: A case study of knowledge acquisition in elite Rugby League strength and conditioning coaches. *International Journal of Coaching Science, 6*(1), 45–63.

Hansen, S. (2008a). *Lernen durch freiwilliges Engagement in Vereinen: Eine empirische Studie zu Lernprozessen in Vereinen*. Wiesbaden: VS Verlag für Sozialwissenschaften.

Hansen, S. (2008b). Was lernt man im Sportverein. Empirische Ergebnisse zum Kompetenzerwerb in Sportvereinen. *Sport und Gesellschaft, 5*(2), 178–205.

Hansen, S. (2010). Situationen und Kontexte des informellen Lernens in Vereinen – eine Studie zum informellen Lernen im Sportverein. In N. Neuber (Hrsg.), *Informelles Lernen im Sport Beiträge zur allgemeinen Bildungsdebatte* (S. 211–227). Wiesbaden: VS Verlag für Sozialwissenschaften/GWV Fachverlage GmbH.

Hansen, S. (2013). Lernen in Bildungslandschaften: Engagementpolitische Perspektiven für die Bildungsarbeit im Sport. In S. Braun (Hrsg.), *Der Deutsche Olympische Sportbund in der Zivilgesellschaft: eine sozialwissenschaftliche Analyse zur sportbezogenen Engagementpolitik* (S. 98–118). Wiesbaden: Springer VS.

Hayward, L. M., Black, L. L., Mostrom, E., Jensen, G. M., Ritzline, P. D., & Perkins, J. (2013). The first two years of practice: A longitudinal perspective on the learning and professional development of promising novice physical therapists. *Physical Therapy, 93*(3), 368–384.

Heim, R. (2008). Bewegung, Spiel und Sport im Kontext von Bildung. In W. Schmidt (Hrsg.), *Zweiter Deutscher Kinder- und Jugendsportbericht* (S. 21–42). Schorndorf: Hofmann.

Heim, R. (2011). Bildung – auch im außerschulischen Sport? In M. Krüger & N. Neuber (Hrsg.), *Bildung im Sport* (S. 253–266). Wiesbaden: VS Verlag für Sozialwissenschaften.

Hoorn, A., Illmer, D., & Kleemann, W. (2010). *Förderung des Engagements benachteiligter Jugendlicher und junger Menschen mit Migrationshintergrund in den Strukturen des organisierten Sports. Expertise zum Stand von Forschung und Praxis der wissenschaftlichen Begleitung des Projekts „JETST! – Junges Engagement im Sport" der deutschen Sportjugend*. Frankfurt a. M.: Deutsche Sportjugend im Deutschen Olympischen Sportbund e.V. http://www.dsj.de/downloads/ Publikationen/2010/Expertise_ISS_final_2010.pdf. Zugegriffen am 09.09.2011.

Horch, H.-D. (1983). *Strukturbesonderheiten freiwilliger Vereinigungen. Analyse und Untersuchung einer alternativen Form menschlichen Zusammenarbeitens*. Frankfurt a. M./New York: Campus.

Horch, H.-D. (1985). Personalisierung und Ambivalenz. Strukturbesonderheiten freiwilliger Vereinigungen. *Kölner Zeitschrift für Soziologie und Sozialpsychologie, 37*, 257–276.
Hurst, K. M. (2010). Experiences of new physiotherapy lecturers making the shift from clinical practice into academia. *Physiotherapy, 96*(3), 240–247.
Jespersen, E. (2009). 17. Education through sport: Towards recognition of popular practice. *Sport, Ethics and Philosophy, 3*(3), 426–440.
Jiménez, S., Lorenzo, A., & Gómez, M. Á. (2009). Medios de formación de los entrenadores expertos en baloncesto. / Educational means of expert basketball coaches. *Cultura, Ciencia y Deporte, 4*(11), 119–125.
Koh, K. T., Mallett, C. J., & Wang, C. K. J. (2011). Developmental pathways of Singapore's high-performance basketball coaches. *International Journal of Sport and Exercise Psychology, 9*(4), 338–353.
Krüger, M. (2011). Sport als Bildungs- und Kulturgut – Stationen der Bildungsgeschichte der Leibeserziehung und des Sports in Deutschland. In M. Krüger & N. Neuber (Hrsg.), *Bildung im Sport* (S. 83–104). Wiesbaden: VS Verlag für Sozialwissenschaften.
Lemyre, F., Trudel, P., & Durand-Bush, N. (2007). How youth-sport coaches learn to coach. *The Sport Psychologist, 21*(2), 191–209.
Mazer, J. P., Barnes, K., Grevious, A., & Boger, C. (2013). Coach verbal aggression: A case study examining effects on athlete motivation and perceptions of coach credibility. *International Journal of Sport Communication, 6*(2), 203–213.
McMaster, S., Culver, D., & Werthner, P. (2012). Coaches of athletes with a physical disability: A look at their learning experiences. *Qualitative Research in Sport, Exercise and Health, 4*(2), 226–243.
Meier, H. E., & Alexander F. (2013). From corporatism to open networks? Structural changes in German sport policy-making. *International Journal of Sport Policy and Politics*, 1–22. doi: 10.1080/19406940.2013.812573.
Meier, R. (1995). Neo-Korporatistische Strukturen im Verhältnis von Sport und Staat. In J. Winkler & K. Weis (Hrsg.), *Soziologie des Sports* (S. 91–106). Opladen: Westdeutscher Verlag.
Mesquita, I., Isidro, S., & Rosado, A. (2010). Portuguese coaches' perceptions of and preferences for knowledge sources related to their professional background. *Journal of Sports Science and Medicine, 9*(3), 480–489.
Naul, R. (2011). Der Bildungsauftrag von Bewegung, Spiel und Sport in der Ganztagsschule. In R. Naul (Hrsg.), *Bewegung, Spiel und Sport in der Ganztagsschule Bilanz und Perspektiven* (S. 76–97). Aachen: Meyer & Meyer.
Nelson, L. J., Cushion, C. J., & Potrac, P. (2006). Formal, nonformal and informal coach learning: A holistic conceptualisation. *International Journal of Sports Science and Coaching, 1*(3), 247–259.
Neuber, N. (2011). Bildungspotentiale im Kinder- und Jugendsport. In M. Krüger & N. Neuber (Hrsg.), *Bildung im Sport: Beiträge zu einer zeitgemäßen Bildungsdebatte*. Wiesbaden: VS Verlag für Sozialwissenschaften/Springer Fachmedien Wiesbaden GmbH.
Neuber, N., Breuer, M., Derecik, A., Golenia, M., & Wienkamp, F. (2010). *Kompetenzerwerb im Sportverein: empirische Studie zum informellen Lernen im Jugendalter* (1. Aufl.). Wiesbaden: VS, Verl. für Sozialwiss.
Neuber, N., Golenia, M., Krüger, M., & Pfitzner, M. (2013). Erziehung und Bildung – Sportpädagogik. In A. Güllich & M. Krüger (Hrsg.), *Sport* (S. 395–438). Berlin/Heidelberg: Springer.
Neuber, N., & Wienkamp, F. (2010). Informelles Lernen im Schulsport – eine Studie zur Partizipation von Sporthelferinnen und Sporthelfern. In N. Neuber (Hrsg.), *Informelles Lernen im Sport Beiträge zur allgemeinen Bildungsdebatte* (S. 173–187). Wiesbaden: VS Verlag für Sozialwissenschaften/GWV Fachverlage GmbH.
North, J. (2010). Using ‚Coach Developers' to facilitate coach learning and development: qualitative evidence from the UK. *International Journal of Sports Science and Coaching, 5*(2), 239–256.

Pack, R.-P., & Ackermann, S. (2011). Sport als Netzwerkpartner in kommunalen Bildungslandschaften. In M. Krüger & N. Neuber (Hrsg.), *Bildung im Sport: Beiträge zu einer zeitgemäßen Bildungsdebatte*. Wiesbaden: VS Verlag für Sozialwissenschaften/Springer Fachmedien Wiesbaden GmbH.

Voss, A. (Hrsg.). (2008). *Geschlecht im Bildungsgang. Orte formellen und informellen Lernens von Geschlecht im Sport*. Schorndorf: Feldhaus Edition Czwalina.

Winchester, G., Culver, D., & Camiré, M. (2013). Understanding how Ontario high school teacher-coaches learn to coach. *Physical Education and Sport Pedagogy, 18*(4), 412–426.

Wright, T., Trudel, P., & Culver, D. (2007). Learning how to coach: The different learning situations reported by youth ice hockey coaches. *Physical Education and Sport Pedagogy, 12*(2), 127–144. doi:10.1080/17408980701282019.

Informelles Lernen und nachhaltige Entwicklung

Maik Adomßent

Inhalt

1	Nachhaltige Entwicklung (und Bildung): Zusammenhänge	438
2	Der regulative Kern nachhaltiger Entwicklung und seine Implikationen für informelles Lernen	440
3	Ein kursorischer Blick auf bisherige Aktivitäten im deutschsprachigen Raum – und darüber hinaus	443
4	Zugänge und Gestaltungsmöglichkeiten für informelles Lernen	445
5	Schluss	451
	Literatur	451

Zusammenfassung

In diesem Beitrag wird zunächst auf den Zusammenhang zwischen nachhaltiger Entwicklung und Bildung eingegangen und damit das Konzept einer Bildung für nachhaltige Entwicklung eingeführt. Im Zentrum stehen dabei der regulative Kern nachhaltiger Entwicklung und seine Implikationen für informelles Lernen. Es folgt ein kritischer Blick auf bisherige Aktivitäten im deutschsprachigen Raum und darüber hinaus. Im abschließenden Abschnitt wird gezeigt, welche thematischen und methodisch-didaktischen Gestaltungspotenziale sich für informelles Lernen im Rahmen von Bildung für nachhaltige Entwicklung erschließen lassen.

Schlüsselwörter

Bildung für nachhaltige Entwicklung • Regulative Idee • Frei gewähltes Lernen • Biodiversität • Lernen durch Engagement

---

M. Adomßent (✉)
Institut für Umweltkommunikation INFU, Leuphana Universität Lüneburg, Lüneburg, Deutschland
E-Mail: adomssent@uni.leuphana.de

© Springer Fachmedien Wiesbaden 2016
M. Rohs (Hrsg.), *Handbuch Informelles Lernen*, Springer Reference Sozialwissenschaften, DOI 10.1007/978-3-658-05953-8_36

1 Nachhaltige Entwicklung (und Bildung): Zusammenhänge

„Nachhaltige Entwicklung" ist ein Konzept, das spätestens seit der Weltkonferenz von Rio de Janeiro (1992) und der dort verabschiedeten „Agenda 21" weltweit an Bedeutung gewonnen hat. Nicht zuletzt auch im Bildungsbereich hat das Konzept für eine Reflexion über Möglichkeiten einer zukunftsfähigen Bildung und für daraus folgende Innovationen in der Bildungspraxis gesorgt. Von Regierungen, Wirtschaftsunternehmen, Nichtregierungsorganisationen, Kommunen oder auch auf nationalen und internationalen Konferenzen wird Nachhaltigkeit als eine wichtige Zielsetzung formuliert, wobei häufig unterschiedliche Interessenlagen eine Rolle spielen. Gleichwohl, wenn von nachhaltiger Entwicklung die Rede ist, wird meist an die Auffassung des Brundtland-Berichts angeknüpft, in dem nachhaltige Entwicklung als „eine Entwicklung, die die Bedürfnisse der Gegenwart befriedigt, ohne zu riskieren, dass künftige Generationen ihre eigenen Bedürfnisse nicht befriedigen können" (Hauff 1987, S. 46) verstanden wird.

Eine nachhaltige Entwicklung ist mit umfassenden und weitreichenden Transformationen und grundlegenden Perspektivwechseln verbunden. In der Debatte um eine nachhaltige Entwicklung besteht Konsens darüber, dass sich diese „nicht anders als über eine weitreichende Modifikation in den Lebensweisen der Menschen, nicht ohne tief greifenden Wandel der dominanten Produktions- und Konsumptionsmuster und nicht ohne eine Neuorientierung von Planungs- und Entscheidungsprozessen erreichen lässt" (Kopfmüller et al. 2001, S. 33). Bei der Betrachtung derartiger gesellschaftlicher Verständigungsprozesse ist es vor dem Hintergrund nachhaltiger Entwicklung instruktiv, das Wechselspiel zwischen Individuum und Gesellschaft samt vermittelnden Instanzen in den Blick zu nehmen. Schließlich geht es bei der Umsetzung dieses Leitbilds im Kern darum, die Gesellschaft auf allen Ebenen im Hinblick auf ökologische, aber auch ökonomische, und vor allem soziale und kulturelle Dimensionen lern- und damit handlungsfähig zu machen. So steht auf der individuellen Ebene die Entwicklung neuen Wissens und neuer Kompetenzen im Mittelpunkt, die die einzelne Person zu nachhaltigem Verhalten befähigt. Hingegen geht es auf der organisationalen Ebene (hier sind Bildungs- und Forschungseinrichtungen ebenso angesprochen wie Verbände oder Parteien) um die Setzung neuer Prioritäten und die stetige Verbesserung von Qualität und Leistungsfähigkeit eigener nachhaltigkeitsbezogener Strukturen. Schließlich ist auf der gesellschaftlichen Ebene die Kreierung neuer Agenden und deren Umsetzung mit Hilfe innovativer Partnerschaften gefordert, verbunden mit neuen Wegen der Interaktion, Partizipation und Teilhaberschaft (Goldstein 2005). Letztendliches Ziel ist die lernende Gesellschaft, die sich im koevolutiven Zusammenspiel von Individuen und Organisationen in Richtung Nachhaltigkeit entfaltet (Abb. 1).

Diese grundlegenden Neuorientierungen und Veränderungen erfordern einen ebenso weitreichenden Bewusstseinswandel der Individuen und dieses kann nur über Lernen verwirklicht werden, sodass der Mentalitätswandel, der mit einer nachhaltigen Entwicklung einhergehen muss, systematisch initiiert und als Aufgabe des Bildungssystems definiert werden sollte (de Haan 2004). Bildung ist deshalb ein wesentlicher Teil des Nachhaltigkeitsprozesses; ihr Beitrag wird in der Agenda 21 im Kap.

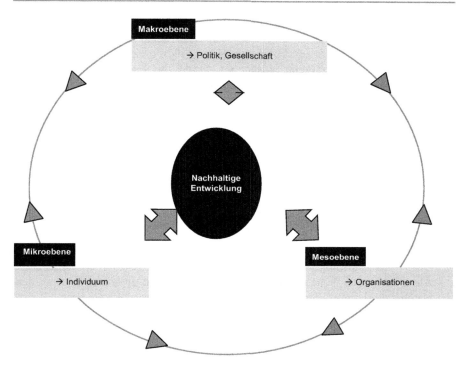

Abb. 1 Kommunikation und Produktion von Wissen für nachhaltige Entwicklung: koevolutionäres Zusammenspiel eines Mehr-Ebenen-Systems; Quelle: eigene Darstellung

Förderung der Schulbildung, des öffentlichen Bewußtseins und der beruflichen Aus- und Fortbildung ausdrücklich eingefordert: „Bildung ist eine unerlässliche Voraussetzung für die Förderung einer nachhaltigen Entwicklung und die Verbesserung der Fähigkeit des Menschen, sich mit Umwelt- und Entwicklungsfragen auseinanderzusetzen" (BMU, S. 253). Somit ist eine nachhaltige Entwicklung ohne Lernprozesse nicht zu haben: „Sustainable development, if it is going to happen, is going to be a learning process" (Vare und Scott 2007, S. 192). Bildung soll Bewusstsein für nachhaltigkeitsrelevante Probleme schaffen und den Erwerb von Wissen über diese Probleme ermöglichen. Damit Veränderungen im Sinne einer nachhaltigen Entwicklung möglich werden, bedarf es eines Mentalitätswandels, der „die Menschen in die Lage versetzt, an einer nachhaltigen Gestaltung der Weltgesellschaft aktiv und verantwortungsbewusst teilzuhaben" (Emmrich und Melzer 2006, S. 171).

In den zehn Jahren der UN Weltdekade „Bildung für nachhaltige Entwicklung" (2005–2014) wurde auf praktischer ebenso wie auf bildungspolitischer Ebene vieles bewegt – und damit auch zu einer gesteigerten Aufmerksamkeit für die Bedeutung informellen Lernens beigetragen. So sind zahlreiche Projekte und Initiativen gestartet worden, die als Beitrag zu einer nachhaltigen Entwicklung gelten können und zugleich wird Bildung für nachhaltige Entwicklung als Innovation verstanden, mit dem Lehren und Lernen in den unterschiedlichen Bildungsbereichen eine neue Bedeutung bekommen haben. Diese Wertschätzung lässt sich auch daran ablesen, dass auf der UNESCO-Abschlusskonferenz in Nagoya (Japan) die Fortsetzung der UN-Dekade als „Global Action Programme" ausgerufen wurde, die ab 2015 international die Dekade weiterführt. Durch dieses Weltaktionsprogramm werden Impulse insbesondere bezüglich der Implementierung von Bildung für nachhaltige Entwicklung erwartet. Das Programm sieht fünf Schwerpunktbereiche vor, wobei informelles Lernen ausdrücklich hervorgehoben wird (vgl. Punkt 4; sowie indirekt in Punkt (2)):

(1) Es sollen Prozesse der politischen Integration von Bildung für nachhaltige Entwicklung gestärkt und Gelingensbedingungen für die Verankerung identifiziert werden.
(2) Ganzheitliche Schul- und Hochschulansätze (whole-institution-approaches) sollen gefördert werden, die Nachhaltigkeit nicht lediglich als ein Thema von Unterricht und Lehre auffassen, sondern als umfassenden Gestaltungsauftrag für die Gestaltung und Wirkung von Bildungseinrichtungen.
(3) Das Weltaktionsprogramm soll darauf abzielen, Aktivitäten im Bereich der Aus-, Fort- und Weiterbildung von Bildungsakteuren zu stärken, wobei dem Bereich der Lehrerbildung eine hervorgehobene Bedeutung zukommt.
(4) Jugendliche und junge Erwachsene sollen nicht lediglich als Adressaten und Zielgruppe von Bildung fokussiert, sondern in ihrer Rolle als Veränderungsagenten (change agents) insbesondere im informellen und non-formalen Bereich prominenter eingebunden und gefördert werden.
(5) Schließlich sollen Bemühungen verstärkt werden, Bildung für nachhaltige Entwicklung auf lokaler Ebene voranzutreiben und Akteure vor Ort zu vernetzen.

Aufgrund seiner erfolgreichen (Dekade-)Vorgeschichte ist davon auszugehen, dass die vom Weltaktionsprogramm identifizierten Schwerpunkte mit Blick auf die Umsetzung und Forschung im Bereich Bildung für nachhaltige Entwicklung (auch) in den kommenden Jahren eine prominente Rolle spielen werden.

2 Der regulative Kern nachhaltiger Entwicklung und seine Implikationen für informelles Lernen

In internationalen Dokumenten wird ein weites Verständnis von nachhaltiger Entwicklung und den Aufgaben, die Bildung für deren Realisierung erfüllen soll, formuliert – es umfasst neben anderem die Aufgabe der Alphabetisierung, Armutsbekämpfung, Eindämmung von Umweltzerstörung. Ein solches weites Verständnis von Bildung für nachhaltige Entwicklung ist allerdings nicht unproblematisch, da es dazu neigt, das Handlungsfeld der Bildung für nachhaltige Entwicklung zu überfrachten (de Haan 2008). Für eine Bestimmung dessen, was Bildung im Kontext nachhaltiger Entwicklung leisten kann, ist daher eine Konzentration auf das erforderlich, was im Hinblick auf übergeordnete Bildungsziele legitim und machbar ist.

Zu diesem Zweck haben Künzli und Kaufmann-Hayoz (2008) in Anlehnung an eine frühere Studie internationale politische Dokumente daraufhin untersucht, welche Funktionen Bildung im Kontext nachhaltiger Entwicklung zugeschrieben werden. Diese bestehen zum einen darin, die Idee der nachhaltigen Entwicklung zu konkretisieren. Zum anderen wird Bildung als politikrelevanter Sektor aufgefasst, in dem die Ziele nachhaltiger Entwicklung realisiert werden. Weiterhin wird ihr die Aufgabe zugeschrieben, dafür zu sorgen, dass Menschen die für die Realisierung von nachhaltiger Entwicklung erforderlich gehaltenen Kompetenzen erwerben. Auf der Grundlage ihrer Analyse plädieren sie dafür, von Bildung für nachhaltige Entwicklung nur dann zu sprechen, wenn sie explizit den Auftrag erfüllen soll, den Erwerb von spezifischen Kompetenzen, die für die Realisierung einer nachhaltigen Entwicklung für notwendig erachtet werden, zu unterstützen.

Aus den dargelegten konzeptionellen Ursprüngen wird deutlich, dass nachhaltige Entwicklung als regulative Idee anzusehen ist, die sich – ähnlich wie die Menschenrechte – niemals endgültig und abschließend operationalisieren lässt, sondern in den jeweiligen gesellschaftlichen und historischen Kontexten immer wieder neu zu definieren ist. Nach Kant kennzeichnet „regulativ" (aus dem Lateinischen *regula*, „Richtscheit") „ein Prinzip der Vernunft, das nur die Betrachtung, das Denken regelt und zu Erkenntnissen leitet, nicht aber als objektiv vorhanden angesehen werden darf, nicht konstitutiv ist" (Schmidt 1991, S. 607). Mit anderen Worten helfen uns regulative Ideen dabei, „unsere Erkenntnis zu organisieren und systematisch mit normativen Elementen zu verknüpfen", und geben uns so eine bestimmte Orientierung (Rauch 2005, S. 28). Sie lassen sich gewissermaßen als „Prä-Konzepte" verstehen, „ohne die keine angemessenen Fragen gestellt oder Probleme definiert werden können" (ebd.).

In der Idee der nachhaltigen Entwicklung spielen verschiedene gesellschaftliche Visionen wie die von der Gerechtigkeit, der Freiheit und der Selbstbestimmung, des Wohlergehens aller Menschen oder der Zukunftsverantwortung mit jeweils unterschiedlicher Gewichtung zusammen. Damit werden die Notwendigkeit und Chancen eines gesellschaftlichen Dialog- und Suchprozesses deutlich, der immer dann zum Tragen kommt, „wenn es darum geht, grundsätzliche aber abstrakte (regulative) Ideen mit Inhalt zu füllen. Oder wenn es darum geht, konstruktiv mit unterschiedlichen konkretisierenden Vorstellungen und Interessen umzugehen" (Minsch 2005, S. 19). Und es sind gerade derartige Aushandlungsprozesse, die im Kontext nachhaltiger Entwicklung Räume für Bildung und Lernen zu öffnen vermögen:

„Bezogen auf Nachhaltigkeit bedeutet dies, dass Widersprüche, Dilemmata, Zielkonflikte in einem Diskursprozess zwischen allen involvierten Personen und ihren Meinungsbildern, Interessen, impliziten und expliziten Wertvorstellungen sowie in jeder konkreten Situation neu verhandelt werden müssen." (Rauch 2005, S. 28).

Da entsprechende gesellschaftliche Diskurse auch um Bildung selbst stattfinden, ist diese ebenfalls als regulative Idee zu betrachten, nämlich als „ein bildungs- und kulturpolitisches Leitbild, das institutionalisierte Lernprozesse orientiert" (Spreen 2004, S. 32). In diesem Zusammenhang ist es wichtig, auf die Gefahr einer verkürzten instrumentellen Betrachtung von Bildung im Kontext nachhaltiger Entwicklung hinzuweisen. Denn wenn die theoretische Grundlegung einer Bildung für nachhaltige Entwicklung, wie gezeigt, durch die regulative Idee einer nachhaltigen Entwicklung und gerade nicht durch deren Konkretisierung gebildet wird, dann darf das Anliegen auch nicht darin bestehen, darauf hinzuwirken „(...) durch Bildung für Nachhaltige Entwicklung die Gesellschaft direkt verändern zu wollen oder den Lebensstil der einzelnen Mitglieder der Gesellschaft in eine bestimmte Richtung lenken zu wollen. Es sollen vielmehr die Anforderungen festgelegt werden, die notwendig sind, um Menschen dazu zu befähigen und zu ermuntern, die Auseinandersetzung mit und die Konkretisierung einer Nachhaltigen Entwicklung mitzugestalten und ihre eigenen Handlungen kritisch zu reflektieren." (Bertschy et al. 2007, S. 39)

Somit können Lern- oder gar Verhaltensziele, über die es auch im Kontext des informellen Lernens nachzudenken gilt, nicht direkt von dieser konkreten Ebene hergeleitet werden. Vielmehr kommen hier die Übersetzungs- und Aushandlungsprozesse zum Tragen, auf die bereits hingewiesen wurde. In diesem Zusammenhang hat die kulturelle Einbettung der Perspektive, mit der auf Bildung und Wissen geschaut wird, entscheidende Konsequenzen für die Bedeutung, die informellem Lernen beigemessen wird (vgl. Merriam 2007). Während in westlichen Kulturkreisen der Fokus eher auf den individuellen Lernenden gelegt wird und damit Autonomie und Unabhängigkeit des Denkens und Handelns betont werden, steht in anderen Kulturkreisen eher das Kollektiv und die wechselseitige Abhängigkeit von Individuen im Mittelpunkt. Ein derartiges „nicht-westliches" Leitmotiv führt in der Konsequenz dann auch dazu, informellem Lernen, das durch seine Anwendungsorientierung und tiefe Einbettung in den Alltagskontext charakterisiert ist, einen weitaus höheren Stellenwert beizumessen:

> „The separation of knowledge from its context and its codification according to Western science has had an impact on educational thought and practice. (...) Informal learning which adults engage in on a daily basis is rarely identified as important learning." (Merriam 2007, S. 5 f.).

Im Kontext einer Bildung für nachhaltige Entwicklung wird informellem Lernen allerdings sehr wohl ein besonderer Stellenwert, zumindest jedoch eine gleichberechtigte Stellung neben anderen Bildungssektoren zugeschrieben:

> „Consequently, the classic distinctions and boundaries between different educational sectors, especially the formal and informal, are increasingly breaking down as the former, at its worst, is recognized as being too structured and predetermined and therefore constraining and insufficient for addressing sustainability issues." (Wals et al. 2013, S. 547 f.).

Dieser bildungsbereichsübergreifende Blick legt es nahe, bisher gelaufene Aktivitäten im Kontext informelles Lernen und Bildung für nachhaltige Entwicklung einmal genauer zu betrachten. Entsprechend ist der folgende Abschnitt dem Versuch gewidmet, einen knappen und daher sicher unvollständigen Überblick über entsprechende Praxisbeispiele und Forschungsansätze zu geben.

3 Ein kursorischer Blick auf bisherige Aktivitäten im deutschsprachigen Raum – und darüber hinaus

Als beispielhaft für die Bedeutung, die dem informellen Lernen im Rahmen der Bildung für nachhaltige Entwicklung während der gleichnamigen UN Weltdekade (2005–2014) für den bundesdeutschen Raum zugeschrieben wurde, stehen die Aktivitäten der „AG Informelles Lernen", die als eine von 11 Arbeitsgruppen des Rundes Tisches den Nationalen Aktionsplan mit Leben füllten, indem sie konkrete Vorschläge zur Verankerung des Leitbildes der nachhaltigen Entwicklung in diesem Bildungsbereich erarbeitet und in einer Schlüsselpublikation gebündelt hat (Brodowski et al. 2009).

Ein Indikator für die Relevanz informeller Bildung im Rahmen der Umsetzung der UN-Dekade „Bildung für nachhaltige Entwicklung" in verschiedenen Handlungsfeldern stellt die Anzahl prämierter Dekade-Projekte dar. In der Datenbank (www.dekade.org/datenbank/) sind in der Kategorie „Informelles Lernen" 297 Projekte (von insgesamt 1939) gelistet, davon wurden 73 zweimal oder öfter ausgezeichnet. Wie ein Vergleich der einzelnen Auszeichnungszeiträume seit 2005 in Tab. 1 zeigt, lässt sich eine sukzessive Steigerung prämierter Aktivitäten bis zur Mitte der Dekade erkennen, danach ist ein deutlicher Rückgang zu verzeichnen. Im Bereich der Dekade-Maßnahmen sind drei von 49 Maßnahmen dem informellem Lernen zugeordnet: der Beratungsdienst Geld und Haushalt, die Kommunikationsinitiative „Mehr wissen! Mehr tun! und die ErdCharta Jugendinitiative.

Im Zuge des auf die Dekade folgenden Weltaktionsprogramms „Bildung für nachhaltige Entwicklung" sammelt die UNESCO sogenannte Launch Commitments. Dabei handelt es sich um konkrete Planungen für Aktivitäten auf einem oder mehreren der fünf priorisierten Aktionsfelder des kommenden Weltaktionsprogramms. Zum gegenwärtigen Zeitpunkt sind knapp 400 solcher Commitments eingegangen, darunter 20 von deutschen BNE-Akteuren (https://unesco4esd.crowdmap.com/). Insgesamt sind 84 Verpflichtungserklärungen der Kategorie 4 zugeordnet, in der auch informelles Lernen explizit adressiert wird (siehe oben).

Tab. 1 Prämierte Projekte der UN-Dekade „Bildung für nachhaltige Entwicklung" in Deutschland (Stand: 07. April 2015)

Auszeichnungszeitraum	Ausgezeichnete Dekade-Projekte
2005/2006	56
2006/2007	53
2007/2008	75
2008/2009	68
2009/2010	61
2010/2011	40
2011/2012	13
2012/2013	8
2013/2014	4
2014	5
Summe	**383**

Die Beispiele in beiden Datenbanken zeigen, dass in der Unterstützung informellen Lernens für eine nachhaltige Entwicklung Einrichtungen wie Regierungs- und Nicht-Regierungsorganisationen, die im Bereich des Umweltschutzes aktiv sind, Unternehmen und Einrichtungen, die nachhaltig wirtschaften, als auch Vereine und Hilfswerke, die sich für soziale Gerechtigkeit einsetzen, eine wichtige Rolle spielen. Sie regen zur Reflexion eigener Verhaltensweisen und damit verbunden zu informellem Lernen an. Auch über die Massenmedien werden entsprechende Informationen in die Bevölkerung getragen. Neben einzelnen Einrichtungen und Akteuren übernehmen auch soziale Netzwerke und Communities eine wichtige Funktion, da sie das informelle Lernen als Organisationsformen selbst unterstützen und die Aktivitäten verschiedener Akteure bündeln und damit effektiver gestalten.

Allerdings steht der hohen praktischen Bedeutung des informellen Lernens wenig solide wissenschaftliche Forschung gegenüber. So fanden sich bei der Untersuchung von Marcinkowski et al. (2013), die Trends im Rahmen von Promotionsarbeiten im Bereich der Umwelt- und Nachhaltigkeitsbildung über einen Zeitraum von 30 Jahren hinweg nachspürten, gerade einmal 9 einschlägige Dissertationen, was weniger als einem Prozent der erhobenen Stichprobe entspricht. Eine ähnliche Stichprobe, die im Rahmen der Generierung von Indikatoren zur Bildung für nachhaltige Entwicklung für den deutschsprachigen Raum durchgeführt wurde, kommt für die in Deutschland publizierten Dissertationen zu ähnlichen Befunden (vgl. di Giulio et al. 2011). Um die Potenziale informellen Lernens für eine nachhaltige Entwicklung nutzen zu können, ist es in weitaus stärkerem Maße als bisher notwendig, in eine Erforschung dieses Lernens zu investieren (Adomßent et al. 2012, S. 84). Dringendster Forschungsbedarf besteht dabei vor allem darin, die Rahmenbedingungen zu identifizieren, die informelles Lernen beeinflussen und die Frage zu klären, wie ein Lernen an der Schnittstelle formellen und informellen Lernens gestaltet werden kann (Barth et al. 2007).

Erschwerend kommt zu diesen Forschungslücken noch hinzu, dass ein Großteil existierender Forschungsansätze methodische Schwächen aufweist, die sich vor allem in vorschnellen Behauptungen kausaler Zusammenhänge statt Korrelationen zwischen Lernerfahrungen manifestiert. Zu diesem Schluss kommen jedenfalls die Gutachter einer Expertise für den US-amerikanischen National Research Council (Dierking et al. 2013). Insbesondere sei es nötig, im Forschungsdesign den Aspekt der Selbstselektion im Forschungsdesign stärker abzubilden, der wesentlichen Einfluss auf den Lernprozess nehme und daher neue Methoden der Datenmess- und -aggregierung erforderlich mache. Des Weiteren werden Longitudinalstudien insbesondere dort als wünschenswert angesehen, wo mit Hilfe ethnografischer Methoden die Bedeutung des Wechselspiels zwischen Probanden in unterschiedlichen Settings und ihren dabei gemachten Lebenserfahrungen in den Blick genommen werden. Nicht zuletzt plädieren die Autoren für eine Ersetzung des Begriffs informelles durch frei gewähltes Lernen, da somit die Eigentümlichkeiten des Lernens besser beschrieben werden:

> „The authors use the term *free-choice* rather than *informal* learning [Hervorhebungen durch Autoren] because it better reflects the nature of the learning: nonlinear, open-ended, volun-

tary, self-directed, personal, ongoing, learner-centered, guided by the learner's needs and interests, contextually relevant, collaborative, with a high degree of choice as to what, when, how, why, where, and with whom to learn (...). This definition also recognizes other disciplinary approaches such as anthropology and sociology so discourse, networks, communities of practice, apprenticeships, gaming, serious leisure, the study of hobbies, and so on are also considered." (Dierking et al. 2013, S. 365).

Damit wird den Strukturen und den Botschaften, die sowohl an gezielt aufgesuchten Orten wie Museen und Science Centern (vgl. Schwan in diesem Band) als auch einfach in Stadträumen aufgenommen werden, eine adäquatere Bedeutung für die Entwicklung unseres Weltbilds, für den Aufbau von Wissen und Kompetenzen zugeschrieben. Zugleich lässt sich daran die Hoffnung knüpfen, dass sich im Rahmen einer so verstandenen Bildung für nachhaltige Entwicklung Fortschritte im Verstehen menschlichen Lernens und Verhaltenswandels erzielen lassen, die beim Umgang mit komplexen Themen wie dem globalen Klimawandel oder dem Verlust der biologischen Vielfalt unabdingbar sind.

Der folgende Abschnitt zeigt zum einen, wie sich das letztgenannte Thema für informelles Lernen im Rahmen einer Bildung für nachhaltige Entwicklung fruchtbar machen lässt. Zum anderen wird anhand des Service Learning ein Zugang vorgestellt, der entsprechende methodisch-didaktische Handlungspotenziale veranschaulicht.

4 Zugänge und Gestaltungsmöglichkeiten für informelles Lernen

Bildung für nachhaltige Entwicklung möchte Menschen befähigen, „eine nachhaltige Entwicklung mitzugestalten und ihre eigenen Handlungen diesbezüglich kritisch zu reflektieren" (Künzli David 2007, S. 35). Dazu bedarf es individueller Kompetenzen, deren Erwerb durch Bildung für nachhaltige Entwicklung gefördert werden soll: „Als Ziel einer Bildung für nachhaltige Entwicklung lässt sich der Erwerb von Kompetenzen festhalten, die ein bewusstes Handeln im Sinne einer nachhaltigen Entwicklung unterstützen" (Barth 2007, S. 46). Dabei steht die Förderung solcher Kompetenzen im Vordergrund, die Menschen in die Lage versetzen, die genannten Handlungshemmnisse und -störungen überwinden und bewältigen zu können. Dazu gehören auch Kompetenzen, die Menschen empathie-, kooperations- und aushandlungsfähig, mutig für eigenes Handeln auch auf neuen Wegen wie auch kritisch im Umgang mit ethischen Fragen machen. Bildung für nachhaltige Entwicklung kann zu Gestaltungskompetenz führen, wenn vorausschauendes Denken, Problem lösendes Verhalten gelernt und dabei Wissen aus unterschiedlichen Bereichen zugänglich gemacht und als fruchtbar für Problemlösungen erfahren wird. Da nachhaltige Entwicklung hinsichtlich ihrer Ausgestaltung ein offenes Konzept darstellt, das in gesellschaftlichen Aushandlungsprozessen zu konkretisieren ist, sollte man zudem lernen, mit offenen Fragen, mit Bewertungsproblemen, Risikoabwägung und Differenz umzugehen, um gemeinsam mit anderen Entscheidungen aushandeln zu können (Michelsen 2008, 2009; Rauch et al. 2008; Rieckmann 2011).

Doch auch wenn im Rahmen des Konzepts einer Bildung für nachhaltige Entwicklung dem Erwerb von Kompetenzen eine zentrale Bedeutung zukommt, so sind die Themen und Inhalte, an denen sich Gestaltungskompetenzen entwickeln lassen, nicht beliebig. So hat De Haan (2002, S. 16 f.) Kriterien für Themen benannt, die dem Selektionsverfahren des WBGU (2011) für die Identifikation von relevanten globalen Krankheitsbildern („Syndromen") folgen und die für Themenstellungen im Rahmen einer Bildung für nachhaltige Entwicklung genutzt werden können. Diese Themen sollten danach zentral für nachhaltige Entwicklungsprozesse, lokal oder global sein; längerfristige Bedeutung haben; interdisziplinär bearbeitbar sein und Handlungspotential aufweisen. Es sind Themenfelder, die unseren Alltag bestimmen und sie damit anschlussfähig für informelle Lernprozesse macht; Menschen jeden Alters und in unterschiedlichen Lebenslagen können Bezüge zu ihnen herstellen bzw. verfügen über Erfahrungen in diesen Feldern. Diese Themenfelder sind komplex und stehen in vielfachen Wirkungszusammenhängen (vgl. Stoltenberg 2009). Darin liegt die Chance, sie so zu bearbeiten, dass Gestaltungsmöglichkeiten im Sinne nachhaltiger Entwicklung zum Bildungsinhalt werden.

Wissenschaftliche Studien, gesellschaftliche Erfahrungen und der Diskurs darüber haben die Problemfelder identifiziert, die für die Gestaltung einer nachhaltigen Entwicklung zentral sind. Zu den Kernproblemen des Globalen Wandels gehören Klimawandel, Bevölkerungsentwicklung, Welternährung, Biodiversität, Bodendegradation, Trinkwasserversorgung (vgl. auch Reid et al. 2010; WBGU 2011). Vereinbarungen wie die Biodiversitätskonvention oder die verschiedenen Konventionen zur kulturellen Vielfalt (UNESCO 2003; 2005) geben weitere Hinweise zu wichtigen Themenfeldern und Teilzielen von Bildung für nachhaltige Entwicklung. Die Bonner Erklärung betont, dass es notwendig ist, den Umgang mit „Handlungsfeldern und Themen, darunter Wasser, Energie, Klimawandel, Katastrophenvorsorge, Verlust der Artenvielfalt, Nahrungsmittelkrisen, Gesundheitsgefährdungen, soziale Verwundbarkeit und Unsicherheit" (UNESCO 2009, Abs 7) zu lernen.

4.1 Biologische Vielfalt als Bildungsthema für nachhaltige Entwicklung

Die zahlreichen Zusammenhänge, in denen der Verlust von Biodiversität steht (Abb. 2), vermögen Menschen mit unterschiedlichen sozialen und kulturellen Hintergründen zu interessieren. Noch eher jedoch versprechen solche Zusammenhänge, die mit einem erstrebenswerten guten Leben in Zusammenhang gebracht werden können oder spezifische Interessenslagen von Menschen treffen, Aufmerksamkeit für Biodiversität. Auf diese Weise lassen sich weltumspannende Zusammenhänge veranschaulichen und globale Verantwortung bewusst machen, die es zugleich ermöglichen, den Bezug zu alltagsnahen individuellen Handlungsmöglichkeiten auf lokaler Ebene herzustellen und damit auch für informelle Lernprozesse fruchtbar zu machen (vgl. Walser 2009, S. 60). Derartige Anknüpfungspunkte – etwa zum Verhältnis von Mensch und Natur, ethischen Fragen zu intra- und intergenerationeller Gerechtigkeit in Bezug auf ungleich verteilte Lebenschancen und Lebensqualität

Informelles Lernen und nachhaltige Entwicklung 447

Abb. 2 Biologische Vielfalt und mögliche Anknüpfungspunkte für informelles Lernen im Horizont nachhaltiger Entwicklung; Quelle: eigene Darstellung

in unterschiedlichen Regionen der Erde – werden im Folgenden nur kursorisch angerissen, sie sind an anderer Stelle ausführlicher dokumentiert (Adomßent und Stoltenberg 2011).

Biodiversität und Ernährung: Agrobiodiversität ist ein Zugang zur Problematik von biologischer Vielfalt, der im Prinzip alle Menschen betrifft – unabhängig vom Alter, von der sozialen Lage oder dem kulturellen Hintergrund. Bis heute ist die Sortenvielfalt der Kulturpflanzen nur annäherungsweise bekannt; von Weizen, Mais, Reis und Kartoffeln sind jeweils mehrere zehntausend Sorten bekannt. Allgemein ist die genetische Vielfalt heute etwa 75 % geringer als zu Beginn des 20. Jahrhunderts, d. h. eine immer größer werdende Zahl von Menschen wird von immer weniger Arten und Rassen abhängig, die überdies mehr oder weniger aus dem gleichen Ausgangsmaterial stammen. So decken fünf Getreidesorten (Weizen, Mais, Reis, Gerste und Hirse) mehr als die Hälfte der gesamten menschlichen Ernährung, und 95 % aller pflanzlichen Nahrungsmittel basieren auf gerade einmal 30 Arten (FAO 2005). Globale Zusammenhänge, wie die Sicherung der Welternährung durch Nutzung angepasster regionaler Sorten, mögen nicht jeden erreichen. Der Verlust an Arten- und Sortenvielfalt bei alltäglichen Nahrungsmitteln und der damit einhergehende Verlust an Geschmack, die damit verbundenen gesundheitlichen Faktoren z. B. hinsichtlich von Inhaltsstoffen, kann jedoch ein Weg informellen Lernens zum Wert von Biodiversität sein.

Der Zusammenhang von *Biodiversität und Konsum* muss sich nicht auf den Bereich der Ernährung beschränken – wenngleich hier für Konsumenten die größten Gestaltungsmöglichkeiten im Sinne einer nachhaltigen Entwicklung und des Erhalts von Biodiversität liegen dürften. So wird in den Industrieländern für Produktion, Vermarktung und Verarbeitung häufig zehnmal mehr Energie verbraucht als das erzeugte Produkt enthält (EEA 2009, S. 34 ff.). Es ist evident, dass die Weltbevölkerung vor dem Hintergrund der anzustrebenden Verteilungsgerechtigkeit keinesfalls mit den gegenwärtigen Standards der Nahrungsmittelerzeugung der Industrieländer ernährt werden kann. Vor allem die Tierproduktion verschlingt kostbare Ressourcen, wie sich sowohl am Energie- wie auch am Wasserbedarf zeigen lässt – z. B. durch Produkthinweise zum virtuellen Wasserverbrauch.

Biodiversität und Landnutzung: Eine der großen Bedrohungen für Biodiversität ist der Flächenverbrauch für Siedlungsbau und Verkehrsinfrastruktur. Damit wird der Erhalt von Biodiversität zu einer integrierten Aufgabe von Stadtentwicklung und übergreifender Raumplanung. Nachhaltigkeitskommunikation kann auf Forschungsergebnisse zurückgreifen, die neue Bauweisen, die auch unter sozialen, ökonomischen und kulturellen Aspekten zu bedenken sind, betreffen. Andere begründen Konzepte für großräumige Sicherung von Tieren und Pflanzen durch Biokorridore, beispielsweise über Autobahnen, durch europaweite Zusammenarbeit in der Raumplanung zur Biotopvernetzung und durch Alternativen für Grünflächen. Für Städte werden gezielte Grünachsen vorgeschlagen. Aber auch die Qualität städtischen Grüns wird neu bedacht, Nachbarschaftsgärten mit Nutzpflanzen und einheimischen Gehölzen können biodiversitätsarme Rasentrennflächen ersetzen und zum informellen Mit- und Voneinander-Lernen anregen (Müller et al. 2010).

Biodiversität und Tourismus: Die Tourismus- und Freizeitindustrie ist weltweit einer der am schnellsten wachsenden Wirtschaftsbereiche. Für zahlreiche Entwicklungsländer bietet er eine wichtige Quelle für Devisen und Arbeitsplätze und macht diese dadurch unabhängiger von anderen Wirtschaftszweigen. In zunehmendem Maße stehen naturbelassene Lebensräume mit ihrer biologischen Vielfalt im Mittelpunkt touristischer Aktivitäten, und naturbezogene Angebote stellen ein wesentliches Wachstumssegment der Tourismusindustrie dar. Paradoxerweise kann Tourismus auf der anderen Seite durch schnelles und teilweise unkontrolliertes Wachstum auch umweltzerstörend wirken und so zum Verlust lokaler Identitäten und traditioneller Kulturen beitragen (Wilde und Slob 2007). Dennoch bietet der Tourismus, vor allem das naturbezogene Reisewesen, wesentliche Potenziale sowohl für den Schutz und die nachhaltige Nutzung der biologischen Vielfalt als auch als Kristallisationskerne für informelles Lernen. So lassen sich Einnahmen für die Erhaltung natürlicher Ressourcen nutzen, womit ein im Sinne der Nachhaltigkeit betriebener Tourismus wiederum zur wirtschaftlichen Entwicklung gerade auch abgelegener Regionen beizutragen vermag (Vancura 2008).

Wie gezeigt, haben einige Themenfelder angesichts der Aufgabe einer nachhaltigen Entwicklung Priorität für Bildungsprozesse. Doch entscheidend für den Aufbau von Wahrnehmung, Wissen und Kompetenzen im Sinne nachhaltiger Entwicklung sind die Perspektiven, unter denen Themenfelder bearbeitet werden. So können auch „alte" Themen zum Gegenstand von Bildungsprozessen werden. Die Perspektiven und Arbeitsweisen, unter denen eine Auseinandersetzung mit diesen Handlungs- und Themenfeldern erfolgt, sind bereits durch den Werterahmen einer nachhaltigen Entwicklung gegeben. Er bietet Orientierung für Aushandlungsprozesse und die Entwicklung von Beurteilungskompetenz mit einer integrierenden Sichtweise, die sich im Zuge des sogenannten Service Learning, also dem Lernen durch Engagement, methodisch fruchtbar machen lassen.

4.2 Lernen durch Engagement: Service Learning als Hochschulbildung für nachhaltige Entwicklung

In ihrer aktuellen Bestandsaufnahme zur Bildung für nachhaltige Entwicklung heben Stoltenberg und Burandt (2014) die Bedeutung informeller Lernprozesse hervor, die sich gerade auch in Bildungsinstitutionen neben dem dort intendierten formalen Lernen in vielfältigen Kontexten des Alltagslebens ergeben, wie z. B. in der Peer Group, beim Konsum von Lebensmitteln, im freiwilligen Engagement in Schülerarbeitsgruppen, studentischen Initiativen oder ehrenamtlichen Gremien oder in selbstorganisierten Lernprojekten (vgl. Sterling und Thomas 2006). Dazu gehört zum einen der bewusste und reflektierte Umgang mit Ressourcen (Wasser, Energie, Vermeidung von Abfall), die Aufmerksamkeit für regionale und ökologische Produkte beim Einkauf, insbesondere von Lebensmitteln, und die Ausstattung mit Mobiliar und Arbeitsmaterialien, die Nachhaltigkeitsansprüchen genügen. Zum anderen sind Gestaltungsmöglichkeiten jedoch auch in der sozialen, ökonomischen und kulturellen Dimension der Gestaltung einer Bildungsinstitution im Sinne nachhaltiger Entwicklung auszuschöpfen: durch praktizierte Partizipation, ehrenamtliches Engagement oder durch gelebte kulturelle Vielfalt. Stoltenberg und Burandt plädieren daher dafür, auch die Gestaltung der Bildungsinstitution als ein Bestandteil von Bildung für nachhaltige Entwicklung zu konzipieren und rekurrieren auf zahlreiche zusammenfassende Arbeiten in verschiedenen Bildungsbereichen wie Schulen, Universitäten und Kindergärten (Stoltenberg und Burandt 2014, S. 582).

Im Folgenden wird der Bereich des Hochschulwesens in den Blick genommen, indem gezeigt wird, wie von einer derart verstandenen Hochschulbildung für nachhaltige Entwicklung nicht nur die universitären Beteiligten profitieren, sondern auch positive Auswirkungen über die Grenzen des Campus hinaus realisiert werden. Dies zeigen zahlreiche Beispiele aus dem Bereich des Service Learning, einem aus den USA stammenden Lehr- Lernansatz, der fachbezogenes Studieren mit gesellschaftlichem Engagement verknüpft (Backhaus et al. 2013; 2015) und dabei auch studentische Lösungsvorschläge für nicht-nachhaltige Entwicklungen in ökologischen oder sozialen Bereichen wirksam werden lässt (Adomßent et al. 2014).

Exemplarisch für derartige Ansätze wird das Komplementärstudium des Leuphana Bachelorstudiums der Leuphana Universität Lüneburg vorgestellt (Adomßent und Strunz 2014). Dessen fächerübergreifender Ansatz beinhaltet als eine von sechs wählbaren Blickwinkeln auf die Wissenschaft die Perspektive ‚Projekte und Praxis'. Dort können sich die Studierenden mit der Konzeption, Planung und/oder der Durchführung von Projekten befassen bzw. praktische Tätigkeiten im Rahmen eines Praktikums angeleitet reflektieren. ‚Projekte und Service Learning' stellt einen von drei Bereichen dieser Perspektive dar. Hier erstellen die Studierenden zum Teil eigene Projektkonzepte oder setzen bestehende Konzepte praktisch um bzw. übernehmen Teilaufgaben im Rahmen von größeren Projekten. Mit Blick auf die zentrale Rolle, die die Aspekte Nachhaltigkeit und Handlungsorientierung im Leitbild der Universität einnehmen, ist es naheliegend, dass das Thema Nachhaltigkeit ebenso wie der Zugang des Service Learning sowohl in dieser wie auch in zahlreichen anderen Perspektiven des Komplementärstudiums ihren Niederschlag finden – durchaus auch mit Bezug zur eigenen Institution (vgl. Barth et al. 2014).

Da Projekte oft eine Laufzeit haben, die über ein Semester hinaus reicht, werden viele Projektseminare im Komplementärstudium als zweisemestrige Veranstaltungen angeboten. Im Wintersemester 2013/14 und im Sommersemester 2014 standen im Bereich ‚Projekte und Service Learning' folgende Veranstaltungen auf dem Programm (Auswahl aus insg. ca. 200 Veranstaltungen des Komplementärstudiums pro Semester):

- „Grüner Konsum" – Ein nachhaltiger Einkaufsführer für Lüneburg;
- „Social Volunteering" – oder wie sich gemeinnützige Projekte und Unternehmen in der Region vernetzen können;
- Urban Gardening – Was wir nähren, wird wachsen;
- lunatic Festival – Organisation eines nachhaltig orientierten Musikfestivals (zweisemestrig)
- „Museumspädagogik im Museum Lüneburg" – Ideen, Vorschläge, Konzepte gestalten;
- Von der Idee zum Projektantrag – Interkulturelle Öffnung im Verein;
- Nachhaltigkeitsmanagement von Filmproduktionen – Der Grüne Drehpass;
- Kunst, Kultur und Nachhaltigkeit - ein Projekttag für Jugendliche;
- Social Entrepreneurship & Sozialunternehmung in Entwicklungsländern: Unterstützung einer globalen Nachhaltigkeit (zweisemestrig);
- Soziale Aspekte der Nachhaltigkeit am Beispiel von Mikroprojekten der Entwicklungszusammenarbeit in Afrika und Lateinamerika (zweisemestrig).

Das Team des Komplementärstudiums sucht ständig nach neuen Impulsen für den Service-Learning-Bereich im Komplementärstudium. Um dieses pädagogische Konzept bekannter zu machen und aktiv weitere geeignete Kooperationspartner über die Grenzen des Campus' hinaus in Lüneburg und Umgebung zu akquirieren, fand im Januar 2014 im Rahmen der Veranstaltungsreihe „Neue Einsichten, neue Ansichten" unter dem Titel „Studierend gestalten. Ideen und Konzepte für die Region. Service Learning im Komplementärstudium" ein öffentlicher Themenabend im neuen Museum Lüneburg statt.

Schließlich ist es der Leuphana Universität Lüneburg wichtig, das bürgerschaftliche Engagement von Studierenden auch außerhalb von Lehrveranstaltungen zu fördern und zu würdigen. Aus diesem Grund wird auch die ehrenamtliche Arbeit in Initiativen, Projekten oder Aktionsgruppen außerhalb von Lehrveranstaltungen im Rahmen des jährlichen ‚Dies academicus' in einer eigens geschaffenen Kategorie „Service Learning" ausgezeichnet.

5 Schluss

Wie gezeigt, heißt Lernen im Hinblick auf nachhaltige Entwicklung, in konkreten Handlungsfeldern Antworten auf Fragen danach zu finden, wie die Zukunft sich nachhaltig gestalten lässt. Vielleicht sollte man besser den Plural verwenden und von Zukünften sprechen, denn als Bekräftigung der Leitidee einer freiheitlich, demokratisch verfassten Gesellschaft kann es nicht nur einen Lösungsweg in Richtung nachhaltiger Entwicklung geben. Vor diesem Horizont schließt Lernen neben dem beobachten, analysieren und bewerten in konkreten Situationszusammenhängen immer auch kreative und kooperative Prozessen mit ein. Mit den Worten von Jürg Minsch ist die Idee der nachhaltigen Entwicklung somit „keinesfalls eine revolutionäre oder elitäre, es geht vielmehr um die Sicherung des Projektes Würde des Menschen, um Freiheit und Demokratie in heutiger Zeit!" (Minsch 2005, S. 19). Dem ist nichts hinzuzufügen.

Literatur

Adomßent, M., & Stoltenberg, U. (2011). Biodiversity and sustainability communication. In J. Godemann & G. Michelsen (Hrsg.), *Sustainability communication: Interdisciplinary perspectives and theoretical foundations* (S. 129–140). Dordrecht u.a.: Springer.

Adomßent, M., & Strunz, C. (2014). Studentisches zivilgesellschaftliches Engagement und akademisches Lernen nachhaltig verbinden: das Komplementärstudium der Leuphana Universität Lüneburg. Vortrag im Rahmen der Frühjahrstagung „Nachhaltigkeit im Service Learning" des Hochschulnetzwerks Bildung durch Verantwortung in Kiel, 3. April 2014.

Adomßent, M., Bormann, I., Burandt, S., Fischbach, R., & Michelsen, G. (2012). Indikatoren für Bildung für nachhaltige Entwicklung. *Bildungsforschung, 39,* 71–90.

Adomßent, M., Barth, M., Fischer, D., Richter, S., & Rieckmann, M. (2014). Service Learning im Themenfeld Konsum. Ein Beitrag zur Hochschulbildung für nachhaltige Entwicklung. Poster im Rahmen der Tagung „Service Learning – Lernen durch Engagement. Von der Idee zur Umsetzung". 27./28. Mai 2014, Köln. Online unter. http://www.hrk-nexus.de/uploads/media/HRK-nexus_Service_Learning_27.-28.05.2014_Poster___Abstracts.pdf. Zugegriffen am 30.03.2015.

Backhaus-Maul, H., Bartsch, G., & Roth, C., (Hrsg.). (2013). *Service Learning an Hochschulen in Deutschland. Ein erster empirischer Beitrag zur Vermessung eines jungen Phänomens.* Springer VS

Backhaus-Maul, H., Ebert, O., Frei, N., Roth, C., Sattler, & C., (Hrsg.). (2015). *Service Learning mit internationalen Studierenden. Konzeption, Erfahrungen und Umsetzungsmöglichkeiten.* Beltz Juventa.

Barth, M. (2007). *Gestaltungskompetenz durch Neue Medien? Die Rolle des Lernens mit Neuen Medien in der Bildung für eine nachhaltige Entwicklung.* Berlin: Berliner Wissenschafts-Verlag.

Barth, M., Godemann, J., Rieckmann, M., & Stoltenberg, U. (2007). Developing key competencies for sustainable development in higher education. *International Journal of Sustainability in Higher Education, 8*(4), 416–430.

Barth, M., Adomßent, M., Fischer, D., Richter, S., & Rieckmann, M. (2014). Learning to change universities from within: A service-learning perspective on promoting sustainable consumption in higher education. *Journal of Cleaner Production, 62*(1), 72–81. doi:10.1016/j.jclepro.2013.04.006.

Bertschy, F., Gingins, F., Künzli, C., Di Giulio, A. & Kaufmann-Hayoz, R. (2007). Bildung für Nachhaltige Entwicklung in obligatorischen Schule. Schlussbericht zum Expertenmandat der

EDK «Nachhaltige Entwicklung in der Grundschulausbildung – Begriffsklärung und Adaption». Bern. http://www.edk.ch/dyn/12099.php. Zugegriffen am 14.07.2015.

BMU – Bundesministerium für Umwelt, Naturschutz und Reaktorsicherheit (Hrsg.). Agenda 21. Bonn: BMU.

Brodowski, M., Devers-Kanoglu, U., Overwien, B., Rohs, M., Salinger, S., & Walser, M. (Hrsg.). (2009). *Informelles Lernen und Bildung für eine nachhaltige Entwicklung; Beiträge aus Theorie und Praxis*. Opladen/Farmington Hills: Barbara Budrich.

de Haan, G. (2002). Die Kernthemen der Bildung für eine nachhaltige Entwicklung. *ZEP – Zeitschrift für internationale Bildungsforschung und Entwicklungspädagogik, 25*(1), 13–20.

de Haan, G. (2004). Politische Bildung für Nachhaltigkeit. *Aus Politik und Zeitgeschichte, 2004* (7–8), 39–46.

de Haan, G. (2008). Gestaltungskompetenz als Kompetenzkonzept der Bildung für nachhaltige Entwicklung. In I. Bormann, & G. de Haan (Hrsg.), *Kompetenzen der Bildung für nachhaltige Entwicklung. Operationalisierung, Messung, Rahmenbedingungen, Befunde* (S. 23–43). Wiesbaden: Springer VS

Di Gulio, A., Ruesch Schweizer, C., Adomßent, M., Blaser, M., Bormann, I., Burandt, S., Fischbach, R., Kaufmann-Hayoz, R., Krikser, T., Künzli David, C., Michelsen, G., Rammel, C., & Streissler, A., (2011). Bildung auf dem Weg zur Nachhaltigkeit. Vorschlag eines Indikatoren-Sets zur Beurteilung von Bildung für nachhaltige Entwicklung. Schriftenreihe der IKAÖ, Nr. 12. Bern: IKAÖ.

Dierking, L. D., Falk, J. H. & Storksdieck, M. (2013). Learning from neighboring fields. Conceptualizing outcomes of environmental education within the framework of free-choice learning experiences international handbook of research on environmental education. In R. B. Stevenson, M. Brody, J. Dillon & A. E. J. Wals (Hrsg.), *International handbook of research on environmental education* (S. 359–366). New York: Routledge.

EEA/European Environment Agency. (2009). *Progress towards the European 2010 biodiversity target*. Copenhagen: EEA.

Emmrich, R. & Melzer, M. (2006). Das integrative Nachhaltigkeitskonzept der HGF als Baustein der Bildung für eine nachhaltige Entwicklung. In J. Kopfmüller (Hrsg.), *Ein Konzept auf dem Prüfstand: Das integrative Nachhaltigkeitskonzept in der Forschungspraxis* (S. 171–188). Berlin: Edition Sigma

FAO/Food and Agriculture Organization of the United Nations. (2005). *Building on gender, agrobiodiversity and local knowledge. A training manual*. Rome: Food and Agriculture Organization of the United Nations (FAO).

Goldstein, W. (2005). Education for sustainable development – emerging. *ZEP/Zeitschrift für internationale Bildungsforschung und Entwicklungspädagogik, 28*(3), 2–8.

Hauff, V. (1987). *Unsere gemeinsame Zukunft. Der Brundtland-Bericht der Weltkommission für Umwelt und Entwicklung*. Greven: Eggenkamp.

Kopfmüller, J., Brandl, V., Jörissen, J., Paetau, M., Banse, G., Coenen, R., et al. (Hrsg.). (2001). *Nachhaltige Entwicklung integrativ betrachtet: konstitutive Elemente, Regeln, Indikatoren*. Berlin: Ed. Sigma.

Künzli David, C. (2007). *Zukunft mitgestalten: Bildung für eine nachhaltige Entwicklung – Didaktisches Konzept und Umsetzung in der Grundschule*. Bern: Haupt Verlag.

Künzli David, C., & Kaufmann-Hayoz, R. (2008). Bildung für eine Nachhaltige Entwicklung. Konzeptionelle Grundlagen, didaktische Ausgestaltung und Umsetzung. *Umweltpsychologie, 12*(2), 9–28.

Marcinkowski, T., Jennifer, B., Speroswingle, V., Linsenbardt, C., Engelhardt, J., Stadel, M., et al. (2013). Selected trends in thirty years of doctoral research in environmental education. In R. B. Stevenson, M. Brody, J. Dillon & A. E. J. Wals (Hrsg.), *International handbook of research on environmental education* (S. 45–62). New York: Routledge.

Merriam, S. B. (2007). *Non-Western perspectives on learning and knowing*. Malabar: Krieger.

Michelsen, Gerd (2008). Kompetenzen und Bildung für nachhaltige Entwicklung. In T. Lucker & O. Kölsch, (Hrsg.), *Naturschutz und Bildung für nachhaltige Entwicklung. Fokus: Lebenslanges*

Lernen. Ergebnisse des F + E-Vorhabens "Bildung für nachhaltige Entwicklung (BNE) - Positionierung des Naturschutzes" (S. 45–58). Bonn-Bad Godesberg: Bundesamt für Naturschutz.

Michelsen, G. (2009). Kompetenzen und Bildung für nachhaltige Entwicklung. In B. Overwien & H.-F. Rathenow (Hrsg.), *Globalisierung fordert politische Bildung: Politisches Lernen im globalen Kontext* (S. 75–86). Opladen, Farmington Hills: Verlag Barbara Budrich.

Minsch, J. (2005). Gedanken zu einer politischen Kultur der Nachhaltigkeit. In M. Leuthold (Hrsg.), *Im Dialog: Nachhaltige Entwicklung und Religion* (S. 19–22). Wien.

Müller, N., Werner, P., & Kelcey, J. G. (2010). *Urban biodiversity and design. Conservation science and practice*. Weinheim: Wiley-VCH.

Rauch, F. (2005). Nachhaltige Entwicklung und Bildung. In M. Leuthold (Hrsg.), *Im Dialog: Nachhaltige Entwicklung und Religion* (S. 27–32). Wien.

Rauch, F., Streissler, A. I., & Steiner, R. (2008). *Kompetenzen für Bildung für nachhaltige Entwicklung (KOM-BiNE): Konzepte und Anregungen für die Praxis*. Wien: Bundesministerium für Unterricht Kunst und Kultur.

Reid, W. V., Chen, D., Goldfarb, L., Hackmann, H., Lee, Y. T., Mokhele, K., et al. (2010). Earth system science for global sustainability: grand challenges. *Science, 330*(6006), 916–917.

Rieckmann, M. (2011). Schlüsselkompetenzen für eine nachhaltige Entwicklung der Weltgesellschaft: Ergebnisse einer europäisch-lateinamerikanischen Delphi-Studie. *GAIA, 20*(1), 48–56.

Schmidt, H. (1991). *Philosophisches Wörterbuch*. (Neu bearb. von G. Schischkoff, 22. Aufl.). Stuttgart.

Spreen, D. (2004). Bildung als „regulative Idee": zum Verhältnis von Bildung und Nutzen. *DIE Zeitschrift für Erwachsenenbildung, 11*(3), 31–33.

Sterling, S., & Thomas, I. (2006). Education for sustainability: The role of capabilities in guiding university curricula. *International Journal of Innovation and Sustainable Development, 1*(4), 349–370.

Stoltenberg, U. (2009). *Mensch und Wald: Theorie und Praxis einer Bildung für nachhaltige Entwicklung am Beispiel des Themenfeldes Wald*. München: oekom verlag.

Stoltenberg & Burandt, S.(2014). Bildung für eine nachhaltige Entwicklung. In H. Heinrichs & G. Michelsen (Hrsg.), *Nachhaltigkeitswissenschaften*, (S. 567–594). Berlin Heidelberg: Springer Verlag.

UNESCO (2005). Übereinkommen über den Schutz und die Förderung der Vielfalt kultureller Ausdrucksformen. http://www.unesco.de/infothek/dokumente/uebereinkommen/konvention-kulturelle-vielfalt.html. Zugegriffen am 07.04.2015.

UNESCO (2009). Bonner Erklärung. http://www.unesco.de/infothek/dokumente/erklaerungen-duk/bonner-erklaerung-2014.html. Zugegriffen am 07.04.2015.

UNESCO – United Nations Educational, Scientific and Cultural Organization (2003). Das Übereinkommen zur Erhaltung des immateriellen Kulturerbes. www.unesco.de/ike-konvention.html. Zugegriffen am 07.04.2015.

Vancura, V. (2008). Tourism service providers as partners for the conservation of biodiversity – The PAN parks sustainable tourism strategy. In BMU (German Federal Ministry for the Environment, Nature Conservation and Nuclear Safety), BfN (German Federal Agency for Nature Conservation), INOEK (Institute of Outdoor Sports and Environmental Science (Hrsg.), *Biodiversity and sport – Prospects of sustainable development: Vol. 23. Outdoor sports and environmental science* (S. 69–74). Institut für Natursport und Ökologie, Köln.

Vare, P., & Scott, W. (2007). Learning for a change: Exploring the relationship between education and sustainable development. *Journal of Education for Sustainable Development, 1*(2), 191–198.

Wals, A. E. J., Stevenson, R. B., Brody, M., & Dillon, J. (2013). Tentative directions for environmental education research in uncertain times. In R. B. Stevenson, M. Brody, J. Dillon & A. E. J. Wals (Hrsg.), *International handbook of research on environmental education* (S. 542–547). New York: Routledge.

Walser, M. (2009). Das Konzept der nachhaltigen Entwicklung als Bezugspunkt informellen Lernens. In M. Brodowski, U. Devers-Kanoglu, B. Overwien, M. Rohs, S. Salinger &

M. Walser (Hrsg.), *Informelles Lernen und Bildung für eine nachhaltige Entwicklung; Beiträge aus Theorie und Praxis* (S. 56–61). Opladen/Farmington Hills: Barbara Budrich.

WBGU – Wissenschaftlicher Beirat der Bundesregierung Globale Umweltveränderungen. (2011). *Welt im Wandel: Gesellschaftsvertrag für eine große Transformation.* Berlin: Zusammenfassung für Entscheidungsträger.

Wilde, J., & Slob, B. (2007). Eco-holidays – The sustainable tourism paradox. ClimateChangeCorp Climate News for Business. http://www.climatechangecorp.com/content.asp?ContentID=4780.

Informelles Lernen und ökonomische Bildung

Michael Schuhen und Fabian Kunde

Inhalt

1	Einleitung	456
2	Ökonomisch kompetent – aber woher?	457
3	Kann man ökonomische Bildung informell erwerben?	462
4	Potentiale und Grenzen informellen Lernens für die ökonomische Bildung – der Versuch eines Fazits	463
	Literatur	464

Zusammenfassung

Ziel ökonomischer Bildung ist der gebildete Laie, der ökonomische Angelegenheiten selbst in die Hand nimmt und der an der Gestaltung seines sozialen Umfeldes mitwirken kann. Da es in Deutschland kein einheitliches Schulfach Wirtschaft gibt, ist der Grad formeller ökonomischer Bildung äußerst heterogen. Trotzdem ist der Deutsche nicht pauschal ökonomisch ungebildet. Deshalb werden im Beitrag verschiedene Quellen ökonomischer Bildung von Jugendlichen und Erwachsenen unter dem Fokus informellen Lernens diskutiert. Dabei wird deutlich, dass insbesondere im Erwachsenenalter die Motivation sich mit ökonomischen Fragen zu beschäftigen, ein wesentlicher Prädiktor für den Erfolg informellen Lernens ist. Abschließend wird der Frage nachgegangen inwieweit ein ökonomisch Unkundiger ökonomische Denkmuster überhaupt erlernen kann.

Schlüsselwörter

Informelles Lernen • Ökonomische Bildung • Finanzielle Allgemeinbildung • Ökonomisches Denken

---

M. Schuhen (✉) • F. Kunde
Zentrum für ökonomische Bildung (ZöBiS), Universität Siegen, Siegen, Deutschland
E-Mail: schuhen@zoebis.de; kunde@zoebis.de

1 Einleitung

Ökonomische Bildung ist aufgrund des Fehlens eines eigenständigen Schulfaches curricular sehr heterogen in der föderalen deutschen Bildungsstruktur verortet (Schlösser und Weber 1999). Ökonomische Bildung ist meist Teil eines sozialwissenschaftlichen Schulfachs, dessen Bezeichnungen variieren von „Politik/ Wirtschaft" über „Sozialwissenschaften" oder „Gemeinschaftskunde" bis hin zu „Wirtschaft und Recht". Häufig sollen wesentliche Inhaltsbereiche auch im Geschichts- oder Geographieunterricht aufgegriffen werden, so dass der Grad formeller ökonomischer Bildung von Jugendlichen in Deutschland davon abhängt, in welchem Bundesland sie groß geworden sind, ob die Lehrkraft, die sie unterrichtet, auch Ökonomie studiert hat und inwieweit sie – unterstellt man die Theorie des heimlichen Curriculums – (Zinnecker 1975) – tatsächlich auch ökonomische Inhalte im Unterricht thematisiert. Dabei sind die möglichen Inhaltsfelder ökonomischer Bildung wie das Wissen über Konsum und Märkte, Arbeit und Produktion, gesamtwirtschaftliche Ungleichgewichte und Wirtschaftspolitik, soziale und ökologische Probleme, internationale Wirtschaftsbeziehungen und finanzielle Bildung allgemeinbildend, lebensnah und nützlich, um das eigene Leben zu gestalten.

Ökonomische Bildung findet aber nicht ausschließlich im schulischen Kontext statt. So existieren vielfältige Angebote in Form von Ratgebersendungen (z. B. WISO) und Reality Shows (z. B. Raus aus den Schulden), deren Bildungsgehalt bisher systematisch nicht erforscht wurde. Auch bieten Volkshochschulen sowie Vereine und Verbände wie die Schuldnerberatung, Lohnsteuerhilfevereine, Stiftung Warentest oder Verbraucherzentralen Beratung zu Global- und Detailfragen an.

Ziel ökonomischer Bildung ist der „gebildete Laie" (Schlösser und Schuhen 2011), der ökonomische Angelegenheiten selbst in die Hand nimmt und der an der Gestaltung seines sozialen Umfeldes mitwirken kann. Ökonomischer Bildung geht es nicht um wirtschaftsberufliche Bildung, die man beispielsweise für die Ausbildung eines Kaufmanns benötigt. Ökonomische Bildung ist auch keine berufliche Wirtschaftsbildung, also eine wirtschaftliche Ausbildung, die in allen Berufen oder Studiengängen benötigt wird.

Um sich von diesen Bereichen abzugrenzen argumentiert ökonomische Bildung häufig mit dem Begriff der Grundbildung, der sich auch hier anbietet, da nachfolgend sowohl Jugendliche als auch Erwachsene betrachtet werden sollen.

Eine weite Definition von Grundbildung beinhaltet alle Kompetenzen, die für die Orientierung in der Gesellschaft unabdingbar sind. Bildungsziel ist Partizipation im Sinne von Teilhabe, Mitwirkung und Einbeziehung. Die Menschen sollen jetzt und in Zukunft

- eigene Ziele erreichen,
- eigenes Wissen und ihre individuellen Möglichkeiten entwickeln und
- am gesellschaftlichen Leben partizipieren (vgl. Oelkers 2003, S. 4).

Ökonomische Grundbildung kann und soll auf dieser Grundlage als „Empowerment" im Sinne von Sen (Sen 2010), als Selbststärkung zu Selbstbestimmung und Emanzipation im sozialen Kontext verstanden werden:

> „Ökonomische Grundbildung umfasst die Kompetenzen, welche Individuen und Gruppen benötigen, um aus *eigener Kraft* in ihren *jeweiligen sozialen Kontexten* wirtschaftliche Unsicherheiten zu reduzieren, die Ursachen für Verarmung und Entmündigung sind." (Schlösser und Schuhen 2011, S. 6).

Der Weg dahin führt über die Entwicklung der eigenen Ressourcen und Potentiale. Deshalb wird in den nächsten Abschnitten zum einen auf mögliche Quellen ökonomischer Bildung von Jugendlichen und Erwachsenen eingegangen, wobei das informelle Lernen im Fokus stehen wird. In einem zweiten Schritt wird deutlich gemacht, was ökonomisches Denken ausmacht und welche Folgen entstehen, wenn nicht ökonomisch gedacht wird.

2 Ökonomisch kompetent – aber woher?

2.1 Formelle ökonomische Bildung

Die schulische Situation ökonomischer Bildung wurde bereits einleitend angerissen. Daher ist es auch kaum verwunderlich, dass deutsche Schüler bei Vergleichsstudien eher schlecht abschneiden. Als bekanntester Test ist der Test of Economic Literacy (TEL) (Walstad und Rebeck 2001) sowie dessen deutsche Adaption, der Wirtschaftskundliche Bildungstest (WBT) (Beck et al. 2000), zu nennen. Deutsche Schüler konnten hier im Schnitt 45 % der Aufgaben lösen, US-amerikanische 48 %, südkoreanische 52 % und britische 64 %. Insbesondere zeigen deutsche Schüler Schwächen, wenn es darum ging, Situationen ökonomisch zu analysieren und zu bewerten. Im Bereich der finanziellen Bildung schneiden die Deutschen im Vergleich ebenfalls schlechter ab. So offenbaren verschiedene Studien sowohl bei Schülern (Schürkmann und Schuhen 2013) als auch bei Erwachsenen Wissensdefizite (Habschick et al. 2004; Leinert 2004a; Schuhen und Schürkmann 2014; Schuhen et al. 2014b). Insbesondere in den neueren, kompetenzorientierten Studien wird deutlich, dass die Fähigkeiten, ökonomisch zu denken, zu argumentieren und zu handeln, in Deutschland kaum in systematisch geplantem Unterricht erlernt werden, ansonsten wären die Globaldaten der aufgeführten Studien besser. Betrachtet man jedoch exemplarisch die Financial Literacy Studien FILS und FILSA, so wird deutlich, dass Schüler und Erwachsene nicht globale finanzielle Analphabeten sind, sondern es Teilbereiche wie bspw. Sparen gibt, in denen sie besser sind als in anderen Teilbereichen wie bspw. Versicherungen. (Schuhen und Schürkmann 2014) Dies lässt vor dem geschilderten Hintergrund der formellen ökonomischen Bildung vermuten, dass die Unterschiede durch informelle Lernprozesse entstanden sind. Da bisher die Diskussion innerhalb der ökonomischen Bildung kaum informelles

Lernen thematisiert hat (Macha et al. 2011), sondern die Frage, wie Experten und Laien ökonomisch denken, im Vordergrund stand, sollen in den nachfolgenden Kapitel mögliche Lernanlässe als Auslöser informeller Lernprozesse und die Motivations- und Volitionslagen der Menschen in ihnen im Zentrum der Diskussion stehen. Inwieweit eine Ausdifferenzierung nonformellen Lernens in informelles und beiläufiges Lernen vor diesem Hintergrund notwendig erscheint, wird deshalb vorab geklärt.

2.2 Informelle Lernanlässe für den Erwerb ökonomischer Bildung

Ist das formelle Lernen fremd organisiert und sind die Ziele extern vorgegeben, ebenso die Lernstrategien (Methoden) und der Lernrhythmus, so können im Bereich des nonformellen Lernens das informelle und das beiläufige Lernen unterschieden werden (zur Begriffsgeschichte s. Overwien 2004). Inwieweit sich beide Lernformen des nonformellen Lernens in der Beobachtung trennen lassen, sei dahingestellt. Auch Dohmen plädiert aufgrund der Abgrenzungsschwierigkeiten der aus dem angelsächsischen Raum übernommenen Dreiteilung und im Sinne der Pragmatik dafür, auf „die feinsinnigen und kontroversen Abgrenzungen zwischen einem ‚nichtformalen' und einem ‚informellen' Lernen zu verzichten" (Dohmen 2001, S. 25) und stattdessen das informelle Lernen als Oberbezeichnung für alles außerinstitutionelle und nicht curricular gesteuerte Lernen zu benutzen. Speziell die Veröffentlichungen, die sich dem Lernen in der Freizeit und in technisierten Umgebungen widmen, verwenden überwiegend die Terminologie in diesem pragmatischen Sinne. Dieser pragmatischen Lösung soll auch hier gefolgt werden, wenn zuerst die Sozialisation im ökonomischen Lebensraum als eine Quelle informell erworbener ökonomischer Kompetenz angesprochen wird.

2.2.1 Sozialisation im ökonomischen Lebensraum

Eine der wesentlichen Lernerfahrungen sind Kontakte zu anderen. Durch den Umgang mit anderen entstehen bei Kindern insbesondere erste Erfahrungen im Leben als Konsument, die an dieser Stelle exemplarisch als Lerngelegenheiten thematisiert werden sollen.

Bereits ein kurzer Literaturüberblick zeigt, dass Familie, Gleichaltrige, Schule sowie Massenmedien den größten Einfluss auf den Konsum von Kindern ausüben (Lachance et al. 2000, S. 128; Drenten et al. 2008, S. 832; Grønhøj 2007, S. 244; Cowell 2001, S. 71). Der Einfluss dieser so genannten Mittler variiert jedoch nach Beziehungsintensität und Vorrang im Leben des Kindes (Roper und La Niece 2009, S. 86). An dieser Stelle wird bewusst von Einfluss gesprochen, da im Kindesalter noch keine Reflexion des beispielsweise durch Nachahmung „Gelernten" stattfindet.

Nicht nur in den ersten Lebensphasen sind die Eltern (Gaumer und Arnone 2009, S. 4; Hamilton und Catterall 2006, S. 1033; Wimalasiri 2004, S. 274) die wichtigsten Sozialisationsagenten. Insbesondere die Mütter sind der Überzeugung, dass sie über deutlich mehr Wissen und Rationalität als ihre Kinder verfügen und sie demzufolge vor anderen, womöglich schlechten Einflüssen bestmöglich schützen sollten (Cowell 2001, S. 72). Sie geben speziell beim gemeinsamen Einkauf ihre Fähigkeiten und ihr Wissen über den Konsum an ihre Kinder weiter (Bao et al. 2007, S. 673).

Beiläufig lernen die Kinder so wesentliche Inhalte der Verbraucherbildung, wobei die Einstellungen der Mütter und die Intensität der Vermittlung deutlich schwanken, da die Lernerfahrungen von den Lerngelegenheiten abhängig sind. Und hier zeigt sich ein deutlicher Genderaspekt (Schuhen et al. 2014a). Die Kinder erlangen beim Einkaufen mit ihren Eltern nicht nur Produktwissen, sondern auch Kompetenzen im Umgang mit Lebensmitteln und ökonomischen Wissen (Pettersson et al. 2004, S. 324). Supermärkte werden zu Lernräumen für die Konsumentenbildung von Kindern.

Dass die ökonomisch-geprägte Lebensumwelt Einfluss auf die Bildung hat, zeigt sich bei finanziell weniger gut gestellten Familien. Hier lassen sich Unterschiede zur normalen Konsumentensozialisation identifizieren, die auf informelle Lernprozesse zurückgeführt werden können. Bei Kindern aus ärmeren Familien werden in der Literatur zwei unterschiedliche Sichtweisen vertreten. Es könnte zum einen davon ausgegangen werden, dass sie weniger geübt im Konsumentenleben sind als Kinder aus Haushalten mit hohem Einkommen, da weniger Geld vorhanden ist. Zum anderen besagt jedoch eine gegenläufige Erklärung, dass Kinder aus armen Verhältnissen bessere Konsumfähigkeiten aufweisen, da sie gelernt haben, mit knappen Ressourcen umzugehen (Hamilton und Catterall 2006, S. 1033).

Mit zunehmendem Alter der Heranwachsenden verlieren jedoch die Eltern an Einfluss, sodass Gleichaltrige einen immer höheren Stellenwert einnehmen (Roper und La Niece 2009, S. 86). So haben sie eine hohe (Gaumer und Arnone 2010, S. 4), oft irrationale Wirkung auf das Konsumverhalten von Kindern. Heranwachsende möchten durch ähnliche Kaufgewohnheiten wie die der Gleichaltrigen „dazugehören" und keine Außenseiterposition vertreten, indem sie nicht über die „angesagten" Produkte verfügen. Es herrscht ein gewisser Druck der Gleichaltrigen im Umgang mit Konsum, der „peer pressure" (Cowell 2001, S. 74). Die Massenmedien und später auch Soziale Medien, hier ist insbesondere das Fernsehen zu nennen, vermitteln den Kindern Informationen über Produkte und regen zum Kauf an (Fan und Li 2010, S. 6). In der Werbung wird erklärt, wie ein Produkt genutzt wird, in welchem sozialen Umfeld es zur Nutzung kommt und für welche Zielgruppe es bestimmt ist (Roedder John 1999, S. 207), sodass es dem Kind ermöglicht wird, Einstellungen gegenüber einem Produkt auszubilden. Da die Nutzung von Massenmedien in der heutigen Zeit immer stärker zunimmt, ist es für Kinder daher besonders wichtig, beim gemeinsamen Fernsehen mit den Eltern Erklärungen zu erhalten, wie sie Situationen einzuordnen haben (Cowell 2001, S. 76). Ansonsten bleibt es bei einem beiläufigen Lernen ohne eine Reflexion des Gesehenen. Dass dies nicht immer so sein muss, zeigen einige der aufgeführten Studien. Der Konsumprozess oder die Teilhabe an Konsumhandlungen kann zum benennbaren Lern-Gegenstand werden.

2.2.2 Lernanlässe für informelles Lernen von Erwachsenen

Geht man davon aus, dass informelles Lernen eher intrinsisch motiviert ist (Rohs und Schmidt 2009) und auf eine Passung zwischen den eigenen Fähigkeiten und den

Anforderungen der Umwelt zielt, so sind gezielt ökonomische Situationen zu untersuchen, die potenzielle Lernanlässe bieten könnten. Da diese Lernanlässe in der ökonomischen Bildung häufig jedoch von außen vorgegeben sind, wie das Verfassen einer Steuererklärung oder das Abschließen von Versicherungen, sollen insbesondere auch defensive Lernprozesse betrachtet werden, die nur zur Vermeidung von Nachteilen durchlaufen werden. (Holzkamp 1993)

Die Grundmotivation, sich mit Wirtschaftsthemen auseinanderzusetzen, ist in Deutschland im Vergleich zu anderen Ländern gering; bei den unter 30jährigen sogar mit einer rückläufigen Tendenz. So interessierten sich 2011 lediglich 54 Prozent der Bevölkerung ab 14 Jahren für Wirtschaftsthemen und bei den unter 30-Jährigen waren es gerade noch 40 Prozent (Allensbacher Markt- und Werbeträgeranalysen, AWA 1997, 2000, 2004 und 2011).

Auch bei finanziellen Themen zeigen die Deutschen eher eine passive Haltung (Habschick et al. 2003; Dröge 2010; Kundenkompass Finanzkompetenz 2010; comdirect-Studie 2010), obwohl die Eigenverantwortlichkeit des Einzelnen beispielsweise für die Altersvorsorge und die Absicherung der Lebensrisiken seit Jahren steigt (Leinert 2004b) und daher auch, wie es zu erwarten gewesen wäre, die intrinsische Motivation, sich mit diesem Thema zu beschäftigen.

Vor allem im ökonomischen Bereich sind es Phasen der Veränderung im Leben, die informelle Lernprozesse evozieren. So sind Kinder bis zu einem gewissen Alter/Ausbildungsstand bei den Eltern mitversichert, jedoch ergeben sich im Laufe der Zeit unterschiedliche Lebensphasen bzw. -ereignisse, die eine Anpassung der Versicherungen erfordern. Zumindest bei der Erstentscheidung sind die Eltern die zentralen Einflussfaktoren, und eine reflektierte Auseinandersetzung im Sinne eines Produktvergleichs findet bei den Jugendlichen nicht statt (Kundenkompass Finanzkompetenz 2010).

Um die Entscheidungsfindung zu unterstützen, bieten Finanzinstitute und Verbraucherportale seit einigen Jahren Hilfetools für Preis- oder Leistungsvergleiche an. Daneben finden sich zahlreiche und auch z. T. hilfreiche Informationen rund um die zu entscheidende Fragestellung. Diese Online-Hilfen und Portale werden schon von ca. 60 % der Kunden vor einem Kaufentscheid von Finanz- oder Versicherungsprodukten zurate gezogen (Krotsch und Locher 2012). Die Nutzer dieser Online-Tools erwerben Reflexionswissen und können, so die Ergebnisse der financial literacy Study (Schürkmann und Schuhen 2013), ihre Entscheidung besser begründen als Menschen, die ihre Entscheidung über Finanzprodukte nur auf Erfahrungswerte aus ihrem Umfeld stützen.

Trotzdem ist die Lern- und Veränderungsbereitschaft im Themenfeld „Sparen und Anlegen" eher gering, obwohl mögliche Anlageerfolge doch etwas anderes vermuten lassen könnten. Die deutschen Haushalte sparen viel (die Sparquote liegt bei 11 Prozent), jedoch kümmern sie sich ungern systematisch um ihre Geldanlage und verzichten auf höhere Zinsen und gar gänzlich auf jegliche Art von Zinsen, wenn sie ihr Geld (un)bewusst auf dem Girokonto ansammeln. Ihr mangelndes Interesse an Geldanlagen führt sogar soweit, dass laut einer GFK-Studie (2013) 19 Prozent der Befragten, die monatlich bis zu 50 Euro für größere Anschaffungen sparen, ihr Konto überziehen und damit in einen teuren Dispositionskredit laufen. Unter jenen,

Informelles Lernen und ökonomische Bildung

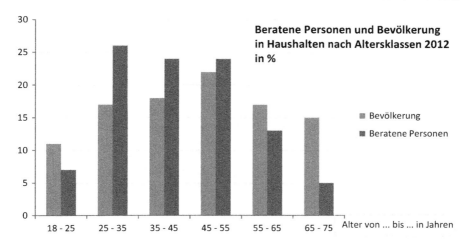

Abb. 1 Wirtschaft und Statistik, Überschuldungsstatistik 2012, Statistisches Bundesamt, Wiesbaden, 2013

die 50 bis 100 Euro zur Seite legen, sind es 17 Prozent. Auch Konsumenten- und Autokredite finden sich bei mehr als zehn Prozent der Dauersparer neben einem gut gefüllten Sparkonto. Aufgrund des mangelnden Interesses an finanziellen Fragen und einer nicht flächendeckenden Reflexionsbereitschaft (z. B. regelmäßiges Lesen des Kontoauszugs, um hieraus Schlüsse zu ziehen) findet keinerlei Nachdenken über diese statt (Kundenkompass Finanzkompetenz 2010). So lange es finanziell funktioniert, ist somit bei vielen Deutschen weder intrinsisch motiviertes noch defensiv motiviertes Lernen vorzufinden.

Anders sieht es im Bereich der Verschuldung aus. Gefährdet ist u. a. die Gruppe der 18 bis 25-Jährigen, die vermehrt die vielen Möglichkeiten wahrnehmen, ihre Konsumwünsche über Kredite zu finanzieren. Nicht immer gelingt es ihnen, aus ihrer Schuldenfalle alleine herauszukommen. Hier helfen Beratungsstellen, deren Zahl deutschlandweit deutlich zugenommen hat und deren Beratungsleistung – und hier findet wieder informelles Lernen statt – von den verschiedensten Altersgruppen in Anspruch genommen wird (Abb. 1).

Ein weiterer Lernanlass, der auch intensiv genutzt wird, sind Produktvergleiche. Welches Produkt ist das Bessere, welche Kriterien lege ich an, um das für mich beste Produkt zu finden? Die Deutschen beschäftigen sich gerne mit diesen Fragen und verwenden auch viel Zeit hierfür. Fraglich ist hingegen, ob innerhalb dieser Beschäftigung auch eine kritische Reflexion als Bestandteil eines informellen Lernprozesses stattfindet. Ca. 76 Prozent der Deutschen haben „sehr großes oder eher großes Vertrauen" in die Stiftung Warentest und ihre Qualitätsurteile (Spiegel Online 2014). Deshalb übernehmen sie deren Vorschläge auch gerne für ihre eigene Produktwahl, wobei nur selten eine Adaption des Urteils der Stiftung Warentest auf die eigenen Bedürfnisse stattfindet, wie es bei einem Punktbewertungsverfahren eigentlich angebracht wäre.

Was bleibt abschließend festzuhalten? Die Lernbereitschaft im Bereich der ökonomischen Bildung ist unter den Deutschen in den exemplarisch gewählten Feldern ungleich ausgeprägt und häufig defensiv, d. h., erst wenn es unumgänglich ist, beschäftigt man sich mit der Thematik. Es wird auch deutlich, dass positive Effekte (z. B. eine höhere Verzinsung) nicht zu einer erhöhten Bereitschaft führen, sich mit der Materie auseinander zu setzen. Anders scheint es im Bereich der Konsumentscheidungen zu sein. Die Deutschen verwenden viel Zeit auf der Suche nach einem bestimmten Produkt, sind aber dann nicht bereit oder haben es nicht gelernt, vorgefertigte Entscheidungen auf ihre Situation hin anzupassen und ihre Entscheidungen zu reflektieren.

Deshalb soll im nachfolgenden hinterfragt werden, ob der Unkundige – seine Bereitschaft zu Lernen sei vorausgesetzt – ohne Unterstützung durch formelle Lernprozesse in der Lage ist, ökonomisches Denken informell zu erlernen. Dieses Kapitel knüpft an die Diskussion zum Thema „folk economics" (Yezer et al. 1999; Rubin 2003; Davies und Mangan 2007) innerhalb der Wirtschaftswissenschaften an, die dem Thema informelles Lernen am nächsten kommt.

3 Kann man ökonomische Bildung informell erwerben?

Vielfältige Studien zeigen, dass ökonomisch Unkundige nicht nur systematisch anderen Denkmustern folgen (vgl. Akerlof 2007), sondern auch anders urteilen als ökonomisch Gebildete (Caplan 2001; Roos 2007). So bewerten sie wirtschaftspolitische Maßnahmen nicht nur aufgrund fehlender Informationen und Unwissenheit anders, sondern der Durchschnittsbürger argumentiert und urteilt aufgrund anderer Bewertungsschemata. Diese Bewertungsschemata entstammen ihrer persönlichen Primärerfahrung, wie Wirtschaft funktioniert. Die impliziten Theorien der ökonomische Unkundigen unterliegen jedoch häufig kognitiven Verzerrungen, die darauf beruhen, dass objektive oder weitläufig akzeptierte Fakten falsch wahrgenommen werden (Bazerman et al. 2001; Kemp 2007). Neben diesem kognitiven Bias existiert noch ein ethischer Bias, der Menschen aufgrund eines impliziten Moralverständnisses manche Maßnahmen als unfair einschätzen lässt (Enste et al. 2009).

Besonders offensichtlich werden Unterschiede, wenn ein Denken in Opportunitätskosten gefordert ist. Wenn ein ökonomisch Gebildeter vor der Frage steht, ob er eine bestimmte Handlung ausführen oder unterlassen sollte, wird er den Nutzen dieser Handlung mit seinen Kosten vergleichen. Um jedoch entscheiden zu können, ist die Frage nicht „Soll ich die Handlung durchführen?", sondern es sind Alternativen nötig. Opportunitätskosten sind dann die Kosten der besten nicht gewählten Alternative. Der ökonomisch Gebildete wird also überlegen, was er ansonsten machen könnte. Geht er ins Schwimmbad oder besucht er ein Museum? Die Kosten des Schwimmbadbesuchs bestehen dann nicht nur aus den Kosten der Busfahrt und dem Eintritt, sondern auch aus den Opportunitätskosten also dem entgangenen Museumsbesuch.

Sind Opportunitätskosten Kosten, die oft übersehen werden, bei der Entscheidungsfindung aber berücksichtigt werden müssen, wird am Beispiel der versenkten Kosten („sunk costs") anders herum deutlich, was ökonomisch Gebildete und Nichtkundige unterscheidet. Die versenkten Kosten werden nämlich von Nichtfachleuten intuitiv berücksichtigt – „ich habe doch schon so viel investiert...", sollten jedoch bei der Entscheidung nicht zählen –. Besonders deutlich werden diese sunk costs bei der Beurteilung von Anlageentscheidungen. Thaler (1999) spricht sogar bei Unkundigen, die dieses Denken nicht systematisch gelernt haben, von sunk-costs-effects. Ungebildete Laien sind bereit, je höher die vergangenen Investitionen waren, dem unwiederbringlich verlorenen „schlechten Geld gutes Geld nachzuwerfen", dabei dürften sunk costs keine Rolle bei der Entscheidungsfindung spielen.

Kontraintuitiv ist auch der Zinseszinseffekt (Kunden-Motive 2011). Die meisten Menschen sind überrascht, wie stark er wirkt. Das liegt daran, dass unser Gehirn nicht darauf ausgelegt ist, mit Exponentialfunktionen zu arbeiten. Der Zinseszinseffekt wird insbesondere von Sparern immer wieder unterschätzt, da sie nur selten den Effekt für sich ausrechnen und reflektieren. Hinzu kommt, dass Menschen den heutigen Nutzen höher bewerten als einen abstrakten Nutzen in der Zukunft. In letzter Konsequenz führt dies dazu, dass beispielsweise Lebensversicherungen frühzeitig gekündigt werden. So hält laut der Verbraucherzentrale Hamburg nur ein Viertel der Anleger Verträge mit 30 Jahren Laufzeit durch (Zeit Online 25. April 2014). Entstehen dann während der Laufzeit noch Verluste, weil beispielsweise die Kurse fallen, neigen viele Sparer zum Verkauf. Lange Laufzeiten sind wegen der Schwierigkeit, zu verstehen, welche Beträge sich am Ende ergeben, psychologisch heikel. Das gilt nicht nur für den späteren Ertrag, sondern auch für den Wertverlust durch Inflation. Auch dies ist ein exponentieller Prozess, den Sparer schlecht einschätzen können (Hummelsheim 2010). Informelles Lernen aufgrund von Erfahrung scheidet bei diesen langfristigen Geldanlagen auch aus, so dass nur eine explizite (mathematische oder statistische) Auseinandersetzung zu Lernzuwächsen führen kann.

4 Potentiale und Grenzen informellen Lernens für die ökonomische Bildung – der Versuch eines Fazits

Ziel ökonomischer Bildung ist, wie einleitend dargestellt, der „gebildete Laie". Dieser gebildete Laie unterscheidet sich in seinem Denken grundlegend vom Unkundigen, aber auch vom Wirtschaftswissenschaftler. Deshalb wurde innerhalb des Beitrags der Frage nachgegangen, wo und in welcher Form informelles Lernen in der ökonomischen Bildung stattfindet. Es wurden Lernanlässe exemplarisch identifiziert und auf die dort anzutreffenden Motivationslagen hin untersucht. Dabei wurde deutlich, dass ökonomische Fragen die Deutschen eher weniger interessieren und sie sich häufig defensiv zur Vermeidung von Nachteilen mit ihnen beschäftigen. Dass trotzdem gelernt wird, zeigen die aufgeführten Studien. Dass das Niveau im Bereich der Wissensfragen global betrachtet eher schlecht ist (Bertelsmann Stiftung Vorsorgestudie 25 2004; ING-DiBa Studie 2013), Teilbereiche aber positiv hervorgehoben werden konnten (Schuhen und Schürkmann 2014; Bucher-Koenen und Lusardi 2011), zeigt wie schwierig es ist, den Grad informellen Lernens innerhalb der ökonomischen Bildung zu beschreiben. Werden den Kunden Online-Tools bspw. zu Bank- und Finanzdienstleistungen angeboten, werden diese auch eingesetzt. Allerdings zeigt die Übernahme der Testergebnisse im Fall der Stiftung Warentest, dass die zugrunde gelegten wirtschaftswissenschaftlichen Methoden, hier das Punktbewertungsverfahren, nicht reflektiert werden. Diese Erkenntnis trifft auch auf das magische Dreieck der Geldanlage zu, bei dem es darum geht Rendite, Risiko, Verfügbarkeit abzuwägen. Ansonsten wäre das Sparbuch mit 55 Prozent im Vergleich zu 14 Prozent Aktienbesitzer nicht das häufigste gewählte Finanzprodukt der Deutschen (com.direct Studie 2011).

Informelles Lernen kann, wenn die Bereitschaft der Lernenden vorhanden ist, insbesondere im Bereich des Wissens erfolgreich sein. Lernanlässe und Lerngelegenheiten bietet der Alltag genügend. Inwieweit jedoch der Umgang mit ökonomischen Methoden erlernt sowie ökonomische Denkmuster durch informelle Lernprozesse ausgeprägt werden können, bleibt ein Forschungsdesiderat.

Literatur

Akerlof, G. (2007). The missing motivation in macroeconomics. *American Economic Review, 97*, 5–36.
Allensbacher Markt- und Werbeträgeranalysen. AWA. (1997, 2000, 2004 & 2011).
Bao, Y., Fern, E. F., & Sheng, S. (2007). Parental style and adolescent influence in family consumption decisions: An integrative approach. *Journal of Business Research, 60*(7), 672–680.
Bazerman, M. H., Baron, J., & Shonk, K. (2001). *You can't enlarge the pie*. New York: Basis Books.
Beck, K., Krumm, V., & Dubs, R. (2000). *Wirtschaftskundlicher Bildungstest (WBT)*. Göttingen.
Bertelsmann Stiftung. (2004). *Vorsorgestudie 25*. Gütersloh.
Bucher-Koenen, T., & Lusardi, A. (2011). Financial literacy and retirement planning in Germany. *Journal of Pension Economics and Finance, 10*(4), 565–584.
Caplan, B. (2001). *What makes people think like economists? Evidence on economic cognition from the survey of Americans and Economists on the economy*.
Cowell, P. (2001). Marketing to children: A guide for students and practitioners-part 2. *The Marketing Review, 2*(1), 71–87.
Davies, P., & Mangan, J. (2007). Threshold concepts and the integration of understanding in economics. *Studies in Higher Education, 32*(6), 711–726.
Dohmen, G. (2001). *Das informelle Lernen – Die internationale Erschließung einer bisher vernachlässigten Grundform menschlichen Lernens für das lebenslange Lernen*. Bonn.
Drenten, J., Peters, C., & Thomas, J. (2008). An exploratory investigation of the dramatic play of preschool children within a grocery store shopping context. *International Journal of Retail & Distribution Management, 36*(10), 831–855.
Dröge, M. (2010). *Gemeinnützigkeit im offenen Steuerstaat*. Mohr Siebeck.
Enste, D. H., Haferkamp, A., & Fetchenhauer, D. (2009). Unterschiede im Denken zwischen Ökonomen und Laien. *Perspektiven der Wirtschaftspolitik, 10*(1), 60–78.
Fan, Y., & Li, Y. (2010). Children's buying behaviour in China: A study of their information sources. *Marketing Intelligence & Planning, 28*(2), 170–187.
Gaumer, C. J., & Arnone, C. (2009). Grocery store observation: Parent-child interaction in family purchases. *Journal of Food Products Marketing, 16*(1), 1–18.

GFK Studie. (2013). Konsum- und Kfz-Finanzierung 2013. http://www.welt.de/finanzen/article121154058/Banken-profitieren-von-der-Dummheit-der-Deutschen.html. Zugegriffen am 19.08.2014.
Grønhøj, A. (2007). The consumer competence of young adults: A study of newly formed households. *Qualitative Market Research: An International Journal, 10*(3), 243–264.
Habschick, M., Jung, M., & Evers, J. (2004). *Kanon der finanziellen Allgemeinbildung*, Commerzbank Ideenlabor (Hrsg.). Frankfurt a. M.
Hamilton, K., & Catterall, M. (2006). Consuming love in poor families: Children's influence on consumption decisions. *Journal of Marketing Management, 22*(9), 1031–1052.
Holzkamp, K. (1993). *Lernen*. Frankfurt: Campus Verlag.
http://www.zeit.de/2014/17/zinseszinseffekt-exponentialfunktion. Zugegriffen am 12.09.2014. *Zeit Online*. Ausgabe 17.
Hummelsheim, S. (2010). *Ökonomische Grundbildung tut Not*. Deutsches Institut für Erwachsenenbildung, Leibniz-Zentrum für lebenslanges Lernen.
ING-DiBa Studie. (2013). *Deutsche mit geringster Finanzbildung in Europa*. Frankfurt a. M.
Kemp, S. (2007). Psychology and opposition to free trade. *World Trade Review, 76*, 728–741.
Krotsch, S., & Locher, C. (2012). Banking news – Datenbasiertes Multikanal-Marketing: Signale für den Vertrieb. *Bank-Zeitschrift für Bankpolitik und Bankpraxis, 11*, 30.
Kundenkompass Finanzkompetenz. (2010). *Beratungsdienst Geld und Haushalt*. F.A.Z.-Institut.
Kunden-Motive (2010). Geliebt aber vernachlässigt – die Deutschen und ihre Einstellung zu Geld und Finanzen. In *Com.direct – Studie*.
Kunden-Motive. (2011). Kopf oder Bauch? Wie die Deutschen bei Geld und Finanzen entscheiden. In *.comdirect – Studie 2011*.
Lachance, M. J., Legault, F., & Bujold, N. (2000). Family structure, parent-child communication, and adolescent participation in family consumer tasks and decisions. *Family and Consumer Sciences Research Journal, 29*(2), 125–152.
Leinert, J. (2004a). *Finanzieller Analphabetismus in Deutschland: Schlechte Voraussetzungen für eigenverantwortliche Vorsorge* (Bertelsmann Stiftung Vorsorgestudien 25). Gütersloh.
Leinert, J. (2004b). Nachhilfe zur Vorsorge. Schlechte finanzielle Allgemeinbildung. *DIE Zeitschrift IV/2004 Forum*, 45–47.
Macha, K., Neubauer, M., Rehm, M., & Schuhen, M. (2011). Informelles Lernen und Ökonomische Bildung. In *Siegener Beiträge zur Ökonomischen Bildung (Nr.1)*. Siegen: ZöBiS.
Oelkers, J. (2003). PISA, Standards und „eigenständiges Lernen". http://www.paed.unizh.ch/ap/downloads/oelkers/Vortraege/088_Wartensee.pdf. Zugegriffen am 17.05.2011.
Overwien, B. (2004). Informelles Lernen Definitionen und Forschungsansätze. In M. Brodowski, U. Devers Kanoglu, M. Rohs, S. Salinger & M. Walser (Hrsg.), *Informelles Lernen in Bildung für eine nachhaltige Entwicklung. Beiträge aus Theorie und Praxis* (S. 24 ff.). Opladen u. a. O. (2009) und BMBF (Hrsg.). (2004). *Weiterbildungspass mit Zertifizierung informellen Lernens. Machbarkeitsstudie im Rahmen des BLK-Verbundprojektes*. Berlin.
Pettersson, A., Olsson, U., & Fjellström, C. (2004). Familiy life in grocery stores – A study of interaction between adults and children. *International Journal of Consumer Studies, 28*(4), 317–328.
Roedder, J. D. (1999). Consumer socialization of children: A retrospective look at twenty-five years of research. *Journal of Consumer Research, 26*(3), 183–213.
Rohs, M., & Schmidt, B. (2009). Warum informell lernen? Argumente und Motive. In *Bildungsforschung* (Bd. 1, S. 6). Norderstedt: Books on Demand GmbH.
Roos, M. (2007). *Ökonomisches Laiendenken in der Wirtschaftswissenschaft* (Wirtschaftspsychologie). Lengerich: Pabst Science Publications.
Roper, S., & La Niece, C. (2009). The importance of brands in the lunch-box choices of low-income British school children. *Journal of Consumer Behaviour, 8*(2–3), 84–99.
Rubin, P. H. (2003). Folk economics. *Southern Economic Journal, 70*(1), 157–171.
Schlösser, H.-J., & Schuhen, M. (2011). Ökonomische Grundbildung. In *Siegener Beiträge zur ökonomischen Bildung* (Nr. 4). Siegen: ZöBiS.

Schlösser, H.-J., & Weber, B. (1999). *Wirtschaft in der Schule. Eine umfassende Analyse der Lehrpläne für Gymnasien,* Bertelsmann Stiftung, Heinz Nixdorf Stiftung, Ludwig-Erhard-Stiftung (Hrsg.). Gütersloh: Bertelsmann Stiftung.

Schuhen, M., & Schürkmann, S. (2014). Construct validity of financial literacy. *International Review of Economics and Education, 16,* 1–11.

Schuhen, M., Mau, G., Schramm-Klein, H., & Schürkmann, S. (2014a). Kaufkompetenz von Kindern messbar machen. In C. Müller, H.-J. Schlösser, M. Schuhen & A. Liening (Hrsg.), *Bildung zur Sozialen Marktwirtschaft, Schriften zu Ordnungsfragen der Wirtschaft* (Bd. 99, S. 235–252). Stuttgart.

Schuhen, M., Schlösser, H.-J., & Schürkmann, S. (2014b). *Basic financial skills of adults. FILSA study results* (Advances in Business Education and Training No. 6). Heidelberg (vor Druck).

Schürkmann, S., & Schuhen, M. (2013). Kompetenzmessung im Bereich financial literacy Ergebnisse zum Umgang mit Online-Rechnern aus der FILS-Studie. *Zeitschrift für ökonomische Bildung, 1,* 73–89.

Sen, A. K. (2010). *Die Idee der Gerechtigkeit.* München: Beck.

Spiegel Online. (2014). http://www.spiegel.de/wirtschaft/vor-ritter-sport-prozess-stiftung-waren test-buesst-vertrauen-ein-a-989246.html. Zugegriffen am 04.09.2014.

Thaler, R. H. (1999). *Quasi rational economics.* New York: Sage.

Walstad, W. B., & Rebeck, K. (2001). *Test of economic literacy* (3. Aufl.). New York: National Council on Economic Education.

Wimalasiri, J. S. (2004). A cross-national study on children's purchasing behavior and parental response. *Journal of Consumer Marketing, 21*(4), 274–284.

Yezer, A. M., Goldfarb, R. S., & Poppen, P. J. (1999). Does studying economics discourage cooperation? Watch what we do, not what we say or how we play. *Journal of Economic Perspectives, 10*(1), 177–186.

Zinnecker, J. (1975). *Der heimliche Lehrplan.* Weinheim: Untersuchungen zum Schulunterricht.

Teil VII
Förderung des informellen Lernens

Arbeitsgestaltung für informelles Lernen

Ekkehart Frieling und Ellen Schäfer

Inhalt

1 Einleitung 470
2 Gestaltungsmaßnahmen zur Förderung des informellen Lernens 471
3 Vermeidung unerwünschter informelle Lernprozesse 480
4 Fazit 481
Literatur 481

Zusammenfassung

Um informelles Lernen zu ermöglichen, sind gezielte Maßnahmen zur Arbeitsgestaltung unerlässlich. Mögliche Ansätze liegen in der Schaffung vollständiger Tätigkeiten, einer lernförderlichen Arbeits(zeit)organisation mit Gruppenarbeit und weitreichenden Beteiligungsmöglichkeiten der Beschäftigten sowie ergonomisch gut gestalteten Umgebungsbedingungen und Arbeitsmitteln.

Schlüsselwörter

Informelles Lernen • Lernen im Arbeitsprozess • Arbeitsgestaltung • Lernförderlichkeit

---

Ekkehart Frieling ist emeritiert

E. Frieling (✉)
Utting, Deutschland
E-Mail: ekkehart.frieling@t-online.de

E. Schäfer
Fachgebiet A&O-Psychologie, Universität Kassel, Kassel, Deutschland
E-Mail: ellen.schaefer@uni-kassel.de

1 Einleitung

Die Gestaltung der Arbeitsbedingungen und Arbeitsorganisation vollzieht sich im Spannungsfeld unterschiedlicher Unternehmens- und Beschäftigteninteressen und ambivalenter Anforderungen der Arbeitswelt. Bei der Austarierung dieser Interessen und Anforderungen spielt die Förderung der Personal- und Kompetenzentwicklung eine entscheidende Rolle. Kompetente Beschäftigte erleichtern dem Unternehmen die schnelle Reaktion auf Veränderungen des Marktes, da sie die erforderlichen Notwendigkeiten erkennen und sie in die betrieblichen Organisationsprozesse einordnen können. Veränderungen werden nicht als Bedrohung wahrgenommen, sondern als Chance zur erfolgreichen Bewältigung der eigenen Arbeitstätigkeiten. Kompetente Beschäftigte können flexibler eingesetzt werden, besser ihre eigenen Ressourcen steuern und tragen zur Erhaltung ihrer Arbeitsfähigkeit bzw. Gesundheit bei, was angesichts des demografischen Wandels von erheblicher Bedeutung ist.

Einen wesentlichen Beitrag zu diesem Kompetenzerwerb und -erhalt leisten informelle Lernmöglichkeiten im Prozess der Arbeit. Eine wichtige Aufgabe des Managements besteht somit darin, Lernchancen im Prozess der Arbeit zu schaffen bzw. zu erhalten bei gleichzeitigem Bemühen, die Produktentstehungskosten durch Standardisierung und Qualitätssicherung wettbewerbsfähig zu gestalten.

Da Fehler ein wesentlicher Auslöser für Lernprozesse sind, kommt es im Unternehmen darauf an, Fehler als Chance für Lernprozesse zuzulassen, sie zu reflektieren und Handlungsmuster zur Fehlerbeseitigung zu entwickeln. Betrachtet man die Merkmale von informellem Lernen nach Marsick und Watkins (1990), so wird schnell deutlich, dass es schwierig ist, solche Lernprozesse bewusst im Rahmen der Arbeitsgestaltung zu fördern: Informelles Lernen erfolgt in den täglichen Arbeiten und Routinen, wird meist durch einen inneren oder äußeren Anstoß initiiert (z. B. Fehler am Produkt oder im Prozess), erfolgt meist nicht sehr bewusst, wird durch Zufall ausgelöst und beeinflusst. Beim informellen Lernen handelt es sich um einen induktiven Vorgang aus Reflexion und Handlung, der mit dem Lernen anderer verknüpft ist. Wie Abb. 1 verdeutlicht, haben sowohl die Arbeitssituation als auch der Arbeitsplatz in Verbindung mit den technischen und prozessspezifischen

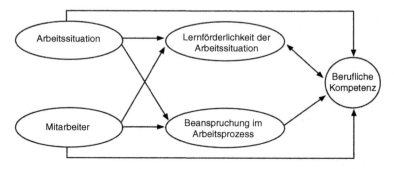

Abb. 1 Einflussfaktoren der beruflichen Kompetenz (Quelle: Wieland 2004, S. 172)

Arbeitsbedingungen einen Einfluss auf die Lernförderlichkeit und damit auf die berufliche Kompetenz des Beschäftigten.

Da Arbeitssystemplaner bei einer systematischen, durch Standards definierten Arbeitsgestaltung weder etwas dem Zufall überlassen möchten, noch Fehler als Quelle von Lernvorgängen positiv bewerten, müssen sie die gesamte Arbeitssituation einbeziehen, um informelles Lernen zuzulassen bzw. zu fördern.

Die Verbindung von Kompetenzentwicklung in der Arbeit und sich ändernden Arbeitsstrukturen wurde bereits früh von Frei et al. (1984) dargestellt: Lernen ist strukturell und in Wechselwirkung verkoppelt mit Veränderungen des Arbeitssystems, denn die meisten Veränderungen lösen eine Vielzahl von gesteuerten (formellen) sowie nicht gesteuerten (informellen) Lernprozessen aus. Zu nennen ist die Anpassung an neue Arbeitsabläufe, die Anwendung neuer Technologien, EDV-Programme o. ä. Diese Lernvorgänge tragen dazu bei, die Einsatzflexibilität der Mitarbeiter zu erhöhen. Allerdings besteht durch die zunehmende Standardisierung und Formalisierung von Arbeitsprozessen die Gefahr, dass eine lernförderliche Auseinandersetzung um die permanente Optimierung der Arbeitsabläufe zu Gunsten bestehender Standards unterbleibt (vgl. Staudt 1995; Mühlbradt 2014). Im Folgenden werden unterschiedliche Möglichkeiten angesprochen, um informelles Lernen praktisch umzusetzen.

2 Gestaltungsmaßnahmen zur Förderung des informellen Lernens

Um innerhalb der Arbeitssituation informelle Lernchancen zu ermöglichen, müssen verschiedene Gestaltungsmaßnahmen angesprochen werden, die nicht immer überschneidungsfrei abgehandelt werden können. Die Arbeitssituation beinhaltet die Arbeitsaufgabe, die damit verbundenen Tätigkeitsinhalte und Handlungen, die organisatorischen Arbeitsbedingungen, die Umgebungsbedingungen sowie die Arbeitsmittel.

2.1 Tätigkeitsgestaltung

Lernen vollzieht sich im Wesentlichen in der Auseinandersetzung mit den auszuführenden Tätigkeiten. Hierbei spielen aus arbeitswissenschaftlicher bzw. arbeitspsychologischer Sicht die Kriterien Ganzheitlichkeit, Autonomie, Anforderungsvielfalt, Interaktion und Individualisierung eine entscheidende Rolle. Die Ausprägung dieser Merkmale entscheidet u. a. darüber, ob eine Arbeitsaufgabe die Gesundheit, die Kompetenzen, die Motivation und die Persönlichkeit der Beschäftigten fördern kann (vgl. Frieling et al. 2006; v. Rosenstiel 2007; Sonntag et al. 2012; Ulich 2005; Hacker und Sachse 2014).

Ganzheitlichkeit: Die Tätigkeiten enthalten Elemente der Planung, Ausführung und Kontrolle. Die Beschäftigten erkennen Zusammenhänge zwischen einzelnen Arbeitsschritten oder Teilprozessen und können diese in den gesamten

Arbeitsprozess einordnen. Das eigene Arbeitsergebnis kann bewertet und im Falle von Fehlern selbstständig korrigiert werden. Bei hoch arbeitsteilig organisierten Tätigkeiten sind die Planungstätigkeiten häufig delegiert (an Vorgesetzte, Planer oder sonstige Spezialisten); die Kontrolltätigkeiten sind entweder automatisiert oder werden von Endkontrollspezialisten übernommen. Durch diese Art der Arbeitsteilung werden informelle Lernchancen eingeschränkt. Individuelle Planungsprozesse entfallen, und der Aufbau von Wissen über die Beziehungen zwischen den eigenen Handlungen und Produkt- bzw. Prozessfehlern wird nicht gefördert.

Autonomie: Dispositions- und Entscheidungsspielräume fördern (teil-)autonome Handlungen im Rahmen vorgegebener Prozesse und organisatorisch-technischer Arbeitsbedingungen. Dabei ist vor allem der zeitliche Dispositionsspielraum ein wesentlicher Indikator für Autonomie. Ein Planungshorizont von mehreren Tagen, Wochen, einem Monat oder länger bietet den Beschäftigten die Möglichkeit, Arbeitsabläufe und Arbeitsvolumina nach Auftragslage selbstbestimmt zu planen und mit privaten oder familiären Belangen abzugleichen. Zeitliche Planungssicherheit im Sinne organisatorischer Ressourcen (besonders bei Wechselschichtsystemen mit variablem Arbeitsanfall) verbessert die Selbstwirksamkeit, Selbstkontrolle und das Selbstwertgefühl (vgl. hierzu Sonntag 2014). Damit werden die Voraussetzungen für die Förderung von Lern- und Veränderungsbereitschaft geschaffen.

Anforderungsvielfalt: Die Variabilität der Arbeitsanforderungen zeigt sich in unterschiedlichen Belastungs- und Beanspruchungsarten und fördert den Erhalt bzw. die Weiterentwicklung verschiedener Fähigkeiten, Fertigkeiten und Kenntnisse, indem sich die Beschäftigten immer wieder auf neue Situationen einstellen müssen. Zugleich werden lang andauernde einseitige physische oder psychische Belastungen verhindert, die mit zunehmendem Alter zu einem vorzeiten Verschleiß führen können (Frieling et al. 2012). Dieser Verschleiß zeigt sich in Leistungseinschränkungen (z. B. kein schweres Heben und Tragen, keine Schichtarbeit, kein Arbeiten im Stehen) sowie einer geringeren Bereitschaft, sich auf neue Arbeitsbedingungen einzulassen und dadurch zu lernen. Ergänzend können organisatorische Gestaltungsmaßnahmen die Anforderungsvielfalt erhöhen. Praktiziert werden z. B. Job Rotation unter dem Aspekt des Belastungs- und Anforderungswechsels, Mitarbeit in Projektgruppen oder Teams, in denen sich die Beschäftigten mit der kontinuierlichen Verbesserung der eigenen Arbeitsprozesse, Arbeitsmittel oder Arbeitsbedingungen befassen. Mit diesen Maßnahmen zur Aufrechterhaltung einer sozialverträglichen Einsatzflexibilität muss bereits im früh en Beschäftigungsalter begonnen werden, da organisatorisch-technische Veränderungen bei unzureichender Förderung der Einsatzflexibilität als Bedrohung empfunden werden (vgl. Frieling et al. 2012; Hacker und Sachse 2014).

Interaktion: Regelmäßige Kommunikation in Form von Gruppengesprächen, Teamsitzungen, Schichtübergabe, Vorgesetztengespräche und Interaktion am Arbeitsplatz tragen wesentlich zur Problemlösung im fachlichen sowie sozialen Bereich bei. Die Formulierung von arbeitsbedingten Problemen im Gespräch mit Kollegen erleichtert deren Bewältigung, fördert das Verstehen von technisch- organisatorischen und sozialen Zusammenhängen sowie auch das Sprachverständnis. Die Einschränkung sozialer Interaktionen durch eine extreme Arbeitsteilung, die

Einrichtung isolierter Arbeitsplätze, die bewusste Sanktionierung von Gesprächen, die Verhinderung von Kurzpausen (z. B. durch Arbeitstakte, Leistungsverdichtung, Bindung an Maschinentakte oder enge Zeitvorgaben) fördert Monotonie oder Sättigung und bietet kaum Chancen zum informellen Lernen.

Individualisierung: Trotz allseitiger Bestrebungen in Industrie und Verwaltung, die Standardisierung von Arbeitsprozessen voranzutreiben, verlangt die Individualisierung von Arbeitsanforderungen zur Förderung des informellen Lernens die Bereitschaft der Arbeitssystemplaner bzw. Arbeitsgestalter, Variabilität in den Arbeitsbedingungen (Steh-Sitzarbeitsplätze, Hebehilfen, höhenverstellbare Arbeitstische usw., siehe Landau 2007) und den Tätigkeitsinhalten (z. B. Planungs-, Kontroll- oder Wartungstätigkeiten) zuzulassen. Im Bereich der ergonomischen Arbeitsgestaltung kann informelles Lernen durch die Möglichkeit gefördert werden, den eigenen Arbeitsplatz innerhalb vorgegebener Rahmenbedingungen einzurichten. Insbesondere älter werdende Belegschaften erfordern eine individuelle Arbeitsgestaltung (vgl. Schlick et al. 2013). Die Beurteilung der individuellen Leistungsfähigkeit muss mehr in den Fokus der Personalpolitik rücken, da die Beschäftigten mit zunehmendem Alter einer größeren Leistungsstreuung unterliegen. Diese bezieht sich einerseits auf psycho-physische Leistungsvoraussetzungen (Sinneswahrnehmung, Reaktionszeiten, Körperkräfte, Körperhaltungen, Arbeitsfähigkeit) und andererseits auf die tätigkeitsrelevanten Fach-, Methoden-, Sozial- und Selbstkompetenzen.

2.2 Gestaltung der organisatorischen Rahmenbedingungen

In organisatorischer Hinsicht sollen die Arbeitszeit- bzw. Schichtsystemgestaltung, die Arbeitsorganisationsform und die Beteiligungsmöglichkeiten zur Förderung informellen Lernens betrachtet werden.

2.2.1 Arbeitszeit und Schichtsysteme

Die Zunahme von Schichtarbeit beeinträchtigt – insbesondere bei älter werdenden Belegschaften – nicht nur die Arbeitsfähigkeit der Beschäftigten, sondern schränkt durch die körperlichen Beanspruchungen auch deren Lernbereitschaft und die Offenheit für Neues ein. Um dem entgegenzuwirken, sind ergonomisch sinnvolle und unter Beteiligung der Beschäftigten gestaltete Schichtsysteme dringend erforderlich. Untersuchungen in der Automobil- und Chemischen Industrie zeigten, dass die Einführung von ergonomisch gestalteten Schichtsystemen zur Verbesserung der Gesundheit, des Wohlbefindens, des Sozial- und Familienlebens beiträgt (vgl. Abb. 2).

Wesentliche Gestaltungselemente eines solchen ergonomischen Schichtsystems sind folgende (vgl. im folgenden Knauth et al. 2013):

- Begrenzung aufeinander folgender Nachtschichten auf maximal drei,
- schnelle Rotation von Früh- und Spätschichten,
- Vorwärtswechsel der Schichten (Früh-, Spät- und Nachtschichten),

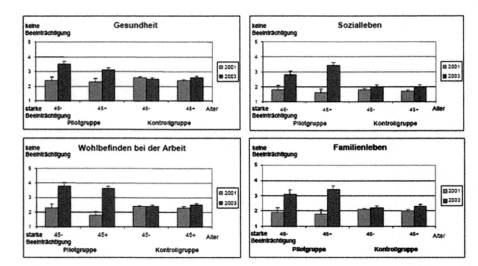

Abb. 2 Auswirkungen eines schnell und vorwärts rotierenden Schichtsystems (Quelle: Knauth et al. 2008)

- Frühschichtbeginn nicht zu früh (6.30 Uhr ist besser als 6.00 Uhr 6.00 Uhr ist besser als 5.00 Uhr).

So kann einer schichtbedingten Verschiebung der natürlichen Tag-/Nachtrhythmik vorgebeugt werden. Weiterhin gelten folgende Empfehlungen:

- Keine Massierung, d. h. keine Blöcke besonders langer Arbeitszeiten (über 10 Stunden pro Tag oder 60 Stunden pro Woche), um negative Ermüdungseffekte zu vermeiden (erhöhte Unfallgefahr).
- Gewährleistung einer vollständigen Erholung nach der Arbeitszeit (Gefahr von kumulierten Ermüdungseffekten, z. B. Reduktion der Reaktionszeiten).
- Geblockte Wochenendfreizeiten, d. h. mindestens Samstag und Sonntag frei und einmal im Schichtzyklus Freitag bis Sonntag oder Samstag bis Montag frei (der Schichtzyklus läuft in der Regel über 4 Wochen).
- Vermeiden ungünstiger Schichtfolgen (z. B. Nachtschicht – frei -Frühschicht oder Nachtschicht – frei – Nachtschicht bzw. einzelne Arbeitstage zwischen freien Tagen).
- Vermeidung kurzfristiger Schichtplan-Änderungen.
- Gewährleistung eines freien Abends an mindestens einem Wochentag (Montag bis Freitag).
- Mitarbeiterorientierte Flexibilisierung und Individualisierung der Arbeitszeit, die Aufnahme oder Fortsetzung von Nachtarbeit sollte möglichst freiwillig erfolgen.

Bei zunehmendem Alter der Belegschaften sind belastungsbezogene Differenzierungen, Beanspruchungssteuerung, Lebensphasenorientierung und Individualisierung von besonderer Bedeutung (vgl. Knauth 2007; Knauth et al. 2008; Sonntag 2014). Nur wenn diese Aspekte unter Beteiligung der Beschäftigten Beachtung finden, kann informelles Lernen gefördert werden.

2.2.2 Gruppenarbeit

Gruppen- und Teamarbeit wird von der Arbeits- und Organisationspsychologie seit den siebziger Jahren des letzten Jahrhunderts in breitem Umfang untersucht (vgl. z. B. Antoni 1994). Die Forschungsergebnisse weisen darauf hin, dass für unterschiedliche Technologien jeweils spezifische Formen von Gruppenarbeit sinnvoll sind. Auffallend ist die geringe Nachhaltigkeit, mit der Gruppenarbeitskonzepte umgesetzt werden. Gründe sind darin zu sehen, dass Gruppenarbeit -einmal eingeführt- nicht als Selbstläufer funktioniert, sondern weiterhin begleitet werden muss. Die Gruppengespräche (bei funktionierender Gruppenarbeit sind pro Monat ein bis vier Besprechungen von einer halben bis zu einer Stunde erforderlich) werden dem Produktionsdruck geopfert. Ohne diese Gespräche kann jedoch keine hinreichende Kompetenz im Umgang mit fachlichen, methodischen und sozialen Problemen entwickelt werden, und ohne diese Kompetenzen funktioniert Gruppenarbeit nicht (vgl Frieling et al. 2012; Sonntag et al. 2012). Für Unternehmen kann Gruppenarbeit ein Wettbewerbsvorteil sein, wenn die Gruppen- bzw. Teamgespräche dazu genutzt werden, kontinuierliche Verbesserungen am Produktionsprozess, am Produkt und an den Arbeitsbedingungen einschließlich der Arbeitsmittel durchzuführen.

Mit Blick auf altersdiverse Teams (d. h. Personen unterschiedlichen Alters arbeiten in einer Arbeitsgruppe zusammen) gibt es verschiedene, zum Teil widersprüchliche Befunde: Altersdiverse Teamarbeit bietet sowohl Vor- als auch Nachteile, wobei nach Meinung von Wegge et al. (2008) in Längsschnittuntersuchungen eher negative Effekte auftreten. Ries et al. 2013 leiten aus ihren empirischen Befunden ab, dass die Effizienz bei altersgemischten Teams gefördert wird, wenn dem Gruppenklima, der Wertschätzung des Alters, der Aufgabenkomplexität, der Altersdiskriminierung und dem altersdifferenzierenden Führungsverhalten entsprechende Aufmerksamkeit geschenkt wird. Altersdiverse Teams zeigen eher gute Leistungen, wenn die Aufgabenkomplexität hoch ausgeprägt ist und wenn zur Lösung des Problems unterschiedliche Aspekte berücksichtigt werden müssen. Dies deckt sich mit Erfahrungen in Entwicklungs- und Konstruktionsbüros, in denen Gruppen aus erfahrenen älteren und jüngeren Experten/Wissenschaftlern erfolgreich an der Lösung komplexer Probleme arbeiten (vgl. Ries et al. 2013). Bei Montagegruppen mit kurz getakteten Arbeitsschritten ist dies weniger wahrscheinlich, weil erhebliche Leistungsunterschiede in Abhängigkeit von den körperlichen Beanspruchungen zu erwarten sind. Da ältere Gruppenmitglieder in der Regel die weniger beanspruchenden Tätigkeiten ausüben, kann es bei systematischem Job-Rotation zu Konflikten kommen (vgl. Frieling et al. 2008). Neben der Altersdiversität spielen die Variablen Geschlecht, Ausbildung/ Qualifikation und Nationalität eine weitere wichtige Rolle zur Erklärung der Effizienz von Gruppen.

Da zu erwarten ist, dass bei Arbeitsgruppen, die einem hohen Leistungs- und Zeitdruck unterliegen, mit zunehmender Altersheterogenität die Konflikte ansteigen, müssen die Gründe hierfür analysiert und mit den Betroffenen gemeinsam Lösungen

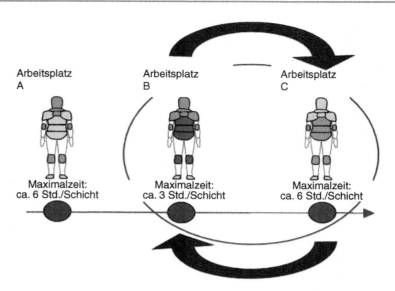

Abb. 3 Beispiel für belastungsorientiertes Jobrotation (Quelle: Frieling et al. 2012, S. 218)

erarbeitet werden. Ursachen können in verschiedenen Einstellungen und Meinungen liegen, in unterschiedlichen Kompetenzen und Leistungsvoraussetzungen, in abweichender Wertschätzung durch Vorgesetzte oder in der Aufgabenteilung. Durch Mitarbeiterbefragungen, in denen gezielte Fragen zum Team und zum Arbeitsklima gestellt werden, können Konfliktpotenziale erfasst und im Rahmen von Maßnahmenplanungen mit den Betroffenen beseitigt werden. Dem Konfliktmanagement muss also eine stärkere Aufmerksamkeit gewidmet werden. Spezielle Fragebögen zum Teamklima (z. B. FAT von Kauffeld 2001) erleichtern diese Analysen und geben konkrete Hinweise auf Gestaltungsmöglichkeiten.

Ein systematisches Jobrotation-Konzept kann dazu beitragen, die arbeitsbedingten psycho-physischen Belastungen auf alle Mitarbeiter möglichst gleich zu verteilen. Beispielhaft zeigt Abb. 3, dass der Mitarbeiter aufgrund hoher Belastungen im Rückenbereich nach ca. 3 Stunden von Arbeitsplatz B nach Arbeitsplatz C wechseln sollte, der im Bereich der Rückenbelastung „grün" ist. So lassen sich Monotonie und permanente Taktbindung vermeiden. Der Erhalt von Qualifikationen und Flexibilität wird ebenso unterstützt wie die Möglichkeiten des informellen Lernens.

2.2.3 Beteiligung, Informationsaustausch und Integration zusätzlicher Aufgaben

Arbeitsplätze in hoch repetitiven Arbeitsprozessen ohne formellen oder informellen Informationsaustausch beschränken informelle Lernprozesse. Die Beteiligung der Beschäftigten im Rahmen des kontinuierlichen Verbesserungsprozesses und der Gruppen- bzw. Teamgespräche bietet die Chance, die Arbeitsprozesse ganzheitlich zu verstehen, Grundkompetenzen zur ergonomischen Arbeitsgestaltung zu erwerben und das Begriffswissen zu erweitern, in dem Verbesserungsergebnisse präsentiert, diskutiert und partiell umgesetzt werden. Im Rahmen der Prozessgestaltung kommt es darauf an, die Beteiligung und den Informationsaustausch der Beschäftigten nicht als unproduktive „Zeit-Verschwendung" zu betrachten, sondern gezielt zu fördern.

In wertorientierten Produktionssystemen wird auf eine Reduzierung der verschiedenen Verschwendungsarten geachtet: Keine Überproduktion, geringe Materialbestände, möglichst keine Puffer, keine Warte- und Stillstandszeiten, keine überflüssigen Bewegungen, kein unnötiger Transport, keine unnötigen Prozesse, keine Nacharbeit oder Fehler. Verschwendung tritt immer dann auf, wenn mit einer Tätigkeit keine Wertsteigerung am Produkt zu erzielen ist. Neben den wertschöpfenden Tätigkeiten gibt es nicht-wertschöpfende, aber notwendige Tätigkeiten, sogenannte Unterstützungsprozesse. Diese tragen indirekt zur Wertsteigerung des Produkts bei. Beispiele sind das Rüsten von Maschinen, Wartung, Instandhaltung, innerbetrieblicher Transport, Produktionsplanung und -steuerung, Erstellen von Berichten und Pflege von Kennzahlen. Diese Tätigkeiten können im Rahmen der Gruppenarbeit einen wesentlichen Beitrag zum informellen Lernen leisten, daher kommt es bei der Gestaltung von Arbeitssystemen darauf an, möglichst viele dieser Tätigkeiten zu integrieren:

- Integration von Logistikaufgaben: Die Materialbereitstellung ist besonders bei Montagetätigkeiten und Maschinenbedienung sinnvoll, die weitgehend im Stehen-/ Sitzen ausgeführt wird. Die Bereitstellung der Materialien verlangt einen sinnvollen Belastungswechsel (Gehen, Heben, Bücken etc.) und fördert die Kenntnis verschiedener Teile sowie deren Kontrolle. Je mehr Personen diese Aufgaben übernehmen können, desto eher ist ein durchgängiges Jobrotation möglich.
- Integration einfacher Wartungs-, Einrichtungs- und Instandhaltungsaufgaben: Zur Reduzierung von Stillstandszeiten sollten die Beschäftigten befähigt werden, angemessene Wartungs-, Einrichtungs- und Instandhaltungsaufgaben selbst auszuführen. Besonders bewährt hat es sich, die Mitarbeiter bereits in den Aufbau der Maschinen und Anlagen einzubeziehen bzw. beim Zulieferer zu trainieren.
- Systematische Fehlererfassung und Dokumentation: Maschinenstillstände, Bearbeitungs- oder Produktfehler können von den Beschäftigten erfasst sowie hinsichtlich der Ursachen und deren Beseitigung im Rahmen der Gruppengespräche bearbeitet werden. Für die Arbeitssystemplaner bedeutet das, ein Erfassungs- und Dokumentationssystem einzuplanen, mit dem Fehlerursachen eindeutig und edv-gestützt erhoben werden können.

Die notwendigen Teiltätigkeiten werden in Verbindung mit den wertschöpfenden Teiltätigkeiten zu einer Teiltätigkeitsliste bzw. einem Qualifikationsspiegel zusammengefasst. Dieser verdeutlicht, wer von den Beschäftigten welche Teiltätigkeiten ausführen kann. Gleichzeitig kann daraus gemeinsam eine Kompetenzentwicklungsmatrix abgeleitet werden. Aus dieser wird ersichtlich, welches Gruppenmitglied für welche Teiltätigkeit qualifiziert werden muss, um die integrierten Aufgaben ausführen zu können.

2.3 Gestaltung der Umgebungsbedingungen und der Arbeitsmittel

Informelle Lernprozesse können durch die Umgebungsbedingungen gefördert oder beeinträchtigt werden, wobei insbesondere Lärm und Klima zu betrachten sind.

2.3.1 Lärm

Beeinträchtigungen ergeben sich, wenn der Lärm hoch ist (über 80 dB(A)), impulshaltige Lärmquellen die Konzentration behindern und die Sprachverständigung durch die Lärmhöhe eingeschränkt wird. Besonders störend ist es, wenn der Beschäftigte eine konzentrierte Arbeit wie Fehlersuche oder Instandhaltungsmaßnahmen vornehmen muss.

Untersuchungen zu Alter und Hören zeigen, dass das Hörvermögen mit zunehmendem Alter eingeschränkt wird. Dies zeigt sich in der herabgesetzten Empfindlichkeit bzw. angehobenen Hörschwelle für hohe Frequenzen und im erschwerten Sprachverstehen bei Störgeräuschen oder Stimmengewirr. In einer Messreihe bei Montagemitarbeitern der Automobilindustrie wurden erhebliche Hörverluste über den Altersgang festgestellt (vgl. Abb. 4), obgleich die Lärmbelastung in den Montagen nicht über 85 db(A) liegt.

Um innerhalb eines gehörfreundlichen Schalldruckbereiches ohne Anstrengung kommunizieren zu können, sollte der Umgebungslärm Werte von 50 bis 65 db (A) nicht überschreiten. Die psycho- und biopsychologischen Hintergründe der Beeinträchtigung durch Lärm sehen Schlick et al. (2010) in einer ursprünglich alarmierenden und aktivierenden Eigenschaft. Eine anhaltende Lärmexposition bringt den Organismus daher in einen Daueralarmzustand, der mit den entsprechenden psycho-physischen Stressreaktionen (Blutdruck, Herztätigkeit, muskuläre Anspannung) verbunden ist. Steht ein Organismus dauerhaft unter Stress – in diesem Falle aufgrund der ständigen Reaktionsbereitschaft durch alarmierenden Lärm – so ist das mit schwächenden Auswirkungen auf das Immunsystem

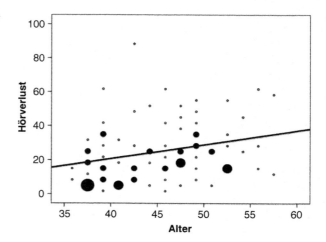

Abb. 4 Hörverlust im Alter bei Montagearbeitern (N = 84) (Quelle: Frieling et.al. 2012, S. 21)

gekoppelt, und die Anfälligkeit gegenüber Erkrankungen steigt. Zudem ist die Aufmerksamkeit in einer solchen Situation dysfunktional gebunden, wodurch die Konzentration und Informationsverarbeitung bezüglich der Arbeitsaufgabe gestört ist. Ihr dennoch konzentriert nachzugehen bedeutet größere Anstrengungen und damit schnellere Ermüdung. (Ausführliche Hinweise zur Lärmprävention und zu Gestaltungsmaßnahmen finden sich bei Hettinger und Wobbe 1993 oder Schlick et al. 2010. Zu beachten sind außerdem die einschlägigen Normen, Richtlinien und gesetzlichen Vorschriften).

2.3.2 Klima

Ein behagliches Raumklima ist nach Grandjean (1991) eine notwendige Voraussetzung für die Erhaltung des Wohlbefindens und der Leistungsfähigkeit. Zuviel Wärme führt zu Müdigkeit und Schläfrigkeit. Dies reduziert die Leistungs- und Lernbereitschaft und erhöht die Tendenz zu Fehlleistungen. Mit der Absenkung der Aktivitäten geht eine Verringerung der Körperinnentemperatur einher. Bei zu großer Abkühlung tritt ein erhöhter Bewegungsdrang auf, wobei die Aufmerksamkeit abnimmt. In diesem Fall wird die Wärmeproduktion im Inneren hoch geregelt.

Neben der Raumtemperatur zählen Feuchtigkeit, Luftbewegung sowie Wärmestrahlung zu den wichtigsten Klimaelementen. Das Klima an industriellen bzw. gewerblichen Arbeitsplätzen wird durch die jeweilige Prozess- und Bearbeitungstechnik wesentlich beeinflusst. Die Temperaturschwankungen an Arbeitsplätzen können erheblich sein: Von bis zu -35 °C in Tiefkühlräumen hin zu Hitzearbeitsplätzen, an denen die Arbeit nur kurze Zeit durchführbar ist (z. B. an Hochöfen). Im Verwaltungsbereich ist die Klimasituation in Großraumbüros problematisch, da diese im Wesentlichen durch Klimaanlagen bestimmt wird und individuelle Regulationsmöglichkeiten (z. B. durch Fensterlüftung) weitgehend entfallen. Die mangelnde Situationskontrolle beeinträchtigt das Wohlbefinden, führt zu Stressreaktionen und verringert die Offenheit für neue Situationen oder Problembewältigungen, ohne die ein informelles Lernen kaum möglich ist. (Hinweise zur Klimagestaltung finden sich bei Hettinger und Wobbe 1993; Schlick et al. 2010).

2.3.3 Ergonomische Gestaltung der Arbeitsmittel

Ergonomisch gestaltete Arbeitsmittel (Arbeitstische, Stühle, Montagevorrichtungen, Werkzeuge, Bildschirmoberflächen, Maschinen, technische Anlagen usw.) tragen dazu bei, die Ausführbarkeit der Arbeitshandlungen zu erleichtern, körperliche Schädigungen und Beeinträchtigungen zu vermeiden und damit die Arbeitszufriedenheit und das Wohlbefinden zu fördern. Dies alles sind Voraussetzungen, um das informelle Lernen zu begünstigen. Der einseitige, andauernde Gebrauch von einzelnen Arbeitsmitteln führt häufig zu spezifischen körperlichen Beschwerden, auch wenn die Arbeitsmittel ergonomisch gestaltet sind. Das heißt neben der Gebrauchstauglichkeit ist die Einsatzdauer zu betrachten. Bei der Gestaltung und dem Einsatz von Arbeitsmitteln muss eine differenzierte Analyse der erforderlichen Körperhaltungen, der Lastenhandhabung, der Zieh-, Hebe- und Tragetätigkeiten, der Bewegungen und erforderlichen Körperkräfte vorangestellt werden. Einseitige

Körperhaltungen und einseitig körperlich beanspruchende Hand-Arm-Einsätze über längere Zeiträume sind zu vermeiden. Durch Handhabungsautomaten, höhenverstellbare Arbeitstische, Montagevorrichtungen und Steh-Sitzhilfen können einseitige körperliche Belastungen vermieden werden. Einseitige körperliche Beanspruchungen führen zu entsprechenden Beschwerden, die sich mit zunehmendem Alter verstärken, die Einsatzflexibilität der Beschäftigten eingrenzen und Chancen für informelles Lernen reduzieren. Ständiges Stehen oder monotone Arbeitshandlungen fördern Konzentrationsmängel und erhöhen die Auftretenswahrscheinlichkeit von Fehlern. (Ausführliche Informationen zur ergonomischen Gestaltung von Arbeitsmitteln finden sich bei Schmidtke 1993; Hettinger und Wobbe 1993; Strasser 2007; Schlick et al. 2010).

3 Vermeidung unerwünschter informelle Lernprozesse

Das vom Management gewünschte informelle Lernen zur Verbesserung der Einsatzflexibilität und zur Optimierung der Arbeitsabläufe kann sich aus Sicht der Beschäftigten bei negativ erlebten Arbeitsbedingungen (z. B. hohe körperliche Arbeitsbelastungen, konfliktäres Gruppenklima oder autoritäres Vorgesetztenverhalten) als kontraproduktiv erweisen: Die Lernprozesse beziehen sich häufig auf die Entwicklung von Vermeidungsstrategien, um die Auswirkungen negativ empfundener Arbeitsbedingungen zu mildern. So lernen Beschäftigte an Montagebändern, wie durch das Abdecken eines Barcodes mit einem Lappen auf einem zu montierenden Teil eine Bandstörung erzeugt werden kann. Durch das Entfernen der Abdeckung entsteht ein nicht identifizierbarer Fehler. Dies wiederum löst eine Fehlersuche aus, die mit einem Bandstillstand verbunden ist. Durch den verursachten Fehler entsteht zwar kein materieller Verlust am Produkt, aber eine Arbeitspause verbunden mit Produktivitätseinbußen. Um dies zu vermeiden, ist die Arbeit so zu gestalten, dass das Erzeugen derartiger Pausen überflüssig wird.

Zeitliche Konflikte zwischen familiären und beruflichen Belastungen zwingen Beschäftigte, sozialverträgliche Ausreden zu erfinden, um den familiären Anforderungen (z. B. bei Erkrankung eines Kindes) gerecht zu werden und gleichzeitig im Betrieb als engagierte/r MitarbeiterIn betrachtet zu werden (vgl. hierzu ausführlich Sonntag 2014). So zeigt sich z. B. in einer autoritär geführten Abteilung für Orthopädie, dass es für Ärztinnen besser ist zu sagen, man sei krank, als dass man zu Hause bleiben muss, weil das Kind erkrankt ist und keine Pflegeperson zur Verfügung steht. Welche Form einer sozial-erwünschten Work-Life-Balance im Unternehmen akzeptiert wird, kann nur durch informelles Lernen getestet werden, da die offiziell verlautbarten Visionen eines familienfreundlichen Unternehmens und das praktische Führungshandeln häufig divergieren.

Die ausgewählten Beispiele für unerwünschtes informelles Lernen lassen sich beliebig erweitern, wenn es darum geht aufzuzeigen, wie Beschäftigte versuchen, sich erträgliche Arbeitsbedingungen zu schaffen. Die empirischen Belege für solche Bemühungen sind allerdings schwierig, da weder das Unternehmen noch die

Beschäftigten Interesse daran haben, diese Lernprozesse einer arbeitswissenschaftlichen Untersuchung zugängig zu machen.

4 Fazit

Eine an humanen Zielen ausgerichtete Arbeitsgestaltung begünstigt das gesunde Altern ebenso wie den Kompetenzerwerb durch informelles Lernen (vgl. Hacker und Sachse 2014; Sonntag et al. 2012) und ist damit auch unter wirtschaftlichen Aspekten nachhaltig. Für die Ausbildung von Arbeitssystemplanern, Arbeitsprozessgestaltern, Produktionsplanern und Arbeitsgestaltern ist es wichtig, auf die Zusammenhänge zwischen einer im humanen Sinne gestalteten Arbeit und dem Kompetenzerwerb durch informelles Lernen hinzuweisen und die wechselseitigen Abhängigkeiten deutlich zu machen.

Unternehmen sind somit gut beraten, den Prozess des informellen Lernens im eigenen Interesse und dem ihrer Beschäftigten durch eine entsprechende Arbeitsgestaltung zu fördern, denn lernförderliche Arbeitsbedingungen gelten als Grundvoraussetzung für die nachhaltige Entwicklung von Mitarbeiterkompetenzen und in der Folge für die Schaffung von kontinuierlichen Verbesserungsprozessen und Innovationen. MitarbeiterInnen auf allen betrieblichen Ebenen sind in der Lage, hierzu einen Beitrag zu leisten, wenn sie Freiräume haben, an Entscheidungen beteiligt werden und Fehler als Chance zur Optimierung und zum Lernen begriffen werden. Dies steigert die Fach-, Methoden-, Sozial- und Selbstkompetenz, unterstützt die Bindung zum Unternehmen, wirkt Fehlzeiten entgegen, erhöht die Zufriedenheit sowie Flexibilität der Beschäftigten und leistet zudem einen wesentlichen Betrag zum Umgang mit dem demografischen Wandel.

Literatur

Antoni, C. H. (Hrsg). (1994). *Gruppenarbeit in Unternehmen. Konzepte-Erfahrungen- Perspektiven*. Weinheim: Beltz.
Frei, F., Duell, W., & Baitsch, C. (1984). *Arbeit und Kompetenzentwicklung. Theoretische Konzepte zur Psychologie arbeitsimmanenter Kompetenzentwicklung*. Bern: Huber.
Frieling, E., Bernhard, H., Bigalk, D., & Müller, R. F. (2006). *Lernen durch Arbeit. Entwicklung eines Verfahrens zur Bestimmung der Lernmöglichkeiten am Arbeitsplatz*. Münster: Waxmann.
Frieling, E., Bigalk, D., Gösel, C., & Müller, R. F. (2007). *Lernvoraussetzungen an gewerblichen Arbeitsplätzen messen, bewerten und verbessern*. Münster: Waxmann.
Frieling, E., Buch, M., & Weichel, J. (2008). Ältere Beschäftigte und gewerblich-industrielle Tätigkeiten – ausgewählte Ergebnisse und Handlungsfelder am Beispiel der Montage. *Zeitschrift für Wirtschaftspsychologie, 10*(3), 120–128.
Frieling, E., Kotzab, D., Enriquez-Diaz, A., & Sytch, A. (2012). *Mit der Taktzeit am Ende – Die älteren Beschäftigten in der Automobilmontage*. Stuttgart: ergonomia.
Grandjean, E. (1991). *Physiologische Arbeitsgestaltung. Leitfaden der Ergonomie*. Landsberg: Ecomed.
Hacker, W., & Sachse, P. (2014). *Allgemeine Arbeitspsychologie* (3. Aufl.). Göttingen: Hogrefe.
Hettinger, T., & Wobbe, G. (Hrsg.). (1993). *Kompendium der Arbeitswissenschaft. Optimierungsmöglichkeiten und Arbeitsorganisation*. Ludwigshafen: Kiehl.

Kauffeld, S. (2001). *Teamdiagnose*. Göttingen: Hogrefe.
Knauth, P., Karl, D., & Elmerich, K. (2008). Lebensarbeitszeitmodelle. *Zeitschrift für Wirtschaftspsychologie, 3*, 44–61.
Knauth, P., Karl, D., & Gimpel, K. (2013). Development and evaluation of working-time models for the aging workforce: Lessons learned from KRONOS Research Projekt. In C. Schlick, E. Frieling & J. Wegge (Hrsg.), *Age-differentiated work systems* (S. 45–64). Berlin: Springer.
Landau, K. (Hrsg.) (2007). Lexikon Arbeitsgestaltung- Bestpractice im Arbeitsprozess. Stuttgart: Gentner.
Marsick, V., & Watkins, K. (1990). *Informal learning on the job*. San Francisco: Berrett-Koehler Communication.
Mühlbradt, T. (2014). *Was macht Arbeit lernförderlich? Eine Bestandsaufnahme. MTM-Schriften Industrial Enineering Ausgabe 1*. Deutsche MTM-Vereinigung e.V.
Ries, B. C., Diestel, S., Shemla, M., Liebermann, S. C., Jungmann, F., Wegge, J., & Schmidt, K.-H. (2013). Age diversity and team effectiveness. In C. Schlick, E. Frieling & J. Wegge (Hrsg.), *Age-differenciated work systems* (S. 89–118). Berlin: Springer.
Rosenstiel, L.v. (2007) Grundlagen der Organisationspsychologie. (6. Aufl.) Stuttgart: Schäffer-Poeschel.
Schlick, C., Bruder, R., & Luczak, H. (2010). *Arbeitswissenschaft* (3. Aufl.). Berlin: Springer.
Schlick, C., Frieling, E., & Wegge, J. (2013). *Age-differenciated work-systems*. Berlin: Springer.
Schmidtke, H. (Hrsg.) (1993). *Ergonomie*. München: Hanser.
Sonntag, K.-H. (Hrsg.). (2014). *Arbeit und Privatleben harmonisieren. Life balance Forschung und Unternehmenskultur: Das WLB- Projekt*. Kröning: Asanger.
Sonntag, K., Frieling, E., & Stegmaier, R. (2012). *Lehrbuch Arbeitspsychologie* (vollständig überarbeitete Aufl.). Bern: Huber.
Staudt, E. (1995). Technische Entwicklung und betriebliche Restrukturierung- oder: Innovation durch Integration von Personal- und Organisationsentwicklung. In H. Geißler (Hrsg.), *Organisationslernen und Weiterbildung. Die strategische Antwort auf die Herausforderungen der Zukunft*. Neuwied: Luchterhand.
Strasser, H. (Hrsg.). (2007). *Assessment of the ergonomic quality of hand-held tools and computer input devices*. Amsterdam: IOS Press.
Ulich, E. (2005). Arbeitspsychologie. Stuttgart: Schäffer- Poeschel.
Wegge, J., Roth, C., & Schmidt, Kh. (2008). Eine aktuelle Bilanz der Vor- und Nachteile altersgemischter Teamarbeit. Wirtschaftspsychologie, 10, 30–34.
Wieland, R. (2004). Arbeitsgestaltung, Selbstregulationskompetenz und berufliche Kompetenzentwicklung. In B.Wiese (Hrsg.) Individuelle Steuerung beruflicher Entwicklung. Kernkompetenzen in der modernen Arbeitswelt (S. 169–196). Frankfurt a. M. : Campus.

„Didaktik" informellen Lernens

Rolf Arnold

Inhalt

1 Informalisierungsgrade des Lernens 484
2 Die emotionale Wende der Pädagogik 486
3 Entgrenzung und Enträumlichung des Lernens 489
4 Ermöglichung der pädagogischen Begleitung informellen Lernens 491
Literatur 492

Schlüsselwörter

informelles Lernen • selbstorganisiertes Lernen • Bildungsräume • Selbstwirksamkeit • emotionale Wende

Das informelle Lernen ist das selbstorganisierte, häufig akzidentielle biographische Lernen, bei dem der Mensch sich intentional um die transformierende Suche nach neuen und funktionaleren Lösungen bemüht. Diese Suchbewegung ist dem Menschen eigentümlich, und die meisten Anthropologen führen seinen evolutionären Erfolg auf die hier zum Ausdruck kommende Lernfähigkeit zurück. Wenig überraschend ist deshalb auch der in den 1990er-Jahren publizierte Befund, dass der Mensch 80 % der Kompetenzen, über die er als Erwachsener verfügt, weitgehend unabhängig von der Unterstützung durch Bildungsinstitutionen erwirbt (Livingston 2006). Diese Kompetenzen werden bereits in frühem Erleben angebahnt und eingeübt, wobei insbesondere der motivationale Kern des späteren Könnens unauslöschbar eingespurt oder eben versäumt wird. Es ist das Selbstwirksamkeitserleben, welches die individuelle Kompetenzreifung prägt, und auch zur Entstehung von

---

R. Arnold (✉)
Fachgebiet Pädagogik, Fachbereich Sozialwissenschaften, Technische Universität Kaiserslautern, Kaiserslautern, Deutschland
E-Mail: arnold@sowi.uni-kl.de

gesellschaftlichen Lernkulturen beiträgt, die von den Suchbewegungen der Menschen getragen werden, diese unterstützen und begleiten oder ignorieren oder gar dementieren.

Erst allmählich beginnen Bildungsexperten und Bildungspolitiker zu verstehen, dass es diese Kraft des selbstorganisierten Werdens in unterstützender Umgebung von Familie, Schule und Arbeitsplatz ist, welche schon stets den biographischen Kompetenzerfolg des Menschen wesentlich geprägt hat. Gerade die neuere europäische Bildungspolitik kann auch als Versuch gewertet werden, dieser Offensichtlichkeit der Kompetenzreifung durch ein „Recognition of Prior Learning" Rechnung zu tragen und dabei sowohl die hochfliegenden pädagogischen Erwartungen im Hinblick auf die kompensatorischen Wirkungen von Bildungsangeboten zu ernüchtern als auch das dominante bildungspolitische Muster der Institutionalisierung hinter sich zu lassen bzw. zu transformieren. Wirksame Bildungspolitik ist beides: Begleitung und Unterstützung des Informellen, wie auch Institutionalisierung breiter bzw. ergänzend wirkender Bildungsräume.

Der vorliegende Beitrag wird:

- zunächst die Selbstwirksamkeit als den emotionalen Haltungskern jeglicher Kompetenzentwicklung begründen – *dies ist der Blick auf die emotionale Wende der Pädagogik,*
- in einem weiteren Schritt der Entgrenzung des Lernens nachspüren und wesentliche Kriterien einer lebensbegleitenden Bildung erörtern – *dies ist der Blick auf die Entgrenzung und Enträumlichung des Lernens in der Moderne,*
- um schließlich nach den mikro- und makrodidaktischen Formen und Möglichkeiten einer Öffnung des pädagogischen Handelns für die informellen Dimensionen des Lebens, Agierens und Lernens zu suchen und dabei auch nach der Zulässigkeit und Notwendigkeit einer solchen Zuständigkeit zu fragen – *dies ist der Blick auf die Ermöglichung einer nichtlinearen und nichtinterventionistischen Form der pädagogischen Begleitung.*

1   Informalisierungsgrade des Lernens

Die zentrale Hypothese, die diesem Versuch einer didaktischen Bestimmung des informellen Lernens zugrunde liegt, lautet: Letztlich zielen sämtliche Strategien einer Förderung des informellen Lernens auf eine Formalisierung. Es geht auch diesen Strategien stets um die absichtsvolle Gestaltung und Nutzung dessen, was sich informell und deshalb meist auch unbeabsichtigt als Erfahrungslernen ereignet, zwar nicht intentional, oft aber funktional. Dabei gelangen andere Formen der Formalisierung als die einer Standardisierung oder Institutionalisierung zur Geltung. Diese sind u. a. auf die Kriterien eines reflexiven Lernens – eines „reflecting in action" (Schön 1990) verwiesen, folgt man dem mikrodidaktischen Blick. Dieser Hinweis rückt „die Vielfältigkeit informeller Lernwege" (Schmidt-Hertha 2014, S. 13) in den Blick, welche von einem impliziten Lernen, über ein reaktives Lernen (z. B. „Learning by Crisis") bis hin zu der eigenaktiven Nutzung von

Informalisierungs-grade	Formen des Informellen Lernens	Implizites Lernen	Reaktives Lernen	Reflexives Lernen
Intentionalität		mittel	mittel	hoch
Selbstbestimmung		gering	mittel	hoch
Didaktische Rahmung		gering	mittel	mittel
Professionelle Unterstützung		gering	gering	gering

Abb. 1 Informalisierungsgrade des Informellen Lernens (eigene Darstellung)

Reflektionsanlässen reicht. Die Frage, ob und inwieweit informelles Lernen didaktisierbar sei, ist deshalb zu grob gestellt. Es geht vielmehr darum, die spezifischen Anleitungs- und Begleitformen für die unterschiedlichen Grade der Informalität in Lernprozessen differenzierter auszuloten, ohne dabei sogleich das informelle Lernen zu intentional zu formalisieren und so nicht nur seiner spezifischen Ausdrucksformen, sondern auch der diese Aneignungspraxis tragenden Energie zu berauben.

In einer groben Betrachtung ergeben sich folgende potenzielle *Informalisierungsgrade* der vielfältigen Formen des informellen Lernens (Abb. 1):

Nimmt man das *implizite Lernen* in den Blick, so bezeichnet dieses die bereits bei M. Polany beschriebenen unvermeidbaren, aber auch unverzichtbaren Formen einer „unbewussten" Aneignung der „(...) Regeln der Kunst, jene eingeschlossen, die der Meister selbst nicht explizit kennt" (Polany 1986, S. 53). Dabei bleiben die didaktische Rahmung sowie die professionelle Unterstützung gering ausgeprägt. Das implizite Lernen geschieht vielmehr „en passant" (Reischmann 1995), auch dort, wo – wie in der Meister-Auszubildenden-Beziehung der betrieblichen Ausbildung oder beim Lernen am Arbeitsplatz – die Beobachtung und Imitation eines kompetenten Könners von grundlegender Bedeutung ist. Gleichzeitig wird erwartet, dass der Lernende sich die erforderlichen Kenntnisse, Fähigkeiten und Fertigkeiten mit der Zeit zueigen macht – ein Erwartungshorizont, welcher das implizite Lernen intentional durchwirkt. In diesem Sinne erinnert G.H. Neuweg daran, dass

„(...) implizite Lernprozesse durchaus intentional und hoch-konzentrativ sein können. Sie unterscheiden sich dann von expliziten Lernprozessen nicht durch den Grad des Lernwillens, der Aufmerksamkeit oder der Bewusstseinsbeteiligung des Lerners, sondern durch die Richtung seiner Aufmerksamkeit, die auf einen Erkenntnisgegenstand oder ein Handlungsziel, nicht aber auf die eigenen Aktivitäten oder Kognitionen hinorientiert ist und entsprechend durch die jeweiligen Gegenstände des Bewusstseins" (Neuweg 2000, S. 198).

Demgegenüber ist das *reaktive Lernen* durch eine mittlere Informalisierung gekennzeichnet: Den Menschen begegnen neuartige Anforderungen, auf welche sie reagieren müssen (z. B. Einführung eines neuen Schreibprogramms), d. h. es gibt eine nötigende, wenn auch nicht zwingende – mittlere – Intentionalität, die alles durchwirkt: Die Anforderungen stehen im Raum. In gewissen Grenzen können die Menschen gleichwohl den Zeitpunkt und die Form, die Intensität der Auseinandersetzung sowie den Grad der angestrebten Performance selbst bestimmen, viele meiden auch den vom Arbeitgeber angebotenen Einsteigerkurs (= mittlere Selbstbestimmung). Stattdessen nutzen sie die Handbücher und die Hilfefunktion, welche nicht vorrangig in didaktischer Absicht gestaltet wurden, aber didaktisch wirken können (= mittlere Didaktisierung). Eine professionelle Unterstützung dieses informellen Lernens wird nicht in Anspruch genommen, denkbar ist gleichwohl eine unterstützende Geste der betrieblichen Weiterbildung, wie sie u. a. bereits in frühen amerikanischen Studien zum informellen Lernen (z. B. Marsick und Watkins 1990, S. 226 f.) beschrieben worden sind:

> „Methoden der Wahl sind intentional gestaltete Umgebungsbedingungen (Makrodidaktik) und Beratung" (Reischmann 2014, S. 28).

Beim *reflexiven Lernen* handelt es sich um eine Lernform, welche sowohl in formellen als auch in informellen Kontexten anzutreffen ist. Sie wird sogar von H. Siebert als der eigentliche Kern jeglicher aufklärenden Bildungsarbeit beschrieben (Siebert 2011). Diese Form setzt auf ein höherstufiges Lernen, welches nicht „en passant" erfolgt, sondern im Nachgang oder in Vorbereitung von Erlebens- und Handlungsvollzügen. Menschen distanzieren sich durch das Absolvieren einer reflexiven Schleife vom unmittelbaren Handlungsvollzug und befragen diesen gewissermaßen nach den geforderten oder möglichen Lernfortschritten – auch im Sinne einer absichtsvollen Selbstveränderung. Bei dieser Reflexion können sie auf habitualisierte, metakognitive Strategien, wie z. B. die Nutzung eines Lerntagebuches, zurückgreifen, müssen dies aber nicht. Ihr „Ownership" gegenüber ihrem eigenen Lernen ist hoch ausgeprägt, sie sind in der Lage, sowohl die Ziele als auch die Formen ihrer Auseinandersetzung selbst zu bestimmen; entsprechend gering sind die notwendige Didaktisierung sowie die professionelle Unterstützung für ein solches reflexives Lernen (Kaiser und Kaiser 2006, 2012). Es spricht viel dafür, dass die zukünftigen Unternehmens- und Lernkulturen in starkem Maße auf das Gelingen des selbstgesteuerten reflexiven Lernens angewiesen sein werden (Arnold 2014).

2 Die emotionale Wende der Pädagogik

Sowohl die neuere Hirnforschung[1] als auch die Kompetenzforschung konfrontieren die Schulungspädagogik und die curriculare Pädagogik unüberhörbar mit dem Hinweis, dass Menschen überhaupt nicht *nicht* lernen können, und das „Leben als

---

[1]So erinnert Manfred Spitzer bereits 2007: „Lernen erfolgt nicht passiv, sondern ist ein aktiver Vorgang, in dessen Verlauf sich Veränderungen im Gehirn des Lernenden abspielen" (Spitzer 2007, S. 4). Er ergänzt im Hinblick auf die unvermeidbare Emotionalität des Lernens: „Was den Menschen umtreibt, sind nicht Fakten und Daten, sondern Gefühle, Geschichten und vor allem andere Menschen. (...) Es geht nicht um ein einzelnes Faktum, sondern um die Verknüpfung des neu zu Lernenden mit bereits bekannten Inhalten und um die Anwendung des Gelernten auf viele Situationen und Beispiele" (Spitzer 2007, S. 160–161).

eine andauernde Bewegung durch Lernprojekte angesehen werden (kann)" (Arnold 2013a, S. 40). Diese Bewegung ist nicht nur informell, sondern auch emotional, da die spontane Aneignungsbewegung des Menschen in Anbetracht von Veränderungen, Anforderungen und Ungewissheit das sichere Gespür der Selbstwirksamkeit auf Seiten der Akteure voraussetzt. Es ist deshalb nicht übertrieben, wenn man zu der Einschätzung gelangt, dass das Selbstwirksamkeits-Erleben den emotionalen Haltungskern jeglicher Kompetenzentwicklung zu prägen vermag (Bandura 1997). Menschen sind „lernfähig, aber unbelehrbar" (Siebert 2015). Sie sind in ihrem Leben schon seit jeher ständig in zu klärenden Frage- und Problemstellungen befangen, welche ihr Nachdenken, ihre Kreativität sowie ihre Kooperation mit der Welt fordern – ein anderer, sehr viel optimistischerer und in stärkerem Maß Perspektiven erschließender Blick auf den Lernenden. Dieser wird als Akteur, nicht als Konsument von Lernen betrachtet.

Für die Frage nach der Didaktik eines nachhaltigen Lernens ergibt sich hieraus die Konsequenz:

> „Kluge Lehre (er)kennt die Bedeutung der Lernprojekte als Anker und Motivationspunkte für ein lebendiges und nachhaltiges Lernen und rückt diese in das Zentrum ihrer Didaktik" (Arnold 2013a, S. 40 f.) –

eine Feststellung, die auch für eine Didaktik des informellen Lernens gilt. Die alltäglichen Lernprojekte der Menschen sind nämlich Ausdruck informeller Lernbewegungen. Indem die Didaktik die Lernprojekte des Einzelnen zum konzeptionellen Ausgangspunkt für die Rekonstruktion, das Verstehen und die Begleitung seiner Lernbewegung nimmt, sprengt sie zugleich die Muster, die das didaktische Denken und die Inszenierung von Schule und Lernen bislang ebenso geprägt haben, wie die eigenen lernkulturellen Erfahrungen derer, die in ihnen heute ausbildend, lehrend und vermittelnd tätig sind. Didaktik wandelt sich dadurch von einer – meist einseitig inhaltsbezogenen – Input- bzw. Interventionstheorie zu einer systemischen Theorie der Persönlichkeitsbildung durch Wirkungsbeobachtung und Wirkungssteuerung. Sie wird zu einer „Subjektwissenschaft" (Holzkamp 1991).

Die Wende zur emotionalen Basis der Selbstwirksamkeit ist bei den Lehrenden selbst nicht populär, weil meist unvertraut. Häufig können diese sich nur schwer von einem Erfahrungsmuster lösen, dessen Entstehung und Verfestigung sie ihrer eigenen Lernbiographie verdanken: Sie haben „gelernt" und „erfahren", dass das „eigentliche" Lernen das Lehren zwingend voraussetzt und am besten in einem institutionellen und curricular geregelten Raum stattfinden sollte, dessen >heimlicher Lehrplan< ihnen jedoch oft gleichzeitig das Gefühl stiftet, dass es hier meist nicht um sie selbst, sondern um eine Sache geht. Sie haben – wenn man so will – informell gelernt, dass es ohne Institutionen nicht geht, auch wenn das institutionalisierte Lernen in vielem als einengend, enttäuschend und wirkungslos erlebt wird. Anstrengung, Unergiebigkeit und Uneigentlichkeit sind so als hinzunehmende Ärgernisse jeglichen Lernens internalisiert worden. Diese „Gewissheit" aufzugeben bzw. zu relativieren, fällt den solchermaßen emotional Geprägten schwer, erfordert doch ein solcher Schritt letztlich eine emotionale Nachsozialisation, für den die

Bildungsinstitutionen selbst jedoch meist keinen Rahmen eröffnen können. Bevor die Lernenden somit informell lernen dürfen (was sie ohnehin tun), müssten ihre Lehrkräfte Gelegenheiten erhalten, ihre eigenen informellen Lernbewegungen aufzudecken, zu reflektieren und als das Wert zu schätzen, was diese darstellen: *Ausdruck ihres eigenen Alltagslernens mit seinen jeweils spezifischen Formen, bevorzugten Vorgehensweisen und oft im Verborgenen bleibenden Lernergebnissen. Dann wäre der didaktische Knoten durchschlagen und es dürfte im Lernenden, für dessen gelingendes Lernen ich eine Verantwortung trage, das sein, was ich auch an mir selbst als kraftvoll und ergebnisreich entdecken durfte.*

Lernende – auch lehrende Lernende – entstammen unterschiedlichen emotionalen „Kontinenten" oder besser gesagt: Milieus. Diese Milieus stehen quasi gleichberechtigt nebeneinander, sie konstituieren die charakteristische Vielfalt des Sozialen, markieren aber auch, ob und inwieweit das Gefühl der Selbstwirksamkeit in den Akteuren reifen und ihre informellen Lernbewegungen tragen konnte. Diese Vielfalt der emotionalen Ausgangslagen erfordert von den LernbegleiterInnen eine spezifische Empathie. Sie müssen – um in dem Bild der verschiedenen Herkunftskontinente zu bleiben – eine Art interkulturelle Toleranz entwickeln: Ein Lehrer, eine Führungskraft, ein Partner muss lernen das emotional Andere als gleichberechtigt, nicht als minderwertig, nicht als weniger „gereift" gelten zu lassen und es als das wahrzunehmen, was es ist. Viele Führungs- und Lehrkräfte sind dazu heute noch nicht in der Lage, sie versuchen organisatorische Abläufe und soziale Interaktionen nach der Messlatte ihres eigenen „Sich-in-der-Welt-Fühlens" zu regeln, was bei den Kooperationspartnern emotionale Distanz oder ein projektives Wiederbeleben überwundener eigener Ich-Zustände zur Folge hat. Sachkenntnis, Selbstreflexion und Empathie konstituieren demgegenüber eine akzeptierende Grundhaltung gegenüber der eigenen Emotionalität sowie der anderer, womit gleichzeitig eine wesentliche Voraussetzung für eine wirksame, d. h. Resonanz stiftende, didaktische Begleitung der informellen Suchbewegungen markiert ist.

Informelles Lernen basiert auf der Emotionalen Gewissheit der Selbstwirksamkeit; es ist somit ein tiefenwirksames Lernen. Dieses setzt Motive – wie der gemeinsame Wortstamm von „Emotion" und „Motivation" anzeigt – nicht nur voraus, sondern hat diese auch selbst zum Gegenstand, insofern es seine Energien aus dem erlebten Zutrauen, der Zuversicht und dem Wirkungsbewusstsein des Lernenden bezieht. Die Frage nach einer Didaktik des informellen Lernens kann deshalb nicht von den „bewegenden" Kräften im Subjekt absehen. Diese gilt es zu verstehen, zu entschlüsseln und zu erkennen. Erst, wenn LernbegleiterInnen eine Vorstellung von dem entwickeln konnten, was in dem informell Lernenden wirkt, sind sie auch in der Lage, informelle Lernbewegungen in einer der subjektiven Expansion dienenden Weise zu fördern, statt diese ungewollt zu behindern (Holzkamp 1991). Was bereits Heckhausen und Heckhausen in der klassischen Unterscheidung von „intrinsischer" und „extrinsischer" Motivation (Heckhausen und Heckhausen 2010) in den Blick nahmen und damit die Gestaltungs- und Machbarkeitshoffnungen von extrinsischen Arrangeuren (Didaktiker, Führungskräfte und Curriculateure) nährten, findet im Konzept einer transformativen Emotionspädagogik (vgl. Arnold 2013b) seine Infragestellung und Überwindung durch die These, dass nur die Anpassungsmotive im defensiven Lernen „extrinsischer" Art sind, während expansives Lernen grundsätzlich nur an intrinsischen Motiven anschließen kann, wenn man nicht überhaupt so weit geht zu konstatieren, dass alles (wahrhafte, d. h. nachhaltig transformierende) Lernen ein intrinsisch motiviertes Lernen ist. Intrinsische Motive „fußen" tief in der Emotionsstruktur der Lernenden, eine Struktur, die vielfach durch verfälschende Impulse und „Antreiber" gekennzeichnet ist, weshalb die bloße „Intrinsität" der Handlungsmotive auch noch keine ausreichende Begründung von expansiven Lernprozessen zu liefern vermag, es kommt auch noch auf deren Authentizität an.

In diesem Sinne sind auch die Fähigkeiten, mit informell lernenden Systemen angemessen umzugehen, von entscheidender Bedeutung. Vielfach ankern die mechanistischen inneren Bilder von dem, was Lernen, Reifung und Kompetenzentwicklung ausmacht, in einer „Pädagogik des Bauches" und sind auch nicht durch die bloße Entscheidung für andere Beobachtungsweisen wirklich dauerhaft veränderbar – eine Beschränkung, von der die Lehrerbildung ein Lied zu singen weiß. Das Problem einer ermöglichungsdidaktischen Professionalisierung von Lehrkräften ist somit nicht allein eines der Aneignung anderer Formen der Beobachtung oder der Mustererkenntnis. Vielmehr müssen auch die emotionalen Grundmuster einer Person, auf denen ihre bevorzugten kognitiven Weisen der Welterkenntnis gewissermaßen aufruhen, angesprochen werden, um systemisches Beobachten auch mit einer systemischen Form des Fühlens in Verbindung zu bringen. Wie F. Vester richtig bemerkt, haben wir „Angst vor komplexen Systemen" (Vester 2002, S. 27). Eine systemische Professionalität kann deshalb nicht dauerhaft ausgebildet werden, wenn der Sinn dieser Angst nicht aufgedeckt und ins Bewusstsein gehoben wird. Dabei kann dann deutlich werden, dass lineare Erklärungs- und Planungsmodelle „angstreduzierend" wirken, weil sie die Komplexität scheinbar kontrollierbar machen. Systemisches Beobachten und Handeln erscheint demgegenüber angstauslösend, weil sie die Illusion der Machbarkeit und Beherrschbarkeit durch Erkennen infrage stellen. Das konstruktivistische „Man sieht nur, was man weiß" muss deshalb auf dem Weg zu einer systemischeren Form des Beobachtens durch den Satz: „Man sieht nur, was man aushalten kann" notwendig ergänzt werden.

3 Entgrenzung und Enträumlichung des Lernens

Im Zeitalter der informationalen Vernetzung sind Räume schon lange nicht mehr das, was sie einmal waren – zumindest gilt dies für die Räume, in denen Inhalte verwahrt und inhaltliche Vermittlung organisiert wird. Die äußere Entgrenzung stellt die Wirkung der Mauern, die um sie erreichtet wurden, in Frage. Damit nähern sich die Bildungsräume an die Raumlosigkeit des informellen Lernens an. Dieses findet zwar auch in Räumen statt, aber setzt diese nicht zwingend voraus, wie die allermeisten Formen des formalisierten Lernens (Ausnahme u. a. Fernstudien). Und auch das Innere des Menschen ist – wie wir heute evidenzbasiert erkennen müssen – in seinen Möglichkeiten freier und potenzialreicher, als es überlieferte Konzepte einer institutionalisierten und verräumlichten Bildung durch Belehrung meist vorgesehen hatten. Doch nur mühsam sickern diese Hinweise in unsere Raumkonzepte ein und ermutigen uns zu einer Neugestaltung der Bildungsräume als Aneignungsräume eines informellen Lernens.

Über Orte und Lernorte des Lernens wurde in der Pädagogik schon häufiger nachgedacht, weniger über Räume (Westphal 2007). Zwar führt einen die Recherche rasch zu der These vom „Raum als dem zweiten Pädagogen", doch blieben kritische Reflexionen über die notwendige oder gar unnötige Verräumlichung des Lernens lange außerhalb des disziplinären Fokus. Dies überrascht nicht nur in Anbetracht der mittlerweile unstrittigen Bedeutung des informellen Lernens im Kontext der Kompetenzreifung, es ist auch deshalb erstaunlich, da das menschliche Leben sich in Räumen vollzieht. Jeder dieser Räume enthält unausgesprochen Aufforderungen und Reglements für den Einzelnen, sie sind unterschiedlich anregend gestaltet, beengen oder weiten den eigenen Horizont, man kann in ihnen umhergehen oder muss sich zu bestimmten Zeiten an festgelegten Plätzen aufhalten, man kann sie verlassen oder muss in ihnen ausharren.

Eine grundlegende Frage an die Wirkung pädagogischer Räume ist die nach den Erinnerungen, die sie erzeugen, bzw. nach den überraschenden neuen Erfahrungen der Autonomie, die sie ermöglichen. Gibt es Räume, von denen irritierende, schützende und anregende Impulse ausgehen können? Ist es vorstellbar, dass Menschen zwar mit den Erinnerungen, die das konkret Räumliche in ihnen auslöst, Bildungsräume betreten, in diesen aber durchkreuzende Anregungen und alternative Erfahrungen durchleben – Erfahrungen, welche die eigene Innerlichkeit berühren, d. h. die Dimensionen des selbstwirksamen Handelns und eines autonomen Lernens?

Bildungsräume in diesem Sinne als Möglichkeit(en) zur Begegnung und Auseinandersetzung mit den fachlichen, sozialen und emotionalen Wissens(be)ständen absichtsvoll zu arrangieren, bedeutet u. a:

- *die Berücksichtigung der kompetenztheoretischen Erkenntnis, dass auch Wissen sich über eine „emotionale Labilisierung"* (Arnold und Erpenbeck 2014) *der Lernenden erschließt*: Bildungsräume benötigen deshalb Platz für ästhetische Inszenierungen und Gestaltungen zum jeweiligen Thema, Arbeitsnischen für eigene Vertiefungen von Projektarbeiten allein und in Gruppen sowie Besprechungsräume, in denen Sachverhalte besprochen, geklärt und vertieft werden können;
- *die glaubwürdige Umsetzung der Einsicht, dass jeder Lernende für sich allein lernt – „Learning together apart!" ließe sich dieses Modell nennen*: Bildungsräume müssen deshalb Gelegenheiten bereit halten, um den Einzelnen in der Lernberatung mit den erwarteten Lernanforderungen (Kompetenzprofilen) zu konfrontieren, seinen eigenen Kompetenzstand mit ihm zu besprechen und seine Suchbewegung durch die thematischen Lernlandschaften zu coachen;
- *die Optimierung des Selbstlernens*: Bildungsräume müssen dem angeleiteten Selbstlernen der Lernenden Raum geben. Diese benötigen eine Stärkung ihrer Selbstlernkompetenz, für deren Förderung reale und virtuelle Gelegenheiten zugänglich sein sollten, und sie benötigen den Zugang zu den thematischen Materialien und Selbstlerngelegenheiten.

- Solche Bildungsräume sind nicht bloß Lern- oder Trainingsräume. In ihnen steht vielmehr die Individualität des Lernenden selbst im Mittelpunkt, d. h. seine Fähigkeit zum selbstgesteuerten Lernen und zur selbstwirksamen Sorge um den eigenen Kompetenzfortschritt. Deshalb rahmen Bildungsräume auch keine formelle Erledigungs-, sondern eine informelle Aneignungskultur. In ihnen geht es informeller zu, d. h. sie drücken in ihrer Architektur keine Präsentationslogik aus, sondern eine Entdeckungs- und Erfahrungslogik. Lernende finden in ihnen Ansprache, Begleitung und Unterstützung – nicht nur in persönlichen und lernstrategischen, sondern auch in fachlichen Fragen.

4 Ermöglichung der pädagogischen Begleitung informellen Lernens

Um Bildungsräume in diesem Sinne als Möglichkeit der Eigentumsgewinnung in informellen Lernprozessen beim Nachvollzug, der Konstruktion und der Selbstbildung zu realisieren, sollten sie sich an den Bedürfnissen und Lebenslagen der Zielgruppe orientieren und ihnen auch funktionale Nutzungen nach eigenem Gusto ermöglichen, ohne ihre didaktische Kernfunktion dadurch zu relativieren. In detaillierten Zielgruppenanalysen sollten diese beiläufigen Nutzbarkeiten genauer bestimmt werden; auch die Beteiligung der potenziellen Zielgruppen an der Planung und Gestaltung ist sinnvoll. Makrodidaktisch ergeben sich für eine solche Rahmung des informellen Lernens neue Formen einer Zielgruppenentwicklung, die an den

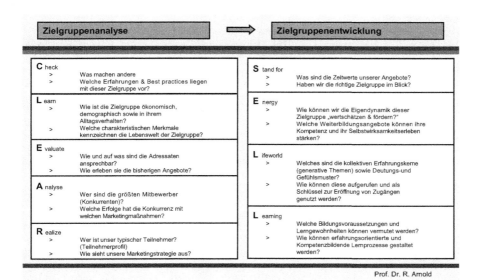

Abb. 2 Zielgruppenanalyse und Zielgruppenentwicklung als Ansatzpunkte einer makro- und mikrodidaktischen Förderung des informellen Lernens (eigene Darstellung)

Ergebnissen einer lebensweltorientierten Zielgruppenanalyse anschließt, die über folgende Schrittfolgen entwickelt werden kann (Abb. 2).

Insbesondere die Aspekte „Energy" und „Lifeworld" verweisen auf den notwendig induktiven – um nicht zu sagen: behutsamen – Zugang zur Gestaltung der Räume einer informellen Nutzung von Bildungs- und Beratungsangeboten. Diese ermöglichen selbstgesteuerte Lernbewegungen, ohne diese intentional präformieren oder gar erzwingen zu wollen. Das Raumkonzept eröffnet Lerngelegenheiten, wie auch das didaktische Konzept auf Beratung und Begleitung eingestellt ist. Solche Bildungsräume müssen mehr anbieten können als das, was sie in ihren Mauern lagern, nämlich auch Zugänge zu virtuellen und vernetzten Möglichkeiten der Selbstbildung. Sie dürfen nicht allein um Inhalte herum errichtet werden, wohl aber um die Lernenden herum. Portfolioklärung, Lernprozessberatung und das Training der Selbstlernfähigkeit können in solchen Räumen zu wesentlichen didaktischen Bezugspunkten werden.

Literatur

Arnold, R. (2013a). *Wie man lehrt, ohne zu belehren. 29 Regeln für eine kluge Lehre. Das LENA-Modell* (2. unveränderte Aufl.). Heidelberg: Carl Auer Verlag.
Arnold, R. (2013b). *Seit wann haben Sie das? Grundlinien eines Emotionalen Konstruktivismus* (2. unveränderte Aufl.). Heidelberg: Carl Auer Verlag.
Arnold, R. (2014). Durch Lernen zum kompetenten Unternehmen. Pädagogische Professionalisierung als Unternehmensstrategie. *„Pädagogische Materialien der TU Kaiserslautern", 48*. Kaiserslautern: Technische Universität Kaiserslautern.
Arnold, R., & Erpenbeck, J. (2014). *Wissen ist keine Kompetenz*. Hohengehren (Baltmannsweiler): Schneider Verlag.
Bandura, A. (1997). *Self-efficacy: The exercise of control*. New York: W H Freeman.
Heckhausen, J., & Heckhausen, H. (2010). *Motivation und Handeln* (4. Aufl.). Heidelberg: Springer.
Holzkamp, K. (1991). Lehren als Lernbehinderung. *Forum Kritische Psychologie, 27*, 5–22.
Kaiser, R., & Kaiser, A. (2006). *Denken trainieren – Lernen optimieren* (2. Aufl.). Augsburg: Ziel Verlag.
Kaiser, A., & Kaiser, R. (2012). *Metakognitiv fundierte Bildungsarbeit. Leistungsfördernde Didaktik zur Steigerung der Informationsverarbeitungskompetenz im Projekt KLASSIK*. Bielefeld: Bertelsmann.
Livingstone, D. W. (2006). Informal learning: Conceptual distinctions and preliminary findings. In Z. Bekerman, N. C. Burbules & D. Silbermann-Keller (Hrsg.), *Learning in places. The informal education reader* (S. 202–226). New York: Peter Lang Verlag.
Marsick, V. J., & Watkins, K. E. (1990). *Informal and incidental learning in the workplace*. London: Routledge.
Neuweg, G. H. (2000). Mehr lernen, als man sagen kann: Konzepte und didaktische Perspektiven impliziten Lernens. *Unterrichtswissenschaft, 28*(3), 197–217.
Polanyi, M. (1986). *Implizites Wissen*. Frankfurt: Suhrkamp.
Reischmann, J. (1995). Lernen „en passant" – die vergessene Dimension. *Grundlagen der Weiterbildung, 4*, 200–204.
Reischmann, J. (2014). Es ging auch ohne. Gegenrede: Informelles Lernen – Ein eindeutiges Jein. *Weiterbildung, 5*, 26–28.
Schmidt-Hertha, B. (2014). Für die Kompetenzentwicklung unverzichtbar. Lernorte, Lernweisen und Ergebnisse informellen Lernens. *Weiterbildung, 5*, 13–15.

Schön, D. A. (1990). *Educating the reflective practioner*. San Francisco: Jossey-Bass.
Siebert, H. (2011). Selbsteinschließende Reflexion als pädagogische Kompetenz. In A. Rolf (Hrsg.), *Veränderung durch Selbstveränderung. Impulse für das Changemanagement* (S. 9–18). Hohengehren (Baltmannsweiler): Schneider Verlag.
Siebert, H. (2015). *Erwachsene – lernfähig, aber unbelehrbar? Was der Konstruktivismus für die politische Bildung leistet*. Schwalbach: Wochenschau-Verlag.
Spitzer, M. (2007). *Lernen. Gehirnforschung und die Schule des Lebens*. München: Spektrum Akademischer Verlag.
Vester, F. (2002). *Die Kunst vernetzt zu denken. Ideen und Werkzeuge für einen neuen Umgang mit Komplexität. Ein Bericht an den Club of Rome*. München: Deutscher Taschenbuch Verlag.
Westphal, K. (2007). *Orte des Lernens. Beiträge zu einer Pädagogik des Raumes*. Weinheim: Juventa.

Raum und Architektur für informelles Lernen

Ina Herrmann

Inhalt

1 Einleitung: Raum für informelles Lernen und ästhetische Bildung 496
2 Kontextuelle Verortungen des (informellen) Lernens: Raumordnungen – Lernwelten –
  Akteur*innen 498
3 Pädagogische Paradoxien: Bedingungen der Möglichkeiten informellen Lernens 504
4 Fazit und Ausblick: Die Formalisierung des Informellen und vice versa? 507
Literatur 508

Zusammenfassung

Innerhalb des Beitrags wird der Zusammenhang von informellem Lernen und differenten räumlichen Ordnungen entfaltet. Hierzu werden die Begriffe des formalen, non-formalen und informellen Lernens skizziert und hinsichtlich der Ausführungen zur ästhetischen Bildung weiterführend definiert. Der hier eröffnete Raumbezug kann auf dreifache Weise verankert werden: Im Sinne eines sozialen oder virtuellen Raums, als Gruppierung von Akteur*innen und als topographische Ordnung. Inwieweit Architekturen des Lernens gleichsam als Räume informellen Lernens fungieren, wird kontrovers diskutiert und als Paradoxie kritisch beleuchtet.

Schlüsselwörter

Informelles Lernen • Raum und Raumordnungen • Schularchitektur • Bildungsraum • Spatial Turn

I. Herrmann (✉)
Arbeitsgruppe raumwissenschaftliche Schul- und Bildungsforschung, Fakultät für Bildungswissenschaften, Universität Duisburg-Essen, Essen, Deutschland
E-Mail: ina.herrmann@uni-due.de

1 Einleitung: Raum für informelles Lernen und ästhetische Bildung

Die Definitionen und Begriffsfassungen informellen Lernens sowie informeller Bildung verweisen in ihren Kernaussagen auf verschiedene zentrale Momente, welche sich jedoch maßgeblich und ex negativo als Abgrenzungskriterien zu formalem sowie non-formalem Lernen bestimmen lassen. Diese Demarkation oder Ausdifferenzierung formalen, non- oder nicht-formalen sowie informellen Lernens konnte sich zunehmend etablieren (vgl. z. B. Düx und Rauschenbach 2010; Overwien 2005, 2009, 2013) und wird als solche den entsprechenden thematisch relevanten Forschungsarbeiten analytisch zugrunde gelegt. Die daraus resultierende Zuordnungsmöglichkeit differenter Lernprozesse, -formate und -orte wird dabei regelmäßig wie folgt vorgenommen: Unter formalem Lernen wird sämtliches, innerhalb der unterschiedlichen (Aus-)Bildungsinstitutionen stattfindendes Lernen gefasst, das strukturiert und zielgerichtet ist und mit einem Zertifikat manifest beglaubigt wird (vgl. Overwien 2009, S. 48; vgl. Kirchhöfer 2004, S. 85). Non-formales Lernen bezieht sich hingegen auf all jenes Lernen, welches außerhalb dieser (Aus-)Bildungseinrichtungen stattfindet, nicht zertifiziert wird, jedoch gleichsam systematisch und zielgerichtet abläuft (vgl. ebd.). In Kontrast zu diesen beiden Lernformen werden unter den Begriff des informellen Lernens all jene Prozesse subsumiert, die zufällig, unstrukturiert und nicht notwendigerweise zielgerichtet in alltäglichen Lebensbereichen wie bspw. Familien, Vereinen, Arbeitsplätzen, Freundes- und Bekanntenkreisen stattfinden (vgl. ebd.). Informelles Lernen vollzieht sich folglich im Sinne eines „Lernen[s] in der Lebenspraxis" (Zeimet 2011, S. 37) sowohl innerhalb als auch außerhalb von Institutionen und stellt zudem gemäß einer Schätzung der Faure-Kommission der UNESCO (1972) nicht nur ein in sämtlichen biografischen Phasen relevantes Erfahrungslernen dar, sondern mache auch „siebzig Prozent allen menschlichen Lernens" aus (Overwien 2009, S. 45; vgl. Rohs 2009); eine Angabe, die jedoch in Abhängigkeit der Definition deutlichen Schwankungen unterliegt. Der Begriff des informellen Lernens selbst findet aktuell jedoch kaum einheitliche definitorische Kriterien oder Bestimmungen und wird zudem oftmals synonym zu demjenigen der informellen Bildung verwendet (vgl. Overwien 2009, S. 44); hierbei handelt es sich um eine Folge der historischen Verwurzelung informellen Lernens im englischsprachigen resp. US-amerikanischen Raum und des dortigen Gebrauchs des Begriffs „informal education" (ebd.). In den USA wird informelles Lernen maßgeblich und erstmals im Rahmen der Arbeiten des Philosophen und Erziehungswissenschaftlers John Deweys erwähnt (vgl. Overwien 2009, S. 44). Dewey prognostiziert bereits zu Beginn des 20. Jahrhunderts die wachsende gesellschaftliche Komplexität, die „zu einem verstärkten Bedarf an formaler Bildung führe" (ebd.), welche auf Formen informellen Lernens aufbaue (vgl. ebd.). Bereits im Jahre 1899 bezog sich Dewey auf inner- und außerschulische

Bildung und einer damit einhergehenden Differenzierung von „formal and informal edurcation" (Dewey 1997, S. 9; Overwien 2009, S. 44; vgl. Rehfeldt 2012, S. 31).) Im Zuge der reformpädagogischen Grundlagen seiner Pädagogik entwickelte Dewey im Rahmen seines Ansatzes zum Erfahrungslernen gleichsam Grundzüge einer ästhetischen Bildung, in welcher informelles Lernen und räumliche Umgebung miteinander verbunden werden. Ästhetische Bildung ihrerseits basiert wiederum auf den Ideen Friedrich Schillers (1795), der in seinem Werk „Über die ästhetische Erziehung des Menschen" das Potential spielerischen und ästhetischen Handelns zur Verwirklichung des Menschen ausweist (vgl. Herrmann 2015). Die interaktive Auseinandersetzung mit der Welt stellt dabei eine zentrale Annahme eines Bildungsverständnisses dar, welches sich jenseits rein kognitiver Verständnisse institutioneller Bildungsformate verorten lässt. Lernen als bildende Erfahrung stellt gleichsam das Credo der Pädagogik Deweys (1980) dar, womit die Schnittstelle zwischen ästhetischer und informeller Bildung verdeutlicht werden kann (vgl. Herrmann 2015); Peez (2012) führt daran anlehnend und sich exemplarisch auf schulische Prozesse beziehend aus: „Weil sich ästhetische Bildung durch das Merkmal des Erkundens einer selbst gewählten Thematik auszeichnet, liegt der Begriff der Ästhetischen Forschung nahe. Alles Material und jede Thematik kann genutzt werden, wenn sie für den einzelnen Schüler bedeutsam sind" (ebd.; vgl. Herrmann 2015). In diesem Verständnis bezeichnet ästhetische Bildung folglich einen curricularen Bereich, welcher partiell und seitens der jeweiligen Institution zu öffnen ist, fortführend jedoch die Frage danach zulässig macht, inwieweit hier überhaupt von informeller Bildung gesprochen werden kann (vgl. Herrmann 2015). Im Sinne einer ästhetischen-informellen Bildung Jugendlicher müsste bspw. das Konzept des Unterrichts auf außerunterrichtliche Räume ausgeweitet werden. Pädagog*innen oder – in diesem Beispiel – Lehrer*innen stellen die institutionelle Rahmung in Form eines materialen und/oder sozialen Raums zur Verfügung indem eine Lernsituation professionell gestaltet wird (vgl. Overwien 2009, S. 45), damit Schüler*innen von diesen ausgehend eigene, selbstgesteuerte Prozesse des Lernens initiieren und durchlaufen können (vgl. Herrmann 2015). Somit stellt die jeweilige Kontextualisierung resp. Verortung jeglicher, hier entsprechend: informeller Lern- und Bildungsprozesse von Schüler*innen, Student*innen, Erwerbstätigen, Sportler*innen u. a. – folglich von Kindern, Jugendlichen und Erwachsenen gleichermaßen – eine relevante Größe für selbige dar (vgl. Rehfeldt 2012, S. 29 ff.). Die Ausdifferenzierung von informellem Lernen und informeller Bildung erfolgt dabei gleichsam über den Raum und dessen jeweiliger Ordnung: „Informelles Lernen kann [...] in vielfältigen Lernumgebungen stattfinden. Informelle Bildung findet immer dann statt, wenn von professionellem Personal Lernsituationen gestaltet werden" (Overwien 2009, S. 45). Sowohl die Vielfältigkeit differenter Lernräume und -umgebungen als auch die Frage der (Nicht-)Gestaltung selbiger werden nachfolgend thematisiert und hinsichtlich der – weitestgehend als Leerstelle der Erziehungswissenschaften auszuweisenden – Konnexion von Raum und informellen Lernprozessen systematisierend spezifiziert.

2 Kontextuelle Verortungen des (informellen) Lernens: Raumordnungen – Lernwelten – Akteur*innen

Die auf eine Verschränkung von Raum oder Architektur und Lernen bezogenen Begrifflichkeiten wie bspw. Lernort, Lernwelt, Lernraum und/oder Bildungsraum lassen sich entsprechend ihrer Bandbreite verschiedentlich (grundlagen-)theoretisch sowie empirisch ausdifferenzieren, wie vor allem die raumbezogenen Anthologien innerhalb der Erziehungswissenschaft aufzeigen. Jelich und Kemnitz (2003) zeigen in dem Tagungsband „Die pädagogische Gestaltung des Raums" die Bandbreite derjenigen, als Lern- und Bildungsräume ausgewiesenen Verortungen des Pädagogischen auf. Die raumorientierte Differenzierung wird seitens der Herausgeber*in derart vorgenommen, als „private und öffentliche, geschlossene und offene, erlaubte und verbotene Räume" (Göhlich 2004) unterschieden und folglich von grundlegend dichotomen, jedoch gleichsam dialektisch und ambivalent ausgeprägten Merkmalen des Raums ausgegangen wird. Kernstück des Bandes ist die Fokussierung auf Architekturen, wodurch „andere nicht-architektonische Elemente pädagogischer Raumgestaltung, metaphorisch gesprochen die ‚Software' pädagogischer Umgebung, damit an den Rand des Blickfeldes [rücken]" (ebd.). Abweichend von dem hier schwerpunktmäßig eingenommenen Blickwinkel eröffnen Schröteler-von-Brandt et.al. (2012) in dem Band „Raum für Bildung" ein Feld, welches zwar ebenfalls die „Ästhetik und Architektur von Lern- und Lebensorten" – und gleichsam die differenten Bedeutungen von Räumen und Orten für Lernprozesse und lernende wie lehrende Akteur*innen – fokussiert, diese allerdings interdisziplinär und entsprechend unter Rückgriff auf die Disziplinen Architektur, Bildung, Kunst ausführt (vgl. ebd., S. 9). Neben Kindern und Jugendlichen sowie deren spezifische Lernräume wie bspw. urbane und öffentliche Räume (vgl. Deinet 2010, S. 43) oder das „Mädchenzimmer" (Marr 2012, S. 113), gerät vornehmlich die schulische Institution „als Lebens- und Lernort" (Schröteler-von-Brandt et.al. 2012, S. 7) in den Blick und wird sowohl in Form architektonischer als auch auf sozialer resp. interaktionistischer Räume, in denen Lernprozesse zu verorten sind, repräsentiert. Ein wiederum differentes Verständnis von Raum findet sich bei Egger et.al. (2008): Die einzelnen Autor*innen beziehen sich in dem Herausgeberband „Orte des Lernens" auf biographische Aneignungsprozesse differenter sog. „Lernwelten" (ebd.), sodass die Begrifflichkeiten Lernort und Lernwelt im Sinne sozial- oder interaktionsräumlicher Perspektiven verstetigt werden. Fokussiert werden Fragen, Perspektiven und Orte lebenslangen Lernens (vgl. ebd., S. 10), mittels derer differente Lernformen als implizite Bestandteile der biographieorientierten Ausführungen aus- und mitgeführt werden. Diese „Orte des Lernens" wurden begrifflich zuvor ebenfalls bereits bei Westphal (2007) thematisiert, deren gleichnamiger Band sich als ein „Beitrag zu einer Pädagogik des Raumes" versteht. Lernen findet hier in zwar überaus kontrastreichen, jedoch überwiegend institutionalisierten Räumen – beispielsweise in „innovativen Schulbauten" (Walden 2007, S. 121), im „‚Lernort' Bibliothek" (Rösler 2007, S. 43) oder theatralen Räumen (vgl. Primavesi 2007, S. 79) – statt und wird folglich durchaus ambivalent sinnenhaft – z. B. in „Hör-Räume[n] – Seh-Räume[n]" (Bilstein 2007, S. 95) – verortet. Ein gleichsam als

Spezifizierung und Ausweitung der Raumdiskussion zu bezeichnendes Werk stellt die Herausgeberschrift von Böhme (2009) dar, welche unter dem Titel „Schularchitektur im erziehungswissenschaftlichen Diskurs" Schriften zu differenten Themen und Fragen schulpädagogischer Art subsumiert. Dabei zielt der Untertitel „Territorialisierungskrise und Gestaltungsperspektive des schulischen Bildungsraums" auf eben jene Paradoxien, mit welchen schulische Institutionen historisch, (sozio-)kulturell sowie praktisch konfrontiert werden (ebd., S. 5 ff.). In Abgrenzung zu den voranstehend aufgeführten Bänden handelt es sich hier um die Fokussierung auf schulische Architekturen und entsprechend um eine erziehungswissenschaftliche Perspektive auf Basis des sog. „Spatial turn" (Döring und Thielmann 2009; Döring 2010; vgl. Böhme 2009, S. 14), die maßgeblich auf die (erneute) kritische Würdigung materialer Räume zielt. Diese werden multidimensional ausgeleuchtet und so geraten beispielsweise auch „Schulorte und Raumgefüge informellen Lernens" (Overwien 2009, S. 42), Schulen „in einer Netzwerkgesellschaft" (Aßmann und Herzig 2009, S. 58), „Bildungslandschaften" (Reutlinger 2009, S. 119) und das „Lernen ohne Schulraum" (Spiegler 2009, S. 140) in den Blickwinkel einer Verknüpfung von nicht-formalen Lernprozessen und Raum.

Aus den vorangegangenen Darstellungen wird somit einerseits bereits deutlich, wie umfassend, kontrastreich sowie bisweilen widersprüchlich der Raumbegriff herangezogen und hinsichtlich (außer-)institutioneller Lern- und Bildungsprozesse als wirkmächtige, zugleich rahmende und beeinflussbare Größe erforscht wurde und zunehmend wird. Um jene komplexen Kontextualisierungen zumindest analytisch systematisieren zu können, wird zunächst eine Ausdifferenzierung jener zuvor exemplarisch skizzierten Raumordnungen vorgeschlagen. Grundlegend dient hierzu die theoretische Annahme einer „räumlichen Dialektik" (Hartle 2006, S. 18; vgl. Böhme und Herrmann 2011, S. 28; Herrmann 2014b, S. 53) als Ausgangspunkt der Betrachtung von Akteur*in und Raum, mittels derer die „räumliche Form und räumliche Praxis" (ebd.) ausdifferenziert werden. Dabei dient die Manifestation sozialen Sinns als Kriterium der Abgrenzung differenter Raumordnungen: „Der Raum materialisiert Sinn und manifestiert diesen persistent, also anhaltend. Der Raum entreißt den sozialen Sinn der Zeitlichkeit von Interaktionsprozessen und konserviert ihn, ist also Ausdruck des sozialen Sinns einer bereits stattgehabten Interaktion. Gleichsam ist der Raum aber auch rahmende Bedeutungsstruktur für eine gegenwärtige bzw. zukünftige Interaktion. Der Raum und der Interaktionsraum stehen also in einem konstitutiven Wechselverhältnis" (Böhme und Herrmann 2011, S. 29), welches es nachfolgend hinsichtlich des Zusammenhangs von informellem Lernen und Raum wiederum und weiterführend zu systematisieren gilt, da dieser eine Marginalie der bisherigen empirischen Erhebungen sowie theoretischen Ausführungen darstellt. Überdies lassen sich die bereits exemplarisch aufgeführten Raumordnungen und -manifestationen triadisch als 1) Interaktions- oder Sozialräume, 2) akteur*innenspezifische Bildungsräume sowie 3) materiale resp. topographische Räume systematisieren und in Bezug auf informelles Lernen begründen. Dabei handelt es sich – vor dem Hintergrund des bereits skizzierten konstitutiven Wechselverhältnisses von Raum und Interaktionsraum – jedoch lediglich um eine analytische resp. theoretisch verortete Ausführung.

2.1 Der Raum als Netzwerk: Interaktions-/Sozialraum und Virtueller Raum

Jene, dem informellen Lernen immanente „Entinstitutionalisierung" (Rohs 2009, S. 41) und die damit einhergehenden modifizierten Anforderungen an Räume und Akteur*innen haben prinzipiell für sämtliche Bereiche des Bildungssystems – und entsprechend für den pädagogischen Diskurs – weitreichende Konsequenzen. Das „(steuerungs)politisch-programmatische Konzept lokaler, kommunaler oder regionaler Bildungslandschaften" (Reutlinger 2009, S. 119) kann in diesem Kontext exemplarisch für jene Konsequenzen angeführt werden, da eine derartige „Neuordnung des Räumlichen" (Kessl und Reutlinger 2010) eng mit der Fokussierung auf informelles Lernen verknüpft ist. So führt Deinet (2010) die Entwicklung „von der schulzentrierten zur sozialräumlichen Bildungslandschaft" (ebd.) aus und verweist auf „informelle und öffentliche Bildungsräume" (ebd.) im Sinne eines Netzwerkraums verknüpfter Bildungsinfrastruktur. Folglich werden hier neben den formalen Bildungsinstitutionen (Schulen, Universitäten, Kindergärten etc.) maßgeblich Orte und Räume informellen Lernens – wie bspw. „die Familie, Cliquen, Jugendclubs, der Umgang mit neuen Medien, freiwilliges Engagement in Vereinen und Verbänden, Weiterbildungsangebote, Musikschulen, Bibliotheken, Jugendkunstschulen, Museen" (Deutscher Verein 2009, S. 1; vgl. Deinet 2010) – thematisiert. Anders ausgedrückt: „Mit der Bezugnahme auf informelle Bildungsorte kommt auch der öffentliche Raum in den Blick: Kinder und Jugendliche lernen und bilden sich also nicht nur in Institutionen oder in der Schule, sondern insbesondere auch in ihren jeweiligen Lebenswelten, Nahräumen, Dörfern, Stadtteilen und nicht zuletzt auch im öffentlichen Raum. Diese Orte der informellen Bildung prägen die intentionalen Bildungsprozesse wesentlich mit" (Deinet 2010). Exemplarisch und an diese Ausführungen anknüpfend führt Steffen (2010) das „informelle Lernen in Quartiersprojekten" (ebd., S. 132) – wie die „Internationale Bibliothek", die „Bürgerbeteiligung an der Stadtentwicklung", oder den „Jugendbeirat" – als eine der „Lerngelegenheiten im Stadtteil" (ebd., S. 129) an. Raum bildet hier einerseits die Rahmung und Grundlage informellen Lernens, wird jedoch gleichsam transformiert und modifiziert, indem einzelne Orte und Akteur*innen zugunsten eines ausgeweiteten Lern- und Bildungsverständnisses (neu) zueinander relationiert werden (vgl. Reutlinger 2009, S. 120). Ein derartiges Verständnis informeller Lern- und Bildungsräume greift entsprechend nicht nur die sozial-/interaktionsräumliche oder virtuelle Räumlichkeit, vielmehr ein Konglomerat aus differenten Raumbegriffen auf, um informelle Lern- und Bildungsprozesse verorten zu können.

Neben den Schulen, den Institutionen der Kinder- und Jugendhilfe sowie den Städten resp. Stadtteilen geraten zudem auch betriebliche Arbeitsplätze, Universitäten, professionelle Netzwerke sowie sämtliche private Räume und Communities über den Begriff des „informellen E-Learning" (Hauske und Bendel 2007, S. 1) in den Blick, da „informelles E-Learning [...] das gesamte Spektrum informellen Lernens ab[deckt]" (ebd.). Als spezifischer Interaktions- oder Sozialraum lässt sich vor allem der virtuelle Raum – und damit einhergehend die Verknüpfung von Social Media und informellem Lernen – anführen. Rohs (2009; vgl. Rohs 2013a, b) fokussiert hierzu die Nutzung differenter digitaler Medien wie bspw. das Smartphone oder das Tablet und stellt die Frage nach dem Zusammenhang dieser Nutzung von Social Media und informellem Lernen (vgl. ebd., S. 39). Dabei bezieht sich Rohs auf den Bereich der Erwachsenenbildung, sodass hier neben der virtuellen Räumlichkeit gleichsam eine spezifische Adressatengruppe in den Blick genommen wird. Hinsichtlich der Bedeutung von Social Media für informelles Lernen bezieht sich Rohs weiterführend auf Forschungen und deren Ergebnisse, die bereits in den 1970er-Jahren erfolgte (z. B. Burton und Burton 1979), jedoch erst seit 2008 nachhaltig etabliert wurden (z. B. Selwyn 2007; Dronter et al. 2008; vgl. Rohs 2009, S. 40). Eine für Raum- resp. Verortungsfragen von Bildungsprozessen relevante Erkenntnis lautet: „Die Entinstitutionalisierung und Rekonstituierung von ‚Bildungsdienstleistungen' im virtuellen Raum hat – schon aktuell – zur Folge, dass sich auch die Anforderungen an die Institutionen der Erwachsenenbildung, insbesondere der dort Tätigen, geändert haben. Wenn Lernen zunehmend außerhalb von Bildungseinrichtungen in heterogenen Lernsettings stattfindet, ergibt sich daraus die Aufgabe einer organisatorischen und didaktischen Öffnung institutioneller Bildungsangebote sowie einer Anerkennung der an verschiedenen Orten und zu verschiedenen Zeiten erworbenen Lernergebnisse" (Rohs 2009, S. 41). Raum informeller Lern- und Bildungsprozesse wird als Folge der Entinstitutionalisierung als materiales Kondensat nahezu vollständig marginalisiert und an dessen Stelle tritt eine rhizomatische Netzstruktur von individuellen Lernräumen (vgl. Böhme 2006). Relevant sind lediglich die notwendige Hard- und Software, um informelle Lernprozesse etablieren und kommunikativ erweitern zu können. Die in diesem Kontext zu erwerbenden oder auszubauenden Fähigkeiten und Kompetenzen stellen maßgeblich im Umgang mit dem Web 2.0 – der sog. „Social Software" (Jadin und Zöserl 2009, S. 44) – eine notwendige Voraussetzung dar. Umfassende Möglichkeiten der Partizipation, des Feedbacks und das hohe Maß an Interaktivität innerhalb der Web-2.0-Medien stellen Komponenten informellen Lernens dar (vgl. ebd.). In vielen Studien wurde sich – auf Grundlage differenter theoretischer Erklärungsansätze und Fragestellungen – mit dem Lernen in Sozialen Online Netzwerken auseinander gesetzt (vgl. z. B. Hesse und Tibus 2008; Kahnwald 2013; Spies 2013). Der virtuelle Raum und seine ‚grenzenlosen' Möglichkeiten erscheinen als besonders instruktiv für ein Lernen, welches gleichsam ohne Vorgaben und Curricula abläuft und somit eine Homologie von Lernprozess und Raum derart konstatiert werden kann, als dem materialen Raum resp. der gebauten Architektur keinerlei spezifische Relevanz zugeschrieben wird. Jedoch stellt dieser gerade vor dem Hintergrund der Frage nach den jeweiligen Akteur*innen informellen Lernens eine kaum zu ignorierende Einflussgröße dar.

Den zuvor skizzierten Ausführungen und Forschungen gemein ist der vernetzende Austausch von Informationen und Wissen über differente Raumformate und Personenkonstellationen hinweg, sodass eine „enge Verbindung zwischen informellem E-Learning und personalisiertem Wissensmanagement" (ebd., S. 2) resp. „die Kooperation verschiedener Bildungsorte unter Wahrung ihrer Eigenständigkeit" (Reutlinger 2009, S. 121) attestiert werden kann und Raum im Sinne eines Netzwerks aufzufassen ist, welches zwar nicht vollständig unabhängig von einer architektonischen Materialität auskommt, diese jedoch nicht als explizite Bedingung der Möglichkeit informellen Lernens thematisiert. Gleichwohl beziehen sich derartige Raumunabhängigkeiten nicht ausschließlich auf virtuelle Räume der Social Media, sondern lassen sich ebenfalls im Sinne akteursspezifischer Gruppierungen und der mittels dieser entstehenden Lern- und Bildungsräume ausweisen.

2.2 Der Raum als Akteur*innengruppe: Jugendliche Bildungsräume

Von besonderem Interesse sind maßgeblich jene Arbeiten, die sich verschiedentlich mit dem Zusammenhang von Jugend und informellem Lernen/informeller Bildung oder betrieblichem und informellem Lernen auseinander gesetzt haben (vgl. Herrmann 2015). Düx und Rauschenbach (2010; vgl. Rauschenbach et al. 2006) fokussieren in ihren Arbeiten die verschiedenen Dimensionen informellen Lernens – Ort, Modalitäten und Inhalte der Bildung – im Jugendalter (vgl. ebd., S. 55 ff.) und differenzieren diese anhand der vier Beispiele „Neue Medien/ Computer/Internet, Familie, Engagement in Vereinen und die Gleichaltrigengruppe" (ebd., S. 59) aus. Die Ergebnisse hinsichtlich informellen Lernens in Gleichaltrigengruppen zeigen: Werden innerhalb dieser Gruppen „informelle Lernmöglichkeiten für den Erwerb von Kompetenzen, Orientierungen und Haltungen" (ebd., S. 66) angeboten, „die für die aktuelle und zukünftige Lebensführung wichtig sind" (ebd.), so werden gleichwertige Lernergebnisse im Rahmen von Schule „kaum oder nur zufällig marginal erworben" (ebd.). Auch Harring (2007; 2010; 2013; Harring und Burger 2013) fokussiert Peerbeziehungen als Kontexte informeller Bildung im Jugendalter und betont unter Bezugnahme auf Studien des Deutschen Jugendinstituts die hohe Relevanz jener jenseits formaler Strukturen und Räume stattfindenden Bildungsprozesse (vgl. ebd., S. 237). Im Fokus seiner Ausführungen steht das Freizeitverhalten Jugendlicher und damit einhergehend „die Entwicklung und [der] Erwerb sowohl von Sach- und Fachkompetenzen als auch von sozialen Kompetenzen" (ebd., S. 238). Eine ähnliche Perspektive nimmt auch Pfaff (2008, 2009) mit Bezug zu Dohmen (2001) ein, indem sie vorschlägt, „das informelle Lernen über die Pädagogik hinaus zu denken und auf außerinstitutionelle Formen sozialer Interaktion zu beziehen" (Pfaff 2009, S. 1; vgl. Herrmann 2015). Empirisch fundiert werden hier drei „Facetten von Bildungsprozessen" (ebd.) – Wertebildung, Wissensgenerierung, gesellschaftliche Verortung – in den Blick genommen. Informelles Lernen findet hier folglich in spezifischen „Bildungsräumen" statt (vgl. ebd.). Die hier angeführten Forschungsarbeiten fokussieren somit informelle Lern- und Bildungsprozesse Jugendlicher in außerschulischen Settings, wodurch zwei Leerstellen markiert werden können: Erstens das Informelle Lernen Jugendlicher innerhalb von (pädagogischen) Institutionen und zweitens die Relevanz des jeweiligen materialen resp. topografischen Raums, die bisher zwar im Sinne eines Interaktions- und Sozialraums eingeholt wurde, hinsichtlich räumlicher Materialitäten jedoch weitestgehend unberücksichtigt blieb (vgl. Herrmann 2015).

2.3 Der Raum als Topographie: Architekturen des Lernens

Komplementär – oder auch im Gegensatz – zu den vorangestellten Perspektiven auf (Sozial-, Interaktions-)Räume, innerhalb derer Lern- und Bildungsprozesse verortet werden, findet der materiale Raum zunehmend Berücksichtigung in den Erziehungswissenschaften (vgl. Böhme 2009, S. 13 ff.). Ausgangspunkt für eine derartige Fokussierung ist der sog. „Spatial Turn" (Döring und Thielmann 2009; Döring 2010; Böhme 2009, S. 14 ff.), welcher eben jene Materialitäten und deren Relevanz für soziale Prozesse und Interaktionen innerhalb verschiedener Disziplinen zugrunde legt. Die Wiederentdeckung einer „Persistenz des physisch-materialen Raumes" (Böhme 2009, S. 15; Schroer 2008, S. 133) führt folglich zu einer Fokussierung „hervorgebrachter, material geronnener Raumordnungen" (Böhme 2009, S. 15), welche jedoch nicht im Sinne eines maximalen Kontrastes oder einer Abwendung von Akteur*innen sowie sozialen Prozessen, vielmehr als rahmendes und wirkmächtiges Kriterium ebendieser herangezogen wird. Wie bereits dargestellt, handelt es sich bei materialen Räumen nicht etwa um einen „Container" (Schroer 2008, S. 137; vgl. Löw 2001), sondern um ein relationales Gefüge, welches jedoch sowohl das materiale Kondensat – die Topographie – als auch die Sprache und Gesten der Akteur*innen – die Interaktionen – miteinbezieht und im Sinne eines interdependenten Beziehungsgefüges auffasst. So wird diese hier entstehende Interdependenz oder „Interferenz" (Deleuze und Guattari 1996, S. 258) und damit die durchdringende wechselseitige Bezugnahme von Raum und Interaktionsraum (vgl. Böhme und Herrmann 2011, S. 29; Herrmann 2014a, S. 405; Herrmann 2014b, S. 53) bzw. diejenige von Raum und Raumpraktik (vgl. Herrmann 2014b, S. 64) vorausgesetzt, um beispielsweise akteur*innenseitige Handlungen räumlich interpretieren und beide Ordnungen aufeinander beziehen zu können. Raum kann – als „notwendige Strukturbedingung für Schule, für das Leben und Lernen" (Hammerer und Renner 2006, S. 5) betrachtet werden und reicht in dieser Perspektive weit zurück: Unter Bezugnahme auf einen bereits bei Dewey (1997) inhärenten reform- oder alternativpädagogischen Leitgedanken – wie er ebenfalls beispielsweise im Rahmen der Reggio-Pädagogik grundlegend verankert ist und welcher Raum im Sinne eines „dritte[n] Erzieher[s]" (Schäfer und Schäfer 2009, S. 235; Kemnitz 2007, S. 6) ausweist – wird eine derartige Fokussierung auf den materialen Raum und dessen (un-)mittelbaren Einfluss auf Lernprozesse vor allem in der Reformpädagogik sichtbar. Bereits im Rahmen von Rousseaus Konzept der „negativen Erziehung" (Rousseau 1762/1998, S. 213) wird auf die Gestaltung – und entsprechend auf die Wirkmächtigkeit – des Raums abgehoben. Der Reformpädagoge und Gründer der Jena-Plan-Schule Peter Petersen schreibt Räumen eine „starke seelenformende Kraft" (Petersen 1963, S. 61) zu und auch der Begründer der Anthroposophie, Rudolf Steiner, bezieht die bauliche Architektur grundlegend in seine reformpädagogischen Überlegungen mit ein, wodurch dem materialen Raum eine eigenständige Dimension im Rahmen von sowohl formalen als auch informellen Lern- und Bildungsprozessen zukommt. Darüber hinaus werden schulische Institutionen nicht nur hinsichtlich ihrer Gestaltung, vielmehr vor dem Hintergrund exklusiver und inklusiver Mechanismen von Öffnung und Schließung fokussiert (vgl. Herrmann 2013a, b; Herrmann und Flasche 2014), um die strukturellen Bedeutungen differenter Logiken von Zugehörigkeit, Anpassung oder Legitimität räumlich deutbar zu machen.

Nachdem die verschiedenen Raumordnungen und -verständnisse innerhalb erziehungswissenschaftlicher Diskurse skizziert wurden, ist nunmehr die bereits umrissene Frage nach der Konnexion von Raum und informellem Lernen zu fokussieren. Leitend sind dabei die Überlegungen danach, inwiefern materiale Architekturen oder Räume Bedingungen, Möglichkeiten oder Kontexte für informelles Lernen schaffen können. Dabei sind die differenten Perspektiven auf Raum, die „von einer raumdeterministischen bis raumvoluntaristischen Interpretation" (Böhme 2014, S. 423) reichen, zwar entsprechend zu berücksichtigen, lassen sich jedoch nicht vollends voneinander trennen.

3 Pädagogische Paradoxien: Bedingungen der Möglichkeiten informellen Lernens

Ausgehend von der skizzierten Differenzierung zwischen Raum und Interaktionsraum bzw. zwischen topographischem Raum und Sozialraum wird nunmehr die Frage danach relevant, inwiefern die Bereitstellung, Erbauung oder auch Überlassung von Räumen für die Initiierung und Etablierung informellen Lernens überhaupt möglich ist und informelles Lernen folglich im Sinne resp. als Konsequenz eines professional gerahmten Settings stattfinden kann. Die immanente Paradoxie einer formalen Rahmung für informelle und folglich entinstitutionalisierte Lernprozesse – und entsprechend die Frage, auf welche Weise und ob überhaupt informelles Lernen plan- und organisierbar sein kann – wird dabei grundlegend für die nachfolgenden Ausführungen sein. Ausgehend von der Annahme, dass informelle Bildung in Form professional gerahmter Settings abläuft und unter Berücksichtigung der Aussage „informelles Lernen kann durch verschiedene Maßnahmen unterstützt werden: Zeit und Raum für Lernen schaffen" (Overwien 2009, S. 46), wird nachfolgend auf eben jene Räume und deren Gestaltung resp. Hervorbringung Bezug genommen. Leitend kann hier folglich die Frage danach gestellt werden, inwieweit es überhaupt möglich ist, Räume für informelles Lernen bereit zu stellen, zu bauen oder anderweitig zu etablieren. Zwar fokussiert der Begriff der informellen Bildung gerade die Bereitstellung einer Rahmung durch professionelles pädagogisches Personal (vgl. ebd.), jedoch kann hier stets die Frage danach mitgeführt werden, inwiefern es sich dabei nicht um eine pädagogische Paradoxie handelt, die sich dual ausformt.

3.1 Die Aberkennung informellen Lernens in formalen Kontexten

Ausgehend von formalen und non-formalen (Lern-)Kontexten und (Lern-)Räumen wie beispielsweise Schulen, betrieblichen und universitären Arbeitsplätzen, Jugendverbänden oder Volkshochschulkursen und unter Berücksichtigung der Tatsache, dass in diesen gleichermaßen zu einem hohen Prozentsatz informelles Lernen stattfindet (vgl. Rohs 2009), werden hinsichtlich der Frage nach der Bedeutung des Raums für ebenjene Lernprozesse die Ausdrucksgestalten formalen und informellen Lernens relevant. So verweisen diverse Tätigkeiten, Spuren, Ausdrücke oder Protokolle durchaus eindrücklich auf „die andere Seite der Bildung" (Otto und Rauschenbach 2008), lassen sich als solche allerdings nicht immer eindeutig verorten oder (an)erkennen. Exemplarisch sei hier die auf die auf „Hinterbühnen" (Zinnecker 2001, S. 291; Goffman 2008, S. 99) stattfindenden Aktivitäten wie beispielsweise das „spontane Budenbauen" in den Räumen der Bielefelder Laborschule (Heidenreich 1977), den „Schülerjob" (Breidenstein 2006; Mohn und Amann 2006) oder auch die als „Maskierungen des Raums" (Herrmann 2014b, S. 215) bezeichneten vandalistischen Praktiken – je nach Grad der (räumlichen) Manifestation. Allen Aktivitäten gemein ist die subjektive Strukturierung und Auseinandersetzung mit der räumlichen Umgebung sowie einer damit einhergehenden resp. darauf folgenden Modifizierung der materialen Raumordnung oder des Interaktionsraums, welche jedoch im Regelfall keineswegs als Prozesse informellen Lernens anerkannt oder gewürdigt werden. Mit Löw (2001) kann hier entsprechend ein „Raumdeterminismus" (ebd., S. 29) attestiert werden, der sich entlang der differenten Formate und Verständnisse von Lernprozessen einordnen lässt: Formales sowie non-formales Lernen findet in formalen Institutionen und Settings statt und wird als solches – i.d.R. ausgehend von vorliegenden Produkten oder Ergebnissen – umfassend anerkannt; informelles Lernen findet gemäß bereits ausgeführter Definitionen und Auffassungen zu einem zwar weitaus größeren Bestandteil und unabhängig von dem jeweiligen Kontext statt, findet jedoch in dieser Form resp. innerhalb der genannten Institutionen nicht notwendigerweise Beachtung oder gar Anerkennung. Hinsichtlich räumlicher Kontexte kann folglich von einer auf informelles Lernen ausgedehnten strukturellen Entmündigung (vgl. Adorno 1971) der jeweiligen Akteur*innen insofern gesprochen werden, als deren selbstständig initiiertes Lernen und die entsprechenden Bildungsprozesse kaum oder nicht als solche anerkannt werden.

Aus dieser Paradoxie einer räumlich rekonstruierbaren Entmündigung der Akteur*innen lässt sich nunmehr die Fokussierung auf die Frage danach anschließen, inwiefern die hier als solche i.d.R. aberkannten informellen Lernprozesse in einen anerkennenden Raum oder Kontext überführt und innerhalb dieses etabliert werden können.

3.2 Die (Un-)Möglichkeit des Etablierens von Räumen für informelles Lernen

Die Forderung nach Räumen zur Etablierung und Förderung informellen Lernens liegt vor dem Hintergrund der bisherigen Darstellungen zu dem – zumindest von der Faure-Kommission als hoch eingeschätzten – Prozentsatz desselben durchaus nahe. Gefordert werden Räume, die in verschiedener Weise zu einer (Weiter-)Entwicklung informellen Lernens beitragen: Virtuelle, materiale, soziale, interaktive Räume, innerhalb derer Kinder, Jugendliche und Erwachsene jenseits von Curricula, betrieblichen Vorgaben oder anderweitigen Institutionalisierungs- und Strukturierungsmaßnahmen in der Lage sind, etwas zu lernen, sich zu bilden und somit verschiedene Kompetenzen oder Fähigkeiten erwerben oder komplementieren zu können. Unabhängig von der grundlegenden Perspektive auf Raum resp. Raumordnungen, wird dieser hier jedoch tendenziell im Sinne eines „dritten Erziehers" (Schäfer und Schäfer 2009, S. 235) verstanden: Räumen werden die Aufgaben und Möglichkeiten zugesprochen, Subjekte zu bilden, Lernprozesse zu initiieren und diese entsprechend zu etablieren. An diese Perspektive schließt gleichsam das Konzept eines „Handlungsraums" (Bollnow 2010, S. 202 ff.; Böhme 2014, S. 424) an. Otto Friedrich Bollnow (2010) als namhafter Vertreter einer derartigen Fokussierung auf Raum und dessen Funktionen resp. auf die Verhältnissetzung von „Mensch und Raum" (ebd.) hat eben jenen Begriff eines Handlungsraums umfassend geprägt und diesen im Sinne eines „Zweckraums" (Bollnow 2010, S. 209; vgl. Böhme 2014, S. 424) bestimmt: „Bei Bollnow kann also der Handlungsraum menschenleer, muss jedoch nach einem nachvollziehbaren Nutzungsprinzip eingeräumt sein, indem Dinge zweckmäßig ausgerichtet greifbar sind" (Böhme 2014, S. 424; vgl. Bollnow 2010, S. 205). Jedwede Handlung wird entsprechend mittels Raum und dessen Anordnungsprinzipien gesteuert, gelenkt und folglich beeinträchtigt. Eine derartige Perspektive auf Lernräume hat bereits Rousseau (1762/1998) im Rahmen der von ihm geprägten „negativen Erziehung" (ebd., S. 213) eingenommen: „Wenn man Kinder frei herumtollen läßt, muß man alles Wertvolle und Zerbrechliche von ihnen fernhalten. Ihr Zimmer statte man mit starken und festen Möbeln aus. Kein Spiegel, kein Porzellan, keine Luxusgegenstände. Das Zimmer meines Emil, den ich auf dem Land erziehe, unterscheidet sich nicht von einer Bauernstube, wozu es auch ausschmücken, da er so wenig darin ist? Aber ich täusche mich: er schmückt es selber aus, und wir werden bald sehen, womit" (ebd., S. 72). Pädagogisch organisierte Räume, so lässt sich in zunächst allgemeiner Weise konstatieren, werden, entsprechend der Ausführungen Bollnows sowie unter Bezugnahme derjenigen Rousseaus, als Funktionsräume angelegt, „die zum Zweck der Vermittlung von Wissen, etwa in Form von Unterrichten und Erziehen, eingerichtet sind. Beispielhaft dafür sind etwa formale Lernräume wie schulische Klassen- und Fachräume" (Böhme 2014, S. 424). Derartige, auf Zweck ausgerichtete Räume, können gemäß Bollnow zunächst zwar ohne Menschen existieren, müssen allerdings „nach einem nachvollziehbaren Nutzungsprinzip eingeräumt sein, indem Dinge zweckmäßig ausgerichtet greifbar sind" (ebd.). An eine derartige Perspektive schließt gleichsam Foucault mit seinen Ausführungen zum „Disziplinarraum" (vgl. Foucault 1994, S. 183; Herrmann 2014b, S. 128) an: Die Organisation einer Masse erfolgt hier unter Rückgriff auf verschiedene Raumtechniken, wie bspw. die als baulicher Abschluss eines Raums gekennzeichnete „Klausur" (ebd., S. 181) oder die darauf folgende „Parzellierung" (ebd.) der Individuen, mittels derer ein jedes „zellenförmig" (ebd., S. 184) einem Platz zugeordnet wird. Die angestrebte vollständige Kontrolle und Überwachung gipfelt in der als „Panoptismus" (ebd., S. 251) bezeichneten vollkommenen Selbstüberwachung, welche informelles Lernen nahezu verunmöglicht.

Im Sinne der Definition informellen Lernens kann nunmehr allerdings kritisch angeführt werden, dass durch eben jene Initiation eines Zweck- oder Funktionsraums der Grund- und Leitgedanke informeller Lernprozesse aufgehoben oder geradezu ins Gegenteil verkehrt wird. Denn wie wäre es möglich, einen formalen Raum zum Zwecke informellen Lernens einzurichten, ohne, dass dieses Lernen in Abhängigkeit des entsprechenden Raumes erneut als formales auszuweisen sein müsste? Umgekehrt können Prozesse informellen Lernens schlechterdings nicht verunmöglicht werden, sodass dieses im Sinne eines „Nebenproduktes" und als durch die Raumordnung strukturiertes Lernen verschiedentlich zum Vorschein kommt. So lassen sich entworfene und topographische Räume hinsichtlich akteur*innenseitiger Handlungen und Praktiken nicht in kausale Zusammenhänge bringen, wie bspw. die Fallstudie „Schulraum und Schulkultur" (Böhme und Herrmann 2009, S. 204 ff.) aufzeigt: Der dort rekonstruierte Schulbau weist Strukturen maximaler Schließung auf, welche jedoch im Sinne einer „Unterwerfung zum Widerstand" (ebd., S. 211) zum Ausdruck kommt und als Konzept einer „Bildung durch Widerstand" (ebd.) gerade jene Geschlossenheit benötigt.

4 Fazit und Ausblick: Die Formalisierung des Informellen und vice versa?

Unter Rückgriff auf vorliegende, interdisziplinäre sowie multidimensionale Raumbegriffe und -verständnisse können analytische Ausdifferenzierungen entlang der Parameter Interaktion und Materialität zwar vorgenommen, die hieraus resultierende praktische Interdependenz beider jedoch nicht immer vollständig empirisch eingeholt und abgebildet werden. Eben jene Komplexität der verschiedenen Ebenen und Reflexionen erschwert eine Fokussierung auf „Raum und Architektur für informelles Lernen" insofern, als zunächst unklar bleibt, welche spezifische Raumordnung jeweils zu berücksichtigen ist. Darüber hinaus kann – dies konnten die theoretischen und empirischen Ausführungen verdeutlichen – nicht ohne weiteres von einem ebensolchen Raum zur Förderung, Initiierung oder Implementierung informeller Lernprozesse ausgegangen werden, da eine solche in hohem Maße paradox ausgestaltet wäre. Wird – in der Erziehungswissenschaft sowie in bildungspolitischen Kontexten gleichermaßen – zunehmend von „neuen Lernwelten" (Hammerer und Renner 2006) und verändertem Lernen „in flexiblen Welten" (Tully 2006) gesprochen, so wird eben jene Paradoxie des informellen Lernens nahezu vollständig ausgeblendet. Räume informellen Lernens können als solche schwerlich vorgegeben werden bzw. müsste informelles Lernen folglich in seinen differenten Ausdrucksgestalten anerkannt werden. Weiterführend bedeutet dies wiederum, dass eine institutionelle Anerkennung erfolgt, schließlich eine Transformation in formales oder non-formales Lernen bedeutet. Für oppositionelle oder widerständige Ausdrucksformen der Akteur*innen – wie sie beispielsweise anhand vandalistischer Praktiken bereits rekonstruiert wurden (vgl. Herrmann 2014a, b; vgl. Willis 1979) – bedeutet diese Folgerung, dass die durchaus als informelle, mündige Lebenspraxis auszuweisenden „Maskierungen" (ebd.) in formalen Settings nicht anerkannt werden (können), da differente (juristische, kriminalistische) Norm- und Regelsysteme als übergeordnete Gültigkeit besitzen. Würden diese Praktiken jedoch institutionelle

Anerkennung finden, läge eine Formalisierung derselben vor, wodurch die immanente autonom-oppositionelle Lebenspraxis nicht weiter als solche ausgewiesen werden kann. Ein auf informelles Lernen ausgeweiteter Lern- und Bildungsbegriff kann somit schlechterdings nicht bedeuten, dass eine bloße Transformation von informellen in (non-)formales Lernen vorgenommen wird, da der Eigenwert des Lernens hier nach wie vor keine Berücksichtigung findet. Diese Problematik lässt sich vor allem anhand der Logik des Europäischen bzw. Deutschen Qualifikationsrahmens (EQR/DQR) verdeutlichen, da hier auch informell erworbene „Qualifikationen" bzw. „Lernergebnisse" (BMBF 2015; AK DQR 2011) berücksichtigt werden und „Möglichkeiten der Anerkennung und Anrechnung von nicht-formal und informell erworbenen Kompetenzen" (ebd.) geboten werden, um „das deutsche Bildungssystem transparenter zu machen" (ebd.). Dieses wird aktuell bereits umgesetzt, „indem der DQR ein System für die Zuordnung von Qualifikationen zu Kompetenzniveaus anbietet" und „hilft, Unterschiede und Gemeinsamkeiten von Qualifikationen besser sichtbar zu machen" (ebd.). Deutlich wird hier in erster Linie, dass informelles Lernen stets in Begrifflichkeiten des formalen Lernens – wie Qualifikationen oder Kompetenzen – er- und gefasst wird. Diesbezüglich sähe ein „Raum für informelles Lernen" mindestens eine zuvorderst begriffliche Distanzierung von und Modifizierung der zitierten Begriffe vor.

Literatur

Adorno, T. W. (1971). *Erziehung zur Mündigkeit*. Frankfurt am Main: Suhrkamp.
Arbeitskreis Deutscher Qualifikationsrahmen (AK DQR) (2011): Deutscher Qualifikationsrahmen für lebenslanges Lernen. http://www.deutscherqualifikationsrahmen.de/. Zugegriffen am 09.12.2014.
Aßmann, S. & Herzig, B. (2009): Verortungsprobleme von Schule in einer Netzwerkgesellschaft, in: Böhme, J. (Hrsg.): Schularchitektur im interdisziplinären Diskurs. VS Verlag. Wiesbaden, S. 58–72
Bilstein, J. (2007). Hör-Räume – Seh-Räume. In K. Westphal (Hrsg.), *Orte des Lernens. Beiträge zu einer Pädagogik des Raums* (S. 95–120). Weinheim und München: Juventa.
Böhme, J. (2006). *Schule am Ende der Buchkultur. Medientheoretische Begründungen schulischer Bildungsarchitekturen*. Weinheim und München: Juventa.
Böhme, J. (2009). Raumwissenschaftliche Schul- und Bildungsforschung. In J. Böhme (Hrsg.), *Schularchitektur im interdisziplinären Diskurs. Territorialisierungskrise und Gestaltungsperspektiven des schulischen Bildungsraums.* (S. 13–22). Wiesbaden: VS Verlag.
Böhme, J. (2014). Handlungsraum. In C. Wulf & J. Zirfas (Hrsg.), *Handbuch Pädagogische Anthropologie* (S. 423–432). Wiesbaden.
Böhme, J.& Herrmann, I. (2009): Schulraum und Schulkultur, in: Schularchitektur im Diskurs. Territorialisierungskrise und Gestaltungsperspektiven des schulischen Bildungsraums. (S. 204–220). Wiesbaden: VS Verlag.
Böhme, J. & Herrmann, I. (2011). *Schule als pädagogischer Machtraum. Typologie schulischer Raumentwürfe*. Wiesbaden: VS Verlag.
Bollnow, O.-F. (2010). *Mensch und Raum (1963)*. Stuttgart: Kohlhammer.
Breidenstein, G. (2006). Teilnahme am Unterricht. Ethnographische Studien zum Schülerjob. Wiesbaden.
Bundesministerium für Bildung und Forschung (2015): Der DQR. http://www.dqr.de/content/60.php. Zugegriffen am 30.01.15

Burton, R. R. & Brown, J. S. (1979): An Investigation of Computer Coaching for Informal Learning Activities. *International Journal of Man-Machine Studies*, 11(1), 5–24.

Deinet, U. (2010). Von der schulzentrierten zur sozialräumlichen Bildungslandschaft. In sozialraum.de (2) Ausgabe 1/2010. http://www.sozialraum.de/von-der-schulzentrierten-zur-sozialraeumlichen-bildungslandschaft.php. Zugegriffen am 30.01.15.

Deleuze, G. & Guattari, F. (1996). *Was ist Philosophie?* Frankfurt/M: Suhrkamp.

Deutscher Verein für öffentliche und private Fürsorge e.V. (2009): Empfehlungen des Deutschen Vereins zur Weiterentwicklung Kommunaler Bildungslandschaften, https://www.deutscher-verein.de/de/empfehlungen-stellungnahmen-2009-empfehlungen-des-deutschen-vereins-zur-weiterentwicklung-kommunaler-bildungslandschaften-1-1545,338,1000.html. Zugegriffen am 10.01.15.

Dewey, J. (1980). *Kunst als Erfahrung*. Frankfurt/M: Suhrkamp.

Dewey, J. (1997). *Democracy and education*. New York: Wilder Publications.

Dohmen, G. (2001): Das informelle Lernen. Herausgegeben vom Bundesministerium für Bildung und Forschung. Bonn.

Döring, J. (2010). Spatial Turn. In: Günzel S. (Hrsg.): *Raum. Ein interdisziplinäres Handbuch*. Weimar, S. 90–99

Döring, J. & Thielmann, T. (2009). Einleitung: Was lesen wir im Raume? Der Spatial Turn und das geheime Wissen der Geographen In J. Döring & T. Thielmann (Hrsg.), *Spatial Turn. Das Raumparadigma in den Kultur- und Sozialwissenschaften* (S. 7–45). Bielefeld: transcript.

Drotner, K., Jensen, H. S., & Schrøder, C. (2008). *Informal learning and digital media*. Newcastle: Cambridge Scholars.

Düx, W. & Rauschenbach, T. (2010). Informelles Lernen im Jugendalter. In N. Neuber (Hrsg.), *Informelles Lernen im Sport. Beiträge zur allgemeinen Bildungsdebatte*. (S. 53–77).Wiesbaden: VS Verlag.

Egger, R., Mikula, R., Haring, S., Felbinger, A. & Pilch Ortega, A. (2008).(Hrsg.). *Orte des Lernens. Lernwelten und ihre biographische Aneignung*. Wiesbaden: VS Verlag.

Faure, E. et. al. (1972): Learning to Be: The World of Education Today and Tomorrow. Paris: Bernan Press.

Foucault, M. (1994). *Überwachen und Strafen*. Frankfurt am Main: Suhrkamp.

Goffman, E. (2008). *Wir alle spielen Theater. Die Selbstdarstellung im Alltag. 6. Auflage*. München: Piper.

Göhlich, M. (2004). Rezension von: F.-J. Jelich & H. Kemnitz (Hrsg.). Die pädagogische Gestaltung des Raums, Geschichte und Modernität, Bad Heilbrunn: Klinkhardt 2003. In EWR 3 (2004), Nr. 2 (Veröffentlicht am 31.03.2004), http://www.klinkhardt.de/ewr/78151270.html. Zugegriffen am 27.01.15.

Hammerer, F. & Renner, C. (2006). Lernen als räumliche Erfahrung – wie Leben und Lernen in der Schule durch architektonische Gestaltung gestützt werden kann.http://daten.schule.at/dl/Hammerer,_Franz__Renner,_Clara_Lernen_als_raeumliche_Erfah_.pdf. Zugegriffen am 08.01.15.

Harring, M. (2007). Informelle Bildung. Bildungsprozesse im Kontext von Peerbeziehungen im Jugendalter. In M. Harring, C. Rohlfs & C. Palentien (Hrsg.), *Perspektiven der Bildung. Kinder und Jugendliche in formellen, nicht-formellen und informellen Bildungsprozessen*. (S. 237–258). Wiesbaden: VS Verlag.

Harring, M. (2010). Freizeit, Bildung und Peers – informelle Bildungsprozesse im Kontext heterogener Freizeitwelten und Peer-Interaktionen Jugendlicher. In M. Harring, O. Böhm-Kasper, C. Rohlfs, C. Palentien (Hrsg.) *Freundschaften, Cliquen und Jugendkulturen. Peers als Bildungs- und Sozialisationsinstanzen*. (S. 21–59). Wiesbaden: VS Verlag.

Harring, M. (2013). „Mehr als gemeinsames Chillen". Die Bedeutung von Peer-Beziehungen in der Lebensphase Jugend. In *„Schüler". Wissen für Lehrer. Pubertät. Aufwachsen in der modernen Gesellschaft*. (S. 36–37). Seelze: Friedrich Verlag.

Harring, M. & Burger, T. (2013). Zugänge zu informeller Bildung im Kontext jugendlicher Freizeit – Befunde einer quantitativen und qualitativen Untersuchung. In *Diskurs Kindheits- und Jugendforschung*, 8(4), S. 437–449.

Hartle, J.F. (2006): Der geöffnete Raum. Zur Politik der ästhetischen Form. München: Wilhelm Fink Verlag.
Hauske, S. & Bendel, O. (2007). Informelles E-Learning. http://www.informelles-lernen.de/fileadmin/dateien/Informelles_Lernen/Texte/Hauske_Bendel_2007.pdf. Zugegriffen am 01.08.2015.
Heidenreich, K. (1977). Die Laborschule in Stichworten. In Lehrergruppe Laborschule (Hrsg.). Laborschule Bielefeld: Modell im Praxistest. Zehn Kollegen ziehen ihre Zwischenbilanz (S. 1). Reinbek bei Hamburg: Carlsen.
Herrmann, I. (2013a). Schulische Heterotopien – Schulräumliche Heterotopien. Pädagogische Organisationen im Spannungsfeld von Einsperrung und Ausschließung. In R. Hartz & M. Rätzer (Hrsg.), *Organisationsforschung nach Foucault. Macht – Diskurs – Widerstand*. (S. 233–256). Bielefeld: transcript.
Herrmann, I. (2013b). Die Entgrenzung des Pädagogischen: Schulraum zwischen geforderter Öffnung und materialer Schließung. In W. Schönig & Chr. Schmidtlein-Mauderer (Hrsg.). *Gestalten des Schulraums*. (S. 183–196). Bern: HEP Verlag.
Herrmann, I. (2014a). „Die Stelle find ich schön": Schulischer Vandalismus als Ausdruckraumpraktischer Identität. In J. Hagedorn (Hrsg.). *Jugend, Schule und Identität. Selbstwerdung und Identitätskonstruktion im Kontext Schule* (S. 403–419). Wiesbaden: VS Verlag.
Herrmann, I. (2014b). *Vandalismus an Schulen. Bedeutungsstrukturen maskierender Raumpraktiken*. Wiesbaden: VS Verlag.
Herrmann, I. (2015). Bilder des Widerstands – Räume der Anpassung? Informelle Bildung Jugendlicher zwischen Ästhetik und Opposition. In *Diskurs Kindheits- und Jugendforschung* 3–2015 (im Druck).
Herrmann, I. & Flasche, V. (2014): Schulkultur und Raum: Raumentwürfe, Topografien und Raumpraktiken als materiale Manifestationen von Schulkulturen. In J. Böhme, M. Hummrich & R. T. Kramer (Hrsg.). *Schulkultur – Theoriebildung im Diskurs* (S. 351–378). Wiesbaden: VS Verlag.
Hesse, F.W. & Tibus, M. (2008). Informelles Lernen im Internet. Perspektiven aus lernpsychologischer Sicht. In UNESCO heute, 1/2008.http://www.unesco.de/fileadmin/medien/Dokumente/unesco-heute/uh1-2008/uh108_s30-32.pdf. Zugegriffen am 08.12.2014.
Jadin, T. & Zöserl, E. (2009): Informelles Lernen mit Web 2.0-Medien. In: Bildungsforschung, H. 6, S. 41–6.
Jelich, F.-J. & Kemnitz, H. (Hrsg.) (2003). *Die pädagogische Gestaltung des Raums, Geschichte und Modernität*. Bad Heilbrunn: Verlag Julius Klinkhardt.
Kahnwald, N. (2013). Informelles Lernen in virtuellen Gemeinschaften. Nutzungspraktiken zwischen Information und Partizipation. Münster/New York/München/Berlin. http://www.waxmann.com/fileadmin/media/zusatztexte/2796Volltext.pdf. Zugegriffen am 08.12.2014.
Kemnitz, H. (2007). Der dritte Erzieher. Was der Raum für Leben und Lernen in der Schule bedeutet. In *Grundschule 39*, 10, (S. 6–8)
Kessl, F. & Reutlinger, C. (2010): Sozialraum. Eine Einführung. Wiesbaden: VS Verlag.
Kirchhöfer, D. (2004). *Lernkultur Kompetenzentwicklung – Begriffliche Grundlagen*. Berlin.
Löw, M. (2001). *Raumsoziologie*. Frankfurt am Main: Suhrkamp.
Marr, S. (2012): Neues aus dem Mädchenzimmer, in Schröteler-von Brandt, & H., Coelen, T., Zeising, A., Ziesche A. (Hrsg.): Raum für Bildung. transcript. Bielefeld, S. 113–121
Mohn, E. & Amann, K. (2006). *Lernkörper. Kamera-Ethnographische Studien zum Schülerjob*. Göttingen: IWF Wissen und Medien.
Otto, H.-U. & Rauschenbach, T. (2008): Die andere Seite der Bildung. 2. Aufl. Wiesbaden: VS Verlag.
Overwien, B. (2005). Stichwort: Informelles Lernen, In *Zeitschrift für Erziehungswissenschaft* 4, (S. 338–353). http://www.uni-ksel.de/fb05/fileadmin/datas/fb05/FG_Politikwissenschaften/FG_DidaktikderpolitischenBildung/zfekorrekturex.pdf. Zugegriffen am 12.01.15.
Overwien, B. (2009) Schulorte und Raumgefüge informellen Lernens. In J. Böhme (Hrsg.), *Schularchitektur im interdisziplinären Diskurs. Territorialisierungskrise und Gestaltungsperspektiven des schulischen Bildungsraums* (S. 42–57). Wiesbaden: VS Verlag.

Overwien, B. (2013). Informelles Lernen – ein Begriff aus dem internationalen Kontext etabliert sich in Deutschland. In S. Hornberg, C. Richter & C. Rotter (Hrsg), *Erziehung und Bildung in der Weltgesellschaft* (S. 97–112). Münster: Waxmann.
Peez, G. (2012). Kunstpädagogik. Kulturelle Bildung online. http://www.kubi-online.de/artikel/kunstpaedagogik. Zugegriffen am 30.01.2015.
Petersen, P. (1963): Führungslehre des Unterrichts. 7. Aufl. Braunschweig: Westermann.
Pfaff, N. (2008). Jugendkulturen als Kontexte informellen Lernens – Nur ein Risiko für die Schulkarriere? *Zeitschrift für Pädagogik, 54*(1), 34–48 Weinheim: Beltz.
Pfaff, N. (2009). *Informelles Lernen in der Peergroup – Kinder- und Jugendkultur als Bildungsraum.* http://www.informelleslernen.de/fileadmin/dateien/Texte/Pfaff_2009.pdf. Zugegriffen am 30.01.15.
Primavesi, P. (2007). Fliegen, Gehen, Fahren. Wie neuere Theaterformen ihre Zuschauer in Bewegung setzen. In K. Westphal (Hrsg.), *Orte des Lernens. Beiträge zu einer Pädagogik des Raums.* (S. 79–94). Weinheim und München: Juventa.
Rauschenbach, T., Düx, W. & Sass, E. (2006). (Hrsg.). *Informelles Lernen im Jugendalter. Vernachlässigte Dimensionen der Bildungsdebatte.* Weinheim und München: Juventa.
Rehfeldt, J. (2012). *Der gestaltete Lernkontext. Lernen im informellen betrieblichen Kontext.* Wiesbaden: VS Verlag.
Reutlinger, C. (2009): Bildungslandschaften: Eine raumtheoretische Betrachtung, in: Böhme, J. (Hrsg.): Schularchitektur im interdisziplinären Diskurs. VS Verlag. Wiesbaden, S. 119–139.
Rohs, M. (2009). Quantitäten informellen Lernens. In M. Brodowski et. al. (Hrsg.), *Informelles Lernen und Bildung für eine nachhaltige Entwicklung* (S. 33–41). Leverkusen/Opladen: Verlag Barbara Budrich.
Rohs, M. (2013a). Social Media und informelles Lernen. In *DIE Zeitschrift für Erwachsenenbildung 20 (2)*, (S. 39–42). http://www.diezeitschrift.de/22013/lerntheorie-01.pdf. Zugegriffen am 13.1.15.
Rohs, M. (2013b). Rohs, M. (2013). Informelles mobiles Lernen. In A. Sieber & C. deWitt (Hrsg.), *Mobile Learning – Potentiale, Einsatzszenarien und Perspektiven des Lernens mit mobilen Endgeräten* (S. 75–97). Wiesbaden: VS Verlag.
Rousseau, J.-J. (1762/1998): Emil oder über die Erziehung. 13. unveränderte Auflage. Paderborn: UTB.
Rösler, W. (2007): VOn der Klosterbibliothek zum Studiolo. Historische Anmerkungen zum „Lernort" Bibliothek, in: Westphal, K. (Hrsg.): Orte des Lernens. Beiträge zu einer Pädagogik des Raumes. Juventa. Weinheim, S. 43–47.
Schäfer, G.E. & Schäfer, L. (2009): Der Raum als dritter Erzieher. In J. Böhme (Hrsg.), *Schularchitektur im interdisziplinären Diskurs. Territorialisierungskrise und Gestaltungsperspektiven des schulischen Bildungsraums* (S. 235–248). Wiesbaden: VS Verlag.
Schiller, F. (1795/1965). *Über die ästhetische Erziehung des Menschen – in einer Reihe von Briefen.* Stuttgart: Reclam.
Schmidt, A. (2012): Jugendliche Perspektiven urbaner Räume, in: Schröteler-von Brandt, H. et. al. (Hrsg.). Raum für Bildung. Bielefeld, S. 53–60.
Schroer, M. (2009): „Bringing space back in" – Zur Relevanz des Raums als soziologischer Kategorie. In J.Döring & T. Thielmann (Hrsg.), *Spatial Turn. Das Raumparadigma in den Kultur- und Sozialwissenschaften* (S. 125–148). Bielefeld: transcript.
Schröteler-von Brandt, H., Coelen, T., Zeising, A., & Ziesche A. (Hrsg.) (2012): Raum für Bildung. Bielefeld: transcript.
Selwyn, N. (2007). Web 2.0 applications as alternative environments for informal learning – a critical review. Paper for OECDKERIS expert meeting. Session. www.oecd.org/edu/ceri/39458556.pdf. Zugegriffen am 09.12.14.
Spies, B. (2013). Informelles Lernen in Sozialen Online Netzwerken. http://edoc.ub.uni-muenchen.de/15882/1/Spies_Birgit.pdf. Zugegriffen am 20.12.14.
Spiegler, Z. (2009): Lernen ohne Schulraum: Home Edaucation und Unschooling als Gegenentwurf zu raumgebundenem Lernen, in: Böhme, J. (Hrsg.): Schularchitektur im interdisziplinären Diskurs. VS Verlag. Wiesbaden, S. 140–153.

Steffen, G. (2010). Informelle Lerngelegenheiten im Stadtteil, in: Informationen zur Raumentwicklung, Heft 2/3 2010, S. 129–141. http://www.bbsr.bund.de/BBSR/DE/Veroeffentlichungen/IzR/2010/2_3/Inhalt/DL_Steffen.pdf?__blob=publicationFile&v=2. Zugegriffen am 20.11.14.

Tully, C.J. (2006): Lernen in flexiblen Welten: Wie sich das Lernen der Jugend verändert. Weinheim & München: Juventa.

Walden, R. (2007). Merkmale innovativer Schulbauten in Deutschland, in: Westphal, K. (Hrsg.), Orte des Lernens. Beiträge zu einer Pädagogik des Raumes. Juventa. Weinheim, S. 121–134.

Westphal, K. (2007) (Hrsg.), *Orte des Lernens. Beiträge zu einer Pädagogik des Raums*. Weinheim und München: Juventa.

Willis, P. E. (1979). *Spaß am Widerstand. Gegenkultur in der Arbeiterschule*. Hamburg: Syndikat.

Zeimet, J. C. (2011). *Informelles Lernen in Cliquen und Jugendszenen*. http://www.forum.lu/pdf/artikel/7297_312_Zeimet.pdf. Zugegriffen am 15.01.15.

Zinnecker, J. (2001). *Stadtkids. Kinderleben zwischen Strase und Schule*. Weinheim: Juventa.

Teil VIII
Informelles Lernen mit digitalen Medien

Informelles Lernen mit digitalen Medien in der Schule

Sandra Aßmann

Inhalt

1 Eine Vorbemerkung zur Begriffsverwendung 516
2 Lernen im formalen Kontext Schule 516
3 Lernen in informellen Kontexten 517
4 Lernen mit digitalen Medien in informellen Kontexten 519
5 Lernen mit digitalen Medien in informellen Kontexten innerhalb des formalen Kontexts Schule – ein Widerspruch? 521
6 Fazit 524
Literatur 525

Zusammenfassung

Dass auch in der Schule – als formalem Bildungskontext – informell gelernt werden kann, erscheint auf den ersten Blick als Widerspruch, der im Beitrag aufgelöst werden soll. Dazu werden zunächst Begriffsklärungen vorgenommen, um anschließend systematisch das Lernen in der Schule und in informellen Kontexten, den Zusammenhang mit digitalen Medien sowie Gestaltungsräume innerhalb der Bildungsinstitution Schule zu entfalten. Inwiefern formale Bildungskontexte wie die Schule angesichts massiver gesellschaftlicher Transformationsprozesse wie der Digitalisierung Bestand haben können, wird darüber hinaus thematisiert.

S. Aßmann (✉)
Institut für Allgemeine Didaktik und Schulforschung, Humanwissenschaftliche Fakultät, Universität zu Köln, Köln, Deutschland

Fachgebiet Erziehungs- und Sozialwissenschaften, Humanwissenschaftliche Fakultät, Universität zu Köln, Köln, Deutschland
E-Mail: sandra.assmann@uni-koeln.de

Schlüsselwörter

Lernen in formalen Kontexten • Lernen in informellen Kontexten • Entgrenzung • Mediensozialisation • Digitale Medien

1 Eine Vorbemerkung zur Begriffsverwendung

In einem Handbuch „Informelles Lernen" nicht explizit von informellem Lernen zu sprechen, erscheint zunächst wie ein Paradoxon oder zumindest wie eine Verweigerung der zugedachten Aufgabe. Obwohl sich dieser Begriff in den letzten 15 Jahren großer Popularität erfreut (eine Recherche in der Datenbank „FIS Bildung" liefert fast 1300 Treffer), möchte ich es wagen, in den folgenden Ausführungen auf diesen Terminus zu verzichten. Dies geschieht aus der Überzeugung heraus, dass sich m. E. nicht die Qualität des Lernens unterscheidet, sondern der Kontext ausschlaggebend für die verschiedene (Aus)Gestaltung von Lernprozessen ist, die häufig als „informelles Lernen" (vgl. z. B. Overwien 2005, 2010) in Abgrenzung zu „formellem Lernen" bezeichnet werden. Ich schließe mich daher im Folgenden der Argumentation von Düx und Sass an, die eine Differenzierung in „formale Kontexte" und „informelle Kontexte" vornehmen (vgl. Düx und Sass 2005; vgl. auch Dinkelaker 2009; Herzig und Aßmann 2012; Stecher 2012). Die in der Literatur aufgeführten Merkmale für „formales bzw. formelles Lernen" und „informelles Lernen" (vgl. z. B. Overwien 2005, 2010) lassen sich m. E. systematischer unter die beiden Merkmalkombinationen „formale Kontexte" und „informelle Kontexte" subsumieren.

Als „Kontexte" im Zusammenhang des Lernens mit digitalen Medien in der Schule bezeichne ich die „materialen, zeitlichen, räumlichen und sozialen Umstände des Medienhandelns" (zur Herleitung der Definition vgl. Aßmann 2013, S. 187). Darauf werde ich in den weiteren Ausführungen zurückkommen.

Im Folgenden werden zunächst die Besonderheiten des Lernens im formalen Kontext Schule und in informellen Kontexten betrachtet, bevor die Bedeutsamkeit von digitalen Medien innerhalb dieses Spannungsfeldes skizziert und anhand konkreter Beispiele illustriert wird.

2 Lernen im formalen Kontext Schule

Schule ist der „Idealtyp eines formalen Bildungskontextes" (Stecher 2012, S. 109). Der klassische Blick auf Schule skizziert einen Ort der Vermittlung von Fachinhalten, die in einem Curriculum organisiert sind und die damit verbundene Vorbereitung der Schülerinnen und Schüler auf ein adäquates Berufsleben. Bei dieser Sichtweise rückt weniger in den Blick, dass Schule zugleich immer Teil der Lebenswelt von Kindern und Jugendlichen war und ist. Insbesondere mit der zunehmenden Verbreitung von Ganztagsschulen ist diese Facette jedoch wieder stärker in das Bewusstsein gehoben worden. Dies lässt sich zum einen damit begründen, dass die in Schulräumen verbrachte Lebenszeit deutlich zugenommen hat (vgl. z. B. Hengst 2008, S. 71). Zum anderen wird die Bedeutung von Schule als *formaler* Kontext durch diesen Tatbestand zusätzlich betont: Die Diskussion, dass sich Kinder und Jugendliche in Folge der Ausdehnung der formal organisierten Lernzeit weniger in Vereinen als klassischen non-formalen Lernkontexten bewegen, ist z. B. Ausdruck dieser Problematik. Vor diesem Hintergrund erscheint die Option, innerhalb von Schule Orte, Räume und Zeiten für nicht intendiertes Lernen zur Verfügung zu stellen, besonders wichtig (vgl. z. B. Derecik 2015). Zunächst ist jedoch erforderlich zu klären, wovon wir überhaupt sprechen, wenn wir uns auf „Schule" beziehen. In der Schultheorie sind unterschiedliche Auffassungen von Schule, ihren Aufgaben und Funktionen entwickelt worden (vgl. z. B. Blömeke et al. 2007, S. 55 ff.). Adick folgend lässt sich die Erfindung von Schule als „das räumlich und zeitlich abgesonderte Lernarrangement in Gruppen von Minderjährigen mit in irgendeiner Art und Weise von der Erwachsenengesellschaft didaktisch vorstrukturierten Inhalten im Medium schriftlicher Unterweisung" (Adick 2008, S. 994) fassen. Ein für den Einbezug von digitalen Medien in Schule zentrales Verständnis geht von einem Gestaltungsgedanken aus. Einerseits ist Schule von spezifischen Rahmenbedingungen geprägt, aber andererseits lässt sie auch unterschiedliche Gestaltungsoptionen (vgl. Blömeke et al. 2007, S. 11 ff.). Schule ist also eine gestaltete, aber gleichzeitig zu gestaltende Institution. Im Zuge eines medienkulturellen Wandels (vgl. z. B. Böhme 2006) haben sich die Anforderungen und die Erwartungen an Schule als Institution massiv verändert. Gesellschaftliche Transformationsprozesse sind ausschlaggebend dafür, dass Schule sich als Lernraum nicht mehr trennscharf abgrenzen kann von anderen Lebenswelten, sondern sich als „entgrenzte" Institution begreifen muss. Nimmt man Castells' Gesellschaftsdiagnose einer Netzwerkgesellschaft ernst, drohen formale Kontexte – wie die Schule – ihr Bildungsmonopol zu verlieren und werden vor die Herausforderung gestellt, sich in ihrer gesellschaftlichen Legitimation neu zu positionieren (vgl. Castells 2001). Schule sieht sich mit einem weit gespannten Informations- und Kommunikationsnetz konfrontiert, das Kinder und Jugendliche in zunehmendem Maße nutzen. Sie bewegen sich in einem „Raum der Ströme" (vgl. ebd., S. 469 ff.) von Botschaften und Bildern, die zwischen (sozialen und technischen) Netzwerken prozessieren. Damit verschieben sich Grenzen bzw. diffundieren Kontexte. Schule ist nicht mehr abgegrenzt und nicht mehr abgrenzbar als Sozialisationsinstanz gegen klar definierte nicht-schulische Erfahrungs- und Lernumfelder, sondern nur ein – wenn auch institutionalisierter – Kontext, dessen Alleinstellungsmerkmale im Hinblick auf Lernen im Kindes- und Jugendalter verschwinden (vgl. auch Siemens 2005): Lernen kann ganz genauso in informellen Kontexten stattfinden.

3 Lernen in informellen Kontexten

Wie bereits im Rahmen der Begriffsklärung ausgeführt, weisen informelle Kontexte spezifische Merkmale auf (vgl. Abb. 1). Lernprozesse werden häufig durch eine authentische Problemstellung initiiert, Lernen geschieht nicht arrangiert und nicht vor dem Hintergrund, Abschlüsse oder Zertifikate zu erwerben. Diese Merkmale treffen z. B. auf die Familie (Büchner und Krah 2006), auf Cliquen und Peers (Schröder 2006; Pfaff 2009) sowie auf das freiwillige Engagement (Düx 2006; Sass 2006) zu. Bislang habe ich wie selbstverständlich den Begriff des „Lernens" ver-

Lernen in	
formalen Kontexten	informellen Kontexten
arrangiert	nicht arrangiert
intendiert	intendiert u. nicht intendiert
Schule, Institutionen	Familie, Peergroup, Freizeit
abschluss-/zertifikatsorientiert	ohne formale Abschlüsse
curricular gesteuert	inhaltsoffen
hauptsächlich expliziter Wissenserwerb	impliziter u. expliziter Wissenserwerb
künstliche Problemstellungen	situierte, authentische Problemstellungen

Abb. 1 Lernen in formalen und in informellen Kontexten – Merkmale

wendet. Spätestens wenn man die Schule als den Inbegriff einer Institution, die sich auf Lehren und Lernen spezialisiert hat, gedanklich verlässt, um sich den informellen Kontexten zu nähern, wird es unabdingbar zu klären, was unter „Lernen" verstanden werden soll. Dies ist auch forschungsmethodisch von Interesse, da es nicht einfach ist, Menschen mit den Standardmethoden der empirischen Sozialforschung zu informell abgelaufenen Lernprozessen zu befragen (vgl. Grunert 2015). Oft belegen die Befragten, „nebenbei" oder „freiwillig" erworbene Kenntnisse, Fähigkeiten oder Fertigkeiten nicht mit dem Attribut „Lernen" (vgl. auch Aßmann 2013, S. 291 ff.). Vor diesem Hintergrund schlage ich für die Diskussion um informelle, non-formale und formale Kontexte einen dreifach theoretisch inspirierten Lernbegriff vor, der Lernen als *Erfahren, Handeln* sowie *Erkennen und Herstellen von Verbindungen* konzipiert (zur Genese vgl. ebd., S. 167 ff.). Theoretisch beeinflusst ist dieses Begriffsverständnis durch die phänomenologischen Arbeiten von Meyer-Drawe (2008), die handlungs- und entwicklungstheoretische Perspektive nach Tulodziecki et al. (z. B. 2010) und den aus der Auseinandersetzung mit technologieunterstütztem Lernen in einer Netzwerkgesellschaft hervorgegangenen Lernbegriff von Siemens (2006) und Downes (2008). Zusammengenommen sind 12 Aspekte aus diesen Lerntheorien für die Analyse von (potenziellen) Lernprozessen in informellen Kontexten interessant:

1. Lernen hat eine *materiale Dimension*: Es vollzieht sich immer an einem Gegenstand (Artefakt, Medium).
2. Lernen geschieht in *Relationen*. Zum Lernen gehört ein Gegenüber. In der Regel sind mindestens zwei Personen (Lernender, Lehrender) an Lernprozessen beteiligt.
3. Lernen lässt sich in seinem *Vollzug* schwierig erfassen. Deshalb wird häufig auf die Produkte (Lernergebnisse) fokussiert. Im Sinne einer „Verwicklung" ist

jedoch gerade eine Betrachtung des Prozesses spannend, um – zumindest annäherungsweise – Rückschlüsse auf das Lernen ziehen zu können.
4. Analysieren kann man *Lernanlässe* in Form von Störungen oder Irritationen, aber auch von bewussten Willensakten.
5. Lernen geht von spezifischen *Bedürfnissen und Entwicklungsaufgaben* aus.
6. Lernen vollzieht sich in *konkreten Situationen* bzw. anknüpfend an spezielle Anforderungen oder Aufgaben.
7. Lernen ist *abhängig vom Wissens- und Erfahrungsstand* des Individuums und dient gleichzeitig einer Weiterentwicklung desselbigen.
8. Die *Zielvorstellung* von (intendierten) Lernaktivitäten besteht darin, Kinder und Jugendliche zu einem sachgerechten, selbstbestimmten und kreativen Handeln in sozialer Verantwortung zu befähigen.
9. Lernen besteht im *Aufbau bzw. der Organisation von Netzwerken*.
10. Lernen *vollzieht sich in Kontexten*.
11. *Verknüpfungsleistungen* müssen *auf unterschiedlichen Ebenen* erbracht werden (konzeptionell, sozial, biologisch/neuronal).
12. Lernen ist ein *partizipativer Prozess*, der am besten in einer Gruppe (Community) vollzogen werden kann.

In Bezug auf die Artefakte (Punkt 1) wurden bereits Medien als mögliche Bezugs- und Ausgangspunkte von Lernprozessen aufgeführt. Im Folgenden werde ich die Rolle von digitalen Medien beim Lernen in informellen Kontexten noch weiter spezifizieren.

4 Lernen mit digitalen Medien in informellen Kontexten

Kinder und Jugendliche wachsen in einer Welt auf und in eine Welt hinein, die ganz wesentlich durch Medien geprägt ist (vgl. mpfs 2014; Grgic et al. 2013). Man kann in diesem Zusammenhang auch von „Mediatisierung" oder „mediatisierten Welten" sprechen (vgl. Hepp 2012). Mit diesen Begriffen werden die Medienentwicklung und ihre Konsequenzen vor allem als soziales, weniger als technisches Geschehen begriffen: Kultureller Wandel wird nicht nur durch das Aufkommen neuer technischer Möglichkeiten erzielt, sondern dadurch, „dass immer mehr Menschen immer häufiger und differenzierter ihr soziales und kommunikatives Handeln auf immer mehr ausdifferenzierte Medien beziehen" (Krotz 2008, S. 53). Sowohl Alltags- als auch Berufsleben werden mit, durch und von Medien in zentraler Weise gestaltet. Heranwachsende erwerben ihre Vorstellungen über die Welt zu einem Großteil in der (all-) täglichen Auseinandersetzung mit verschiedenen Medienangeboten. Diese Prozesse laufen teilweise bewusst und intendiert, teilweise aber auch unbewusst ab (vgl. z. B. Theunert 2005). Die Medienangebote haben dabei nicht nur Einfluss auf die Vorstellungen über Sachverhalte, sondern auch auf Verhaltensorientierungen, Wertvorstellungen und auf Gefühlslagen (vgl. Theunert und Schorb 2004, S. 203). Vor diesem Hintergrund wird deutlich, dass Medien insbesondere in informellen Kontexten eine bedeutsame Rolle spielen und deshalb in der aktuellen Diskussion auch nicht mehr als zusätzliche Sozialisationsinstanz betrachtet werden, weil sie Familie, Peer Group und Freizeit durchdringen (vgl. von Gross 2014, S. 5). Mediensozialisation kann mit Aufenanger als Prozess beschrieben werden, „in dem sich das sich entwickelnde Subjekt aktiv mit seiner mediengeprägten Umwelt auseinandersetzt, diese interpretiert sowie aktiv in ihr wirkt und zugleich aber auch von Medien in vielen Persönlichkeitsbereichen beeinflusst wird". (Aufenanger 2008, S. 88) Was genau ist aber unter „Medien" zu verstehen? Menschen treten mit ihrer Umwelt in verschiedenen Formen in Kontakt. Unterscheiden lassen sich reale Begegnungen mit Sachverhalten oder Personen, modellhafte Formen (z. B. ein Modell einer technischen Anlage), abbildhafte Formen (z. B. Fotos, Filme oder animierte Darstellungen) und symbolische Formen (z. B. gesprochene Sprache oder schriftliche Texte). Da diese Erfahrungsformen in gewisser Weise einen vermittelnden Charakter haben, werden sie manchmal schon selbst als Medien bezeichnet (vgl. Tulodziecki et al. 2010, S. 27 ff.). Aus pädagogischer Sicht ist es zunächst wichtig, bei der Betrachtung der Interaktion des Menschen mit seiner Umwelt alle Erfahrungsformen – von der realen bis zur symbolischen – im Blick zu behalten. Allerdings bedeutet dies keineswegs, dass der wissenschaftliche Medienbegriff alle Erfahrungsformen umfassen müsste. Für die Medienpädagogik erscheint es zweckmäßiger, den Medienbegriff auf technisch vermittelte Erfahrungsformen einzugrenzen. Beispiele für Medien in diesem Verständnis sind:

- Buch, Zeitung und Zeitschriften,
- Film und Fernsehen,
- Radio und andere Tonmedien,
- Video und weitere Bildmedien sowie
- Computer und Internet bzw. digitale Medien wie Handys, Tablet-Computer usw.

Allerdings ist beispielsweise ein Buch als bloßer Gegenstand noch kein Medium; erst dadurch, dass es zum Zweck der Vermittlung von Inhalten gedruckt und gelesen wird, ist die Verwendung des Medienbegriffs gerechtfertigt. Anders gesagt: Ein Medium wird erst durch die kommunikationsbezogene Absicht und Nutzung bzw. durch die kommunikativen Zusammenhänge, in denen es steht, zu einem Medium. Zum Beispiel kann ein Tablet als technisches Artefakt als Medium bezeichnet werden, wenn es genutzt wird, um einen spezifischen Inhalt zu generieren (z. B. ein Musikvideo), der dann einem konkreten oder dispersen Publikum präsentiert wird (z. B. auf einer Webseite im Internet). Das Beispiel verweist zudem darauf, dass bei der Betrachtung eines Mediums sowohl die inhaltlichen Botschaften und ihre Gestaltung als auch die Bedingungen seiner Produktion und Verbreitung sowie seiner Rezeption beachtet werden müssen. Zugleich bedeutet dies, dass der Medienbegriff sowohl die technischen Geräte bzw. Einrichtungen zur Übertragung, Speicherung, Wiedergabe oder Verarbeitung von potenziellen Zeichen als auch die dazugehörigen Materialien bzw. die Software sowie deren funktionales Zusammenwirken bei der Kommunikation umfasst (vgl. Tulodziecki und Herzig 2002, S. 64). Vor dem Hintergrund dieser Überlegungen können *Medien als Mittler verstanden werden, durch die in kommunikativen Zusammenhängen potenzielle Zei-*

chen mit technischer Unterstützung übertragen, gespeichert, wiedergegeben oder verarbeitet und in abbildhafter oder symbolischer Form präsentiert werden (vgl. zur Genese dieser Definition Herzig 2012). Dabei ist bewusst von *potenziellen* Zeichen die Rede, weil die durch Medien übertragenen, gespeicherten, wiedergegebenen oder verarbeiteten (physikalischen) Signale erst dadurch zu Zeichen werden, dass ihnen von den an der Kommunikation beteiligten Personen Bedeutungen zugewiesen werden. Wenn Schülerinnen und Schüler z. B. in der Pause über ein YouTube-Video diskutieren, dann handelt es sich um ein zeichenbasiertes Arrangement, das erst dann Sinn macht, wenn es einen Rezipienten gibt, der dieses Arrangement decodieren und deuten kann. Um diese Fähigkeiten zu erwerben ist die Vermittlung von Medienkompetenz in formalen und non-formalen Kontexten erforderlich.

5 Lernen mit digitalen Medien in informellen Kontexten innerhalb des formalen Kontexts Schule – ein Widerspruch?

Ursprünglich war die Gründung von Schulen u. a. mit dem Ziel verbunden, subsidiär die Funktionen, die andere gesellschaftliche Institutionen – insbesondere die Familien – nicht mehr imstande zu leisten waren, zu übernehmen (vgl. Blömeke et al. 2007, S. 55 ff.). Die Entstehung des modernen Schulsystems kann als ein Prozess der Grenzziehung verstanden werden, insofern Kinder und Jugendliche an einem Ort versammelt werden, der nicht nur lokal begrenzt ist, sondern der auch durch seine Aufgaben Grenzziehungen vornimmt: Die Vermittlung von Kulturtechniken, die Sozialisation im Hinblick auf gesellschaftliche Werte und die Selektion in Bezug auf weiterführende Entwicklungsmöglichkeiten oder die Besetzung gesellschaftlich relevanter Positionen werden zu klar definierten Aufgaben einer Institution, die sich damit deutlich von anderen gesellschaftlichen Einrichtungen abgrenzen kann (vgl. Fend 1974, S. 59). Diederich und Tenorth bezeichnen diese Prozesse als Trennung von Schule und Leben durch Isolierung der Kinder von vielen Lebenszusammenhängen und den zeitweiligen Entzug der Kinder aus dem Einfluss der Familie (vgl. Diederich und Tenorth 1997, S. 18). Grenzziehungen durch die Institution Schule werden durch *räumliche Trennung, soziale Separierung, professionelle Betreuung, thematische Konzentration* und eine *eigene Form der Kommunikation* markiert (vgl. ebd., S. 23). Diese Prozesse der Begrenzung werden in Folge der Mediatisierung und insbesondere der Digitalisierung allerdings zunehmend durch Prozesse der *Entgrenzung* aufgehoben. Als spezifische Indikatoren für Entgrenzung nennt Voß (2004) die *Durchmischung von Orten*, den *wechselseitigen Gebrauch von Arbeitsmitteln* und den *bereichsspezifischen Transfer von Kompetenzen*. Bezieht man diese auf Schule, so geht es um die zunehmende Verwischung der Grenzen zwischen schulischen und außerschulischen Kontexten, die Nutzung von Medien und Medienangeboten im formalen und im informellen Kontext und um den Erwerb und den Einsatz von medienbezogenen Kompetenzen innerhalb und außerhalb von

Schule. Muuß-Meerholz hat in diesem Zusammenhang das treffende Bild vom „weltöffentliche(n) Schulhof" (Muuß-Meerholz 2012, S. 32) geprägt – das Internet macht nicht vor den Schulmauern Halt, sondern hält auch Einzug in eine Institution, die klassischer Weise eher reaktiv auf die Medienentwicklung reagiert hat. Unter Rückbezug auf die eigene Definition von Kontexten (vgl. Anfang des Beitrags) werden diese Phänomene exemplarisch auf unterschiedlichen Ebenen benannt.

5.1 Materiale Ebene

Auf der materialen Ebene werden die Medien(angebote) selbst betrachtet. Zum einen handelt es sich dabei um digitale Medien, die bereits *in der Schule vorhanden* sind und außerhalb von unterrichtlichen Zusammenhängen – und damit abseits des formalen Kontextes – genutzt werden können (z. B. PCs in einem Freiarbeitsraum oder in der Schulbibliothek). Im Bereich der Schulforschung bestehen hier noch Desiderata, z. B. was die Auswirkungen der Digitalisierung auf den Umgang mit Bildungsmedien betrifft (vgl. Adick 2008, S. 996). Darüber hinaus werden digitale Medien (z. B. Smartphones) von Schülerinnen und Schülern *in den formalen Kontext hineingetragen* und „unterwandern" mitunter in der Schule existierende Regeln (z. B. ein Smartphoneverbot). Gerade in Bezug auf das Medienhandeln und Lernen mit mobilen Endgeräten existieren jedoch bereits unter dem Label „mobiles Lernen" Forschungsergebnisse und Praxisbeispiele (vgl. z. B. Seipold 2013; Holze und Verständig 2012).

5.2 Zeitliche und räumliche Ebene

Die Existenz von informellen Lernkontexten innerhalb des formalen Kontextes Schule setzt voraus, dass Zeiten und Räume existieren, in denen abseits durchorganisierter Lehrpläne das Interagieren mit digitalen Medien möglich wird. Dabei kann es sich um den Schulhof oder auch um Nischen und Ecken innerhalb des Schulgebäudes handeln, die in bestimmten Zeitfenstern aufgesucht werden können (vgl. Derecik 2015; Walber 2015). Böhme verweist unter Bezug auf die Kanadische Schule um McLuhan darauf, dass „sich die lebenspraktischen Relationen von Raum und Zeit immer dann grundlegend verschieben, wenn ein neues Medium kulturell bedeutsam wird. Diese raumzeitlichen Verschiebungen werden durch Medien nicht beliebig, sondern regelhaft erzeugt". (Böhme 2015, S. 412) Vor diesem Hintergrund ist es eine wichtige Aufgabe medienpädagogisch inspirierter Schulforschung, diese Muster zu analysieren und schulpraktische Konsequenzen daraus abzuleiten. Ein Ansatzpunkt dazu ist auch die Forschung rund um „Persönliche Lernumgebungen (Personal Learning Environments – PLE)", aus der Ideen hervorgehen, innerhalb und abseits formaler Kontexte selbstgesteuert und eigeninitiativ zu lernen (vgl. z. B. Unger 2014).

5.3 Soziale Umstände des Medienhandelns

Thole und Höblich sehen die Möglichkeiten informell gerahmter Lernprozesse mit digitalen Medien in der Schule eher skeptisch. Sie argumentieren, dass Schule hier nur unzureichend kompensierend agieren kann, wenn ein grundlegender Kompetenzerwerb im Rahmen des informellen Kontextes Familie nicht gegeben ist (Thole und Höblich 2014, S. 94). Darüber hinaus befürchten sie neue Formen des sozialen Ausschlusses dadurch, dass z. B. Geburtstagseinladungen nur noch über ein soziales Netzwerk ausgesprochen werden (ebd.). In der Tat werden hier bedeutsame Herausforderungen für Schule im Zeitalter der Digitalisierung formuliert. Wenn man Erfahrungs- und Lernprozesse in formalen und in informellen Kontexten als Kommunikationscodes interpretiert, muss Schule versuchen, im Sinne einer Schalterfunktion die unterschiedlichen Netzwerke, in denen sich Kinder und Jugendliche bewegen, durch eine Übersetzungsleistung anschlussfähig zu machen, insbesondere um die Teilhabe an Bildung auch für mit begrenztem kulturellen Kapital ausgestattete gesellschaftliche Gruppen zu gewährleisten und einer „digital inequality" entgegen zu wirken (vgl. Iske et al. 2007). Pädagogische Handlungskonzepte, die (Lern-)Erfahrungen aus informellen Kontexten berücksichtigen und ausdifferenzieren, sind hier gefragt (ein Beispiel zur Förderung von Informationskompetenz mit Hilfe von Wikipedia findet sich bei Balceris et al. 2014). Berücksichtigt man, dass Kinder und Jugendliche sich zunehmend in außerschulischen medienbasierten Kontexten bewegen, dann sammeln sie Erfahrungen und durchlaufen Lernprozesse in Netzwerken, die Schule nicht ignorieren kann. Ausgehend von der Prämisse des lebenslangen Lernens und der damit verbundenen Aufmerksamkeitsverschiebung in Richtung informell ablaufender Lernprozesse wäre es also mehr als wünschenswert, formale und informelle Kontexte gewinnbringend miteinander zu vernetzen, also entsprechende Konnektivitäten herzustellen. Angesichts der divergierenden Kommunikationscodes (z. B. Bedeutung des Spaß- und Unterhaltungsfaktors im Freizeitkontext versus Betonung des Leistungsaspektes in der Schule) stößt man hier jedoch auf Schwierigkeiten. Ein deutliches Missverhältnis liegt vor, wenn Kinder und Jugendliche erfahren, dass ihre medienbezogenen außerschulischen Handlungsweisen und Erfahrungen in der Schule nicht „gefragt" sind, d. h. auch nicht konstruktiv eingebracht werden können, ggf. sogar unerwünscht sind. Im Sinne der Netzwerktheorie könnte man hier von unterschiedlichen „Kommunikationscodes" sprechen, die verhindern, dass Schule und außerschulische Kontexte innerhalb desselben Netzwerkes kommunizieren können. Dies wird nicht zuletzt auch dadurch begünstigt, dass mediale Artefakte von den AkteurInnen (SchülerInnen und Lehrpersonen) unterschiedlich verwendet werden und Nutzungsformen gegenseitig nicht unbedingt bekannt sind (vgl. Hellwig 2008, S. 30; Buchen und Straub 2006, S. 15). So müsste es Aufgabe von Schule sein, ihren Ort in diesem Netzwerk zu bestimmen, sowohl in institutioneller Hinsicht als auch in inhaltlicher Hinsicht, etwa in der Erweiterung und Ergänzung von Bildungs- und Erziehungszielen. Schulen müssen (analog wie Faßler dies für Universitäten fordert, vgl. Scheibel 2008, S. 87) zu Knoten innerhalb weltweit vernetzter Wissensumfelder werden, um Bestand in der zukünftigen Gesellschaft haben zu können. In der Sprache der Netzwerktheorie werden Verbindungen durch einen Schalter – ein spezifischer Knoten, der verschiedene Netzwerke miteinander verbindet (vgl. Castells 2001, S. 529) – hergestellt. Schulen muss es in diesem Bild dann gelingen, den Code eines Netzwerkes in den eines anderen zu ‚übersetzen' (vgl. Hepp 2006, S. 48). Damit dies gelingen kann, muss Schule ein fluider formaler Kontext werden, ein „Spielraum" im Sinne Meyer-Drawes, ein „Schonraum, in dem man Gedanken durchspielen, Konsequenzen erwägen, und immer wieder Alternativen auch rückgängig machen [kann]" (Meyer-Drawe 2008, S. 106). Als Inspiration dazu, wie solch ein „Spielraum" aussehen kann, wird abschließend ein Beispiel aus dem US-amerikanischen Raum („Urban education") herangezogen, das illustriert, wie das Lernen in informellen Kontexten zum Erwerb von Media Literacy im formalen Kontext Schule genutzt werden kann (vgl. Hobbs 2013). Ausgelöst durch die Begegnung mit einer obdachlosen Person im informellen (Lern)Kontext Nachbarschaft wurden diese Erfahrung und die damit verbundenen Fragen der 9-jährigen Schülerinnen und Schüler zum Anlass genommen, sich im formalen Kontext Schule mit der Darstellung von Obdachlosigkeit in unterschiedlichen digitalen Medien zu widmen. Dieses Beispiel zeigt, dass eine Trennung in informelle, non-formale und informelle Lernkontexte stärker analytischer Natur ist, während in der Realität eher von einem Kontinuum ausgegangen werden muss (vgl. Rohs 2013, S. 78). Darüber hinaus kann das Beispiel anregenden Charakter für die Konzeption von pädagogischen Situationen im Rahmen des formalen Kontextes Schule bieten. Voraussetzung ist, dass die benannten Entgrenzungsphänomene nicht als Bedrohung, sondern Chance wahrgenommen werden: „Entgrenzung impliziert für jeden, der nicht Angst davor hat, ins Offene und Neue gestellt zu werden, das Ermöglichen von bislang ausgeschlossenen Optionen, ja, das Erschaffen völlig neuer." (Gruschka 2012, S. 45)

6 Fazit

Im Beitrag wurde aufgezeigt, inwiefern in einem so formal organisierten Kontext wie der Schule durch das Aufkommen und die Verbreitung digitaler Medien potenzielle informelle Lernkontexte entstehen (können). Insbesondere durch die Expansion von Ganztagsschulen in den letzten 15 Jahren im gesamten Bundesgebiet sind die Grenzen zwischen Schule und Lebenswelt immer durchlässiger geworden und die Kategorien „formal", „non-formal", „informell" verschwimmen. Systematische Forschungsaktivitäten in diesem Feld in Bezug auf die Rolle digitaler Medien stehen jedoch noch weitgehend aus. In diesem Zusammenhang ist es insbesondere bedeutsam, die Schnittstelle zwischen Schule und informellen Kontexten genauer zu betrachten, um Erkenntnisse für die (Weiter)Entwicklung der Institution im digitalen Zeitalter benennen zu können.

Literatur

Adick, C. (2008). Forschung zur Universalisierung von Schule. In W. Helsper & J. Böhme (Hrsg.), *Handbuch der Schulforschung* (2. Aufl., S. 978–1007). Wiesbaden: Springer VS.

Aßmann, S. (2013). *Medienhandeln zwischen formalen und informellen Kontexten: Doing Connectivity.* Wiesbaden: Springer VS.

Aufenanger, S. (2008). Mediensozialisation. In U. Sander, F. von Gross & K.-U. Hugger (Hrsg.), *Handbuch Medienpädagogik* (S. 87–92). Wiesbaden: Springer VS.

Balceris, M., Aßmann, S., & Herzig, B. (2014). Informationskompetenz als Voraussetzung für einen reflektierten Umgang mit freien Bildungsmedien in formalen und informellen Kontexten. In P. Missomelius, W. Sützl, P. Grell & R. Kammerl (Hrsg.), *Medien – Wissen – Bildung: Freie Bildungsmedien und Digitale Archive* (S. 105–125). Innsbruck: Innsbruck University Press.

Blömeke, S., Herzig, B., & Tulodziecki, G. (2007). *Gestaltung von Schule*. Bad Heilbrunn: Klinkhardt.

Böhme, J. (2006). *Schule am Ende der Buchkultur. Medientheoretische Begründungen schulischer Bildungsarchitekturen.* Bad Heilbrunn: Klinkhardt.

Böhme, J. (2015). Schulkulturen im Medienwandel. Erweiterung der strukturtheoretischen Grundannahmen der Schulkulturtheorie und zugleich Skizze einer medienkulturellen Theorie der Schule. In J. Böhme, M. Hummrich & R.-T. Kramer (Hrsg.), *Schulkultur. Theoriebildung im Diskurs* (S. 401–427). Wiesbaden: Springer VS.

Buchen, S., & Straub, I. (2006). *Die Rekonstruktion der digitalen Handlungspraxis Jugendlicher als Theoriegrundlage für eine geschlechterreflexive schulische Medienbildung.* In MedienPädagogik 12: IT im schulischen Kontext. http://www.medienpaed.com/globalassets/medienpaed/12/buchen_straub0604.pdf. Zugegriffen am 28.10.2015.

Büchner, P., & Krah, K. (2006). Der Lernort Familie und die Bildungsbedeutsamkeit der Familie im Kindes- und Jugendalter. In T. Rauschenbach, W. Düx & E. Sass (Hrsg.), *Informelles Lernen im Jugendalter. Vernachlässigte Dimensionen der Bildungsdebatte* (S. 123–154). Weinheim/München: Juventa.

Castells, M. (2001). *Der Aufstieg der Netzwerkgesellschaft. Teil 1 der Trilogie: Das Informationszeitalter.* Opladen: Leske + Budrich.

Derecik, A. (2015). *Praxisbuch Schulfreiraum.* Wiesbaden: Springer VS.

Diederich, J., & Tenorth, H.-E. (1997). *Theorie der Schule.* Berlin: Cornelsen Scriptor.

Dinkelaker, J. (2009). Motive und Lernanlässe – zur sozialen Konstitution des Lernens Erwachsener in informellen Kontexten. In M. Rohs & B. Schmidt (Hrsg.), *Warum informell lernen? Argumente und Motive* (S. 63–87). Bildungsforschung (1) 2009 6. Jg. Norderstedt: Books on Demand.

Downes, S. (2008). An introduction to connective knowledge. In T. Hug (Hrsg.), *Media, knowledge & education – Exploring new spaces, relations and dynamics in digital media ecologies* (S. 77–102). Innsbruck: Innsbruck University Press.

Düx, W. (2006). „Aber so richtig für das Leben lernt man eher bei der freiwilligen Arbeit." Zum Kompetenzgewinn Jugendlicher im freiwilligen Engagement. In T. Rauschenbach, W. Düx & E. Sass (Hrsg.), *Informelles Lernen im Jugendalter. Vernachlässigte Dimensionen der Bildungsdebatte* (S. 205–240). Weinheim/München: Juventa.

Düx, W., & Sass, E. (2005). Lernen in informellen Kontexten. Lernpotenziale in Settings des freiwilligen Engagements. *Zeitschrift für Erziehungswissenschaft, 8*(3), 394–411.

Fend, H. (1974). *Gesellschaftliche Bedingungen schulischer Sozialisation.* Weinheim/Basel: Beltz.

Grgic, M., Holzmayer, M., & Züchner, I. (2013). Medien, Kultur und Sport im Aufwachsen junger Menschen: Das Projekt MediKuS. *DISKURS Kindheits- und Jugendforschung, 2013*(1), 105–111.

Grunert, C. (2015). Außerschulische Bildung. In H. Reinders, H. Ditton, C. Gräsel & B. Gniewosz (Hrsg.), *Empirische Bildungsforschung. Gegenstandsbereiche* (2. Aufl., S. 165–178) Wiesbaden: Springer VS.

Gruschka, A. (2012). Reformierter Unterricht – Entgrenzung oder Erosion einer pädagogischen Praxis. *Pädagogische Korrespondenz. Zeitschrift für kritische Zeitdiagnostik in Pädagogik und Gesellschaft, 2012*(45), 45–56.
Hellwig, K. (2008). „Weil man mehr über die Handys wissen kann...". Zur Thematisierung des Mobiltelefons zwischen Erwachsenen und Kindern. In U. Dittler & M. Hoyer (Hrsg.), *Aufwachsen in virtuellen Medienwelten* (S. 27–40). München: kopaed.
Hengst, H. (2008). Die (zeitliche) Entgrenzung von schulischem und außerschulischem Lernen. In H. Zeiher & S. Schroeder (Hrsg.), *Schulzeiten, Lernzeiten, Lebenszeiten* (S. 71–79). Weinheim/München: Juventa.
Hepp, A. (2006). Translokale Medienkulturen: Netzwerke der Medien und Globalisierung. In A. Hepp, F. Krotz, S. Moores & C. Winter (Hrsg.), *Konnektivität, Netzwerk und Fluss. Konzepte gegenwärtiger Medien-, Kommunikations- und Kulturtheorie* (S. 43–68). Wiesbaden: Springer VS.
Hepp, A. (2012). *Medienkultur. Die Kultur mediatisierter Welten*. Wiesbaden: Springer VS.
Herzig, B. (2012). *Medienbildung. Grundlagen und Anwendungen*. München: kopaed.
Herzig, B., & Aßmann, S. (2012). Medienpädagogik und Schule. In D. M. Meister, F. von Gross & U. Sander (Hrsg.), *Enzyklopädie Erziehungswissenschaft Online. Fachgebiet Medienpädagogik, Medien und Lebensalter in medienpädagogischer Perspektive*. Weinheim/Basel: Beltz Juventa. doi:10.3262/EEO18120260.
Hobbs, R. (2013). Improvization and strategic risk taking in informal learning with digital media literacy. *Learning, Media, and Technology*. http://works.bepress.com/cgi/viewcontent.cgi?article=1008&context=reneehobbs. Zugegriffen am 28.10.2015.
Holze, J., & Verständig, D. (2012). Bildungstheoretische Perspektive: Jugendkultur und das Mobile Web. *Diskurs Kindheits- und Jugendforschung, 2012*(4), 419–430.
Iske, S., Klein, A., Kutscher, N., & Otto, H.-U. (2007). Virtuelle Ungleichheit und informelle Bildung. In Kompetenzzentrum Informelle Bildung (Hrsg.), *Grenzenlose Cyberwelt?* (S. 65–91). Wiesbaden: Springer VS.
Krotz, F. (2008). Kultureller und gesellschaftlicher Wandel im Kontext des Wandels von Medien und Kommunikation. In T. Thomas (Hrsg.), *Medienkultur und soziales Handeln* (S. 43–62). Wiesbaden: Springer VS.
Meyer-Drawe, K. (2008). *Diskurse des Lernens*. München: Fink.
mpfs (Medienpädagogischer Forschungsverbund Südwest). (2014). *JIM 2014. Jugend, Information, (Multi-)Media. Basisstudie zum Medienumgang 12- bis 19-Jähriger in Deutschland*. http://www.mpfs.de/fileadmin/JIM-pdf14/JIM-Studie_2014.pdf. Zugegriffen am 28.10.2015.
Muuß-Meerholz, J. (2012). Kontrollverlust für die Schule. *c't extra, soziale netze, 2012*(2), 32–36.
Overwien, B. (2005). Stichwort: Informelles Lernen. *Zeitschrift für Erziehungswissenschaft, 8*(1), 339–355.
Overwien, B. (2010). Zur Bedeutung informellen Lernens. In N. Neuber (Hrsg.), *Informelles Lernen im Sport. Beiträge zur allgemeinen Bildungsdebatte* (S. 35–51). Wiesbaden: Springer VS.
Pfaff, N. (2009). *Informelles Lernen in der Peergroup – Kinder- und Jugendkultur als Bildungsraum*. http://www.informelles-lernen.de/fileadmin/dateien/Texte/Pfaff_2009.pdf. Zugegriffen am 28.10.2015.
Rohs, M. (2013). Informelles Mobiles Lernen. In C. de Witt & M. Sieber (Hrsg.), *Mobile learning* (S. 75–97). Wiesbaden: Springer VS.
Sass, E. (2006). „Schule ist ja mehr Theorie...". Lernen im freiwilligen Engagement und in der Schule aus der Sicht freiwillig engagierter Jugendlicher. In T. Rauschenbach, W. Düx & E. Sass (Hrsg.), *Informelles Lernen im Jugendalter. Vernachlässigte Dimensionen der Bildungsdebatte* (S. 241–270). Weinheim/München: Juventa.
Scheibel, M. (2008). *Architektur des Wissens. Bildungsräume im Informationszeitalter*. München: kopaed.
Schröder, A. (2006). Cliquen und Peers als Lernort im Jugendalter. In T. Rauschenbach, W. Düx & E. Sass (Hrsg.), *Informelles Lernen im Jugendalter. Vernachlässigte Dimensionen der Bildungsdebatte* (S. 173–203). Weinheim/München: Juventa.

Seipold, J. (2013). Mobiles Lernen – Systematik, Theorie und Praxis eines noch jungen Forschungsfeldes. In C. de Witt & M. Sieber (Hrsg.), *Mobile learning* (S. 27–54). Wiesbaden: Springer VS.
Siemens, G. (2005). *Connectivism. A learning theory for the digital age.* http://www.elearnspace.org/Articles/connectivism.htm. Zugegriffen am 28.10.2015.
Siemens, G. (2006). *Knowing Knowledge. Online verfügbar unter.* http://www.elearnspace.org/KnowingKnowledge_LowRes.pdf. Zugegriffen am 28.10.2015.
Stecher, L. (2012). Eckpunkte zur konzeptionellen Beschreibung organisationeller und lebensweltlicher Bildungsprozesse in der Jugendphase. In J. Ecarius & M. Eulenbach (Hrsg.), *Jugend und Differenz* (S. 107–126). Wiesbaden: Springer VS.
Theunert, H. (2005). Medien als Orte informellen Lernens im Prozess des Heranwachsens. In Sachverständigenkommission Zwölfter Kinder- und Jugendbericht (Materialien zum zwölften Kinder- und Jugendbericht) (Hrsg.), *Kompetenzerwerb von Kindern und Jugendlichen im Schulalter* (S. 175–300). München: Verlag Dt. Jugendinstitut.
Theunert, H., & Schorb, B. (2004). Sozialisation mit Medien. In D. Hoffmann & H. Merkens (Hrsg.), *Jugendsoziologische Sozialisationstheorie. Impulse für die Jugendforschung* (S. 203–219). Weinheim: Juventa.
Thole, W., & Höblich, D. (2014). „Freizeit" und „Kultur" als Bildungsorte – Kompetenzerwerb über non-formale und informelle Praxen von Kindern und Jugendlichen. In C. Rohlfs, M. Harring & C. Palentien (Hrsg.), *Kompetenz-Bildung. Soziale, emotionale und kommunikative Kompetenzen von Kindern und Jugendlichen* (2. Aufl., S. 83–112). Wiesbaden: Springer VS.
Tulodziecki, G., & Herzig, B. (2002). *Computer & Internet in Schule und Unterricht. Medienpädagogische Grundlagen und Beispiele.* Berlin: Cornelsen Scriptor.
Tulodziecki, G., Grafe, S., & Herzig, B. (2010). *Medienbildung in Schule und Unterricht. Grundlagen und Beispiele.* Bad Heilbrunn/Stuttgart: Klinkhardt/UTB.
Unger, A. (2014). Lernumgebung upside down. Eine Auseinandersetzung mit der persönlichen Lernumgebung im Kontext des medienbasierten Lernens. In K. Rummler (Hrsg.), *Lernräume gestalten – Bildungskontexte vielfältig denken* (Reihe: Medien in der Wissenschaft, Bd. 67, S. 71–90). Münster: Waxmann.
von Gross, F. (2014). Medien und ihre Chancen und Herausforderungen für das Jugendalter. In D. M. Meister, F. von Gross & U. Sander (Hrsg.), *Enzyklopädie Erziehungswissenschaft Online. Fachgebiet Medienpädagogik, Medien und Lebensalter in medienpädagogischer Perspektive.* Weinheim/Basel: Beltz Juventa. doi:10.3262/EEO18140336.
Voß, G. G. (2004). Die Entgrenzung von Arbeit und Arbeitskraft. Eine subjektorientierte Interpretation des Wandels der Arbeit. *Mitteilungen aus der Arbeitsmarkt- und Berufsforschung, 31*(3), 473–48.
Walber, M. (2015). Konstruktionen virtueller Lernräume. In W. Wittwer, A. Diettrich & M. Walber (Hrsg.), *Lernräume: Gestaltung von Lernumgebungen für Weiterbildung* (S. 219–230). Wiesbaden: Springer VS.

Informelles Lernen mit digitalen Medien in der Hochschule

Sandra Hofhues

Inhalt

1 Informelles Lernen in der Hochschule: Wider eines möglichen Widerspruchs 530
2 Zwei Perspektiven auf informelles Lernen mit digitalen Medien in der Hochschule 532
3 Zwischen Wissen und Können: Mit digitalen Medien informell lernen 537
4 Informelles Lernen durch, mit und in digitalen Medien in der Hochschule 542
Literatur 543

Zusammenfassung

Unbestritten ist, dass prinzipiell in jedem Kontext und unter unterschiedlichsten Bedingungen gelernt werden kann. Schwieriger wird die Einschätzung, wenn es sich um informelles Lernen in der Hochschule, also einer formalen Bildungsinstitution, handelt und zugleich digitale Medien ins Spiel kommen. Der Beitrag geht daher der Frage nach, was informelles Lernen im Kontext Hochschule heißen könnte, welche Bedeutung darin digitale Medien haben und wie anhand von Beispielen Optionen für informelles Lernen mit digitalen Medien in der Hochschule und darüber hinaus deutlich werden.

Schlüsselwörter

Informelles Lernen • Hochschule • Digitale Medien • Hochschuldidaktik

---

S. Hofhues (✉)
Institut für allgemeine Didaktik und Schulforschung, Universität Köln, Köln, Deutschland

© Springer Fachmedien Wiesbaden 2016
M. Rohs (Hrsg.), *Handbuch Informelles Lernen*, Springer Reference Sozialwissenschaften,
DOI 10.1007/978-3-658-05953-8_28

1 Informelles Lernen in der Hochschule: Wider eines möglichen Widerspruchs

„Probieren geht über Studieren!" – eine Redewendung, die auch in wissenschaftlichen Veröffentlichungen zum informellen Lernen oft strapaziert wird (z. B. Tully 1994, S. 24). Ihr inhärent ist der hochschulische Bezug, wobei Hochschule lediglich institutionell der (Lern-)Ort ist, an dem studiert wird. Vielmehr ergeben sich Lernprozesse innerhalb und außerhalb der Hochschule, die mal formal geplant, mal informell ablaufen und eher als Bildungs-, denn als Lernprozesse untersucht und bezeichnet werden. Als formal geplant gelten in Hochschulen alle Lernprozesse, die infolge der Hochschullehre oder damit zusammenhängender Maßnahmen angestoßen werden. Man denke an Vorlesungen, die gerade zu Studienbeginn vor allem auf Wissenserwerb zielen, oder an seminaristische Lehrformen, die eher den Wissenstransfer anstoßen und dazu auf unterschiedliche Lehr-Lernszenarien setzen. Welche Lernprozesse sich im Detail ergeben *sollen*, wird grob in Curricula festgehalten und durch Dozierende vermittelt; welche Lernprozesse sich *tatsächlich* ergeben, hängt von den Lehrinhalten, den Hidden Curricula und insbesondere vom Interesse, den Erwartungen und vom Vermögen des Einzelnen in diesen Veranstaltungen ab. In Seminar-ähnlichen Szenarien – im Gegensatz zu Vorlesungen – ist es etwas wahrscheinlicher, dass sich informelle Lernprozesse durch die selbstbestimmte Auseinandersetzung mit Inhalten und deren diskursiver Bearbeitung ergeben. Genauso ist aber denkbar, dass Studierende ergänzend zu Vorlesungen aktuelle Inhalte für sich selbst recherchieren oder in Seminaren lediglich ihre konkreten Aufgaben ohne Seitenblicke arbeitsökonomisch erledigen. Ob und wie hier informell gelernt wird, steht also im Zusammenhang mit der formal organisierten Lehre in der Hochschule oder, weiter gefasst, mit institutionalisierten Lernangeboten (Dohmen 2001). Aber: Während informelles Lernen in Lernszenarien konzeptionell mitgedacht werden kann, in dem Sinne also didaktisch geplant wird, kann es nur eingeschränkt zugunsten individueller Lernerfolge erwartet werden, sprich intendiert werden, denn: Bereits skizzierte, institutionelle Zwänge spannen den hochschulischen Rahmen für Lernprozesse innerhalb des Studiums auf und werden so immer auch von außen formal bestimmt.

Geht man trotz dieses leichten begrifflich-konzeptionellen Widerspruchs davon aus, dass Hochschulen und insbesondere Hochschullehre auch informelle Lernprozesse anstoßen können, muss das Verständnis informellen Lernens an dieser Stelle zuerst eingegrenzt werden: Es wird aufgrund des zugrunde liegenden formalen Kontexts klar, dass informell zu lernen nicht heißen muss, ohne Ziel zu agieren (Europäische Kommission 2001, S. 33). Stattdessen handelt es sich häufiger um ein tätigkeits- oder arbeitsintegriertes Lernen auch an Hochschulen, das mitunter aber nicht intentional stattfindet. Solche Perspektiven auf informelles Lernen lassen sich eher in der Berufs- und Wirtschaftspädagogik als in der Erwachsenenbildung verorten (vgl. Reinmann 2007, S. 136 f.). In zugehörigen Konzepten ist dann ein Fokus auf spezifischen Aneignungsprozessen zu erkennen, etwa hinsichtlich des Einsatzes und Gebrauchs digitaler Medien für das Studium, sowie dahinter liegenden eher psychologisch geprägten Kompetenzverständnissen (für eine Übersicht zum

Kompetenzbegriff vgl. kritisch Hofhues 2013b). Oder wer hat auf Softwareschulungen stets vertraut und Nutzungsweisen einzelner Programme sich nie (auch) selbst beigebracht?

Was allerdings für technisch-funktionale Kompetenzbereiche wie die Aneignung eines Programms sehr genau zutrifft, ist für andere Kompetenzbereiche an Hochschulen längst nicht hinreichend. Man denke nur an die Lektüre eines Buchs, das einem – Studierenden wie Lehrenden – im Verlauf einer Lehrveranstaltung „über den Weg gelaufen" ist. Durch die Auseinandersetzung mit dem Buch werden eher reflexive Kompetenzen angesprochen und entwickelt, wodurch die obige Redewendung für den Hochschulkontext zumindest erweitert werden müsste: Immerhin entsprechen Tätigkeiten wie Lesen, Schreiben, allgemeiner: Forschen und Zuschreibungen wie Neugier oder Wissbegierde in hohem Maße dem, was seit Humboldt (1964/1982) als kritisch-emanzipatives Bildungsideal bezeichnet wird und Universitäten wie auch andere Hochschultypen bis heute prägt (z. B. Würmseer 2010, S. 26 ff.). Man könnte daher im hochschulischen Umfeld statt vom informellen Lernen eher von einem Lernen „en passant" sprechen, wie Neuweg (2000) sich beiläufig und damit oft implizit ergebene Lernprozesse für den schulischen Kontext beschreibt. Gleichen die Lernprozesse typischen Arbeitsprozessen in der Wissenschaft, könnte man ebenfalls vom Erfahrungslernen sprechen (z. B. Böhle et al. 2004; Dehnbostel 2005). Damit ist gemeint, dass neben den bloßen Erwerb von Wissen und Können auch ihre Verarbeitung durch eigene Erfahrungen innerhalb institutioneller oder organisationaler Kontexte oder innerhalb der wissenschaftlichen Gemeinschaft tritt. Hochschule, aber auch die Scientific Community wirken so im zeitlich-biografischen Verlauf bei der Enkulturation in Wissenschaft (Hurrelmann 2002) und ermöglichen spezifische Erfahrungen durch kontinuierliche und wiederkehrende Auseinandersetzung, Austausch, Streit. Für Reinmann (2007, S. 135 ff.) zeichnet sich informelles Lernen an der Hochschule daher auch durch Kollaboration und Wissenszuwachs durch Zusammenarbeit aus. Diesen Ansatz weiter gedacht, würde informelles Lernen in Hochschulen vor allem in und mit Diskurs angestoßen – angesichts bildungspolitischer Reformen (z. B. die Reformen von Lissabon und Bologna) und qualifikatorischer Ziele wie Arbeitsmarkt- und Berufsbezug der Hochschullehre ein durchaus hehres Ziel.

Was also auf den ersten Blick widersprüchlich klingen mag, lässt sich zugunsten einer vorläufigen Position zum informellen Lernen an und in Hochschulen durchaus vereinen: So wird in der Hochschule wie in anderen Bildungsinstitutionen nicht nur formal Wissen erworben, sondern es werden immer auch Wissensbereiche tangiert und Erfahrungen gemacht, die eher dem informellen Lernen zugeschrieben werden. Findet demnach informelles Lernen an und in Hochschulen statt, lässt sich mit Tully (1994) vor allem eins schlussfolgern: „Wo formale Ordnungsmuster fehlen, werden sie durch eigeninitiatives, informelles Handeln zu substituieren versucht." (Tully 1994, S. 27) Diese Idee löst (a) vorerst den möglichen Widerspruch informellen Lernens im formalen Bildungskontext Hochschule und sie erscheint (b) für das informelle Lernen mit digitalen Medien in der Hochschule – das Beitragsthema – besonders passend. Immerhin wurde das Verhältnis von Technologie und Pädagogik historisch davon geprägt, dass viele technische Errungenschaften erst nachträglich Alltag und damit auch Wissenschaft, Studium und Hochschule als Institution beeinflussten bzw. mitunter Tätigkeiten mit Bezug dazu veränderten (z. B. Nolda 2002, S. 16). Doch wie vollzieht sich informelles Lernen mit digitalen Medien in der Hochschule und von welchen formalen Zielen wird es dennoch bestimmt?

2 Zwei Perspektiven auf informelles Lernen mit digitalen Medien in der Hochschule

Die Formalisierung von Lernen in dafür vorgesehene Bildungseinrichtungen und die Vision des Überall-Lernens mit digitalen Medien widerspricht sich auf den ersten Blick, stellt Letzteres doch die Grundidee formaler Bildung durchaus infrage: etwa hinsichtlich der didaktischen Planung und Reduktion von Lehrinhalten, der Zielgruppen, der Rolle der involvierten Lehrenden oder der Anerkennung des Gelernten, sei es in Zertifikaten oder Zeugnissen, sei es in einfachen Rückmeldungen oder umfassendem Feedback etc. Will man informelles Lernen mit digitalen Medien in Hochschulen daher näher betrachten, gilt es mindestens *zwei* Perspektiven darauf zu entwerfen:

Die *erste Perspektive* kann als engere Perspektive auf informelles Lernen als Lernform innerhalb formaler Settings verstanden werden, denn: Unter Zuhilfenahme digitaler Medien wird der Lernort Hochschule zwar um Erfahrungsräume angereichert, als Bildungsinstitution und Diskursort aber prinzipiell nicht infrage gestellt. Informelles Lernen mit digitalen Medien findet daher häufig zum Wissenserwerb sowie zum Wissenstransfer statt, der zielgerichtet mit, über und durch digitale Medien angestoßen und eben auch geübt werden soll (Abschn. 2.1). Die *zweite Perspektive* fasst das informelle Lernen breiter, erkennt aber den hochschulischen Rahmen weiterhin an: Es könnte nämlich künftig hilfreicher sein, weniger das Verhältnis formaler Lernprozesse zu informellen Lernprozessen auszuloten, sondern stattdessen Anlässe in Wissenschaft und insbesondere Forschung aufzuzeigen, in denen digitale Medien zum Erkenntnisgewinn des Einzelnen und der wissenschaftlichen Gemeinschaft beitragen. Konkret geht es dann um veränderte Handlungs-, nicht ausschließlich Nutzungspraktiken, die sich unter mediatisierten Bedingungen bei Studierenden wie auch Lehrenden ergeben. Informelles Lernen würde zum elementaren Bestandteil forschender Tätigkeit, in die Studierende gleich zu Studienbeginn eingeführt werden und die über einzelne Lehrveranstaltungen hinaus geht und auf Haltungen zu Wissen und Erkenntnisgewinn zielt (Abschn. 2.2).

2.1 Digitale Medien als Mittler und informelle Erfahrungsräume

Die Erfindung des Computers und des Internet zählen sicherlich zu den größten Errungenschaften unserer Zeit. Sie veränderten als digitale Medien die Art und Weise, wie wir uns informieren, wie wir miteinander kommunizieren oder zusammenarbeiten und wie orts- und zeitunabhängig wir dieses tun. In Hochschulen sorgt die Verfügbarkeit von digitalen Medien genauso wie in allen anderen Institutionen oder gesellschaftlichen Bereichen dafür, dass der physische Raum um unterschiedliche technische Anwendungen ergänzt wird. So studieren „Lernwanderer" (Bachmann 2014, S. 96), weil sie sich für ihre jeweiligen (wissenschaftlichen) Tätigkeiten die passende (Lern-)Umgebung suchen, heute vielerorts auf dem Campus: in dafür vorgesehen Räumen mit und ohne Lehrveranstaltung, in Nischen oder dafür vorgesehen Lernplätzen, in der Cafeteria etc. (siehe auch Vogel und Woitsch 2013, S. 20 f.). Genutzt werden eine wachsende Zahl von Endgeräten, angefangen beim Laptop und Smartphone über Tablett-PCs bis hin zu neueren Geräten und Anwendungen (z. B. van Eimeren 2013). Werden Lehrveranstaltungen nach dem Prinzip des Blended Learning organisiert, geschieht die Nutzung digitaler Endgeräte in ähnlicher Form (z. B. Reinmann-Rothmeier 2003). Sie dienen als Orts- und zeitunabhängige Mittler für Inhalte und als Erfahrungsräume für Kommunikation und Kollaboration, bleiben aber häufig doch eine wenn nicht gar orts-, dann mindestens aber eine kontext- und institutionengebundene Erfahrung (Schelhowe 2008), die auf Lernziele fokussiert ist und meist auch über- bzw. geprüft werden muss.

Soll durch digitale Medien der Wissenserwerb mit fachlichen oder überfachlichen Bezug sichergestellt werden, dienen etwa Lernmanagement-Plattformen zur Information über Lehrveranstaltungsinhalte. Dort hochgeladene Informationen sorgen dann u. a. dafür, dass Studierende sich mit diesen Inhalten auseinandersetzen (können). Da hier *Lehrende* maßgeblich für die Auswahl der Inhalte verantwortlich sind, ist der Wissenserwerb eng an formales Lernen gebunden. Denkbar ist aber auch, dass *Studierende* mit entsprechenden Rechten auf der Plattform eigens recherchierte Inhalte mit Kommilitonen oder Lehrenden teilen. Geschieht dies freiwillig und ohne direkte Anleitung, kann man von informellem Lernen sprechen. Allerdings dürfte die Auseinandersetzung mit Inhalten, die über Lernmanagement-Systeme angestoßen wird, oder das freiwillige Einstellen weiterer Dokumente eher als konservative Form informellen Lernens mit digitalen Medien bezeichnet werden. Progressiver stellen sich Lernszenarien dar, die mit der Vielfalt der Medien umgehen und deren konkreter Nutzen von ungewissem Ausgang geprägt ist. Bezogen auf die bereits angesprochenen Lernziele besteht dann die Hoffnung auf vermehrte Kommunikation zwischen Lehrenden, Studierenden, Peers und wissenschaftlicher Gemeinschaft. Beispiele dafür sind der Einsatz von Kommunikationsdiensten wie Twitter in Lehrveranstaltungen, digitale soziale Netzwerke, die jene „off topic" begleiten und wo Lehrende keinen Einblick haben, oder Weblogs, die Studierende im Verlauf von Lehrveranstaltungen selbst anlegen und führen. Zugrunde liegende Lernziele bewegen sich dann *zwischen Wissen und Können und der Reflexion darüber*: Sie zielen einerseits auf einen notwendigen Bestand an Wissen ab, der informell erweitert werden kann, und andererseits visieren sie Wissenstransfer durch die Nutzung digitaler Medien an. Umso intensiver dies geschieht, desto mehr verwässern sich formale Lernprozesse und jene informellen, denn: Letztere entziehen sich formal-strukturierter, d. h. durch Lehrende geplanter Lehre und setzen stattdessen auf *selbstbestimmte Persönlichkeiten*, die in der Lage sind, sich mit Fragen oder Problemen auch selbst auseinanderzusetzen (siehe Abschn. 3).

Informell zu lernen und dies hochschulseitig zu fördern, ist demnach voraussetzungsreich. Es deutet sich an, dass allein die Berücksichtigung informeller Lernprozesse in Lehrveranstaltungen zu *komplexeren Lernszenarien* führen dürfte. Je nach Lernzielen können diese mal offener und mal geschlossener gestaltet sein. So wird in manchen Szenarien mehr Wert auf Kommunikation und Diskurs, in anderen auf Inhalte gelegt. Aber: Informelles Lernen in hochschulischen Lernszenarien zu ermöglichen heißt nicht, konsequent auf konstruktivistische Lernszenarien zu setzen (für einen Überblick zu *Lernparadigmen* vgl. Reinmann und Mandl 2006). Es ist wahrscheinlich, dass diese dem Konstruktivismus nahestehen, müssten sie aber nicht, wenn man bewährte, eher instruktionale Formate wie Vorlesungen ebenfalls um andere Lernformen wie das informelle Lernen anreichert. Das Verhältnis von instruktionalen Anteilen zu solchen, die auf Wissenskonstruktion zielen, tariert sich erst mit den Lernzielen aus. Digitale Medien bringen in allen Szenarien unterschiedliche Optionen für das Lernen mit: Sie können formale Lernprozesse fördern, wo Medien insbesondere als Werkzeug zur Information, Kommunikation und Kollaboration genutzt werden, oder informelle Lernprozesse initiieren, wenn sie jene formalen ergänzen, zur Erweiterung persönlicher Wissensbestände beitragen oder sozialen Austausch erlauben, der formal *nicht* vorgesehen ist. Man denke nur an die diversen Vernetzungsangebote unter Studierenden, die Austausch über Interessen oder Inhalte anregen und über einzelne Lehrveranstaltungen hinausgehen. Der Nutzen dieser virtuellen Plattformen liegt dabei auf der Hand: Sie greifen reale Probleme von Studierenden bzw. der Hochschule auf und versuchen diese gemeinsam zu lösen (vgl. Jadin 2012; Jenert 2014, S. 170 f.). Sie sind also mitunter ein Substitut, weil formale Problemlösungen fehlen oder diese gar nicht erst angestrebt werden (vgl. Kapitel. 1). Es ergeben sich aber auch neue kritische Fragen zu Datenschutz und Urheberrecht, wenn diese Netzwerke außerhalb hochschulischer Einflussbereiche liegen (z. B. Facebook) und jegliche (formale) Kontrollmechanismen nicht mehr greifen (vgl. Hofhues und Schiefner-Rohs 2013).

Über 25 Jahre nach Erfindung des WWW ist aber in der wichtigsten Bezugswissenschaft – der Mediendidaktik – bekannt, dass sich bei Studierenden eher rezeptive Nutzungsweisen digitaler Medien ergeben (z. B. Kleinmann et al. 2008; Schulmeister 2009). Das heißt Medien, auch digitale Medien, werden nach Angabe aktueller Mediennutzungsstudien (z. B. MPFS 2014) häufig eher konsumiert; produktive Nutzungsformen bleiben einer kleinen Gruppe aufgeschlossener Nutzender vorbehalten. Dieses Phänomen lässt sich auch hinsichtlich informeller (Lern-) Angebote empirisch nachzeichnen (Jadin 2012, S. 332). So verleitet die Allgegenwart von Medien oft dazu, die Verfügbarkeit von Geräten und des WWW als selbstverständlich zu erachten, ohne etwaige Ausstattungs- und Nutzungsunterschiede zu hinterfragen (vgl. Hofhues 2013a). Das passiert auch deswegen, weil seit Jahrzehnten die „umgreifende Tendenz zur informellen Technikaneignung" (Tully 1994, S. 69) besteht. Es kann gut und gerne sein, dass manche Studierende und Lehrende die vielfältigen Möglichkeiten des Internets, insbesondere die soziokommunikativer Anwendungen (sog. „Social Web", vgl. kritisch Münker 2009), hinsichtlich informeller Aneignungsprozesse ausschöpfen. Genauso gut ist aber denkbar, dass andere diese neuen Nutzungsformen eher ablehnen oder gar nicht darüber nachdenken, welche Optionen sich durch die bloße Existenz digitaler Medien für sie bieten.

Es bleibt daher eine mitunter folgenschwere Fehlannahme, dass allein die Vielfalt an Medien (Sesink 2008, S. 14) dafür sorgen könnte, dass an allen Orten gelernt („studiert") werde. Zwar ergeben sich heutzutage mehr Orte des Selbststudiums, wie in der quantitativen Studie von Vogel und Woisch (2013) empirisch gezeigt wurde. Diese sind aber größtenteils durch formale Studienanforderungen (vor-)bestimmt und oft auf „Zeitfenster" (Vogel und Woitsch 2013, S. 17) ausgelegt, die sich zwischen Lehrveranstaltungen oder anderen studienbezogenen Terminen ergeben. Entsprechend gewinnt die Lernatmosphäre in Hochschulen an Bedeutung, also ob diese zum Verweilen einlädt und Einzel- oder Gruppenarbeiten ermöglicht: „Je mehr Arbeitsplätze an der Hochschule diese Eigenschaften aufweisen, desto zufriedener sind die Studierenden tendenziell mit den Möglichkeiten zum Selbststudium am Lernort Hochschule." (Vogel und Woitsch 2013, S. 30) Dazu gibt es „Präferenztypen" (Vogel und Woitsch 2013, S. 33), wo gerne gelernt wird, und Trennungen zwischen Lernen in Bildungsinstitutionen und (medialen) Freizeitaktivitäten erfolgen heute eher und bewusst. Etwas anders als in der grundständigen Lehre oder im Studium verhält es sich in der Fort- und Weiterbildung, wo häufig gezielt Freiräume zum Lernen genutzt werden (vgl. Rohs 2010).

Informelles Lernen in Hochschulen kann also durch entsprechende Lernszenarien und einladende, physische Räume begünstigt werden, Dies wird aber auch durch weitere Rahmenbedingungen bestimmt, die nur teilweise auf die Verfügbarkeit digitaler Infrastruktur(en) zurückzuführen sind (siehe dazu auch die ZeitLAST-Studie, die sich kritisch mit den Zeitbudgets von Studierenden auseinandersetzt; Schulmeister und Metzger 2011). Überall mit Medien lernen zu *können*, sollte daher gegenüber formalen Bildungsangeboten als komplementärer Erfahrungsraum verstanden werden, da sie ein Studium in der Regel nicht ersetzen, wohl aber zur eingehenden Beschäftigung mit Themen oder Inhalten in geeigneten Lernszenarien und darüber hinaus zur Kommunikation, Kollaboration und Reflexion anregen (Schelhowe 2008, S. 110). Das schließt aber nicht aus, immer wieder „das Verhältnis von institutioneller und informeller Bildung im Zuge gesellschaftlicher Entwicklungen zu untersuchen" (Tully 1994, S. 23) und damit Optionen für informelles Lernen mit digitalen Medien in diesem Kontext *überhaupt* offenzulegen.

2.2 Informelles Lernen als Beitrag zum forschenden Lernen mit digitalen Medien

Die bisher skizzierten Szenarien gehen weitestgehend davon aus, dass informelles Lernen formale Lernprozesse ergänzt und in engem Verhältnis zur Lehre und damit verbundenen Lernzielen steht. Die wenigen anderen Beispiele zeigen, dass informelles Lernen auch mit der Institution oder dem Fortschritt in Studium oder Forschung zusammenhängen kann. Dahinter liegt eine Perspektive auf digitale Medien, die oft eine technische und/oder funktionale ist. Digitale Medien werden als Werkzeug in bestimmten Situationen gebraucht und eingesetzt. Die ständige Zugänglichkeit zu digitalen Medien kann aber auch „kulturelle Praktiken" (Schelhowe 2008, S. 98) verändern, z. B. bezogen auf Recherchetätigkeiten von Lehrenden und Studierenden, die früher etwa den Besuch der Bibliothek umfassten und sich heute eher auf (wissenschaftliche) Suchmaschinen und digitale Datenbanken beschränken. Selbst offene Bildungsressourcen werden in jüngerer Zeit im Hochschulbereich diskutiert und suchen nach neuen Bewertungsmodi (Zauchner et al. 2008). Auch zwischenmenschlich ändern sich sukzessive Formen der Zusammenarbeit sowie Formate wissenschaftlicher Wissensproduktion. Medien, im Besonderen Computer und Internet, gelten hier „als erkenntnisgenerierende Technologien" (Donk 2012, S. 104), sodass manches wissenschaftliches Wissen erst durch die stetige Anwendung und reflexive Nutzung von Medien generiert wird. Es deuten sich ungenutzte Potenziale zum Erkenntnisgewinn an, wenn eine „digital science" (Donk 2012) Inhalte nicht bloß digitalisieren und verbreiten würde, sondern neue Optionen für ein soziales Handeln in, mit und durch Medien offenlegen und Handlungspraxen in der Hochschule mit jede/r Durchdringung „neuer" Medien bestimmen würde.

In dieser eher medienpädagogischen Diskussion kann man derzeit nur mutmaßen, wie immens sich Handlungspraxen mit digitalen Medien in Hochschulen verändern und wie schnell sie sich verbreiten. Es ist daher nicht mehr grundlegend in Frage zu stellen, dass sich Handlungspraxen in, mit und durch digitale Medien verändern. Es ist vielmehr zu fragen, *wie* sich Handlungspraxen auf welchem Wege – formal oder informell – ergeben und wann diese nicht nur die jeweiligen Forschungskontexte, sondern auch die grundständige Lehre erreichen. Infolge der rasanten technischen Entwicklung ist durchaus denkbar, dass sich Handlungspraxen bei Studierenden ähnlich schnell wie bei Lehrenden und Forschenden verändern bzw. etablieren, da sie letztlich alle vom Medien-Wandel betroffen sind und neue Praxen (ein-)üben müssen. Auf diese Weise könnte auch die historisch gewachsene Trennung zwischen Lehre und Forschung zumindest teilweise obsolet werden, wenn nämlich sowohl Studierende als auch Lehrende mit einer fortwährenden Mediatisierung (Krotz 2001) konfrontiert sind und sich Erkenntnisgewinn immer öfter auch digital-vernetzt ergibt.

Diesen Gedanken aufgegriffen, könnten künftig Spielarten forschenden Lernens (Reinmann im Druck) weiter an Relevanz gewinnen: Sie würden nicht nur dazu beitragen, Studierende an forschende Tätigkeiten zu gewöhnen und ihnen unterschiedliche Möglichkeiten zu bieten, Forschung auch selbst auszuprobieren; sie könnten auch Gegenstand *und* Erfahrungsraum für Forschung in, mit und durch digitale Medien werden. Innerhalb *konsequent* forschungsorientierter Studienprogramme würde es dann darum gehen, neben den fachlichen Inhalten „die sozialen und materiellen Rahmenbedingungen zu gestalten, innerhalb derer Studierende ihre Vorstellungen darüber entwickeln, welche Funktionen und Ziele ein Studium erfüllt und wie in bestimmten Situationen gehandelt werden soll" (Jenert 2011, S. 395).

Dass hierbei informelles Lernen mit digitalen Medien an Hochschulen an Bedeutung gewinnt, ist logisch, wenn forschendes Lernen sowohl von formalen Prozessen als auch von interessegeleitetem Vorgehen, Aktualität, der Anwendung forschungsnaher Fähigkeiten, Kreativität und Ritualen geprägt ist. Trotz ähnlicher Prinzipien ist forschendes Lernen aber sicherlich (noch) breiter zu verstehen und schließt formale wie informelle Lernprozesse mit dem Ziel des persönlichen wie auch wissenschaftlichen Erkenntnisgewinns ein. Würde man Forschungsorientierung als übergeordnetes Prinzip in der Lehre verstehen, würde sich die Frage nach der Bedeutung und (bezogen auf Forschung) Anerkennung informeller Lernprozesse in Hochschulen also kaum mehr stellen. Studierende wären allerdings gleich doppelt in ihrer Enkulturation in Wissenschaft herausgefordert: Sie müssten sich mit Forschungsprozessen *und* mit digitalen Medien vertraut machen. Gleichzeitig könnte diese konzeptionelle Verschränkung näher an den Anlässen liegen, innerhalb derer digitale Medien in Hochschulen formal, aber auch informell eingesetzt werden. Mehr noch: Studierende könnten über den Studienverlauf einen forschenden Habitus entwickeln, der nicht allein auf forschende Tätigkeiten in Studium, Forschung und Beruf, sondern auf selbstbestimmtes Lernen über die Lebensspanne abzielt.

3 Zwischen Wissen und Können: Mit digitalen Medien informell lernen

Wie in Kapitel zwei gezeigt, zielt informelles Lernen mit digitalen Medien in der Hochschule derzeit vor allem darauf ab, zusätzliches Wissen zu erwerben oder bestehendes Wissen (weiter) zu entwickeln sowie eigenes Wissen für sich selbst, für andere oder zugunsten des Erkenntnisgewinns zur Anwendung zu bringen und daraus zu lernen (Können). Entsprechend vielfältig dürften die Beispiele sein, die aufzeigen, wie sich informelles Lernen mit digitalen Medien in der Hochschule ergibt. Mit dem folgenden Kapitel soll dennoch der Versuch unternommen werden, Einblick in fachkulturelle Traditionen und Formen des Wissenserwerbs mit digitalen Medien zu geben und zu beleuchten, wobei eine bloße Ausdifferenzierung zwischen formalen und informellen Anwendungskontexten als Beschreibungsdimension für informelles Lernen mit digitalen Medien in der Hochschule nicht ausreichen dürfte. Stattdessen wird auf das Beschreibungsraster von Reinmann (2007, S. 139) zurückgegriffen, wonach Lernphänomene danach unterschieden werden, „welche *individuellen* und *sozialen* Komponenten es umfasst, in welchem Ausmaß es *informell* und *institutionell* kontextualisiert ist, welche Teilprozesse *intentional* und *implizit* ablaufen" (Reinmann 2007, H.i.O.) und schließlich, „in welchen Phasen es *systematisch* und in welchen *experimentell* ist" (Reinmann 2007, H.v.O.). Genutzt werden Beispiele aus der Informatik und der Mediengestaltung sowie aus den Geistes- und Sozialwissenschaften und der Lehrerausbildung, die jeweils Unterschiede, aber auch Gemeinsamkeiten hinsichtlich der obigen (vermeintlichen) Gegensatzpaare mitbringen.

3.1 Von xMOOCs bis Foren: Beispiele aus der Informatik

Während bis in die 1990er-Jahre Bilder von Computernerds oder Computerfreaks die Fremdsicht auf Informatiker prägten (Tully 1994, S. 47), ist diese wie seine

Bezugswissenschaft, die Informatik, heute weitaus vielfältiger geworden. Gleichzeitig haben sich seit dieser Zeit viele Handlungspraxen in der Informatik erhalten: So ist gerade die Informatik prädestiniert für die informelle Aneignung von technisch-funktionalem Wissen im oben skizzierten Sinne, das sich zudem in diesem Fach rasch verändert und erneuert. Aneignungsprozesse sind individuell, mitunter intentional bestimmt. Sie laufen meist implizit (hinsichtlich des Wissenserwerbs) ab. Als Kontext dienen oft reale (technische) Probleme, die mit dem Ziel der Problemlösung innerhalb und außerhalb von Institutionen wie der Hochschule bearbeitet werden. Lernprozesse haben einen experimentellen Status, da dahinterliegende Handlungspraxen auf Systematisierung *und* Kreativität angelegt sind und – als Ingenieurwissenschaft – immer auch angewendet werden bzw. zu einem (praktischen) Ergebnis führen.

Angesichts dieser *starken Betonung kreativ-aneignender Lernprozesse* verwundert es nicht, dass sich Massive Open Online Courses (MOOCs) zunächst vor allem in der Informatik durchsetzten (für einen Überblick siehe Schulmeister 2013). In MOOCs, die ihren Ursprung in den USA haben, beteiligen sich sehr große Nutzerzahlen an Lehrveranstaltungen, die von Einzelnen oder von Hochschulen online distribuiert werden. In auf Inhalte fokussierten xMOOCs ist eine Schwerpunktsetzung in Richtung der „harten" Wissenschaften zu verzeichnen, zu denen durchaus auch die Informatik zu zählen ist. Im Kontrast zu xMOOCs stehen cMOOCs für konnektivistische MOOCs, also für solche, die eher auf soziales Lernen und wissenschaftliche wie auch Praxisgemeinschaften zum Wissenserwerb setzen. Offen (nicht unbedingt kostenfrei) zugängliche Online-Angebote in MOOCs schließen eine Lücke, die gerade in der Informatik zu bestehenden Handlungspraxen zu passen scheint: Sie wollen Nutzenden ermöglichen, interessegeleitet und bedarfsorientiert neue bzw. aktuelle Inhalte zu lernen. Vor allem xMOOCs werden in der Informatik genutzt, um eigene Vorlesungsinhalte zu fundieren (im Sinne der „Nachhilfe") oder um sich Inhalte selbst zu erarbeiten und diese im eigenen Studium oder (beruflichen) Alltag zur Anwendung zu bringen. Weil die angemessene Betreuung der Lernenden in diesen Online-Kursen schwierig ist, wird in xMOOCs in der Regel auf Peer-Lernen gesetzt: Es wird z. B. gegenseitig Feedback auf Aufgabenlösungen eingefordert oder sich wechselseitig unter den Teilnehmenden geholfen, um überhaupt zu einer Aufgabenlösung zu gelangen. So fördern MOOCs im Allgemeinen und Foren innerhalb dieser Online-Kurse sowohl die selbstbestimmte Wissensaneignung als auch das Kompetenzerleben des Einzelnen sowie – mithilfe virtueller oder lokaler Gruppen – das Gefühl von sozialer Eingebundenheit (Deci und Ryan 1993).

Unter der Perspektive der Informatik ist auffällig, dass die knapp beschriebenen Handlungspraxen in MOOCs der fachlichen Kultur entsprechen, wie sie auch schon vorher in öffentlich zugänglichen oder hochschulischen Foren mit informatischem Bezug nachzuzeichnen sind. Ein Forum stellt dort häufig einen virtuellen Raum für Fragen dar, ist nach einer Frage-Antwort-Struktur organisiert und wird zum Klären akuter Fragen genutzt. Entsprechend oft kamen und kommen bis heute Foren in der Informatik als *das* digitale Werkzeug zum Einsatz. Sie haben sich fachkulturell derart etabliert, dass sie auch an Hochschulen als informelles Austauschforum in Lernprozesse von Lehrenden gezielt integriert werden (Jahnke und Mattick 2008). In dieser Hinsicht würden MOOCs diese Tradition (auch) weiterführen.

MOOCs oder (Austausch-)Foren eignen sich schließlich exemplarisch, um die *Verwobenheit* zwischen formalen und informellen Lernprozessen unter Einbezug digitaler Medien zu verdeutlichen: Digitale Werkzeuge und medienvermittelte Lernangebote wie diese unterstützen den eigenen Fortschritt im Informatik-Studium und sind unterschiedlich fest an Hochschulen angebunden. Ähnliche Erfahrungen dürften schon Lehrende oder Wissenschaftler/innen in der Informatik gemacht haben. So wurde bereits ihr individueller Studienerfolg durch Lernen außerhalb des Studiums beeinflusst – unabhängig davon, ob dies formal intendiert war oder nicht. Lediglich die gemeinsame, kritische Auseinandersetzung mit den Inhalten erfolgt bis dato in der Hochschule, wo Studierende durch Lehrende in Lehrveranstaltungen dazu angeregt werden, sich über die bloße Aneignung von Wissen oder die Anwendung bzw. Nutzung von Techniken hinaus kritisch-reflexiv mit digitalen Medien bzw. medialen Angeboten auseinanderzusetzen. Dies gilt in Fächern wie der Informatik besonders, da sie per se neben Fachkompetenzen auch Medien- und Informationskompetenzen fördern.

3.2 Do it yourself (DIY) in der Mediengestaltung

Mit Verbreitung des Internets und der einfachen Bedienbarkeit von Webseiten ist es sehr einfach geworden, Inhalte wie Gebrauchsanweisungen oder Tutorials selbst ins Netz zu stellen oder diese zu rezipieren. In diesem Zusammenhang hat auch die Do it yourself (DIY)-Bewegung neuen Aufschwung erhalten (vgl. Oblinger 2007): Ursprünglich als Bewegung von Heimwerkern begriffen, kann man DIY auch synonym verstehen für alle Aneignungsprozesse rund um Technologie(n) und Medien, die durch die Rezeption des Contents informell angestoßen werden und die z. B. in Fachbereichen wie der Mediengestaltung äußerst gerne genutzt werden.

Welche selbstbestimmten Lernprozesse dort unter Nutzenden angeregt werden, hat Öchsner (2011) in ihrer Einzelfallstudie innerhalb gestalterischer Studiengänge an der Hochschule Augsburg untersucht: Mit einer erwachsenenbildnerischen Perspektive auf autonomes Lernen – ein dem informellen Lernen verwandtes Konzept – zeigt sie auf, dass offene Fragen oder zu lösende Probleme mit engerem oder weiterem Bezug zum Studium den Ausgangspunkt für persönliche Reflexionen, Planungsprozesse oder Recherchen bilden. Die anfängliche Strukturierung des zunächst als diffus wahrgenommenen Problems stellt sich als größte Herausforderung für die Studierenden dar, um jenes auch *tatsächlich* zu lösen. Zur Problemlösung wird dann Wissen aus dem Studium angewendet, weiterentwickelt und gleich zur Anwendung gebracht. Informelle Lernprozesse zielen hier also eher auf Können als auf bloßen Wissenserwerb ab. Sich dabei selbstbestimmt Wissen anzueignen, stellt sich für die Probanden als große Freiheit gegenüber dem Lernen im Studium dar. Dieses Empfinden spiegelt sich schließlich auch in der Ablehnung, informelle oder implizit ablaufende Lernprozesse zu verschriftlichen und so für Außenstehende zu explizieren (Öchsner 2011, S. 86 ff.).

Ähnlich dem obigen Beispiel aus der Informatik erleben Autor/innen von DIY-Seiten infolge ihrer vermittelnden Tätigkeit ihre Kompetenz(en), indem sie Lerninhalte für andere darstellen. Die kreative Leistung besteht in der Vermittlung sowie letztlich in der Sichtbarmachung von Lernprozessen in Form von Text, Bild, Audio und/oder Video, die – eingestellt auf den Webseiten – anderen wiederum informelle Lernanlässe bieten. Technisch wird häufig auf Social Media zurückgegriffen, wobei das Spektrum denkbarer Werkzeuge breit ist und sich lediglich dadurch auszeichnet, dass prinzipiell Interaktionen zwischen Autor/innen und Nutzenden möglich sind. Ein „Like" oder „Love" sind niedrigschwellige Feedback-Möglichkeiten auf diesen Plattformen, Kommentare oder veränderte/verbesserte Anleitungen sprechen für intensivere Interaktion.

Obschon DIY alles andere als institutionell gebunden ist, wird es vermehrt auch in Internet-basierte Geschäftsmodelle integriert und damit organisational neu eingebunden. Es ist durchaus denkbar, dass zumindest die Produzenten-seitigen Lernprozesse so auch um ökonomisches Wissen angereichert werden (zur Verwobenheit ökonomischer Bildung und Medienbildung siehe weiterführend Hofhues und Schiefner-Rohs 2012). DIY läuft also nicht zwingend, aber oft getrennt von formalen Lernprozessen ab. Setzt man es in Bezug zu institutionalisiertem Lernen, wird dort vielmehr darauf vertraut, dass Lernende grundsätzlich in der Lage sind, sich selbstbestimmt im Netz Wissen *und* Können anzueignen und dieses Wissen für sich selbst und andere darzustellen, sollte dieses im Studium nötig werden. Ohne informelle Lernprozesse weitreichend zu formalisieren, stellen in Curricula der Mediengestaltung oft Projektarbeiten Erfahrungsräume für Studierende dar, die sowohl in die Praxis auch als in Richtung forschender Tätigkeiten zeigen. Soll das Sich-zu-eigen-Machen von Medien Bestandteil eines Hochschulstudiums der Mediengestaltung sein, gilt es dazu schließlich passende (Bildungs-)Räume in der Hochschule zu schaffen.

3.3 Weblogs in den Geistes- und Sozialwissenschaften

Die kritische Auseinandersetzung mit Themen und Inhalten, aber auch die Reflexion über eigene Lernprozesse in Studium, Forschung und Alltag stehen im Vordergrund der Weblog-Nutzung, wie sie sich in den Geistes- und Sozialwissenschaften etabliert hat. Weblogs (kurz: Blogs) wurden in ihrer Anfangszeit in Abgrenzung zu anderen Webseiten als (öffentliche) Tagebücher verstanden, die es Autor/innen technisch sehr einfach ermöglichen, Erfahrungen zu verarbeiten (Ebersbach et al. 2011, S. 61 ff.). Für die Blogosphäre mag dieses Verständnis bis heute zutreffen, für wissenschaftliche Kontexte oder die Lehre hat in den letzten (rund) fünf Jahren eine Einengung stattgefunden: So muss erstens festgehalten werden, dass längst nicht jede/r Student/in oder Wissenschaftler/in bloggt, sondern dass Weblogs von Wissenschaftler/innen oder Kommiliton/innen auch hier vorwiegend rezeptiv genutzt werden. Zweitens kann eine Welle der Integration von Weblogs in Lehrveranstaltungen der Geistes- und Sozialwissenschaften ausgemacht werden, die auf fachkulturelle Begebenheiten hindeutet und – innerhalb der Lehre – im Einklang mit Lernzielen steht. So dienen Weblogs in diesen Fachbereichen vor allem dazu, individuelle oder gruppenbezogene Lernprozesse zu begleiten, Wege bis zur Erstellung eines Artefakts (meistens Projekt- oder Hausarbeiten) abzubilden oder als öffentliche Plattform zur ebenso öffentlichen Kommentierung von Lernprozessen und -ergebnissen zu fungieren. Weblogs unterstützen so individual-reflexive und soziale Lernprozesse und dienen dazu, informell oder implizit ereignende Lernprozesse zu extrahieren bzw. zu explizieren. Ebenfalls sprechen Blogs die textbasierte Kultur an, die die Geistes- und Sozialwissenschaften aus disziplinärer Sicht auszeichnet. Sie helfen dabei, Kompetenzen im Ausdruck und der Darstellung zu entwickeln, die grundständige Kompetenzen von Geistes- und Sozialwissenschaftler/innen in allen Anwendungsfeldern zwischen praktischer und forschender Tätigkeit ausmachen.

Insofern stehen Weblogs als digitale Medien genauso für individuelle wie für kollaborative Lernprozesse, für erheblich kontextualisierte, aber ebenso für informelle Lernprozesse, die vor allem zur Explikation impliziten Wissens dienen. In dieser Hinsicht wäre die Weblog-Nutzung systematisch, wobei dies nicht ganz zutrifft: Sie ist meist auf eine Lehrveranstaltung oder eine konkrete Aufgabe zwischen Lehrveranstaltungen, innerhalb von Modulen etc. beschränkt. Selten führen Lernende ihre Weblogs danach weiter. Die weitere produktiv-reflexive Nutzung, etwa im Sinne des persönlichen Wissensmanagements (Reinmann und Bianco 2008), bleibt auf einzelne Ausnahmen beschränkt. Auch die Kopplung der Weblog-Nutzung mit dem formalen Assessment in der Lehre bewährt sich nicht: Lernprozesse wie die obigen anhand von Blog-Einträgen, Zusammenfassungen oder weiterführenden, schriftlichen Reflexionen zu prüfen, ist für Studierende der Geistes- und Sozialwissenschaften genauso schwer akzeptabel wie schriftliche Reflexionen in der Mediengestaltung (siehe dazu den Erfahrungsbericht von Meyer 2010). Schon länger hält sich daher die Diskussion um Freiheit und (Kontroll-)Zwang durch Prüfungen mit digitalen Medien (z. B. Jenert 2014, S. 168), die derweil vor allem zu E-Portfolios geführt wird (Meyer et al. 2011) und hinsichtlich der Feststellung informell erworbenen Wissens und Könnens aus der betrieblichen Bildung bekannt ist.

3.4 E-Portfolios in der Lehrerausbildung

Weblogs und E-Portfolios unterstützen letztlich ähnliche Lernprozesse und basieren ebenfalls häufig auf denselben Technologien. Dennoch hat sich in Anlehnung an die Portfolio-Methode das Verständnis von E-Portfolios gegenüber Weblogs weiter ausdifferenziert: Sie gelten demnach sowohl als Reflexionsinstrument als auch als Werkzeug, um eigene Leistungen zur Schau zu stellen. Reichert (2013, S. 112) verbindet daher Portfolioarbeit mit Begriffen wie Identitätsarbeit, Biografiearbeit, Selbstnarration, aber auch Selbstmanagement. Er geht davon aus, dass E-Portfolios ihren Nutzenden letztlich zur „reflexiven Aneignung ihrer lebensgeschichtlichen Erfahrungen" (Reichert 2013, S. 112) dienen. Dabei käme „[d]er allgemeinen Gegenwartstendenz der Mediatisierung des Alltäglichen [..] die neue Praxis der autobiografischen Selbstthematisierung auf den Aufmerksamkeitsmärkten des Internet entgegen" (Reichert 2013, S. 127).

Anders als Weblogs, die sich in den Geistes- und Sozialwissenschaften großer Beliebtheit erfreuen, kommen E-Portfolios jüngst v. a. in der Lehrerausbildung zum Einsatz (z. B. Christen und Hofmann 2013; Stratmann et al. 2013). Sie sollen angehende Lehrer/innen dazu ermuntern, ihre Lernprozesse zu explizieren und im zeitlich-biografischen Verlauf in einen kohärenten Zusammenhang zwischen dem Formalen und Informellen zu bringen. Die institutionelle Beliebtheit des Werkzeugs dürfte auf zwei Begebenheiten zurückgehen: So ist die Portfolio-Methode (1) bereits vor ihrer Digitalisierung häufig bei pädagogischen Fachkräften zum Einsatz gekommen, um (Selbst-)Reflexionsprozesse in Gang zu setzen. Darüber hinaus werden (2) mithilfe von E-Portfolios länger existente Probleme in der Lehrerausbildung in Angriff genommen und mit dem Ziel der Problemlösung durchgesetzt: dass nämlich fachliche und erziehungswissenschaftliche Anteile des Lehramtsstudiums oft als zu wenig verzahnt *wahrgenommen* werden, dass Lernort-übergreifende Gedanken zwischen Schule und Hochschule im Hochschulstudium *wenig Raum* erhalten sowie dass die Auseinandersetzung mit dem Lehrerberuf sonst *(zu) spät* erfolgt. E-Portfolios in den aktuellen Ausprägungen stellen sich dabei äußerst individuell dar, sind eng an die ausbildende Institution gebunden und zielen auf systematische Reflexion mithilfe digitaler Medien ab. Gerade die Pädagogischen Hochschulen im deutschsprachigen Raum haben sich dieses Instruments verschrieben, da sie im Wesentlichen für die Lehrerausbildung zuständig sind und aktuelle Bedingungen zur Entwicklung von Lehrer/innen zwischen Theorie und Praxis verbessern wollen. Häufig sind diese E-Portfolios auch in das Lehramtsstudium integriert und ihre Nutzung wird mit Leitfragen angeleitet. Unabhängig davon, ob die Reflexionstiefe dann bewertet wird, verschränken ausgerechnet E-Portfolios formales und informelles Lernen besonders eindrucksvoll: Sie werden nicht (mehr) zufällig oder spontan genutzt, sondern dienen in der Regel einem konkreten Lernziel.

4 Informelles Lernen durch, mit und in digitalen Medien in der Hochschule

Probieren *und* studieren geht Hand in Hand, so müsste ein erstes Fazit dieses Beitrags lauten. Immerhin konnte mit Bezug zu mehreren Beispielen gezeigt werden, dass institutionalisiertes Lernen in Hochschulen keineswegs bedeutet, ausschließlich formal intendiert zu lernen und durch Lehrende angeleitet zu werden. Gleichzeitig stehen Wissenserwerb, Wissenstransfer und eben auch die Anwendung des akademischen Wissens in unterschiedlichen Kontexten in einem komplexen Wechselverhältnis, sodass die Trennung in formales Lernen hier und informelles Lernen dort überholt scheint. Es ist daher wahrscheinlicher, dass sich Lernprozesse in den einzelnen Lehrveranstaltungen ergänzen – auch und mit digitalen Medien, die ebenfalls zu diversen Zwecken und in unterschiedlich curricular angebunden Szenarien integriert werden. Es ergibt sich allerdings ein Schwerpunkt in selbstgesteuerten (Nutzung) von Medien als Werkzeug, wie Kapitel zwei zeigte.

Bisherige *Entwicklungslinien zum Lernen mit digitalen Medien in der Hochschule* greifen daher – neben generellen Effizienzbestrebungen – auch die Idee nach der Veränderung von Lehr-/Lernkulturen an der Hochschule auf (Jenert 2014, S. 162 ff.). Solche Veränderungen sind allerdings schwerfällig, dauern lange und gehen einher mit den organisationalen Bedingungen, den Fachkulturen sowie mit dem Willen und der Bereitschaft der Lehrenden und Lernenden, sich hinsichtlich der Gestaltung von Lehre und der Einstellung zu Lehre zu verändern. In Kapitel drei wiesen insgesamt vier Beispiele darauf hin, wie Mediennutzung im Kontext fachkultureller Traditionen zu sehen ist und welche (Fehl-)Schlüsse sich daraus hochschul- und mediendidaktisch für die Gestaltung von Studium und Lehre ergeben. Erschwerend hinzu kommt, dass eine „flächendeckende Implementierung", wie Jenert (2014, S. 165) sie für das Lernen mit Medien vorschlägt, unter mediatisierten Bedingungen wenig zielführend sein dürfte. Studierende, aber auch Forschende suchen sich längst informell diejenigen Werkzeuge, die sie für ihren Fortschritt im Studium oder für das Forschen an sich benötigen. Angesichts einer schon jetzt unübersichtlichen Zahl an digitalen Medien kann man diese Entwicklung durch Formalisierungsprozesse nicht aufhalten. Stattdessen gilt es nach vernünftigen Konzepten zu suchen, die formale und informelle Mediennutzung miteinander verbinden, genauso wie es auch nach Ausprägungen informellen Lernens zu unterscheiden gilt.

Mit dem Beitrag wurden ebenfalls *vorwiegend Lernprozesse* angesprochen, dass eine Beschäftigung mit den Studierenden als Primärzielgruppe der Lernenden nahelag. Die Lehrenden als Lernende gerieten dabei aus dem Blick – bewusst, denn ihnen wurde die wesentliche Aufgabe der Vermittlung, Betreuung und Begleitung der Studierenden zugeschrieben. Wenn Lernprozesse an Hochschulen aber *Forschungsprozessen* gleichkommen, wäre es in einem nächsten Schritt hilfreich, nach Gemeinsamkeiten und Unterschieden zwischen Studierenden und Lehrenden bzgl. ihrer fachbezogenen und überfachlichen Lern- und Entwicklungsprozesse zu suchen oder danach zu fragen, ob und wie sie auch gemeinsam forschen könnten. Gerade das gemeinsame, soziale Handeln wäre essenziell, um neben Forschungsprozessen auch Charakteristika der Medien im Austausch mit Lehrenden und Peers zu „begreifen" (Schelhowe 2008, S. 110). Dazu würde dann auch gehören, forschendes Lernen „zu Ende" zu denken und aus Lernergebnissen einen Nutzen für die wissenschaftliche Gemeinschaft z. B. durch öffentlich oder in Repositorien zugängliche Publikationen zu stiften. Eine konsequente Forschungsorientierung an Hochschulen könnte also auch das umsetzen, was sich oben als notwendig zeigte: (Zeit-)Räume für Bildung, sprich Bildungsräume (z. B. Sesink 2008), damit auch unter gegenwärtigen hochschul- und bildungspolitischen Vorgaben in, mit *und* durch digitale Medien forschend in Hochschulen gelernt werden kann.

Literatur

Bachmann, G. (2014). Passt der traditionelle Campus zum Studieren von heute? In T. Skerlak, H. Kaufmann, & G. Bachmann (Hrsg.), *Lernumgebungen an der Hochschule. Auf dem Weg zum*

Campus von morgen (Reihe Medien in der Wissenschaft, Bd. 66, S. 93–121). Münster: Waxmann.

Böhle, F., Pfeiffer, S., & Sevsay-Tegethoff, N. (Hrsg.) (2004). *Die Bewältigung. des Unplanbaren.* Wiesbaden: VS.

Christen, A., & Hofmann, M. (2013). E-Reflexionsportfolio an der Pädagogischen Hochschule St. Gallen. Entwicklungen im Studienjahr 2009/2010. In D. Miller & B. Volk (Hrsg.), *E-Portfolio an der Schnittstelle von Studium und Beruf* (Reihe Medien in der Wissenschaft, Bd. 63, S. 133–146). Münster: Waxmann.

Deci, E. L., & Ryan, R. M. (1993). Die Selbstbestimmungstheorie der Motivation und ihre Bedeutung für die Pädagogik. *Zeitschrift für Pädagogik., 39*(2), 223–238.

Dehnbostel, P. (2005). Lernen – Arbeiten – Kompetenzentwicklung: Zur wachsenden Bedeutung des Lernens und der reflexiven Handlungsfähigkeit im Prozess der Arbeit. In G. Wiesner & A. Wolter (Hrsg.), *Die lernende Gesellschaft. Lernkulturen und Kompetenzentwicklung in der Wissensgesellschaft* (S. 111–126). Weinheim: Juventa.

Dohmen, G. (2001). *Das informelle Lernen. Die internationale Erschließung einer bisher vernachlässigten Grundform menschlichen Lernens für das lebenslange Lernen aller.* Bonn: bmb+f. Online verfügbar unter: http://www.werkstatt-frankfurt.de/fileadmin/Frankfurter_Weg/Fachtagung/BMBF_Das_informelle_Lernen.pdf. Zugegriffen am 18.04.2015.

Donk, A. (2012). The Global Science Village? Wissenschaftler in der digitalen Welt. *medien + erziehung (merz) Wissenschaft, 6,* 103–113.

Ebersbach, A., Glaser, M., & Heigl, R. (2011). *Social Web.* (2.,völlig überarbeitete Aufl.). Konstanz: UVK.

Europäische Kommission. (2001). *Einen europäischen Raum des lebenslangen Lernens schaffen. Mitteilung KOM 678.* Brüssel: Kommission der Europäischen Gemeinschaften. Online verfügbar unter: http://www.eu-bildungspolitik.de/uploads/dokumente_informelles_lernen/2001_11_kom_lll.pdf. Zugegriffen am 18.04.2015.

Hofhues, S. (2013a). At any place, anytime, anywhere? Plädoyer für eine Hochschulbildung mit Medien. *standpunkt: sozial, 1,* 52–58.

Hofhues, S. (2013b). *Lernen durch Kooperation: Potenziale der Zusammenarbeit von Schulen und Unternehmen am Beispiel eines Schule-Wirtschaft-Projekts. Reihe Ökonomie und Bildung.* Wochenschau: Schwalbach.

Hofhues, S., & Schiefner-Rohs, M. (2012). Crossing Boundaries: Handeln in Medienprojekten zwischen Medienbildung und ökonomischer Bildung. *medien + erziehung (merz) Wissenschaft, 6,* 93–102.

Hofhues, S., & Schiefner-Rohs, M. (2013). Education beyond Facebook. Critical reflections on the current state of ICT in higher education. In B. Patrut (Hrsg.), *Social media in academia: Research and teaching. Proceedings of SMART 2013* (S. 251–256). Bologna: Medimond.

Hurrelmann, K. (2002). *Einführung in die Sozialisationstheorie* (8., vollständig überarbeitete Aufl.). Weinheim: Beltz.

Jadin, T. (2012). Social Web-Based Learning: kollaborativ und informell. Ein exemplarischer Einsatz einer Social-Media-Gruppe für die Hochschullehre. In G. Csanyi, F. Reichl, & A. Steiner (Hrsg.), *Digitale Medien – Werkzeuge für exzellente Forschung und Lehre* (S. 324–334). Münster: Waxmann.

Jahnke, I., & Mattick, V. (2008). Integration informeller Lernwege in formale Universitätsstrukturen: Vorgehensmodell Sozio-technische Communities. In S. Zauchner, P. Baumgartner, E. Blaschitz, & A. Weissenbäck (Hrsg.), *Offener Bildungsraum Hochschule. Freiheiten und Notwendigkeiten* (Reihe Medien in der Wissenschaft, Bd. 48, S. 192–203). Münster: Waxmann. ISBN 48.

Jenert, T. (2011). *Studienprogramme als didaktische Gestaltungs- und Untersuchungseinheit -Theoretische Grundlegung und empirische Analyse* (Dissertationsschrift). Bamberg: Difo.

Jenert, T. (2014). Verändern Medien die Lernkultur? Mögliche Rollen von Technologie zwischen virtuellen und physischen Lernräumen. In T. Skerlak, H. Kaufmann, & G. Bachmann (Hrsg.),

Lernumgebungen an der Hochschule. Auf dem Weg zum Campus von morgen (S. 159–175). Münster: Waxmann.

Kleinmann, B., Özkilic, M., & Göcks, M. (2008). *Studieren im Web 2.0. Studienbezogene Web- und E-Learning-Dienste. HIS: Projektbericht November 2008.* Hannover: HIS-Hochschul-Informations-System GmbH.

Krotz, F. (2001). *Die Mediatisierung kommunikativen Handelns. Wie sich Alltag und soziale Beziehungen, Kultur und Gesellschaft durch die Medien wandeln.* Opladen: Westdeutscher Verlag.

Meyer, Philip (2010). Denn sie wissen nicht, was sie bloggen. Missverständnisse beim Einsatz von Weblogs in Seminaren an der Hochschule. *w.e.b.Square*, 04/2010. Online verfügbar unter: http://websquare.imb-uni-augsburg.de/2010-04/5. Zugegriffen am 18.04.2015.

Meyer, T., Mayrberger, K., Münte-Goussar, S., & Schwalbe, C. (Hrsg.) (2011). *Kontrolle und Selbstkontrolle. Zur Ambivalenz von E-Portfolios in Bildungsprozessen* (Reihe Medienbildung und Gesellschaft, Bd. 19). Wiesbaden: VS.

MPFS. (2014). *JIM-Studie 2014. Jugend, Information, (Multi-)Media. Basisuntersuchung zum Medienumgang 12- bis 19-Jähriger.* Stuttgart: Medienpädagogischer Forschungsverbund Südwest. Online verfügbar unter: http://www.mpfs.de/fileadmin/JIM-pdf14/JIM-Studie_2014.pdf. Zugegriffen am 18.04.2015.

Münker, S. (2009). *Emergenz digitaler Öffentlichkeiten. Die Sozialen Medien im Web 2.0.* Frankfurt: Suhrkamp Verlag.

Neuweg, G. H. (2000). Mehr lernen, als man sagen kann: Konzepte und didaktische Perspektiven impliziten Lernens. *Unterrichtswissenschaft, 28*, 197–217.

Nolda, S. (2002). *Pädagogik und Medien. Eine Einführung.* Stuttgart: Kohlhammer.

Oblinger, D. G. (2007). Becoming Net Savvy. *Educause Quarterly, 30*(3), 11–13.

Öchsner, K. (2011). *Selbstgelernt statt fremdbelehrt. Prozesse und Einflussfaktoren autodidaktischen Lernens am Beispiel von Studierenden der Fakultät für Gestaltung der Hochschule Augsburg.* Unveröffentlichte Masterarbeit. Augsburg: Universität Augsburg.

Reichert, R. (2013). Portfoliostrategie 2.0. „Biografiearbeit" und „Selbstnarration" im Social Net. In D. Miller & B. Volk (Hrsg.), *E-Portfolio an der Schnittstelle von Studium und Beruf* (Reihe Medien in der Wissenschaft, Bd. 63, S. 105–132). Münster: Waxmann.

Reinmann, G. (2007). Kooperatives Lernen als informelles Lernen der Net Generation. *Zeitschrift für Berufs- und Wirtschaftspädagogik., 21*, 131–141.

Reinmann, G. (im Druck). Forschungs- und Berufsorientierung in der Lehre aus hochschuldidaktischer Sicht. In P. Tremp (Hrsg.), *Forschungsorientierung und Berufsbezug im Studium* (Blickpunkt Hochschuldidaktik). Bielefeld: Bertelsmann.

Reinmann, G., & Bianco, T. (2008). *Knowledge Blogs zwischen Kompetenz, Autonomie und sozialer Eingebundenheit* (Arbeitsbericht Nr. 17). Augsburg: Universität Augsburg, Medienpädagogik. http://opus.bibliothek.uni-augsburg.de/opus4/frontdoor/index/index/docId/644. Zugegriffen am 18.04.2015.

Reinmann, G., & Mandl, H. (2006). Unterrichten und Lernumgebungen gestalten. In A. Krapp & B. Weidenmann (Hrsg.), *Pädagogische Psychologie. Ein Lehrbuch* (5., vollständig überarbeitete Aufl., S. 613–658). Weinheim: BeltzPVU.

Reinmann-Rothmeier, G. (2003). *Didaktische Innovation durch Blended Learning.* Bern: Huber. Unter Mitarbeit von Frank Vohle, Frederic Adler und Heidi Faust.

Rohs, M. (2010). Zur Neudimensionierung des Lernortes. *REPORT. Zeitschrift für Weiterbildungsforschung., 2*, 34–45.

Schelhowe, H. (2008). Digitale Medien als kulturelle Medien. Medien zum Be-Greifen wesentlicher Konzepte der Gegenwart. In J. Fromme & W. Sesink (Hrsg.), *Pädagogische Medientheorie* (S. 95–113). Wiesbaden: VS.

Schulmeister, R. (2009). *Gibt es eine „Net Generation"? Erweiterte Version 3.0.* Hamburg: Universität Hamburg. http://www.zhw.uni-hamburg.de/uploads/schulmeister_net-generation_v3.pdf. Zugegriffen am 18.04.2015.

Schulmeister, R. (Hrsg.) (2013). *MOOCs – Massive open online courses. Offene Bildung oder Geschäftsmodell?* Münster: Waxmann.

Schulmeister, R., & Metzger, C. (2011). *Die Workload im Bachelor: Zeitbudget und Studierverhalten. Eine empirische Studie*. Münster: Waxmann.

Sesink, W. (2008). Bildungstheorie und Medienpädagogik – Versuch eines Brückenschlags. In J. Fromme & W. Sesink (Hrsg.), *Pädagogische Medientheorie* (S. 13–35). Wiesbaden: VS.

Stratmann, J., Wiedenhorn, T., & Janssen, M. (2013). Zur Neukonzeption der Praktikumsstruktur. Eine Selbstlernumgebung mit E-Portfolio in der ersten Praxisphase. In D. Miller & B. Volk (Hrsg.), *E-Portfolio an der Schnittstelle von Studium und Beruf* (Reihe Medien in der Wissenschaft, Bd. 63, S. 180–190). Münster: Waxmann.

Tully, C. J. (1994). *Lernen in der Informationsgesellschaft. Informelle Bildung durch Computer und Medien*. Wiesbaden: Westdeutscher Verlag.

Van Eimeren, B. (2013). Always on" – Smartphone, Tablet & Co. als neue Taktgeber im Netz. *Media Perspektiven, 7–8*, 386–390.

Vogel, B., & Woitsch, A. (2013). *Orte des Selbststudiums. HIS Forum Hochschule 7/2013*. Hannover: HIS-Hochschul-Informations-System GmbH. Online verfügbar unter: http://www.dzhw.eu/pdf/pub_fh/fh-201307.pdf. Zugegriffen am 18.04.2015.

von Humboldt, W. (1964/1982). *Schriften zur Politik und zum Bildungswesen* (Bd. IV). In A. Flitner & K. Giel (Hrsg.), *Wilhelm von Humboldt* (Werke in fünf Bänden. 3., gegenüber der 2., unveränderte Aufl.). Darmstadt: Wissenschaftliche Buchgesellschaft.

Würmseer, G. (2010). *Auf dem Weg zu neuen Hochschultypen. Eine organisationssoziologische Analyse vor dem Hintergrund hochschulpolitischer Reformen*. Wiesbaden: VS.

Zauchner, S., Baumgartner, P., Blaschitz, E., & Weissenbäck, A. (Hrsg.) (2008). *Offener Bildungsraum Hochschule. Freiheiten und Notwendigkeiten* (Reihe Medien in der Wissenschaft, Bd. 48). Münster: Waxmann.

Informelles Lernen mit digitalen Medien in Unternehmen

Sabine Seufert und Christoph Meier

Inhalt

1 Einleitung 548
2 Informelles Lernen mit digitalen Medien und Social Media: Konzeptionelle
  Grundlagen 548
3 Informelle Lernformen mit digitalen Medien gestalten: Eine Systematik 549
4 Rahmenbedingungen gestalten: „Organisation" des Informellen, Förderung einer
  „Mitmachkultur" 559
5 Fazit 563
Literatur 564

Zusammenfassung

Facebook, XING, Twitter, YouTube, Blogs, Podcasts und Wikis – Social Media sie finden nicht nur im privaten, sondern auch im Unternehmensumfeld zunehmend Verbreitung. In diesem Beitrag wird der Frage nachgegangen, welche Chancen und Potenziale sich für das betriebliche Bildungsmanagement mit digitalen Medien und Social Media verbinden. Zwei Aspekte stehen im Vordergrund: die Förderung einer veränderten Dialogkultur (im Sinne einer „Mitmachkultur") und Impulse zur Veränderung der betrieblichen Lernkultur.

Schlüsselwörter

Informelles Lernen • Digitale Medien • Social media • Lernkultur • Lernende Organisation

---

S. Seufert (✉) • C. Meier
Institut für Wirtschaftspädagogik, Universität St. Gallen, St. Gallen, Schweiz
E-Mail: sabine.seufert@unisg.ch; christoph.meier@unisg.ch

1 Einleitung

Facebook, XING, Twitter, YouTube, Blogs, Podcasts und Wikis – Social Media finden vermittelt über das private Handlungsfeld zunehmend auch im Unternehmensumfeld Verbreitung. Häufig werden Social Media mit einer neuen Kulturtechnik gleichgesetzt, in der Konsumenten oder Mitarbeitende aktiv und teilweise öffentlich einsehbar miteinander kommunizieren und arbeiten.

Welche Chancen und Potenziale verbinden sich mit digitalen Medien bzw. Social Media für das betriebliche Bildungsmanagement? Wir entwickeln in diesem Beitrag zwei Aspekte. Zum einen können Social Media Bildungsprozesse insofern unterstützen, als sie eine dialogorientierte Kommunikation mit zentralen Anspruchsgruppen der Bildungsangebote unterstützen können. Im Kern geht es hierbei um die Entwicklung einer „Mitmachkultur". Zum anderen können digitale Medien und Social Media als Treiber einer neuen Lernkultur wirken, in der informelle Lernprozesse einen grösseren Stellenwert einnehmen. Für das Bildungsmanagement stellt sich die Frage, ob es sich im Unternehmen als Treiber einer neuen „Mitmachkultur" und/oder als Treiber einer neuen Lernkultur positionieren kann und will. Und damit ist auch die Anschlussfrage verbunden, wie das betriebliche Bildungsmanagement diese Rollen glaubwürdig ausfüllen kann.

2 Informelles Lernen mit digitalen Medien und Social Media: Konzeptionelle Grundlagen

Digitale Medien haben schon vor vielen Jahren ihren Einzug in das Feld der (betrieblichen) Aus- und Weiterbildung gefunden. Zunächst in der Form von multimedialem Computer Based Training auf der Basis von CD-ROMs, später in der Form von Web Based Training und Lern-Management-Systemen als Zugangs- und Management-Plattformen (vgl. http://www.bersin.com/blog/post/2013/03/The-Ever-Changing-State-of-the-Learning-Technology-Industry.aspx).

Ein neuer Entwicklungsschub in diesem Bereich wurde durch die als Web 2.0 bezeichneten technischen Entwicklungen im Bereich der interaktiven, Web-basieren Anwendungen ausgelöst. Der Begriff Web 2.0 wurde massgeblich von Tim O'Reilly (2005) geprägt und steht für eine „Mitmachkultur", da die bisherigen Internetnutzer mit Hilfe der neuen Generation an Web Technologien nun zu Produzenten von Inhalten werden konnten und damit eine neue Kultur der Partizipation am Geschehen im Internet entstand.

Analog zu der Entwicklung vom Web 1.0 zum Web 2.0 (dem „Social Web") wurde eine Entwicklung vom E-Learning 1.0 zu E-Learning 2.0 diagnostiziert und auch propagiert (z. B. Kerres 2006). Eine zentrale Veränderung dabei betrifft die Bedeutung der Nutzer (d. h. der Lernenden) und ihre Rolle. An die Stelle von statischen Webseiten, über die Inhalte von wenigen (Experten/Lehrende) publiziert und von vielen (Lernende/Studierende) rezipiert werden, treten Austauschplattformen, die dezentral von den Nutzern mit Inhalten gespeist werden – wie zum Beispiel Wikipedia und YouTube.

Im Unterschied zu Web 2.0 wird bei Social Media häufig ein starker Bezug zu Online Communities hergestellt, die als Treffpunkt für die Nutzer dienen, wie es die nachfolgende Definition von Safko und Brake (2009) konturiert:

> „Social media refers to activities, practices, and behaviors among communities of people who gather online to share information, knowledge, and opinions using conversational media. Conversational media are Web-based applications that make it possible to create and easily transmit content in the form of words, pictures, videos, and audios." (S. 6)

Mit diesem zugrundeliegenden Begriffsverständnis wird deutlich, dass Social Media als Kulturtechnik grundsätzlich didaktisch wertvolle Verbindungen zu sozialem Lernen, dem Lernen mit- und voneinander, aufzeigt. In den Kommunikations- und Marketingbereichen von Unternehmen ist die Bedeutung von Social Media unbestritten, sind diese Werkzeuge längst in den Arbeitsalltag integriert. In den betrieblichen Bildungsbereichen ist dies noch nicht im gleichen Mass der Fall (vgl. BITKOM 2012, S. 11). Das Potenzial von Social Media für das Lernen und für die Organisation von Lernen in Unternehmen ist bisher von den meisten Bildungsverantwortlichen noch nicht wirklich konsequent aufgegriffen worden (vgl. aber adidas als ein Beispiel für eine programmatische Hinwendung zum Thema Social Media im Bildungsbereich: http://blog.adidas-group.com/2014/03/bringing-the-adidas-group-learning-campus-to-life-learning-in-the-21st-century/).

3 Informelle Lernformen mit digitalen Medien gestalten: Eine Systematik

3.1 Begriffsverständnis Informelles Lernen

Die Definition von informellem Lernen ist nicht einfach und in der einschlägigen Literatur finden sich dazu unterschiedliche Ansätze (vgl. Zürcher 2007). Weit verbreitet sind Definitionsansätze, die formales, non-formales und informelles Lernen durch einige wenige Merkmale unterscheiden, beispielsweise die Definitionen der OECD oder auch der EU-Kommission. Daneben finden sich Gebrauchsdefinitionen, welche die Unterschiede zwischen den Lernformen als Kontinuum zwischen den beiden Polen informell bzw. formell beschreiben. Und schließlich finden sich auch etymologische Ableitungen des Konzepts.

Eine absolute Grenzziehung zwischen formalem, non-formalem und informellem Lernen ist letztlich nicht möglich. Analog zu Overwien (2009) kann bei den verschiedenen Formen des Lernens eher von Komplementären denn von Substituten gesprochen werden (Overwien 2009). Eine auf spezifischen Merkmalen beruhende Unterscheidung der Lernformen scheint daher wenig zielführend (Colley et al. 2003). Problematisch an dieser Sichtweise ist, dass es formelles und informelles Lernen voneinander abgrenzt und überdies vermeintlich gegeneinander ausspielt: das eine sei höherwertig als das andere. Dieser Umstand erschwert die Erforschung des Phänomens. Je nach Lernverständnis und zugrundeliegendem Lernkontext können sehr unterschiedliche Zugänge und Begriffsdefinitionen für informelles Lernen vorliegen. Einerseits existieren „vereinfachende" Gebrauchsdefinitionen, bewusst vertreten u. a. von Dohmen (2001, S. 13): Der „Begriff des informellen Lernens wird auf alles Selbstlernen bezogen, das sich in unmittelbaren Lebens- und Erfahrungszusammenhängen außerhalb des formalen Bildungswesens entwickelt." Die institutionelle Anbindung ist somit das maßgebliche Abgrenzungskriterium. Die Definition ist damit sehr allgemein gefasst und es besteht die Gefahr, dass die Abgrenzung relativ beliebig ausgelegt werden kann. Lernprozesse können somit vielmehr als Komposition formeller sowie informeller Bestandteile behandelt werden, was uns im Folgenden dem Kontinuum-Modell näher bringt (Seufert et al. 2013, in Anlehnung an Sommerlad und Stern 1999; Eraut 2000; Colley et al. 2003; Colardyn und Björnavold 2004; Straka 2004).

3.2 Das Kontinuum-Modell zur Beschreibung formellen und informellen Lernens

Durch die schwierige Verwertbarkeit einer auf Unterscheidungsmerkmalen basierenden Begriffsdefinition in der praktischen Anwendung gewinnt der Definitionsansatz in Form eines Kontinuums an Bedeutung (Stern und Sommerlad 1999; Colley et al. 2003). Damit soll über die Spezifizierung mehrerer Attribute ein näheres Verständnis für Prozesse des informellen Lernens entwickelt werden. Tabelle 1 zeigt

Tab. 1 Attribute zur Bestimmung von Formalität und Informalität

Attribute	Formalität	Informalität
Curriculum/ Prozess	Lernprozesse sind durch Ziele und Inhalte im Rahmen einer organisierten Bildungsmaßnahme definiert	Lernprozesse ohne festgelegtes Curriculum und Lernziele
	Direkte Rolle der Lehrpersonen; z. B. in Weiter-bildungskursen	Weniger formell: Unterstützung durch „Lernbegleiter", Mentoren
		Informell: Unterstützung durch Kollegen, Freunde
Ort, Setting	Bildungsinstitutionen	Arbeitsplatz, Gemeinschaft, Familie
	Lernen an Orten, die für die Lernprozesse spezifisch gestaltet sind	Unbestimmtes Ende
	Festgelegte Lernzeiten mit Anfang und Ende	Keine bzw. nur wenige Zeitrestriktionen
Absichten, Ziele	Erstrangiges Ziel ist das Lernen	Ein anderes Ziel steht im Vordergrund
	Lernen erfüllt extern vorgegebene Bedürfnisse	Lernen ist Begleiterscheinung
	Spezifizierung des Lern-ergebnisses (Zertifizierung als höchste Ausprägung an Formalität)	Lernen ist selbstinitiiert und bestimmt vom Lernenden
		Lernen ist ergebnisoffen
Inhalte	Fokus auf der Aneignung von etabliertem Expertenwissen, abstraktem Theoriewissen und Praktiken	Fokus auf dem Aufdecken von Erfahrungswissen, praktische Tipps, Generierung von neuem Wissen

planbare Teilaspekte des Lernens auf und enthält damit wertvolle Hinweise auf Rahmenbedingungen für das praktische Ermöglichen von Lernen auch in informellen Kontexten. Zwischen den Polen des informellen und des formellen Lernens, siedeln sich damit unterschiedlichste Formen von Lehr-/Lernarrangements an. Eine absolute Grenzziehung scheint hierbei vernachlässigbar, da der Fokus dieser Gebrauchsdefinition auf tatsächlich beeinflussbare Faktoren des Lernens gelegt wird (Colley et al. 2003). Jegliche Form des Lernens beinhaltet sowohl explizite als auch implizite Vorgänge, welche sich der von außen wirkenden Planbarkeit entziehen (Overwien 2003).

Graduell planbare Attribute sind dem Modell zufolge der Prozess des Lernens, der Ort sowie das jeweilige Setting, Absichten und Ziele und schließlich die Lerninhalte (Colley et al. 2003; Sommerlad und Stern 1999) – kurzum die Umgebungsbedingungen für informelles Lernen (Overwien 2003; Straka 2004; Zürcher 2007). Die Betrachtung einer Didaktisierung – sprich einer Ermöglichung informellen Lernens und somit der „Planbarkeit des Zufalls" – rückt in den Mittelpunkt (Zürcher 2007). Eine trennscharfe Unterscheidung zwischen den Lernformen scheint zwar weiterhin nahezu unmöglich, kann nun jedoch durch die zielgerichtete Suche nach Gestaltungsmöglichkeiten informellen Lernens in den Hintergrund rücken (Colley et al .2003; Zürcher 2007).

Letztendlich besteht auch hierbei eine Gefahr der vagen Begriffsverwendung und die Frage bleibt, inwieweit die relevanten Attribute gebrauchstauglich erfasst werden können. Die Theoriebildung zur Definition von informellem Lernen befindet sich daher im Entwicklungsstadium (Colley et al. 2003). Grundsätzlich stellt es ein schwieriges Unterfangen dar und es bleibt überhaupt eine offene und kritische Frage, ob es sich durchsetzen wird, bei dieser Vielfalt an Definitionen, eine Theoriebildung grundlegen zu können. Statt nach einer allgemeingültigen Lösung für die Definition von informellem Lernen zu suchen, könnte eine gangbare Alternative in einer organisationsspezifischen Präzisierung liegen. Dabei werden zentrale Attribute zur Aufnahme von Formalität und Informalität für die Kompetenzentwicklung spezifiziert, um damit Handlungsräume für das Design von Bildungsprozessen zu erweitern.

In Bezug auf die Gestaltung von Lernumgebungen, insbesondere die „Rahmung" von informellem Lernen anhand gestaltungsoffeneren Lernumgebungen und definierbaren Problemstellungen können folgende Fragen formuliert werden (Overwien 2011, S. 365):

- Wie lassen sich Lernumgebungen im Sinne von „Organisationslogiken" für die Gestaltung von Unterricht so verändern, dass Freiräume für informelles Lernen geschaffen werden können (gestaltungsoffenere Lernumgebungen)? Wie können Grundprinzipien der Reflexion, z. B. Reflexionsprozesse des Lernenden anregen und anleiten, sowie die Strukturierung der Selbstorganisation in Lernprozessen für die Designs von Lernumgebungen angewendet werden?
- Wie sind organisatorische Rahmenbedingungen zu gestalten, um strukturelle und kulturelle Einflussfaktoren auf die Kompetenzentwicklung in informellen Kontexten (z. B. bezogen auf Einstellungen) zu unterstützen? Wie lassen sich organisationale Lernprozesse durch die Bildungsverantwortlichen beeinflussen? Was

sind Einflussfaktoren der Organisationskultur und wie können sie durch Gestaltungsimpulse beeinflusst werden?

Im Hinblick auf Bildungsangebote findet aktuell eine Verschiebung der Prioritäten statt, und zwar hin zur Gestaltung von Rahmenbedingungen auf der meso- und makrodidaktischen Ebene. Es geht darum, eben diese planbaren Aspekte mit dem Unternehmenskontext zu verknüpfen und Entwicklungsmöglichkeiten aufzuzeigen. Der Blick auf die Gestaltbarkeit von Rahmenbedingungen, die informelles Lernen zu ermöglichen, lässt das Kontinuum-Modell als Ausgangspunkt für das Design gestaltungsoffener Bildungsprogramme als wertvoll erscheinen. Eine derartige Gebrauchsdefinition kann sicherlich nicht als allgemeingültige Lösung für die Definition von informellem Lernen angesehen werden. Sie schafft jedoch aus der Gestaltungsperspektive der verschiedenen Kontexte die Möglichkeit einer organisationsspezifischen Anwendung. Es wird möglich, zentrale Attribute von Formalität und Informalität zu spezifizieren und damit die Planungskriterien für die Rahmenbedingungen von Lernen auch in informellen Kontexten zu bestimmen.

3.3 Organisationslogiken

Das Entwickeln von innovativen Lösungen für Kundenanforderungen und die Gestaltung von Leistungsprozessen stellt eine zentrale Herausforderung für Unternehmen dar.

Eine Kompetenzentwicklung, die auf innovatives Verhalten ausgerichtet ist, impliziert mehr als nur formal organisierte Kompetenzentwicklung. Auf der Grundlage der beiden Dimensionen: „formal organisiertes Lernen – informelles Lernen" und „individuelles Lernen – organisationales Lernen" können nach Seufert (2012) unterschiedliche Logiken zur Organisation von Lernprozessen unterschieden werden. Ein Kontinuum-Modell für Lernen in formal-organisierten und in informellen Kontexten (vgl. nachfolgende Abbildung) schafft die notwendige Klarheit für eine „Sowohl-als-auch-Strategie" mit der das Lernen in formellen und informellen Kontexten verzahnt werden kann. Zugleich erhält damit auch die Gestaltung von Rahmenbedingungen für Lernen das angemessene Gewicht. Lernumgebungen beziehen sich nicht nur auf den Seminar- oder Kursraum, sondern auch auf lernförderliche Rahmenbedingungen am Arbeitsplatz ganz allgemein (Abb. 1):

In der Praxis werden Fremd- und Selbstorganisation in der Gestaltung von Arbeit, Rollen und Prozessen einerseits und Erzeugungs- und Ermöglichungsdidaktik beim Lernen andererseits nicht mit Blick auf ihre Verbindungen betrachtet. Genau dies ist aber erforderlich. So fordert etwa Behrmann (2006, S. 326): „Arbeitsorganisationsformen auf betrieblicher oder organisationaler Ebene sind mit Gestaltungsformen der Lehr-/Lernorganisation zu parallelisieren, um sie in einem gemeinsamen pädagogischen Sinnkontext zu integrieren, wie z. B. projektförmige Arbeitsorganisationsformen auf organisationaler Ebene zu implementieren, die sich auf der Ebene der Lehr-/Lernorganisation in entsprechenden Lernarrangements widerspiegeln – oder umgekehrt."

Informelles Lernen mit digitalen Medien in Unternehmen

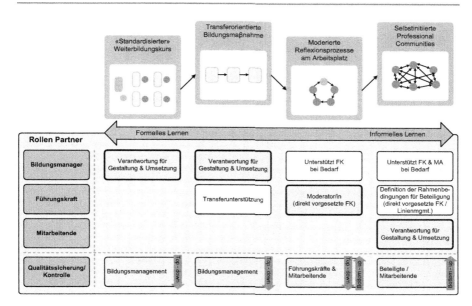

Abb. 1 Beispiele für neue Organisationslogiken für Bildungs maßnahmen auf der Meso-Ebene

Diese Abstimmung von didaktischer und betrieblicher Lernorganisation (z. B. transferorientierte Erweiterung von Funktionsweiterbildungen einerseits und andererseits die Ermutigung von Mitarbeitenden zur Beteiligung an Expertengemeinschaften in ihrer jeweiligen Profession) erfordert eine umfassend verstandene „Organisation von Entwicklungsmöglichkeiten". Anwendungsorientierte Weiterbildungen und Lernen im Verlauf des Arbeitens sind gesamthaft zu betrachten und zu organisieren. Daraus ergibt sich die Forderung nach einer umfassenden Lernplanung, die Lernen in formellen wie informellen Kontexten berücksichtigt und so eine gute Abstimmung zwischen didaktischer und betrieblicher Lernorganisation ermöglicht.

Die nachfolgende Tabelle zeigt drei unterschiedliche Organisationslogiken („extended Training", „Reflexion am Arbeitsplatz anleiten", „Möglichkeiten für informelles Lernen schaffen") für das Design von Lernumgebungen unter Einschluss von informellem Lernen (Seufert 2011, S. 303, in Anlehnung an die Organisationsstrategien nach Poell et al. 2003, S. 25) (Tab. 2):

Diese drei „Organisationslogiken" oder Modalitäten werden in den folgenden Abschnitten anhand des Fallbeispiels Hewlett-Packard (HP) dargestellt. HP ist ein weltweit tätiger Technologiekonzern, dessen Angebot sowohl Lösungen für die IT-Infrastruktur, globale IT-Dienstleistungen, Computer für den geschäftlichen wie auch privaten Einsatz sowie Systeme für Druck und Bildverarbeitung umfasst. Weltweit sind über 320.0000 Mitarbeitende für HP tätig. Die Fallstudie, deren Ergebnisse hier vorgestellt werden, ist in Zusammenarbeit mit Dr. Anke Hirning, Business Development Managerin Learning Solutions, HP Education Services

Tab. 2 Organisationslogiken für das Design von Lernumgebungen in der betrieblichen Bildung

Art	Ziele	Individuelles Lernen	Organisationales Lernen	Einsatz von Social Media Technologien
Extended Training -Informelles Lernen in Vor-/Nach-bereitung integrieren	Weniger punktuelle Lernevents, sondern Organisation eines Lernprozesses, z. B. Vorbereitungs-, Präsenz- und Nachbereitungsphase von Lernangeboten	Mithilfe informeller Lernangebote den individuellen Transfererfolg erhöhen; angepasste Arbeitsprozesse bewirken	Single-Loop Learning (Anpassungslernen): effektive Adaption der Organisation an vorgegebene Ziele und Normen,	Beispiele: Podcasts zu Seminarthemen, um deren Relevanz/strategische Bedeutung zu betonen (Vorbereitung); Wiki Beiträge im Nachgang/begleitend zum Seminar
Formelles & informelles Lernen am Arbeitsplatz verzahnen: Reflexion am Arbeitsplatz anleiten	Angeleitete Reflexion am Arbeitsplatz im Rahmen eines konzipierten Lernangebotes	Unterstützung von Lernprozessen am Arbeitsplatz, Problemlösung in Teams und Auslösen von (moderierten) Reflexionsprozessen	Double-Loop Learning (Veränderungslernen): Hinterfragen und evtl. Restrukturieren der existierenden Handlungstheorie,	Beispiele: Wiki Erstellung während eines Action Learning Projektes Blogs als Lernjournal zur Begleitung einer realen Aufgabe; moderierte Foren und Blogs innerhalb eines Qualitätszirkels oder Coaching Programmes;

			Beispiele:
Möglichkeiten für informelles Lernen (insbes. Social Networking) schaffen	Selbstorganisierte Reflexion über Innovationen innerhalb einer Profession (z. B. neue Arbeitsmethoden oder Prozesse)	Eigeninitiierte Reflexionsprozesse, Steigerung der individuellen Lernfähigkeit, unterstützt durch organisatorische/kulturelle Rahmenbedingungen	Deutero-Learning (Prozesslernen und Steigerung der Lernfähigkeit): Einsichten über die in der Organisation ablaufenden Lernprozesse selbst	Blogs für „Trendwatching": z. B. Beobachtung von Entwicklungen; Teamarbeit in Wikis: z. B. Qualitätshandbuch, soziale Netzwerke innerhalb einer Profession zur Beantwortung von Anfragen/Unterstützung von Problemstellungen

EMEA bei der Hewlett-Packard GmbH in Böblingen/Deutschland entstanden. Bei HP Education Services handelt es sich um einen Dienstleister für Training und Weiterentwicklung, der alle Phasen des Personalentwicklungsprozesses abdeckt, d. h. Strategieberatung, strategische Personalentwicklung, Trainingskonzeption sowie Einsatz von Learning Management Systemen.

3.4 Erweiterung von didaktischen Ansätzen um informelle Elemente mit digitalen Medien

In diesem Modus stellt informelles Lernen eine Erweiterung des formellen Lernens dar, wobei das informelle Lernen selbstgesteuert am Arbeitsplatz verläuft. Ein Beispiel hierfür sind Trainingsmassnahmen, die um transferunterstützende Elemente erweitert werden. Diese Erweiterung kann sich auf die Vorbereitung oder auf die Nachbereitung von Präsenzphasen beziehen und beispielsweise die Bearbeitung von medialen Lernressourcen beinhalten. Im Fokus steht dabei die Unterstützung der Lernenden, aber auch die Unterstützung der Vorgesetzten, sofern diese Transferprozesse begleiten und fördern sollen.

Bildungsmaßnahmen mit formellen und informellen Elementen: Integrierter Lernprozess bei HP Bei einem Technologiekonzern wie HP stellen die sehr kurzen Lebenszyklen von Produkten und damit einhergehend des Produkte-Wissens große Herausforderungen für die Personalentwickler dar. Dem informellen Lernen kommt eine grosse Bedeutung bei der Bewältigung dieser Herausforderungen zu. Die Kompetenzentwicklung der Mitarbeitenden findet in einem „integrierten Lernprozess" (Hirning 2008, S. 165) statt, in dessen Verlauf sie zunächst einen Entwicklungsbedarf feststellen, dann einen Entwicklungs- und Lernplan erstellen sowie schliesslich den eigenen Lernerfolg überprüfen. „Es ist wichtig, dass alle Mitarbeitende verstehen, dass sie selbst für ihre eigene berufliche Weiterentwicklung verantwortlich sind, und dass sie dabei unterstützt werden, die Maßnahmen zur Erreichung ihrer Ziele zu planen und durchzuführen" (Hirning 2008, S. 165). Die Führungskraft dient in diesem Zyklus als zentraler Ansprechpartner und Coach.

In der Praxis haben sich bei HP Szenarien des Extended Trainings bewährt: Für die Einarbeitung in neue Themen (Grundausbildung) und für angeleitete praktische Übungen wird formelles Lernen im Klassenraumtraining eingesetzt. Die Vorbereitungsphase steht im Vordergrund, damit die Mitarbeitenden die Relevanz der Maßnahme für ihren eigenen Job erkennen und sich selbst Ziele stecken können. Im Nachgang zum Seminar werden unterschiedliche Unterstützungsmaßnahmen angeboten. Die Teilnehmenden am Training können beispielsweise Peer Groups bilden, die sich bei der täglichen Arbeit informell gegenseitig unterstützen, oder es werden Transfer Coaches eingesetzt, die die Mitarbeitenden im Umgang mit dem neuen Thema im Arbeitskontext begleiten und unterstützen (Abb. 2).

Informelles Lernen mit digitalen Medien in Unternehmen

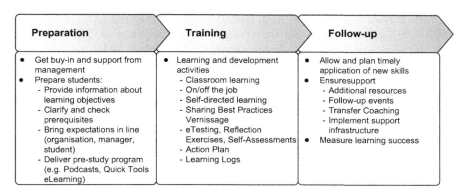

Abb. 2 Fallbeispiel HP: Extended Training (Hirning 2008, S. 165)

3.5 Reflexionsprozesse am Arbeitsplatz mit digitalen Medien/ Social Media

In diesem Modus steht die Reflexion von Arbeitshandeln am Arbeitsplatz im Mittelpunkt. Reflexionsprozesse werden im Rahmen von didaktisch organisierten Lernsituationen angestossen und moderiert, die in den Arbeitskontext integriert sind. Lernen findet folglich in einem informelleren Rahmen direkt am Arbeitsplatz statt, was häufig auch als „Workplace Learning" bezeichnet wird (Marsick 2009).

Angeleitete Reflexion am Arbeitsplatz: das Beispiel HP Die angeleitete Reflexion am Arbeitsplatz wird bei HP in unterschiedlichen Formen unterstützt, wobei insbesondere der Wissens- und Erfahrungsaustausch einen hohen Stellenwert einnimmt. Für die Zusammenarbeit von Arbeitsgruppen in längerfristigen Entwicklungsprogrammen werden vermehrt Wikis eingesetzt, in denen Ergebnisse aus der Zusammenarbeit wie etwa Erfahrungsberichte oder Ergebnisprotokolle dokumentiert und weiterführend überarbeitet werden. Dabei ist es das Ziel, gängige Praktiken zu dokumentieren, kritisch zu reflektieren und weiterzuentwickeln. Weiterhin hat die Führungskraft die Option, mit den Mitarbeitenden sogenannte „Stretch Assignments" zu vereinbaren. Damit wird eine neue Herausforderung im Arbeitskontext bezeichnet, mit der, bewusst neue Kompetenzen entwickelt werden sollen. Die Mitarbeitenden erhalten dabei den Vertrauensvorschuss ihrer Führungskraft, in dieses neue Gebiet, das von der Herausforderung her bewusst eine Nummer zu groß ist, „hineinzuwachsen". Die Führungskräfte wiederum stehen im Sinne des Pull-Prinzips als Facilitator zur Verfügung. Coaching und Mentoring Programme sind darüber hinaus im Portfolio von Lern- und Entwicklungsmaßnahmen enthalten, um Beziehungsnetzwerke zu moderieren und dadurch Impulse für Reflexionen im Arbeitskontext zu setzen.

Diesem Ansatz des erfahrungsbasierten Lernens direkt am Arbeitsplatz folgt beispielsweise auch Shell. Im Mittelpunkt stehen so genannte „work-based activities", also Lernaktivitäten, welche gleichzeitig auch reale Arbeitsaufträge darstellen. Damit soll eine „neue Form von Blended Learning" generiert werden, die eine optimale Verzahnung formeller (z. B. Wiki-Beiträge, die im Rahmen eines Seminars didaktisch organisiert sind) und informeller Aktivitäten (wie z. B. Peer Coaching und Mentoring) zum Ziel hat (Margaryan und Collis 2008, S. 309).

3.6 Selbstorganisierende Lernformen, „social Learning"

Diese Organisationslogik für das Design von Lernen in sozialen Arbeitsgruppen, Netzwerken und Communities bezieht sich darauf, Freiräume zu ermöglichen und so die Selbstorganisation und das Entstehen von Innovationen zu unterstützen. Die Mitarbeitenden reflektieren in hoher Eigeninitiative selbst über Innovationspotenziale in ihrem Arbeitsbereich. Das heißt, sie entwickeln eigene Innovationsstrategien, um zu erkunden, inwieweit neuere Entwicklungen in ihrem Arbeitskontext relevant sind und inwiefern diese erfolgreich eingesetzt werden können.

Mitarbeitende nehmen neue Impulse und Trends häufig über die Berufsgruppe (Profession) auf, der sie sich zugehörig fühlen. Über Fachzeitschriften, Fachkonferenzen, Fachforen oder andere fachlich ausgerichtete Netzwerke können die Mitarbeitenden potenzielle Innovationen für die eigene Arbeitspraxis aufnehmen und auch reflektieren. Die Rolle des Bildungsmanagements besteht dann v. a. darin, lernförderliche Rahmenbedingungen zu schaffen, damit ein Austausch in professionellen Gemeinschaften – insbesondere auch über die Grenzen der eigenen Organisation hinaus – möglich wird. Ein wichtiger Aspekt dabei ist, vielfältige Zugänge zu informellen Lerngelegenheiten z. B. über Weblogs (Trendbeobachtung), und soziale Netzwerke (Austausch, Diskussion) zu ermöglichen. Die Unterstützung der selbstorganisierten Reflexion entspricht der Ebene des Deutero-Learnings. Hier nimmt hier das individuelle „Lernen lernen" einen zentralen Stellenwert ein und erhöht damit gleichzeitig die Lernfähigkeit der Organisation insgesamt. Letztendlich beinhaltet dieser Ansatz eine Renaissance des Community-Konzepts. Die Idee der praxisbezogenen Gemeinschaft von Personen (Community of Practice, Wenger 1998), die informell miteinander verbunden sind, ähnlichen Aufgaben gegenüberstehen und durch einen selbstorganisierten Austausch die Praxis in dieser Gemeinschaft prägen, ist grundsätzlich nicht neu. Neu scheint mit dem Aufkommen von Social Media jedoch zu sein, dass der Fokus weniger auf der Gemeinschaft, sondern vielmehr auf dem Individuum und dessen Beitrag für eine Gemeinschaft liegt (eher „me-centric" statt „we-centric") (Jewson 2013, S. 112).

Für die Unterstützung der einzelnen Mitarbeitenden durch Learning & Development wird dann insbesondere wichtig, neue Kompetenzen für den Umgang mit einer solchen sozialen Arbeitsumgebung und digital vernetzten Personen zu entwickeln (um z. B. „oversharing" zu vermeiden). Diese Kompetenzen beziehen sich vor allem auf persönliches Wissensmanagement (Wie können eigene Wissenziele formuliert und verfolgt werden? Wie kann ein Netzwerk aufgebaut werden? Wie können im Rahmen der alltäglichen Arbeit Informationsquellen ausgemacht, sinnvoll verarbeitet und angemessen geteilt werden? vgl- hierzu u. a. Reinmann und Eppler 2008) sowie auf kollaboratives Arbeiten und Lernen in einem digital vernetzten Team.

Selbstorganisiertes Lernen bei HP Zentraler Erfolgsfaktor für die Kompetenzentwicklung der Mitarbeitenden bei HP ist die Schaffung einer offenen Lernkultur (Hirning 2008) mit hoher Wertschätzung für das Teilen von Wissen. Die Aufgabe von Bildungsverantwortlichen besteht daher insbesondere darin, entsprechende Rahmenbedingungen zu gestalten, damit Austauschforen und Communities in Eigeninitiative eingerichtet und gepflegt werden. Ein wichtiges Bindeglied für die zahlreichen zur Verfügung stehenden Technologien, stellt eine Social Networking Plattform dar. Diese trägt den sprechenden Namen WaterCooler, womit auf den Austausch an den Wasserspendern im Büro angespielt – das europäische Pendant dazu ist das Gespräch an der Kaffeemaschine – der den Wissensaustausch und die Weiterentwicklung der Mitarbeitenden unterstützen soll. Für HP ist die höchstmögliche Transparenz dazu, wer wo bzw. bei welchen Themen aktiv ist, ein maßgeblicher Mechanismus dafür, dass Mitarbeitende bereit sind, ihr Wissen zu teilen. Dies bedeutet, dass alle Beiträge, die Mitarbeitende in den zahlreichen Foren und Communities hinterlegen, automatisch im jeweils eigenen Profil der Mitarbeitenden verlinkt und mitgeführt werden. Die Pflege von Beziehungsnetzwerken in einer selbstorganisierten Form nimmt somit bei HP einen hohen Stellenwert ein. Das Engagement und die Unterstützung des selbstorganisierten Lernens durch die Vorgesetzten werden dabei als wesentlicher Schlüssel zum Erfolg gesehen.

4 Rahmenbedingungen gestalten: „Organisation" des Informellen, Förderung einer „Mitmachkultur"

4.1 Anreizsysteme und Infrastrukturen gestalten

Aus der Perspektive der „lernenden Organisation" geht es bei der Gestaltung von Strukturen und Kulturen in Organisationen letztlich um das Ziel, lern- und innovationsförderliche Rahmenbedingungen für die individuelle Kompetenzentwicklung einerseits sowie für organisationales Lernen andererseits zu schaffen (Argyris und Schön 1999). „Strukturen" bezieht sich dabei vor allem auf die Gestaltung von Aufgaben-, Entscheidungs-, Verantwortungs-, Budget- und Kommunikationsstrukturen. Dazu gehören auch infrastrukturelle Rahmenbedingungen, wie beispielsweise technologische Infrastrukturen und Ressourcen, die den Mitarbeitenden für Kommunikation, Wissensaustausch, Lernaktivitäten, etc. zur Verfügung gestellt werden. Demgegenüber bezieht sich „Kulturen" in erster auf Linie Einstellungen, Macht- und Vertrauensgrade, Werte, aber auch auf die impliziten und informellen Verhaltensweisen der Personen in einem sozialen System.

In der Literatur finden sich mittlerweile verschiedene Ansätze unterschiedlicher Forschungsstränge, die auf die Identifikation relevanter Aspekte von lern- und innovationsförderlichen Rahmenbedingungen abzielen. Die folgende Tabelle zeigt eine Auswahl dazu (Tab. 3):

Da viele Faktoren und auch ungeplante Ereignisse in kulturelle Veränderungsprozesse hineinspielen, muss davon ausgegangen werden, dass solche Veränderungsprozesse nur bis zu einem gewissen Grad gestaltbar sind. Dennoch kann die

Tab. 3 Überblick über ausgewählte Diagnoseinstrumente zur Analyse von lern- und innovationsförderlichen Rahmenbedingungen

Operationalisierung des Konzepts der lernenden Organisation	
Checklist of the Learning Organisation **nach** Pedler et al. 1991	Dieser Fragebogen zum Lernklima berücksichtigt zehn Dimensionen lernförderlicher Rahmenbedingungen: Umweltbedingungen, Lernressourcen, Ermutigung zum Lernen, Kommunikation, Honorierung von Lernen, Konformität, Werte basierend auf Idealen, praktische Hilfestellung, Verfügbarkeit von Support, Standards.
Dimensions of the Learning Organization Questionnaire (DLOQ) **nach** Yang et.al. 2004	Dieses Instrument beinhaltet sieben Dimensionen zur lernenden Organisation und zwei zur organisationalen Performanz: Kontinuierliche Lernmöglichkeiten schaffen, Nachfragen und Dialog fördern, Ermutigung zu Kollaboration und Teamlernen, eine gemeinsame Vision bei Mitarbeitenden erreichen, Verbindung des Unternehmens mit seiner Umwelt, Systematiken zur Erfassung und zum Teilen von Gelerntem, strategische Führung beim Lernen.
Kompetenzentwicklung und lernförderliche Rahmenbedingungen	
Lernkulturanalyse **nach** Sonntag und Stegmeier 2008	Lernkultur umfasst die Gesamtheit derjenigen Faktoren, die das Lernen von Individuen in einer Organisation beeinflussen. Diese können normative Aspekte, wie lernbezogene Erwartungen umfassen sowie operative Aspekte, wie bspw. Unterstützungsangebote, Anreizstrukturen und etablierte Lernformen und -methoden. Berücksichtigte Dimensionen sind: Lernen als Teil der Unternehmensphilosophie, organisationale Rahmenbedingungen für Lernen, Aspekte der Personalentwicklung, Formalisierung von Kompetenzentwicklung, Lernatmosphäre Unterstützung der Kollegen, lernorientierte Führung.
Lernkulturanalyse **nach** Seufert et al. 2007	Dieses Instrument zur Erhebung der Lernkultur als Ausgangspunkt für Maßnahmen zur Organisationsentwicklung berücksichtigt folgende Dimensionen: Mitarbeitende befähigen: Wie und in welchem Umfang wird bislang eigenverantwortliches Lernen gefördert und gefordert? Führungskräfte einbinden, Lernen ermöglichen: Welche organisatorischen Rahmenbedingungen fördern (informelles) Lernen? Lernen vielfältig gestalten: Welche Formen formellen und informellen Lernens sind bereits etabliert/akzeptiert?, Lernen einen Wert zuweisen: Wie werden Lernaktivitäten evaluiert und wie wird der Wert von Lernen aufgezeigt und kommuniziert?

(Fortsetzung)

Tab. 3 (Fortsetzung)

Innovationsförderliches Organisationsklima	
Creative Climate Questionnaire (CCQ) **nach** Ekvall 1996	Das Instrument fokussiert folgende Dimensionen: Herausforderungen, Handlungsfreiräume, Ideenunterstützung, Vertrauen/Offenheit, Dynamik/Lebendigkeit, Verspieltheit/Humor, Debatten, Risikobereitschaft, Konflikte, Ideenzeit.
Innovation Climate Questionnaire **nach** Kauffeld et.al. 2004	Instrument zur Messung des Innovationsklimas in Organisationen, das folgende Dimensionen unterscheidet: Aktivierungsorientierte Führung: Unterstützung durch die Vorgesetzten bei Problemlösungen und Entwicklung von Innovationen. Kontinuierliche Reflexion: Systematische Identifikation von Schwächen und Entwicklung von Verbesserungen., Konsequente Implementierungen:, professionelle Dokumentation, Messung des Grades schriftlichen Festhaltens von innovationsrelevanten Fakten.

Gestaltung von Veränderungsprozessen (unter den geschilderten Einschränkungen) geplant und können Ziele dafür gesteckt werden – auch wenn die Entwicklung nicht prognostizierbar ist und daher die Pläne oft nicht über längere Zeit aufrechterhalten werden können (Müller-Stewens und Lechner 2005, S. 412).

Zusammenfassend ist festzuhalten, dass das Prinzip der Selbstorganisation zur Erhöhung der Innovationsfähigkeit als zentraler Erfolgsfaktor gesehen wird und in verschiedener Hinsicht Anforderungen an Unternehmen und Organisationen stellt. In vielen Bereichen behindern derzeit starre Strukturen und Vorgaben sowie kulturelle Barrieren die Umsetzung einer solchen Selbstorganisation. Eine neue Kultur des selbstgesteuerten Lernens steckt meist noch in den Anfängen (in Anlehnung an Dietrich 2001, S. 314). So kommt Meiser (2001) zu der Schlussfolgerung: „Letztlich erfordert die Selbststeuerung eine Komplementarität auf der Organisationsebene, die sich selbst veränderungsoffen, selbstkritisch und lernfreudig zeigen muss" (S. 9).

Aber wie können Organisationen, Unternehmen und ihre Mitarbeitenden auf diesem Weg zu einer höheren Selbststeuerung im Lernen und im Innovationshandeln sowie bei der Gestaltung von lernförderlichen Rahmenbedingungen vorankommen? Ein Weg hierzu ist die Durchführung von Lernkulturanalysen als kontinuierliche Massnahme der Organisationsentwicklung. Dies wird im folgenden Abschnitt erläutert.

4.2 Lernkulturanalyse als kontinuierliche OE Maßnahme

Eine systematische Analyse der bestehenden Lernkultur ermöglicht eine Standortbestimmung hinsichtlich von Gestaltungsbereichen, die für die Lern- und

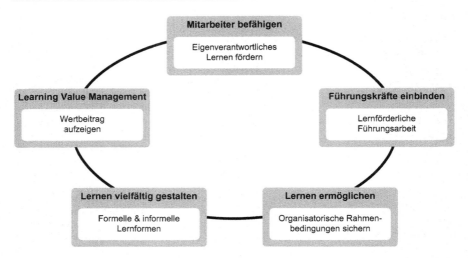

Abb. 3 Instrument zur Erhebung der Lernkultur als Ausgangspunkt für Maßnahmen zur Organisationsentwicklung (in Anlehnung an Seufert et al. 2007, S. 19)

Innovationsfähigkeit einer Organisation zentral sind. Im Rahmen der Lernkulturanalyse nach Seufert et al. (2007) werden fünf Aspekte von Lernkultur über validierte Fragebögen jeweils separat für Mitarbeitende und für Führungskräfte ermittelt (Abb. 3):

Die Durchführung einer solchen Lernkulturanalyse gibt nicht nur Auskunft über die Ausprägung dieser Dimensionen in einem bestimmten Unternehmen resp. einer bestimmten Organisation. Darüber hinaus ist auch ein Vergleich mit anderen Unternehmen und Organisationen möglich (vgl. Fandel-Meyer 2010).

Die Ergebnisse einer Lernkulturanalyse liefern zunächst einmal Hinweise dazu, wo Lern- und Innovationsbarrieren bestehen. Sie bieten darüber hinaus einen Ausgangspunkt für

- die interne Diskussion zum Thema Lernen (Zukunftsbild, Rollen, Verantwortlichkeiten),
- die Identifikation neuer Handlungsbereiche und Maßnahmen,
- die Anpassung von Learning Designs,
- die Gestaltung/Veränderung der Rolle von Führungskräften im Rahmen von Lernprozessen,
- die Gestaltung von Rahmenbedingungen für Lernen (z. B. Arbeitszeit, Räumlichkeiten, etc.),
- die Entwicklung von Ideen zur Verknüpfung formeller und informeller Lernprozesse und
- die Entwicklung von Vorgehensweise beim Aufzeigen des Wertbeitrags von Bildungsmaßnahmen.

Im Rahmen der Lernkultur-Analyse kann auch ein Benchmarking zwischen verschiedenen Unternehmen oder Organisationseinheiten durchgeführt werden und

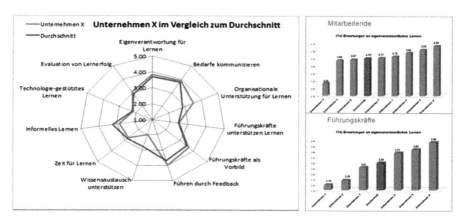

Abb. 4 Beispiele für Benchmarking-Ergebnisse im Rahmen einer Lernkulturanalyse

Aufschlüsse zum jeweils eigenen Entwicklungsstand und zu Entwicklungsmöglichkeiten bieten. Die Benchmark-Methode von Robert Camp erachtet die Identifikation und Implementierung von Best Practices als zentrale Aufgaben (Camp 1995). Benchmarking stellt einen der effektivsten Wege dar, externes Wissen rasch in das eigene Unternehmen einzubringen, da es aus der Praxis für die Praxis erhoben wird und damit im höchsten Masse anwendungsorientiert ist. Dabei liegt die Annahme vor, dass ein Benchmarking nicht dazu führen sollte, Bestleistungen von Konkurrenten in der Branche nachzuahmen, sondern zunächst ein Verständnis für erfolgreiche Strategien zu entwickeln, um dann vielmehr eigene Wege wählen zu können („Kapieren statt kopieren") (Abb. 4).

Ziel des vorgestellten Analyse- und Gestaltungsrahmens für Lernkulturen ist es folglich, aus Sicht des Bildungsmanagements relevante Merkmale von Lernkulturen zu erfassen und damit die Basis für die Ableitung von Gestaltungsempfehlungen zur Optimierung nachhaltigen Lernens in Organisationen zu schaffen. Dabei stehen strukturelle Faktoren im Sinne von lernförderlichen Rahmenbedingungen in einer Organisation im Vordergrund, die die von den Mitarbeitenden und Führungskräften wahrgenommene (Lern-)Kultur maßgeblich mit beeinflussen. Die Analyse von Lernkulturen trägt dazu bei, eine Brücke zwischen Organisations- und Personal-/Kompetenzentwicklung zu schlagen und die Lernfähigkeit von Einzelpersonen, Teams und Organisationen für das betriebliche Bildungsmanagements einer Gestaltung zugänglich zu machen.

5 Fazit

Aus betriebswirtschaftlicher Sicht ist mit informellem Lernen häufig die Hoffnung verbunden, Kosten für Bildungsaktivitäten einzusparen. Hier ist allerdings die Gefahr groß, dass informelles Lernen kurzsichtig instrumentalisiert wird, dass teure formelle Aus- und Weiterbildungsmaßnahmen zugunsten des vermeintlich kostengünstigeren informellen Lernens gestrichen werden und die Verantwortung für Lernprozesse an die Mitarbeitenden delegiert wird. Aus der Perspektive von Wirtschaftspädagogik und Bildungsmanagement ist dahingegen zunächst einmal vorrangig, zentrale Nutzenpotenziale von informellem Lernen für die Kompetenzentwicklung zu erforschen. Zum einen ist zu ergründen, inwieweit die Lernpotenziale, die in formalen Lernkontexten nicht (oder zumindest nicht in dieser Intensität) vorhanden sind, stärker genutzt werden können. Damit verknüpft ist die Möglichkeit der Anbindung des Lernens an konkrete, reale Erfahrungen im Arbeitsfeld, die durch reflexive Prozesse der Kompetenzentwicklung genutzt werden können. Im Bereich des informellen Lernens vollziehen sich darüber hinaus Prozesse der Kompetenzentwicklung, die jenseits der Wissensentwicklung für relevant, aber schwierig beeinflussbar gelten (vgl. die Entwicklung von Einstellungen, Euler und Hahn 2007, S. 251). Wenn diese Prozesse jedoch beeinflusst werden sollen, dann ist verstärkt auch die Kompetenzentwicklung jenseits formeller Kontexte zu identifizieren und zu gestalten.

Die Gestaltung von Lernumgebungen, insbesondere die „Rahmung" von Lernen auch in informellen Kontexten anhand von gestaltungsoffeneren Lernumgebungen und definierbaren Problemstellungen nimmt an Bedeutung zu (Overwien 2011, S. 365). Infolgedessen findet eine Verschiebung der Prioritäten statt, hin zur Gestaltung von Rahmenbedingungen auf der meso- und makrodidaktischen Ebene. Die „Organisationslogiken" für die Gestaltung von Bildungsmaßnahmen sind so zu verändern, dass die unterschiedlichen Zielsetzungen sowie Rollen der Beteiligten (Lernende, Bildungspersonal, Führungskräfte) für die zunehmend dezentral organisierte Kompetenzentwicklung deutlich werden. Damit verbunden ist nicht nur eine grössere Bedeutung der beiden Grundprinzipien „Reflexion" (z. B. Reflexionsprozesse der Lernenden anregen und anleiten) sowie „Strukturierung der Selbstorganisation" in Lernprozessen. Darunter kann im Grunde genommen eine neue Dimension für selbstgesteuertes Lernen auf einer organisationalen Ebene verstanden werden. Damit verbunden ist auch eine veränderte Rolle der Bildungsverantwortlichen in Unternehmen und Organisationen. Diese müssen stärker als bisher in der Rolle von Beratern und Lernbegleitern dezentrale Lernprozesse unterstützen. Und schliesslich ist damit verbunden auch die zunehmende Bedeutung digitaler Medien in ihren verschiedenen Funktionen: als Inhalte-Medien ebenso wie als Medien zur Unterstützung von Kommunikation, Kooperation und Austausch im Rahmen von informellen Lernprozessen.

Literatur

Argyris, C., & Schön, D. A. (1999). *Die lernende Organisation. Grundlagen, Methode, Praxis*. Stuttgart: Klett-Cotta.

Behrmann, D. (2006). Reflexives Bildungsmanagement. Pädagogische Perspektiven und managementtheoretische Implikationen einer strategischen und entwicklungsorientierten Gestaltung von Transformationsprozessen in Schule und Weiterbildung. Frankfurt a. M.: Peter Lang.c.

BITKOM. (2012). *Social Media in deutschen Unternehmen.* Berlin: BITKOM. zugegriffen am 18.02.2015 von http://www.bitkom.org/files/documents/Social_Media_in_deutschen_Unternehmen.pdf.
Camp, R. C. (1995). *Business process benchmarking finding and implementing best practices.* Milwaukee: ASQC Quality Press.
Colardyn, D., & Björnavold, J. (2004). Validation of formal, non-formal and informal learning: Policies and practices in EU member States. *European Journal of Education, 1*(39), 69–89.
Colley, H., Hodkinson, P., & Malcolm, J. (2003). *Informality and formality in learning: A report for the learning and skills research centre.* Leeds: University of Leeds.
Dietrich, S. (Hrsg.) (2001). *Selbstgesteuertes Lernen in der Weiterbildungspraxis. Ergebnisse und Erfahrungen aus dem Projekt SeGeL.* Bielefeld: Bertelsmann.
Dohmen, G. (2001). *Das informelle Lernen. Die internationale Erschließung einer bisher vernachlässigten Grundform menschlichen Lernens für das lebenslange Lernen aller.* Berlin: BMBF.
Ekvall, G. (1996). Organizational climate for creativity and innovation. *European Journal of Work and Organizational Psychology, 5*, 105–123.
Eraut, M. (2000). Non-formal learning, implicit learning and tacit knowledge. In F. Coffield (Hrsg.), *The necessity of informal learning* (S. 12–31). Bristol: Policy Press.
Euler, D. & Hahn, A. (2007). Wirtschaftsdidaktik (2. Aufl.). Bern: Haupt.
Fandel-Meyer, T. (2010). Lernkulturanalyse und -veränderung. In *Trendstudie 2010. Herausforderungen für das Bildungsmanagement in Unternehmen* (S. 80–86). St. Gallen: Swiss Centre for Innovations in Learning.
Hirning, A. (2008). Integration von formellem und informellem Lernen. In K. Schwuchow & J. Guttmann (Hrsg.), *Jahrbuch Personalentwicklung 2008* (S. 165–171). Köln: Luchterhand.
Jewson, N. (2013). Cultivating network analysis rethinking the concept of „community" within „communities of practice". In J. Hughes, N. Jewson, & L. Unwin (Hrsg.), *Communities of practice: Critical perspectives* (S. 112–125). London: Routledge.
Kauffeld, S., Jonas, E., Grote, S., Frey, D., & Frieling, E. (2004). Innovationsklima – Konstruktion und erste psychometrische Überprüfung eines Messinstruments. *Diagnostica, 50*, 153–164.
Kerres, M. (2006): Potenziale von Web 2.0 nutzen. In A. Hohenstein & K. Wilbers (Hrsg.). Handbuch E-Learning. München: DWD.
Koch, M., Richter, A., & Stocker, A. (2012). *Enterprise 2.0 – Wissensmanagement der neuen Generation?* http://www.soziotech.org/enterprise-2-0-wissensmanagement-der-neuen-generation/. Zugegriffen am 24.08.2013.
Margaryan, A., & Collis, B. (2008). Technology-enhanced learning in the corporate context. In T. Hansson (Hrsg.), *Handbook of research on digital information technologies: Innovations, methods, and ethical issues* (S. 303–319). New York: Hershey.
Marsick, V. J. (2009). Toward a unifying framework to support informal learing theory, research and practice. Journal of Workplace Learning, 21(4), 265 275.
Meiser, K. (2001). Vorbemerkungen. In S. Dietrich (Hrsg.), *Selbstgesteuertes Lernen in der Weiterbildungspraxis. Ergebnisse und Erfahrungen aus dem Projekt SeGeL* (S. 7–9). Bielefeld: Bertelsmann.
Müller-Stewens, G., & Lechner, C. (2005). *Strategisches Management. Wie strategische Initiativen zum Wandel führen* (3. Aufl.). Stuttgart: Schäffer-Poeschel.
O'Reilly, T. (2005). *What is Web2.0?* Elektronisch verfügbar unter http://www.oreillynet.com/pub/a/oreilly/tim/news/2005/09/30/what-is-web-20.html?page=1. Zugegriffen am 20.07.2006.
Overwien, B. (2003). Das lernende Subjekt als Ausgangspunkt – Befreiungspädagogik und informelles Lernen. In W. Wittwer & S. Kirchhof (Hrsg.), *Informelles Lernen und Weiterbildung: Neue Wege zur Kompetenzentwicklung.* Neuwied: Luchterhand.
Overwien, B. (2009). Schulorte und Raumgefüge informellen Lernens. In J. Böhme (Hrsg.), *Schularchitektur im interdisziplinären Diskurs. Territorialisierungskrise und Gestaltungsperspektiven des schulischen Bildungsraums* (S. 42–57). Wiesbaden.
Overwien, B. (2011). Informelles Lernen in einer sich globalisierenden Welt. In W. Sander & A. Scheunpflug (Hrsg.), *Politische Bildung in der Weltgesellschaft: Herausforderungen, Positionen, Kontroversen.* Schriftenreihe Bd. 1201. Bonn: Bundeszentrale für politische Bildung.

Pedler, M., Burgoyne, J., & Boydell, T. (1991). *The learning company. A strategy for sustainable development*. London: McGraw-Hill.

Poell, R. F., Pluijmen, R., & Van der Krogt, F. J. (2003). Strategies of HRD professionals in organising learning programmes: A qualitative study among 20 Dutch HRD professionals. *Journal of European Industrial Training, 27*, 125–136.

Safko, L., & Brake, D. K. (2009). *The social media bible; tactics, tools & strategies for business success*. New Jersey: Wiley.

Seufert, S. (2011). Informelles Lernen. Wie Sie mit Social Media eine innovative Lernkultur schaffen. *Zeitschrift für Organisationsentwicklung, 5*(80), 299–305.

Seufert, S. (2012). Die digitale Revolution und die Evolution des Lehrens. *Folio, 4*, 36–38.

Seufert, S., Hasanbegovic, J., & Euler, D. (2007). *Mehrwert für das Bildungsmanagement durch nachhaltige Lernkulturen* (Scil Arbeitsbericht 11). St. Gallen: Institut für Wirtschaftspädagogik.

Seufert, S., Lehner, M., & Tödtli, M. (2013). Didaktisierung des Informellen Lernens – die Planung des Zufalls? In S. Seufert & C. Metzger (Hrsg.), *Kompetenzentwicklung in unterschiedlichen Lernkulturen. Festschrift für Dieter Euler zum 60. Geburtstag* (S. 487–507). Paderborn: Eusl.

Sonntag, K., & Stegmeier, R. (2008). Das Lernkulturinventar (LKI). Ermittlung von Lernkulturen in Wirtschaft und Verwaltung. In R. Fisch, A. Müller, & D. Beck (Hrsg.), *Veränderungen in Organisationen. Stand und Perspektiven* (S. 227–247). Wiesbaden: VS: Verlag für Sozialwissenschaften.

Stern, E., & Sommerlad, E. (1999). *Workplace learning, culture and performance*. London: Institute of Personnel and Development.

Straka, G. A. (2004). *Informal learning: genealogy, concepts, antagonisms and questions*. ITB-Forschungsberichte 15/2004. Bremen.

Wenger, E. (1998). *Communities of practice: Learning, meaning, and identity*. Cambridge: Cambridge University Press.

Yang, B., Watkins, K., & Marsick, V. J. (2004). The construct of the learning organization: Dimensions, measurement, and validation. *Human Resource Development Quarterly, 15*(1), 31–55.

Zürcher, R. (2007). *Informelles Lernen und der Erwerb von Kompetenzen. Theoretische, didaktische und politische Aspekte*. Wien: Bundesministerium für Unterricht, Kunst und Kultur, Abteilung Erwachsenenbildung V/8.

Informelles Lernen und digitale Spaltung

Stefan Iske, Alexandra Klein und Dan Verständig

Inhalt

1 Einleitung	568
2 Digitale Spaltung und Digitale Ungleichheit	569
3 Voice divide und voice inequality	574
4 Technologisch-infrastrukturelle Spaltung – Zero-level-digital divide	578
5 Zusammenfassung und Ausblick	581
Literatur	582

Zusammenfassung

Digitale Informations- und Kommunikationstechnologien erweitern das Artikulationsspektrum der Menschen und wirken sich grundlegend auf Prozesse des gesellschaftlichen Alltags und insbesondere des informellen Lernens aus. Damit stellen sich zugleich Fragen der Partizipation und Teilhabe in einer Informations- und Wissensgesellschaft. In diesem Beitrag werden Ungleichheiten im Rahmen neuer und digitaler Kommunikationstechnologien erläutert, und es wird diskutiert, welche Herausforderungen und Implikationen sich daraus aus erziehungs-

---

S. Iske (✉)
Fachbereich Erziehungswissenschaften, Institut für Sozialpädagogik und Erwachsenenbildung, Goethe-Universität, Frankfurt am Main, Deutschland
E-Mail: stefan.iske@em.uni-frankfurt.de

A. Klein
Institut für Sozialpädagogik und Erwachsenenbildung, Goethe-Universität, Fachbereich Erziehungswissenschaft, Frankfurt am Main, Deutschland
E-Mail: alexandra.klein@em.uni-frankfurt.de

D. Verständig
Institut für Erziehungswissenschaft, Otto-von-Guericke-Universität Magdeburg, Magdeburg, Deutschland
E-Mail: dan.verstaendig@ovgu.de

© Springer Fachmedien Wiesbaden 2016
M. Rohs (Hrsg.), *Handbuch Informelles Lernen*, Springer Reference Sozialwissenschaften, DOI 10.1007/978-3-658-05953-8_26

wissenschaftlicher Perspektive ergeben. Hierfür werden Entwicklungslinien der Ungleichheitsforschung mit Blick auf das Internet nachgezeichnet und auf etablierte Konzepte zur Analyse informellen Lernens bezogen.

Schlüsselwörter
Digitale Spaltung • Digitale Ungleichheit • Voice-Divide • Zero-Level-Divide • Informelle Bildung • Social Web

1 Einleitung

Es ist vermutlich kein Zufall, dass die Diskussion um informelles Lernen zeitlich mit der gesellschaftlichen Verbreitung des Internet zusammen fällt. Ab Mitte der 1990er-Jahre steigt die Zahl der Internetnutzenden kontinuierlich an; spätestens seit Beginn der 2000er-Jahre wird das Konzept des informellen Lernens im deutschsprachigen Raum verstärkt diskutiert. Seitdem ist der Zusammenhang von informellem Lernen und dem Internet Gegenstand der wissenschaftlichen Auseinandersetzung. So wird auch in der grundlegenden Definition informellen Lernens durch Dohmen explizit auf Medien Bezug genommen als eine Form des Lernens, die sich „ unsystematisch-anlassbedingt im Erfahrungszusammenhang des Arbeits- und Freizeitalltags, im Umgang mit den verschiedensten Menschen, Medien, Situationen, Problemen usw. entwickelt" (Dohmen 2002, S. 18 f).

In den letzten Jahren haben sich im Kontext des Social Web eine Vielzahl äußerst heterogener und komplexer informeller Lernkulturen entwickelt (Jenkins 2006; Bachmair 2010; Sclater 2011; Hugger 2014; Biermann, Fromme & Verständig 2014), die als soziale Räume informeller Bildung bezeichnet werden können (Meder 2002; Iske 2015) und einen enormen Möglichkeitsraum für Lern- und Bildungsprozesse darstellen (Jörissen und Marotzki 2009). Gleichzeitig sind im Internet und insbesondere im Social Web jedoch Spaltungen, Ungleichheiten sowie Distinktions- und Schließungsprozesse zu beobachten.

Mit Blick auf die unterschiedlichen sozialen Räume informellen Lernens im Internet wird der komplexe und heterogene Charakter von Lern- und Bildungsprozessen deutlich. Wenn soziale Beziehungen und kulturelle Praktiken für Lern- und Bildungsprozesse von zentraler Bedeutung sind, muss auch nach deren empirischer Realisierung in den unterschiedlichen sozialen Räumen und Kontexten gefragt werden.

Diese grundlegende Ambivalenz wird im Folgenden als ein spezifischer Aspekt des informellen Lernens im Kontext des Internet ausgeführt. Der Schwerpunkt liegt dabei auf der kritischen Reflexion der kulturellen Implikationen neuer Technologien sowie deren Risikostrukturen. Daher werden in diesem Beitrag gesellschaftlich-kulturelle Implikationen und Risikostrukturen am Beispiel digitaler Spaltungen und digitaler Ungleichheiten ausgeführt.

Dazu wird in einem ersten Schritt unter dem Begriff der „Digitalen Spaltung" (*first-level-digital divide*) der Diskurs über Unterschiede hinsichtlich des Zugangs und der dazu erforderlichen Medientechnologie dargestellt. Unter dem Begriff der „Digitalen Ungleichheit" (*second-level-digital divide*) wird der Diskurs über unterschiedliche Nutzungspraxen der Internetnutzenden ausgeführt. In einem zweiten und dritten Schritt werden diese beiden Diskurse durch die Perspektiven des *voice divide* und des *zero-level-digital divide* erweitert. Der Ansatz des *voice divide* bezieht sich auf nutzungsbezogene Spaltungen und Ungleichheiten auf der Ebene der Artikulation und der Partizipation sowie auf der Ebene von Distinktions- und Schließungsprozessen. Der Ansatz des *zero-level-digital divide* bezieht sich auf neue Arten technologisch-infrastruktureller Spaltungen, wie sie im Kontext von Regulierungs- und Priorisierungsfragen (Lessig 1999 sowie 2006; Marsden 2010; Pariser 2011) deutlich werden, sowie daraus resultierende Ungleichheiten. Abschließend werden zentrale Ergebnisse diskutiert und ein Ausblick gegeben.

2 Digitale Spaltung und Digitale Ungleichheit

Unter den Begriffen der „Digitalen Spaltung" und der „Digitalen Ungleichheit" werden der Zugang und die Nutzung des Internet als Informations-, Kommunikations-, Kooperations-, Partizipations- sowie als Lern-, Bildungs- und Kulturraum in Hinblick auf Phänomene sozialer Ungleichheiten analysiert. Diese sich in den 1990er-Jahren durchsetzende Forschungsperspektive grenzt sich dabei explizit von technikdeterministischen und demokratieutopischen Entwürfen der Anfangszeit des Internet ab, wie sie beispielsweise von John Perry Barlow (1996) in seiner Deklaration zur Unabhängigkeit des Cyberspace formuliert wurden. Kritisch hinterfragt werden dabei insbesondere die Thesen der Unabhängigkeit des Online- und Offline-Bereichs sowie des freien und gleichen Zugangs zum Internet, unabhängig von Kategorien wie Klasse, Herkunft, Bildung oder Geschlecht. Den Ausgangspunkt des Diskurses über Digitale Spaltung und Digitale Ungleichheit bildet die Beobachtung, dass der Zugang zum Internet in der Bevölkerung ungleich verteilt ist, dass signifikante Unterschiede in der Art und Weise der Nutzung bestehen und dass die Internetnutzung in einen sozialen Kontext eingebettet ist und sich auf bestehende soziale (offline) Praxen bezieht.

Diese Forschungsperspektive schließt damit an die Diskussion der Wissenskluft-Hypothese der 1970er-Jahre an (Bonfadelli 1994; Tichenor et al. 1970). Forschungen zur gesellschaftlichen Verbreitung des Massenmediums Fernsehen führten zu einem scheinbar paradoxen Ergebnis: obwohl das zur Verfügung stehende Angebot an Informationen mit dem Fernsehen stark ansteigt, vergrößern sich gleichzeitig die Wissensunterschiede in der Bevölkerung. Bevölkerungsgruppen mit hohem sozioökonomischem Status profitieren demnach mehr vom medialen Informationsangebot als Bevölkerungsgruppen mit niedrigerem sozioökonomischen Status. Die gesellschaftliche Verbreitung des Mediums Fernsehen führt demnach zu einer Verschärfung bestehender Unterschiede und Ungleichheiten[1]. Die gesellschaftliche

---

[1] „As the infusion of mass media information into a socialsystem increases, segments of the population with higher socioeconomic status tend to acquire this information at a faster rate than the lower status segments, so that the gap in knowledge between these segments tends to increase rather than decrease" (Tichenor et al. 1970. S. 159).

Brisanz der Wissenskluft-Hypothese liegt darin begründet, dass sie im Widerspruch zum Selbstverständnis der Massenmedien hinsichtlich Aufklärung, Information und politischer Willensbildung *aller* Bürgerinnen und Bürger steht. Darüber hinaus stellt die Wissenskluft-Hypothese eine besondere Herausforderung angesichts des Bildungs- und Demokratisierungsauftrags der (öffentlich-rechtlichen) Medien dar. Die Wissenskluft-Hypothese bildet gleichsam den Hintergrund der Diskussion Digitaler Spaltung und Digitaler Ungleichheit und wurde und wird in vielfacher Weise kritisiert, differenziert, erweitert und weiterentwickelt.

In historischer Perspektive kann festgehalten werden, dass mit dem Begriff der Digitalen Spaltung zunächst vor allem Fragen des Zugangs und der Verfügbarkeit der erforderlichen Hard- und Software in den Blick genommen wurden. Beispielhaft hierfür steht die dichotome Unterscheidung von Onlinern und Offlinern. Darauf aufbauend und zeitlich daran anschließend wurde unter dem Begriff der Digitalen Ungleichheit (*digital inequality*) der Fokus der Forschung auf Unterschiede in den konkreten Nutzungsweisen innerhalb der Gruppe der Onliner gelegt.

Illustrieren lässt sich diese historische Entwicklung an den Forschungsberichten der US-amerikanischen National Telecommunications and Information Administration (NTIA). So wurden Unterschiede des Zugangs seit Mitte der 1990er-Jahre untersucht: 1995 unter dem Titel „Falling through the Net – A Survey of the Have-Nots in Rural and Urban America"[2]; 1998 unter dem Titel „Falling through the Net II: New Data on the Digital Divide"[3] und 2000 unter dem Titel „Falling through the Net: Toward Digital Inclusion"[4]. Mit dem Beginn der 2000er-Jahre wechselt die Perspektive zu Fragen der Nutzung: „A Nation Online: How Americans are expanding their Use of the Internet" (2002)[5] und „A Nation Online: Entering the Broadband Age" (2004)[6]. Der Wechsel des Titels von „Falling through the Net" zu „A Nation Online" verdeutlicht den Wechsel der Perspektive der Digitalen Spaltung (Zugangsunterschiede) zur Perspektive der Digitalen Ungleichheit (Nutzungsunterschiede).

2.1 Digitale Spaltung – first-level-digital divide

Unter dem Begriff der Digitalen Spaltung (*digital divide*) werden Fragen des Zugangs (access) zum Internet als – damals – neuem Medium zum Gegenstand der wissenschaftlichen Forschung. Geleitet von der Prämisse, dass das Internet ähnlich dem Telefonnetz eine flächendeckende Verbreitung erfahren wird, wurden neben persönlichen Motiven vor allem die vorhandene oder nicht-vorhandene

---

[2]http://www.ntia.doc.gov/ntiahome/fallingthru.html.
[3]http://www.ntia.doc.gov/report/1999/falling-through-net-defining-digital-divide.
[4]http://www.ntia.doc.gov/report/2000/falling-through-net-toward-digital-inclusion.
[5]http://www.ntia.doc.gov/legacy/ntiahome/dn/anationonline2.pdf.
[6]http://www.ntia.doc.gov/files/ntia/editor_uploads/NationOnlineBroadband04_files/NationOnlineBroadband04.pdf.

Medienausstattung als technische Voraussetzung des Zugangs untersucht. Der Forschungsstand hierzu ist sehr gut aufgearbeitet, zu Fragen des Zugangs und des sozialen Kontextes liegt eine Vielzahl von Studien vor (Welling und Kubicek 2000; Bolt und Crawford 2000; Norris 2002; Warschauer 2002; Chen und Wellman 2003)[7].

Den frühen Konzepten zur Digitalen Spaltung liegt dabei die dichotome Unterscheidung von On- und Offlinern zugrunde. Der Zugang zum Internet wurde dabei in Zusammenhang mit individuellen Merkmalen und Rahmenbedingungen als spezifische Zugangsvoraussetzungen analysiert. Große Unterschiede bestehen in diesen frühen Analysen der Digitalen Spaltung in der Definition der grundlegenden Kategorie des „Zugangs", was je nach Definition zu sehr unterschiedlichen Zugangs- und Verbreitungszahlen geführt hat. So macht es beispielsweise einen entscheidenden Unterschied, ob der Online-Zugang über ein eigenes oder ein fremdes Gerät erfolgt, zu Hause oder aber bei Freunden bzw. Verwandten; ob der Zugang im öffentlichen Raum (beispielsweise in einem Internet-Café oder einer Bibliothek, o. ä.) stattfindet oder am Arbeitsplatz. Besonders im deutschsprachigen Raum lässt sich während dieser frühen Forschungsphase bereits eine hohe Dynamik hinsichtlich der untersuchten Zugangsvoraussetzungen auf technologisch-infrastruktureller Ebene erkennen.

Ungleichheiten im Zugang zum Internet scheinen im deutschsprachigen Raum weitestgehend überwunden (vgl. JIM-Studie 2014): „In praktisch allen Familien sind Handy, Computer/Laptop, Fernseher und ein Internetzugang vorhanden" (ebd. S. 6). Dennoch bestehen auch gegenwärtig Ungleichheiten im Zugang und in der Medienausstattung, die in Verbindung mit sozio-ökonomischen Faktoren untersucht werden (vgl. Iske et al. 2007; Zillien 2006; (N)Onliner-Atlas 2014; JIM-Studie 2014).

So verweist der D21-Digital-Index[8] 2014 auf Formen der strukturellen Benachteiligung in Deutschland und auf Bevölkerungsgruppen, „die entweder keinen Zugang oder aber noch fehlendes Wissen über neue Technologien und deren Auswirkungen auf unseren Alltag haben; bzw. für die sich der persönliche Nutzen nicht erschließt oder ergibt" (ebd., S. 30). Diese strukturellen Benachteiligungen stehen in Zusammenhang mit Alter, Geschlecht, Bildung, Regionalität oder auch Haushaltsnettoeinkommen. Darüber hinaus zeigen sich Ungleichheiten hinsichtlich der regionalen Verfügbarkeit von Breitbandanschlüssen[9].

---

[7]Insbesondere im deutschsprachigen Raum sind hier die kontinuierlich durchgeführten ARD-ZDF-Onlinestudien sowie die Erfassungen der JIM-Studien aber auch der (N)Onliner-Atlas hervorzuheben.

[8]Die Initiative D21 erhebt seit 2001 mit dem „(N)Onliner-Atlas" Nutzungsdaten im deutschsprachigen Raum. Mit der weiterführenden Studie „D21-Digital-Index" wird seit 2013 die Entwicklung des Digitalisierungsgrads der deutschen Bevölkerung bezüglich des Zugangs, der Nutzungskompetenzen sowie der Nutzungsvielfalt digitaler Medien und dem Internet erhoben. Siehe hierzu auch http://www.initiatived21.de/.

[9]Der regelmäßig aktualisierte Breitbandatlas des Bundesministeriums für Wirtschaft gibt Aufschluss über die ungleiche regionale Verfügbarkeit von Breitband-Internetzugängen in Deutschland.

Gegenwärtig gewinnt die Frage einer digitalen Spaltung und damit einhergehender Unterschiede im Kontext des Mobile Web und mobiler Endgeräte erneut an Bedeutung. Auch hier stellt sich die Frage der zugrunde gelegten Definition von „Zugang" in Form von Datenvolumen und Übertragungsgeschwindigkeiten sowie die Frage des Zusammenhangs mit sozio-demographischen Faktoren. Darüber hinaus erfahren Fragen des Zugangs im Hinblick auf jüngere regulatorische Entwicklungen und vor dem Hintergrund von algorithmischer Priorisierung der oftmals personenbezogenen Daten eine neue Brisanz.

Mit der Perspektive der Digitalen Spaltung ist grundlegend die Frage des „Mehrwerts" der Internetnutzung verbunden. Kann der fehlende Zugang zum Internet als Einschränkung von Lebenschancen und als fehlende Teilhabe an wichtigen und knappen gesellschaftlichen Ressourcen aufgefasst werden und somit als Ausdruck sozialer Ungleichheit? Zentral ist dabei die Frage, ob ein privilegierter Zugang zum Internet und somit zu einzelnen Angeboten gleichermaßen Auswirkungen auf die Nutzungsweisen haben kann. Mirko Marr (2005) spricht im Kontext dieser Privilegierungsthese von einem „Fundamentaltheorem" (S. 35) der Forschung zu digitaler Spaltung. Blickt man aus dieser Perspektive auf Prozesse des informellen und selbstgesteuerten Lernens, muss nach dem Wechselverhältnis von Zugang und Nutzung vor dem Hintergrund der alltäglichen Bewältigung von Lebensanforderungen (vgl. Dohmen 2001, S. 22) gefragt werden.

2.2 Digitale Ungleichheit – second-level-digital divide

Gegenwärtig gilt es im Diskurs um Digitale Spaltung und Digitale Ungleichheit als unstrittig, das sowohl die Möglichkeiten des Zugangs zum Internet und zum Mobile Web als auch dessen Nutzung ungleich verteilt sind und sich gerade auch sozialstrukturelle Ungleichheiten im digitalen Raum reproduzieren (vgl. Stegbauer 2012). Unterschiede bestehen jedoch hinsichtlich der entwickelten theoretischen Ansätze zur Erklärung dieser Unterschiede sowie der daraus abgeleiteten Maßnahmen. So wurden unterschiedliche theoretische Ansätze und Modelle entwickelt, die sich dem Problemfeld der digitalen Spaltung und Ungleichheit aus unterschiedlichen theoretischen Positionen und mit unterschiedlichen Schwerpunkten und Forschungsperspektiven sowie Forschungstraditionen nähern.

In kritischer Weiterentwicklung der dichotomen Unterscheidung von On- und Offlinern bezüglich des Vorhandenseins eines „Zugangs" zum Internet, verlagerte sich der Fokus zunehmend auf Nutzungsweisen und somit eine neue Ebene der Digitalen Ungleichheit, die als *second-level-digital divide*, d. h. als Digitale Ungleichheit der zweiten Ordnung verstanden werden kann (Hargittai 2002). Der Fokus liegt dabei nicht auf der Analyse von Unterschieden zwischen On- und Offlinern, sondern auf der binnendifferenzierten Betrachtung unterschiedlicher Nutzungsweisen innerhalb der Gruppe der Onliner[10]. In gleicher Perspektive betont

---

[10] Diese unterschiedlichen Nutzungsweisen werden von Hargittai auf unterschiedlich ausgeprägte „online-skills" zurückgeführt.

Warschauer (2003, S. 46) die zentrale Bedeutung unterschiedlicher Nutzungsweisen im Vergleich zu Fragen des Zugangs: „the key issue is not unequal access to computers but rather the unequal ways that computers are used".

Ebenso zieht van Dijk (2005) das Fazit, die Digitale Spaltung habe sich von Ungleichheiten hinsichtlich der Motivation und des physischen sowie materiellen Zugangs zu Ungleichheiten hinsichtlich Fähigkeiten („skills") und Nutzung („usage") verlagert haben. Er entwickelt ein theoretisches Modell (van Dijk 2005), dass vier Aspekte von „Zugang" differenziert: (1) Der „motivational access" fragt nach einem grundlegenden Anreiz und der Motivation zur Nutzung des Internet. (2) Der „material access" fokussiert den Besitz und die Verfügbarkeit internetfähiger Geräte und des Internetzugangs. (3) Unter „skill access" werden die erforderlichen Fähigkeiten und Fertigkeiten in den Blick genommen und unter dem Aspekt des „usage access" (4) werden konkrete Nutzungspraxen thematisiert. In diesem Modell geht van Dijk mit den Punkten (3) und (4) über die Perspektive des Zugangs im Sinne einer Digitalen Spaltung hinaus und öffnet den Raum für die Diskussion heterogener und komplexer Nutzungspraxen. So differenziert er neben dem zeitlichen Umfang und der Häufigkeit, der Anzahl und Diversität benutzter Anwendungen und den Grad eines aktiven und kreativen Umgangs sowohl im Breitband- als auch im Schmalband-Netz als Grundlage individueller Nutzungsprozesse (vgl. van Dijk 2012).

Daneben ist das Modell von Paul DiMaggio et al. (2004) hervorzuheben, das Faktoren ungleicher Nutzungspraktiken erfasst und analysiert. Den Ausgangspunkt bildet dabei die Annahme, dass sich Ungleichheiten bezüglich der Ausstattung, der Handlungsautonomie sowie der Fertigkeiten auf das Human- und Sozialkapital der Nutzenden auswirken (vgl. ebd., S. 38). Demnach stehen Nutzungskompetenzen (skills) im direkten Verhältnis zur Medienausstattung. Das zugrunde liegende theoretische Modell der Ungleichheit im Kontext von Informations- und Kommunikationstechnologien lässt sich im Wesentlichen anhand von fünf Gesichtspunkten skizzieren: (1)„the digital divide": Hierbei geht es in erster Linie um die klassischen Zugangsfragen, sowie die Qualität der Hard- und Software und der Netzwerkverbindung. (2) „access inequalities and use of information technology": Zugang zu Informationstechnologien bedeutet nicht automatisch, dass grundlegende Fragen zu Ungleichheiten obsolet sind. Daher werden unter diesem Punkt die unterschiedlichen kontextuellen Rahmen des Internetzugangs untersucht. Dabei geht es auch um die sozio-technologische Unabhängigkeit der Nutzungsmöglichkeiten. Dieser Aspekt umfasst in seinem Analyserahmen auch die Perspektive der Handlungsautonomie im Umgang mit dem Internet. Unter dem Punkt (3) „Inequality among persons with access to the Internet" werden Ungleichheiten berücksichtigt, die sich aufgrund unterschiedlicher Nutzungspraktiken ergeben. Dieser Aspekt eröffnet den Blick auf die unterschiedlichen und individuell ausgeprägten Fertigkeiten in der Nutzung und erlaubt so vor allem einen differenzierten Blick auf die Abhängigkeiten und Differenzen innerhalb der Internetnutzung von unterschiedlichen Gruppen. Auch hier findet sich der Einfluss von Faktoren wie Herkunft, Geschlecht und sozioökonomischen Status.

Hinsichtlich der Erklärung bestehender Unterschiede der Internetnutzung liegen vielfältige und differenzierte Ergebnisse vor. Idealtypisch können dabei zwei entgegengesetzte Erklärungsansätze unterschieden werden: Dem *Differenzierungsparadigma* folgend werden bestehende Ungleichheiten der Internetnutzung als individuell gewählte Handlungsweisen und persönliche Präferenzen erklärt, in denen kulturelle Unterschiede und gesellschaftliche Differenzierung zum Ausdruck kommt. Dabei wird vor allem auf Vielfalt von Möglichkeiten und auf Prozesse der Selektion Bezug genommen. Dem *Kohärenzparadigma* folgend werden bestehende Ungleichheiten der Internetnutzung auf dem Hintergrund bestehender gesellschaftlicher, sozio-ökonomischer Ungleichheiten erklärt. In einer struktureller Perspektive werden digitale Ungleichheiten z. B. mit Bezug auf Bourdieu (1982, 1983) im Kontext des Habitus-Konzeptes und unterschiedlicher Kapitalarten bzw. -ressourcen analysiert.

In welchem Verhältnis stehen die skizzierten Entwicklungen zum informellen Lernen? Eine Antwort kann unter Berücksichtigung des Konzepts der *Communities of Practice* (Lave und Wenger 1991; Wenger 1998; Wenger et al. 2002) gegeben werden. Mit Blick auf das Verhältnis von Gemeinschaften und individuellen Lernprozessen wird die Bedeutung der sozialen Interaktion sowie des kulturellen Kontextes (Cook und Yanow 1996) hervor gehoben. Der Rückgriff auf das soziale Umfeld spielt also nicht nur im Kontext der Ungleichheitsforschung eine zentrale Rolle; er erweist sich auch dann als äußerst bedeutsam, wenn Gruppen-, Aushandlungs- und Lernprozesse im informellen online Kontext analysiert werden. Ein analytischer Blick auf digitalen Räume muss daher auch die sozialen offline Kontakte berücksichtigen.

Betrachtet man informelle Lernprozesse entlang kultureller Entwicklungslinien, lassen sich insbesondere geschlossene Online-Communities und offene Soziale Netzwerke als informelle Lernumgebungen mit unterschiedlichen strukturellen Merkmalen beobachten und im Kontext sozialer Aushandlungs- und Lernprozesse verorten. So hat Jörissen (2007) am Beispiel der Foto-Communities *flickr.com* und *fotocommunity.de* dargelegt, wie ein solches Verhältnis strukturell betrachtet werden kann und welche Implikationen sich für eine differenzierte Analyse informeller Lernprozesse ergeben.

3 Voice divide und voice inequality

In konsequenter Weiterführung der Konzepte zur Digitalen Spaltung (*digital divide*) und insbesondere der Digitalen Ungleichheit (*digital inequality*) wird in diesem Kapitel das Konzept des *voice divide* erläutert. Damit werden nutzungsbezogene Spaltungen und Ungleichheiten auf der Ebene der Artikulation und Partizipation sowie auf der Ebene von Distinktions- und Schließungsprozessen fokussiert.[11] Mit

---

[11]Den Aspekt der Partizipation heben auch Jenkins (2009, xiii) hervor: „A central goal of this report is to shift the focus of the digitaldivide discourse from questions of technological access to those of opportunities for participation and the development of cultural competencies and social skills needed for full involvement."

Bezugnahme auf das grundlegende Konzept von Albert O. Hirschman (1974) zu „Voice, Exit and Loyality" wird eine spezifische Nutzungsdimension digitaler Ungleichheit deutlich, die im Folgenden als *voice divide* zusammengefasst wird (Klein 2004, 2008; Iske et al. 2004).

Hirschman versteht „Voice", „Exit" und „Loyality" als je unterschiedliche, aber interdependente Optionen des Umgangs mit Unzufriedenheit innerhalb einer Organisation. Während „Loyality" auf das ‚loyale Dabeibleiben' (auch und gerade in der Konnotation von Aushalten) und „Exit" auf die ‚Abwanderung' zu einem anderen Angebot verweist, steht „Voice" für Widerspruch und für die Artikulation eigener Vorstellungen innerhalb der Organisation selbst.

Die Fragen von Partizipation (*voice*) stehen dabei in engem Zusammenhang mit der Logik von Bildung, schließlich ist

> „Bildung [...] insofern auch eine Frage der (Möglichkeiten und Bedingungen) gesellschaftlicher Partizipation. Die aktive Teilnahme an gesellschaftlichen Diskursen und Auseinandersetzungsprozessen bedingt eine Fähigkeit zu Artikulationen des eigenen Selbst, die in verschiedenen sozialen Arenen inszeniert oder ausgeführt werden, sowie die Fähigkeit, Artikulationen anderer verstehend anzuerkennen" (Jörissen und Marotzki 2009, S. 38).

Auf das Internet bezogen werden mit dem Konzept des *voice divide* vor allem Fragen eines ‚effektiven' Zugangs zu internetbasierten Angeboten deutlich, die über Fragen des rein technisch vermittelten, formalen Zugangs (*digital divide*) hinausgehen und einen spezifischen Aspekt von Nutzungsungleichheiten (*digital inequalities*) fokussieren.

Für informelle Lern-, Bildungs- und auch Beratungsangeboten im Internet ist dieser ‚effektive' Zugang von besonderer Bedeutung und wird häufig mit der Forderung nach Niedrigschwelligkeit verbunden. Die grundsätzliche Einordnung von Online-Communities als „easy-entry, easy-exit" Arrangements (Norris 2002) veranschaulicht die These der Niedrigschwelligkeit ebenso eindrücklich wie die mediale Artikulation über einen „Like"-Button.

Fragt man nach den Bedingungen, unter welchen sich dieses Potential für Nutzende konkret realisieren lässt, erweisen sich für einen internetbezogenen Partizipationsansatz drei Aspekte als relevant: (1) die strukturell verankerte Möglichkeit, eigene Interessen zu äußern, (2) die sozial differenten Voraussetzungen für solche Äußerungen sowie (3) die kritische Reflexion der Wahrscheinlichkeit, dass diese Äußerungen auch gehört werden.

Dies bedeutet zunächst, dass eine Wahrnehmung der Interessenartikulation mehrfach voraussetzungsvoll ist. Zunächst einmal bedarf es strukturell verankerter Feedback-Mechanismen (also z. B. entsprechender Artikulations- und Partizipationsräume), damit Einwände überhaupt vorgebracht werden können. Darüber hinaus sind die effektive Wahrnehmung – also die sozial unterschiedlichen Voraussetzungen für Äußerungen – und die Reichweite der Voice-Option – die differenten Möglichkeiten bzw. Wahrscheinlichkeiten, dass Äußerungen auch gehört werden – immer auch in die bestehenden Machtverhältnisse innerhalb der jeweiligen Organisationen, Gruppen, Angebote usw. eingebunden. Auch wenn der Voice-Option ein maßgeblicher Raum zugestanden wird, ist damit weder die demokratische

Gleichheit der Nutzenden noch Herrschaftsfreiheit per se gewährleistet. Vielmehr besteht auch hier die Möglichkeit, dass bestimmte Nutzenden(–gruppen) über andere Personen oder andere Gruppen kommunikativ dominieren und damit über mehr Gehör und Einfluss verfügen. Dies gilt umso mehr, wie sich Machtverhältnisse im Internet stärker noch als im „real life" über ein „Kommunikationsdispositiv" (Dorer 1997, S. 252) konstituieren. Normierung und Disziplinierung vollziehen sich nicht nur und nicht primär über Verbot und Zensur, sondern vielmehr „über das Gebot permanenter Konsumption, Interaktivität und Beteiligung" (Dorer 1997, S. 253), wobei sich die entsprechenden „Kontrollinstanzen" tendenziell im Zusammenspiel sämtlicher kommunikativer Instanzen herstellen. Wenn man berücksichtigt, dass dieses Zusammenspiel der kommunikativen Instanzen unter den Prämissen einer permanenten Rede und Gegenrede das Verhandlungsfeld zwischen denjenigen absteckt, die sich artikulieren, wird die Anfälligkeit dieser Praxen für einen „ungerechten Kommunitarismus der Mehrheit" (Fraser und Honneth 2003, S. 248) offensichtlich.

Diese Prozesse lassen sich auf nicht nur auf soziale und technische Zugangsvoraussetzungen beziehen, sondern vielmehr auf die Bedingungen der Möglichkeiten zur Wahrnehmung der Voice-Option. Seit einigen Jahren ist ein Ansteigen der Anzahl empirischer Untersuchungen zu verzeichnen (Klein 2015), die umfangreiche und mehrschichtige Prozesse sozialer Schließung in digitalen Arrangements feststellen, in denen Kommunikation und Austausch im Zentrum stehen.

Während sich eine erste Demarkationslinie auf die Unterscheidung zwischen ‚drinnen' und ‚draußen', also Nutzung und Nicht-Nutzung von Online-Communities bezieht,[12] vollziehen sich innerhalb dieser Arrangements selbst weitere Prozesse der Grenzziehung, die mit ungleichen Chancen zur Verwirklichung der eigenen Interessen und zur Gestaltung dieser sozialen Räume einhergehen und damit technikdeterministische „Entstrukturierungsfiktionen" (Stegbauer 2001) grundlegend in Frage stellen.

So hat etwa Sonja Livingstone et al. (2005) in ihren Analysen zur Internetnutzung britischer Jugendlicher deutliche Zusammenhänge zwischen soziodemographischen Merkmalen und internetbasierten Formen der Beteiligung festgestellt: Jugendliche, die hinsichtlich ihrer sozialen Herkunft und ihrer Bildung eher privilegiert sind, verfügen nicht nur über eine längere Erfahrung mit dem Internet und eine größere Expertise, sondern realisieren auch ein breiteres Spektrum der Nutzungsoptionen. Hierzu gehören auch solche, die sich unmittelbar auf die aktive Beteiligung an und Interessenartikulation in digitalen Arrangements beziehen. Das Ausmaß, in dem jugendliche Internetnutzende von den „interaktiven Optionen"[13] Gebrauch machen, wird maßgeblich durch ihren sozialen Status

---

[12] Im Kontext der Unterscheidung von Nutzung und Nicht-Nutzung partizipativer Medienkulturen und der damit verbundenen informellen Lernprozesse verortet Jenkins (2009, 16 f und 116) einen „participation gap" als spezifische Form eines *digital* bzw. *cultural divide*.

[13] Als interaktive Nutzungsoptionen klassifizieren Livingstone et al. folgende Praktiken: „send an email/SMS to a site, vote for something online, use message boards, send pictures/stories to a site, access others' personal webpages, offer advice to others online, fill in an online form about yourself, sign a petition online" (Livingstone et al. 2005, S.11).

beeinflusst. Diese Befunde decken sich weitgehend mit jenen Ergebnissen, die etwa das Kompetenzzentrum informelle Bildung für bundesrepublikanische Jugendliche vorgelegt hat (vgl. Kompetenzzentrum Informelle Bildung (KIB) 2007).

Mit Blick auf diese soziale Strukturierung digitaler Kommunikationsplattformen hat auch Schönberger (2000) aufgezeigt, dass sich soziale Schließungs- und Distinktionsprozesse sowohl auf der Ebene der Inhalte als auch auf der Ebene der kommunikativen Praxen identifizieren lassen. Als Zugangs- und Partizipationsvoraussetzung sind bloße inhaltliche Interessenkonvergenzen offenbar nicht ausreichend, sondern es Bedarf auch Konvergenzen in sozialer, ökonomischer, kultureller und weltanschaulicher Hinsicht. Die informellen Manifestationen solcher Konvergenzen lassen sich im Anschluss an die Arbeiten von Höflich (2003) als „prozedurale Regeln" beschreiben: Nutzende verständigen sich auf gemeinsame Nutzungsweisen, machen damit ihre Interaktionen vorhersehbar und ermöglichen damit schließlich die Teilhabe an der jeweiligen Kommunikationsgemeinschaft.

Die „Gestaltung durch Nutzung" ist demnach auch durch eine von den deutungsmächtigsten und zentralen Akteuren eingeforderte grundlegende Konvergenz mit sozial hervorgebrachten, informellen Ordnungsmustern beschränkt. Sie sind Ausdruck der Kräfteverhältnisse innerhalb digitaler Kommunikationsgemeinschaften und können beispielsweise zur Verwehrung des Zutritts oder zur Nicht-Beachtung von Akteuren mit nicht mehrheitsfähigen Interessen führen. So hat sich selbst bei digitalen Selbsthilfeangeboten in empirischen Analysen gezeigt, dass Ratsuchende nur eine Antwort auf ihr Anliegen bekommen, wenn sie ihre Zugehörigkeit zur Gruppe und ihre Identifikation mit den verhandelten Problemen in ihrem Anliegen explizit machen. Anliegen, die dem nicht genügen, werden schlicht ignoriert (vgl. Klein 2015).

Die Binnendifferenzierung in durchsetzungsfähige und schwächere Positionen, die Erzeugung von sozialem Druck, die prozessuale Generierung, Zurechtweisung und Ausgrenzung von Außenseiter/innen sind auf der Basis vorliegender empirischer Befunde als konstitutive Elemente digitaler Arrangements zu verstehen. „Voice", verstanden als die Artikulation und Verwirklichung der eigenen Interessen, ist auch in digitalen Arrangements für sozial heterogene Akteure unterschiedlich voraussetzungsvoll. Der gegenwärtige affirmative Diskurs um Online-Communities unterstellt universelle Teilhabemöglichkeiten unter der Ausblendung der hierzu erforderlichen Ressourcen sowie der strukturellen Begrenzung und ignoriert damit nicht zuletzt genau jene sozialstrukturelle Selektivitäten, wie sie auch aus realweltlichen nahräumlichen Gemeinschaften hinlänglich bekannt sind (vgl. Otto und Ziegler 2005).

In Anlehnung an die Unterscheidung von *digital divide* und *digital inequality* ist auch die Perspektive des *voice divide* um die Perspektive der *voice inequality* zu erweitern. Das Konzept des *voice divide* bezieht sich auf die dichotome Unterscheidung der Nutzung der Option „Voice" und unterscheidet Nutzende, die sich artikulieren bzw. die sich nicht artikulieren. Die *voice inequality* ist demgegenüber stärker auf die Konstitution der kommunikativen Prozesse selbst gerichtet. Diese Unterscheidung reflektiert, auf welche Weise den beteiligten Akteuren Einfluss zu- oder abgesprochen wird bzw. welche Bewertungen ihre Äußerungen erfahren, um die „relationale Beziehungsungleichheit" (Kreckel 1992) und ihre Konsequenzen beim Zugang zu verschiedenen internetbasierten Angeboten zu analysieren (vgl. ausführlich: Klein 2008). Um es nochmals mit Hirschman ([1974] 2004, S. 33) auf den Punkt zu bringen: „Im Verhältnis zur Abwanderung ist Widerspruch kostspielig und abhängig vom Einfluss und der Verhandlungsposition" der jeweiligen Nutzenden.

4 Technologisch-infrastrukturelle Spaltung – Zero-level-digital divide

Bezugnehmend auf Warschauer und van Dijk könnte die These formuliert werden, dass Fragen des Zugangs gegenwärtig lediglich eine untergeordnete Rolle spielen. Doch angesichts der Transformationen des Internet hinsichtlich Mobile Web und Netzneutralität / Priorisierung wird hier die gegenteilige These vertreten: Fragen des Zugangs gewinnen unter veränderten Rahmenbedingungen an Aktualität und an Komplexität.

Angesichts gegenwärtiger Transformationsprozesse des Internet wird deutlich, dass über Spaltungen hinsichtlich des Zugangs (first-level-digital divide), hinsichtlich der Nutzungsweisen (second-level-digital divide) sowie hinsichtlich der Artikulation und der Partizipation (voice divide; voice inequality) neue Arten von Spaltungen zu beobachten sind, die im Folgenden als *zero-level-digital divide* bezeichnet werden.

Der *zero-level-digital divide* betrifft die grundlegende Ebene der Architektur des Internet und bezieht sich auf eine technologisch-infrastrukturelle Spaltung sowie daraus resultierende Ungleichheiten. Die Benennung dieser Spaltung bezieht sich einerseits auf eine „Zählweise ab 0" aus der Informatik und betont damit programmiertechnisch-mathematische Grundlagen. Andererseits ist diese Benennung ein expliziter Bezug auf den Diskurs um einen „first-level-" und „second-level-digital divide" zu verstehen, der deutlich macht, dass es sich um vorgelagerte und grundlegende Ungleichheiten handelt.

Unter dem Begriff des zero-level-digital divide werden im Folgenden Unterschiede und Unterscheidungen auf der strukturalen Ebene des „Codes"[14] (Lessig 1999) diskutiert und daraus resultierende Unterschiede auf der Ebene der Nutzung. Auf „Code" basierende Ungleichheiten im Sinne des *zero-level-digital divide* können beispielhaft am Diskurs um Personalisierung sowie am Diskurs um Netzneutralität und Priorisierung verdeutlicht werden (vgl. hierzu auch Iske und Verständig 2014).

---

[14] Der Begriff des „Code" bezieht sich dabei sowohl auf die Architektur von Programmen und Apps, die über das Internet zur Verfügung gestellt werden, als auch auf die Architektur des Internet – gemeint sind also grundlegend die vielfältigen Strukturen des Software Codes. Es geht hierbei also nicht um Codes im Sinne der Kodierung von qualitativem Datenmaterial.

Ungleichheiten auf der grundlegenden Ebene des „Code" bestehen im Bereich der Personalisierung und Priorisierung und können beispielhaft an Filtermechanismen und Empfehlungssystemen erläutert werden. Deren Effekte werden von Pariser anhand der Metapher der „filter-bubbles" (Pariser 2011) diskutiert. Diese Filterblasen beziehen sich z. B. auf die Analyse von Suchanfragen durch Suchmaschinenbetreiber, verbundenen mit der Filterung zukünftiger Suchergebnisse. Als Ergebnis werden Nutzenden dann personalisierte Trefferlisten vorgelegt, die zu den vergangenen Suchanfragen und zu in der Vergangenheit gewählten Treffern des Suchenden *passen*. In letzter Konsequenz entstehen Filter-Blasen als „Echo-Kammern" als sich reproduzierende thematische Ausrichtungen. Diese strukturell-technologischen Effekte sind für informelle und selbstgesteuerte Lernprozessen von besonderer Bedeutung, da es sich hierbei um weiche Grenzen und Begrenzungen handelt, die im Rahmen der alltäglichen Nutzung in der Regel implizit und unreflektiert bleiben.

Unter dem Begriff der Netzneutralität wird gegenwärtig die technisch-infrastrukturelle Ebene des „Code" diskutiert. Im Mittelpunkt steht dabei die Art und Weise, wie Datenpakete über das Internet von einem Ausgangs- zu einem Zielknoten weitergeleitet werden. Dabei stehen sich mit dem *Best-Effort-Prinzip* und *Quality-of-Service* zwei konträre Vorgehensweisen gegenüber: Das Konzept der Netzneutralität geht auf die grundlegende Konzeption des WWW durch Tim Berners-Lee zurück und bedeutet die ungehinderte und unterscheidungsfreie (diskriminierungsfreie) Übermittlung von Datenpaketen. Die Übermittlung von Daten ist als grundlegend neutral gegenüber den vermittelten Informationen konzipiert (vgl. Berners-Lee und Fischetti 1999, S. 192) Für diese Art der Datenübertragung spielt es also keine Rolle, um welche Art von Daten sich handelt, zu welchem Zielknoten Daten übermittelt werden oder von welchem Ausgangsknoten sie kommen (vgl. Wu 2003; Brown und Marsden 2013). Die Übermittlung von Datenpaketen erfolgt nach bestem Bemühen (*best-effort*).

Einem solchen Konzept der Datenübermittlung stehen Verfahren zur inhaltsbezogenen Priorisierung wie *Quality of Service* (QoS) bzw. eine *Deep-Packet Inspection* (DPI) gegenüber und müssen im Gesamtkonzept der technologischen Infrastruktur des Internet stets mitgedacht werden. Die zu problematisierende Grundlage hierfür bilden Unterscheidung (Diskriminierung) von Datenpaketen, z. B. hinsichtlich Ausgangspunkt oder Zielpunkt, sowie eine darauf aufbauende unterschiedliche Behandlung in Form der priorisierten Weiterleitung spezifischer Datenpakete. Die Diskussion um Netzneutralität und Priorisierung ist am Beispiel von Video-Strea-mingdiensten wie netflix oder maxdome bekannt geworden[15]. Betrachtet man in Analogie den Videodienst YouTube als spezifischen

---

[15] So sind in den USA spezifische Verträge zwischen Streaming-Anbietern und Providern bekannt geworden, in denen eine bevorzugte Weiterleitung von Daten an Kunden vereinbart wurde.

informelle Lernumgebung, werden auch hier Unterscheidungen und Ungleichheiten auf einer technologisch-strukturellen Ebene erkennbar.[16] Im Hinblick auf Digitale Ungleichheiten ist die grundlegende Frage der Weiterleitung von Datenpaketen und damit verbunden der Zugang zu spezifischen inhaltlichen Angeboten von besonderer Bedeutung, da unter den Bedingungen des *Quality of Service* die Art des Zugangs sowie die Nutzungsmöglichkeiten in direkter Weise an ökonomische Voraussetzungen gebunden sind. Darüber hinaus ist die Abweichung vom Best-Effort-Prinzip für Nutzende häufig nicht direkt erfahrbar und damit in alltäglicher Praxis nur schwer reflektierbar.

Der *zero-level digital divide* liegt sowohl dem *first-level digital divide* im Sinne digitaler Spaltung als auch dem *second-level digital divide* im Sinne Digitaler Ungleichheit als eine darunter liegende Schicht zugrunde:

- Die technologisch-strukturale Ebene des „Code" ist dem first-level digital divide vorgelagert, insofern die Frage des „Zugangs" neu und auf komplexerer Ebene als ein Spektrum von Konnektivität diskutiert werden muss. Von Bedeutung sind dabei einerseits Fragen des mobilen/WI-FI- und stationären/LAN- Zugang; unterschiedlicher Geschwindigkeiten, Volumen und Qualitäten der Datenübertragung sowie verschiedenartiger Geräte und Displayformate. Andererseits beeinflussen Regulierungs- und Priorisierungssysteme den Zugang zu Angeboten und Dienstleistungen im Internet, wie sie gegenwärtig unter den Begriffen der „Netzneutralität" kontrovers diskutiert werden.
- Die technologisch-strukturale Ebene des „Code" ist dem *second-level digital divide* vorgelagert, insofern die Frage der „Nutzung" stärker als zuvor im Hinblick auf die allgemeinen technisch-strukturellen Grundlagen des Internet sowie auf die spezifische Ausprägung für Einzelne und Gruppen von Nutzenden diskutiert werden müssen. Diese Doppelperspektive aus allgemeinen und spezifischen Faktoren bestimmt zunehmend den Möglichkeitsraum für Nutzungsweisen (vgl. Iske und Verständig 2014).

Hinsichtlich neu entstehender Ungleichheiten ist vor dem Hintergrund von Personalisierung und von Priorisierung festzuhalten, dass „Code" Nutzungsmuster und Nutzungserfahrungen beeinflusst und reguliert. Während die Diskurse um digitale Spaltung (Zugang) und digitale Ungleichheit (Nutzung) davon ausgehen, dass der Raum des Internet für alle Nutzenden der gleiche ist, wird unter der Perspektive des *zero-level-digital divide* deutlich, dass sich „das Internet" gerade nicht für alle Nutzenden gleichermaßen darstellt.

Zusammenfassend kann festgehalten werden, dass unter dem Begriff des *zero-level-digital divide* Implikationen und Herausforderungen für den Diskurs um digi-

---

[16]Insbesondere YouTube hat sich in den letzten Jahren als ein Dienst herausgestellt, der geprägt ist von höchst heterogenen audiovisuellen Beiträgen. Diese sind in unterschiedlichen Kontexten verortet, wobei jedoch stets die soziale Interaktion und der mediale Austausch im Vordergrund stehen und somit insbesondere unterschiedliche Typen von informellen Lernkulturen ermöglichen.

tale Spaltung und digitale Ungleichheit unter veränderten technologisch-infrastrukturellen Rahmenbedingungen auf der Ebene des Software Codes diskutiert wird. Damit wird insbesondere der Bereich des informellen Lernens berührt. Fragen des Zugangs zu und der Nutzung von Informationen spielt dabei eine ebenso zentrale Rolle, wie Fragen nach einer möglichen technologisch-infrastrukturellen Vorstrukturierung von Inhalten, Kommunikations-, Kooperations- und Partizipationsmöglichkeiten.

5 Zusammenfassung und Ausblick

In diesem Beitrag wurde das ambivalente und komplexe Verhältnis von informellem Lernen und digitalen Spaltungen fokussiert: auf der einen Seite stehen unbestritten enorme Potentiale des Internet für informelle Lern- sowie für Bildungsprozesse; auf der anderen Seite gleichzeitig Spaltungen, Ungleichheiten sowie Distinktions- und Schließungsprozesse. Am Beispiel der Diskurse über *digital divide* und *digital inequalities* sowie darüber hinausgehend anhand der Konzepte des *voice divide / voice inequality* und des *zero-level-digital divide* wurden gesellschaftlich-kulturelle Implikationen digitaler Spaltungen und Ungleichheiten sowie deren Risikostrukturen dargestellt. Dabei wird deutlich, dass sich digitale Spaltungen und Ungleichheiten sowohl entlang existierender sozialer (offline) Ungleichheiten als auch entlang neuer Medientechnologien und deren Nutzungsweisen rekonstruieren lassen. Die Entwicklungslinien des Diskurses vom *first-level-digital divide* über einen *second-level-digital divide* bis hin zu einem *voice divide* und *zero-level-digital divide* verdeutlicht, wie sich Forschungsperspektiven im Zusammenhang mit Strukturen der Medientechnologien als soziotechnische Systeme kontinuierlich weiterentwickeln. Obwohl der Forschungsstand insbesondere zu Zugangsfragen und Nutzungsweisen sehr gut aufgearbeitet ist, bleiben Fragen der langfristigen Auswirkungen digitaler Technologien sowie neuartiger Spaltungen und Ungleichheiten auf informelles Lernen und individuellen Lebenschancen vielfach unbeantwortet. Hier ergibt sich vor allem ein Bedarf an Langzeitstudien, welche die Nutzungsweisen verstärkt unter Berücksichtigung der sozialen und gesellschaftlichen Strukturen betrachten und digitale Spaltungen in ihrer Komplexität berücksichtigen.

Zu Fragen ist weiterhin nach strukturellen Veränderungen des Internet und soziokulturellen Prozessen als Gegenstand einer Lern- und Bildungsforschung. Zentrale Anknüpfungspunkte bilden dabei Prozesse des sozialen Wandels, wie sie im Zuge einer Mediatisierung diskutiert werden. Ausgehend von der These, dass Bildung und Sozialisation unhintergehbar medial stattfinden (Fromme et al. 2011) muss grundlegend gefragt werden, wie gesellschaftliche Teilhabe in digitalen Räumen aus erziehungswissenschaftlicher Perspektive zu konzeptualisieren und zu analysieren sind. Dies setzt auch die genaue Betrachtung von algorithmischen Strukturen und den vielfältigen medialen Kommunikationsräumen voraus und erfordert vor dem Hintergrund von Regulierungs- und Priorisierungskonzepten eine differenzierte Betrachtung sozialer und kultureller Implikationen.

Grundlegend steht die Diskussion um Digitale Spaltungen und Ungleichheiten sowie die daraus abgeleiteten pädagogischen und politischen Maßnahmen vor der Herausforderung, die Nutzung des Internet weder subjektivistisch-individuell noch instrumentell-qualifikatorisch zu verkürzen und auf reine Fragen der beruflichen Qualifizierung oder persönlicher Präferenzen zu reduzieren. Vielmehr sind diese Perspektiven zu erweitern im Kontext des Internet als Bildungs- und Kulturraum, als Raum der gesellschaftlichen Partizipation, der Sozialisation und der Identitätsbildung.

Literatur

Bachmair, B. Hrsg. (2010). *Medienbildung in neuen Kulturräumen. Die deutschsprachige und britische Diskussion* (1. Aufl). Wiesbaden: VS Verlag für Sozialwissenschaften.
Barlow, J. P. (1996). A cyberspace independance declaration. https://projects.eff.org/~barlow/Declaration-Final.html. Zugegriffen am 9.7.2015.
Berners-Lee, T., & Fischetti, M. (1999). *Der Web-Report. Der Schöpfer des World Wide Webs über das grenzenlose Potential des Internets*. München: Econ.
Biermann, R., Fromme, J., & Verständig, D. (Hrsg.). (2014). *Partizipative Medienkulturen. Positionen und Untersuchungen zu veränderten Formen öffentlicher Teilhabe*. Wiesbaden: Springer Vs.
Bonfadelli, H. (1994). *Die Wissenskluftperspektive: Massenmedien und gesellschaftliche Information*. Konstanz: Ölschläger.
Bolt, D., & Crawford, R. (2000). *The digital divide: Computers and our children's future*. New York: TV Books.
Bourdieu, P. (1982). *Die feinen Unterschiede. Kritik der gesellschaftlichen Urteilskraft*. Frankfurt am Main: Suhrkamp.
Bourdieu, P. (1983). Ökonomisches Kapital, kulturelles Kapital, soziales Kapital. In R. Kreckel (Hrsg.), *Soziale Ungleichheiten* (S. 183–198). Göttingen: Schwartz.
Brown, I., & Marsden, C. T. (2013). *Regulating code: Good governance and better regulation in the information age* (Information revolution and global politics). Cambridge: MIT Press.
Chen, W., & Wellman, B. (2003). „Internet Access and Use in the Global Village: Comparing the Socioeconomic, Gender, Language, Ethnic and Rural-Urban Digital. Divide in Eight Developed and Developing Countries" Paper presented to the American Sociological Association, August, Atlanta.
Cook, S. D. N., & Yanow, D. (1996). Culture and organizational learning. In M. D. Cohen & L. S. Sproull (Hrsg.), *Organizational learning* (S. 430–549). Thousand Oaks: Sage.
DiMaggio, P., Hargittai, E., Celeste, C., & Shafer, S. (2004). From unequal access to differentiated use. In K. Neckerman (Hrsg.), *Social inequality* (S. 355–400). New York: Russell Sage Foundation.
Dohmen, G. (2001). *Das informelle Lernen. Die internationale Erschließung einer bisher vernachlässigten Grundform menschlichen Lernens für das lebenslange Lernen aller*. Bonn: BMBF Publik.
Dohmen, G. (2002). Informelles Lernen in der Freizeit. *Spektrum Freizeit, 1*, 18–27.
Dorer, J. (1997). Das Internet und die Genealogie des Kommunikationsdispositivs. Ein medientheoretischer Ansatz nach Foucault. In A. Hepp & R. Winter (Hrsg.), *Kultur - Medien - Macht. Cultural Studies und Medienanalyse* (S. 247–257). Opladen: Springer VS.
Fraser, N., & Honneth, A. (2003). *Umverteilung oder Anerkennung? Eine politisch-philosophische Kontroverse*. Frankfurt am Main: Suhrkamp.
Fromme, J., Iske, S., & Marotzki, W. Hrsg. (2011). *Medialität und Realität - Zur konstitutiven Kraft der Medien*. Wiesbaden: Verlag für Sozialwissenschaften.
Hargittai, E. (2002). Second-level digital divide. Differences in people's online skills. First Monday 7(4). http://chnm.gmu.edu/digitalhistory/links/pdf/introduction/0.26c.pdf. Zugegriffen am 8.3.2015.

Hirschman, A. O. (2004 [1974]). *Abwanderung und Widerspruch: Reaktion auf Leistungsabfall bei Unternehmungen, Organisation und Staaten.* Tübingen: Mohr Siebeck.
Höflich, J. R. (2003). *Mensch, Computer, Kommunikation.* Frankfurt am Main/Berlin: Peter Lang.
Hugger, K.-U. Hrsg. (2014). *Digitale Jugendkulturen* (2. Aufl). Wiesbaden: VS, Verl. für Sozialwissenschaften.
Initiative D21 e.V., & TNS Infratest (2014). D21 – Digital – Index 2014. Die Entwicklung der digitalen Gesellschaft in Deutschland. http://www.initiatived21.de/wp-%20;content/uploads/2014/11/141107_digitalindex_WEB_FINAL.pdf.
Iske, S. (2015). Digitale Medien und informelles Lernen. In T. Burger, M. Harring & M. D. Witte (Hrsg.), *Handbuch informelles Lernen. Interdisziplinäre und internationale Perspektiven.* Weinheim: Juventa. Im Erscheinen.
Iske, S., & Verständig, D. (2014). Medienpädagogik und die Digitale Gesellschaft – Im Spannungsfeld von Regulierung und Teilhabechancen. Medienimpulse 4/2014. http://www.medienimpulse.at/articles/view/751. Zugegriffen am 9.7.2015.
Iske, S.; Klein, A., & Kutscher, N. (2004). Nutzungsdifferenzen als Indikator sozialer Ungleichheit. http://www.soz.uni-frankfurt.de/K.G/B3_2004_Iske_Klein_Kutscher.pdf. Zugegriffen am 9.7.2015.
Iske, S., Klein, A., Kutscher, N., & Otto, H.-U. (2007). Virtuelle Ungleichheit und informelle Bildung. Eine empirische Analyse der Internetnutzung Jugendlicher und ihre Bedeutung für Bildung und gesellschaftliche Teilhabe. In Kompetenzzentrum Informelle Bildung (Hrsg.), *Grenzenlose Cyberwelt? Zum Verhältnis von digitaler Ungleichheit und neuen Bildungszugängen für Jugendliche* (S. 65–92). Wiesbaden: Springer VS.
Jenkins, H. (2006). *Convergence culture: Where old and new media collide.* New York: New York University Press.
Jenkins, H. (2009). *Confronting the challenges of participatory culture. Media education for the 21st century.* Cambridge: MIT Press.
Jörissen, B. (2007). Informelle Lernkulturen in Online-Communities. Mediale Rahmungen und rituelle Gestaltungsweisen. In C. Wulf, B. Althans, G. Blaschke, N. Ferrin, M. Göhlich, B. Jörissen, R. Mattig, I. Nentwig-Gesemann, S. Schinkel, A. Tervooren, & M. Wagner-Willi (Hrsg.), *Lernkulturen im Umbruch. Rituelle Praktiken in Schule, Jugend, Medien und Familie* (S. 184–219). Wiesbaden: VS Verlag.
Jörissen, B., & Marotzki, W. (2009). *Medienbildung – Eine Einführung. Theorie – Methoden – Analysen.* Bad Heilbrunn: Klinkhardt.
Klein, A. (2004). Von Digital Divide„ zu „Voice Divide": Beratungsqualität im Internet. In H.-U. Otto & N. Kutscher (Hrsg.), *Informelle Bildung online. Perspektiven für Bildung, Jugendarbeit und Medienpädagogik.* Juventa.
Klein, A. (2008). Soziales Kapital Online. Soziale Unterstützung im Internet. Eine Rekonstruktion virtualisierter Formen sozialer Ungleichheit. Dissertation an der Universität Bielefeld. http://bieson.ub.uni-bielefeld.de/volltexte/2008/1260/. Zugegriffen am 13.2.2015.
Klein, A. (2015). Onlineberatung – Unterstützungsqualität und Professionalität. In N. Kutscher, T. Ley, & U. Seelmeyer (Hrsg.), *Mediatisierung (in) der Sozialen Arbeit.* Wiesbaden: Springer VS.
Kompetenzzentrum Informelle Bildung. Hrsg. (2007). *Grenzenlose Cyberwelt? Zum Verhältnis von digitaler Ungleichheit und neuen Bildungszugängen für Jugendliche.* Wiesbaden: Springer VS.
Kompetenzzentrum Informelle Bildung (KIB). Hrsg. (2007). *Grenzenlose Cyberwelt? Zum Verhältnis von digitaler Ungleichheit und Bildungszugängen für Jugendliche.* Wiesbaden: VS Verlag.
Kreckel, R. (Hrsg.). (1992). *Soziale Ungleichheiten. Soziale Welt.* (Sonderband 2, S. 183–198). Göttingen.
Kubicek, H., & Welling, S. (2000). Vor einer digitalen Spaltung in Deutschland? Annäherung an ein verdecktes Problem von wirtschafts- und gesellschaftspolitischer Brisanz. In: *Medien- & Kommunikationswissenschaft 48*, H. 4, S. 497–517.
Lave, J., & Wenger, E. (1991). *Situated learning: Legitimate peripheral participation.* New York: Cambridge University Press.

Lessig, L. (1999). *Code and Other Laws of Cyberspace*. New York: Basic Books.
Lessig, L. (2006). *Code version 2.0*. New York: Basic Books.
Livingstone, S., Bober, M., & Helsper, E. (2005). *Inequalities and the digital divide in children and young people's internet use: Findings from the UK children go online project* (Bd. 5). London: London School of Economics and Political Science.
Marr, M. (2005). Internetzugang und politische Informiertheit. *Zur digitalen Spaltung der Gesellschaft. UVK: Konstanz.*
Marsden, C. T. C. (2010). *Net neutrality: Towards a co-regulatory solution*. London: Bloomsbury Academic.
Meder, N. (2002). Nicht informelles Lernen, sondern informelle Bildung ist das gesellschaftliche Problem. *Spektrum Freizeit, 1*, 8–17.
Medienpädagogischer Forschungsverbund Südwest (2014). *JIM-Studie 2014. Jugend, Information, (Multi-)Media. Basisuntersuchung zum Medienumgang 12- bis 19-Jähriger*. Stuttgart.
Norris, P. (2002). The bridging and bonding role of online communities. *The International Journal of Press/Politics, 7*, 3–13. http://www.hks.harvard.edu/fs/pnorris/Articles/Articles%20published%20in%20journals_files/Bridging_Bonding_2002.pdf. Zugegriffen am 14.3.2015.
Otto, H.-U., & Ziegler, H. (2005). Sozialraum und Sozialer Ausschluss. Die analytische Ordnung neo-sozialer Integrationsrationalitäten in der Sozialen Arbeit. In R. Anhorn & F. Bettinger (Hrsg.), *Sozialer Ausschluss und Soziale Arbeit* (S. 115–146). Wiesbaden: Springer VS.
Otto, H.-U., Kutscher, N., Klein, A., & Iske, S. (2005). Soziale Ungleichheit im virtuellen Raum. wie nutzen Jugendliche das Internet? Erste Ergebnisse einer empirischen Untersuchung zu Online-Nutzungsdifferenzen und Aneignungsstrukturen von Jugendlichen. http://hf.uni-koeln.de/blog/medien/wp-content/blogs.dir/14/files/2011/03/jugend-internet-lang1.pdf. Zugegriffen am 9.7.2015.
Pariser, E. (2011). *The filter bubble. What the Internet is hiding from you*. NewYork: Penguin Press.
Schönberger, K. (2000). Internet und Netzkommunikation im sozialen Nahbereich. Anmerkungen zum langen Arm des ‚real life'. *Forum Medienethik 2,2000*, 33–41.
Sclater, N. (2011). Open educational resources: Motivations, logistics and sustainability. In N. F. Ferrer & J. M. Alfonso (Hrsg.), *Content management for e-learning* (S. 179–193). New York: Springer.
Stegbauer, C. (2001). *Grenzen virtueller Gemeinschaft*. Wiesbaden: Westdeutscher Verlag.
Stegbauer, C. (2012). (Hrsg.). *Ungleichheit: Medien- und kommunikationssoziologische Perspektiven*. Wiesbaden: VS.
Suler, J. (2004). The online disinhibition effect. *CyberPsychology and Behavior, 7*, 321–326. http://www.samblackman.org/Articles/Suler.pdf. Zugegriffen am 9.7.2015.
Tichenor, P. J., Donohue, G. A., & Olien, C. N. (1970). Mass media flow and differential growth in knowledge. *Public Opinion Quarterly, 34*(2), 159–170.
van Dijk, J. (2005). *The Deepening Divide, Inequality in the Information Society*. Thousand Oaks, London, New Delhi: Sage.
van Dijk, J. (2012). The Evolution of the Digital Divide - The Digital Divide Turns to Inequality of Skills and Usage. In: J. Bus (Hrsg.), *Digital enlightenment yearbook 2012* (S. 57–75). Amsterdam, Washington, D.C: IOS Press.
Verständig, D., & Iske, S. (2014). Digitale Teilhabe und Digitale Ungleichheiten. Perspektiven auf die Vielfalt und Komplexität mobiler Internetnutzung. *Computer+Unterricht 96*, 27–30.
Warschauer, M. (2002). Reconceptualizing the Digital Divide. *In: First Monday, 7*. No. 7.
Warschauer, M. (2003). Demystifying the digital divide. *Scientific American, 289*(2), 42–47.
Wenger, Etienne (1998). „Communities of Practice. Learning as a social system", Systems Thinker, http://www.co-i-l.com/coil/knowledge-garden/cop/lss.shtml. Zugegriffen am 14.5.2015.
Wenger, E., McDermott, R., & Snyder, W. M. (2002). *Cultivating communities of practice*. Boston: HBS press.
Wu, T. (2003). Network neutrality, broadband discrimination. *Journal of Telecommunications and High Technology Law, 2*, 141–179.
Zillien, N. (2006). *Digitale Ungleichheit. Neue Technologien und alte Ungleichheiten in der Informations- und Wissensgesellschaft*. Wiesbaden: Verlag für Sozialwissenschaften.

Teil IX

Anerkennung informell erworbener Kompetenzen

Anerkennung informell erworbener Kompetenzen

Gesa Münchhausen und Sabine Seidel

Inhalt

1	Vom informellen Lernen zur Validierung	588
2	Entwicklungen der europäischen bildungspolitischen Diskussion zur Anerkennung	594
3	Zur Anerkennung informell und non-formal erworbener Kompetenzen in Deutschland	596
4	Blick in andere Länder – Frankreich, die Niederlande und die Schweiz	598
5	Ausblick	604
	Literatur	605

Zusammenfassung

Die Anerkennung und Validierung vom informellen und non-formalen Lernen wird in Deutschland seit einigen Jahren, vor allem aufgrund von europäischen Einflüssen verstärkt diskutiert und bearbeitet. Hintergrund dieser Entwicklungen sind die gestiegene Bedeutung des lebenslangen Lernens, neue Formen der Arbeits- und Betriebsorganisation sowie der gestiegene Bedarf an Fachkräften. Die entscheidende Frage dabei ist, wie die informell und non-formal erworbenen Kompetenzen im bestehenden Bildungssystem integrierbar und überhaupt nutzbar zu machen sind. Diskutiert wird dies nachfolgend im Kontext unterschiedlicher nationaler und auch internationaler Anwendungszusammenhänge.

Schlüsselwörter

Anerkennung • Informelles Lernen • Validierung • Lebenslanges Lernen

---

G. Münchhausen (✉)
Bundesinistut für Berufsbildung, Bonn, Deutschland
E-Mail: muenchhausen@bibb.de

S. Seidel
Institut für Entwicklungsplanung und Strukturforschung, Hannover, Deutschland
E-Mail: seidel@ies.uni-hannover.de

1 Vom informellen Lernen zur Validierung

1.1 Das lebenslange Lernen

„Lebenslanges Lernen ist zur Existenzfrage geworden." (Negt 2010, S. 237)

Für Negt steht die Neubewertung von Arbeit und Lernen, zwei grundlegenden Kategorien des Zivilisierungsprozesses der bürgerlichen Gesellschaft, im Zentrum unserer gesellschaftlichen Umbruchsituation (vgl. 2010, S. 234). Der Wandel der Arbeitswelt bedeutet für die Beschäftigten und Arbeitsuchenden zusätzliche Anforderungen, wenn sie ihren (zukünftigen) Arbeitsalltag bewältigen wollen. Häufig aber sind diese Anforderungen unklar und weder für den Betrieb noch die Beschäftigten vorhersehbar. Insofern wird „von den Arbeitnehmern (...) verlangt, sich flexibler zu verhalten, offen für kurzfristige Veränderungen zu sein, ständig Risiken einzugehen und weniger abhängig von Regeln und förmlichen Prozeduren zu werden" (Sennett 1998, S. 10). Unsicherheit und Brüche kennzeichnen zunehmend das Erwerbsleben, dies hat nicht nur Auswirkungen auf das Arbeitsleben selbst, sondern auf alle Lebensbereiche.

Ein möglicher, vielleicht der wichtigste – oder wie Negt es formuliert, ein die Existenz betreffender – Weg, den vielfältigen Anforderungen zu begegnen, liegt in der fortwährenden persönlichen und beruflichen Weiterentwicklung, dem lebenslangen Lernen. Mit dem Konzept des Lebenslangen Lernens geht eine Neubewertung des Lernens einher. Im Blick ist nicht mehr nur das Lernen in formalen Kontexten, sondern auch das selbstgesteuerte Lernen und das Lernen en passant, das am Arbeitsplatz, in Zeiten von Arbeitslosigkeit, in der Familie oder in der Freizeit und damit in unterschiedlichsten Kontexten stattfindet. Somit ist das Lernen auf jegliches Lernen ausgeweitet, wie auch immer es gestaltet sein mag und wo auch immer es stattfindet. Im Zentrum des Interesses stehen dabei sämtliche Aneignungswege und -formen von Individuen. Die Vielfalt der möglichen Aneignungswege, die in der Regel keinem festgelegten Lernziel folgen, sondern vielmehr beiläufig, situationsgebunden und individuell sind, hat dazu geführt, dass zunehmend die Ergebnisse von Lernen im Fokus stehen. Diese sind entsprechend unterschiedlich und nicht vorhersagbar. Die Neubewertung des Lernens bedeutet also nicht nur die Berücksichtigung sämtlicher Lernformen, sondern auch einen Perspektivwechsel auf die einzelnen Lernenden und die Fokussierung auf die Ergebnisse von Lernen. Sie erfordert die Entwicklung neuer Formen der Identifizierung, Bewertung und Anerkennung von Lernergebnissen, wie die EU schon seit langem fordert (Europäische Kommission 2001, S. 15 f.). Bevor darauf näher eingegangen wird, werden zunächst die unterschiedlichen Lernformen und ihre Charakteristika kurz dargestellt. Als Kriterien zu ihrer Abgrenzung dienen die Art ihrer Organisation, ihre Zielgerichtetheit und die Zertifizierung (vgl. CEDEFOP 2009).

Die Tatsache, dass letztlich nur das gelernt wird, „was als sinnvoll, subjektiv bedeutsam und/oder praxisrelevant wahrgenommen wird" (Siebert 1996, S. 53), ist nicht nur für die Gestaltung didaktischer Settings von Bedeutung, sie weist gleichzeitig auch auf das Lernen außerhalb von organisierten und vorstrukturierten

Lernkontexten, auf das informelle Lernen hin. Aus in der Arbeitswelt oder anderen Lebensbereichen auftretenden Anforderungen oder Problemen entstehen Impulse zu lernen, das Lernen selbst erfolgt in der Regel beiläufig in der Bewältigung dieser Anforderungen (vgl. Dohmen 2001, S. 26). Das für Dohmen zu den Grundformen menschlichen Lernens zählende informelle Lernen ist ein Lernen über Erfahrungen, es ergibt sich aus beruflichen oder privaten Handlungserfordernissen, ist nicht institutionell organisiert und zumeist nicht professionell pädagogisch begleitet. In der Regel werden die Ergebnisse dieses Lernens nicht bewusst angestrebt, was aber nicht bedeutet, dass dem Prozess der Bewältigung die Intentionalität fehlt. Informelles Lernen ist durch das Individuum und die spezielle Situation bestimmt, es orientiert sich an den individuellen Lerngelegenheiten und den individuellen Lernvoraussetzungen. Damit sind Individualität und Kontextbezogenheit charakteristische Merkmale des informellen Lernens (vgl. Geldermann et al. 2009, S. 32 f.). Das bedeutet auch, dass „im konkreten Fall Umfang, Inhalt, Dimensionen und Qualität dieses Lernens höchst unterschiedlich (sind)" (Reischmann 2014, S. 28). Diese Besonderheit gilt es bei dem Bestreben nach Vergleichbarkeit von auf unterschiedlichen Wegen erworbenen Lernleistungen zu berücksichtigen.

In Abgrenzung zum formalen Lernen findet non-formales Lernen außerhalb der Einrichtungen der allgemeinen, beruflichen und hochschulischen Bildung des formalen Bildungswesens und damit überwiegend in Weiterbildungseinrichtungen und Betrieben statt. Wie beim formalen Lernen handelt es sich dabei um organisierte Lernprozesse, denen ein Lernziel und ein entsprechendes Curriculum zugrunde liegen und die üblicherweise professionell pädagogisch begleitet werden. Auch wenn Bewertungen erfolgen, sind die dabei erlangten Zertifikate häufig nicht mit einer Berechtigung im Bildungssystem verbunden.

1.2 Die Anerkennung von auf unterschiedlichen Wegen erlangten Lernergebnissen

„Wertschätzung und Anerkennung gehören zu den grundlegenden Bedürfnissen der Menschen. Sie stärken ihr Selbstbild und sind eine wichtige Quelle für die intrinsische Motivation und die Bereitschaft, Verantwortung zu übernehmen. Das gilt besonders für die Wertschätzung und Anerkennung der persönlichen Fähigkeiten, Fertigkeiten und Kompetenzen und trifft auf die meisten Menschen zu, unabhängig von gesellschaftlicher Stellung und Bildungsniveau" (Seidel 2010, S. 15). Die intrinsische Motivation, sich persönlich weiterzuentwickeln und weiter zu lernen, ist ein wichtiges Argument in der Diskussion um die Anerkennung von informell und non-formal erworbenen Fähigkeiten, Fertigkeiten und umfassenden Kompetenzen.

Weitere, weniger auf das Individuum als auf die Gesellschaft und den Arbeitsmarkt ausgerichtete Argumente für die Anerkennung von nicht-formal und informell erworbenen Kompetenzen ist der absehbare bzw. bereits in einigen Branchen bestehende Mangel an geeigneten Fachkräften. Angesichts der Tatsache, dass in formalen Lernprozessen zertifizierte schulische, berufliche und hochschulische Qualifikationen zwar eine wesentliche, nicht aber hinreichende Voraussetzung dafür sind, den beruflichen und privaten Alltag zu meistern, wird das Thema Anerkennung zunehmend virulent.

In der Diskussion um die Anerkennung informellen Lernens wird in jüngster Zeit auf seine Grenzen hingewiesen. So spricht Schmidt-Hertha davon, dass die „Möglichkeiten informellen Lernens durch individuelle Voraussetzungen und Zugänge zu verschiedenen Kontexten zwar nicht determiniert, aber limitiert" (2014, S. 14) sind. Er betont die Bedeutung von Systemen der Anerkennung informell erworbener Kompetenzen, plädiert aber für eine kritische Diskussion der Grenzen informellen Lernens, zu denen auch „die beobachtbare Vergrößerung von Bildungsunterschieden durch die Anerkennung informellen Lernens, statt deren Kompensation" (2014, S. 15) gehöre.

Bei der Anerkennung lassen sich verschiedene Formen unterscheiden, je nach Ziel und Verfahren differieren die Wirkebenen und damit die mögliche Reichweite: Die formale Anerkennung ist auf ordnungspolitischer Ebene angesiedelt und geht sowohl mit einer Berechtigung im Bildungssystem als auch mit einer breiten Wertschätzung auf dem Arbeitsmarkt einher. Die gesellschaftliche und die individuelle Anerkennung hingegen bewegen sich unterhalb dieser ordnungspolitischen Ebene. Dass in Deutschland bereits punktuell einzelne Ansätze der Anerkennung in unterschiedlichen Anwendungskontexten existieren, verdeutlicht Kap. 3 ▶ „Beteiligung am informellen Lernen". Bislang aber handelt es sich nicht um ein umfassendes System der Anerkennung, das für alle Beteiligten transparent ist und das bestehende Bildungssystem ergänzt. Dazu wäre eine grundsätzliche Richtungsentscheidung vonnöten, wie es sie in anderen Ländern gibt. Beispielhaft werden die Verfahren in drei europäischen Ländern dargelegt (Kap. 4 ▶ „Informelles Lernen in der Berufsbildung").

1.3 Validierung

Ein Verfahren, das zur Anerkennung von auf unterschiedlichen Wegen erworbenen Fähigkeiten, Fertigkeiten, Wissensbeständen oder umfassenden Kompetenzen führt, ist die Validierung von Lernleistungen. Der Begriff „Validierung" entstammt dem lateinischen Begriff „validus", der „stark", „kräftig" „wirksam", „gesund" bedeutet (vgl. Stowasser 1971). Der eine in diesem Zusammenhang im Englischen verwendete Begriff „validating" bezeichnet den Prozess und bedeutet so viel wie „für (rechts)gültig Erklären", „validation" hingegen beschreibt einen Teilschritt in diesem Prozess und steht entsprechend für „Gültigkeitserklärung" oder „Inkraftsetzung" (vgl. Cassell's 1978). Die Frage, ob die Validierung von Lernergebnissen per se auf eine formale Anerkennung zielt oder auch bei Verfahren unterhalb der ordnungspolitischen Ebene zum Tragen kommen kann, lässt sich vom lateinischen Wortsinn her nicht eindeutig beantworten. Allerdings sprechen die Tatsache, dass Englisch Hauptverkehrssprache in der EU und diese Motor in diesem Feld ist (vgl. CEDEFOP 2009, Rat der Europäischen Union 2012), sowie auch die Verwendung des Begriffs in anderen europäischen Ländern für die formale Anerkennung. Damit stellt die Validierung ein grundlegendes Verfahren dar, das zu einem

Bildungsabschluss führen, sich aber auch auf Teile eines Bildungsgangs beziehen oder zur Anrechnung von Lernergebnissen genutzt werden kann und Übergänge und Zugänge zu Bildungsgängen ermöglicht. Auf diese Weise leistet es einen Beitrag zur vertikalen und horizontalen Durchlässigkeit im Bildungssystem und zur Verkürzung von Lernzeiten.

Der Rat der Europäischen Union versteht unter Validierung „ein Verfahren, bei dem eine zugelassene Stelle bestätigt, dass eine Person die anhand eines relevanten Standards gemessenen Lernergebnisse erzielt hat" (2012, S. 5). Entsprechend der Empfehlung des Rates umfasst die Validierung die als Einzelschritte bzw. als Elemente bezeichneten Phasen Identifizierung, Dokumentation, Bewertung und Zertifizierung, die den individuellen Bedürfnissen entsprechend entweder einzeln oder in Kombination genutzt werden können sollen (vgl. 2012, S. 3).

Damit umreißt der Rat den Kern des Verfahrens mit den in der Regel aufeinander aufbauenden Phasen, der aus Sicht der Autorinnen um Information und Beratung und um Phasen weiterer Kompetenzentwicklung durch den Besuch von Weiterbildungsmaßnahmen, Zeiten praktischer Erfahrung oder Selbstlernphasen ergänzt werden sollte. Idealtypisch ergibt sich damit für den Prozess der Validierung folgendes Bild:

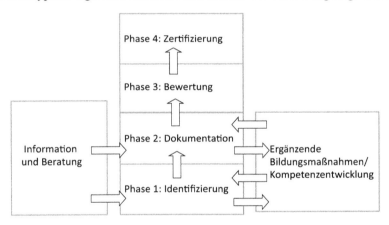

1.3.1 Information und Beratung

Der Beratung kommt in dem Prozess entscheidende Aufgaben zu: Zum einen geht es um die Information interessierter Personen über die bestehenden Verfahren. Das impliziert die Ziele, Ablauf und Vorgehensweisen, die damit verbundenen Möglichkeiten und Grenzen ebenso wie die Anforderungen, die ein solches Verfahren an die/den Einzelne/n stellt. Zu den Anforderungen gehören beispielsweise ein hohes Maß an Eigeninitiative und -verantwortung, die intensive Auseinandersetzung mit dem eigenen Können und nicht zuletzt ein hoher zeitlicher Aufwand. Zum anderen begleitet die Beratung die Kandidatinnen und Kandidaten während der ersten Phasen intensiv, im Prozess der Identifizierung und Bilanzierung und im Prozess der Dokumentation. Zudem zielt die Beratung auf die Inhalte und geeignete Lernformen möglicherweise erforderlicher ergänzender Kompetenzentwicklung.

Phase 1: Identifizierung

Grundlegende Voraussetzung für die Validierung ist die Ermittlung der auf unterschiedlichen Wegen erworbenen Fähigkeiten, Fertigkeiten, Wissensbestände und umfassenden Kompetenzen, da – wie Reischmann treffend sagt – informelles Lernen unsichtbar ist. Deshalb schlussfolgert er, „wo es um Anerkennung informeller Fähigkeiten geht, ist das Sichtbarmachen ein entscheidender Schritt (…)." (2014, S. 28). Das trifft, wenn auch nicht gleichermaßen umfassend, auch auf das non-formale Lernen zu.

Bei der Identifizierung lassen sich grundsätzlich zwei Ansätze der Feststellung von Lernergebnissen unterscheiden, der entwicklungsorientierte und der anforderungsorientierte Ansatz (vgl. Seidel 2010; Dehnbostel 2014). Annen und Bretschneider sprechen in diesem Zusammenhang von offenen und geschlossenen bzw. von formativen und summativen Ansätzen (vgl. 2014), Erpenbeck von qualitativer und quantitativer Kompetenzerfassung (vgl. 2012). Während entwicklungsorientierte Ansätze auf die Ermittlung von in der Lebens- und Arbeitswelt erworbenen Kompetenzen zielen und damit das Individuum und seine Entwicklung in den Fokus stellen, zielen anforderungsorientierte Ansätze auf die Ermittlung konkreter, im Vorhinein definierter Kompetenzen. Im Mittelpunkt dabei stehen Kompetenzen, „die für Arbeits- und Qualifikationsanforderungen relevant sind und u. a. in Aus- und Fortbildungsordnungen und Rahmenlehrplänen fixiert sind. Die Einschätzung der Kompetenzen erfolgt mit Blick auf fest definierte Standards" (Dehnbostel 2014, S. 7). Darüber hinaus gehende Wissensbestände, Fertigkeiten und Kompetenzen bleiben bei diesem Ansatz weitgehend unberücksichtigt. Entwicklungsorientiere Ansätze hingegen zielen auf die Reflexion des individuellen Entwicklungsprozesses und Handelns, sie sind ergebnisoffen angelegt und berücksichtigen die Breite der individuellen Ressourcen und Stärken.

Die zu einer formalen Anerkennung führende Validierung vereint grundsätzlich beide Ansätze, das zeigen die aufgeführten Beispiele anderer Länder. Im ersten Schritt geht es um die Reflexion des eigenen Handelns und die dabei eingesetzten Fähigkeiten, Fertigkeiten, Wissensbestände und Kompetenzen, im zweiten werden diese mit dem angestrebten, spezifischen beruflichen oder hochschulischen Kompetenzprofil abgeglichen. Eine ausschließliche Fokussierung auf die qualifikatorischen Anforderungen ohne vorherige Reflexion und Bewusstmachung des eigenen Handlungs- und Kompetenzspektrums wird der Spezifik des informellen Lernens nicht gerecht. Oder mit anderen Worten: Beiläufigkeit, Individualität und Kontextbezogenheit des informellen Lernens führen dazu, dass die Ergebnisse dieses Lernens den Individuen zumeist nicht bewusst und daher im Validierungsprozess auch nicht darstellbar sind.

Dehnbostel richtet darüber hinaus den Blick auf An- und Ungelernte. „Kommt für sie die entwicklungsorientierte Seite zu kurz, werden sie von der Validierung abgekoppelt" (2014, S. 7). Er sieht die Gefahr, dass die Validierung in diesem Fall vorrangig hoch Qualifizierten und Bildungsprivilegierten nutzt, sie aber für An- und Ungelernte ins Leere läuft und damit bestehende Ungleichheiten verstärkt werden.

Ein in Deutschland vergleichsweise weit verbreitetes, wissenschaftlich fundiertes Instrument der entwicklungsorientierten Kompetenzermittlung ist der ProfilPASS, der für den Einsatz in einem Validierungsprozess insbesondere hinsichtlich des Abgleichs mit spezifischen Kompetenzprofilen und der Dokumentation weiterentwickelt werden sollte.

Phase 2: Dokumentation
Die Dokumentation bildet die Grundlage für die nachfolgende Bewertung und ist daher von zentraler Bedeutung in dem Prozess der Validierung. Sie enthält alle in der Phase der Identifizierung ermittelten, für den angestrebten Beruf bzw. das Studienmodul relevanten Fähigkeiten, Fertigkeiten, Wissensbestände und Kompetenzen. Damit diese bewertet werden können, müssen sie nicht nur übersichtlich und nachvollziehbar dargestellt sein, sie müssen vor allem zutreffend, glaubhaft und valide sein.

Als Belege bieten sich einerseits Fremdeinschätzungen an, wie qualifizierte Arbeitszeugnisse, Bestätigungen ehrenamtlicher Arbeit und bei non-formalen Lernprozessen die über die Teilnahmebescheinigung hinausgehende Darstellung der Kursinhalte mit Bezug auf vorgegebene Standards. Andererseits kann es sich dabei um „materialisierte Produkte als Ergebnis von Lernprozessen" handeln, wie Annen und Bretschneider es formulieren (2014, S. 12), um Prüfungsstücke, simulierte oder reale Arbeitsproben. Eine weitere Form der Dokumentation sind detaillierte Beschreibungen von konkreten Handlungssituationen. Sie basieren auf der Reflexion von Ausgangslage, zu erfüllenden Aufgaben, eigenen Handlungen und eigenem Verhalten. Das impliziert auch die Begründung und die Bewertung des eigenen Handelns.

Phase 3: Bewertung
Bei der Bewertung werden die dokumentierten Lernergebnisse in Bezug zu spezifischen vorgegebenen Standards gesetzt. Zielt die Validierung auf eine formelle Anerkennung, sind diese in den entsprechenden beruflichen oder hochschulischen Qualifikationsprofilen enthalten. In diesem Fall erfolgt die Bewertung als Fremdeinschätzung durch die jeweils dafür legitimierten Stellen.

Die Dokumentation ist der Nachweis für die Kompetenzen, sie wird einem bewertenden Gremium übergeben und ggf. durch Präsentation, Fachgespräche oder Interviews ergänzt. Das weist darauf hin, dass sich die Vorgehensweisen des Gremiums zur Bewertung erworbener Kompetenzen von denen eines traditionellen Prüfungsgremiums unterscheiden müssen (vgl. u. a. Gutschow 2010, S. 13) und spezieller Standards bedarf (Seidel 2011, S. 117).

Phase 4: Zertifizierung
Auf die Bewertung folgt die Zertifizierung im Sinne einer schriftlich fixierten Fremdbewertung. In der auf formale Anerkennung zielenden Validierung stellt sie einen offiziellen Akt dar, für den die dafür legitimierten Stellen zuständig und verantwortlich sind. Mit dem Zertifikat werden dem Individuum die gemäß festge-

legter Standards bewerteten und validierten Fähigkeiten, Fertigkeiten, Wissensbestände und Kompetenzen bescheinigt (vgl. Annen und Bretschneider 2014, S. 13).

Die Beispiele aus den drei Ländern in Kap. 4 ▶ „Informelles Lernen in der Berufsbildung" geben Hinweise darauf, wie diese Phasen ausgestaltet sein können. In Deutschland gibt es mit der vom Bundesministerium für Bildung und Forschung initiierten „Arbeitsgruppe Validierung", in der neben den zuständigen Ressorts die Sozialpartner und die Wissenschaft vertreten sind, seit gut einem Jahr intensive Diskussionen über die Relevanz und die mögliche Ausgestaltung eines solchen Prozesses der Validierung.

2 Entwicklungen der europäischen bildungspolitischen Diskussion zur Anerkennung

Im Kontext nationaler und internationaler Diskussionen und Aktivitäten über die Förderung des lebenslangen Lernens hat die Frage der Anerkennung und Validierung von Lernergebnissen und Kompetenzen in den vergangenen Jahren mehr und mehr an Bedeutung gewonnen. Seit Anfang der 1990er-Jahre wurden in den meisten der Länder der europäischen Union Ansätze und Verfahren entwickelt, um eine höhere Mobilität der Arbeitskräfte und eine höhere Transparenz und Vergleichbarkeit von Lernergebnissen und Abschlüssen zu erzielen. Vor dem Hintergrund der im vorhergehenden Kapitel bereits beschriebenen Erkenntnis, dass ein erheblicher Anteil der individuellen Lernergebnisse und Kompetenzen eines Einzelnen nicht im formalen Bildungswesen, sondern außerhalb bzw. informell erworben und entwickelt wird, wurden eine Vielzahl von Projekten und Initiativen auf den Weg gebracht und dabei Instrumente entwickelt, um Lernergebnisse unabhängig davon zu erfassen und ebenso zu zertifizieren, wo oder wie sie erworben wurden (vgl. Bjørnåvold 2001). Ein dahinter liegendes Ziel ist auch, einen europäischen Bildungsraum zu schaffen, um die Beschäftigungsfähigkeit der Individuen zu unterstützen sowie um die globale Wettbewerbsfähigkeit von Europa zu stärken; allerdings sind die Entwicklungsstände in den verschiedenen Ländern diesbezüglich sehr verschieden. Beispielsweise wurde in Schweden und Norwegen ein Gesetz eingeführt, das die Gleichsetzung von informell und non-formal erworbenen Kompetenzen mit den formal erworbenen Kompetenzen beinhaltet. In Deutschland und Österreich gibt es diese Gleichsetzung bis heute nicht.

Europäisch entwickelte Instrumente, die in diesem Zusammenhang eine stärkere Ausrichtung auf Lernergebnisse fördern sollen, sind der Europäische Qualifikationsrahmen (EQR), die Leistungspunktesysteme für den Bereich der Hochschulen (ECTS) sowie den Bereich der beruflichen Bildung (ECVET), und daneben gibt es noch die Europass-Dokumente (europäischer Lebenslauf, Sprachenpass, Mobilitätspass, Diploma Supplement und die Zeugniserläuterungen).

In jüngster Zeit ist insbesondere durch die Empfehlung des Rates der Europäischen Union eine verstärkte Wiederbelebung des Themas im bildungspolitischen Diskurs zu verzeichnen. In seiner Empfehlung fordert der Rat, dass alle Mitgliedsstaaten spätestens bis 2018 nationale Validierungsverfahren entwickeln und zu verabschieden, „die den Einzelnen dazu befähigen, seine Kenntnisse, Fähigkeiten und Kompetenzen, die durch nichtformales und informelles Lernen – gegebenenfalls auch durch Nutzung offener Bildungsressourcen – erworben wurden, validieren zu lassen" (Rat der Europäischen Union 2012, S. 3). Die Mitgliedsstaaten, so heißt es weiter in der Empfehlung, können gemäß ihrer spezifischen Bedarfe zunächst bestimmten Bereichen oder Sektoren den Vorzug geben. Hiermit wird angeknüpft an die europäischen Grundsätze zur Validierung informellen und nicht-formalen Lernens aus dem Jahre 2004 (Europäische Kommission) sowie an die „Europäischen Leitlinien für die Validierung nicht formalen und informellen Lernens" von 2009 (CEDEFOP).

Auch in Deutschland erfährt hierdurch die Frage der Anerkennung und Validierung von Lernergebnissen neuen Aufwind. Die aktuelle Frage, die sich stellt, ist, wie man die Validierung konkret konzeptionell und in der Praxis ausgestalten könnte. Obwohl hierzulande informell und non-formal erworbene Kompetenzen den formal erworbenen gesetzlich nicht gleichgestellt sind, wird schon seit Jahren bspw. die Erhöhung der Durchlässigkeit diskutiert und im Rahmen von Forschungsprojekten untersucht. Des Weiteren wird in diesem Zusammenhang die Chancengleichheit im Bildungssystem kritisch hinterfragt. Bei beiden Aspekten kommt dem informellen und non-formalen Lernen eine Schlüsselstellung zu. Mit der Beschäftigung mit der Anerkennung und Validierung von Lernergebnissen, die – neben den formalen Lernprozessen – auf informellem Wege und non-formalem Wege erworben wurden, ist die Hoffnung verbunden, eine Steigerung der Beschäftigungsfähigkeit und eine höhere Mobilität zu erzielen, ebenso wie sozio-ökonomisch benachteiligte oder niedrigqualifizierte Menschen für lebenslanges Lernen zu motivieren. Gleichzeitig soll in den Mitgliedsstaaten der Europäischen Union der in der Folge der schweren Wirtschaftskrise angestiegenen hohen Arbeitslosigkeit insbesondere bei Jugendlichen entgegen gewirkt werden. Ein weiteres Ziel ist es, angesichts des demografischen Wandels und einer damit verbundenen „alternden" Gesellschaft, mit der Validierung von Lernergebnissen und Kompetenzen die Funktionsfähigkeit des Arbeitsmarktes und somit die internationale Wettbewerbsfähigkeit sicherzustellen. Vor dem Hintergrund der Einführung des Europäischen Qualifikationsrahmens und des Deutschen Qualifikationsrahmens strebt die Bundesregierung einen Zuwachs an Transparenz, Mobilität und Vergleichbarkeit in Europa an. Grundlegend dabei sind die Stärkung des lebenslangen Lernens und eine grundlegende Umorientierung: weg von festen Lernorten hin zu der entscheidenden Frage, was jemand kann, und nicht, wo er oder sie es gelernt hat. Damit folgt die Bundesregierung der Empfehlung des Rats der EU zur Validierung non-formalen und informellen Lernens vom 20.12.2012, in der alle Mitgliedsstaaten dazu aufgefordert werden, bis 2018 – unter Wahrung des Subsidiaritätsprinzips – entsprechende Regelungen für die Validierung zu schaffen.

3 Zur Anerkennung informell und non-formal erworbener Kompetenzen in Deutschland

In zahlreichen Anwendungskontexten spielen informell und non-formal erworbene Lernergebnisse zunehmend eine Rolle, da erkannt wurde, dass sie eine bedeutende Ressource darstellen und in ihrer Anerkennung ein großes Potenzial für die Gesellschaft liegt. Dies gilt gerade für das bisher eher an formalen Abschlüssen orientierte Bildungssystem in Deutschland. In Deutschland wurde dem informellen Lernen im Vergleich zu anderen Ländern lange Zeit deutlich weniger Aufmerksamkeit gewidmet (vgl. Dohmen 2001). Bisher gibt es keine rechtliche bzw. gesetzliche Anerkennung informell erworbener Kompetenzen; wenn überhaupt, findet sie unterhalb der ordnungspolitischen Ebene statt (vgl. Geldermann et al. 2009). Formale Abschlüsse und Zertifikate haben auf dem Arbeitsmarkt, für die Sicherung der individuellen Beschäftigungsfähigkeit und ebenso innerhalb der Tarif- und Entlohnungssysteme traditionell eine überragende Bedeutung (vgl. Frank et al. 2003, 2005).

Festzustellen ist aber, dass es auch in Deutschland einen wachsenden Bedarf gibt: Die OECD bezeichnet 2008 in ihrem Bericht „Bildung auf einen Blick" das deutsche Bildungssystem als in hohem Maße selektiv. Es wird bemängelt, dass die Bildungsbeteiligung insgesamt unzureichend sei, dass die Beteiligung von Personen mit Migrationshintergrund an Bildungsmaßnahmen nicht ausreiche und dass es zu geringe AkademikerInnenquoten gäbe. Charakteristisch für das deutsche Bildungssystem seien auch die Trennung von allgemeiner und beruflicher Bildung und somit eine mangelnde Durchlässigkeit und fehlende Übergangsmöglichkeiten innerhalb des Systems.

Neben den Länderberichten der OECD ist eine wachsende Zahl von Studien (vgl. Overwien 2009) zu verzeichnen, die sich explizit mit informell erworbenen Kompetenzen befassen. Im Folgenden werden verschiedene Kontexte exemplarisch dargestellt, die diesbezüglich von Bedeutung sind:

I. Individuelle Standortbestimmung der Kompetenzfeststellung

Seit Mitte der 1990er-Jahre wurden zahlreiche Bildungs- und Kompetenzpässe in unterschiedlichen regionalen, kommunalen und nationalen Kontexten entwickelt und verbreitet. Ein relativ verbreitetes Instrument ist der ProfilPASS (vgl. www.profilpass.de). Seinem entwicklungsorientierten Ansatz entsprechend zielt der ProfilPASS auf die Ermittlung von in der Lebens- und Arbeitswelt erworbenen Kompetenzen und ist auf den gesamten Entwicklungsprozess bezogen, formativ und ergebnisoffen angelegt. Kern des Verfahrens ist die Reflexion des eigenen Handelns und die Ableitung und Bewusstmachung der dabei eingesetzten Fähigkeiten, Fertigkeiten, Kenntnisse und Kompetenzen. Dieses Wissen um die eigenen Stärken und persönlichen Neigungen ist eine Voraussetzung für die gezielte berufliche oder private (Neu-)Orientierung und für die Gestaltung und Steuerung der eigenen Lernprozesse (vgl. Seidel 2010, S. 17ff.).

II. Anerkennung in der beruflichen Bildung:

Ein weiterer Anwendungskontext stellt die sogenannte Externenprüfung im Bereich der beruflichen Ausbildung dar. Diese wurde Ende der 1960er-Jahre für Erwachsene mit langjähriger Berufserfahrung konzipiert. Sie stellt kein eigenständiges Instrument zur Anerkennung von informell oder non-formal erworbenen Kompetenzen dar. Vielmehr beinhaltet sie die Zulassung von Berufserfahrenen zur Abschlussprüfung eines Ausbildungsberufs.

Die Pilotinitiative „DECVET – Entwicklung eines Leistungspunktesystems in der beruflichen Bildung" hatte zum Ziel, Strukturen in der beruflichen Bildung transparenter zu gestalten und die Durchlässigkeit an markanten Zu- und Übergängen zu erleichtern. Um dieses Ziel zu erreichen, wurden Verfahren zur Erfassung, Bewertung und Übertragung von Lernergebnissen von einem Teilbereich der beruflichen Bildung in einen anderen entwickelt. Die Identifizierung und Erprobung möglicher Anrechnungspotenziale erfolgte an folgenden Schnittstellen: Zugang von der Berufsausbildungsvorbereitung in die duale Berufsausbildung, Übergang innerhalb der dualen Berufsausbildung an der Schnittstelle gemeinsamer berufsübergreifender Qualifikationen in einem Berufsfeld, Übergang von der vollzeitschulischen in die duale Berufsausbildung und Zugang zwischen dualer Berufsausbildung und beruflicher Fortbildung (geregelt nach §§ 53 und 54 BBiG).

III. Übergang von der beruflichen in die hochschulische Bildung:

Die Initiative „ANKOM-Anrechnung beruflicher Kompetenzen auf Hochschulgänge", gefördert durch das BMBF, widmet sich ebenso der Anerkennung von Kompetenzen, speziell am Übergang zwischen beruflichern und hochschulischer Bildung. Durch den Beschluss der Kultusministerkonferenz (KMK) vom 06.03.2009 zum Hochschulzugang für beruflich qualifizierte Bewerber ohne schulische Zugangsberechtigung wurden weitere Impulse für den Übergang von Absolventinnen und Absolventen der beruflichen Bildung in ein Hochschulstudium gegeben. Mit dem Ziel, die Durchlässigkeit zwischen der hochschulischen und der beruflichen Bildung zu erhöhen, wurden zahlreiche regionale Projekte gefördert, um Äquivalenzen von Lernergebnissen und somit Anrechnungsmöglichkeiten aus diesen unterschiedlichen Kontexten festzustellen. In diese Analysen wurden die Gesundheits- und Pflegewissenschaften, Informationstechnologien, Sozialwesen und Wirtschaftswissenschaften einbezogen. Bisher gibt es in diesem Bereich allerdings keine gesetzliche Regelung, sondern lediglich Empfehlungen, beispielsweise der Kultusminister- und der Hochschulrektorenkonferenz, dazu, wie die beteiligten Institutionen verfahren sollten.

IV. Entwicklung von Qualifikationsrahmen:

Durch den im Mai 2013 beschlossenen und vorher intensiv diskutierten Deutschen Qualifikationsrahmen (DQR) sollen verbesserte Zugangsmöglichkeiten und die Durchlässigkeit innerhalb und zwischen den Bildungs- und Beschäftigungssystemen erhöht werden. Im DQR sollen alle bestehenden formalen Abschlüsse des deutschen Bildungssystems unterschiedlichen Niveau- und

Kompetenzstufen zugeordnet und gleichzeitig dem Prinzip folgend „Wichtig ist, was jemand kann, und nicht, wo es gelernt wurde" (DQR, S. 5) informell und non-formal erworbene Kompetenzen berücksichtigt werden.

4 Blick in andere Länder – Frankreich, die Niederlande und die Schweiz

4.1 Anerkennung und Validierung in Frankreich:

Maßnahmen und Verfahren zur Anerkennung von non-formal und informell erworbenen Kompetenzen wurden in Frankreich bereits seit Mitte der 1980er-Jahre entwickelt. Heute gibt es vor allem zwei Verfahren, die in Frankreich zum Einsatz kommen: der Bilan de compétence (BC) und die Validation des Acquis de l'Experience (VAE).

Der Bilan de compétence, der 1991 in Frankreich eingeführt wurde, wird vorrangig im Bereich der entwicklungsorientierten, individuellen Standortbestimmung eingesetzt.

Die VAE ermöglicht den Franzosen und Französinnen seit 2002, ihre persönlichen Kompetenzen und Fähigkeiten feststellen und ggf. anerkennen zu lassen, um sich auf eine mögliche Neu- bzw. Umorientierung vorzubereiten. Es handelt sich um ein formativ-summatives Verfahren, bei dem bestimmte Anforderungen abgeprüft werden. Ziel ist die Erlangung eines nationalen Abschlusses oder Diplomes auf Grundlage der beruflichen und/oder privaten Erfahrungen (zum Beispiel aus ehrenamtlichen Tätigkeiten in Vereinen, Gewerkschaften et cetera).

Die VAE und die dabei erworbenen Kompetenzen bieten somit neben der formalen Schul- oder Berufsausbildung einen weiteren Weg zu einer formal anerkannten Zertifizierung. Fünf Schritte werden nacheinander vollzogen:

1. Information des Bewerbers/der Bewerberin über das Verfahren und den Ablauf
2. Prüfung der Zulässigkeit der Bewerbung durch die für den angestrebten Abschluss zuständige Einrichtung
3. Erstellung eines Portfolios/Dossiers durch den/die Antragsteller/in (Beschreibung und Beleg seiner/ihrer Kenntnisse)
4. Interview des Antragstellers/der Antragstellerin durch Jury der Bildungseinrichtung (nur im Bereich der Hochschule verpflichtend)
5. Entscheidung über teilweise oder vollständige Anerkennung auf Grundlage des Portfolios und der Beobachtungen der Jury.

   Im Falle einer teilweise Anerkennung besteht die Möglichkeit der Nachqualifizierung innerhalb von fünf Jahren im Rahmen des formellen Bildungssystems oder über informelle bzw. non-formale Lern- und Kompetenzentwicklungswege (zum Beispiel in Absprache mit dem Arbeitgeber ein Wechsel des Arbeitsplatzes).

Methodisch wird ein Portfolio, ein individuelles Dossier erstellt. Das individuelle Dossier kann durch Beobachtungen in Arbeitssituationen oder Simulationen ergänzt werden. Das Dossier enthält meist Arbeitsplatzbeschreibungen, Ausbildungszertifikate, Besprechungsberichte, Referenzen et cetera. Dossiers können mehrere 100 Seiten umfassen, die Prüfung der Zulässigkeit des Antrages erfolgt nach maximal zwei Monaten, die Interviews dauern 15-60 Minuten und mehr.

Der wesentliche Unterschied zwischen beiden in Frankreich existierenden Ansätzen ist, dass im Rahmen des entwicklungsorientierten BC, der 1991 in Frankreich eingeführt wurde, die individuelle Standortbestimmung und daran anknüpfend die persönliche Weiterentwicklung des/der Einzelnen im Vordergrund steht. Es geht darum, die individuellen Fähigkeiten und Motivationen im Rahmen eines begleiteten Gesprächs mit einem professionellen Berater zu analysieren, um ein berufliches Ziel oder ein bestimmtes berufliches Projekt zu definieren oder auch gegebenenfalls eine individuelle Weiterbildung zu planen.

Im Rahmen der VAE geht es stattdessen darum, dass ein Individuum das Recht gemäß dem 2002 verabschiedeten Gesetz (*Loi de modernisation sociale*) nutzt, sich die eigenen informell oder non-formal erworbenen Kompetenzen anerkennen zu lassen, um einen formal und somit gesetzlich anerkannten Abschluss zu erhalten. In diesem Fall handelt es sich um ein vollständiges Validierungsverfahren, das landesweit verfügbar ist. Die VAE baut auf ein vorheriges Verfahren auf, nämlich die Validation des Acquis Professionnels (VAP). Diese wurde jedoch aufgrund einer relativ geringen Nachfrage überarbeitet und mündete in die aktuelle Form der VAE. Das Verfahren der VAP wird jedoch auch heute noch teilweise angewandt, vor allem im Bereich der Prüfung der Zugangsberechtigung an Hochschulen für Personen ohne Hochschulzugangsberechtigung.

Im Hinblick auf die in den Verfahren angewandten Methoden unterscheiden sich die beiden Verfahren: Während die drei-schrittige BC (Vorphase, Durchführungsphase, Schlussphase) vor allem auf den biographieorientierten Ansatz mit der Erstellung eines individuellen „Dossiers" (im Sinne eines Portfolios) setzt, werden im Rahmen der VAE in dem Validierungs- und Erfahrungsdossier die erbrachten Lernleistungen unter Nutzung von verschiedenen Verfahren der Fremdbeurteilung und Selbstdarstellung beschrieben und auf standardisierte Weise für Dritte sichtbar und somit nachvollziehbar gemacht. Ein weiterer großer Unterschied ist, dass der BC im Gegensatz zum VAE mit keinem Assessment oder einer anderen Validierungsmethode abschließt.

Grundsätzlich kann in Frankreich jede/r an einer solchen Maßnahme teilnehmen. Für die VAE gilt als Voraussetzung, dass man mindestens drei Jahre einer bezahlten, unbezahlten oder freiwilligen Arbeit nachgegangen sein muss.

Der BC kann auf Initiative eines Arbeitnehmers/einer Arbeitnehmerin, Arbeitslosen, Arbeitgebers oder des Arbeitsamts durchgeführt werden. Wenn der BC von einem/r angestellten Arbeitnehmer/in beansprucht wird, muss diese/r mind. 12 Monate bei demselben Arbeitgeber angestellt sein. Jede Person in Frankreich kann den

BC alle fünf Jahre durchführen lassen. Berücksichtigt man die Tatsache, dass es überwiegend von Arbeitssuchenden angewandt wird, oder von Unternehmen eingesetzt wird, die auf eine Entlassungswelle vorbereiten, ist nachvollziehbar, dass das Ansehen des BC in Frankreich eher negativ ist.

Zur Finanzierung wird für beide Verfahren ein bestimmter Betrag durch den Staat übernommen.

Frankreich bietet somit durchaus Erfahrungen, auf die bei der Diskussion um die Einführung eines Validierungsverfahrens in Deutschland zurückgegriffen werden kann. Ein wesentlicher Unterschied, den es zwischen Deutschland und Frankreich jedoch gibt, und den es zu beachten gilt, ist die unterschiedliche Zuständigkeit im Bereich der Zertifizierung und der Qualifizierung: In Frankreich herrscht eine stark zentralisierte Zertifizierungs- und Qualifizierungsstruktur. Die überwiegende Mehrheit der beruflichen Abschlüsse sowie alle allgemeinbildenden Abschlüsse werden zentral vom Bildungsministerium (Ministère d'Education National) bzw. vom Arbeitsministerium (Ministère du Travail, de l'Emploi, de la Formation Professionnelle et du Dialogue Social) verliehen. Dadurch wird eine Anerkennung deutlich erleichtert.

4.2 Anerkennung und Validierung in den Niederlanden

Die Anerkennung von informell und non-formal erworbenen Kompetenzen und Fähigkeiten spielt in den Niederlanden schon seit längerem eine wichtige Rolle. Erste Ansätze der Anerkennung früherer Lernerfahrungen existieren dort bereits seit 1993. Entwickelt wurde das sogenannte EVC-Verfahren (Erkenning Verworven Competenties), das auch außerhalb der regulären Bildungswege erlangte Kompetenzen berücksichtigt. Ergebnisse des Verfahrens sind das „Ervaringscertificaat" (Zertifikat über die Akkreditierung von Lernergebnissen) und das „Ervaringsprofiel" (individuelles Portfolio zur Validierung von individuellen Kompetenzen). Das EVC-Verfahren arbeitet dabei unter anderem auch mit dem schweizerischen CH-Q, einem entwicklungsorientierten Verfahren der Kompetenzermittlung.

Die gesellschaftliche Anforderung, auch die informell erworbenen Kompetenzen sichtbar zu machen und weiterzuentwickeln, ist mittlerweile in den Niederlanden allgemein akzeptiert und spiegelt sich zum Teil bereits in den regulären Angeboten der (Berufs-) Bildungsträger wider.

Mit der Entwicklung und dem Einsatz von Instrumenten zur Erfassung und Bewertung formell wie informell erworbener Kompetenzen, konnten insbesondere in den Niederlanden wichtige Erfahrungen mit Methoden der Kompetenzmessung sowie der Kompetenzentwicklung gewonnen werden. Entwickelt wurde eine breite Infrastruktur für die Umsetzung des EVC-Prinzips und das auf dieser Grundlage entwickelte Anerkennungsverfahren. Eine zentrale Institution in den Niederlanden für die Anerkennung von erworbenen Kompetenzen ist das Kenniscentrum voor Erkenning Verworven Competenties in Utrecht, das Kenntnisse und Erfahrungen über EVC sammelt und darüber informiert.

Ziel des EVC-Prozesses ist die Anerkennung von Kompetenzen, die in verschiedenen Lernumgebungen, seien sie formal oder informell, erworben wurden Die Kompetenzen werden festgestellt, bewertet und zertifiziert. Auf dieser Grundlage kann die persönliche Kompetenzentwicklung weitergestaltet werden.

Vier Aspekte sind dabei von besonderer Bedeutung: Zum einen ist EVC eher ein Prinzip, als ein konkretes Instrument. Grundlegend ist dabei die Ermittlung, Bewertung, Anerkennung und Weiterentwicklung von Kompetenzen der Individuen. Das heißt, die Individuen stehen im Mittelpunkt. Somit ist das EVC lernwegunabhängig. Dies bedeutet, dass es im gesamten Prozess von der Ermittlung bis zur weiteren Entwicklung der Kompetenzen nicht um die Lernwege geht, sondern darum, *dass* man sie hat und auch weiterentwickeln kann. Somit ist das EVC auch entwicklungsgerichtet. In den unterschiedlichen EVC-Verfahren geht es zwar in erster Linie um die Ermittlung und Anerkennung der Kompetenzen, zugleich werden jedoch auch die Entwicklungsmöglichkeiten dieses Individuum analysiert.

Der entwickelte Qualitätscode wird genutzt, um potenzielle EVC-Anbieter gemäß verschiedener Qualitätskriterien in einem Register der zertifizierten EVC-Anbieter aufzunehmen. Bereits viele nationale Akteure im Feld der beruflichen Bildung (Arbeitgeberverbände, Gewerkschaften, Branchenorganisationen) haben Vereinbarungen getroffen, in denen sie ihren Mitgliedern nahelegen, den Qualitätscode zu nutzen. Organisationen können sich also als zertifizierte EVC-Anbieter registrieren lassen. Die nationale Bildungsinspektion (Inspectie van het Onderwijs) beurteilt anhand der genutzten EVC-Prozeduren die berufliche Ausbildung in den Berufsschulen (MBO = middelbaar beroepsonderwijs).

Die anerkannten Qualifikationen und Teilqualifikationen, die in der nationalen Qualifikationsstruktur für die berufliche Ausbildung festgelegt wurden, bestimmen inhaltlich die EVC-Prozeduren. Nationale Qualifikationen werden durch paritätisch zusammengesetzte Kommissionen entwickelt (KBBs – Kenniscentra Beroepsonderwijs Bedrijfsleven = Kenntniszentren der beruflichen Ausbildung der Wirtschaft). Zurzeit existieren – organisiert nach Branchen – 18 KKBs. Die Bildungsinstitutionen (z. B. ROCs = Regionale Ausbildungszentren) sind verantwortlich für die Entwicklung, Gestaltung und Prüfung der Bildungsprozesse. Die Zertifizierungsbescheinigungen werden durch die Bildungsinstitutionen erteilt. Inhaltlich müssen 80 % des Lernprogramms durch nationale Qualifikationen abgedeckt werden. Für die restlichen 20 % können Bildungsinstitutionen eigene Lernangebote – z. B. angelehnt an regionalen Bedürfnissen – nutzen.

Grundsätzlich wird ein Methoden-Mix eingesetzt. Dabei werden aufbauend auf einer dokumentarischen Methode (Portfolio) weitere Methoden (Interviews, Arbeitsproben, Arbeitsplatzbeobachtungen, Tests) mit einbezogen. Im Anschluss werden die ermittelten Kompetenzen mit den jeweils zugrunde gelegten Standards (je nach Zielsetzung) abgeglichen.

Unterschieden werden zwei Arten der Anwendung, die enge Anwendung, bei der die non-formal und informell erworbenen Kompetenzen hinsichtlich ihrer Anerkennungsfähigkeit überprüft werden, und die breite Anwendung, bei der die Validierung verbunden mit Empfehlungen für einen persönlichen Entwicklungs- und

Lehrplan durchgeführt wird. In dem Prozess der Validierung werden fünf Phasen unterschieden, die nacheinander durchlaufen werden:

1. Bewusstwerden der Kompetenzen; Ziel: Festlegung von Zielen für das EVC im Organisationskontext und/oder in Bezug auf das Individuum
2. Erstellung eines Portfolios durch das Individuum (inkl. authentischer Nachweise wie Zertifikate, Stellungnahmen des Arbeitgebers, Referenzen et cetera); das Portfolio kann auf eine bestimmte Funktion oder als offenes Portfolio konzipiert sein; Die Unterstützung durch eine/n Berater/in ist möglich und findet in der Regel auch statt.
3. Bewertung des Portfolios, ggf. in Verbindung mit einer zusätzlichen Prüfung (Interview, Test, Arbeitsbeobachtung, Präsentation). Die Bewertung beinhaltet den Vergleich der individuellen Kompetenzen mit den ausgewählten Standards. Ein Anerkennungsverfahren ist auf drei Ebenen möglich, nämlich organisatorisch, sektoral, oder national.
4. Erstellung eines persönlichen Entwicklungsplans (z. B. Lernaktivitäten, Veränderung der Arbeitssituation, Veränderung der Beschäftigungsposition)
5. Strukturelle Implementierung in die Ausbildungs- und Personalpolitik des Unternehmens

Das Verfahren erscheint sehr breit und vielseitig einsetzbar. Besonders hervorzuheben ist die Tatsache, dass das Verfahren in eine Anerkennung münden kann, aber nicht muss. Ebenfalls interessant ist die Anerkennung in Bezug auf unterschiedliche Standards. Daher ist die Arbeitsmarktrelevanz vermutlich relativ hoch.

4.3 Anerkennung und Validierung in der Schweiz

In der Schweiz gibt es verschiedene Wege für Erwachsene, einen beruflichen Abschluss zu erlangen: Neben der regulären Ausbildung sind das im Bereich der beruflichen Grundbildung die Verkürzung der Ausbildungszeit, nach mindestens fünfjähriger Berufserfahrung der direkte Zugang zu der Lehrabschlussprüfung wie bei der Externenregelung in der Berufsbildung in Deutschland und seit Inkrafttreten des Berufsbildungsgesetzes im Jahr 2004 die Validierung von Bildungsleistungen. Die Validierung bildet im Schweizer Berufsbildungssystem eine Ergänzung zur formalen Bildung, richtet sich an Individuen und ist grundsätzlich für die gesamte (Berufs-)Bildung gültig (vgl. BBT 2010, S. 7).

Mit der Validierung von Bildungsleistungen ist es möglich, dieselben Abschlüsse zu erwerben wie über betriebliche und schulische Ausbildungsgänge. Dabei werden „ausserhalb üblicher Bildungsgänge erworbene berufliche und außerberufliche Praxiserfahrung und fachliche oder allgemeine Bildung (...) angemessen berücksichtigt" (BBG Art. 9 Abs. 2). Nachgewiesen werden können die beruflichen Qualifikationen durch andere Qualifikationsverfahren (aQV). Voraussetzung für die Zulassung zu einem aQV ist eine mindestens fünfjährige berufliche Erfahrung (vgl. BBG Art. 2 BBV). Etwa vier Prozent der Personen ab 25 Jahre, die einen

Abschluss in der beruflichen Grundbildung erwerben, nutzen diesen Weg (vgl. Maurer und Wettstein 2014, S. 25).

Die aQV werden vom Bund auf Gesuch der Kantone anerkannt, von diesen umgesetzt und beaufsichtigt, von den Organisationen der Arbeitswelt geplant und unter Einbeziehung von dazu ausgebildeten Expertinnen und Experten durchgeführt. Der Leitfaden zur Validierung von Bildungsleistungen in der beruflichen Grundbildung dient dazu, das Verfahren zu konkretisieren, „eine einheitliche Praxis bei der Anerkennung der Validierungsverfahren der Kantone durch das Bundesamt sicherzustellen und damit den Kantonen die nötige Rechtssicherheit zu gewähren. Diese einheitliche Praxis bei der Anerkennung soll auch die Vergleichbarkeit und die Qualität der Verfahren garantieren" (BBT 2010, S. 4).

Das Verfahren zur Validierung von Bildungsleistungen in der beruflichen Grundbildung gliedert sich in folgende fünf Phasen (vgl. BBT 2010, S. 10 ff.):

Phase 1: Information und Beratung – Ziel dieser Phase ist es, dass interessierte Personen über die Möglichkeiten und den Ablauf des Verfahrens informiert werden. Die Beratung kann je nach Bedarf während des ganzen Verfahrens in Anspruch genommen werden.

Phase 2: Bilanzierung – Als Bilanzierung wird der Prozess bezeichnet, in dem die Kandidat/inn/en ihre Kompetenzen identifizieren, analysieren und in einem Validierungsdossier dokumentieren. Sie bildet die Grundlage für die weiteren Schritte in dem Gesamtprozess. Das Validierungsdossier enthält Daten, Fakten und Nachweise, die auf das angestrebte berufsspezifische Qualifikationsprofil und das Anforderungsprofil für die Allgemeinbildung Bezug nehmen.

Vor dem Hintergrund, dass auch relevante außerberuflich erworbene Kompetenzen berücksichtigt werden, ist das Prüfverfahren individuell. Das bedeutet, dass Ablauf und Verfahren zwar reglementiert und strukturiert sind, die Darlegung der beruflichen Handlungskompetenz und Allgemeinbildung aber nur Mindeststandards erfüllen muss und grundsätzlich in unterschiedlichster Form erfolgen kann.

Phase 3: Beurteilung – Die Expert/inn/en aus dem Berufsfeld und für die Beurteilung der Allgemeinbildung begutachten das Validierungsdossier und geben nach einem Gespräch mit der Kandidatin oder dem Kandidaten ihre Beurteilung ab.

Grundlage für die Beurteilung bilden das Qualifikationsprofil und die Bestehensregelungen für den angestrebten Abschluss, die von den Berufsverbänden seit einigen Jahren bei der Neuordnung der Berufe erstellt werden. Die in den Qualifikationsverfahren verwendeten Beurteilungskriterien müssen sachgerecht und transparent sein und die Chancengleichheit wahren (BBT Art. 4 Abs. 1).

Phase 4: Validierung – Das Validierungsorgan entscheidet, welche der beruflichen Handlungskompetenzen erreicht und welche Anforderungskriterien erfüllt sind und stellt dazu eine Lernleistungsbestätigung aus. Darüber hinaus gibt es Hinweise darauf, welche ergänzende Bildung die Kandidatin oder der Kandidat noch absolvieren muss, um den angestrebten Abschluss zu erhalten.

Grundlagen für die Entscheidung bilden das Dossier, der Beurteilungsbericht und validierungsspezifischen Bestehensregeln für den entsprechenden Beruf. Die ergänzende Bildung kann sowohl weitere praktische Einsätze in der Arbeitswelt als auch den Besuch von Weiterbildungen oder von Teilen formaler Bildungsangebote umfassen. Sie muss innerhalb von fünf Jahren nach Ausstellung der Lernleistungsbestätigung erfolgen und im Validierungsverfahren nachgewiesen werden.

Phase 5: Zertifizierung – Die Zertifizierung erfolgt in den üblichen Strukturen und Verantwortungen der beruflichen Grundbildung. Überprüft werden die Nachweise von Bildungsleistungen wie Gleichwertigkeitsbescheinigungen aus früheren Bildungsgängen, Lernleistungsbestätigungen aus dem Validierungsverfahren und Prüfprotokolle aus der ergänzenden Bildung. Die zuständige kantonale Behörde erteilt den eidgenössischen Titel.

Da die Ausgestaltung des Validierungsverfahrens den Kantonen obliegt, die Anzahl derjenigen, die sich einem Validierungsverfahren unterziehen, aber vergleichsweise gering ist, haben sie untereinander die Zuständigkeit für einzelne Berufe vereinbart. Das bedeutet, dass Interessierte an den jeweils zuständigen Kanton weitergeleitet werden. Bislang existieren für neun Berufe der beruflichen Grundbildung anerkannte Verfahren. Dabei handelt es sich allerdings um quantitativ bedeutsame Berufe, „die insgesamt 40 Prozent aller Abschlüsse der beruflichen Grundbildung abdecken" (Maurer und Wettstein 2014, S. 26).

Weitgehend anerkannt ist das Verfahren in den Berufen des Gesundheits- und Sozialwesens, aber auch in den wichtiger werdenden Branchen Informatik und Logistik. Im handwerklichen Bereich hingegen ist es wenig verbreitet. Das mag nicht zuletzt in dem im Verfahren angelegten hohen Maß an Reflexion und dem Erfordernis, diese darzulegen, begründet liegen. Simulierte oder reale Arbeitsproben hingegen dienen in der Regel nicht als Grundlage für die Beurteilung. Insgesamt als kritisch betrachtet wird die in einigen Verfahren geforderte hohe Sprachkompetenz, die beispielsweise für Bildungsbenachteiligte, einige Migrantinnen und Migranten oder auch für eher praxisorientierte Menschen eine Hürde darstellen kann.

Die Darstellung des Validierungsverfahrens in der Schweiz weist darauf hin, dass es sich um ein anspruchsvolles Verfahren handelt. Um Qualität und Vergleichbarkeit sicherzustellen, sind sowohl die die Validierungsinstrumente entwickelnden Berufsverbände als auch die umsetzenden Kantone und nicht zuletzt die Nutzerinnen und Nutzer bei der Erstellung ihres Dossiers in besonderer Weise gefordert.

5 Ausblick

Die vielfältigen, nebeneinander bestehenden Anwendungs- und Handlungskontexte für die Anerkennung und Validierung informellen und non-formalen Lernens machen durchaus deutlich, dass die Potenziale, die für den Einzelnen, die Organisationen und für die ganze Gesellschaft hierin enthalten sind, erkannt und genutzt werden. Veränderte gesellschaftliche Bedingungen und Anforderungen zeigen sich bildungspolitisch in einer Umsteuerung von Bildungssystemen, bei der im Sinne einer Lernergebnisorientierung Verfahren und Instrumente der Kompetenzfeststellung an Bedeutung gewinnen. Die Frage der Identifizierung, Erfassung, Analyse und Bewertung von Kompetenzen ist dabei von entscheidender Bedeutung.

Vor dem Hintergrund des dringenden Bedarfs an Fachkräften sollte künftig in Deutschland die Möglichkeit der Validierung von auf unterschiedlichen Wegen erworbenen Fähigkeiten, Fertigkeiten, Wissensbeständen und umfassenden Kompetenzen verstärkt eröffnet werden. In einem solchen Verfahren liegt besonders für Geringqualifizierte, für Personen mit Migrationshintergrund, aber auch für diejenigen Menschen, die sich aus unterschiedlichen Gründen beruflich umorientieren müssen oder wollen, die Chance der beruflichen Integration. Aus gesellschaftlicher Sicht liegt hierin die große Chance, bestehende Bildungsungleichheiten zu verringern und das Fachkräftepotenzial zu steigern.

Hinsichtlich der Ausgestaltung konkreter Validierungsverfahren besteht zwar nach wie vor ein großer Entwicklungsbedarf in Deutschland, das zeigen die Beispiele aus den anderen Ländern. Mit den in den Ausbildungsordnungen enthaltenen Beschreibungen von zu vermittelnden Fertigkeiten und Kenntnissen und den kompetenzorientierten Beschreibungen einiger Ausbildungen und Studieninhalte aber existiert in Deutschland schon eine entscheidende Grundlage für ein solches Verfahren. Sie definieren die Anforderungen und bilden den Bezugsrahmen für die Bewertung. Mit dem ProfilPASS gibt es bereits ein wissenschaftlich fundiertes entwicklungsorientiertes, als Portfolio angelegtes Verfahren der Kompetenzermittlung, das die Vielfalt der individuellen Lernergebnisse und -wege einbezieht und über eine breite Beraterlandschaft verfügt. Es bietet sich an, dieses für die Validierung weiterzuentwickeln und dabei den Fokus auf den Abgleich mit spezifischen Kompetenzprofilen und die Dokumentation zu legen. Darüber hinaus gilt es, weitere Nachweisformen für auf informellen Wegen erworbene Kompetenzen zu definieren sowie Bewertungsmethoden und ein Kompetenzprofil für die den Validierungsprozess begleitenden Beraterinnen und Berater zu entwickeln. Bei diesen Entwicklungen sollten die Erfahrungen der anderen Länder kritisch geprüft und Schwierigkeiten vermieden werden.

Ziel sollte ein verbindliches und aussagekräftiges Validierungsverfahren sein. Eine echte Validierung ist nur mit einem definierten Verfahren, geeigneten Methoden und Verfahrensschritten sowie einem entsprechenden institutionellen und organisationalen Rahmen realisierbar.

Literatur

Annen, S. (2012). *Anerkennung von Kompetenzen. Kriterienorientierte Analyse ausgewählter Verfahren in Europa*. Bielefeld.
Annen, S., & Bretscheider, M. (2014). Der Prozess der Validierung nichtformalen und informellen Lernens. Begriffliche Konkretisierung und Diskussionsstand im deutschsprachigen Raum. *BWP, 43*(5), 11–15.
BBT (Bundesamt für Bildung und Technologie). (2010). *Validierung von Bildungsleistungen. Leitfaden für die berufliche Grundbildung*. Bern.
Bjørnåvold, J. (2001). *Lernen sichtbar machen. Ermittlung, Bewertung und Anerkennung nicht formal erworbener Kompetenzen in Europa*. Luxemburg.

BMBF – Bundesministerium für Bildung und Forschung (Hrsg.). (2008). Stand der Anerkennung non-formalen und informellen Lernens im Rahmen der OECD-Aktivität „Recognition of non-formal and informal Learning". Bonn/Berlin. http://www.bmbf.de/pub/non-formales_u_informelles_lernen_ind_deutschland.pdf. Zugegriffen am 10.06.2013.

Bohlinger, S., & Münchhausen, G. (Hrsg.). (2011). *Validierung von Lernergebnissen – Recognition and validation of prior learning.* Bielefeld.

Busse, G., & Eggert, J. (2005). *Kompetenzen sichtbar machen. Methoden und Instrumente zur Erfassung und Bewertung beruflicher Kompetenzen und Fertigkeiten im Vergleich Deutschland/ Niederlande.* Nijmegen.

CEDEFOP. (2009). Europäische Leitlinien für die Validierung nicht formalen und informellen Lernens. Luxemburg. http://www.cedefop.europa.eu/en/Files/4054_DE.PDF. Zugegriffen am 12.06.2013.

Dehnbostel, P. (2014). Erfahrungen einen anerkannten Wert geben. Interview mit Professor Dr. Peter Dehnbostel zu Chancen und Bedingungen eines nationalen Validierungssystems. *BWP, 43*(5), 6–10.

Deutscher Qualifikationsrahmen für lebenslanges Lernen. http://www.dqr.de/content/2453.php. Zugegriffen am 12.12.2014.

Dohmen, G. (2001). *Das informelle Lernen. Die internationale Erschließluch einer bisher vernachlässigten Grundform menschlichen Lernens für das lebenslange Lernen aller.* Bonn.

Cassell's Deutsch – Englisches, Englisch – Deutsches Wörterbuch. (1978). New York.

Erpenbeck, J. (Hrsg.). (2012). *Der Königsweg zur Kompetenz. Grundlagen qualitativ-quantitativer Kompetenzerfassung.* Münster

Europäische Kommission. (2001). *Einen europäischen Raum lebenslangen Lernens schaffen.* Brüssel.

Europäische Kommission. (2004). Gemeinsame Europäische Grundsätze für die Validierung des nicht formalen und des informellen Lernens. Brüssel. http://www.competences.info/ibak/root/img/pool/docs/open/grundsaetze_der_validierung030304.pdf. Zugegriffen am 12.12.2014.

Frank, I., Gutschow, K., & Münchhausen, G. (2003). Vom Meistern des Lebens. Dokumentation und Anerkennung informell erworbener Kompetenzen. Grundsätzliche Überlegungen und internationale Beispiele. *BWP 4/2003*, 16–20.

Frank, I., Gutschow, K., & Münchhausen, G. (2005). *Verfahren zur Dokumentation und Anerkennung im Spannungsfeld von individuellen, betrieblichen und gesellschaftlichen Anforderungen. Bundesinstitut für Berufsbildung.* Bielefeld.

Geldermann, B., Seidel, S., & Severing, E. (2009). *Rahmenbedingungen zur Anerkennung informell erworbener Kompetenzen.* Bielefeld

Gutschow, K. (2010). *Anerkennung von nichtformal und informell erworbenen Kompetenzen. Bericht an den Hauptausschuss* (Wissenschaftliche Diskussionspapiere, 118). Bonn.

Hövels, B. (2011). „EVC bietet Chancen für Angelernte". Interview mit Ben Hövels. In BRANDaktuell, Durchlässigkeit zwischen Bildungswegen, Beispiele aus der Schweiz und den Niederlanden, Arbeitsmarktpolitischer Service der LASA GmbH, Nr. 2/2011. www.lasa-brandenburg. de/brandaktuell/fileadmin/user_upload/MAIN-dateien/pdf-archiv/nr_2_2011.pdf. Zugegriffen am 31.01.2012

Hövels, B., & Roelofs, M. (2007). *Vollzeitschulische Berufsausbildung in ausgewählten europäischen Ländern mit dualen Berufsbildungsangeboten, Die Niederlande, Endbericht.* Nijmegen.

Kenniscentrum EVC. (2008). The covenant: A quality code for APL. Identifying and accrediting a lifetime of learning. evc.lerenenwerken.nl/apl-english. Zugegriffen am 31.01.2012.

Maurer, M., & Wettstein, E. (2014). Berufsbildung für Erwachsene in der Schweiz – die Bedeutung informell erworbener Kompetenzen. *BWP, 43*(5), 24–27.

Münchhausen, G. (2010). Anerkennung informell erworbener Kompetenzen in Deutschland. In: Aufwertung von Familienarbeit – FamCompass macht informell erworbene Kompetenzen sichtbar. München. http://www.dji.de/cgi-bin/projekte/output.php?projekt=1010&Jump1=LINKS&Jump2=20. Zugegriffen am 11.06.2013.

Münchhausen, G., & Schröder, U. (2009). Erfassung von informell erworbenen Kompetenzen. Impulse aus europäischen Projekten nutzen. *BWP-Berufsbildung in Wissenschaft und Praxis, 6,* 19–23.
Negt, O. (2010). *Der politische Mensch. Demokratie als Lebensform.* Göttingen.
Overwien, B. (2009). Informelles Lernen. Definitionen und Forschungsansätze. In M. Brodowski, U. Devers-Kanoglu, B. Overwien, M. Rohs, S. Salinger & M. Walser (Hrsg.), Informelles Lernen und Bildung für eine nachhaltige Entwicklung Beiträge aus Theorie und Praxis (S. 23–34). Leverkusen-Opladen.
Rat der Europäischen Union. (2012). Empfehlungen des Rates zur Validierung nichtformalen und informellen Lernens vom 20. Dezember 2012. Amtsblatt der Europäischen Union C 398/S. 1–5. Brüssel. http://eur-lex.europa.eu/LexUriServ/LexUriServ.do?uri=OJ:C:2012:398:0001:0005:DE:PDF. Zugegriffen am 10.06.2013.
Reischmann, J. (2014). Es ging auch ohne. *Weiterbildung. Zeitschrift für Grundlagen, Praxis und Trends, 5,* 26–28.
Schmidt-Hertha, B. (2014). Für die Kompetenzentwicklung unverzichtbar. *Weiterbildung. Zeitschrift für Grundlagen, Praxis und Trends, 5,* 13–15.
Seidel, S. (2010). Das ProfilPASS-System. In S. Harp, M. Pielorz, S. Seidel & B. Seusing (Hrsg.), *Praxisbuch ProfilPASS. Ressourcenorientierte Beratung für Bildung, Beruf und Beschäftigung.* Bielefeld.
Seidel, S. (2011). Anerkennung informell erworbener Kompetenzen – ein Weg für Deutschland? In R. Severing & R. Weiß (Hrsg.), *Prüfungen und Zertifizierungen in der beruflichen Bildung. Anforderungen – Instrumente – forschungsbedarf* (S. 115–133). Bielefeld.
Sennett, R. (1998). *Der flexible Mensch. Die Kultur des neuen Kapitalismus.* Berlin.
Siebert, H. (1996). *Didaktisches Handeln in der Erwachsenenbildung. Didaktik aus konstruktivistischer Sicht. Grundlagen der Weiterbildung.* Neuwied.
Stowasser. (1971). *Der kleine Stowasser. Lateinisch – Deutsches Schulwörterbuch.* München

Verfahren und Instrumente zur Erfassung informell erworbener Kompetenzen

Harry Neß

Inhalt

1 Selbststeuerung und Sichtbarmachung des Lernens 610
2 Supranationale Verstärker der Selbstverantwortung 611
3 Entwicklungs- und anforderungsorientierte Erfassungssysteme 614
4 Systematisierte Standards und Strukturen der Portfolioverfahren 615
5 Portfoliobeispiele mit unterschiedlicher Nutzerperspektive 617
6 Schutz der Daten und Sicherheit der Beratung 628
Literatur 630

Zusammenfassung

Gesellschaftlich wird heute erwartet, dass jedes Individuum weiß, was es kann, über welche Qualifikationen und Kompetenzen es verfügt. Durch EU-Initiativen unterstützt geht es zunehmend darum, dass es seine Lernergebnisse aus allen Lebensbereichen für biographische Entscheidungen an Übergangsportalen innerhalb und außerhalb des Bildungs- und Beschäftigungssystems sichtbar macht. Neben anderen Instrumenten stehen dafür zum branchen-, betriebs- und bildungsbereichsübergreifenden Vergleich Portfolios zur Verfügung, die in ihren Verfahren sich auf Referenzsysteme wie den Europass und den Deutschen Qualifikationsrahmen beziehen. Zu ihrer lebensbegleitenden Nutzung sind Klarheit über alleinige Verfügbarkeitsrechte, garantierter Datenschutz und ein qualifiziertes Beratungsangebot unverzichtbar.

Schlüsselwörter

Deutscher Qualifikationsrahmen • Europass • KMU (kleine und mittlere Unternehmen) • Kompetenzen • Portfolio

---

H. Neß (✉)
Deutsches Institut für internationale pädagogische Forschung, Frankfurt am Main, Deutschland
E-Mail: ness@dipf.de; harry-ness@web.de

1 Selbststeuerung und Sichtbarmachung des Lernens

Der Diskurs über die individuelle Reflexion von Qualifikationen und Kompetenzen im Kontext informellen Lernens lag in der Bundesrepublik „nach dem Boom", also in den 1970er- und 1980er-Jahren mit ersten ökonomischen Krisen, der Entstehung neuer sozialer Bewegungen, den global verlaufenden Digitalisierungsprozessen von Produktion und Dienstleistungen sowie einer vorher so nicht gekannten und bis heute anhaltenden „Pluralisierung und Individualisierung der Lebensstile; (...) Diskontinuität wurde zu einem Merkmal vieler Erwerbsbiographien" (Winkler 2014, S. 642; Doering-Manteuffel und Raphael 2011). Die Rolle des Arbeitnehmers und die an ihn gerichteten Anforderungsprofile hatte sich in diesen unruhigen Zeiten völlig gewandelt: Mit der zunehmenden Einführung flexiblerer Arbeitsformen erweiterten sich Beschäftigtenprofile begrifflich vom „Berufskönnen" über die „Berufsqualifikation" hin zur „Berufskompetenz" (Bunk 1994, S. 9), „von der Fremdorganisation zur Selbstorganisation" (Bunk 1994, S. 10). In einer immer komplexeren und undurchschaubareren Welt wurden und werden von Individuen Aktivitäten erwartet, um „aus eigener Kraft (...) schöpferisch Neues hervorzubringen" (Erpenbeck und Sauer 2001, S. 26).

Die Tatsache, dass bis dahin das darauf maßgeblich Einfluss nehmende Erfahrungslernen bzw. informelle Lernen kaum sichtbar gemacht wurde, deshalb schwer zu messen und anzuerkennen war, mündete in der für Selbststeuerung im Prozess des lebenslangen Lernens wichtigen Erkenntnis, nach der „die Kompetenzentwicklung auf allen Ebenen, vom Einzelnen bis zur Gesellschaft als Ganzes" (Bjørnåvold 2001, S. 27) betroffen ist. Und das, obwohl die Lernerträge aus den verschiedenen Lernorten, wie beispielsweise aus Beruf, Familie und Ehrenamt in der Biographie des Individuums identitätsstützend fest verankert sind, den reflektierten Umgang mit sich selbst und anderen prägen.

Für die durch Flexibilitäts- und Mobilitätsansprüche herausgeforderten Individuen wird die dafür erforderliche Erzählung einer Lebensgeschichte „eine endlose Suche nach Anerkennung durch andere und nach Selbstachtung" (Sennett 1998, S. 141), biographisch retrospektiv „die Bemühung um Interpretation dessen, was mit ihnen geschehen war" (Sennett 1998, S. 178), und prospektiv, wohin es zukünftig bei unsicherer Gegenwart gehen soll. Mit der Forderung nach Anpassung unter der Chiffre des „flexiblen Menschen" wurden gesellschaftspolitisch bei Akzeptanz der Ablösung „konformer und standardisierter Lebensformen" (Herbert 2014, S. 909) in aller Konsequenz mit dem Angebot „individuelle Entfaltungsmöglichkeit, Partizipation, Selbstbestimmung und Autonomie" (Herbert 2014, S. 911) als erweiterte Option für vermeintlich selbstgesteuerte Lebensentwürfe kompensiert.

Zu diesem dafür erforderlichen Bewusstsein gehört untrennbar die emanzipatorische Komponente der lebensbegleitenden Reflexion von sich selbst im Bildungs- und Beschäftigungssystem, der Vergewisserung eigener Kompetenzen und Potenziale, sowie Klarheit darüber, welche von ihnen unter dem Diktat der Ausschöpfung eigener Entwicklungsmöglichkeiten und Sicherung der Beschäftigungsfähigkeit noch im Prozess des „lebenslangen Lernens" zu erwerben bzw. auszubauen sind

(Dohmen 1996). Damit wurde zum Ende des 20. Jahrhunderts ein bis dahin oftmals verschüttetes Credo wiederbelebt, wonach bildungspolitisch – nun mit den Worten des Pädagogen Hans-Jochen Gamm – der „Umgang mit sich selbst (...) als lernbar" (Gamm 1977, S. 15) anerkannt und voran getrieben werden kann.

„Erfahrung wird dabei als ganzheitlicher Vorgang begriffen, der kognitive und emotionale, körperliche, sinnliche, bewusste und unbewusste Wahrnehmungen einschließt" (Braun 1996, S. 109). Schon das alleine, aber erst Recht im gesamten Bündel der hier nur skizzenhaften Darstellung gesellschaftlicher Erwartungen an das biographische Lernen legitimierte die Entwicklung von zielgruppenspezifischen Instrumenten und die bedarfsgerechte Konzeptualisierung standardisierter Verfahren zur reflektierten Erkennbarkeit von Bildung, Qualifikationen und Kompetenzen in unterschiedlichen Kontexten. Dafür war der Ausweis formalen und nichtformalen Lernens um die Dokumentation des informellen Lernens zu ergänzen, welches eher selbstorganisierte und nicht von außen geplante Lernprozesse in unterschiedlichen Lebenszusammenhängen abbildet (Gnahs 2007, S. 35).

2 Supranationale Verstärker der Selbstverantwortung

Starke supranationale Impulse zur individuellen Sichtbarmachung der Lernergebnisse (Learning outcomes) aus allen Erfahrungszusammenhängen des Lebens waren n.a. das 1995 erschienene Weißbuch zur allgemeinen und beruflichen Bildung: „Lehren und Lernen – auf dem Weg zur kognitiven Gesellschaft" (Europäische Kommission 1995) und das 2000 veröffentlichte „Memorandum über lebenslanges Lernen" (Kommission der Europäischen Gemeinschaften 2000). Gemeinsam entwickelte daran anknüpfend die Europäische Kommission mit Vertretern der EU-Mitgliedstaaten in den darauf folgenden Jahrzehnten ein modulares System für die Beschreibung von Qualifikationen und Kompetenzen in Dokumentationsinstrumenten, die es nahe legen, informelle und nichtformale mit den formal erworbenen Kompetenzen zu kombinieren: beispielsweise den Europäischen Computerführerschein (ECDL), den Europäischen Computer PASS (Xpert), das Europäische Sprachenportfolio (ESP), den Youthpass, das Europäische System zur Übertragung und Akkumulierung von Studienleistungen (ECTS) sowie das europäische Leistungspunktesystem für die Berufsbildung (ECVET). Im Kanon der europäisch durchgesetzten, für unterschiedliche Zwecke zu nutzenden Instrumente und Verfahren sind aber zwei supranationale Aktionen besonders hervorzuheben, von denen die stärksten Einflüsse auf die nationale Diskussion zur Entwicklung eigener Ansätze der Erkennung, Anerkennung und Anrechnung informell erworbenen Kompetenzen ausgehen: das „Europass-Portfolio" sowie der „Europäische Qualifikationsrahmen" (EQR).

Nach Vorarbeiten wurde zuerst 2004 mit der „Entscheidung des Europäischen Parlaments und des Rates der Europass als einheitliches gemeinschaftliches Rahmenkonzept zur Förderung der Transparenz von erworbenen Qualifikationen und Kompetenzen" mit seinen Teilen Lebenslauf, Sprachenpass, Europass Mobilität, Zeugniserläuterungen und Diploma Supplement eingeführt (Europäisches Parlament und Rat 2004): ein freiwillig zu nutzendes Instrument, mit dem Bürger sich in ganz Europa mit ihren Lernergebnissen leichter ausweisen und präsentieren können. Nach den Ergebnissen seiner Evaluation (2008 bis 2012) ist seine Einführung entsprechend der EU-Ziele ein Erfolg:

> „First, they were useful for presenting individual knowledge, skills and qualifications in a clear way.
> Second, all Europass documents were successful in making the individual competences more comparable across countries and across sectors.
> Finally, they were helpful in making the candidate selection processes for employers and educational institutions easier." (CEDEFOP 2013, S. 4).

Möglicherweise verstärkt sich national zukünftig die Bedeutung des Europass, wenn er mit dem EQR (Kommission 2005) verzahnt und Zugangsberechtigungen im Bildungs-und Beschäftigungssystem sich daraus ableiten lassen (BMBF und KMK 2013, S. 183). Das entspräche auch dem RAT, wonach die EU-Mitgliedsstaaten aufgefordert sind, „ihre nationalen Qualifikationssysteme an den Europäischen Qualifikationsrahmen zu koppeln und die Validierung des nichtformalen und des informellen Lernens gemäß den im Mai 2004 vereinbarten gemeinsamen europäischen Grundsätzen zu fördern" (RAT 2012, S. 2). Das Transparenzverfahren des EQR enthält dafür alle notwendigen Optionen, denn es ist auf der Basis von „acht Referenzniveaustufen" zur Beschreibung von Qualifikationen konstruiert, die Aussagen darüber enthalten, „was ein Lernender weiß, versteht und in der Lage ist zu tun, nachdem er einen Lernprozess abgeschlossen hat"; außerdem enthält er „24 Deskriptoren", mit denen jeweils vertieft Kenntnisse (Knowledge), Fertigkeiten (Skills) und Kompetenzen (Competence) ausgewiesen werden (EU 2008, Anhang I, S. 2). In jedem Fall werden heute bereits durch die im EQR ausgewiesenen Lernergebnisse für Bürger, Unternehmen und Bildungseinrichtungen die Steuerungsmöglichkeiten lebenslangen Lernens verbessert, dem „die gleichwertige Einbeziehung" (Dehnbostel et al. 2009, S. 27) des formalen, nichtformalen und informellen Lernens der beruflichen und allgemeinen Bildung zugrunde liegt.

Zu kritisieren daran ist, dass oftmals die Systematik, der nationale Transfer und die nötige Transparenz innerhalb nationaler Bildungs- und Beschäftigungssysteme auf Schwierigkeiten der Interpretation bei den zuständigen Akteuren stößt, denn die inhaltlich wichtigen Ankerbegriffe wie Qualifikation und Kompetenz changieren zwischen nationalen und supranationalen Bildungs- und Forschungseinrichtungen aufgrund nur historisch zu verstehender institutioneller Anbindungen (BMBF und KMK 2013, S. 77–91). Entsprechend der Eu-Auffassung stehen Kompetenzen durch die definitive Selbstorganisationsfähigkeit der Subjekte in einem ganzheitlichen Bezug zur Person, grenzen sich von Qualifikationen ab und benötigen deshalb ein auf die gesamte Biographie erweitertes Dokumentationsverständnis (EU 2008, Anlage 1). Geht deren Anerkennung über die reine Erkennung hinaus, spiegelt sie zum einen die „Würdigung am Arbeitsplatz oder durch die Gesellschaft" wider, zum anderen die formale Anerkennung „im Sinne einer Anrechnung oder Zertifizierung"

(Seidel et al. 2008, S. 99). Zertifikate sind in der Regel ordnungspolitisch formalisiert und geben Auskunft über Inhalte, Noten, Dauer, Prüfer und Institution (Faulstich 1997, S. 173). Damit erfüllen sie unter den Bedingungen einer nur eingeschränkten Einbeziehung des „hidden curriculum" bzw. des informellen Lernens in Schule, Beruf und Freizeit den gesellschaftlichen Anspruch auf Vergleichbarkeit und Objektivität.

Zertifikate im Bildungswesen sind mit Berechtigungen auf weiterführende Bildungsgänge und einer Einstiegseinstufung im Beschäftigungssystem verbunden. Dagegen finden die Leistungsnachweise unter Einbeziehung des informellen Lernens aus dem Beschäftigungssystem nur begrenzt eine Anerkennung im Bildungswesen und können, müssen aber nicht vom Wissens- und Personalmanagement der Unternehmen für Einstellungen, Entlohnungs- und Aufstiegsentscheidungen einbezogen werden. Das hat seine Ursachen im Bezugssystem und der jeweilig unterschiedlichen Handlungslogik: „Arbeitsmarktliche Zertifikate" bescheinigen in der Regel „Qualifikationen, die in der Arbeitswelt Anerkennung finden". Dagegen ist es den „Bildungszertifikaten" inhärent, dass sie auf „ein ganzheitliches Verständnis von Bildung" (Clement 2006, S. 15) verweisen.

Neben Zertifizierungen werden aber nun bei stärkerer Einbeziehung des nichtformalen und informellen Lernens auch Validierungsverfahren an Bedeutung gewinnen, die an bestimmten Übergangsportalen des Lebenslaufs zum Einsatz kommen, dort, wo sich Personen mit ihren Qualifikationen und Kompetenzen im Bildungs- und Beschäftigungssystems neu verorten wollen. In gesellschaftlicher Praxis der Sichtbarmachung von Lernergebnissen kommen somit häufig Mischformen von Zertifizierungs- und Validierungsinstrumenten zum Einsatz:

- Zertifikate des formalen Lernens (z. B. Schulzeugnisse, Universitätsbescheinigungen, Prüfungszeugnisse)
- Zertifikate und validierte Nachweise des nichtformalen Lernens (z. B. Trainerscheine, Teilnahmebescheinigungen an Fort- und Weiterbildung)
- Validierte Nachweise des informellen Lernens (z. B. Arbeitszeugnisse, Entwicklungs- und Portfoliobilanzen der Selbst und Fremdbewertung)
- Validierte Nachweise über alle Lernformen (z. B. Belege über die Portfolioberatung, Würdigungsberichte und Zielvereinbarungen) (Europäische Kommission 2004).

Werden also Instrumente und Verfahren zur Erfassung informell und nichtformal erworbener Qualifikationen und Kompetenzen entwickelt, müssen sie inhaltlichen Standards und strukturellen Benchmarks folgen, die als wertgebende Alternativen konkurrenzfähig mit den im Bildungs- und Beschäftigungssystem bekannten Formen der Zertifizierung und Validierung anerkannt sind. Schon aus diesem, aber nicht einzigem Grund leitet sich die Forderung ab, die nationalen Bemühungen auf diesem Feld der Forschung und Entwicklung mit dem vermuteten Nebeneffekt von „mehr Wirtschaftswachstum und Beschäftigung" (RAT 2012, S. 2) zu intensivieren.

3 Entwicklungs- und anforderungsorientierte Erfassungssysteme

Erleichtern die europäischen Initiativen mit Erfassung, Bewertung und Anerkennung von Qualifikationen und Kompetenzen den transparenteren Bezug zu Lernzeiten, Lernorten und Verwendungszwecken für verschiedenartigste Zielgruppen, so werden sie in „gesellschaftlichen Funktionsbereichen" wie Schule, Ausbildung, Beruf, Ehrenamt, Privatbereich und anderen mit sehr heterogenen Anforderungen konfrontiert (DIPF et al. 2004, S. 61). Vermehrt gelangte damit komparativ „die Bedeutung der Lernergebnisse (...) gegenüber dem Prozess des Lernens" (DIPF et al. 2004, S. 19) sowie die neuen Herausforderungen praktizierter Konstrukte vorhandener Dokumentations- und Berechtigungsformen in den Diskussionsfokus der Akteure des Bildungs- und Beschäftigungssystems.

Bei einer großen Dynamik haben sich dementsprechend in den letzten Jahren am Markt der Erwachsenenbildung für unterschiedliche Zielgruppen Produkte zur Erfassung von Kompetenzen und Qualifikationen in einer Art „Work in Progress" etabliert, die hier keinen Anspruch auf Vollständigkeit beanspruchen: z. B. Aneko (VHS Stuttgart), Berufswahlpass (Bundesarbeitsgemeinschaft Berufswahlpass, c/o Behörde für Schule und Berufsbildung, Hamburg), Compass (Berlin), GEVA-Berufswahltest (München), In eigener Sache (München), KMU.Kompetenzbuch (bwhw, Bad Nauheim), Kompetenzbilanz (DJI, München), Kompetenzbilanz für Migrant/innen (DJI, München), KompetenzenPanorama für Migrantinnen & Migranten (InnoVision Concepts), Kompetenznachweis Ehrenamt, Kompetenznachweis Kultur, Landesnachweis Ehrenamt (NRW), IZK-Kompetenzcheck (Bochum), Job-Navigator (IG Metall), Juleica (Bremer Jugendring), Medien-Portfolio, Portfolio Medien Lehrerbildung (NRW), Professionalisierungs-Portfolio (Hessen), Qualipass (BBJ Berlin), Qualipass (Baden-Württemberg) und Berufswahl-Aktiv (Südhessen).

Unterhalb der ordnungspolitisch verankerten Zertifikate und Validierungsverfahren zielt der mehrheitlich im Bildungs- und Weiterbildungssystem favorisierte Ansatz der Biographieorientierung auf die Rekonstruktion von Kompetenzentwicklungen. In seiner Struktur werden prozessual mehr die berufliche Handlungsorientierung zwischen Beruf und Bildung und weniger kompetenzdiagnostische Fragestellungen in den Mittelpunkt gestellt (Erpenbeck und Heyse 1999, S. 175). Rückblickend wird mit einem standardisierten Dokumentationsverfahren auf die in „Lebensbeschreibungen zum Ausdruck kommenden Dispositionen und Potentiale aufmerksam gemacht (...), deren sich das Individuum durch Reflexion auch vergewissern kann" (Erpenbeck 2007, S. 93).

54 qualitative und quantitative Verfahren wurden 2007 in dem von Erpenbeck/Rosenstiel herausgegebenen „Handbuch Kompetenzmessung" beschrieben, die in differenz Formaten bei unterschiedlichen Anlässen und Zielgruppen zum Einsatz kommen (Erpenbeck und Rosenstiel 2007). Das damit sichtbar gemachte Instrumentenreservoir an Kompetenz- und Potentialerfassungen ist zugespitzt mit dem Filter „entwicklungs- und anforderungsorientierte Verfahren" bei interessengeleiteten Entscheidungen über den Verwendungszweck und die Zielgruppe zu bewerten: Während sich die rein „entwicklungsorientierten Verfahren" unmittelbar auf Fähigkeiten oder

das Verhalten von Individuen beziehen, sehen „anforderungsorientierte Verfahren" die Beschreibung der Kompetenzen zur Erfüllung von Arbeitsaufgaben als Ergebnis einer Fremdeinschätzung vor, die sich im Wesentlichen an Tätigkeitsbeschreibungen und Arbeitsplatzanalysen ausrichtet (Gillen 2006, S. 112). Diese Zielsetzung unternehmerischer Handlungslogik rückt tendenziell weg vom Entwicklungspotenzial des Individuums, mehr hin zur ökonomischen Verbesserung von Arbeitsprozessen innerhalb der beruflichen Beschäftigung (Gillen 2006, S. 112).

In Prozessen des Personal- und Wissensmanagements, u. a. bei Neueinstellungen, Weiterbildungsplanung, Regelbeurteilungen, Beförderungen, Versetzungen und Umsetzungen, in denen – teilweise auch mit der Legitimation von Tarifverträgen – auf Erfahrungslernen bzw. informellen Lernen Prozess der Arbeit, aber auch auf außerhalb des Berufs erworbene Kompetenzen gesetzt wird (Neß 2009, S. 17–19), kommen für Dokumentations- und Bewertungsaktivitäten folgende „meist parallel und miteinander verkoppelt eingesetzte Verfahren" (BMBF und KMK 2011, S. 7) zum Einsatz: z. B. die Nutzung eines Assessment-Center bis zum Jahresgespräch und die Erstellung eines Arbeitszeugnisses mit rechtlich unterschiedlichen Konnotationen. Allerdings werden in Diskussionen über die Erfassung informellen Lernens die mit einzelbetrieblichen Erfassungsverfahren verbundenen Konsequenzen weitgehend vernachlässigt, da diese bisher wenig standardisiert und deshalb „vom Einzelbetrieb auf andere Branchen und Unternehmen nicht zu übertragen" (BMBF und KMK 2011, S. 5) sind. Durch nun aber veränderte Parameter der Personalentwicklung in Unternehmen, nach denen „die Aufgaben des Personalmanagements" zunehmend „aufgewertet" werden und die dafür vorgesehenen Budgets für Ausbildung und Weiterbildung „einen zunehmenden Anteil der Personalkosten" (Thom und Zaugg 2008, S. V) ausmachen, wird die Aufmerksamkeit der Akteure im Bildungs- und Beschäftigungssystem zunehmend auf die Entwicklung eines standardisierten Kompetenzerfassungsinstruments der Biographiearbeit gelenkt (Wittwer 2003, S. 34).

4 Systematisierte Standards und Strukturen der Portfolioverfahren

Die biographieorientierte Auswertung des Lebensverlaufs kann für Individuen die Entwicklung von Strategien zur Bewältigung sich ändernder Anforderungen begünstigen (Vonken 2010, S. 207). Erst mit einem strukturierten Sammeln, Identifizieren, Ordnen und Bewerten aller Lernergebnisse in einem selbst geführten Portfolio, also als Methode zur Selbstreflexion werden die informell erworbenen Lernergebnisse sichtbar, für eine weitere persönliche und vor allem berufsbiografische Entwicklung aufgeschlossen. Sie können über „quantitative Messungen, qualitative Charakterisierungen, komparative Beschreibungen, simulative Abbildungen" und „observative Erfassungen" (Erpenbeck und Rosenstiel 2007, S. XXX) sichtbar gemacht werden.

Die Recherchen im deutschsprachigen Raum (Deutschland, Schweiz, Österreich, Südtirol) hatten 2004 über neunzig unterschiedliche Benennungen für

"Weiterbildungspässe" ergeben (DIPF et al. 2004, S. 147). Für sie verwendete Bezeichnungen wie beispielsweise Pass, Bilanz, Check, Explorer, Kompass, Buch, Assessment und Inventar in Beziehung gesetzt zu den Begriffen wie Kompetenz, Qualifikation, Bildung etc. zeigen Überschneidungen eines Formats, das im hier favorisierten Sammelbegriff des Portfolios sozialwissenschaftlich systematisierende Standards und Kriterienkataloge umfasst. In der Regel werden mit ihnen unter eigenen Entwicklungs- und fremder Anforderungsziele formales, nichtformales und informelles Lernens für ein ihnen entsprechendes Anerkennungsverfahren erfasst.

Deutlich in der Praxis durchgesetzt haben sich „Pässe mit offenen Erfassungssystemen und Pässe mit geschlossenen Bewertungssystemen" im Vergleich zu denen, die über ein „geschlossenes Erfassungssystem" oder ein „offenes Bewertungssystem" verfügen (DIPF et al. 2004, S. 70). Offene Erfassungssysteme haben sich vor allem in schulischen und ehrenamtlichen Zusammenhängen und die geschlossenen Bewertungssysteme haben sich vor allem in Ausbildungs- und Berufskontexten durchgesetzt (DIPF et al. 2004, S. 71). Nach Durchsicht der am Markt befindlichen Portfolios ist erkennbar, dass meist in der Selbstverantwortung seiner Nutzer eine angeleitete Sammlung von dokumentierten Verfahren der Selbst- und/oder der Fremdevaluation individuell zu verortenden Lernprozessen des Erwerbs von Fachkompetenzen (Wissen/Fertigkeiten), personalen (Sozialkompetenz/Selbststeuerungskompetenz) und methodischen Kompetenzen vorgesehen ist. Parallel werden oftmals in einem davon getrennten Teil formativ und/oder summativ über nachgewiesene Kompetenzergebnisse und Potenziale mit einem durch Validierungs- bzw. Messverfahren abgesicherten Vorgehen von den Nutzern meist anforderungsorientierte Profile strukturiert, um die ermittelten Kompetenzen, Qualifikationen und Potenziale für unterschiedliche Zwecke und Adressaten selektiv zugänglich zu machen und sie für die eigene Bildungs- und Berufsbiographie durch bildungs- und beschäftigungsrelevante Agenturen anerkennen und teilweise sogar zertifiziert anrechnen zu lassen (Neß 2010, S. 214–215).

Die durchgesehenen Portfolios lassen sich nach ihrer Struktur und Systematik wie folgt – an Standards orientiert – nach Einzelelementen clustern, analysieren und ganz nach selbst- und/oder fremdbestimmten Anforderung des Verwendungszwecks modifiziert neu zusammensetzen (Abb. 1):

Unabhängig davon, ob Individuen diesen Prozess der Kompetenzerfassung und Bilanzierung ohne oder mit einem unterstützenden Beratungssupport durchführen, in jedem Fall findet mit der Portfoliobearbeitung ein individueller Bildungsprozess statt, „in dessen Verlauf ein Bewusstsein über die eigenen Kompetenzen entsteht, das Selbstbewusstsein und -vertrauen durch die Wertschätzung der eigenen Fähigkeiten deutlich gestärkt und die Reflexionsfähigkeit erhöht" (DIPF et al. 2004, S. 99) werden. Bewusst gemachte „Lebenserfahrungen" erhalten damit unter pädagogischen Vorzeichen einen „eigenen Erkenntniswert", denn „wer reflektiert und darüber schreibt, erschließt rückläufig seine vielleicht befremdliche Geschichte, die beständig wächst, interpretationsbedürftig ist und von der jeweiligen Gegenwart her gleichsam erst neu angeeignet werden kann" (Gamm 1977, S. 15).

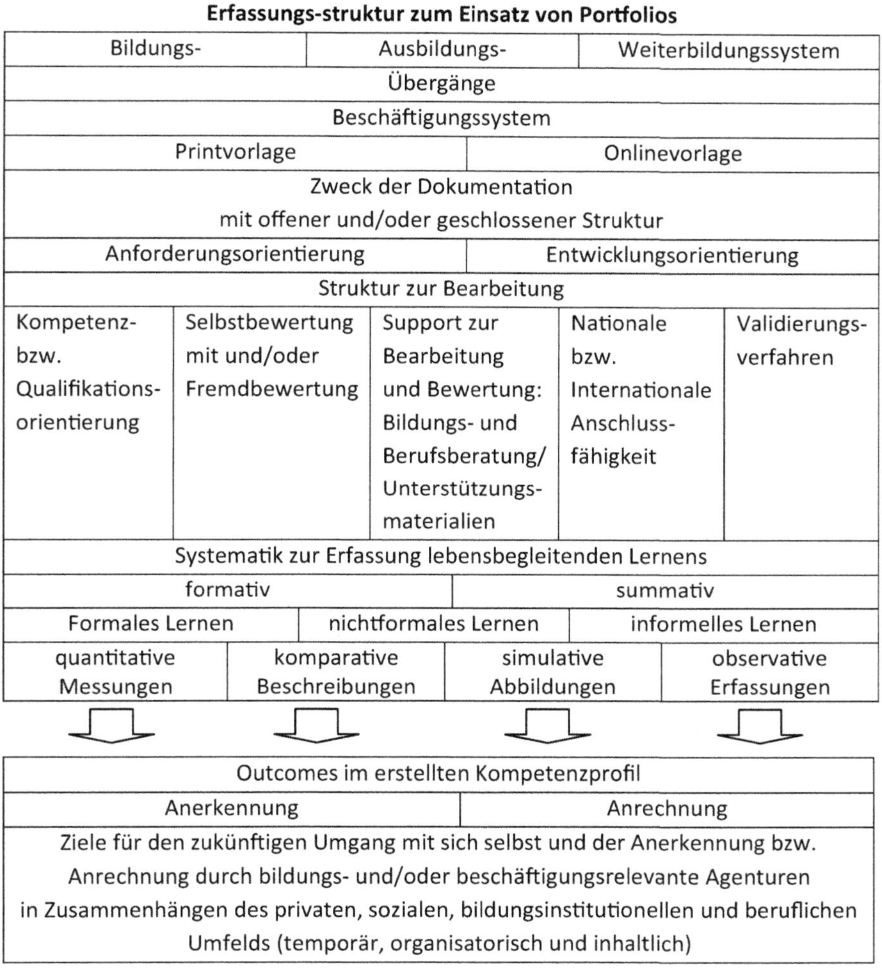

Erfassungs-struktur zum Einsatz von Portfolios					
Bildungs-		Ausbildungs-		Weiterbildungssystem	
Übergänge					
Beschäftigungssystem					
Printvorlage			Onlinevorlage		
Zweck der Dokumentation					
mit offener und/oder geschlossener Struktur					
Anforderungsorientierung			Entwicklungsorientierung		
Struktur zur Bearbeitung					
Kompetenz- bzw. Qualifikations- orientierung	Selbstbewertung mit und/oder Fremdbewertung	Support zur Bearbeitung und Bewertung: Bildungs- und Berufsberatung/ Unterstützungs- materialien		Nationale bzw. Internationale Anschluss- fähigkeit	Validierungs- verfahren
Systematik zur Erfassung lebensbegleitenden Lernens					
formativ			summativ		
Formales Lernen	nichtformales Lernen			informelles Lernen	
quantitative Messungen	komparative Beschreibungen		simulative Abbildungen	observative Erfassungen	
⇩	⇩		⇩	⇩	
Outcomes im erstellten Kompetenzprofil					
Anerkennung			Anrechnung		
Ziele für den zukünftigen Umgang mit sich selbst und der Anerkennung bzw. Anrechnung durch bildungs- und/oder beschäftigungsrelevante Agenturen in Zusammenhängen des privaten, sozialen, bildungsinstitutionellen und beruflichen Umfelds (temporär, organisatorisch und inhaltlich)					

Abb. 1 Matrix zur Identifikation der Systematik und inhaltlichen Reichweite der „Kompetenzportfolios"

5 Portfoliobeispiele mit unterschiedlicher Nutzerperspektive

Einige Empfehlungen zur gesellschaftlich verbesserten Akzeptanz bei der Entwicklung von Instrumenten zur Erfassung informellen Lernens werden von Silvia Annen zum Abschluss ihrer Analyse von vierzehn national, international und supranational etablierten Verfahren gegeben:

Kombination aus Top-down und Bottom-up-Elementen bei der Instrumentenentwicklung, eindeutige Festlegung der Funktion bestimmter Akteure,
Klarheit für alle Beteiligten über mögliche Konsequenzen der Bearbeitung zur Bestimmung der methodischen Vorgaben für konkrete Ablaufschritte im Bearbeitungsverfahren,
Herausstellung unterschiedlicher institutioneller und individueller Perspektiven der Verfügungsrechte (Annen 2012, S. 574–576.)

Diese Kriterien bestätigen nachhaltig den vor über zehn Jahren eingeschlagenen Weg zur Entwicklung des ProfilPASS-Systems in Deutschland. Bei allen erreichten Erfolgen ist aber bei genauerer Betrachtung an einigen Stellen heute eine Nachjustierung erforderlich, denn für seine breitere Einsetzbarkeit müsste über die fast ausschließliche Selbsteinschätzung seiner Nutzer die Position eines rein den Lebenslauf „sekundierenden Typs" ergänzt werden, in dem mit Einzelelementen der Anforderungsorientierung auf den eines „integrierenden Typs" aufgesetzt wird, der überwiegend „durch eine sowohl summative als auch formative methodische Zielsetzung gekennzeichnet" (Annen 2012, S. 537) ist.

Zwei weitere Instrumente und Verfahren mit entsprechenden Aussagen über Qualifikationen, Kompetenzen und Potenziale sollen deshalb hier vorgestellt werden, in denen rückblickend mit den Kriterien eines „integrativen Typus" gleichermaßen anforderungs- und entwicklungsorientiert durch Fremd- und Selbstevaluation aus allen Bereichen des lebenslangen Lernens vorstrukturierte Kompetenzportfolios entstanden sind: für die Lehrerbildung ist es das „Professionalisierungs-Portfolio" und für den Einsatz in kleinen und mittleren Unternehmen ist es das „KMU.Kompetenzbuch". Die zu ihrer Entwicklung und Erprobung hinzugezogenen Referenzsysteme sind die Strukturen des ProfilPASS, des EUROPASS und des Deutschen Qualifikationsrahmens (DQR).

Damit könnte die einzufordernde „individuelle ebenso wie die Verwertungsperspektive der Ergebnisse" (Annen 2012, S. 576) in größerem Umfang gelingen:

> Bezüglich des „Kompetenzverständnisses" wäre dann folgerichtig, wenn es durch die „beteiligten Akteure" akzeptiert ist, was wohl am leichtesten durch die Anlehnung an den EQR und DQR garantiert wäre;
> ähnlich verhält es sich mit der Vorgabe der „Bewertungsstandards", die im Bildungs- und Beschäftigungssystem oft unterschiedlichen Interessen folgen;
> bei einer „hierarchischen Koordination" ist so gesehen besonders darauf zu achten, dass beide, also „Individuum und anerkennende Stelle" zum Abbau von „Informationsasymmetrien" über ausreichende Nutzungsmöglichkeiten der „Instrumente des Signalings und Screenings" verfügen (Annen 2012, S. 574–577).

Theoretisch wie praktisch existiert aber selbst unter diesen Bedingungen der Kanalisation die Herausforderung, komplexe Kompetenzbeschreibungen und Kompetenzerfassungen in strukturierten Instrumenten und standardisierten Verfahren für Validierungsprozesse der Anerkennung und Anrechnung so zu formalisieren, dass sie kompatibel zueinander für Nutzer nachvollziehbar und verlässlich einen erkennbaren Wert haben.

5.1 Das CH-Q und ProfilPASS-System

Zum besseren Verständnis lässt sich diesbezügliches Bemühen bereits in den Anfangen des ProfilPASS-System auffinden: Drängend gewordene Fragen nach qualifizierten Nachweisen des lebenslangen Lernens wurden 2004 im Rahmen eines BLK-Verbundprojekts des Bundes und der Länder von einem Konsortium mit der hier bereits mehrfach zitierten Machbarkeitsstudie „Weiterbildungspass mit Zertifizierung informellen Lernens" (DIPF et al. 2004) zu beantworten versucht. In ihr wurden über fünfzig Initiativen und Instrumente identifiziert und analysiert, die Kompetenzen aus unterschiedlichen Lernzusammenhängen erfassen, wobei – wie auch immer von der Grundstruktur angelegt – „mehr als 50 Prozent der genutzten Weiterbildungspässe im Bereich der Ausbildung und im beruflichen Bereich (betrieblich und überbetrieblich) entwickelt" (DIPF et al. 2004, S. 64) wurden.

Angeknüpft werden konnte zur Entwicklung eines neuen nationalen Instruments an Erfahrungen mit Verfahren der Dokumentation zur Erkennung, Anerkennung und Anrechnung von Kompetenzen vor allem an Länder wie Finnland, Frankreich, Großbritannien, Niederlande, Österreich und an die dem deutschen Berufs- und Weiterbildungssystem am nächsten stehenden Erkenntnissen der Schweiz (DIPF et al. 2004, S. 123–129). Am Beispiel des dort seit 1996 praktizierten und am weitest entwickelten Portfolio, des CH-Q -Instruments („Schweizerisches Qualifikationsprogramm zur Berufslaufbahn") wird vergleichsweise zu anderen international vorhandenen Verfahren und Instrumenten zu diesem Zeitpunkt vorrangig auf die Erfassung informell erworbener Kompetenzen Wert gelegt (Calonder-Gerster 2000). Das hat mit den Auslösern dieses entwicklungsorientierten Projektansatzes zu tun: Familienzeiten werden demnach nicht als Verlustzeiten, sondern als Brückenzeiten mit dem Zugewinn an Kompetenzen gesehen. Dafür, so unterstreicht die Leiterin der Berner Fachstelle zur Berücksichtigung von Familienkompetenzen in Unternehmen, Elisabeth Häni, ist der initiierte Kompetenzen-Bilanzierungsprozess „selbstverständlich (…) nicht nur für den beruflichen Wiedereinstieg nach einer Familienphase sinnvoll, sondern immer dann, wenn eine Standortbestimmung und Neuorientierung, Weiterentwicklung angesagt ist" (Häni o.J., S. 191; 2003, S. 45–49).

Im CH-Q-System bewirken die geforderte und geförderte „Selbstbeurteilung, Selbsteinschätzung und Selbstreflexivität (…) ein Empowerment im Sinne der Stärkung des Selbst-Bewusstseins, des Selbstvertrauens, der Selbstverantwortung" (Calonder-Gerster 2007, S. 721). In drei Schritten wird zur Erreichung dieses identitätsstützenden Zielkomplexes von den Nutzern auf ein persönliches „Portfolio und/oder Dossier für spezifische Kompetenznachweise" hingearbeitet: Das strukturierte und kompetenzbasierte „Dokumentieren, Reflektieren, Realisieren" erfolgt vom Einzelnen durch „Selbstbeurteilung und Fremdeinschätzung", um aus der Bestandsaufnahme und Bilanz zu einer „Langzeitperspektive" zu kommen, die erst eine „eigenverantwortliche Steuerung der Laufbahn" ermöglicht (Calonder-Gerster 2007, S. 722 f.).

A	B	C1	C2
Ich kann es unter Anleitung durch eine andere Person oder mit Hilfe einer schriftlichen Anleitung tun.	Ich kann es selbständig unter ähnlichen Bedingungen tun.	Ich kann es selbständig in unterschiedlichen Zusammenhängen (Situation, Bedingung, Ort, Arbeitsgebiet) tun.	Ich kann es selbständig in unterschiedlichen Zusammenhängen tun und kann es erläutern und vormachen.
Fähigkeiten		Kompetenzen	

Abb. 2 Bewertung in den Niveaustufen des ProfilPASS (Neß et al. 2007, S. 394)

Dies Selbstverständnis des CH-Q Systems aufnehmend wurde bundesweit „unterhalb der ordnungspolitischen Ebene" (DIPF et al. 2004, S. 76) ein entwicklungs- und wenig anforderungsorientiertes Instrument entwickelt: der „ProfilPASS" mit einer jeweils parallel im Markt verankerten Print- und Onlineversion, den zum Einsatz kommenden Unterstützungsmaterialien, der Schulung der Berater(innen), eine in Regionen bei unterschiedlichen Trägern deutschlandweit angesiedelte dezentrale Beratungsstruktur in ca. 45 sogenannten „Dialogzentren", eine für die Zertifizierung und Aktualisierung unterschiedlicher Materialien zuständige Servicestelle am „Deutschen Institut für Erwachsenenbildung" und ein professionell betriebener Vertrieb mit einer Vielzahl an Marketingaktivitäten beim W. Bertelsmann Verlag (DIE 2014).

Der Aufbau des ProfilPASSes wird von folgenden Abschnitten strukturiert:

1. Mein Leben – ein Überblick
   (In einer Rückschau werden alle Bereiche des Lebens)Schule, Arbeit, Ehrenamt, Hobby unter den Fragestellungen betrachtet: Was wurde gelernt, Wo liegen besondere Erfahrungen vor, Was ist aus subjektiver Sicht heute besonders wichtig?
2. Meine Tätigkeiten – eine Dokumentation
   In diesem Teil gibt es acht Tätigkeitsfelder, in denen die benannten Tätigkeiten zugeordnet, näher beschrieben, noch genauer auf den Punkt gebracht und in vier Niveaustufen bewertet werden (Abb. 2).
3. Meine Kompetenzen – eine Bilanz
   Mit einer Zuordnung und Übersicht werden die besonderen Fähigkeiten (A + B) und Kompetenzen (C1 + C2) ablesbar und können nun für eine Beratung zugänglich gemacht werden.
4. Meine Ziele – und die nächsten Schritte
   In diesem Abschnitt sollen zentrale private und berufliche Lernziele Ziele und die geplanten Aktionen zu ihrer Erreichung aufgeschrieben werden.
5. In diesem Abschnitt werden Zeugnisse, Bescheinigungen, Europass-Lebenslauf und ähnliche Dokumente abgelegt. Zum besseren Verständnis werden abschließend unter Anlagen Begriffserklärungen, Hinweise für das Anlegen einer

Bewerbungsmappe, rechtliche Regelungen und Hinweise für Beratung gegeben (DIE et al. 2006, S. 41–45).

Insgesamt hat sich aus dem „ProfilPASS" und dem modifizierten „ProfilPASS für junge Menschen", der einfacher und spielerischer aufgebaut ist, ein in unterschiedlicher Tiefe evaluiertes und überarbeitetes System mit notwendigem Support der Beratung entwickelt, über das sich Individuen – unabhängig vom Verwendungszweck – ihrer innerhalb und außerhalb des Bildungs- und Beschäftigungssystems erworbener Fähigkeiten und Kompetenzen „bewusst werden und diese gezielt einzusetzen lernen" (DIPF et al. 2004, S. 99).

So lässt sich nach den in dieser Zeit gemachten Erfahrungen konstatieren, dass mit dem ProfilPASS ein finanziell vom BMBF und den Bundesländern unterstütztes Instrument zur systematisch strukturierten Erkennung und Anerkennung informell, nichtformal und formal erworbener Kompetenzen und Fähigkeiten entstanden ist, das sich am Markt fast konkurrenzlos durch die Einhaltung folgender Standards und formalisierte Bearbeitungsstrukturen in der Bildungs- und Beschäftigungslandschaft fest verankert hat: Das Portfolioformat ist individuell und biographisch für lebenslanges Lernen offen angelegt, es berücksichtigt zielgruppenübergreifend systematisch alle Lernorte und Lernformen, stützt freiwillig anzugehende Prozesse der Selbstreflexion und eine Öffnung gegenüber einer Fremdbewertung des durch Selbsteinschätzung ermittelten Kompetenzprofils, über das die Nutzer mit Unterstützung professioneller Beratung die alleinige Verfügbarkeit behalten.

Soll allerdings den qualitativen Aussagen über die Selbst- und Fremdbewertung des informellen Lernens eine höhere Datenqualität und damit dem Portfolioverfahren ein systemischer Wert gegeben werden, der zumindest die Umsetzungsvoraussetzungen erfüllt, die gleichermaßen im Bildungs- und im Beschäftigungssystem anerkannt Gültigkeit besitzen, so sind weitergehende Instrumente mit erweiterten Validierungsverfahren zu entwickeln (Pielorz und Seidel 2012, S. 332). Anleihen können dafür bei der qualitativen Sozialforschung genommen werden (Raithel 2008, S. 44), wie z. B. bei dem Verfahren der „kommunikativen Validierung", mit der Durchlässigkeit und Transparenz, Intersubjektivität und mehr Objektivität, Reliabilität und Validität der schriftlich und standardisiert ermittelten Lernergebnisse für ihr Anerkennung und Anrechnung verbessert werden (Fuhs 2007, S. 53).

5.2 Der DQR und das Professionalisierungs-Portfolio

Warum soll nun gerade die Lehrerbildung als Erprobungsfeld für ein Kompetenzportfolio des „integrierenden Typs" dienen, der anderen Ansprüchen als die an den ProfilPASS genügen soll? Die Ausgangslage für die Beantwortung dieser Frage lässt sich generell für die Gegenwart im EU-Raum so beschreiben, dass sich zunehmend das Lehrerhandeln in schulischen Kontexten auf veränderte Rahmenbedingungen einlassen muss: autonom Lernende, einen steigenden Bedarf nach individuellem Lernen, den Erwerb von Schlüsselkompetenzen, die Entwicklung von konstruktiven und kooperativen Lernkonzepten, eine stärkere Nutzung der einem ständigen

Modernisierungsdruck unterliegenden neuen Technologien, die Einbeziehung von der Tatsache sozial und kulturell heterogeneren Lerngruppen sowie die veränderten Aufgaben in Bereichen des Schul- und Wissensmanagements (Kommission 2007, S. 5).

Unter dem Anspruch nach lebenslangem Lernen und mehr Eigenverantwortung ist deshalb für eine reflektierte Biographie der Studenten, Quereinsteiger, Lehramtsanwärter oder Lehrkräften bildungsbereichsübergreifend und alle drei Phasen der Lehrerbildung erfassend die „individuelle Geschichte" (Sackmann 2007, S. 50) des Einzelnen aufzudecken. Persönlich souveräner und fachlich qualifizierter kann mit einem biographisch erarbeiteten Wissen im Rahmen einer zu fördernden „Feedback-Kultur" gehandelt werden, z. B. in den Entscheidungen über die Studien- und Berufswahl, Personaleinstellung, Fort- und Weiterbildungsplanung, Zielvereinbarung, Funktionsstellenbesetzung, Leistungsbewertung, Unterrichtsentwicklung und Schulinspektion (DIPF und AfL 2010, S. 4).

Mit einem die damit verbundenen Prozesse besser steuernden Kompetenzerfassungsmodell wird ein „Möglichkeitsraum" (Terhart 2007, S. 51) beschrieben werden, der temporär mit unterschiedlicher Intensität von Lehrern in der pädagogischen und organisatorischen Realität ausgefüllt wird. Gleichzeitig wird damit der Tatsache in der Lehrerbildung entgegen gewirkt, dass das informelle Lernen zur Erlangung von Kompetenzen bei Lehrern eine ganz zentrale Funktion hat, aber ihr bisher „kaum Beachtung" (Heise 2009, S. 261) geschenkt wird. „Ein hier Abhilfe schaffendes Portfolio der Kompetenzerkennung innerhalb der Steuerung des lebenslangen Lernens gestatten – wie von Häcker gefordert – den Autoren und Betrachtern, die Lernprodukte und den Lernprozess gemeinsam in den Blick zu nehmen und zu beurteilen" (Häcker 2006, S. 35). In dem dafür zu entwickelnden Instrument geht es also um den taxonomischen Aufbau „professioneller Identität" des anzusprechenden Lehrpersonals, das den „eigenen Entwicklungsprozess selbst präsent hält und die Ausbildungs- und Berufsrealität in einer Weise zeitlich, sachlich und sozial so systematisiert, dass das Selbstbild eines guten Lehrers in der Zeit und gegenüber konkurrierenden Erwartungen bewahren sowie gegenüber externen Normen behaupten und dennoch in einem diffusen und widersprüchlichen Alltag lernen und arbeiten kann" (Tenorth 2008, S. 15).

An mehreren Stellen wird zur Sicherung der Qualität schulischer Bildung in den für alle drei Phasen der Lehrerbildung geltenden Standards (KMK 16.12.2004) der Kultusministerkonferenz (KMK) der sechzehn Bundesländer von einer dafür erforderlichen „Reflexion" gesprochen. Mit der Realisierung eines dafür erforderlichen Kompetenzprofils können „pädagogische Situationen zweckmäßig und sinnvoll bearbeitet und bewältigt werden" (Oser 2004, S. 193). Das damit korrespondierende Leitbild versetzt referenziell und messbar Lehrer in die Lage, fachlich, systematisch und wissenschaftlich gestützt ihr Lehren, Lernen, Erziehen, Diagnostizieren, Beraten und Beurteilen besser für eigene Professionalisierungsaktivitäten zu nutzen und qualitativ weiterzuentwickeln (DIPF und AfL 2010).

Im Auftrag des Hessischen Kultusministeriums wurden diese Argumentationen aufnehmend vom Deutschen Institut für internationale Pädagogische Forschung (DIPF) in Zusammenarbeit mit dem hessischen „Amt für Lehrerbildung (AfL)"

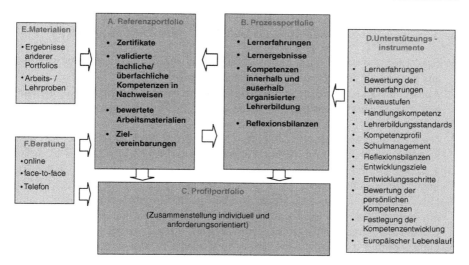

Abb. 3 Schematische Darstellung des „Professionalisierungs-Portfolios" (Bildungsserver Hessen 2010)

zwischen 2008 und 2010 das „Professionalisierungs-Portfolio" (P-P), das „Instrument zur Erkennung und Anerkennung von informellem, non-formalem und formalem Lernen in der Verzahnung der drei Phasen der Lehrerbildung" entwickelt, erprobt und evaluiert (DIPF und AfL 2010). In geschlossener Form sollte das so strukturierte P-P den Anwendern im Rahmen des lebenslangen Lernens zur Verfügung stehen, um einzelne Bausteine zu jeweils selbst bestimmtem Zeitpunkt im Verlauf der Berufsbiographie immer wieder neu in die Hand zu nehmen und mit Hilfe angebotener Unterstützungsinstrumente systematisiert zu bearbeiten (Abb. 3).

Mit dem P-P können im Teil „Prozessportfolio" in vorstrukturierter Form alle innerhalb und außerhalb des Lehrerbildungssystems liegenden Lernbereiche, Lernergebnisse und erworbene Kompetenzen erfasst und bewertet werden. Dafür werden von den Nutzern gemachte Erfahrungen des lebenslangen Lernens schriftlich rekonstruiert, einem Kompetenzbereich zugeordnet und entsprechend einer vorgegebenen Niveaustufenskala einer Bewertung unterzogen. Fachkompetenzen mit Wissen und Fertigkeiten, Methodenkompetenzen, personale Kompetenzen mit Sozialkompetenzen und Selbstkompetenzen sind dafür nicht eins zu eins identisch mit den Kompetenzbereichen der Lehrerbildungsstandards, sondern sind abgeleitet aus dem 2009 bereits vorliegenden DQR-Entwurf. In ihm lassen sich Niveaustufen mit elementaren Anforderungen finden (Niveau 1 und 2) sowie vermehrt Komponenten der Selbstständigkeit ab der Niveaustufe 3 finden. Ab dem Fähigkeitsniveau 4 werden umfassende und sich verändernde Lernbedingungen angenommen, die in ihrer Komplexität und der Veränderungen in den kontextuellen Bedingungen ab der Stufe 5 bis 8 weiter zunehmen (Arbeitskreis „Deutscher Qualifikationsrahmen" 2009). Da der Lehrerberuf ein akademischer ist, wurden die acht Niveaustufen des DQR modifiziert auf die sechs höheren, von 3 bis 8, im P-P reduziert.

Vorgegebenen Arbeitsschritten sollen die Nutzer an verschiedenen Übergangsportalen ihrer Biographie in der Systematik des Prozessportfolios folgen:

1. Es werden in bearbeiteten Lernbereichen alle Lernerfahrungen – noch unsortiert – aus den Feldern des lebenslangen Lernens aufgelistet.
2. Aus der Niveaustufenskala der Handlungskompetenzen werden die Kompetenzbereiche den Lernerfahrungen zugeordnet und die Niveaustufen mit Ziffern von 1 bis 6 bewertet.
3. Nach Erfahrungsfeldern werden unter den Oberbegriffen Fachkompetenzen, personale Kompetenzen und Methodenkompetenzen die ab Niveaustufe 4 bis 6 bewerteten Lernerfahrungen als Lernergebnisse ausgewiesen und als das persönliche „Kompetenzinventar" der Handlungskompetenz zusammengefasst.
4. Die Anwender nehmen die Matrix zur Selbst- und Fremdevaluation der bereits ermittelten und neu hinzu genommenen Lernergebnisse zur Hand, die sie zu jedem KMK-Standard für die Lehrerbildung (Bildungswissenschaften) zuordnen.
5. Dafür werden die Lernergebnisse der (erworbene Kompetenzen außerhalb des Lehrerbildungssystems), Selbst – und Fremdbewertungen aus dem Studium oder ihrer Lehrertätigkeit einbezogen, die jeweils zu jedem KMK-Standard für die Lehrerbildung aufgerufen werden.
6. Es wird die Bewertungsmatrix für jeden Standard mit den bereits ermittelten und neu hinzu genommenen Lernergebnissen ausgefüllt. Von den Anwendern werden der Zeitpunkt der Bearbeitung und die Offenlegung selbst bestimmt. Das P-P bleibt zur Dokumentation lebenslangen Lernens in der Print- und herunter zu ladenden Onlineform im alleinigen Besitz seiner Nutzer.
7. Aus eigener Einschätzung und Fremdeinschätzung (Prozess- und Referenzportfolio) wird vom „reflektierenden Praktiker" eine Festlegung des erreichten Standards vorgenommen und damit der eigene Professionalisierungsstatus nach Vorgaben des AfL festgelegt:
M = Standard in Ansätzen erreicht (Er realisiert Kompetenzen nicht immer und nicht ohne Hilfe.)
R = Regelangemessene Erreichung des Standards (Er realisiert seine Kompetenzen meistens gut und mit einer gewissen Routine.)
E = Expertenstandard erreicht (Er realisiert Kompetenzen situationsgemäß und innoviert theoriegeleitet.) (DIPF und AfL 2010, S. 22–28)

Einzelne angebotene und bearbeitete Bilanzdokumente, ergänzt um Zertifikate, validierte Nachweise, Würdigungsberichte, Besprechungsprotokolle über Unterricht, Zielvereinbarungsprotokolle, Ergebnisse von Assessmentverfahren, andere Portfolios etc., können in das „Referenzportfolio" übertragen und dort abgelegt werden. Sie sind von den Nutzern aus unterschiedlichen biographischen Verfahrenszusammenhängen in die AfL-Bewertungsstandards (M, R oder E) zu transformieren. Auch dieser Teil bleibt in der Verfügung der Nutzer, es wird aber empfohlen, ihn einer Beratung zugänglich zu machen und in eine fremdevaluierende Reflexion eines kommunikativen Validierungsprozesses einzubeziehen. Nutzer erhalten damit einen objektiveren Überblick über ihr eigenes Kompetenzprofil im Spiegel von Standards der Lehrerbildung, des DQR und der Schuladministration.

Wie dabei die Standards unterschiedlicher Ausbildungssysteme aufeinander stoßen und aufgrund des Unverständnisses anderer Lernkontexte als der eigenen schwer miteinander kompatibel zu machen waren, lässt sich schon am Verständnis der Methode im Unterricht im Vergleich des Nachweises der Methodenkompetenz nach dem DQR nachvollziehen: hier das Lehrerbildungs- und dort das sonstige Bildungs- und Beschäftigungssystem, hier die institutionalisierte Aus- und Weiterbildung und dort das Leben in Familie und Ehrenamt. Neben der individuellen Beratung sind deshalb Gruppen-, Online- oder aufsuchende Angebote zu institutionalisieren, um möglichst allen Lehrergruppen ein einfach zugängliches portfoliogestütztes Beratungsangebot zur Verfügung zu stellen (Bildungsserver Hessen 2010). Daraus entstehen validierte Dokumente für den Teil eines „Profilportfolios", das anforderungsorientiert für jeweils unterschiedliche Zwecke personaler Entscheidungen, Bewertung und Zertifizierung zusammengestellt wird, ob z. B. der Anlass dafür eine Schulinspektion oder die Zulassung zu einem Examen ist.

5.3 Die KMU und das Kompetenzbuch

In Unternehmen findet wie in der Lehrerbildung eine bisher eher verhaltene Anerkennung der außerhalb des Erwerbslebens erworbenen Kompetenzen statt. Erst recht der Einsatz von „Kompetenzpässen" wird in Unternehmen trotz möglicher Vorteile besonders für kleine und mittlere Unternehmen (KMU) eher zögerlich vorgenommen, denn sie „sind originär nicht für den betrieblichen Alltag entwickelt worden" (Kucher und Wehinger 2010, S. 71). Dies gilt auch für den fehlendem Abgleich von Selbst und Fremdsicht, wofür als Ursache ein Mangel an betrieblicher Akzeptanz und Anerkennung der erfassten Kompetenzen anzunehmen ist (Kaufhold 2010, S. 44.).

Nach EU-Verständnis werden KMU zur Unterscheidung von großen Unternehmen, in denen eigene Verfahren der Kompetenzfeststellung fester Bestandteil des Personal- und Weiterbildungsmanagements sind, so beschrieben, dass sie weniger als 250 Personen beschäftigen, einen Jahresumsatz von nicht mehr als 50 Millionen Euro oder eine Jahresbilanzsumme von nicht mehr als 43 Millionen Euro haben (Europäische Kommission 2006, S. 8). Die Hinwendung zur Reflexion und Dokumentation des Lernens und dessen Validierung ist in diesen Unternehmen als ein weiterer Schritt in Richtung der lernenden Organisation zu interpretieren (Argyris und Schön 2006), der zu einer Verbesserung der Unternehmenskultur führt und eine systematisierte Personalsteuerung ermöglicht (Sackmann 2004, S. 23; S. 181).

Die Entscheidung für die Entwicklung eines KMU-orientierten Instruments wurde dadurch forciert, dass es an „adäquaten Verfahren" mangelt, „die informell erworbene Kompetenzen einbeziehen und betrieblich nutzbar machen könnten"

(Pielorz und Vollmer 2010, S. 140). Und das, obwohl die betrieblichen Aufgaben und Bedarfe des Personal- und Kompetenzmanagements in KMU in der Regel weit über die rein fachliche Feststellung von Kompetenzen im jährlichen Personalgespräch hinausgehen. Sie umfassen u. a. Anlässe wie Neueinstellung für einen Arbeitsplatz, Wiedereinstieg in den Beruf, Einarbeitung von Beschäftigten in neue Aufgaben, Umbesetzungen innerhalb des Betriebs, Teambildungsmaßnahmen, Flexibilisierung des Arbeitseinsatzes, Zeugniserstellung und Austritt aus dem Unternehmen. Daher ist es sinnvoll und notwendig, Kompetenzpässe für den betrieblichen Bedarf zu entwickeln bzw. weiterzuentwickeln, die beiden Interessen gleichermaßen gerecht werden, sowohl dem anforderungsorientierten des Personalmanagements, als auch dem entwicklungsorientierten des Individuums.

Im Rahmen des „Operationellen Programms für die Förderung der regionalen Wettbewerbsfähigkeit und Beschäftigung in Hessen" wurde aus Mitteln des Europäischen Sozialfonds (ESF) und des Landes Hessen „Qualifizierung von Beschäftigten in KMU" zwischen 2009 und 2013 vom DIPF in Zusammenarbeit mit dem „Bildungswerk der Hessischen Wirtschaft e.V. (BHWW)" das „KMU.Kompetenzbuch (KMU.Kom)" in einer Print- und Onlinefassung entwickelt, erprobt, verbreitet und inzwischen in ca. 100 KMU verstetigt (BWHW und DIPF 2011/2013).

Vor dem Ziel der praktischen betrieblichen Nutzung des Wiedererkennungswerts und des branchenübergreifenden Bezugs sind für das zu wählende Verfahren wie beim Professionalisierungs-Portfolio die Kompetenzbereiche aus dem DQR als übersichtliches und standardisiert anwendbares Ordnungs- und Differenzierungssystem einsetzbar (Huber und Neß 2014a, S. 62). d. h. die beruflich und außerberuflich erworbenen und nun dokumentierten Lernergebnisse werden anhand einer vierstufigen Skala bewertet sowie innerhalb der DQR-Säulen-Struktur nach Kompetenzbereichen (Fach-, Personal- und Methodenkompetenzen) geordnet.

Die Struktur des entwickelten Instruments gliedert sich unter Berücksichtigung der Nutzerinteressen in fünf Teile (Abb. 4):

Der **Teil 1** „Anleitung zu KMU.Kom" führt die Nutzer in das Verfahren der biografischen Kompetenzfeststellung ein und erklärt, welche Bearbeitungsschritte nötig sind.

Die Benutzer(innen) erhalten die Anweisung, im **Teil 2** „Meine Tätigkeiten und Kompetenzen", in drei Schritten zu arbeiten:

Im ersten Schritt werden mit Unterstützung zahlreicher Beispiele Tätigkeiten aus der beruflichen und der privaten Lebenswelt in einer Vorlage gesammelt. Die Nutzer können sich Fragen stellen, wie „Was tue ich gerne? Was tue ich oft? Wie sieht mein Arbeitsalltag aus? Welche Tätigkeiten stehen in meinen Zertifikaten? Was unternehme ich in meiner Freizeit?" Es geht darum Tätigkeiten aufzuschreiben, die ihnen wichtig sind und zu denen sie einen persönlichen Bezug haben. Es sind für alle Aktivitäten Verben zu verwenden, die genaues Tun bezeichnen. Zur Unterstützung werden zu den einzelnen Kompetenzbereichen Beispielverben genannt.

Im zweiten Schritt geht es darum, die gesammelten Tätigkeiten zu bewerten. Nachdem sich die Nutzer klar gemacht haben, dass alle Tätigkeiten etwas mit ihnen selbst zu tun haben, sollen sie überlegen, wie gut sie jede der genannten Tätigkeiten

Abb. 4 Struktur des KMU. Kompetenzbuchs (BWHW und DIPF 2013, S. 9)

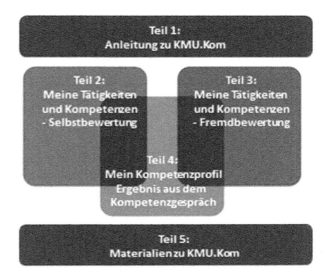

ausführen können. Anhand der vorgegebenen und erläuterten Skala werden alle Tätigkeiten einzeln bewertet. Zur praktikablen Transformation der Tätigkeiten in Kompetenzen werden nun die acht Niveaustufen des DQR in vier standardisierten Bewertungsstufen des KMU.Kom gebündelt:

> Als eher elementares Fähigkeitsniveau („Ich kann es mit Unterstützung anderer tun.") wird die KMU.Kom-Stufe 1 angenommen, von der eine Kompatibilität mit den DQR-Niveaustufen 1 und 2 angenommen wird.
> Die KMU.Kom-Stufe 2 („Ich kann es selbstständig ohne Unterstützung anderer tun.") ist bei allen Tätigkeiten, die bereits selbstständig ausgeführt werden können, zu verwenden und verweist bereits auf eine Vorstufe des kompetenten Handelns, die mit den DQR-Niveaustufen 3 und 4 kompatibel ist.
> Ab KMU.Kom-Stufe 3 („Ich kann es selbstständig und in neuen Zusammenhängen tun.") wird kompetentes Agieren in Bezug auf die zu bewertende Tätigkeit angenommen. Mittels des Zusatzes „in neuen Zusammenhängen" wird auf die Selbstorganisationsdisposition verwiesen, was den DQR-Niveaustufen 5 und 6 entspricht.
> Die KMU.Kom-Stufe 4 („Ich kann es selbstständig und in neuen Zusammenhängen tun, bewerten und anderen beibringen.") erweitert das kompetente Agieren um die Dimension der Bewertung der Situation oder Handlung sowie des Vermittelns von Kenntnissen und Fähigkeiten. Sie finden sich in den Stufen. 7 und 8 des DQR wieder (Neß 2014, S. 53–54).

Nur Tätigkeiten der KMU.Kom-Stufe 3 oder 4 werden in das abschließend zu erstellende Kompetenzprofil aufgenommen, da sie mit der entsprechenden Qualität der Tätigkeit auf eine dahinter liegende Kompetenzstruktur verweisen. Die Tätigkeiten, die mit den KMU.Kom-Stufen 1 und 2 bewertet werden, sind jedoch deshalb nicht weniger wichtig; sie können zumindest bei der Onlineversion als Potenziale in den Prozess der kommunikativen Validierung einbezogen werden.

Die jeweils im Betrieb zuständigen Personalverantwortlichen bearbeiten zur qualifizierenden Vorbereitung auf das Mitarbeiter- bzw. Kompetenzgespräch im **Teil**

3 ihrerseits die in Formularen vorstrukturierte Fremdsicht auf die Kompetenzen der Mitarbeiter.

Aus der Konfrontation von Selbst- und Fremdbewertung im Personalgespräch entsteht ein gemeinsames, kommunikativ validiertes Kompetenzprofil im **Teil 4**, das in vielfältiger Weise in der Personalsteuerung durch die Beteiligten genutzt werden kann (Huber und Neß 2014b, S. 64). Zum Beispiel können daraus Ziele für die individuelle Weiterentwicklung abgeleitet und/oder der mögliche Einsatz bestimmter Kompetenzressourcen für den Einsatz am Arbeitsplatz und geplante Weiterbildungen gemeinsam festgelegt werden.

Im „Materialteil" (**Teil 5**) von KMU.Kom finden sich Zusatzinformationen zum Mitarbeitergespräch und Hinweise, wie Ergebnisse weiter genutzt werden können. Wichtige Begriffe können hier in einem beigefügten Glossar nachgeschlagen werden. Außerdem besteht die Möglichkeit, dort Zertifikate unterschiedlichster Art des formalen, und nichtformalen Lernens abzulegen, um diese und die darin beschriebenen Tätigkeiten und Kompetenzen – für unterschiedliche Verwendungen – leicht auffindbar zur Hand zu haben.

Eine besondere, zur Verankerung und Verstetigung von KMU.Kom geeignete und alle hessische Regionen erfassende Struktur, ist die der bereits vorhandenen Qualifizierungsberatungsstellen und die 33 bekannten QB in 23 Landkreisen und kreisfreien Städten des Landes Hessen. Sie nehmen eine zentrale Funktion ein, die im Rahmen des Förderprogramms „Verbesserung der Qualität, Information, Transparenz in der beruflichen Bildung" (QuIT) des Landes Hessen zur Steigerung des Engagements kleiner und mittlerer Unternehmen in der beruflichen Weiterbildung geschaffen wurden. Unterstützt werden die durch die darüber hinaus gewonnenen Multiplikatoren (Personalberater, freie Trainer, betriebliche Personalverantwortliche und Mitarbeiter in KMU, Kammern und Institutionen der Weiterbildung-, Bildungs- und Berufsberatung) und den Aufbau einer zentralen „Servicestelle" beim BWHW.

6 Schutz der Daten und Sicherheit der Beratung

Wie geht es nun weiter, wie sieht nach Sichtung exemplarischer Instrumente und Verfahren zur Sichtbarmachung des lebenslangen Lernens die Prognose aus? Aufgefundene Indikatoren sprechen dafür, dass zukünftig noch verstärkt vom Individuum erwartet wird, mehr Selbstverantwortung für sich zu übernehmen. Der darin enthaltene Anspruch des Umgangs mit sich selbst ist und bleibt dabei von Beginn an widersprüchlich: der Anspruch auf Emanzipation und Selbstverfügbarkeit auf der einen und ökonomische Verwertbarkeit sowie Fremdbestimmung des lernenden und arbeitenden Individuums auf der anderen Seite. Um die dafür erforderliche Selbststeuerung reflektiert leisten zu können, muss es Instrumente und Verfahren zur Verfügung haben, die valide darüber Auskunft geben, über welches entwicklungsoffene Kompetenzprofil es verfügt.

Einige der dafür hier exemplarisch vorgestellten und präferierten Portfolios zur standardisierten Erfassung aller Ergebnisse des Lernens in unterschiedlichen gesellschaftlichen Kontexten werden zukünftig für Validierungsverfahren der Anerkennung und Anrechnung sicherlich noch stärker zusammen geführt. Damit werden die in Einzelelementen bewährten Ansätze einem ordnungspolitisch verbindlichen Vorgehen zugeführt, das im Bildungs- gegenüber dem Beschäftigungssystem und umgekehrt gleichermaßen den Wert definiert und so die Durchlässigkeit an Übergangsportalen garantiert. Diese Entwicklung wird flankiert von supranationalen Erwartungen, Europa zu einem gemeinsamen Wirtschafts- und Bildungsraum zu machen, in dem für seine Bürger transnational Mobilität und Flexibilität unbegrenzt möglich sind.

Wie gezeigt, werden viele der dafür entwickelten Portfolios nicht nur als Printfassung, sondern im Online- zugänglichem Format angeboten. Der darauf erfolgte biographieorientierte Zugriff bedeutet für die Nutzer zeitökonomisch eine Erleichterung und zugleich das Risiko, für andere zum „gläsernen Menschen" (Neß et al. 2007, S. 402) zu werden, die wissen was er „tun wird, auch wenn der selbst es noch gar nicht weiß" (Schirrmacher 2013, S. 258). Um diese Gefahr zu minimieren und das „Grundrecht auf ‚Gewährleistung der Vertraulichkeit und Integrität informationstechnischer Systeme'" (Schaar 2014, S. 57) zu garantieren, ist rechtlich ihr Zugang untrennbar an die Einhaltung der Sicherheit von gespeicherten Informationen zu binden. Dementsprechend müssen in diesem Kontext eindeutig alle Bearbeitungsaktivitäten der Nutzer rechtlich und praktisch an ihre alleinigen, individuell uneingeschränkten Verfügungsrechte eigener Daten gebunden sein.

Unterstützt wird spätestens seit 2004 diese Voraussetzung zur digitalen Implementierung von Instrumenten und Verfahren von der „Entschließung" des RAT zum „Ausbau der Politiken, Systeme und Praktiken auf dem Gebiet der lebensbegleitenden Beratung in Europa" (Rat 2004). Beratung hat hier für das Individuum besonders bei der Onlinenutzung zur Kompetenzprofilierung neben anderen Aufgaben vor allem die einer Art „Firewall", um bei ausschließlich anforderungsorientierten Erwartungen informiert und damit geschützt zu sein. Umgesetzt wird dies zur Entwicklung von Qualifikationsmerkmalen für „gute Beratung", in denen das „Nationale Forum Beratung in Bildung, Beruf und Beschäftigung" u. a. empfiehlt, dem „Individuum dabei zu helfen, sich in der Vielfalt der Möglichkeiten zu orientieren, eigene Fähigkeiten zur Selbstorganisation zu entwickeln, Entscheidungen zu treffen und Zukunftsoptionen zu bestimmen und zu entwickeln" (nfb 2011, S. 42). Die dafür gesellschaftlich vorzuhaltenden Beratungsinstitutionen können dabei helfen, eigene Strategien der Weiterbildung und Selbstvergewisserung zu formulieren, die in institutionalisierten Beratungsprozessen selbstreflexiv überprüft und für Selbststeuerungsprozesse modifiziert werden. Eine pädagogisch ernsthafte Alternative gibt es dazu in der Informationsgesellschaft nicht, denn „nur der lebenslang lernende Mensch wird sein Dasein als Aufgabe erkennen und in der Erfahrung des grundlegenden Umgangs mit sich selbst auch erst im sozialen Umfeld wirken können, indem er seine Identität bewährt" (Gamm 1977, S. 32).

Literatur

Annen, S. (2012). Anerkennung von Kompetenzen. In Bundesinstitut für Berufsbildung (Hrsg.), *Kriterienorientierte Analyse ausgewählter Verfahren in Europa*. Bielefeld: W. Bertelsmann

Arbeitskreis „Deutscher Qualifikationsrahmen". (2009). *Diskussionsvorschlag eines Deutschen Qualifikationsrahmens für lebenslanges Lernen*. http://www.deutscherqualifikationsrahmen.de/SITEFORUM?t=/documentManager/sfdoc.file.supply&e=UTF-8&i=1215181395066&l=1&fileID=1238069671761. Zugegriffen am 17.03.2010.

Argyris, C., & Schön, D. A. (2006). *Die lernende Organisation: Grundlagen Methode Praxis* (3. Aufl.). Stuttgart: Klett-Cotta.

Bildungsserver Hessen. (2010). http://www.lakk/afl/fortbildung/portfolio/index.html. Zugegriffen am 01.11.2014.

Bjørnåvold, J. (2001). *Lernen sichtbar machen. Ermittlung, Bewertung und Anerkennung nichtformal erworbener Kompetenzen in Europa*. Luxemburg: Amt für amtliche Veröffentlichungen der Europäischen Gemeinschaften.

BMBF, & KMK. (2011). Vorlage zur Anhörung. *Konzept Einbeziehung nicht-formal und informell erworbener Kompetenzen in den DQR 17.05.2011; AG 2: Möglichkeiten der Einbeziehung von nicht-formal und informell erworbenen in den Berufsfeldern Elektro/Metall, Gesundheit/Pflege, Handel sowie IT*. Stellungnahme Dr. Harry Neß. Berlin.

BMBF, & KMK. (2013). *DQR- Deutscher Qualifikationsrahmen für lebenslanges Lernen – Deutscher EQR – Referenzierungsbericht*. Berlin.

Braun, S. (1996). Biographisches Lernen als Methode der Erwachsenenbildung. *Literatur- und Forschungsreport Weiterbildung, 37*, 109–115.

Bunk, G. P. (1994). Kompetenzvermittlung in der beruflichen Aus- und Weiterbildung in Deutschland. *Europäische Zeitschrift Berufsbildung (Kompetenz: Begriffe und Fakten), 1*, 9–15.

BWHW, & DIPF. (2011/2013). Abschlussberichte: KMU-Kompetenzbuch – Entwicklung und Erprobung eines Instruments zur Kompetenzerfassung für kleine und mittlere Unternehmen – unter Einbeziehung von bestehenden Instrumenten zur Dokumentation und Sichtbarmachung des formalen, nichtformalen und informellen Lernens im Frankfurt am Main; Hessenweite Verbreitung und Verstetigung des KMU-Kompetenzbuchs „KMU.Kom" unter Einbeziehung der hessischen Qualifizierungsbeauftragten und weiterer Multiplikatoren. Bad Nauheim. www.bwhw-qubz.de/sites/leistungen_unternehmen_kmu_kompetenzbuch.php. Zugegriffen am 01.11.2014.

BWHW, & DIPF. (2013). *Praxisleitfaden – Verankerung und Verstetigung des KMU.Kompetenzbuchs in kleinen und mittleren Unternehmen*. Bad Nauheim.

Calonder-Gerster, A. E. (2000). Schweizerisches Qualifikationsprogramm zur Berufslaufbahn. *Panorama, 3*, 39–40.

Calonder-Gerster, A. E. (2007). Das CH-Q Kompetenz-Management-Modell. In J. Erpenbeck & L. von Rosenstiel (Hrsg.), *Handbuch Kompetenzmessung* (2. Aufl., S. 719–736). Stuttgart: Schäffer-Poeschel Verlag.

CEDEFOP. (2013). *Europass Newsletter. 4*. April 2013. www.europass.cedefop.europa.eu/.../Europass_Newsletter. Zugegriffen am 01.11.2014.

Clement, U. (2006). Zertifikate und Standards in der beruflichen Bildung. In U. Clement, I. Le Mouillour, & M. Walter (Hrsg.), *Standardisierung und Zertifizierung beruflicher Qualifikationen in Europa* (S. 10–27). Bielefeld: W. Bertelsmann.

Dehnbostel, P., Neß, H., & Overwien, B. (2009). *Der Deutsche Qualifikationsrahmen (DQR): Positionen Reflexionen und Optionen. Gutachten im Auftrag der Max-Traeger-Stiftung*. Frankfurt am Main: GEW Hauptvorstand.

DIE. (2014). *ProfilPASS*. www.profilpass-online.de. Zugegriffen am 01.09.2014.

DIE, DIPF, & IES. (2006). *Weiterbildungspass mit Zertifizierung informellen Lernens. Dokumentation zur Entwicklung, Erprobung und Evaluation*. Frankfurt a. M.

DIPF, & AfL. (2010). *Abschlussbericht Professionalisierungs-Portfolio – Instrument zur phasenübergreifenden Erkennung und Anerkennung des informellen, nichtformalen und formalen*

Lernens in der hessischen Lehrer(innen)bildung. Frankfurt a. M. www.dipf.de/de/forschung/.../ Abschlussbericht_2010_PP_Endfassung. Zugegriffen am 01.11.2011.

DIPF, DIE, & IES. (2004). *Machbarkeitsstudie im Rahmen des BLK-Verbundprojektes „Weiterbildungspass mit Zertifizierung informellen Lernens".* Berlin: Bundesministerium für Bildung und Forschung.

Doering-Manteuffel, A., & Raphael, L. (2011). Der Epochenbruch in den 1970er-Jahren: Thesen zur Phänomenologie und den Wirkungen des Strukturwandels „nach dem Boom". In K. Andresen, U. Bitzegeio & J. Mittag (Hrsg.), *Nach dem Strukturbruch?* (S. 25–40). Bonn: Verlag J.H.W. Dietz Nachf.

Dohmen, G. (1996). Das lebenslange Lernen. In Bundesministerium für Bildung, Wissenschaft, Forschung und Technologie (Hrsg.), *Leitlinien einer modernen Bildungspolitik*. Bonn.

Erpenbeck, J. (2007). *Die Kompetenzbiographie: Wege der Kompetenzentwicklung.* Münster: Waxmann.

Erpenbeck, J., & Heyse, V. (1999). *Die Kompetenzbiographie.* Münster: Waxmann.

Erpenbeck, J., & Sauer, J. (2001). Das Forschungs- und Entwicklungsprogramm „Lernkultur Kompetenzentwicklung". *QUEM-Report, 67*, 9–65.

Erpenbeck, J., & von Rosenstiel, L. (Hrsg.). (2007). *Handbuch Kompetenzmessung* (2. Aufl.). Stuttgart: Schäffer-Poeschel Verlag.

Europäische Kommission. (1995). Weißbuch zur allgemeinen und beruflichen Bildung – Lehren und Lernen – Auf dem Weg zur kognitiven Gesellschaft. PDF KOM(95) 590, November 1995. http://ec.europa.eu/white-papers/index_de.htm#1995. Zugegriffen am 01.07.2014.

Europäische Kommission. (2006). Die neue KMU-Definition – Benutzerhandbuch und Mustererklärung. http://ec.europa.eu/enterprise/policies/sme/files/sme_definition/sme_user_guide_de.pdf. Zugegriffen am 10.10.2012.

Europäische Kommission, Generaldirektion Bildung und Kultur. (2004). Gemeinsame europäische Grundsätze für die Validierung des nicht formalen und des Informellen Lernens. Endgültiger Vorschlag der Arbeitsgruppe „H" des Objectives-Prozesses (Lernen muss attraktiver werden und engere Kontakte zur Arbeitswelt und zur Gesellschaft). Jens Bjornavold, 23. Januar 2004. GD EAC B/1 JBJ 03.03.04. Brüssel.

EU (Europäische Union; Das europäische Parlament; Der Rat). (2008). Gesetzgebungsakte und Andere Rechtsinstrumente. Betr.: Empfehlung des europäischen Parlaments und des Rates zur Einrichtung des Europäischen Qualifikationsrahmens für lebenslanges Lernen, Anhang 1. 2006/0163 (COD) PE-CONS 3662/07 EDUC 178 SOC 399 CODEC 1134. Brüssel.

Europäisches Parlament und Rat. (2004). Ein einheitliches gemeinschaftliches Rahmenkonzept zur Förderung der Transparenz bei Qualifikationen und Kompetenzen (Europass). Entscheidung Nr. 2241/2004/EG des Europäischen Parlaments und des Rates vom 15. Dezember 2004. L 390/6 Amtsblatt der Europäischen Union 31.12.2004. Brüssel.

Faulstich, P. (1997). Kompetenz – Zertifikate – Indikatoren im Hinblick auf arbeitsorientierte Erwachsenenbildung. In Arbeitsgemeinschaft Betriebliche Weiterbildungsforschung (Hrsg.), *Kompetenzentwicklung 97. Berufliche Weiterbildung in der Transformation – Fakten und Visionen* (S. 141–196). Münster: Waxmann.

Fuhs, B. (2007). *Qualitative Methoden in der Erziehungswissenschaft.* Darmstadt: Wissenschaftliche Buchgesellschaft.

Gamm, H.-J. (1977). *Umgang mit sich selbst – Grundriß einer Verhaltenslehre.* München: List Verlag.

Gillen, J. (2006). Kompetenzanalysen als berufliche Entwicklungschance: Eine Konzeption zur Förderung beruflicher Handlungskompetenz. Dissertationen/Habilitationen. (Helmut-Schmidt-Univ., Diss. u. d. T.: Gillen, Julia: Kompetenzanalysen als Beitrag zur Förderung von Kompetenzentwicklung. Hamburg, 2006.). Bielefeld: W. Bertelsmann.

Gnahs, D. (2007). *Kompetenzen – Erwerb, Erfassung, Instrumente. Studientexte für Erwachsenenbildung.* Bielefeld: W. Bertelsmann.

Häcker, T. (2006). Vielfalt der Portfoliobegriffe. In I. Brunner, T. Häcker, & F. Winter (Hrsg.), *Das Handbuch Portfolioarbeit* (S. 33–39). Seelze-Velbe: Friedrich Verlag.

Häni, E. (2003). Wie sich Familien- und Hausarbeit auszahlt. Zum Nachweis und zur Berücksichtigung von Familienkompetenzen bei der Personalwahl. Fachstelle Familien- und Erwerbsarbeit für Männer und Frauen. In Ministerium für Bildung, Kultur und Wissenschaft des Saarlandes (Hrsg.), *Bildungspässe – Machbarkeit und Gestaltungsmöglichkeiten. Tagungsband des Internationalen Fachkongresses vom 21./22. Januar 2003 in Saarbrücken* (S. 45–49). Saarbrücken.

Häni, E. O. J. (2001). Wie sich Familien- und Hausarbeit auszahlt. Zum Nachweis und zur Berücksichtigung von Familienkompetenzen bei der Personalauswahl.

Heise, M. (2009). Informelles Lernen bei Lehrkräften – Forschungsstand und Perspektiven. In M. Brodowski, U. Devers-Kanoglu, B. Overwien, M. Rohs, S. Salinger & M. Walser (Hrsg.), *Informelles Lernen und Bildung für eine nachhaltige Entwicklung* (S. 255–263). Opladen: Verlag Barbara Budrich.

Herbert, U. (2014). *Geschichte Deutschlands im 20. Jahrhundert*. München: Verlag C.H. Beck.

Huber, J., & Neß, H. (2014a). Das „KMU.Kompetenzbuch". *Wirtschaft & Beruf, 1*(66), 60–63.

Huber, J., & Neß, H. (2014b). Kompetenzen kommunizieren – Das Hessische KMU.Kompetenzbuch-Projekt. *Wirtschaft & Beruf, 66*, 62–65.

Kaufhold, M. (2010). Kompetenzen erfassen – Herausforderungen und Anregungen zur betrieblichen Umsetzung. In H. Loebe & E. Severing (Hrsg.), *Kompetenzpässe in der betrieblichen Praxis. Mitarbeiterkompetenzen sichtbar machen (Wirtschaft und Bildung)* (S. 33–47). Bielefeld: W. Bertelsmann.

Kommission der Europäischen Gemeinschaften. (2000). Arbeitsdokument der Kommissionsdienststellen Memorandum über Lebenslanges Lernen. SEK 1832/2000. Brüssel.

Kommission der Europäischen Gemeinschaften. (2005). Auf dem Weg zu einem Europäischen Qualifikationsrahmen für Lebenslanges Lernen. *Arbeitsunterlage der Kommissionsdienststellen* SEK 957/2005. Brüssel.

Kommission der Europäischen Gemeinschaften. (2007). *Mitteilung der Kommission an den Rat und das Europäische Parlament – Verbesserung der Qualität der Lehrerbildung*. Brüssel. http://ec.europa.eu/education/com392_de.pdf. Zugegriffen am 01.11.2014.

Kucher, K., & Wehinger, F. (2010). Kompetenzpässe – Überblick und Ansatzpunkte für ihren betrieblichen Einsatz. In H. Loebe & E. Severing (Hrsg.), *Kompetenzpässe in der betrieblichen Praxis. Mitarbeiterkompetenzen sichtbar machen (Wirtschaft und Bildung)* (S. 51–87). Bielefeld: W. Bertelsmann.

Neß, H. (2009). *Kompetenzerfassung zwischen Beruf und Bildung. Initiativen und Instanzen*. Berlin: BBJ Verl.

Neß, H. (2010). *Professionalisierung der LehrerInnen durch Portfolios: ein Beitrag zur Biografieforschung* (S. 208–222). Bielefeld: transcript-Verlag.

Neß, H. (2014). KMU-Kompetenzbuch – Ein DQR-kompatibles Instrument zur betrieblichen Förderung individueller Kompetenzentwicklung. *Berufsbildung in Wissenschaft und Praxis (BWP), 43*(1), 53–54.

Neß, H., Bretschneider, M., & Seidel, S. (2007). ProfilPASS – Der Weiterbildungspass mit Zertifizierung informellen Lernens. In J. Erpenbeck & L. von Rosenstiel (Hrsg.), *Handbuch Kompetenzmessung* (S. 388–411). Stuttgart: Schäffer-Poeschel Verlag.

nfb- Nationales Forum Beratung in Bildung, Beruf und Beschäftigung, & Forschungsgruppe am Institut für Bildungswissenschaft der Ruprecht-Karls-Universität. (Hrsg.). (2011). *Qualitätsmerkmale guter Beratung*. Berlin.

Oser, F. (2004). Standardbasierte Evaluation der Lehrerbildung. In S. Biömeke, P. Reinhold, G. Tulodziecki, & J. Wildt (Hrsg.), *Handbuch Lehrerbildung* (S. 184–206). Kempten: Klinkhardt/Westermann.

Pielorz, M., & Seidel, S. (2012). Der kombinierte Einsatz von entwicklungs- und anforderungsorientierten Verfahren der Kompetenzfeststellung am Beispiel des ProfilPASS. In J. Erpenbeck (Hrsg.), *Der Königsweg zur Kompetenz* (S. 303–333). Münster: Waxmann.

Pielorz, M., & Vollmer, T. (2010). Der ProfilPASS – Persönliche Stärken erkennen und nutzen. In H. Loebe & E. Severing (Hrsg.), *Kompetenzpässe in der betrieblichen Praxis. Mitarbeiter-*

kompetenzen sichtbar machen (Wirtschaft und Bildung) (S. 133–142). Bielefeld: W. Bertelsmann.

Raithel, J. F. (2008). *Quantitative Forschung* (2. Aufl.). Wiesbaden: VS, Verl. für Sozialwiss.

Rat der Europäischen Union. (2004). Entwurf einer Entschließung des Rates und der im Rat vereinigten Vertreter der Regierungen der Mitgliedsstaaten über den Ausbau der Politiken, Systeme und Praktiken auf dem Gebiet der lebensbegleitenden Beratung in Europa. (24.05) (OR. en) 9286/04 EDUC 109 SOC 234. Brüssel.

Rat der Europäischen Union. (2012). Empfehlung zur Validierung nichtformalen und informellen Lernens. Amtsblatt der Europäischen Union 2012/C 398/01. Brüssel.

Sackmann, S. A., (Bertelsmann Stiftung). (2004). *Erfolgsfaktor Unternehmenskultur: Mit kulturbewusstem Management Unternehmensziele erreichen und Identifikation schaffen; 6 Best-Practice-Beispiele*. Wiesbaden: Gabler. http://www.gbv.de/du/services/toc/bs/396651089. Zugegriffen am 01.12.2014.

Sackmann, R. (2007). *Lebenslaufanalyse und Biografieforschung*. Wiesbaden: VS Verlag für Sozialwissenschaften.

Schaar, P. (2014). *Überwachung total- Wie wir in Zukunft unsere Daten schützen*. Berlin: Aufbau Verlag.

Schirrmacher, F. (2013). *Ego – Das Spiel des Lebens* (5. Aufl.). München: Karl Blessing Verlag.

Seidel, S., Bretschneider, M., Kimmig, T., Neß, H., & Noeres, D. unter Mitarbeit v. John Erpenbeck & Katrin Gutschow. (2008). In Bundesministerium für Bildung und Forschung (BMBF) (Hrsg.), *Stand der Anerkennung non-formalen und informellen Lernens in Deutschland im Rahmen der OECD Aktivität „Recognition of non-formal and informal Learning"*. Bonn.

Sennett, R. (1998). *Der flexible Mensch*. Berlin: Berlin Verlag.

Tenorth, H.-E. (2008). Lernort in der Berufsbiographie. In KMK (Sekretariat der Ständigen Konferenz der Kultusminister der Länder in der Bundesrepublik der Länder). Standards für die Lehrerbildung: Bericht der Arbeitsgruppe 1.10.2008, (S. 15–18). http://www.sn.schule.de/~sembbdd/Handreichungen/Standards_Lehrerbildung_ber.pdf. Zugegriffen am 15.12.2011.

Terhart, E. (2007). Erfassung und Beurteilung der beruflichen Kompetenz von Lehrkräften. In M. Lüders & J. Wissinger (Hrsg.), *Forschung zur Lehrerbildung* (S. 33–39). Münster: Waxmann.

Thom, N., & Zaugg, R. J. (2008). *Moderne Personalentwicklung: Mitarbeiterpotenziale erkennen entwickeln und fördern* (3. Aufl.). Wiesbaden: Gabler Verlag/GWV Fachverlage GmbH.

Vonken, M. (2010). Kompetenz und kompetentes Handeln als Gestaltung der Biografie des Lebenslaufs. In M. Pfadenhauer & T. Kurtz (Hrsg.), *Soziologie der Kompetenz* (S. 191–208). Wiesbaden: VS, Verl. für Sozialwiss.

Winkler, H. A. (2014). *Geschichte des Westens – Vom Kalten Krieg zum Mauerfall*. München: Verlag C.H. Beck.

Wittwer, W. (2003). „Lern für die Zeit, werd tüchtig fürs Haus. Gewappnet in Leben trittst du hinaus!" – Förderung der Nachhaltigkeit informellen Lernens durch individuelle Kompetenzentwicklung. In W. Wittwer & S. Kirchhof (Hrsg.), *Informelles Lernen und Weiterbildung. Neue Wege zur Kompetenzentwicklung (Grundlagen der Weiterbildung)* (S. 13–41). München: Luchterhand.

Teil X
Forschungsmethodische Zugänge

Statistische Erfassung informellen Lernens

Frauke Bilger

Inhalt

1 Einleitung 638
2 Allgemeine Grenzen bei der Erfassung informellen Lernens 639
3 Große, fortlaufende Erhebungen, die informelles Lernen erfassen 641
4 Instrument in der Erhebung zum Weiterbildungsverhalten in Deutschland 642
5 Fazit 655
Literatur 657

Zusammenfassung

Informelles Lernen quantitativ vollständig zu erheben, bereitet nach wie vor Schwierigkeiten. Das ist vor allem auf das Fehlen einer konsensfähigen und operationalisierbaren Definition des sehr heterogenen Feldes des informellen Lernens zurückzuführen. Dieser Beitrag kann keine neue Lösung bieten. Er diskutiert die Grenzen von quantitativen Erhebungen und sucht Denkanstöße für weitere Schritte am Beispiel der über einem Vierteljahrhundert erfolgten BMBF-Erhebung zum Weiterbildungsverhalten in Deutschland zu geben.

Schlüsselwörter

Informelles Lernen • Messinstrumente • AES • BSW • Operationalisierung • Statistik

F. Bilger (✉)
TNS Infratest Sozialforschung, München, Deutschland
E-Mail: frauke.bilger@tns-infratest.com

1 Einleitung

[1]Die zunehmend steigenden Anforderungen, kontinuierlich neues Wissen zu erwerben, um rasch mit wechselnden Aufgabenstellungen umzugehen, führen seit längerem (Baethge 2001, S. 61–70; Dohmen 2001) zu einer dauerhaft steigenden Bedeutung für Lernen (Kuwan und Seidel 2013, S. 264) – auch außerhalb des (organisierten) Bildungssystems, dem sogenannten informellen Lernen. Zugenommen haben nicht nur die Bedeutung auf individueller Ebene, sondern auch diejenige im Kontext der wissenschaftlichen Bildungsforschung sowie das bildungspolitische Interesse. Letzteres zeigt sich an der zunehmenden Zahl der Veröffentlichungen zum Themenbereich und an der zunehmenden Forschungsforderung und -förderung aus dem bildungspolitischen Kontext und Diskurs,[2] sicherlich verstärkt seit der Veröffentlichung des Memorandums zum Lebenslangen Lernen (EU-Kommission 2000).

Die zunehmende Bedeutung von Lernen außerhalb von organisationalen Kontexten hat in der wissenschaftlichen Auseinandersetzung weder zu einer einheitlichen Benennung bzw. Beschreibung des Untersuchungsgegenstandes geführt, noch zu einer konsensfähigen, operationalisierbaren Definition (Kuper und Kaufmann 2010 S. 100 f).[3] Damit einhergehend werden in den vergleichsweise wenigen quantitativen Untersuchungen, verschiedene Instrumente zur Erfassung des Untersuchungsgegenstandes eingesetzt. Sie führen naturgemäß zu verschieden hohen quantitativen Kenngrößen informellen Lernens (vgl. z. B. Overwien 2005; Rohs 2009), korrespondieren aber in der Regel für die inhaltlich gegebenen Überschneidungsbereiche unter Berücksichtigung methodischer Aspekte.[4]

Welche Grenzen sind durch das Design einer quantitativen Untersuchung zur Erforschung informellen Lernens gesetzt? Welche Ergebnisse können aus einer quantitativen Individualerhebung erwartet werden? In diesem Beitrag sollen auf die derzeit bestehenden Grenzen der Messung aufmerksam gemacht und Erhebungsinstrumente zur Erfassung informellen Lernens vorgestellt und diskutiert werden.

---

[1]BMBF: Bundesministerium für Bildung und Forschung.

[2]Ein Monitoring im bildungspolitischen Kontext geht häufig mit dem Wunsch nach statistischen Kennzahlen einher, verbunden mit den Zielen: Initiierung und Förderung gesellschaftlicher Teilhabe, Realisierung von Chancengleichheit, aber auch Stärkung der Wettbewerbsfähigkeit und Erhöhung des Bildungsniveaus in Deutschland (Annen et al. 2012, S. 2).

[3]„In der Diskussion um Weiterbildung steigt die Aufmerksamkeit für informelles Lernen. Unter diesem Stichwort werden sehr heterogene und institutionell kaum eingegrenzte Lerngelegenheiten für Erwachsene behandelt. Dabei bleibt der Begriff des informellen Lernens theoretisch und kategorial weitgehend unbestimmt. Instrumente zur empirischen Erfassung der Beteiligung an informellen Lernformen stehen daher leicht unter dem Verdacht, lediglich mehr oder weniger zufällig als lernförderlich geltende Aktivitäten aufzulisten (so etwa Dobischat und Gnahs 2008, S. 222 in Bezug auf das Berichtssystem Weiterbildung)" Kuper und Kaufmann 2010, S. 100.

[4]Dies ist insofern ein beklagenswerter Zustand, als die Erstellung einer eingängigen Zusammenschau der Ergebnisse als eher aufwendig einzuschätzen ist.

2 Allgemeine Grenzen bei der Erfassung informellen Lernens

Eine quantitative Individualerhebung, die informelles Lernen erfasst, muss u. a. hinsichtlich folgender Kriterien betrachtet werden, um richtig bewertet werden zu können.

a) **Forschungsetat/Geld- oder Auftraggeberwünsche**
Forschungsetat und gegebenenfalls Auftrag- oder Geldgeber verweisen auf bestimmte Grenzen einer Studie. Wenn es sich um einen politischen Auftraggeber handelt, sind die (inhaltlichen) Grenzen zumeist durch den Zuständigkeitsbereich (und ggf. die Berücksichtigung anderer politischer Zuständigkeitsbereiche)[5] hinsichtlich der Fördermöglichkeiten gegeben. In wissenschaftlichen Projekten kann dagegen freier agiert und ggf. theoriegeleiteter vorgegangen werden. Der Forschungsetat bestimmt die mögliche Größenordnung einer quantitativen Erhebung (z. B.: Erhebungsmodus, Stichprobenziehung, Fallzahl, Interviewdauer).

b) **Ein- oder Mehrthemenbefragung**
Das gewählte Erhebungsdesign begrenzt in vielerlei Hinsicht die Aussagekraft quantitativer Ergebnisse, sei es z. B. durch die Art der Stichprobenziehung,[6] oder das Studiendesign als Ein- oder Mehrthemenbefragung. Es ist dann mit einer (leicht) positiven Selektivität der Befragungspersonen zu rechnen, wenn „informelles Lernen" im Rahmen einer für die Befragungspersonen ausgewiesenen Bildungsstudie erhoben wird (Kuper und Schrader 2013). Dies zeigen einfache Vergleiche von Studien, die inhaltlich mehrere Themenbereiche umfassen (z. B. Buseinschaltungen) im Vergleich zu Studien, die auf einen bildungsspezifischen Themenbereich fokussieren und dies in der Eingangsphase zur Rekrutierung der Befragungspersonen auch verdeutlichen: Personen mit höherem Bildungshintergrund haben offensichtlich ein höheres Interesse am Thema Bildung und nehmen daher häufiger an bildungsspezifischen Untersuchungen teil als Personen mit niedrigerem Bildungshintergrund.[7]

---

[5]Nach Baethge et al. (2013, S. 24) stellt sich die Weiterbildungspolitik in „vielfacher Hinsicht zerklüftet" dar und definiert (daher) weder strategische Ziele noch gibt sie kohärente Entwicklungspfade vor.

[6]Auf die Aussagekraft quantitativer Ergebnisse, die einerseits mit einer (nicht-)zufallsbasierten Stichprobe und der realisierten Fallzahl zu- oder abnimmt, wird hier nicht näher eingegangen, sondern auf die entsprechende methodische Literatur verwiesen. Ebenso wird mit Ausfallanalysen verfahren, die Aufschluss über die Verzerrung einer Stichprobe geben.

[7]Selbst nach einer Strukturgewichtung unter Berücksichtigung des Bildungshintergrunds ist eine leichte Übererfassung der Beteiligung an Aktivitäten, die mit Bildung zusammenhängen nicht auszuschließen. Es kann sein, dass unter den Personen mit niedrigerem Bildungshintergrund eher solche befragt wurden, die eine eher hohe Bildungsaffinität und damit auch praktisch mehr diesbezügliche Aktivitäten aufweisen.

c) **Interviewdauer**
Die in der Befragung zur Verfügung stehende durchschnittliche Interviewdauer hat auf den möglichen Detaillierungsgrad sowie die möglichen Zusatzinformationen Einfluss: Kann ausschließlich informelles Lernen erfasst werden oder können darüber hinaus Hintergrundinformationen über die Befragungspersonen, ihre Situation oder genauere Informationen über verschiedene informelle Lernaktivitäten und deren Umgebungen erhoben werden?

d) **Befragungsmodus**
Der gewählte Befragungsmodus wirkt sich auf die Entwicklung der Messinstrumente dahingehend aus, wie die Instrumente der Befragungsperson präsentiert werden können. Im Rahmen einer telefonischen Befragung sind beispielsweise visuell unterstützende Listen keine Option. Auch eine gestützte Frage mit zu vielen Statements kann sich hier als kontraproduktiv erweisen, weil Befragungspersonen dazu neigen, irgendwann einmal „ja" zu sagen („positive Erwünschtheit"). Mündlich-persönliche Befragungen, in denen Interviewer und Befragungsperson einander direkt gegenübersitzen, minimieren die Antworten qua positiver Erwünschtheit und führen daher zu einem genaueren Ergebnis. In einer solchen Interviewsituation können visuelle Unterstützungen eingebunden werden, wie z. B. ein Listenheft für Fragen, in denen unter vielen Antwortmöglichkeiten die zutreffende/n ausgewählt werden sollen. Eine computergestützte Befragungsvariante ermöglicht auch für (in der Filterführung) komplexe Fragenbogen einen einfachen und flüssigen Interviewverlauf und bietet zudem ggf. den Vorteil von Plausiblitätsprüfungen während des Interviews. Widersprüche können direkt mit der Befragungsperson geklärt werden.

e) **Datenschutz**
Forschungsethische und datenschutzrechtliche (BDSG) Regeln sind sowohl bei der Durchführung der Erhebung, der Auswertung als auch ggf. bei der Veröffentlichung der Ergebnisse bzw. der Daten zu berücksichtigen.

f) **Operationalisierung**
Der Einsatz bestehender Messinstrumente bzw. eine Adaption oder Neuentwicklung hängt neben der Studienkonzeption (s. zuvor genannte Punkte) stark mit der (vorgegebenen) Forschungsfrage – hier also die Erfassung informellen Lernens – und deren Einbettungsmöglichkeiten in den Fragenbogen insgesamt zusammen. Kann informelles Lernen trennscharf abgegrenzt werden?

Für quantitative Erhebungen ist eine sehr genaue und allgemein verständliche Operationalisierung des Forschungsgegenstandes erforderlich, sofern man sich in der Auswertung nicht mit sehr facettenreichen Antworten auf eine Frage befassen möchte. Im Bereich des informellen Lernens ist aber genau das die Schwierigkeit. Wurden im Rahmen einer quantitativen Untersuchung denn je Informationen zu informellem *Lernen* erhoben? Genauer betrachtet nicht. Der Lernbegriff im Untersuchungsgegenstand verweist in eine Richtung, die mit der Ergebnislage kaum eingelöst wird. In der Regel werden – wie auch immer geartete – *Aktivitäten* in quantitativen Erhebungen erfasst, mit denen eine Befragungsperson aufgrund verschiedener in der Befragung gegebenen Hinweise subjektiv einschätzt, informell zu lernen. Ein theoriegeleiteter Lernbegriff selbst wird in den Erhebungen eher rudimentär unterstützt. Objektive Aussagen über Lernoutcomes im Sinne von Lernzuwächsen sind nicht erfassbar, denn: „Für das informelle Lernen existieren keine strukturierenden Lernziele, die geprüft und beurteilt werden könnten" (Baethge et al. 2013, S. 79). In den vorliegenden quantitativen Studien wird daher (stellvertretend) die Tatsache, ob informelle Lernaktivitäten wahrgenommen wurden erfasst.

In der Erfassung stellt nicht nur der Lernbegriff eine Hürde dar, sondern auch die Auswahl der zu erhebenden Lernaktivitäten: „Die Schwierigkeit in der Messung [...] von informellem Lernen liegt in der hohen Vielzahl von möglichen Settings (Stichwort: Heterogenität), die im Zusammenhang mit informellem Lernen zudem nicht zwingend in organisierten Strukturen erfolgt und insofern eine Form des außerinstitutionellen Lernens darstellt" (Kuwan und Seidel 2013, S. 264).

3 Große, fortlaufende Erhebungen, die informelles Lernen erfassen

Wenngleich es mittlerweile vergleichsweise viele Erhebungen unter erwerbsfähigen Personen gibt, die Informationen über Bildung erheben, sind breit angelegte, sich wiederholende Individualerhebungen, insbesondere im Vergleich mehrerer Länder selten, wie stichpunktartig im Folgenden gezeigt wird.

- Das Sozio-oekonomische Panel (SOEP) des Deutschen Instituts für Wirtschaftsforschung (DIW) betrachtet zwar Lernen im Erwachsenenalter, aber begrenzt auf die beruflich motivierte Teilnahme an organisierten Weiterbildungsaktivitäten.[8] Fragen zur Erfassung informellen Lernens werden nicht eingesetzt.
- Der Labour Force Survey (LFS), in Deutschland im Rahmen des Mikrozensus (MZ) von den Statistischen Ämtern erhoben, weist ausschließlich Fragen zur Beteiligung an allgemeiner und beruflicher Weiterbildung in den letzten vier Wochen auf und erfragt informelles Lernen nicht (s. z. B. Fragebogen des MZ: Statistische Ämter des Bundes und der Länder ohne Jahr).[9]
- Das OECD-Programme of International Assessment of Adult Competencies (PIAAC)[10] in Deutschland unter Federführung von gesis, Beatrice Rammstedt bindet ein Instrument zur Erfassung der Weiterbildungsbeteiligung ein, das nahezu dem des AES entspricht. Fragen zum informellen Lernen werden nicht erhoben.
- Das Nationale Bildungspanel (NEPS: National Educational Panel Study) erfasst informelle Lernaktivitäten im Rahmen einer telefonischen Erhebung in der

---

[8] s. Homepage des diw: http://www.diw.de/de/diw_02.c.222729.de/instrumente_feldarbeit.html.
[9] Eine Ausnahme stellte das im LFS im Jahr 2003 eingesetzte Ad-Modul zum Lebenslangen Lernen dar (zu den Ergebnissen s. Kailis und Pilos 2005), das auf europäischer Ebene chronologisch den Vorgänger des AES darstellt.
[10] s. http://www.gesis.org/piaac.

Erwachsenenkohorte. Für diesen Beitrag wurde darauf verzichtet, eine Genehmigung zur Nutzung der NEPS-Daten einzuholen. Auf eine konkrete Vorstellung des NEPS-Instruments zum informellen Lernen, das im Wesentlichen die BSW- bzw. AES-Instrumente adaptiert, wird in diesem Beitrag verzichtet.

- Die Erhebung zum Weiterbildungsverhalten in Deutschland erfasst seit der vierten Erhebung informelles Lernen, zunächst nach dem Konzept des Berichtssystems Weiterbildung (BSW) und seit dem Jahr 2007 nach dem europäischen Konzept des Adult Education Survey (AES).

Damit steht unter den größer angelegten Erhebungen, die (auch) in Deutschland durchgeführt werden und informelles Lernen erfassen einzig die Datenquelle der BMBF-Erhebung zum Weiterbildungsverhalten in Deutschland beispielhaft für diesen Beitrag zur Verfügung.

4 Instrument in der Erhebung zum Weiterbildungsverhalten in Deutschland

4.1 Erhebung zum Weiterbildungsverhalten in Deutschland

Die Erhebung zum Weiterbildungsverhalten in Deutschland wird seit 1979 im Auftrag des BMBF durchgeführt. Die Trenderhebung erfolgte zunächst nach dem nach deutschem Verständnis konzipierten Berichtssystem Weiterbildung (BSW) und wurde in der Doppelerhebung BSW-AES 2007 durch den europäisch verpflichtenden Adult Education Survey (AES) auch konzeptuell abgelöst. Mit dem AES 2014 wurden die aktuellsten CAPI[11]-Ergebnisse für die erwerbsfähige Bevölkerung (18- bis 64-Jährige, in der Regel n ≈ 7.000) vorgelegt, in einem Erhebungsturnus von bisher alle zwei bis drei Jahre.

Die Trenderhebung erfasst informelles Lernen seit 1988. Vorteil des gewählten Beispiels ist, anhand einer Studie unterschiedliche Erhebungsinstrumente, ihren Wandel, den Umstieg der rein nationalen auf eine europäische Lösung und den dortigen Wandel aufzuzeigen. Die Modifikationen am Erhebungsinstrument verweisen auf das kontinuierliche Bemühen um Verbesserung über ein Vierteljahrhundert hinweg, jeweils in Anlehnung an den aktuellen wissenschaftlichen und politischen Diskurs.

4.2 Informelle Lernformen im BSW

Ein erster Blick wird auf die Erfassung informellen Lernens nach dem BSW, nach dessen Konzept die BMBF-Erhebung zum Weiterbildungsverhalten in Deutschland immerhin von 1979 bis 2007 erhoben wurde, geworfen. Das BSW durchlebte

---

[11]CAPI: **C**omputer **A**ssisted **P**ersonal **I**nterview.

hinsichtlich der Erfassung informellen Lernens drei Phasen, jeweils andauernd über zwei bis drei Erhebungen:

- Phase 1: Erfassung informellen Lernens in BSW IV und V, 1988 und 1991
- Phase 2: Erfassung informeller berufsbezogener Weiterbildung in BSW VI und VII, 1994 und 1997
- Phase 3: Modifizierte Erfassung informeller berufsbezogener Weiterbildung und Erfassung von Selbstlernen in der Freizeit in BSW VIII bis X, 2000 bis 2007

Der dem BSW zugrunde gelegte *Weiterbildungsbegriff* orientiert sich an der Definition des Deutschen Bildungsrates. Danach wird Weiterbildung definiert als

> Fortsetzung oder Wiederaufnahme organisierten Lernens nach Abschluss einer unterschiedlich ausgedehnten ersten Ausbildungsphase ... Das Ende der ersten Bildungsphase und damit der Beginn möglicher Weiterbildung ist in der Regel durch den Eintritt in die volle Erwerbstätigkeit gekennzeichnet ... Das kurzfristige Anlernen oder Einarbeiten am Arbeitsplatz gehört nicht in den Rahmen der Weiterbildung. (Deutscher Bildungsrat 1979, S. 197).

4.2.1 Phase 1: Erfassung informellen Lernens

Im BSW bildeten die beiden Weiterbildungsformen der beruflichen und allgemeinen Weiterbildung den Kernbereich und waren darauf abgestellt, die oben ausgeführte Definition des Deutschen Bildungsrates zu bedienen. Aber auch der informelle Lernbereich wird in Abgrenzung zur Weiterbildung vergleichsweise früh in den Blick genommen: Erstmals in der BSW-IV-Erhebung (1988; Tab. 1).

Wenngleich die ermittelten Ergebnisse nicht zuletzt aufgrund des im BSW IV (1988) und V (1991) eingesetzten Beobachtungszeitraums von drei Jahren mitnichten mit den weiter unten gezeigten AES-Ergebnissen vergleichbar sind, ist gleichwohl die Anleihe des AES aus dem BSW zu erkennen. Die unterstützenden Statements aus dem BSW (Tätigkeiten) reichen vergleichsweise nahe an diejenigen aus dem AES (genutzte Lernunterstützung) heran (s. Abschn. 4.3.1).

Für die damals in der PAPI-Methode[12] konzipierte mündlich-persönliche Erhebung für die (West-)Deutsche Wohnbevölkerung im Alter von 19 bis 64 Jahren lag eine konkrete (allgemeingültige) Vorgabe zur Erfassung des informellen Lernbereichs nicht vor. Was also in der ersten BSW-Phase darunter zu verstehen war, kann nur anhand des Instruments und seiner Präsentation[13] der Befragungsperson gegenüber interpretiert werden. Damit wurden unter informellem Lernen durch die vorgegebenen Antwortvorgaben „Tätigkeiten", die das Sehen, Hören, Lesen und Nutzen von Print-, Audio- und Telemedien einschließen, verstanden. Eine weitere Abgrenzung wurde nicht vorgenommen, aber eine Möglichkeit zur Unterteilung durch die nachgelagerte Frage nach dem beruflichen bzw. privaten Motiv zur Durchführung der Tätigkeit gegeben. Hierdurch ist implizit zu erkennen, dass offenbar

---

[12]PAPI: *Paper And Pencil Interview*; mündliche-persönliche Befragung mit Papierfragebogen.
[13]Eine visuelle Unterstützung durch eine Liste war nicht gegeben.

Tab. 1 Informelles Lernen im BSW IV und V (1988, 1991)

Frage: Ich lese Ihnen nun einige andere Tätigkeiten vor. Sagen Sie mir bitte wieder, ob Sie diese Tätigkeiten in den letzten drei Jahren häufig, manchmal oder nie ausgeübt haben.

Basis: alle 19- bis 64-Jährigen (n = 7.004)	Anteilswerte in %					
	BSW IV (1988)			BSW V (1991)		
Antwortvorgaben	ja	überwiegend beruflich	überwiegend privat	ja	überwiegend beruflich	überwiegend privat
Sehen von Bildungssendungen im Fernsehen (z. B. Sprachkurse, Telekolleg, Schulfernsehen, Gesundheitsmagazin Praxis)	74	8	64	74	9	62
Hören von Bildungssendungen im Radio (z. B. Schulfunk, Sprachkurse, Funkkolleg)	24	3	20	26	4	21
Lesen von Fach- und Spezialzeitschriften für Beruf und Hobby	65	34	29	69	33	30
Lesen von Fach- und Sachbüchern	60	33	25	64	36	23
Nutzen von Ton- und Videokassetten für Bildungszwecke zu Hause	14	5	8	16	6	8
Nichts davon/kA	10	59	25	9	56	26
Summe Mehrfachnennungen	*248*	*142*	*147*	*258*	*143*	*170*
Teilnahme an wenigstens einer Nennung	*90*	*41*	*75*	*91*	*44*	*74*

Quelle: Infratest Sozialforschung/BSW 1988 und BSW 1991; eigene Berechnungen

davon ausgegangen wurde, dass die Tätigkeit aus einem bestimmten Grund aufgenommen und daher gewissermaßen intendiert oder geplant sein musste.

4.2.2 Phase 2: Erfassung informeller berufsbezogener Weiterbildung

Das BSW entwickelte sich mit dem Themenschwerpunkt „informelle berufsbezogene Weiterbildung" (BSW VI, 1994) weiter. Das bisher eingesetzte Instrument zur Erfassung des informellen Lernens wurde durch das neue Instrument zur Erfassung der „informellen berufsbezogenen Weiterbildung" ersetzt. Mit dem Instrument wurde ein Spektrum von berufsbezogenen Lernaktivitäten erfasst, das weniger formalisiert ausfiel als das der beruflichen Weiterbildung nach BSW-Konzept und bis hin zu selbstgesteuerten, berufsbezogenen Lernaktivitäten reichte. Insofern stellt die informelle berufsbezogene Weiterbildung nicht den Anspruch, non-formal education und informal learning zu trennen,[14] sondern es sollten „weichere" Formen des

---

[14] Dieser Anspruch lag zu diesem Zeitpunkt auch nicht vor.

beruflichen Lernens als bisher in den Blick genommen werden. Weil die Statements in den Jahren 1994 und 1997 sehr ähnlich ausfielen und nur in Nuancen verändert wurden, wird in der linken Spalte der Tab. 2 stellvertretend ausschließlich das Instrument des BSW VII (1997) vorgestellt.

Die Eingangsfrage lautete:„ Haben Sie im letzten Jahr, also 1997, oder in den letzten drei Jahren eine oder mehrere der folgenden Formen des berufsbezogenen Lernens oder des Lernens am Arbeitsplatz ausgeführt?" Wenngleich sich die Frage zum informellen Lernen im BSW ausschließlich an derzeit oder früher Erwerbstätige richtete, wurden die Ergebnisse in Tab. 2 für einen ersten Eindruck auf alle befragten Zielpersonen (19- bis 64-Jährige) umgerechnet dargestellt.

Die Eingangsfrage allein reichte nicht aus, um der Befragungsperson zu verdeutlichen, auf welche „Lernformen" abgezielt wurde. Insofern wurde die Frage nicht als offene Ja-nein-Frage konzipiert, sondern in einem mit Beispielen gestützten Format.[15] Um eine Häufung von fragendesignbedingten Zustimmungen zu vermeiden, wurden die Antwortvorgaben zusätzlich auf einer Liste präsentiert, um eine Identifizierung der zutreffenden Statements zur vereinfachen. In BSW VI und VII wurde die Frage mit insgesamt neun Antwortvorgaben hinterlegt. Was genau unter den Formen des berufsbezogenen Lernens oder des Lernens am Arbeitsplatz verstanden wird, ist wiederum direkt dem Instrument zu entnehmen. Informelle berufsbezogene Weiterbildung weist demnach ein Spektrum von Lernformen auf – alle beruflich motiviert – das von organisierten, wenngleich nicht kursförmigen, Veranstaltungen bis hin zum Selbstlernen in der Freizeit reicht.

4.2.3 Phase 3: Modifizierte Erfassung informeller berufsbezogener Weiterbildung und selbstgesteuerten Lernens

Eine letzte Erweiterung erhielt das BSW schließlich in der achten Erhebungswelle (2000) mit dem Themenschwerpunkt „Selbstlernen". Etwa zeitgleich legte die KMK[16] eine neue Definition von Weiterbildung vor, in der die Definition des Deutschen Bildungsrates aufgegriffen wurde:

> „... Weiterbildung in diesem Sinne [s. o. g. Definition] liegt auch vor, wenn die Einzelnen ihr Lernen selbst steuern. ... Weiterbildung kann in Präsenzform, in der Form der Fernlehre, des computergestützten Lernens, des selbstgesteuerten Lernens oder in kombinierter Form stattfinden." (Sekretariat der ständigen Konferenz der Kultusminister der Länder in der Bundesrepublik Deutschland 2001, S. 4).

Damit wurde der intentionale Teil informellen Lernens unter Weiterbildung subsumiert und der Begriff der Weiterbildung synonym für das, was heute etwa unter Lebenslangem Lernen verstanden wird verwendet. Das BSW erfasste „Weiterbildung" nach der KMK-Definition seit dem Jahr 2000 damit nahezu vollständig.

---

[15]Bis einschließlich BSW VI erfolgte die Erhebung zum Weiterbildungsverhalten im PAPI-Befragungsmodus. Seit dem BSW VII erfolgt sie als CAPI-Erhebung.
[16]KMK: Kultusministerkonferenz.

Tab. 2 Informelle berufsbezogene Weiterbildung am Beispiel von BSW VII (1997) und X (2003)

Basis: alle 19- bis 64-Jährigen	1997	2003	
	BSW VII	BSW IX	
Antwortvorgaben	Bezug: letztes Jahr n = 7.071	Bezug: letztes Jahr n = 7.108	Antwortvorgaben
A Berufsbezogener Besuch von *Fachmessen oder Kongressen*	17	13	A Berufsbezogener Besuch von *Fachmessen oder Kongressen*
B Teilnahme an kurzzeitigen Veranstaltungen wie z. B. Vorträgen oder Halbtagesseminaren	25	–	
C Unterweisung oder *Anlernen* am Arbeitsplatz durch Kollegen, Vorgesetzte oder außerbetriebliche Personen (z. B. Schulung durch Herstellerfirma)	23	18	B Unterweisung oder *Anlernen* am Arbeitsplatz *durch Kollegen*
		17	C Unterweisung oder *Anlernen* am Arbeitsplatz *durch Vorgesetzte*
		9	D Unterweisung oder *Anlernen* am Arbeitsplatz *durch außerbetriebliche Personen*
D Selbstlernen durch Beobachten und Ausprobieren am Arbeitsplatz oder in der Freizeit	34	28	E Lernen durch *Beobachten und Ausprobieren* am Arbeitsplatz
E Selbstgesteuertes Lernen am Arbeitsplatz oder in der Freizeit mit Hilfe von Medien (z. B. computerunterstützte Selbstlern-programme, berufsbezogene Ton- und Videokassetten usw.)	16	6	F Lernen am Arbeitsplatz mit Hilfe von *computerunterstützten Selbstlernprogrammen*, berufsbezogenen Ton- oder Videokassetten usw.
	–	5	G Nutzung von *Lernangeboten* u. ä. *im Internet* am Arbeitsplatz
F Vom Betrieb organisierte Fachbesuche in anderen Abteilungen/Bereichen oder planmäßiger Arbeitseinsatz in unterschiedlichen Abteilungen zur gezielten Lernförderung (z. B. job-rotation)	8	7	H Teilnahme an vom Betrieb organisierten Fachbesuchen in anderen Abteilungen/Bereichen oder planmäßiger Arbeitseinsatz in *unterschiedlichen Abteilungen* zur gezielten *Lernförderung*
G Vom Betrieb organisierte Austauschprogramme mit anderen Firmen	2	2	I Teilnahme an vom Betrieb *organisierten Austauschprogrammen* mit anderen Firmen
H Qualitätszirkel, Werkstattzirkel, Lernstatt, Beteiligungsgruppe	6	6	J Teilnahme an Qualitätszirkel, Werkstattzirkel, Lernstatt, Beteiligungsgruppe
J Lesen von berufsbezogenen Fach- und Sachbüchern oder	36	26	K Lesen von *berufsbezogenen Fach- und Sachbüchern* oder

(Fortsetzung)

Tab. 2 (Fortsetzung)

Basis: alle 19- bis 64-Jährigen	1997	2003	
berufsbezogenen Fach- und Spezialzeitschriften am Arbeitsplatz oder in der Freizeit			berufsbezogenen Fach- und Spezialzeitschriften am Arbeitsplatz
	–	5	L Supervision am Arbeitsplatz oder Coaching
	–	3	M Systematischer Arbeitsplatzwechsel (z. B. job-rotation)
Nichts davon/keine Angabe/ nicht erfragt	49	54	Nichts davon/keine Angabe/ nicht erfragt
Summe Mehrfachnennungen	217	199	Summe Mehrfachnennungen
Teilnahmequote	51	46	Teilnahmequote

Quelle: Infratest Sozialforschung/BSW 1997, 2003

Tab. 3 Selbstlernen außerhalb der Arbeitszeit

Frage			
BSW X (2007): Haben Sie sich in den letzten 12 Monaten [Text aus E1MONAT einfügen] selbst etwas beigebracht, außerhalb der Arbeitszeit und außerhalb von Lehrgängen/Kursen oder Seminaren? BSW IX (2003): Haben Sie sich im letzten Jahr (2003) selbst etwas beigebracht, außerhalb der Arbeitszeit und außerhalb von Lehrgängen/Kursen oder Seminaren? BSW VIII (2000): Haben Sie sich im letzten Jahr einmal selbst etwas beigebracht, außerhalb von Lehrgängen/Kursen oder Seminaren?			
	BSW VIII (2000) n = 7.043	BSW IX (2003) n = 7.108	BSW X (2007) n = 3.570
ja	39	35	39
nein	60	65	61
keine Angabe	1	0	0
Summe	100	100	100

Quelle: Infratest Sozialforschung BSW VIII, BSW IX, BSW X/eigene Berechnungen

Das additiv eingesetzte Selbstlernen in der Freizeit wurde im BSW von 2000 bis 2003 mit der Frage: „Haben Sie sich im letzten Jahr (2003) einmal selbst etwas beigebracht, außerhalb der Arbeitszeit und außerhalb von Lehrgängen/Kursen oder Seminaren?" erfasst.[17] Sie wurde als einfache, ungestützte Frage konzipiert (Tab. 3).

Der Einsatz der Frage zum Selbstlernen in der Freizeit enthält das Wort intentional nicht, aber weist im Wortlaut der Frage darauf hin. Mit dem neuen Instrument zum Selbstlernen in der Freizeit – gewissermaßen konzipiert als Pendant zur informellen berufsbezogenen Weiterbildung – musste das Instrument der informellen berufsbezogenen Weiterbildung angepasst werden. Die recht stark modifizierten

---

[17]Im Jahr 2007 wurde „im letzten Jahr" durch „die letzten 12 Monate" ersetzt.

Statements zeigt die weiter oben dargestellte Tab. 2 am Beispiel des BSW IX (2003) in der rechten Spalte. Insgesamt wurden in dieser Phase bei gleichbleibender Eingangsfrage 13 Antwortvorgaben zur Verdeutlichung dessen, was gemeint ist, zur Beantwortung vorgegeben, wiederum mit visueller Unterstützung durch eine Liste. Nach wie vor umfasst die informelle berufsbezogene Weiterbildung ein beruflich motiviertes Spektrum von organisierten bis hin zu nicht-organisierten Lernformen. Drei grundlegende Änderungen wurden vorgenommen: a) „Selbstlernen" wurde durchgängig durch „Lernen" ersetzt, b) der Freizeitaspekt entfiel und c) internetbasiertes Lernen wurde hinzugefügt. Darüber hinaus wurden Coaching/Supervision und Job-Rotation aufgenommen und zuvor gemeinsam in einem Statement ausgewiesene Aspekte in mehreren Statements erfragt. Entsprechend wurde wiederum im Einverständnis mit dem wissenschaftlichen BSW-Beirat und dem Auftraggeber die beispielhafte Stützung präzisiert, aber dafür auch ein Trendbruch in der Beschreibung informeller berufsbezogener Weiterbildung in Kauf genommen – nicht zuletzt dem neuen Instrument zum Selbstlernen in der Freizeit geschuldet.

4.3 Informelles Lernen im deutschen Teil des AES

Die Erhebung zum Weiterbildungsverhalten in Deutschland erlitt mit der EU-Vorgabe, das Lernen im Erwachsenenalter nach dem Konzept des Adult Education Survey (AES) auszuweisen, einen erheblichen Trendbruch. Mit der parallelen Erhebung nach sowohl BSW- als auch AES-Konzept im Jahr 2007 wurde die Untersuchung vom einen ins andere Konzept überführt (BSW-AES 2007). Die aus dem bildungspolitischen Kontext stammende Differenzierung von Lernaktivitäten sieht für den AES eine getrennte Betrachtung von formal education, non-formal education und informal learning vor (Bilger et al. 2013). Diese Betrachtungsweise ist – nach wie vor – kaum mit dem historisch gewachsenen, deutschen Verständnis kompatibel (s. o.).

Erfassungsgegenstand sind Lernaktivitäten von Individuen in einem Beobachtungszeitraum von 12 Monaten. Definitorische Grundlage ist die Classification of Learning Activities (CLA; European Commission, Eurostat: 2006). Dieses europäische Verständnis verzichtet – ebenso wie das BSW-Konzept – auf den Lernbegriff und verwendet „synonym" Lernaktivitäten.

Die CLA definiert ein Spektrum von Lernaktivitäten, die den in Abb. 1 (entnommen aus Bilger et al. 2013, S. 19) dargestellten Lernformen zugewiesen werden. Neben der formal education und der non-formal education umfasst das Spektrum auch informal learning, „verstanden als selbstgesteuertes Lernen außerhalb organisierter Lehr-/Lernsettings" (ebd.: 18). In Abgrenzung zu den beiden anderen Bildungsformen ist informal learning „nicht durch eine vorstrukturierte, curricularisierte, methodisierte und professionalisierte »Lehr-/Lern-Beziehung« gekennzeichnet. Gleichwohl setzt es eine individuelle Lernintention voraus. Überwiegend fallen darunter selbst organisierte Lerngelegenheiten, die durchaus Unterstützung von anderen Personen (z. B. Familienmitgliedern oder Freunden) einbeziehen können." (ebd.: 20).

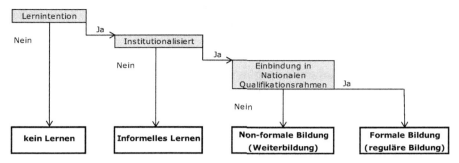

Quelle: Eurostat 2006, Abbildung 5 (leicht modifiziert), zitiert nach Bilger, Behringer, Kuper 2013: 19

Abb. 1 Unterscheidung der Bildungsformen nach der Classification of Learning Activities (CLA)

Informelles Lernen soll im AES demnach nach zwei Seiten abgegrenzt sein: Auf der einen Seite wird es von den beiden organisierten Lernformen getrennt und auf der anderen Seite durch den Anspruch, intentionales (und nicht zufälliges) Lernen zu erfassen. In der ersten Abgrenzung sieht Overwien die Gefahr, dass informelles Lernen bei nur allgemein gefasster Definition zu einer »Restkategorie« wird, in die relativ beliebig hinein interpretiert werden kann. Insofern lohne auch der nähere Blick auf Prozesse „informellen Lernens", in denen Kontexte und Individuen gleichermaßen betrachtet werden (Overwien 2005, S. 345 f.). Wenngleich inhaltlich dieser Aussage nichts entgegensteht, bleibt die Frage nach dem „wie" hinsichtlich statistischer Berechnungen offen.

Ob der AES informelles Lernen wirklich trennscharf von der non-formal education und der formal education erfasst, wird weiter unten ausgeführt. Festzuhalten ist, dass es eine – wenngleich nicht wissenschaftstheoretisch genau eingebettete (s. Kuper 2008) – Vorgabe zur Erfassung informellen Lernens für den AES gibt.

Die zweite Abgrenzung durch die Forderung, „nur" intentionales informelles Lernen zu erfassen, bringt ein Ausschluss des sicherlich quantitativ sehr weit verbreiteten zufälligen oder nicht-intentionalen Lernens[18] mit sich. Der AES dient mit seiner Erfassung von Teilnahmequoten einer Trendbeobachtung mit europäisch vorgegebenen Fragen, die sich national erweitern lassen. Gäbe es keine Einschränkung (hier: auf intentionales Lernen), läge die auszuweisende Teilnahmequote informellen Lernens bei 100 %,[19] weil davon auszugehen ist, dass jeder Mensch im

---

[18] Z. B.: Eine Melodie in der U-Bahn von einem durchlaufenden Akkordeonspieler lernen; Jugendspezifische Verhaltensmuster vor einer Schule aufnehmen; neue Fachbegriffe bei einem Tür-und-Angel-Gespräch im Büro erlernen oder eine neue Antifaltencreme über einen Werbespot abspeichern.

[19] Reduziert um einige Personen, die die Frage nicht beantworten (können) und daher „keine Angabe" machen.

Verlauf von zwölf Monaten irgendetwas zumindest zufällig lernt. Die Beobachtung einer solchen Trendentwicklung dürfte inhaltlich wenig aufschlussreich sein.

4.3.1 AES-Operationalisierungen informellen Lernens

Übersicht 1 zeigt die europäischen Vorgaben, ursprünglich in englischer Sprache verfasst, in der ins Deutsche übertragenen Fassung, und zwar für alle vier bislang in Deutschland durchgeführten Erhebungen nach AES-Konzept (BMBF 2015, S. 58).

Informelle Lernaktivitäten wurden in den Jahren 2007, 2012 und 2014 gestützt mit Hilfe beispielhaft vorgegebener Formen informellen Lernens erfasst und im Jahr 2010 als Ja-nein-Frage offen erfragt. Im Wesentlichen reicht das Spektrum der AES-Lernaktivitäten vom Lernen von Privatpersonen, über das Lesen oder Nutzen von ICT- oder Printmedien bis hin zum Besuch von Büchereien/Lernzentren und kulturellen Führungen. Inhaltlich entspricht dieses Verständnis einer erweiterten Form dessen, was in der ersten Phase des BSW auch darunter verstanden wurde (s. Abschn. 4.2.1).

Im AES 2007 wurden sechs Antwortvorgaben zur gestützten Erfassung vorgegeben. Davon wurden zwei im AES 2012 bzw. AES 2014 wiederholt eingesetzt und zwei modifiziert (vgl. Tab. 4). Die zwei verbleibenden Statements des AES 2007 wurden im AES 2012 bzw. AES 2014 durch die Antwortvorgabe „Ja, in anderer Form" ersetzt. Mit anderen Worten: Zwischen den Erhebungen der Jahre 2007, 2010 und 2012 ist aufgrund der Instrumentenmodifikationen kein direkter Trendvergleich für das informelle Lernen im AES möglich. Erstmals im Jahr 2014 wurde das Instrument der letzten Erhebung ohne Änderung übernommen. Für eine Trendberichterstattung zum Monitoring der Teilnahme an informellen Lernaktivitäten sind die diversen Modifikationen schwer auszuhalten.

Übersicht 1: Fragentexte zur Erfassung informellen Lernens in den AES-Erhebungen

Fragentexte:

AES 2007: Einmal abgesehen von der Teilnahme an Weiterbildungsangeboten kann man Kenntnisse auf einem bestimmten Gebiet auch durch Selbstlernen erwerben oder verbessern, also indem man sich bewusst selbst etwas beibringt, sei es in der Arbeitszeit oder in der Freizeit. Auf dieser Liste stehen verschiedene Formen, in denen man das tun kann.

Bitte denken Sie wieder an die letzten 12 Monate, also die Zeit zwischen [DATUM z. B. „Januar 2006"] und heute. Haben Sie sich da auf einem bestimmten Gebiet in einer der genannten Formen selbst etwas beigebracht?

AES 2010: Einmal abgesehen von der Teilnahme an Weiterbildungsangeboten kann man Kenntnisse auch dadurch erwerben oder verbessern, dass man sich bewusst selbst etwas beibringt, sei es in der Arbeitszeit oder in der Freizeit, allein oder zusammen mit anderen.

(Fortsetzung)

Tab. 4 Antwortvorgaben zur Erfassung informellen Lernens im AES von 2007 bis 2014

Basis: alle 18-/19- bis 64-Jährigen	Anteilswerte in %			
	AES 2007	AES 2010	AES 2012	AES 2014
Antwortvorgaben	n = 7.346	n = 7.035	n = 7.099	n = 3.100
Ja (2010)		25		
F/A Ja, durch Lernen von Familienmitgliedern, Freunden oder Kollegen (2007: F, 2012, 2014: A)	19		19	22
A/B Ja, durch Lesen von Büchern oder Fachzeitschriften (2007: A, 2012, 2014: B)	41		35	37
C Ja, durch Nutzung von Lehrangeboten am Computer oder im Internet (2012, 2014)			23	29
B Ja, durch Nutzung von Computer oder Internet (2007)	35			
D Ja, durch Wissenssendungen im Fernsehen, Radio oder auf Video, CD, DVD (2012, 2014)			20	20
C Ja, durch Nutzung von Fernsehen, Radio oder Audio-/Videokassette (2007)	16			
E Ja, in anderer Form (2012, 2014)			2	2
D Ja, durch Führungen in Museen oder zu historischen Orten, Naturdenkmälern oder Industrieanlagen (2007)	8			
E Ja, durch Besuche von Büchereien oder offenen Lernzentren (2007)	7			
Nein (2010)		74		
Nein, nichts davon (2007, 2012, 2014)	46		51	45
Keine Angabe (2007, 2010, 2012, 2014)	0	1	1	1
Summe Mehrfachnennungen	*172*	*100*	*151*	*156*
Teilnahme an wenigstens einer Nennung (Quote informellen Lernens)	*53*	*25*	*48*	*54*

Quelle: TNS Infratest Sozialforschung/AES 2007, AES 2010, AES 2012, AES 2014; eigene Berechnungen

Bitte denken Sie wieder an die letzten 12 Monate, also die Zeit zwischen [DATUM z. B. „März 2009"] und heute. Gibt es da ein bestimmtes Thema oder ein bestimmtes Gebiet, zu dem Sie sich in dieser Zeit selbst etwas beigebracht haben oder es derzeit tun?
Zuvor schon genannte Weiterbildungsaktivitäten sollen hier nicht noch einmal genannt werden!
AES 2012/AES 2014: Einmal abgesehen von der Teilnahme an Weiterbildungsangeboten kann man Kenntnisse und Fertigkeiten auch dadurch

(Fortsetzung)

> erwerben oder verbessern, dass man sich bewusst selbst etwas beibringt, sei es in der Arbeitszeit oder in der Freizeit, allein oder zusammen mit anderen. Auf der Liste stehen verschiedene Formen, in denen man das tun kann. Bitte denken Sie wieder an die letzten 12 Monate, also die Zeit zwischen [DATUM z. B. „März 2011"] und heute. Haben Sie in den letzten 12 Monaten zu einem bestimmten Thema oder Gebiet, in einer der genannten Formen, selbst etwas gelernt oder tun Sie dies derzeit?

Quelle: BMBF 2015, S. 59

Aus Forscherperspektive liegt hier ein Instrumententest vor. Die offen erfragte Erhebungsvariante im AES 2010 hat zu einer deutlich geringeren Teilnahmequote geführt als die drei gestützten Varianten. Offensichtlich müssen Befragungspersonen mit Hilfe verschiedener Beispiele die Frage erst einmal erschließen, um möglichst umfassende Antworten bezüglich der eigenen Lernaktivitäten innerhalb der letzten zwölf Monate geben zu können. Mit Blick auf die offene Ja-nein-Frage im AES 2010 ist entsprechend von einer Untererfassung der Personen, die informelle Lernaktivitäten durchführten, sowie der Zahl der genannten Lernaktivitäten auszugehen.

Nimmt man für die Erhebungen der Jahre 2007, 2012 und 2014 zudem einen Vergleich für die zwei direkt vergleichbaren Statements (Tab. 4, Statements F/A und A/B) vor, fällt auf, dass die Befragungspersonen offensichtlich auf die Statements nicht willkürlich antworten. Die Quote informellen Lernens mit Hilfe verschiedener Personengruppen wie Kollegen, Familienmitgliedern oder Freunden liegt in den Jahren 2007 und 2012 mit jeweils 19 % gleich hoch (Statement F/A). Das Lernen mit Hilfe von Printmedien ist dagegen zwischen 2007 und 2012 von 41 % auf 35 % etwas zurückgegangen (Statement A/B).

Die beiden modifizierten Items (AES 2007: Statements B und C, AES 2012/14: Statements C und D) wurden hin zu einer höher zu erwartenden Intentionalität auf Seiten des Lerners verändert. Damit ist zu erwarten, dass im Jahr 2012 quasi Teilmengen der im AES 2007 ermittelten Lernaktivitäten erfasst werden. Damit ist auch ein instrumentenbedingter Rückgang der beiden Ergebnisse zu erwarten. Die Erwartung trifft hinsichtlich der niedrigeren Quoten für beide modifizierten Statements zu: Während ein informelles Lernen durch ICT-Nutzung (B) im AES 2007 von 35 % der Befragten benannt wurde, liegt der Wert von informellem Lernen durch Lernangebote im Internet/am Computer (C) im AES 2012 niedriger (23 %). Ein direkter Vergleich der Kennziffer kann erst für die Ergebnisse der Jahre 2012 und 2014 vorgenommen werden (Anstieg). Ein analoges Muster zeigt sich bei AES-2007-Statement C „informelles Lernen durch Nutzung von Fernsehen, Radio oder Audio-/Videokassette" (16 %). Wenngleich im AES 2012 anhand des Wortes „Wissenssendungen" spezifiziert wurde (D), wurde zugleich eine Erweiterung der genutzten Medien vorgenommen (um CD und DVD). Insofern ist von einer Teilmenge, aber innerhalb eines erweiterten Medienspektrums für den AES 2012 auszugehen (20 %).

Ein direkter Vergleich mit dem AES-2014-Ergebnis von 20 % zeigt keine nennenswerte Entwicklung.

4.3.2 Trennscharfe Unterscheidung von non-formal education und informal learning?

Für die Erhebung der Weiterbildungsbeteiligung sind die im europäischen AES-Manual (Eurostat 2012) vorgegebenen Instrumente entscheidend. Als non-formal education activities – ins Deutsche übertragen: Weiterbildungsaktivitäten – wird dort ein Spektrum definiert, das folgende vier Formen umfasst: (genauer s. z. B. BMBF 2015, S. 12; Bilger und Kuper 2013, S. 32 f.):

1. Kurse oder Lehrgänge in der Arbeits- oder Freizeit,
2. kurzzeitige Bildungs- oder Weiterbildungsveranstaltungen, also Vorträge, Schulungen, Seminare oder Workshops,
3. Schulungen am Arbeitsplatz (z. B. geplante Unterweisungen oder Trainings durch Vorgesetzte, Kollegen, durch Trainer oder Teletutoren),
4. Privatunterricht in der Freizeit (z. B. Fahrstunden für den Führerschein, Trainerstunden im Sport, Musikunterricht, Nachhilfestunden).

Die vier Formen dienen der Darstellung des Spektrums von Weiterbildungsaktivitäten, die im AES gemeint sind, und haben keinen Anspruch auf Überschneidungsfreiheit. Als Teil von Weiterbildungsaktivitäten werden unter der übergeordneten Kategorie „Schulungen am Arbeitsplatz" rund ein Fünftel der Weiterbildungsaktivitäten erfasst. Genauer für die Befragungspersonen ist diese Kategorie in Liste 79 dargestellt (Bilger und Strauß 2013, S. 380 ff.) und zur besseren Einordnung mit Beispielen hinterlegt: „Schulungen/Training am Arbeitsplatz durch Vorgesetzte, Kollegen, Trainer, Teletutoren":

- Einarbeitung,
- Qualifizierung am Arbeitsplatz,
- Coaching,
- Job-Rotation,
- Traineeprogramme und
- Austauschprogramme mit anderen Firmen.

Die ersten drei Beispiele sind aus den Vorgaben von Eurostat übernommen und wurden bereits im AES 2007 eingesetzt. Die drei zuletzt genannten Beispiele wurden durch den deutschen AES-Projektverbund 2012 in Abstimmung mit dem BMBF ergänzt, entnommen aus den BSW-Antwortvorgaben zur Erfassung der informellen berufsbezogenen Weiterbildung (Phase 3, s. Abschn. 4.2.3). Nicht ganz klar ist, welche Lerngelegenheiten die genannten sechs Beispiele tatsächlich bei den Befragungspersonen hervorrufen. Sind z. B. im Vorfeld nicht-organisierte kurze Einarbeitungsfrequenzen, durchgeführt von direkten Kollegen, tatsächlich als Wei-

terbildungsaktivitäten einzustufen oder wären dies nicht eher Aktivitäten, die dem informellen Lernen zuzurechnen sind?
Insofern unterscheidet der AES non-formal education und informal learning nicht genau.

4.3.3 Weitere Informationen zu informellen Lernaktivitäten im AES

Im AES wurden, mit Ausnahme der schmaler angelegten rein nationalen Erhebung des AES 2014, mehrere informelle Lernaktivitäten erfasst (Übersicht 2). Für jede Lernaktivität wurde der Themenbereich, in dem die Befragungsperson informell lernte, erfragt und im Nachgang nach ISCED-Fields 1997 codiert.

Übersicht 2: Im AES erfasste Zusatzinformationen für informelle Lernaktivitäten

	AES 2007	AES 2010	AES 2012	AES 2014
Zahl der Lernaktivitäten pro Person	bis zu 3	bis zu 2	bis zu 2	bis zu 1
Themenbereich/Gebiet, codiert nach ISCED-Fields 1997	X	X	X	X
Aktivitäten aus beruflichen/privaten Gründen	X	X	X	X
Lernaktivität überwiegend während Arbeitszeit/Freizeit		X	X	X

Quelle: TNS Infratest Sozialforschung, AES 2007, 2010, 2012 und 2014

Ein erster Überblick zu den aktuellen Ergebnissen des AES 2014 findet sich im Trendbericht (BMBF 2015, S. 57 f.). Deutlich wird hier, dass informelle Lernaktivitäten inhaltlich breit streuen, wobei Themenbereiche wie „Gesundheit und Sport" und „Pädagogik und Sozialkompetenz" weniger häufig als Themen informeller Lernaktivitäten benannt werden. Etwa jeweils die Hälfte der informellen Lernaktivitäten wird aus beruflichen und aus privaten Gründen unternommen. Informelle Lernaktivitäten werden nach Angabe der Befragungspersonen zu rund drei Vierteln ausschließlich in der Freizeit wahrgenommen. Während der Arbeitszeit und in der Mischform während Arbeits- und Freizeit werden jeweils ein Achtel der Aktivitäten durchgeführt.

Das zuletzt genannte Ergebnis lässt vor dem Hintergrund der Diskussion um den hohen Nutzen informellen Lernens für die Arbeit (arbeitsintegriertes Lernen) aufmerken. Vielfach dürfte auf Seiten der Befragten die Einschätzung vorherrschen, dass Arbeiten nicht mit Lernen gleichzusetzen ist, und zu einer Untererfassung informeller Lernaktivitäten am Arbeitsplatz führen. Allerdings wäre zur Erfassung dieses Feldes ein etwas anderes Vorgehen in einer Befragung nötig, wahrscheinlich zudem eingegrenzt auf bestimmte berufliche Tätigkeiten oder spezifische Arbeitssituationen, die über die erwerbstätige Bevölkerung hinweg vergleichsweise häufig vorkommen.

5 Fazit

Anhand der Erhebung zum Weiterbildungsverhalten in Deutschland wurde deutlich, dass eine wissenschaftstheoretische Einbettung informellen Lernens für das BSW gar nicht und den AES maximal ansatzweise erfolgte – nicht zuletzt auch, weil eine allgemeingültige, operationalisierbare Definition nicht vorliegt. Insofern sind die an der jeweiligen Fachdiskussion orientierten Ansätze insbesondere im BSW als verdienstvoll zu bewerten. Die aktuelle Ergebnislage zum informellen Lernen ist dennoch nicht umfassend bzw. liegt nicht in ausreichender Tiefe vor. Gleichwohl kann diese Aussage nicht dazu führen, auf quantitative Erhebungen für diesen wichtigen Lernbereich zu verzichten. Die Ergebnisse sind vielmehr als wichtige Hinweise für den stark heterogenen Lernbereich zu bewerten.

Eine Vielzahl von mehr oder weniger trennscharfen Begriffen für (Teile) des informellen Lernens im Erwachsenenalter liegen vor. Gleiches gilt mit Blick auf die BSW- bzw. AES-Erhebung für das Tätigkeits- bzw. Aktivitätsspektrum, das zum besseren Verständnis des Untersuchungsgegenstandes im Rahmen der gestützten Frageformate eingesetzt wird. In ähnlicher Weise zeigt sich auf europäischer Ebene auch die Entwicklung der Bildungsformen (s. Abb. 1, oben), für die zunächst Lernaktivitäten gesammelt und zugeordnet wurden. Letzteres mag ein anderer Grund dafür sein, dass der größte Bereich informellen Lernens, dem des zufälligen oder nicht-intentionalen Lernens im AES nicht vorkommt: Hier können keine konkreten Aktivitäten benannt werden.

Was aber möchte man eigentlich wissen, wenn man informelles Lernen quantitativ zu erfassen sucht? In einer Trenderhebung zum Bildungsmonitoring, wie dem AES, ist eine pauschale Antwort trivial: Mit einer (unveränderten) Operationalisierung können Trends bzw. Entwicklungen beschrieben werden. Mit diesem Anspruch stört auch die fehlende Erfassung zufälligen Lernens nicht. Mit Blick auf die Bildungsforschung ist die Antwort deutlich schwerer und hängt vom tatsächlichen Untersuchungsgegenstand ab. In einer Studie zur Beschreibung von arbeitsintegriertem Lernen, würde man möglicherweise darauf verzichten zu fragen, ob eine Befragungsperson etwas von einem Familienangehörigen gelernt hat und vielmehr eine Beschreibung der Tätigkeiten und Situationen im Berufsalltag einfordern, auch verbunden mit der Frage, ob die Person in der jeweiligen Situation etwas gelernt hat – sei es intentional oder nicht.

Damit ist wiederum der Nutzung von verschiedenen Begriffen im Bereich des informellen Lernens Vorschub geleistet – was möglicherweise dem informellen Lernbereich aufgrund seiner Heterogenität besser gleich kommt, als eine zu stark pauschalisierende oder nivellierende Definition. Möglicherweise bedarf es keiner allgemeingültigen Definition für das informelle Lernen, sondern vielmehr eines theoretisch aufgespannten Raums für Lebenslanges Lernen, in dem die Begriffe und vielleicht die zugehörigen Aktivitäten verortet werden können. Ein solcher Raum hätte zumindest drei Dimensionen, die es zu benennen gelte.

Bevor aber mit diesem Gedanken fortgefahren wird, sollen drei Beitragsergebnisse zur Erfassung informellen Lernens benannt werden:

1. Gemessen wird in quantitativen Erhebungen nicht informelles Lernen, sondern das Wahrnehmen intentionaler, informeller Lernaktivitäten in einem bestimmten Zeitraum. In der Regel führen dabei die gestützten Fragenformate zu einer besseren Erinnerung der wahrgenommenen Aktivitäten durch die Zielpersonen einerseits und andererseits zu ihrer besseren Vorstellung davon, welche Lernaktivitäten dazu- oder nicht dazugehören (ein ungestütztes Fragenformat würde hier zu einer Untererfassung führen; quasi eine fragebogenimplizite Definition). Die vorgestellten Instrumente stellen allesamt in den gestützten Fragenformaten entweder mehr oder weniger bestimmte Tätigkeiten, Lernformen oder Lernaktivitäten als Stimulus dar oder erfragen den Erfassungsgegenstand über Hilfestellungen beim Lernen (Material, Personen, Medien). Dabei werden nicht alle möglichen Lernaktivitäten erfasst, sondern ausschließlich die von dem Designer des jeweiligen Fragenprogramms vorgegebenen Beispiele. Mit anderen Worten die vorliegenden Operationalisierungen können nicht den Anspruch erheben (und tun dies auch nicht) informelle Lernaktivitäten in Gänze zu erfassen, sondern erhoben wird ein bestimmter Ausschnitt, der inhaltlich genau nur mit Blick auf das Erhebungsinstruments zu verstehen ist.
2. Weil nicht das Lernen im Bereich des informellen Lernens erfasst wird, sondern die wahrgenommenen Lernaktivitäten, ist eine begriffliche Präzisierung des Untersuchungsgegenstandes vorzunehmen: Erfasst wird die Teilhabe an informellen Lernaktivitäten.
3. Ein wie auch immer gearteter Lernfortschritt durch informelle Lernaktivitäten kann bislang nur per Selbsteinschätzung der Befragungspersonen ermittelt werden – nicht im Rahmen einer Kompetenzmessung.

Wenn Begriffe oder Lernaktivitäten in einem Raum verortet werden könnten, wäre eine Fokussierung auf einen bestimmten Teilbereich informellen Lernens leichter zu argumentierten. Mit einem solchen Schritt wäre auch ein Folgeschritt berechtigt: Die Untersuchung spezifischer Teilbereiche informellen Lernens hinsichtlich ihres Nutzens (in bestimmten Kontexten), ihrer räumlichen und zeitlichen Verortung und vielleicht sogar hinsichtlich eines Potenzials. Vor diesem Hintergrund wird der erste Zugang von Kuper und Kaufmann (2010) bedeutsamer, die pauschal ausgedrückt Lernaktivitäten faktorenanalytisch gebündelt und diese bestimmten Sets an Lernaktivitäten mit Hilfe der zur Verfügung stehenden Hintergrundinformationen kontextuell beschrieben haben. Es wird folglich darüber nachzudenken sein, welche Hintergrundinformationen aus welchen Kontexten einer Befragungsperson sinnvollerweise in einer quantitativen Erhebung zusätzlich zu berücksichtigen sind.

Es ist darüber hinaus bekannt, dass neue Lebensabschnitte – sei es familiärer oder beruflicher Art – zudem auch eine vergleichsweise lernintensive Zeit bedeuten, um ein routiniertes Vorgehen im neuen Lebensabschnitt zu ermöglichen. Ob und inwieweit sich solche Situationen statistisch erfassen lassen und sich dies zudem mit Blick auf die verschiedenen Lernformen und deren Entwicklung als lohnenswert erweist, wird zu überprüfen sein.

Wie könnte also ein Raum in dem Lernaktivitäten oder verschiedene begriffliche Facetten von informellen Lernen verortet werden können gestaltet sein? Eine erste Dimension wäre denkbar durch „lebenslang" (Alter oder typische Lebensabschnitte). Eine weitere Dimension könnte den Grad der Organisiertheit oder der Formalisierung (ausgehend von Lehrendem) oder/und der Intentionalität (ausgehend von Lernendem) darstellen. Möglicherweise lassen sich weitere Dimensionen benennen. In einem solchen Raum ließen sich auf den verschiedenen Dimensionen Grenzen (Eichstriche) bestimmen, die eine kategoriale Zuordnung der im Raum verorteten Begriffe oder Lernaktivitäten zu z. B. einer oder mehrerer Lernformen erlaubten.

Es ist zu hoffen, dass eine genauere Beschreibung – möglicherweise mit anderer Konnotation durch die Freie Universität Berlin unter Leitung von Harm Kuper im Rahmen der „Studie zur Gewinnung von Indikatoren und einer Datengewinnungsstrategie für die Weiterbildungsstatistik in Deutschland" im letzten Quartal 2015 vorgelegt wird.

Literatur

Annen, S., Diezen, A., Gutschow, K., & Schreiber, D. (2012). Erfassung und Anerkennung informellen und non-formalen Lernens. Diskussionsvorlage für Workshop 3 am 30.03.2012 in Bonn.

Baethge, M. (2001). Paradigmenwechsel in der beruflichen Weiterbildung. In Arbeitsstab Forum Bildung in der Bund-Länder-Kommission für Bildungsplanung und Forschungsförderung (Hrsg.), *Lernen – ein Leben lang. Vorläufige Empfehlungen und Expertenbericht.* Bonn: Arbeitsstab Forum Bildung.

Baethge, M., Severing, E., & Weiß, R. (2013). *Handlungsstrategien für die berufliche Weiterbildung.* Bielefeld: wbv.

Bilger, F., & Strauß, A. (2013). Anhang 2. In F. Bilger, D. Gnahs, J. Hartmann & H. Kuper (Hrsg.), Weiterbildungsverhalten in Deutschland. Resultate des Adult Education Survey 2012 (S. 380–386). Bielefeld: wbv. doi:10.3278/14/1120w. http://www.die-bonn.de/doks/2013-weiterbildungsverhalten-01.pdf. Zugegriffen am 31.05.2015.

Bilger, F., & Kuper, H. (2013). Trendvergleich: Teilnahme und Aktivitäten. In F. Bilger, D. Gnahs, J. Hartmann & H. Kuper (Hrsg.), Weiterbildungsverhalten in Deutschland. Resultate des Adult Education Survey 2012 (S. 26–35). Bielefeld: wbv. doi:10.3278/14/1120w. http://www.die-bonn.de/doks/2013-weiterbildungsverhalten-01.pdf. Zugegriffen am 31.05.2015.

Bilger, F., Behringer, F., & Kuper, H.. (2013). Einführung. In F. Bilger, D. Gnahs, J. Hartmann & H. Kuper (Hrsg.), Weiterbildungsverhalten in Deutschland. Resultate des Adult Education Survey 2012 (S. 13–23). Bielefeld: wbv. doi:10.3278/14/1120w. http://www.die-bonn.de/doks/2013-weiterbildungsverhalten-01.pdf. Zugegriffen am 31.05.2015.

BMBF. (2015). Weiterbildungsverhalten in Deutschland 2014. Ergebnisse des Adult Education Survey – AES Trendbericht. Bonn. http://www.bmbf.de/pub/Weiterbildungsverhalten_in_Deutschland_2014.pdf. Zugegriffen am 21.05.2015.

Deutscher Bildungsrat. (Hrsg.). (1979). *Empfehlungen der Bildungskommission, Strukturplan für das deutsche Bildungswesen.* Stuttgart: Klett Verlag.

Dobischat, R., & Gnahs, D. (2008). Methodische Reflexionen und Verbesserungsansätze zum BSW-AES. In D. Gnahs, H. Kuwan & S. Seidel (Hrsg.), *Weiterbildungsverhalten in Deutschland. Bd. 2: Berichtskonzepte auf dem Prüfstand* (S. 219–229). Bielefeld: W. Bertelsmann Verlag.

Dohmen, G. (2001). *Das informelle Lernen. Die internationale Erschließung einer bisher vernachlässigten Grundform menschlichen Lernens für das lebenslange Lernen aller.* Bonn: BMBF.

EU-Kommission. (2000). Memorandum über Lebenslanges Lernen. Arbeitsdokument der Kommissionsstellen: SEK (2000). Brüssel. http://www.hrk.de/uploads/tx_szconvention/memode.pdf. Zugegriffen am 21.05.2015.

European Commission/Eurostat. (2006). Classification of Learning Activities. Manual Luxemburg. http://www.uis.unesco.org/StatisticalCapacityBuilding/Workshop%20Documents/Education%20workshop%20dox/2010%20ISCED%20TAP%20IV%20Montreal/NFE_CLA_Eurostat_EN.pdf. Zugegriffen am 21.10.2014.

Eurostat. (2012). Draft AES Manual. Version 9. November 2013. Luxemburg https://www.google.de/url?sa=t&rct=j&q=&esrc=s&frm=1&source=web&cd=1&ved=0CCEQFjAA&url=https%3A%2F%2Fcircabc.europa.eu%2Fd%2Fa%2Fworkspace%2FSpacesStore%2F23580311-3517-422b-9588-b365c10dc440%2FAES_MANUAL_2013_November.pdf&ei=FxeQVJf9O8XKaMKtgagD&usg=AFQjCNGcMXl9F57NL1xs4j9RYVqfo4SUZQ. Zugegriffen am 16.12.2014).

Kailis, E., & Pilos, S. (2005). Lebenslanges Lernen in Europa. In *Statistik kurz gefasst. Bevölkerung und soziale Bedingungen 8*. http://www.phil-fak.uni-duesseldorf.de/fileadmin/Redaktion/Institute/Sozialwissenschaften/BF/Lehre/SoSe2008/VL/eurostat_lebenslanges_lernen_in_europa.pdf. Zugegriffen am 30.06.2015.

Kuper, H. (2008). Operationalisierung der Weiterbildung – Begriffswelten und Theoriebezüge. In D. Gnahs, H. Kuwan & S. Seidel (Hrsg.), *Weiterbildungsverhalten in Deutschland. Bd. 2: Berichtskonzepte auf dem Prüfstand* (S. 35–42). Bielefeld: W. Bertelsmann Verlag.

Kuper, H., & Kaufmann, K. (2010). Beteiligung an informellem Lernen. Annäherungen über eine differentielle empirische Analyse auf der Grundlage des Berichtssystems Weiterbildung 2003. *Zeitschrift für Erziehungswissenschaften, 13*, 99–119. doi:10.1007/s11618-010-0110-2.

Kuper, H., & Schrader, J. (2013). Stichwort: Weiterbildung im Spiegel empirischer Bildungsforschung. *Zeitschrift für Erziehungswissenschaften, 16*, 7–28. doi:10.1007/s11618-013-0347-7.

Kuwan, H., & Seidel, S. (2013). Informelles Lernen Erwachsener. In: Frauke Bilger/Dieter Gnahs/Josef Hartmann/Harm Kuper (Hrsg.): Weiterbildungsverhalten in Deutschland. Resultate des Adult Education Survey 2012. doi:10.3278/14/1120w, S. 264-288. Bielefeld: wbv. http://www.die-bonn.de/doks/2013-weiterbildungsverhalten-01.pdf. Zugegriffen am 31.05.2015.

Overwien, B. (2005). Stichwort: Informelles Lernen. Zeitschrift für Erziehungswissenschaft, 8(3), 337–353 http://www.uni-kassel.de/fb05/fileadmin/datas/fb05/FG_Politikwissenschaften/FG_DidaktikderpolitischenBildung/zfekorrekturex.pdf. Zugegriffen am 22.10.2014.

Rohs, M. (2009). Quantitäten informellen Lernens. In M. Brodowski u. a. (Hrsg.), *Informelles Lernen und Bildung für eine nachhaltige Entwicklung,* (S. 35–42). Opladen: Verlag Barbara Budrich.

Sekretariat der ständigen Konferenz der Kultusminister der Länder in der Bundesrepublik Deutschland. (Hrsg.). (2001). Vierte Empfehlung der Kultusministerkonferenz zur Weiterbildung. Beschluss der Kultusministerkonferenz vom 01.02.2001. Bonn. http://www.kmk.org/fileadmin/veroeffentlichungen_beschluesse/2001/2001_02_01-4-Empfehlung-Weiterbildung.pdf. Zugegriffen am 11.09.2015.

Statistische Ämter des Bundes und der Länder. (ohne Jahr). Stichprobenerhebung über die Bevölkerung und den Arbeitsmarkt. Mikrozensus 2013 und Arbeitskräftestichprobe 2013 der Europäischen Union.

Quantitative Methoden zur Erforschung informellen Lernens

Experimenteller Ansatz

Johannes Moskaliuk und Ulrike Cress

Inhalt

1	Einleitung: Von der Schwierigkeit, informelles Lernen zu messen	660
2	Die Theoriebasierte Beschreibung des Konstrukts als erster Schritt einer deduktiven Forschungslogik	662
3	Die Suche nach effizienten Bedingungen für informelles Lernen	663
4	Die Operationalisierung als zweiter Schritt einer deduktiven Forschungslogik	665
5	Praxisnahe Methoden zur Messung informellen Lernens	667
6	Fazit	671
	Literatur	673

Zusammenfassung

Der Beitrag diskutiert die Bedeutung quantitativer Methoden für die Erforschung des informellen Lernens und geht auf die Besonderheit der deduktiven Forschungslogik ein. So erfordert die quantitative Erforschung informellen Lernens zwei vorbereitende Schritte: (1) Die *theoriebasierte Beschreibung* des Konstrukts „informelles Lernen" und dessen Bestandteile und (2) die *Operationalisierung*, die Validität und Reliabilität einer Messung berücksichtigen muss; Diese beiden Schritte erlauben es, geeignete Bedingungen zu identifizieren und zu erzeugen, in denen sich informelles Lernen *beobachten* und mit zuvor definierten Instrumenten *messen* lässt. Ziel der deduktiven Forschungslogik sind Aussagen darüber, welche Bedingungen informelles Lernen (ursächlich) fördern. In diesem Beitrag werden praxisnahe Methoden zur Messung informellen Lernens vorgestellt und

---

J. Moskaliuk (✉)
EBC-Hochschule, Düsseldorf, Deutschland
E-Mail: johannes.moskaliuk@uni-tuebingen.de

U. Cress
Leibniz-Institut für Wissensmedien (IWM), Tübingen, Deutschland
E-Mail: u.cress@iwm-tuebingen.de

ihre Bedeutung für die Erforschung informellen Lernens diskutiert. Als Fazit wird die methodische Vielfalt als wichtige Voraussetzung für gültige und praxisrelevante Ergebnisse diskutiert.

Schlüsselwörter

Informelles Lernen • Psychologisches Experiment • Quantitative Methoden • Psychologische Theorien • Operationalisierung

1 Einleitung: Von der Schwierigkeit, informelles Lernen zu messen

Das Messen des Lernerfolgs in formalen Lernsettings hat Hochkonjunktur. Seit dem Jahr 2000 wird in der PISA Studie (Programme for International Student Assessment) die Schulleistung von Schülerinnen und Schülern alle drei Jahre im internationalen Vergleich gemessen (Baumert et al. 2001). Im Jahr 2011 wurde mit TIMMS (Third International Mathematics and Science Study) zum dritten Mal der Bereich Mathematik und Naturwissenschaften ebenfalls international untersucht.

Beim *formalen Lernen* ist durch vorgegebenen Lernziele, feste Curricula oder Prüfungsanforderungen festgelegt, welches Wissen oder welche Fähigkeiten die Lernenden erwerben sollen. Auch der Zeitraum, in dem ein bestimmtes Wissen erworben werden soll, die Lerninhalte, die eingesetzten Lehrmethoden und der Lernort sind in vielen Fällen standardisiert. Um formales Lernen zu messen kann deshalb z. B. in einer Klausur, einer Prüfung oder einem anderen Testverfahren der Soll- mit dem Ist-Zustand verglichen werden. Das erlaubt eine Aussage über den Lernerfolg einer einzelnen Personen im Vergleich zu anderen Personen (Paul ist besser als Marie.), im Vergleich zur Leistung zu einem vorherigen Zeitpunkt (Paul hat sich um drei Punkte verbessert) oder im Vergleich mit einem definierten Soll-Kriterium (Marie hat 90 von 100 Punkten erreicht). Außerdem ist so der Vergleich von Gruppen möglich, z. B. zwischen Schulklassen, unterschiedlichen Lernmethoden, oder Ländern.

Informelles Lernen geschieht häufig „nebenbei", z. B. vermittelt über Erfahrungen am Arbeitsplatz, während der Zusammenarbeit mit anderen oder als Ergebnis des eigenständigen Lösens von herausfordernden Aufgaben (Eraut 2004). Zentrales definitorisches Kriterium ist dabei, dass Lernen außerhalb formaler Lernsettings stattfindet. Es gibt keine vorgegebenen Lernziele oder Curricula, die Lernenden entscheiden selbst über Lerninhalte, Zeit und Ort. So vielfältig wie die Lerninhalte, sind auch die Lernmethoden und die verwendeten Lernmaterialien: Für das Vorbereiten eines Vortrags suchen Personen in der Bibliothek, aber immer häufiger auch im Internet nach weiterführender Literatur; bei der Prüfungsvorbereitung nutzen sie Lehrbücher und betrachten auch Online-Videos; in der Online-Enzyklopädie arbeiten sie an Artikeln mit, dessen Inhalt sie interessiert. Im Arbeitsalltag fragen Personen Kolleginnen oder Kollegen auf dem Gang nach ihrer Einschätzung; sie lernen Geschäftsprozesse und Arbeitsaufgaben durch Beobachten und Ausprobieren.

Die Beispiele machen unmittelbar deutlich: Beim informellen Lernen gibt es hohe interpersonelle und intersituative Varianz. Dabei kann informelles Lernen zwar grundsätzlich überall stattfinden, allerdings führt nicht jede Situation tatsächlich zum Lernen. Die zentralen Fragen sind deshalb, welche Lern- und Arbeitsumgebungen informelles Lernen fördern, was bei ihrer Gestaltung zu berücksichtigen ist, und ob vorhergesagt werden kann, welche Personen in bestimmten Situationen neues Wissen erwerben und welche nicht.

Das erfordert allerdings, informelles Lernen zu messen, und es stellt sich die Frage, ob eine Quantifizierung des Lernerfolgs – wie sie im Bereich des formalen Lernens etabliert ist – auch für informelles Lernen möglich ist? Nur wenn sich informelles Lernen messen lässt können z. B. Personen oder Situationen miteinander verglichen werden. Nur dann kann auf kausale Zusammenhänge geschlossen werden, also darauf dass eine gewisse Situation tatsächlich informelles Lernen unterstützt.

Was unterscheidet qualitative und quantitative Methoden? Auch qualitative Methoden erlauben eine detaillierte Beschreibung von Lernprozessen und -ergebnissen, klassifizieren Beobachtungen und leiten daraus Anregungen für die Gestaltung von Lehr-/Lernsetting ab. Sie gehen dabei aber zumeist *induktiv* vor, schließen also aus einzelnen Beobachtungen auf zugrundeliegende Prinzipien, Gesetze oder Erklärungen oder leitet daraus Empfehlungen für die Gestaltung von Lehr-/Lernszenarien ab. Demgegenüber geht quantitative Forschung häufig *deduktiv* vor. Auf Basis einer Theorie werden Annahmen generiert, aus denen sich konkrete und häufig kausale Hypothesen (d. h. Hypothesen über ursächliche Zusammenhänge) ergeben, die dann empirisch überprüft werden können. Ein *theoretisches Konstrukt* (z. B. Lernerfolg) wird über eine entsprechende *Operationalisierung* (z. B. Anzahl der Fehler in einem Wissenstest) messbar gemacht und ermöglicht so die Anwendung *inferenzstatistischer Verfahren*, d. h. Verfahren, die Aussagen über statistisch bedeutsame Unterschiede zwischen zwei oder mehr Gruppen möglich machen. Das Ziel dieser deduktiven Methode ist es, Prozesse und Ergebnisse nicht nur zu beschreiben, sondern Zusammenhänge zwischen Faktoren abzuleiten und zu überprüfen (z. B. Lernerfolg und persönliches Interesse hängen zusammen) und deren *kausale* Beziehung zu identifizieren (z. B. Interesse fördert den Lernerfolg).

In diesem Beitrag wird zunächst die grundlegende Herangehensweise quantitativer Forschung vorgestellt und relevante methodische Grundüberlegungen skizziert. Ein Schwerpunkt liegt auf der deduktiven Forschungslogik ein, die eng mit quantitativen Methoden verknüpft ist. Dabei geht es darum, der oben genannten hohen interpersonellen und intersituativen Varianz von informellem Lernen Rechnung zu tragen, und dennoch allgemeine und kausale Aussagen zu förderlichen bzw. hinderlichen Bedingungen zu machen. Auch die Grenzen der Erfassbarkeit von informellem Lernen wird diskutiert und die Frage, wie sich aus einer Kombination aus qualitativen und quantitativen Forschungsmethoden praxisrelevante Antworten ergeben können.

Im Abschn. 1 wird deshalb zunächst auf die theoriebasierte Beschreibung des Konstrukts informelles Lernen als erster Schritt einer deduktiven Forschungslogik eingegangen. Darauf aufbauend werden im Abschn. 2 beispielhaft effiziente

Bedingungen für informelles Lernen konkretisiert, die sich aus grundlegenden theoretischen Überlegungen ergeben. Als zweiter Schritt einer deduktiven Forschungslogik wird im Abschn. 3 die Bedeutung der Operationalisierung theoretischer Konstrukte vorgestellt und dabei insbesondere auf die Bedeutung der Validität und Reliabilität eingegangen. Im Abschn. 4 werden dann praxisnahe Methoden vorgestellt, mit denen sich informelles Lernen messen lässt.

2 Die Theoriebasierte Beschreibung des Konstrukts als erster Schritt einer deduktiven Forschungslogik

Voraussetzung für das quantitative Messen von informellem Lernen ist eine theoriebasierte Beschreibung des zu messenden Konstrukts. Die Pädagogische Psychologie bzw. die Lern- und Bildungsforschung hat sich in den letzten drei Jahrzehnten konsequent zu einer Naturwissenschaft entwickelt. Im Sinne eines theoriebasierten Ansatzes ist die grundsätzliche Herangehensweise deshalb deduktiv. So stehen am Anfang des Forschungsprozesses Annahmen zu Beziehungen zwischen theoretischen Konstrukten. Aus diesen Annahmen werden Hypothesen abgeleitet, die empirisch überprüft werden können (z. B. persönliches Interesse führt zu einer intensiveren Auseinandersetzung mit Inhalten, was wiederum den Lernerfolg steigert). Die Messung eines beobachtbaren Phänomens (z. B. bessere Problemlöseleistung in der Experimentalgruppe im Vergleich zur Kontrollgruppe) macht auf Basis entsprechender inferenzstatistischer Verfahren dann die Annahme (Verifikation) oder Ablehnung (Falsifikation) der Hypothese möglich.

Eine *gute Theorie* kommt mit möglichst wenigen Annahmen aus (Kriterium der Sparsamkeit), um ein beobachtbares Phänomen zu beschreiben, sie ist eindeutig formuliert und ermöglicht das Ableiten von *falsifizierbaren Hypothesen*. Mit einer Theorie und den daraus abgeleiteten Hypothesen sollen Zusammenhänge *kausal* erklärt werden, also auftretende Phänomene als *Effekte vorher definierter Ursachen* beschrieben werden. Darauf bezieht sich auch die Unterscheidung zwischen *abhängigen Variablen* (Effekten) und *unabhängigen Variablen* (Ursachen). Nur wenn sich aus einer Theorie eindeutige und widerspruchsfreie Hypothesen ableiten lassen, kann ein psychologisches Experiment geplant und durchgeführt werden. Im Bereich des informellen Lernens geht es darum, Bedingungen zu identifizieren, die informelles Lernen fördern oder beeinflussen. Informelles Lernen ist damit zumeist die abhängige Variable, die Bedingungen die unabhängige Variable.

Ein *Experiment* zeichnet sich gegenüber einer bloßen Beobachtung dadurch aus, dass systematisch verschiedene Bedingungen miteinander verglichen werden. Dazu wird die unabhängige Variable *manipuliert* (z. B. wird bei der einen Hälfte von Personen ein hohes persönliches Interesse erzeugt, bei der anderen aber ein niedriges) und es wird ihr Einfluss auf die abhängige Variable (z. B. Leistung in einer Problemlösesituation) erhoben. Um verlässliche Aussagen über den Effekt einer unabhängigen Variable zu machen zu können, müssen also mindestens zwei Bedingungen miteinander verglichen werden, die sich lediglich in Bezug auf die unabhängige Variable unterscheiden. Alle anderen Einflussfaktoren werden möglichst konstant gehalten. Die Probanden werden dabei zufällig den Bedingungen zugeteilt, um sicherzustellen, dass Unterschiede zwischen den Gruppen im Bezug auf die abhängige Variable ausschließlich mit der Manipulation, und nicht mit anderen Störvariablen erklärt werden können. Die *randomisierte (d. h. zufällige) Zuteilung der Personen zu den unterschiedlichen Bedingungen* ist die Voraussetzung für die logisch eindeutige Interpretation kausaler Beziehungen.

3 Die Suche nach effizienten Bedingungen für informelles Lernen

Aus methodischer Sicht ist die Frage zentral, welche Situationen ausgewählt oder erzeugt werden müssen, damit informelles Lernen quantitativ gemessen werden kann. Dazu ist es zunächst notwendig, das Konstrukt informelles Lernen zu definieren. Im nächsten Schritt ergeben sich Hypothesen, die explizit formulieren, welche Bedingungen –nach den Annahmen der zugrundeliegenden Theorie– als förderlich für informelles Lernen angesehen werden können. Auf Basis grundlegender psychologischer Theorien lassen sich die folgenden definitorischen Bedingungen für informelles Lernen formulieren:

1. *Die Lernenden entscheiden auf Basis ihres individuellen Interesses, welchem Lerninhalt sie sich zu wenden und wie lange.* Interesse beschreibt die dispositionale Präferenz einer Person, sich mit bestimmten Themen auseinander zu setzen (Krapp 2005, 2007). Interesse ist also gegenstandsspezifisch, geht mit einer positiven Valenz einher und hat als relativ stabiles Merkmal eine hohe diagnostische Vorhersagekraft (z. B. in Bezug auf die Berufswahl). Unterschieden werden kann situationales Interesse, das als Ergebnis bestimmter Umweltreize erst entsteht (z. B. durch eine aufwendige, multimediale Darstellung eines Lerninhaltes) und aktualisiertes Interesse. Hier wird ein bereits bestehendes gegenstandsspezifisches Interesse durch entsprechende Umweltreize geweckt und wird damit verhaltenswirksam.
2. *Die Lernenden sind intrinsisch motiviert, sich mit einem Lerninhalt zu beschäftigen und diesen zu vertiefen.* Deci und Ryan (2000) beschreiben intrinsische Motivation als autonomes und selbstbestimmtes Handeln mit dem Ziel persönliche Entwicklung. In ihrer Selbstbestimmungstheorie beschreiben sie drei Grundbedürfnisse: Das Bedürfnisse nach Autonomie (z. B. Ich entscheide, womit ich mit beschäftige.), nach Kompetenz (z. B. Ich bin zufrieden mit meiner Leistung.) und nach sozialer Eingebundenheit (z. B. „Ich habe das Gefühl, dazu zugehören".). Wenn diese Grundbedürfnisse erfüllt sind, sind Personen intrinsisch motiviert. Sie beteiligen sich dann z. B. stärker am Wissensaustausch mit anderen (Kimmerle 2010), profitieren nicht nur passiv von den Informationen anderer, ohne selbst beizutragen (Osterloh und Frey 2000) und zeigen höhere Lernleistungen (Schiefele und Schreyer 1994).
3. *Die Lernenden verfügen über die entsprechenden Kompetenzen und Ressourcen um über die eingesetzten Lernmethoden und -strategien selbstgesteuert entscheiden*

zu können. Selbstgesteuertes Lernen bezieht sich auf die lernförderliche Kontrolle von Kognitionen, Metakognitionen und Verhalten (Zimmerman 1990). Die Lernenden legen selbstständig fest, wann, wo, wie und mit welchem Ziel sie etwas lernen möchten und überwachen ihren Lernfortschritt. Dabei spielen auch motivationale Faktoren eine Rolle, z. B. die Frage nach intrinischer Motivation und Interesse, nach externen Anreizen oder Leistungs- und Lernzielen. Dazu kommen emotionale Faktoren (z. B. Spaß, Erleben von Selbstwirksamkeit) die selbstgesteuertes Lernen beeinflussen können. Selbstgesteuertes Lernen lässt sich in vier Phasen beschreiben (Boekaerts 1997): Zunächst wird (1) die Aufgabe bzw. das Problem definiert, daraus ergibt sich (2) ein Ziel, dann wird (3) die eigentliche Aufgabe bearbeitet, was (4) zu einer Veränderung führt.

4. *Das Ergebnis informellen Lernens zeigt sich in Handlungswissen, d. h. in erworbenen Kompetenzen, neuen Verhaltensstrategien oder erfolgreichen Lösungen für Probleme.* Für Handlungswissen (de Jong und Ferguson-Hessler 1996) ist einerseits *prozedurales Wissen* notwendig, das sich als eine Beziehung zwischen bestimmten Bedingungen und daraus resultierendem Handeln beschreiben lässt (z. B. wie die Bauteile eines Computers ausgetauscht werden oder welche Einstellungen verändert werden müssen, um einen Fehler zu beheben). Anderseits ist für eine erfolgreiche Problemlösung auch deklaratives Wissen notwendig, also Wissen über Daten und Fakten (z. B. über die Bezeichnung der einzelnen Bauteile eines Computers oder dessen grundsätzliche Funktionsweise). Handlungswissen ist der Teil des Wissens, das aktiviert wird (de Jong und Ferguson-Hessler 1996), um ein Problem oder eine Aufgabe zu lösen. Es ist in hohem Maße situiert – also an einem bestimmten Kontext gebunden (Greeno 1998). Außerdem ist Handlungswissen in der Regel implizit (Polanyi 1966) und kann nur durch Beobachten und Ausprobieren erworben werden.

Aus diesen theoretischen Überlegungen wird eine Herausforderung im Bezug auf quantitative Methoden zur Erforschung informellen Lernens deutlich: Informelles Lernen lässt sich nicht definitorisch präzise von anderen Formen des Wissenserwerbs abgrenzen. Auch innerhalb formaler Settings kann informelles Lernen auftreten, z. B. wenn Schülerinnen und Schüler nach einer Unterrichtsstunde freiwillig ein Thema vertiefen, in der Schule erworbene Kompetenzen in anderen Themenbereichen weiterentwickeln oder eigene Themen einbringen. Informelles Lernen sollte deshalb nicht Abgrenzung zu formalem Lernen definiert werden (Moskaliuk und Cress 2014), sondern als eine Form des selbstgesteuerten Lernens, das die Interessen der Lernenden in den Mittelpunkt stellt, und durch den Wissensbedarf angeregt wird, der sich aus konkreten alltäglichen Herausforderungen ergibt. Diese Schärfung des Konstrukts informelles Lernen ist notwendig, um geeignete Kriterien für dessen Messung ableiten zu können.

Eine weitere Herausforderung für die Erforschung informellen Lernens mit quantitativen Methoden ist aus methodischer Sicht, dass sich informelles Lernen per definitionem eher ungeplant und spontan auftritt, und zwar in der Regel in Settings, in denen standardisierte Messungen nicht ohne Weiteres möglich ist (z. B. beim Recherchieren im Internet, beim Austausch an der Kaffeemaschine oder beim Beobachten und Ausprobieren). Um informelles Lernen quantitativ zu untersuchen können, müssen deshalb Bedingungen identifiziert und gegebenenfalls geschaffen werden, in denen sich informelles Lernen beobachten und damit messen lässt. Das ist nur möglich auf Basis präziser Theorien, aus denen sich förderliche und hinderliche Bedingungen für informelles Lernen ergeben. Dazu kommt, dass sich Handlungswissen kaum mit einem Fragebogen oder einem Wissenstest erfassen lässt. Vielmehr müssen realitätsnahe Aufgaben und Probleme, entwickelt werden, mit deren Hilfe sich Verhaltensweisen und Lösungsstrategien der Probanden unter kontrollierten Bedingungen messen lassen. Für die quantitative Erforschung informellen Lernens ergeben sich deshalb zwei grundsätzliche Herangehensweisen: Zum einen praxisnahe und realistische Bedingungen im Feld, zum anderen Laborbedingungen. Beide Herangehensweisen setzen voraus, dass entsprechende Bedingungen geschaffen werden, unter denen informelles Lernen auftritt. Im Feld wird in quasi-experimentellen Designs die natürliche Variation einer Variable genutzt (z. B. Interesse am Thema vs. keine Interesse am Thema), unterschiedliche didaktische Konzeptionen gegeneinander getestet, die Wissensentwicklung über die Zeit untersucht (z. B. vor einer Maßnahme und nach einer Maßnahme) oder mit Längsschnittstudien ein längerer Zeitpunkt untersucht. Im Labor liegt der Fokus auf einzelnen Variablen, die unabhängig von einander manipuliert werden, um Störvariablen möglichst auszuschließen. So können spezifische Hypothesen getestet werden, die sich auf einzelne Prozesse und Ursachen beziehen. Beide Herangehensweisen setzen eine theoretische Fundierung und die valide Operationalisierung entsprechender Konstrukte voraus.

4 Die Operationalisierung als zweiter Schritt einer deduktiven Forschungslogik

Aus den theoretischen Konstrukten müssen im nächsten Schritt mögliche *Operationalisierungen* abgeleitet werden. Dabei wird entschieden, wie die interessierenden Konstrukte in der erfahrbaren Umwelt beobachtet oder gemessen werden können. Das Konstrukt „Interesse" könnte z. B. durch Selbstauskunft gemessen werden kann, durch Fremdaussagen (z. B. des Vorgesetzten), oder durch Verhaltensdaten wie z. B. die Dauer, mit der sich jemand einer Aufgabe zuwendet. Bei der Operationalisierung wird das theoretische Konstrukt also auf beobachtbare Kriterien übertragen. Dadurch wird es messbar. Das ist notwendig, um Hypothesen über den Zusammenhang von theoretischen Konstrukten an der Realität zu testen und kausale Zusammenhänge zu überprüfen. Ein einzelnes Kriterium kann ein Konstrukt nie vollständig erfassen. Gleichzeitig erfasst ein einzelnes Kriterium immer mehr als ein Konstrukt. Die zentrale Herausforderung ist deshalb, möglichst relevante Kriterien zu finden, die das entsprechende Konstrukt spezifisch, trennscharf und adäquat erfassen können.

Ein theoretisches Konstrukt kann immer mit mehreren unterschiedlichen Operationalisierungen gemessen werden. Im Sinne einer Triangulation trägt die Kombination unterschiedlicher Methoden (insbesondere auch quantitativer und qualitativer

Methoden) grundsätzlich zur Steigerung der Aussagekraft einer empirischen Untersuchung bei. Das Ausmaß des Interesses am Thema kann z. B. in einer einzigen Studie sowohl mit Hilfe der Zeit gemessen werden, die eine Person mit der Beschäftigung mit einem Thema verbringt (je mehr Zeit eine Person investiert, desto höher ist ihr Interesse am Thema), außerdem mit einem Fragebogen, der gegenstandsspezifisches Interesse abfragt, sowie mit standardisierten Beobachtungen (z. B. „Wie oft lässt sich eine Person ablenken?" oder „Wie konzentriert arbeitet sie?"). Auch physiologische Daten (z. B. Blickbewegungen, Hautleitfähigkeit) können Hinweise auf das Interesse einer Person sein.

Qualitätskriterien für die Operationalisierung sind die *Reliabilität* (Zuverlässigkeit, Genauigkeit) und die *Validität* (Gültigkeit) der Messung. Die Reliabilität der Messung lässt sich durch entsprechende statistische Verfahren berechnen, z. B. über die Korrelation zweier Messungen zu unterschiedlichen Zeitpunkten (Retest-Realiablität) oder über die Korrelation aller Items einer Skala mit der Gesamtskala (Interne Konsistenz). Die Validität einer Messung basiert im Wesentlichen auf einer Bewertung durch Experten. Hier geht um z. B. um die Frage, ob eine verwendete Messung (z. B. Punktezahl in einem Wissentest) bereits als Messmethode für ein theoretisches Konstrukt etabliert ist (was durch entsprechende wissenschaftliche Publikationen belegbar ist). Ein Indikator für die Validität einer neuen Messmethode ist, ob diese mit einer anderen etablierten Messung (z. B. Qualität der von den Probanden geschriebenen Essays) für dasselbe Konstrukt korreliert bzw. sich hinreichend von anderen Konstrukten und deren Operationalisierungen unterscheidet. Ob die Operationalisierung eines theoretischen Konstrukts als valide angesehen werden kann, ist Gegenstand des wissenschaftlichen Diskurses. Letztlich ist entscheidend, ob eine bestimmte Operationalisierung für ein Konstrukt etabliert ist, also bereits in anderen empirischen Untersuchungen eingesetzt wurde. Insbesondere bei neuen theoretischen Konzepten oder weiterentwickelten und veränderten Theorien ist es deshalb oft eine Herausforderungen, eine gültige Operationalisierung für ein Konstrukt zu finden und die wissenschaftliche Community von dessen Gültigkeit zu überzeugen.

Validität ist nicht nur mit Bezug auf eine Operationalisierung bedeutsam (ob eine Operationalisierung das Konstrukt wirklich gut abbildet), sondern auch mit Bezug auf die Gültigkeit der erzielten Ergebnisse einer Studie. So bezieht sich die *externe Validität* auf die Frage, ob die Ergebnisse einer Studie generalisiert werden können, also übertragbar sind auf andere Personen und Situationen. Die *ökologische Validität* fokussiert im Besonderen auf die Übertragbarkeit von empirischen Ergebnissen aus psychologischen Experimenten im Labor in den Alltag und die Praxis. Die externe bzw. ökologische Validität ist ein zentrales Problem experimenteller Forschung unter Laborbedingungen. Im Labor lassen sich Störvariablen kontrollieren. Das ist aus methodischer Sicht die Voraussetzung für die gültige Interpretation der Ergebnisse, bildet aber gleichzeitig die Vielzahl der möglichen Situationen und Bedingungen nur unzureichend ab. Informelles Lernen ist in der Praxis ein Zusammenspiel vieler sich gegenseitig beeinflussender Variablen.

Dem gegenüber steht die *interne Validität*. Eine hohe interne Validität ist gegeben, wenn alternative Erklärungen für die Ergebnisse ausgeschlossen werden können, wenn also Unterschiede zwischen den Bedingungen (abhängigen Variable) ausschließlich mit der Manipulation der unabhängigen Variable erklärt werden können. Insbesondere Versuchsleitereffekte, Vorannahmen der Probanden über die erfolgten Manipulationen, reaktives Verhalten oder Probleme bei der Messung (z. B. Boden- und Deckeneffekte) können die interne Validität gefährden. Die Kontrolle von Störvariablen und die randomisierte Zuteilung der Probanden zu den Bedingungen sind Voraussetzungen für eine hohe interne Validität. Eine hohe interne Validität geht deshalb immer auf Kosten der externen bzw. ökologischen Validität. Eine Lösung für dieses Dilemma liegt in der Kombination unterschiedlicher Forschungsmethoden – quantitativ und qualitativ, experimentell und quasi-experimentell, im Labor und im Feld.

5 Praxisnahe Methoden zur Messung informellen Lernens

Grundsätzlich stehen für die quantitative Erforschung informellen Lernens alle Messmethoden zur Verfügung, die auch im Bereich des formalen Lernens in unterschiedlichen Disziplinen eingesetzt werden. Einen hohen Stellenwert in der psychologischen Forschung nehmen Fragebogen-Methoden ein. Bei einem Fragebogen lassen sich offene und geschlossene Antwortformate unterscheiden. *Offene Frageformate* (z. B. „Welches Thema interessiert Sie gerade besonders?") lassen den Probanden mehr Freiraum für die Beantwortung der Frage und erlauben auch die Messung von Aspekten, die bei der Konstruktion eines Fragebogens noch nicht berücksichtigt wurden. Allerdings ist der Aufwand für die Auswertung höher, bei komplexen Antworten (die mit Hilfe eines Kodier-Schemas ausgewertet werden müssen) kann die Reliabilität eingeschränkt sein. Geschlossene Fragen erlauben eine effiziente Auswertung und weisen in der Regel eine höhere Reliabilität auf, schränken die Probanden aber auf die vorgegebenen Antworten ein. Insbesondere wenn standardisierte und etablierte Verfahren vorliegen (z. B. bei Persönlichkeitstests oder Intelligenztests) ist der Einsatz eines Fragebogens für viele Forschungsfragen eine geeignete Messmethode. Auch für die oben beschriebenen Konstrukte liegen entsprechende Messmethoden vor. *Interesse* lässt sich z. B. mit dem Allgemeinen Interessen-Struktur-Test (Bergmann und Eder 1992) messen. Der Test basiert auf dem Interessens-Modell von Holland (1996) und erfasst sechs Dimensionen (z. B. intellektuell-forschendes Interesse oder künstlerisch-sprachliches Interesse). Für die Messung der *Motivation* existieren unterschiedlicher Messmethoden, die sich auf die Lern- und Leistungsmotivation beziehen, z. B. die Skalen zur Erfassung der Lern- und Leistungsmotivation (Spinath et al. 2002). Für die Messung der intrinsischen Motivation haben Deci und Ryan (2003) das Intrinsic Motivation Inventory vorgelegt, das mittlerweile in zahlreichen Studien validiert wurde und auch als deutschsprachige Kurzskala vorliegt (Wilde et al. 2009). Auch für die Messung von *Selbstgesteuertem Lernen* liegen standardisierte Fragebogenverfahren vor. Das Inventar zur Erfassung von Lernstrategien im Studium (Schiefele und Wild 1994) wurde für Studierende und andere erwachsene Lernenden konzipiert und erfasst kognitive, metakognitive und ressourcenbezogene Strategien. Mit der Lernstilanalyse von Kolb (1985) liegt ein vielfach überarbeitetes und validiertes Fragebogenverfahren zur Messung individueller Unterschiede im Lernverhalten vor. Die Messung von *Handlungswissen* hängt vom spezifischen Lerninhalt ab, hier liegen keine standardisierte Verfahren vor – zumal sich Handlungswissen nur unzureichend mit Fragebogen-Methoden messen lässt. Zu nennen sind hier erweiterte Fragebogenmethoden zu nennen, die klassische Antwortformate z. B. mit dem Einsatz von Videos ergänzen bei denen die Probanden Problemlösungen schildern müssen (vgl. Bertram et al. 2015) oder die auf umfangreichen Kompetenzmodellierungen basieren (vgl. Fleischer et al. 2013).

Ein zentrales Problem beim Einsatz von Fragebogenmethoden sind Antworttendenzen, die eine Messung verfälschen können, z. B. eine Tendenz zur Mitte (bei mehrstufigen Skalen werden eher die Skalenpunkte in der Mitte ausgewählt) oder eine Ja-Sage-Tendenz (es wird unabhängig vom Inhalt der Frage eher mit ja als mit nein geantwortet). Werden Fragebögen für die Selbstauskunft verwendet (z. B. bei Persönlichkeitstests) spielt auch die soziale Erwünschtheit der Antworten eine Rolle: Die Probanden tendieren dazu, ihre Antworten an einer (angenommenen) sozialen Norm auszurichten. Weitere Verzerrungen wie z. B. Reihenfolgeeffekte, Framing-Effekte, eine Stichprobenselektivität oder Versuchsleitereffekte können durch eine entsprechende Gestaltung des Untersuchungssettings und die sorgfältige Formulierung der Fragen abschwächt werden. Dennoch stellt sich bei der Messung von informellem Lernen die Frage, welche zusätzlichen quantitativen Methoden eingesetzt werden können, um die Aussagekraft einer empirischen Untersuchung zu steigern.

Hier sind zunächst *Fremdratings* zu nennen. Hier wird Verhalten, Einstellung oder Persönlichkeit der Probanden durch andere Personen beurteilt, und ergänzt als Fremdbeschreibung die Selbstbeschreibung der Probanden. Dazu müssen die Fremdrater die Probanden im Bezug auf die zu bewertenden Aspekte ausreichend gut kennen, um deren Leistung oder andere persönliche Variablen einschätzen zu können. Zu berücksichtigen ist, dass auch diese Daten durch Antworttendenzen bewusst oder unbeabsichtigt verfälscht werden können, z. B. wenn eine Führungskraft einen Mitarbeitenden generell für besonders kompetent hält oder sich bei der Bewertung von strategischen Überlegungen leiten lässt. Um die Reliabilität der Messung zu erhöhen, ist es hilfreich, die Rater entsprechend zu schulen und mit der Anwendung des Messinstruments und ggf. den zugrundeliegenden theoretischen Konzepten vertraut zu machen. In Bezug auf informelles Lernen sind Fremdratings insbesondere dann eine effiziente Herangehensweise, wenn diese Daten bereits vorliegen und genutzt werden können, z. B. Bewertungen der Schulleistungen in Zeugnissen oder die Ergebnisse regelmäßiger Leistungsbeurteilungen durch Führungskräfte.

Eine weitere Messmethode sind *Transfermaße*. Die Messung des Transfers bezieht auf die Anwendung von Wissen aus einem Themenbereich auf einen Anderen oder die Übertragung einer Lösung auf eine ähnliche Fragestellung (Gick und Holyoak 1980; Ross und Kennedy 1990). Dieser Transfer gelingt nur, wenn die Lernenden die Tiefenstruktur einer Aufgabe oder eines Problems verstanden haben und nicht zu stark auf die Oberflächenmerkmale achten (Gentner 1983; Reeves und Weisberg 1994). Im Bezug auf das informelle Lernen bezieht sich die Messung des

Transfers auch auf die Anwendung informell erworbenen Wissens in formalen Bildungs- und Arbeitskontexten. Um Transfer zu messen, müssen die Probanden eine konkrete Aufgabe oder Fragestellung lösen, die nur gelöst werden kann, wenn bestimmtes Wissen bzw. bestimmte Kompetenzen vorhanden sind. Aus dem Vorgehen der Probanden bei der Lösung bzw. der eigentlichen Lösung kann dann auf deren Handlungswissen geschlossen werden. Transfermaße sind von hoher Relevanz für die Erforschung des informellen Lernens. Handlungswissen lässt sich letztlich nur valide messen, wenn die Probanden konkrete, praxisnahe Fragestellungen lösen. Gleichzeitig ist die Entwicklung von Transfermaßen und auch deren Durchführung und Auswertung in der Regel relativ aufwendig. Es müssen entsprechende Aufgaben entwickelt werden, die schwierig genug sind, um Transfer zu messen, sich aber dennoch im Bezug auf die Tiefenstruktur trennscharf auf das entsprechende Wissen bzw. die entsprechenden Kompetenzen beziehen, die gemessen werden sollen.

Die Methode des *Experience Sampling* wurde von Mihaly Csikszentmihalyi (Csikszentmihalyi et al. 1977) entwickelt, um Erfahrungen und Gefühle seiner Probanden außerhalb des Labors zu erfassen. Einen umfassenden Überblick über die Methode bietet das Buch von Hektner et al. (2007). Die Probanden werden mit Hilfe eines Pagers oder einem anderen mobilen Gerät während des Untersuchungszeitraums (in der Regel mehrere Tage bis Wochen) zu zufällig gewählten Zeitpunkten aufgefordert, kurze Fragebögen auszufüllen, die sie in einem Notizbuch bei sich haben. Das direkte Beantworten der Fragen in zufällig ausgewählten Situationen erlaubt eine ökologisch valide Messung, sowohl quantitativer als auch qualitativer Daten und hat gleichzeitig eine höhere Reliabilität als die retrospektive Messung. Nicht zuletzt aufgrund der weiterentwickelten technischen Möglichkeiten (Barrett und Barrett 2001) ist die Methode des Experience Sampling eine effiziente und flexible Methode, um informelles Lernen zu untersuchen. Auf Smartphones können die Probanden z. B. einen Fragebogen direkt beantworten, und es können einfach zusätzliche Daten zum Aufenthaltsort der Probanden oder weitere Nutzungsdaten erhoben werden (z. B. das Aufrufen einer bestimmten Webseite).

Eine weitere Methode ist die Nutzung *objektiver Daten* (z. B. Tagesumsatz eines Verkäufers), die als Kriterien für ein theoretisches Konstrukt dienen können (z. B. Fachwissen über die verkauften Produkte). Auch hier ist die Frage nach der Validität eines Kriteriums entscheidend (z. B. wenn der Tagesumsatz eines Verkäufers eher vom Wetter als von seinem Fachwissen abhängt) und muss deshalb berücksichtigt werden. Außerdem geht es darum, trennscharfe Kriterien zu finden, die möglichst wenige Konstrukte gleichzeitig messen (z. B. da der Tagesumsatz sowohl ein Kriterium für Fachwissen ist als auch für Beratungskompetenz oder Kundenorientierung). Auch hier gilt, dass die Arbeit mit objektiven Daten insbesondere dann sinnvoll ist, wenn bereits eine Datenbasis vorhanden ist und genutzt werden kann.

Die Verfügbarkeit von digitalen Medien ermöglicht die einfache Erhebung von *Nutzungsdaten* (z. B. Welche Suchbegriffe geben Probanden in eine Suchmaschine ein? Wie lange ist eine Person online?) oder Netzwerkdaten (z. B. Mit wem steht eine Person im E-Mail-Kontakt? An welchen Wikipedia-Artikeln arbeite sie mit?).

Diese Daten können mit computergestützten Methoden (z. B. Logfile-Analyse, Netzwerkanalyse) ausgewertet werden, und erlauben Rückschlüsse auf psychologische Prozesse. Noch einen Schritt weiter gehen Methoden der automatischen Inhaltsanalyse, die auf Basis linguistischer Algorithmen Rückschlüsse auf den Inhalt oder Qualität eines Textes erlauben (Graesser et al. 2004). Insbesondere im Bezug auf die Erforschung des computergestützten informellen Lernen (z. B. in der Online-Enzyklopädie Wikipedia) hat sich die Erhebung von Nutzungsdaten als effiziente Forschungsmethode erwiesen. So kann z. B. die Mitarbeit eines Autors an Artikeln einer bestimmten Inhaltsdomäne in der Online-Enzyklopädie Wikipedia zur Messung seiner Expertise in diesem Bereich verwendet werden und die Anzahl der Bearbeitungen, die ein Autor insgesamt in der Wikipedia vorgenommen hat als Indikator für seine generelle Erfahrung mit der Online-Enzyklopädie (vgl. Halatchliyski et al. 2014). Ein Vorteil ist, dass die Probanden durch die Erhebung nicht in ihrem natürlichen Verhalten beeinträchtigt werden. Versuchsleitereffekte, Antworttendenzen und andere Störvariablen können so weitgehend ausgeschlossen werden. Gleichzeitig muss die Validität der Daten sorgfältig geprüft werden, z. B. wenn anhand der IP-Adressen auf einzelne Personen geschlossen oder z. B. die Zeit, die eine Person auf in sozialen Medien verbringt als Indikator für deren Bedürfnisse nach sozialer Eingebundenheit genutzt werden soll. Werden ethische und rechtliche Vorgaben berücksichtigt (z. B. im Blick auf den Datenschutz, die Anonymisierung persönlicher Daten oder eine entsprechende Aufklärung der Probanden) können Nutzungsdaten einen wertvollen Beitrag zur Erforschung informellen Lernens liefern.

Eine lange Tradition in der psychologischen Forschung hat die *Verhaltensbeobachtung*. Für eine reliable Messung wird vorab definiert, welche Verhaltensweisen beobachtet werden sollen z. B. wie oft ein Proband bei der Bedienung einer Maschine das Benutzerhandbuch zu Rate zieht, oder wie oft bei der Lösung einer Aufgabe einer Fehler passiert, der dann korrigiert werden muss. Die Validität der Messung hängt auch hier von einer theoretischen Fundierung ab, auf deren Basis sich eine Operationalisierung für entsprechende Verhaltensweisen bzw. Kategorien von Verhaltensweisen ableiten lässt. Je eindeutiger das zu beobachtende Verhalten definiert ist, desto höher ist die Reliabilität der Messung. Für eine inferenzstatistische Auswertung müssen die entsprechenden Beobachtungen quantifiziert werden, also z. B. gezählt werden, wie oft eine bestimmte Verhaltensweise auftritt oder auf einer Skala bewertet werden, inwiefern eine bestimmte Verhaltensweise zur Lösung einer Aufgabe beiträgt. Bei der Verhaltensbeobachtung haben die bereits beschriebenen Urteilstendenzen eine große Relevanz. So können z. B. implizite Vorannahmen des Beobachters die Qualität der Beobachtung verzerren oder eine herausragende Verhaltensweise oder Eigenschaft des Probanden andere überstrahlen. Der Einsatz mehrerer Beobachter, deren Schulung für das Messinstrument sowie eine präzise Operationalisierung sind deshalb auch bei der Verhaltensbeobachtung zentral.

Welche Methode zur Erforschung des informellen Lernens ist zu präferieren um valide und reliable Ergebnisse zu erhalten? Grundsätzlich trägt der Einsatz unterschiedlicher Methoden innerhalb eines Forschungsprojektes, aber auch innerhalb einer einzelnen Studie zur Steigerung der Qualität der Messung bei und ist damit eine zentrale Voraussetzung für aussagekräftige Ergebnisse. Das sollte bereits bei der Planung von Forschungsprojekten und der Konzeption von Studien berücksichtigt werden. Das insbesondere in der Evaluationsforschung etablierte Rahmenmodell von Kirkpatrick (1994) schlägt vier grundsätzliche Ebenen vor, die bei der Evaluation von Bildungsmaßnahmen berücksichtigt werden sollten. Diese Ebenen lassen sich auf die quantitative Methoden zur Erforschung informellen Lernens beziehen.

1. Die Ebene *Reaktion* bezieht sich auf die subjektive Einschätzung der Probanden, z. B. im Bezug auf Umfang und Schwierigkeit der Lerninhalte, die Zufriedenheit mit dem eigenen Lernfortschritt, Interesse oder intrinsische Motivation. Diese Ebene ist ein zentraler Wirkfaktor für den Erfolg von informellem Lernen, macht aber noch keine Aussagen über Lernerfolg und Wissenszuwachs.
2. Auf der Ebene *Lernen* wird der Zuwachs an Wissen oder Fähigkeiten untersucht. Hierfür ist eine Vorher- / Nachher-Messung notwendig, der Abgleich mit definierten Lernzielen oder Praxisanforderungen oder der Vergleich von Bedingungen.
3. Auf der Ebene *Verhalten* wird der Transfer des Gelernten auf den Arbeitsalltag gemessen. Hier handelt es sich im Blick auf die Erforschung informellen Lernens also um die zentrale abhängige Variable: Führt die freiwillige und nicht zielgerichtete Auseinandersetzung mit Lerninhalte zu einer messbaren Verhaltensänderung?
4. Die Ebene *Ergebnisse* bezieht sich auf Veränderungen auf organisationaler Ebene und deshalb insbesondere im Bereich des arbeitsplatzbezogenen bzw. organisationalen Lernens relevant. Hier kann überprüft werden, ob eine Organisation als Ergebnis einer Maßnahme zur Förderung des informellen Lernens insgesamt effizienter oder produktiver wird (z. B. Einsparungen durch weniger Fehler oder zufriedenerer Kunden durch informiertes Verkaufspersonal).

Die oben vorgestellten Messmethoden können sich dabei grundsätzlich jeweils auf alle Ebenen des Modells von Kirkpatrick beziehen. Eine Veränderung auf Ebene des Verhaltens kann z. B. sowohl als Selbstauskunft mit einem Fragebogen gemessen werden als auch mit einem Fremdrating (z. B. durch Vorgesetzten) oder mit einer standardisierten Verhaltensbeobachtung. Der Aufwand der mit einer validen Messung verbunden ist, steigt allerdings über die vier Ebenen hinweg an. Insbesondere auf der Ebene der Ergebnisse müssen viele Einflussfaktoren und deren Wechselwirkung berücksichtigt werden – gleichzeigt steigt über die Ebenen hinweg der Informationsgehalt der Ergebnisse. Das Modell von Kirkpatrick ist auf die Evaluation von Bildungsprozessen im Allgemeinen zugeschnitten und bietet deshalb auch für die Erforschung informellen Lerners einen Rahmen für die Konzeption von Forschungsdesigns.

6 Fazit

Zentrale Voraussetzung für die quantitative Erforschung informellen Lernens ist die theoretische Fundierung. Nur auf Basis einer Theorie lassen sich geeignete d. h. valide und reliable Kriterien ableiten und geeignete Bedingungen für die

Untersuchung informelles Lernen schaffen. In den Ausführungen in diesem Beitrag wird gleichzeitig die Grenze der Erfassbarkeit von informellem Lernen mit quantitativen Methoden deutlich. Informelles Lernen unter experimentellen Bedingungen im Labor oder im Feld gezielt zu erzeugen, birgt die Gefahr, wesentliche Bestimmungsstücke, wie die Interesse, intrinsische Motivation und Selbststeuerung zu korrumpieren. Eine entsprechende theoretische Schärfung des Konstrukts informelles Lernen ist deshalb notwendig.

Gleichzeitig werden quantitative und qualitativen Methoden oft ohne Not als Gegensätze konzeptualisiert und diskutiert. Das wird dadurch verstärkt, dass bereits die Studierenden in einzelnen Disziplinen frühzeitig entsprechend sozialisiert werden. Während z. B. im Psychologie-Studium methodische und statistische Inhalte und die damit verbundenen quantitative Vorgehensweise eine großen Stellenwert einnehmen, liegt z. B. in erziehungswissenschaftlichen Studiengängen ein Schwerpunkte auf der geisteswissenschaftlichen Auseinandersetzung mit pädagogischen und didaktischen Grundkonzepten und den daraus resultierenden Methoden für die Praxis. Auch die wissenschaftlichen Communities spiegeln diesen Gegensatz wieder, z. B. die eher qualitative arbeitenden ausgerichtete CSCL-Community (Computer Supported Collaborative Learning) auf der einen Seite und die stark quantitativ und experimentalpsychologisch arbeitende Cognitive Science-Community. Beide Communities beschäftigen sich aus unterschiedlichen Perspektiven mit Bedingungen und Resultaten informellen Lernens.

Notwendig ist deshalb, die Grenzen und Möglichkeiten der einzelnen methodischen Herangehensweisen klar zu benennen und zu diskutieren. Dabei sollte stets die Forschungsfrage im Mittelpunkt stehen, die beantwortet werden soll und die Frage, mit welcher Forschungsmethode der größte Erkenntnisgewinn möglich ist. Gleichzeitig sollte die Effizienz der Vorgehensweise berücksichtigt werden, also die Frage, ob die zu erwartenden Forschungsergebnisse in Relation zum notwendigen Aufwand für die Datenerhebung und -auswertung stehen. Unterschiedlichen Herangehensweisen können kombiniert werden und voneinander profitieren, z. B. in dem trotz experimenteller Manipulation qualitative Messmethoden eingesetzt werden. Weitere methodische Innovationen im Bezug auf die quantitative Erforschung informellen Lernens sind in den nächsten Jahren unter dem Stichwort „Big Data" und „Netzwerkanalyse" zu erwarten. Im Gegensatz zum Experiment, in dem nur ein Ausschnitt aus der Wirklichkeit betrachtet werden kann, ist hier z. B. die vollständige Analyse der Wissenskommunikation in einer Community über die Zeit hinweg möglich. So ist trotz fehlender experimenteller Manipulation wird so die Interpretation kausaler Zusammenhänge (z. B. dass sich erfahrene Wikipedia-Autoren stärker am Wissensfortschritt beteiligen als Novizen) möglich. Eine Antwort auf die Frage, welche Forschungsmethoden sich zur Erforschung des informellen Lernens eignen, ergibt sich aus der deduktiven Forschungslogik, die im ersten Schritt das Konstrukt informelles Lernen theoriebasiert beschreibt und im zweiten Schritt daraus konkrete Operationalisierungen ableitet. Aus einer kritischen und reflektierten Auseinandersetzung folgt dann eine große methodischen Vielfalt: Die eingesetzte Forschungsmethode ergibt sich aus der konkreten Forschungsfrage und deren theoretischer Fundierung.

Literatur

Barrett, L. F., & Barrett, D. J. (2001). An introduction to computerized experience sampling in psychology. *Social Science Computer Review, 19*(2), 175–185.
Baumert, J., Klieme, E., Neubrand, M., Prenzel, M., Schiefele, U., Schneider, W., Stanat, P., Tillmann, K.-J., & Weiß, M. Hrsg. (2001). *PISA 2000: Basiskompetenz von Schülerinnen und Schülern im internationalen Vergleich.* Opladen: Leske und Budrich.
Bergmann, C., & Eder, F. (1992). *Allgemeiner Interessen-Struktur-Test, Umwelt-Struktur-Test: AIST/UST.* Weinheim: Beltz-Test.
Bertram, J., Moskaliuk, J., & Cress, U. (2015). Virtual training: Making reality work? *Computers in Human Behavior, 43,* 284–292.
Boekaerts, M. (1997). Self-regulated learning: A new concept embraced by researchers, policy makers, educators, teachers, and students. *Learning and Instruction, 7*(2), 161–186.
Csikszentmihalyi, M., Larson, R., & Prescott, S. (1977). The ecology of adolescent activity and experience. *Journal of Youth and Adolescence, 6*(3), 281–294.
de Jong, T., & Ferguson-Hessler, M. G. M. (1996). Types and qualities of knowledge. *Educational Psychologist, 31*(2), 105–113.
Deci, E. L., & Ryan, R. M. (2000). The ‚what' and ‚why' of goal pursuits: Human needs and the self-determination of behavior. *Psychological Inquiry, 11*(4), 227–268.
Deci, E. L., & Ryan, R. M. (2003). Intrinsic Motivation Inventory (IMI). http://www.selfdeterminationtheory.org/intrinsic-motivation-inventory/ Zugegriffen am 10.12.2014
Eraut, M. (2004). Informal learning in the workplace. *Studies in Continuing Education, 26*(2), 247–273.
Fleischer, J., Koeppen, K., Kenk, M., Klieme, E., & Leutner, D. (2013). Kompetenzmodellierung: Struktur, Konzepte und Forschungszugänge des DFG-Schwerpunktprogramms. *Zeitschrift für Erziehungswissenschaft, 16*(1 Supplement), 5–22.
Gentner, D. (1983). Structure-mapping: A theoretical framework for analogy. *Cognitive Science, 7*(2), 155–170.
Gick, M. L., & Holyoak, K. J. (1980). Analogical problem solving. *Cognitive Psychology, 12*(3), 306–355.
Graesser, A. C., McNamara, D. S., Louwerse, M. M., & Cai, Z. (2004). Coh-Metrix: Analysis of text on cohesion and language. *Behavior Research Methods, Instruments, & Computers, 36*(2), 193–202.
Greeno, J. G. (1998). The situativity of knowing, learning, and research. *American Psychologist, 53*(1), 5–26.
Halatchliyski, I., Moskaliuk, J., Kimmerle, J., & Cress, U. (2014). Explaining authors' contribution to pivotal artifacts during mass collaboration in the Wikipedia's knowledge base. *International Journal of Computer-Supported Collaborative Learning, 9*(1), 97–115.
Hektner, J. M., Schmidt, J. A., & Csikszentmihalyi, M. (2007). *Experience sampling method: Measuring the quality of everyday life.* Thousand Oaks: Sage.
Holland, J. L. (1996). Exploring careers with a typology: What we have learned and some new directions. *American Psychologist, 51*(4), 397–406.
Kimmerle, J. (2010). Supporting participation in organizational information exchange: Psychological recommendations. *Development and Learning in Organizations, 24*(4), 14–16.
Kirkpatrick, D. L. (1994). *Evaluating training programs: The four levels.* San Francisco: Berrett-Koehler.
Kolb, D. A. (1985). *Learning style inventory* (Rev. Aufl.). Boston: Hay Group, Hay Resources Direct.
Krapp, A. (2005). Basic needs and the development of interest and intrinsic motivational orientations. *Learning and Instruction, 15*(5), 381–395.
Krapp, A. (2007). An educational-psychological conceptualisation of interest. *International Journal for Educational and Vocational Guidance, 7*(1), 5–21.

Moskaliuk, J. (2014). Erfolg von Trainings- und Schulungsmaßnahmen messen und bewerten. In F. Siepmann (Hrsg.), *Jahrbuch E-Learning und Wissensmanagement 2015* (S. 34–39). Albstedt: Siepmann media.

Moskaliuk, J., & Cress, U. (2014). Bildung zwischen nutzergeneriertem Web und dozentenzentrierter Hochschule: das Konzept Blended Open Course. In N. C. Krämer, N. Sträfling, N. Malzahn, T. Ganster & H. Ulrich Hoppe (Hrsg.), *Lernen im Web 2.0: Erfahrungen aus Berufsbildung und Studium* (S. 39–56). Bonn: Bundesinstitut für Berufsbildung.

Osterloh, M., & Frey, B. S. (2000). Motivation, knowledge transfer, and organizational forms. *Organization Science, 11*(5), 538–550.

Polanyi, M. (1966). *The tacit dimension*. Garden City: Doubleday.

Reeves, L., & Weisberg, R. W. (1994). The role of content and abstract information in analogical transfer. *Psychological Bulletin, 115*(3), 381–400.

Ross, B. H., & Kennedy, P. T. (1990). Generalizing from the use of earlier examples in problem solving. *Journal of Experimental Psychology: Learning, Memory, and Cognition, 16*(1), 42–55.

Ryan, R. M., & Deci, E. L. (2000). Self-determination theory and the facilitation of intrinsic motivation, social development, and well-being. *American Psychologist, 55*(1), 68–78.

Schiefele, U., & Schreyer, I. (1994). Intrinsische Lernmotivation und Lernen. Ein Überblick zu Ergebnissen der Forschung. *Zeitschrift für Pädagogische Psychologie, 8*(1), 1–13.

Schiefele, U., & Wild, K.-P. (1994). Lernstrategien im Studium: Ergebnisse zur Faktorenstruktur und Reliabilität eines neuen Fragebogens. *Zeitschrift für Differentielle und Diagnostische Psychologie, 15*(4), 185–200.

Spinath, B., Stiensmeier-Pelster, J., Schöne, C., & Dickhäuser, O. (2002). *Skalen zur Erfassung der Lern-und Leistungsmotivation. SELLMO*. Göttingen: Hogrefe.

Wilde, M., Bätz, K., Kovaleva, A., & Urhahne, D. (2009). Überprüfung einer Kurzskala intrinsischer Motivation (KIM). *Zeitschrift für Didaktik der Naturwissenschaften, 15*, 31–45.

Zimmerman, B. J. (1990). Self-regulated learning and academic achievement: An overview. *Educational Psychologist, 25*(1), 3–17.

Printed by Printforce, the Netherlands